Wo wohnten Stendhal und George Sand, wo ging Kommissar Maigret auf Verbrecherjagd, wo verbrachte Marcel Proust seine Ferien und welche Orte besuchten Henry James und Thomas Mann?

Literaturfreunden und Frankreichfahrern wird hier in übersichtlicher Form ein literarisches Profil französischer Städte an die Hand gegeben. Nach Regionen gegliedert, informiert der Band über Lebens- und Reisestationen von Dichterinnen und Dichtern und die Schauplätze ihrer Werke. Der Leser lernt literarische Zentren kennen, folgt den Figuren aus Balzacs *Menschlicher Komödie* in Paris und in der Provinz, trifft auf die deutsche Dichterkolonie im Exil an der Côte d'Azur und die Romanwelt Zolas und der George Sand. Prägnante Zitate wecken die Neugier auf literarische Werke und ihre Urheber.

Wer sich an Ort und Stelle weiter informieren will, findet Hinweise auf spezielle Museen und Bibliotheken.

Hans Georg Bauner arbeitet als Reiseleiter für mehrere Kulturinstitute und lebt in Würzburg.

Der *Literarische Führer Frankreich* setzt, nach den *Literarischen Führern* durch Deutschland, Italien und Berlin, die bewährte Reihe der Insel-Reiselexika fort.

insel taschenbuch 2798
Hans Georg Bauner
Literarischer Führer Frankreich

Literarischer Führer Frankreich

Von Hans Georg Bauner

Mit Abbildungen, Karten und Register

Insel Verlag

insel taschenbuch 2798
Erste Auflage 2002

Hinweise zu dieser Ausgabe am Schluß des Bandes
Vertrieb durch den Suhrkamp Taschenbuch Verlag
Umschlag nach Entwürfen von Willy Fleckhaus
Satz: Hümmer GmbH, Waldbüttelbrunn
Druck: Nomos Verlagsgesellschaft, Baden-Baden
Printed in Germany

1 2 3 4 5 6 – 07 06 05 04 03 02

INHALT

Für Barbara

»Il sort de tous les lieux pleins de souvenirs une rêverie qui enivre et qui fait qu'on marche ensuite longtemps au hasard.«

(Victor Hugo)

VORWORT

In Frankreich sind Dichternamen allgegenwärtig. Nicht nur Straßen und Plätze, Hotels und Cafés tragen, wie auch in anderen Ländern üblich, die Namen von Schriftstellern, sondern auch Immobilienbüros und Reparaturwerkstätten. Jüngst hat man sogar Autobahnrastplätze nach Romantiteln benannt.

Der *Literarische Führer Frankreich* beabsichtigt, deutschsprachigen Reisenden ein *literarisches Profil* französischer Städte an die Hand zu geben, aufzuzeigen, welche Dichter in einem bestimmten Ort geboren wurden oder starben, einen Teil ihres Leben verbrachten oder auf der Durchreise waren, welche belletristischen Werke sich mit dem Ort verbinden.

Aus der Vielzahl der französischen Schriftsteller – Dichter im weitesten Sinn des Wortes, Philosophen, im Ausnahmefall Naturwissenschaftler und Politiker – wurden diejenigen aufgenommen, die den Sprung ins deutschsprachige Lexikon geschafft haben, in deutschen Übersetzungen präsent sind oder waren (oder sein sollten). Neben den Franzosen fanden (natürlich und vor allem) Schriftsteller aus dem deutschsprachigen Raum Eingang, ebenso bekannte Autoren anderer Nationen. Bei lebenden Autoren wurden in der Regel weniger ihre Lebensstationen als ihre Werke berücksichtigt.

Das vorliegende Buch, das sich in vielen Punkten an den bewährten und Anstoß gebenden *Insel-Reiselexika* für Deutschland und Italien orientiert, gliedert sich, mit dem Elsaß und Lothringen als üblicher erster Kontaktaufnahme mit dem Zielgebiet beginnend, in die Regionen Frankreichs; Paris, die alle Dimensionen sprengende und Ausnahmestatus fordernde literarische Hauptstadt der Welt, wurde aus der Île-de-France herausgenommen und in einem straffen, eigenen Kapitel behandelt. (Ein gesonderter, detaillierter Band *Paris* ist in Vorbereitung.) Innerhalb der Regionen werden in alphabetischer Reihenfolge die literaturrelevanten Orte aufgelistet, wobei jeweils nach eventuellen Zitaten und Hinweisen auf Hochschulen, Bibliotheken und Theatern die hier geborenen (*) oder gestorbenen (†) Schriftsteller in chronologischer Ordnung genannt werden, anschließend jene Autoren (ebenfalls chronologisch), die am betreffenden Ort lebten oder ihn auf Reisen kennenlernten ([A]). Literarische Werke mit Bezug zum genannten Ort werden gleich mit aufgeführt, so daß die folgende Rubrik [L] lediglich noch Werke subsumiert, die von anonymen Autoren stammen bzw. von Autoren, von denen am betreffenden Ort kein Aufenthalt, zumindest kein »gewichtiger«, bezeugt ist. Ortschaften (zumeist kleinere), die in Sachen Literatur keinen eigenen Eintrag rechtfertigen und höchstens 30 km vom behandelten Ort entfernt sind, schließen sich an ([R]). Ein [M], sei es im fortlaufenden Text oder einen eigenen Absatz bildend, verweist auf ein literarisch relevantes Museum oder ein Schloß (genaue Adresse, Telefonnummer und Öffnungszeit am Ende des Bandes).

Der Haupteintrag zu französischen Schriftstellern, der in knapper Form über Lebensstationen und Werke informiert, findet sich in aller Regel unter dem Geburtsort, bei außerhalb Frankreichs geborenen Autoren im Anhang.

Bei Orten und Regionen mit einem deutschen *und* einem französischen Namen (Elsaß/ Alsace, Lothringen/Lorraine, Straßburg/Strasbourg, Nizza/Nice, Dünkirchen/ Dunkerque usw.) wurde, der Üblichkeit im Sprachgebrauch folgend, der deutschen Bezeichnung der Vorzug gegeben; dieses

Prinzip wurde um der Einheitlichkeit willen auch bei (zumeist kleineren oder weniger im deutschen Bewußtsein präsenten) Orten beibehalten, deren französische Namen zweifellos gängiger sind.

Mein Dank gilt den Mitarbeitern französischer Fremdenverkehrsämter vom Kanal bis an die Côte d'Azur, von den Pyrenäen bis in die Ardennen, den Würzburger Computerspezialisten Joachim Jahn, Wolfgang Trosbach und Seppi Wagner und natürlich meiner Frau.

Würzburg, im April 2001
Hans Georg Bauner

Abkürzungen und Zeichen

→	siehe (Verweis)
*	geboren
†	gestorben
[A]	Aufenthalt
[L]	Vorkommen in der Literatur
[R]	Orte in der näheren Region
[M]	Museum, Schloß
Aq	Aquitaine
Au	Auvergne
BNo	Basse-Normandie
Br	Bretagne
Bu	Burgund
C	Centre
ChA	Champagne – Ardenne
E	Elsaß
FC	Franche-Comté
HNo	Haute-Normandie
IdF	Île-de-France
Ko	Korsika
Li	Limousin
LR	Languedoc – Roussillon
Lo	Lothringen
MPy	Midi – Pyrénées
NPdC	Nord – Pas-de-Calais
PAC	Provence – Alpes – Côte-d'Azur
PCh	Poitou – Charente
PdL	Pays de la Loire
Pi	Picardie
RhA	Rhône – Alpes
Abh.	Abhandlung
Apr.	April
Aufl.	Auflage
Aug.	August
Ausz.	Auszüge
Autobiogr.	Autobiographie
Biogr.	Biographie
d. i.	das ist
ders.	derselbe
Dez.	Dezember
Di.	Dienstag
Do.	Donnerstag
Dr.	Drama
dt.	deutsch
Dtl.	Deutschland
ebda.	ebenda
ehem.	ehemalig(e)
engl.	englisch
Ep.	Epos
Erz.	Erzählung(en)
Fass.	Fassung
Feb.	Februar
Fr.	Freitag
frz.	französisch
Ged.	Gedicht(e)
gedr.	gedruckt
gegr.	gegründet
gen.	genannt
griech.	griechisch
hebr.	hebräisch
hrsg.	herausgegeben
Hs.	Handschrift(en)
Illustr.	Illustrationen
Ink.	Inkunabel(n), Wiegendrucke
ital.	italienisch
Jan.	Januar
Jh.	Jahrhundert
Kom.	Komödie
lat.	lateinisch
Lit.	Literatur
lit.	literarisch
ma.	mittelalterlich
mhd.	mittelhochdeutsch
Mi.	Mittwoch
Mio.	Million(en)
Mo.	Montag
n.	nördlich
Neudr.	Neudruck
nö.	nordöstlich
Nov.	Novelle
Novemb.	November
nw.	nordwestlich
ö.	östlich
Okt.	Oktober
philos.	philosophisch
provenzal.	provenzalisch
R.	Roman
s. a.	siehe auch
s. o.	siehe oben
s. u.	siehe unten

Sa.	Samstag	u. ö.	und öfter
Samml.	Sammlung	Übers.	Übersetzung
Sept.	September	übers.	übersetzt
So.	Sonntag	v.	von
sogen.	sogenannt	v. a.	vor allem
span.	spanisch	vgl.	vergleiche
südl.	südlich	Vereinb.	Vereinbarung
sö.	südöstlich	W.	Werk(e)
sw.	südwestlich	w.	westlich
tägl.	täglich	Wo.	Woche
Tsd.	Tausend	Wk.	Weltkrieg
u. a.	und andere; unter anderem	z. T.	zum Teil
u. d. T.	unter dem Titel	Zs.	Zeitschrift

Straßburg: Gedeckte Brücken (ponts couverts)

ELSASS (E)/ALSACE

Region: Elsaß (Alsace); Départements: Bas-Rhin (67), Haut-Rhin (68); Einwohner: 1,6 Mio.; Fläche: 8280 qkm; Verwaltungssitz: Straßburg.

BUCHSWEILER (BOUXWILLER)
(Bas-Rhin)

Théâtre de Bouxwiller.

[A] Der Straßburger Student **Johann Wolfgang Goethe** (1749-1832) unternahm im Juni 1770 eine mehrtägige Reise zu Pferde, die ihn u. a. nach B. führte, wo er das alte Schloß (in der Französischen Revolution zerstört) und die Gärten bewunderte, den nahen Bastberg bestieg (Beschreibung in *Dichtung und Wahrheit*, II, 10); B., damals Hauptort der Grafschaft Hanau-Lichtenberg (und dadurch dem Landgrafen von Darmstadt unter französischer Hoheit zugehörig), war der Geburtsort von Weyland, einem der beiden Reisebegleiter Goethes, der den Dichter später in → Sesenheim einführte.

[R] In **Rothbach** (12 km n. v. B.) wurde 1865 **Friedrich Lienhard** geboren; der Erzähler, Lyriker und Dramatiker kehrte nach dem Studium (Straßburg und Berlin) 1895 ins Elsaß zurück, bevor er sich 1917 in Weimar niederließ, wo er als Ehrenbürger starb (1929); in bürgerlichen Kreisen waren vor allem seine im Elsaß spielenden Romane sehr erfolgreich, allen voran *Oberlin* (1910), der bis zu Lienhards Tod 120 Auflagen erlebte. – Mütterlicherseits stammten die Vorfahren von **J.-P. Sartre** (→ Paris) aus dem Elsaß; in **Pfaffenhoffen** (10 km ö. v. B.) waren Sartres Großvater und Urgroßvater Bürgermeister (*Les Mots*, 1964, dt. *Die Wörter*, 1965). – **J. W. Goethe** (1749-1832) erstieg Anfang Juli 1770 den Turm der Ruine **Wasenburg** (**Wasenbourg**) (20 km nö. v. B.), von dem er die Spitze des Straßburger Münsters sehen konnte (Gedenktafel).

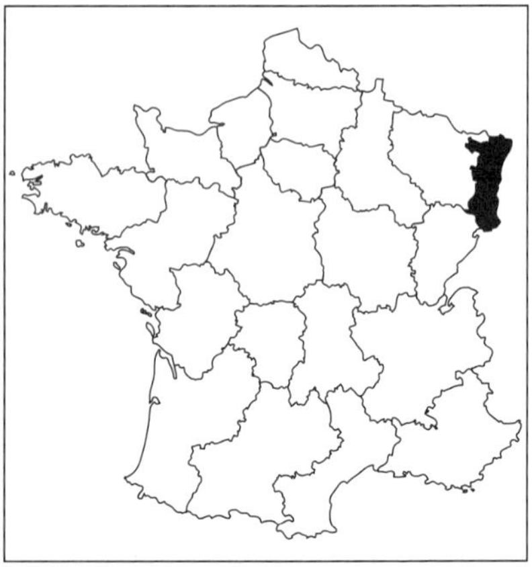

COLMAR (Haut-Rhin)
Bibliothèque municipale de la Ville (Stadtbibliothek im ehemaligen Dominikanerkloster, 400 Tsd. Bde., 1300 Hs., 3000 Ink.), Bibliothèque départementale de prêt du Haut-Rhin (350 Tsd. Bde.). – Außenstelle Goethe-Institut (Rue du Rhin Nr. 4). – Théâtre municipal (Stadttheater).

* um 1505 **Jörg Wickram** († Burkheim/Rhein vor 1562), Schriftsteller, Übersetzer, Gerichtsschreiber, Buchhändler; gründete 1549 die Colmarer Meistersingerschule, verließ 1555 C. und wurde Stadtschreiber in Burkheim am Kaiserstuhl; Verfasser von biblischen Dramen und Fastnachtsspielen; zählt vor allem durch seine satirische Schwanksammlung *Das Rollwagenbüchlin* (1555 u. ö., zuletzt 1984) zu den bedeutendsten deutschen Erzählern des Jahrhunderts. – W. u. a.: *Ritter Galmy uß Schottland* (1539), *Gabriotto und Reinhard* (1551), *Der jungen Knaben Spiegel* (1554), *Der Goldfaden* (1554/57; 1809 hrsg. v. Clemens Brentano); *Sämtliche Werke* (12 Bde. 1967-73).

* 1736 **Gottlieb Konrad Pfeffel** († ebda. 1809), Lyriker, Dramatiker, Erzähler, Übersetzer, Pädagoge; Gymnasium in C., Studium (u. a. Jura) in Halle, mit 22 Jahren völlig erblindet; 1773 Gründung in C. einer ›école militaire‹ (Militärakademie) für protest. Adelige (unter den Lehrern: Goethes Studienfreund Franz Christian Lerse, dem Goethe im *Götz von Berlichingen* ein Denkmal gesetzt hat; vgl. auch *Dichtung und Wahrheit*, 2. Teil, 9. Buch); zu Gast in Pfeffels Haus: Goethes Schwager J. G. Schlosser (Frühjahr 1776 u. ö.), J. M. R. Lenz (1777), Fr. M. Klinger (April 1778), Fr. Nicolai (24. 8. 1781), Fr. Schillers künftige Schwägerin und Frau, die Schwestern Caroline und Charlotte von Lengefeld (Mai 1784), Sophie von La Roche (16.-21. 8. 1784), der italienische Dramatiker Graf Vittorio Alfieri (Ende

Colmar: Isenheimer Altar

August 1786), Wilhelm von Humboldt (24. 11. 1789), Heinrich Jung gen. Jung-Stilling (Juli 1806) u. v. a.; in den Werken aufklärerisches Anliegen verbunden mit sozialkritischen Tönen; am bekanntesten blieben die Fabeln. – Geburtshaus: Grand' Rue Nr. 41 (stark verändert, Gedenktafel); Pfeffel-Denkmal am Square Pfeffel, im Sockel die Maxime: »Nie hab ich ein Gefühl gelogen, / Nie dacht ich anders als ich schrieb, / Und hat ein Irrwahn mich betrogen, / So war's, weil er mir Wahrheit schien.«; Gedenktafel an der Militärakademie, die auch Wohnhaus Pfeffels war (Ecke Rue Pfeffel / Rue Chauffour). – W. u. a.: *Ich aber weiß, was Freiheit ist. Fabeln, Poesie und Prosa* (1981).

* 1883 **Ernst Stadler** († nahe Zandvoorde bei Ypern/Belgien 1914), Lyriker und Übersetzer; philologisches Studium in Straßburg und München, ab 1912 Professor für Germanistik an der Université Libre in Brüssel, fiel als Artillerieoffizier; seit Schulzeit Freundschaft mit Otto Flake und René Schickele; gilt neben Georg Heym und Georg Trakl als bedeutendster Vertreter des deutschen Frühexpressionismus. – Geburtshaus Sankt Peterwall Nr. 5 (heute Boulevard St. Pierre Nr. 21). – W. u. a.: *Praeludien* (Ged. 1905), *Der Aufbruch* (Ged. 1914), *Dichtungen, Schriften, Briefe* (1983).

[A] **Voltaire** (→ Paris), vom Hof des pfälzischen Kurfürsten kommend, wohnte vom Sommer 1753 bis November 1754 mit Unterbrechungen in C. (Rue Berthe Molly, Nr. 10, früher Rue des Juifs; Gedenktafel) und schrieb an den *Annales de l'Empire* (bei Schöpflin in C. gedruckt); brieflich erwähnte er die öffentliche Verbrennung von sieben Exemplaren des *Dictionnaire historique et critique* (1695/97) von Pierre Bayle (→ Carla-Bayle/MPy). – **Goethe** (→ Straßburg) kam als Student im Sommer 1771 mit Freunden in die Stadt. – **L. Uhland** (1787-1862) besuchte C. im Herbst 1843 und Ende Juli 1846, um in der Bibliothek nach Liedersammlungen zu suchen. – **O. Flake** (→ Metz/Lo), der die Stadt in *Straßburg und das Elsaß* (1908) und *Kolmar. Rückblick auf eine Stadt* (1940) beschreibt, verbrachte seine Schulzeit (ab 1888) in C. (Wohnung in der Rösselmannstraße), von wo er aus dem Lyzeum (ehem. Jesuitenkolleg) floh und versuchte, über Genua nach Südamerika zu gelangen (*Eine Kindheit*,

1928). – Wie viele andere kam **J. K. Huysmans** (→ Paris) im September 1903 wegen M. Grünewalds *Isenheimer Altar* und veröffentlichte im Jahr darauf den Aufsatz »Les Grünewald du musée de Colmar«. – **H. Broch** (1886-1951) besuchte C. während seines Studiums in → Mülhausen: Wilhelm Huguenau, Titelfigur des 3. Bandes der *Schlafwandler*-Trilogie, stammt aus C., besucht die Schule in Schlettstadt und erinnert sich zeit seines Lebens »des Mannes auf dem Colmarer Bilde [...], der zu dem aufbrechenden Himmel emporschwebte«. – Immer wieder der Grünewald-Altar im Zentrum des Interesses, so bei **Rainer Maria Rilke** (1875-1926), Mitte September 1909 (»Nun habe ich wirklich alle heutige Zeit bis zur letzten in dem Unterlinden-Museum vor den Grünewaldschen Bildern verbracht«) und im Sommer 1925, so bei **Thomas Wolfe** (1900-1938), 1935, (»Auf der ganzen Welt gibt es so etwas nicht mehr«) und **K. Edschmid** (1890-1966) (»Jedesmal meint man, eine andere Figur habe mehr Magie [...], bis man immer wieder erkennt: alle Faszination geht von dem Gekreuzigten aus«), so bei dem Lyriker **Paul Celan** (1920-1970), der dem Altar im Frühjahr 1970, kurz vor seinem Tod, einen Besuch abstattete. – **W. Koeppen** (1906-1996) sah sich 1959 von der touristisch-modernen Realität der Stadt enttäuscht, denn er hatte sie sich »wie eine Burg gedacht, wie ein Himmelsjuwel, wie einen heiligen Schrein um den Isenheimer Altar herumgebaut.« – **Rolf Schneider** (* 1932) beschreibt seine Eindrücke von der Stadt (»Wiewohl im letzten Krieg gebeutelt, sieht sie aus, als habe sie fünfhundert Jahre keinen Krieg erlebt«) in dem Reisebuch *Von Paris nach Frankreich* (1975).

[R] In der abgebrochenen Martinsburg von **Wettolsheim** (2 km sw. v. C.) wohnte von 1784-87 der italienische Dichter und Dramatiker **Graf Vittorio Alfieri** (* Asti/Piemont 1749, † Florenz 1803) mit der Gräfin Louisa von Albany, der Frau des engl. Kronprätendenten Charles Edward Stuart. – **Julien Green** (→ Paris), der sich im Juli 1926 in Les Hautes-Huttes (→ Günsbach [R]) eingemietet hatte, unternahm von ebda. aus einen Ausflug nach **Türkheim (Turckheim)** (3 km w. v. C.), »einem köstlichen Städtchen, in dem kein einziges Haus häßlich ist und fast alle Häuser alt sind« (*Tagebücher*).

ENSISHEIM (Haut-Rhin)

* 1604 **Jacob Balde** († Neuburg a. d. Donau 1668), Lyriker und Dramatiker; bedeutendster neulat. Dichter Deutschlands, der »deutsche Horaz«; Jurastudium in Ingolstadt, Eintritt in den Jesuitenorden, Hofhistoriograph und -prediger in München, ab 1654 Hofgeistlicher in Neuburg a. d. Donau. »Ein Dichter Deutschlands für alle Zeiten«, so J. G. Herder, der ihn übersetzte. – Kleine Ausstellung im [M] Musée de la Régence in E. – W. u. a.: *Poema de vanitate mundi* (1637), *Lyrica* (Oden, 1643), *Silvae* (1643 ff.), *Urania victrix* (1657).

[A] **Goethe** (1749-1832), 1770/71 Student in → Straßburg, sah bei einem Besuch des Ortes in der Kirche den zwei Zentner schweren, 1492 vom Himmel gefallenen Stein, der ihn zur Beschäftigung mit Meteoren anregte.

FORT-LOUIS (Bas-Rhin) → **SESENHEIM**
FOUDAY (URBACH) (Bas-Rhin) → **WALDERSBACH**

GEBWEILER (GUEBWILLER)
(Haut-Rhin)

* 1877 **Jean Schlumberger** († Paris 1968), Dichter, Dramatiker, Erzähler, Publizist; 1908 Gründung der *Nouvelle Revue Française* (mit A. Gide, J. Rivière, J. Copeau); seit 1938 regelmäßiger Mitarbeiter beim *Figaro*; zahlreiche Literaturpreise; enge Freundschaft zu A. Gide und R. Martin du Gard. – W. u. a.: *Un Homme heureux* (R. 1921; dt. *Ein Glücklicher*, 1947), *Le Lion devenu vieux* (R.-Biogr. 1924, dt.

Kardinal Retz, 1955), *Les Yeux de dix-huit ans* (R. 1928; dt. *Die Augen von achtzehn Jahren*, 1930); *Œuvres complètes* (7 Bde. 1958-1960).

[R] **Jean Egen** (1920-1995), aus **Lautenbach** (4 km nw. v. G.) gebürtig, beschreibt den Ort in seinem autobiogr. Roman *Les tilleuls de Lautenbach* (1979, dt. *Die Linden von Lautenbach* 1984).

GÜNSBACH (GUNSBACH)

(Haut-Rhin)

[A] An der Straße nach Münster das Wohnhaus **Albert Schweitzers** (→ Kaysersberg), heute Museum und Archiv. Das Haus baute Schweitzer mit dem Geld des Goethepreises der Stadt Frankfurt 1928. Der Vater des Philosophen hatte wenige Wochen nach der Geburt des Sohnes eine Pfarrstelle in G. angetreten; von hier, wo er »eine sehr glückliche Jugend« verbracht hatte, brach Schweitzer 1913 zu seinem ersten Aufenthalt nach Lambarene auf; Besucher in G. u. a. **Reinhold Schneider**, 1955 (*Schicksal und Landschaft*, 1960); Albert-Schweitzer-Denkmal (Fritz Behn) am sogenannten ›Kanzenrainfelsen‹.

[R] **G. Casanova** (1725-1798) spielte 1762 in dem früher bekannten Badeort **Sulzbach (Soultzbach-les-Bains)** (3 km ö. v. G.) mit einem Offizier auf eine Wette hin Karten, bis dieser nach 42 Stunden »schweißüberströmt in Ohnmacht sank«, so Casanova in seinen *Mémoires* (1825-29). – **Julien Green** (→ Paris) verbrachte knapp zwei Wochen im Juli 1926 in **Les Hautes-Huttes** (15 km nw. v. G.), in einem Haus »am Rande der Straße, die von Orbey nach Wettstein und zum französischen Friedhof führt«, und arbeitete hier an seinem Roman *Adrienne Mesurat* (1927).

HAGENAU (HAGUENAU) (Bas-Rhin)

Bibliothèque municipale (Stadtbücherei; 100 Tsd. Bde., 174 Hs., 47 Ink.). – Théâtre municipal (Stadttheater).

Reinmar der Alte in der Manessischen Liederhandschrift

* um 1160 **Reinmar von Hagenau** (Reinmar der Alte) († Wien um 1210), Minnesänger; wenig Gesichertes bekannt, ungewiß auch, ob sich die Herkunftsbezeichnung nicht auf Hagenau in Österreich bezieht; ab 1195 in Wien am Hof der Babenberger; neben Walther von der Vogelweide (der stark von R. beeinflußt wurde) der fruchtbarste und bestüberlieferte Minnesänger; allein die *Manessische Liederhandschrift*, die ihn zur Unterscheidung von gleichnamigen, jüngeren Sängern als ›den Alten‹ bezeichnet, nennt 262 Strophen.

[A] Häufige Aufenthalte in der im 17. Jh. abgebrochenen Stauferpfalz sind für den minnesingenden **Kaiser Heinrich VI.** (1165-1197) belegt, der auf der ersten Miniatur der *Manessischen Liederhandschrift* abgebildet ist. – **Philipp Melanchthon** (1497-1560), der spätere Mitstreiter Luthers, kam im Frühjahr 1518 zu Fuß von Tübingen nach H., wo er seine erste

Hohkönigsburg

Griechisch-Grammatik *Institutiones Graecae Grammaticae* für den Druck vorbereitete. – Um 1830 kam der amerikan. Dichter **H. W. Longfellow** (1807-1882) nach H. – Anfang August 1917 wurde der Romancier **Alfred Döblin** (1878-1957) als Militärarzt aus → Saargemünd/Lo an das Lazarett H. versetzt, lebte bis zum Umzug nach Berlin im November 1918 mit seiner Familie in der Schanzstr. 26 und arbeitete am *Wallenstein*; neben → Straßburg ist H. (das ›Städtchen‹) einer der Schauplätze in Döblins Roman *Bürger und Soldaten* (1939; 1. Buch der Romantrilogie *November 1918*); mit dem befreundeten Lit.wissenschaftler **R. Minder** (→ Wasselnheim) besuchte Döblin die Stadt nochmals im Mai 1938. – **P. Claudel** (→ Villeneuve-sur-Fère/Pi) besuchte H. im März 1939 zu einem Vortrag. – **Arno Schmidt** (1914-1979) kam im Januar 1941 zur Garnison in H., wo er bis Herbst des Jahres blieb; in H. entstanden das letzte der *Dichtergespräche im Elysium* und einige Erzählungen.

[R] **Wörth (Wœrth)** (16 km n. v. H.) ist *Le petit village* (dt. *Das kleine Dorf*) in den *Nouveaux contes à Ninon* (1874, dt. *Neue Erzählungen an Ninon*, 1892) von **Émile Zola.**

LES HAUTES-HUTTES (Haut-Rhin) → GÜNSBACH [R]

HOHKÖNIGSBURG (HAUT-KŒNIGSBOURG) (Bas-Rhin)

»Es war wirklich ein unnötiger Gedanke der Stadt Schlettstadt, die Ruine dem Kaiser zu schenken, des Kaisers, sie wieder aufzubauen, des Landesausschusses, zu den großen Kosten seinen nicht unbeträchtlichen Teil beizusteuern – ein offizielles Opfer, das im Lande keinen Anklang fand.« (Otto Flake)

[A] **L. Uhland** erklomm Ende Juli 1846 von Schlettstadt aus den Berg und sah noch – über 50 Jahre vor dem historisierenden Wiederaufbau – »die großartigste Burgruine in den Vogesen«.

KAYSERSBERG (Haut-Rhin)

* 1875 **Albert Schweitzer** († Lambarene/Gabun 1965), Schriftsteller, Theologe, Philosoph, Arzt, Musiker; wenige Wochen nach der Geburt übersiedelte die Familie nach → Günsbach im Münstertal; ebda. Kindheit, Gymnasialzeit in Mülhausen, Studium in Straßburg; nach 1913 ein zwischen Afrika (Lambarene) und Europa (Günsbach, Vortragsreisen) geteiltes Leben; Friedensnobelpreis 1952; noch im hohen Alter Engagement gegen Atomwaffenversuche. – [M] Geburtshaus: Rue du Général de Gaulle, Nr. 126. – Werke zur Theologie, Musik, Philosophie, Medizin, Atomgefahr; Autobiographie: *Aus meiner Kindheit* (zuerst 1924, Neuausgaben 1959 und 1963).

[A] **Johannes Geiler von Kaysersberg** (* Schaffhausen 1445), berühmter Kanzelprediger am Straßburger Münster (→ Straßburg), wuchs nach dem Tod des Vaters bei seinem Großvater in K. auf; Denkmal auf der Place Geiler vor dem ehemaligen Franziskanerkloster.

[R] **Clemens Brentano** (1778-1842) weilte während seines Elsaß-Besuchs im Herbst

Albert Schweitzer

1825 für zwei Wochen in dem Weinort **Sigolsheim** (4 km ö. v. K.).

KOLBSHEIM (Bas-Rhin) → **WASSELNHEIM** [R]

KRAUTERGERSHEIM (Bas-Rhin) → **OBEREHNHEIM** [R]

LAUTENBACH (Haut-Rhin) → **GEBWEILER** [R]

MOLSHEIM (Bas-Rhin) → **OBEREHNHEIM** [R]

MÜLHAUSEN (MULHOUSE)
(Haut-Rhin)

»An den paar großen und den vielen kleinen elsässischen Städten gemessen, die alle so voll architektonischer Schönheit, voll landschaftlicher Reize, voll grauer Vergangenheit sind, ist Mülhausen ein Stiefkind, ein Emporkömmling, wenn man will.« (Otto Flake)

Université de Haute-Alsace (mit Bibliothek: 70 Tsd. Bde.). – Bibliothèque municipale (Stadtbücherei; 370 Tsd. Bde., 300 Hs., Ink.) – Théâtre municipal (Stadttheater).

[A] Der Humanist und Ritter **Ulrich von Hutten** (1488-1523) fand, umhergetrieben, im Januar 1523 Unterschlupf im Augustinerkloster von M., wo er eine Anklageschrift gegen Erasmus von Rotterdam verfaßte. – **Montaigne** (→ Montaigne/Aq) kam Ende Sept. 1580 auf der Reise in die Heilbäder der Schweiz und Italiens durch die Stadt, besuchte die Stephanskirche (den Vorgängerbau der heutigen Kirche), deren protestantische Schlichtheit ihm auffiel, und aß in der ›Traube‹ zu Mittag. – **Albert Schweitzer** (→ Kaysersberg) besuchte von 1885 bis zum Abitur 1893 das Gymnasium in M. und wohnte während der Zeit bei seinem Großonkel und Taufpaten Louis Schweitzer in der Volksschule (Rue des Franciscains); nach der Konfirmation 1890 erhielt er Unterricht auf der Walckerorgel in der Stephanskirche. – **O. Flake** (→ Metz/Lo) wohnte als Kind 1885-88 hier und beschreibt die Stadt in *Mülhausen* (1910) und *Mülhausen i. E.* (1911). – Der Wiener Romancier **Hermann Broch** (1886-1951) setzte 1906 sein Studium an der ›Oberen Spinn- und Webeschule‹ in M. fort, das er 1907 als Textilingenieur abschloß; lit. Niederschlag fand seine Elsässer Zeit im 3. Band der *Schlafwandler*-Trilogie *Huguenau* (→ Colmar).

MURBACH (Haut-Rhin)

»Hier hat sich ein Komplex Historie hingelagert. Dies kleine Tal war die Kulturstätte des Oberelsaß.« (Kasimir Edschmid)

340 wissenschaftliche Werke zählte ein um 850 verfaßter Bibliothekskatalog der ehemaligen Fürstabtei M.; die Werke, darunter 10 karolingische Handschriften, sind heute zerstreut (u. a. in der Colmarer Stadtbibliothek); den hohen Stand der Studien in M. rühmt der Ratgeber und Lehrer Karls des Großen Alkuin; außer den *Murbacher Hymnen* (Anfang 9. Jh.; Original heute in der Universitätsbibliothek Oxford) könnte hier auch die Urfassung des *Wessobrunner Gebets* entstanden sein.

[A] **Kasimir Edschmid** (1890-1966) widmet der Bedeutung der ehemaligen Abtei einen Abschnitt seiner *Bilder aus den Südvogesen* (1914; 1970).

NIDECK (Burg) (Bas-Rhin)

[L] Die Burg ist Schauplatz der Ballade »Das Riesenspielzeug« (1831) von **Adelbert von Chamisso** (Gedenktafel über dem Eingang zum Bergfried) und des Romans *Hugues-le-Loup* (1858) von **Erckmann/Chatrian**; in der Gegend spielen mehrere Romane des Autorenduos, so *L'illustre docteur Mathéus* und *L'invasion.*

OBEREHNHEIM (OBERNAI)

(Bas-Rhin)

* 1. Hälfte des 13. Jhs. **Goesli von Ehenheim** aus einheimischem Adelsgeschlecht, Minnesänger mit Bildnis in der *Manessischen Liederhandschrift*; ungewiß ob der Sänger identisch ist mit einem 1242 und 1276 bezeugten Ritter Gozmar von Ehenheim; in seinen Liedern besang G. das Leben auf der Burg von O., wo nach der Überlieferung die hl. Odilie geboren sein soll.

* 1475 **Thomas Murner** († ebda. 1537), Schriftsteller, Prediger; trat 1490 in den Straßburger Franziskanerorden ein, Theologiestudium, ausgedehnte Reisen als Prediger (Paris, Krakau), mit 25 Jahren von Kaiser Maximilian I. in Überlingen/Bodensee zum poeta laureatus gekrönt; versuchte durch groteske Bloßstellungen menschlicher Fehler erzieherisch zu wirken, verfaßte scharfe satirische Angriffe auf Luther: *Von dem großen lutherischen Narren* (1522). – Weitere W.: *Narrenbeschwörung* (1512), *Schelmenzunft* (1512).

* 1883 **René Schickele** († Vence/PAC 1940), Erzähler, Lyriker, Essayist, Dramatiker, Übersetzer; Sohn eines deutschen Vaters und einer französischen Mutter, Studium in Straßburg, München, Paris und Berlin; Pazifist, gab während des 1. Wks. in Zürich die expressionistischen *Weißen Blätter* heraus; seit 1932 Emigrant an der französischen Riviera; im Zentrum seines Schaffens steht der Gedanke der Völkerverständigung. – Geburtshaus Rue de Boersch Nr. 2 (Gedenktafel) – W. u. a:. *Sommernächte* (Ged. 1901), *Der Fremde* (R. 1909), *Meine Freundin Lo* (R. 1911), *Benkal der Frauentröster* (R. 1914), *Hans im Schnakenloch* (Dr. 1915), *Das Erbe am Rhein* (R.trilogie 1925-31: *Maria Capponi*, *Blick auf die Vogesen*, *Der Wolf in der Hürde*), *Symphonie für Jazz* (R. 1929), *Die Witwe Bosca* (R. 1933).

[R] In **Krautergersheim** (6 km nö. v. O.) starb 1817 **Lili Schönemann**, verehelichte von Türckheim (* Frankfurt/Main 1758); Goethe hatte sich im April 1775 mit der Frankfurter Bankierstochter verlobt (»die erste, die ich tief und wahrhaft liebte«), im Herbst das Verlöbnis aber schon wieder gelöst; 1778 heiratete Lili den Bankier von Türckheim und folgte ihm in dessen Heimat nach Straßburg, wo Goethe sie 1779 besuchte; die Familie hatte in K. einen Landsitz (Grab in der alten Kirche). – Während eines kurzentschlossenen Dreitagesausflugs ins Elsaß besuchte **Rainer Maria Rilke** (1875-1926) im Sommer 1925 neben Straßburg und Colmar auch **Molsheim** (10 km n. v. O.), wo er bei der Familie eines Bekannten übernachtete.

ODEREN (Haut-Rhin) → **THANN** [R]

ODILIENBERG (MONT SAINTE-ODILE) (Bas-Rhin)

»Das Odilienkloster teilt heute das Schicksal aller im allgemeinen Bewußtsein lebenden Orte: es ist überlaufen.« (Otto Flake, 1908)

[A] **Herrad von Landsberg**, Äbtissin des Klosters Hohenberg am Grab der heiligen Odilie, stellte um 1180 auf lat. den *Hortus deliciarum* zusammen, eine lehrhafte Sammlung kanonischer Texte, die durch erklärende Exkurse unterbrochen werden; das miniaturgeschmückte Original verbrannte 1870 bei der Beschießung Straßburgs. – **Goethe** (1749-1832) zählte Pfingsten 1771 zu den Besuchern (»Einer mit hundert, ja tausend Gläubigen auf den Ottilienberg begangenen Wallfahrt denk ich noch immer gern«). – **L. Uhland** (1787-1862) besuchte den Berg Ende Juli 1846. – **H. Taine** (→ Vouziers/ChA) beschreibt Wallfahrer und deren Aufstieg in den *Essais de critique et d'histoire* (1887). – **A. France** (→ Paris), Besucher auf dem Odilienberg, widmet der Wohltätigkeit der hl. Odilia und ihrer Mitschwestern ein Kapitel in *Le Jardin d'Épicure* (1894). – **M. Barrès** (→ Charmes/Lo) stieg 1903 hier im Hôtel Saint-Jacques ab und verfaßte Teile seines 1905 erschienenen Romans *Au Service de l'Allemagne* (Gedenktafel). – **O. Flake** (→ Metz/Lo) beschreibt den Wallfahrtsort in *Straßburg und das Elsaß* (1908). – Zu Gedichten wurden die Besucher **P. Claudel** (»Sainte Odile«, 1913) und **E. Stadler** (»Herrad«, 1914) angeregt.

[R] In **Reichsfeld** (10 km südl. v. O.) wurde 1482 **Matthias Ringmann** († Saint-Dié 1511) geboren; der humanist. Dichter und Übersetzer stammte aus bäuerlichen Verhältnissen und verfaßte nach Schule (Schlettstadt) und Studium (Freiburg, Heidelberg, Paris) eine *Grammatica figurata* (1509), neulat. Gedichte, eine Cäsar-Übersetzung und, zusammen mit dem befreundeten Kartographen Martin Waldseemüller, die *Cosmographiae introductio* (1507), in der erstmalig die Neue Welt als ›Amerika‹ bezeichnet wird (→ Saint-Dié/Lo).

PFAFFENHOFFEN (Bas-Rhin) → BUCHSWEILER [R]

RAPPOLTSWEILER (RIBEAUVILLÉ) (Haut-Rhin)

Alljährlich am letzten Sonntag im August: ›Fête des Ménétriers‹ (Pfeiffertag), zurückgehend auf einen Brauch des späten Mittelalters, als fahrende Sänger, Spielmänner, Troubadoure in R. zusammenkamen, um ihre Angelegenheiten zu besprechen.

* 1635 **Philipp Jakob Spener** († Berlin 1705), Hauptvertreter des deutschen Pietismus; Studium in Straßburg und Basel; Predigertätigkeit in Frankfurt/Main, Dresden und Berlin; Ziel seines Wirkens ist eine Verinnerlichung des Glaubenslebens, Hinwendung zum praktischen Christentum und intensives Bibelstudium (auch der Laien); Hauptwerk: *Pia Desideria* (1675) – weitere W.: *Die Seligkeit der Kinder Gottes* (1692), *Geistreiche Gesänge* (1708).

[A] **L. Uhland** (1787-1862) erwanderte Ende Juli 1846 von Colmar aus die drei Burgen über der Stadt. – **W. Koeppen** (1906-1996) besuchte den Ort 1959 am Beginn seiner Frankreichfahrt.

[R] **Reichenweier** (**Riquewihr**), 3 km südl. v. R. gelegen, ist Geburtsort des Herzogs **Ulrich von Württemberg**, der eine Hauptrolle in W. Hauffs Roman *Lichtenstein* spielt (R. war von 1324 bis 1789 im Besitz der Herzöge von Württemberg-Mömpelgard; Gedenktafel am Schloß). Im gleichen Schloß wurde 1750 **Marie Karoline Flachsland** († Weimar 1809) geboren; die spätere Gattin J. G. Herders, Tochter eines württembergischen Beamten im Schloß (Gedenktafel), zog nach dem Tod des Vaters mit ihrer Mutter nach Pirmasens und von dort nach Darmstadt, wo sich die Bekanntschaft mit Herder ergab. **W. Koeppen** (1906-1996) beschreibt seinen Besuch des Ortes in den *Reisen nach Frankreich* (1961).

REICHENWEIER (RIQUEWIHR) (Haut-Rhin) → RAPPOLTSWEILER [R]
REICHSFELD (Bas-Rhin) → ODILIENBERG [R]
RIBEAUVILLÉ → RAPPOLTSWEILER
RIQUEWIHR (REICHENWEIER) → RAPPOLTSWEILER [R]
ROTHBACH (Bas-Rhin) → BUCHSWEILER [R]
(MONT) SAINTE-ODILE → ODILIENBERG
SAVERNE → ZABERN
SCHARRACHBERGHEIM (Bas-Rhin) → WASSELNHEIM [R]

SCHLETTSTADT (SÉLESTAT) (Bas-Rhin)

»Edles Schlettstadt, wer hat als erster dein Gebiet umgrenzt und dich unter so günstigen Vorzeichen gegründet? Woher kommt dein so beglückender und wohlwollender Genius? Welche Sterne leuchteten dir, als du entstandest? Obwohl du keine große Ausdehnung hast, du

nicht reich an Menschen und Schätzen bist, so ist doch unter allen Städten, die unter der Herrschaft des Kaisers gedeihen, keine glücklicher als du.« (Erasmus von Rotterdam)
»Schlettstadt ist eine hübsche kleine Stadt und Festung, vortrefflich an der Ill gelegen, über deren zahlreiche Arme man zwölf Brücken in einer Reihe zählt [...].« (Jens Baggesen)
Die berühmte **Humanistenbibliothek** (neben dem Straßburger Münster und dem *Isenheimer Altar* der dritte große Kunstschatz des Elsaß) entstand aus zwei Büchersammlungen: der Bibliothek der Lateinschule von S. (1441 gegründet; um 1510: 900 Schüler) und der Privatbibliothek des Humanisten Beatus Rhenanus (›Rhenana‹); zu den Schätzen zählen Handschriften des 7.-15. Jahrhunderts und viele (teils illuminierte) Inkunabeln, u. a. die *Cosmographiae Introductio* von Ringmann/Waldseemüller (→ Saint-Dié).

* 1450 **Jakob Wimpfeling (Wimpheling)** († ebda. 1528), Schriftsteller, Pädagoge, Herausgeber; Lateinschule in S., Studium in Freiburg, Erfurt, Heidelberg; 1484-98 Domvikar und -prediger in Speyer, anschließend (bis 1501) Professor für Poesie in Heidelberg, dann Rückkehr ins Elsaß nach Straßburg und S. (ab 1515). – Grab in St. Georg (Epitaph). – W. u. a.: *Germania* (1501), *Soliloquium* (1505), *Epithoma rerum Germanicarum* (1505).
* 1485 **Beatus Rhenanus** (eigentlich Beat Bild) († Straßburg 1547), Historiker, Philologe, Korrektor, Herausgeber; Lateinschule in S., Studium in Paris; unterhielt Beziehungen zu den führenden Humanisten seiner Zeit: u. a. zu W. Pirckheimer, U. v. Hutten; Erasmus von Rotterdam, dessen Werke Rhenanus herausgab, bezeichnete ihn als sein alter ego; seine Büchersammlung (s. u.) vermachte der bedeutende Humanist seiner Heimatstadt. – Geburtshaus: Bornertgasse 8; Grab in St. Georg (Epitaph). – W. u. a.: *Rerum germanicarum libri tres* (1531).
* 1491 **Martin Bucer (Butzer)** († Cambridge 1551), Theologe und Reformator; Lateinschule in S., 1506 Eintritt ins Dominikanerkloster, 1517 Studium in Heidelberg, 1518 Begegnung mit Luther; 1521 von den Ordensgelübden entbunden, Anschluß an die Reformation, tätig an St. Thomas in → Straßburg; Bemühen um die Einheit der evangelischen Bekenntnisse. – Geburtshaus in der Impasse Plobmann (Gedenktafel).
[A] Zu den Besuchern der berühmten Lateinschule zählte auch der Humanist **Matthias Ringmann** (→ Reichsfeld). – **Ulrich von Hutten** (1488-1523), Humanist und Ritter, dessen Leben nach einer mißlungenen militärischen Unternehmung seines Freundes Franz von Sickingen nicht mehr sicher war, flüchtete im September 1522 nach S., wo im Vorjahr sein berühmtes Lied »Ich habs gewagt mit sinnen ...« als Einblattdruck (bei Nicolaus Küffer) erschienen war und wo er nun mit Beatus Rhenanus (s. o.) zusammentraf. – **Goethe** (1749-1832) besuchte S. während seiner Straßburger Studienzeit 1770/71. – **Jens Baggesen** (1764-1826), der ›dänische Wieland‹, kam auf seiner Reise in die Schweiz im August 1789 durch die Stadt. – **L. Uhland** (1787-1862) weilte Ende Juli 1846 in S., suchte in der Bibliothek nach Liedersammlungen und unternahm Wanderungen in die Umgebung. – **O. Flake** (→ Metz / Lo) beschreibt den Ort in dem Essay *Schlettstadt* (1910). – **P. Claudel** (→ Villeneuve-sur-Fère/Pi) kam im März 1939 im Rahmen einer Vortragsreise nach S.

SESENHEIM (SESSENHEIM)
(Bas-Rhin)

[A] Im Oktober 1770 begleitete **Goethe** (1749-1832) als Straßburger Student seinen Freund Weyland nach S. und verliebte sich in die Pfarrerstochter Friederike Brion; häufige Besuche schlossen sich an; nach seinem Studienabschluß 1771 löste er die Verbindung und kehrte nach Frankfurt zurück; dichterischen Niederschlag fand diese Zeit, die Goethe in *Dichtung und Wahrheit* (2. Teil, 10. Buch / 3. Teil, 11. Buch) beschreibt, in den sog. *Sesenheimer Liedern* (u. a. »Willkommen und Ab-

Sesenheim: Pfarrhaus (Zeichnung Goethes)

schied«); am 25. 9. 1779, auf dem Weg in die Schweiz, besuchte Goethe Friederike in S. nochmals. – Privates Goethe-Museum im Wirtshaus Au Bœuf (Rue de l'Église Nr. 1); an der Außenwand der (inzwischen umgebauten) Kirche die Grabsteine der Eltern Friederikes; im alten Wachgebäude von 1815 seit 1960 eine Goethe-Gedenkstätte (M Mémorial Goethe); Goethe-Scheune (Grange de Goethe), nach Einsturz 1927 wiederaufgebaut, als letzter Rest aus der Goethe-Zeit hinter dem evangelischen Pfarrhaus (das durch Neubau ersetzt ist); ›Goethe-Hügel Friederiken-Ruhe‹, von dem aus Goethe das Straßburger Münster gesehen haben will, was damals wohl noch möglich war. (Friederikes Grab rechtsrheinisch: im badischen Meißenheim, sw. v. Offenburg). – Um Friederike Brion zu besuchen, kam im Sommer 1772 aus der Garnison in Fort-Louis (3 km ö. v. S.) mehrfach **J. M. R. Lenz** (1751-1792) nach S., wo er als Kandidat der Theologie auch von der Kanzel predigte; Lenz hielt sich von Frühjahr bis August 1772 als Begleiter der Brüder Kleist in dem Garnisonsdorf auf und arbeitete an der Tragikomödie *Der Hofmeister.*

SIGOLSHEIM (Haut-Rhin) → **KAYSERSBERG** R

SOULTZBACH-LES-BAINS (SULZBACH) (Haut-Rhin) → **GÜNSBACH** R

STRASSBURG (STRASBOURG)
(Bas-Rhin)

»Denkt man an Straßburg, so ist etwas Warmes, ein weiches Rot vor den Augen und im Herzen.« (O. Flake)

»Strasbourg ist eine liebliche alte Stadt; die Häuser wirken wie auf alten deutschen Stichen, so daß man unwillkürlich zu den Kaminen hochsieht und nach Storchennestern sucht. Die Stadt ist von kleinen Flüssen durchzogen, und es gibt malerische Ufermauern, wo Männer sitzen und angeln und Frauen den Rücken über ihre Wäsche krümmen.« (Ernest Hemingway)

Universität (gegr. 1537). – **Bibliothèque Nationale et Universitaire** (3 Mio. Bde., 5800 Hs., 2000 Ink.), Bibliothèque des Musées (100 Tsd. Bde., 5000 Museumskataloge), **Bibliothèque municipale** (Stadtbücherei; 500 Tsd.

Bde., 1500 Hs., 350 Ink.), Bibliothèque départementale de prêt du Bas-Rhin (300 Tsd. Bde.). (Die berühmte Stadtbibliothek war im 19. Jh. im Chor des Temple Neuf untergebracht; sie umfaßte 400 Tsd. Bände, 24 000 Handschriften und 9000 Inkunabeln; in der Nacht vom 24. auf den 25. 8. 1870 wurde sie durch deutsche Granaten fast völlig vernichtet.) – Außenstelle Goethe-Institut (Quai Kléber Nr. 4). – Théâtre National de Strasbourg, Théâtre Jeune Public (Centre Dramatique National), Théâtre municipal (Stadttheater).

Als erster französischer Text gelten die **Straßburger Eide** (842), in denen Karl der Kahle und Ludwig der Deutsche ihr Waffenbündnis gegen ihren Bruder Lothar bekräftigten; um für die Heere des Bündnispartners verständlich zu sein, schwur jeder in der Sprache des anderen: Karl auf althochdeutsch, Ludwig auf altfranzösisch.

Straßburg: Büste Johann Fischarts auf der Place du Pont-aux-Chats

* um 1210 **Gottfried von Straßburg**, neben Wolfram v. Eschenbach der bedeutendste mhd. Epiker; Schlüsse auf seine Person einzig aus seinem Hauptwerk *Tristan und Isolde* (knapp 20 000 Verse, unvollendet); Gottfried war wohl nichtadliger Herkunft und besaß eine gelehrte Bildung, die ein Studium voraussetzt; wahrscheinlich stand er in städtischem od. bischöflichem Dienst.

* um 1300 **Johannes Tauler** († ebda. 1361), Prediger, Mystiker; aus wohlhabenden Verhältnissen stammend, tritt er 1315 in das Dominikanerkloster in S. ein; Studium in Köln, Schüler Meister Eckharts, 1339 Prediger in Basel; ab 1347 wieder in S., Prediger an der Dominikanerkirche, dem Vorgängerbau des heutigen Temple Neuf; zentrales Thema der in der Volkssprache gehaltenen Predigten, von denen 1498 erstmals 80 gedruckt wurden, war die Christusnachfolge des Menschen. – Gedenktafel im Temple Neuf; Grab in der Kirche verschollen. – W.: *Predigten* (1961).

† 1313 **Gottfried von Hagenau** (* vor 1275), mittellat. Dichter; Studium der freien Künste und der Medizin, Lehrer in Basel, Arzt in S., ab 1300 Kanoniker am St. Thomas-Stift; verfaßte lat. und mhd. Marienhymnen. – W. u. a.: *Liber sex festorum beate virginis*.

* 1457 **Sebastian Brant** († ebda. 1521), satirischer Schriftsteller; der Vater war Ratsherr und Gastwirt der Großen Herberge zum goldenen Löwen; ab 1475 Studium der klass. Sprachen und Rechtswissenschaft in Basel, ebda. Professur; ab 1500 wieder in S., 1503 bis zu seinem Tod Stadtschreiber (Kanzler); Hauptwerk: *Das Narrenschiff*, in dem an 112 Narrentypen gesellschaftl. und moralische Normabweichungen aufgezeigt werden (Erstausgabe 1494; als Hauptmeister der Holzschnitte gilt der junge Albrecht Dürer). – Gedenktafel am Wohnhaus, dem elterlichen Gasthof Quai Saint-Nicolas, Nr. 18.

* 1489 **Jakob Sturm** (eigentlich von Sturmeck) († ebda. 1553), Staatsmann; aus einer alten S.er Patrizierfamilie gebürtig, gründete die Bibliothek und 1538 das Protestantische Gymnasium (Place des Étudiants, Gedenktafel), das später zunächst zur Akademie (1567) und dann zur Universität (1621) erhoben wurde.

† 1510 **Johannes Geiler von Kaysersberg** (* Schaffhausen 1445); kam 1478 als Domprediger ans S.er Münster, wo sein

Zuspruch so enorm war, daß man eigens für ihn, die ›Posaune des S.er Münsters‹, die steinerne Kanzel (H. Hammer, 1485-87) errichtete; u. a. hielt er einen Zyklus von über hundert Predigten, in denen er S. Brants *Narrenschiff* wie ein kanonisches Werk auslegte. – Sein Grab befindet sich unter der Kanzel (auf der auch sein legendäres, ihn stets begleitendes Hündchen abgebildet ist).

* um 1546 **Johann Fischart** (genannt Mentzer) († Forbach/Lo 1591), satirischer Schriftsteller, Übersetzer, Korrektor, Humanist; der bedeutendste deutsche Schriftsteller seiner Zeit; sein Vater stammte aus Mainz, daher der Beiname ›Mentzer‹ (= ›Mainzer‹); Schulen in S. (unter Johannes Sturm) und Worms, Bildungsreisen, Studium in Tübingen, Paris, Siena, Dr. iur. in Basel; 1580-83 Jurist am Reichskammergericht in Speyer; der umfassend gebildete Autor beherrschte sechs Sprachen, verfaßte satirische Streitschriften gegen die katholische Kirche; sein Hauptwerk, die *Affentheurlich Naupengeheurliche Geschichtklitterung* ... (unter diesem Titel ab der 2. Aufl., 1582, zuletzt 1997; 1. Aufl. 1575), ist eine durch Zusätze und Wortspielereien erweiterte Rabelais-Übersetzung. – Denkmal auf der Place du Pont-aux-Chats. – W. u. a.: *Der Barfüsser Secten und Kuttenstreit* (1570), *Binenkorb. Des Heyl. Römischen Imenschwarms* (1579), *Floeh Haz Weiber Traz* (Versepos 1573), *Das Glückhafft Schiff von Zürich* (1576), *Das Philosophisch Ehzuchtbüchlin* (1578).

† 1547 **Beatus Rhenanus** (* Schlettstadt 1485); der Humanist verstarb auf der Rückreise von einer Kur in Wildbad/Schwarzwald (Grab in Schlettstadt).

† 1589 **Johannes Sturm** (* Schleiden/Eifel 1507), Humanist, Pädagoge; 1530 Lehrer für klass. Philologie in Paris, 1538 an das von Jakob Sturm gegründete Gymnasium (Place des Étudiants, Gedenktafel) berufen, dem er als Rektor zu europ. Bedeutung verhalf; 1582 schied er nach einem Religionsstreit aus dem Amt.

* 1740 **Johann Friedrich Oberlin** († Waldersbach 1826), Theologe, Philanthrop; Studium der Theologie in S., 1763 Magister der Philosophie; 1766 ging er als evangel. Pfarrer nach → Waldersbach. – Geburtshaus Place du Temple Neuf Nr. 17 (Gedenktafel).

* 1747 **Heinrich Leopold Wagner** († Frankfurt/Main 1779), Dramatiker des Sturm und Drang, Übersetzer; Sohn eines S.er Handelsmanns, verbrachte Kindheit und Jugend in der Stadt, wo er ein Jurastudium begann (Bekanntschaft mit Goethe) und – nach einem Interim als Privatlehrer in Saarbrücken und Frankfurt – 1776 als Dr. iur. abschloß; anschließend siedelte er endgültig nach Frankfurt/Main über, wo er im Hause von Goethes Mutter verkehrte; sein bekanntestes Stück, *Die Kindermörderin* (1776; Bearbeitung 1963 v. P. Hacks), von Verführung und Kindsmord handelnd, erregte Empörung, so daß Wagner sich zu einer Umarbeitung entschloß; er starb 32jährig an Tuberkulose.

† 1771 **Johann Daniel Schöpflin** (* Sulzburg/Baden 1694), Historiker, Universitätslehrer; wurde 1720 Geschichtsprofessor in S., 1727 Stiftsherr an St. Thomas; Goethe berichtet in *Dichtung und Wahrheit* von einem studentischen »Fackelständchen« für den »vorzüglichen Mann«, den Verfasser der *Alsatia illustrata* (1751), eines grundlegenden Werkes über Geographie, Geschichte, staatl. Einrichtungen usw. des Elsaß; Wohnung im Stift; Grab in St. Thomas.

* 1832 **Gustave Doré** († Paris 1883), Illustrator vieler Werke der Weltliteratur, u. a. Dante, Rabelais, Cervantes, Balzac.

* 1887 **Hans Arp** († Basel 1966), dadaistischer Dichter, Maler, Bildhauer; Kindheit und Jugend in S., ebda. auch 1904-05 Besuch der Kunstgewerbeschule, anschließend Studium an den Kunstakademien in Weimar und Paris; 1916 begründete er mit Hugo Ball, T. Tzara u. a. in Zürich das ›Cabaret Voltaire‹, das zur Keimzelle des Dadaismus wurde; nach dem 2. Wk.

Straßburg: Gedenktafel für Germain Muller

lebte er in → Clamart/IdF und im Tessin; zahlreiche Kunstpreise. – Geburtshaus in der Rue du Vieux-Marché-aux-Poissons Nr. 52 (Gedenktafel); die Geburtsstadt ist Thema der Gedichte »Alter Fischmarkt« und »Straßburgkonfiguration«. – W. u. a. *Die wolkenpumpe* (Ged. 1920), *Der Pyramidenrock* (Ged. 1924), *Weißt du schwarzt du* (Ged. 1924/30).

* 1923 **Germain Muller** († 1994), Schriftsteller, Dramatiker, Regisseur; besuchte in Bordeaux das Konservatorium; in der Kriegszeit Theaterakademie in Karlsruhe, Engagement in Würzburg; gründete 1946 das elsässische Mundartcabaret Barabli; Fernsehproduktionen, Kulturarbeit. – Gedenktafel am Rathausgitter (Place Broglie).

[A] **Meister Eckhart** (um 1260-1328) war von 1314-22 Prediger an der Dominikanerkirche. – Von Frühjahr 1434 bis Frühjahr 1444 lebte **Johannes Gutenberg** (um 1397-1468) in S. (in der Vorstadt St. Arbogast) und machte die ersten Versuche im Buchdruck (Denkmal auf der Place Gutenberg). – **Thomas Murner** (→ Oberehnheim) trat 1490 in das Franziskanerkloster in S. ein, wurde 1497 zum Priester geweiht, war in der Folge ein einflußreicher Prediger, Dozent und schließlich Guardian seines Klosters. – **Jakob Wimpfeling** (→ Schlettstadt) kam 1501 im Anschluß an seine Heidelberger Jahre nach S. (Wohnung im Wilhelmitanerkloster in der Krautenau), wo seine Hauptwerke entstanden und er in engem Kontakt zu J. Geiler von Kayserberg und S. Brant stand, dessen *Narrenschiff* er zur Schullektüre machen wollte; von hier ging er 1515 zurück nach Schlettstadt. – **Erasmus von Rotterdam** (1469-1536) wurde 1514 in der von S. Brant und J. Wimpfeling ins Leben gerufenen literarischen Gesellschaft empfangen, wovon er in *De copia verborum* spricht. – **Martin Bucer** (→ Schlettstadt) war ab 1523 als ›Reformator der ersten Stunde‹ an St. Thomas tätig und verhalf der Reformation in S. zum Durchbruch; nach der Niederlage der Protestanten im Schmalkaldischen Krieg wurde er gedrängt, S. zu verlassen, und ging nach Cambridge, wo er starb (Wohnhaus: Rue St. Thomas Nr. 15). – **Johann Michael Moscherosch** (1601-1669), der Satiriker aus dem nahen rechtsrheinischen Willstätt, besuchte ab 1612 das berühmte Gymnasium von S., studierte anschließend hier Philosophie und Jura (bis 1624); nach langer Abwesenheit war er ab dem Winter 1642/43 wieder in der Stadt, wo 1640 erstmals sein Hauptwerk, die *Wunderlichen und wahrhaftigen Gesichte Philanders von Sittewald* erschienen waren, und von 1645-56 als städtischer Fiskal für das Polizeiwesen zuständig. – 1643-44 war **Angelus Silesius** (eigentlich Johannes Scheffler, 1624-1677) zum Studium in S., zwei Jahre später **Andreas Gryphius** (1616-1664), der im Anschluß an eine Bildungsreise durch Frankreich und Italien hier seine erste Tragödie *Leo Armenius* vollendete. – **Ph. J. Spener** (→ Rappoltsweiler) kam 1651 zum Studium in die Stadt, 1664 promovierte er zum Doktor der Theologie. – **Voltaire** (→ Paris) weilte 1753 und 1754 mehrfach in der Stadt (u. a. im Rabenhof, Quai des Bateliers Nr. 1). – Der englische Schriftsteller

James Boswell (1740-1795) besuchte im November 1764 das S.er Münster (»eines der erhabensten Beispiele gotischer Baukunst [...], das ich je zu Gesicht bekam«) und stieg im Gasthof Zum Geist ab. – **Choderlos de Laclos** (→ Amiens/Pi) war von Mitte 1765 bis Herbst 1769 in S. in Garnison. – **J.-J. Rousseau** (→ Anhang) traute sich bei seinem Besuch der Stadt, der von November bis Dezember 1765 dauerte, nicht auf die Straße, aus Angst, erkannt zu werden und nicht einmal mehr in seinem Zimmer Ruhe zu finden. – **J. W. Goethe** (1749-1832) setzte sein Leipziger Jurastudium in S. fort, traf am 4. April 1770 ein, stieg zunächst im Gasthof Zum Geist ab (Quai St. Thomas Nr. 6, völlig umgebaut) und bewohnte in der Folge beim Kürschnermeister Schlag »ein kleines, aber wohlgelegenes und anmutiges Quartier an der Sommerseite des Fischmarkts« (Rue du Vieux-Marché-aux-Poissons Nr. 36, Gedenktafel); der erste Gang galt dem Münster, wo Goethe »das Erhabene mit dem Gefälligen in Bund getreten« fand (Aufsatz *Von deutscher Baukunst*, 1772); seine im Sommer 1771 eingereichte Dissertation über ein kirchengeschichtl. Thema wurde abgelehnt, aber er konnte am 6. 8. 1771 den gleichgestellten Titel eines Lizentiaten erwerben; G. hörte auch Vorlesungen über Chemie, die in der Hirsch-Apotheke (Pharmacie du Cerf; Rue Mercière) gehalten wurden; seinen Mittagstisch, dem der Aktuar Salzmann vorsaß, sein väterlicher Ratgeber in jurist. Dingen, hatte G. bei den Jungfern Lauth in der Knoblochgasse (Rue de l'Ail, Nr. 22, 1944 zerstört), wo er u.a. mit Heinrich Leopold Wagner (s.o.) und J.M.R. Lenz (s.u.) zusammentraf; im August 1771 reiste er wieder nach Frankfurt ab; nochmalige Aufenthalte in S. auf seiner ersten Schweizer Reise 22.-26. 5. 1775 und, in Begleitung des Herzogs Carl August, auch auf seiner zweiten Schweizer Reise am 26./27. 9. 1779, als er die Familie von Türckheim (→ Oberehnheim [R]) besuchte; Denkmal (1904) vor der Universität; ausführliche Beschreibung der S.er Zeit in *Dichtung und Wahrheit* (2. Teil, 9. Buch bis 3. Teil, 11. Buch). – Mitglied der Tischgesellschaft in der Knoblochgasse war auch der spätere Arzt und pietistische Schriftsteller **Johann Heinrich Jung (genannt Jung-Stilling)** (1740-1817), der von 1770 bis 1772 in S. Medizin studierte (Wohnung in der Rue de l'Ail Nr. 19); von seinem Aufenthalt (u. a. auch von Goethes Auftreten in S.) berichtete er in seiner Autobiographie *Henrich Stillings Wanderschaft. Eine wahrhafte Geschichte* (1778). – **Johann Gottfried Herder** (1744-1803), der von Anfang September 1770 bis März 1771 in S. weilte, erhoffte sich Linderung eines Augenleidens von einer Operation, die jedoch mißglückte und ihm den Aufenthalt vergällte: »S. ist der elendeste, wüsteste, unangenehmste Ort, den ich, behutsam und bedächtig gesprochen, in meinem Leben gefunden«; er bewohnte zunächst ein abgedunkeltes Zimmer im Gasthaus Zum Geist (s. o.), wo ihn Goethe besuchte, später eine Wohnung in der Auberge du Louvre, Rue Salzmann. (1933 im gleichen Haus, wie er im *Augenspiel* beschreibt, **Elias Canetti**.) – Als Hofmeister der Brüder von Kleist kam im Mai 1771 **J.M.R. Lenz** (1751-1792) in die Stadt, wo er die Bekanntschaft Goethes und seines Kreises machte, blieb – mit Unterbrechungen – bis zum Frühjahr 1776; während dieser Zeit entstanden die Dramen *Der Hofmeister*, *Der neue Menoza*, *Die Soldaten* und die *Anmerkungen übers Theater*. – Der Lyriker **André Chénier** (→ Anhang) war 1780 ein halbes Jahr in der S.er Garnison; im gleichen Jahr führte **Wilhelm Heinse** (1746-1803) seine Reise nach Italien über S.: »Man tritt in das Münster gerade wie in einen heiligen Hain, wie in einen erfrischenden dreifachen Gang von äußerst hohen weitschattigen Bäumen.« – Der Schweizer Pfarrer **J.K. Lavater** (1741-1801), berühmt durch seine *Physiognomischen Fragmente* (1775-79), kam im

Januar und Oktober 1781 sowie im Juni 1783 nach S., wo er jeweils mit dem von ihm verehrten Abenteurer und Scharlatan Graf Cagliostro zusammentraf, der sich seit Herbst 1780 hier (Rue de la Râpe Nr. 12) aufhielt. – **Sophie von La Roche** (1731-1807) besuchte die Stadt 1784 und 1785 und beschreibt sie in ihren Reisebüchern *Tagebuch einer Reise in die Schweiz* (1787) und *Journal einer Reise durch Frankreich* (1787). – Der dänische Dichter **Jens Baggesen** (1764-1826) unternahm 1789 eine Reise von seiner Heimat in die Schweiz, die ihn Anfang August über S. führte, das er in seinem Bericht *Das Labyrinth oder Reise durch Deutschland in die Schweiz 1789* ausführlich beschreibt (v. a. das Münster). – **Rouget de Lisle** (→ Lons-le-Saunier/FC) sang am 25. 4. 1792 im Haus des Bürgermeisters der Stadt (Place Broglie, heute Banque de France; Gedenktafel) seine Komposition »Chant de guerre de l'armée du Rhin«, die als »Marseillaise« zur französischen Nationalhymne wurde. (Die Szene beschreibt **Stefan Zweig** in seinen *Sternstunden der Menschheit*, 1943.) – **Ch. Nodier** (→ Besançon/FC) kam Ende 1793 nach S., wo er mit **Eulogius Schneider** (* Wipfeld bei Schweinfurt 1756, † Paris 1794) zusammentraf, einem ehemaligen Franziskaner, nun öffentlicher Ankläger der Revolution in S. (Autobiogr. *Euloquius Schneiders ernste Betrachtungen über sein trauriges Schicksal, nebst einem flüchtigen Rückblick auf seinen geführten Lebenswandel*, 1794); Nodier blieb, bis Schneider, auch Professor der Schönen Künste, der den angehenden Dichter mit dem Werk Anakreons vertraut gemacht hatte, 1794 selbst ein Opfer der Guillotine wurde. – **Heinrich v. Kleist** (1777-1811) kam 1801 zweimal durch die Stadt: Ende Juni, als er sich hier entschloß, nicht nach Südfrankreich, sondern zu den Feiern des 14. Juli nach Paris zu reisen, und Anfang Dezember auf dem Weg von Frankfurt/Main in die Schweiz. – **Friedrich Hölderlin** (1770-1843), Ende 1801 zu Fuß aus dem Schwäbischen aufgebrochen, um im neuen Jahr eine Hauslehrerstelle in → Bordeaux/Aq anzutreten, mußte wegen Schwierigkeiten mit seinem Reisepaß länger in S. verweilen, als er eigentlich wollte, wie er seiner Mutter aus Lyon schrieb. – **Johann Gottfried Seume** (1763-1810), der nach seiner berühmten Italienreise 1802 und einem angehängten Paris-Aufenthalt über S. nach Dtl. zurückkehrte, zählte zu den Bewunderern des Münsters: »Es wäre vielleicht schwer zu bestimmen, ob der Dom in Mailand oder diese Kathedrale den Vorzug verdient. Diese beyden Gebäude sind wohl auf alle Fälle die größten Monumente gothischer Baukunst.« – **Fr. Schlegel** (1772-1829) besuchte die Stadt September 1804 im Rahmen einer Reise von Köln nach Paris und hielt seine Eindrücke vom Münster in den *Briefen auf einer Reise durch die Niederlande, Rheingegenden, die Schweiz und einen Teil Frankreichs* (1806) fest. – Der alemannische Dichter **J. P. Hebel** (1760-1826) weilte im April 1805 (und ein letztes Mal im Juli 1826) im Hause seines ehemaligen Schülers G. Haufe, mit dessen Frau er einen Briefwechsel unterhielt. – **Stendhal** (→ Grenoble/RhA) war zwischen 1806 und 1838 nicht weniger als siebenmal zu Gast in S.; das 24. Kapitel des 2. Bandes von *Le Rouge et le Noir* (1830; dt. *Rot und Schwarz*, 1901 u. ö.) spielt in S. – Der schwäbische Lyriker **L. Uhland** (1787-1862) verbrachte im Frühjahr 1811 zwei Tage in der Stadt, die er dazu nutzte, »auf, durch und um das Münster zu wandeln und es in verschiedenen Fernen und zu verschiedenen Zeiten anzuschaun«; dem Münster und dessen Besucher Goethe widmete er das Gedicht »Münstersage« (1829); nochmalige Aufenthalte im Juli 1837, Herbst 1843 und Ende Juli 1846. – **A. v. Arnim** (1781-1831) kam fünf Tage im November 1811, um das Münster kennenzulernen; ein Gedicht über das Münster fügte er in seinen Roman *Die Kronenwächter* (1817) ein. – **Clemens Brentano**

(1778-1842) besuchte, begeistert von den Schätzen der Stadtbibliothek (s. o.), von September bis Anfang November 1825 (mit Unterbrechungen) seinen Koblenzer Landsmann, den katholischen Publizisten **Joseph Görres** (1776-1848), der vor einer Verhaftung durch die preußischen Machthaber geflohen war und seit dem Herbst 1819 in S. wohnte (bis 1826). – **A. de Vigny** (→ Loches/C) sah als Offizier von März bis Mai 1823 wenig mehr als die Kaserne. – Der Kritiker **Sainte-Beuve** (→ Boulogne-sur-Mer/NPdC) teilte nach einem Besuch 1829 seine Geringschätzung für das Münster V. Hugo in einem Brief mit. – Goethes Freund und Gesprächspartner **Johann Peter Eckermann** (1792-1854) verbrachte auf der Rückreise aus Italien Ende September 1830 einige Tage in der Stadt. – **P. Mérimée** (→ Paris) kam mehrmals: als Tourist 1831, als Inspektor der Staatlichen Denkmalpflege im Juni 1836, als er einen Bericht über die notwendige Erhaltung des Münsters verfaßte, sowie 1844. – Im November 1831 kam **Georg Büchner** (1813-1837) zum Medizinstudium nach S., nahm Wohnung bei dem Dichter und Pfarrer zu St. Wilhelm Johann Jakob Jaegle (Rue Saint Guillaume Nr. 66, 1906 abgerissen), mit dessen Tochter Minna (Wilhelmine) er sich heimlich verlobte; mit Ausnahme der Sommerferien 1832, die er in Darmstadt verbrachte, blieb er bis zum Spätsommer 1833 in S., von wo er im Juli 1833 noch zu einer Vogesenwanderung aufgebrochen war, bevor er die Stadt zur Fortsetzung seines Studiums in Gießen verließ; als politischer Flüchtling suchte B. die Stadt erneut von März bis Oktober 1835 auf (Wohnung: Rue de la Douane Nr. 18, abgerissen); während dieser Zeit entstanden die Erzählung *Lenz*, die Komödie *Leonce und Lena*, zwei Übersetzungen V. Hugos (*Lucretia Borgia* und *Maria Tudor*) und die medizinische Abschlußarbeit *Über das Nervensystem der Barbe* sowie ein verschollenes Drama über Pietro Aretino. – Der englische Kunstkritiker **John Ruskin** (1819-1900) stattete der Stadt mehrere Besuche ab (1832, 1835 und 1852) und schrieb über das Münster. – **A. de Lamartine** (→ Mâcon/Bu) hielt sich im Oktober 1833, von seiner Orientreise zurückkehrend, in der Stadt auf. – **G. de Nerval** (→ Paris) fand bei seinem einwöchigen, in der *Lorely* (1852) beschriebenen Aufenthalt im August 1838 einzig beklagenswert, daß er nicht zur Saison gekommen war, wo es Schinken, Sauerkraut und Gänseleber gab; Ende September 1838 war er wieder in S. und wohnte im Rabenhof (s. o.) zusammen mit **Alexandre Dumas d. Ä.** (→ Villers-Cotterêts/Pi), der das Münster als eines der Weltwunder bezeichnete. – Anfang September 1839 kam **Victor Hugo** (→ Besançon/FC) mit seiner Geliebten Juliette Drouet nach S., logierte im Hotel Maison Rouge an der Place d'Armes (heute Place Kleber); in seinem Reisebuch *Le Rhin* (1842, dt. *Rheinreise*, 1842, zuletzt 1982) beschreibt Hugo die Aussicht vom Hotelzimmer; der vom Münster tief beeindruckte Dichter (»Ich habe nie etwas Imposanteres gesehen«) besuchte auch St. Thomas mit dem Grabmal für Moritz von Sachsen (»ein berühmtes Werk, hoch gelobt und sehr mittelmäßig«). – Mehrmals kam **H. de Balzac** (→ Tours/C) nach S., so 1841 und 1845 mit Frau Hanska (mit der er im Hotel A la Fleur, Rue de la Douane Nr. 13, abstieg), das ihm als Schauplatz einer Szene im *Cousin Pons* (1848) diente; eine der Hauptpersonen der *Menschlichen Komödie*, die in mehreren Romanen auftretende Figur des Baron von Nucingen, eines jüdischen Spekulanten und Bankiers, ist S.er. – Der Historiker **J. Michelet** (→ Paris) besuchte Stadt und Kathedrale (»eine erhabene Höhle Gottes«) für zwei Tage im Sommer 1842 und Ende August 1843. – Der demokratische Dichter **Georg Herwegh** (1817-1875) wartete im April 1848 als Präsident der in Paris gegründeten ›Deutschen Demokratischen Legion‹ in S. drei Wochen lang den rechten Zeitpunkt ab, um die Revolution nach Baden zu exportieren (was scheitern sollte). – Der amerikanische Dichter **H. W. Longfellow** (1807-1882) besuchte die Stadt 1851, **Th. Gautier** (→ Tarbes/MPy) im Juli 1854 und im September 1857. – **Richard Wagner** (1813-1883) wohnte im Januar 1858 auf der Durchreise von Zürich nach Paris einer Aufführung seiner *Tannhäuser*-Ouvertüre bei (*Mein Leben*). – **Hippolyte Taine** (→ Vouziers/ChA) besuchte die Stadt 1863 und 1865 und beschreibt sie (und das Münster) in den *Carnets de voyage* (1897). (Namentlich für die Skulpturen des Münsters begeisterte er sich bei einem Besuch 1882.) – **Th. Fontane** (1819-1898), der auf dem Hin- wie Rückweg seiner Osterreise 1871 über S. kam, nahm beide Male im Rebstock (La Vignette) Quartier und beschreibt in dem Reisebericht *Aus den Tagen der Okkupation* (1871) seine Besteigung des Münsterturms. – Die Familie des Dichters **E. Stadler** (→ Colmar) war im Januar 1886 von Colmar nach S. gezogen, wo der spätere expressionist. Lyriker vom Herbst 1892 bis Ostern 1902 das geschichtsträchtige Protestantische Gymnasium (s. o.) besuchte, dann studierte (Ged. »Gratia divinae pietatis ...«, 1914); Grab auf dem Friedhof des Vororts Ruprechtsau (Cimetière St.-Louis Robertsau). – **A. Schweitzer** (→ Kaysersberg) verbrachte die zwei Jahrzehnte zw. 1893 und 1913 vornehmlich in S.: als Student (der Theologie, Philosophie, später der Medizin), Universitätslehrer, ab 1900 Vikar von St. Nicolai (nochmals von 1918-21). – »O ›tolle Kathedrale‹ – mit Deinem luftigen Turm! von der Turmspitze sah man, wie aus schwankender Gondel, auf den Dächern Störche«, schreibt **A. Gide** (→ Paris) in *Les Nourritures terrestres* (1897, dt. *Uns nährt die Erde*, 1930). – **R.M. Rilke** (1875-1926) kam das erste Mal 1894 und besuchte den Verleger Kattentidt (Verlagsbüro in der Rue des Bouchers), der im November des gleichen Jahres das erste selbständige Werk Rilkes herausbrachte; weitere Besuche der Stadt, in der Rilke vor allem das Münster und den Brunnen auf der Terrasse des Palais Rohan liebte, Anfang September 1909 und im Sommer 1925. – Ab 1900 studierte **O. Flake** (→ Metz/Lo), der in der Folge viele Texte über die Stadt veröffentlichte (*Straßburg und das Elsaß*, 1908, *Straßburg. Geschichte einer deutschen Stadt*, 1940, *Ein Sprung nach Straßburg*, 1956, und *Um 1900*, 1956), Germanistik, Philosophie und Kunstgeschichte an der Universität. – **René Schickele** (→ Oberehnheim) besuchte das Bischöfl. Gymnasium in S. und begann hier 1901 sein Studium; Freundschaft mit O. Flake und E. Stadler, Herausgeber der Zeitschrift *Der Stürmer* (1. Nummer: 1902, ab 1903 umbenannt in *Der Merker*); von 1911-13 nochmals Wohnsitz in S., Chefredakteur der *Straßburger Neuen Zeitung*; in Schickeles Romantrilogie *Das Erbe am Rhein* (1925-31) bildet S. einen wiederkehrenden Schauplatz. – **Yvan Goll** (→ Saint-Dié/Lo) studierte hier von 1912-14 Jura; an Leukämie erkrankt, ließ er sich ab September 1948 im ›Hôpital Civil‹ behandeln, »das ihn nach fünf Monaten wunderbarerweise noch einmal befristet ins Leben entließ« (Claire Goll). – **M. Barrès** (→ Charmes/Lo) hielt im November 1920 Vorträge an der Universität von S., das er von früheren Besuchen schon kannte (*Au service de l'Allemagne*, 1905, und *Mes Cahiers*, 1905). – **P. Claudel** (→ Villeneuve-sur-Fère/Pi) weilte mehrmals in S.: im April 1913 zur Aufführung seines Stückes *L'annonce faite à Marie* (dt. *Mariä Verkündigung*), Ende Mai 1936 und zu einer Konferenz im März 1939; literarischer Niederschlag: »Strasbourg« (Ged. 1913), *La cathédrale de Strasbourg* (Essay 1939). – **Thomas Mann** (1875-1955) begann zu Beginn des Jahres 1918 eine Vortragsreise in S.; Anfang Mai 1931 war er zu Vortrag und Lesung im Konservatorium der Stadt. – **A. de Saint-Exupéry** (→ Lyon/RhA) trat im Frühjahr 1921 seinen Militärdienst beim

2. Fliegergeschwader in S. an. – **Ernest Hemingway** (1898-1961) kam im Sommer 1922 als Reporter des *Toronto Daily Star* nach S. und stellte verblüfft fest, daß die Taxifahrer alle französisch, die Fahrer von Pferdedroschken ausschließlich deutsch sprachen: »Hier prallt das neue Regime auf das alte.« (»Neue Bräuche in Elsaß-Lothringen«, in: *Reportagen 1920-1924*, 1990.) – **A. Döblin** (1878-1957) kam im Mai 1938 mit dem befreundeten **R. Minder** (→ Wasselnheim) in die Stadt, die einen Schauplatz in Döblins Roman *Bürger und Soldaten* (1939, 1. Band der Romantrilogie *November 1918*) bildet. – Mit S. begann 1959 **Wolfgang Koeppen** (1906-1996), wie viele andere, seine Frankreichreise (*Reisen nach Frankreich*, 1961). – Beschreibung der Stadt auch in den Reisenotizen *Von Paris nach Frankreich* (1975) von **Rolf Schneider** (* 1932).

[L] S. ist darüber hinaus Schauplatz in den Romanen *Der Zauberbaum* (1985) von **P. Sloterdijk** und *Wie die Würfel fallen* (1986) von **A. Weckmann.**

SULZBACH (SOULTZBACH-LES-BAINS) (Haut-Rhin) → **GÜNSBACH** [R]

THANN (Haut-Rhin)

* 1886 **Ernst Robert Curtius** († Rom 1956), Romanist; als Professor für Romanistik in Marburg, Heidelberg und Bonn (1929-51) beschäftigte er sich vor allem mit der französischen Literatur des 19. und 20. Jhs sowie den lit. Denk- und Ausdrucksformen vom Mittelalter bis zur Neuzeit. – W. u. a.: *Maurice Barrès und die geistigen Grundlagen des französischen Nationalismus* (1921); *Balzac* (1923); *Französischer Geist im neuen Europa* (1925); *Europäische Literatur und lateinisches Mittelalter* (1948); *Kritische Essays zur europäischen Literatur* (1950).

[A] **Montaigne** (→ Montaigne/Aq) übernachtete Ende September 1580 in Th., das er in seinem Reisetagebuch als »sehr schön« bezeichnete.

[R] In **Oderen** (12 km nw. v. Th.) steht nahe der Brücke das Haus, in dem Catherine Hübscher, als *Madame Sans-Gêne* von **V. Sardou** (→ Marly-le-Roi/IdF) in der gleichnamigen Komödie verewigt, ihre Lehre als Wäscherin absolvierte.

TÜRKHEIM (TURCKHEIM) (Haut-Rhin) → **COLMAR** [R]

URBACH (FOUDAY) (Bas-Rhin) → **WALDERSBACH**

WALDERSBACH (Bas-Rhin)

† 1826 **Johann Friedrich Oberlin** (* Straßburg 1740); der ›Vater des Steintals‹ war ab 1767 nicht nur als Seelsorger tätig, sondern auch praktisch-ökonomisch; Titelfigur des Bestsellers von Friedrich Lienhart: *Oberlin* (1910). – Im Pfarrhaus: [M] Musée Oberlin; ›Oberlin-Mémorial‹ in der Kirche; Grab auf dem Friedhof des 2 km w. gelegenen Dorfes Urbach (Fouday). »Zu diesem wackeren Pfarrer sollten alle eine Wallfahrt anstellen.« (G. C. Pfeffel)

[A] Am 20. 1. 1778 kam **J. M. R. Lenz** (1751-1792), bei dem sich Symptome einer schizophrenen Erkrankung gezeigt hatten, zum Pfarrer Oberlin, von dem er sich Heilung versprach; während seines dreiwöchigen Aufenthalts nahm Lenz eiskalte Brunnenbäder, predigte von der Kirchenkanzel, unternahm zwei Selbstmordversuche, bevor er auf Veranlassung Oberlins nach Straßburg gebracht wurde; G. Büchners Erzählung *Lenz* (entstanden 1835) liegen die Aufzeichnungen Oberlins und des Lehrers Scheidecker zugrunde; der Brunnen vor dem Pfarrhaus (›Lenz-Brunnen‹) stammt aus späterer Zeit (1820). – **O. Flake** (→ Metz / Lo) beschreibt die Gegend in der Skizze »Das Steintal im Elsaß« (1943).

WASENBURG (WASENBOURG) (Ruine) (Bas-Rhin) → **BUCHSWEILER** [R]

WASIGENSTEIN (Ruine) (Bas-Rhin) → **WEISSENBURG** [R]

WASSELNHEIM (WASSELONNE)
(Bas-Rhin)

* 1902 **Robert Minder** († Cannes/PAC 1980), Germanist; Studium in Straßburg und Paris, Besuch der École Normale Supérieure, Professor in Nancy, Grenoble und Paris, ab 1957 Lehrer am Collège de France; verfaßte zahlreiche Werke zur dt. und frz. Literatur- und Kulturgeschichte. – W. u. a.: *Ludwig Tieck. Un poète romantique allemand* (1936), *Das Bild des Pfarrhauses in der deutschen Literatur* (1959), *Kultur und Literatur in Deutschland und Frankreich* (1962), *Hebel und die Heimatkunst von Frankreich gesehen* (1963), *Dichter in der Gesellschaft* (1966).

[A] **Victor Hugo** (→ Besançon/FC) durchquerte an einem nebligen Septembermorgen 1839 in der Kutsche die Stadt und erspähte »eine merkwürdige Kirchenfassade [...], die von drei runden, spitzen, nebeneinanderstehenden Türmen überragt wurde«.

[R] Im Schloß von **Scharrachbergheim** (8 km sö. v. W.) schrieb **Georges Simenon** (→ Anhang) im März 1939 den Roman *Malempin* (1940, dt. *Der Wucherer*, 1994). – Auf dem Friedhof von **Kolbsheim** (16 km sö. v. W.) Grab des Schriftstellers und Philosophen **Jacques Maritain** (→ Paris).

WEISSENBURG (WISSEMBOURG)
(Bas-Rhin)

[A] Der um 800 geborene **Otfried von Weißenburg** ist der erste namentlich bekannte Autor der deutschen Literaturgeschichte; um 830 in W. nachweisbar, schloß er danach seine Studien in Fulda bei Hrabanus Maurus ab und kehrte nach W. zurück; mehrere Codices wurden von seiner Hand geschrieben und korrigiert; seine *Evangelienharmonie* (863/71), eine poetische Darstellung des Lebens Jesu, ist in südrheinfränkischem Dialekt verfaßt und in mehreren Handschriften überliefert; Denkmal vor der Stiftskirche; zum Gedenken an Otfried Steinrelief eines lesenden Mönchs an der Fassade der ehemaligen Zehntscheune.

Weißenburg: Otfried-Relief an der Zehntscheune

[R] Zu den Besuchern der Ruine **Wasigenstein** (22 km w. v. W.) zählte **L. Uhland** (1787-1862), der im Juni 1857 vom heimatlichen Tübingen in die Pfalz reiste. Die Ruine W. ist ein Schauplatz der Handlungen des mittellateinischen *Walthari-Liedes* (9./10. Jh.) sowie eines Gedichts von **V. v. Scheffel**: »Der Wasgenstein«.

WETTOLSHEIM (Haut-Rhin) → COLMAR [R]

WISSEMBOURG → WEISSENBURG

WÖRTH (WŒRTH) (Bas-Rhin) → HAGENAU [R]

ZABERN (SAVERNE) (Bas-Rhin)

»Mit zwei werten Freunden und Tischgenossen [...] begab ich mich zu Pferde nach Zabern, wo uns, bei schönem Wetter, der kleine freundliche Ort gar anmutig anlachte. Der Anblick des bischöflichen Schlosses erregte unsere Bewunderung [...]. Der Blick in den Garten ist herrlich, und ein Kanal, drei Viertelstunden lang, schnurgerade auf die Mitte des Schlosses gerichtet, gibt einen hohen Begriff von dem Sinn und den Kräften der vorigen Besitzer. Wir spazierten daran hin und wider und genossen mancher Partien dieses schön gelegenen Ganzen, zu Ende der herrlichen Elsasser Ebene, am Fuße der Vogesen. [...] Von der aufgehenden Sonne beschienen, erhob sich vor uns die berühmte Zaberner Steige, ein Werk von unüberdenklicher Arbeit. Schlangenweis, über die fürchterlichsten Felsen aufgemauert, führt eine Chaussee, für drei Wagen neben einander breit genug, so leise bergauf, daß man es kaum empfindet. Die Härte und Glätte des Wegs, die geplatteten Erhöhungen an beiden Seiten für die Fußgänger, die steinernen Rinnen zum Ableiten der Bergwasser, alles ist so reinlich als künstlich und dauerhaft hergerichtet, daß es einen genügenden Anblick gewährt.« (Goethe)

[A] **Goethe** (1749-1832) kam am 23. Juni 1770 nach Z. und ritt am folgenden Tag über die Zaberner Steige weiter; das in *Dichtung und Wahrheit* erwähnte Schloß ist der Vorgängerbau des heutigen, das erst nach dem Brand von 1779 entstand. – 1802 kam auf der Rückreise von Paris nach Deutschland **Johann Gottfried Seume** (1763-1819) über Z.: »Bey Zabern ist die Gegend ungewöhnlich schön und es muß in den Bergen hinauf romantische Parthien geben.« – **Victor Hugo** (→ Besançon/FC) genoß Anfang September 1839 die frühmorgendliche Fahrt die Zaberner Steige hinab: »einer der schönsten Eindrücke meines Lebens«. – **Th. Fontane** (1819-1898) führte seine ›Osterreise durch Nordfrankreich und Elsaß-Lothringen 1871‹ nach »Zabern, das die Franzosen, nicht gerade zum Schaden des Orts, in ein wohlklingendes ›Saverne‹ umgetauft haben« (*Aus den Tagen der Okkupation*, 1871).

[L] Die ›Halsbandaffäre‹ und die Rolle des Kardinals Rohan in Z. finden Erwähnung in der Biographie *Marie Antoinette* (1938) von **Stefan Zweig**.

Nancy: Place Stanislas

LOTHRINGEN (Lo)
LORRAINE

Region: Lothringen (Lorraine); Départements: Meurthe-et-Moselle (54), Meuse (55), Moselle (57), Vosges (88); Einwohner: 2,2 Mio.; Fläche: 23547 qkm; Verwaltungssitz: Metz.

ARCHES (Vosges) → ÉPINAL [R]

BAR-LE-DUC (Meuse)

Bibliothèque départementale de prêt de la Meuse (132 Tsd. Bde.), Médiathèque J. Jeukens (120 Tsd. Bde., 880 Hs., Ink.). – Action Culturelle du Barrois (Theater).

* 1860 **Raymond Poincaré** († Paris 1934), Politiker; der frz. Staatspräsident (1913-20) war auch als Schriftsteller tätig und verfaßte u. a. das Erinnerungswerk *Au Service de la France* (10 Bde. 1925-33); ab 1909 Mitglied der Académie Française. – Geburtshaus Rue du Docteur Nève Nr. 35; Denkmal vor dem Bahnhof.

[A] Als Hofdichter folgte **Ronsard** (→ La Possonnière/C) im Mai 1564 dem französischen Hof ins Schloß von B., wo er anläßlich der Taufe des Sohnes Karls III., gleichzeitig Herzog von Bar, das allegorische Spiel *La Mascarade des quatre éléments et des quatre planètes* aufführen ließ. – **Montaigne** (→ Montaigne/Aq) kam zweimal nach B.: 1559, nachdem er der Krönung Franz' II. in → Reims/ChA beigewohnt hatte, und Mitte September 1580 auf dem Wege zum Heilbad → Plombières, als er an dem später nach dem Stifter Gilles-de-Trèves benannten Kolleg »den Bau und die Einrichtung des schönsten Stadthauses von ganz Frankreich« lobte. (Montaigne spricht von B. sowohl in seinem *Journal de Voyage* wie in den *Essais*). – **Voltaire** (→ Paris) besuchte in den Jahren 1737 und 1738 regelmäßig den holländischen Stoffhändler Excellmans in der Rue du Bar-la-Ville Nr. 39 und kaufte ihm – aus Spekulationsgründen – holländische Dukaten ab (*Correspondance*). – **A. Theuriet** (→ Marly-le-Roi/IdF) verbrachte vom 5. Lebensjahr an Kindheit und Jugend in B., zunächst in der Rue du Bourg Nr. 43, dann (bis 1856) in der Rue de la Banque Nr. 7 (heute: Rue Raymond-Poincaré); in mehreren Romanen Theuriets (u. a. *Le Mariage de Gérard*, 1875, und *La Maison des deux Barbeaux*, 1879) ist die Stadt Schauplatz (Denkmal für Theuriet im Rathausgarten). – Am 29. August 1839 kam **V. Hugo** (→ Besançon/ FC) auf seiner Reise ins Elsaß durch die Stadt. – Die Familie von **P. Claudel** (→ Villeneuve-sur-Fère/Pi) zog 1870 nach B.; hier wurde der Dichter ab 1873 von den Armen Schulschwestern unterrichtet, ab 1875 besuchte er das städtische Gymnasium (Wohnungen: bis 1873 Rue de la Banque – heute Boulevard Poincaré – Nr. 26, danach Rue du Cygne Nr. 27); 1876 wurde der Vater Claudels, ein Finanzbeamter, nach → Nogent-sur-Seine/ChA versetzt. – Im Juli 1912 kam **M. Barrès** (→ Charmes) durch B. und war von dem berühmten *Squelette* (1545-

Maurice Barrès

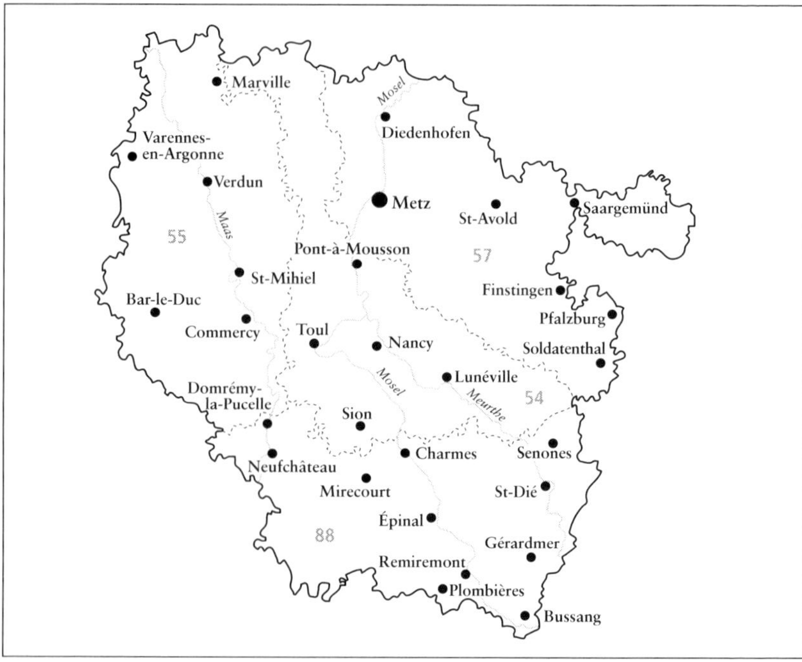

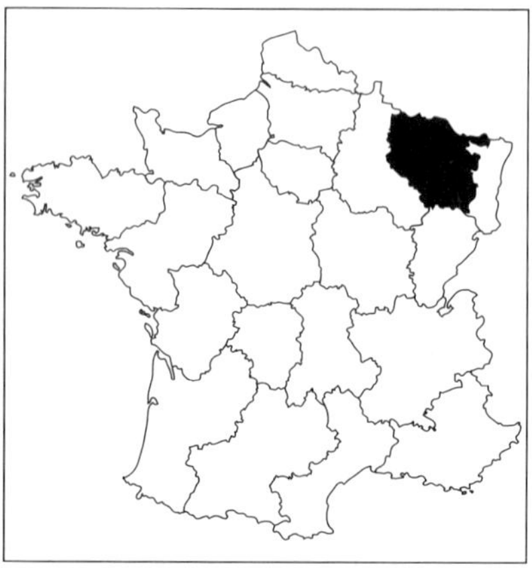

48, von Ligier Richier) in der Kirche Saint-Étienne tief beeindruckt, ähnlich wie **Louis Aragon** (→ Paris), der die Steinskulptur in drei Werken erwähnt, in *Les Cloches de Bâle* (1934), *Le Crève-cœur* (1941) und *Blanche ou l'Oubli* (1967). – **Georges Bernanos** (→ Paris) wohnte vom Januar 1924 bis zum Sommer 1926 in der Rue des Ducs-de-Bar Nr. 47 (Gedenktafel) und vollendete hier, während er als Versicherungsagent sein Brot verdiente, seinen ersten Roman *Sous le Soleil de Satan* (1926; dt. *Die Sonne Satans*, 1927 u. ö.).

[R] **Edmond de Goncourt** (→ Nancy) kam in den letzten zwanzig Jahren seines Lebens Sommer für Sommer nach Schloß **Jean d'Heurs** (13 km sw. v. B.), das sich im Besitz von Verwandten befand; das Schloß, das auch im *Journal* Erwähnung findet, dient als Schauplatz für den Roman *Chérie* (1884). – Das benachbarte, in der Renaissance errichtete Schloß von **Ville-**

sur-Saulx ging Mitte des 19. Jhs. in den Besitz der Familie Claudel über; hier schrieb **Paul Claudel** (→ Villeneuve-sur-Fère/Pi) Ende 1905 Teile seines Dramas *Partage de midi* (1906; dt. *Mittagswende*, 1908).

BAUDRICOURT (Vosges) → **MIRECOURT** [R]
BITSCH (BITCHE) (Moselle) → **SAARGEMÜND** [R]
BOSSERVILLE (Meurthe-et-Moselle) → **NANCY** [R]
BOULAY (Moselle) → **METZ** [R]
LA BRESSE (Vosges) → **GÉRARDMER** [R]

BUSSANG (Vosges)

[A] **Montaigne** (→ Montaigne/Aq) kam Ende September 1580 auf seinem Weg nach Italien durch B., »ein kleines häßliches Dorf, das letzte im französischen Sprachgebiet«.

[L] Schilderung des Ortes und der nahen Moselquelle durch **M. Barrès** in *L'appel au soldat* (1900).

CHARMES (Vosges)

* 1862 **Maurice Barrès** († Neuilly-sur-Seine/IdF 1923), Erzähler; Hauptvertreter einer von konservativer Grundhaltung und nationalem Pathos geprägten Literatur; verbrachte Kindheit und erste Schulzeit in Ch., bis er 1873 das Kolleg in Jarville besuchte; weitere Schule und Studium in Nancy; ab 1883 in Paris; 1889 Abgeordneter, 1906 Aufnahme in die Académie Française; Antirepublikaner, Antisemit; Barrès propagierte eine Rückbesinnung auf Religion und Traditionen des Volkes. – Geburtshaus in der Rue des Capucins Nr. 7 (Neubau, Gedenktafel); Landhaus in der Rue Claude Barrès Nr. 22 (an der Straße nach Épinal); ›Association Maurice Barrès‹ in der Rue des Capucins Nr. 16; Denkmal (1952) auf der Place Henri-Breton; Grab auf dem Friedhof. – W. u. a.: *Le Culte du Moi* (1888-91, R.trilogie: *Sous l'Œil des Barbares*, 1888, *Un Homme libre*, 1889, *Le Jardin de Bérénice*, 1891), *Le Roman de l'Énergie Nationale* (1897-1902, R.trilogie: *Les Déracinés*, 1897, *L'Appel au soldat*, 1900, *Leurs Figures*, 1902), *Colette Baudoche* (R. 1909), *La Colline inspirée* (1913), *Mes Cahiers* (14 Bde. 1929-57); *L'Œuvre de Maurice Barrès* (20 Bde. 1965-68).

Commercy: Schloß

COMMERCY (Meuse)

[A] **Kardinal de Retz** (→ Montmirail/ChA) zog sich ab 1662 (mit Unterbrechungen: Rom, Paris) auf seinen Besitz, das 1640 geerbte Schloß C., zurück, schrieb hier seine berühmten *Mémoires*; das Schloß und der Garten wurden erst nach seinen Plänen instand gesetzt. – **Voltaire** (→ Paris) kam mit Madame de Châtelet 1747 nach C. auf dem Weg nach → Lunéville, wohin sie der exilierte polnische König Stanislaus I. eingeladen hatte; Voltaire und seine Geliebte bewohnten zwei Appartements im Schloß (nach Brand 1944 wiederhergestellt, heute Rathaus und Post), das Stanislaus, auf Lebzeiten mit dem Herzogtum Lothringen betraut, neben Lunéville zu seiner Lieblingsresidenz gemacht hatte; während des mehrmonatigen Aufenthalts in C. mußte Voltaire, der hier die Dramen *Sémiramis* und *Nanine* schrieb, feststellen, daß seine ›göttliche Émilie‹ ihn mit dem zehn Jahre jüngeren Offizier und Dichter Saint-Lambert (→ Nancy) betrog.

[L] **Montaigne** berichtet im 5. Kap. seiner *Essais* (1580) von der Zerstörung des Schlosses im Mittelalter.

[R] Die Ruine der Wasserburg **Gombervaux** (14 km südl. v. C.), bzw. deren Vor-

Domrémy: Geburtshaus und Statue der Jeanne d'Arc

gängerbau, wird – neben anderen (→ Château-Regnault/ChA; → Marville) – mit der Sage der *Vier Haimonskinder* in Zusammenhang gebracht, einem Stoff der erstmals in einem französischen Heldenepos des 12. Jhs. gestaltet wurde, dann Eingang in die deutschen Volksbücher fand; Bearbeitung des Stoffes auch durch L. Tieck (*Volksmärchen*, 1797), Karl Simrock (1845) und Gustav Schwab (1859).

DIEDENHOFEN (THIONVILLE) (Moselle)

Bibliothèque municipale (Stadtbücherei; 120 Tsd. Bde.). – Théâtre Populaire de Lorraine; Théâtre municipal (Stadttheater).

[A] **Chateaubriand** (→ Saint-Malo/Br), der sich der Emigrantenarmee angeschlossen hatte, zog sich bei der Belagerung der Stadt am 6. 9. 1792 eine lebensbedrohliche Oberschenkelverletzung zu (Beschreibung in seinen *Mémoires d'outre-tombe*), ging dann über Jersey nach London ins Exil. – **Victor Hugo** (→ Besançon/FC), dessen Vater von Januar bis Mai 1814 und ab März 1815 Festungskommandant von T. war, besuchte die kriegszerstörte Stadt im Spätsommer 1871, als sie von den Deutschen besetzt war.

DOMRÉMY-LA-PUCELLE (Vosges)

[A] **Montaigne** (→ Montaigne/Aq) kam auf seiner Bäderreise Mitte September 1580 nach D., wo er die Fassade des Geburtshauses der Jeanne d'Arc noch bemalt fand. – **Th. Fontane** (1819-1898), der ein Buch über den deutsch-französischen Krieg schreiben wollte, wurde am 5. 10. 1870, »eben in voller Jean d'Arc-Bewunderung [sic!]«, vor dem Denkmal der Heiligen verhaftet; der Dichter hatte sich über die deutschen Linien hinausgewagt, wurde für einen preußischen Spion gehalten und in mehreren Etappen zur → Île d'Oléron/PCh gebracht (Beschreibung Fontanes in *Kriegsgefangen*, 1871). – **Anatole France** (→ Paris) besuchte den Geburtsort der französischen Nationalheldin im März 1902 und recherchierte für seine Romanbiographie *Vie de Jeanne d'Arc* (1908, dt. *Das Leben der heiligen Johanna*, 1946).

[L] Beschreibung des Dorfes von **M. Barrès** in *Amitiés françaises* (1903; 5. Kap.) und *Le Mystère en pleine lumière* (postum 1926). – Der Ort ist Schauplatz der ersten drei Akte (= des 1. Teils) von **Ch. Péguys** Drama *Jeanne d'Arc* (1897).

ÉPINAL (Vosges)

Bibliothèque centrale de prêt des Vosges (88 Tsd. Bde.), Bibliothèque municipale (Stadtbücherei; 156 Tsd. Bde., 297 Hs. [darunter ein *Markus-Evangelium* aus dem 11. Jh.], 121 Ink.). – Théâtre municipal (Stadttheater).

É., Geburtsstadt des Soziologen **Émile Durckheim** (1858-1917), ist die ›Stadt der Bilderbögen‹: 1796 Gründung der Druckerei Pellerin (Besichtigungsmöglichkeit: Quai de Dogneville 42 *bis*).

* 1901 **Daniel-Rops** (eigentlich Henri Petiot) († Tresserve/RhA 1965), Erzähler; studierte Geschichte, Geographie, Jura; Gymnasiallehrer; 1955 Mitglied der Académie Française; schrieb Essays über Péguy (1933), Rimbaud (1936) u. a., verfaßte religiöse Werke (*Histoire sainte*, 1943, *Jésus en son temps*, 1946) und Romane mit religiöser Thematik. – Weitere W.: *L'Âme obscure* (R. 1929), *Mort où est ta victoire* (R. 1934), *L'Épée de feu* (R. 1939).

[A] **Montaigne** (→ Montaigne/Aq) durfte bei seiner Badereise im September 1580 die Stadt nicht betreten, weil im zuvor durchquerten Neufchâteau unlängst Fälle von Pest aufgetreten waren.

[R] In **Arches** (8 km sö. v. É.) erwarb der Dramatiker **Beaumarchais** (→ Paris) 1779 die alte Papiermühle (gegr. 1498), um selbst das Papier herzustellen, das er als Herausgeber der ersten vollständigen Voltaire-Ausgabe benötigte; aus Furcht vor der Zensur hatte man sich für den rechtsrheinischen Druckort Kehl entschieden; die ›Kehler Ausgabe‹ erschien von 1783 bis 1789 und umfaßte 70 Oktav- od. 93 Duodezbände. (1798 verkaufte Beaumarchais die Papierfabrik wieder.)

FINSTINGEN (FÉNÉTRANGE) (Moselle)

[A] **Johann Michael Moscherosch** (1601-1669), der bedeutende Satiriker der Barockzeit, war 1635-41 Amtmann in F.; im Herbst 1641 kam er bei einem Raubüberfall nur knapp mit dem Leben davon, verlor einen Teil seines Besitzes und zog mit seiner Familie nach Straßburg; in F. schrieb er sein Hauptwerk *Wunderbarliche und Warhafftige Gesichte Philanders von Sittewald* (1643, zuletzt in Ausw. 1986); Gedenktafel am Amtshaus (Place Dr. Albert Schweitzer Nr. 12, gegenüber dem Zugang zum Schloß).

[L] Der Ort wird beschrieben in dem Essay »Das Abc von Fénétrange« (1968; *Merian* XXI/9) von **Ludwig Harig**.

FLÉVILLE (Meurthe-et-Moselle) → **NANCY** [R]

FONTENOY-LA-JOÛUTE (Meurthe-et-Moselle) → **LUNÉVILLE** [R]

FORBACH (Moselle) → **SAARGEMÜND** [R]

GÉRARDMER (Vosges)

[A] **André Gide** (→ Paris) verbrachte mit seiner Mutter den Juli 1882 in G., wo ihm Duschbäder verabreicht wurden (der 12jährige hatte sich durch simulierte Nervenkrisen der verhaßten Schule entzogen). – **Kasimir Edschmid** (1890-1966) bereiste G. Ende 1913 und veröffentlichte im Januar 1914 in den *Weißen Blättern* das Feuilleton »Bilder aus den Südvogesen« (in: *Frühe Schriften*, 1970), wo er von der Stadt berichtet.

[R] **Paul Claudel** (→ Villeneuve-sur-Fère/Pi) verbrachte als Schüler einige Male seine Ferien in **La Bresse** (8 km südl. v. G.), wo sein Vater als Sohn des örtlichen Steuereinnehmers geboren worden war. – Der **Col de la Schlucht** (13 km ö. v. G.) ist Schauplatz des Romans *Le Relais d'Alsace* (1931, dt. *Das Wirtshaus im Elsaß*, 1986) von **Georges Simenon**.

GOMBERVAUX (Meuse) → **COMMERCY** [R]

GRAND-SOLDAT → **SOLDATENTHAL**

HAROUÉ (Meurthe-et-Moselle) → **SION** [R]

HOMMARTING (Moselle) → **PFALZBURG** [R]

HOUSSERAS (Vosges) → **SAINT-DIÉ** [R]

JARVILLE-LA-MALGRANGE (Meurthe-et-Moselle) → **NANCY** [R]

JEAN D'HEURS (Schloß) (Meuse) → **BAR-LE-DUC** [R]

Lunéville: Erckmann-Denkmal

LUNÉVILLE (Meurthe-et-Moselle)
Médiathèque de l'Orangerie (92 Tsd. Bde.). – Théâtre municipal (Stadttheater).

* 1873 **Charles Guérin** († ebda. 1907), symbolist. Lyriker; Sohn eines Fayence-Fabrikanten, Philologiestudium in Nancy; finanzielle Unabhängigkeit; Rückkehr in seine Heimatstadt; Dichtungen in der Nachfolge von P. Verlaine und F. Jammes. – Geburts-, Wohn- und Sterbehaus Rue du Général Leclerc Nr. 12 (Gedenktafel); Grab in der Familiengruft auf dem Friedhof, Denkmal im Parc des Bosquets (nahe dem Bassin). – W. u. a.: *Fleurs de neige* (Ged. 1893), *Joies grises* (Ged. 1894), *Le Cœur solitaire* (Ged. 1898), *Le Semeurs de cendres 1898-1900* (Ged. 1901), *L'Homme intérieur 1901-1905* (Ged. 1905); *Œuvres* (3 Bde. 1926-29).
† 1899 **Émile Erckmann** (* Pfalzburg 1822); Erckmann wohnte ab 1889 in der Rue d'Alsace 111, ab 1897 in der Rue de l'Est Nr. 10; Denkmal im Parc des Bosquets (neben dem großen Bassin); Grab auf dem Friedhof.
[A] Der Philosoph **Helvétius** (→ Paris), der 1751 in L. heiratete, zählte ebenso zu den Gästen des exilierten polnischen Königs Stanislaus Leszczynski wie **Voltaire** (→ Paris), der oft aus → Cirey-sur-Blaise/ChA hierher an den Hof kam; berühmt Voltaires Ausspruch: »Man glaubt nicht den Ort gewechselt zu haben, wenn man von Versailles nach Lunéville geht.« 1749 starb in L. Madame du Châtelet, Geliebte und Freundin Voltaires, bei der Geburt eines Kindes, dessen Vater der Offizier und Dichter Saint-Lambert war (→ Nancy). (Das Grab Madame de Châtelets, durch eine inschriftlose schwarze Marmorplatte vor der Orgelempore gekennzeichnet, in der Kirche Saint-Jacques.) – **Paul Verlaine** (→ Metz) besuchte in L. den Dichter Charles Guérin (s. o.) in dessen Haus.
[R] In dem ›village du livre‹ (Bücherdorf) **Fontenoy-la-Joûte** (24 km sö. v. L.) haben sich zwanzig Antiquare und ein Buchbinder angesiedelt.

MARVILLE (Meuse)
Die Fassade der Maison du Chevalier Michel (16. Jh.) zeigt Steinreliefs mit mythologisch-religiösen Themen, u. a. die durch die Volksbücher verbreitete Sage um Haimon, seine Söhne und das Pferd Bayard (→ Gombervaux, → Château-Regnault/ChA).

METZ (Moselle)
»O Metz, wo meine Kindheit lachte!« (Paul Verlaine)
»Traurige, provinzielle, eintönige Einfahrt in Metz. [...] Doch bald schon wird Metz gemütlich und menschlich. Krumme Wege, verwinkelte Geschäftsstraßen führen zur Kathedrale, und auf den Terrassen der provinziellen Cafés, die den hohen Bau umgeben, bewundern die Städter wie die zum Markt gekommenen Landleute die alten Türme.« (Wolfgang Koeppen)
Universität (Bibliothek mit Lothringen-Fundus). – Bibliothèque départementale de prêt

Paul Verlaine. Holzschnitt von Félix Vallotton

de la Moselle (400 Tsd. Bde.), Bibliothèque Médiathèque municipale (Stadtbücherei; 386 Tsd. Bde., 1170 Hs., 506 Ink.). – Théâtre de Metz.

* 1844 **Paul Verlaine** († Paris 1896), Lyriker; die Familie zog 1851 in die Nähe von Paris, dort Arbeit als Lehrer und Angestellter; schon früh alkoholabhängig, Kontakt zu Künstlerkreisen; 1871 traf er Rimbaud, mit dem er zwei Jahre zusammenlebte; Leben zwischen Alkoholexzessen, Prostituierten und Strichjungen, Gefängnis- und Krankenhausaufenthalten. – Geburtshaus Rue Hautepierre Nr. 2 (Gedenktafel); Büste im tiefer gelegenen Teil des Esplanade-Parks am Boulevard Poincaré. – W. u. a.: *Poèmes Saturniens* (Ged. 1866); *Fêtes Galantes* (Ged. 1869); *Romances sans paroles* (Ged. 1874); *Sagesse* (Ged. 1881); *Jadis et Naguère* (Ged. 1885); *Mes Hôpitaux* (Prosa 1891; dt. *Meine Spitäler*, 1919), *Mes Prisons* (Prosa 1893, dt. *Meine Gefängnisse*, 1914). (Verlaine ist der ins Deutsche meistübersetzte französische Dichter u. a. von S. George, Klabund, R. M. Rilke, H. Hesse, S. Zweig).

* 1859 **Gustave Kahn** († Paris 1936), Lyriker, Erzähler, Biograph; Dichter und Theoretiker des Symbolismus, erster Verwender des ›vers libre‹, Mitbegründer der Zeitschrift *Le Symboliste* (1886). – Geburtshaus Ecke En Fournirue/Rue de la Princerie (Gedenktafel). – W. u. a.: *Symbolistes et décadents* (1902), *Le Vers libre* (1912), *Charles Baudelaire* (1925), *Les Origines du symbolisme* (1936).

* 1880 **Otto Flake** († Baden-Baden 1963), Erzähler, Essayist, Übersetzer; Kindheit und Jugend im Elsaß (→ Colmar/E), Studium in → Straßburg/E, wo er mit R. Schickele und E. Stadler befreundet war; lit. Erfolge, ausgedehnte Reisetätigkeit; ab 1928 in Baden-Baden ansässig; großer Stilist, der seit den 30er Jahren zunehmend in Vergessenheit geriet, erst am Ende seines Lebens ins Bewußtsein der lit. Öffentlichkeit zurückkehrte; schuf ein riesiges Œuvre. – W. u. a.: *Freitagskind* (R. 1913, u. d. T. *Eine Kindheit*, 1928), *Badische Chronik* (R. 1934, u. d. T. *Die Monthiver-Mädchen*, 1952), *Türkenlouis* (R. 1937), *Fortunat* (R. 1946), *Nietzsche* (Biogr. 1946), *Es wird Abend* (Autobiogr. 1960), *Ein Leben am Oberrhein* (Essays 1987).

[A] Nachdem die Zensur sein *Tiers Livre* verboten hatte, floh **F. Rabelais** (→ La Devinière/C) im März 1546 über die Grenze ins damals deutsche M., wo er 1547/48 als Stadtarzt tätig war; nach lokaler Überlieferung wohnte er in einem alten Adelspalais am Eingang der Straße En Jurue (Gedenktafel), wo er auch sein *Quart Livre* begann. – Der Briefeschreiber **J.-L. Guez de Balzac** (→ Angoulême/PCh) hielt sich 1618 als Sekretär des Herzogs von Épernon in M. auf. – Der Kanzelredner **Jacques-Bénigne Bossuet** (→ Dijon/Bu), der schon 13jährig Mitglied des Domkapitels von M. geworden war, wohnte von 1652-56 in M. (Wohnung in der Rue aux Ours Nr. 3), wo er sich bemühte, die Protestanten der Stadt wieder dem alten Glauben zuzuführen; auch nach seinem Wegzug blieb er der Stadt verbunden, wurde 1664 Dekan des Domkapitels (Büste am Anfang

Otto Flake

des n. Chorumgangs in der Kathedrale St. Étienne). – **Choderlos de Laclos** (→ Amiens/Pi), kurz nach seiner Hochzeit nach M. strafversetzt (→ La Rochelle/PCh), blieb von Mai bis Oktober in der hiesigen Garnison. – **H. v. Kleist** (1777-1811) kam auf der Rückreise von Paris nach Frankfurt Ende November 1801 durch die Stadt. – **Madame de Staël** (→ Paris) traf nach ihrer Ausweisung aus Frankreich am 26. Oktober 1803 in Begleitung von **Benjamin Constant** (→ Anhang) u. a. in M. ein; sie stieg im Hôtel Pont-à-Mousson an der Place de Chambre ab, ließ sich während ihres knapp zweiwöchigen Aufenthalts von einem Brieffreund, dem germanophilen **Charles de Villers** (→ Boulay), auf Dtl. vorbereiten, besichtigte Dom und Synagoge und fuhr nach Osten weiter. – **L. Uhland** (1787-1862) blieb auf seiner Reise nach Paris zwei Tage (19./20. 5. 1810) in der Stadt: »Diese Stadt, die man ein kleines Paris nennt, war mir durch ihre Lage an der sie durchschneidenden Mosel und durch das rege Leben, das ich dort fand, da gerade Messe war, sehr interessant.« – **A. de Tocqueville** (→ Paris) wohnte von 1817-23 in der Präfektur, als sein Vater Präfekt des Departements Moselle war. – Auch **C. Brentano** (1778-1842) besuchte im März 1827 M. auf dem Weg nach Paris, wurde vom Bischof zum Essen geladen. – **Ch. Nodier** (→ Besançon/FC) flüchtete im Frühjahr 1832 mit seiner Familie aus Paris, wo die Cholera ausgebrochen war, nach M. und wohnte bei den Eltern seines Schwiegersohnes in der Rue de la Crète (heute: Rue Dupont-des-Loges) Nr. 29. – **Henri Lacordaire** (→ Recey-sur-Ource/Bu) zählte in den Jahren 1837 und 1838 zu den Predigern an der Kathedrale St.-Étienne (Inschrift am Kanzelpfeiler). – **Theodor Fontane** (1819-1898) lernte die Stadt, die »vor hundert anderen Städten, etwas ausgesprochen Königliches hat«, auf seiner ›Osterreise 1871‹ kennen und beschreibt ihre Sehenswürdigkeiten, Cafés und Geschichte in dem Bericht *Aus den Tagen der Okkupation* (1871). – **M. Barrès** (→ Charmes) kam mehrmals nach M., das er in den Romanen *L'Appel au soldat* (1900) und *Colette Baudoche* (1909) beschreibt; letzteren, die »Geschichte eines Mädchens aus Metz«, so der Untertitel, entwarf er während eines Besuchs 1907 (Rue des Piques Nr. 7, Gedenktafel). – **D. H. Lawrence** (1885-1930) brannte im Frühjahr 1912 mit der Frau eines englischen Universitätsprofessors nach M. durch (hier hatte Frieda Weekley, geb. von Richthofen, ihre Kindheit verlebt). – **Yvan Goll** (→ Saint-Dié) wohnte, schon an Leukämie erkrankt, 1948 mit Unterbrechung insgesamt ein Vierteljahr in M. (Rue Dupont-des-Loges Nr. 5). – **Jean Cocteau** (→ Maisons-Laffitte/IdF) kam nach M., um vor Ort die farbigen Fenster in Chor und Querhauskapelle der mittelalterl. Kirche Saint-Maximin in der Rue Mazelle zu entwerfen (die Fenster wurden zwischen 1962 und 1970 geschaffen und eingebaut). – **Wolfgang Koeppen** (1906-1996) beschreibt die Stadt in seinen *Reisen nach Frankreich* (1961).

[L] M. ist Schauplatz des Tagebuch-Romans *Die Katrin wird Soldat* (1930) von **Adrienne Thomas.**

[R] **Boulay** (28 km ö. v. M.) ist Geburtsort von **Charles de Villers** (1765-1815): Der germanophile Artillerieoffizier war nach der Frz. Revolution nach Göttingen emigriert und wurde in der intellektuellen Welt durch seine Dtl.-Artikel bekannt, die 1798 im *Spectateur du Nord* in Hamburg erschienen. (Madame de Staël, die mit ihm in Briefkontakt stand und ihn im Herbst 1803 vor ihrer Dtl.reise in M. sah, schlachtete die Artikel für ihr Buch *De l'Allemagne*, 1810, aus.) – Über die Wandmalereien von 1540 in der Dorfkirche von **Sillegny** (15 km südl. v. M.) schrieb **M. Barrès** (→ Charmes) nach seinem Besuch 1907: »Geht hin nach Sillegny und betrachtet in der ärmlichen Kirche die frommen und rohen Fresken, dort ist es, wo man aus aller Poesie der Seille das Beste geschaffen hat, und wo sich über den Ufern der Mosel ein freudiges Herz beklommen preßt.«

MIRECOURT (Vosges)

[A] **A. de Musset** (→ Paris) verbrachte häufig die Sommermonate in M., wo ein Verwandter als ›sous-préfet‹ dem Arrondissement vorstand.

[R] **Montaigne** (→ Montaigne/Aq) besuchte auf seinem Weg nach → Plombières Mitte September 1580 das Kanonissenstift **Poussay** vor den Toren Mirecourts; von den Baulichkeiten der damaligen Zeit haben sich einige Häuser der Stiftsdamen erhalten. – Aus **Baudricourt** (5 km w. v. M.) stammte die Familie von **Victor Hugo** (→ Besançon/FC), Bauern und Winzer (und nicht Adlige, wie der Dichter häufig behauptete); hier wurde noch sein Großvater Jean Hugo 1727 geboren, ein Schreinermeister, der ein Privileg für den Verkauf von Treibholz aus der Mosel besaß und später, um 1747, nach → Nancy zog.

NANCY (Meurthe-et-Moselle)

»In Nancy, der lothringischen Hauptstadt, führen alle Wege zum schönen Platz des polnischen Königs Stanislaus, der hier der Herrliche genannt wurde. Die Straßen verlaufen schnurgerade, und wie in einem barocken Park die Alleen auf erhebende Points de vues gerichtet sind, lenken sie alle den Blick auf das Denkmal des aus seinem Land vertriebenen Polen, der als Schwiegervater Ludwigs XV. mit dem Herzogtum Lothringen für den Verlust seines östlichen Königreiches getröstet wurde.« (Wolfgang Koeppen)

Universität (gegr. 1572). – Universitätsbibliothek (1100 Tsd. Bde.), **Bibliothèque municipale** (Stadtbücherei; 500 Tsd. Bde., 2000 Hs., 200 Ink.), Médiathèque (110 Tsd. Bde.). – Goethe-Institut (Rue de la Ravinelle Nr. 39; mit Bibliothek); Institut national de la langue française. – La Manufacture (Centre National Dramatique); Théâtre de Nancy.

N. ist Geburtsort des Graphikers und Kupferstechers **Jacques Callot** (* 1592, † ebda. 1635; Grab in der Franziskanerkirche Église des Cordeliers), dessen Werk den deutschen Romantiker E. T. A. Hoffmann beeinflußte: *Fantasiestücke in Callots Manier* (1814/15). – Auch Victor Hugos Vater **Joseph-Léopold Hugo**, der es bis zum General brachte, wurde

Jacques Callot

in N. geboren (1773), in dem Haus Rue des Maréchaux Nr. 29 (Gedenktafel), das der Großvater des Dichters, der um 1747 nach N. gekommen war, 1768 erworben hatte. – Weiterhin ist aus N. gebürtig der Graphiker **Grandville** (1803-1847, eigentlich Jean Ignace Isidore Gérard), der u. a. Illustrationen zu den Werken von Cervantes, La Fontaine, Defoe und Swift schuf.

* 1716 **Jean François de Saint-Lambert** († Paris 1803), Dichter; Jesuitenzögling, ab 1737 im Dienst des polnischen Exilkönigs Stanislaus I. Leszczynski in Lunéville, Geliebter (als Nachfolger Voltaires) der Madame de Châtelet (→ Lunéville); schrieb Gedichte, Erzählungen, Essays, arbeitete an der *Encyclopédie* mit; 1770 Mitglied der Académie Française. – W. u. a.: *Les Saisons* (Dichtung 1769, dt. *Jahreszeiten*, 1771), *Principes des mœurs chez toutes les nations ou catéchisme universel* (1798, dt. *Die Tugendkunst, oder Universalkatechismus für alle Völker der Erde*, 1798/99).

* 1822 **Edmond de Goncourt** († Champrosay/IdF 1896), Erzähler; Vorläufer und Theoretiker des Naturalismus; verfaßte zusammen mit seinem jüngeren Bruder Jules (→ Paris) hist. Werke, naturalist. Romane und ein Tagebuch: *Journal des Goncourts. Mémoires de la vie littéraire* (1887-96; dt. 1905 u. ö.), das Edmond nach dem frühen Tod des Bruders (1870) weiterführte; Edmond verfügte testamentarisch (1896) die Gründung der Académie Goncourt (1900), die aus zehn Schriftstellern besteht (die nicht der Académie Française angehören) und alljährlich (seit 1903) den Prix Goncourt verleiht. – Geburtshaus Rue des Carmes Nr. 33 (baulich verändert, keine Gedenktafel); Porträt im Musée des Beaux-Arts. – W. von E. de Goncourt nach dem Tod des Bruders u. a.: *La Fille Elisa* (R. 1870, dt. *Elisa*, 1893), *Les Frères Zemganno* (R. 1879, dt. *Die Brüder Zemganno*, 1892), *La Faustin* (R. 1882, dt. *Juliette Faustin*, 1899).

[A] **Sophie von La Roche** (1731-1807) reiste im Juli 1785 von Paris über N. nach Dtl. zurück und besichtigte die herzogl. Grablege in der Franziskanerkirche (»hätte aber gerne weniger Gold und weniger Licht darinnen gesehen, weil ich sie nicht für Ruhestätten halten konnte«), das Herzogsschloß (»schön, ehrwürdig, gothisch«), die Place Stanislas (»schöne Verzierungen in halbzirkelförmigen Wänden«) und den Park La Pépinière (»ein öffentlicher herrlicher Spaziergang«). – **Johann Gottfried Seume** (1763-1810), der berühmte Italienwanderer, der, kaum über die Alpen zurück, eine Reise nach Paris angefügt hatte, sah N. auf der Heimreise: »In Nancy, wo ich Vormittags ankam, besah ich Nachmittags das Schloß und die Gärten, welche jetzt einen angenehmen öffentlichen Spaziergang gewähren und ziemlich gut unterhalten werden.« – **Clemens Brentano** (1778-1842) kam auf der Rückreise von seinem Paris-Aufenthalt im April 1827 nach N., wo er »die sechs Hospitäler, Findelhäuser, Schulen und Armenhäuser der vortrefflichen ›Sœurs de Saint-Charles‹« besichtigte. – **Gyp** (→ Auray/Br) verbrachte Kindheit und Jugend von 1852 bis 1869 in dem Haus Place de la Carrière Nr. 10 (Gedenktafel). – **H. Taine** (→ Vouziers/ChA) bezeichnet N. nach einem Besuch 1864 als »die vornehmste und angenehmste Stadt, die [er] in Frankreich gesehen habe« (*Carnets de voyage*, 1897). – **Th. Fontane** (1819-1898) hielt sich Anfang Oktober 1870 in der Stadt auf: »Nancy, als Stadt seiner Bürger, ist ziemlich trivial; was dem Dinge einen in der That imposanten Charakter giebt, ist beinah ausschließlich eine Schöpfung des Stanislaus Lesczinski [...]. Es ist vielleicht die glänzendste und großartigste Leistung, die das Zeitalter des Louis quinze aufzuweisen hat. Das Ganze ein künstlerisch geadeltes Roccoco« (Brief an seine Frau v. 2. 10. 1870). – **M. Barrès** (→ Charmes) besuchte in N. das Gymnasium, mit dessen Beschreibung *Les Déracinés* (R. 1897) beginnt, hielt sich auch später in der Stadt auf (als Student vom November 1880 bis Juli 1882 Wohnung in der Rue de la Ravinelle Nr. 38; Gedenktafel), die häufig in seinen Werken, u. a. in *Un Homme libre* (1889) und *Colette Baudoche* (1909), wiederkehrt. – **André Gide** (→ Paris) wurde Mitte November 1892 zum Militärdienst nach N. einberufen, eine Woche später jedoch, an seinem 23. Geburtstag, wegen Tuberkulose wieder entlassen. – **Paul Verlaine** (→ Metz) kam 1893 nach N., wo ihm der Jugendstilkünstler Émile Gallé ein Absinth-Glas mit gravierter Widmung schenkte (Glas im Musée historique lorrain). – Eine Büste (von D. Meyer) in der Eingangshalle der Galeries Poirel (Rue Poirel) erinnert an den Besuch des Musikers und Friedensnobelpreisträgers **Albert Schweitzer** (→ Kaysersberg/E) im Jahr 1954. – **Wolfgang Koeppen** (1906-1996) beschreibt die Stadt in seinen *Reisen nach Frankreich* (1961).

[L] Der Titelheld des Romans *Lucien Leuwen* (postum 1894, dt. 1921) von **Stendhal** wird nach N. zum Militär (Kap. IV) einberufen.

[M] **Musée historique lorrain** (Grande-Rue): u. a. einige Vitrinen mit Erinnerungsstücken an Victor Hugo, Maurice Barrès, die Brüder Goncourt und Paul Verlaine; Buchillustrationen von Grandville; ein Saal mit dem Werk Jacques Callots.

[R] Im Schloß des gleich südl. v. N. gelegenen Dorfes **Fléville**, das sich seit 1812 im Besitz der Familie de Lambel befindet, waren u. a. **M. Barrès** (→ Charmes) und **Gyp** (→ Auray/Br) zu Gast. – Die im Osten Nancys gelegene ehem. Kartause **Bosserville** (keine Besichtigung; heute technisches Gymnasium) beschreibt **M. Barrès** als »eines der edelsten Denkmale, die Lothringen zieren« (»La chartreuse de Bosserville« in: *La Colline inspirée*, 1913). Barrès hatte von 1873 bis 1877 das katholische Kolleg (ehem. Schloß der Lothringer Herzöge) in **Jarville-la-Malgrange** (sö. v. N.) besucht, bevor er 15jährig auf das Gymnasium in N. überwechselte.

NEUFCHÂTEAU (Vosges)

[A] **Montaigne** (→ Montaigne/Aq) kam auf dem Weg nach → Plombières Mitte September 1580 über N. und besuchte die im 18. Jh. zerstörte Kapuzinerkirche und die Bibliothek der Mönche. – Die **Brüder Goncourt** hielten sich häufig auf dem großen Familiensitz (Place Jeanne d'Arc Nr. 2) auf, woran sich **Edmond** (→ Nancy) im *Journal* erinnert. – **Theodor Fontane** (1819-1898), am 5. 10. 1870 in Domrémy als preußischer Spion verhaftet, wurde von dort nach N. gebracht, wo er in einer Zelle der Unterpräfektur (in Gesellschaft von Ratten) eine schlaflose Nacht verbrachte, bevor er weiter Richtung Atlantik transportiert wurde (Beschreibung in *Kriegsgefangen. Erlebtes 1870*, 1871).

PFALZBURG (PHALSBOURG) (Moselle)

* 1822 **Émile Erckmann** († Lunéville 1899), Erzähler, Dramatiker; zusammen mit A. Chatrian (→ Soldatenthal) verfaßte er eine große Zahl von Romanen, die zur Zeit Napoleons spielen, wie die teilweise in P. spielende *Histoire d'un conscript de 1813* (R. 1864, dt. *Erlebnisse eines Conscribierten des Jahres 1813*, 1865) und deren zweiten Band *Waterloo* (R. 1865, dt. 1867); zunehmende Streitigkeiten ab Mitte der 80er Jahre beendeten die Zusammenarbeit. – Gedenktafel am Geburtshaus Rue Loban Nr. 20 und Rue Erckmann Nr. 137; [M] Musée Erckmann-Chatrian im 1. Stock des Rathauses; das Sandsteindenkmal für die beiden Autoren hinter dem Rathausrückgebäude wurde 1922 zum 100. Geburtstag Erckmanns eingeweiht, im Sockel, in den eine Liste mit den Hauptwerken eingemeißelt ist, Bronzerelief mit Szene aus dem Roman *Madame Thérèse* (1863, dt. 1865, zuletzt 1969). – Weitere W.: *L'illustre docteur Mathéus* (R. 1859, dt. *Der berühmte Doktor Mathäus*, 1899), *L'Ami Fritz* (R. 1864, dt. 1888; dramatisiert 1877, dt. 1899),

Contes de la montagne (Erz. 1860), *Contes et romans alsatiens illustrés* (Erz. 1876), *Contes vosgiens* (Erz. 1877).
[A] Auf der Reise von Straßburg nach Saarbrücken kam **Johann Wolfgang Goethe** (1749-1832) am 24. Juni 1770 über die Zaberner Steige in die Stadt, »wie sich's für eine Festung geziemt, regelmäßig, von Steinen gebaut, die Kirche geschmackvoll« (Gedenktafel an der Porte des Allemands).
[R] Im Herbst 1825 unternahmen **C. Brentano** (1778-1842) und **J. Görres** (1776-1848) von Straßburg einen Ausflug in das Gebirgspfarrdorf **Hommarting** (8 km sw. v. P.), wo sie eine stigmatisierte Frau namens Apolonia Filzinger aufsuchten. (Brentano hatte zuvor fünf Jahre bei der stigmatisierten Nonne A. K. Emmerich gelebt und deren Visionen aufgezeichnet.)

PLOMBIÈRES (Vosges)

[A] Mit dem Kurort P. hatte **Montaigne** (→ Montaigne/Aq) Mitte September 1580 das erste Ziel seiner Badereise erreicht, stieg in der Hostellerie des Anges (heute das Hôtel des Bains an dieser Stelle) ab und blieb elf Tage; in seinem Reisetagebuch beschrieb er Wesen und Sitten des Ortes. – Nach zwei Kuren 1729 und 1730 kam **Voltaire** (→ Paris) im Juli 1754 für zwei Wochen, um sein Gichtleiden zu bekämpfen. – **Beaumarchais** (→ Paris) verhandelte hier mit einer Papierfabrik wegen des Papiers, das er für die geplante Voltaire-Ausgabe benötigte, entschloß sich aber schließlich für den Kauf der konkurrierenden Fabrik in → Arches. – **A. de Lamartine** (→ Mâcon/Bu), **A. de Musset** (→ Paris), **Ch. Baudelaire** (→ Paris) zählten ebenfalls zu den Kurgästen (Gedenktafeln).

PONT-À-MOUSSON (Meurthe-et-Moselle)

»Diese kleine Stadt fügt sich, als sei dies ihre Aufgabe und ihr Stolz, um einen großen, kahlen, staubigen Platz, den anheimelnde alte Häuser und dämmerige Arkaden begrenzen.« (Wolfgang Koeppen)

Auf Geheiß einer päpstlichen Bulle Gregors XIII. gründete im Zuge der Gegenreformation Herzog Karl III. hier 1572 die erste Universität Lothringens; die Leitung lag bei den Jesuiten. Nach dem Anschluß des Herzogtums an Frankreich wurde 1768 die Universität nach Nancy verlegt.

[A] **Wolfgang Koeppen** führten seine *Reisen nach Frankreich* (1961) auch auf die Place Duroc in P.-à-M., das im 1. Wk. schwer zerstört worden war. (Vgl. **Ernst Toller**, der sich freiwillig an die Front gemeldet hatte und ab dem Frühjahr 1915 bei P.-à-M. und Verdun zum Einsatz gekommen war: »Ich sehe durchs Scherenfernrohr, sehe die Schützengräben der Franzosen, dahinter Pont-à-Mousson, die zerschossene Stadt ...«)

POUSSAY (Vosges) → **MIRECOURT** [R]

REMIREMONT (Vosges)

Bibliothèque municipale (Stadtbücherei; 70 Tsd. Bde., 117 Hs., 15 Ink.).
Denkmal für den ›Freiwilligen von 1792‹, eine Figur des Autorenduos **Erckmann-Chatrian** (→ Pfalzburg).

[A] **Montaigne** (→ Montaigne/Aq) kam Ende September 1580 auf seiner Badereise durch die »hübsche kleine Stadt«, deren berühmtes Damenstift er besichtigte.

[L] Das Stück von **J. Audiberti** *La Fourmi dans le corps* (Dr. 1961, dt. *Die Ameyss im Fleische*, 1961) beschreibt, basierend auf einer Chronik, den Lebenswandel der Stiftsdamen von R. im 17. Jh.

SAARGEMÜND (SARREGUEMINES) (Moselle)

[A] **Alfred Döblin** (1878-1957) war von Neujahr 1915 bis August 1917 (→ Hagenau/E) als Militärarzt in S. tätig; ab Juni 1915 wohnte er in der Neunkircherstr. 19.
[R] 1591 starb in **Forbach** (20 km nw. v. S.) der Dichter **Johann Fischart** (→ Straßburg/E), der seit 1583 hier Amtmann war (er wurde wahrscheinlich von marodierenden Söldnern erschlagen). In F. begann **W. Koeppen** (1906-1996) eine seiner *Reisen*

nach Frankreich (1961). – **Theodor Fontane** (1819-1898) besuchte die am Vogesenübergang zwischen Elsaß und Lothringen gelegene Stadt **Bitsch (Bitche)** (30 km ö. v. S.) auf seiner Osterreise 1871 und beschrieb (vor allem) die Zitadelle im Reisebericht *Aus den Tagen der Okkupation* (1871).

SAINT-AVOLD (Moselle)

* 1897 **Adrienne Thomas** († Wien 1980), Erzählerin; zweisprachig aufgewachsen, Kindheit und Jugend in S.-A. und Metz, wo der Vater ein kleines Kaufhaus besaß; nach dem 1. Wk. Übersiedlung nach Berlin, großer Erfolg mit dem Anti-Kriegsroman *Die Katrin wird Soldat* (1930, übersetzt in 15 Sprachen; 1933 unter den verbrannten Büchern); 1933 Emigration, ab 1947 in Wien. – Weitere W.: *Dreiviertel Neugier* (R. 1934), *Reisen Sie ab, Mademoiselle* (R. 1944, 1982), *Ein Fenster am East River* (R. 1945).

SAINT-DIÉ (Vosges)

Médiathèque Victor Hugo (Rue Saint-Charles Nr. 11; 180 Tsd. Bde., 680 Hs., 140 Ink.; Sammlungen zu Claire und Yvan Goll und zum Surrealismus).

In S.-D. wurde um 1495 mit dem Gymnasium Vogense eine der ältesten literarischen Gesellschaften der Welt gegründet, der u. a. **Matthias Ringmann** (→ Reichsfeld/E) und der aus dem Breisgau stammende Kartograph **Martin Waldseemüller** (* 1475) angehörten. Die von beiden verfaßte *Cosmographiae Introductio*, die sogen. ›Taufurkunde Amerikas‹, die erstmalig die Neue Welt nach Amerigo Vespucci benannte, wurde von der dem Gymnasium angegliederten Druckerei Lud im Jahr 1507 gedruckt. (Ein Exemplar dieses Werks befindet sich im Tresorraum der Médiathèque [s. o., Besichtigung nach Vereinb.], ein anderes in der Humanistenbibliothek von → Schlettstadt/E.)

† 1511 **Matthias Ringmann** (* Reichsfeld/E 1482); der Humanist arbeitete ab 1507 als Revisor in der Druckerei Lud (s. o.).

* 1891 **Yvan Goll** (eigentlich Isaac Lang) († Neuilly/IdF 1950), zweisprachiger Lyriker, beeinflußt von Expressionismus, Dadaismus, Surrealismus; Studium in Straßburg und Paris; Pazifist; während des 1. Wks. in der Schweiz Kontakt mit den Gruppen um R. Rolland in Genf und H. Ball in Zürich; Lebensgemeinschaft mit Claire Goll; 1939-47 USA; Goll über sich: »Yvan Goll hat keine Heimat: durch Schicksal Jude, durch Zufall in Frankreich geboren, durch ein Stempelpapier als Deutscher bezeichnet.« – Salle Claire et Yvan Goll im [M] Musée Pierre Noël (Place Georges-Trimouille): Rekonstruktion des Pariser Appartements von C. Goll, Erinnerungsstücke, Gemälde. – W. u. a.: *Der Panama-Kanal* (Ged. 1914), *Die Unterwelt, Gedichte* (1919), *Le nouvel Orphée, Gesammelte Dichtungen* (1923), *Der Stall des Augias* (Dr. 1924), *Poèmes de la vie et de la mort* (Ged. 1926, mit Claire Goll), *La Chanson de Jean sans Terre* (1936-39), *Dichtungen. Lyrik, Prosa, Drama* (Hrsg. v. Claire Goll 1960); *Œuvres* (2 Bde. 1968-70).

[A] Der Romancier **É. Erckmann** (→ Pfalzburg) machte im Sommer 1872 in Paris die Bekanntschaft des Unternehmers Montézuma Goguel, der den Autor auf sein vor den Toren der Stadt gelegenes Familiengut Ermitage einlud; Erckmann, der im Herbst 1872 die Einladung annahm, verstand sich mit der Hausverwalterin so gut, daß er gleich neun Jahre blieb. – 1885 erwarb auch **A. Chatrian** (→ Soldatenthal), der zweite Teil des mittlerweile zerstrittenen Autorenduos, eine Wohnung in S.-D. (Place Stanislas Nr. 2), die er im Wechsel mit seiner Villa in Villemomble/IdF bewohnte.

[R] Auf dem Friedhof von **Housseras** (18 km w. v. S.-D.) befinden sich die Gräber von **Alfred Döblin**, der am 26. 6. 1957 im Krankenhaus von Emmendingen (Baden-Württemberg) gestorben war, und seiner Frau Erna, die am 14. 9. 1957 in Paris durch Freitod aus dem Leben geschieden war; in H. befand sich bereits das Grab ihres Sohnes Wolfgang (Vincent), der 1940 als französischer Soldat gefallen war.

SAINT-MIHIEL (Meuse)

Die **Bibliothèque municipale** im 1. Stock der ehem. Abteigebäude umfaßt 8780 Werke, darunter 74 Handschriften (teilweise miniaturgeschmückt), 86 Inkunabeln (u. a. das erste in Lothringen gedruckte Buch von 1502) und einen Teil der Bibliothek des Kardinal de Retz (s. u.).

[A] Ab 1672 zog sich der **Kardinal de Retz** (→ Montmirail/ChA) häufig in die Abtei Saint-Michel von S.-M. zurück und schrieb hier u. a. ein Werk über die Erziehung eines jungen Adligen (verschollen); er trug sich sogar mit dem Gedanken, sich von seiner Kardinalswürde entbinden zu lassen und Benediktinermönch zu werden.

SAINT-REMY-LA-CALONNE → (Meuse) VERDUN [R]
SARREGUEMINES → SAARGEMÜND
(COL DE LA) SCHLUCHT (Vosges) → GÉRARDMER [R]

SENONES (Vosges)

[A] **Voltaire** (→ Paris), der schon 1743 in S. geweilt hatte, wohnte im Juni 1754 drei Wochen in der Abtei und arbeitete in der berühmten Bibliothek mit ihren 15 000 Bänden an seinem *Essai sur les mœurs et l'esprit des nations*« (1756, dt. *Über den Geist und die Sitten der Nationen*, 1760-62); »ich werde noch Benediktiner«, scherzt er in einem Brief aus S.; literarischen Ruf genoß das Kloster zu dieser Zeit durch den mit Voltaire befreundeten Abt **Dom Calmet** (1672-1757), den Chronisten Lothringens: *Histoire de Lorraine* (1728) (monumentales Wandgrab Dom Calmets in der Abteikirche).

SILLEGNY (Moselle) → METZ [R]

SION (Meurthe-et-Moselle)

»Es gibt Stätten, wo der Geist weht, Stätten, die die Seele aus ihrer Lethargie aufschrecken; vom Geheimnis umhüllte und gebadete Stätten, seit aller Ewigkeit auserwählt, Orte der religiösen Erhebung zu sein ... Es sind dies Tempel im Freien. Hier empfinden wir plötzlich das Bedürfnis, uns aller kleinlichen Fesseln zu entledigen und uns weit dem Licht zu öffnen. Unsere Energie breitet sich ganz aus und schwingt sich auf den Flügeln von Gebet und Dichtung zu großen Gewißheiten auf ...« (Maurice Barrès)

[A] Der Bergkegel S.-Vaudémont wurde von **M. Barrès** (→ Charmes) in *La Colline inspirée* (1913) besungen (auch in *Les Amitiés françaises*, 1903, 4. Kap.); zum Gedenken an den Dichter wurde 1928 südlich des Weilers ein riesiges Monument in Form einer Totenleuchte errichtet, in deren Sokkel Zitate aus *Les Amitiés françaises*, *La Colline inspirée* und *Le Mystère en pleine lumière* eingemeißelt sind.

[R] In der mittelalterlichen Wasserburg von **Haroué** (10 km nö. v. S.), die Anfang des 18. Jhs. zu einem Barockschloß umgebaut wurde, wurde **François de Bassompierre** (1579-1646) geboren; der Offizier, Diplomat und Frauenheld wurde auf Geheiß Richelieus zwölf Jahre lang in der Bastille festgesetzt, während welcher Zeit er seine Erinnerungen *Journal de ma vie* (3 Bde. 1665) verfaßte, die einer Reihe von Autoren zur Vorlage diente: zwei Episoden in J. W. v. Goethe: *Unterhaltungen deutscher Ausgewanderten* (1795), Hugo v. Hofmannsthal: *Das Erlebnis des Marschalls von Bassompierre* (1905), E. Strauß: *Der Schleier* (1920); Büste des Marschalls in der Grünanlage gegenüber dem Schloß.

SOLDATENTHAL (GRAND-SOLDAT) (Moselle)

* 1826 **Alexandre Chatrian** († Villemomble/IdF 1890), Erzähler, Dramatiker; verfaßte gemeinsam mit É. Erckmann (→ Pfalzburg), den er 1847 kennengelernt hatte, eine Reihe von erfolgreichen Romanen und Theaterstücken, in deren Mittelpunkt zumeist Sitte, Milieu und Wesen einfacher elsässischer Menschen stehen. – W.: *Erckmann-Chatrian: Ausgewählte Werke*

(12 Bde., übers. v. L. Pfau 1882); *Contes et romans nationaux et populaires* (14 Bde. 1962-63).

THIONVILLE → DIEDENHOFEN

TOUL (Meurthe-et-Moselle)

Bibliothèque municipale (Stadtbücherei; 63 Tsd. Bde., Hs., Ink.).

[A] **Choderlos de Laclos** (→ Amiens/Pi) lag von Februar 1763 bis August 1765 in T. in Garnison. – **Th. Fontane** (1819-1898) kam Anfang Oktober 1870 auf seinem Weg nach → Domrémy über T.: »Die Kathedrale ist bewunderungswürdig, das Innere einer zweiten Kirche (St. Jean, wenn ich nicht irre) von fast noch größerer Schönheit; aber von dem Augenblick an, wo man mit diesen mittelalterlichen Bauten fertig ist, ist man es mit Toul überhaupt.« – **É. Erckmann** (→ Pfalzburg), der wegen wachsender Spannungen mit dem Unternehmer Goguel → Saint-Dié verließ, zog 1881 nach T., wo er bis September 1882 in der Rue Gengoult wohnte.

VARENNES-EN-ARGONNE (Meuse)

[A] **Victor Hugo** (→ Besançon/FC) kam bei seiner Reise im Juli 1838 in das Städtchen, stieg im altehrwürdigen Gasthaus Au Grand Monarque ab und gedachte des Schicksals Ludwigs XVI., der auf seiner Flucht hier festgenommen worden war.

VERDUN (Meuse)

Bibliothèque municipale (Stadtbücherei; 100 Tsd. Bde., 886 Hs., 123 Ink.).

[A] **J. W. v. Goethe** (1749-1832), der als Beobachter am Feldzug 1792 teilnahm, beobachtete am 1. 9. 1792 von einem Hügel aus die mitternächtliche Bombardierung der Festung V. (Beschreibung in der *Campagne in Frankreich 1792*). – **George Sand** (→ Paris) kam auf ihrer Ardennenreise Ende September 1869 in die Stadt. – **Ernst Jünger** (1895-1998) brannte als 17jähriger Gymnasiast von zu Hause durch und meldete sich auf der Zitadelle von V. zur Fremdenlegion (Bericht in der autobiographischen Erz. *Afrikanische Spiele*, 1936); zum 63. Jahrestag der ›Bataille de Verdun‹ war Jünger im Juni 1979 in V. – **W. Koeppen** (1906-1996) besuchte den Ort 1959: »[...] man [hat] das Entsetzen in einen Park gepackt, dem Tod das saubere Kleid der Statistik übergeworfen, und von weit her kommen die Autobusse wie zu einem Festspiel gefahren, die Touristen schreiten über gepflegte Kieswege und lesen auf schöner Erztafel die Kunde: hier ruhen fünfhunderttausend Tote. Oder waren es eine Million, waren es zwei Millionen, die starben?«

[L] Eine große Zahl von Romanen, Gedichten und Dramen behandelt das Grauen des Krieges vor V. u. a. **Maurice Genevoix**: *Sous Verdun* (R. 1916), **E. Toller** (im berüchtigten Priesterwald eingesetzt): »Nacht im Priesterwald« (Ged. 1917), **E. M. Remarque**: *Im Westen nichts Neues* (R. 1929), **A. Zweig** (der über ein Jahr als Armierungssoldat in nächster Nähe von V. eingesetzt war): *Erziehung vor Verdun* (R. 1935), **Jules Romains**: *Prélude à Verdun* (1938) und *Verdun* (1938) (= Teilbände 15 und 16 des großen Romanzyklus *Les Hommes de bonne volonté*, 27 Bde., 1932-46), **Bernard Clavel**: *Les Roses de Verdun* (R. 1994).

[R] Im Wald von **Saint-Remy-la-Calonne** (14 km sö. v. V.) fiel im September 1914 der Dichter von *Le Grand Meaulnes* **Alain-Fournier** (→ La Chapelle-d'Angillon/C); Grab (seit 1992) auf dem Soldatenfriedhof des Ortes.

VILLE-SUR-SAULX (Meuse) → BAR-LE-DUC [R]

Westfassade der Kathedrale von Reims

CHAMPAGNE – ARDENNE (ChA)

Region: Champagne-Ardenne; Départements: Ardennes (08), Aube (10), Marne (51), Haute-Marne (52); Einwohner: 1,3 Mio.; Fläche: 25 606 qkm; Verwaltungssitz: Châlons-en-Champagne.

ANTE (Marne) → SAINTE-MENEHOULD [R]
ARCIS-SUR-AUBE (Aube) → TROYES [R]
AY (Marne) → ÉPERNAY [R]

BAGNEUX (Marne)

Die Vorfahren väterlicherseits von **G. Flaubert** (→ Rouen/HNo) stammten aus B., waren Hufschmiede und Tierärzte. Der Vater des Dichters, Achille Cléophas, erblickte das Licht der Welt 1784 in dem 6 km südl. gelegenen Dorf Maizières-la-Grande-Paroisse, wo schon seine Mutter (d. h. die Großmutter des Dichters) geboren worden war; die Großeltern zogen von hier nach → Nogent-sur-Seine.

BONCOURT (Schloß) (Marne) → SAINTE-MENEHOULD [R]

BOURBONNE-LES-BAINS (Haute-Marne)

* 1881 **Maurice Constantin-Weyer** († Vichy/Au 1964), Erzähler; Kindheit in Langres, 1902-14 Kanada-Aufenthalt, wo der Autor als Cowboy, Siedler, Trapper tätig war, was sich in seinen Werken widerspiegelt; Prix Goncourt für den Roman *Un Homme se penche sur son passé* (1928, dt. *... ein Blick zurück und dann ...*, 1929). – Weitere W.: *Manitoba* (R. 1924), *La Bourrasque* (R. 1925), *Clairière* (R. 1929), *Mon gai royaume de Provence* (Prosa 1933).

[A] Am Totenbett seines Freundes Damilaville in B. lernte **Denis Diderot** (→ Langres) 1769 Madame de Maux, dessen einstige Geliebte, kennen, mit der ihn eine Liebschaft bis ins nächste Jahr verband (Briefe an seinen Freund Grimm vom Sommer und Herbst 1770).

BUSSIÈRES-LÈS-BELMONT (Haute-Marne) → VARENNES-SUR-AMANCE [R]

CHÂLONS-EN-CHAMPAGNE (Marne)

Bibliothèque municipale (1821 im ehemaligen Palais des Stadtgouverneurs eingerichtet; 350 Tsd. Bde., 1700 Hs., darunter ein Exemplar des *Roman de la Rose* (14. Jh.), 117 Ink.; Gebetbuch der Marie-Antoinette mit Eintrag vom Morgen ihrer Hinrichtung: »Mein Gott, erbarme Dich meiner! Ich habe keine Tränen mehr, um Euch zu beweinen, meine armen Kinder, adieu, adieu!«), Bibliothèque départementale de prêt de la Marne (330 Tsd. Bde.). – Théâtre du Muselet (Staatl. Bühne).

[A] **Michel de Montaigne** (→ Montaigne/Aq) kam auf seiner Reise nach dem Kurort → Plombières/Lo durch Ch. und begeisterte sich für seine schöne Unterkunft im Wirtshaus Krone. – **Choderlos de Laclos** (→ Amiens/Pi) wurde für den September 1792 nach Ch. beordert, um die Verteidigung gegen die preußischen Truppen zu organisieren. – Der Dichter **Heinrich von Kleist** (1777-1811), der schon auf seiner Parisreise 1801 durch die Stadt gekommen war, wurde nach seiner Verhaftung als vermeintlicher Spion vom → Château de Joux/FC im April 1807 in das Kriegsgefangenenlager Ch. gebracht, wo er sich recht frei bewegen konnte, die Erlaubnis zu Spaziergängen und Kirchenbesichtigungen erhielt; Mitte Juli 1807 wurde er entlassen. – **Victor Hugo** (→ Besançon/FC) sah bei seiner Besichtigung der Stadt im Juli 1838 seine Erwartungen enttäuscht: Er bemängelte Baufälligkeit und Schmutz der Kathedrale St. Étienne, wofür ihn jedoch dann ein Besuch der Kirche Notre-Dame entschädigte. – **Émile Zola** (→ Paris) vollzog im Rahmen seiner Arbeiten an dem Roman *La Débâcle* (1892) im April 1891 vor Ort die Truppenbewegungen der franzö-

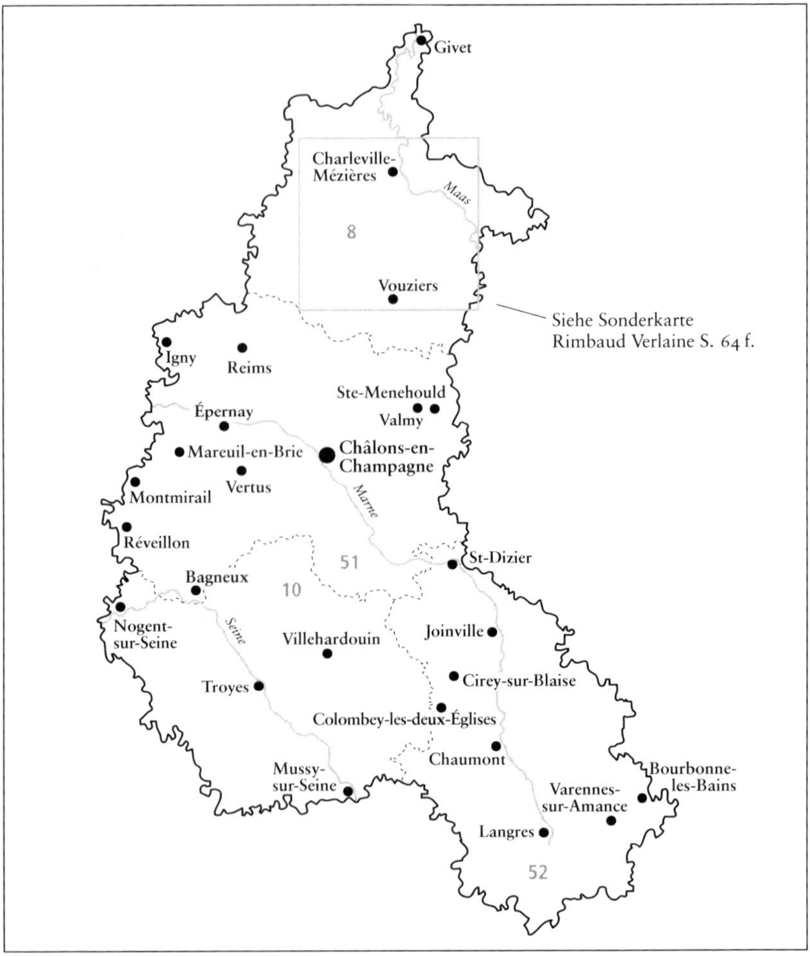

sischen Armee von Ch. nach Sedan (und der völligen Niederlage) nach. – **Paul Fort** (→ Reims) verbrachte als Kind die Ferien bei seinen Großeltern in C. (*Mes Mémoires. Toute la vie d'un poète*, 1844).

[L] Ch. ist Schauplatz des 3. Aufzugs von **F. Schillers** *Die Jungfrau von Orléans* (1802).

[M] **Musée Schiller et Goethe** (Rue Léon-Bourgeois Nr. 68): Das Museum, eine Schenkung der Baronin von Gleichen-Russwurm, mit der die Familie Schillers ausstarb, zeigt Gegenstände aus dem Besitz Friedrich Schillers; einige Räume sind Goethe und A. v. Chamisso gewidmet.

[R] **Johann Gottfried Seume** (1763-1810) kam 1802 auf dem Rückweg v. Paris nach Dtl. über Ch. und übernachtete in **Pogny** (13 km sö. v. Ch.), sah jedoch in der gesamten Champagne seine Erwartungen enttäuscht, die er in die Getränke ge-

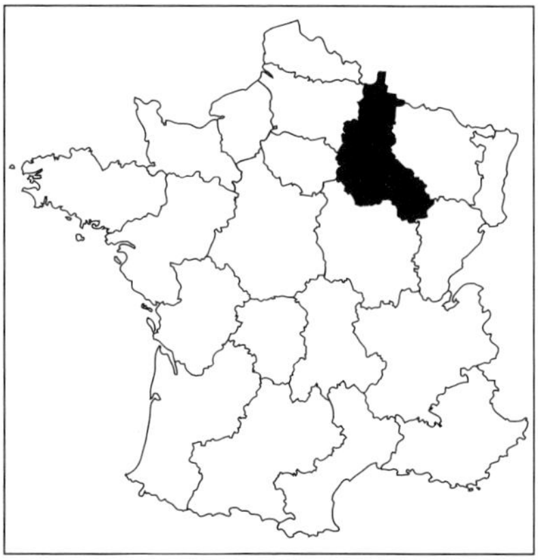

setzt hatte: »Das liebe Gut, das man mir dort in den Wirthshäusern unter dem Namen Champagner gab, kann ich nicht empfehlen.« (*Spaziergang nach Syrakus im Jahre 1802*, 1803.) – Die Wallfahrtskirche **Notre-Dame de l'Épine** (6 km ö. v. Ch.) begeisterte **Victor Hugo** (→ Besançon/FC) auf seiner Durchreise im Juli 1838 derart, daß er zwei Stunden in der Kirche verbrachte und es sich trotz stürmischen Windes nicht nehmen ließ, auch das Äußere genau in Augenschein zu nehmen; **Paul Claudel** (→ Villeneuve-sur-Fère/Pi) bezeichnete die gotische Kirche als »lodernde Glut und einen sich aufschließenden Rosenbusch«.

CHARLEVILLE-MÉZIÈRES (Ardennes)

»[...] meine Geburtsstadt ist unter den kleinen Provinzstädten besonders idiotisch.« (Arthur Rimbaud)

Bibliothèque municipale (Stadtbücherei; 230 Tsd. Bde, 480 Hs., 117 Ink.; Arthur Rimbaud-Fundus), Bibliothèque centrale de prêt des Ardennes (186 Tsd. Bde.). – Théâtre de Charleville-Mézières.

Zu **Arthur Rimbaud** s. SONDERKARTE RIMBAUD-VERLAINE S. 64

[A] **Victor Hugo** (→ Besançon/FC) besuchte Ende Juli 1838 in Mézières zunächst die Kirche Notre-Dame d'Espérance, über deren schlechte gelbe Tünche er sich beklagte, später in Charleville die Place Ducale. – **George Sand** (→ Paris) kam Ende September 1869 im Rahmen ihrer Ardennenreise in die Stadt. – **Paul Claudel** (→ Villeneuve-sur-Fère/Pi) folgte den Spuren Rimbauds im Sommer 1912, **W. Koeppen** (1906-1996) ein knappes halbes Jahrhundert später (*Reisen nach Frankreich*, 1961).

[R] In **Château-Regnault** (16 km n. v. Ch.-M.) trägt der Fels, dessen Zacken vier hintereinandersitzenden Reitern gleichen, den Namen ›Rocher des Quatre Fils Aymon‹ (Fels der vier Haimonskinder) nach der in den Volksbüchern überlieferten Geschichte (→ Gombervaux/Lo, → Marville/Lo). – **George Sand** (→ Paris) kam auf ihrer Ardennenreise Ende September 1869 nach **Revin** (23 km n. v. Ch.-M.) und benannte ihren durch die Reise inspirierten Roman *Malgrétout* (1870) nach dem östlich des Ortes gelegenen 405 m hohen Berg. – **Theodor Fontane** (1819-1898) besuchte **Sedan** (20 km sö. v. Ch.-M.) und die Schlachtfelder der Umgebung im Rahmen seiner ›Osterreise 1871‹, die er in seinem Bericht *Aus den Tagen der Okkupation* (1871) beschreibt.

CHÂTEAU-REGNAULT (Ardennes) → CHARLEVILLE-MÉZIÈRES [R]

CHAUMONT (Haute-Marne)

Les Silos, Maison du Livre et de l'Affiche (Haus des Buchs und des Plakats), Avenue du Maréchal Foch Nr. 7-9 (Kulturzentrum in ehem. Getreidesilos; Bibliothek mit 90 Tsd. Bden., 236 Hs., 220 Ink.; Sammlung v. 10 Tsd. Plakaten, Sammlung v. 20 Tsd. Bden. aus dem 16., 17.,18. Jh.)

[A] **Stendhal** (→ Grenoble/RhA), Anfang Mai 1837 in Ch., zeichnet von der Stadt in seinen *Mémoires d'un touriste* (1838) ein Bild völliger Reizlosigkeit; auch die Gegend fand er so häßlich, daß er es vorzog, sich nicht über sie zu äußern.

CHUFFILLY-ROCHE (Ardennes) → **SONDERKARTE RIMBAUD-VERLAINE S. 65**

Cirey: Schloß

CIREY-SUR-BLAISE (Haute-Marne)

[A] Das Schloß C. war Besitz der Marquise de Châtelet, der Geliebten **Voltaires** (→ Paris); hier versteckte sich der durch einen Haftbefehl gesuchte Dichter 1734 und blieb – mit Unterbrechungen – bis 1749 auf dem Schloß, bis er erleben mußte, daß ihn die ›göttliche Émilie‹ mit dem jüngeren Dichter Saint-Lambert betrog (→ Lunéville/Lo); ein letztes Mal kam Voltaire nach C. 1753 (drei Jahre nachdem Madame de Châtelet bei der Geburt eines Kindes von Saint-Lambert gestorben war); in C. entstanden zahlreiche Werke, z. B. die Dramen *Élvire* (1736) und *Mahomet* (1741), hier begann er *Le Siècle de Louis XIV.* und den *Essai sur les mœurs*. Voltaire, der in einem Labor gemeinsam mit der Marquise naturwissenschaftliche Experimente durchführte, entwarf mit ihr auch einen Flügel des Schlosses und dessen Rokoko-Portal. (Neben Empfangsräumen sind die Bibliothek, die Kapelle und das kleine Theater im Dachgeschoß zu besichtigen.)

COLOMBEY-LES-DEUX-ÉGLISES (Haute-Marne)

† 1970 **Charles de Gaulle** (* Lille/NPdC 1890); der Staatsmann besaß seit 1934 das Haus La Boisserie, wohin er sich nach 1946 und nach 1969 zurückzog; unter den Besuchern: A. Malraux (→ Paris), der von den Gesprächen im Dezember 1969 in *Les Chênes qu'on abat* (1971, dt. *Eichen, die man fällt*, übers. v. C. Schmid 1972) berichtet; La Boisserie ist heute Museum, Grab auf dem Friedhof.

COULOMMES (Ardennes) → **SONDERKARTE RIMBAUD-VERLAINE S. 64 f.**
DAMERY (Marne) → **ÉPERNAY** [R]
DIZY (Marne) → **ÉPERNAY** [R]

ÉPERNAY (Marne)

»Épernay ist die Stadt des Champagners. Nicht mehr und nicht weniger.« (V. Hugo)
Médiathèque (100 Tsd. Bde.).

[A] Auf seiner Badereise nach → Plombières kam **M. de Montaigne** (→ Montaigne/Aq) am 8. September 1570 in die Stadt und besuchte den Gottesdienst in der Kirche Notre-Dame. – Für **Sophie von La Roche** (1731-1807) war É. eine Station auf der Reise nach Paris im Frühjahr 1785: »Epernay, eine sehr artige Stadt, welche wegen dem besten Champagner berühmt ist, hat vortreffliche Spaziergänge an der Seite der Marne, welche die Stadt in zween Theile schneidet, die mit zwo sehr schönen Brücken zusammenhängen.« – **V. Hugo** (→ Besançon/FC) durchreiste É. Mitte Juli 1838. – **Theodor Fontane** (1819-1898) kam im Rahmen seiner Osterreise 1871 nach É.: »Was mich bei meinem Umgang am meisten überraschte, war die Abwesenheit von allem, was unsere geschäftige Phantasie mit dem Namen ›Épernay‹, wenigstens *zunächst*, in Verbindung zu bringen pflegt. Hier, wo man hätte glauben können, daß die öffentlichen Brunnen mit irgendeinem Mousseux gespeist würden, schien jedes Haus und jedes Schild den Hinweis auf dies Metier vermeiden zu wollen. Endlich, an der Esplanade, in der Nähe des Bahnhofs, stieg ein großes dreistöckiges Haus auf. Unter dem Dach hin, wie ein Fries, lief ein mächtiges Schild, und auf dem Schilde stand: Xatart Frères; Fabriques et Magasin de Bouchons. Dies beruhigte mich. Ich sagte mir: wo *solche* Propfenfabrik vorkommt, da muß viel gekorkt werden.« (*Aus den Tagen der Okkupation*, 1871.) – **G. Bataille** (→ Billom/Au) wechselte 1913 vom Gymnasium in Reims nach É., wo er im Jahr darauf das Abitur bestand.

[R] Der Theologe und Dichter **Gottschalk von Orbais** (→ Mareuil-en-Brie [R]) verbrachte »äußerlich verwahrlost und innerlich verbittert« (P. Klopsch) die letzten zwei Jahrzehnte seines Lebens in der im 7. Jh. gegründeten Benediktinerabtei von **Hautvillers** (3 km n. v. É.), die durch ihr Skriptorium eines der bedeutendsten Kunstzentren des Abendlandes im 9. Jh. war (hier entstanden die schönsten karolingischen Handschriften der ›Schule von Reims‹); Gottschalk starb hier um 869. – Berühmt für seine (Schaum-)Weine ist das 2 km nö. v. É. gelegene **Ay: Pierre de Ronsard** erwähnt sie in seinem Gedicht »Gaieté« (1554), und in dem erzählenden Gedicht *La Bouteille à la mer* (1853) des Romantikers **Alfred de Vigny** wird den todgeweihten französischen Seeleuten »la mousse d'Ay« (»der Schaumwein aus Ay«) zum Ausgangspunkt für tröstende heimatliche Gefühle. – **Damery** (5 km w. v. É) ist Geburtsort der großen Tragödin **Adrienne Lecouvreur** (1690-1730), Freundin Voltaires und Darstellerin in seinen Dramen, der er auch Gedichte widmete (so »L'Anti-Giton«, 1714); sie soll von ihrer Rivalin, der Herzogin von Bouillon, vergiftet worden sein (was Stoff für E. Scribes Drama *Adrienne Lecouvreur*, 1849, wurde), worauf sie im Beisein Voltaires in Paris starb; Voltaire erboste sich in dem Gedicht »La Mort de Mademoiselle Le Couvreur« (1730) darüber, daß ihr als Schauspielerin ein christl. Begräbnis verweigert wurde. (Adrienne Lecouvreur wurde an der Seine verscharrt.) – **Jacques Cazotte** (→ Dijon/Bu) ließ sich 1761 in **Pierry** (unmittelbar südl. v. É.). nieder (heute wird das Haus als Rathaus genutzt), wo er u. a. seinen berühmten Roman *Le Diable amoureux* (1772) schrieb; sein älterer Bruder war gestorben und hatte ihm ein großes Gut hinterlassen; P. blieb für Cazotte, von einigen Paris-Aufenthalten abgesehen, Lebensmittelpunkt bis zu seinem Tod. Der Dichter **André Chénier** (→ Anhang) traf in P. mehrmals mit Aimée de Coigny zusammen (→ Mareuil-en-Brie). – Die Eltern des Dichters **Pierre Louÿs** (→ Anhang) verließen im August 1870 (nach dem Einmarsch der preußischen Truppen in Frankreich) den n. vor den Toren Épernays liegenden Ort **Dizy** und begaben sich nach Gent, wo der Dichter am 10. 12. 1870 geboren wurde; Mitte März 1871 kehrte die Familie nach D. zurück, wo Pierre noch seine Ferien verbrachte, als er bereits Schüler an der École Alsacienne in Paris war; Dizy ist Schauplatz des Romans *Le Charretier de la ›Providence‹* (1931, dt. *Der Schiffsfuhrmann*, 1948, u. d. T. *Maigret tappt im Dunkeln*, 1966, u. d. T. *Maigret und der Treidler* *der ›Providence‹*, 1983) von **Georges Simenon.**

L'ÉPINE (Marne) → **CHÂLONS-EN-CHAMPAGNE** [R]

GIVET (Ardennes)

»Givet ist eine saubere, anmutige, gastfreundliche Stadt zu beiden Ufern der Maas, die sie in Groß- und Klein-Givet teilt; sie liegt am Fuße einer hohen und schönen Felswand, deren Gipfel etwas von den geometrischen Umrissen der Festung Charlemont verdorben wird.« (Victor Hugo)

[A] **Victor Hugo** (→ Besançon/FC) genoß Ende Juli 1838 in der frz. Grenzstadt nach Belgien den sommerabendlichen Blick von der Maasbrücke auf die Silhouette der Stadt mit ihren Türmen; vom Vorgehen des Architekten, der die Turmhaube der Kirche St. Hilaire schuf, lieferte er eine interessante Beschreibung: »Der wackere Architekt nahm zuerst eine viereckige Priester- oder Anwaltsmütze. Auf diese viereckige Mütze stellte er eine umgedrehte Salatschüssel; auf den Boden der Salatschüssel, der nun eine Plattform geworden war, baute er eine Zuckerdose, auf die Zuckerdose eine Flasche, auf die Flasche eine Sonne, deren unterer Strahl wie ein Stiel senkrecht in den Flaschenhals gesteckt ist; und auf den oberen senkrechten Strahl der Sonne spießte er schließlich einen Wetterhahn. Wenn man annimmt, daß er zur Findung einer jeden dieser Ideen einen Tag gebraucht hat, wird er wohl am siebten Tag geruht haben.« – **George Sand** (→ Paris) stieg bei ihrer Ardennenreise Ende September 1869 im Hôtel du Mont d'Or ab, wo vor ihr auch schon V. Hugo und **Théophile Gautier** (→ Tarbes/MPy) übernachtet hatten.

[L] **Georges Simenon** läßt seinen Kommissar Maigret aus Paris anreisen und einen verzwickten Fall lösen, der in G. spielt: *Chez les Flamands* (1932, dt. *Maigret bei den Flamen*, 1964).

HAUTVILLERS (Marne) → **ÉPERNAY** [R]

IGNY (Abtei) (Marne)

[A] Nach seiner Hinwendung zum Glauben weilte **J.-K. Huysmans** (→ Paris) im Juli 1892 zum ersten Mal in dem Trappistenkloster I., wo er in einem Brief von seiner »unendlichen Traurigkeit, dem Gedanken einer völligen Unwürdigkeit« spricht; nach einem zweiten Aufenthalt Anfang August 1893 schreibt er einem Freund: »Ich habe eine Woche bei meinen guten Trappisten verbracht und war dort durch und durch glücklich«; ein letztes Mal besuchte Huysmans das Kloster kurz im Juli 1896.

[L] Das Kloster diente als Vorbild für das Zisterzienserkloster Coûfontaine, Schauplatz des Dramas *L'Otage* (1911, dt. *Der Bürge*, 1926) von **Paul Claudel**.

ISLE-SUR-MARNE (Marne) → **SAINT-DIZIER** [R]

JOINVILLE (Haute-Marne)

»Auf der Fahrt lag Joinville zu unserer Linken; es thront auf einem Felsen, dessen Fuß die Marne beleckt, und wirkt sehr schön.« (Denis Diderot)

* 1225 **Jean Sire de Joinville** († ebda. 1317), Geschichtsschreiber; im Gefolge des hl. Ludwig IX. Teilnehmer am 6. Kreuzzug (1248-54), seit 1254 Seneschall der Champagne; sein im Alter verfaßtes Erinnerungswerk *Le Livre des saintes paroles et des bons faits de notre roi Louis* (dt. *Geschichte König Ludwigs des Heiligen*, 1853) kann als Vorläufer späterer Memoirenliteratur betrachtet werden.

* 1397 **Elisabeth von Nassau-Saarbrücken** († Burg Bucherbach bei Saarbrücken 1456), Übersetzerin; als Tochter Herzog Friedrichs von Lothringen und dessen Gemahlin Margarete von Vaudémont im frz. Kulturbereich aufgewachsen, 1412 mit dem dt. Grafen Philipp I. von Nassau-Saarbrücken verheiratet; nach dem Tod ihres Gatten Übernahme der Regierungsgeschäfte (später im Verein mit ihren Söhnen); bis 1437 übersetzte sie vier aus

Langres: Diderot-Denkmal

dem karolingischen Sagenkreis stammende ›chansons de geste‹, wobei sie die frz. Verse in dt. Prosa übertrug, so zur Entwicklung des dt. Prosaromans beitragend. – W.: *Huge Schepel* (Druck 1500 u. d. T. *Hug Schappler*), *Loher und Maller* (Druck 1513), *Herpin* (Druck 1514), *Sibille* (ungedruckt).

JUNIVILLE (Ardennes) → SONDERKARTE RIMBAUD-VERLAINE S. 65

LANGRES (Haute-Marne)

Bibliothèque municipale Marcel Arland (Stadtbücherei; 52 Tsd. Bde.; Sammlung zu D. Diderot). – Théâtre municipal (Stadttheater).

* 1713 **Denis Diderot** († Paris 1784), Schriftsteller, Philosoph, Aufklärer; Sohn eines Messerschmieds, Kindheit in L.; Besuch der Jesuitenschule der Stadt, die er 1728 verließ, um in Paris zu studieren; Bekanntschaft mit Rousseau, d'Alembert, M. Grimm, Baron d'Holbach; Herausgeber und Autor der *Encyclopédie* (1751-80). – Geburtshaus Place Diderot Nr. 6 (Gedenktafel); Statue (1884 v. A. Bartholdi) auf der Place Diderot; Büste (Houdon) im Sitzungssaal des Rathauses; Erinnerungsstücke im [M] Musée de l'Hôtel du Breuil de Saint-Germain (Place de Verdun). – Weitere W.: *Les Bijoux indiscrets* (R. 1748, dt. *Die indiskreten Kleinode*, 1776), *Le Fils naturel* (Dr. 1757, dt. *Der natürliche Sohn*, übers. v. Lessing 1760), *Le Père de famille* (Dr. 1758, dt. *Der Hausvater*, übers. v. Lessing 1760), *La Religieuse* (R. 1796, dt. *Die Nonne*, 1797), *Jacques le fataliste* (R. 1796, dt. *Jakob und sein Herr*, 1785 Teilübers. v. Schiller), *Le Neveu de Rameau* (1821 als Rückübers. der Übers. Goethes, dt. *Rameaus Neffe*, 1805).

[A] **Bossuet** (→ Dijon/Bu) wurde in L. zum Subdiakon geweiht. – **Stendhal** (→ Grenoble/RhA) flüchtete sich im Mai 1837 nach einem Spaziergang durch die »recht hübschen Straßen von Langres« vor dem eisigen Wind in die Kathedrale St.-Mammès, wo er in Cäsars *Gallischem Krieg* las und sich Gedanken über die Herkunft des Spitzbogens machte. – **Th. Fontane** (1819-1898) wurde nach seiner Verhaftung am 5. 10. 1870 in → Domrémy/Lo nach L. gebracht, worüber er im 3. Kap. des 1. Teils von *Kriegsgefangen. Erlebtes 1870* (1871) berichtet. – **M. Constantin-Weyer** (→ Bourbonne-les-Bains) wuchs in L. auf, bevor er lange Jahre in Kanada verbrachte; die Stadt dient ihm als Schauplatz in dem Roman *Clairière* (1930). – Der Romancier **Marcel Arland** (→ Varenne-sur-Amance) besuchte das Gymnasium in L. und beschreibt die Stadt in *Terre natale* (1938).

MAREUIL-EN-BRIE (Marne)

[A] Der Dichter **André Chénier** (→ Anhang) begegnete hier im Schloß Aimée de Coigny, der Tochter des Hausherrn, und verliebte sich in sie; das im Gefängnis Saint-Lazare entstandene Gedicht Chéniers *La jeune captive* (1794, dt. *Die junge Gefangene*, 1950) galt der mitgefangenen 25jährigen Aimée, die, im Gegensatz zum Dichter, die Revolution überlebte. – **Emmanuel Bove** (→ Paris) bewohnte von Herbst 1923 bis Anfang 1925 mit Frau und Kind in M. ein Haus mit Garten.

[R] Der als Sohn eines sächs. Adligen geborene lateinische Lyriker **Gottschalk von Orbais** (um 803-um 869) lebte, nach Erziehung in den Klöstern von Fulda und auf der Reichenau, in den 30er Jahren des 9. Jhs. in dem im 7. Jh. gegründeten Benediktinerkloster **Orbais** (3 km w. v. M.); der »größte Lyriker seines Jahrhunderts« (P. Klopsch) wurde wegen seiner theolog. Positionen auf zwei Synoden verurteilt, seiner Priesterwürde entkleidet und in das Kloster Hautvillers (→ Épernay [R]) eingewiesen. – »Plötzlich fährt man aus einer Baumgruppe heraus und sieht zur Rechten, wie zur Hälfte in eine Geländefalte gegraben, ein entzückendes Durcheinander von Türmchen, Windfahnen, Giebeln, Dachfenstern und Schornsteinen: Schloß Montmort.« **Victor Hugo** (→ Besançon/FC) war bei seinem Besuch Mitte Juli 1838 nicht nur vom Äußeren des Schlosses **Montmort** (4 km sö. v. M.) angetan, sondern ließ sich auch von einer alten Dienerin das Innere zeigen.

MONTMIRAIL (Marne)

* 1613 **Kardinal de Retz** (Jean-François-Paul de Gondi) († Paris 1679); aus ursprünglich italienischer Adelsfamilie; steile kirchliche Karriere bis zum Erzbischof von Paris; Führer der Oppositionspartei während der Minderjährigkeit Ludwigs XIV., Gegenspieler Mazarins; 1652 Verhaftung und Gefängnis, 1654 Flucht und Emigration; nach dem Tod Mazarins Rückkehr, Verzicht auf das Erzbistum, Abt von Saint-Denis; literarischer Ruhm (postum) durch die *Mémoires* (1717, dt. *Erinnerungen*, übers. v. Fr. Schiller 1799 u. ö.), die wahrscheinlich ab 1662 entstanden, als er sich auf Schloß Commercy/Lo niedergelassen hatte.

[A] **Ernst Jünger** (1895-1998), Wehrmachtsoffizier in Frankreich, berichtet von M. in seinem Tagebuch *Gärten und Straßen* (1942): »Ich brachte mich unter in dem herrlichen Schloß von Montmirail, das leider auch schon gelitten hat [...].«

MONTMORT (Marne) → **MAREUIL-EN-BRIE** [R]

MUSSY-SUR-SEINE (Aube)

* 1768 **Pauline de Beaumont** († Rom 1803); die Geliebte des Romantikers F.-R. de Chateaubriand, Tochter eines Ministers im Ancien Régime, starb in Rom im Beisein des Dichters an einem Lungenleiden; Chateaubriand ließ ihr in der Kirche San Luigi dei Francesi ein Marmorgrab errichten, für das er auch die Inschrift verfaßte.

LA NEUVILLE-AU-PONT (Marne) → **SAINTE-MENEHOULD** [R]

NOGENT-SUR-SEINE (Aube)

Théâtre municipal (Stadttheater).

[A] **Gustave Flaubert** (→ Rouen/HNo), dessen Vater in N. aufwuchs, kam als Kind oft auf Besuch zu seinen Verwandten in die Stadt (Haus an der Ecke Rue Saint-Époing/Rue de l'Auditoire, heute Bank, Gedenktafel); Flauberts Roman *Éducation sentimentale* (1869) setzt mit der Reise des Protagonisten Frédéric Moreau nach N. ein. – Die Familie von **Paul Claudel** (→ Villeneuve-sur-Fère/Pi) zog 1876 hierher und bewohnte bis 1879, als der Vater nach → Wassy-sur-Blaise versetzt wurde, ein Haus mit Gärtchen in der Rue Saint-Époing; der Dichter kam auch später noch öfter nach N. zurück, wo ein Teil seines Dramas *Partage de midi* (1906) entstand.

[R] Der Scholastiker **Abaelard** (→ Le Pallet/PdL) gründete 1123 wenige Kilometer sö. v. N. eine dem Heiligen Geist geweihte, später in ein Nonnenkloster umgewandelte Einsiedelei, genannt **Le Paraclet**, wo Abaelards Liebe Heloisa (1099-1164) ab 1129 als Priorin tätig war (Abaelard berichtet darüber in seiner *Historia calamitatum mearum*); ein halbes Jahr nach seinem Tod in Saint-Marcel/Bu wurde Abaelard im November 1142 in Le Paraclet durch den Abt Clunys, Petrus Venerabilis, mit kirchlichen Ehren bestattet; 1497 wurden die Gebeine der beiden Liebenden in den Chor der Kirche von N. übertragen, nach Zerstörung dieser Grabstätte in der Französischen Revolution wurden Abaelard und Heloisa in Paris auf dem Friedhof Père Lachaise beigesetzt. – In der Abtei **Seillières** (17 km ö. v. N.; bei Romilly) wurde **Voltaire** (→ Paris) nach seinem Tod am 30. Mai 1778 in Paris beigesetzt; obwohl der Dichter aus Angst, als Kirchengegner auf den Schindanger geworfen zu werden, bereits im März seines Sterbejahres seine Werke widerrufen und sich Absolution hatte erteilen lassen, weigerte sich die Geistlichkeit von Paris, ihn zu bestatten; der Leichnam wurde in der Sterbenacht seziert (wobei der ausführende Arzt das Gehirn – wegen der Größe – behielt und das Herz nach Ferney/RhA geschickt wurde), einbalsamiert und in der Abtei beigesetzt (Überführung des Leichnams 1791 ins Panthéon).

ORBAIS-L'ABBAYE (Marne) → **MAREUIL-EN-BRIE** [R]
LE PARACLET (Aube) → **NOGENT-SUR-SEINE**
PIERRY (Marne) → **ÉPERNAY** [R]
POGNY (Marne) → **CHÂLONS-EN-CHAMPAGNE** [R]

REIMS (Marne)

Universität (Bibliothek: 264 Tsd. Bde.). – Bibliothèque municipale (Stadtbücherei; 350 Tsd. Bde., 2750 Hs., 220 Ink.). – La Comédie de Reims (Centre National Dramatique).

* 1872 **Paul Fort** († Montlhéry/IdF 1960), symbolist. Dichter; Kindheit zunächst in R., dann (als der Vater, ein Champagnerhändler Versicherungsinspektor wurde) in Paris; Lycée Louis-le-Grand; 1890 Gründung des Théâtre d'Art, in dem v. a. symbolist. Stücke aufgeführt wurden, Herausgeber der Zeitschrift *Vers et Prose*; wurde 1912 zum ›Prince des poètes‹ erhoben; lebte nach dem 2. Wk. in Montlhéry/IdF. – Geburtshaus Rue de Clou-dans-le-Fer Nr. 1. – W. u. a.: *Ballades françaises* (1897 ff.); *Chansons pour me consoler d'être heureux* (1913); *Mes Mémoires. Toute la vie d'un poète* (1944).

* 1913 **Roger Caillois** († Paris 1978), Essayist, Herausgeber, Literaturtheoretiker; École Normale Supérieure, Teilnahme an der surrealistischen Bewegung; während des Krieges in Südamerika, dessen Autoren (Borges, Neruda u. a.) er in Frankreich bekannt machte; UNESCO-Funktionär von 1948-72, seit 1971 Mitglied der Académie Française. – Geburtshaus Rue de Savoye Nr. 8. – W. u. a.: *Au Cœur du fantastique* (Essay 1965), *Approches de l'imaginaire* (Essay 1974).

[A] **Eustache Deschamps** (→ Vertus), der bedeutendste frz. Dichter in der zweiten Hälfte des 14. Jhs., besuchte die Kathedralschule von R., an der möglicherweise auch der umhergetriebene Scholastiker **Abaelard** (→ Le Pallet/PdL) Mitte der 30er Jahre des 12. Jahrhunderts unterrichtet hatte. – **Clément Marot** (→ Cahors/MPy) wurde nach einem Besuch der Stadt im September 1521 von seinem Wirt dort zurückgehalten, weil er die Zeche nicht bezahlen konnte (weshalb er sich in dem Gedicht »Au départir de la ville de Reims …« an den König wandte). – **Jean de La Fontaine** (→ Château-Thierry/Pi) rühmt die Stadt in einem Gedicht: »Es gibt keine Stadt die ich Reims vorziehe / Sie ist die Zierde und Ehre Frankreichs …«. – **Victor Hugo** (→ Besançon/FC), seit April 1825 Ritter der Ehrenlegion, kam mit **Charles Nodier** (→ Besançon/FC) im Mai dieses Jahres erstmals in die Stadt der Königskrönungen, mit dem Auftrag, über die Krönung Karls X. eine Ode zu schreiben (»Ode sur le sacre de Charles X.«, 1825); beim Spaziergang durch die Stadt soll ihm die Idee zu dem Roman *Notre-Dame de Paris* (1831, dt. 1831, u. d. T. *Der Glöckner von Notre-Dame*, 1948) gekommen sein, wobei der Glöckner der Abteikirche St.-Rémi die Figur des buckligen Quasimodo anregte; weitere Besuche Victor Hugos fanden 1838, 1840 und – ein letztes Mal – 1871 statt, als er im Lion d'or abstieg und immer noch vom Anblick der Kathedrale beeindruckt war: »Es ist immer noch das gleiche Wunder, das mich schon vor fünfzig Jahren verzückt hat.« – Auch **F.-R. de Chateaubriand** (→ Saint-Malo/Br) wohnte als Ritter des Ordens vom Heiligen Geist den Krönungsfeierlichkeiten bei, über die **A. de Lamartine** (→ Mâcon/Bu) ein feierliches Gedicht schrieb (»Chant du sacre«), der Chansonnier **Pierre-Jean Béranger** (→ Paris) ein Spottlied (»Le Sacre de Charles-le-simple«). – **Sainte-Beuve** (→ Boulogne-sur-Mer/NPdC) besuchte die Stadt im Herbst 1829, der Historiker **Jules Michelet** (→ Paris) im Juli 1842, **Hippolyte Taine** (→ Vouziers) 1864 (*Carnets de voyage*, 1897). – **George Sand** (→ Paris) schrieb nach einem Besuch von R. im September 1869 an ihren Sohn: »Die Kathedrale von Reims ist schön, aber durch Obszönitäten verdorben und durch und durch katholisch. Auf dem Portal ist die Wollust in der Haltung eines Mannes dargestellt, der sich ganz alleine vergnügt; ein reizender Anblick für die jungen Mädchen, die zur Kommunion gehen.« – **Theodor Fontane** (1819-1898), der im Frühjahr 1871 durch Nordfrankreich fuhr, sah seine Erwartungen von der Kathedrale nicht erfüllt: »Man erfährt nur: ›Dies geschah hier‹, aber man sieht nichts, woran unsere Vorstellung sich anlehnen, nichts, was unsere Phantasie unterstützen könnte. Die Kirche ist kahl, Bilder und Denkmäler fehlen, das wenige, was davon da ist, berührt nicht die wirklich großen Momente im Leben des Landes oder dieser Stadt. So verläßt man die vielgerühmte Kathedrale schließlich bis zu einem gewissen Grade enttäuscht.« (*Aus den Tagen der Okkupation*, 1871.) – **Paul Verlaine** (→ Metz/Lo), der in → Rethel eine Stelle als Lehrer hatte, besuchte die Stadt mehrfach, u.a. im Herbst 1877 (»große Stadt, schöne Kathedrale, herrlich die St. Rémykirche, Spuren des 5. Jahrhunderts, verständig restauriert«). – **A. France** (→ Paris) kam nach R. im September 1890 auf einen Ausflug aus der benachbarten Pikardie, wo er die Ferien verbrachte. – **Georges Bataille** (→ Billom/Au) verbrachte von 1900 bis 1914 seine Kindheit und Schulzeit in R. und wohnte mit seiner Familie in der Rue du Faubourg Cérès Nr. 69 *ter* (heute Avenue Jean-Jaurès). – Die amerikanische Schriftstellerin **Edith Wharton** (1862-1937) besuchte Pfingsten 1907 die Stadt: »In Reims taucht die Kathedrale unerwartet mitten in der Stadt auf, doch sobald man sie gesehen hat, bemächtigt sie sich der Vorstellungskraft des Betrachters. Wenn auch nicht unbedingt aufregend, ist sie möglicherweise vollständiger und beherrschender als jedes andere gotische Bauwerk Frankreichs.« – Im Jahr darauf besuchte der russische Lyriker **Ossip Mandelstam** (1891-1939) die Kathedralen von R. und Laon. – Die Stadt der Krönungen feiert **Charles Péguy** (→ Orléans/C) in *Le Mystère de la charité de Jeanne d'Arc* (1910): »Reims, Du bist die Stadt der Krönung. Du bist folglich die schönste Stadt im französischen Reich. Es gibt keine schönere Feierlichkeit auf der Welt, es gibt keine Feierlichkeit in der Welt, die so schön ist wie die Krönung des Königs von Frankreich, in keinem Land.« – Zu den Vorkriegsbesuchern zählte auch der englische Autor **Rudyard Kipling** (1865-1936), der in seinen *Souvenirs of France* (1933) erzählt, daß er in R. stets Kerzen für Jeanne d'Arc stiftete. – **Jean Cocteau** (→ Maisons-Laffitte/IdF) kam bei Beginn des 1. Wks. als ziviler Ambulanzhelfer in R. zum Einsatz; seine Eindrücke schildert er in dem acht Jahre später verfaßten Roman *Thomas l'imposteur* (1923, dt. *Thomas der Schwindler*, 1954). – **Paul Claudel** (→ Villeneuve-sur-Fère/Pi) kam im Juli 1919 durch die kriegszerstörte Stadt, die er bereits im September 1909 besucht hatte.

[L] Die Stadt ist – neben Bremen, Paris und vor allem Lüttich – Schauplatz des Krimis *Le Pendu de Saint-Pholien* (1931, dt. *Maigret unter den Anarchisten*, 1966, u.d.T. *Maigret und der Gehängte von Saint-Pholien*, 1981) von **G. Simenon**.

RETHEL (Ardennes) → SONDERKARTE RIMBAUD-VERLAINE S. 65

RÉVEILLON (Schloß) (Marne)

[A] **Marcel Proust** (→ Paris) wurde von der Malerin Madeleine Lemaire, in deren Salon er in Paris verkehrte, im Spätsommer 1894 auf das Schloß R. eingeladen; mit dem befreundeten Musiker Reynaldo Hahn war Proust auch im Oktober 1895, im Anschluß an einen Bretagne-Urlaub, nochmals hier; die erste Buchveröffentlichung Prousts *Les Plaisirs et les jours* (1896) sollte ursprünglich *Le Château de Réveillon* heißen, in dem postum veröffentlichten autobiographischen Roman *Jean Santeuil* (1952, dt. 1965) ist das Schloß einer der genau beschriebenen Schauplätze.

REVIN (Ardennes) → CHARLEVILLE-MÉZIÈRES [R]
ROCHE (Ardennes) → SONDERKARTE RIMBAUD-VERLAINE S. 65

SAINT-DIZIER (Haute-Marne)

Théâtre municipal (Stadttheater).

[A] **A. Breton** (→ Tinchebray/BNo) kam 1916 als medizinischer Assistent ins psychiatrische Zentrum nach S.-D., wohin man die »wegen Geistesstörungen von der Front Entfernten (darunter viele Fälle akuten Wahnsinns) und andererseits verschiedene Delinquenten aus der Untersuchungshaft des Kriegsgerichtes« (*Entretiens*, 1969) brachte; im Jahr darauf wurde Breton nach Paris versetzt.

Réveillon: Schloß

[R] In **Isle-sur-Marne** (19 km w. v. S.-D.) befand sich der Landsitz der Familie Volland, mit deren Tochter Louis-Henriette **Denis Diderot** (→ Langres) eine leidenschaftliche Liebe verband; Diderot hatte sie, von ihm ›Sophie‹ genannt, 1755 kennengelernt und schrieb ihr, die hier stets die Sommermonate verbrachte, von 1759 bis 1774 über 550 Briefe, von denen 187 erhalten sind: *Lettres à Sophie* (1830/31, 1930; dt. *Briefe an Sophie*, 1904, 1986); nachdem Sophies Mutter ihre ablehnende Haltung gegenüber dem Philosophen aufgegeben hatte, konnte er im September 1770 die Familie für zwei Wochen in dem schloßartigen Landsitz besuchen, der zwei Jahre später, nach dem Tod der Mutter, verkauft wurde. – Von 1879 bis 1881 lebte die Familie des Dichters **Paul Claudel** (→ Villeneuve-sur-Fère/Pi) in **Wassy-sur Blaise** (18 km südl. v. S.-D.) in der Rue du Prêche; hier besuchte der junge Paul das städtische Collège, ging zur Erstkommunion, hier begann auch seine (vorübergehende) Lösung von der Kirche.

SAINTE-MENEHOULD (Marne)

[A] Was in der »ziemlich malerischen kleinen Stadt« am meisten Eindruck auf **Victor Hugo** (→ Besançon/FC) bei seinem Besuch im Juli 1838 machte, war der Küchensaal des Hôtel de Metz, der ihm ein wahrer Kosmos schien. – **George Sand** (→ Paris) besuchte die Stadt auf ihrer Ardennenreise Ende September 1869.

[R] In der Nähe der Ortschaft **Ante** (8 km südl. v. S.-M.) lag Schloß **Boncourt**, Geburtsstätte des Erzählers und Lyrikers **Adelbert von Chamisso** (eigentlich Louis Charles Adelaide de Chamisso de Boncourt) (1781-1838); der Dichter von *Peter Schlemihls wundersamer Geschichte* (1814) entstammte einer alten lothring. Adelsfamilie, die seit dem 16. Jh. in der Champagne ansässig war; 1792 emigrierte die Familie nach Deutschland, der Besitz wurde versteigert, das Schloß zum Abbruch freigegeben (heute völlig verschwunden, nur mehr der Burggraben zu erkennen); Chamisso setzt seiner Heimat in dem Ged. »Das Schloß Boncourt« (1827) ein wehmütiges Denkmal. – In **La Neuville-au-Pont** (6 km nw. v. S.-M.) wurde 1759 der Vater von **Charles Baudelaire** (→ Paris) in eine Winzer- und Handwerkerfamilie geboren; die Vorfahren des Dichters lassen sich väterlicherseits in der Champagne bis ins frühe 17. Jahrhundert nachweisen.

SEDAN (Ardennes) → CHARLEVILLE-MÉZIÈRES [R]
SEILLIÈRES (Abtei) (Aube) → NOGENT-SUR-SEINE [R]

TROYES (Aube)

Bibliothèque in der ehem. Abtei St.-Loup (1651 gegr., 340 Tsd. Bde., 8000 Hs., darunter ein Pastoral des 7. Jhs., ein Evangeliar des 10. Jhs. und eine Cicero-Handschrift [14. Jh., aus dem Besitz Petrarcas mit handschriftl. Korrekturen], 800 Ink.; Manuskripte und Drucke aus der Abtei Clairvaux). – Théâtre de Troyes.

* um 1140 **Chrétien de Troyes** († vor 1190), bedeutendster afrz. Epiker; zweifelhaft, ob in T. geboren; historisch kaum faßbar, hochgebildet, lebte wahrscheinlich am Hofe Heinrichs des I. von Champagne, später des Grafen Philipp von Flandern; Epen nach Stoffen aus dem bretonischen Sagenkreis, Begründer des nachantiken Romans; Quelle für Wolfram von Eschenbach u. a. – W.: Übersetzungen nach Ovids *Metamorphosen*, *Érec et Énide* (um 1170), *Cligès* (um 1176), *Lancelot* (um 1177-81), *Yvain* (um 1177-81), *Perceval* (unvollendet, 1181-88).

* 1201 **Thibaut IV. de Champagne** († Pamplona 1253), Trouvère, Graf von Champagne, König von Navarra (ab 1234); einer der bedeutendsten französischen Dichter des 13. Jhs.; 1239 wurde sein Heer in Palästina geschlagen; verfaßte mindestens 71 Kompositionen (Liebeslie-

Die Kanonade von Valmy, 20. 9. 1792

der, Pastourellen, Mariendichtungen). – W.: *Les Chansons de Thibaut de Champagne, Roi de Navarre* (1925, Nachdr. 1968).

[A] **Victor Hugo** (→ Besançon/FC) kam auf seiner Rückreise aus dem Süden nach Paris im Oktober 1839 durch die Stadt; in seinem kurzem Dokumentarroman *Claude Gueux* (1834) wird die Titelfigur in T. verurteilt und hingerichtet.

[L] Die Handlung des Romans *Une ténébreuse affaire* (1842, dt. *Eine dunkle Affäre*) von **Honoré de Balzac** spielt zunächst auf einem Adelssitz bei T., dann – der Prozeß – in der Stadt selbst; T. ist Schauplatz von *Le Roi boit*, einer der *Clio*-Novellen von **Anatole France**, die das Schicksal eines Domherrn von T. im Jahre 1428 beschreibt.

[R] **Arcis-sur-Aube** (27 km n. v. T.) ist Schauplatz des späten, unvollendeten Romans *Le Député d'Arcis* (1847, dt. *Der Abgeordnete von Arcis*) von **Honoré de Balzac**; auch in Balzacs *Une ténébreuse affaire* (1841, dt. *Eine dunkle Affäre*) findet der Ort mehrfach Erwähnung.

VALMY (Marne)

[A] Berühmter Beobachter der ›Kanonade von V.‹ am 20. 9. 1792 war **J. W. von Goethe** (1749-1832), der als Kriegsberichterstatter am Feldzug der Koalitionsarmee gegen die französischen Revolutionstruppen teilnahm; ob sein berühmtes Diktum: »Von hier und heute geht eine neue Epoche der Weltgeschichte aus, und ihr könnt sagen, ihr seid dabei gewesen«, mit dem der Dichter vor Offizieren den Sieg der Revolutionsarmee kommentiert haben will, tatsächlich authentisch ist, bleibt umstritten; immerhin wurde die *Campagne in Frankreich 1792*, in der sich das Zitat findet, erst in den Jahren 1820/22 verfaßt; auf Steintafeln bei der Windmühle (durch den Sturm Ende 1999 zerstört, Wiederaufbau geplant), lassen sich die Stellungen der beteiligten Truppen ablesen.

[L] **Jules Michelet** beschreibt die Schlacht von V. in seinem Werk *Histoire de la Révolution* (Band VII, Kap. 8).

VARENNES-SUR-AMANCE (Haute-Marne)

* 1899 **Marcel Arland** († Paris 1986), Erzähler, Kritiker, Essayist; nach Philologiestudium Lehrtätigkeit, ausgedehnte Reisen; 1929 Prix Goncourt für den Roman *L'Ordre* (dt. *Heilige Ordnung*, 1932); Beschäftigung für die *Nouvelle Revue Française*, deren Co-Direktor er 1953 wurde; ab 1968 Mitglied der Académie Française; verfaßte neben dem erzählerischen auch ein umfangreiches kritisches und literaturtheoret. Werk. – Grab auf dem Friedhof. – Weitere W.: *Les Âmes en peine* (R. 1927) *La Vigie* (R. 1935), *À perdre haleine* (Erz. 1960), *Le grand pardon* (Erz. 1965).

[R] **H. Lacordaire** (→ Recey-sur-Ource/Bu) verbrachte einen Teil seiner Kindheit in **Bussières-lès-Belmont** (20 km südl. v. V.); Grab der Eltern auf dem Friedhof.

VERTUS (Marne)

* 1346 **Eustache Deschamps** († 1406), Dichter; nach Studium an der Kathedralschule von Reims und an der Universität Orléans abenteuerliches Reiseleben, Gefangenschaft bei den Sarazenen, Haushofmeister bei den französischen Königen Karl V. und Karl VI.; er verfaßte die älteste französische Poetik (*L'Art de dictier et de fere Chançons*), ca. 1400 Gedichte verschiedenster Form und ein langes Gedicht: *Le Miroir de Mariage* (12 000 Verse, unvollendet). – W.: *Œuvres complètes* (11 Bde., 1878-1903).

VILLEHARDOUIN (Aube)

* um 1150 **Geoffroi de Villehardouin** († in Thrakien nach 1212), Geschichtsschreiber; als Marschall des Grafen Thibaut de Champagne Teilnehmer am 4. Kreuzzug mit der Eroberung Konstantinopels (1204), danach Lehensherr in Thrakien; seine afrz. verfaßte *Histoire de la conqueste de Constantinople* (1205-13, dt. *Die Eroberung von Konstantinopel im Jahre 1204*, 1878) ist eines der bedeutendsten Geschichtswerke des Mittelalters. – Die Burg hat sich nur als Ruine erhalten.

VOUZIERS (Ardennes)

* 1828 **Hippolyte Taine** († Paris 1893), Literarhistoriker, Philosoph, Geschichtsschreiber; Studium in Paris an der École Normale Supérieure; Lehrtätigkeit in der Provinz, ab 1863 Professor an der École

Hippolyte Taine (Gemälde von Leon Bonnat)

des Beaux-Arts (Nachfolger von Viollet-le-Duc); führender Vertreter des literarhist. Positivismus, nach dem die Elemente ›Rasse‹, ›Milieu‹ und ›Moment‹ das soziale Phänomen und die geistige Gestaltung bestimmen; nach 1870/71 verstärktes Interesse an Politik; 1878 Aufnahme in die Académie Française. – Büste auf der Place Carnot; Grab des Vaters auf dem Friedhof. – W. u. a.: *Essai sur les fables de Lafontaine* (1853), *Essais de critique et d'histoire* (1858/65/94, dt. *Studien zur Kritik und Geschichte*, 1898), *Histoire de la littérature anglaise* (1864-69, dt. *Geschichte der englischen Literatur*, 1877-80), *De l'Intelligence* (1870, dt. *Der Verstand*, 1880), *La Philosophie de l'art* (1865/69, dt. *Philosophie der Kunst*, 1966), *Les Origines de la France contemporaine* (1877-1925, dt. *Die Entstehung des modernen Frankreich*, 1877-91).

[A] **Zu Paul Verlaine** (→ Metz/Lo) s. SONDERKARTE RIMBAUD-VERLAINE

WASSY-SUR-BLAISE (Haute-Marne) → **SAINT-DIZIER** [R]

SONDERKARTE RIMBAUD – VERLAINE

CHARLEVILLE-MÉZIÈRES

* 1854 **Arthur Rimbaud** († Marseille/PAC 1891), Dichter; 1862 Besuch der Privatschule Rossat in Ch., 1865 Besuch des Gymnasiums der Stadt (Place de l'Agriculture Nr. 4, heute Stadtbücherei), mehrere Fluchten nach 1870; die Mutter bewohnte ab 1869 mit ihren Kindern das Haus am Quai de la Madelaine Nr. 7 (heute: Quai A. Rimbaud, Gedenktafel), in das der Dichter (bis 1875) von seinen Reisen zurückkehrte, dort entstand *Le Bateau ivre* (dt. *Das trunkene Schiff*); ab Oktober 1871 in Paris, Zusammenleben mit P. Verlaine, mit dem er nach Belgien und England ging; 1873 Niederschrift des großen Gedichts *Une Saison en enfer* (dt. *Eine Zeit in der Hölle*); ab 1874 Verzicht auf dichterische Produktion, Abenteurerleben (u. a. in Zypern und Afrika); starb an den Folgen einer Beinamputation. – Geburtshaus: Rue Bérégovoy Nr. 12 (Gedenktafel); Büste (1901) auf dem Square de la Gare; [M] Musée Rimbaud (Vieux Moulin, Quai A. Rimbaud) mit Erinnerungsstücken; Grab am Eingang des alten Friedhofs (Avenue Charles Boutet); ›Circuit Rimbaldien‹ (Rundgang). – Weitere W.: *Œuvres complètes* (1946); *Sämtliche Dichtungen. Französisch und Deutsch* (8. Aufl. 1997).

Arthur Rimbaud

COULOMMES

Paul Verlaine zog im Herbst 1879, nach seiner Lehrerzeit in Rethel, mit seinem Lieblingsschüler Lucien Létinois zu dessen Eltern nach C. und kaufte bald, mit Vater Létinois als Ratgeber, das Gut in Juniville; vier Jahre später – nach Aufenthalten in → Boulogne-sur-Seine/NPdC und vor allem Paris – erwarb der Dichter mit dem Geld seiner Mutter in C. ein Haus mit kleinem Garten, wo er begann, neue Versbände vorzubereiten (*Jadis et Naguère*, *Poètes maudits*); Ausflüge nach Paris endeten häufig in Alkoholexzessen, so am 11. 2. 1885, als Verlaine,

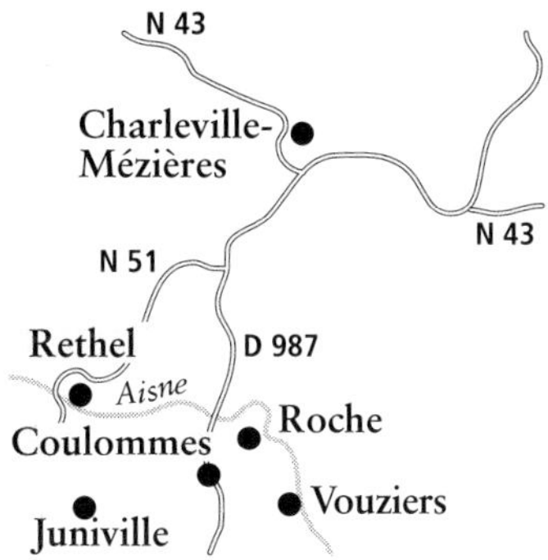

volltrunken aus der Hauptstadt zurückkehrend, seine Mutter mißhandelte, was ihm eine achtwöchige Gefängnisstrafe in Vouziers einbrachte. (Nach seiner Verurteilung verkaufte er den Besitz in C.)

JUNIVILLE
Paul Verlaine, dessen Lehrvertrag in Rethel nach Ablauf des Schuljahres 1879 nicht mehr verlängert worden war, kaufte mit dem Vermögen seiner Mutter einen Pachthof in J., um hier künftig als Landwirt zu leben; das Experiment in den Jahren 1880/81 scheiterte, der Dichter mußte das Gut verkaufen und kehrte nach Paris zurück; [M] Musée Verlaine in dem vom Dichter frequentierten früheren Gasthof Lion d'Or, wo er die Sammlung *Sagesse* (1881) beendete.

RETHEL
Verlaine war von Oktober 1877 bis August 1879 am Collège Notre-Dame von R. Lehrer für Englisch, Französisch und Zeichnen: »Unbedeutende Stadt; Spinnereien, lausiges Land (eben Champagne-Land), kahl, kreidig; die Ufer der Aisne und des Ardennenkanals ganz schön; eine sehenswerte Kirche, halbgotisch mit einem Turm aus dem 18. Jahrhundert; Arbeiter- und Weintrinkerbevölkerung«, schreibt er an seinen Freund Edmond Lepelletier.

ROCHE (CHUFFILY-ROCHE)
Nach R., einen Ortsteil der Gemeinde Chuffilly-Roche, kehrte **Arthur Rimbaud** am Karfreitag 1873 aus London zurück, wo er sich von Verlaine getrennt hatte; die Familie besaß hier einen Bauernhof, wo Rimbaud die Arbeit an *Une Saison en enfer* (dt. *Eine Zeit in der Hölle*) begann. Nach der Versöhnung in R. reisten Rimbaud und Verlaine Ende Mai 1873 ein zweites Mal nach England; Ende Juli des gleichen Jahres, nachdem er von Verlaine in Brüssel angeschossen worden war, kam Rimbaud erneut nach R. zurück und beendete hier *Une Saison en enfer*. Ein letztes Mal kam Rimbaud nach seiner Beinamputation Ende Juli 1891 (ein Vierteljahr vor seinem Tod in → Marseille/PAC) für vier Wochen nach R.; vom Besitz der Familie blieb kaum eine Spur, eine Doppelstele erinnert an den Dichter. (Im Juli 1912 folgte P. Claudel [→ Villeneuve-sur-Fère/Pi] Rimbauds Spuren in R.)

VOUZIERS
Paul Verlaine, der im nahen Coulommes ein Haus besaß, hatte dort im Zustand der Volltrunkenheit seine Mutter mißhandelt, worauf er verurteilt wurde und vom 24. März 1885 bis zum 18. Mai 1885 im Gefängnis von V. einsaß.

Versailles: Hauptportal

ÎLE-DE-FRANCE (IdF)

Region: Île-de-France; Départements: Paris (75), Seine-et-Marne (77), Yvelines (78), Essonne (91), Hauts-de-Seine (92), Seine-Saint-Denis (93), Val-de-Marne (94), Val-d'Oise (95); Einwohner: 10,9 Mio.; Fläche: 12011 qkm; Verwaltungssitz: Paris.

ACOSTA (Schloß) (Yvelines) → **AUBERGENVILLE**
AMBOILE (Schloß) (Val-de-Marne) → **ORMESSON-SUR-MARNE**
ANGERVILLIERS (Essonne) → **DOURDAN** [R]

ANTONY (Hauts-de-Seine)

[A] **Léon Bloy** (→ Périgueux/Aq), immer von Geldsorgen geplagt und die Wohnungen wechselnd, zog im Juli 1892 aus dem Pariser Stadtteil Vaugirard, wo er die Miete nicht mehr zahlen konnte, nach A., wo er zunächst Place du Carrousel Nr. 4 wohnte, ab Februar 1893 in der Route d'Orléans Nr. 53, bevor er im September 1893 wieder nach Paris zog.

[R] Auf dem Friedhof von **Massy** (südl. v. A.) Grab des Historikers **Numa Denis Fustel de Coulanges** (1830-1889), Universitätslehrer in Straßburg und Paris, 1880-83 Direktor der École Normale Supérieure, Verfasser der *Cité antique* (1864) und einer *Histoire des Institutions de l'ancienne France* (6 Bde. 1888-92).

ARCUEIL (Val-de-Marne)

[A] Im Juli 1549 unternahmen die Schüler am Collège Coqueret wie **P. de Ronsard** (→ La Possonnière/C), **J.-A. de Baïf** (→ Anhang) u. a. eine Reise nach A. zu ihrem Lehrer **J. Dorat** (→ Limoges/Li); zu Karneval 1553 kamen Ronsard, Baïf und Freunde erneut, um den Pariser Erfolg der Tragödie *Cléopâtre captive* von É. Jodelle zu feiern. – Der **Marquis de Sade** (→ Paris) besaß in A. ein Haus, das er zu sexuellen Orgien nutzte; hier mißhandelte er an Ostern 1768 die arbeitslose Bettlerin Rose Keller, die er ins Haus gelockt hatte, worauf er festgenommen und nach Saumur/PdL überstellt wurde; die ›Affäre von Arcueil‹ erregte auch in Paris großes Aufsehen.

ARGENTEUIL (Val-d'Oise)

[A] **Heloisa** (1099-1164), berühmt durch ihren Briefwechsel mit dem geliebten Abaelard (→ Le Pallet/PdL), legte 20jährig im Kloster A. Profeß ab und lebte hier bis 1129, als die Abtei Saint-Denis unter Abt Suger ihr Besitzrecht geltend machte und die Nonnen vertrieb; Heloisa begab sich mit einem Teil der Nonnen nach Le Paraclet/ChA, wo Abaelard eine Einsiedelei gegründet hatte. – **Mirabeau** (→ Le Bignon-Mirabeau/C), der ›Redner der Revolution‹, besuchte in A. gelegentlich seinen Vater, der das Schloß Le Marais, eine ehemalige Sommerresidenz der Äbte von Saint-Denis (1944 zerstört), bewohnte und dort 1789 starb.

[R] In der Kirche Saints-Pierre-et-Paul in **Sannois** (nö. v. A.) Grab von **Savinien Cyrano de Bergerac** (→ Paris), Schriftsteller und Vorbild für E. Rostands Dramenfigur. (Einer anderen Theorie zufolge wurde der Autor in Paris in einer Klosterkirche oder auf dem Friedhof Père Lachaise begraben.) – **Guy de Maupassant** (→ Tourville-sur-Arques/HNo) kam das erste Mal Ende August 1880 nach **Sartrouville** (sw. v. A.) und in den kommenden drei Jahren immer wieder für einige Wochen im Frühjahr und Sommer. – In **La Frette-sur-Seine** (4 km n. v. A.) starb 1968 **Jacques Chardonne** (→ Barbezieux/PCh), der sich 1922, nach dem großen Erfolg seines Romans *L'Épithalame* (1921), ein großes Haus (Rue Aristide-Briant Nr. 26) hatte bauen lassen, das er bis zu seinem Tod bewohnte (noch in Familienbesitz); Grab auf dem Friedhof. – Nö. schließt sich an La Frette **Herblay** an: Dort besaß Hortense Allart, Schriftstellerin und zeitweise Geliebte von Chateaubriand, ein Landhaus, in dem sie u. a. **G. Sand** (→ Paris) und **Sainte-Beuve** (→ Boulogne-sur-Mer/NPdC) besuchten.

ARPAJON (Essonne) → **MONTLHÉRY** [R]

ASNIÈRES-SUR-SEINE (Hauts-de-Seine)
Bibliothèque municipale (Stadtbücherei; 166 Tsd. Bde.).

* 1873 **Henri Barbusse** († Moskau 1935), Journalist, Erzähler; Schwiegersohn von C. Mendès (→ Bordeaux/Aq), verfaßte in der Nachfolge Zolas naturalist. Romane, weltberühmt sein Anti-Kriegsroman *Le Feu* (1916, Prix Goncourt; dt. *Das Feuer*, 1918); gründete 1919 (mit R. Rolland) die pazifist. Bewegung Clarté, der sich u. a. A. France und H. Mann anschlossen, 1923 Eintritt in die KPF; starb auf einer Rußlandreise. – Weitere W.: *L'Enfer* (R. 1908, dt. *Die Hölle*, 1919), *Clarté* (R. 1919, dt. *Klarheit*, 1920), *Zola* (Biogr. 1931, dt. 1932), *Staline* (Biogr. 1935).

* 1894 **Louis-Ferdinand Céline** (eig. Louis Destouches) († Meudon 1961), Erzähler; aus kleinen Verhältnissen, Abitur über Abendgymnasium, Medizinstudium; Freiwilliger im 1. Wk.; Schiffsarzt, ab 1932 Arzt in Clichy; großer Erfolg mit seinem ersten Roman *Voyage au bout de la nuit* (1932, dt. *Reise ans Ende der Nacht*, 1933); Antisemit und Hitleranhänger, als Kollaborateur Flucht aus Frankreich 1944 (Sigmaringen, Dänemark); nach Amnestie 1951 Rückkehr nach Frankreich, Armenarzt in Meudon. – Weitere W.: *Mort à crédit* (R. 1936, dt. *Tod auf Borg*, 1937, u. d. T. *Tod auf Kredit*, 1963), *Guignol's Band* (R. 1944, dt. 1985), *Entretiens avec le Professeur Y* (Essays 1955, dt. *Gespräche mit Professeur Y*, 1986), *D'un château l'autre* (Autobiogr. 1957, dt. *Von einem Schloß zum andern*, 1960), *Nord* (R. 1960, dt. *Norden*, 1969), *Rigodon* (R. 1969); *Œuvres* (5 Bde. 1966-69).

Louis-Ferdinand Céline

[A] **Léon Bloy** (→ Périgueux/Aq) wohnte von Oktober 1884 bis Frühjahr 1885 in A. (Rue Saint-Guillaume Nr. 20) zusammen mit Berthe Dumont, als Clothilde Maréchal Titelheldin des Romans *La Femme pauvre* (1897). (B. Dumont starb im Mai 1885.)

[L] Der Ort ist Schauplatz der Novelle *Le Colporteur* (1900, dt. *Der Hausierer*) von **Guy de Maupassant**.

AUBERGENVILLE (Yvelines)

[A] **Madame de Staël** (→ Paris) übersiedelte am 29. November 1806 von → Rouen/HNo in das Schloß Acosta (abgerissen), das sie von einem Freund gemietet hatte; hier vollendete sie ihren Roman *Corinne ou l'Italie*; im Gefolge der Autorin befand sich **Friedrich Schlegel** (1772-1829), der ihr Privatvorlesungen hielt, und dessen Frau Dorothea, die an einer Übersetzung der *Corinne* arbeitete; auch **B. Constant** (→ Anhang) kam hierher, arbeitete an seinem Roman *Adolphe* und fuhr wiederholt nach Paris; die Schriftstellergemeinschaft blieb bis Ende April des folgenden Jahres auf dem Schloß, dann begab Madame de Staël sich nach Coppet am Genfer See, wohin ihr wenig später auch Constant folgte, F. Schlegel und Frau kehrten nach Deutschland, nach Köln, zurück.

[R] **Julien Green** (→ Paris) mietete von Anfang Juni bis Mitte August 1956 mit seiner Schwester und seinem Lebensgefährten ein Haus in **Mareil-sur-Mauldre** (8 km südl. v. A.).: »Das Haus ist ziemlich alt. Die Treppe sieht aus, als sei sie wenigstens zweihundert Jahre alt. Ein Fußpfad jenseits der Mauer trennt uns von der großen schönen, halb romanischen, halb gotischen Kirche.« (*Tagebücher*.)

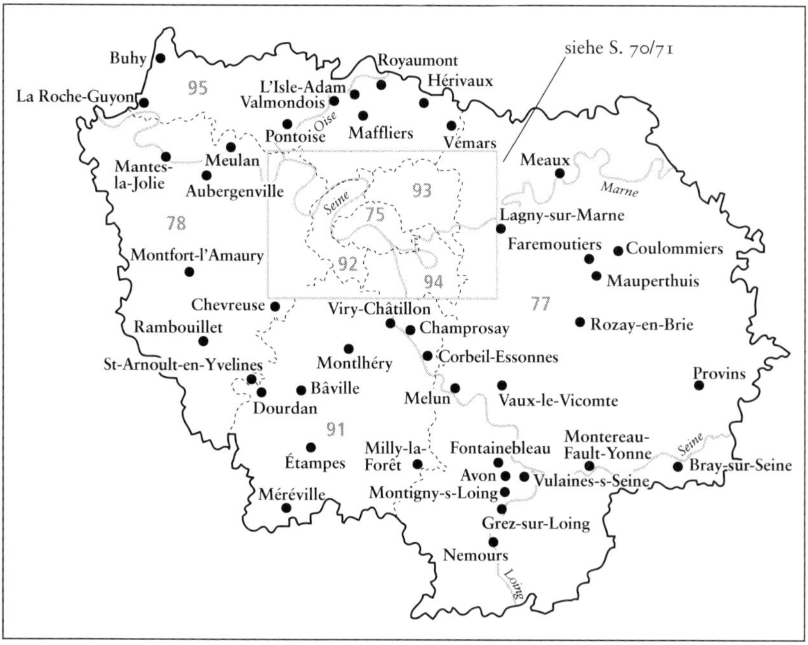

AULNAY-SOUS-BOIS (Seine-Saint-Denis) → **LE RAINCY** [R]
AVERNES (Val-d'Oise) → **MEULAN** [R]

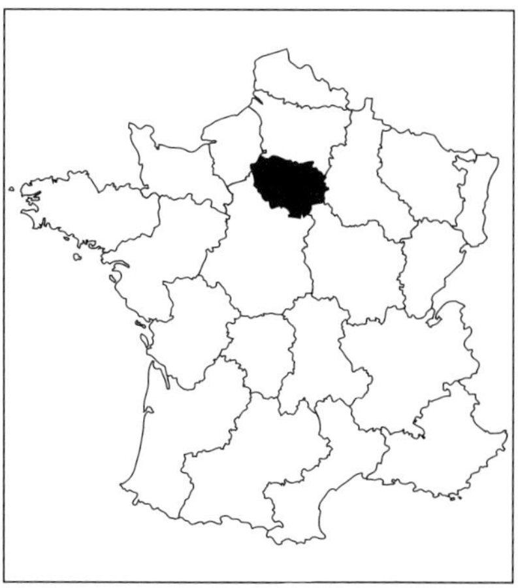

AVON (Seine-et-Marne)

† 1923 **Katherine Mansfield** (* Wellington/Neuseeland 1888); die Erzählerin, tuberkulosekrank im Oktober 1922 nach A. gekommen, starb knapp drei Monate später in der Prieuré des Basses Loges (Ecke Avenue du Général de Gaulle/Rue Bezout; Privatbesitz), wo das von G. Y. Gurdjieff (1877-1949) ins Leben gerufene ›Institut pour le Développement Harmonique de l'Homme‹ (›Institut zur harmonischen Entfaltung des Menschen‹) seinen Sitz hatte; Grab auf dem Friedhof von A. (dort auch Grab von Gurdjieff).

[A] Der amerikanische Schriftsteller **Sinclair Lewis** (1885-1951) hatte mit seiner Frau von Anfang Juli bis Ende Oktober 1923 in A. das Landhaus Le Val-Changis

Avon: Grab von Katherine Mansfield

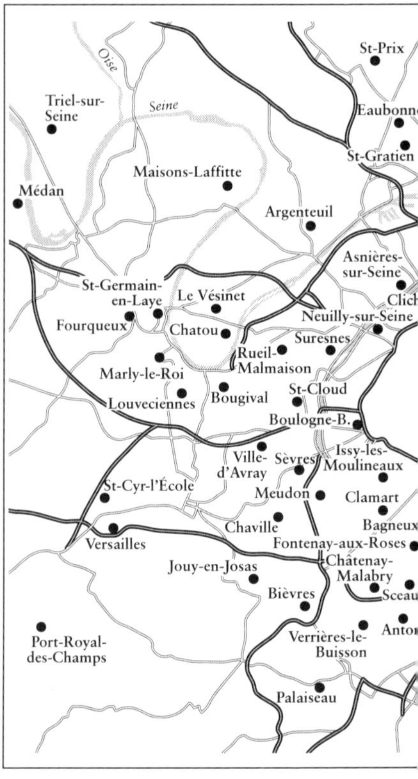

gemietet; Lewis arbeitete viel, empfing Besucher, u. a. die Kollegin **E. Wharton** (→ Saint-Brice-sous-Forêt), und unternahm mit seiner Frau ausgedehnte Fahrradtouren.

[R] Auf dem Friedhof von **Thomery** (3 km ö. v. A.) Grab des Lyrikers **Fernand Gregh** (→ Paris), Freund von M. Proust und Mitglied der Académie Française.

AVRAINVILLE (Essonne) → **MONTLHÉRY** [R]

BAGNEUX (Hauts-de-Seine)

Auf dem Cimetière parisien von B. befinden sich die Gräber von **Jules Laforgue** (→ Anhang), **Léon Deubel** (→ Belfort/FC), **Francis Carco** (→ Anhang), **Jean Paulhan** (→ Nîmes/LR); das Grab von **A. Jarry** (→ Laval/PdL) ist verschollen.

[A] **J.-J. Rousseau** (→ Anhang), der im Sommer 1731 erstmals nach Paris kam, besuchte in der Folgezeit mehrfach B., wo ein ehemaliger Offizier namens Surbeck wohnte, der »ein philosophisches Leben in Bagneux« führte; obwohl Rousseau mit einem Empfehlungsschreiben ausgestattet war, behandelte ihn der Mann unfreundlich und bot ihm nicht einmal ein Glas Wasser an (*Les Confessions*, 1782, 1. Teil, 4. Buch). – Der Chansonnier **Béranger** (→ Paris) hatte 1830 eine Wohnung in der Rue de Sceaux (frühere Rue des Marchais Nr. 9).

BÂVILLE (Schloß) (Essonne)

[A] Das in der Nähe von Saint-Chéron gelegene Schloß B. wurde unter Ludwig XIII. erbaut und gehörte dem Pariser Parlamentspräsidenten Guillaume de Lamoignon; dessen Sohn Chrétien-François de Lamoignon (1644-1709) lud Berühmtheiten seiner Zeit auf das Schloß ein, u. a. **Boileau** (→ Paris) (der dem Schloßherrn die *Épître VI*, 1667, schrieb: »Oui, Lamoi-

gnon, je fuis les chagrins de la ville ...«), **J. Racine** (→ La Ferté-Milon/Pi) und **Madame de Sévigné** (→ Paris).

BEL-ESBAT (Schloß) (Essonne) → **MILLY-LA-FORÊT** [R]
BENNECOURT (Yvelines) → **LA ROCHE-GUYON** [R]

BIÈVRES (Essonne)

[A] Im w. Ortsteil Vauboyen liegt das [M] Schloß Les Roches, früher Eigentum von Louis-François Bertin (1766-1842), seit 1799 Mitbesitzer des *Journal des Débats* und Komponist der Oper *Esméralda* (nach Hugos Roman *Notre-Dame-de-Paris*); auf dem Schloß empfing Bertin zahlreiche Künstler, u.a. den Maler Ingres, die Komponisten Rossini, Gounod, Meyerbeer und die Schriftsteller **F.-R. de Chateaubriand** (→ Saint-Malo/Br), **B. Constant** (→ Anhang) sowie vor allem **V. Hugo** (→ Besançon/FC), der ab 1828 häufig in den Sommermonaten mit Frau Adèle und Kindern hier war; Hugo widmete der Tochter Louise seines Gastgebers mehrere Gedichte und schrieb für die Sammlung *Feuilles d'automne* (1831) ein Gedicht mit dem Titel »Bièvre« (Anspielungen auf den Ort auch in *Les Misérables*, *Le dernier jour d'un condamné* und *Les Contemplations*); seine Geliebte J. Drouet wollte Hugo nahe wissen und quartierte sie im benachbarten → Jouy-en-Josas ein (im Okt. 1835 besuchten die beiden die Kirche von B.; Beschreibung des Kirchenbesuchs in dem Gedicht »L'Église de B***«: »C'était une humble église, au cintré surbaissé ...« aus der Sammlung *Les Chants du crépuscule*, 1835). Adèle Hugo hatte derweil eine Liaison mit dem Dichter und Kritiker Sainte-Beuve (→ Boulogne-sur-Mer/NPdC), der seiner Liebe in der Gedichtsammlung *Livre d'amour*, 1843 in winziger Auflage erschienen, Ausdruck verlieh (darin auch Erwähnung B.s).

[L] Der Ort ist Schauplatz in **Georges Duhamels** Roman *Le Désert de Bièvres* (1937), dem 5. Band der *Chronique des Pasquier.*

BOUGIVAL (Yvelines)

† 1883 **Iwan Turgenjew** (* Orel/Rußland 1818); der russische Schriftsteller starb auf dem Besitz seiner Freunde Louis und Pauline Viardot (→ Rozay-en-Brie [R]) in der heutigen Rue Ivan-Tourgueniev Nr. 16 (heute [M] Musée Tourgueniev), wo er sich oft und lange aufgehalten hatte; Grab in St. Petersburg (Friedhof von Wolkowo).

[A] **Guy de Maupassant** (→ Tourville-sur-Arques/HNo), begeisterter Ruderer, gehörte zu den Stammgästen des Sportlokals La Grenouillière, das häufiges Motiv der

Impressionisten (u. a. Renoir, Monet) war; Maupassant beschreibt das Lokal und die Stimmung in den Novellen *La Femme de Paul* (1881) und *Yvette* (1884). – **Guillaume Apollinaire** (→ Anhang), dessen Mutter 1904 nach Le Vésinet gezogen war, besuchte von dort aus häufig das Lokal und schrieb das Gedicht »La Grenouillière« (postum in der Sammlung *Il y a*, 1925).

[L] Eine Bar am Ufer der Seine in B. ist Schauplatz einer der letzten Szenen des Romans *La première enquête de Maigret* (1949, dt. *Maigrets erste Untersuchung*, 1962) von **G. Simenon.**

LA BOULEAUNIÈRE (Schloß) (Seine-et-Marne) → **GREZ-SUR-LOING**

BOULOGNE-BILLANCOURT
(Hauts-de-Seine)

Bibliothèque municipale (Stadtbücherei; 85 Tsd. Bde.).

[A] **P. Verlaine** (→ Metz/Lo) vertrat in der zweiten Jahreshälfte 1882 seinen Freund Lucien Létinois als Studienaufseher im Internat Esnault (Rue d'Aguesseau Nr. 54) und wohnte während dieser Zeit im Hôtel du Commerce (Rue du Parchamp Nr. 5). – **Marcel Proust** (→ Paris), dessen Mutter Ende September 1905 gestorben war, begab sich Anfang Dezember des gleichen Jahres zur Pflege nach B.-B. in die Klinik des Doktor Sollier, wo er bis Ende Januar 1906 blieb. – **Simone Weil** (→ Paris) arbeitete Juli/August 1935 als Fabrikarbeiterin bei Renault in B.; darüber berichtet sie in dem Roman *La Condition ouvrière* (postum 1951).

BOURDONNÉ (Yvelines) → **MONTFORT-L'AMAURY** [R]

BOURG-LA-REINE (Hauts-de-Seine)

† 1794 **Antoine-Nicolas Caritat de Condorcet** (* Ribemont/Pi 1743); der Philosoph starb in seinem Haus Avenue Leclerc Nr. 81 (Gedenkbüste); Grab auf dem Friedhof verschollen (Leergrab im Pantheon in Paris).

† 1917 **Léon Bloy** (* Périgeux/Aq 1846); der Autor war Mitte Mai 1911 von Paris nach B. umgezogen (Place Condorcet Nr. 3); ab Januar 1916 bewohnte er – der letzte Umzug: der 19. in 25 Jahren! – das Haus Rue André-Theuriet Nr. 7, in dem zuvor Péguy gewohnt hatte (Gedenktafel); Grab auf dem Friedhof.

† 1907 **André Theuriet** (* Marly-le-Roi 1833); der Lyriker, der auch Bürgermeister von B. war, wohnte von 1894 bis zu seinem Tod in der Villa Le Bois fleuri (Avenue Victor-Hugo); Standbild am Bahnhof; Grab auf dem Friedhof.

[A] **François Villon** (→ Paris), der im Juni 1455 bei einem Streit einen Geistlichen getötet hatte, floh anschließend von Paris nach B., wo er eine Woche lang Aufnahme bei dem Barbier Perrot Girart fand, der ihn mit »fettem Schweinebraten« verköstigte (woran sich der Dichter im sechs Jahre später verfaßten *Testament*, v. 1150-57, erinnert). – **Ch. Péguy** (→ Orléans/C) wohnte in der Rue André-Theuriet Nr. 7 (jetzt Neubau, Gedenktafel) und zog von hier in den Krieg.

[L] B. ist Schauplatz des Maigret-Krimis *Cécile est morte* (1942) von **Georges Simenon**; der Roman *Les Fiançailles de M. Hire* (1933, dt. *Die Verlobung des Monsieur Hire*, 1978) spielt in dem ö. v. B. gelegenen Villejuif.

BOUTIGNY-SUR-ESSONNE (Essonne) → **MILLY-LA-FORÊT** [R]

BRAY-SUR-SEINE (Seine-et-Marne)

* 1875 **Henri Ghéon** (Henri-Léon Vangeon) († Paris 1944), Erzähler, Dramatiker; Arzt; gehörte zum Gründerkreis der *Nouvelle Revue Française*; Freundschaft mit A. Gide; Konversion zum Katholizismus; verfaßte religiöse Romane und Theaterstücke. – W. u. a.: *Le Consolateur* (R. 1903), *La Farce du pendu dépendu* (1911), *Le Pauvre sous l'escalier* (Dr. 1911), *Le Saint curé d'Ars* (R. 1925), *La Mort de Lazare* (Dr. 1931).

[A] **V. Hugo** (→ Besançon/FC) übernachtete Ende Juli 1835 in B. in einem Gasthof und schrieb am folgenden Morgen einen bösen Vierzeiler an die Zimmerwand, in dem er sich über den Schmutz, die Wanzen, den Küchengestank und die Hellhörigkeit des Hauses beschwerte: »Au diable! auberge immonde! Hôtel de la punaise! / Où la peau le matin se couvre de rougeurs; / Où la cuisine pue, où l'on dort mal à l'aise, / Où l'on entend chanter les commis-voyageurs!«

BRETEUIL (Schloß) (Yvelines) → CHEVREUSE [R]

BUHY (Val-d'Oise)

* 1549 **Philippe de Mornay, Seigneur du Plessis,** gen. **Duplessis-Mornay** († La Forêt-sur-Sèvre/PCh 1623), Theologe, ›Hugenottenpapst‹; Diplomat, Freund und Finanzberater Heinrichs IV., von Voltaire in der *Henriade* gefeiert; Gouverneur von Saumur/PdL, wo er eine protestantische Universität gründete; Mitverfasser der *Vindiciae contra tyrannos* (1579), die die Beschränkung der Alleinherrschaft forderte; zog sich an seinem Lebensabend nach La Forêt-sur-Sèvre/PCh zurück. – Weitere W.: *Excellent discours de la vie et de la mort* (1577), *Mémoires* (1624-52).

CARRIÈRES-SOUS-POISSY (Yvelines) → SAINT-GERMAIN-EN-LAYE [R]
CERGY-PONTOISE (Val-d'Oise) → PONTOISE [R]

CHAMPROSAY (Ortsteil von DRAVEIL) (Essonne)

† 1896 **Edmond de Goncourt** (* Nancy/Lo 1822); der ältere der beiden Brüder starb in dem Haus Rue Alphonse-Daudet Nr. 33, das A. Daudet (s. u.) gehörte; Grab auf dem Montmartre-Friedhof in Paris.

[A] **A. Daudet** (→ Nîmes/LR) wohnte 1870 in der heutigen Rue Alphonse-Daudet Nr. 11 (Gedenktafel), in der 1852-63 der Maler Eugène Delacroix sein Atelier hatte; Daudet, der ab 1871 häufig bei seinen Schwiegereltern Allart (am heutigen Boulevard Henri-Barbusse Nr. 2, abgerissen) weilte, kaufte 1886 ein eigenes Haus mit Garten (Rue Alphonse-Daudet Nr. 33, Gedenktafel), wo er zahlreiche Besucher empfing: neben den Dichterkollegen **Mistral** (→ Maillane/PAC), **Roumanille** (→ Saint-Rémy-de-Provence/PAC), **Maupassant** (→ Tourville-sur-Arques/HNo), **Loti** (→ Rochefort/PCh), **Zola** (→ Paris) und **E. de Goncourt** (s. o.) auch die Maler A. Renoir, P. Cézanne, V. van Gogh; der Ort ist in dem Roman *La petite paroisse* (1895) beschrieben, der benachbarte Wald von Sénart taucht als Schauplatz in der Erzählung *Robert Helmont* (1874) und dem Roman *Jack* (1876) auf.

CHAMPS-SUR-MARNE (Seine-et-Marne)

Auf dem Friedhof Grab des Schriftstellers **Armand Lanoux** (1913-1983), Lyriker und Erzähler, Prix Goncourt 1963 für den Roman *Quand la mer se retire*. – In Schloß und Park Ch. wurde 1989 der Film *Gefährliche Liebschaften* (Regie: Stephen Frears) nach dem Roman von Choderlos de Laclos gedreht.

[A] 1757 pachtete die Marquise von Pompadour, seit 1745 Mätresse Ludwigs XV., das Schloß Ch. (1708 fertiggestellt) und empfing hier u. a. auch **Voltaire** (→ Paris), der schon bei ihrer Mutter, Madame Poisson, verkehrt hatte.

CHARENTON (Val-de-Marne)

Théâtre municipal (Stadttheater).

† 1814 **Marquis de Sade** (* Paris 1740); der berüchtigte Marquis, der bereits Anfang Juli 1789 von der Bastille in die Psychiatrische Klinik von Ch.-Saint-Sulpice überstellt worden war und hier bis zu seiner Freilassung im April 1790 geblieben war, wurde erneut, und diesmal endgültig, am 27. April 1803 in der Irrenanstalt interniert; der berühmte Insasse, der ein angenehmes Zimmer mit einer kleinen Bibliothek im Nebenraum bezog, durfte in den

nächsten zehn Jahren die Theateraufführungen der Anstalt leiten; de Sade wurde auf dem Friedhof des Hospizes (äußerstes östliches Ende) nach katholischem Ritus begraben.
† 1952 **Paul Éluard** (* Saint-Denis 1895); der Surrealist war 1950 in eine Wohnung in der Avenue de Gravelle gezogen; Grab auf dem Père Lachaise.
[A] Im heutigen Stadtteil Conflans (Avenue de la Liberté) befand sich früher Schloß Conflans, in dem u. a. **P. de Ronsard** (→ La Possonnière/C) und **J. Racine** (→ La Ferté-Milon/Pi) verkehrten. – **Molière** (→ Paris) spielte mit seiner Truppe das Stück *Critique de l'École des Femmes* am 5. 7. 1663 in Ch. beim Herzog von Richelieu, dem Neffen des Kardinals. (Der Kardinal selbst hatte, drei Jahrzehnte zuvor sich von einer Krankheit in Ch. erholend, hier die Gründung der Académie Française ins Auge gefaßt). – Die Briefeschreiberin **Madame de Sévigné** (→ Paris) besuchte in Ch. häufig ihre Freundin Madame du Plessis-Bellière in der heutigen Avenue de Paris Nr. 37.

[L] **Peter Weiss** thematisiert die Theateraufführungen des Marquis de Sade in dem Drama *Die Verfolgung und Ermordung Jean Paul Marats dargestellt durch die Schauspielgruppe des Hospizes zu Charenton unter Anleitung des Herrn de Sade* (1964). – Ch. ist Schauplatz in den Krimis *L'Écluse N° 1* (1933, dt. *Maigret in Nöten*, 1960) und *La Pipe de Maigret* (1947, dt. *Maigrets Pfeife*, 1980) von **Georges Simenon**; das jenseits der Seine gelegene Ivry-sur-Seine ist Schauplatz von *Maigret et les témoins récalcitrants* (1959, dt. *Maigret und die widerspenstigen Zeugen*, 1959).

CHÂTENAY-MALABRY
(Hauts-de-Seine)

Bibliothèque municipale (Stadtbücherei; 50 Tsd. Bde.).

Einer kaum mehr vertretenen Theorie zufolge soll **Voltaire** (→ Paris) am 20. 2. 1694 in einem nicht mehr bestehenden Sommersitz der Familie Arouet an der Place Voltaire (Büste in der Straßenkreuzung) geboren worden sein (wahrscheinlicher Geburtsort: Paris, in einem nicht mehr existierenden Haus im 1. Arrondissement, Nähe Justizpalast).

† 1851 **Henri de Latouche** (* La Châtre/C 1785); der Dramatiker, Erzähler und Lyriker (u. a. Gedicht »La vallée aux loups«, 1833) hatte 1832 seine Wohnung in Paris George Sand überlassen und war hierher in das Haus Rue de Chateaubriand Nr. 108 (Gedenktafel) gezogen, wo er bis zu seinem Tod lebte (seine Lebensgefährtin, die Dichterin Pauline de Flaugergues, wohnte bis 1870 in dem Haus); auf dem Friedhof gemeinsames Grab für Latouche und P. de Flaugergues (1799-1878).
† 1907 **Sully-Prudhomme** (eigentlich René François Armand Prudhomme) (* Paris 1839); der erste Nobelpreisträger für Literatur, der zeitweise auch in der Rue de Chateaubriand Nr. 108 (Gedenktafel) gewohnt hatte, starb in seinem Haus Rue Jean-Jaurès Nr. 60 (Gedenktafel), das er 1902 mit seiner Schwester bezogen hatte; Grab auf dem Père Lachaise in Paris.
† 1956 **Paul Léautaud** (* Paris 1872); der Erzähler, der unter dem Namen Maurice Boissard Theaterkritiken schrieb, liegt auf dem alten Friedhof von Ch.-M. begraben; der Schriftsteller hatte eine Grabsteininschrift entworfen: »Ci-gît Paul Léautaud / Plus connu: Maurice Boissard / Quand on l'enterra: / – C'est bien tôt! / Dirent quelques-uns, mais à part / Beaucoup pensèrent: / C'est bien tard«, doch der Stein vermerkt nur »Paul Léautaud, écrivain français«.
[A] **F.-R. de Chateaubriand** (→ Saint-Malo/Br) kaufte 1807 das in dem Ortsteil Aulnay gelegene Landgut [M] La Vallée-aux-Loups (Zugang: Rue de Chateaubriand Nr. 87) und wohnte hier bis 1817; der Dichter, der das Haus nach seinen Vorstellungen gestaltete und den (noch heute erhaltenen) Park anlegte, schrieb hier zahlreiche Werke (*L'Itinéraire de Paris à Jérusalem*, *Les Martyrs*, *Les Aventures du dernier Abencérage*) und begann am 4. 10. 1811

Châtenay-Malabry: La Vallée-aux-Loups (Schloß Chateaubriands)

seine *Mémoires d'outre-tombe* (1848-50, dt. in Ausz. zuletzt *Erinnerungen von jenseits des Grabes*, 1994): »Vor vier Jahren, nach meiner Rückkehr aus dem Heiligen Land, kaufte ich bei dem Dorf Aulnay in der Nähe von Sceaux und Châtenay ein Gärtnerhaus, das zwischen bewaldeten Hügeln verborgen lag. Das unebene, sandige Land, das zu diesem Haus gehörte, war nichts als ein verwilderter Obstgarten, an dessen Ende ein kleiner Bach floß und ein Dickicht von Kastanienbäumen stand. Dieser begrenzte Raum schien mir geeignet, meine langgehegten Hoffnungen in sich zu schließen [...].« Der Dichter mußte das Landgut, Ziel zahlreicher Verehrer (u. a. **A. de Lamartine**, → Mâcon/Bu), aus Geldgründen 1818 verkaufen. Unter dem nachfolgenden Besitzer Mathieu de Montmorency kam in den Sommermonaten häufig **Madame Récamier** (→ Lyon/RhA) mit ihrem Verehrerkreis. – Zahlreiche Besucher von H. de Latouche (s. o.) stiegen in der Auberge de la Vallée aux Loups ab, so **G. Sand** (→ Paris), **M. Desbordes-Valmore** (→ Douai/NPdC) und **H. de Balzac** (→ Tours/C), der seine Eindrücke aus Ch.-M. im Werk verarbeitete, als lokaler Hintergrund der Novelle *Le Bal de Sceaux* (1830) und als Schauplatz einer Szene im *César Birotteau* (1837): »Als die beiden Paare den Pfad erreicht hatten, der in den Wald von Aulnay führt, der wie eine Krone einer der hübschesten Anhöhen in der Umgebung von Paris aufgesetzt ist, und als sich das Vallée-aux-Loups in seiner ganzen Lieblichkeit zeigte ...«

CHATOU (Yvelines)

[A] Auf der Seine-Insel befindet sich das einstige Ausflugslokal Fournaise (heute Restaurant und Museum), wo u. a. **G. de Maupassant** (→ Tourville-sur-Arques/HNo) verkehrte, der es unter dem Namen ›Grillon‹ in der Novelle *La Femme de Paul* (1881) beschreibt; ein mit Kohle auf die Wand geschriebenes Gedicht Maupassants wurde bei der letzten Restaurierung des Hauses unter dem Putz wiederentdeckt. (A. Renoir hat das Gasthaus auf dem berühmten Gemälde *Le Déjeuner des Canotiers* dargestellt.) – **G. Apollinaire** (→ Anhang), dessen Mutter Angelica de Kostrowitzky (1858-1919, Grab auf dem Friedhof von Ch.) 1904 nach Le Vésinet gezogen war, besuchte von dort aus das Lokal Fournaise.

CHAUCONIN-NEUFMONTIERS (Seine-et-Marne) → MEAUX [R]

CHAVILLE (Hauts-de-Seine)

Bibliothèque de l'Atrium (55 Tsd. Bde.)

* 1867 **Marcel Schwob** († Paris 1905), Erzähler, Übersetzer; Sohn eines Journalisten, Kindheit in Nantes/PdL, ab 1882 Pa-

ris (Gymnasium Louis-le-Grand), befreundet mit Léon Daudet und P. Claudel; Philologiestudium; verfaßte die symbolistische Erzählung *Le Livre de Monelle* (1894, dt. *Das Buch von Monelle*, 1904), übersetzte Shakespeare, Stevenson und Defoe; starb infolge seiner Morphiumsucht. – Geburtshaus in der Rue de l'Église (heute Rue Anatole France) abgerissen. – Weitere W.: *Villon et les compagnons de la Coquille* (1890), *Cœur double* (1891), *Le Roi au masque d'or* (1893), *Les Vies imaginaires* (1896, dt. *Der Roman der zweiundzwanzig Lebensläufe*, 1925), *La Croisade des enfants* (1896, dt. *Der Kinderkreuzzug*, 1947), *La Lampe de Psyché* (1903); *Œuvres complètes* (15 Bde. 1927-30).

* 1897 **Philippe Soupault** († Paris 1990), surrealistischer Dichter; gründete 1919 gemeinsam mit L. Aragon und A. Breton die Zeitschrift *Littérature*, verfaßte mit Breton den surrealist. Text *Les Champs magnétiques* (1920, dt. *Magnetische Felder*, 1981), schrieb Gedichte, Romane und Essays (u.a. über Lautréamont, Apollinaire, Baudelaire); Arbeit beim Rundfunk (1951-77 Programmgestalter). – Geburtshaus Rue du Pavé-des-Gardes Nr. 14 (keine Gedenktafel). – Weitere W.: *Aquarium* (Ged. 1917), *Rose des vents* (Ged. 1920), *Le bon apôtre* (R. 1923), *À la Dérive* (R. 1923), *Le Nègre* (Erz. 1927, dt. *Der Neger*, 1928), *Odes* (Ged. 1946), *Chansons* (Ged. 1949), *Le vrai André Breton* (Essay 1966).

CHELLES (Seine-et-Marne)

Bibliothèque municipale (Stadtbücherei; 60 Tsd. Bde.). – Théâtre de Chelles.

[A] **Madame de Sévigné** (→ Paris) besuchte in der Abtei Ch. (abgebrochen) häufig ihre Freundin Marie-Guyonne de Cossé-Brissac, die hier Äbtissin war (1676 hielt sich die berühmte Briefeschreiberin nach einer Krankheit hier auf); wiederholt war sie auch auf dem nahen Schloß Pomponne, das ihrem Freund Simon Arnauld de Pomponne (1618-1699) gehörte, der unter Ludwig XIV. wichtige Posten bekleidete. – **V. Hugo** (→ Besançon/FC) setzt der Stadt in dem Gedicht »Chelles« (»J'aime Chelle et ses cressonnières ...«) aus der spät veröffentlichten Sammlung von Jugendgedichten *Chansons des Rues et des Bois* (1865) ein Denkmal.

Chevreuse: Burg La Madeleine

[L] In Ch. spielen Szenen der Krimis *La Pipe de Maigret* (1947, dt. *Maigrets Pfeife*, 1980) und *Maigret aux Assises* (1960, dt *Maigret vor dem Schwurgericht*, 1960) von **G. Simenon**.

CHEVERCHEMONT (Yvelines) → TRIEL-SUR-SEINE

CHEVREUSE (Yvelines)

[A] **Jean Racine** (→ La Ferté-Milon/Pi) besuchte im Januar 1661 auf der Burg La Madeleine seinen Onkel Nicolas Vitart, der hier Verwalter des Burgherrn, des Duc de Luynes, war (Luynes' Sohn war Mitschüler und Freund Racines in Port-Royal); von der Place des Halles (Hinweistafel) führt der Chemin de Racine (Racine-Weg) über die Burg nach Port-Royal-des-Champs. – **Victor Hugo** (→ Besançon/FC), der Mitte Juni 1836 die Burg sah, fand, daß sie trotz »absurder Dächer« einen »großartigen Anblick« biete.

[R] Schloß **Breteuil** (4 km südl. v. Ch.): Zu den Gästen des Schloßherrn Henri de Breteuil zählte auch **M. Proust** (→ Paris); die Figur des ›Hannibal (Babal) de Bréauté‹ in der *Recherche* trägt Züge des Schloßherrn (und des Grafen Louis de Turenne); Proust-Puppe im sogenannten Lackzimmer; in den ehemaligen Wirtschaftsgebäuden Wachsfiguren aus den Märchen Perraults.

CHOISY-LE-ROI (Val-de-Marne)

Théâtre Paul-Éluard.

† 1836 **Claude-Joseph Rouget de Lisle** (* Lons-le-Saunier/FC 1760); der Textdichter der frz. Nationalhymne fand nach Gefängnis und Leben in Armut 1830 bei der Familie Voïart in Ch. Aufnahme und Pflege bis an sein Lebensende (Sterbehaus Rue Rouget-de-Lisle Nr. 6, Gedenktafel); Grab jetzt im Hôtel des Invalides in Paris (bis 1915 in Ch., dort noch Leergrab).

CLAIREFONTAINE-EN-YVELINES (Yvelines) → SAINT-ARNOULT-EN-YVELINES [R]

CLAMART (Hauts-de-Seine)

Bibliothèque municipale (Stadtbücherei; 166 Tsd. Bde.).

[A] **J. de La Fontaine** (→ Château-Thierry/Pi) unternahm im Spätsommer 1663 mit seinem Onkel eine Reise ins Limousin; über seinen Aufenthalt in C. berichtet der Dichter in dem Brief an seine Frau vom 25. 8. 1663. – Der Lyriker **Jacques Delille** (→ Aigueperse/Au) bewohnte das herrschaftliche Haus Nr. 26 in der Avenue du Président-Roosevelt und verfaßte einen Teil seines Werkes hier. – **Stendhal** (→ Grenoble/RhA) weilte als Gast des Nachbesitzers, des Grafen Daru, in dem Haus. – **A. Daudet** (→ Nîmes/LR) wohnte 1865-67 in dem Haus Rue Paul-Vaillant-Couturier Nr. 46 und schrieb hier (gemeinsam mit Paul Arène) die ersten Briefe der Sammlung *Lettres de mon moulin* (1869, dt. 1879, u. d. T. *Briefe aus meiner Mühle*, 1894). – **Hans Arp** (→ Straßburg/E) und seine Frau, die Schweizer Malerin und Bildhauerin Sophie Taeuber-Arp, bauten sich 1928-33 an der Grenze zwischen Meudon und C., in der Rue des Châtaigners Nr. 21, ein Haus mit Atelier, wo sie bis 1940, als sie nach Südfrankreich flohen, wohnten und ihre Künstlerfreunde empfingen: die Schriftsteller A. Breton, P. Éluard, M. Jacob, die Maler J. Miró, Max Ernst, den Musiker M. Ravel u. a.; das Haus, in dem Arp (im Wechsel mit dem Tessin) auch nach dem 2. Wk. wieder lebte, ist heute Sitz der [M] Fondation Arp.

[R] **Léon Bloy** (→ Périgueux/Aq) wohnte von Juli 1895 bis Oktober 1898 im benachbarten **Montrouge**, wo er den Roman *La Femme pauvre* (1897) schrieb.

CLICHY (Hauts-de-Seine)

Bibliothèque municipale (Stadtbücherei; 80 Tsd. Bde.).

* 1881 **René Arcos** († Neuilly-sur-Seine 1959), Lyriker, Erzähler; Studium an der École des Arts décoratifs, Mitbegründer der ›Abbaye‹ (→ Créteil); 1922 Gründung der Zeitschrift *Europe*; Freundschaft mit R. Rolland, dessen Biographie er verfaßte (1950). – Weitere W.: *L'Âme essentielle* (Ged. 1903), *La Tragédie des espaces* (Ged. 1906), *Le Bien commun* (Erz. 1919), *Caserne* (Erz. 1921).

[A] Der Philosoph **J.-J. Rousseau** (→ Anhang), der von 1756 bis 1762 in → Montmorency wohnte, besuchte von dort aus häufig Madame Dupin (→ Chenonceaux/C) in C.: »[...] ich war sicher, zu jeder Zeit gut von Frau Dupin aufgenommen zu werden. Ich konnte sie sogar als eine meiner Nachbarinnen auf dem Lande ansehen, seit sie sich eine Wohnung in Clichy eingerichtet hatte, wo ich manchmal einen Tag oder zwei verbrachte« (*Les Confessions*, 1782/89, 2. Teil, 10. Buch). – Der wieder einmal aus der Haft freigelassene **Marquis de Sade** (→ Paris) mietete im März 1796 mit seiner Lebensgefährtin Madame

Quesnet in C.-la-Garenne ein Landhaus in der Rue de la Réunion (gegenüber den Pferdeställen des Schlosses) und wohnte hier über ein Jahr (→ Saint-Ouen). – **P. Claudel** (→ Villeneuve-sur-Fère/Pi) war auf Einladung des Pfarrers drei Tage im August 1913 im Pfarrhaus von C. zu Gast (auch spätere Besuche). – Der Schriftsteller und Arzt **L.-F. Céline** (→ Asnières-sur-Seine) ließ sich 1928 in C. nieder. – Der amerikanische Schriftsteller **Henry Miller** (1891-1980) bezog im Frühjahr 1933 mit einem Freund eine Wohnung in der Avenue Anatole-France; hier entstand, neben anderen Werken, der Roman *Wendekreis des Krebses* (1934, dt. 1953); von der Zeit bis zum Umzug in die Villa Seurat in Paris (XIV. Arrondissement) berichtet Miller in *Stille Tage in Clichy* (1956, dt. 1968).

CORBEIL-ESSONNES (Essonne)

Bibliothèque municipale (Stadtbücherei; 140 Tsd. Bde., Hs., Ink.).

† 1907 **Alfred Jarry** (* Laval/PdL 1873); Jarry hatte sich, von Wahnvorstellungen geplagt, nach C.-E. zurückgezogen, wo er starb (Grab in Bagneux aufgelöst).

[A] **Bernardin de Saint-Pierre** (→ Le Havre/HNo) bewohnte 1792-99 mit seiner 36 Jahre jüngeren Frau Félicité, der Tochter seines Verlegers Didot, die Villa Saint-Pierre (in der Nähe der Papierfabrik von Essonnes, deren Direktor sein Schwager war); nach dem Tod seiner Frau zog er nach Éragny (→ Pontoise [R]).

[R] Im Schloß von **Étiolles** (3 km n. v. C.) empfing die Marquise von Pompadour **Voltaire** (→ Paris); Schloßherr war Lenorman d'Étiolles, der Ehemann der Pompadour. – Auf Schloß **Le Plessis-Picard** (ö. v. C.) verbrachte **George Sand** (→ Paris) als 17jährige acht Wochen im Frühjahr 1822 bei der Familie von Jacques Roëttiers du Plessis, einem Freund ihres Vaters; hier lernte sie Casimir Dudevant kennen, den sie im Herbst des Jahres heiratete (und mit dem sie im Frühjahr 1824 hierher zurückkam). – In dem Landstrich zwischen C. und dem Wald von Fontainebleau sind mehrere Maigret-Romane bzw. -Erzählungen von **Georges Simenon** angesiedelt: in C. *Maigret et le voleur paresseux* (1961, dt. *Maigret und der faule Dieb*, 1962), in **Morsang**, wo Simenon Frühling und Sommer 1930 an Bord seines Schiffes Ostrogoth verbrachte, *La Guingette à deux sous* (1931, dt. *Maigret und die Groschenschenke*, 1955, u. d. T. *Maigret und die kleine Landkneipe*, 1986), in **Le Coudray-Montceaux** *La Péniche aux deux pendus* (1944, dt. *Der Kahn mit den beiden Erhängten*, in: *Sechs neue Fälle für Maigret*, 1985), in **Seine-Port** *Maigret chez le ministre* (1954, dt. *Maigret und der Minister*, 1956), in **Saint-Fargeau-Ponthierry** *M. Gallet décédé* (1931, dt. *Maigret und der tote M. Gallet*, 1961), in dem Weiler »Orsenne« *Maigret se fâche* (1947, dt. *Maigret regt sich auf*, 1981).

LE COUDRAY-MONTCEAUX (Essonne) → CORBEIL-ESSONNES [R]

COULOMMIERS (Seine-et-Marne)

Théâtre municipal (Stadttheater).

[A] **V. Hugo** (→ Besançon/FC) besuchte Ende Juli 1835 »die ziemlich unbedeutende Stadt, mit einer Kirche sosolala, ein paar Spitzbögen und einem Rokokoturm.«

[L] Im 3. und 4. Teil des Romans *La Princesse de Clèves* (1678, dt. 1711) der **Madame de La Fayette** sind Schloß (heute nur noch Reste) und Park von C. der wichtigste Schauplatz.

[R] In **Saint-Cyr-sur-Morin** (14 km nö. v. C.) starb 1970 **Pierre Mac Orlan** (→ Péronne/Pi); der Erzähler und Lyriker hatte sich 1924 mit seiner Frau in das Landhaus mit Garten bei Saint-Cyr (in dem Weiler Archet) zurückgezogen, wo er u. a. seinen Roman *Le Quai des brumes* (1927) schrieb; Ausstellung zu Leben und Werk des Schriftstellers im [M] Musée des Pays de Seine-et-Marne (Avenue de Ferté-sous-Jouarre Nr. 17), Grab auf dem Friedhof.

COURTAVENEL (Schloß) (Seine-et-Marne) → ROZAY-EN-BRIE [R]

CRÉTEIL (Val-de-Marne)

† 1995 **Jean Tardieu** (* Saint-Germain-de-Joux/RhA 1903); der Dichter hatte in Paris zunächst Jura, dann Literatur studiert und sich dem Kreis um die *Nouvelle Revue Française* angeschlossen; nach dem 2. Wk. leitende Funktion bei Rundfunk und Fernsehen; Grab in Villiers-sous-Grez/IdF.

[A] **V. Hugo** (→ Besançon/FC) schrieb als Heranwachsender in der Auberge du Petit-Cochon-de-lait Gedichte (so »Choses écrites à Créteil«), die er erst im Alter in den *Chansons des rues et des bois* (1865) veröffentlichte. – Eine Gruppe junger Schriftsteller gründete 1906 eine Arbeitsgemeinschaft (›Groupe de l'Abbaye‹); die Gruppe, zu der **J. Romains** (→ Saint-Julien-Chapteuil/Au), **G. Duhamel** (→ Paris), **R. Arcos** (→ Clichy), **Ch. Vildrac** (→ Paris) u. a. gehörten, ließ sich in der alten Abtei von C. nieder (ehemalige Rue du Moulin Nr. 69, heute Rue du Docteur-Plichon); nach nur 15 Monaten löste sich die Gemeinschaft auf. Duhamel berichtet von dem Experiment in *Le Désert de Bièvres* (1937) und *Le Temps de la recherche*, J. Romains schildert die Voraussetzungen in *Souvenirs et confidences d'un écrivain* (1958).

[R] Die Familie von **Nicolas Boileau** (→ Paris) besaß in **Crosne** (7 km südl. v. C.) ein Landhaus Les Préaux in der heutigen Rue Boileau; nach dem Namen des Hauses nahm der Dichter den Namenszusatz ›Despréaux‹ an.

CROSNE (Essonne) → CRÉTEIL [R]

DOURDAN (Essonne)

[A] **Émile Zola** (→ Paris) besuchte 1868 in D., dem Geburtsort seiner Mutter, einen Onkel; anläßlich der Veröffentlichung seines Romans *La Terre* (1887, dt. 1888, u. d. T. *Die Erde*, 1899) sprach Zola vom »bäuerlichen Blut«, das aufgrund der Herkunft seiner Mutter in seinen Adern floß; Recherchen für sein Werk unternahm der Autor jedoch nicht in D. sondern in Châteaudun/C. – **Ch. Péguy** (→ Orléans/C), Pfingsten 1912 auf seiner ersten Wallfahrt nach Chartres, übernachtete in D. bei einem Schulfreund und widmete der Stadt zwei vierzeilige Strophen in *La Tapisserie de Notre-Dame* (1913): »Nous avons pu coucher dans le calme Dourdan. / C'est un gros bourg très riche et qui sent sa province. [...]«

[R] **B. Constant** (→ Anhang) war Anfang September 1814 eine Woche mit seiner Geliebten Juliette Récamier (→ Lyon/RhA) auf dem Schloß von **Angervilliers** (9 km nö. v. D.), das sich im Besitz der Madame Catellan, einer engen Freundin der Récamier, befand.

DRANCY (Seine-Saint-Denis)

† 1944 **Max Jacob** (* Quimper/Br 1876); der Dichter, der im Kloster Saint-Benoît-sur-Loire/C wohnte, wurde dort von den Nationalsozialisten verhaftet und in das KZ D. gebracht, wo er an einer Lungenentzündung starb; Grab in Saint-Benoît-sur-Loire/C.

[A] Der Komödienautor **Tristan Bernard** (→ Besançon/FC) war von der Gestapo am 1. 10. 1943 in Cannes/PAC gefangengenommen und nach Drancy in das Konzentrationslager transportiert worden; Bernard kam auf Vermittlung des Theatermanns Sacha Guitry (→ Anhang) und der Schauspielerin Arletty wieder frei.

[R] Auf dem größten Friedhof Frankreichs (107 ha) in **Pantin** (sw. v. D.) befinden sich die Gräber von **Alfred Wolfenstein** (1883-1945), **Salomo Friedländer (Mynona)** (1871-1946) und **Jacques Audiberti** (→ Antibes/PAC); die Gebeine des **Comte de Lautréamont** (→ Anhang) ruhen im Ossuarium von P. (ursprüngliches Grab auf dem Montmartre-Friedhof aufgelassen).

DRAVEIL (Essonne) → CHAMPROSAY

EAUBONNE (Val-d'Oise)
Bibliothèque municipale Maurice Genevoix (Stadtbücherei; 58 Tsd. Bde., Sammlung zu Jean-Jacques Rousseau).

[A] Der Philosoph **J.-J. Rousseau** (→ Anhang), der ab 1756 in Montmorency wohnte, besuchte von dort aus zeitweise täglich in E. die von ihm angebetete Comtesse Élisabeth Sophie d'Houdetot, Schwägerin der Madame d'Épinay; Rousseau sah sich jedoch abgewiesen: Liebhaber der Comtesse war der **Marquis de Saint-Lambert** (→ Nancy/Lo), derselbe, der mit Voltaires Madame de Châtelet ein Verhältnis gehabt hatte (→ Commercy/Lo): »Wir waren beide von Liebe trunken, sie für ihren Geliebten, ich für sie. Unsere Seufzer, unsere köstlichen Tränen flossen zusammen«, gesteht der Philosoph in den *Confessions* (1782/89, 2. Teil, 9. Buch). – **Paul Éluard** (→ Saint-Denis) bezog 1924 mit seiner Frau Gala in E. eine Villa (Avenue Hennocque Nr. 4), die der befreundete Maler Max Ernst mit Fresken, einem Zyklus von fünfzehn Bildern, ausschmückte. (Die Fresken wurden von den Nachbewohnern der Villa mit Tapeten überklebt, 40 Jahre später wieder entdeckt, auf Leinwand übertragen – und in alle Welt verstreut.)
[R] Das Schloß von **Margency** (n. v. E.) bewohnte im 18. Jh. die Marquise de Verdelin, zeitweise Gönnerin J.-J. Rousseaus; im 19. Jh. war das Schloß im Besitz von Alfred Tattet, eines Freundes von **A. de Musset** (→ Paris), der oft hierher kam.

ÉRAGNY (Val-d'Oise) → **PONTOISE** [R]

ÉTAMPES (Essonne)
É. ist Geburtsort von **Geoffroy Saint-Hilaire** (1772-1844), dessen naturwissenschaftl. Theorien großen Einfluß auf H. de Balzac hatten (Statue des Gelehrten auf dem Theaterplatz).
[A] **F.-R. de Chateaubriand** (→ Saint-Malo/Br), im Juli 1829 von Paris unterwegs zur Kur in den Pyrenäen (→ Cauterets/MPy), traf sich in É. mit seiner Geliebten, der Schriftstellerin Hortense Allart. – **V. Hugo** (→ Besançon/FC), Ende August 1834 in der Stadt, besichtigte die berühmte Tour Guinette und die »schönen romanischen Kirchen. Eine (Saint-Martin) hat einen Turm, schief wie der in Pisa.«
[R] Schloß **Le Tronchet** (8 km w. v. É.) gehörte der Familie des Dichters **Alfred de Vigny** (→ Loches/C), der sich häufig hier aufhielt.

ÉTIOLLES (Essonne) → **CORBEIL-ESSONNES** [R]

FAREMOUTIERS (Seine-et-Marne)
In der Kirche Grabstein der Charlotte d'Étampes de Valençay mit Inschrift des neolat. Dichters **Jean de Santeul** (1630-1699), der von Corneille und Bossuet bewundert wurde und dessen widersprüchliches Wesen der befreundete La Bruyère in den *Caractères* (1688) beschreibt (unter dem Namen Feodas im Kap. »Vom Urteil«).

[A] **Pierre de Ronsard** (→ La Possonnière/C), der mit 12 Jahren Page von Charles d'Orléans, dem drittgeborenen Sohn des Königs Franz I., wurde, begleitete seinen Herrn oft in die Abtei F. (in der Revolution zerstört), wo dessen Tante Madeleine d'Orléans Äbtissin war. – In der Kirche hielt **J.-B. Bossuet** (→ Dijon/Bu) die (nicht erhaltene) Totenrede auf die Äbtissin de Beringhem (von Bossuet auch Totenrede auf Anna von Gonzaga, Prinzessin von Kleve, deren Herz in der Kirche ruht). – Der Schauspieler Constant Coquelin erwarb Ende des 19. Jhs. La Tuilerie, das ehemalige Gästehaus der Abtei, und wurde dort u. a. von **E. Rostand** (→ Marseille/PAC) und **R. de Flers** (→ Pont-l'Évêque/BNo) besucht.
[R] Nach der Ortschaft **Mortcerf** (5 km w. v. F.) benannte **Paul Fort** (→ Reims/ChA) die zehnte, 1909 hier geschriebene Abteilung der *Ballades françaises* (1897-1938).

FEUCHEROLLES (Yvelines) → **FOURQUEUX** [R]

Fontainebleau: Schloß

FONTAINEBLEAU (Seine-et-Marne)
»Fontainebleau ist eine kleine, mit einem Walde umgebene Stadt, in welchem sich vorzeiten die Könige von Frankreich mit der Jagd belustigten. Der heilige Ludwig datierte seine Befehle: ›Donné en nos Déserts de Fontainebleau‹, und damals bestand Fontainebleau aus nichts als einigen Kirchen und Klöstern. Franz der Erste baute endlich in dieser Einöde einen großen Palast und zierte ihn mit den schönsten Werken der italienischen Kunst.« (Nikolai Karamsin)
Bibliothèque municipale (Stadtbücherei; 100 Tsd. Bde., Hs.). – Théâtre municipal (Stadttheater).

† 1939 **Oscar Vladislas de Lubics-Milosz** (* Schloß Čeréja bei Witebsk 1877); der Dichter litauischer Herkunft, der seit 1889 in Frankreich (und auf Reisen) lebte und Lyrik (*Le Poème des Décadences*, 1899) und einen Roman (*L'Amoureuse Initiation*, 1910) veröffentlicht hatte, war 1926 nach F. gezogen; Grab auf dem Friedhof.

A **P. de Ronsard** (→ La Possonnière/C), der unter Karl IX. 1560 Hofdichter wurde, hielt sich wiederholt in F. auf; Maria Stuart, 1559/60 Königin von Frankreich, widmete er mehrere Gedichte, u. a. die Elegie »Bien que le trait de votre belle face ...« (1567); 1564 beauftragte ihn die Königinmutter Katharina von Medici mit der künstlerischen Ausgestaltung der Feierlichkeiten, die für die Abgesandten des Papstes, des Kaisers und des Königs von Spanien gegeben wurden; zu diesem Anlaß komponierte Ronsard einen Epilog zu der Komödie *La Belle Genièvre*, die am Faschingssonntag in der Galerie Henri II gespielt wurde, und verfaßte weitere kleine Werke. – Ein halbes Jahrhundert später war **F. de Malherbe** (→ Caen/BNo) Hofdichter und langweilte sich in F., wo er schlecht und außerhalb des Schlosses untergebracht war. – **Liselotte von der Pfalz** (1652-1722), als Schwägerin Ludwigs XIV. eine der ersten Damen bei Hof, hielt sich häufig im Schloß von F. auf und schrieb von hier zahlreiche Briefe (auch wenn sie sich beklagt: »dieser ort hier ist der, wo ich am wenigstens zum schreiben gelangen kann, wegen der vielen jagden, komödien und appartements.« – **Madame de Sévigné** (→ Paris) kam auf ihren Reisen wiederholt nach F. (Gedenktafel am Hôtel du Palais an der Place Denecourt). – **Voltaire** (→ Paris), den im Oktober 1747 seine Geliebte Madame de Châtelet zum Glücksspiel auf das Schloß F. mitgenommen hatte, machte ihr dort auf englisch den Hinweis, daß sie mit Schurken am Tisch sitze: Ihre Mitspieler verstanden die Botschaft, und das Paar floh zur Herzogin von Maine nach Sceaux. – Am 18. Oktober 1752 wurde im Schloß, in Anwesenheit des Königs Ludwig XV. das Singspiel *Le Devin du village* (dt. *Der Dorfwahrsager*) von **J.-J. Rousseau** (→ Anhang) uraufgeführt; der Philosoph, der hiermit auch als Komponist und Librettist hervortrat, war ebenfalls zugegen und erregte Aufsehen, denn er setzte sich in seine Loge »im gleichen nachlässigen Aufzug wie gewöhnlich, mit starkem Bart und ziemlich schlecht gekämmter Perücke« (*Les Confessions*, 1782/89, 2. Teil, 8. Buch). – Auf seiner Rückreise von Nizza nach England besuchte der schottische Romancier **Tobias Smollett** (1721-1771) das Schloß im späten Frühjahr 1765 und bemängelte, bei allem Prunk, daß der Dekor eher üppig als exakt ausgeführt sei. – Der russische Schriftsteller **N. Karamsin** (1766-1826) besuchte F. auf seiner Europa-Reise im Frühjahr 1790. – **F.-R. de Chateaubriand** (→ Saint-Malo/Br) spricht in seinen *Mémoires d'outre-tombe* (1848-50) mehrfach von F., u. a. von der Abdankung Napoleons am 5. 4. 1814 und von seinem Abschied von der alten Garde (3. Teil, 3. Buch). – Anfang August 1833 unternahm das Liebespaar **George Sand** (→ Paris) und **A. de Musset** (→ Paris) einen ausgedehnten Spaziergang in den Wäldern von F., u. a. zu den Schluchten von Franchard; Musset berichtet darüber im 4. Teil (3. Kapitel) seines autobiogr. Romans *La Confession d'un enfant du siècle* (1836, dt. *Beichte eines Kindes seiner Zeit*, 1903), G. Sand in ihrem Roman *Elle et Lui* (1859). – **Heinrich Laube** (1806-1884) beschreibt den Wald von F. sowie das Schloß und dessen Geschichte in seinem Frankreich-Buch *Französische Lustschlösser* (1840). – **J. Michelet** (→ Paris) kam sein ganzes Leben über oft nach F.; der längste Aufenthalt datiert aus dem Jahr 1857, als er mit seiner Frau von Ende Mai bis Oktober ein Haus mit Garten mietete (Rue Damesme Nr. 1 *bis*) und an seinem Buch *L'Amour* (1858, dt. *Die Liebe*, übers. v. F. Spielhagen, 1859) arbeitete. – **John Ruskin** (1819-1900) sah F. 1842 im Rahmen einer Reise in die Schweiz, konnte aber weder dem Schloß noch den Naturschönheiten des Waldes von F. etwas abgewinnen (*Praeterita*, 1885-89). – **G. Flaubert** (→ Rouen/HNo) besuchte F. und den zugehörigen Wald im Sommer und Herbst 1868, um Recherchen für seinen Roman *L'Éducation sentimentale* (1869) zu machen. – Ende Oktober 1896 besuchte **Marcel Proust** (→ Paris) F. (Briefe an die Mutter), wo Léon Daudet wohnte. – Als Korrespondent seit 1924 mit wechselnden Wohnungen in Paris, zog **Kurt Tucholsky** (1890-1935) im Herbst 1926 von → Le Vésinet nach F. in einen ehemaligen Kardinalssitz mit fünfzehn Zimmern (Rue Béranger Nr. 11), wo er bis 1927 blieb. – **Paul Fort** (→ Reims/ChA) schreibt über F. mehrere Seiten in seinen *Mémoires* (1944). – **Julien Gracq** (→ Saint-Florent-le-Vieil/PdL) spricht in seinen *Carnets du grand chemin* (1992, dt. *Der große Weg*, 1992) von der »Baumstadt« des Waldes von F., »in der jedes Viertel sein besonderes Aussehen hat, streng oder freundlich, ordentlich oder vernachlässigt, die ihm eigene Art, zu lächeln oder finster dreinzuschauen, wenn ein Spaziergänger vorübergeht«.

FONTENAY-AUX-ROSES
(Hauts-de-Seine)

École Normale Supérieure (mit Bibliothek: 200 Tsd. Bde.).

[A] **Paul Scarron** (→ Paris) wohnte in der Rue Boucicaut Nr. 2 (abgebrochen, Neubau). – Der Lyriker **André Chénier** (→ Anhang) verkehrte bei seinem Verleger Suard in der Rue Jaurès Nr. 7. – **J.-K. Huysmans** (→ Paris) wohnte von Mitte Juli bis Mitte September 1881 in F. – **Léon Bloy** (→ Périgueux/Aq), der häufig seine Wohnorte wechselte, wohnte von Frühjahr 1885 bis Frühjahr 1886 in F. (Rue du Plessis-Piquet Nr. 10). – **Valery Larbaud** (→ Vichy/Au) kam als Zehnjähriger an das Collège Sainte-Barbe-des Champs in F. (und von hier auf das Gymnasium Henri IV. in Paris); Erinnerungen an die Schulzeit in F. finden sich in dem Roman *Fermina Márquez* (1911, dt. 1957). – **P. Léautaud** (→ Paris) wohnte von 1912 an in der Rue Guérard Nr. 24, wo er in einem Haus mit 150 Hunden, 300 Katzen, einer Ziege, einer Gans und einem Affen lebte.

FONTENAY-LE-FLEURY (Yvelines) → **SAINT-CYR-L'ÉCOLE** [R]

FOURQUEUX (Yvelines)

[A] Adèle, Frau von **Victor Hugo** (→ Besançon/FC) verbrachte mehrmals mit den Kindern den Sommer in F. im Haus Rue Saint-Nom Nr. 39, wohin auch der Dichter auf Besuch kam; im Sommer 1835 kam **A. Dumas d. Ä.** (→ Villers-Cotterêts/Pi) auf ihre Einladung; im September 1836 beging Léopoldine, die älteste Tochter der Hugos, in der Dorfkirche ihre Erstkommunion, wobei auch, als Freund der Familie, **Th. Gautier** (→ Tarbes/MPy) anwesend war.

[R] Im Schloß von **Noisy-le-Roi** (6 km südl. v. F.), heute eine Ruine am Rand des Waldes von Marly-le-Roi, brachte **Madame de Maintenon** (→ Niort/PCh) ihr in Rueil-Malmaison gegründetes Mädcheninternat unter, bevor die Schule endgültig in Saint-Cyr-l'École seßhaft wurde. – **Julien Green** (→ Paris) besuchte Anfang August 1956 in **Feucherolles** (7 km sw. v. F.) »eine sehr schöne Kirche im reinsten romanischen Stil: »Ich war sehr bewegt, als ich in den Fenstern des Querschiffs und im Fenster über dem Hochaltar drei Glasmalereien Pater Couturiers entdeckte, die er mir in seinem Atelier in der Rue Jean-Ferrandi gezeigt hatte«, schreibt Green in seinem *Tagebuch* (3. 8. 1956).

LA FRETTE-SUR-SEINE (Val-d'Oise) → **ARGENTEUIL** [R]

GARCHES (Hauts-de-Seine) → **SAINT-CLOUD** [R]

GAMBAISEUIL (Yvelines) → **MONTFORT-L'AMAURY** [R]

GENTILLY (Val-de-Marne)

[A] **Victor Hugo** (→ Besançon/FC), mit Adèle Foucher verlobt, kam häufig in das Haus ihrer Eltern (abgerissen) in G., das an der Bièvre, gegenüber der Kirche, stand; wollte der junge Dichter vor der Hochzeit am 12. 10. 1822 über Nacht bleiben, mußte er im Taubenhaus schlafen, bei Spaziergängen mit seiner Verlobten war deren Mutter dabei. – Auch **A. de Musset** (→ Paris), Schulkamerad von Adèles Bruder am Gymnasium Henri IV. in Paris, verkehrte hier.

GERMIGNY-L'ÉVÊQUE (Seine-et-Marne) → **MEAUX** [R]

GONESSE (Val-d'Oise)

[A] **Chateaubriand** (→ Saint-Malo/Br) berichtet in seinen *Mémoires d'outre-tombe* (1848-50), wie er nach Napoleons Sturz auf der Rückreise von Gent nach Paris Ende Juni 1815 an einer Sitzung in G. teilnahm, in deren Verlauf er sich heftig dagegen wendete, Fouché mit einem Ministeramt zu betrauen (1, XXIII, XX).

[L] G. findet Erwähnung in der Novelle *Sylvie* (1853) von **Gérard de Nerval**, wo der Ich-Erzähler von Paris nach Norden reist: »Und dies nun ist Gonesse, der unansehnliche Flecken voller Erinnerungen an die Ligue und die Fronde.«

LE GRAND-VAL (Schloß) (Val-de-Marne) → SUCY-EN-BRIE

LA GRANGE-BLÉNEAU (Schloß) (Seine-et-Marne) → ROZAY-EN-BRIE

GREZ-SUR-LOING (Seine-et-Marne)

[A] In dem südl. gelegenen Ortsteil Hulay hatte Laure de Berny, die mütterliche Geliebte von **H. de Balzac** (→ Tours/C), das Schloß La Bouleaunière gemietet, wohin der Dichter zwischen 1828 und 1835 oft kam und hier arbeitete (u. a. am Roman *La Peau de chagrin*); das Grab der Madame de Berny, die 1836 auf dem Schloß starb, wurde 1870 mit dem alten Friedhof der Gemeinde eingeebnet. – **R. L. Stevenson** (1850-1894) kam im Spätsommer 1876, nach einer Kanupartie, die ihn von Antwerpen bis in die Nähe von Paris gebracht hatte (beschrieben in *An Inland Voyage*, 1878), mit seinem Cousin nach G. in eine internationale Künstlerkolonie aus Malern, Bildhauern, Musikern und Schriftstellern, in der er Fanny Osbourne, seine spätere Frau, kennenlernte.

[R] Auf dem Friedhof von **Villiers-sous-Grez** (3 km w. v. G.) Grab von **Jean Tardieu** (→ Saint-Germain-de-Joux/RhA).

GUERMANTES (Seine-et-Marne) → LAGNY-SUR-MARNE [R]

GUIGNEVILLE-SUR-ESSONNE (Essonne) → MILLY-LA-FORÊT [R]

LES HAIZETTES (Yvelines) → MONTFORT-L'AMAURY [R]

HAUTE-ISLE (Val-d'Oise) → LA ROCHE-GUYON [R]

HERBLAY (Val-d'Oise) → ARGENTEUIL [R]

HÉRIVAUX (Schloß) (Val-d'Oise)

[A] Im November 1796 kaufte **B. Constant** (→ Anhang) das 3 km ö. v. Luzarches gelegene ehemalige Klostergut H. und zog Anfang 1797 mit seiner Geliebten **Madame de Staël** (→ Paris) hierher; Mme. de Staël, von ihrem Ehemann oder Constant schwanger, kehrte zur Entbindung im Frühsommer 1797 nach Paris (in die schwedische Botschaft) zurück, Constant hatte schon kurz zuvor das Gut verlassen (und verkaufte es im März 1802).

HOUDAN (Yvelines) → MONTFORT-L'AMAURY [R]

L'ISLE-ADAM (Val-d'Oise)

Im Jahr 1014 wurde ein gewisser Seigneur Adam mit der auf einer Oise-Insel erbauten Burg belehnt; 350 Jahre später erwarb Pierre de Villiers das Lehen und nannte sich künftig Villiers de l'Isle-Adam: Er ist der Ahnherr des Schriftstellers **Auguste de Villiers de L'Isle-Adam** (→ Saint-Brieuc/Br).

[A] **H. de Balzac** (→ Tours/C) war in den Jahren 1817, 1818, 1819 und 1821 jeweils zur Ferienzeit in der Stadt bei Louis-Philippe de Villers-La Faye, Bürgermeister und Freund von Balzacs Vater; Balzac beschrieb die Stadt in dem Roman *Un Début dans la vie* (1842, dt. *Ein Lebensbeginn*), der Wald von L'I. ist Schauplatz der Novelle *Adieu* (1830; dt. *Lebwohl!*); 1847 besuchte der Dichter die Stadt ein letztes Mal. – Die deutschen Schriftsteller **Franz Hessel** (1880-1941) und **Oscar A. H. Schmitz** (1873-1931) lebten und arbeiteten hier in einer Villa von Sommer bis Herbst 1906.

[R] Auf dem Friedhof von **Nesles-la-Vallée** (3 km nw. v. L'I.) Grab von **Émile Henriot** (1889-1961), Kritiker (*Livres et Portraits*, 3 Bde. 1923-27) und Erzähler (*Carnet d'un Dragon dans les tranchées*, 1918; *Les Occasions perdues*, 1931), Mitglied der Académie Française.

ISSY-LES-MOULINEAUX (Hauts-de-Seine)

[A] Im Priesterseminar der Rue Ernest-Renan Nr. 59 *bis* kam es im Februar und März 1695 zu mehreren Zusammentreffen von **Fénelon** (→ Sainte-Mondane/Aq) und **Bossuet** (→ Dijon/Bu). – Im Haus Route des Gardes Nr. 23 wohnte der Dramatiker **Eugène Scribe** (→ Paris). – **E. Renan** (→ Tréguier/Br) besuchte von 1841 bis 1843 das Priesterseminar von I. (s. o.), dem er in seinen *Souvenirs d'enfance et de jeunesse* (1883) ein Kapitel widmet.

R In **Vanves** (unmittelbar ö. v. I.) besuchte **Alain** (→ Mortagne-au-Perche/BNo) 1886-89 das Lycée Michelet und war dort zwanzig Jahre später selbst Lehrer.

IVRY-SUR-SEINE (Val-de-Marne) → CHARENTON

JOINVILLE-LE-PONT (Val-de-Marne)

Der Ort hieß früher Branche-du-Pont-de-Saint-Maur und gehörte zu Saint-Maur-des-Fossé; 1831 verlieh König Louis-Philippe den neuen Namen (nach seinem dritten Sohn, dem Prinzen von Joinville).

A **Madame de La Fayette** (→ Paris) bewohnte im Wechsel mit ihrem Haus in Paris (Rue de Vaugirard Nr. 50) in den Sommermonaten den Landsitz Le Parangon (Rue de Paris Nr. 7, neben der Kirche Saint-Charles Borromée), wo sie Teile ihres Romans *La Princesse de Clèves* (1678, dt. 1711) schrieb (»Wenn ich in Saint-Maur bin, kann ich schreiben, weil ich geistreicher bin, mehr Muße habe; Paris bringt mich um!« Brief vom 30. 6. 1673 an Madame de Sévigné); außer ihrem Freund **La Rochefoucauld** (→ Paris) empfing sie hier auch **N. Boileau-Despréaux** (→ Paris) und **Madame de Sévigné** (→ Paris).

L Der Ort ist Schauplatz der Romane *Maigret et son mort* (1948, dt. *Maigret und sein Toter*, 1959) und *Maigret s'amuse* (1957, dt. *Maigret als Zuschauer*, 1958, u. d. T. *Maigret amüsiert sich*, 1978) von **Georges Simenon**.

JOUY-EN-JOSAS (Yvelines)

A **V. Hugo** (→ Besançon/FC), der im Sommer häufig mit seiner Familie in → Bièvres weilte, wollte seine Geliebte Juliette Drouet nahe wissen und quartierte sie in dem zu J. gehörenden Ortsteil Les Metz ein, im Sommer 1834 in dem Gasthaus L'Écu-de-France (Rue Oberkampf), 1835 in der heutigen Rue Victor-Hugo Nr. 10 (Gedenktafel); zwei Jahre später erinnerte sich der Dichter der gemeinsamen Zeit in J. in der Elegie *La Tristesse d'Olympio* (Verse aus der Elegie auf der Gedenktafel); Ende September 1845 kamen Hugo und die Drouet ein letztes Mal hierher und spazierten auf den Spuren der Vergangenheit durch den Bois de l'Homme-Mort, wo sie sich elf Jahre zuvor immer getroffen hatten und wo ihnen ein hohler Kastanienbaum als Briefkasten gedient hatte. Dort hatte die Drouet eines Tages das Gedicht »Viens! – une flûte invisible / Soupire dans les vergers [...]« gefunden, das Eingang in die Sammlung *Les Contemplations*, 1858, fand).

JUILLY (Seine-et-Marne) → MEAUX R
JUVISY-SUR-ORGE (Essonne) → VIRY-CHÂTILLON R

LAGNY-SUR-MARNE (Seine-et-Marne)

A **Honoré de Balzac** (→ Tours/C) verbrachte im Sommer 1843 viel Zeit in L., um dort den Druck des zweiten Teils von *Splendeurs et misères des courtisanes* sowie des dritten Teils der *Illusions perdues* zu überwachen. – **Léon Bloy** (→ Périgueux/Aq), der Mitte 1900 von seinem zweiten Dänemark-Aufenthalt nach Frankreich zurückgekehrt war (seine Frau war Dänin), wohnte vier Jahre in L. (zunächst in der Villa Beauregard in der Rue des Petites, dann in der Rue Saint-Laurent Nr. 9, schließlich Rue du Noisiel Nr. 27), eine Zeit, die er in seinem dritten Tagebuchband (1905) als *Quatre ans de captivité à Cochons-sur-Marne* – als *Vier Jahre Gefangenschaft in Sauheim an der Marne* – beschrieb; von hier zog Bloy nach Paris.

R **M. Proust** übernahm den Namen des Schlosses **Guermantes** (1 km sw. v. L.) für die Adelsfamilie in dem Romanzyklus *À la Recherche du temps perdu* (1914-27, dt. u. d. T. *Auf der Suche nach der verlorenen Zeit*, 1953-57), deren 3. Band den Titel *Le Côté de Guermantes* (1920/21, dt. *Die Welt der Guermantes*) trägt; Proust hatte sich bereits 1910 erkundigt, ob er literarisch über den Namen verfügen dürfe, da er ihn in seinem Roman »berühmt zu machen« und »zu besudeln« gedenke; Vorbild für das Schloß im Romanwerk waren mehrere andere Schlösser (Balleroy/BNo, Glisolles/HNo u. a.). – **Jean Genet** (→ Paris), der bei Pflegeeltern im Morvan (Burgund) aufgewachsen war, durfte als bester Schüler der Abschlußklasse im Oktober 1924 eine Druckerlehre an der École d'Alembert von **Montévrain** (3 km ö. v. L.) beginnen, riß jedoch nach zwei Wochen aus.

LES LILAS (Seine-Saint-Denis) → **VINCENNES** [R]
LIVRY-SUR-SEINE (Seine-et-Marne) → **MELUN** [R]
LES LOGES (Schloß) (Yvelines) → **SAINT-GERMAIN-EN-LAYE** [R]
LOURPS (Schloß) (Seine-et-Marne) → **PROVINS** [R]

LOUVECIENNES (Yvelines)

† 1894 **Charles-Marie-René Leconte de Lisle** (* Saint-Paul/Insel La Réunion 1818); der Dichter starb in dem Schloß, das der Frau Guillaume Beers (des Großneffen des Komponisten Meyerbeer) gehörte; Stele im Park von L. (Grab bis 1977 auf dem Cimetière Montparnasse in Paris, dann Überführung auf die Insel La Réunion).

[A] Der Lyriker **A. Chénier** (→ Anhang) verbrachte die letzten Tage vor seiner Hinrichtung am 7. Thermidor II (25. Juli 1794) auf Schloß Voisins (heute im Besitz der Banque Nationale de Paris; Gedenktafel am Eingang), das sich im Besitz von Madame Françoise Le Coulteux befand, der »Fanny« aus den *Odes*. – Die Tänzerin, Schauspielerin und Schriftstellerin **Anaïs Nin** (→ Neuilly-sur-Seine), die 1929 von Paris nach L. gezogen war und hier ein großes Haus (Rue Monbuisson Nr. 2 *bis*) gekauft hatte, lernte im Dezember 1931 den amerikanischen Autor **Henry Miller** (1891-1980) kennen, mit dem sie bald eine Liebesbeziehung verband; im Laufe des Jahres 1932 besuchte Miller sie häufig in L.

MAFFLIERS (Val-d'Oise)

[A] **Madame de Staël** (→ Paris) mietete sich Ende September 1803 in einem kleinen Landhaus in M. ein und unternahm Schritte, Napoleon zur Aufhebung seines Banns zu bewegen (Mme. de Staël durfte nicht näher als 50 km an Paris herankommen); als das scheiterte, reiste sie nach Deutschland ab. – **H. de Balzac** (→ Tours/C) besuchte im Oktober 1829 Madame d'Abrantès, die in Ferien bei der Familie Talleyrand-Périgord auf Schloß M. weilte; der Romancier arbeitete hier an der Erzählung *La Maison du chat qui pelote* (erstmals 1830 u. d. T. *Gloire et Malheur*; dt. *Das Haus zur ›Ballspielenden Katze‹*).

MAGNY-LES-HAMEAUX (Yvelines) → **PORT-ROYAL-DES-CHAMPS** [R]
MAGNY-SAINT-LOUP (Schloß) (Seine-et-Marne) → **MEAUX** [R]

MAISONS-LAFFITTE (Yvelines)

* 1889 **Jean Cocteau** († Milly-la-Forêt 1963), Maler, Dichter, Regisseur, Choreograph; Kindheit und Jugend in Paris (Lycée Condorcet); bald schon Kontakt zu Künstlerkreisen (Proust, Gide, Apollinaire, Rostand, Mauriac, Strawinski, Diaghilev), Lebensgemeinschaft mit R. Radiguet, später mit dem Schauspieler Jean Marais; ständige Skandale, Opiumsucht; zahlreiche Reisen, Leben in Paris und an der Côte d'Azur; 1955 Aufnahme in die Académie

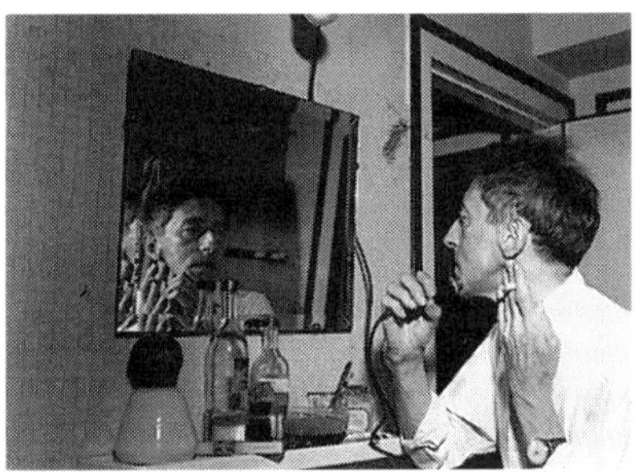

Jean Cocteau

Française; neben zahlreichen Filmen (u. a. *La Belle et la Bête*, 1945, *Orphée*, 1951) und einem umfangreichen graphischen Werk schuf er Lyrik, Romane, Theaterstücke, kritische Schriften. – Geburtshaus Place Sully Nr. 4 (Gedenktafel). – Weitere W.: *La Lampe d'Aladin* (Ged. 1909), *Poésies* (Ged. 1920), *Le grand écart* (R. 1923, dt. 1924, u. d. T. *Herz unmodern*, 1951, u. d. T. *Der große Sprung*, 1956), *Thomas l'imposteur* (R. 1923, dt. *Thomas der Schwindler*, 1954), *Les Mariés de la tour Eiffel* (Dr. 1924), *Orphée* (Dr. 1927), *Les Enfants terribles* (R. 1929, dt. 1930, u. d. T. *Kinder der Nacht*, 1953), *La Voix humaine* (Dr. 1930), *La Machine infernale* (Dr. 1934), *Les Parents terribles* (Dr. 1938, dt. *Nein, diese Eltern!*, 1946), *La Machine à écrire* (Dr. 1941, dt. *Die Schreibmaschine*, 1947), *Le Chiffre sept* (Ged. 1952), *Bacchus* (Dr. 1952, dt. 1952); *Œuvres complètes* (11 Bde. 1947-51), *Œuvres poétiques complètes* (1999).

[A] **Voltaire** (→ Paris) hatte auf Schloß M. ein Zimmer; mit dem Schloßherrn Président de Maisons, dem Sohn des Erbauers, verband den Dichter eine Jugendfreundschaft, so daß er sich, bei Problemen in Paris, hierher zurückziehen konnte; im Herbst 1723 genas er im Schloß von einer Pockenerkrankung und entging, gerade wieder gesundet abreisend, dem Tod: »Kaum bin ich zweihundert Schritte vom Schloß entfernt, als ein Teil der Decke des Zimmers, in dem ich lag, brennend herabfällt. Die anliegenden Gemächer, die Räume, die sich darunter befanden, die kostbaren Möbel, die sie schmückten, alles wurde vom Feuer verzehrt.« (Ein am Kamin aufgelegter Balken hatte Feuer gefangen.) – 1818 erwarb der liberale Bankier Jacques Laffitte das Schloß und lud liberale Gegner der Restauration ein, unter ihnen **B. Constant** (→ Anhang) und der Chansonnier **P.-J. de Béranger** (→ Paris). – **Alfred Döblin** (1878-1957) emigrierte nach der Machtergreifung der Nazis zunächst nach Zürich und von dort nach Frankreich, wo er sich 1934 in M.-L. in der Avenue Talma Nr. 4 niederließ (bis Anfang 1935).

[L] M. ist Schauplatz in dem Roman *Maigret, Lognon et les gangsters* (1952, dt. *Maigret und die Gangster*, 1954, u. d. T. *Maigret, Lognon und die Gangster*, 1983) von **G. Simenon**.

MANTES-LA-JOLIE (Yvelines)

[A] **G. Flaubert** (→ Rouen/HNo) kam zu einem heimlichen Liebestreffen mit der Schriftstellerin Louise Colet (→ Aix-en-Provence/PAC) im Spätsommer 1846 nach M.; hier traf er sich auch mit Elisa Schlésinger, seiner Jugendliebe, die er zwanzig Jahre zuvor in → Trouville/BNo kennengelernt hatte und die als Madame Arnoux Eingang in den Roman *L'Éducation sentimentale* (1869) fand.

MAREIL-SUR-MAULDRE (Yvelines) → **AUBERGENVILLE** [R]
MAREUIL-LÈS-MEAUX (Seine-et-Marne) → **MEAUX** [R]
MARGENCY (Val-d'Oise) → **EAUBONNE** [R]
MARLOTTE (Seine-et-Marne) → **MONTIGNY-SUR-LOING**

MARLY-LE-ROI (Yvelines)

»Wir sind gestern um acht nach Marly gefahren. [...] Wir bestellten ein großes Diner und schwärmten in die Gärten aus. Was mir dort am meisten auffiel, das war der schroffe Gegensatz zwischen der zarten Kunst der Bogenlauben und der Lustwäldchen einerseits und der urwüchsigen Natur des dicken Gesträuchs und der großen, dichtbelaubten Bäume andererseits, die alles beherrschen und den Hintergrund bilden. Die verstreut liegenden, halb im Wald versteckten Pavillons muten wie Wohnstätten für die verschiedensten rangniedrigen Genien an, deren Herr den mittleren bewohnt. Das gibt dem ganzen einen zauberhaften Anhauch, der mir gefällt.« (Denis Diderot)
Bibliothèque municipale (Stadtbücherei; 50 Tsd. Bde.).

* 1833 **André Theuriet** († Bourg-la-Reine 1907), Lyriker, Erzähler; aufgewachsen in Bar-le-Duc/Lo, Jurist; ab 1897 Mitglied der Académie Française; verfaßte Lyriksammlungen und Romane. – Geburtshaus:

Marly-le-Roi: Château de Monte-Cristo

Rue Coustou Nr. 14 (Gedenktafel). – W. u. a.: *Le Bleu et le noir* (Ged. 1873), *Le Mariage de Gérard* (R. 1875), *La Maison des deux Barbeaux* (1879), *Le Fils Maugars* (R. 1879).

† 1895 **Alexandre Dumas d. J.** (* Paris 1824); der Autor hatte sich in seinen letzten Lebensjahren in die Villa Champflour (Rue Champflour 1 *bis*) zurückgezogen, die er von dem mit seinem Vater befreundeten Dramatiker Adolphe de Leuven (1807-1884) geerbt hatte; Grab in Paris auf dem Cimetière de Montmartre.

† 1908 **Victorien Sardou** (* Paris 1831); der überaus erfolgreiche Dramatiker hatte 1863 das Schloß Verduron (Place Victorien Sardou) erworben, wo er bis zu seinem Tod lebte; Büste zwischen Kirche und Schloß, Grab auf dem Friedhof.

[A] **Liselotte von der Pfalz** (1652-1722) hielt sich als Schwägerin Ludwigs XIV. wie in anderen Königsresidenzen auch häufig im Schloß von M. (im 19. Jh. abgebrochen) auf und schrieb etliche ihrer berühmten *Briefe* von hier. – **D. Diderot** (→ Langres/ChA) kam mehrmals nach M. und brachte seine Begeisterung über den von Le Nôtre angelegten Garten in den berühmten *Briefen an Sophie* (dt. zuletzt 1989) zum Ausdruck: »Was für ein Fleckchen Erde, meine Freundin! [...] Derjenige, der den Garten anlegte, hat begriffen, daß er eine große und schöne Szenerie geschaffen hatte, die man bis zu dem Augenblick verborgen halten mußte, da sie in ihrer Gesamtheit zu überschauen sei.« – Der Lyriker **A. Chénier** (→ Anhang) besuchte in M. die Brüder Trudaine, die das Schloß Verduron (s. o.) bewohnten. – **A. Dumas d. Ä.** (→ Villers-Cotterêts/Pi) ließ sich ab 1844 hoch über der Seine (in der Nähe von Le Port-Marly) inmitten eines Parks ein Schloß bauen, das er im Juli 1847 mit einer großen Feier einweihte; das [M] Château de Monte-Cristo finanzierte der Autor aus dem überragenden Erfolg seines Fortsetzungsromans *Le Comte de Monte-Cristo* (1844/45, dt. *Der Graf von Montechristo*, 1846); ein halbes Jahr nach der Einweihung mußte der verschuldete Besitz, auf dem Dumas u. a. Balzac und Lola Montez empfangen hatte, mit immensem Verlust zwangsversteigert werden. – **Rainer Maria Rilke** (1875-1926) kam am 28. April 1911 mit dem Elsässer **Hans Arp** (→ Straßburg/E) und am 22. Mai des gleichen Jahres mit dem Verlegerehepaar Kippenberg nach M. und besuchte hier den Bildhauer, Maler und Graphiker Aristide Maillol in der Rue Thibault Nr. 21.

MASSY (Essonne) → **ANTONY** [R]

MAUPERTHUIS (Seine-et-Marne)

[A] **Th. Gautier** (→ Tarbes/MPy) verbrachte als Schüler seine Sommerferien in M. (in einem einfachen Haus am Dorfplatz, nahe der Kirche); der Großvater (mütterlicherseits) des Dichters stand nach seinem Ausscheiden aus dem Militär im Dienst – schließlich als Schloßverwalter – der Adelsfamilie Montesquiou, denen das Schloß in M. gehörte; nach dem Tod des Mannes und der Zerstörung des Schlosses in der Revolution zog die Großmutter des Dichters mit ihrer Tochter nach → Artagnan/MPy, wo die Familie Montesquiou auch ein Schloß besaß.

R Ein weiterer Besitz der Montesquiou war das Schloß Côteaux, heute zur Gemeinde **Saints** (1 km sö. v. M.) gehörig, das **Gautier** in dem Roman *Mademoiselle de Maupin* (1834, dt. 1903) zusammen mit der Umgebung zu einem der Schauplätze des Romans *Mademoiselle de Maupin* (1834, dt. 1903) macht: »Die Umgebung ist äußerst malerisch. Eine breite, mit alten Bäumen besäumte Straße führt zu einem Stern, dessen Mitte durch einen Steinobelisk, der eine große vergoldete Kugel als Bekrönung trägt, bestimmt ist. Fünf Wege bilden die Sternzacken [...].« (4. Kap.; der beschriebene Obelisk steht 1 km sw. v. M. an der D 25.) – Der Schriftsteller **Vercors** (→ Paris) bewohnte nach dem 2. Wk. in **Saint-Augustin** (2 km n. v. M.) das Gut Moulin des Îles (Rue de Sainte-Aubierge), wo er u. a. den Roman *Les Animaux dénaturés* (1952) schrieb.

MEAUX (Seine-et-Marne)

Médiathèque Luxembourg, Rue Cornillon Nr. 2 (u. a. Sammlung von 25 Tsd. alten Büchern, 200 Hs., darunter illuminiertes Exemplar des *Roman de la rose* aus dem 13. Jh. und Originalbriefe Bossuets, 25 Ink.).

A **M. de Montaigne** (→ Montaigne/Aq) kam gleich zu Beginn seiner Reise im September 1580, die ihn zunächst in die Bäder der Vogesen führte, nach M., »eine kleine hübsche Stadt«, so sein Reisetagebuch (postum 1774, dt. zuletzt 1988). – **J.-B. Bossuet** (→ Dijon/Bu) war von 1682 bis zu seinem Tod 1704 Bischof von M. und wurde in der Kathedrale beigesetzt (Grabstätte rechts des Altars); in M. schrieb er seine berühmten Totenreden (*Oraisons funèbres*); hinter dem ehemaligen Bischofspalast (heute M Musée Bossuet) wurde für Bossuet von Le Nôtre ein Garten (Jardin Bossuet) in Form einer Mitra angelegt (dort auch der Pavillon, der Bossuet als Arbeitskabinett diente). – Die Schriftstellerin **Sophie von La Roche** (1731-1807) besuchte M. zu Beginn ihrer Frankreichreise im Frühjahr 1785: »Meaux und sein bischöflicher Palast erinnerten mich an den großen Bossuet, und die an der Kathedralkirche zerstümmelten heiligen Statuen an die unseligen Religionskriege in Frankreich« (*Journal einer Reise durch Frankreich*, 1787). – **V. Hugo** (→ Besançon/FC) kam im Sommer 1838 auf seiner Reise an den Rhein durch M. (Beschreibung in dem Reisebuch *Le Rhin*, 1842, dt. *Rheinreise*, 1982). – **Georges Courteline** (→ Tours/C) besuchte in M. das heute nach ihm benannte Gymnasium. – Der sechzehnjährige **Jean Genet** (→ Paris), von einem Kontrolleur in M. im Zug ohne Geld und Fahrkarte aufgegriffen, wurde wegen Landstreicherei 45 Tage im Gefängnis der Stadt verwahrt, bevor er nach Mettray/C gebracht wurde.

R **P. de Ronsard** (→ La Possonnière/C) besaß außer mehreren Pfründen in der Loire-Region von 1552-54 auch die eines ›curé commendataire‹ von **Mareuil-lès-Meaux** (2 km südl. v. M.); der Dichter hatte die niederen Weihen empfangen, übte aber niemals ein geistliches Amt wirklich aus; als im Herbst 1553 in Paris die Pest wütete (wovon er in dem Gedicht »Gaieté«, 1584, berichtet), flüchtete Ronsard hierher und schrieb u. a. die *Épître à Ambroise de la Porte* (Gedenktafel an der Dorfkirche Saint-Étienne). – Schloß **La Trousse** (15 km nö. v. M.) gehörte Henriette de la Trousse (1606-1672), der Schwester des Abtes Christophe de Coulanges (→ Melun R), Vormund der **Madame de Sévigné** (→ Paris); die Briefeschreiberin spricht in ihrer Korrespondenz häufig von dem Schloß. – **J. de La Fontaine** (→ Château-Thierry/Pi) hielt sich häufig auf Schloß **Magny-Saint-Loup** (7 km südl. v. M.) auf, wo er mehrere Fabeln schrieb; Magny war Schauplatz des (auch von Madame de Sévigné in ihrem Brief vom 26. 2.

1672 erwähnten) Unglücks, das der Dichter in der Fabel *Le Curé et le Mort* (dt. *Der Pfarrer und der Tote*) beschrieb. – **J.-B. Bossuet** (s. o.) kam gerne in den bischöfl. Landsitz in **Germigny-l'Évêque** (8 km nö. v. M., davon nur Reste erhalten). – **Montesquieu** (→ Labrède/Aq) besuchte 1700-1705 die von Oratorianern geleitete Schule von **Juilly** (17 km nw. v. M.). – Auf dem frz. Soldatenfriedhof von **Chauconin-Neufmontiers** (4 km nw. v. M.) ruht in einem Grab mit 132 anderen der Dichter **Ch. Péguy** (→ Orléans/C), der bei einer Gegenoffensive am 5. September 1914 bei **Le Plessis-l'Évêque** (9 km nw. v. M.) gefallen war. – 1940, nach der militärischen Niederlage Frankreichs, zog sich **Vercors** (→ Paris) mit seiner Familie in sein Haus in **Villiers-sur-Morin** (14 km südl. v. M.) zurück; das Haus ist Vorbild für den Schauplatz der Erzählung *Le Silence de la mer* (1942, dt. 1947, u. d. T. *Das Schweigen des Meeres*, 1948).

MÉDAN (Yvelines)

[A] Das Schloß von M. (Rue Pierre-Curie Nr. 43) war im 16. Jh. im Besitz von Jean Brinon, einem einflußreichen Politiker (u. a. frz. Botschafter in Italien und England) und Literaturfreund, der hier **Pierre de Ronsard** (→ La Possonnière/C) und andere Dichter der Pléiade empfing. – **M. Maeterlinck** (→ Anhang) erwarb das [M] Schloß im Januar 1924 und bewohnte es ab dem Sommer dieses Jahres; hier entstanden *La Vie des termites* (1927), *La Vie des fourmis* (1930) und *L'Araignée de verre* (1932), hier ließ der Dichter das Stück *L'oiseau bleu* aufführen; 1940 flüchteten Maeterlinck und seine Frau, die Schauspielerin Renée Dahon, in die USA. – **Émile Zola** (→ Paris) kaufte 1878 die [M] Villa Rue Pasteur Nr. 26 (Gedenktafel), in der er bis zu seinem Tod im Wechsel mit den Stadtwohnungen in Paris lebte und arbeitete: »Ich habe mir ein Haus gekauft, einen Kaninchenstall zwischen Poissy und Triel, in einem reizenden Nest am Ufer der Seine; neuntausend Francs: ich teile Ihnen den Preis mit, damit Sie sich keine übertriebenen Vorstellungen machen« (Brief an Flaubert). Am Haus ließ Zola Erweiterungsbauten anbringen, die nach den Romanen benannten Türme Tour Nana und Tour Germinal; in die Villa (Büste im Garten) lud Zola befreundete Schriftsteller zu den ›Soirées de Médan‹ ein, so auch der Titel eines Sammelbandes (1880), zu dem außer Zola **G. de Maupassant** (→ Tourville-sur-Arques/HNo), **J.-K. Huysmans** (→ Paris), **H. Céard** (→ Paris), **L. Hennique** (→ Anhang), und **P. Alexis** (→ Aix-en-Provence/PAC) Novellen beisteuerten.
[R] **Orgeval** (3 km südl. v. M.) ist einer der Schauplätze des Romans *Félicie est là* (1944, dt. *Maigret und das Dienstmädchen*, 1967) von **Georges Simenon**.

MELUN (Seine-et-Marne)

Bibliothèque municipale (Stadtbücherei; 120 Tsd. Bde.).

* 1513 **Jacques Amyot** († Auxerre/Bu 1593), Humanist, Übersetzer; der Kaufmannsohn studierte mit einem Stipendium

Melun: Amyot-Denkmal

in Paris Theologie; Latein- und Griechischlehrer in Bourges/C; übersetzte aus dem Griechischen Heliodor (*Histoire éthiopique*, 1547), Longos (*Daphnis et Chloé*, 1559) und vor allem Plutarch (*Vie des hommes illustres*, 1559, und *Œuvres morales*, 1572); 1552 Erzieher der Kinder von König Heinrich II., ab 1570 Bischof von Auxerre/Bu. – Geburtshaus in der Rue Saint-Aspais Nr. 46 (Gedenktafel); Statue im Rathaushof.

[A] Der Scholastiker **Abaelard** (→ Le Pallet/PdL) unterhielt zu Beginn des 12. Jhs. eine eigene Schule in M.

[R] **Madame de Sévigné** (→ Paris), deren Eltern früh gestorben waren, wurde von ihrem Onkel und Vormund Christophe de Coulanges aufgezogen (»den ich liebe wie mein Leben, der der reizendste Mensch der Welt ist«), der Abt des Klosters **Livry-sur-Seine** (sö. v. M.) war; auch in späteren Jahren kam die berühmte Briefeschreiberin immer wieder nach L.; Brief vom 6. 12. 1679: »Ich, wenn ich ärgerlich bin, brauche Livry.« (Gedenktafel an der Abtei).

MÉRÉVILLE (Essonne)

* 1919 **Jean-Louis Bory** († ebda. 1979); der Gymnasiallehrer (Haguenau/E, Paris) und Erzähler erhielt 1945 den Prix Goncourt (*Mon Village à l'heure allemande*) und schrieb Essays über Balzac (1959) und E. Sue (1962). – Grab auf dem Friedhof. – Weitere W.: *La Peau des zèbres* (R. 3 Bde., 1969-74), *Les Cinq girouettes* (R. 1979).

[A] **F.-R. de Chateaubriand** (→ Saint-Malo/Br) verkehrte auf dem Schloß von M., Besitz des Bankiers de Laborde, dessen Tochter Nathalie de Noailles eine der Geliebten des Dichters war; Chateaubriand erwähnt M. in Buch 17, Kap. 1 seiner *Mémoires d'outre-tombe* (1848-50).

LE MESNIL-SAINT-DENIS (Yvelines) → PORT-ROYAL-DES-CHAMPS [R]
LES METZ (Yvelines) → JOUY-EN-JOSAS

MEUDON (Hauts-de-Seine)

Bibliothèque municipale (Stadtbücherei; 81 Tsd. Bde.).

† 1961 **Louis-Ferdinand Céline** (* Asnières-sur-Seine 1894); der Autor, der während der deutschen Besatzung mit den Nationalsozialisten kollaboriert hatte und nach der Befreiung Frankreichs geflohen war, kam nach der Amnestierung 1952 nach M., wo er als Armenarzt tätig war (Route des Garde Nr. 25 *ter*); hier schrieb er seine letzten Bücher *D'un Château l'autre* (Autobiogr. 1957, dt. *Von einem Schloß zum andern*, 1960) und *Rigodon* (postum 1961); Grab auf dem Friedhof (Cimetière des Longs Réages).

[A] **F. Rabelais** (→ La Devinière/C) erhielt auf Vermittlung seines Gönners Kardinal Jean du Bellay im Januar 1551 die Pfarrei Saint-Martin in M. als Pfründe – und kam wahrscheinlich nie nach M. (Büste auf der Place Rabelais, Statue vor dem Rathaus). – Die Witwe des Dramatikers **Molière** (→ Paris), Armande Béjart, lebte von 1676 bis 1705 mit ihrer Tochter Esprit-Madeleine in der sog. Villa Molière (Rue des Pierres Nr. 11; heute Musée d'Art et d'Histoire). – **Choderlos de Laclos** (→ Amiens/Pi), Autor und Artilleriegeneral, richtete im Herbst 1793 gemeinsam mit dem Chemiker Berthollet im Alten Schloß (nach Brand abgerissen) ein Artillerie-Experimentierzentrum ein. – **V. Hugo** (→ Besançon/FC) spricht über seine Zeit in M. in den *Chansons des Rues et des Bois* (1865; Gedicht »Meudon«). – Der Dramatiker **Eugène Scribe** (→ Paris) erwarb das Haus Les Montalais (Route des Gardes Nr. 23) 1829 und wohnte und arbeitete bis 1853 hier. – **Richard Wagner** (1813-1883) wohnte mit seiner Frau Minna von April bis Oktober 1841 in der Avenue du Château Nr. 27 (1993 bis auf die Fassade abgerissen, Gedenktafel), wo er in sieben Wochen die Partitur der Oper *Der Fliegende Holländer* schuf. – Im Februar 1897 duellierte sich **M. Proust** (→ Paris) im Wald von M., an der Tour de Villebon, mit dem

Rilke in Rodins Atelier

Dichter und Kritiker **Jean Lorrain** (→ Fécamp/HNo), der sich in einer Rezension abfällig über Prousts Erstveröffentlichung *Les Plaisirs et les jours* (1896) geäußert und auf Prousts Homosexualität angespielt hatte. (Keiner der beiden Duellanten wurde verletzt.) – Im Ortsteil Val-Fleury, in der Villa des Brillants (Avenue Auguste-Rodin), lebte und arbeitete ab 1895 der Bildhauer Auguste Rodin (Grab mit der Skulptur des *Denkers* vor dem Museum); unter den Besuchern: **A. France** (→ Paris). **Rainer Maria Rilke** (1875-1926), der eine Monographie über Rodin schrieb, lebte von Mitte September 1905 bis Mai 1906 (einer Trennung im Streit) als Sekretär bei dem Bildhauer: »Ich habe ein kleines Häuschen ganz für mich: drei Räume: Schlafzimmer, Arbeitszimmer, Garderobe, mit entzückenden Dingen, voll Würde und dem Hauptfenster mit allen Herrlichkeiten des Sèvres-Tales, der Brücke, den Weiten mit ihren Dörflein und Dingen.« – **J.-P. Sartre** (→ Paris), der im Alter von einem Jahr den Vater verloren hatte, wuchs von 1906 bis 1911 bei der Mutter und den Großeltern Schweitzer in M. auf. – In den Jahren 1910 und 1911 bewohnten die befreundeten Schriftsteller **Otto Flake** (→ Metz/Lo) und **René Schickele** (→ Oberehnheim/E) mit ihren Familien in M. ein möbliertes Haus. – **Julien Green** (→ Paris) besuchte in M. häufig den befreundeten Religionsphilosophen **Jacques Maritain** (→ Paris), der in der Rue du Parc ein Haus besaß. (Eintragungen in den *Tagebüchern* vom 24. 6. 1926, 21. 2. 1929 u. ö.) – 1938/39 wohnte **H. Michaux** (→ Anhang) in M.

MEULAN (Yvelines)

[A] **V. Hugo** (→ Besançon/FC), im Juli 1834 in die Bretagne unterwegs, schreibt aus M. seiner Frau: »Ich bin in Meulan, einer reizenden, am Ufer der Seine gelegenen Kleinstadt mit vielen Ruinen und alten Frauen. Zwei schöne Kirchen gibt es, eine ist die Getreidehalle, die andere der Salzspeicher. Dann gibt es noch die Festung von Olivier-le-Daim, allerdings ohne Turm noch Tor und von Restaurierungen entstellt. Sei's drum. Das Stadtbild ist entzükkend, die Lage am Wasser köstlich, auf den Inseln Bäume und Ruderboote.« – Zu Beginn des 19. Jhs. erwarb Sophie de Condorcet, Witwe des Philosophen **Condorcet** (→ Ribemont/Pi), ein La Maisonnette genanntes Haus (Teil des alten Annunciatenklosters, Rue des Annociades) und empfing hier häufig ihre Freundin Giulia Manzoni, die Mutter des Romanciers **Alessandro Manzoni** (1785-1873), die 1796 mit ihrem Lebensgefährten von Italien nach Paris übersiedelt war; nach dessen Tod 1805 zog der junge Dichter zu seiner Mutter in die frz. Hauptstadt und wurde selbst einer der Stammgäste in La Maisonnette; später kaufte das Haus **F. Guizot** (→ Nîmes/LR), dessen Frau aus M. stammte.

[R] Schloß **Vigny** (10 km n. v. M.) war Besitz der Vorfahren von **A. de Vigny** (→ Loches/C). – In **Avernes** (12 km n. v. M.) starb 1979 der aus Argentinien gebürtige

Reporter und Erzähler russischer Abstammung **Joseph Kessel** (* Clara 1898), seit 1964 Mitglied der Académie Française, Autor erfolgreicher, z. T. verfilmter Romane: *Belle de Jour* (1929, verfilmt v. Luis Buñuel 1967), *La Passante du Sans-Souci* (1936, verfilmt v. J. Rouffio 1981 u. d. T. *Die Spaziergängerin von Sans-Souci*); Grab in Paris (Friedhof Montparnasse).

MILLY-LA-FORÊT (Essonne)

† 1963 **Jean Cocteau** (* Maisons-Laffitte 1889); der Allround-Künstler starb in seinem Haus (Rue du Lau Nr. 11 *bis*), das er gemeinsam mit Jean Marais 1947 gekauft hatte; Grab in der Kapelle Saint-Blaise-des-Simples, die Cocteau 1959 mit Strichzeichnungen geschmückt hatte (Büste von Arno Breker).

[A] **Madame de Sévigné** (→ Paris) hielt sich im Frühherbst 1687 auf dem Weg zu ihrer Kur in Bourbon-l'Archambault/Au (und auch auf dem Rückweg von dort) in M. auf. – **Julien Green** (→ Paris) besuchte Cocteau 1947 in dessen Haus (*Tagebücher*, ohne Datum): »Am Ende des verschlafenen Dorfs steht das zauberhafte Haus aus rosa Backstein mit seinem Garten, seinen Obstbäumen, seinen Wassergräben und seiner langen Allee, die zum Wald von Fontainebleau führt.«

[R] **Voltaire** (→ Paris) wurde Ende Oktober 1725 von dem Marquis de Livry auf Schloß Bel-Esbat (Bélébat) in **Boutigny-sur-Essonne** (7 km nw. v. M.) empfangen; in einem Brief an Marie Anne de Bourbon (genannt Mademoiselle de Clermont) beschreibt er ein Fest auf dem Schloß. – **Georges Simenon** (→ Anhang) bewohnte im Frühjahr 1931 kurzzeitig das Herrenhaus La Michaudière in **Guigneville-sur-Essonne** (15 km nw. v. M.).

MONTALEAU (Schloß) (Val-de-Marne) → SUCY-EN-BRIE

MONTE-CRISTO (Schloß) (Yvelines) → MARLY-LE-ROI

MONTEREAU-FAULT-YONNE
(Seine-et-Marne)

[A] **V. Hugo** (→ Besançon/FC) hielt sich Ende Juli 1835 in M. auf, »einer recht malerischen Stadt, an einer Art Y gelegen, das der Zusammenfluß von Seine und Yonne bildet. Krumm deshalb auch die Brücke, von der man einen schönen Blick auf die Kirche hat.« – **G. Flaubert** (→ Rouen/HNo) unternahm 1864 eine Reise nach M., wo er Studien für seinen Roman *L'Éducation sentimentale* (1869) betrieb.

[R] Der Lyriker **A. Chénier** (→ Anhang) kam häufig nach **Montigny-Lencoup** (10 km nö. v. M.), um hier das mit ihm befreundete Brüderpaar Trudaine zu besuchen, mit denen er Reisen in die Schweiz und nach Italien unternahm.

MONTÉVRAIN (Seine-et-Marne) → LAGNY-SUR-MARNE [R]

MONTFERMEIL (Seine-Saint-Denis) → LE RAINCY [R]

MONTFORT-L'AMAURY (Yvelines)

Kustodin des Ravel-Museums in M. (der Komponist hatte 1920 die winzige Villa Le Belvédère gekauft und dort u. a. den *Boléro* komponiert) war über lange Jahre Céleste Gineste-Albaret (1891-1984; Grab auf dem Friedhof), die Haushälterin M. Prousts, die ihre Erinnerungen an den Schöpfer der *Recherche* 1973 veröffentlichte.

[A] **V. Hugo** (→ Besançon/FC) besuchte in M. mehrfach den befreundeten Dichter Adolphe de Saint-Valry (eigentlich Claude Souillard) in dessen Elternhaus (Rue de la Treille); hier schrieb er eine Reihe von Gedichten, u. a. die während eines Aufenthalts (mit Frau Adèle) im Herbst 1825 verfaßte Ode »Aux ruines de Montfort-l'Amaury« (in: *Odes et Ballades*, 1826). – Im Jahr 1900 mietete der Dichter **J.-M. de Heredia** (→ Anhang) ein Haus an der Place Lebreton. – **Colette** (→ Saint-Sauveur-en-Puisaye/Bu) wohnte und arbeitete in dem von ihrem dritten Ehemann erworbenen Haus La Gerbière (im Ortsteil Saint-Nicolas); 1939 kaufte das Ehepaar ein Haus in dem unmittelbar n. gelegenen Ort Méré. – Der Romancier **Marcel Aymé** (→ Joigny/Bu) und der Dramatiker **Jean Anouilh** (→ Bordeaux/Aq) besaßen Häuser in M.

[L] **Eugène Scribe** läßt eine Szene seines Dramas *Robert le Diable* (1831) im alten Beinhaus (›Ancien Charnier‹) von M. spielen.

[R] **V. Hugo** kam mehrmals nach **Houdan** (17 km w. v. M.), wo die Souillards (s. o.) ein Haus besaßen (Rue Victor-Réant Nr. 54). – Im Schloß von **Bourdonné** (12 km w. v. M.) starb nach langer Krankheit 1905 **José-Maria de Heredia** (→ Anhang), der in seinen letzten Lebensjahren häufig bei seinen Freunden Itasse auf dem Schloß verkehrte; Grab in Bonsecours/HNo. – **Paul Fort** (→ Reims/ChA) wohnte mit seiner Frau vor Ausbruch des 1. Wks. zunächst bei dem Weiler **Les Haizettes** (6 km w. v. M.), dann im benachbarten **Gambaiseuil** (beschrieben in *Mes Mémoires. Toute la vie d'un poète*, 1944); der Unterschied zu Paris war deutlich: »Ja, es war ein irdisches Paradies, und wir waren darin Adam und Eva.« – **Blaise Cendrars** (→ Anhang) bewohnte ab 1921 in **Le Tremblay-sur-Mauldre** (5 km ö. v. M.) ein Bauernhaus, das ihm seine spätere Frau zur Verfügung stellte; hier arbeitete er u. a. an den Romanen *Moravagine* (1926) und *Le Plan de l'Aiguille* (1929).

MONTIGNY-LENCOUP (Seine-et-Marne) → MONTEREAU-FAULT-YONNE [R]

MONTIGNY-SUR-LOING (Seine-et-Marne)

[A] **Henri Murger** (→ Paris), dessen lit. Erfolge ihm einen gewissen Wohlstand sicherten, zog von Paris hierher an den Wald von Fontainebleau und bewohnte im Ortsteil Marlotte mit seiner Freundin Anaïs Boyer ein Häuschen.

[L] M. und der Ortsteil Marlotte sind Schauplätze des Romans *Notre Cœur* (1890, dt. *Unser Herz*, 1897) von **G. de Maupassant**.

MONTLHÉRY (Essonne)

† 1960 **Paul Fort** (* Reims/ChA 1872); der ›prince des poètes‹, der 1910 erstmals nach M. gekommen war, bewohnte zunächst das Haus Nr. 2 an der Place du Marché (Gedenktafel); nach dem 1. Wk. erwarb er nach und nach Gelände auf dem Argenlieu-Hügel (w. der Straße nach Orléans), wo er sich ein schlichtes Holzhaus bauen ließ; dem Ort widmete er seine Balladensammlung *Montlhéry-la-Bataille* (1911), die dreizehnte Abteilung seiner *Ballades françaises* (1897-1938); Grab im Garten des Anwesens.

[R] Auf dem russisch-orthodoxen Friedhof von **Sainte-Geneviève-des-Bois** (ö. v. M.) Grab des russischen Dichters und Nobelpreisträgers **Iwan Bunin** (1870-1953). – **Arpajon** (6 km südl. v. M.) und das benachbarte **Avrainville** sind die Schauplätze des Krimis *La Nuit du carrefour* (1931, dt. *Maigret und der Mann von Welt*, 1965, u. d. T. *Maigrets Nacht an der Kreuzung*, 1983) von **G. Simenon**.

MONTMORENCY (Val-d'Oise)

Auf dem Friedhof Kenotaph und Medaillon für den polnischen Nationaldichter **Adam Mickiewicz** (1798-1855), der 1831 ins Exil gedrängt worden war (1890 wurde seine Asche in den Wawel nach Krakau überführt), und Grab seines Landsmannes **Julian Niemcewicz** (1757-1841), Kampfgefährte Kościuszkos und vorromant. Dichter.

[A] **Louise d'Épinay** (→ Valenciennes/NPdC) hatte 1748 **J.-J. Rousseau** (→ Anhang) kennengelernt und ließ für den Philosophen ein Gartenhaus, Eremitage genannt (Rue de l'Ermitage Nr. 10, nicht erhalten), im Park ihres Schlosses La Chevrette umbauen, wo dieser am 9. April 1756 mit seiner Geliebten Thérèse Levasseur und deren Mutter einzog (in den *Confessions*, 2. Teil, Buch 8, berichtet Rousseau, wie er das Häuschen zum erstenmal sah: »›Ach, gnädige Frau, welch köstliche Behausung! Das ist ein Zufluchtsort, ganz für mich geschaffen!‹«); Rousseau

Montmorency: Jean-Jacques-Rousseau-Denkmal

empfing in der Eremitage auch den Besuch der von ihm angebeteten Madame d'Houdetot – Anlaß für Madame d'Épinay ihrem Schützling die Freundschaft zu kündigen, weswegen der Philosoph im Dezember 1757 in das Haus [M] Montlouis (Rue Jean-Jacques Rousseau Nr. 5) umzog; hier schrieb er seine Werke *La Nouvelle Héloïse*, *Émile* und *Du contrat social* (im Garten Arbeitskabinett, ›donjon‹ genannt, in dem Rousseau die *Lettre à d'Alembert sur les Spectacles* verfaßte); ein zweites Domizil in M. hatte Rousseau im Petit-Château (im 19. Jh. abgerissen) des Herzogs von Luxembourg, eines Gönners des Philosophen; als Rousseau im Juni 1762 erfuhr, daß er als Autor des *Émile* verhaftet werden sollte, floh er in der Kutsche des Herzogs in die Schweiz (Statue Rousseaus im Kreisverkehr der Avenue Émile). – **F.-R. de Chateaubriand** (→ Saint-Malo/Br) wandelte 1792 auf Rousseaus Spuren, wie er in seinen *Mémoires d'outre-tombe* (1848-50) berichtet: »Am 19. Juni war ich in das Tal von Montmorency gegangen, um die Ermitage J. J. Rousseaus zu besuchen. Nicht, daß ich mir in der Erinnerung an Madame d'Epinay oder an jene gekünstelte und verderbte Gesellschaft gefiel, aber ich wollte von der Einsamkeit eines Mannes Abschied nehmen, dessen Sitten mir zwar zuwider waren, dessen Talent mich aber in meiner Jugend entflammt hatte.« – **Heinrich Heine** (1797-1856) zog Anfang Juni 1845 von Paris nach M. in »ein kleines Landhaus mit einem hübschen Garten« (Brief an die Mutter) und blieb bis Oktober des Jahres hier wohnen; zweiter Aufenthalt von Mitte Mai 1847 bis Ende September 1847.

[L] *Locus Solus*, so die Bezeichnung für einen »ausgedehnten Park« und eine »schöne Villa in Montmorency«, sind Schauplatz des gleichnamigen Romans (1913, dt. 1968) von **Raymond Roussel**.

MONTROUGE (Hauts-de-Seine) → **CLAMART** [R]
MORSANG-SUR-SEINE (Essonne) → **CORBEIL-ESSONNES** [R]
MORTCERF (Seine-et-Marne) → **FAREMOUTIERS** [R]

NEMOURS (Seine-et-Marne)

[A] **H. de Balzac** (→ Tours/C), der sich häufig auf Schloß La Bouleaunière bei → Grez-sur-Loing aufhielt, besuchte von dort aus N., das er zum Schauplatz seines Romans *Ursule Mirouët* (1842, dt. 1843) machte. – **Victor Hugo** (→ Besançon/FC) besuchte N. Anfang Oktober 1844 und fand, daß die Stadt nichts habe, »was einen in Erstaunen versetze, aber auch nichts, was einen langweile.«

[L] N. ist einer der Schauplätze der Maigret-Erzählung *L'Auberge aux noyés* (1944, dt.

Das Wirtshaus zu den Ertrunkenen, 1985) von **G. Simenon.**

NESLES-LA-VALLÉE (Val-d'Oise) → **L'ISLE-ADAM** [R]

NEUILLY-SUR-SEINE (Hauts-de-Seine)
Bibliothèque municipale (Stadtbücherei; 55 Tsd. Bde.).
Auf dem Friedhof (Cimetière ancien, Rue Victor-Noir Nr. 3) Gräber von **Madame Sabatier** (1822-1889), genannt die Präsidentin, die einen einflußreichen Salon führte und Liebesbeziehungen zu Baudelaire und Gautier unterhielt, **A. Maurois** (→ Elbeuf/HNo), **A. France, Gyp** (→ Auray/Br), **P. Drieu la Rochelle** (→ Paris).

† 1872 **Théophile Gautier** (* Tarbes/MPy 1811); der Dichter war im Sommer 1857 in die Rue de Longchamp Nr. 32 (Gedenktafel) gezogen und lebte hier, wo ihn Baudelaire und Flaubert besuchten, bis zu seinem Tod; Grab auf dem Cimetière de Montmartre in Paris.
* 1881 **Roger Martin du Gard** († Bellême/BNo 1958), Erzähler, Dramatiker; entstammte dem katholischen Großbürgertum; Schule und Studium (Archäologie) in Paris, Freundschaft mit André Gide; Hauptwerk ist der achtteilige (11 Bde.) Romanzyklus *Les Thibault* (1922-40, dt. 1960) für den er 1937 den Nobelpreis für Literatur erhielt. – Weitere W.: *Devenir* (R. 1909), *Jean Barois* (3 Bde. 1913, dt. 1930), *La Confidence africaine* (Erz. 1930, dt. *Afrikanisches Geständnis*, 1931), *Un Taciturne* (Dr. 1932), *Vieille France* (R. 1933, dt. *Kleine Welt*, 1935), *Epilogue* (1940, dt. *Epilog*, 1951), *Notes sur André Gide* (Erinnerungen 1951); *Œuvres complètes* (2 Bde. 1955).
* 1900 **Jacques Prévert** († Omonville-la-Petite/BNo 1977), Lyriker, Drehbuchautor; miserabler Schüler, verschiedene Berufe; stand zunächst dem Surrealismus nahe, Tätigkeit beim Theater und beim Film; schrieb Drehbücher für J. Renoir und M. Carné: u. a. *Les Visiteurs du soir* (1942) und *Les Enfants du paradis* (1943,

Jacques Prévert und sein Bruder Pierre im Café Fontaine des Quatre Saisons

dt. *Kinder des Olymp*); v. a. durch seinen ersten Gedichtband *Paroles* (1946, mit Gedichten wie »La Pêche à la baleine«, »Chanson des escargots qui vont à l'enterrement«, »Dans ma maison«, »Barbara«) populärster Lyriker Frankreichs im 20. Jh. – Geburtshaus Rue de Chartres Nr. 19 (Gedenktafel). – Weitere W.: *Spectacles* (Ged. 1951), *La Pluie et le beau temps* (Ged. 1955).
† 1900 **José Maria Eça de Queirós** (* Póvoa de Varzim/Portugal 1845); der Romancier, 1888 zum portugiesischen Konsul in Paris ernannt, war mit Familie hierher gezogen und starb in seinem Haus in N.; Grab in Lissabon.
* 1903 **Anaïs Nin** († Los Angeles 1977), Erzählerin; nach Ausbruch des 1. Wks. Emigration nach Amerika, Studium in New York; 1924 Übersiedlung nach Paris, dann Louveciennes; zahlreiche Liebesbeziehungen (u. a. zu Henry Miller); 1939

Rückkehr nach New York; großer Erfolg des *Diary of Anaïs Nin* (1966-76, dt. *Die Tagebücher der Anaïs Nin*, 1968-79). – Geburtshaus in der Rue Henrion Berthier. – Weitere W.: *The House of Incest* (1936, dt. *Haus des Inzests*, 1984), *Delta of Venus* (1977, dt. *Das Delta der Venus*, 1978).

† 1923 **Maurice Barrès** (* Charmes/Lo 1862); der Erzähler war 1896 in das Haus Boulevard Maurice-Barrès Nr. 100 gezogen und lebte dort bis zu seinem Tod; Grab in Charmes/Lo.

† 1946 **Gertrude Stein** (* Allegheny [Pittsburgh] 1874); die amerikanische Autorin, die seit 1903 in Paris lebte, starb nach einer Krebsoperation im Hôpital Americain von N.; Grab auf dem Père Lachaise in Paris.

† 1948 **Georges Bernanos** (* Paris 1888); Bernanos war, schwer leberkrank, aus Tunesien ins Krankenhaus am Boulevard Victor-Hugo Nr. 63 gebracht worden, wo er nach einer Operation starb; Grab in Pellevoisin/C.

† 1950 **Yvan Goll** (* Saint-Dié/Lo 1891); der 1947 aus der amerikanischen Emigration nach Frankreich zurückgekehrte Lyriker starb »mit französischem Herzen, deutschem Geist, jüdischem Blut und einem amerikanischen Paß«; Grab auf dem Père Lachaise (mit seiner Frau Claire Goll).

[A] **B. Pascal** (→ Clermont-Ferrand/Au) kam bei einem Kutschenunfall auf der Seinebrücke von N. im November 1654 fast ums Leben; die Errettung galt Pascal als »zweite Bekehrung« und bestätigte ihn in seiner Abkehr vom weltlichen Leben. – **F.-R. de Chateaubriand** (→ Saint-Malo/Br) traf im Frühjahr 1802 in dem Schlößchen in der Avenue de Madrid Nr. 34 das erste und einzige Mal mit Napoleon zusammen (das Schlößchen gehörte Elisa Bacchiochi, der ältesten Schwester Napoleons). – Nach dem Riesenerfolg seines Theaterstücks *La Dame aux Camélias* (1852, dt. *Die Kameliendame*, 1866) zog **Alexandre Dumas** d. J. nach N.; hier heiratete er 1864 die Fürstin Nadine Naryshkine. – **Ch. Baudelaire** (→ Paris) hatte im Juli 1860 eine kleine Wohnung in N. gemietet (Rue Louis-Philippe Nr. 4), wo seine Geliebte Jeanne Duval seit dem Spätsommer lebte; der Dichter selbst zog am 15. Dezember 1860 ein – und am 10. Januar 1861 wieder aus, da ihn die ständige Gegenwart eines Bruders seiner halbgelähmten Geliebten, der auf ihre Kosten zu leben schien, störte; Baudelaire zog wieder nach Paris in ein Hotel. – Am 17. 4. 1866 heirateten im Rathaus von N. **C. Mendès** (→ Bordeaux/Aq) und **Judith Gautier** (→ Dinard/Br); Trauzeugen waren **G. Flaubert** (→ Rouen/HNo), **Villiers de l'Isle-Adam** (→ Saint-Brieuc/Br) und **Leconte de Lisle** (→ Anhang). – **A. France** (→ Paris) bezog nach der Hochzeit 1877 mit seiner Frau eine Wohnung in der Rue Louis-Philippe Nr. 3; 1881 zog das Paar in ein kleines Haus in der Rue Chagrin Nr. 5 um, wo sie gemeinsam bis zu ihrer Trennung 1892 lebten (der Dichter nahm sich dann eine Wohnung in Paris; Grab auf dem Cimetière ancien, Rue Victor-Noir Nr. 3). – **Julien Green** (→ Paris), am 6. 9. 1900 in Paris geboren, wurde in der Christ Church von N. getauft. – **Henry de Montherlant** (→ Paris) besuchte in N. die Schule: zunächst die École Saint-Pierre (Rue Louis-Philippe), wo er Mitschüler von **Louis Aragon** (→ Paris) war, dann die École Sainte-Croix. – Der Theaterregisseur **Erwin Piscator** (1893-1966) heiratete 1936 in Paris die Tänzerin und Choreographin Maria Ley und bezog mit ihr in N. ein kleines Haus in der Rue de la Ferme, wo das Paar bis zur Abreise in die USA (1938) wohnte. – **Georges Simenon** (→ Anhang) wohnte ab August 1936 in N. (Boulevard Richard-Wallace Nr. 7); der Ort ist Schauplatz des Krimis *Maigret et la grande perche* (1951, dt. *Maigret und die Bohnenstange*, 1956). – **J.-P. Sartre** (→ Paris) unterrichtete 1937 Philosophie am Lycée Pasteur von N.

NOISY-LE-ROI (Yvelines) → **FOURQUEUX** [R]

ORGEVAL (Yvelines) → **MÉDAN** [R]

ORMESSON-SUR-MARNE
(Val-de-Marne)

[A] Schloß Amboile, unter Heinrich IV. für die schöne Gabrielle de Santeny errichtet, befand sich seit 1630 im Besitz der Familie Lefebvre d'Ormesson, nach der sich ab 1758 die Gemeinde nannte. Olivier Lefebvre d'Ormesson zog sich, bei Ludwig XIV. in Ungnade gefallen, auf sein Schloß zurück und empfing hier zahlreiche Literaten, u. a. **Madame de Sévigné** (→ Paris), **J. Racine** (→ La Ferté-Milon/Pi), **N. Boileau-Despréaux** (→ Paris), **J. de La Fontaine** (→ Château-Thierry/Pi), **J.-B. Bossuet** (→ Dijon/Bu) **L. Bourdaloue** (→ Bourges/C). – **D. Diderot** (→ Langres/ChA) besuchte das Schloß von Grand-Val (→ Sucy-en-Brie) aus; im Brief vom 28. September 1767 an Sophie berichtet er: »Heute haben wir das Haus und die Gärten von Monsieur d'Ormesson d'Amboile besichtigt. Er hat unermeßliche Summen ausgegeben, um sich die traurigste und langweiligste Wohnstätte zu schaffen, die es zwanzig Meilen in der Runde gibt. Stellen Sie sich ein altertümliches Schloß vor, das zwischen Gräben eingepfercht und nach allen Seiten von Höhenzügen umzäunt ist; Terrassen ohne Aussicht, Wege ohne Schatten, überall das Bild des Chaos.« – Im Herbst 1824 mietete sich Amantine-Aurore-Lucile Dudevant, geb. Dupin, die sich später als Schriftstellerin **George Sand** (→ Paris) nannte, mit Mann und einjährigem Sohn Maurice in einem Gartenhäuschen in O. ein; von dieser Zeit berichtet sie in ihren Lebenserinnerungen *Histoire de ma vie* (1854): »Ich verbrachte lange Stunden in der Einsamkeit dieses riesigen englischen Gartens, dieser melancholischen Landschaft aus Rasen und grünen Bäumen [...]. In diesem Park habe ich die ›*Essais*‹ von Montaigne gelesen.«

PALAISEAU (Essonne)

Die Rue de la Pie-Voleuse (Straße der diebischen Elster) ist Schauplatz des Melodrams *La Pie voleuse ou la Servante de Palaiseau* (1815) von **Louis-Charles Caigniez** (1756-1842), einem erfolgreichen Bühnenautor (›der Racine des Boulevardtheaters‹) während des 1. Kaiserreichs; das Stück war Vorlage für die Oper *Die diebische Elster* (1817) von G. Rossini.

[A] Im Juni 1864 zog **George Sand** (→ Paris) mit ihrem Geliebten und Sekretär Alexandre Manceau von Nohant/C in eine Villa (heute Villa George Sand, Rue George-Sand) in P., die sie im Wechsel mit einer Stadtwohnung in Paris (Rue Claude-Bernard Nr. 90) bewohnte; Manceau, der den Kauf organisiert hatte (G. Sand hatte dafür den Großteil ihrer Gemälde von Delacroix zu Geld gemacht), starb hier am 21. August 1865 (Grab auf dem Friedhof); Anfang 1867 zog die Dichterin nach Nohant zurück und verkaufte das Haus 1869.

[R] Der Moralist **J. de La Bruyère** (→ Paris) besaß in **Saulx-les-Chartreux** (3 km sö. v. P.) ein Landhaus (Rue de la Division Leclerc Nr. 70, umgebaut), zu dem auch der Bauernhof (Nr. 68) gehörte.

PANTIN (Seine-Saint-Denis) → **DRANCY** [R]
PÉCY (Seine-et-Marne) → **ROZAY-EN-BRIE** [R]
LE PLESSIS-L'ÉVÊQUE (Seine-et-Marne) → **MEAUX** [R]
LE PLESSIS-PICARD (Seine-et-Marne) → **CORBEIL-ESSONNES** [R]
POISSY (Yvelines) → **SAINT-GERMAIN-EN-LAYE** [R]

PONTOISE (Val-d'Oise)

Université de Cergy-Pontoise (gegr. 1993).

[A] **G. de Nerval** (→ Paris) berichtet als Flaneur von P.: »Pontoise, auf der Anhöhe gelegen, ist noch eine jener Städte, die mir wegen ihres patriarchalischen Aussehens gefallen, wegen ihrer Spazierwege, ihrer Aussichtspunkte und weil sie an gewissen Bräuchen festhalten, die man anderswo nicht mehr findet. Da wird noch auf den Straßen gespielt und abends vor den Türen geplaudert und gesungen.« (*Promenades et souvenirs*, 1855, dt. *Spaziergänge und Erinnerungen*.)

Abtei Port-Royal-des-Champs

[R] Auf seinem Landsitz in **Éragny** (südl. v. P.) starb 1814 **Jacques-Henri Bernardin de Saint-Pierre** (→ Le Havre/HNo), der die letzten Lebensjahre hier im Wechsel mit Paris gelebt hatte; Grab auf dem Friedhof Père-Lachaise in Paris. – Im sw. gelegenen Cergy-Pontoise Dauerausstellung (Rue du bac de Chancy) zum Leben des Schauspielers **Gérard Philipe** (1921-1959).

PORT-ROYAL-DES-CHAMPS
(Yvelines)

Das 1204 gegründete Zisterzienserinnenkloster P.-R. wurde durch die tatkräftige Äbtissin Angélique Arnauld (1591-1661) reformiert und durch das Wirken des Beichtvaters Abbé de Saint-Cyran (1581-1643) zum Zentrum des Jansenismus in Frankreich; ab 1648 ließen sich Gelehrte (sog. ›solitaires‹) in der Dépendance Les Granges (gegenüber der Abtei) nieder und gründeten eine Schule: Les Petites Écoles de Port-Royal (1661 aufgelöst, heute [M] Musée National des Granges de Port-Royal).

[A] Zu den Schülern in P.-R. zählte **Jean Racine** (→ La Ferté-Milon/Pi), dessen Tante Äbtissin war; Racine trat 1650 in die Schule ein und blieb hier (mit zweijähriger Unterbrechung) bis 1658; entsprechend seinem Wunsch war er auf dem Friedhof von P.-R. beerdigt worden (nach der Zerstörung der Abtei wurden die Gebeine 1711 in die Kirche Saint-Étienne-du-Mont in Paris überführt). – **Blaise Pascal** (→ Clermont-Ferrand/Au), dessen Schwester 1653 ihr Gelübde in der Abtei abgelegt hatte, zog sich erstmals im Januar 1655 nach P.-R. zurück, wo er in den nächsten beiden Jahren die *Lettres à un provincial* schrieb, eine Kampagne in Briefen gegen die Jesuiten. – **Madame de Sévigné** (→ Paris) besuchte in P.-R. ihren Onkel Renaud de Sévigné, einen der ›solitaires‹, wenn sie sich im nahen Le Mesnil-Saint-Denis (s. u.) aufhielt (Brief an ihre Tochter vom 26. 1. 1674). – Zu den Besuchern im 20. Jh. zählte **Julien Green** (→ Paris) im April 1946 (*Tagebücher*).

[L] **Sainte-Beuve** verfaßte eine fünfbändige Geschichte von *Port-Royal* (1840-59). – Über die Weigerung der Nonnen, jansenistische Thesen zu widerrufen, schrieb **Henry de Montherlant** den Einakter *Port-Royal* (1953).

[R] **Madame de Sévigné** (→ Paris) war häufig in **Le Mesnil-Saint-Denis** (3 km w. v. P.-R.) zu Gast im Schloß Montmor (heute Rathaus), wo Henri-Louis Habert de Montmor seine ›akademischen Sitzungen‹ hielt; von hier aus besuchte sie 1674 erstmals ihren Onkel Renaud de Sévigné in P.-R. – In Magny-les-Hameaux (3 km ö. v. R.-R.) starb 1900 der Dichter **Albert Samain** (→ Lille/NPdC) an Tuberkulose; Kenotaph auf dem Friedhof (Grab in Lille).

PROVINS (Seine-et-Marne)

»Vier Kirchen gibt es und ein sehr schönes Stadttor, einen Donjon mit vier Türmchen als Strebewerk, einen Mauerring und verfallene Türme, und das Ganze zieht sich auf die reizendste Art über zwei Hügel, die bis auf halbe Höhe von Bäumen bestanden sind. Und dann jede Menge alter Häuser, auch die malerisch.« (Victor Hugo)

[A] Der Philosoph **Abaelard** (→ Le Pallet/PdL) floh 1121 von der Abtei Saint-Denis nach P., wo er Aufnahme im Priorat Saint-Ayoul fand. – Der Epiker **Chrétien de Troyes** (→ Troyes/ChA) weilte in P. am Hof der Gräfin Marie de Champagne, einer Tochter der Eleonore von Aquitanien. – **Thibaut de Champagne** (→ Troyes/ChA), Fürst und Trouvère, soll von seinem Kreuzzug aus Syrien Rosen mitgebracht und in P. gezüchtet haben: die berühmten ›Rosen von Provins‹. – **V. Hugo** (→ Besançon/FC) begeisterte sich Ende Juli 1835 für die Stadt und zeichnete den Donjon (Tour de César) in sein Skizzenbuch.

[L] **H. de Balzac** machte P. zum Schauplatz seines Romans *Pierrette* (1840).

[R] **J.-K. Huysmans** (→ Paris) hielt sich dreimal auf Schloß **Lourps** (6 km sw. v. P.) auf: das erste Mal im September/Oktober 1881, die nächsten beiden Male, an dem Roman *En rade* (1887) arbeitend, jeweils im August/September der Jahre 1885, als **Léon Bloy** (→ Périgueux/Aq) ihn besuchte, und 1886.

LE RAINCY (Seine-Saint-Denis)

[A] **Alexandre Chatrian** (→ Soldatenthal/Lo), der mit É. Erckmann zahlreiche Romane schrieb, kaufte 1869 in Le R. die Villa Boulevard du Nord Nr. 18 (heute 20 *bis*) und war Bürgermeister der Gemeinde (kurzfristig wohnte auch Erckmann hier); 1882 zog Chatrian von hier ins w. benachbarte Villemomble, wo er sich in der Villa Plaisance (Avenue Franklin Nr. 56) niederließ, deren Grundstück sich bis zum Boulevard d'Aulnay Nr. 83 erstreckte; 1890 starb Chatrian dort (Familiengrab auf dem alten Friedhof von V., Rue d'Avron).

[R] **Montfermeil** (ö. v. Le R.) hat seinen Platz in der Literaturgeschichte durch zwei Romane: Bei dem Vielschreiber **Paul de Kock** (1793-1871) ist die Stadt Schauplatz des Romans *La Laitière de Montfermeil* (1827), und **V. Hugo** (→ Besançon/FC), der oft in M. war, läßt das 3. Buch seines Romans *Les Misérables* (1862, dt. *Die Elenden*, 1862) hier spielen. – **P. Éluard** (→ Saint-Denis) zog als Vierjähriger mit seiner Familie von Saint-Denis nach **Aulnay-sous-Bois** (5 km n. v. Le R.), wo er aufwuchs und die Schule besuchte, bis die Familie 1908 nach Paris zog.

RAMBOUILLET (Schloß) (Yvelines)

Die **Marquise de Rambouillet** (→ Vivonne/PCh), die in der ersten Hälfte des 17. Jhs. den einflußreichsten Salon in Paris führte, kam mit ihren Gästen auch nach Schloß R., wo sie auf der Île des Roches im Park mytholgische Aufführungen inszenierte.

† 1547 **Franz I.** (* Cognac/PCh 1494); der König hatte auf dem Rückweg von einer Jagd beim Kommandanten seiner Leibwache Jacques d'Angennes in R. haltgemacht und starb in dem Rundturm des Schlosses, dem einzigen Rest der Burg aus dem 14. Jh. (das übrige Schloß stammt aus dem 18.Jh.); Grab in der königl. Basilika von Saint-Denis.

Rambouillet: Schloß und Garten

[A] Das Schloß wurde im 18. Jh. vom Grafen von Toulouse erworben (uneheliches Kind von Ludwig XIV. und der Madame de Montespan), der es seinem Sohn weitervererbte, dem Herzog von Penthièvre; dieser hatte 1768 als Pagen den späteren Fabeldichter **Florian** (→ Sauve/LR) zu sich genommen, der mit Unterbrechungen bis 1783 hier lebte und arbeitete (als Ludwig XVI. das Schloß kaufte). – **Victor Hugo** (→ Besançon/FC) fand Mitte Juni 1836 in R., mit Ausnahme des Parks, alles geschmacklos: das Schloß und den Ort. – Die Amerikanerin **Edith Wharton** (1862-1937) kam Ende März 1907 auf der Durchreise nach Schloß R., »geduckt in einem von Gewässern durchzogenen kleinen Park, mit Standbildern an grünen Kanälen.«

LA ROCHE-GUYON (Val-d'Oise)

[A] Der Moralist **F. de La Rochefoucauld** (→ Paris) war als Herzog und Pair (ab 1659) im Besitz des Schlosses, wo er einen Teil seiner *Maximes* (1665 u. ö.) schrieb. – 1816 erwarben die Rohan-Chabot das Schloß und richteten hier ein Seminar ein: **A. de Lamartine** (→ Mâcon/Bu) verbrachte die Karwoche 1819 im Schloß (»La Semaine sainte à La Roche-Guyon«, Ged.), **V. Hugo** (→ Besançon/FC) war im August 1821 hier und vierzehn Jahre später, unerkannt, erneut: Im Gästebuch zeigte man ihm stolz einen »Halbvers«, mit »Victor Hugo« unterschrieben – der gar nicht von ihm stammte; da der Dichter sonst nichts wiederfand, das an ihn erinnern konnte, ließ er das falsche Zeugnis unwidersprochen gelten.

[R] **N. Boileau-Despréaux** (→ Paris) besuchte häufig seinen Neffen Nicolas Dongois, einen ranghohen Politiker, in **Haute-Isle** (ö. v. La R.), so im Juli 1677, als er sich zur Jagd im Ort aufhielt; eine Beschreibung des Ortes liefert er in der berühmten *Épître VI* (à Lamoignon), die er zu dieser Zeit hier verfaßte. – **Émile Zola** (→ Paris), der sich von 1866 bis 1871 in den Sommermonaten mit seinem Freund Paul Cézanne in **Bennecourt** (6 km sw. v. La R.) einmietete, machte den Ort und seine Umgebung zum Schauplatz (6. Kap.) des Romans *L'Œuvre* (1886, dt. u. d. T. *Das Werk*, 1923).

LES ROCHES (Schloß) (Essonne) → **BIÈVRES**

ROYAUMONT (Abtei) (Val-d'Oise)

In der Abteikirche von R. wurde der Satiriker **Mathurin Régnier** (→ Chartres/C) begraben.

Royaumont

A »In Royaumont gewesen, einer großen leeren Muschel, die unsagbar trübsinnig wirkte mit ihrem Kloster ohne Mönche und Gebete, den Ruinen der Kirche: sie war von einem rasenden Dummkopf zerstört worden, der die Pfeiler durchsägen und dann Ochsen daran spannen ließ, um das Gewölbe zum Einsturz zu bringen«, so **Julien Green** (→ Paris) in seinen *Tagebüchern* (19. Juni 1947). – **Witold Gombrowicz** (1904-1969) verbrachte den Sommer 1964 in der Abtei R., wo er seine spätere Frau, die kanadische Studentin Marie-Rita Labrosse, kennenlernte; von hier siedelte der polnische Dichter nach → Vence/PAC über. – Zu Tagungen in R. u. a. **E. Ionesco** (→ Anhang), **A. Robbe-Grillet** (→ Brest/Br), **R. Caillois** (→ Reims/ChA).

R **Benjamin Constant** (→ Anhang) erwarb nach dem Verkauf des ehemaligen Klosters Hérivaux im Frühjahr 1802 das Gut Les Herbages in **Saint-Martin-du-Tertre** (5 km südl. v. R.).

ROZAY-EN-BRIE (Seine-et-Marne)

A Das Schloß La Grange-Bléneau (2 km südl. v. R.) war seit 1799 Besitz des Generals Marie Joseph de La Fayette (1757-1834), der hier u. a. 1801 **Madame de Staël** (→ Paris) und **B. Constant** (→ Anhang) empfing (heute Besitz der Grafen von Chambrun, keine Besichtigung).

R Der russische Erzähler **Iwan Turgenjew** (1818-1883) wohnte ab 1845 häufig bei den Viardots auf deren Schloß **Courtavenel** bei **Pécy** (10 km ö. v. R.); der Autor hatte die Sängerin Pauline Viardot-Garcia (1821-1910), die ihren Impresario, den Schriftsteller, Kritiker und Übersetzer Louis Viardot (1800-1883) geheiratet hatte, 1843 auf ihrer Rußlandtournée kennengelernt; als Turgenjew seine Stellung im Petersburger Innenministerium aufgab und seine erboste Mutter ihm darauf alle Mittel strich, nahmen ihn die Viardots im Schloß Courtavenel auf, das er später als seine literarische Wiege bezeichnet hat. (Das Schloß wurde 1864 abgerissen, heute sind nur mehr der Wassergraben und der zugehörige Gutshof vorhanden; von einem Dorffest in Pécy am 22. Juli 1849 berichtet Turgenjew seiner Freundin Viardot in einem Brief.)

RUEIL-MALMAISON (Hauts-de-Seine)

In R. gründete **Madame de Maintenon** (→ Niort/PCh) ihre Schule zur Erziehung der Töchter aus verarmten Adelsfamilien, die schließlich in Saint-Cyr-l'École eingerichtet wurde.

† 1922 **Henry Bataille** (* Nîmes/LR 1872); der Dramatiker starb auf seinem Besitz Le Vieux-Phare; Grab in Moux/LR.
† 1979 **Marcel Jouhandeau** (* Guéret/Li 1888); der Schriftsteller hatte 1960 mit seiner Frau Élise im Park von Malmaison das Häuschen Avenue Ducis Nr. 8 gekauft und umgebaut; Grab auf dem Montmartre-Friedhof in Paris.
[A] **F.-R. de Chateaubriand** (→ Saint-Malo/Br) besuchte das verlassene Schloß Malmaison, Lieblingsresidenz Napoleons aus der Zeit seiner Ehe mit Joséphine de Beauharnais, nach der Verbannung des Kaisers nach St. Helena; im 3. Teil (6. Buch) seiner *Mémoires d'outre-tombe* (1848-50) schildert der Dichter den letzten Abschied Napoleons von M. (ein Teil der Bäume, die Chateaubriand in La Vallée-aux-Loups pflanzte, stammte aus dem Park von M.).

SAINT-ARNOULT-EN-YVELINES (Yvelines)

† 1970 **Elsa Triolet** (* Moskau 1896); ab 1951 bewohnte die russische Emigrantin gemeinsam mit ihrem Ehemann **Louis Aragon** in S.-A. die [M] Mühle von Villeneuve (Museum); das Paar verfaßte zahlreiche Werke hier, E. Triolet starb hier; gemeinsames Grab auf dem Anwesen.
[R] **Julien Green** (→ Paris) verbrachte den August 1962 in einem Haus in **Clairefontaine-en-Yvelines** (4 km n. v. S.-A.) und unternahm von hier Ausflüge in die Umgebung (*Tagebücher*).

SAINT-AUGUSTIN (Seine-et-Marne) → MAUPERTHUIS [R]

SAINT-BRICE-SOUS-FORÊT (Val-d'Oise)

† 1937 **Edith Wharton** (* New York 1862); die amerikanische Erzählerin hatte 1917 in S.-B. das Herrenhaus Pavillon Colombe (heute Rue Edith Wharton Nr. 5, Gedenktafel; Privatbesitz) gekauft, wo sie – im Wechsel mit ihrer Winterresidenz in Hyères/PAC – bis zu ihrem Tod wohnte (Besucher waren u. a. die Schriftstellerkollegen Sinclair Lewis und F. Scott Fitzgerald); Grab in Versailles.
[A] **Madame de Staël** (→ Paris), die vom 5 km n. gelegenen → Maffliers aus versucht hatte, Napoleon zum Aufheben des Paris-Banns zu bewegen, floh, als Verhaftung drohte, für einige Tage zu **Madame Récamier** (→ Lyon/RhA) nach S.-B., von wo sie weitere (erfolglose) Bittbriefe abschickte. – **Paul Éluard** (→ Saint-Denis) bewohnte nach dem 1. Wk. bis zum Umzug nach Eaubonne 1924 in S.-B. ein Haus, in dem er seine Künstlerfreunde (u. a. Picasso) empfing (Rue Chaussée, schlechter baulicher Zustand).

SAINT-CLOUD (Hauts-de-Seine)

† 1846 **Étienne Pivert de Senancour** (* Paris 1770); der Dichter des *Oberman* starb gelähmt und taub in einem Greisenasyl in S.-C.
[A] Das Schloß von S.-C. (1870 nach Beschuß ausgebrannt, später geschleift), ehemaliger Bischofssitz, war ab 1658 Besitz von ›Monsieur‹ (Philippe d'Orléans, Bruder Ludwigs XIV.), der 1671, in zweiter Ehe, **Liselotte von der Pfalz** (1652-1722) heiratete, die viele ihrer berühmten *Briefe* von hier schrieb. – **Sophie von La Roche** (1731-1807), die 1785 über zwei Monate in Paris verbrachte, besuchte auch das Schloß von S.-C.: »Es ist groß und natürlich angenehm, hat einen prächtigen, sanft sich erhebenden Wald, in welchem bald hie, bald da schöne Springbrunnen mit Statuen umgeben, bald vortreffliche Ruheplätze sind.« – **Heinrich Heine** (1797-1856) kam Anfang September 1834 nach S.-C., wo er sich mit der englischen Schriftstellerin und Übersetzerin Sarah Austin (1793-1867) traf (zweiter Besuch der Stadt Ende Oktober des gleichen Jahres). – Der belgische Dichter **Émile Verhaeren** (→ Anhang), der ab 1899 in Paris lebte, zog 1903 mit seiner Frau nach S.-C., zunächst an den Boulevard de Versailles Nr. 72, dann (end-

gültig) in die Rue de Montretout Nr. 5 (heute Rue Émile-Verhaeren), wo ihn **R. M. Rilke** am 22. 11. 1905 und 19. 11. 1913 (mit dem gemeinsamen Verleger Anton Kippenberg) besuchte. – Das amerikanische Ehepaar Murphy, reich und kunstinteressiert, besaß Mitte der 20er Jahre in S.-C. ein Haus (vormaliger Besitz des Komponisten Charles Gounod), in das sie u. a. **F. Scott Fitzgerald** (1896-1940) und **E. Hemingway** (1898-1961), **John Dos Passos** (1896-1970) und **Blaise Cendrars** (→ Anhang) einluden. – **J. Cocteau** (→ Maisons-Laffitte) hielt sich von Mitte Dezember 1928 bis April 1929 zu einer Entziehungskur in einer Klinik in S.-C. auf, wo er **Raymond Roussel** (1877-1933), Autor des Romans *Locus Solus* (1913, dt. 1968), traf; während dieser Zeit schrieb Cocteau *Opium. Journal d'une désintoxication* (1930, dt. *Opium. Ein Tagebuch*, 1966) und den Roman *Les Enfants terribles* (1929, dt. 1930, u. d. T. *Kinder der Nacht*, 1953); Besucher Cocteaus in der Klinik: **Julien Green** (*Tagebuch* vom 25. 3. 1929).

[L] Neben Paris ist S.-C. Schauplatz der Maigret-Krimis *La Tête d'un homme* (1931, dt. *Um eines Mannes Kopf*, 1948, u. d. T. *Maigret riskiert seine Stellung*, 1958, u. d. T. *Maigret kämpft um den Kopf eines Mannes*, 1979) und *Les Caves du ›Majestic‹* (1942, dt. *Maigret im Luxushotel*, 1962, u. d. T. *Maigret und die Keller des ›Majestic‹*, 1982) von **Georges Simenon**.

[R] Auf dem Friedhof von **Garches** (w. v. S.-C.) Grab des Philosophen **Henri Bergson** (→ Paris), der 1927 den Nobelpreis für Literatur erhalten hatte.

SAINT-CYR-L'ÉCOLE (Yvelines)

Théâtre Gérard-Philipe.

† 1719 **Madame de Maintenon** (* Niort/PCh 1635); die zweite Frau Ludwigs XIV., die in Rueil-Malmaison das Institut Saint-Louis gegründet hatte, eine Schule zur Erziehung von 250 Töchtern aus verarmten Adelsfamilien, fand schließlich 1686 in S.-C. eine Stätte für das Institut (Napoleon wandelte das Institut 1808 in eine nachmals berühmte Militärschule um, die bis Ende des 2. Wks. hier Bestand hatte; seitdem in der Bretagne); nach dem Tod des Königs (1715) zog sich Madame de Maintenon hierher zurück und starb hier; das Grab wurde in der Frz. Revolution geschändet, die Anlage ist heute Museum.

[A] **J. Racine** (→ La Ferté-Milon/Pi) schrieb eigens für die Schülerinnen von S.-C. die Stücke *Esther* (1689), das er vor Ort selbst einstudierte, und *Athalie* (1691). – **Sophie von La Roche** (1731-1807) besuchte die Anlage im Frühsommer 1785 und beschrieb sie ausführlich in ihrem *Journal einer Reise durch Frankreich* (1787, Nachdr. 1994). – **H. de Balzac** (→ Tours/C) war 1825 in S.-C. bei der Familie Carraud (→ Angoulême/PCh) zu Gast, die er bei seiner Schwester Laure Surville kennengelernt hatte; der Artillerieoffizier Carraud war Lehrer an der Militärschule.

[R] Schloß Ternay in **Fontenay-le-Fleury** (w. v. S.-C.) gehörte dem Theatermann **Sacha Guitry** (→ Anhang); dort feierte er seine vierte Eheschließung.

SAINT-CYR-SUR-MORIN (Seine-et-Marne) → COULOMMIERS [R]

SAINT-DENIS (Seine-Saint-Denis)

Bibliothèque municipale (Stadtbücherei; 230 Tsd. Bde.), Bibliothèque centrale de prêt (150 Tsd. Bde.). – Théâtre Gérard-Philipe.

In der Basilika u. a. die Gräber von **Charles d'Orléans** (→ Paris), **Franz I.** (→ Cognac/PCh) und **Heinrich IV.** (→ Pau/Aq).

* 1895 **Paul Éluard** (eigentlich Eugène Grindel) († Charenton 1952), Lyriker; aus Kleinbürgertum, 1912 an Tbc erkrankt, Aufenthalt in Davos (wo er Gala kennenlernte, die er 1917 heiratete und später an M. Ernst, dann an S. Dalí verlor); nach Erlebnis des 1. Wks. Pazifist; gründete mit A. Breton, Ph. Soupault und L. Aragon die surrealist. Bewegung; 1924

Paul Éluard

Weltreise; 1934 Eheschließung mit ›Nusch‹ (Maria Bentz, Tochter elsässischer Akrobaten), der er viele Liebesgedichte widmete; aktive Teilnahme an der Résistance, verfaßte zahlreiche Widerstandsgedichte, die ihn sehr populär machten; auch nach dem Krieg politisch aktiv; Freundschaft mit Malern (u. a. P. Picasso). – Geburtshaus gegenüber der Kirche Saint-Denis de l'Estrée, Boulevard Jules Guesde Nr. 46 (Gedenktafel); ständige Ausstellung zu Leben und Werk im [M] Musée d'art et d'histoire (Rue Gabriel Péri Nr. 22 *bis*); Büste vor dem Lycée Paul-Éluard. – W. u. a.: *Mourir de ne pas mourir* (1924), *Capitale de la douleur* (1926, dt. *Hauptstadt der Schmerzen*, 1959), *L'Amour de la poésie* (1929), *La Vie immédiate* (1932), *Les Yeux fertiles* (1936), *Cours naturel* (1938), *Le Livre ouvert* (I-II, 1940-42), *Poésie et vérité* (1942), *Poèmes politiques* (1948, dt. *Politische Gedichte*, 1949); *Ausgewählte Gedichte* (1963), *Œuvres complètes* (2 Bde. 1968).

[A] Der Philosoph und Theologe **Abaelard** (→ Le Pallet/PdL) trat 1119 in die Benediktinerabtei S.-D. unter dem Abt Suger ein, hielt Vorlesungen in einer Einsiedelei, die sich großen Zulaufs erfreuten, bis innerkirchliche Widersacher eine Internierung in Soissons/Pi erwirkten; nach seiner Rückkehr geriet Abaelard auch in S.-D. unter Druck und floh 1121 nach Provins. – Der **Kardinal de Retz** (→ Montmirail/ChA) hielt sich in seinen letzten Jahren häufig in der Abtei von S.-D. auf, wo er nach seinem Tod in Paris 1679 beigesetzt wurde (auf Geheiß Ludwigs XIV. unter einer inschriftlosen Platte). – Besucher von S.-D. war im Herbst 1763 der englische Romancier **Tobias Smollett** (1721-1771), der sich den Kirchenschatz besah, »der, zusammen mit den Gräbern in der Abteikirche, [ihm] einiges Vergnügen bereitete, während das Abendessen vorbereitet wurde« (*Travels through France and Italy*, 1766). – **Theodor Fontane** (1819-1898) besuchte die Kathedrale im Frühjahr 1871 und beschreibt sie in seinem Reisebericht *Aus den Tagen der Okkupation* (1871). – **Julien Green** (→ Paris) notierte nach einem Besuch der Kirche in sein *Tagebuch*: »In der Kirche Saint-Denis, um die Grabstätten wiederzusehen. In der Kälte und Dunkelheit der Krypta üben diese nebeneinanderliegenden Figuren eine außerordentliche Wirkung aus. [...]. An Saint-Denis hatte ich nur noch eine recht ungenaue Erinnerung, fast eine Kindheitserinnerung, ich mußte in diese Krypta zurückkommen, um mir dessen bewußt zu werden, daß sie eine der heiligsten Stätten der Welt ist.«

[L] Die Stadt des Jahres 1815 ist einer der Schauplätze des Romans *La Semaine sainte* (1958, dt. *Die Karwoche*, 1961) von **Louis Aragon**.

SAINT-FARGEAU-PONTHIERRY (Seine-et-Marne) → **CORBEIL-ESSONNES** [R]

SAINT-GERMAIN-EN-LAYE (Yvelines) Bibliothèque municipale (Stadtbücherei; 100 Tsd. Bde.). – Musée Maurice Denis (u. a. von symbolist. Malern illustrierte Bücher). – Théâtre Alexandre-Dumas.

* 1553 **Margarete von Valois (Marguerite de Valois)** († Paris 1615); Tochter des Königs Heinrich II. und der Katharina de Medici, heiratete 1572 den künftigen Heinrich IV. (→ Pau/Aq), Ehe 1599 geschieden; lebte nach einem Exil in der Auvergne (Carlat, Usson) wieder in Paris; verfaßte *Mémoires* (postum 1628); Titelheldin des Romans *La Reine Margot* (1845, dt. *Königin Margot*, 1846) von A. Dumas d. Ä.

[A] Die Königsresidenz sah viele Dichter in ihren Mauern: **F. de Malherbe** (→ Caen/BNo) hielt sich bereits zu Lebzeiten Heinrichs IV. wiederholt hier auf; seine Gunst stand jedoch am höchsten, als nach dem Tod des Monarchen dessen zweite Frau Maria de Medici die Regentschaft übernahm: Der Dichter schmeichelte ihr in seinen Gedichten und schrieb u. a. das Ballett *Les Fées des forêts de Saint-Germain*; **Molière** (→ Paris) hielt sich mit seiner Truppe von Ende 1666 bis Februar 1667 am Hof auf (wobei er die Stücke *Mélicerte*, *Pastorale comique* und *Sicilien ou l'Amour peintre* spielte) und wieder im Spätherbst 1671, als er vor Liselotte von der Pfalz, die soeben die zweite Frau von ›Monsieur‹ (Ludwigs XIV. Bruder) geworden war, *La Comtesse d'Escarbagnas* aufführte. **Liselotte von der Pfalz** (1652-1722) spricht in ihren *Briefen* auch vom Leben am Hof von S.-G. (»Es ist nicht, daß ich hier mehr spaziere oder stärker, als ich bei uns pflegte, aber die leute sein so lahm wie die gänse, und ohne den König, madame de Chevreuse und ich ist kein Seel, so zwanzig schritt tun kann ohne schwitzen und schnaufen.«) Von der Behandlung der pfälzischen Kurfürstentochter (›Madame‹) durch Ludwig XIV. berichtet **Madame de Sévigné** (→ Paris) im Brief vom 13. Januar 1672 an ihre Tochter: »In St. Germain ist allabendlich Ball, Komödie und Makerade. Um Madame zu unterhalten, gibt der König sich Mühe, wie für die andere niemals. Racine hat ein Stück geschrieben, das ›Bajazet‹ heißt und allem andern den Rang abläuft [...].« – **Voltaire** (→ Paris) hatte sich nach seiner heimlichen Rückkehr aus dem engl. Exil zunächst in Dieppe/HNo aufgehalten, bis er sich Mitte März 1729 unter falschem Namen (Monsieur Sanson) bei einem Perückenmacher in S.-G. (Rue des Recollets) einquartierte; Ende April erhielt er dann die Erlaubnis, nach Paris zu ziehen. – Während der Revolution wurde das Schloß zu einem Gefängnis umfunktioniert; einer der Insassen: **Rouget de Lisle** (→ Lons-le-Saunier/FC), der bis zum Sturz Robespierres inhaftiert war. – **G. de Nerval** (→ Paris) schreibt über Schloß und Stadt S.-G. in den *Promenades et souvenirs* (1853). – 1836 wurde im Pavillon Henri IV. auf der Schloßterrasse ein Hotel eingerichtet, wo u. a. **A. Dumas d. Ä.** (→ Villers-Cotterêts/Pi) an seinen Erfolgsromanen *Les Trois Mousquetaires* (1844) und *Le Comte de Monte-Cristo* (1844/45) schrieb, Leo Delibes das Ballett *Sylvia* (1876) und J. Offenbach die komische Oper *Die Tochter des Tambourmajors* (1879) komponierte; A. Dumas d. Ä. wohnte ab Mai 1844 in dem Hotel, später, gemeinsam mit seinem Sohn, in der Villa Medici in S.-G. und pachtete das örtliche Theater, um die Comédie Française (deren Mitglieder er bei sich einquartierte) dort auftreten zu lassen; nach der Rückkehr von einer gemeinsamen Spanienreise zog **Alexandre Dumas d. J.** (→ Paris) in das Hôtel du Cheval Blanc in S.-G. und schrieb hier den Roman *La Dame aux camélias*, den er später für die Bühne bearbeitete. – **Friedrich Hebbel** (1813-1863) kam im September 1843 mit dem Schiff von Hamburg nach Le Havre und von dort nach Paris, d. h., den Rat eines Bekannten befolgend, nach S.-G., wo sich Hebbel allerdings so langweilte, daß er nach zwei Wochen in die Hauptstadt selbst umzog. – **Alfred Döblin** (1878-1957), seit 1933 im Exil, verließ nach dem Kriegsausbruch im September 1939 Paris für einige Wochen (→ Avallon/Bu); nach seiner Rückkehr aus Burgund wohnte er bis zum Frühsommer 1940 in S.-G., Rue Diderot Nr. 19.

[L] Das Königsschloß ist Schauplatz in dem historischen Roman *Cinq-Mars* (1826, dt. 1829, zuletzt 1997) von **Alfred de Vigny** und in der Romanbiographie *Die Jugend des Königs Henri Quatre* (1935) von **Heinrich Mann**.

[R] Schloß **Les Loges** (3 km n. von S.-G.) ist ein ehemaliges Augustinerinnenkloster, in dem **La Rochefoucauld** (→ Paris) alljährlich in der Karwoche Exerzitien pflegte; das später von Napoleon erworbene Gut ist heute Pensionat für Töchter von Rittern der Ehrenlegion. – **Poissy** (6 km nw. v. S.-G.) ist einer der Schauplätze des Krimis *Félicie est là* (1944, dt. *Maigret und das Dienstmädchen*, 1967) von **G. Simenon**. – In **Carrières-sous-Poissy** (7 km nw. v. S.-G.) lebten 1896 **O. Mirbeau** (→ Trévières/BNo) und seine Frau Alice Regnault als Frischvermählte.

SAINT-GRATIEN (Val-d'Oise)

[A] Die Prinzessin Mathilde (1820-1904), Tochter von Napoleons jüngstem Bruder Jérôme, empfing während des 2. Kaiserreichs in ihrer Sommerresidenz (Avenue du château Nr. 16) Personen des Geisteslebens ihrer Zeit, unter ihnen **Sainte-Beuve** (→ Boulogne-sur-Mer/NPdC), **G. Flaubert** (→ Rouen/HNo), **Th. Gautier** (→ Tarbes/MPy) und die **Brüder Goncourt** (→ Nancy/Lo, → Paris), die das Anwesen in ihrem *Journal* (1887-96, dt. Teilübers. u. d. T. *Blitzlichter*, 1989) beschreiben: »Das Haus hat nichts von einem Palast, das Interieur nichts Fürstliches. Sein ganzer Luxus ist die Behaglichkeit. Große Räume angefüllt mit bequemen Möbeln, die sämtlich mit bemalter Leinwand aus Indien bespannt sind, und an den Wänden Körbchen mit Blumen. Nicht ein Kunstgegenstand. Der Salon läuft in einen gläsernen Vorbau aus, der den Blick auf einen sehr schönen Rasen und einen schier unendlichen Park freigibt.« (Grab Mathildes in der Kirche von S.-G., Rue de l'Église.)

SAINT-LEU-LA-FORÊT (Val-d'Oise) → SAINT-PRIX [R]

SAINT-MANDÉ (Val-de-Marne)

Auf dem Friedhof Grab der Geliebten V. Hugos **Juliette Drouet** (1806-1883, → Fougères/Br) und von deren Tochter (mit dem Bildhauer Pradier) Claire (1826-1846), beide Gräber mit Inschriften von V. Hugo; weiterhin Grab des Graphikers und Buchillustrators **Grandville** (1803-1847, → Nancy/Lo) sowie Grab von **Eugène-François Vidocq** (1775-1857, → Arras/NPdC), Vorbild für Romanfiguren bei Balzac und Hugo.

† 1910 **Jean Moréas** (* 1856 Athen); der symbolist. Lyriker, der eigentlich Iannis Papadiamantopulos hieß (Hauptwerk: *Les Cantilènes*, 1886), liegt auf dem Père Lachaise begraben.

[A] Der Dramatiker **Georges Courteline** (→ Tours/C) wohnte nach dem Tod seines Vaters 1895 mit seiner Mutter in dem Haus Rue Eugène-Ringuet Nr. 11.

SAINT-MARTIN-DU-TERTRE (Val-d'Oise) → ROYAUMONT [R]

SAINT-MAUR-DES-FOSSÉS (Val-de-Marne)

Théâtre municipal (Stadttheater).

* 1903 **Raymond Radiguet** († Paris 1923), Erzähler, Lyriker; Schule in S.-M., dann Lycée Charlemagne (1917 abgebrochen), Rückkehr nach S.-M., wo er an seinen beiden Romanen *Le Diable au corps* (1923, dt. *Der Teufel im Leib*, 1925) – autobiographisch: über die Liebe des 14jährigen zur zehn Jahre älteren Lehrerin in S.-M. – und *Le Bal du Comte d'Orgel* (1924, dt. *Das Fest*, 1925, u. d. T. *Der Ball des Comte d'Orgel*, 1953) schrieb; Freundschaft mit J. Cocteau; starb in Paris an Typhus. – Geburtshaus Avenue Gabriel-Péri Nr. 53 *bis* (Gedenktafel). – Weitere W.: *Les Joues en feu* (Ged. 1920); *Œuvres complètes* (2 Bde. 1959).

Raymond Radiguet

[A] **F. Rabelais** (→ La Devinière/C) war häufig in S.-M. bei seinem Gönner, dem Kardinal Jean du Bellay (→ Le Mans/PdL), der sich 1540 hier eine prächtige Residenz (in der Revolution zerstört) hatte bauen lassen; in einem Brief beschreibt Rabelais S.-M. als »Paradies der Gesundheit, der Anmut, der Heiterkeit, der Behaglichkeit, der Wonnen und aller rechtschaffenen Freuden an Feldarbeit und Landleben«; einer Legende zufolge soll der Dichter in der sogen. Tour Rabelais gewohnt haben (wahrscheinlicher jedoch im Schloß). – Der Humanist **Budaeus** (1468-1540), Gräzist und Ratgeber des Königs Franz I., wohnte in der Rue du Four Nr. 36, in einem Haus, das zum Kloster Sacré-Cœur gehörte. – **Sainte-Beuve** (→ Boulogne-sur-Mer/NPdC) schrieb zwei seiner Gedichte aus der Sammlung *Les Consolations* (1830) im August 1829 in S.-M. – **A. Dumas d. Ä.** (→ Villers-Cotterêts/Pi) war ein häufiger Gast in den Wirtshäusern an der Marne, so im Père-la-Ruine, wo er zeitweise sogar wohnte (hier auch häufig **H. Murger** mit seiner Geliebten Anaïs Boyer). – Im Haus Quai du Parc Nr. 86-88, das dem reichen Polen Abakanowicz gehörte, soll **Henryk Sienkiewicz** (1846-1916) seinen weltberühmten Roman *Quo vadis?* (1896) geschrieben haben.

SAINT-OUEN (Seine-Saint-Denis)

Der österreichische Dramatiker **Ödön von Horváth** (1901-1938), von einem herabstürzenden Ast auf den Champs-Élysées erschlagen, war zunächst auf dem Friedhof von S.-O. begraben worden, bevor man die sterblichen Überreste 1988 auf den Heiligenstädter Friedhof in Wien überführte.

[A] **Molière** (→ Paris), der zehnjährig seine Mutter verloren hatte, verbrachte viel Zeit bei deren Vater, seinem Großvater Louis Cressé, der in S.-O. ein Haus besaß (und den Jungen mit dem Theatervirus infiziert haben soll). – Germaine Necker, später: **Madame de Staël** (→ Paris), verbrachte den Sommer 1779 zur Stabilisierung ihrer schwachen Gesundheit in S.-O., wo ihre Eltern ein Landhaus besaßen; dorthin zog die Familie von Paris im Mai 1781, nachdem ihr Vater als Finanzminister Ludwigs XVI. entlassen worden war. – Im April 1797 bezog der **Marquis de Sade** (→ Paris) das Haus Place de la Liberté Nr. 9, das er im Herbst des Vorjahres mit seiner Lebensgefährtin Madame Quesnet erworben hatte; das Paar wohnte bis September 1798 hier; ab April 1800 bis zu seiner Verhaftung im März 1801 (und seiner Einweisung in das Staatsgefängnis Sainte-Pélagie) wohnte de Sade erneut hier.

[L] Der Friedhof von S.-O. ist Schauplatz des letzten Kapitels in dem Roman *L'Œuvre* (1886, dt. 1886, u. d. T. *Das Werk*, 1923) von **Émile Zola**.

SAINT-PRIX (Val-d'Oise)

[A] Adèle Hugo, Frau von **Victor Hugo** (→ Besançon/FC), verbrachte in S.-P. den Sommer 1840 gemeinsam mit ihrem Vater und den Töchtern (die Söhne blieben in Paris); auch den Sommer 1841 verbrachte sie in der Villa La Terrasse, den nächsten Sommer in der Villa Pavillon; der Dichter kam mehrfach auf Besuch.

[R] **Saint-Leu-la-Forêt** (2 km w. v. S.-P.) und sein Wald zählen zu den Schauplätzen der Novelle *Une double famille* (1830, dt. *Eine doppelte Familie*) von **Honoré de Balzac**.

SAINTE-GENEVIÈVE-DES-BOIS (Essonne) → **MONTLHÉRY** [R]
SAINTS (Seine-et-Marne) → **MAUPERTHUIS** [R]
SAMOIS-SUR-SEINE (Seine-et-Marne) → **VULAINES-SUR-SEINE** [R]
SAMOREAU (Seine-et-Marne) → **VULAINES-SUR-SEINE** [R]
SANNOIS (Val-d'Oise) → **ARGENTEUIL** [R]
SARTROUVILLE (Yvelines) → **ARGENTEUIL** [R]
SAULX-LES-CHARTREUX (Essonne) → **PALAISEAU** [R]

SCEAUX (Hauts-de-Seine)

Bibliothèque municipale (Stadtbücherei; 80 Tsd. Bde.). – Les Gémeaux (Staatl. Bühne Sceaux/Bourg-la-Reine).

Zur Einweihung von Schloß und Park (1677) wurde in Gegenwart Ludwigs XIV. *Phèdre* von Jean Racine aufgeführt; 1685 Empfang für den König und Madame de Maintenon mit der *Idylle sur la paix* (Text: J. Racine, Musik: Lulli).

† 1794 **Jean Pierre Claris de Florian** (* Sauve/LR 1755); Voltaire hatte den 13jährigen weitläufigen Verwandten als Pagen an den Herzog von Penthièvre, Enkel Ludwigs XIV. und Schloßherr von S., empfohlen; Schloßbibliothekar und 1789-92 Kommandant der Nationalgarde in S.; Florian wohnte zeitweise im Pavillon de la Ménagerie (abgebrochen); von einer Haft gesundheitlich zerrüttet, starb er kurz nach seiner Freilassung (Sterbehaus Ecke Rue des Écoles/Rue Florian, Gedenktafel); Grab (mit Büste) auf dem Kirchhof von S., dem ›Jardin des Félibres‹ an der Kirche Saint-Jean-Baptiste, wohin alljährlich an einem Junisonntag die heutigen Félibres (neuprovenzalischen Dichter) pilgern (Büsten u. a. von F. Mistral, Th. Aubanel, P. Arène).

[A] **Voltaire** (→ Paris), der 1747 aus → Fontainebleau fliehen mußte, fand Aufnahme bei der Schloßherrin von S., der Herzogin von Maine; hier wohnte er mehrere Monate und schrieb seine Erzählung *Zadig* (1748), die er vor der Veröffentlichung im Schloß vortrug. – **J. Giraudoux** (→ Bellac/Li) besuchte 1900 bis 1902 das berühmte Lycée Lakanal von S. – **Alain-Fournier** (→ La Chapelle-d'Angillon/C) war von 1903 bis 1906 hier Schüler (Schloß und Park lieferten ihm Züge für das Schloß in *Le Grand Meaulnes*); hier lernte der Dichter **J. Rivière** (→ Bordeaux/Aq) kennen, der 1909 Alain-Fourniers Schwester heiratete.

[L] Im Jardin de la Ménagerie (Hinweistafel am Eingang von der Rue Houdan) fanden Tanzvergnügungen statt, die **H. de Balzac** in seiner Novelle *Le Bal de Sceaux* (1830/35/42) beschreibt: »Inmitten eines Gartens mit reizenden Ausblicken befindet sich eine nach allen Seiten offene große Rotunde, deren Kuppel, ebenso leicht wie riesig, von eleganten Pfeilern

Sceaux: Florian-Büste im Jardin des Félibres

getragen wird. Dieser ländliche Baldachin beschirmt einen Tanzboden. Auch die zugeknöpftesten Grundbesitzer der Nachbarschaft lassen selten eine Saison vorübergehen, ohne ein- oder zweimal zu diesem Palast der ländlichen Terpsichore zu wallen [...].«

SEINE-PORT (Seine-et-Marne) → **CORBEIL-ESSONNES** [R]

SÈVRES (Hauts-de-Seine)

Bibliothèque municipale (Stadtbücherei; 77 Tsd. Bde.).

† 1889 **Jules Champfleury** (* Laon/Pi 1821); der Romancier und Kritiker war ab 1872 Konservator, ab 1887 Direktor des Museums der Staatlichen Porzellanmanufaktur; Grab auf dem Friedhof.

[A] **Sophie von La Roche** (1731-1807), 1785 auf großer Frankreichfahrt, besuchte in S. die Königl. Porzellanfabrik (Beschreibung in *Journal einer Reise durch Frankreich*, 1787). – **H. de Balzac** (→ Tours/C) erwarb im September 1837 das Gut [M] Les Jardies (Avenue Gambetta Nr. 14) und ließ sich im Folgejahr hier nieder; bis zum Sommer 1839 kaufte er hier siebzehn Grundstücke, zwei Häuser und ließ ein drittes bauen, um eine Ananasplantage zu errichten; im Herbst 1840 mußte wegen der immensen Schulden das Anwesen zwangsversteigert werden, und Balzac, der hier u. a. **V. Hugo** (→ Besançon/FC) empfangen hatte, zog nach Paris (Passy); in dem Haus wohnte auch der Maler Corot und starb 1882 der Politiker Gambetta; im Roman *Mémoires de deux jeunes mariées* (1841/42, dt. *Erinnerungen zweier junger Ehefrauen*) macht Balzac Les Jardies zum Wohnsitz einer der beiden Titelheldinnen: »Vor zwei Jahren habe ich oberhalb der Teiche von Ville-d'Avray, an der Straße nach Versailles, etwa zwanzig Morgen Wiese, eine Waldlichtung und einen schönen Obstgarten kaufen lassen. Im hinteren Teil der Wiesen wurde der Boden ausgeschachtet und ein Teich von etwa drei Morgen angelegt, in dessen Mitte eine reizend ausgebuchtete Insel stehengeblieben ist. Die beiden hübschen bewaldeten Hügel, die das enge Tal umschließen, bergen liebliche Quellen, die in meinen Park fließen, wo mein Architekt sie geschickt verteilt hat. [...] Mein Chalet ist inmitten einer Landschaft errichtet, die dem sogenannten Garten des Königs in Versailles nachgebildet ist, aber ich blicke auf meinen Teich und meine Insel.« (Kap. XLVIII.)

SUCY-EN-BRIE (Val-de-Marne)

[A] **Madame de Sévigné** (→ Paris) verbrachte als Mädchen (bis zu ihrer Heirat 1644) häufig den Sommer auf Schloß Montaleau (jetzt Rathaus) bei ihrem Onkel Coulanges. – Auf Schloß Grand-Val weilte wiederholt; D. Diderot (→ Langres/ChA) und schrieb von hier einige seiner *Briefe an Sophie* (dt. zuletzt 1989); den Tagesablauf auf dem Schloß schildert er in dem Brief vom 1. Oktober 1759; das Schloß gehörte Madame d'Aine, der Schwiegermutter des aus dem pfälzischen Edesheim stammenden **Paul Thiry von Holbach** (→ Paris); im Sommer hielt sich wiederholt **Ferdinando Galiani** (1728-1787), Freund der Aufklärer und Briefpartner der Madame d'Épinay, auf Schloß Grand-Val auf.

SURESNES (Hauts-de-Seine)

Auf dem Friedhof Grab von Balzacs Schwester Laure Surville (1800-1871).

[A] **Madame de Staël** (→ Paris) kam oft in das Schloß von S. – **Eugène Sue** (→ Paris) besuchte seine Großeltern in S., die ein Haus an der Place Eugène-Sue hatten (abgerissen). – Der Engländer **Aldous Huxley** (1894-1963) bezog mit seiner Frau im Oktober 1928 ein Haus in S. (Rue du Bac Nr. 3), das ihm für die nächsten anderthalb Jahre Lebensmittelpunkt war.

THIAIS (Val-de-Marne)

Théâtre municipal (Stadttheater).

Auf dem Friedhof die Gräber des Erzählers **Joseph Roth** (1894-1939), der als Emigrant aus Nazi-Deutschland im Hôpital Necker (Rue de

Sèvres) in Paris an den Folgen seines Alkoholismus' gestorben war, und des Lyrikers **Paul Celan** (1920-1970), der seit 1948 in Paris lebte und im April 1970 den Tod in der Seine gesucht hatte.

THOMERY (Seine-et-Marne) → **AVON** R
LE TREMBLAY-SUR-MAULDRE (Yvelines) → **MONTFORT-L'AMAURY** R

TRIEL-SUR-SEINE (Yvelines)

† 1901 **Paul Alexis** (* Aix-en-Provence/PAC 1847); der naturalist. Erzähler und Dramatiker hat sein Grab auf dem Friedhof von T.

A Im Ortsteil Cheverchemont mietete **É. Zola** (→ Paris) in der Rue du Général-Leclerc Nr. 64 für seine Geliebte Jeanne Rozerot nebst den beiden der Beziehung entstammenden Kindern eine Wohnung; das Haus mit seiner ›zweiten Familie‹ konnte Zola mit dem Fernglas von seinem Heim in → Médan sehen. – **Octave Mirbeau** (→ Trévières/BNo) hatte sich 1909 in Cheverchemont eine Villa bauen lassen, in der viele Bilder seiner impressionist. Malerfreunde – u. a. Monet, Cézanne, Pissarro, Sisley –, für die er sich eingesetzt hatte, hingen; nach seinem Tod vermachte seine Witwe die Villa der Lit. Gesellschaft, mit dem Zweck, ein Altenheim für Schriftsteller zu gründen.

LE TRONCHET (Schloß) (Essonne) → **ÉTAMPES** R
LA TROUSSE (Schloß) (Seine-et-Marne) → **MEAUX** R
LA VALLÉE-AUX-LOUPS (Hauts-de-Seine) → **CHÂTENAY-MALABRY**

VALMONDOIS (Val-d'Oise)

† 1966 **Georges Duhamel** (* Paris 1884); der Autor und Arzt starb in seinem Haus in V. (wo er u. a. Julien Green empfangen hatte, vgl. dessen *Tagebuch* vom 1. 5. 1925); Grab auf dem Friedhof.

A **J. de La Fontaine** (→ Château-Thierry/Pi), der einige Zeit in V. lebte, soll vom Müller des Dorfes zu der Fabel *Le Meunier, son fils et l'âne* (dt. *Der Müller, sein Sohn und der Esel*) angeregt worden sein.

VALVINS (Seine-et-Marne) → **VULAINES-SUR-SEINE**
VANVES (Hauts-de-Seine) → **ISSY-LES-MOULINEAUX** R

VAUX-LE-VICOMTE (Schloß) (Seine-et-Marne)

A **Molière** (→ Paris) führte am 17. August 1661 zur Einweihungsfeier des Schlosses in Gegenwart Ludwigs XIV. und des Hofes seine Ballett-Komödie *Les Fâcheux* (dt. *Die Lästigen*) auf; der Hausherr, Finanzminister Fouquet, verletzte durch den Prunk der Feierlichkeiten den Stolz des Königs, wurde kaum drei Wochen später verhaftet (von Hauptmann d'Artagnan, Romanfigur in den *Trois Mousquetaires* von A. Dumas d. Ä.) und zu lebenslangem Kerker verurteilt. – Nach dem Sturz Fouquets schrieb **J. de La Fontaine** (→ Château-Thierry/Pi), sein Berater und Hauspoet, die Elegie »Aux nymphes de Vaux« (1662). – Auch **Madame de Sévigné** (→ Paris) war mit Fouquet befreundet und hatte an der bombastischen Einweihungsfeier teilgenommen. – 1719 kam **Voltaire** (→ Paris) mehrmals auf das Schloß wegen einer Schwärmerei für die Gattin des Schloßherrn, des Marschall-Herzogs von Villars.

VÉMARS (Val-d'Oise)

A **F. Mauriac** (→ Bordeaux/Aq) besaß in V. das Château de la Motte (Rue Léon-Bouchard Nr. 5), das sein Urgroßvater Auguste Bouchard wiederaufgebaut hatte; M Museum zu Leben und Werk des Nobelpreisträgers; Grab auf dem Friedhof.

VERRIÈRES-LE-BUISSON (Essonne)

* 1902 **Louise Levêque de Vilmorin** († ebda. 1969), Erzählerin, Lyrikerin; verheiratet mit Graf Palffy, lebte ab 1935 auf dem Schloß (Rue d'Estienne-d'Orves Nr. 4), das sich seit Beginn des 19. Jhs. im Besitz der Familie befand und wo sie einen

Versailles: Parkseite des Schlosses

berühmten Salon unterhielt; verfaßte erfolgreiche Romane und Erzählungen. – Grab im Schloßpark. – W. u. a. *La Fin des Villavide* (R. 1937), *Fiançailles pour rire* (Ged. 1939), *Madame de ...* (R. 1951, dt. 1953), *Julietta* (R. 1951, dt. 1953), *Les belles amours* (1954, dt. 1955), *La Lettre dans un taxi* (R. 1958), *Le Violon* (R. 1960), *Carnets* (1970).

[A] Zu den Freunden und Besuchern Louise de Vilmorins zählten u. a. **A. de Saint-Exupéry** (→ Lyon/RhA), **J. Cocteau** (→ Maisons-Laffitte), der hier im Sommer 1946 *La Difficulté d'être* (1947, dt. *Die Schwierigkeit, zu sein*, 1958) schrieb, und **A. Malraux** (→ Paris), der nach dem Tod seiner Söhne und der Trennung von seiner zweiten Frau zeitweise hier lebte und arbeitete. (Das Grab Malraux', bis November 1996 auf dem Friedhof von V., befindet sich seitdem im Panthéon in Paris.)

VERSAILLES (Yvelines)

Université de Versailles Saint-Quentin-en-Yvelines. – Bibliothèque municipale (Stadtbücherei; 740 Tsd. Bde., 3600 Hs., 330 Ink.), Bibliothèque départementale de prêt des Yvelines (132 Tsd. Bde.). – Théâtre Montansier, Théâtre de l'Octroi.

V. ist Geburtsort der mütterlichen Geliebten H. de Balzacs Laure de Berny (1777-1836); auf dem Cimetière des Gonards Grab der amerikanischen Schriftstellerin **Edith Wharton** (→ Saint-Brice-sous-Forêt); auf dem Cimetière Saint-Louis Grab von **Jean Tharaud** (→ Saint-Junien/Li).

* 1675 **Louis de Rouvroy, Duc de Saint-Simon** († Paris 1755); Offizier, ab 1691 am Hof Ludwigs XIV. (auch in diplomatischen Missionen tätig); verfaßte zwischen 1694 und 1752 die kulturgeschichtlich interessanten *Mémoires* (hrsg. 1829/30, dt. in Ausz. 1789, vollständig 3 Bde. 1913-17, zuletzt 4 Bde. 1977) über das Leben am Hof. – Weitere W.: *Œuvres complètes* (1964).

† 1696 **Jean de La Bruyère** (* Paris 1645); der Autor wohnte in V. im Stadtschloß des Prinzen von Condé (Rue des Réservoirs Nr. 22), dessen Erzieher er 1684-86 gewesen war, schrieb hier sein Hauptwerk *Les Caractères de Théophraste, traduits du*

grec, avec les Caractères ou les mœurs de ce siècle (1688, dt. *Die Caractere Theophrasts und de La Bruyères*, 1754) und starb in dem Haus; Grab in Alt-Notre-Dame.

† 1915 **Stuart Merrill** (* 1863 Hempstead/New York); der in Frankreich aufgewachsene Lyriker, der seine symbolist. Gedichte auf frz. schrieb (u. a. *Les Gammes*, 1891, *Les quatre saisons*, 1900), wohnte und starb am Boulevard du Roi Nr. 22 (Inschrift).

[A] Zahlreiche *Briefe* aus V. schrieb **Liselotte von der Pfalz** (1652-1722), die als Gemahlin des königlichen Bruders eine der ersten Damen am Hof war. – **Jean-Baptiste Massillon** (→ Hyères/PAC), der durch seine Rednergabe auf sich aufmerksam gemacht hatte, wurde als Prediger für die Adventszeit 1699 sowie für die Fastenzeit 1701 und 1704 an den königl. Hof nach V. geholt und schließlich zum offiziellen Hofprediger ernannt. – **Voltaire** (→ Paris) hielt sich oft am Hof in V. auf; immerhin hatte er in Madame Pompadour, der Mätresse des Königs, eine einflußreiche Fürsprecherin und war ab 1745 Hofhistoriograph. – Der italienische Komödiendichter **Carlo Goldoni** (1707-1793), der 1762 nach Paris gekommen war, erteilte nach 1765 am Hof der Könige Ludwig XV. und Ludwig XVI. Sprachunterricht und erhielt eine Wohnung im Schloß V. – **Sophie von La Roche** (1731-1807), die im ersten Halbjahr 1785 insgesamt über zwei Monate in Paris verbrachte, besuchte während dieses Aufenthalts wiederholt V., wo das befreundete Ehepaar Pfeffel wohnte (Beschreibung im *Journal einer Reise durch Frankreich*, 1787). – Der Lyriker **A. Chénier** (→ Anhang) zog sich 1793 von Paris in das ruhigere V. zurück und wohnte in der Rue de Satory Nr. 69. – **Johann Gottfried Seume** (1763-1810) schloß an seine Italienwanderung 1802 eine Reise nach Paris an, von wo er zweimal V. besuchte: »In Paris sah man alles unentgeltlich, und überall war zuvorkommende Gefälligkeit: in Versailles war durchaus eine Begehrlichkeit, die gegen die Pariser Humanität sehr unangenehm abstach. Ich zahlte einem Lohnlakey für zwey Stunden einen kleinen Thaler; darüber murrte er und verlangte mehr. Ich gab dem Mann in den ehemaligen Zimmern des Königs dreyßig Sols; dafür war er nicht höflich. Alles war theurer und schlechter, und alle Gesichter waren mürrischer. Das scheint mir nun so die eingewurzelte Natur des alten Hofwesens zu seyn.« (*Spaziergang nach Syrakus im Jahre 1802*, 1803.) – **Honoré de Balzac** (→ Tours/C) kam häufig nach V., wo seit 1825 seine Eltern (Ecke Rue Maurepas/Rue de la Paroisse) und auch seine Schwester Laure Surville mit Mann wohnte; bei den Survilles machte er die Bekanntschaft der Generalswitwe Laure d'Abrantès (1784-1838), mit der ihn ab dem Herbst 1825 eine Liebschaft verband (Madame d'Abrantès wohnte in V. in einem Gartenhaus in der Rue de Montreuil). – **A. de Tocqueville** (→ Paris) wurde 1827 zum Hilfsrichter in V. ernannt. – **Heinrich Heine** (1797-1856) unternahm Anfang September 1834 eine Reise nach V. – Der Österreicher **Franz Grillparzer** (1791-1872) lebte von März bis Juni 1836 in Paris und besuchte natürlich auch das Schloß von V.: »Das Schloß präsentiert sich von der Stadtseite nicht gut. Ineinandergeschachtelte Gebäude, widerlich bemalt, an die man vorn einige griechische Dinge angebaut hat. In den Garten. Dahinaus geht die Hauptfassade. Prächtig, ungeheuer. Doch verliert der Eindruck dadurch, daß das Mittelgebäude zu weit vorragt und dadurch die zurückweichenden Flügel dem Betrachter verkürzt. Das Schloß von Schönbrunn präsentiert sich, bei aller Albernheit seines Baustiles, besser. Ebenso die Hauptansicht des Gartens.« – »Wenn sich der Deutsche in Paris historisch orientieren will, so fährt er nach Versailles, um der letzten Königsgeschichte Frankreichs still und einsam und Aug' in Auge gegenüber zu sein«, so **Heinrich Laube** (1806-

1884) in seinen *Französischen Lustschlössern* (1840), in denen er Schloß und Park ausgiebig beschreibt. – **G. Flaubert** (→ Rouen/HNo) besuchte im Sommer 1840, nach bestandenem Abitur und vor seiner Pyrenäenreise, in V. seinen ehemaligen Lehrer Henry Gourgaud-Dugazon (weitere Besuche als Student). – **Friedrich Hebbel** (1813-1863), seit Mitte September 1843 in der französischen Hauptstadt, berichtet in einem Brief von der Wirkung des Schlosses auf ihn: »Es ist ein erdrückender Eindruck. Das Ganze läßt sich nicht bewältigen und vor dem Einzelnen kann man nicht verweilen, man hat keine Ruhe, einem solchen Reichtum gegenüber. Man würde sich nicht wundern, zur Abwechselung auch einmal einen der Säle mit Goldstücken gepflastert zu finden, man würde sich gewiß keinen Augenblick bedenken, darauf zu treten.« – **E. Renan** (→ Tréguier/Br), der bereits 1849 in V. gewohnt hatte (Rue de Satory Nr. 1), ließ sich im Frühjahr 1871 in der Rue Mademoiselle Nr. 22 nieder, wo er (von langen Reisen unterbrochen) bis zum Ende des Jahrzehnts lebte und u. a. die *Dialogues philosophiques* (1876) schrieb. – Der Amerikaner **Mark Twain** (1835-1910), 1867 Besucher von Schloß und Park, verlieh seiner Begeisterung in dem Reisebuch *The Innocents Abroad* (1869, dt. *Die Arglosen auf Reisen*, 1875) Ausdruck: »Ich schimpfte immer über Ludwig XIV., weil er zweihundert Millionen Dollar ausgab, um diesen wundervollen Park entstehen zu lassen, als bei manchen seiner Untertanen ein solcher Mangel an Brot herrschte, aber jetzt habe ich ihm verziehen.« – **J. Michelet** (→ Paris) kam oft von Paris nach V. (Mitte Juni 1869 für eine Woche). – **Marcel Proust** (→ Paris) hielt sich häufig in V. auf, zu einem kurzen Besuch Ende Mai 1894, als sein Freund Robert de Montesquiou ein Fest gab (worüber Proust in *Le Gaulois* berichtete: *Ein literarisches Fest in Versailles*), zu einem fast fünfmonatigen Aufenthalt von Anfang August bis Ende Dezember 1906 im Hôtel des Réservoires, wo er auch Ende September 1908 nochmals wohnte. Robert de Montesquiou (1855-1921), der sowohl Prousts Baron Charlus in der *Recherche* als auch Huysmans' Des Esseintes in *À rebours* Züge lieh und in V. in der Avenue de Paris Nr. 53 (ehemaliges Hôtel de Feutre) wohnte (Grab auf dem Cimetière des Gonards), lud zu seinen rauschenden Festen u. a. **A. France** (→ Paris), **H. de Régnier** (→ Honfleur/BNo), **M. Barrès** (→ Charmes/Lo), **Anna de Noailles** (→ Paris) und die Schauspielerin **Sarah Bernhardt** (1844-1923). – Am 8. 4. 1906 besuchte **Rainer Maria Rilke** (1875-1926) in V. den befreundeten Maler und Kunsthistoriker Alexander Benois; dem Schloßpark widmete Rilke das Gedicht *Die Treppe der Orangerie*. – Ende März 1907 kam die Amerikanerin **Edith Wharton** (1862-1937) nach V. (Erwähnung in dem Reisebuch *Frankreichfahrt*, 1997). – **Emmanuel Bove** (→ Paris) wohnte 1917 für einige Zeit in V. bei Mutter und Bruder und hielt sich durch Gelegenheitsarbeiten (u. a. Portier im Hôtel Suisse) über Wasser. – Häufiger Besucher von Stadt und Schloß war **Julien Green** (→ Paris), der in seinen *Tagebüchern* davon spricht: »Wie sollte man, sagte ich mir und dachte an Ludwig XIV., keinen Krieg führen, wenn man ein solches Schloß bewohnt? Es ist nicht die Behausung eines Bürgers (wie es die Tuilerien unter Louis-Philippe gewesen sein müssen). Um sein Prestige zu behaupten und sich all der Säulen und Spiegel würdig zu erweisen (*to live up to one's china*, wie Wilde sagte), muß man die Nachbarstaaten unterwerfen. Barbarische Zeit!« (25. 5. 1932) – **J. Cocteau** (→ Maisons-Laffitte) quartierte sich einige Male in Hotels in V. ein, um hier zu arbeiten (so 1925 im Hôtel des Réservoirs, 1939 im Hôtel du Parc). – **Egon Erwin Kisch** (1885-1948), der ›rasende Reporter‹, der seit 1933 in Paris im Exil lebte, zog im Februar nach V. um, weil dort das Leben billiger war.

[L] V. ist Schauplatz des Krimis *La Maison du juge* (1942, dt. *Maigret im Haus des Richters*, 1991) von **Georges Simenon.**

LE VÉSINET (Yvelines)
* 1892 **Emmanuel Berl** († Paris 1976), Erzähler; Sohn aus wohlhabendem, jüdischen Elternhaus, weitläufige Verwandtschaft mit M. Proust und H. Bergson; verkehrte frühzeitig in Intellektuellenkreisen, gründete Zeitschriften; befreundet mit Breton, Aragon, Colette, Malraux, Cocteau. – W. u. a. *La Route N° 10* (Erz. 1927), *Sylvia* (Erz. 1952, dt. *Sylvia*, 1991, in: E. B. *Geisterbeschwörung*), *La France irréelle* (Essay 1957), *Rachel et autres grâces* (Erz. 1965, dt. *Rachel und andere Gnaden*, 1991, in: E. B. *Geisterbeschwörung*).
† 1951 **Alain** (eigentlich Émile Chartier) (* Mortagne-au-Perche/BNo 1868); das Arbeitszimmer der letzten Wohnung (Avenue Émile-Thiébault Nr. 75) des Philosophen in Le V., wo er seit Herbst 1917 wohnte und arbeitete, wurde in das Musée Alain in Mortagne-au-Perche/BNo gebracht; Grab auf dem Père-Lachaise in Paris.
[A] **Guillaume Apollinaire** (→ Anhang) hatte bis 1907 seinen festen Wohnsitz bei seiner Mutter, die 1904 mit ihrem Lebensgefährten Jules Weil in das Haus Boulevard Carnot Nr. 8 gezogen war. – In der gleichen Straße befand sich die elterliche Wohnung von **Julien Green** (→ Paris), der hier einen Teil seiner Kindheit und Jugend verbrachte (Besucher dort u. a. der englische Schriftsteller **Arnold Bennett**, vgl. *Tagebuch* Greens vom 5. 6. 1932). – **Kurt Tucholsky** (1890-1935), als Korrespondent der *Weltbühne* und der *Vossischen Zeitung* seit Frühjahr 1924 in Paris, zog 1925 nach Le V., wo er mit seiner Frau Mary Gerold das Haus Avenue des Pages Nr. 28 bewohnte; hier besuchten ihn u. a. **Walter Hasenclever** (1890-1940) und **Friedrich Sieburg** (1893-1964); weil ihn das Hundegebell störte, siedelte Tucholsky im Oktober 1926 nach → Fontainebleau über. – Anfang des Jahres 1953 hielt sich **Henry Miller** (1891-1980) für kurze Zeit in Le V. auf.

VIGNY (Val-d'Oise) → **MEULAN** [R]

VILLE-D'AVRAY (Hauts-de-Seine)
Bibliothèque municipale (Stadtbücherei; 52 Tsd. Bde.).
* 1816 **Joseph-Arthur de Gobineau** († Turin 1882), Diplomat, Schriftsteller; im diplomatischen Dienst in Deutschland, Persien, Griechenland tätig; vertrat in seinem *Essai sur l'inégalité des races* (1853/55, dt. *Versuch über die Ungleichheit der Menschenrassen*, 1898-1901) einen elitären Rassekult, der u. a. Wagner, Nietzsche und die Faschisten beeinflußte, und in dem Roman *Les Pléiades* (1874, dt. *Das Siebengestirn*, 1909, u. d. T. *Die Plejaden*, 1964) umgesetzt wird. – Weitere W.: *La Renaissance, scènes historiques* (1877, dt. *Die Renaissance. Historische Szenen*, 1896); *Œuvres* (3 Bde. 1983 f.).
* 1920 **Boris Vian** († Paris 1959), Schriftsteller, Schauspieler, Jazzmusiker; Kindheit und Jugend in V. (Villa Les Fauvettes, Rue Pradier); Ingenieurstudium; befreundet mit R. Queneau und J.-P. Sartre (später Bruch); einer der Protagonisten der Künstlerszene in Saint-Germain-des-Prés. – Geburtshaus Rue de Versailles Nr. 41, Grab auf dem Friedhof (Grabstein ohne Inschrift). – W. u. a.: *J'irai cracher sur vos tombes* (R. 1946, Dr. 1948), *L'Écume des jours* (R. 1947, dt. u. d. T. *Chloé*, 1964, u. d. T. *Die Gischt der Tage*, 1977, u. d. T. *Der Schaum der Tage*, 1979), *L'Automne à Pékin* (R. 1947, dt. *Herbst in Peking*, 1965), *Les Fourmis* (Erz. 1949, dt. *Die Ameisen*, 1968), *L'Arrache-cœur* (R. 1953, dt. *Der Herzausreißer*, 1966), *Les Bâtisseurs d'empire ou le Schmürz* (Dr. 1960, dt. *Die Reichsgründer oder Das Schmürz*, 1961).
† 1968 **Maurice Rostand** (* Paris 1891); der Sohn von Edmond Rostand hatte (teilweise in Zusammenarbeit mit seiner Mut-

ter Rosemonde Gérard) zahlreiche Versdramen im Stil seines Vaters geschrieben; Sterbehaus Rue Pradier Nr. 29 (Gedenktafel, s. u.), Grab auf dem Cimetière de Passy in Paris (dort auch Grab der Mutter).
† 1977 **Jean Rostand** (* Paris 1894); der Naturwissenschaftler und Pazifist, Mitglied der Académie Française, Sohn von E. Rostand und Bruder von M. Rostand (s. o.), hatte das Haus Rue Pradier Nr. 29 (Gedenktafel) 1923 gekauft und wohnte hier bis zu seinem Tod (eine Vorbesitzerin: Madame Valtesse de la Bigne, s. u.); 1953, nach dem Tod der Mutter, nahm Jean seinen älteren Bruder Maurice (s. o.) auf; Grab auf dem Friedhof.
[A] **H. de Balzac** (→ Tours/C) kam erstmals 1831 nach V., als ihn Olympe Pélissier (1799-1878), die den Sommer im Schloß von V. verbrachte, einlud (Balzac hatte im Jahr zuvor eine kurzfristige Liaison mit O. Pélissier, die später die Geliebte E. Sues war und 1846 den Komponisten G. Rossini heiratete); ab 1839 bewohnte Balzac das Gut Les Jardies, damals zu V.-d'A. gehörend, heute zu → Sèvres. – In V.-d'A. lernte **A. Daudet** (→ Nîmes/LR) die Journalistin und Erzählerin Julia Allard (Pseudonym Karl Stern) kennen, die er 1867 in der Kirche Saint-Sacrement in Paris heiratete. – Madame Valtesse de la Bigne lud zahlreiche Künstler in ihren Salon Rue Pradier Nr. 29; neben E. Manet, der sie porträtierte, auch **É. Zola** (→ Paris), der ihr Schlafzimmer in seinem Roman *Nana* (1880, dt. 1881) beschrieb.

VILLEJUIF (Val-de-Marne) → **BOURG-LA-REINE**
VILLEMOMBLE (Seine-Saint-Denis) → **LE RAINCY**

VILLEPARISIS (Seine-et-Marne)

[A] Bei einem Besuch seiner Eltern, die 1819 nach V. (damals 500 Einwohner) gezogen waren, lernte **H. de Balzac** (→ Tours/C), zwischen 1820 und 1825 oft hier zu Besuch, Laure de Berny kennen, 22 Jahre älter als er, 9fache Mutter und bereits Großmutter; die Bernys besaßen zwei Häuser in V., eines lag neben dem der Balzacs; die Liebesbeziehung des Dichters zu der älteren Frau, die er seine ›Dilecta‹ nannte, dauerte zehn Jahre; Haus abgerissen (heute Wohnanlage Cité Balzac), Gedenktafel an Mauerrest Rue Jean Jaurès Nr. 54.

VILLIERS-SOUS-GREZ (Seine-et-Marne) → **GREZ-SUR-LOING** [R]
VILLIERS-SUR-MORIN (Seine-et-Marne) → **MEAUX** [R]

VINCENNES (Val-de-Marne)

Bibliothèque municipale (Stadtbücherei; 127 Tsd. Bde.).
Der Wachtturm des königl. Residenzschlosses war vom 17. Jh. bis 1784 Gefängnis und sah eine Reihe von Schriftstellern in seinen Mauern.
[A] **Claude-Prosper Jolyot de Crébillon** (→ Paris), genannt Crébillon der Jüngere, Sohn eines seinerzeit berühmten Dramatikers (→ Dijon/Bu), veröffentlichte 1734 den Roman *L'Écumoir* (dt. *Der Schaumlöffel*, 1750), der ihn wegen aktuell-kirchlicher Anspielungen für zehn Tage in den Gefängnisturm brachte. – **D. Diderot** (→ Langres/ChA) wurde Ende Juli 1749 im Turm inhaftiert – die *Lettre sur les aveugles à l'usage de ceux qui voient* (dt. *Brief über die Blinden zum Gebrauch der Sehenden*) hatte ihn in den Verdacht gebracht, Atheist zu sein –, nach schriftlichem Geständnis und Besserungsgelöbnis jedoch wurden ihm bis zum Ende der Haft (Anfang November) Vergünstigungen gewährt: Er durfte den Turm verlassen, sich frei auf dem Gelände bewegen, arbeiten und Besuche empfangen. – Einer der Besucher war **J.-J. Rousseau** (→ Anhang), der, wie er in den *Confessions* (1782/89, 2. Teil, 8. Buch) berichtet, im Oktober 1749 auf der Landstraße von Paris nach V. im *Mercure de France* von der Preisaufgabe der Akademie von Dijon las: »Ob der Fortschritt der Wissenschaften und Künste zur Läuterung

Vincennes: Altes Königsschloß

der Sitten beigetragen hat«; Rousseaus Einsendung »Discours sur les sciences et les arts« (dt. »Rede über die Wissenschaften und Künste«) erhielt den 1. Preis. – Der **Graf Mirabeau** (→ Le Bignon-Mirabeau/C), der mit seiner (verheirateten) Geliebten Sophie de Monnier nach Holland geflohen und in Abwesenheit verurteilt worden war, wurde nach seiner Verhaftung für 42 Monate von 1777 bis 1780 in V. inhaftiert; während dieser Zeit schrieb er die postum veröffentlichten *Lettres à Sophie* und verfaßte die Schrift *Des Lettres de cachet et des prisons d'État* (1782, dt. *Über die lettres de cachet und die Staatsgefängnisse*, zuletzt 1989) mit dem Untertitel »innere verwaltung des turms von vincennes. ankunft, zellen, lektüre, spaziergänge, besuche des kommandanten, vorsichtsmaßnahmen beim ausgang der gefangenen«. – Mirabeau traf in V. mit dem **Marquis de Sade** (→ Paris) zusammen, der viel Zeit im Gefängnisturm von V. verbrachte: vom 29. 10. 1763 bis Mitte November 1763 (auf Befehl des Königs inhaftiert; von einer Prostituierten angezeigt), von Mitte Februar 1777 bis Mitte Juni 1778 (auf Betreiben seiner Schwiegermutter verhaftet) und schließlich die lange Haftzeit ab dem 7. 9. 1778, während der ihm in einer Februarnacht 1779 in einer Vision Laura erschien, von Petrarca in die Unsterblichkeit gedichtet und von der Familie de Sade als Ahnfrau reklamiert: »Es war um Mitternacht. Ich war soeben eingeschlafen [...]. Plötzlich erschien sie mir ... Ich sah sie! Die Schrecken des Grabes hatten ihren strahlenden Reizen nichts anhaben können, und ihre Augen hatten noch dasselbe Feuer, das Petrarca einst besungen hatte«; der Marquis verfaßte während seiner Haft in V. etliche Theaterstücke und begann *Les cent vingt journées de Sodome* (1904, dt. *Die hundertzwanzig Tage von Sodom*, 1908); als das Gefängnis in V. aufgelassen wurde, überstellte man de Sade am 29. Februar 1784 in die Bastille (und von dort am 4. 7. 1789 nach Charenton; Freilassung am 2. 4. 1790). – **Alain-Fournier** (→ La Chapelle-d'Angillon/C) fiel zweimal durch die Aufnahmeprüfung für die École Normale Supérieure und trat statt dessen (auf Anraten seines Freundes J. Rivière) im Oktober 1907 in das 23. Dragonerregiment in V. ein (ab November bei der Infanterie). – Am 11. Mai 1917 heiratete in V. **G. Bernanos** (→ Paris) Jeanne Talbert d'Arc, direkte Nachkommin eines Bruders der Jeanne d'Arc; Trauzeuge war **Léon Daudet** (→ Saint-Rémy-de-Provence/PAC).

[L] V. ist Schauplatz der Rahmenhandlung der Erzählung *La Veillée de Vincennes* (dt. *Abendunterhaltung zu Vincennes*) aus der Sammlung *Servitude et grandeur militaires* (1835, dt. 1878, u. d. T. *Glanz und Elend des Militärs*, 1957, u. d. T. *Laurette oder Das rote Siegel*, 1961) von **Alfred de Vigny**. – Den Tod Karls IX. im Schloß von V. beschreibt das Kapitel »Der Tod und die Amme« des Romans *Die Jugend des Königs Henri Quatre* (1935) von **Heinrich Mann**.

[R] Auf dem Friedhof von **Les Lilas** (4 km n. v. V.) Grab des Schriftstellers **Paul de Kock** (1793-1871), der mit zahlreichen Romanen und Boulevardkomödien Erfolg hatte (*Œuvres illustrées*, 299 Bde. 1902-05).

VIRY-CHÂTILLON (Essonne)

[A] **Charles Perrault** (→ Paris) besaß in V. ein Landhaus, das ihm nach dem Tod seiner Mutter 1657 zugefallen war; der Märchendichter ließ das Gebäude, in dem er einige Märchen der Sammlung *Contes de ma mère l'Oye* (1697) schrieb, umbauen und lud zahlreiche Künstler hierher ein.

[R] Auf dem Cimetière ancien (Rue Petit) von **Juvisy-sur-Orge** (2 km n. v. V.) Grab von **Raymond Queneau** (→ Le Havre/HNo); Juvisy ist neben Paris Schauplatz der Krimis *Le Client le plus obstiné du monde* (1947, dt. *Der hartnäckigste Gast der Welt*, 1987) und *Maigret et l'homme du banc* (1953, dt. *Maigret und der Mann auf der Bank*, 1954) von **Georges Simenon**.

VOISINS (Schloß) (Yvelines) → **LOUVECIENNES**

VULAINES-SUR-SEINE
(Seine-et-Marne)

† 1898 **Stéphane Mallarmé** (* Paris 1842); der Dichter bewohnte von 1884 bis zu seinem Tod den ersten Stock einer alten Bauernwirtschaft am Ufer der Seine im Ortsteil Valvins (heute [M] Musée Stéphane Mallarmé, Gedenktafel); Grab in Samoreau (s. u.).

[A] **É. P. de Senancour** (→ Paris) lernte den Wald von Fontainebleau, Schauplatz in *Oberman* (1804, dt. 1844), erstmalig 1785 kennen, als er mit seiner Mutter in V. den Ortsteil Valvins besuchte.

[R] Auf dem Friedhof von **Samoreau** (1 km südl. v. V.) die Gräber von **S. Mallarmé** (s. o.), **O. Larronde** (→ La Ciotat/PAC) und **Misia Sert** (1875-1949), die mit Liszt, Renoir, Verlaine, Picasso, Cocteau bekannt war und in V. ein Haus neben dem Mallarmés besaß. (Sie beschreibt ihren Nachbarn in ihren *Pariser Erinnerungen*, 1954.) – **Samois-sur-Seine** (2 km n. v. V.). ist Schauplatz des Romans *L'Écluse N° 1* (1933, dt. *Maigret in Nöten*, 1960) von **Georges Simenon**.

Das Café Aux Deux Magots in Saint-Germain-des-Prés

PARIS

Département Paris (75); Einwohner: 2,1 Mio.; Fläche: 105 qkm.

»Die Größe der Stadt ist wirklich ungeheuer und würde Körper und Geist bald ermüden, wenn nicht prächtige Gebäude, arme schmutzige Hütten, schöne Kutschen, niedliche Gesichter, eine Menge Kramläden aller Art, Garküchen und Pastetenbecker miteinander abwechselten und die Zeit verkürzten.« (Sophie von La Roche)

»Man darf nur das Wörtlein Paris nennen, so ist es gerade, als wenn man Welt sagt, ja viel mehr. [...] O Paris! Da drängen sich tausend Welten in dem Kopf zusammen, tausend lebendige Bilder, tausend Gestalten wandeln vorüber, und eine Menge Geschichten webt die schnelle Phantasie untereinander, die, wahr oder falsch, in dieser kleinen moralischen Welt täglich vorgehen sollen.« (Ernst Moritz Arndt)

»Paris ist das Haupt des Erdballs, ein Gehirn, das vor Schaffensgeist birst und die menschliche Zivilisation anführt, ein großer Mann, ein unaufhörlich schöpferischer Künstler, ein Staatsmann mit dem zweiten Gesicht – es muß notwendigerweise auch das Stirnrunzeln des Genies, die Laster des großen Mannes, die Launen des Künstlers und die Blasiertheit des Politikers haben.« (Honoré de Balzac)

»Es ist die Stadt der Künste seit den Kapetingern, des Reichtums durch die bourbonischen

Jahrhunderte, die Stadt Napoleons in einem glanzvollen Schein. Nichts ist vergangen, jeder hat teil an allem; die Geschichte nimmt das Gegenwärtige auf und gibt sich ihm hin.« (Gottfried Benn)

»Worin besteht der Zauber von Paris? In der Architektur? In der silbrigen Luft? In der Mode? In den Frauen? Im Sekt? In all dem zusammen? Nein.

Das, was die einzige Atmosphäre der Stadt ausmacht, ist ihre Menschlichkeit.« (Kurt Tucholsky)

»Unter allen Städten ist keine, die sich inniger mit dem Buche verband als Paris. Wenn Giraudoux recht hat und es das höchste menschlicher Freiheitsgefühle ist, schlendernd dem Lauf eines Flusses zu folgen, führt hier noch der vollendetste Müßiggang, die beglückteste Freiheit also, zum Buch und ins Buch hinein. Denn über die kahlen Seine-Quais hat sich seit Jahrhunderten der Efeu gelehrter Blätter gelegt: Paris ist ein großer Bibliotheksaal, der von der Seine durchströmt wird.

Kein Monument in dieser Stadt, an dem sich

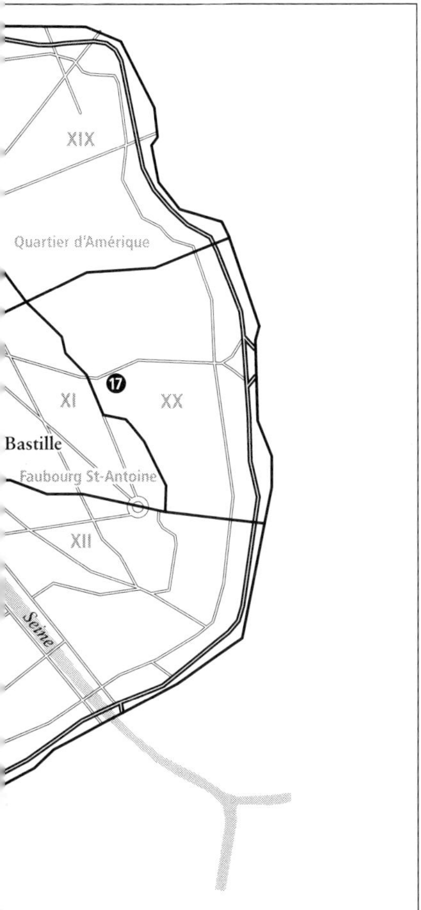

1 Jardin des Poètes
2 Maison de Balzac, 47, rue Raynouard
3 Cimetière des Batignolles
4 Cimetière de Montmartre
5 Musée de la Vie romantique, 16, rue Chaptal
6 Bibliothèque Nationale
7 Comédie Française
8 Cimetière du Montparnasse
9 Sorbonne
10 Collège de France
11 Panthéon
12 Ecole Normale Supérieure
13 Musée Adam Mickiewicz, 6, quai d'Orléans
14 Musée Carnavalet, 23, rue de Sévigné
15 Maison de Victor Hugo, 6, place des Vosges
16 Jardin des Plantes
17 Cimetière du Père Lachaise

nicht ein Meisterwerk der Dichtung inspiriert hätte.« (Walter Benjamin)
Bibliothèque Nationale (ca. 12 Mio. Bde., darunter zwei Gutenberg-Bibeln, Erstausgaben v. Villon, Rabelais, Pascal u. a.; Zutritt zum Lesesaal nur mit Lesekarte), **Bibliothèque Mazarine** (Bestände aus dem Besitz des Kardinals Mazarin; Teil des Institut de France; 500 Tsd. Bde., 4600 Hs., 2380 Ink.), **Bibliothèque de l'Arsenal** (gegr. 1757; ca. 1,5 Mio. Bde., 14 Tsd. Hs., 120 Tsd. Stiche; großer Fundus zur Theatergeschichte), **Bibliothèque Sainte-Gene-**

viève (ca. 2,7 Mio. Bde., Hs. und Ink. aus der Abtei Sainte-Geneviève). – Über 250 Theater, u. a. **Comédie Française** (1680 von Ludwig XIV. gegr.: klass. frz. Autoren), **Théâtre du Vieux-Colombier** (Probebühne der Comédie Française; moderne Autoren), **Odéon-Théâtre de l'Europe, Théâtre National de Chaillot, Théâtre National de la Colline, Théâtre du Soleil** (gegr. v. Ariane Mnouchkine), **Théâtre des Bouffes du Nord**.

† 1305 **Jean de Meung** (* Meung-sur-Loire/C um 1241); der Mitverfasser des *Roman de la rose* (dt. *Der Rosenroman*) soll Ende des 13. Jhs. in der Rue Saint-Jacques Nr. 218 (Gedenktafel) gewohnt und hier den zweiten (und weitaus größeren) Teil des Versromans geschrieben haben.
* 1313 **Giovanni Boccaccio** († Certaldo/Toskana 1375), Erzähler; Sohn eines Kaufmanns aus Certaldo und einer Französin (die bald starb); Geburtsort P. ungewiß (vielleicht auch Certaldo oder Florenz); aufgewachsen in Florenz; Jurastudium und Studium der alten Sprachen; langer Aufenthalt in Neapel; Freundschaft mit Petrarca; Verfasser u. a. der Novellensammlung *Decamerone*, Vorbild für G. Chaucers *Canterbury Tales* od. Margarete von Navarras *Heptaméron*. – Angebliches Geburtshaus: Ecke Rue des Lombards/Rue Saint-Martin.

* 1394 **Charles d'Orléans** († Amboise/C 1465), letzter höfischer Dichter des Mittelalters; Kindheit in der Königsresidenz Hôtel Saint-Paul (abgerissen) in P.; geriet 1415 bei Azincourt in engl. Gefangenschaft, aus der er erst nach 25 Jahren zurückkehrte; Vater des Königs Ludwig XI.; Hofhaltung in Blois/C; schrieb v. a. Chansons, Balladen und Rondeaus. – Bestattung zunächst im Cölestinerkloster von P. (Quai des Célestins), dann in der Basilika von Saint-Denis/IdF. – W.: *Poésies* (2 Bde. 1923-27).

* 1431 oder 1432 **François Villon** (eigentlich François de Montcorbier oder des Loges) († nach Januar 1463), bedeutendster frz. Dichter des 15. Jhs.; nannte sich nach

Giovanni di Boccaccio (Fresko von Andrea del Castagno)

seinem Onkel (Guillaume de Villon), einem Geistlichen, der ihn aufzog und an der Sorbonne studieren ließ; mußte 1455 wegen Totschlags aus P. fliehen, 1456 Teilnahme am Einbruch im Collège de Navarre, mehrfach inhaftiert; nach Messerstecherei im Januar 1463 zum Tod verurteilt, dann zu zehnjähriger Verbannung begnadigt; Hauptwerk: *Le Testament* (auch: *Le Grand Testament*) (1461/62, dt. u. d. T. *Des Meisters Werke*, 1907 u. ö.) – Das Kloster des Onkels lag auf Höhe der Rue Saint-Jacques Nr. 109; Statue des Dichters auf dem Square Paul-Langevin. – Weitere W.: *Le Lais* (auch: *Le Petit Testament*) (1456); *Sämtliche Dichtungen* (3. Aufl. 1972), *Œuvres* (2 Bde. 1974).
† 1546 **Étienne Dolet** (* Orléans/C 1509); der Übersetzer, Philologe und Buchdrukker, der bereits zweimal Bekanntschaft mit dem Gefängnis gemacht hatte, wurde 1546 erneut wegen Vertreibung ketzerischer Schriften in der Conciergerie von P. eingekerkert, zum Tode verurteilt und auf der Place Maubert gehängt und verbrannt.

(Eine Statue [1889] des Humanisten wurde im 2. Wk. eingeschmolzen.)
† 1553 **François Rabelais** (* La Devinière/C 1494); der Dichter, der u. a. in P. Medizin studiert hatte, erhielt zwei Jahre vor seinem Tod die Pfründe eines Pfarrers von Meudon; er starb in der Rue des Jardins Saint-Paul (Inschrift am Haus Nr. 2); Grab auf dem Cimetière Saint-Paul (Ecke Rue Neuve-Saint-Pierre/Rue de l'Hôtel-Saint-Paul).
† 1560 **Joachim du Bellay** (* Liré/PdL 1522); der Dichter besuchte mit P. de Ronsard und anderen Ende der 40er des 16. Jhs. das Collège de Coqueret (Impasse Chartière Nr. 1-11, abgebrochen); aus dem Freundeskreis entwickelte sich der Dichterbund der ›Pléiade‹; nach der Rückkehr von einem (enttäuschenden) Romaufenthalt verwaltete du Bellay in P. die Geschäfte seines Onkels, des Kardinals Jean du Bellay; Sterbehaus abgebrochen (Gedenktafel Ecke Rue Chanoinesse/Rue Marsillon); Grab in einer Seitenkapelle von Notre-Dame.
† 1588 **Jean Dorat** (* Limoges/Li 1508); der Humanist leitete ab 1540 das 1418 gegr. Collège de Coqueret (Impasse Chartière Nr. 1-11, abgebrochen) und war dort Lehrer von P. de Ronsard, J. du Bellay und J.-A. de Baïf; Grab in der Kirche Saint-Benoît.
† 1589 **Jean-Antoine de Baïf** (* Venedig 1532; → Anhang); das Wohnhaus des Schülers am Collège de Coqueret und Mitglieds der ›Pléiade‹ befand sich an der Stelle in der heutigen Rue Monge, wo später ein Kloster existierte, bis 1869 die Rue Monge durchgebrochen und dabei die Arena von Lutetia entdeckt wurde.
* 1595 **Jean Chapelain** († ebda. 1674), Kritiker, Übersetzer; Sohn eines Notars; Gründungsmitglied der Académie Française, Berater Richelieus; Gegenspieler Corneilles im Streit um den *Cid* (*Sentiments de l'Académie Française sur le Cid*, 1912). – Wohn- und Sterbehaus Rue Saint-Martin Nr. 4, Grab in der Kirche Saint-Merri (Rue Saint-Martin Nr. 78). – Weitere W.: *Dialogue de la lecture des vieux romans* (entst. 1646), *La Pucelle* (Ep. 1656).
* 1610 **Paul Scarron** († ebda. 1660), Erzähler, Dramatiker; Sohn eines Parlamentsrats, der kirchlichen Laufbahn bestimmt, dem weltlichen Leben zugetan; 1633-40 im Dienst des Bischofs von Le Mans/PdL, dann P.; seit 1638 an progressiver Gelenksteife erkrankt; heiratete 1652 Françoise d'Aubigné (→ Niort/PCh); verfaßte Satiren und Komödien, bedeutendstes Werk: *Le Roman comique* (1651/57, dt. *Komischer Roman*, 1782). – Wohn- und Sterbehaus Rue de Turenne Nr. 56 (Gedenktafel); Grab in der Kirche Saint-Gervais-Saint-Protais (umstritten). – Weitere W.: *Le Typhon* (Kom. 1645), *Le Virgile travesti* (Komisches Epos, Umarbeitung der *Aeneis*, 1648-53), *Œuvres complètes* (7 Bde. 1786).
* 1613 **François de La Rochefoucauld** († ebda. 1680), Moralist; aus altem Adel stammend, militärische Laufbahn; Teilnahme am Adelsaufstand der Fronde, 1652 schwere Gesichtsverletzung; verkehrte nach der Amnestie 1656 in den P.er Kreisen der Madame de Sévigné und Madame de La Fayette; lehnte Wahl in die Académie Française ab; schrieb *Mémoires* und als Hauptwerk die *Réflexions ou Sentences et maximes morales* (1665, dt. 1699, u. d. T. *Betrachtungen oder Moralische Sentenzen und Maximen*, 1906). – Geburtshaus abgebrochen (Gedenktafel am Neubau Rue des Bons-Enfants Nr. 23); Wohnhaus Palais Liancourt (zugänglich von der Rue de Seine Nr. 14, abgebrochen). – Weitere W.: *Œuvres complètes* (1935).
† 1615 **Margarete von Valois** (* Saint-Germain-en-Laye/IdF 1553); die erste Ehefrau Heinrichs IV. ließ sich nach der Rückkehr aus ihrem Exil in Carlat/Au bzw. Usson/Au in der Rue de Seine (an der Stelle der Häuser Nr. 2-10) ein Palais (abgerissen) bauen, das sie bis zu ihrem Tod bewohnte.

* 1619 **Savinien Cyrano de Bergerac** († ebda. 1655), Dramatiker, Erzähler; mußte nach Verwundungen die militärische Laufbahn aufgeben; verfaßte die Tragödie *La Mort d'Agrippine* (1653; wegen Blasphemie verboten), die Komödie *Le Pédant joué* (1654) und philosoph. Romane; Vorbild für Edmond Rostands (nicht authentische) Komödie *Cyrano de Bergerac* (1897). – Geburtshaus Ecke Rue des Prouvaires/Rue des Deux-Écus (abgerissen); Grab in Sannois/IdF oder in der 1906 abgerissenen Klosterkirche der Filles de Sainte-Croix (Rue de Charonne Nr. 98) oder auf dem Friedhof Père Lachaise. – Weitere W.: *L'Autre monde ou Les États et empires de la Lune* (R. 1657) und *Histoire comique des états et empires du Soleil* (1662, beide dt. u. d. T. *Mondstaaten und Sonnenreiche*, 1913).

* 1619 **Antoine Furetière** († ebda. 1688), Erzähler, Jurist; verfaßte zahlreiche Satiren, ein Wörterbuch der frz. Sprache (*Dictionnaire universel*, 1690) und den *Roman bourgeois* (1666) über das P.er Bürgertum. – Grab zunächst in der Kirche Saint-Eustache (aufgelöst, in die Katakomben überführt).

* 1622 **Molière** (eigentlich Jean-Baptiste Poquelin) († ebda. 1673), Dramatiker; Sohn eines Tapissier du Roi, 1635-40 Schüler am Collège de Clermont (heute Lycée Louis-le-Grand); Jurastudium; gründete 1643 das Illustre Théâtre (zunächst im ›Jeu de Paume des Métayers‹, Rue Mazarine Nr. 12 [Gedenktafel], dann im ›Jeu de Paume de la Croix-Noire‹, Quai des Célestins Nr. 32 [Gedenktafel], schließlich im Palais-Royal [Palais Cardinal]); lange Jahre der Bühnenwanderschaft; erster großer Erfolg in P. mit *Les Précieuses ridicules* (1659, dt. 1670, *Die lächerlichen Preziösen*, 1912); Protektion durch Ludwig XIV.; meistgespielter französischer Bühnenautor. – Geburtshaus Ecke Rue Sauval/Rue Saint-Honoré Nr. 96 (1802 abgerissen), Sterbehaus Rue de Richelieu Nr. 40 (wohin man ihn nach einem Herzanfall während einer Aufführung des *Malade imaginaire* im Palais-Royal gebracht hatte; Gedenktafel), Molière-Brunnen (Figuren v. Pradier); Grab zunächst auf dem Friedhof Saint-Joseph des Kirchspiels Saint-Eustache, später auf dem Père Lachaise; im Foyer der Comédie Française Erinnerungsstücke (u. a. der Sessel aus dem *Malade imaginaire*). – Weitere W.: *L'École des femmes* (Dr. 1662, dt. 1752, u. d. T. *Die Schule der Frauen*, 1865), *Le Tartuffe ou L'Imposteur* (Dr. 1664, dt. 1743, 1912), *Dom Juan ou Le Festin de pierre* (Dr. 1665, dt. *Das steinerne Gastmahl*, 1694), *Le Misanthrope* (Dr. 1666, dt. *Der Menschenfeind*, 1742), *L'Avare* (Dr. 1668, dt. *Der Geizige*, 1670), *Les Femmes savantes* (Dr. 1672, dt. *Die gelehrten Frauen*, 1752), *Le Malade imaginaire* (Dr. 1673, dt. 1694, u. d. T. *Der eingebildete Kranke*, 1867); *Œuvres complètes* (2 Bde. 1972).

Molière-Brunnen an der Straßengabel Rue de Richelieu/Rue Molière

* 1626 **Madame de Sévigné** (Marie de Rabutin-Chantal) († Schloß Grignan/RhA 1696); früh schon Vollwaise, 18jährig

mit dem bretonischen Adligen Henri de Sévigné verheiratet (der sieben Jahre später im Duell starb); als 25jährige Witwe lebte sie künftig mit ihren beiden Kindern in P. oder auf ihren Besitzungen in der Provinz; berühmt durch ihre Briefe, die sie vor allem ihrer Tochter, die 1669 den Gouverneur der Provence (→ Grignan/RhA) geheiratet hatte, schrieb, aber auch ihrem Cousin Bussy-Rabutin (→ Épiry/Bu) und anderen; die rund 1500 Briefe gelten als wertvollstes kulturhist. Dokument des 17. Jhs. – Geburtshaus Hôtel de Coulanges (Place des Vosges Nr. 1 *bis*); Wohnhaus ab 1677 Rue de Sévigné Nr 23, Hôtel Carnavalet, heute [M] Stadtgeschichtl. Museum von P. (u. a. Porträts der Briefeschreiberin, ihrer Tochter und ihres Schwiegersohns, Erinnerungsstücke; in anderen Abteilungen auch Porträts von J. Vallès, Zola, F. Coppée, A. Daudet, E. de Goncourt, Verlaine, Anna de Noailles, S. Bernhardt, J. Cocteau, J. Copeau; Nachbildung der Schlafzimmer von M. Proust und A. de Noailles). – Ausgaben: *Lettres* (vollst. 1818, dt. in Ausz. 1761 u. ö., zuletzt 1966).

† 1626 **Théophile de Viau** (* Clairac/Aq 1590); der Dichter, der als junger Mann nach P. gekommen war, im Kreise der Bohème verkehrte und sich durch geistreiche Gedichte einen Namen machte, geriet bald in Konflikt mit der Kirche und wurde für ein Jahr aus Frankreich verbannt; nach einer erneuten Verurteilung (und zweijähriger Haft in der Conciergerie) wurde er auf Lebenszeit außer Landes verbannt, fand aber Zuflucht in Chantilly/Pi; er starb bei seiner heimlichen Rückkehr nach P.; Grab in der Kirche Saint-Nicolas-des-Champs.

* 1628 **Charles Perrault** († ebda. 1703); Sohn eines Anwalts, Jurastudium; Arbeit im Staatsdienst und als Anwalt; 1671 Aufnahme in die Académie Française; löste mit seinem *Poème sur le siècle de Louis le Grand* (1687) die ›Querelle des anciens et des modernes‹ aus (Parteinahme Perraults für die Gegenwartsliteratur); bekannt blieben seine Bearbeitungen von Märchenstoffen *Histoires ou contes du temps passé*, die 1697 mit dem Umschlagtitel *Contes de ma mère l'oye* erschienen (dt. 1790 u. ö.): unter den Märchen befinden sich *La Belle au bois dormant* (Dornröschen), *Le petit chaperon rouge* (Rotkäppchen), *Barbe-Bleu* (Blaubart), *Le Chat botté* (Der gestiefelte Kater), *Les Fées* (Frau Holle), *Cendrillon ou la petite pantoufle de vair* (Aschenputtel), *Le petit poucet* (Däumling). – Wohn- und Sterbehaus Rue Thouins Nr. 8/10 (abgebrochen); Grab in der Kirche Saint-Benoît; Büste auf der Terrasse des nw. Endes des Tuilerien-Gartens.

Comédie Française

† 1628 **François de Malherbe** (* Caen/BNo 1555); der Dichter, der im Salon der Marquise de Rambouillet (Hôtel de Rambouillet, abgerissen; heute Pavillon Richelieu, Cour du Carrousel) verkehrte, hatte es nach langen Jahren vergeblichen Bemühens 1605 geschafft, am Hof Fuß zu fassen und schließlich offizieller Hofdichter zu werden; Wohnhaus 1606-1627 in der Rue Croix-des-Petits-Champs (abgerissen, heute kleine Anlage gegenüber Nr. 13); Grab in der Kirche Saint-Germain-l'Auxerrois.

* 1634 **Marie-Madeleine de La Fayette** († ebda. 1693), Erzählerin; verkehrte in sehr jungen Jahren bereits im Hôtel de Rambouillet (Salon und Tempel des Preziosentums); enge Freundschaft zu Madame de Sévigné, mit der sie weitläufig verwandt war; verfaßte den ersten psychologischen Roman der frz. Lit.: *La Princesse de Clèves* (1678, dt. 1711, u. d. T. *Die Prinzessin von*

Clèves, 1790), entstanden in Zusammenarbeit mit Jean de Segrais und F. de La Rochefoucauld, dem sie eng verbunden war. – Geburtshaus Rue de Vaugirard Nr. 48 (abgerissen); Wohn- und Sterbehaus Hôtel La Vergne (Rue de Vaugirard Nr. 50). – Weitere W.: *La Princesse de Montpensier* (Erz. 1662); *Œuvres* (3 Bde. 1925-30), *Romans et nouvelles* (1958).

* 1636 **Nicolas Boileau-Despréaux** († ebda. 1711); Sohn des Kanzlers des P.er Parlaments; Jura- dann Theologiestudium; schrieb Satiren und Parodien und berühmte Episteln (*Épîtres*); befreundet mit Molière und Racine; Doktrinär der Klassik: *L'Art poétique* (1674, dt. *Gedanken von der Dichtkunst*, 1745); 1677 Hofhistoriograph (mit Racine), 1683 Aufnahme in die Académie Française. – Geburtshaus am Quai des Orfèvres (abgerissen); Landhaus in der Rue Boileau (abgerissen); Sterbehaus hinter Notre-Dame (abgerissen); Grab zunächst in der Sainte-Chapelle, dann in der Kirche Saint-Germain-des-Prés. – Weitere W.: *Satires* (1666-1708), *Épîtres* (Versbriefe 1670-98), *Le Lutrin* (Parodie 1674/1683); *Œuvres complètes* (7 Bde. 1934-43), *Œuvres complètes* (1966).

* 1645 **Jean de La Bruyère** († Versailles/IdF 1696), Moralist; aus angesehener Bürgerfamilie, Jurastudium; 1684 Privatlehrer des Enkels des Großen Condé, 1686 Bibliotheksleiter in Chantilly/Pi; 1693 Aufnahme in die Académie Française; Hauptwerk: *Les Caractères de Théophraste, traduits du grec, avec les caractères ou les mœurs de ce siècles* (1688, dt. 1754, u. d. T. *Die Charactere*, 1870 u. ö.). – Wohnhaus 1676-91 Rue des Grands-Augustins Nr. 25. – Weitere W.: *Œuvres complètes* (6 Bde. 1920-22; 1951).

† 1655 **Pierre Gassendi** (* Champtercier/PAC 1592); nach Ausbildung zum Geistlichen kam der Philosoph und Astronom 1628 nach P., wo er zunächst am Collège de Clermont, dann von 1645 bis zu seinem Tod als Mathematikprofessor am Collège Royal lehrte; zuletzt Wohn-/Sterbehaus Rue du Temple Nr. 79, Grab in der Kirche Saint-Nicolas-des-Champs.

† 1661 **Marc-Antoine de Saint-Amant** (* Quevilly/HNo 1594); der Dichter, der erstmals 1618 nach P. gekommen war und Zugang zu den lit. Kreisen der Stadt gefunden hatte, kehrte nach zahlreichen Auslandsaufenthalten immer wieder nach P. zurück und starb in seinem Haus Rue de Seine Nr. 26 (Gedenktafel).

† 1662 **Blaise Pascal** (* Clermont-Ferrand/Au 1623); der Vater des Philosophen und Mathematikers war 1631 mit seinen drei Kindern (die Mutter war 1625 gestorben) von Clermont nach P. übersiedelt, das mit Unterbrechungen und wechselnden Wohnungen (u. a. Rue Monsieur-le-Prince Nr. 54) Lebensmittelpunkt Blaise Pascals blieb; Statue in der Vorhalle der Tour Saint-Jacques, auf deren Plattform er physikal. Experimente durchgeführt hatte; Sterbehaus Rue du Cardinal-Lemoine (abgerissen; Gedenktafel am Neubau), Grab in der Kirche Saint-Étienne-du-Mont.

† 1679 **Kardinal de Retz** (* Montmirail/ChA 1613); der Kardinal, der bereits 14jährig die Pfründe eines Domherrn von Notre-Dame erhalten hatte und dort 1644 zum Koadjutor des Erzbischofs von P. geweiht wurde, saß wegen seiner Beteiligung am Adelsaufstand der Fronde 1652-54 in der Bastille, aus der er floh; in seinen letzten Lebensjahren hielt er sich häufig in den Abteien von Saint-Mihiel/Lo und Saint-Denis/IdF und in P. auf, wo er im Haus seiner Nichte, der Duchesse de Lesdiguières, starb (Rue de la Cerisaie Nr. 10); Grab in Saint-Denis/IdF.

† 1684 **Pierre Corneille** (* Rouen/HNo 1606); der Dramatiker zog 1662 mit seiner Familie von Rouen nach P., um näher am Aufführungsort seiner Tragödien zu sein, und bewohnte hier mit seiner Familie und gemeinsam mit seinem Bruder Thomas und dessen Familie ein Haus; letzte Wohnung/Sterbehaus Rue d'Argenteuil Nr. 6 (abgerissen, Gedenktafel am Nachfolgebau); Grab in der Kirche Saint-Roch.

Pierre de Marivaux

Voltaire (Gemälde von Maurice Quentin de Latour)

* 1688 **Pierre Carlet de Chamblain de Marivaux** († ebda. 1763), Dramatiker, Erzähler; Sohn eines Münzbeamten, Jurastudium; journalist. Tätigkeit; verkehrte in den wichtigsten Salons, 1743 Aufnahme in die Académie Française (Gegenkandidat: Voltaire); große Erfolge der Komödien in der Comédie Italienne (Vermittlung der Stücke nach Deutschland durch die Neuberin). – Geburtshaus Rue Rambuteau Nr. 106 (abgerissen), Sterbehaus Ecke Rue de Richelieu/Rue Menars (abgerissen). – W. u. a.: *La Surprise de l'amour* (Dr. 1722, dt. *Der Betrug der Liebe*, 1747), *La Double Inconstance* (Dr. 1723, dt. *Die beyderseitige Unbeständigkeit*, 1749), *Le Jeu de l'amour et du hasard* (Dr. 1730, dt. *Spiel der Liebe und des Zufalls*, 1747), *La Vie de Marianne ou Les Aventures de Madame la Comtesse de **** (R. 1731-41, dt. 1764, *Das Leben der Marianne oder Die Abenteuer der Gräfin ****, 1968), *L'École des mères* (Dr. 1732, dt. *Die Mutter Schule*, 1753), *Le Paysan parvenu ou Les mémoires de M**** (R. 1734/35, dt. *Der emporgekommene Landmann*, 1747/48); *Œuvres complètes* (10 Bde. 1825-30).

† 1692 **Gédéon Tallement des Réaux** (* 1619 La Rochelle/PCh); der Autor der *Historiettes*, kurzer Skandalgeschichten und Anekdoten, starb in seinem Haus Rue de Richelieu Nr. 66; Grab auf dem nicht mehr existierenden Friedhof Saint-Joseph (Rue Montmartre Nr. 140).

* 1694 **Voltaire** (eigentlich François-Marie Arouet) († ebda. 1778), Dramatiker, Erzähler; Sohn eines Notars, Jesuitenkolleg Louis-le-Grand, Jurastudium; früh schon lit. tätig, bald auch schon (und immer wieder) wegen seiner bloßstellenden Schriften inhaftiert; große Bühnenerfolge, so *Œdipe* (1718, dt. 1748) und *Zaïre* (1732, dt. 1740), wechselten mit Mißerfolgen; 1745 königl. Historiograph, 1746 Wahl in die Académie Française; 1750-53 in Berlin-Potsdam Gast Friedrichs II.; 1754 in Genf, ab 1758 in Ferney/RhA bei Genf, wo er künftig Ziel zahlreicher Besucher

wurde; ab 1778 wieder zeitweise in P.; heute werden vor allem seine Erzählungen wie *Zadig* (1748, dt. 1748), *Micromégas* (1752, dt. 1752), *Candide ou l'optimisme* (1759, dt. *Candide oder Die beste Welt*, 1776) gelesen, während der Dichter-Philosoph selbst seine Dramen für bedeutender hielt. – Geburtshaus an der Stelle des Palais de Justice (abgerissen); Sterbehaus Quai Voltaire Nr. 25 (Gedenktafel); Grab zunächst in der Abtei Seillières/ChA, ab 1791 im Panthéon (1814 stahlen Royalisten den Leichnam von dort und verscharrten ihn irgendwo an der Seine); Statue (Houdon) im Foyer der Comédie Française; Statue auf dem Square Honoré-Champion (am Institut de France, Quais Malaquais). – Weitere W.: *La Ligue ou Henri le Grand* (ab der 2. Aufl.: *La Henriade*) (Epos 1724, dt. 1751), *Marianne* (Dr. 1724), *Brutus* (Dr. 1730, dt. 1754), *Histoire de Charles XII, roi de Suède* (Geschichtswerk 1731, dt. 1733), *Lettres philosophiques* (1734, dt. *Philosophische Briefe*, um 1890), *Alzire ou les Américains* (Dr. 1736, dt. 1738), *Discours en vers sur l'homme* (Lehrged. 1738-45), *Mahomet* (Dr. 1741, dt. 1748), *Le Siècle de Louis XIV* (Geschichtswerk 1751, dt. *Die Zeiten Ludwigs des XIV.*, 1752), *Essay sur l'histoire générale et sur les mœurs et l'esprit des nations depuis Charlemagne jusqu'à nos jours* (1756, dt. *Versuch einer allgemeinen Weltgeschichte*, 1760-62), *Tancrède* (Dr. 1760, dt. u. a. übers. v. Goethe 1802), *La Pucelle d'Orléans* (Epos 1762, dt. *Das Mädgen von Orléans*, 1763), *Traité sur la tolérance* (1763, *Abhandlung über die Religionsduldung*, 1775); *Œuvres complètes* (52 Bde. 1877-82).

† 1695 **Jean de La Fontaine** (* Château-Thierry/Pi 1621); P. war neben seinem Heimatort der zweite Lebensmittelpunkt des Fabeldichters, hier studierte er 1641-43, hier lebte er von 1658 bis 1661, als sein Gönner, der Finanzminister Fouquet (→ Vaux-le-Vicomte/IdF) ins Gefängnis wanderte, und schließlich von 1664 bis zu seinem Tode; Sterbehaus Rue Jean-Jacques Rousseau Nr. 64; Grab zunächst auf dem Cimetière des Innocents (Square des Innocents), so der Eintrag ins Sterberegister, oder dem Cimetière Saint-Joseph, später auf dem Père Lachaise; Denkmal (Dichterbüste, Personifikation des Ruhmes, Fuchs und Rabe aus der berühmten Fabel) im Jardin du Ranelagh.

† 1699 **Jean Racine** († La Ferté-Milon/Pi 1639); der Dramatiker, der früh seine Eltern verloren hatte und von seiner Großmutter aufgezogen wurde, studierte nach dem Besuch der Schule von Port-Royal-des-Champs/IdF in P. am Collège d'Harcourt (heute Lycée Saint-Louis, Boulevard Saint-Michel Nr. 40-42); in P. Hinwendung zum Theater (und Abwendung vom eigentlich vorgesehenen geistlichen Stand), hier schuf er 1667-77 die großen Tragödien, heiratete (1677) und trat das Amt eines Hofhistoriographen an; Wohnungen auf der Île-Saint-Louis, in der Rue Saint-André des Arts, in der Rue Champollion, letztes Wohn-/Sterbehaus Rue Visconti Nr. 24 (abgerissen); Grab zunächst in der Abtei Port-Royal-des-Champs, nach deren Zerstörung in der Kirche Saint-Étienne-du-Mont.

Panthéon: Innenraum

† 1701 **Madeleine de Scudéry** (* Le Havre/HNo 1607); die Dichterin lebte mit ihrem Bruder **Georges** ab 1630 in P. und eröffnete hier um 1650 einen einflußreichen Salon; u. a. wohnte sie mit ihrem Bruder in einem Palais (von Katharina de Medici 1572 erbaut) der Rue des Viarmes, an dessen Stelle heute die Handelsbörse steht, von 1670 bis zu ihrem Tod im Haus Ecke Rue de Beauce/Rue des Oiseaux (abgerissen); Grab in der Kirche Saint-Nicolas-des-Champs.

† 1704 **Jacques-Bénigne Bossuet** (* Dijon/Bu 1627); der nachmals für seine Predigten und Totenreden (*Oraison funèbres*), u. a. in Notre-Dame, berühmte Geistliche hatte am Collège de Navarre in P. studiert, war später Erzdechant, Hofprediger und Prinzenerzieher in der Hauptstadt, bevor er 1682 Bischof von Meaux/IdF wurde; letztes Wohn-/Sterbehaus Rue Sainte-Anne Nr. 46 (Gedenktafel); Trauerfeierlichkeiten (Gedenktafel) in der Kirche Saint-Roch, Grab in Meaux; Denkmal auf der Place Saint-Sulpice (Fontaine des Quatre-Évêques).

† 1704 **Louis Bourdaloue** (* Bourges/C 1632); der nachmalige Hofprediger Ludwigs XIV. (ab 1669) war als Novize in den Jesuitenorden von P. eingetreten und hatte hier Philosophie und Theologie studiert; Grab in der ehemaligen Jesuitenkirche Saint-Paul-Saint-Louis (Rue Saint-Antoine Nr. 99).

* 1707 **Claude-Prosper Jolyot de Crébillon d. J.** († ebda. 1777), Erzähler; Sohn eines erfolgreichen Dramatikers (→ Dijon/Bu), Jesuitenkolleg Louis-le-Grand in P.; verkehrte früh schon in der Welt des Theaters; lebenslange finanzielle Notlage; Amt des königl. Zensors (auf Vermittlung der Madame de Pompadour); verfaßte schlüpfrig-erotische Kurzromane, wegen des Schlüsselromans *L'Écumoir* (1734, dt. *Der Schaumlöffel*, 1962) in Vincennes inhaftiert. – Geburtshaus an der Place Maubert (abgerissen); Wohn- und Sterbehaus in der Rue Saint-Honoré (abgerissen). – Weitere W.: *Le Sopha* (R. 1742, dt. *Der Sopha*, 1765), *Le Hasard du coin du feu* (Dialog 1763, dt. *Das Spiel des Zufalls am Kaminfeuer*, 1962); *Œuvres complètes* (7 Bde. 1772), *Œuvres* (1992).

* 1715 **Claude-Adrien Helvétius** († ebda. 1771), Philosoph; Schüler am Collège Louis-le-Grand; Anhänger Lockes, entwickelte eine sensualist. Philosophie; Mitarbeiter an der *Encyclopédie*; Hauptwerk: *De l'Esprit* (1758, dt. *Über den Geist*, 1760); als polit. Verfolgter Exil in England und bei Friedrich II. – Weitere W.: *Œuvres complètes* (14 Bde. 1794).

* 1717 **Jean le Rond d'Alembert** († ebda. 1783), Aufklärer, Naturwissenschaftler; Kind der Madame de Tencin und eines Generals, vor der Kirche Saint-Jean-le-Rond (Rue du Cloître-Notre-Dame, 1848 abgerissen) ausgesetzt; Besuch des Collège des Quatre-Nations, Anstellung an der Académie des sciences; Mitherausgeber der *Encyclopédie*; 1754 Wahl in die Académie Française (später deren Secrétaire perpétuel); langjährige Freundschaft mit Julie de Lespinasse. – Grab auf dem nicht mehr existierenden Cimetière des Porcherons (Rue du Faubourg-Montmartre Nr. 60). – W. u. a.: *Mélanges de littérature, d'histoire et de philosophie* (5 Bde. 1783); *Œuvres philosophiques, historiques et littéraires* (18 Bde. 1805-08).

* 1732 **Pierre Augustin de Beaumarchais** († ebda. 1799), Dramatiker; Sohn eines Uhrmachers; Musiklehrer der Töchter Ludwigs XV., machte durch Waffen- und Sklavenhandel ein großes Vermögen, kaufte sich Adelsbrief; blieb mit zwei seiner Dramen auf den Spielplänen präsent: *La Précaution inutile ou Le Barbier de Séville* (1775, dt. *Der Barbier von Sevilien oder Die unnütze Vorsicht*, 1776, vertont u. a. v. G. Rossini, 1816) und *La folle journée ou Le Mariage de Figaro* (1783, dt. *Der tolle Tag oder Figaro's Hochzeit*, 1785, vertont v. Mozart: *Le nozze di Figaro*, 1786), für das er eine Woche inhaftiert wurde. – Geburtshaus Ecke Rue Saint-Denis/Rue

de la Ferronnerie (abgerissen); Wohnung u. a. im Hôtel des Amabassadeurs d'Hollande (Rue Vieille-du-Temple Nr. 47); letztes Wohn-/Sterbehaus Boulevard Beaumarchais (abgerissen, Gedenktafel am Neubau), Grab zunächst in dessen Park, später auf dem Père Lachaise; Statue in der Rue Saint-Antoine (an der Einmündung der Rue des Tournelles). – Weitere W.: *La Mère coupable* (Dr. 1792, dt. *Tartüffe der Zweyte oder Die schuldige Mutter*, 1795); *Œuvres* (1988).

* 1740 **Donatien-Alphonse-François Marquis de Sade** († Charenton/IdF 1814), Erzähler; Kindheit und Jugend in P. (Jesuitenkolleg Louis-le-Grand) und im Languedoc; militärische Laufbahn; wegen sexueller Ausschweifungen und politischer Vergehen 27 Jahre in verschiedenen Gefängnissen (u. a. 1784-89 in der Bastille); der Großteil des Werkes entstand in der Haft. – Geburtshaus Hôtel de Condé in der Rue de Condé (gegenüber Nr. 20, abgerissen). – W. u. a.: *Les 120 journées de Sodome ou L'École du libertinage* (R. 1904, dt. *Die hundertzwanzig Tage von Sodom oder die Schule der Ausschweifung*, 1909), *Justine ou Les Malheurs de la vertu* (R. 1791, dt. *Justine oder das Unglück der Tugend*, 1963), *Aline et Valcour ou Le Roman philosophique* (R. 1793, dt. *Aline und Valcour oder der philosophische Roman*, 1963), *Oxtiern ou Les Malheurs du libertinage* (Dr. 1800, dt. *Oxtiern oder die Widerwärtigkeiten der Libertinage*, 1963), *Les Crimes de l'amour* (Erz. 1800, dt. *Verbrechen der Liebe*, 1962), *La Marquise de Gange* (R. 1813, dt. *Die Marquise von Gange*, 1965); *Œuvres complètes* (15 Bde. 1962-64).

* 1740 **Louis-Sébastien Mercier** († ebda. 1814), Erzähler, Dramatiker; Sohn eines Handwerksmeisters, Schüler am Collège des Quatre-Nations; Lehrer in Bordeaux; 1765 Rückkehr nach P., wo er (mit Ausnahme eines Schweiz-Aufenthalts 1781-86) bis ans Lebensende wohnte; Berühmtheit durch seine Paris-Beschreibungen *Tableau de Paris* (1781-88, dt. zuletzt in Ausz. u. d. T. *Pariser Nahaufnahmen*, 2000). – Geburtshaus am Quai de l'École; letzte Wohnung/Sterbehaus Hôtel La Rochefoucauld-Liancourt (Rue des Beaux-Arts, Zugang von der Rue de Seine; abgerissen); Grab auf dem Père Lachaise. – Weitere W.: *L'An deux mille quatre cent quarante* (utop. R. 1771), *Du Théâtre ou nouvel essai sur l'art dramatique* (1773), *La Brouette du vinaigrier* (Dr. 1775), *Le Déserteur* (1782).

† 1747 **Luc de Clapiers, Marquis de Vauvenargues** (* Aix-en-Provence/PAC 1715); der Moralist hatte desillusioniert und krank seinen Abschied aus der Armee genommen und war 1745 nach P. gezogen, wo er bei sich ständig verschlechternder Gesundheit in bescheidensten Verhältnissen lebte.

† 1755 **Charles-Louis de Secondat, Baron de La Brède et de Montesquieu** (* La Brède/Aq 1689); der Erfolg der *Lettres persanes* hatte dem Philosophen die Salons der Hauptstadt geöffnet, wo er zumal in den 20er Jahren des 18. Jhs. mehrere Monate im Jahr lebte und in den Salons der Madame de Tencin und der Madame du Deffand verkehrte; Grab auf dem Cimetière de Bagneux (Rue Jean-Ferrandi Nr. 12-18).

† 1757 **Bernard le Bovier de Fontenelle** (* Rouen/HNo 1657); der Frühaufklärer, Stammgast in den Salons der Stadt und Mitglied mehrerer Akademien, wohnte 1691-1740 in der Rue Saint-Honoré Nr. 263.

† 1789 **Paul Thiry von Holbach** (* Edesheim/Pfalz 1723); der Mitarbeiter an der *Encyclopédie*, für die er über 400 Artikel verfaßte, war mit Diderot befreundet; Hauptwerk: *Système de la nature* (1770); Wohn-/Sterbehaus Rue des Moulins Nr. 8; Grab in der Kirche Saint-Roch.

† 1762 **Prosper Jolyot, Sieur de Crais-Billon (Crébillon d. Ä.)** (* Dijon/Bu 1674); der erfolgreiche Dramatiker, der zunächst als Anwalt in P. tätig war, bewohnte ab

Madame de Stäel

1741 das Haus Rue de Turenne Nr. 56, wo er starb (hier hatte er Giacomo Casanova Französischunterricht erteilt); Grab in der Kirche Saint-Gervais-Saint-Protais.

* 1766 **Madame de Staël** (Germaine Necker) († ebda. 1816), Erzählerin; Tochter des Genfer Bankiers und späteren französischen Finanzministers Jacques Necker, heiratete 20jährig den schwedischen Diplomaten Baron von Staël-Holstein; während des Jakobinerterrors Flucht an den Genfer See (Coppet), wohin sie sich oft zurückzog (Mitglieder des dortigen lit. Zirkels: u. a. die Brüder Schlegel); unter Napoleon wegen konspirativen Widerstandes exiliert; Deutschlandreise 1803/04, deren Frucht: *De l'Allemagne* (1810/13, dt. 1814, u. d. T. *Über Deutschland*, 1947); 1812-14 in Wien, Moskau, Petersburg, Stockholm, London; Rückkehr nach dem Sturz Napoleons; mehrere Liebschaften, u. a. mit B. Constant. – Geburtshaus Hôtel d'Hallwyll (Rue Michel-le-Comte Nr. 28); Sterbehaus Rue des Mathurins Nr. 40; Grab in Coppet/Schweiz. – Weitere W.: *De la littérature considérée dans ses rapports avec les institutions sociales* (1800, dt. *Über Literatur in ihren Verhältnissen mit den gesellschaftlichen Einrichtungen und dem Geist der Zeit*, 1804), *Delphine* (R. 1802, dt. 1800-01), *Corinne ou l'Italie* (R. 1807, dt. *Corinna oder Italien*, 1807-08); *Œuvres complètes* (17 Bde. 1820 ff.).

* 1770 **Étienne Pivert de Senancour** († Saint-Cloud/IdF 1846), frühromant. Erzähler; Sohn eines königl. Verwaltungsbeamten, floh vor einer kirchl. Ausbildung in die Schweiz; kehrte 1796 nach Frankreich zurück; verfaßte kulturkrit. Essays und den Briefroman *Oberman* (1804, dt. *Obermann*, 1844); geriet trotz prominenter Fürsprache (G. Sand, Sainte-Beuve) schon zu Lebzeiten in Vergessenheit, erhielt schließlich Staatspension. Er lebte in der zweiten Lebenshälfte (bis zum Umzug nach Saint-Cloud) zurückgezogen in der Rue de la Cérisaie, dann an der Place Royale. – Weitere W.: *Rêveries sur la nature primitive de l'homme* (Essay 1795), *Valombré* (Kom. 1807).

* 1780 **Pierre-Jean de Béranger** († ebda. 1857), Liederdichter und -komponist; Sohn eines Handwerkers, Buchdruckerlehre, Autodidakt; schrieb populäre Chansons gegen die politische Reaktion, gegen den Klerus und den Adel (zweimaliger Gefängnisaufenthalt); feierte Napoleon als Volkskaiser; Wertschätzung von seiten Goethes, Lamartines, Chateaubriands; 1848 republikanischer Abgeordneter; Staatsbegräbnis unter Napoleon III. – Geburtshaus Rue Montorgueil Nr. 50; Sterbehaus Hôtel de Vendôme (Rue Béranger Nr. 3-5); Grab auf dem Père Lachaise; Statue auf dem Square du Temple. – W. u. a.: *Œuvres complètes* (4 Bde. 1868-75), *Lieb war der König, oh-la-la* (frz.-dt. Ausw. 1959).

† 1780 **Madame du Deffand** (* Charolles/Bu 1697); die Marquise gründete 1730 in der Rue des Quatre-Fils Nr. 22 ihren ersten Salon, in dem neben den Enzyklopädisten auch Voltaire und Montesquieu verkehr-

ten; 1747 verlegte sie den Salon in ihre neue Wohnung (Rue Saint-Dominique Nr. 10-12, Teil des Klosters Saint-Joseph), wo vor allem der Engländer Horace Walpole ein gern gesehener Gast war; Grab in der Kirche Saint-Sulpice.

† 1783 **Louise d'Épinay** (* Valenciennes/NPdC 1726); die geistreiche Geliebte des deutschen Schriftstellers Friedrich Melchior von Grimm und Gönnerin Rousseaus, die bei sich die Aufklärer und den Italiener Abbé Galiani empfing, wohnte zunächst in einem Palais in der Rue Saint-Honoré Nr. 239 (abgerissen), später in der Rue de la Chaussée d'Antin Nr. 5 (wo sie u.a. dem 22jährigen Mozart Unterkunft gewährte).

† 1784 **Denis Diderot** (* Langres/ChA 1713); der Aufklärer und Herausgeber der *Encyclopédie*, der als 15jähriger nach P. gekommen war und das Collège Louis-le-Grand (oder das Collège d'Harcourt) besuchte, lebte von da an mit kurzen Unterbrechungen bis zu seinem Tod in der Hauptstadt (ab 1754 in einem heute nicht mehr existierenden Haus der Rue Tarenne, heute Teil des Boulevard Saint-Germain; dort Denkmal); Sterbehaus Hôtel de Bezons (Rue de Richelieu Nr. 39, Gedenktafel); Grab in der Kirche Saint-Roch (Kenotaph im Panthéon).

† 1788 **Comte de Buffon** (* Montbard/Bu 1707); der Naturkundler, der mit 26 Jahren bereits in die Akademie der Wissenschaften aufgenommen wurde und mit 32 Jahren die Oberaufsicht über die königl. Gärten von P. besaß, zog zum Arbeiten die Stille seiner burgundischen Heimat vor, lebte aber dennoch ein Drittel des Jahres in P., wo er in den Salons (v. a. bei Madame Necker) verkehrte; Grab in Montbard.

† 1791 **Honoré-Gabriel Riqueti, Graf Mirabeau** (* Le Bignon-Mirabeau/C 1749); der Schriftsteller, 1789 vom Dritten Stand als Abgeordneter von Aix-en-Provence in die Versammlung der Generalstände nach P. entsandt, war der erste politische Kopf der Revoution und »starb zur rechten Zeit. Sein aufrechtes und erhabenes Haupt krönte 1791, 1793 hätte es geköpft« (Victor Hugo); Sterbehaus Rue de la Chaussée d'Antin Nr. 42 (Gedenktafel); Grab zunächst – als erste Beisetzung dort – im Panthéon (dann geschändet und Überreste in ein Massengrab des Friedhofs auf der Place Sainte-Geneviève geworfen).

* 1791 **Eugène Scribe** († ebda. 1861), Dramatiker; schrieb (z. T. gemeinsam mit Co-Autoren) ca. 400 Theaterstücke, zum größten Teil Unterhaltungskomödien und komische Opern (z. B. *Fra Diavolo*, 1830, Musik v. Auber); starb in einer Pferdekutsche. – Geburtshaus Rue Saint-Denis Nr. 32 (abgerissen), Büste an der Straßenecke; letztes Wohnhaus Rue Pigalle Nr. 12 (Gedenktafel). – W. u. a.: *Le Prétendu sans le savoir* (1810), *Le Verre d'eau* (1840), *Adrienne Lecouvreur* (1849); *Œuvres complètes* (76 Bde. 1874-85).

† 1792 **Jacques Cazotte** (* Dijon/Bu 1719); der Autor des Romans *Le Diable amoureux* (1772), Beamter im Marineministerium, wurde in der Revolution in eine Verschwörung verwickelt, blieb trotz goldenen Brückenbaus in der Verhandlung bei provozierenden royalist. Standpunkten und starb unter der Guillotine.

† 1793 **Carlo Goldoni** (* Venedig 1707); der bedeutendste Lustspieldichter Italiens siedelte im Frühjahr 1762 nach P. über (Rue Dussoubs Nr. 21), wo er zwei Jahre lang für das Théâtre des Italiens arbeitete; nach Aufenthalten in Versailles/IdF, wo er als Sprachlehrer am Hofe angestellt war, kehrte er wieder nach P. zurück, schrieb hier seine *Memoiren* und starb verarmt (nachdem ihm die Nationalversammlung die Rente entzogen hatte); Büste auf dem Square de l'Archevêché.

† 1794 **Georg Forster** (* Wislina bei Danzig 1754); der Begleiter Cooks auf dessen Weltreise (1772-75) und Autor der *Ansichten vom Niederrhein* (1790) war im März 1793 als Abgesandter des Rheinlands in die Nationalversammlung nach P. gekom-

men (Wohnung/Sterbehaus Maison des Patriotes Hollandais, Rue des Moulins).

† 1794 **Fabre d'Églantine** (* Carcassonne/LR 1755); der Dichter (Wohnung im Hôtel de la Liberté, Rue d'Aboukir), der an der Gestaltung des neuen Kalenders mitgearbeitet hatte und Mitglied des Comité de Salut public war, folgte Danton, dessen Sekretär er war, unter die Guillotine; Grab auf dem Cimetière des Errancis (Boulevard de Courcelles Nr. 1).

† 1794 **Sébastien Roch Nicolas Chamfort** (* Clermont-Ferrand/Au 1741); der Moralist und Direktor der Nationalbibliothek wurde während der Revolution denunziert und verhaftet, verlor sein Amt und beging, wieder in Freiheit gesetzt, aus Angst vor neuerlichem Gefängnis Selbstmord; Grab auf dem Cimetière des Innocents (Square des Innocents).

† 1794 **André Chénier** (* Konstantinopel 1762; → Anhang); der Dichter kam im Alter von drei Jahren mit seiner Mutter nach P. (Elternhaus Rue de Cléry Nr. 97), Besuch des Collège de Navarre; den Jakobinern nicht genehme Gedichte brachten ihn als einen der letzten (zwei Tage vor dem Sturz Robespierres) auf der Place de la Nation unter die Guillotine; Grab auf dem Cimetière de Picpus (Rue de Picpus Nr. 35).

† 1795 **Jean-Jacques Barthélemy** (* Cassis/PAC 1716); der Autor des Bildungsromans *Voyage du jeune Anacharsis en Grèce* (1788), seit 1753 Direktor des P.er Münzkabinetts, starb in seinem Haus Rue de Richelieu Nr. 101.

* 1798 **Jules Michelet** († Hyères/PAC 1874), Geschichtsschreiber; Sohn eines Druckers, Lycée Charlemagne, Studium der Literaturwissenschaft; Professor an der École Normale Supérieure, ab 1838 Professor für Geschichte und Ethik am Collège de France; Amtsverlust, als er 1852 Napoleon III. den Treueeid verweigerte; Leben in Zurückgezogenheit und Armut; Hauptwerk: *Histoire de France* (17 Bde. 1833-1867). – Geburtshaus Rue Saint-Denis Nr. 224 (Gedenktafel zur Rue de Tracy), Wohnhaus Rue d'Assas Nr. 76 (Gedenktafel); Grab auf dem Père Lachaise. – Weitere W.: *Introduction à l'histoire universelle* (1831, dt. *Einleitung in die allgemeine Geschichte*, 1834), *Des Jésuites* (1843, dt. *Die Jesuiten*, 1843), *Histoire de la Révolution française* (7 Bde. 1847, dt. *Geschichte der französischen Revolution*, 10 Bde. 1929-30), *L'Oiseau* (1856, dt. *Aus den Lüften. Das Leben der Vögel*, 1856), *L'Insecte* (1857, dt. *Das Insekt*, 1858), *L'Amour* (1858, dt. *Die Liebe*, 1859), *La Femme* (1859, dt. *Die Frau*, 1860), *La Mer* (1861, dt. *Das Meer*, 1861), *La Sorcière* (1862, dt. *Die Hexe*, 1863); *Œuvres complètes* (1971 ff.).

† 1803 **Jean François de Saint-Lambert** (* Nancy/Lo 1716); der Mitarbeiter an der *Encyclopédie*, Liebhaber der Madame de Châtelet (→ Commercy/Lo) und später der Madame d'Houdetot (→ Montmorency/IdF) starb im Haus Rue du Faubourg-Saint-Honoré Nr. 6 (heute Innenministerium); Grab auf dem Père Lachaise.

* 1803 **Prosper Mérimée** († Cannes/PAC 1870), Erzähler; Sohn eines Malers; Lycée Napoléon (Lycée Henri IV), Jurastudium; Freundschaft mit Stendhal; 1834 Generalinspektor der historischen Denkmäler Frankreichs: zahlreiche Reisen zur Bestandsaufnahme; 1844 Mitglied der Académie Française, 1853 Senator, Verbindung zum Kaiserhof; verfaßte vor allem Novellen; übersetzte Puschkin, Gogol, Turgenjew ins Französische. – Geburtshaus Place du Panthéon Nr. 7. – W. u. a.: *Mateo Falcone* (Nov. 1829, dt. 1943), *Chronique du règne de Charles IX.* (R. 1829, dt. 1829, u. d. T. *Die Bartholomäusnacht*, 1925), *Notes d'un voyage dans le Midi de la France* (1835), *Notes d'un voyage dans l'Ouest de la France* (1836), *La Vénus d'Ille* (Nov. 1837, dt. *Die Venus von Ille*, 1913), *Notes d'un voyage en Auvergne* (1838), *Notes d'un voyage en Corse* (1840), *Colomba* (Nov. 1840, dt. 1841), *Carmen* (Erz. 1845, dt. 1880, als Oper ver-

Prosper Merimée

tont von G. Bizet); *Œuvres complètes* (3 Bde. 1928-32).

* 1804 **George Sand** (eigentlich Lucile-Aurore Dudevant, geb. Dupin) († Nohant/C 1876), Erzählerin; (illegitime) Ururenkelin Augusts des Starken, Klostererziehung in P.; heiratete 1822 den Baron Dudevant, mit dem sie zwei Kinder hatte, baldige Trennung (und später Scheidung); Liebesbeziehungen u. a. zu Jules Sandeau (nach dessen Namen sie ihr Pseudonym wählte), Alfred de Musset, Frédéric Chopin; erregte gesellschaftliches Aufsehen durch Zigarrenrauchen und Tragen von Männerkleidung; hatte mit ihren sozial engagierten Romanen bald großen Erfolg. – Geburtshaus Rue de Meslay Nr. 46 (Gedenktafel); Denkmal (1904) im Jardin du Luxembourg; Gedenktafel am Sterbehaus Chopins (Place Vendôme Nr. 10-12). – W. u. a.: *Indiana* (1832, dt. 1836), *Lélia* (1833, dt. 1834), *Mauprat* (1837, dt. 1838), *Le Compagnon du Tour de France* (1840, dt. *Der französische Handwerksbursche*, 1841), *Un Hiver à Majorque* (Reisebericht 1841, *Ein Winter auf Mallorca*, 1979), *Consuelo* (1842-43, dt. 1845), *La Comtesse de Rudolstadt* (1843, dt. *Die Gräfin von Rudolstadt*, 1844), *Le Meunier d'Angibault* (1845, dt. *Der Müller von Angibault*, 1845), *La Mare au Diable* (1845-46, dt. *Der Teufelssumpf*, 1846), *Lucrezia Floriani* (1846-47, dt. 1847), *François le Champi* (1847-48, *Franz der Champi*, 1848, u. d. T. *Das Findelkind*, 1948), *La Petite Fadette* (1848-49, dt. *Die kleine Fadette*, 1849), *Les Maîtres Sonneurs* (1853, dt. *Die Musikanten-Zunft*, 1856), *Histoire de ma vie* (Autobiogr. 1854-55, *Geschichte meines Lebens*, 1863), *Le Marquis de Villemer* (1861, dt. 1861); *Œuvres complètes* (115 Bde. 1852-1926).

* 1804 **Eugène Sue** († Annecy/RhA 1857), Erzähler; Arztsohn; als Hilfsarzt in Spanien, später in Toulon; ausgedehnte Reisen, Verfassen von Seefahrtserzählungen; Kontakt zu den Romantikerkreisen; politisches Engagement für den Arbeiterstand und die Ideen des Sozialismus; großer Erfolg mit dem Fortsetzungsroman *Les Mystères de Paris* (1842/43, dt. *Die Geheimnisse von Paris*, 1843); Protest gegen den Staatsstreich Napoleons III., ab 1851 Exil in Annecy. – Geburtshaus Rue Cambon Nr. 21; prächtiger Wohnsitz Rue La Boétie Nr. 41 (1873 abgerissen). – Weitere W.: *Mathilde. Mémoires d'une jeune femme* (R. 1841, dt. *Mathilde. Memoiren einer jungen Frau*, 1845), *Le Juif errant* (R. 1844/45, dt. *Der ewige Jude*, 1844/45), *Les sept péchés capitaux* (R. 1847/49, dt. *Die sieben Todsünden*, 1847/52), *Les Mystères du peuple* (1849/57, dt. *Die Geheimnisse des Volkes*, 1850).

* 1805 **Alexis de Tocqueville** († Cannes/PAC 1859), Staatsmann, Soziologe; aus altem normannischen Adel; 1827 Richter in Versailles/IdF, 1831/32 Amerikareise; Hauptwerk: *De la Démocratie en Amérique* (4 Bde. 1835-40, dt. *Die Demokratie in Amerika*, 1956); ab 1839 Abgeordneter, 1841 Mitglied der Académie Française; Juni-Oktober 1849 Außenminister, Opposition zu Louis Napoléon, Rückzug aus der Politik. – Geburtshaus Rue de la Ville-l'Évêque Nr. 12. – Weitere W.: *L'Ancien ré-*

gime et la révolution (1856, dt. *Der alte Staat und die Revolution*, 1959); *Œuvres complètes* (12 Bde. 1952 ff.).

† 1806 **Nicolas Restif de la Bretonne** (* Sacy/Bu 1734); der Erzähler lebte ab 1755 in der Hauptstadt, deren Leben er in seinem Werk (u. a. *Nuits de Paris ou Le Spectateur nocturne*, 1788-94, dt. in Ausz. *Die Nächte von Paris 1789-1793*, 1989) schildert; Sterbehaus Rue de la Bûcherie Nr. 16, Grab auf dem nicht mehr existierenden Friedhof Sainte-Catherine (Boulevard Saint-Marcel Nr. 66).

* 1808 **Gérard de Nerval** (eigentlich Gérard Labrunie) († ebda. 1855), Lyriker, Erzähler; Sohn eines Arztes, früher Tod der Mutter, wuchs bei einem Großonkel auf; mit 20 Jahren Faust-Übersetzung (Lob Goethes); Anschluß an die Kreise der Romantiker; zahlreiche Reisen; ab 1841 Anfälle einer Geisteskrankheit; Freundschaft mit A. Dumas d. Ä. und H. Heine; in den letzten Jahren unstete Existenz. – Geburtshaus Rue Saint-Martin Nr. 168 (Gedenktafel); Denkmal auf dem Square de la Tour Saint-Jacques; Grab auf dem Père Lachaise. – W. u. a.: *Voyage en Orient* (1851), *Lorely. Souvenirs d'Allemagne* (1852, dt. *Vom Rhein zum Main*, 1947), *Promenades et souvenirs* (1853), *Les Chimères* (1854, dt. *Die Chimären*, 1953), *Les Filles du feu* (1854, dt. *Töchter der Flamme*, 1953), *Aurélia* (1855, dt. 1910); *Œuvres* (2 Bde. 1956-60), *Werke* (3 Bde. 1986-89).

* 1808 **Alphonse Karr** († Saint-Raphaël/PAC 1890), Journalist, Erzähler; Herausgeber des *Figaro* und der Zs. *Les Guêpes*, ging nach dem Staatsstreich des Prinzen Napoleon ins Exil an die Côte d'Azur (Nizza, Saint-Raphaël), die er durch seine Artikel im *Figaro* in P. populär machte. – Wohnsitz in der Passage des Panoramas. – W. u. a.: *Sous les Tilleuls* (R. 2 Bde. 1832), *Une Heure trop tard* (R. 1933), *Ce qu'il y a dans une bouteille d'encre* (4 Bde. 1839-42).

* 1810 **Alfred de Musset** († ebda. 1857), Lyriker, Dramatiker, Erzähler; aus nie-

Gérard de Nerval

derem Adel stammend, glänzender Schüler am Collège Henri IV.; Anschluß an die Romantikerkreise um V. Hugo, 1833 Liebesverhältnis mit George Sand, das im Folgejahr in Venedig abrupt endete; Bibliothekar im Innenministerium; 1852 Aufnahme in die Académie Française. – Geburtshaus Rue des Noyers Nr. 35 (abgerissen; heute Boulevard Saint-Germain); Sterbehaus Rue du Mont-Thabor Nr. 6; Denkmal im Parc Monceau; Grab auf dem Père Lachaise – W. u. a.: *Contes d'Espagne et d'Italie* (Ged. 1830), *André del Sarto* (Dr. 1833, dt. 1905), *Les Caprices de Marianne* (Dr. 1833, dt. *Die Launen einer Frau*, um 1874), *Rolla* (Verserz. 1833, dt. 1880), *Lorenzaccio* (Dr. 1834, dt. 1925), *On ne badine pas avec l'amour* (Dr. 1834, dt. *Spielt nicht mit der Liebe!*, 1888), *La Confession d'un enfant du siècle* (R. 1835/36, dt. *Beichte eines Kindes seiner Zeit*, 1903), *Pierre et Camille* (1844, dt. 1901); *Œuvres complètes* (1963), *Gesammelte Werke* (5 Bde. 1925).

† 1813 **Jacques Delille** (* Aigueperse/Au 1738); der »französische Vergil« war zunächst Lehrer am Collège de La Marche, bevor er einen Lehrstuhl am Collège de

Charles Baudelaire

France bekam; während des Revolutionsterrors floh er aus P. und kehrte (nach Exil in der Schweiz, Deutschland und England) 1802, fast völlig erblindet, in die Hauptstadt zurück; Grab auf dem Père Lachaise.

* 1815 **Eugène Labiche** († ebda. 1888), Lustspieldichter; Sohn eines Sirupfabrikanten; verfaßte (z. T. in Co-Produktion) ca. 170 Komödien, Meister der Situationskomik; 1880 Wahl in die Académie Française. – Grab auf dem Cimetière de Montmartre. – W. u. a.: *Un Chapeau de paille d'Italie* (1851), *Le Voyage de Monsieur Perrichon* (1860), *La Cagnotte* (1861); *Théâtre complet* (10 Bde. 1878 f.), *Œuvres complètes* (8 Bde. 1966-68).

† 1821 **Louis de Fontanes** (* Niort/PCh 1757); Napoleon hatte den Schriftsteller und Freund Chateaubriands zum ersten Großmeister der P.er Universität gemacht; Sterbehaus Rue de la Chaussée d'Antin Nr. 26 (abgerissen).

* 1821 **Charles Baudelaire** († ebda. 1867), Lyriker; früher Verlust des Vaters; Internat in Lyon und Gymnasium Louis-le-Grand in P.; Jurastudium; führte das Leben eines Dandys (wurde unter Vormundschaft gestellt); häufiger Wohnungswechsel in P.; journalist. Tätigkeit, Besprechung der P.er Kunstausstellungen (Salons); Hauptwerk: *Les Fleurs du Mal* (Ged. 1857, dt. *Die Blumen des Bösen*, 1901 u. ö.); Übersetzer von E. A. Poe ins Französische, Anhänger der Musik R. Wagners; Drogenkonsum, letzte Lebensjahre von Krankheit überschattet. – Geburtshaus Rue Hautefeuille Nr. 15 (abgerissen); Sterbehaus (Klinik) Rue du Dôme Nr. 1 (abgerissen); Grab auf dem Montparnasse-Friedhof (dort auch Kenotaph). – Weitere W.: *Les Paradis artificiels* (1860, dt. *Die künstlichen Paradiese*, 1901), *Les Épaves* (Ged. 1866, dt. *Strandgut*, 1947), *Le Spleen de Paris, petits poèmes en prose* (1869, dt. *Kleine Gedichte in Prosa*, 1923); *Œuvres complètes* (2 Bde. 1975/76), *Sämtliche Werke* (8 Bde. 1976 ff.).

* 1822 **Maxime Du Camp** († Baden-Baden 1894), Erzähler; Sohn eines Chirurgen; zahlreiche Reisen (Griechenland, Türkei, Afrika); Freundschaft mit G. Flaubert, mit dem er 1847 durch die Bretagne wanderte; Herausgeber der *Revue de Paris*, in der er Flauberts *Madame Bovary* veröffentlichte; verfaßte Reiseberichte, eine Lyriksammlung (*Les Chants modernes*) und Erinnerungen an zeitgenöss. Dichter (*Souvenirs littéraires*, 2 Bde. 1882 f.); 1890 Wahl in die Académie Française; Grab auf dem Montmartre-Friedhof.

* 1822 **Henri Murger** († ebda. 1861), Erzähler, Dramatiker; Sohn eines Concierge, Kunststudium, Botschaftssekretär; schrieb den Roman *Scènes de la vie de Bohème* (1851, dt. *Pariser Zigeunerleben*, 1851; Oper von Puccini *La Bohème*) über das Künstlerleben. – Geburtshaus Rue des Trois-Frères Nr. 19 (heute Rue Taitbout); Sterbehaus Rue du Faubourg-Saint-Denis Nr. 200 (Heilanstalt, heute Maison Debois; Gedenktafel); Grab auf dem Cimetière de Montmartre. – Weitere W.: *Claude et Marianne* (Dr. 1851), *Scènes de la vie de*

jeunesse (R. 1851, *Scenen aus dem Leben der Pariser Jugend*, 1852), *Les Buveurs d'eau* (R. 1855).

† 1824 **François-Pierre Gonthier Maine de Biran** (* Bergerac/Aq 1766); im Wechsel mit seinem Schloß Grateloup bei Saint-Sauveur/Aq bewohnte der Philosoph und Staatsrat von 1816 bis zu seinem Tod das Haus in der Rue du Bac Nr. 86; Grab in Saint-Sauveur/Aq.

* 1824 **Alexandre Dumas d. J.** († Marly-le-Roi 1895), Dramatiker, Erzähler; uneheliches Kind von A. Dumas d. Ä. (→ Villers-Cotterêts/Pi), der für eine gute Erziehung sorgte und den Sohn häufig mit auf Reisen nahm; großer Erfolg mit Roman und Drama *La Dame aux camélias* (1848 bzw. 1852, dt. 1866, u. d. T. *Die Cameliendame*, 1868); 1875 Aufnahme in die Académie Française. – Geburtshaus Place Boïeldieu Nr. 1 (früher Place des Italiens); Denkmal auf der Place du Général Catroux; Grab auf dem Cimetière de Montmartre. – Weitere W.: *Le Roman d'une femme* (R. 1849), *La Dame aux perles* (R. 1853), *Le Demi-Monde* (Dr. 1855), *Le Fils naturel* (Dr. 1858), *Francillon* (Dr. 1887); *Théâtre complet* (7 Bde. 1868-92).

† 1824 **Gustav Graf von Schlabrendorf** (* Stettin 1750); der »amtlos Staatsmann, heimatfremd Bürger, begütert arm« (Varnhagen), der ein Buch über Napoleon schrieb (1804, zuletzt u. d. T. *Anti-Napoleon*, 1991), kam 1790 nach P. und wohnte die ganze Zeit im Hôtel des deux Siciles (Rue de Richelieu), das zu einem Anziehungspunkt für P.-Reisende wurde; er starb in seiner Landwohnung im Vorort Batignolles.

† 1825 **Vivant Denon** (* Givry/Bu 1747); der Schriftsteller und Diplomat, der 1802-15 Direktor der staatl. Museen Frankreichs war, wohnte in seinen letzten Lebensjahren am Quai Voltaire Nr. 5; Grab auf dem Père Lachaise.

† 1826 **Jean-Anthelme Brillat-Savarin** (* Belley/RhA 1755); der Jurist und Feinschmecker, der während der Revolution in

Edmond und Jules de Goncourt

die Schweiz und dann nach Amerika geflohen war, starb in der Rue des Filles-Saint-Thomas Nr. 11 (Gedenktafel); Grab auf dem Père Lachaise.

† 1830 **Benjamin Constant** (* Lausanne 1767; → Anhang); der Erzähler und liberale Politiker kam ab 1785 häufig nach P.; Lebensmittelpunkt wurde die Stadt jedoch erst während der Restauration; Sterbehaus Rue d'Anjou Nr. 29 (abgerissen); Grab auf dem Père Lachaise.

* 1830 **Jules Huot de Goncourt** († ebda. 1870), Erzähler, Historiker; aus wohlhabendem Elternhaus (lebenslange finanzielle Sorgenfreiheit); verfaßte mit seinem älteren Bruder Edmond (→ Nancy/Lo) historische Werke, naturalist. Romane und ab dem 2. Dezember 1851 das *Journal des Goncourt* (vollst. 22 Bde. 1956-58, dt. in Ausz. 1905 u. ö., zuletzt u. d. T. *Blitzlichter*, 1989), das bedeutendste Tagebuch des 19. Jhs. – Sterbehaus Boulevard de Montmorency Nr. 67 (seit 1938 im Besitz der Académie Goncourt), das Edmond bis in sein Todesjahr (1896) weiter bewohnte; Grab (mit dem Bruder) auf dem Cimetière de Montmartre. – Weitere W.: *Histoire de la société française pendant la Révolution* (Geschichtswerk 1854), *Histoire de Marie-Antoinette* (1858, dt. *Geschichte der Marie Antoinette*, 1859),

Sœur Philomène (R. 1861), *Renée Mauperin* (R. 1864, dt. um 1884), *Germinie Lacerteux* (R. 1864, dt. 1896), *Manette Salomon* (R. 1867), *Madame Gervaisais* (R. 1869, dt. 1990); *Œuvres* (27 Bde. 1926-37).

* 1831 **Victorien Sardou** († Marly-le-Roi/IdF 1908), Dramatiker; Freundschaft mit der Schauspielerin Sarah Bernhardt (1844-1923); einer der erfolgreichsten Komödienautoren des 19. Jhs., erwarb 1863 Schloß in Marly-le-Roi und lebte dort. – Geburtshaus Rue Beautreillis Nr. 16 (Gedenktafel). – W. u. a.: *Les vieux garçons* (1865), *Fédora* (1882), *Théodora* (1884), *La Tosca* (1887, v. Puccini vertont), *Madame Sans-Gêne* (1893); *Théâtre complet* (15 Bde. 1934-61).

† 1832 **Jean-François Champollion** (* Figeac/MPy 1790); der Ägyptologe wohnte in der Rue Mazarine Nr. 28, wo es ihm gelang, die Hieroglyphen zu entziffern; Grab auf dem Père Lachaise; Statue vor dem Collège de France (Rue des Écoles).

† 1837 **Ludwig Börne (Löb Baruch)** (* Frankfurt/Main 1786); der Journalist und Moralist kannte P. bereits von Aufenthalten 1819/1820 und 1822-1824, bevor er Mitte September 1830 in die Stadt übersiedelte, aus der er die *Briefe aus Paris* (1832/33/34) schrieb; überwarf sich mit Heinrich Heine; Wohnung Hôtel de Castille (Rue de Cambon Nr. 37), letzte Wohnung (ab 1833) im Winter bei dem befreundeten Ehepaar Strauss Rue Laffitte, im Sommer in Auteuil; Grab auf dem Père Lachaise.

* 1837 **Henri Becque** († ebda. 1899), Dramatiker, Journalist; aus kleinen Verhältnissen stammend; Wegbereiter des naturalist. Theaters; wohnte in den letzten Lebensjahren in der Avenue de Villiers Nr. 113, dann Nr. 104. – Grab auf dem Père Lachaise. – W. u. a.: *L'Enfant prodigue* (Dr. 1868), *Michel Pauper* (Dr. 1870), *Les Corbeaux* (Dr. 1882, dt. *Die Raben*, 1967), *La Parisienne* (Dr. 1885, dt. *Die Pariserin*, 1970); *Œuvres complètes* (7 Bde. 1924-26).

Émile Zola

* 1839 **Sully-Prudhomme** (eigentlich René François Armand Prudhomme) († Châtenay-Malabry/IdF 1907), Lyriker; Industriearbeiter (Schneider-Creuzot), dann Studium (Philosophie); großes Lob von Sainte-Beuve für den ersten Lyrikband *Stances et poèmes* (1865), gehörte der Dichtergruppe Parnasse an; 1881 Aufnahme in die Académie Française; 1901 erster Nobelpreisträger für Literatur. – Geburtshaus Rue du Faubourg-Poissonnière Nr. 34 (Gedenktafel); Grab auf dem Père Lachaise. – Weitere W.: *Les Épreuves* (Ged. 1866), *Les Solitudes* (Ged. 1869), *Les Destins* (Ged. 1872), *La Révolte des fleurs* (Ged. 1874), *La Justice* (Ged. 1878), *Le Bonheur* (Ged. 1888), *Épaves* (Ged. 1908), *Journal intime* (1922); *Œuvres* (3 Bde. 1888-1908).

* 1840 **Émile Zola** († ebda. 1902), Romancier, Dramatiker; Familie aus Italien stammend, Vater berühmter Ingenieur; Kindheit und Jugend in Aix-en-Provence/PAC, Freundschaft mit dem Maler Paul Cézanne; ab 1858 P., zunächst Verwaltungsangestellter; plante ab 1868 den gewalti-

gen, die Vererbungsgesetze in den Mittelpunkt stellenden Romanzyklus der *Rougon-Macquart* (20 Bde. 1871-1893, dt. 1892-99, 1952-76, 1974-77), eine ›Natur und Sozialgeschichte einer Familie im Zweiten Kaiserreich‹, darunter die Romane *La Fortune des Rougon* (1870, dt. *Das Glück des Hauses Rougon*, 1881), *Le Ventre de Paris* (1873, dt. *Im Bauch von Paris*, 1882), *L'Assommoir* (1877, dt. *Der Totschläger*, 1880, u. d. T. *Die Schnapsbude*, 1927), *Nana* (1880, dt. 1881), *Pot-Bouille* (1882, dt. *Der häusliche Herd*, 1882, u. d. T. *Vordertreppenroman*, 1955, u. d. T. *Hahn im Korb*, 1963, u. d. T. *Ein feines Haus*, 1964), *Au Bonheur des Dames* (1883, dt. *Zum Paradies der Damen*, 1890), *Germinal* (1885, dt. 1885), *L'Œuvre* (1886, dt. 1886, u. d. T. *Das Werk*, 1923), *La Terre* (1887, dt. *Mutter Erde*, 1888, später u. d. T. *Die Erde*, 1899), *La Bête humaine* (1890, dt. *Die Bestie im Menschen*, 1890); öffentliches Eintreten Zolas auf der Seite Dreyfus' (offener Brief an den Staatspräsidenten: *J'accuse...!*). – Geburtshaus Rue Saint-Joseph Nr. 10 (Gedenktafel); Sterbehaus Rue de Bruxelles Nr. 21; Denkmal an der Avenue Émile-Zola; Grab zunächst auf dem Cimetière de Montmartre, ab 1908 im Panthéon. – Weitere W.: *Contes à Ninon* (Erz. 1864, dt. *Erzählungen an Ninon*, 1880), *Thérèse Raquin* (R. 1867, dt. 1884), *Lourdes* (R. 1894, dt. 1894), *Rome* (R. 1896, dt. 1896), *Paris* (R. 1898, dt. 1909), *Les quatres Évangiles* (R. 3 Bde. 1899-1902, dt. *Die vier Evangelien*, 3 Bde. 1900-1902).

* 1842 **François Coppée** († ebda. 1908), Lyriker; Bibliothekar, später Archivar der Comédie Française; 1884 Aufnahme in die Académie Française; antisemit. Engagement in der Dreyfus-Affäre; verfaßte Dramen (*Le Passant*, 1869, *Madame de Maintenon*, 1881) und Romane (*Une Idylle pendant le siège*, 1875), wurde aber v. a. als Lyriker des Parnasse geschätzt. – Geburtshaus Rue de l'Abbé-Grégoire Nr. 9; Wohn- und Sterbehaus Rue Oudinot Nr. 12 (Gedenktafel); Grab auf dem Montparnasse-Friedhof. – Weitere W.: *Le Reliquaire* (Ged. 1866), *Intimités* (Ged. 1868), *Poèmes modernes* (Ged. 1869), *Élégies* (Ged. 1876), *Les Paroles sincères* (Ged. 1890); *Œuvres complètes* (17 Bde. 1885-1909).

* 1842 **Stéphane Mallarmé** († Vulaines-sur-Seine/IdF 1898), Lyriker; Sohn eines Verwaltungsbeamten, Erziehung in Pensionen und Internaten; (Englisch-)Lehrer an mehreren Gymnasien: Tournon, Avignon, Sens, P. (Lycée Condorcet); ab 1880 Dienstagsempfänge (›Mardis‹) in Mallarmés P.er Wohnung Rue de Rome Nr. 89 (Gäste u. a. Verlaine, Gide, Claudel, Valéry, Verhaeren, Maeterlinck); die Gedichte und Prosagedichte erschienen verstreut in verschiedenen Zeitschriften, Übersetzung von E. A. Poes Gedichten. – Geburtshaus Rue Laferrière Nr. 12. – W. u. a.: *Les Poésies de Stéphane Mallarmé* (1887), *Vers et Prose* (1893); *Œuvres complètes* (1956), *Sämtliche Gedichte* (1957).

† 1842 **Stendhal** (**Marie-Henri Beyle**) (* Grenoble/RhA 1783); der große realist. Erzähler, der 1799 erstmals in die Hauptstadt gekommen war, kehrte sein ganzes

Stéphane Mallarmé

Leben lang zwischen den langen Abwesenheiten (Marseille, Mailand, Civitavecchia) und Reisen nach P. zurück; Sterbehaus Hôtel de Nantes (Rue Danielle-Casanova Nr. 22); Denkmal im Jardin du Luxembourg; Grab auf dem Cimetière de Montmartre.

† 1844 **Charles Nodier** (* Besançon/FC 1780); der Erzähler war von 1824 bis zu seinem Tod 1844 Direktor der Bibliothèque de l'Arsenal (Rue de Sully Nr. 3), wo er auch wohnte; sein Salon war der erste lit. Zirkel (»Cénacle«) der romant. Bewegung (Hugo, Vigny, Musset, Lamartine u. a.); Grab auf dem Père Lachaise.

* 1844 **Anatole France** (eigentlich Jacques-François-Anatole Thibault) († Saint-Cyr-sur-Loire/C 1924), Erzähler; Sohn eines Buchhändlers und Antiquars, humanist. Schulbildung; 1874 Bibliothekar des P.er Senats, Literaturkritiker bei *Le Temps*; 1896 Aufnahme in die Académie Française, 1921 Nobelpreis. – Geburtshaus Quai Malaquais Nr. 19, aufgewachsen Quai Malaquais Nr. 15 (Gedenktafel); späterer Wohnsitz Villa Saïd (Avenue Foch Nr. 72). – W. u. a.: *Le Crime de Sylvestre Bonnard* (R. 1881, dt. *Professor Bonnards Schuld*, 1885), *La Rôtisserie de la Reine Pédauque* (R. 1893, dt. *Die Bratküche zur Königin Gänsefuß*, 1907), *Le Lys rouge* (R. 1894, dt. *Die rote Lilie*, 1899), *Le Jardin d'Épicure* (Prosa 1895, dt. *Der Garten Epikurs*, 1906), *L'Histoire contemporaine* (Geschichtswerk 1896-1901, dt. *Zeitgenössische Geschichte*, 1920/21), *L'Affaire Crainquebille* (Erz. 1901, dt. *Crainquebille*, 1903), *La Vie de Jeanne d'Arc* (Biogr. 1908, dt. *Das Leben der heiligen Johanna*, 1926), *Les Dieux ont soif* (R. 1912, dt. *Die Götter dürsten*, 1912), *La Révolte des anges* (R. 1914, dt. *Der Aufruhr der Engel*, 1917); *Œuvres* (30 Bde. 1925 ff.).

* 1846 **Judith Gautier** († Dinard/Br 1917), Dichterin, Erzählerin, Übersetzerin; die Tochter von Théophile Gautier, kurzzeitig mit dem Dichter Catulle Mendès verheiratet, war eine glühende Wagnerianerin und übersetzte 1893 den *Parsifal* ins Frz.; ferner Übers. aus dem Chinesischen, Japanischen, Persischen; sie verfaßte Gedichte, Erzählungen, Dramen und Erinnerungen (*Souvenirs d'une Parisienne*), wurde als erste Frau in die Académie Goncourt gewählt (1911). – Wohnhaus Rue Washington Nr. 30 (Gedenktafel). – W. u. a.: *Le Livre de jade* (Ged. 1867), *La Conquête du paradis* (Erz. 1884), *Le Collier des jours* (Memoiren, 3 Bde. 1902-09).

Anatole France

* 1848 **Joris-Karl Huysmans** († ebda. 1907), Erzähler; holländische Vorfahren; 1876 Bekanntschaft mit Zola, in dessen Haus in Médan/IdF er verkehrte (Beiträger zu den *Soirées de Médan*, 1880: die Novelle *Sac au dos*); 1884 Bruch mit Zola, Freundschaft mit L. Bloy und Villiers de l'Isle-Adam; allmähliche Hinwendung zum Glauben, Aufenthalte in Klöstern (Igny, Solemes, Ligugé); Reisen u. a. ins Elsaß und nach Deutschland (in Kassel Erlebnis der Malerei Grünewalds); Hauptwerk:

À Rebours (R. 1884, dt. *Gegen den Strich*, 1897). – Geburtshaus Rue Suger Nr. 9 (Inschrift); Wohn- und Sterbehaus Rue Saint-Placide 31 (Gedenktafel); Grab auf dem Cimetière de Montmartre. – Weitere W.: *En Ménage* (R. 1881, dt. *Der Junggeselle*, 1905), *À Vau-l'eau* (R. 1882, dt. *Stromabwärts*, 1925), *En Rade* (R. 1887), *Un Dilemme* (R. 1887, dt. *Ein Dilemma*, 1898), *Là-bas* (R. 1891, dt. *Da unten*, 1903), *En Route* (1895, dt. *Durchs Kloster in die Welt zurück*, 1910), *La Cathédrale* (1898, dt. *Die Kathedrale*, 1924), *Les Foules de Lourdes* (1906); *Œuvres complètes* (23 Bde. 1928-34).

† 1848 **François-René de Chateaubriand** (* Saint-Malo/Br 1768); der Dichter kam 1786 erstmals nach P., dann 1789, als er die Revolution miterlebte (Beschreibung in den *Mémoires d'outre-tombe*, 1848-50), und kehrte auch nach dem Londoner Exil 1800 wieder in die Hauptstadt zurück; 1807-17 Landgut La Vallée-aux-Loups (→ Châtenay-Malabry/IdF); nach Botschafterposten in Berlin, London und Rom zog sich Chateaubriand 1830 aus der Politik zurück und lebte bis zu seinem Tod in P.; letztes Wohn-/Sterbehaus Hôtel de Clermont-Tonnerre (Rue du Bac Nr. 120-118; Gedenktafel; Büste auf dem Square des Missions étrangères); Grab in Saint-Malo.

† 1849 **Madame Récamier** (* Lyon/RhA 1777); als Zehnjährige mit ihren Eltern nach P. gekommen, wurde die spätere Geliebte Chateaubriands 15jährig mit dem 27 Jahre älteren Bankier und Lebemann Jacques Récamier verheiratet; Wohnung 1819-49 in der Abbaye-aux-Bois (1908 abgerissen, heute Rue Récamier), wo sie die lit. Welt ihrer Zeit empfing; Sterbehaus Rue des Petits-Champs Nr. 14; Grab auf dem Cimetière de Montmartre.

† 1850 **Honoré de Balzac** (* Tours/C 1799); 1814 zog die Familie aus der Touraine nach P., das Lebensmittelpunkt des künftigen Autors der *Menschlichen Komödie* wurde; scheiternde Unternehmungen zogen eine riesige Schuldenlast nach sich und ein Leben in häufig wechselnden Wohnungen, immer auf der Flucht vor Gläubigern; P. wurde der zentrale Ort des Romanzyklus, hier spielen u. a. *Le Père Goriot*, *Illusions perdues*, *Splendeurs et misères des courtisanes*, *Cousin Pons*, *Cousine Bette*; Wohnung 1840-47 Rue Raynouard Nr. 47 ([M] Maison de Balzac), letztes Wohn-/Sterbehaus Rue Balzac Nr. 11 (Gedenktafel); Statue (Rodin) am Carrefour Vavin (Boulevard Raspail); Denkmal an der Ecke Rue Balzac/Avenue de Friedland; Grab auf dem Père Lachaise.

* 1851 **Henry Céard** († ebda. 1924), Erzähler; Kindheit und Jugend in P., Angestellter im Kriegsministerium, später in Präfektur und Bibliothek; Mitglied der Autorengruppe, die sich in É. Zolas Haus in Médan/IdF traf, Céards Beitrag zu der Sammlung *Les Soirées de Médan* (1880): die Novelle *La Saignée*; Trennung von Zola während der Dreyfus-Affäre; verfaßte naturalist. Romane, dramatisierte u. a. den Roman *Renée Mauperin* der Brüder Goncourt. – Weitere W.: *Une belle journée* (R. 1881), *Terrains à vendre au bord de la mer* (R. 1906).

† 1854 **Félicité-Robert de Lamennais** (* Saint-Malo/Br 1782); der Schriftsteller und Priester ließ sich nach seinem Bruch mit Rom 1836 in P. nieder; Sterbehaus Rue des Archives Nr. 70 (Gedenktafel), Massengrab auf dem Père Lachaise.

† 1856 **Heinrich Heine** (* Düsseldorf 1797); Heine traf am 19. Mai 1831 in P. ein und lebte (von Reisen abgesehen: u. a. zwei Deutschlandreisen) bis zu seinem Tod in der Stadt (Besucher u. a. Heinrich Laube, Georg Herwegh, Georg Weerth, Karl Marx); hier lernte er die Schuhverkäuferin Mathilde kennen, die er 1841 in der Kirche Saint-Sulpice heiratete; 1848 erkrankte der Dichter an einer Rückenmarkschwindsucht und war bald ans Bett gefesselt; Werke aus der P.er Zeit: u. a. *Die romantische Schule* (1836), *Neue Gedichte* (1844), *Deutschland. Ein Wintermärchen*

(1844), *Atta Troll* (1847), *Romanzero* (1851); letzte Wohnung/Sterbehaus (die »Matratzengruft«) Avenue Matignon Nr. 3 (abgerissen, Gedenktafel am Nachfolgebau), Grab auf dem Montmartre-Friedhof.

† 1856 **Augustin Thierry** (* Blois/C 1795); der Historiker, der die École Normale Supérieure besucht hatte, wohnte nach dem Studium in der Rue des Grands-Augustin Nr. 25 und schrieb hier seine ersten Werke; mit 30 Jahren erblindet, mußte er später seine geschichtl. Werke diktieren; Sterbehaus Rue du Montparnasse Nr. 32, Grab auf dem Montparnasse-Friedhof.

† 1857 **Auguste Comte** (* Montpellier/LR 1798); der Begründer des Positivismus studierte 1814-16 an der École Polytechnique, an der er später eine Stellung als Hilfslehrer erhielt (Lehrstühle wurden ihm immer ausgeschlagen); Wohn- und Sterbehaus Rue Monsieur-le-Prince Nr. 10; Grab auf dem Père Lachaise; Denkmal auf der Place de la Sorbonne.

† 1859 **Marceline Desbordes-Valmore** (* Douai/NPdC 1786); die von Baudelaire und Sainte-Beuve verehrte Dichterin fristete in P. ein materiell und psychisch schwieriges Dasein; Sterbehaus Rue de Rivoli Nr. 73 (abgerissen); Grab auf dem Cimetière de Montmartre.

* 1859 **Henri Bergson** († ebda. 1941), Philosoph; Sohn eines Polen und einer Irin; Lehrer in Clermont-Ferrand, Lehrstuhlinhaber am Collège de France; 1914 Aufnahme in die Académie Française; Nobelpreis für Literatur 1927; Einfluß seiner Theorien auf zahlreiche Schriftsteller (u. a. Proust). – Geburtshaus Rue Lamartine Nr. 18; Sterbehaus Boulevard Beauséjour Nr. 74; Grab in Garches, Gedenktafel im Panthéon. – W. u. a.: *Essais sur les données immédiates de la conscience* (1889, dt. *Zeit und Freiheit*, 1911), *Matière et mémoire* (1896, dt. *Materie und Gedächtnis*, 1908), *Le Rire* (1900, dt. *Das Lachen*, 1914), *L'Évolution créatrice* (1907, dt. *Schöpferische Entwicklung*, 1912), *Durée et simultanité* (1922), *La Pensée et le mouvant* (1934, dt. *Denken und schöpferisches Werden*, 1948), *Mémoire et vie* (1957); *Œuvres* (1959).

* 1862 **Marcel Prévost** († Vianne/Aq 1941), Erzähler; Ingenieur in der Tabakindustrie, schrieb für den *Figaro*; verfaßte erfolgreiche Liebes- und Gesellschaftsromane: *Les Demi-vierges* (1894), *Les Don Juanes* (1922), *Marie-des-angoisses* (1932); ab 1908 Mitglied der Académie Française; lebte im Wechsel in P. (Rue Vineuse Nr. 49) und auf seinem Schloß bei Vianne.

† 1863 **Alfred de Vigny** (* Loches/C 1797); der romant. Dichter, der Kindheit und Jugend in P. verlebt hatte, hielt sich meist auf seinem Gut Le Maine-Giraud/PCh auf und zog erst die letzten Lebensjahre dauerhaft in seine P.er Stadtwohnung Rue d'Artois Nr. 6, wo er starb (Gedenktafel); Grab auf dem Cimetière de Montmartre.

† 1865 **Pierre-Joseph Proudhon** (* Besançon/FC 1809); der Sozialist und Schriftsteller kannte die Stadt bereits von zwei Frankreichreisen, als er 1848, in die Nationalversammlung gewählt, nach P. zog, wo er (mit Ausnahme eines Jahres in Brüssel) bis zu seinem Tod wohnte; letztes Wohn-/Sterbehaus Rue de Passy Nr. 12; Grab auf dem Montparnasse-Friedhof.

* 1867 **Léon Daudet** († Saint-Rémy-de-Provence/PAC 1942), Erzähler, Essayist; Sohn von Alphonse Daudet, Medizinstudium; heiratete 1891 eine Enkelin V. Hugos (Ehe nach vier Jahren geschieden), dann die Schriftstellerin Marthe Allard; Mitglied der Académie Goncourt, Mitarbeit an der nationalist. Zs. *Action française*; verfaßte rechtsradikale und kulturhist. Schriften und Romane. – Geburtshaus Rue Pavée Nr. 24. – W. u. a.: *Souvenirs de milieux littéraires, politiques, artistiques et médicaux* (6 Bde. 1914-21), *Écrivains et artistes* (8 Bde. 1927-29).

* 1868 **Gaston Leroux** († Nizza/PAC 1927), Journalist, Erzähler; Anwalt, Vater des Amateurdetektivs Rouletabille, zog

nach Erfolgen mit Kriminalromanen 1909 von P. nach Nizza. – W. u. a.: *Le Mystère de la chambre jaune* (1908, dt. *Das geheimnisvolle Zimmer*, 1927), *Le Fantôme de l'Opéra* (1910, dt. *Das Geheimnis des Opernhauses*, 1928, u. d. T. *Das Phantom der Oper*, 1968), *Rouletabille chez le Tsar* (1913), *La Poupée sanglante* (1923).

* 1868 **Harry Graf Kessler** († Lyon/RhA 1937), Literat, Politiker; Sohn eines deutschen Bankiers und einer irischen Adligen; Kindheit und Schulen in P., Ascot, Hamburg; Jurastudium; Mitarbeiter und -herausgeber der Zeitschrift *Pan*; 1912/13 Gründung und Leiter der Cranach-Presse (Privat-Druckerei in Weimar); diplomatischer Dienst, Kosmopolit. – Grab in der Familiengruft auf dem Père Lachaise. – W. u. a.: *Notizen über Mexiko* (1898), *Walther Rathenau* (1928), *Gesichter und Zeiten* (Erinnerungen 1935), *Tagebücher 1918-37* (1961).

† 1869 **Alphonse de Lamartine** (* Mâcon/Bu 1790); der Dichter pendelte häufig zwischen dem heimatlichen Burgund und P., wo er in den Kreisen der Romantiker verkehrte; ab den 30er Jahren war er Abgeordneter Mâcons, in der 2. Republik kurzzeitig Außenminister; Wohnhaus 1837-53 Rue de l'Université Nr. 82 (Gedenktafel); letztes Wohn-/Sterbehaus Avenue Henri-Martin Nr. 107-113 (abgerissen); Denkmal auf dem Square Lamartine (Rue Henri-Martin); Grab in Saint-Point/Bu.

* 1869 **Gaston Arman de Caillavet** († Essendiéras/Aq 1915), Dramatiker; seine Mutter Léontine (→ Capian/Aq), Geliebte von A. France, unterhielt in P. einen Salon (Avenue Hoche Nr. 12), wo u. a. Bourget, Maupassant, Proust verkehrten; enge Freundschaft mit Marcel Proust; verfaßte mit Robert de Flers (→ Pont-l'Évêque/BNo) zahlreiche Komödien; Caillavets Tochter Simone heiratete André Maurois (→ Elbeuf/HNo).

† 1869 **Charles-Augustin Sainte-Beuve** (* Boulogne-sur-Mer/NPdC 1804); der Dichter und Kritiker kam zum Schulbesuch nach P. und verbrachte dann den Großteil seines Lebens in der Hauptstadt; 1840 wurde er Direktor der Bibliothèque Mazarine, 1855 Professor am Collège de France, 1857 an der École Normale Supérieure, 1865 Senator; Wohn- und Sterbehaus Rue du Montparnasse Nr. 11 (Gedenktafel); Grab auf dem Montparnasse-Friedhof.

André Gide

* 1869 **André Gide** († ebda. 1951), Erzähler und Romancier; Sohn eines Juraprofessors aus wohlhabender Familie; unregelmäßige Schulbildung (schwächliche Gesundheit), in P. Besuch der École Alsacienne; Freundschaft mit P. Louÿs, P. Valéry, R. Martin du Gard; schloß sich den Symbolisten um Mallarmé an; Reisen (Nordafrika, Schweiz, Italien); Mitbegründer der *Nouvelle Revue Française*; nach UdSSR-Reise 1936 Distanz zum Kommunismus; Nobelpreis 1947; P. ist Schauplatz des Romans *Les Faux-monnayeurs* (1925,

dt. *Die Falschmünzer*, 1928). – Geburtshaus Rue de Médicis Nr. 19; Wohn- und Sterbehaus Rue Vaneau Nr. 1; Grab in Cuverville/HNo. – W. u. a. *Les Cahiers d'André Walter* (Erz. 1891), *Le Voyage d'Urien* (R. 1893, dt. *Die Reise Urians*, 1955), *Paludes* (R. 1895, dt. 1905), *Les Nourritures terrestres* (Prosa 1897, dt. *Uns nährt die Erde*, 1930), *Le Prométhée mal enchaîné* (R. 1899, dt. *Der schlecht gefesselte Prometheus*, 1909), *Le Roi Candaule* (Dr. 1901, dt. *König Candaules*, 1905), *L'Immoraliste* (R. 1902, dt. *Der Immoralist*, 1905), *La Porte étroite* (R. 1909, dt. *Die enge Pforte*, 1909), *Les Caves du Vatican* (R. 1914, dt. *Die Verliese des Vatikans*, 1922), *La Symphonie pastorale* (R. 1919, dt. *Die Pastoralsymphonie*, 1925), *Si le grain ne meurt* (Autobiogr. 1920/21, dt. *Stirb und werde*, 1930), *L'École des femmes* (R. 1929, dt. *Die Schule der Frauen*, 1929), *Œdipe* (Dr. 1931, dt. 1931); *Œuvres complètes* (15 Bde. 1932-39), *Gesammelte Werke* (12 Bde. 1989 ff.).

† 1870 **Comte de Lautréamont (Isidore-Lucien Ducasse)** (* Montevideo 1846; → Anhang); der Dichter der *Chants de Maldoror* kam Ende 1867 nach P., besuchte die École Polytechnique und starb 24jährig in der Rue du Faubourg-Montmartre Nr. 7; Grab zunächst auf dem Cimetière de Montmartre (nach Ablauf der Grabpacht auf dem Friedhof von Pantin/IdF).

* 1871 **Marcel Proust** († ebda. 1922), Romancier; Sohn eines Arztes, Lycée Condorcet in P.; lebenslanges schweres Asthmaleiden; verkehrte in großbürgerlichen und aristokratischen Kreisen; Hauptwerk: *À la Recherche du temps perdu* (1913-27, dt. *Auf den Spuren der verlorenen Zeit*, 1926-30 [unvollst.], u. d. T. *Auf der Suche nach der verlorenen Zeit*, 1953-57) mit den Einzelbänden *Du Côté de chez Swann* (1913, dt. *Der Weg zu Swann*, 1926, u. d. T. *In Swanns Welt*, 1953), *A l'Ombre des jeunes filles en fleurs* (1918, dt. *Im Schatten der jungen Mädchen*, 1927, u. d. T. *Im Schatten junger Mädchenblüte*, 1954), *Le Côté de Guermantes* (1920-21, dt. *Die Herzogin von Guermantes*, 1930, u. d. T. *Die Welt der Guermantes*, 1955), *Sodome et Gomorrhe* (1921-23, dt. *Sodom und Gomorra*, 1955), *La Prisonnière* (1923, dt. *Die Gefangene*, 1956), *Albertine disparue* (1925, dt. *Die Entflohene*, 1957), *Le Temps retrouvé* (1927, dt. *Die wiedergefundene Zeit*, 1957). – Geburtshaus Rue La Fontaine Nr. 96 (abgerissen), Wohnhaus Rue Laurent-Pichat Nr. 8 (Gedenktafel), letztes Wohn-/Sterbehaus Rue Hamelin Nr. 44 (Gedenktafel); Grab auf dem Père Lachaise. – Weitere W.: *Les Plaisirs et les jours* (1896, dt. *Tage der Freuden*, 1926), *Pastiches et mélanges* (1919, dt. *Nachgeahmtes und Vermischtes*, 1989), *Contre Sainte-Beuve* (1954, dt. *Gegen Sainte-Beuve*, 1962).

Marcel Proust

* 1872 **Paul Léautaud** († Châtenay-Malabry/IdF 1956), Erzähler, Kritiker; Sohn eines Souffleurs an der Comédie Française; (nach eigener Aussage) von einer Prostituierten und einem Hund aufgezogen; 1908-40 Sekretär des *Mercure de France*; der im Tierschutz engagierte Autor schrieb

Prousts Grab auf dem Friedhof Père Lachaise

kurze Romane und Erzählungen, ein 19-bändiges *Journal littéraire* (1954-66, dt. in Ausz. *Literarisches Tagebuch*, 1986) und verfaßte unter dem Namen Maurice Boissard Theaterkritiken. – Weitere W.: *Le petit ami* (Erz. 1903, dt. *Der kleine Freund*, 1967), *Madame Cantili* (Erz. 1925), *Poètes d'aujourd'hui* (Anthologie 1900/1947).

* 1873 **Fernand Gregh** († ebda. 1960), Lyriker; schrieb Gedichte in der Nachfolge Hugos und Verlaines; Freundschaft mit M. Proust; gründete 1906 die wichtige Belle-Époque-Zeitschrift *Les Lettres*; 1954 Aufnahme in die Académie Française. – Geburtshaus Rue de la Chaussée d'Antin Nr. 10; Grab in Thomery/IdF. – W. u. a.: *La Maison d'enfance* (Ged. 1896), *La Beauté de vivre* (Ged. 1900), *Couleur de la vie* (Ged. 1923), *Sonnets d'hier et d'aujourd'hui* (Ged. 1949).

* 1874 **William Somerset Maugham** († Nizza/PAC 1965), Erzähler, Dramatiker; Sohn eines Anwalts bei der Britischen Botschaft in P., mit zehn Jahren Vollwaise; wuchs bei Onkel in Kent auf; Medizinstudium; lebte ab 1898 in P.; Erfolge mit Komödien, Romanen, Kurzgeschichten; zog Mitte der 20er Jahre an die Côte d'Azur (Cap-Ferrat). – Geburtshaus war die Brit. Botschaft (Hôtel de Charost), Rue du Faubourg-Saint-Honoré Nr. 39; die Familie wohnte Avenue d'Antin Nr. 25. – W. u. a.: *Lady Frederick* (Dr. 1907), *Of Human Bondage* (R. 1915, dt. *Der Menschen Hörigkeit*, 1939), *The Moon and Sixpence* (R. 1919, dt. *Der Besessene*, 1927, u. d. T. *Silbermond und Kupfermünze*, 1950), *The Circle* (Dr. 1921, dt. *Der Kreis*, 1923), *The Constant Wife* (Dr. 1927, dt. *Finden Sie, daß Constanze sich richtig verhält?*, 1927), *Cakes and Ale* (R. 1930, *Derbe Kost*, 1952, u. d. T. *Rosie und der Ruhm oder die Familienschande*, 1953, u. d. T. *Seine erste Frau*, 1960); *The Complete Short Stories* (3 Bde. 1951), *Gesammelte Erzählungen* (10 Bde. 1976).

† 1875 **Edgar Quinet** (* Bourg-en-Bresse/RhA 1803); der Historiker und Philosoph, Weggenosse Michelets, hatte in P. Jura studiert und 1841 einen Lehrstuhl für südeurop. Sprachen und Literatur am Collège de France erhalten; nach Exil im 2. Kaiserreich kehrte er 1871 nach P. zurück und wurde Abgeordneter der Nationalversammlung; Wohnhaus 1840-51 in der Rue du Montparnasse Nr. 32 (Gedenktafel), Grab auf dem Montparnasse-Friedhof.

* 1876 **Léon-Paul Fargue** († ebda. 1947), Lyriker, Erzähler; Schüler Mallarmés am Collège Rolin; Anschluß an die Bohème, Mitarbeiter an der *Nouvelle Revue Française*; Freundschaft mit Gide, Ravel u. a.; unermüdlicher Wanderer durch die Straßen von P. – Geburtshaus Rue Coquillière Nr. 16; Sterbehaus an der Place Léon-Paul-Fargue; Grab auf dem Montparnasse-Friedhof. – W. u. a.: *Poèmes* (Ged. 1912), *D'après Paris* (Prosa 1932), *Le Piéton de Paris* (Prosa 1939, dt. *Der Wanderer durch Paris*, 1967), *La Lanterne magique* (Prosa 1944), *La Flânerie à Paris* (Prosa 1948).

* 1876 **Anna de Noailles** († ebda. 1933), Lyrikerin; Tochter des rumänischen Fürsten Bibesco de Brancovan und einer Kreterin, heiratete 1897 den Grafen de Noailles; eine der schönsten Frauen ihrer Zeit, als erste Frau ›Commandeur‹ der Ehrenlegion, Mitglied der Königlich Belgischen Akademie; in ihrem Salon verkehrten M. Barrès, M. Proust, F. Jammes, J. Cocteau, Colette. – Geburtshaus Avenue Hoche Nr. 34; Wohn- und Sterbehaus Rue Scheffer Nr. 40; Grab auf dem Père Lachaise. – W. u. a.: *Le Cœur innombrable* (Ged. 1901), *L'Ombre des jours* (Ged. 1902), *Les Éblouissements* (Ged. 1907), *Les Vivants et les morts* (Ged. 1913), *Les Forces éternelles* (Ged. 1920), *Les Innocents* (R. 1923, dt. *Die Unschuldigen*, 1926), *L'Honneur de souffrir* (Ged. 1927), *Poèmes d'enfance* (Ged. 1928).

† 1878 **Maurice Joly** (* Lons-le-Saunier/FC 1833); der Autor lebte ab 1851 in P. zunächst als Regierungsbeamter, dann als Anwalt; mehrfache Gefängnisaufenthalte, beging Selbstmord.

* 1879 **Jacques Copeau** († Beaune/Bu 1949), Theatermann; befreundet mit André Gide, Jacques Rivière und Jean Schlumberger, mit denen er 1908 in Paris die *Nouvelle Revue Française* (*NRF*) gründete, deren Direktor er 1912-14 war; leitete 1923-24 das von ihm gegr. Théâtre du Vieux-Colombier; ab 1936 Inszenierungen an der Comédie Française, ab 1940 deren Direktor; zog 1925 von P. nach Pernand-Vergelesses/Bu. – W. u. a.: *Les Frères Karamazov* (Dr. 1911), *La Maison natale* (Dr. 1924), *Souvenirs du Vieux-Colombier* (Erinnerungen 1931).

* 1882 **Catherine Pozzi** († ebda. 1934), Erzählerin; Tochter des berühmten Gynäkologen Samuel Pozzi (Vorbild für den Docteur Cottard in Prousts *Recherche*); gescheiterte Ehe; Liebesbeziehung mit P. Valéry 1920-28; schrieb Gedichte, die autobiogr. Erzählung *Agnès* (1927, dt. 1928), den philosoph. Essay *Peau d'âme* (1935) und ein Tagebuch: *Journal 1913-1934* (1987, dt. in Ausz. 1995). – Sterbehaus Avenue d'Iéna Nr. 47. – Weitere W.: *Œuvre poétique* (1988).

* 1882 **Jacques Maritain** († Toulouse/MPy 1973), christlicher Philosoph; Philosophiestudium, Bergson-Schüler (*La Philosophie bergsonienne*, 1913), 1906 Konversion zum Katholizismus; Philosophie-Professuren (P., Toronto, Princeton); 1945-48 frz. Botschafter beim Vatikan; Freundschaft mit Julien Green, Jean Cocteau. – W. u. a.: *Religion et culture* (1930), *De la Philosophie chrétienne*, 1933), *Les Droits de l'homme et la loi naturelle* (1948).

* 1882 **Charles Vildrac** († Saint-Tropez/PAC 1971), Lyriker, Dramatiker; Mitglied der Künstlervereinigung Abbaye (→ Créteil/IdF), Lyriker des Unanimismus; verfaßte mit G. Duhamel die *Notes sur la technique poétique* (1910); Erfolge mit den Dramen *Le Paquebot ›Tenacity‹* (1920) und *La Brouille* (1930); verfaßte auch Reise- und Kinderbücher. – Weitere W.: *Poèmes* (Ged. 1905), *Le Livre d'amour* (Ged. 1910), *Poèmes de l'Abbaye* (Ged. 1925), *Madame Béliard* (Dr. 1925).

† 1883 **Jules Sandeau** (Aubusson/Li 1811); der Romancier und (kurzzeitige) Geliebte der George Sand, die ihr Pseudonym seinem Namen nachbildete, war zum Jurastudium nach P. gekommen und später Bibliothekar an der Bibliothèque Mazarine und in Saint-Cloud/IdF; Grab auf dem Montparnasse-Friedhof.

* 1884 **Georges Duhamel** († Valmondois 1966), Erzähler, Lyriker, Dramatiker; Arzt (wie sein Vater), schloß sich 1906 der Dichtergruppe Abbaye (→ Créteil/IdF) an; Militärarzt im 1. Wk.; Prix Goncourt für den Erzählungsband *Civilisation* (1918); 1935 Aufnahme in die Académie Française (1942-1946 Secrétaire perpétuel); Ansehen als Kulturkritiker und Schöpfer zweier Romanzyklen: *Vie et aventures de Salavin* (5 Bde. 1920-32, dt. 1924-33) und *Chronique des Pasquier* (10 Bde. 1933-41, dt. 1952-55). – Weitere W.: *Vie des martyrs* (Essays 1917), *Scènes*

Notre-Dame

de la vie future (Essay 1930), *Refuges de la lecture* (Essay 1954).

† 1885 **Jules Vallès** (* Le Puy-en-Velay/Au 1832); der Sozialist, Journalist und Romancier mußte als Anhänger der Commune aus P. fliehen (Exil in London; in P. wurde er in Abwesenheit zum Tode verurteilt); Rückkehr nach Amnestie 1880; Sterbehaus Boulevard Saint-Michel Nr. 77; Grab auf dem Père Lachaise.

† 1885 **Victor Hugo** (* Besançon/FC 1802); der Dichter kam nach frühen Jahren in den Garnisonsstädten des Vaters zur Schulzeit (Lycée Louis-le-Grand) in die Hauptstadt, die von nun an Lebensmittelpunkt blieb (Beschreibungen im Roman *Notre-Dame-de-Paris*, 1831); zunehmendes polit. Engagement führte ins Exil 1851-71; Wohnung 1832-48 Place des Vosges Nr. 6 ([M] Maison de Victor Hugo, seit 1902 Museum); letztes Wohn-/Sterbehaus Avenue Victor-Hugo Nr. 124 (Inschrift), Grab im Panthéon; Denkmal im Ehrenhof der Sorbonne; Denkmal *Victor Hugo und die Musen* (A. Rodin) an der Ecke Avenue Henri Martin/Avenue Victor Hugo; Marmorrelief (*Die Vision des Dichters*) zu Ehren Hugos am Ende der Allée Pilâtre-de-Rozier im Jardin du Ranelagh; Büste (Rodin) im Jardin des Poètes (Porte d'Auteuil); Medaillon an der Comédie Française.

† 1887 **Jules Laforgue** (* Montevideo 1860; → Anhang); der Dichter besuchte ab 1876 in P. das Lycée Fontanes, wo er dreimal am Abitur scheiterte; nach fünfjährigem Deutschlandaufenthalt (Vorleser der Kaiserin Augusta) Rückkehr nach P., wo er an Tuberkulose starb; Grab in Bagneux/IdF.

* 1888 **Georges Bernanos** († Neuilly-sur-Seine/IdF 1948), Erzähler; Sohn eines Möbelhändlers; verschiedene Schulen (u. a. bei Jesuiten), Jura- und Literaturstudium an der Sorbonne; Versicherungsangestellter; bis 1932 Anhänger der monarchist.-nationalist.-katholischen Action française; lebte u. a. auf Mallorca und in Brasilien; schrieb Romane mit religiöser Thematik. – Geburtshaus Rue Joubert Nr. 26 (abgerissen). – W. u. a.: *Sous le Soleil de Satan* (R. 1926, dt. *Die Sonne Satans*, 1927), *L'Imposture* (R. 1927, dt. *Der Abtrünnige*, 1929), *La Joie* (R. 1929, dt. *Die Freude*, 1929), *Un Crime* (R. 1935, dt. *Ein Verbrechen*, 1935), *Journal d'un curé de campagne* (R. 1936, dt. *Tagebuch eines Landpfarrers*, 1936), *Monsieur Ouine* (R. 1943, dt. *Die tote Gemeinde*, 1949); *Œuvres* (6 Bde. 1947).

* 1888 **Paul Morand** († ebda. 1976), Lyriker, Erzähler; Sohn eines Malers; diplomat. Dienst (1943 im Auftrag der Vichy-Regierung in Bukarest und Bern), Emigration 1945; 1968 Aufnahme in die Académie Française; verfaßte anfangs Lyrik (*Lampes à arc*, 1919), später vor allem Novellen; wurde von M. Proust gefördert, über den er zwei Erinnerungsbücher schrieb. – Sterbehaus Rue de Montpensier Nr. 26. – Weitere W.: *Tendres stocks* (Nov. 1921), *Ouvert la nuit* (Nov. 1922), *Nouvelles des yeux* (Nov. 1965).

† 1889 **Jules-Amédée Barbey d'Aurevilly** (* Saint-Sauveur-le-Vicomte/BNo 1808); der Erzähler und Kritiker, der in P. am Collège Stanislas das Abitur gemacht hatte, zog 1833 in die Hauptstadt, wo er die letzten dreißig Jahre seines Lebens in der Rue Rousselet Nr. 25 wohnte, wo er auch starb (Gedenktafel); Grab zunächst auf dem Montparnasse-Friedhof, seit 1926 in Saint-Sauveur-le-Vicomte.

† 1889 **Auguste Villiers de L'Isle-Adam** (* Saint-Brieuc/Br 1838); der Erzähler lebte (am Rande des Existenzminimums) ab seinem 21. Lebensjahr in P.; Sterbehaus Clinique Saint-Jean-de-Dieu (Rue Oudinot Nr. 20); Grab zunächst auf dem Cimetière Les Batignolles, seit 1895 auf dem Père Lachaise.

† 1891 **Théodore de Banville** (* Moulins/Au 1823); der Dichter kam als Schüler nach P., wo er bald in der lit. Bohème verkehrte und mit Baudelaire und Leconte de Lisle, später mit Mallarmé und Rimbaud befreundet war; Sterbehaus Rue de l'Éperon Nr. 10; Grab auf dem Montparnasse-Friedhof.

† 1892 **Ernest Renan** (* Tréguier/Br 1823); nachdem der spätere Religionswissenschaftler, der ab 1838 die theologischen Seminare von P. besucht hatte, 1845 das Priesterseminar Saint-Sulpice verlassen und eine weitere geistl. Ausbildung abgelehnt hatte, war er zunächst Hilfslehrer am Collège Stanislas, ab 1862 Lehrstuhlinhaber am Collège de France; nach der Veröffentlichung der *Vie de Jésus* (1863) wurde ihm die Professur entzogen (bis 1870); Grab auf dem Cimetière de Montmartre; [M] Musée de la Vie romantique (Saal zu Renan, Ausstellung zu George Sand).

* 1893 **Pierre Drieu la Rochelle** († ebda. 1945), Lyriker, Erzähler, Essayist; aus katholischem Kleinbürgertum; zunächst Parteigänger der Linken (Freundschaft mit L. Aragon), später der extremen Rechten: *Socialisme fasciste* (Essay 1934), *Journal d'un homme trompé* (1934), *Le Français d'Europe* (Essay 1944); beging Selbstmord, als er wegen Kollaboration verhaftet werden sollte (Rue Saint-Fernand Nr. 23; Grab auf dem Friedhof von Neuilly-sur-Seine/IdF). – Weitere W.: *Le Feu follet* (R. 1931), *Gilles* (R. 1939/42), *Les Chiens de paille* (R. 1964).

† 1893 **Hippolyte Taine** (* Vouziers/ChA 1828); nach Studien am Collège de Bourbon und der École Normale Supérieure war der Soziologe als Lehrer in der Provinz tätig; ab 1863 Professor an der École des Beaux-Arts (Nachfolger von Viollet-le-Duc); Wohnung 1856-68 Rue de Bretonvilliers Nr. 3 (Gedenktafel); Denkmal auf dem Square des Invalides; Grab in Menthon-Saint-Bernard/RhA.

† 1893 **Guy de Maupassant** (* Tourville-sur-Arques/HNo 1850); der Erzähler lebte 1859/60 bei seinem Vater in P. und besuchte hier das Lycée Napoléon; nach ersten schriftstellerischen Erfolgen Mittelpunkt der mondänen Gesellschaft in P.; nach seinem Selbstmordversuch am Neujahrstag 1892 in Cannes/PAC wurde Maupassant in die Klinik des Psychiaters Dr. Blanche in Passy (Rue Berton Nr. 17) gebracht, wo er starb; Grab auf dem Montparnasse-Friedhof; Denkmal im Parc Monceau (am Teich).

† 1896 **Paul Verlaine** (* Metz/Lo 1844); als 7jähriger mit den Eltern nach P. gezogen, besuchte der Dichter hier die Schule (u. a. Lycée Condorcet) und begann ein Jurastudium, das er abbrach; Bekanntschaft mit den Parnasse-Dichtern, Angestellter einer Versicherungsgesellschaft, dann der Stadtverwaltung; nach der Verbindung mit Rimbaud und Aufenthalten in Belgien, London und den Ardennen Rückkehr nach P., häufige Krankenhausaufenthalte; Sterbehaus Rue Descartes Nr. 39 (Gedenktafel), Grab auf dem Friedhof Les Batignolles; Denkmal (1910) im Jardin du Luxembourg.

* 1896 **Henry de Montherlant** († ebda. 1972), Erzähler, Dramatiker; Schulen in Neuilly-sur-Seine/IdF; Freiwilliger im 1. Wk.; Ausbildung zum Stierkämpfer (schwere Verletzung 1925); ausgedehnte Reisen; 1960 Aufnahme in die Académie Française; schied in seiner Wohnung am Quai Voltaire freiwillig aus dem Leben (die Asche, zunächst in der Krypta des Krematoriums im Friedhof Père Lachaise aufbewahrt, wurde später auf dem Forum Romanum verstreut, die Urne in den Tiber geworfen). – Geburtshaus Avenue de Villars Nr. 15. – W. u. a.: *Les Olympiques* (R. 1922), *Les Bestiaires* (R. 1926, dt. *Die Tiermenschen*, 1929), *Les Célibataires* (R. 1934, dt. *Die Junggesellen*, 1956), *Les jeunes filles* (R.tetralogie 1936-39, dt. *Erbarmen mit den Frauen*, 1957), *La Reine morte* (Dr. 1942, dt. *Die tote Königin*, 1947), *Le Maître de Santiago* (Dr. 1947, dt. *Der Ordensmeister*, 1949), *Port-Royal* (Dr. 1954, dt. 1956), *Don Juan* (Dr. 1958, dt. 1962), *Le Cardinal d'Espagne* (Dr. 1960, dt. *Der Kardinal von Spanien*, 1960), *La Guerre civile* (Dr. 1961, dt. *Der Bürgerkrieg*, 1965), *Le Chaos et la nuit* (R. 1963, dt. *Das Chaos und die Nacht*, 1964), *Un Assassin est mon maître* (R. 1971, dt. *Ein Mörder ist mein Herr und Meister*, 1973); *Romans et œuvres de fiction non théâtrales* (2 Bde. 1959/82), *Théâtre* (5 Bde. 1965), *Theaterstücke* (1986).

Louis Aragon

* 1897 **Louis Aragon** († ebda. 1982), Lyriker, Erzähler; unehelicher Sohn eines Poli-

zeipräfekten und einer Pensionswirtin; Teilnahme am 1. Wk., Medizinstudium; Anhänger und Träger der surrealist. Bewegung, Freundschaft mit Breton und Soupault, 1927 Eintritt in die KPF; lernte 1928 E. Triolet kennen (Heirat 1939); politisches Engagement, aktiv in der Résistance; verfaßte Lyrik, Romane, Manifeste, Essays; P.er Stadtbeschreibungen in dem Prosaband *Le Paysan de Paris* (Prosa 1926, dt. *Pariser Landleben*, 1969). – Grab in Saint-Arnoult-en-Yvelines/IdF. – W. u. a.: *Feu de joie* (Ged. 1919), *Traité du style* (Essay 1928, dt. *Abhandlung über den Stil*, 1986), *Les Cloches de Bâle* (R. 1934, dt. *Die Glocken von Basel*, 1936), *Le Crève-cœur* (Ged. 1941), *Les Voyageurs de l'impériale* (R. 1942, dt. *Die Reisenden der Oberklasse*, 1952), *Les Yeux d'Elsa* (Ged. 1942, dt. *Elsas Augen*, 1947), *Aurélien* (R. 1944, dt. 1952), *La Semaine sainte* (R. 1958, dt. *Die Karwoche*, 1961); *Œuvre poétique* (15 Bde. 1974-81).

† 1897 **Alphonse Daudet** (* Nîmes/LR 1840); der Erzähler kam 17jährig nach P., wo sein älterer Bruder als Journalist tätig war; die Stadt wurde Daudets Lebensmittelpunkt, hier schrieb er auch den größten Teil seiner *Lettres de mon moulin* (1869, dt. 1879, u. d. T. *Briefe aus meiner Mühle*, 1894); Beschreibungen der Hauptstadt in dem autobiogr. Roman *Le Petit Chose* (1868, dt. *Der kleine Dingsda*, 1877) und den Erinnerungen *Trente ans de Paris* (1888, dt. *Dreißig Jahre Paris*, 1889, zuletzt 1982); Wohnhaus 1885-97 Rue de Bellechasse Nr. 31 (Gedenktafel); Sterbehaus Rue de l'Université Nr. 41; Denkmal in den Jardins des Champs-Élysées; Grab auf dem Père Lachaise.

* 1898 **Emmanuel Bove** († ebda. 1945), Erzähler; Sohn eines russischen Emigranten und einer Luxemburgerin; Kindheit in P. und Genf, Gelegenheitsarbeiter; Förderung der schriftstellerischen Tätigkeit durch Colette; Übersetzung von Dickens und Tolstoi; im 2. Wk. Exil in Algerien. –

Auf dem Friedhof Père Lachaise

Geburtshaus am Boulevard de Port-Royal (Entbindungsheim), Sterbehaus Avenue des Ternes Nr. 59, Grab auf dem Montparnasse-Friedhof. – W. u. a.: *Mes Amis* (R. 1922, dt. *Meine Freunde*, übers. v. P. Handke 1981), *Armand* (R. 1925, dt. übers. v. P. Handke 1982), *Le Piège* (1945, dt. Die Falle, 1996), *Départ dans la nuit* (1945), *Non-lieu* (1946), *Mémoires d'un homme singulier* (1987, dt. *Ein Außenseiter*, 1995).

* 1898 **Eugène Dabit** († Sewastopol 1936), Erzähler; Arbeiterkind, Autodidakt; Mitarbeiter an der *Nouvelle Revue Française*; großer Erfolg mit dem Roman *L'Hôtel du Nord* (1929, dt. 1931); starb auf Rußland-Reise (mit A. Gide unternommen). – Grab auf dem Père Lachaise. – Weitere W.: *Petit-Louis* (R. 1930, dt. *Der Kleine*, 1932), *Villa Oasis ou les faux bourgeois* (R. 1932), *Un Mort tout neuf* (R. 1934), *Faubourgs de Paris* (R. 1934), *La Zone verte* (R. 1935).

† 1898 **Georges Rodenbach** (* Tournai/ Belgien 1855); der Lyriker und Erzähler (*Bruges la morte*, 1892) war in seiner Heimat als Anwalt tätig; mit seiner Übersiedlung nach P. 1887 widmete er sich ganz der Schriftstellerei; Wohnung Rue Gounod Nr. 2, Grab auf dem Père Lachaise.

* 1900 **Robert Desnos** († KZ Theresienstadt 1945), Lyriker; stand anfangs dem Kreis der Surrealisten nahe, Trennung 1930; aktiv in der Résistance, wurde denunziert und starb im KZ an Typhus; verfaßte Gedichte, Romane und Erzählungen. – W. u. a.: *Deuil pour deuil* (Ged. 1924), *La Liberté ou l'amour* (Erz. 1927), *Corps et biens* (Ged. 1930), *Le Vin est tiré* (R. 1943); *Choix de poèmes* (Ged. 1946), *Œuvres posthumes* (1947).

* 1900 **Julien Green** († ebda. 1998), Romancier; aus amerikanischer Familie, zweisprachige, puritanische Erziehung; 1916 Konversion zum Katholizismus, lebte zeitweise in den USA (Studium, 2. Wk.); wurde 1971 als erster Ausländer in die Académie Française gewählt, führte ab 1919 ein Tagebuch: *Journal* (Veröffentlichung ab 1938, dt. *Tagebücher*, in Ausz. ab 1952) – Geburtshaus Rue Ruhmkorff Nr. 4. – Weitere W.: *Mont-Cinère* (R. 1926), *Adrienne Mesurat* (R. 1927, dt. 1928), *Léviathan* (R. 1929, dt. 1930), *L'autre sommeil* (Erz. 1931, dt. *Der andere Schlaf*, 1958), *Épaves* (R. 1932, dt. *Treibgut*, 1932), *Moïra* (R. 1950, dt. 1952), *Sud* (Dr. 1953, dt. *Der Mann, der aus der Fremde kommt*, 1953), *Les Pays lointains* (R. 1987, dt. *Von fernen Ländern*, 1988).

† 1900 **Oscar Wilde** (* Dublin 1854); der Dichter kannte die Stadt bereits seit 1883 von mehreren (z. T. mehrmonatigen) Aufenthalten, als er nach ruhelosem Umherziehen in Europa im Herbst 1900 im Hôtel d'Alsace (Rue des Beaux-Arts Nr. 13, Gedenktafel) abstieg, wo er wenige Wochen später starb; Grab zunächst in Bagneux/ IdF, seit 1909 auf dem Père Lachaise.

* 1901 **André Malraux** († ebda. 1976), Romancier, Politiker; aus Bankiersfamilie, Schulausbildung abgebrochen, Autodidakt; längere Reisen und Aufenthalte in Ostasien; Teilnahme am span. Bürgerkrieg, aktiv in der Résistance; unter de Gaulle Informationsminister und Minister für kulturelle Angelegenheiten; schrieb Romane und Erinnerungswerke. – Geburtshaus Rue Damrémont Nr. 73; Grab zunächst in Verrières-le-Buisson/IdF, seit 1996 im Panthéon. – W. u. a.: *La Tentation de l'occident* (Essay 1926, dt. *Lockung des Okzidents*, 1951), *Les Conquérants* (R. 1928, dt. *Die Eroberer*, 1963), *La Voie royale* (R. 1930, dt. *Der Königsweg*, 1963), *La Condition humaine* (R. 1933, dt. *So lebt der Mensch*, 1934, u. d. T. *Conditio humana*, 1948), *L'Espoir* (R. 1937, dt. *Die Hoffnung*, 1954), *Les Noyers de l'Altenburg* (R. 1945, dt. *Der Kampf mit dem Engel*, 1948), *La Psychologie de l'art* (Essay 1947-49), *Antimémoires* (Erinnerungen 1967, dt. *Anti-Memoiren*,

Simone de Beauvoir und Jean-Paul Sartre (1970 in Paris)

1968), *Les Chênes qu'on abat* (Erinnerungen 1971, dt. *Eichen, die man fällt*, 1972), *Lazare* (Prosa 1974, dt. *Lazarus*, 1980).

* 1902 **Vercors** (eigentlich Jean Bruller) († ebda. 1991), Erzähler; Elektroingenieur und Graphiker, seit 1927 schriftstellerisch tätig; gründete den Résistance-Verlag Éditions de Minuit, als dessen erste Publikation der Roman *Le Silence de la mer* (1942, dt. *Das Schweigen*, 1947, u. d. T. *Das Schweigen des Meeres*, 1948) erschien. – Weitere W.: *Le Songe* (R. 1945), *Les Animaux dénaturés* (1952), *Sylva* (1961).

* 1903 **Henri Calet** († Vence/PAC 1956), Erzähler; im 14. Arrondissement geboren, häufige Umzüge innerhalb der Stadt; Beschreibungen von P. u. a. in *Le tout sur le tout* (1948), *Les grandes largeurs* (1954; Untertitel »Balades parisiennes«) und *Peau d'ours* (1958); verfaßte Reisereportagen und Romane. – W. u. a.: *La belle lurette* (R. 1935), *Le Mérinos* (R. 1937), *Fièvre des polders* (R. 1940).

† 1905 **Marcel Schwob** (* Chaville/IdF 1867); der Dichter, der nach Kindheit in Nantes/PdL das Lycée Louis-le-Grand in P. besuchte und bei seinem Onkel, Chefbibliothekar der Bibliothèque Mazarine wohnte, gehörte dem Kreis um Mallarmé an, arbeitete für Zeitungen und verfiel schließlich dem Morphium; letzte Wohnung Rue Saint-Louis-en-l'Ile Nr. 11.

* 1905 **Jean-Paul Sartre** († ebda. 1980), Philosoph, Dramatiker, Erzähler; aus bürgerlichen Verhältnissen stammend, Kindheit in La Rochelle und P. (Lycée Henri IV); Studium an der École Normale Supérieure; Lebensgemeinschaft mit Simone de Beauvoir; Philosophielehrer, deutsche Kriegsgefangenschaft; zahlreiche Reisen, linkspolitisches Engagement; lehnte 1964 den Nobelpreis ab. – Geburtshaus Rue Mignard Nr. 13, letzte Wohnung Boulevard Edgar Quinet Nr. 31, starb im Krankenhaus Broussais; Statue im Garten der Bibliothèque Nationale (an der Rue Vivienne); Grab auf dem Montparnasse-Friedhof. – W. u. a.: *La Nausée* (R. 1938, dt. *Der Ekel*, 1949), *L'Être et le Néant* (philosoph. Werk 1943, dt. *Das Sein und das Nichts*, 1952), *Les Mouches* (Dr. 1943, dt. *Die Fliegen*, 1949), *Huis clos* (Dr. 1945, dt. *Bei geschlossenen Türen*, 1949), *L'Existentialisme est un humanisme* (Essay 1946, dt. *Ist der Existentialismus ein Humanismus?*, 1947), *Morts sans sépulture* (Dr. 1946, *Tote ohne Begräbnis*,

1949), *La Putain respectueuse* (Dr. 1946, dt. *Die ehrbare Dirne*, 1949), *Les Mains sales* (Dr. 1948, dt. *Die schmutzigen Hände*, 1949), *Le Diable et le bon Dieu* (Dr. 1951, *Der Teufel und der liebe Gott*, 1951), *Les Séquestrés d'Altona* (Dr. 1959, dt. *Die Eingeschlossenen*, 1960), *Les Mots* (Erinnerungen 1964, dt. *Die Wörter*, 1965), *L'Idiot de la famille* (1971/72, dt. *Der Idiot der Familie*, 1977-79).

† 1906 **Jean Lorrain** (* Fécamp/HNo 1855); zum (bald abgebrochenen) Jurastudium nach P. gekommen, etablierte sich Lorrain als Mitarbeiter mehrerer Zeitungen (u. a. *L'Écho de Paris*) und gehörte zu den schillerndsten Persönlichkeiten im Kulturleben der Belle Époque; Grab in Fécamp.

† 1907 **Alfred Jarry** (* Laval/PdL 1873); der Autor des *Ubu Roi*, der nach dem Abitur 1891 nach P. gekommen war und vergeblich versucht hatte, in die École Normale Supérieure aufgenommen zu werden, verkehrte in der Bohème der Stadt (in den letzten Lebensjahren häufige Fluchten vor Gläubigern); letzte Wohnung Rue Cassette Nr. 7, starb im Krankenhaus der Charité, Rue Jacob.

* 1908 **Simone de Beauvoir** († ebda. 1986), Erzählerin; aus bürgerl. Familie, Philosophiestudium; lernte 1929 an der École Normale Supérieure J.-P. Sartre kennen, mit dem sie eine Lebensgemeinschaft einging; Lehrerin (bis 1943) in Marseille, Rouen und P.; politisches Engagement an der Seite Sartres, ausgedehnte Reisen (USA, Afrika, Sowjetunion, China); verfaßte Romane mit autobiogr. Hintergrund und Texte zur Rolle der Frau, 1954 Prix Goncourt für den in P. spielenden Roman *Les Mandarins* (dt. *Die Mandarins von Paris*, 1955). – Geburtshaus Boulevard du Montparnasse Nr. 103; Grab auf dem Montparnasse-Friedhof. – Weitere W.: *L'Invitée* (R. 1943, dt. *Sie kam und blieb*, 1953), *Le Sang des autres* (R. 1945, dt. *Das Blut der anderen*, 1963), *Tous les hommes sont mortels* (R. 1945, dt. *Alle Menschen sind sterblich*, 1949), *Le deuxième sexe* (Prosa 1949, *Das andere Geschlecht*, 1951), *Mémoires d'une jeune fille rangée* (Autobiogr. 1958, dt. *Memoiren einer Tochter aus gutem Hause*, 1960), *Tout compte fait* (Autobiogr. 1972, dt. *Alles in allem*, 1972).

* 1909 **Simone Weil** († Ashford/Kent 1943), Philosophin; aus jüdischer Familie, Lycée Henri IV., Philosophiestudium an der École Normale Supérieure, Lehrerin (Le Puy, Auxerre); politisches Engagement (Marxismus), 1936 aktiv im Span. Bürgerkrieg; ab 1938 Hinwendung zum Mystizismus. – Geburtshaus Boulevard de Strasbourg Nr. 19. – W. u. a.: *Attente de Dieu* (1948, dt, *Das Unglück und die Gottesliebe*, 1953), *L'Enracinement* (1949, dt. *Die Einwurzelung*, 1956)), *La Condition ouvrière* (1951); *Œuvres complètes* (1988 ff.).

† 1909 **Charles-Louis Philippe** (* Cérilly/Au 1874); der Erzähler, der an der Aufnahme in die École Polytechnique gescheitert war, hielt sich mit einer kleinen Beamtenstelle in der Stadtverwaltung über Wasser; letztes Wohn-/Sterbehaus Quai Bourbon Nr. 45 (Grab in Cérilly).

† 1910 **Bjørnstjerne Bjørnson** (* Kvikne/Norwegen 1832); der norwegische Dichter Erzähler und Dramatiker, Nobelpreis 1903, der bereits 1882-87 in P. gelebt hatte, starb im ehemaligen Hôtel Wagram (Rue de Rivoli Nr. 208, Gedenktafel).

† 1910 **Jules Renard** (* Châlons-du-Maine/PdL 1864); der Autor des *Poil de Carotte* war bereits als Schüler nach P. gekommen; der Mitbegründer und Mitarbeiter der Literaturzeitschrift *Mercure de France* lebte in den letzten Jahren abwechselnd in P. und Chitry-les-Mines/Bu (dort Grab); Wohnung/Sterbehaus Rue du Rocher Nr. 44 (Gedenktafel).

* 1910 **Jean Genet** († ebda. 1986), Lyriker, Erzähler, Dramatiker; uneheliches Kind, von der Mutter der staatl. Fürsorge übergeben; wiederholt straffällig, Fremdenlegion, Gefängnisaufenthalte; schrieb zu-

nächst Lyrik (*Le Condamné à mort*, 1942; *La Galère*, 1944) und Romane: *Notre-Dame-des-Fleurs* (1948, dt, 1960), *Journal du voleur* (1949, dt. *Tagebuch eines Diebes*, 1961), *Querelle de Brest* (1953, dt. Querelle, 1955); hatte als Dramatiker den größten Erfolg: *Haute Surveillance* (1949, dt. *Unter Aufsicht*, 1957), *Le Balcon* (1956, dt. *Der Balkon*, 1959), *Les Nègres* (1958, dt. *Die Neger*, 1962); J.-P. Sartre schrieb über Genet *Saint Genet, comédien et martyr* (1952). – Geburtshaus Rue d'Assas Nr. 22 (Entbindungsanstalt); starb im Hôtel Rubens (Grab in Larache/Marokko). – Weitere W.: *Les Bonnes* (Dr. 1947, dt. *Die Zofen*, 1957); *Les Paravents* (Dr. 1961, dt. *Wände überall*, 1960); *Œuvres complètes* (5 Bde. 1952-79).

* 1911 **Patrice de La Tour du Pin** († Le Bignon-Mirabeau 1975), Lyriker; aufgewachsen im Schloß der Familie in Le Bignon; im 2. Wk. Offizier, dt. Kriegsgefangenschaft; Schulung an klassischen Dichtern, verfaßte zahlreiche Lyrikbände. – W. u. a.: *La Quête de la joie* (Ged. 1933), *Les Anges* (Ged. 1939), *Une Somme de poésie* (Ged. 1946).

† 1915 **Rémy de Gourmont** (* Bazoches-au-Houlme/BNo 1858); der Schriftsteller, der 1891 wegen eines deutschfreundlichen Artikels seine Stellung an der Bibliothèque Nationale verloren hatte, wohnte 1898 bis zu seinem Tod (zuletzt als Laienbruder des Benediktinerordens) in der Rue des Saints-Pères Nr. 71 (Gedenktafel); Grab auf dem Père Lachaise.

Guillaume Apollinaire als Soldat

† 1917 **Octave Mirbeau** (* Trévières/BNo 1850); der Erzähler, der 1866 bereits zu einem (bald abgebrochenen) Jurastudium nach P. gekommen war und sich 1873 in der Stadt niederließ, war mit den impressionist. Malern befreundet, für die er sich mit Nachdruck einsetzte; er wohnte (u. a.) in der Avenue Foch Nr. 84, wo er die Räume mit Gemälden von Monet, Cézanne, Sisley, Pissarro schmückte; Grab auf dem Friedhof von Passy.

† 1918 **Guillaume Apollinaire** (* Rom 1880; → Anhang); der Lyriker kam 1899 mit Mutter und Bruder nach P., das künftig (mit Unterbrechungen) Lebensmittelpunkt war und verkehrte in der künstlerischen Avantgarde (Freundschaft mit Picasso, Max Jacob, Henri Rousseau, Blaise Cendrars); letzte Wohnung/Sterbehaus Ecke Boulevard Saint-Germain Nr. 202/Rue Saint-Guillaume (Gedenktafel); Denkmal (v. Picasso) auf dem Square Laurent-Prache (an der Kirche Saint-Germain-des-Prés); Grab auf dem Père Lachaise.

† 1918 **Edmond Rostand** (* Marseille/PAC 1868); der Dramatiker, Autor des Welterfolgs *Cyrano de Bergerac*, wohnte in den 90er Jahren in der Rue Fortuny Nr. 2 (Gedenktafel), wo seine Söhne **Maurice** und **Jean** geboren wurden; nach Ende des 1. Wks. eilte Rostand, der aus gesundheitl. Gründen in den Pyrenäen lebte, nach P., um an den Siegesfeiern teilzunehmen, zog sich dabei jedoch eine Grippe zu und starb in der Avenue de La Bourdonnais Nr. 4 (Gedenktafel); Grab in Marseille.

† 1923 **Raymond Radiguet** (* Saint-Maur-des-Fossés/IdF 1903); der Erzähler starb an Typhus in der Klinik in der Rue Piccini; Grab auf dem Friedhof Père Lachaise.

† 1925 **Jacques Rivière** (* Bordeaux/Aq 1886); der Erzähler, Freund von A. Gide und Schwager Alain-Fourniers, leitete von 1919 bis zu seinem Tod die *Nouvelle Revue Française*.

† 1925 **Aristide Bruant** (* Courtenay/C 1851); der ehemalige Kutscher vom P.er Nordbahnhof trug seine Chansons im Restaurant Au Lapin agile (Rue des Saules Nr. 4) und im Cabaret Chat-Noir (Boulevard de Rochechouart Nr. 84, unter seiner Leitung umbenannt in Le Mirliton) vor; Grab in Subligny/Bu.

† 1925 **Pierre Louÿs** (* Gent 1870; → Anhang); der Dichter besuchte in P. die École Alsacienne (Mitschüler und Freund A. Gides), verkehrte in Künstlerkreisen, kaufte sich eine Bibliothek mit über 20 Tsd. Bänden zusammen und starb, kokainsüchtig, in Armut; Sterbehaus Rue de Boulainvilliers Nr. 29 (abgerissen), Grab auf dem Friedhof Montparnasse.

† 1926 **René Boylesve** (* Descartes/C 1867); der Erzähler, der in Neuilly-sur-Seine/IdF, in P. und an der Côte d'Azur lebte, starb in seinem Haus Rue des Vignes Nr. 27; Grab auf dem Friedhof von Passy.

† 1926 **Jean Richepin** (* Médéa/Algerien 1849); der Lyriker, Dramatiker und Erzähler, Sohn eines Militärarztes, absolvierte ein Literaturstudium und schlug sich eine Zeitlang als Hafenarbeiter und Matrose durchs Leben; Haft wegen Verletzung der öffentlichen Moral durch den Lyrikband *La Chanson des gueux* (1876); ab 1908 Mitglied der Académie Française; weitere W.: *Les Morts bizarres* (Erz. 1876, dt. *Seltsame Gestalten*, 1899), *La Glu* (R. 1881, dt. *Madame Vogelleim*, 1882), *Césarine* (R. 1888, dt. 1903); Grab auf dem Friedhof von Pléneuf-Val-André/Br.

† 1929 **Georges Courteline** (* Tours/C 1858); der Erzähler und Komödienautor verbrachte fast sein ganzes Leben in P.; ab 1907 wohnte er in der Avenue de Saint-Mandé Nr. 43, wo er starb (Gedenktafel); Gedenktafel am Stammlokal Place d'Anvers Nr. 2; Grab auf dem Père Lachaise.

† 1932 **René Bazin** (* Angers/PdL 1853); der Romancier starb in seiner letzten Wohnung in P. Rue Saint-Philippe-du-Roule Nr. 6; Grab in Saint-Barthélemy-d'Anjou/PdL.

† 1935 **Paul Bourget** (* Amiens/Pi 1852); der seinerzeit hochgeschätzte Romancier, Vorbild der Brüder Mann, starb in seinem Wohnhaus Rue Barbet-de-Jouy Nr. 20 (Gedenktafel); Grab auf dem Friedhof Montparnasse.

† 1936 **Henri de Régnier** (* Honfleur/BNo 1864); der zu Mallarmés Dienstagabenden geladene Lyriker, Schwiegersohn des Dichters Heredia, starb in seiner letzten P.er Wohnung Rue Boissière Nr. 4; Grab auf dem Père Lachaise.

† 1936 **Gustave Kahn** (* Metz/Lo 1859); der Lyriker und Dichtungstheoretiker war 1870 mit seiner Familie nach P. gezogen und hatte sein Leben hier verbracht; Grab auf dem Friedhof Montparnasse.

† 1938 **Ödön von Horváth** (Fiume [heute Rijeka]/Istrien 1901); der Dramatiker und Erzähler war am 28. Mai 1938 nach P. gekommen, um mit dem Regisseur über eine Verfilmung des Romans *Jugend ohne Gott* zu verhandeln, und wurde vier Tage später auf den Champs-Élysées (Einmündung der Avenue Matignon) während eines Gewitters von einem herabstürzenden Ast erschlagen; Grab zunächst auf dem Friedhof von Saint-Ouen/IdF, seit 1988 in Wien.

† 1939 **Joseph Roth** (* Brody/Galizien 1894); der Erzähler hatte als Feuilletonkorrespondent der *Frankfurter Zeitung* die Stadt 1925 kennengelernt, als Exilant kam er Ende Januar 1933 wieder; Roth, der dem Alkohol verfiel, wohnte zunächst im Hôtel Foyot (Rue de Tournon Nr. 33), nach dessen Abbruch im Hôtel de la Poste (Rue de Tournon) und starb im Hôpital Necker (Rue de Sèvres Nr. 151), Grab auf dem Friedhof von Thiais/IdF; Werke der P.er Zeit sind u. a. *Das falsche Gewicht*, *Die Kapuzinergruft* und *Die Legende vom heiligen Trinker*.

† 1940 **Ernst Weiß** (* Brünn 1882); der Arzt und Romancier war zunächst 1933 nach Prag emigriert, lebte ab 1934 in P.; beim Einmarsch der deutschen Truppen unternahm Weiß einen Selbstmordversuch, an dessen Folgen er am folgenden Tag im Hôpital Lariboisière starb.

† 1944 **Jean Giraudoux** (* Bellac/Li 1882); der Autor kam 1900 nach P., studierte 1903-05 an der École Normale Supérieure und kehrte von allen Auslandsaufenthalten (u. a. im diplomatischen Dienst) immer wieder in die Hauptstadt zurück; letzte Wohnung Quai d'Orsay Nr. 89 (Gedenktafel), Sterbehaus Hôtel de Castille, Rue de Cambon Nr. 37; Grab auf dem Friedhof von Passy.

† 1944 **Henri Ghéon** (* Bray-sur-Seine/IdF 1875); der religiöse Erzähler und Dramatiker, der 1909 mit Gide, Copeau u. a. die *Nouvelle Revue Française* gegründet hatte, wohnte die letzten zehn Jahre seines Lebens in der Rue Saint-Didier Nr. 68.

† 1945 **Alfred Wolfenstein** (* Halle/Saale 1883); der expressionist. Lyriker und Übersetzer (u. a. Shelley, Verlaine, Rimbaud) war 1934 nach Prag emigriert, von dort 1939 nach P.; nach dreimonatiger Gestapo-Haft tauchte er unter (in P., in Südfrankreich); nach der Befreiung in die frz. Hauptstadt zurückgekehrt, lebte der herzkranke Autor in bitterster Armut in einem kleinen Hotel (Rue Crébillon Nr. 4) und nahm sich schließlich im Hôpital Rothschild (Rue Santerre Nr. 15) das Leben; Grab auf dem Friedhof von Pantin/IdF.

† 1945 **Paul Valéry** (* Sète/LR 1871); der mit P. Louÿs und A. Gide befreundete Dichter kam 1892 nach P., war Mitglied des Dichterzirkels um Mallarmé, 1897-1900 Beamter im Kriegsministerium, danach Privatsekretär; ab 1906 wohnte er in der (heutigen) Rue Paul-Valéry Nr. 40, wo er starb; Grab in seiner Heimatstadt Sète.

† 1946 **Salomo Friedländer (Mynona)** (* Gollantsch/Polen 1871); der Philosoph und Erzähler emigrierte 1933 nach P., wo er verarmt und vergessen starb; Grab auf dem jüd. Teil des Friedhofs Pantin/IdF.

† 1947 **Tristan Bernard** (* Besançon/FC 1866); der erfolgreiche Bühnenautor und Romancier wohnte in der Rue Édouard-Detaille Nr. 9; Grab auf dem Friedhof von Passy.

† 1953 **Iwan Bunin** (* Woronesh/Rußland 1870); der russische Dichter, Nobelpreisträger 1933, war 1920 aus seiner Heimat emigriert und lebte künftig im frz. Exil: zunächst in P., dann im südfrz. Grasse/PAC und nach 1945 erneut in P.; letzte Wohnung in der Rue Jacques-Offenbach, Grab auf dem russ.-orthodoxen Friedhof von Sainte-Geneviève-des-Bois/IdF.

† 1954 **Sidonie-Gabrielle Colette** (* Saint-Sauveur-en-Puisaye/Bu 1873); die Erzählerin zog mit ihrem ersten Mann 1893 nach P., wo sie nach der Scheidung (1906) als Schauspielerin und Tänzerin (u. a. im Moulin-Rouge) auftrat; Wohnungen in der Folge u. a. im Palais-Royal und an der Avenue des Champs-Élysées (Nr. 74, Hôtel Claridge); letzte Wohnung/Sterbehaus Rue de Beaujolais Nr. 9 (Gedenktafel), Grab auf dem Père Lachaise.

† 1955 **Paul Claudel** (* Villeneuve-sur-Fère/Pi 1868); der Dichter kam 1882 in die Hauptstadt, Besuch des Lycée Louis-le-Grand; Teilnahme an den Dienstagabenden von Mallarmé; Offenbarungserlebnis am Weihnachtstag 1886 in Notre-Dame; auch zwischen den (langen) Auslandsaufenthalten als Botschafter Rückkehr nach P.; Alterssitz in Brangues/RhA (Stadtwohnung in P. beibehalten); letzte Wohnung/Sterbehaus Boulevard Lannes Nr. 11 (Gedenktafel), Grab in Brangues/RhA.

† 1957 **Sacha Guitry** (* Sankt Petersburg 1885; → Anhang); der Theaterautor, Regisseur und Schauspieler, der seine Kindheit in Rußland und Frankreich verbracht hatte, war eine wichtige Person des Kulturbetriebs der Hauptstadt (›roi du théâtre‹) und wohnte ab der Mitte der 20er Jahre in der Avenue Élisée-Reclus; Grab auf dem Friedhof Montmartre.

† 1958 **Francis Carco** (* Nouméa/Neukaledonien 1886; → Anhang); der Lyriker und Erzähler lebte nach Jahren im Süden Frankreichs ab 1910 in P., wo er vor allem die Künstler- und Halbwelt beobachtete: *Scènes de la vie de Montmartre* (1919), *Nuits de Paris* (1927), *Rue Pigalle* (1927); Beschreibung der Stadt auch in den Erinnerungen (*De Montmartre au Quartier latin*, 1927, *Nostalgie de Paris*, 1941); letzte Wohnung/Sterbehaus Quai de Béthune Nr. 16-18 (Gedenktafel); Grab in Bagneux/IdF.

† 1959 **Boris Vian** (* Ville d'Avray/IdF 1920); der Schriftsteller und Musiker hatte in P. an der Technischen Hochschule studiert, trat nach dem Krieg in den Jazz-Clubs von Saint-Germain-des-Prés auf; ab 1953 wohnte er mit seiner zweiten Frau in der Cité Véron Nr. 6a; Grab in Ville-d'Avray.

† 1959 **Benjamin Péret** (* Rézé/PdL 1899); der Dichter war 1920 nach P. gekommen, wo er sich den Surrealisten um A. Breton anschloß; auch von seinen langen Auslandsaufenthalten (Spanien, Mexiko) kehrte er nach P. zurück; Grab auf dem Friedhof Les Batignolles.

† 1960 **Jules Supervielle** (* Montevideo 1884; → Anhang); der Dichter, dessen Eltern früh gestorben waren, besuchte die Schule in P.; Jura- und Politologiestudium; Wohnung 1918-43 Boulevard Lannes Nr. 47; letzte Wohnung/Sterbehaus Quai Louis-Blériot Nr. 15, Grab in Oloron-Sainte-Marie/Aq.

† 1961 **Blaise Cendrars** (* La Chaux-de-Fonds/Schweiz 1887; → Anhang); der Dichter, der bereits zwischen 1910 und 1925 in P. gelebt hatte, zog (nach zahlreichen Reisen und Wohnsitzen in Südfrankreich) 1950 erneut in die Hauptstadt; letztes Wohn-/Sterbehaus Rue Jean-Dolent Nr. 23; Grab auf dem Friedhof Les Batignolles.

† 1962 **Georges Bataille** (* Billom/Au 1897); nach Ende des 1. Wks. zum Studium nach P. gekommen, war der Autor 1922-42 an der Bibliothèque Nationale tätig; 1943 verließ Bataille P., lebte künftig in der Provinz (Vézelay/Bu, Orléans/C) und kehrte erst wenige Monate vor seinem Tod in die Hauptstadt zurück; Sterbehaus in der Rue Saint-Sulpice, Grab in Vézelay/Bu.

† 1965 **Jacques Audiberti** (* Antibes/PAC 1899); der Dramatiker lebte von 1924 an in P., kehrte aber immer wieder an die heimatliche Côte d'Azur zurück (deutsche Besatzungszeit, letzte Lebensjahre); Grab in Pantin/IdF.

† 1966 **André Breton** (* Tinchebray/BNo 1896); der Autor und Theoretiker des Surrealismus kam im Alter von vier Jahren nach P., besuchte das Collège Chaptal; Wohnung ab 1922 in der Rue Fontaine Nr. 42 (Treffpunkt der Surrealisten); Grab auf dem Friedhof Les Batignolles.

† 1967 **Marcel Aymé** (* Joigny/Bu 1902); der Erzähler wohnte von 1928 bis zu seinem Tod in P. (über 30 Jahre Rue Paul-Féval Nr. 9 *ter*); Grab auf dem Friedhof Saint-Vincent (am Montmartre).

† 1970 **Paul Celan** (**Paul Antschel**) (* Czernowitz/Bukowina 1920); der Lyriker lebte ab 1948 in P., zeitweise als Deutsch-Lektor an der École Normale Supérieure (Rue d'Ulm); letzte Wohnung Avenue Émile-Zola Nr. 6, Selbstmord in der Seine; Grab in Thiais/IdF.

† 1970 **François Mauriac** (* Bordeaux/Aq 1885); der Erzähler kam zum Studium an der École des Chartes 1908 nach P., wo er künftig im Wechsel mit seiner Besitzung Malagar/Aq (und im Alter Vémars/IdF) lebte; Sterbehaus Avenue Théophile-Gautier Nr. 35, Grab in Vémars.

† 1972 **Jules Romains** (* Saint-Julien-Chapteuil/Au 1885); der Erzähler, dessen monumentaler Romanzyklus *Les Hommes de bonne volonté* (1932-46) P. in den ersten sieben Bänden zum Schauplatz hat, hatte als Schüler das Lycée Condorcet besucht und an der École Normale Supérieure studiert; nach Lehrtätigkeit in der Provinz kehrte er nach P. zurück, wo er

(mit Ausnahme der Kriegsjahre) bis zu seinem Tod wohnte; letzte Wohnung/Sterbehaus Rue de Solférino Nr. 6, Grab auf dem Père Lachaise.

† 1973 **Roland Dorgelès** (* Amiens/Pi 1886); der Erzähler war zum Studium an der École des Beaux-Arts nach P. gekommen, wo er bald in der Künstler-Bohème am Montmartre verkehrte und für mehrere Zeitungen schrieb; Freundschaft mit F. Carco und P. Mac Orlan; Grab auf dem Friedhof Saint-Vincent (am Montmartre).

† 1976 **Pierre Jean Jouve** (* Arras/NPdC 1887); der Dichter zog 1922 nach P., wohnte 1924-33 in der Rue Boissonade Nr. 6, danach (bis zum Kriegsausbruch) in der Rue de Tournon Nr. 8 und nach dem 2. Wk. bis zu seinem Tod in der Rue Antoine-Chantin Nr. 7; Grab auf dem Friedhof Montparnasse.

† 1976 **Emmanuel Berl** (* Le Vésinet/IdF 1892); der Erzähler hatte an der Sorbonne (und später in Freiburg/Breisgau) Romanistik studiert und spielte im kulturellen Leben der Hauptstadt in den 20er und 30er Jahren eine bedeutende Rolle; Grab auf dem Friedhof Montparnasse.

† 1978 **Jean Guéhenno** (* Fougères/Br 1890); der Essayist und Kritiker, der in P. bereits die École Normale Supérieure besucht hatte, kehrte nach dem 1. Wk. und Lehrtätigkeit in Nordfrankreich in die Stadt zurück und lebte von 1927 bis zu seinem Tod hier; seine Asche wurde vor den Sept-Îles bei Perros-Guirec/Br im Meer verstreut.

† 1980 **Alejo Carpentier** (* Havanna/Kuba 1904); der Lyriker und Erzähler, der bereits 1928-39 in P. gelebt hatte und nach Castros Revolution in die Heimat zurückgekehrt war, kam 1966 als Kulturattaché seines Landes erneut in die frz. Hauptstadt.

† 1980 **Romain Gary** (* Moskau 1914; → Anhang); der Erzähler war 1934 zum Jurastudium nach P. gekommen; nach Krieg und Auslandsaufenthalten als Diplomat

Eugène Ionesco

zog er 1960 wieder nach P., wo er mit der Schauspielerin Jean Seberg in der Rue du Bac Nr. 108 lebte; in diesem Haus nahm sich Gary 1980 das Leben (seine Asche wurde vor der Halbinsel Roquebrune-Cap-Martin im Mittelmeer verstreut).

† 1984 **Julio Cortázar** (* Brüssel 1914); der argentinische Erzähler, der in Mendoza zunächst Gymnasiallehrer und später Universitätsprofessor war, lebte ab 1951 als Übersetzer und Schriftsteller in P; 1981 erhielt er die frz. Staatsbürgerschaft; Grab auf dem Friedhof Montparnasse.

† 1984 **Henri Michaux** (* Namur/Belgien 1899; → Anhang); der Dichter und Maler lebte, unterbrochen von zahlreichen längeren Reisen, von 1924 bis zu seinem Tod in P.

† 1988 **René Char** (* L'Isle-sur-la-Sorgue/PAC 1907); der Dichter kam 1929 nach P., wo er bald den Surrealisten um A. Breton nahestand, und lebte künftig abwechselnd hier und in Südfrankreich; starb im Krankenhaus Val-de-Grâce, Grab in L'Isle-sur-la-Sorgue.

† 1989 **Samuel Beckett** (* Foxrock/Irland 1906, → Anhang); der Erzähler und Dramatiker lehrte 1928-30 als Assistant Teacher für Englisch an der École Normale Supérieure (Rue d'Ulm Nr. 45) in P., machte die Bekanntschaft von James Joyce und war einer der Stammgäste in der Buchhandlung ›Shakespeare and Company‹ (Rue de l'Odéon Nr. 12); im Herbst 1937 zog der Autor endgültig nach P., in die Rue des Favorites Nr. 6, in die er auch nach dem 2. Wk. zurückkehrte; Grab auf dem Friedhof Montparnasse.

† 1990 **Philippe Soupault** (* Chaville/IdF 1897); für den Dichter, der in P. aufwuchs (1905-11 Collège Fénelon), hier mit A. Breton und L. Aragon die surrealist. Bewegung begründete, war P. Lebensmittelpunkt; letzte Wohnung/Sterbehaus Rue Chanez Nr. 11, Grab auf dem Montmartre-Friedhof.

† 1994 **Eugène Ionesco** (* Slatina/Rumänien 1912; → Anhang); der Sohn eines rumän. Rechtsanwalts und einer Französin war bereits im Alter von einem Jahr nach P. gekommen, wo seine Eltern im 14. Arrondissement eine Wohnung bezogen; nach Gymnasial- und Studienzeit in Rumänien kehrte er mit einem Stipendium 1938 nach P. zurück und lebte hier dann dauerhaft ab 1944 (zunächst als Korrektor in einem Verlagshaus, Wohnung: Rue Claude-Terrasse Nr. 38) bis zu seinem Tod; Grab auf dem Friedhof Montparnasse.

† 1995 **É.M. Cioran** (*Răsinari/Rumänien 1911); der Philosoph und Essayist war 1937 als Stipendiat nach P. gekommen und lebte hier, ab 1949 auf frz. schreibend, bis zu seinem Tod.

† 1996 **Marguerite Duras** (* Saigon 1914; → Anhang); die Autorin war 1932 aus Indochina nach P. übersiedelt, wo sie 1935-41 als Sekretärin im Ministère des Colonies arbeitete; von 1942 bis zu ihrem Tod bewohnte sie ein Haus in der Rue Saint-Benoît (Saint-Germain-des-Prés); Grab auf dem Friedhof Montparnasse.

[A] Der Theologe **Abaelard** (→ Le Pallet/PdL), der u.a. in P. an der Domschule Notre-Dame studiert hatte, kehrte nach eigenen Schulgründungen und Zerwürfnissen mit seinen Lehrern immer wieder in die Stadt zurück, wo er das Liebesverhältnis mit Heloisa hatte (und deswegen entmannt wurde); beider Grab seit 1817 auf dem Père Lachaise. – **Dante Alighieri** (1265-1321) soll im Exil um 1309 auch in P. gewesen sein, so berichtet Boccaccio (und so will es Balzac in seiner hist. Erzählung *Les Proscrits*, 1831, dt. *Die Verbannten*); Bronzestatue vor dem Collège de France (Place Marcelin-Berthelot Nr. 11). – Der Dominikaner **Albertus Magnus** (1193-1280) unterrichtete 1244-48 in P. Theologie (und hielt Vorlesungen im Freien auf der Place Maubert, die nach ihm, dem M[agister] Albert, benannt sein soll); Schüler Alberts in P.: **Thomas von Aquin** (1225-1274), der später selbst hier als Lehrer tätig war; als Schüler und Student ebenfalls in P. (vier Aufenthalte) war der Mystiker und Dominikaner **Meister Eckhart** (um 1260-1328). (Das Dominikanerkloster, Wohnort der Gelehrten, lag an der Ecke Rue Saint-Jacques/Rue Soufflot.) – Der große Humanist **Erasmus von Rotterdam** (1469-1536) studierte 1495-99 Theologie

Marguerite Duras

in P. am Collège Montaigu (an dessen Stelle heute die Bibliothèque Sainte-Geneviève, Place du Panthéon Nr. 10), wo er auch wohnte. – Der Dichter **Clément Marot** (→ Cahors/MPy), der zum Jurastudium nach P. gekommen war, wurde wegen Verstoßes gegen das Fastengebot 1526 im Châtelet eingekerkert; 1539 schenkte König Franz I. seinem Günstling ein Haus mit Garten in P. (Maison Cheval-d'Airain, an der Stelle Rue de Tournon Nr. 27, abgerissen), worauf der Dichter in seiner »Églogue au Roi« anspielt. – **Jean Calvin** (→ Noyon/Pi) kam zu Studienzwecken 1523 nach P. und besuchte u. a. das Collège de La Marche und das Collège Montaigu; 1534 verließ er die Stadt. – **Pierre de Ronsard** (→ La Possonnière/C) war ab 1547 Schüler am Collège Coqueret und gründete mit seinem Lehrer J. Dorat und Studienfreunden (u. a. Du Bellay) den Dichterbund ›Pléiade‹. – Der Autor der *Essais* **Michel de Montaigne** (→ Montaigne/Aq) weilte zwischen 1559 und 1562 sowie Mitte der 70er Jahre in politischer Mission in P.; Denkmal auf dem Square Paul-Langevin (Bronzeabguß, 1988, der früheren Marmorfigur gegenüber der Sorbonne). – **Torquato Tasso** (1544-1595) kam im Gefolge des Kardinals d'Este nach Frankreich und besuchte P. im Februar/März 1571 (Zusammenkunft mit P. de Ronsard). – Der italienische Philosoph und Theologe **Giordano Bruno** (1548-1600) weilte in den Jahren 1581-83 und 1585-86 in P., wo er aufsehenerregende Privatvorlesungen hielt, die ihm eine Vorladung vor König Heinrich III. und eine Professur am Collège de Cambrai einbrachten. – **Jean-Louis Guez de Balzac** (→ Angoulême/PCh) besuchte in P. das Collège de La Marche und ging von hier zum Studium nach Leyden; nach einem Romaufenthalt als Kardinalssekretär (1621/22) hielt sich »der größte Briefeschreiber Frankreichs« (Sainte-Beuve) ein weiteres Mal in P. auf, bevor er sich in heimatliche Gefilde (→ Angoulême/PCh) zurückzog. – Der Philosoph **Descartes** (→ Descartes/C) studierte wahrscheinlich 1613-15 in P. und besuchte später die Stadt auf seinen (von den Niederlanden unternommenen) Frankreichreisen zwischen 1644 und 1648 (Grab in der Kirche Saint-Germain-des-Prés). – Der englische Philosoph **Thomas Hobbes** (1588-1679) lebte wegen der politisch unsicheren Lage in seinem Heimatland 1640-51 in P. – Der Prediger **Esprit Fléchier** (→ Pernes-les-Fontaines/PAC) lebte ab 1658 in P.; 1687 wurde er zum Bischof von Nîmes ernannt (Denkmal auf der Place Saint-Sulpice). – **Fénelon** (→ Sainte-Mondane/Aq) beendete seine Studien in P., wo er zunächst das Collège du Plessis, dann das Priesterseminar Saint-Sulpice besuchte (Priesterweihe 1675); 1695 wurde Fénelon zum Erzbischof von Cambrai/NPdC ernannt (Denkmal auf der Place Saint-Sulpice: Fontaine des Quatre-Évêques). – **Alain-René Lesage** (→ Sarzeau/Br), der Autor des *Gil Blas*, kam zum Jurastudium nach P., war kurzzeitig als Anwalt tätig, bevor er sich ganz der Literatur verschrieb; 1743 zog er mit seiner Frau zu einem Sohn nach Boulogne-sur-Mer/NPdC. – **Jean-Baptiste Massillon** (→ Hyères/PAC), der »Racine der Kanzel« (Voltaire), kam 1696 nach P. und leitete das Priesterseminar Saint-Magloire; durch seine Predigten erregte er Aufsehen und wurde schließlich Hofprediger der königl. Familie; Denkmal auf der Place Saint-Sulpice (Fontaine des Quatre-Évêques). – **Abbé Prévost** (→ Hesdin/NPdC), der schon als Novize bei den Jesuiten zweimal entwichen und später bei den Benediktinern eingetreten war (Priesterweihe 1726), floh 1728 aus dem Kloster in Saint-Germain-des-Prés nach England. – **Jean-Jacques Rousseau** (→ Anhang), der erstmals im Sommer 1731 in P. weilte, siedelte 1742 in die Stadt über, wo er bald mit den Enzyklopädisten verkehrte, 1745 seine Frau Thérèse Levasseur kennenlernte; der Philosoph lebte in wechselnden Unterkünften bis 1756 hier, zog dann nach Montmorency/IdF, um schließlich ab 1770 erneut, bis kurz vor seinem Tod, in P. zu wohnen (Rue Jean-Jacques-Rousseau Nr. 52, Gedenktafel); die Bestattung fand in Ermenonville/Pi statt, 1794 wurde der Sarg in das Panthéon überführt (1814 wurden die sterblichen Überreste von Royalisten dort gestohlen und an der Seine verscharrt). – **Giacomo Casanova** (1725-1798) lebte von August 1750 bis Oktober 1752 in P. und kehrte auch in den folgenden Jahren (letzter Aufenthalt im Herbst 1783) immer wieder in die Stadt zurück (Beschreibungen in den berüchtigten *Mémoires*). – Der Schriftsteller **Friedrich Melchior von Grimm** (1723-1807), kam als 28jähriger nach P., verkehrte mit den Aufklärern und war der Liebhaber der Madame d'Épinay (s. o.). – **Ferdinando Galiani** (1728-1787), Geistlicher und Literat, war 1759-69 Sekretär der neapolitanischen Gesandtschaft in P., wo er bald Gast in den Salons der Stadt war; nach seiner Abberufung aus P. blieb er in Briefkontakt mit Louise d'Épinay (dt. zuletzt u. d. T. *Helle Briefe*, 1992). – **Laurence Sterne** (1713-1768), der von Januar bis Juli 1762 in P. lebte, fand als berühmter Autor des *Tristram Shandy* raschen Zugang zu den Salons der Stadt, wo er mit den frz. Aufklärern zusammentraf. – **Johann Gottfried Herder** (1744-1803) verbrachte nach seinem viermonatigen Aufenthalt in Nantes/PdL einen Monat (November/Dezember 1769) in P. und traf u. a. mit Diderot und d'Alembert zusammen, bevor er über Brüssel und die Niederlande nach Hamburg reiste. – Der amerikanische Staatsmann und Schriftsteller **Benjamin Franklin** (1706-1790), 1776-1785 als Gesandter in P., war ein gern gesehener Gast in den Salons der Hauptstadt, zumal bei der Witwe des Philosophen Helvétius in Auteuil, die er »Notre-Dame d'Auteuil« nannte; Statue eingangs der Avenue Paul-Doumer, Relief Rue Raynouard Nr. 64. – **J.-H. Bernardin de Saint-Pierre** (→ Le Havre/HNo), Autor von *Paul et Virginie*, der ab Mitte der 60er Jahre in Abständen in der Hauptstadt wohnte, wurde 1792 zum Direktor des Jardin des Plantes (dort auch Denkmal) ernannt; ab 1801 wohnte er (schließlich im Wechsel mit dem Landhaus in Éragny-sur-Oise/IdF) in der Rue de Bellechasse Nr. 15; Grab auf dem Père Lachaise. – Der Philosoph **Condorcet** (→ Ribemont/Pi), Habitué des Salons der Julie de Lespinasse, Anhänger der Revolution und 1792 Präsident der Nationalversammlung, versteckte sich nach dem Sturz der Girondisten im Haus Rue Servandoni Nr. 15, wo er seine *Esquisse d'un tableau ...* schrieb (Gedenktafel); Leergrab im Panthéon (Grab in Bourg-la-Reine/IdF verschollen). – **Sophie von La Roche** (1731-1807), Autorin der *Geschichte des Fräuleins von Sternheim* (1771) und Großmutter von Clemens und Bettine Brentano, verbrachte 1785 über die Hälfte ihres viermonatigen Frankreich-Aufenthalts im »Zauberort Paris«, wo sie im Palais-Royal wohnte; im *Journal einer Reise durch Frankreich* (1787, Nachdr. 1994) liefert sie eine ausführliche Beschreibung der Stadt. – Der russische Erzähler **Nikolai Karamsin** (1766-1826) kam im Frühjahr 1790 auf seiner Europareise nach P. und blieb ein Vierteljahr; ausführliche Beschreibung in seinen *Briefen eines russischen Reisenden*, zuletzt 1981). – In den ersten Jahren nach der Revolution begaben sich zwei englische Autoren nach P.: Der Lyriker **William Wordsworth** (1770-1850) kam im Dezember 1791 und kehrte, nachdem er Frühling/Sommer 1792 an der Loire verbracht hatte, ein Jahr später von P. in seine Heimat zurück, exakt zu der Zeit, als die Frauenrechtlerin **Mary Wollstonecraft** (1759-1797) in die frz. Hauptstadt zog (Rue Meslay Nr. 22); die Autorin blieb, Aufenthalte in Neuilly und Le Havre abgerechnet, bis April 1795. – **Ernst Moritz Arndt** (1769-1860) stieg nach Reisen durch Deutschland, Italien und Südfrankreich Ende Mai 1799 zu einem zehnwöchigen Aufenthalt im Hôtel de Bruxelles in der Rue du Mail ab; Beschreibung der Stadt in seinem *Pariser Sommer 1799* (1982). – **Heinrich von Kleist** (1777-1811) kam im Juli 1801, um die Feierlichkeiten zum 14. Juli mitzuerleben, die ihn dann jedoch enttäuschten (»Wie solche Tage würdig begangen werden könnten, weiß ich nicht bestimmt; doch dies weiß ich, daß sie fast nicht unwürdiger begangen werden können, als dieser«), und blieb bis November; zweiter Aufenthalt im Oktober 1803, als er sein *Robert Guiskard*-Manuskript vernichtete, um anschließend in frz. Dienst zu treten und den Tod auf dem Schlachtfeld zu suchen. – **Friedrich Schlegel** (1772-1829) kam Ende Juli 1802 nach P., wo er sich durch private Kollegien über Wasser hielt; in den knapp zweijährigen Aufenthalt fiel Schlegels intensive Beschäftigung mit dem Sanskrit; Wohnung u.a. Rue de Clichy Nr. 19, wo Dorothea Veit, die Schlegel am 6. 4. 1804 in P. heiratete, aus finanziellen Gründen eine Pension betrieb. – **Achim von Arnim** (1781-1831), mit seinem Bruder auf Bildungsreise durch Europa, blieb von Januar bis Juni 1803 in P. (Hôtel du Grand Vauban, Rue de Richelieu), wo er mit F. Schlegel zusammentraf. – **Wilhelm von Humboldt** (1767-1835), den die nach Studienabschluß übliche Bildungstour bereits 1789 nach P. geführt hatte, übersiedelte mit seiner Familie 1797 in die frz. Hauptstadt, wo er (unterbrochen von einer längeren Spanienreise) bis 1801 wohnte (zwei weitere Aufenthalte in militär.-polit. Mission 1814 und 1815). Sein Bruder, der Naturforscher **Alexander von Humboldt** (1769-1859), nahm 1808 als Dolmetscher und Diplomat in den Verhandlungen mit Napoleon in P. seinen Wohnsitz (Quai Malaquais Nr. 3) und blieb bis 1827; während dieser Zeit schrieb er sein Hauptwerk *Voyage aux régions équinoxiales du Nouveau Continent* (1805-34); in den Jahren 1830-1848 schlossen sich acht weitere diplomatische Aufenthalte in P. an. – Der italienische Romancier **Alessandro Manzoni** (1785-1873) zog im Sommer 1805 nach P. zu seiner Mutter, die im Herbst 1796 mit ihrem Lebensgefährten hierher übersiedelt war; nach seiner Hochzeit wohnte der Dichter ab 1808 mit Frau und Mutter am Boulevard des Italiens; zwei Jahre später ließ er sich in P. mit seiner (ursprünglich calvinist.) Frau ein zweites Mal, diesmal nach katholischem Ritus trauen; anläßlich der Eheschließung von Napoleon mit Marie Louise von Österreich am 2. April 1810 geriet Manzoni mit seiner Frau in ein lebensgefährliches Gedränge, aus dem er sich in die Kirche Saint-Roch rettete und hier, nach eigener Aussage, erstmals wirklich betete (Gedenktafel an der Kirche). – **Joseph von Eichendorff** (1788-1857) unternahm nach Studienabschluß die damals übliche Bildungstour und reiste mit seinem Bruder im April 1808 nach P. (Besichtigung des Louvre, Ausflug nach Versailles). – Der Historiker **François Guizot** (→ Nîmes/LR) hatte ab 1816 verschiedene Posten in Ministerien, war später Erziehungs- und Innenminister und 1840-44 Außenminister (Wohnung während dieser Zeit im Außenministerium, Boulevard des Capucins). – **Théophile Gautier** (→ Tarbes/MPy) kam mit seinen Eltern als Kind nach P. und besuchte 1822-29 das Collège Charlemagne (Freundschaft mit G. de Nerval); der Romancier und Kritiker, dem in P. die beiden Töchter Judith und Estelle geboren wurden und der in Künstlerkreisen verkehrte, wohnte bis 1857 in P., dann in Neuilly-sur-Seine/IdF; Grab auf dem Montmartre-Friedhof. – **Alexandre Dumas d. Ä.** (→ Villers-Cotterêts/Pi) kam 1823 nach P. und nahm einen Posten als Kanzleiangestellter im Sekretariat des Herzogs von Orléans an; von nun an blieb (bei wechselnden Wohnungen) die Hauptstadt Lebensmittelpunkt (zeitweilig neben dem Schloß Monte-Cristo in Marly-le-Roi/IdF und abzüglich eines Exils in Brüssel 1851-54); Denkmal (auch für den Sohn) auf der Place du Général-Catroux. – Der schwäbische Märchendichter und Erzäh-

Boulevard des Italiens, um 1830

ler **Wilhelm Hauff** (1802-1827) verbrachte Mitte 1826 sechs Wochen in Paris und entwarf während dieser Zeit die Novelle *Die Bettlerin vom Ponts des Arts* (1828). – Der amerikanische Dichter **Henry Wadsworth Longfellow** (1807-1882), zum Sprachenstudium nach Europa geschickt, lebte 1826-29 in Frankreich (zumeist Paris), Deutschland, Italien und Spanien. – **Clemens Brentano** (1778-1842) war im Frühjahr 1827 vier Wochen in P. – Der polnische Nationaldichter **Adam Mickiewicz** (1798-1855) kam erstmals 1831 nach P., heiratete hier 1834 die Tochter der Pianistin Maria Szymanowska und erhielt 1840 einen Lehrstuhl am Collège de France (Gedenktafel am Wohnhaus Rue de Seine Nr. 63; Denkmal in der Grünanlage des Cours Albert I); neben Mickiewicz ebenfalls im P.er Exil seine Landsleute **Juljan Niemcewicz** (1757-1841) und (kurzfristig) der Romantiker **Juljusz Słowacki** (1809-1849); Polnische Bibliothek (Quai Orléans Nr. 6) mit [M] Musée Adam Mickiewicz (u. a. Autographen von Michelet, Quinet, Sainte-Beuve, G. Sand, Vigny, Hugo; Brief Goethes an Mickiewicz). – Der englische Romancier **William Makepeace Thackeray** (1811-1863) siedelte nach vorherigen Ferienaufenthalten 1833 nach P. über, um hier als Maler zu leben, ein Versuch, den er vier Jahre später aufgeben mußte, und kehrte nach London zurück (lit. Frucht: die Sammlung *The Paris Sketch Book*, 1840); auch in den 40er und 50er Jahren blieb das geliebte P., einer der Schauplätze des Romans *Vanity Fair* (1847/48, dt. 1848, u. d. T. *Jahrmarkt der Eitelkeit*, 1849), für Thackeray neben London Lebensmittelpunkt, weil hier Mutter und Stiefvater sowie beide Töchter lebten. – Der dänische Dichter **Hans Christian Andersen** (1805-1875), der viele Reisen unternahm, kam mehrfach nach Paris: erstmals 1833, dann 1843, 1866, 1867 und 1868; von seinem Zusammentreffen mit Hugo, Lamartine, Dumas d. Ä., Balzac u. a. berichtet er in der Autobiographie *Meines*

Lebens Märchen (1847, dt. zuletzt 1989). – **Hermann Fürst von Pückler-Muskau** (1785-1871) besuchte P. im Spätsommer 1834; in seinem autobiogr. Briefroman *Semilassos vorletzter Weltgang in Europa* (1835) erzählt er von seinen Eindrücken der Stadt, seinen Theaterbesuchen und Begegnungen (u. a. mit Balzac). – Der Österreicher **Franz Grillparzer** (1791-1872) beschreibt seinen Aufenthalt in P. im Frühjahr 1836 (Hôtel de l'Europe, Rue de Richelieu; Besuch bei Börne und Heine) in seinen *Reisetagebüchern* (zuletzt 1984). – Der russische Erzähler und Dramatiker **Nikolai Gogol** (1809-1852) lebte von November 1836 bis März 1837 in P; erneute Besuche der Stadt in den Jahren 1838, 1845, 1846, 1847. – Der Dichterkomponist **Richard Wagner** (1813-1883) hielt sich zwischen 1839 und 1862 mehrfach in P. auf; von Oktober 1841 bis April 1842 wohnte er in der Rue Jacob Nr. 14 (Gedenktafel), von Mitte Dezember 1861 bis 1. Februar 1862 im Hôtel Voltaire am Quai Voltaire (und schrieb hier den Text der *Meistersinger von Nürnberg*); über die Aufenthalte berichtet Wagner in seiner Autobiogr. *Mein Leben* (1911). – Der von Deutschland in die Schweiz geflüchtete Dichter **Georg Herwegh** (1817-1875) kam im November 1841 nach P. zu einem dreimonatigen Aufenthalt (Besuch bei H. Heine); mit seiner Frau ließ sich Herwegh 1843 in P. nieder, Lebensmittelpunkt für die nächsten sieben Jahre. – **Gustave Flaubert** (→ Rouen/HNo) nahm 1842 in P. ein (bald abgebrochenes) Jurastudium auf; bis zu seinem Tod blieb die Stadt, Schauplatz des Romans *L'Éducation sentimentale* (1869, dt. 1904, u. d. T. *Lehrjahre des Herzens*, 1957), neben Croisset/HNo der zweite Lebensmittelpunkt (verschiedene Stadtwohnungen im Lauf der Zeit), hier traf er mit seinen Schriftstellerkollegen zusammen. – **Friedrich Hebbel** (1813-1863) kam am 1. Oktober 1843 nach P. und wohnte ein Jahr in der Stadt (u. a. Besuch Heines). – Einen Monat nach Hebbel kam **Karl Marx** (1818-1883) in die frz. Hauptstadt, aus der er im Januar 1845 ausgewiesen wurde; Marx verkehrte in P. u. a. mit H. Heine und P.-J. Proudhon. – Der Parnasse-Lyriker **Charles-Marie Leconte de Lisle** (→ Anhang), der ab 1845 in P. lebte, wohnte 1872-94 in dem Haus Boulevard Saint-Michel Nr. 64 (Gedenktafel); Grab zunächst auf dem Friedhof Montparnasse (seit 1977 auf La Réunion); Denkmal im Jardin du Luxembourg. – Der englische Dichter **Robert Browning** (1812-1889) blieb im Herbst 1846 mit seiner Frau **Elizabeth Barrett-Browning** (1806-1861) auf der Hochzeitsreise eine Woche in P., bevor sie nach Florenz weiterfuhren; das Dichterpaar lebte in den 50er Jahren (zwischen Aufenthalten in England und Italien) wiederholt in P. – Der englische Romancier **Charles Dickens** (1812-1870) weilte dreimal in P.: zu einem Zwischenstop 1844, November 1846 bis Frühjahr 1847 (Rue de Courcelles Nr. 48) und Oktober 1855 bis April 1856 (Avenue des Champs-Élysées Nr. 49). – Der deutsche Schriftsteller **Georg Weerth** (1822-1856) kam 1848 von der Februarrevolution angelockt in die frz. Hauptstadt; weitere Besuche in den nächsten Jahren (Zusammentreffen mit H. Heine). – **Jules Verne** (→ Nantes/PdL) setzte ab dem Wintersemester 1848 das in Nantes begonnene Jurastudium in P. fort, wo er bis 1869 wohnte; hier schrieb er zunächst zahlreiche Theaterstücke, später seine ersten Romane. – Der russische Romancier **Iwan Turgenjew** (1818-1883), befreundet mit dem Impresario und Schriftsteller Louis Viardot und vor allem dessen Frau Pauline, wohnte ab Ende der 40er Jahre bis zu seinem Tod (neben London und Baden-Baden) in P. bzw. auf dem Viardotschen Landsitz Courtavenel/IdF (später Bougival/IdF); 1860 mietete der Autor, enger Freund Flauberts, mit seiner Tochter und einer engl. Gouvernante eine Wohnung in der Rue Rivoli Nr. 210, wo er seinen bekanntesten Roman *Väter und Söhne* (1862) schrieb; ab

1871 bewohnte er mit Pauline und deren Schwester (der berühmten Sängerin Malibran) zwei Wohnungen in der Rue de Douai Nr. 50; in P. kam es zu einem Treffen zwischen Turgenjew und **Lew Tolstoj** (1828-1910; Denkmal auf dem Square Tolstoï). – **Theodor Fontane** (1819-1898) verbrachte Mitte Oktober 1856 eine Woche (auf der Reise von Berlin nach London) im Hôtel du Louvre (Rue de Rivoli Nr. 172) und war wenig erbaut von der Stadt: »Es kommt mir alles so räuberhaft vor; eine Unmasse confiscierter Gesichter und bei aller Pracht und Schönheit doch auch furchtbar viel Plunder. – Mein Entzücken wird schwerlich sehr wachsen; die Größe der Stadt imponiert mir nicht, denn gegen London ist es ein Quark« (Brief an seine Frau). – Der Schweizer Dichter **Conrad Ferdinand Meyer** (1825-1898) war bei seinem Besuch der Stadt 1857 vom geistigen Klima unter Napoleon III. enttäuscht. – **Frédéric Mistral** (→ Maillane/PAC) kam 1857 (Begegnung mit Lamartine), 1859 (Hôtel Jasmin, Rue Montmartre Nr. 112, Gedenktafel) und 1867 (Trauzeuge bei der Hochzeit Daudets) nach P.; Denkmal im Jardin des Poètes (Porte d'Auteuil). – **José-Maria de Heredia** (→ Anhang) lebte ab 1859 in P. und studierte an der École des Chartes; der Lyriker war später Mittelpunkt einer Gruppe junger Dichter (u. a. Valéry, H. de Régnier); 1901 wurde er Bibliothekar an der Bibliothèque de l'Arsenal. – 1860 kam zum Studium **Catulle Mendès** (→ Bordeaux/Aq) nach P. und wurde rasch zu einer einflußreichen Persönlichkeit im Literaturbetrieb. – Der russische Romanautor **Fjodor M. Dostojewski** (1821-1881) kam im Rahmen seiner beiden Europareisen in den Jahren 1862 und 1863 nach P. – Der Erzähler **Léon Bloy** (→ Périgueux/Aq) kam als 18jähriger (1864) in die Hauptstadt, wo er Sekretär von Barbey d'Aurevilly wurde; ständig seine Wohnungen wechselnd lebte er (mit Unterbrechungen: Périgueux, Dänemark) bis zu seinem Tod in P. bzw. dem Großraum P. (zuletzt in Bourg-la-Reine/IdF). – Der Amerikaner **Mark Twain** (1835-1910) besuchte P. im Rahmen seiner Europareise 1867 und schildert seine Erlebnisse in der Hauptstadt in *The Innocents Abroad* (1869, dt. *Die Arglosen auf Reisen*, 1875). – **Arthur Rimbaud** (→ Charleville-Mézières/ChA) war schon zweimal von seiner Heimatstadt nach P. geflohen, bevor er 1871 auf Einladung von Verlaine in die Stadt kam (Rue Nicolet Nr. 14, abgerissen); der Schwiegervater Verlaines warf den schwierigen und schmutzigen Untermieter jedoch schließlich aus dem Haus, worauf Rimbaud in etlichen Wohnungen kurzfristig Unterkunft fand und schließlich im Sommer 1872 mit Verlaine nach Belgien und England ging; letzter längerer Aufenthalt in P. im Herbst 1873; Denkmal (1984) am Boulevard Morland. – Der amerikan. Romancier **Henry James** (1843-1916) war 1875/76 als Korrespondent in P. und machte hier die Bekanntschaft von Flaubert, Turgenjew, Daudet, Zola. – Der Lyriker **Jean Moréas** (→ Anhang) lebte ab 1880 in P. (Beschreibung der Stadt in den *Stances*, 1899-1920); Denkmal im Jardin des Poètes (Porte d'Auteuil), Grab auf dem Père Lachaise. – **Francis Vielé-Griffin** (→ Bergerac/Aq), als Achtjähriger aus den USA nach Frankreich gekommen, besuchte in P. das Collège Stanislas, wo er Freundschaft mit H. de Régnier schloß; Wohnhaus Rue Hamelin Nr. 46. – **Romain Rolland** (→ Clamecy/Bu) zog mit seinen Eltern 1881 nach P., besuchte hier das Lycée Louis-le-Grand und studierte an der École Normale Supérieure, an der er später (wie an der Sorbonne) Musikwissenschaft und Kunstgeschichte lehrte; 1940 zog er nach Vézelay/Bu. – **Maurice Barrès** (→ Charmes/Lo) nahm 1883 in P. ein Jurastudium auf; 1896 zog er nach Neuilly-sur-Seine/IdF. – **Maurice Maeterlinck** (→ Anhang), der erstmals im Mai 1886 in die frz. Hauptstadt gekommen war, siedelte endgültig 1897 aus Gent nach P. über; 1900-06 wohnte er in der Rue Raynouard, dann zog er nach Grasse/PAC. – **Charles Maurras** (→ Martigues/PAC) kam als Student nach P., war Sekretär von A. France und gründete die Zs. *L'Action Française*; als Kollaborateur wurde er nach der Befreiung Frankreichs verurteilt; letzte Wohnung Rue de Verneuil Nr. 60. – **Paul Fort** (→ Reims/ChA) zog mit seinen Eltern nach P. (Rue de Vaugirard, dann Rue Saint-Placide), besuchte hier das Lycée Louis-le-Grand und gründete das Théâtre d'Art (1890); nach dem 1. Wk. wohnte der Dichter vorzugsweise in Montlhéry/IdF, behielt aber in P. eine Wohnung (Rue Gay-Lussac Nr. 34). – **Stefan George** (1868-1933) war im Frühjahr 1889 und im Herbst 1890 in P. und traf hier mit Mallarmé, Verlaine, Villiers de l'Isle-Adam zusammen. – **Jean Cocteau** (→ Maisons-Laffitte/IdF), eine der schillerndsten Figuren der Künstlerszene in der frz. Hauptstadt, lebte von Kindesbeinen an in P. und besuchte hier das Lycée Concordet; Adressen (zunächst gemeinsam mit Mutter und Geschwistern): Rue La Bruyère Nr. 45, Rue de Malakoff Nr. 62, Rue d'Anjou Nr. 10 (wo er Nachbar von Sacha Guitry war, der Nr. 8 bewohnte), Rue Vignon Nr. 9; 1947 zog er mit seinem Lebensgefährten Jean Marais nach Milly-la-Forêt/IdF. – Der österreichische Erzähler, Dramatiker und Kritiker **Hermann Bahr** (1863-1934) verbrachte die Jahre 1889/90 in P. (Wohnung Boulevard Saint-Michel Nr. 31) und schrieb hier den Roman *Die gute Schule* (1890). – Im Dezember 1891 kam **Frank Wedekind** (1864-1918) erstmals nach P. und blieb (mit Unterbrechungen) bis Anfang 1895; weitere (kürzere) Aufenthalte folgten. – **Roger Martin du Gard** (→ Neuilly-sur-Seine/IdF) besuchte ab 1892 die Schulen in P. (u. a. Lycée Condorcet) und studierte an der École des Chartes; 1906-09 wohnte er in der Rue du Printemps Nr. 1 und auch nach dem 1. Wk. ließ er sich nochmals (für kurze Zeit) in P. nieder. – **Charles Péguy** (→ Orléans/C) kam als 20jähriger Stipendiat nach P. (Collège Sainte-Barbe, École Normale Supérieure), brach jedoch seine Ausbildung ab und eröffnete 1901 einen Buchladen (Rue de la Sorbonne Nr. 8), in dem er seine Halbmonatsschrift *Les Cahiers de la Quinzaine* publizierte. – **Heinrich Mann** (1871-1950) kam erstmals 1893 nach P.; in den folgenden Jahrzehnten war H. Mann wiederholt zu Vorträgen in P., so 1927, als er zum 125. Geburtstag V. Hugos im Palais du Trocadéro sprach. – Der Schriftsteller und Arzt **Albert Schweitzer** (→ Kaysersberg/E) nahm von Herbst 1893 an Unterricht bei dem Organisten von Saint-Sulpice Charles Marie Widor; im Wintersemester 1898/99 studierte Schweitzer in P. Musik und Philosophie. – Der norwegische Erzähler **Knut Hamsun** (1859-1952), Nobelpreisträger 1920, lebte (mit Unterbrechungen) von 1893 bis 1895 in P., schrieb hier den Roman *Neue Erde* (1893), lernte den verehrten schwedischen Dichter Strindberg (s. u.) und seinen künftigen deutschen Verleger Albert Langen kennen. – Nach Aufenthalten 1876 und 1883/84 zog **August Strindberg** (1849-1912) im Spätsommer 1894 nach P. und wohnte 1895/96 im Hôtel Orfila (Rue d'Assas Nr. 62, abgerissen, Gedenktafel am Nachfolgebau); letzter P.-Aufenthalt 1897/98. – **Valery Larbaud** (→ Vichy/Au) war ab 1895 Schüler am Lycée Henri IV., schrieb sich später an der Sorbonne ein; sein Lebensweg führte ihn zwischen den zahlreichen ausgedehnten Reisen und den Aufenthalten im heimatl. Bourbonnais immer wieder nach P.; 1921/22 überließ er seine Wohnung Rue du Cardinal-Lemoine Nr. 71 dem Iren James Joyce, der hier den *Ulysses* (1922) beendete. – Der Bildhauer und Schriftsteller **Ernst Barlach** (1870-1938) hielt sich nach Studienabschluß an der Kunstakademie 1895/96 und 1897 in P. auf. – **Paul-Jean Toulet** (→ Pau/Aq) lebte 1898-1912 in P. – Der Schriftsteller und Arzt **Oskar Panizza** (1853-1921), nach Schwierigkeiten mit der deutschen Obrigkeit auch aus der Schweiz ausgewiesen, ließ sich Ende 1898 in P. (am Montmartre) nieder, wo er bis Mitte 1904 wohnte; aus P. schoß er eine Gedichtsammlung gegen das wilhelminische Deutschland: *Parisjana. Deutsche Verse aus Paris* (1899); bei Panizza zu Besuch auch sein fränkischer Landsmann, der Dichter **Max Dauthendey** (1867-1918), der zwischen 1896 und 1904 häufig (auch für länger) in P. weilte. – **Louis-Férdinand Céline** (→ Asnières-sur-Seine/IdF) verbrachte Kindheit und Jugend in P. (Passage Choiseul) und studierte hier Medizin; nach seiner Rückkehr nach P. – als Kollaborateur hatte er 1944 Frankreich verlassen – fand er seine Wohnung am Montmartre (Rue Girardon Nr. 4) geplündert. – **Alain-Fournier** (→ La Chapelle-d'Angillon/C) besuchte in P. ab 1898 das Lycée Voltaire und (nach anderen Schulen) ab 1906 das Lycée Louis-le-Grand (Wohnung Rue Mazarine Nr. 60); am 1. Juni 1905 traf er auf dem Cours la Reine die junge Frau, die als Yvonne de Galais in den Roman *Le Grand Meaulnes* (1913) eingegangen ist; Wohnung ab 1910 Rue Cassini Nr. 1. – Nach vorherigen kürzeren Aufenthalten zog der Lyriker **Émile Verhaeren** (→ Anhang) 1899 in die Rue Championnet Nr. 206 und von hier 1903 nach Saint-Cloud/IdF (Denkmal auf dem Square André Lefèbvre, Rue de la Parcheminerie). – **Hugo von Hofmannsthal** (1874-1929) verbrachte das Frühjahr 1900 in P., wo er mit A. France, M. Maeterlinck, J. Renard u. a. zusammentraf. – **Ludwig Thoma** (1867-1921), Schriftsteller und *Simplicissimus*-Redakteur, verbrachte den März und April 1902 in P. (und war begeistert von einem Besuch bei Auguste Rodin). – Der Erzähler aus der frz. Schweiz **Charles-Ferdinand Ramuz** (1878-1947) wohnte von 1902 bis zu seiner Rückkehr in die Schweiz 1914 in der Rue Froidevaux Nr. 17. – **Rainer Maria Rilke** (1875-1926) siedelte im August 1902 nach P. über, um eine Monographie über den Bildhauer Auguste Rodin zu schreiben, dessen Privatsekretär er wurde (→ Meudon/IdF); die nächsten zwölf Jahre blieb die Stadt Lebensmittelpunkt des Dichters (mehrere Wohnungen, u. a. August 1908 bis Oktober 1911 Hôtel Biron, Rue de Varenne Nr. 77, heute Rodin-Museum), der von hier zahlreiche Reisen unternahm; P. ist Hintergrund einer Reihe von Gedichten (u. a. »Der Panther«, »Das Karussel«, »Die Flamingos«) und Schauplatz des Tagebuchromans *Die Aufzeichnungen des Malte Laurids Brigge* (1910), den Rilke hier beendete; letzter Aufenthalt Januar bis August 1925 (Hôtel Foyot, Rue de Tournon, abgerissen). – Die amerikanische Autorin **Gertrude Stein** (1874-1946) zog 1903 mit ihrem Bruder nach P. und wohnte bis zu ihrem Tod hier; in ihrer Wohnung (zunächst Rue de Fleurus Nr. 27, später Rue Christine Nr. 5, Gedenktafel) verkehrten die Maler der Avantgarde (u. a. Picasso, Matisse, Braque und die Impressionisten) sowie amerikanischen Autoren wie Sherwood Anderson, Hemingway, F. Scott Fitzgerald; Bericht über das Leben in P. in der Biographie ihrer Lebensgefährtin *The Autobiography of Alice B. Toklas* (1933), Grab auf dem Père Lachaise. – **Stefan Zweig** (1881-1942) reiste nach seinem Studienabschluß 1904 nach P. und traf hier u. a. mit É. Verhaeren und Rilke zusammen; den Aufenthalt beschreibt Zweig in dem Kapitel »Paris, die Stadt der ewigen Jugend« seiner Erinnerungen *Die Welt von Gestern* (1944). – P. war die erste Exil-Station des 1906 aus dem zaristischen Rußland geflohenen Dichters **Maxim Gorki** (1868-1936). – Der Dichter **Max Jacob** (→ Quimper/Br) kam nach dem Bruch mit seinem Elternhaus nach P., schloß sich hier den Künstler- und Literatenkreisen an (Freundschaft u. a. mit Apollinaire), konvertierte 1915 nach mehreren Visionen zum Christentum (Taufpate: Picasso) und zog sich 1921 in die Abtei Saint-Benoît-sur-Loire/C zurück; Wohnung 1904-10 Rue Ravignan Nr. 7, während seiner Rückkehr nach P. 1928-36 Hôtel Nollet (Rue Nollet). – **Jacques Prévert** (→ Neuilly-sur-Seine/IdF)

Gertrude Stein (re.) mit Alice B. Toklas in der Wohnung Rue de Fleurus (1922)

wuchs in P. und in Neuilly auf, engagierte sich ab den 20er Jahren in der Film- und Theaterwelt und schrieb Gedicht über die Stadt. – **Pierre Benoit** (→ Albi/MPy) war 1908 zum Studium nach P. gekommen, wo der spätere Romancier mit Carco, Mac Orlan und Dorgelès Freundschaft schloß; letzte Wohnung Avenue Franklin-Roosevelt Nr. 17. – **Jean Paulhan** (→ Nîmes/LR) kam zum Studium nach P., war später Lehrer an der École des langues orientales; von 1925-40, und ab 1953 leitete er die *Nouvelle Revue Française*. – **Franz Hessel** (1880-1941), Übersetzer von Balzac, Proust und J. Romains, großer Flaneur, lebte zwischen 1906 und 1928 über zehn Jahre in P. (meist im Viertel Montparnasse) und erneut im Exil nach 1938. – Die amerikanische Erzählerin **Edith Wharton** (1862-1937) siedelte 1907 nach P. über; hier wohnte sie bis 1919, als sie nach Saint-Brice-sous-Forêt/IdF zog; in P. schrieb sie u. a. ihren Roman *Ethan Frome* (1911, dt. *Die Schlittenfahrt*, 1948). – Der Surrealist **Paul Éluard** (→ Saint-Denis/IdF), dessen Familie 1908 in die Hauptstadt gezogen war, verbrachte sein ganzes Leben im Großraum P.; Freundschaft mit Breton, Aragon, Max Ernst, Picasso; Grab auf dem Père Lachaise. – **Lenin** (1870-1924) lebte von Dezember 1908 bis 1912 in P. (Wohnung Rue Marie-Rose Nr. 4). – **Alain** (→ Mortagne-au-Perche/BNo) war ab 1909 Lehrer am Lycée Henri IV.; Grab auf dem Père Lachaise. – Im Herbst 1909 mieteten die Freunde **René Schickele** (→ Oberehnheim/E) und **Otto Flake** (→ Metz/Lo) ein Zimmer in der Rue du Sommerard;

im folgenden Jahr zogen sie nach Meudon/IdF; lit. Niederschlag bei Schickele: *Meine Freundin Lo. Eine Geschichte aus Paris* (R. 1911) und *Schreie auf dem Boulevard* (Essays 1913). – Der Autor **Gabriele d'Annunzio** (1863-1938) floh im Frühjahr 1910 vor seinen Gläubigern aus Italien nach P., wo er bald ein gern gesehener Gast in den Künstlerzirkeln war; im Juli des Jahres zog er nach Arcachon/Aq. – **Franz Kafka** (1883-1924) war im Oktober 1910 und im Spätsommer 1911 mit seinem Freund **Max Brod** (1884-1968) in P.; Bericht vom zweiten Aufenthalt in den *Reisetagebüchern*. – **T. S. Eliot** (1888-1965) studierte 1910/11 in P. und hielt sich in den 20er Jahren oft hier auf; Student in P. auch **Yvan Goll** (→ Saint-Dié/Lo), der nach dem 1. Wk. mit seiner Frau in P. lebte (Grab des Ehepaars Yvan und Claire Goll auf dem Père Lachaise). – Der Dramatiker **Jean Anouilh** (→ Bordeaux/Aq) kam als Kind mit seinen Eltern nach P., besuchte die École Colbert und das Collège Chaptal (Boulevard des Batignolles); nach abgebrochenem Jurastudium und Arbeit bei einem Reklameunternehmen Sekretär des Regisseurs Louis Jouvet, mit dem er sich überwarf; nach dem Erfolg des Stückes *L'Hermine* (1932, dt. *Der Hermelin*) ausschließlich Leben vom und für das Theater. – **Katherine Mansfield** (1888-1923) zog März 1915 von London nach P. (Quai aux Fleurs Nr. 13) und kehrte im Sommer des gleichen Jahres (vorübergehend) wieder nach England zurück; im März/April 1918 war sie für knapp drei Wochen erneut in P. (Hôtel Sélect, Place de la Sorbonne Nr. 1). – Der Flieger und Schriftsteller **Antoine de Saint-Exupéry** (→ Lyon/RhA) wurde 1917 nach P. geschickt, um sich auf dem Lycée Saint-Louis auf die École Navale vorzubereiten; nachdem er durch die Aufnahmeprüfung gefallen war, studierte er Architektur an der École des Beaux-Arts (Wohnung im Hôtel La Louisiane, Rue de Seine Nr. 60), kehrte nach Militärdienst und Aufträgen als Pilot immer wieder nach P. zurück. – Der Ire **James Joyce** (1882-1941), der P. von einem kurzen Aufenthalt 1902 kannte, übersiedelte 1920 hierher und schloß im folgenden Jahr (in der Wohnung Valery Larbauds, s. o.) die Arbeit am *Ulysses* ab, der 1922 bei Shakespeare & Co. (Silvia Beach), Rue de l'Odéon Nr. 12 erschien; Joyce flüchtete 1940 aus P. über die frz. Provinz in die Schweiz. – **Raymond Queneau** (→ Le Havre/HNo) studierte 1920-25 an der Sorbonne Philosophie, gehörte anfangs zum Kreis der Surrealisten um A. Breton und war ab 1938 Lektor, ab 1941 Generalsekretär des Verlags Gallimard; Berühmtheit erlangte er mit dem P.-Roman *Zazie dans le métro* (1959, dt. *Zazie in der Metro*, 1960). – **Walter Mehring** (1896-1981) ließ sich als Journalist 1921 in P. für die nächsten sechs Jahre nieder und schrieb hier den Roman *Paris in Brand* (1927). – Der amerikanische Lyriker **Ezra Pound** (1885-1972) siedelte 1921 mit seiner Frau von London nach P. über (Rue Notre-Dame-des-Champs Nr. 70 *bis*), wo ihn u. a. Ford Madox Ford, T. S. Eliot, William Carlos Williams besuchten; im Herbst 1924 zog das Ehepaar nach Rapallo. – **Ernest Hemingway** (1899-1961) kam im Dezember 1921 als Reporter der kanad. Zeitung *Toronto Star* nach P.; die Stadt, in der er in den 20er Jahren mit Unterbrechungen lebte, beschrieb er in dem Roman *The Sun also rises* (1926, dt. *Fiesta*, 1928) und in seinen postum veröffentlichten Erinnerungen *A Moveable Feast* (1964, dt. *Paris – Ein Fest fürs Leben*, 1965). – Der belgische Romancier **Georges Simenon** (1903-1989), seit 1922 in P., lebte 1924-31 in einer Wohnung an der Place des Vosges Nr. 21, bei späteren Aufenthalten in Hotels; P. ist der bevorzugte Schauplatz seiner Romane, sowohl der Maigret-Romane (mit dem berühmten Kommissariat am Quai des Orfèvres und der Wohnung Maigrets am Boulevard Richard-Lenoir) wie der Non-Maigrets. – **Henri Barbusse** (→ Asnières-sur-Seine/IdF) hatte in den letzten Lebensjahren eine Wohnung in der Rue de Courcelles Nr. 105, lebte aber meist in Aumont-en-Halatte; der in Moskau gestorbene Dichter ruht auf dem Friedhof Père Lachaise. – Der Nobelpreisträger von 1985 **Claude Simon**, 1913 auf Madagaskar geboren, besuchte nach einer Kindheit in Perpignan ab 1924 das Collège Stanislas in P., später das Lycée Saint-Louis; heute lebt er in der Nähe des Jardin des Plantes und in Südfrankreich. – **Kurt Tucholsky** (1890-1935) siedelte im April 1924 als Korrespondent der *Weltbühne* und der *Vossischen Zeitung* nach P. über, wo er (mit Unterbrechungen) bis 1929 lebte, ab 1927 an der Place Wagram Nr. 1. – Die Erzählerin **Elsa Triolet** (Ella Iurewna Kagan) (→ Anhang), die 1919 in P. ihren ersten Mann André Triolet geheiratet hatte, ließ sich 1924 in P. im Viertel Montparnasse nieder (Hôtel Istria, Rue Campagne-Première Nr. 29), wo sie u. a. den russ. Lyriker **Wladimir Majakowski** (1893-1930) empfing, der zwischen 1924 und 1929 mehrfach in P. weilte und ein Verhältnis mit Elsas Schwester hatte; 1928 traf E. Triolet im Café-Restaurant La Coupole L. Aragon, den sie 1939 heiratete. – Der amerikanische Autor **Thomas Wolfe** (1900-1938) besuchte P. mehrfach auf seinen Europareisen, erstmals 1924, als er im Hôtel d'Alsace in der Rue des Beaux-Arts Nr. 13 wohnte; Schilderung in seinem Roman *Of Time and the River* (1935, dt. *Von Zeit und Strom*, 1936). – Wolfes Landsmann **F. Scott Fitzgerald** (1896-1940) kam mit seiner Frau Zelda Mitte der 20er Jahre nach P.; die Fitzgeralds machten hier die Bekanntschaft des Ehepaars Murphy (das sie nach → Antibes/PAC einlud) und E. Hemingways; Wohnung im Winter 1925/26 Rue de Tilsitt Nr. 14. – Weitere amerikan. Autoren, die nach dem 1. Wk. für kurze oder lange Zeit in P. lebten: **Sherwood Anderson** (1874-1941), **John Dos Passos** (1896-1970), der in P. seine Romane *Three Soldiers* (1921) und *Manhattan Transfer* (1925) schrieb, **Willa Cather**

Georges Simenon am Quai des Orfèvres

(1873-1947), **Hart Crane** (1899-1932), die Lyriker **E. E. Cummings** (1894-1962) und **William Carlos Williams** (1883-1963), **William Faulkner** (1897-1962), **Katherine Anne Porter** (1890-1980), **Djuna Barnes** (1892-1982). – Der Dichter und Kabarettist **Joachim Ringelnatz** (1883-1934) weilte drei Wochen im Januar 1925 in P. (Gedicht »Abschied von Paris«) im Hôtel Raspail (Ecke Boulevard du Montparnasse). – Im Frühjahr 1925 kam **Gottfried Benn** (1886-1956) zu einem kurzen Aufenthalt nach P. und schrieb danach den Essay »Paris«. – Die Schriftstellerin und Tänzerin **Anaïs Nin** (→ Neuilly-sur-Seine/IdF) zog 1925 mit ihrem Mann nach P. und wohnte hier in einer teuren Wohnung am Boulevard Suchet, die sie nach der Weltwirtschaftskrise 1929 aufgeben mußte, worauf sie nach Louveciennes zog. – **Thomas Mann** (1875-1955) war im Januar 1926 neun Tage in P. (Hotel Palais d'Orsay am Quai d'Orsay), wo er vor der Carnegie-Gesellschaft einen Vortrag hielt (Bericht über den Aufenthalt: *Pariser Rechenschaft,* 1926); auch später kam Th. Mann zu Vorträgen oder auf der Durchreise in die Stadt, einem der Schauplätze des Romans *Bekenntnisse des Hochstaplers Felix Krull* (1954). – **Friedrich Sieburg** (1893-1964), Autor des berühmten Frankreich-Buches *Gott in Frankreich?* (1929), war als Nachfolger von Joseph Roth 1926-30 Feuilletonkorrespondent der *Frankfurter Zeitung* in P. und beschreibt seine Erinnerungen in *Unsere schönsten Jahre* (1950). – **Walter Benjamin** (1892-1940) war von Frühjahr bis Herbst 1926 in P. (Hôtel du Midi, Avenue du Parc de Montsouris Nr. 4), um hier mit Franz Hessel an der Proust-Übersetzung zu arbeiten; auch im Folgejahr, dann ab Ende 1929 und schließlich in den Exiljahren ab 1933 lebte Benjamin, eifriger Nutzer der Bibliothèque Nationale, in der Hauptstadt (letzte Adresse, ab 1938, Rue Dombasle Nr. 10), über deren Passagen, die Verbindungsgänge zwischen den Boulevards, er ein großes kulturphilosophisches Werk plante (*Das Passagenwerk*, unvollendet, 1983). – Vom kulturellen Leben der Stadt und von Begegnungen mit Schriftstellerkollegen berichtet **André Maurois** (→ Elbeuf/HNo) in seinen Aufzeichnungen *Choses nues* (1963). – Der englische Autor **Ford Madox Ford** (1873-1939) lebte ab den 20er Jahren in Frankreich, ab Ende des Jahrzehnts vorwiegend in P., wo er die Literaturzeitschrift *Translantic Review* herausgab. – Der englische Erzähler **George Orwell (Eric Blair)** (1903-1950) mietete sich im Frühjahr 1928 in einem billigen Hotel im Quartier Latin ein und lebte hier anderthalb Jahre in äußerster Armut; literarische Frucht: *Down and Out in Paris and London* (1933, dt. *Erledigt in Paris und London*, 1978). – **Erich Kästner** (1899-1974) machte 1928 mit seinem Freund und Illustrator Erich Ohser (e. o. plauen) Urlaub in P. – Ab 1928 lebte der deutsche Schriftsteller **Carl Einstein** (1885-1940) in P. (und heiratete 1932 hier ein zweites Mal); 1940 wurde er interniert und nahm sich in der Nähe von Pau/Aq das Leben. – **Henry Miller** (1891-1980), der erstmals 1928 mit seiner Frau June nach P. gekommen war (Hôtel des Écoles, Rue Delambre), siedelte 1930 von Amerika in die frz. Hauptstadt über; von 1934 bis zu seinem Wegzug aus Frankreich wohnte Miller in der Villa Seurat Nr. 18 (eine Sackgasse, ausgehend von der Rue Tombe-Issoire Nr. 101). – Der englische Erzähler **Malcolm Lowry** (1909-1957), Autor des Romans *Under the Volcano* (1947, dt. *Unter dem Vulkan*, 1951), hielt sich in den Jahren 1933/34 oft in P. auf (und heiratete hier am 6. 1. 1934 seine erste Frau). – **Alfred Döblin** (1878-1957) emigrierte im Frühjahr 1933 zuerst in die Schweiz und von dort im Herbst 1933 nach P., wo er (mit Ausnahme eines Jahres in Maisons-Laffitte/IdF) lebte, bis er 1940 nach einer Irrfahrt durch Frankreich in die USA auswanderte (Wohnung ab 1935 Square Henri-Delormel Nr. 5); auch nach seiner Rückkehr nach Europa wohnte er wieder in P., zunächst im Herbst 1945 für einige Wochen, dann von 1953 bis 1956 am Boulevard de Grenelle Nr. 31. (In der Wohnung nahm sich seine Frau zehn Wochen nach Döblins Tod das Leben). – Exilstation war P. auch für: **Siegfried Kracauer** (1889-1966), **Hermann Kesten** (1900-1996), **Annette Kolb** (1870-1967), **Ernst Bloch** (1885-1977), **Alfred Kerr** (1867-1948), **Egon Erwin Kisch** (1885-1948), **Leonhard Frank** (1882-1961), **Anna Seghers** (1900-1983), **Klaus Mann** (1906-1949), **Johannes R. Becher** (1891-1958). – Teilnehmer am »Internationalen Schriftstellerkongreß für die Verteidigung der Kultur«, der 1935 in P. stattfand, waren u. a. **Robert Musil** (1880-1942), **Ernst Toller** (1893-1939) und **Boris Pasternak** (1890-1960). – **Vladimir Nabokov** (1899-1977) lebte mit Frau und Kind von 1937 bis 1940 (Ausreise in die USA) in P. – Der chilenische Dichter **Pablo Neruda** (1904-

1973) lebte (nach vorherigen Aufenthalten) von März 1939 bis 1940 in P. und war als Abgesandter seiner Regierung für Flüchtlinge aus Franco-Spanien zuständig. – **Albert Camus** (→ Anhang) kam im Frühjahr 1940 als Reporter des *Paris-Soir* nach P. (Hôtel d'Aguesseau, Rue Séguier Nr. 18), kehrte aber Ende des Jahres wieder nach Algerien zurück. – **Ernst Jünger** (1895-1998) kannte P. von mehreren Aufenthalten; 1941 wurde er als Hauptmann in den Stab des Militärbefehlshabers von Frankreich nach P. versetzt; Beschreibung der Stadt in den beiden *Pariser Tagebüchern* (*Strahlungen*). – Anfang 1947 hielt sich **Peter Weiss** (1916-1982) in P. auf (Schilderung im Schlußabschnitt seines autobiogr. Romans *Fluchtpunkt*, 1962). – In seinem *Tagebuch 1946-1949* (1950) berichtet **Max Frisch** (1911-1991) von seinem P.-Aufenthalt im Juli 1948. (»Die Lust, Paris zu skizzieren, erstirbt doch immer wieder im Bewußtsein, wer alles es schon getan hat und dazu meisterlich.«) – **Günter Grass** (* 1927) wohnte von Anfang 1956 bis 1960 in der Avenue d'Italie Nr. 11 und schrieb hier an der *Blechtrommel* (1959). – Ende 1956 wohnte **Ingeborg Bachmann** (1926-1973) im Hôtel de la Paix in der Rue Blainville (Ged. »Hôtel de la Paix«). – Der türkische Dichter **Nâzım Hikmet** (1902-1963) reiste ab 1958 wiederholt nach P. (wo er u. a. mit L. Aragon zusammentraf), mit und ohne seine Frau (»Paris ohne dich, meine Rose, / ein Feuerwerk, / viel Lärm um nichts, / ein trauriger Fluß [...].«) – »Schon der Stadtplan von Paris ist ein Versprechen irdischer und geistiger Freuden«, schreibt **Wolfgang Koeppen** (1906-1996) am Anfang seines P.-Kapitels in den *Reisen nach Frankreich* (1961). – Seit 1969 lebt **Peter Handke** (* 1942) wiederholt in P. (bzw. in Clamart oder Chaville-Vélizy); P. ist Schauplatz der Erzählung *Die Stunde der wahren Empfindung* (1974). – **Wolf Biermann** (* 1936) lebte nach seiner Ausbürgerung aus der DDR (1976) in Hamburg und P. (P.-Gedichte in dem Band *Verdrehte Welt – das seh' ich gerne*, 1982).

L Literarische Stadtbeschreibungen: in lyrischer Form zuletzt gesammelt von Mona Wodsak *Paris im Gedicht* (1990) und *Poetischer Paris-Führer* (1994), als Prosa-Anthologie von Susanne Gretter *Paris liegt an der Seine. Bilder einer Stadt* (1999).

Amiens

PICARDIE (Pi)

Region: Picardie; Départements: Aisne (02), Oise (60), Somme (80); Einwohner: 1,8 Mio.; Fläche: 19 399 qkm; Verwaltungssitz: Amiens.

ABBEVILLE (Somme)

Bibliothèque municipale (Stadtbücherei; 120 Tsd. Bde., 542 Hs., 56 Ink.). – Théâtre municipal (Stadttheater).

Ein auf dem Pont-Neuf aufgestelltes Kruzifix war Anfang August 1765 beschädigt, ein Kreuz auf dem Friedhof Sainte-Catherine mit Kot beschmiert worden: Der unter der Folter geständige 19jährige Chevalier de la Barre wurde im Jahr darauf auf dem Platz vor Saint-Vulfran enthauptet, anschließend verbrannt; **Voltaire** (→ Paris), dessen *Dictionnaire philosophique* (1764) man im Besitz de la Barres gefunden und mitverbrannt hatte, wurde der geistigen Urheberschaft geziehen.

[A] Der Engländer **John Ruskin** (1819-1900) kam das erste Mal im Juni 1835 (und dann öfter) nach A.: »Meine intensivsten Glücksmomente habe ich zweifellos in den Bergen erlebt. Was aber eine heitere, ungetrübte, anhaltende Freude anbelangt, so gehört es zu den schönsten Erlebnissen, Abbeville an einem schönen Sommernachmittag ins Blickfeld zu bekommen, im Hof des ›Hôtel de l'Europe‹ aus dem Wagen zu springen und wieder den Weg zu Saint-Vulfran hinunterzueilen, solange die Sonne noch auf den Türmen liegt; dies gehört zu den Erlebnissen, an die man sich gerne erinnert – ein Leben lang.« – Auch **Victor Hugo** (→ Besançon/FC), dem vor allem die Fassade der Stiftskirche Saint-Vulfran gefiel, besuchte A. mehrfach: das erste Mal Anfang August 1835, das zweite Mal zwei Jahre später, auf dem Weg nach Belgien, das dritte Mal Anfang September 1837, auf der Rückreise von dort, ein viertes Mal zwölf Jahre später ... – Für **Marcel Proust** (→ Paris), der im September 1901 auf den Spuren John Ruskins unterwegs war, stand ebenfalls Saint-Vulfran im Zentrum des Interesses. – **Wolfgang Koeppen** (1906-1996) war 1960 enttäuscht vom Wiederaufbau der kriegszerstörten Stadt: »In Abbeville ist alles zerstört gewesen, und nun ist es neu. Ich ging über den Hauptplatz und sah, wie

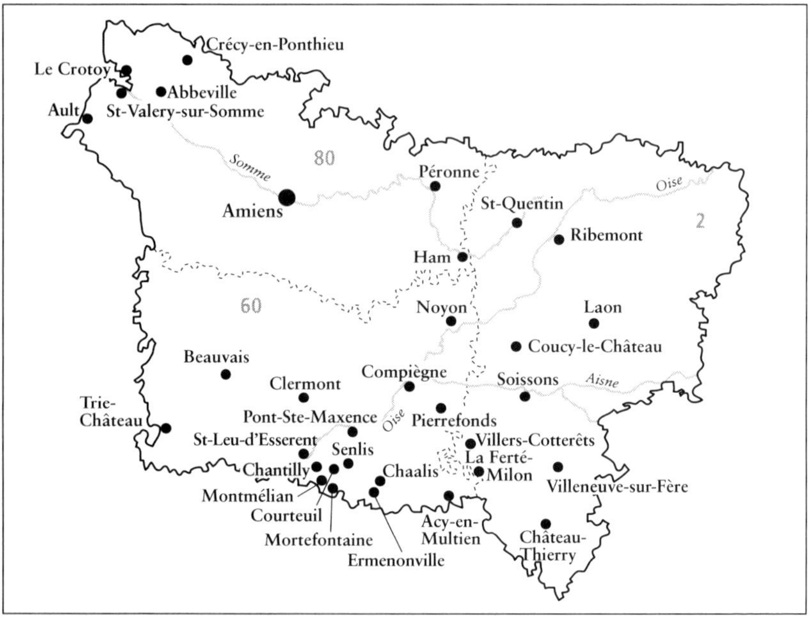

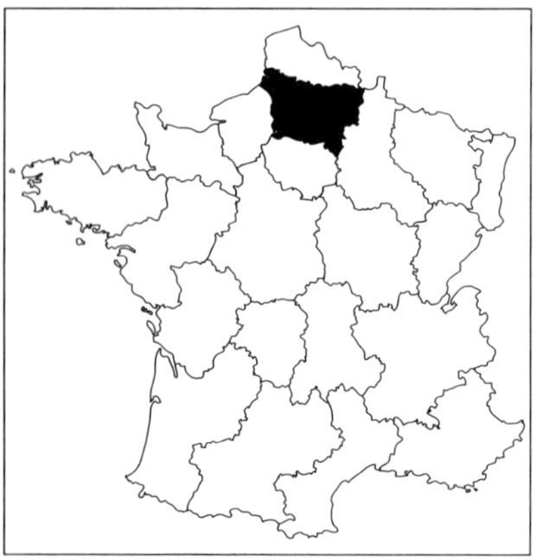

das Stadthaus mit dem Ehrgeiz, einen Wolkenkratzer zu schaffen, wiederaufgebaut wurde, doch die neuen Häuser um den Verwaltungsturm sahen wie neue Postbeamtenhäuser von 1933 aus, mit Konsumläden im Parterre«. (*Reisen nach Frankreich*, 1961.)

[L] Der in A. geborene Arzt Philippe Hecquet, ein überzeugter Verfechter des Aderlasses und der Wassertrinkkur in der Heilkunst, diente **Alain-René Lesage** als Vorbild für die Figur des Doktor Sangrado im 2. Buch (2. und 3. Kap.) seiner *Histoire de Gil Blas de Santillane* (1715-35, dt. *Geschichte des Gil Blas von Santillana*, 1768).

[R] **Victor Hugo** (→ Besançon/FC) war im August 1837 überrascht, in **Saint-Riquier** (10 km nö. v. A.) solch eine herrliche spätgotische Abtei zu finden; im Inneren begeisterte ihn neben den Statuen eine ›Maris Stella‹-Darstellung auf einer Konsole in der mittleren, der Muttergottes geweihten Chorkapelle.

ABLAINCOURT-PRESSOIR (Somme) → PÉRONNE [R]

ACY-EN-MULTIEN (Oise)

* 1907 **Roger Vailland** († Meillonnas/RhA 1965), Erzähler; aus savoyardischer Bauernfamilie, Philosophiestudium in Paris; nach dem Studium Journalist (auch Auslandskorrespondent); in der Résistance aktiv; 1952-56 Mitglied der KPF; 1957 Prix Goncourt für den Roman *La Loi* (dt. *Hart auf Hart*, 1958, u. d. T. *Das Gesetz*, 1983); Drehbuchautor u. a. für die Verfilmung der *Liaisons dangereuses* (1959, Regie R. Vadim). – Weitere W.: *Drôle de jeu* (R. 1945, dt. *Seltsames Spiel*, 1966), *Les mauvais coups* (R. 1948), *Beau masque* (R. 1954), *325 000 Francs* (R. 1956), *Le Regard froid* (Essay 1963).

AMIENS (Somme)

Université de Picardie Jules-Verne (mit Bibliothek, 231 Tsd. Bde.). – Bibliothèque municipale (Stadtbücherei; 400 Tsd. Bde., 2500 Hs., 242 Ink.). – Comédie de Picardie, Maison Culture (Staatl. Bühne).

* 1741 **Pierre Ambroise François Choderlos de Laclos** († Tarent 1803); Leben in unzähligen Garnisonen, Offizier; Wendepunkt in der militär. Laufbahn 1786 durch Kritik an Vauban (→ La Rochelle/PCh); Privatsekretär des Herzogs von Orléans; während der Frz. Revolution Jakobiner; von Napoleon in den Generalsrang erhoben; berühmt durch den Briefroman *Les Liaisons dangereuses* (1782; dt. 1783, u. d. T. *Gefährliche Liebschaften*, 1901, u. d. T. *Gefährliche Freundschaften*, übers. v. H. Mann 1905). – Weitere W.: *Œuvres complètes* (1959; Neuausg. 1979).

* 1852 **Paul Bourget** († Paris 1935), Erzähler, Essayist, Lyriker; Sohn eines berühmten Mathematikers, bezog Gegenposition zu den Naturalisten und deren Milieutheorie, Freundschaft mit Henry James; Verfasser psychologischer Romane; Einfluß auf Th. Mann. – W. u. a.: *Un Crime d'amour* (R. 1886, dt. *Eine Liebestragödie*, 1899), *André Cornélis* (R. 1887, dt. 1895), *Le Disciple* (R. 1889, dt. *Der Schüler*, 1893), *Un Divorce* (R. 1904, dt. *Ehescheidung*, 1905), *L'Émigré* (R. 1907, dt. *Der Emigrant*, 1909), *Le Sens de la mort* (R. 1915, dt. *Des Todes Sinn*, 1916); *Œuvres* (34 Bde. 1885-1911).

Paul Bourget

* 1886 **Roland Dorgelès** (eigentl. Roland Lécavelé) († Paris 1973), Erzähler; lebte über ein Jahrzehnt unter den Künstlern am Montmartre, was Ausdruck in einer Reihe von Künstlerromanen fand; Kriegsfreiwilliger im 1. Wk., bekannt durch den Anti-Kriegsroman *Les Croix en bois* (1919, dt. *Die hölzernen Kreuze*, 1930). – Weitere W.: *Le Cabaret de la Belle Femme* (R. 1919, dt. *Das Wirtshaus zur schönen Frau*, 1930), *Le Réveil des morts* (R. 1923), *Quand j'étais Montmartrois* (1936), *Bouquet de Bohème* (1948), *La Drôle de guerre* (R. 1958), *Le Marquis de la Dèche* (R. 1971).

† 1905 **Jules Verne** (* Nantes/PdL 1828); der Schriftsteller, der im Juli 1871 mit seiner Familie nach A. gezogen war, saß von 1888 bis 1904 im Rat der Stadt, der er eine prophetische Rede widmete: *Une Ville idéale, Amiens en l'an 2000* (1875); von den vier Wohnhäusern, die Verne bis zu seinem Tod bewohnte, dient heute eines als Museum: [M] Centre de documentation Jules Verne; Denkmal unweit des Museums; Grab auf dem Friedhof La Madeleine.

[A] **Antoine-François Prévost** (→ Hesdin/NPdC) kam nach seiner Rückkehr nach Frankreich (er war aus der Armee nach Holland desertiert) in die Stadt und hatte hier ein Liebesabenteuer, das mit der Verschickung seiner Geliebten nach New Orleans endete (was sich in seinem Roman *Histoire du Chevalier Des Grieux et de Manon Lescaut* spiegelt). – **Victor Hugo** (→ Besançon/FC) bewunderte bei seinen Besuchen jeweils Anfang August 1835 bzw. 1837 vor allem die Kathedrale Notre-Dame. – **Heinrich Heine** (1797-1856), der Anfang September 1836 auf dem Rückweg von Boulogne-sur-Mer nach Paris Zwischenstation in A. machte, schrieb von hier seinem Verleger Campe: »Ich bin ein gehetzter Hund in diesem Augenblick, die unvorhergesehen peinlichsten Ereignisse stürzen auf mich ein, und alle meine literarischen Interessen müssen darunter leiden.« – Der Engländer **John Ruskin** (1819-1900) wohnte ein Jahr in A. und schrieb ein Buch über die Kathedrale: *The Bible of Amiens*. – **Theodore Fontane** (1819-1898) besuchte die Stadt an Ostern 1871 und beschreibt sie nebst ihrer Kathedrale in dem Reisebericht *Aus den Tagen der Okkupation* (1871), wobei er Vergleiche zu heimatlichen Gefilden zieht: »Amiens exzelliert in Gemüse-Kultur wie Erfurt, Hamburg, Bamberg. Aber wenn es sich darum handelt, nicht bloß auf das Produkt, sondern auch auf die Art der Gewinnung, auf das landwirschaftliche Prinzip, ja selbst auf die landschaftliche Erscheinung zu sehen, so ist die Hauptstadt der Picardie, inmitten ihrer sie umzirkenden Gärten, unseren Spreewald-Territorien am meisten verwandt. Die Ähnlichkeit ist so frappant, daß sie sich jedem, der das entzückende Terrain um Lübbenau herum kennt, sofort aufdrängen muß.« – **Marcel Proust** (→ Paris), der im Herbst 1899 die Stadt besuchte (und ein zweites Mal am 7. 9. 1901), begann zu dieser Zeit die Übersetzung von Ruskins Buch (s. o.) ins Französische, die 1901 beendet war und 1904 erschien. – **Edith Wharton** (1862-1937) war im Mai 1906 entzückt von der Kathedrale und sah sich mit besonderem Interesse die Westfassade an, »sicherlich eins der glänzendsten Schauspiele, welche die Kunst der Gotik zu bieten vermag«. – **Georges Bernanos** (→ Paris) hielt sich Mitte der 20er Jahre längere Zeit bei seinen Schwiegereltern in A. auf und beendete hier seinen Roman *L'Imposture* (1927, dt. *Der Betrug*, 1954).

[L] In A. spielt eine Szene des Romans *A Sentimental Journey through France and Italy. By Mr. Yorick* (1768, dt. *Yoricks empfindsame Reise durch Frankreich und Italien*, 1768) von **Laurence Sterne**.

[R] Auf seiner Reise nach Belgien kam im August 1837 **Victor Hugo** (→ Besançon/FC) durch **Picquigny** (12 km nw. v. A.) und lobte in einem Brief an seine Frau den spätgotischen Kirchturm und das »fast königliche« Schloß.

AULT (Somme)

[A] **Victor Hugo** (→ Besançon/FC), der den direkt am Meer gelegenen Ort im September 1837 besuchte, widmet ihm und seiner Lage eine lange Beschreibung in seinen Reiseerinnerungen (postum 1892): »Beständig nagt das Meer an Ault, das vor hundertfünfzig Jahren noch eine viel größere Ortschaft war, mit einem tiefer gelegenen Ortsteil, den zur Küste hin eine Felswand schützte. Eines Tages jedoch haben sich die Flutwellen, die vom Ärmelkanal herunterkommen, mit solcher Gewalt gegen diese Felswand gestemmt, daß sie nachgab. Die Felswand brach, und das Dorf wurde verschlungen. In der Flut war nur eine ehemalige Markthalle und eine alte Kirche stehengeblieben, deren Turm, gegen den die Wellen klatschten, man einige Jahre vor der Revolution noch sah, als die alten Frauen, die heute achtzig Jahre alt sind, noch rosige Kleinkinder waren. Jetzt sieht man von diesen Ruinen nichts mehr.«

AUMONT-EN-HALATTE (Oise) → **SENLIS** [R]

BEAUVAIS (Oise)

Bibliothèque municipale (Stadtbücherei; 200 Tsd. Bde., 243 Hs., 13 Ink.).

Die Vorfahren väterlicherseits von **Molière** stammten aus B., wo sie bis zurück ins 15. Jh. nachgewiesen sind; noch der Großvater des Bühnendichters wurde in B. geboren, zog dann aber nach Paris, das künftig im Zentrum der Familiengeschichte steht.

[A] **Pierre de Ronsard** (→ La Possonnière/C) war häufig zu Besuch bei seinem befreundeten Gönner Kardinal Odet de Chatillon, Bischof von B., der 1557 dem Dichter die Pfarrstelle Warluis (4 km sö. v. B.) als Pfründe verschaffte (das Amt versah ein Vikar für den Dichter). – **Jean Racine** (→ La Ferté-Milon) war 1653-55 Schüler am Collège von B., wo er vor allem seine Latein- und Griechischkenntnisse vertiefte (Denkmal). – **A. de Lamartine** (→ Mâcon/Bu) war Juli/August 1814 als ›Mitglied der vier Kompagnien des militärischen Hofstaats des Königs‹ in der heutigen Maison Gambetta einquartiert. – Zu den Besuchern der Stadt mit ihrer unvollendeten Kathedrale zählte Mitte September 1849 auch **Victor Hugo** (→ Besançon/FC). – Die amerikanische Schriftstellerin **Edith Wharton** (1862-1937) fand sich im Mai 1906 gerade von der unspektakulären Seite der Stadt angezogen: »Die Stadt selbst drängte sich – nahezu absichtsvoll, wie wir später meinten – nicht in den Vordergrund. [...] Sie verharrte in einer Haltung gelassener Zurückhaltung, tat geziert, so, als wisse sie nicht, warum der Reisende sie besuchte.« – **R. M. Rilke** (1875-1926) kam im Oktober 1913 nach B.

[L] **Anna de Noailles** erwähnt die Stadt in ihren *Éblouissements* (1907, 1925): »la douceur d'un beau soir qui descend sur Beauvais ...« – Die Stadt ist ein Schauplatz des Romans *La Semaine sainte* (1958, dt. *Die Karwoche*, 1961) von **L. Aragon**, allerdings die Stadt im Jahr 1815: »Nichts nämlich oder fast nichts hat der letzte Krieg von dem übriggelassen, was ehemals Reiz und Schönheit dieser Stadt ausmachte. Man muß die Augen schließen vor hastig errichteten Serienbauten und Behausungen von heute, vor den unbebauten Stellen, den Lücken in einem Stadtplan, der da und dort provisorisches Bauwerk aufweist, schnurgerade Straßen, alle Vergangenheit zerstört, Jahrhunderte menschlicher Anschwemmungen, die Spuren von Denken und Lebensweise, Schauplatz verschwundener Lebewesen ...«

[R] Das im 18. Jahrhundert wiederaufgebaute Schloß **Montherlant** (18 km südl. v. B.) befand sich im Besitz der Familie, aus der **Henry de Montherland** (→ Paris) stammt.

BERNAY-EN-PONTHIEU (Somme) → **CRÉCY-EN-PONTHIEU**

BOUCONVILLE-VAUCLAIR (Aisne) → **LAON** [R]

BUCY-LE-LONG (Aisne) → **SOISSONS** [R]

CHAALIS (Abtei) (Oise)

[A] **É. P. de Senancour** (→ Paris) wurde 1784, als 13jähriger, in den wenig n. der Abtei gelegenen Ort Fontaine-Ch. zu einem fortschrittlichen Pfarrer in Pension gegeben, bei dem er in intensiven Kontakt zum Werk des nur wenige Jahre vorher in → Ermenonville gestorbenen Philosophen J.-J. Rousseau kam. – Die Klosterruine ist Ziel des auf den Spuren der Kindheit wandelnden Ich-Erzählers der Novelle *Sylvie* (1853) von **Gérard de Nerval** (→ Paris): »Jene alte Zufluchtsstätte der Kaiser bietet dem bewundernden Blick nur mehr die Ruine eines Kreuzgangs mit den byzantinischen Arkaden, deren letzte Säulen sich noch vor den Teichen abzeichnen [...].«;

Abtei Chaalis

Nerval, der sein ganzes Leben lang hierher kam, erwähnt das Kloster auch in der Erzählung *Angélique* (10. Brief) und den *Promenades et Souvenirs* (1855, dt. *Spaziergänge und Erinnerungen*).

[M] Im Museum Jacquemart-André der ehemaligen Zisterzienserabtei gibt es eine **Galerie Jean-Jacques Rousseau**, eine 1923 dem Staat vermachte Privatsammlung, in der sich u. a. der Stuhl befindet, in dem der Philosoph am 2. 7. 1778 starb.

CHAMANT (Schloß) (Oise) → **SENLIS** [R]

CHANTILLY (Schloß) (Oise)

»Wenigstens trägt Chantilly seine Armut vornehm; wie die alten Adligen mit weißer Wäsche und untadeligem Auftreten stellt es jene stolze Haltung zur Schau, die den verschossenen Hut oder die verschlissene Kleidung unbemerkt läßt [...].« (Gérard de Nerval)

Bibliothèque municipale (Stadtbücherei; 60 Tsd. Bde.).

König Heinrich IV., der häufig im Schloß seines Freundes und Mitstreiters Heinrich I. von Montmorency weilte, verliebte sich in dessen Tochter Charlotte, die aber schon in die Ehe versprochen war; **Malherbe** (→ Caen/BNo) verfaßte auf Wunsch des Monarchen die Stanzen *Alcandre à Oranthe* (1609), hinter welchen Namen sich der König und seine Angebetete verbergen. Im Schloßpark Statuen von Molière, La Bruyère, Bossuet u. a.

† 1950 **Abel Hermant** (* Paris 1862); der Sprachpurist, Dramatiker (*Les Transatlantiques*, 1898) und Erzähler war 1927 in die Académie Française aufgenommen und 1945 (unter dem Vorwurf der Kollaboration) wieder ausgeschlossen worden; Grab auf dem Friedhof Saint-Pierre.

[A] Der Dichter **Théophile de Viau** (→ Clairac/Aq), 1623 als ›Anführer einer Atheistenrotte‹ und ›König der Freigeister‹ zum Tode verurteilt und samt seiner Werke in effigie verbrannt, war bei dem Versuch, das Land zu verlassen, verhaftet worden und nach zweijährigem Prozeß zu lebenslänglicher Verbannung verurteilt worden: Er fand im September 1625 Aufnahme auf Schloß Ch. bei Herzog Heinrich II. von Montmorency, einem Patensohn König Heinrichs IV. (Viau hatte sich schon zuvor auf dem Schloß aufgehalten und dort auch im August 1623 von seiner Verurteilung erfahren); an Maria Felice Orsini, die italienische Gattin des Herzogs, richtete der Dichter seine *Odes à Sylvie*; ›Maison de Sylvie‹ ist der Name eines kleinen Pavillons im Park, an dessen Eingang Verse des Dichters eingraviert sind. Zum Poetenkreis um die Herzogin gehörte auch **Jean Mairet** (→ Besançon/FC) mit seiner Tragikomödie *Sylvie* (1626). – Vor allem im 17. Jahrhundert kamen viele große Schriftsteller auf das Schloß Ch.: **Bossuet** (→ Dijon/Bu), **Fénelon** (→ Sainte-Mondane/Aq), der Jesuit **L. Bourdaloue** (→ Bourges/C), **La Bruyère** (→ Paris) als Privatlehrer des Herzogs Louis de Bourbon (= Enkel des Großen Condé), **Molière** (→ Paris), der für den Großen Condé u. a. den *Tartuffe* spielte, **Boileau** (→ Paris), **Racine** (→ La Ferté-Milon), **La Fontaine** (→ Château-Thierry), **Madame de La Fayette** (→ Paris): »Von allen Orten unter der Sonne gibt es keinen vergleichbaren«, **Madame de Sévigné** (→ Paris); zu den Besuchern im 18. Jahrhundert zählte der englische Romancier **Tobias Smollett** (1721-1771). – Mehrfach kam auch **F.-R. de Chateaubriand** (→ Saint-Malo/Br) nach Ch., wo er erstmals mit **Madame de Récamier** (→ Lyon/RhA) zusammentraf; im Oktober 1837 wohnte er in der Rue du Connétable Nr. 4 (gegenüber den ›Grandes Écuries‹) und arbeitete an seinem *Congrès de Vérone* und seiner Autobiographie, den *Mémoires d'outre-tombe* (1848-50), in denen er Ch. erwähnt. – **Gérard de Nerval** (→ Paris) kannte das Schloß schon als Kind und widmet ihm ein Kapitel in den *Promenades et Souvenirs* (1855, dt. *Spaziergänge und Erinnerungen*). – Der italienische Dichter **Gabriele d'Annunzio** (1863-1938), der 1910 vor seinen Gläubigern in Italien nach Frankreich geflohen war, wo er fünf Jahre im »freiwilligen Exil« lebte, verkehrte in der ersten Zeit im Haus des Journalisten und Proust-Schulfreundes Marcel Boulengers, der mit seiner Frau Suzanne viele Intellektuelle nach Ch. einlud. – **R. M. Rilke** (1875-1926), der schon im Sommer 1906 hier zu Gast gewesen war, verfaßte auf dem Schloß am 16. 4. 1914 das Gedicht »Regenbogen«. – **Julien Green** (→ Paris) besuchte Ch. mehrfach von Paris aus und spricht davon in seinen *Tagebüchern* (Dezember 1928, Oktober 1931).

Chantilly: Schloß

[M] **Musée Condé – Cabinet des Livres**: 13 000 Bde., darunter reiche Sammlung von Manuskripten (u. a. die *Très Riches Heures du Duc de Berry* sowie andere Stundenbücher, Exemplar des *Roman de la Rose*) und Faksimiles (u. a. *Gutenberg-Bibel*).

[R] Der **Abbé Prévost** (→ Hesdin/NPdC) lebte im alten Pfarrhaus von **Vineuil-Saint-Firmin** (2 km ö. v. Ch.), einem Ort, in dem **Honoré de Balzac** (→ Tours/C) sich Ende April/Anfang Mai 1832 mit seiner Geliebten Laure de Berny (→ Villeparisis/IdF) aufhielt.

CHÂTEAU-THIERRY (Aisne)

* 1621 **Jean de La Fontaine** († Paris 1695), Lyriker, Fabeldichter; Sohn eines Beamten des Forst- und Gewässerwesens, getauft in der Kirche Saint-Crépin in Ch.-T.; Kindheit und Schule im Ort, sowie auch später, nach Studium in Reims und Paris, als Amtsnachfolger seines Vaters (›Maître des eaux et forêts‹); hier auch 1647 Heirat der 14jährigen Marie Héricart; 1658 Umzug nach Paris, wo ihm reiche Gönner für seine Dichtkunst einen Lebensunterhalt gewährten; am Ende seines Lebens Rückkehr zum christlichen Glauben. – Geburtshaus Rue Jean-de-la-Fontaine Nr. 12 (heute [M] Musée Jean de La Fontaine), im Hof Statue des Dichters. – W.: *Œuvres complètes* (11 Bde. 1883-92), *Œuvres complètes* (2 Bde. 1954/58).

[A] Als **Victor Hugo** (→ Besançon/FC) Anfang August 1835 in den Ort kam, stand das Haus des Fabeldichters Jean de La Fontaine gerade zum Verkauf, wie Hugo in einem Brief an seine Frau Adèle berichtet.

CLERMONT (Oise)

[A] Bei seinem Besuch des Städtchens Mitte September 1849 notierte sich **Victor Hugo** (→ Besançon/FC), daß die Kirche und die alte Porte de Nointel noch Einschüsse der Belagerung durch Karl den Kühnen aufwiesen. – **Roger Martin du Gard** (→ Neuilly-sur-Seine/IdF), der hier die Jugend bei seiner Großmutter verbracht hatte, zog 1920 nach C. und begann mit der Arbeit an seinem Romanzyklus *Les Thibault* (1922-40); 1925 kaufte er das Schloß Le Tertre bei Bellême/BNo und zog dorthin. – **Georges Bernanos** (→ Paris) wohnte mit Familie vom Juli 1927 an für drei Jahre im Haus Nr. 33 an der Place de l'Hôtel-de-Ville; hier – und im Café Français im Ortsteil Mouy – begann er den Roman *La Joie* (1928, dt. *Die Freude*, 1929) zu schreiben.

COMPIÈGNE (Oise)

Bibliothèque municipale (Stadtbücherei; 180 Tsd. Bde., 480 Hs., Ink.; Jeanne d'Arc-Fundus).

[A] **Jacques Amyot** (→ Melun/IdF) war Abt des Klosters Saint-Corneille und übersetzte hier Plutarch ins Französische. – **Jean Racine** (→ La Ferté-Milon) bewunderte die von Ludwig XIV. für seine Geliebte Madame de Montespan veranstalteten Turniere und Paraden, die auch der **Herzog von Saint-Simon** (→ Versailles/IdF) in seinen berühmten *Mémoires* erwähnt. – **F.-R. de Chateaubriand** (→ Saint-Malo/Br) erhielt den Auftrag, im April 1814 den Empfang des aus dem engl. Exil nach Frankreich zurückkehrenden König Ludwig XVIII. in C. vorzubereiten. – **P. Mérimée** (→ Paris), der für die Unterhaltung von Kaiser Napoleon III., dessen Lieblingsresidenz C. war, und seiner Frau Eugénie zuständig war, stellte an einem regnerischen Nachmittag im Schloß der Hofgesellschaft ein schwieriges Diktat zusammen (die Kaiserin machte die meisten Fehler: 62). – **Sainte-Beuve** (→ Boulogne-sur-Mer/NPdC), der mit dem Prinzen Napoleon und vor allem dessen Frau Mathilde verkehrte (→ Saint-Gratien/IdF), war im Dezember 1863 eine Woche in C. am Hofe Napoleons III. – **G. Flaubert** (→ Rouen/HNo) wurde im November 1864 an den kaiserlichen Hof eingeladen, sein Freund **L. Bouilhet** (→ Cany/HNo), nach einem Theatererfolg, zwei Jahre später. – **Alexandre Dumas d. Ä.** (→ Villers-Cotterêts) kam häufig ins Hôtel de la Cloche (Place de l'Hôtel-de-Ville Nr. 27). – Der englische Schriftsteller **Robert Louis Stevenson** (1850-1894), der im Sommer 1876 mit einem Freund eine Kanufahrt auf der Oise unternahm, kam so nach C., wo er vor allem das Rathaus bewunderte. – Der spätere Surrealist **Benjamin Péret** (→ Rézé/PdL) entdeckte im Rahmen einer Truppenbewegung 1917 im Bahnhof von C. einen liegengebliebenen Band Mallarmé, was ihm zur Entdeckung der Poesie wurde. – **Emmanuel Bove** (→ Paris) wohnte von Juli 1931 bis Herbst 1936 in C., wo es ihm allerdings nicht gefallen wollte: »Es ist eine Provinzstadt mit all ihren Schrecken«.

[L] Das alte Karmeliterkloster von C., zwischen Kaserne und Schloßtheater gelegen, ist Schauplatz der *Dialogues des Carmélites* (1949, dt. *Die begnadete Angst*, 1951) von **Georges Bernanos.** – Nach **Anatole France** war nicht Gilles de Rais (→ Tiffauges/PdL) Vorbild für die Figur des ›Barbe-bleu‹ (›Blaubart‹) im Märchen von Ch. Perrault, sondern »ein reicher Edelmann namens Bernhard von Montragoux«, der »um 1650 auf seinen Gütern zwischen Compiègne und Pierrefonds [saß]«, wie France in seiner Novelle *Les sept femmes de la Barbe-Bleue* (1909, dt. *Blaubarts sieben Frauen*) ausführt.

[R] **Michel de Montaigne** (→ Montaigne/Aq) hielt sich einige Wochen im Juli und August 1588 in **Gournay-sur-Aronde** (15 km nw. v. C.) auf dem Landsitz der Marie de Gournay auf, spätere Herausgeberin der *Essais* (1595) und Verehrerin des Autors, der sie als seine ›Adoptivtochter‹ bezeichnete. – Die romanische Abteikirche von **Morienval** (16 km sö. v. C.) war wiederholt Besuchsziel von **Ernest Renan** (→ Tréguier/Br).

COUCY-LE-CHÂTEAU (Aisne)

[A] **Victor Hugo** (→ Besançon/FC) zeigte sich Anfang August 1835 in einem Brief an seine Frau begeistert über das Bild und die Lage des Ortes: »Es ist ein mittelalterliches Städtchen, auf einem Hügel gelegen, nahezu unversehrt, mit einem bewundernswerten Bergfried am Ende, ganz wie der Nagel am Ende des Fingers. Alles dies in einer herrlichen Ebene, die von Reisfeldern gegliedert wird, von gelben Straßen, Wasserläufen und apfelbäumchen-gesäumten Wegen, auf denen die Heuwägen daherziehen.« – **Marcel Proust** (→ Paris) besuchte C. mit Freunden im Rahmen eines Tagesausflugs von Paris am Karfreitag 1902. – **Edith Wharton** (1862-1937), die das Städtchen an Pfingsten 1907 besuchte, stellte sein äußeres Erscheinungsbild über das des berühmten Carcassonne: »Es dürfte keine einzige Stelle geben, von der aus gesehen Carcassonne die gleiche Wirkung konzentrierter Macht ausübt wie der Bergfried und die Burgtürme von Coucy auf ihrer steilen Klippe im Westen.« (Der Bergfried ist im 1. Wk. zerstört worden.)

[L] **L. Uhland** schrieb eine Ballade über den »Kastellan von Couci« (1815).

COURTEUIL (Oise)

† 1763 **Abbé Prévost** (* Hesdin/NPdC 1697); der Dichter erlag einem Schlaganfall (an der Stelle der Landstraße erhebt sich zum Gedenken ein Kalvarienberg); Bauern sollen den vermeintlichen Toten zum Pfarrer von C. getragen haben, der ihn zur Autopsie an einen Gerichtsarzt überstellte; der soll, so Vermutungen, den Abbé erst mit seinem Skalpell getötet haben. (Grab auf dem Friedhof der ehemaligen Benediktinerabtei im nahen Saint-Nicolas-d'Acy; heute nur mehr Ruine.)

CRÉCY-EN-PONTHIEU (Somme)

[A] **Victor Hugo** (→ Besançon/FC) besuchte auf der Durchreise Anfang September 1837 das berühmte Schlachtfeld mit der Windmühle, von der aus der englische König Eduard III. zu Beginn des Hundertjährigen Krieges (1346) eine siegreiche Schlacht gegen die Franzosen geleitet haben soll. 11 km weiter w. gelangte der Dichter nach Bernay-en-Ponthieu – damals gerade aus sechs Häusern bestehend – und fand dort einen hervorragenden Gasthof. »Es ist nur ein Weiler, aber der Zufall wollte, daß dieser Weiler genau an der Stelle lag, wo die Eilpost aus Paris zur Mittagszeit Hunger verspürt und die Eilpost aus Calais am Abend. Aus dem Bedürfnis dieser beiden Eilpostwagen, die hier ankommen, der eine aus dem Süden, der andere aus dem Norden, beide mit hungrig offenem Mund, entstand ein Gasthof, und zwar ein sehr guter Gasthof, das ›Hôtel de la Poste‹, eine der besten Unterkünfte, auf die ich im Laufe meiner Reise getroffen bin.«

CREIL (Oise) → **SENLIS** [R]

LE CROTOY (Somme)

[A] **Victor Hugo** (→ Besançon/FC), der nach einer Belgienreise für einige Tage an die französische Küste kam, besuchte den Ort Anfang September 1837 und erfreute sich am Anblick der auslaufenden Boote. – **Jules Verne** (→ Nantes/PdL) kaufte 1866 ein Sommerhaus in dem Fischerdorf, in das er im März 1869 endgültig umzog; von hier, wo er während des deutsch-französischen Krieges Dienst als Strandwächter tun mußte, zog er im Juli 1871 nach → Amiens. – **A. France** (→ Paris), im Spätsommer 1886 im nahen Saint-Valery-sur-Somme, durchquerte barfuß und mit

Rousseaus Grab auf der Pappelinsel

Freunden die Mündungsbucht der Somme bei Ebbe: »Der helle Sand der Bucht vor uns erstreckte sich bis zur Spitze von Hourdel, die im blauen Dunst lag und wo das Land zu Ende ist, und bis zur flachen Silhouette von Le Crotoy, der Stadt, die Jeanne d'Arc als Gefangene der Engländer empfing« (*La Vie littéraire*, 1888-92); den Aufenthalt der Jungfrau von Orléans in Le C. schildert France in einer knappen Szene seiner Romanbiographie *Vie de Jeanne d'Arc* (1908, dt. *Das Leben der heiligen Johanna*, 1946). – Bis zum Kauf eines Hauses in der Bretagne (→ La Guimorais/Br) im Jahr 1910 kam **Colette** (→ Saint-Sauveur-en-Puisaye/Bu) häufig in den Sommermonaten nach Le C.

ERMENONVILLE (Oise)

† 1778 **Jean-Jacques Rousseau** (* Genf 1712); der Dichter und Philosoph hatte das Angebot seines Verehrers Marquis de Girardin angenommen und war am 20. 5. 1778 von Paris hierher übergesiedelt; Park und Schloß, die der Schloßherr nach Beschreibungen aus der *Nouvelle Héloïse* gestaltet hatte, gefielen Rousseau so gut, daß er den Wunsch äußerte, hier sein restliches Leben verbringen zu dürfen; unerwartet starb Rousseau hier sechs Wochen nach seinem Umzug in einem nicht erhaltenen Gartenhaus. Der Leichnam wurde zunächst auf der Pappelinsel beigesetzt, die sich schnell zu einem Wallfahrtsort entwikkelte (Marie Antoinette, B. Franklin, Robespierre, Napoleon Bonaparte, Blücher u. a.), bevor die sterblichen Reste des Dichters 1794 ins Pantheon nach Paris gebracht wurden. (Auf der Pappelinsel steht noch das vom Marquis errichtete Grabmal; Statue im Ort; das Schloß ist heute Hotel.)
[A] **Gérard de Nerval** (→ Paris) kam von Kindesbeinen an (→ Mortefontaine) oft nach E., das er – vor allem den Park und den ›Tempel der Philosophie‹ – in seiner Novelle *Sylvie* (1853) beschreibt: »Und hier nun die Pappeln der Inseln, das Grab Rousseaus, das seine Asche nicht birgt. [...] Ich habe das Schloß wiedergesehen, die stillen Wassergräben, die Kaskade, die zwischen den Felsen schluchzt [...].« (Kap. IX.) Auch im 11. Brief der Erzählung *Angélique* (1852) findet E. Erwähnung.

LA FERTÉ-MILON (Aisne)

* 1639 **Jean Racine** († Paris 1699), Lyriker, Dramatiker; Sohn eines Steuerbeamten, jansenistische Familientradition, mit vier Jahren verwaist, von den Großeltern aufgezogen; von 1649-1658 (mit zweijähriger Unterbrechung: Collège de Beauvais) an der berühmten Schule Port-Royal-des-Champs bei Versailles; 1661-63 zur Ausbildung zum Geistlichen im Languedoc bei einem Onkel, doch Rückreise nach Paris und Hinwendung zur Literatur; Entstehen der großen Dramen im Jahrzehnt zwischen 1667 und 1677; nach Intrigen Abwendung vom Theater, Heirat, Amt des Hofhistoriographen. – Geburtshaus abgerissen; zahlreiche Gedenktafeln an Häusern (bzw. deren Nachfolgebauten) von Familienangehörigen; [M] Musée Jean Racine; Statue (David d'Angers) am Rathaus. – W. u. a.: *Andromaque* (Dr. 1668, dt. 1751), *Britannicus* (Dr. 1669, dt. 1754), *Bérénice* (Dr. 1670, dt. 1888), *Bajazet* (Dr. 1672, dt. 1803), *Mithridate* (Dr. 1673, dt. 1731), *Iphigénie* (1674, dt. 1732), *Phèdre et Hippolyte* (Dr. 1677, dt. 1749),

Athalie (Dr. 1691, dt. 1914); *Œuvres complètes* (8 Bde. 1865-73).
[A] **Jean de La Fontaine** (→ Château-Thierry) unterschrieb hier 1647 den Heiratsvertrag mit der 14jährigen, aus La F. stammenden Marie Héricart.

GOURNAY-SUR-ARONDE (Oise) → COMPIÈGNE [R]

HAM (Somme)

[A] **Theodor Fontane** (1819-1898), den seine ›Osterreise 1871‹ bis an die Küste der Normandie gebracht hatte, stattete auf dem Rückweg H. und seiner Zitadelle einen Besuch ab (beschrieben in *Aus den Tagen der Okkupation*, 1871).

LAON (Aisne)

Bibliothèque municipale (Stadtbücherei; 177 Tsd. Bde., 800 Hs., 60 Ink.).

* 1821 **Jules Champfleury** (eigentlich Jules Husson) († Sèvres/IdF 1889), Erzähler, Kunsthistoriker; Buchhändlerlehre, befreundet mit Baudelaire; verfaßte als einer der ersten schonungslos realistische Romane, daneben kunsthist. Schriften (u. a. über den Maler Le Nain); ab 1872 am Porzellanmuseum in Sèvres/IdF. – W. u. a.: *Chien-Caillou* (R. 1847), *Les Aventures de Mlle Mariette* (R. 1853), *Les Bourgeois de Molinchart* (R. 1855), *Les Amoureux de Sainte-Perinne* (R. 1859).

[A] Um die Jahreswende 1113/1114 kam **Abaelard** (→ Le Pallet/PdL) nach L., um bei Anselm von Laon Theologie zu studieren; nachdem man ihm untersagte, in der Domschule eigene Vorlesungen zu halten, kehrte er nach Paris zurück, wie er in der *Historia calamitatum mearum* (dt. u. d. T. *Die Leidensgeschichte*, 2. Aufl. 1954) berichtet. – **Victor Hugo** (→ Besançon/FC) besuchte die Stadt Ende Juli 1835 und war nicht nur von der Kathedrale beeindruckt: »In Laon ist alles schön, die Kirchen, die Häuser, die Umgebung, alles.« (Wenn nur nicht der »schreckliche Gasthof« La Hure gewesen wäre, wo Hugo übernachtete ...) – **A. France** (→ Paris), der im September 1890 Urlaub in Saint-Thomas (s. u.) machte, unternahm einen Ausflug nach L. – **Marcel Proust** (→ Paris), Liebhaber mittelalterlicher Kathedralen, besuchte die Stadt am 21. April 1904. – **Edith Wharton** (1862-1937) hatte an Pfingsten 1907 den Eindruck, daß L., als »eine der stattlichsten Bergstädte Frankreichs [...] mit den hochgelegenen Städten Umbriens zu wetteifern« schien. – **P. Claudel** (→ Villeneuve-sur-Fère) unternahm im September 1909, nach seiner Rückkunft aus Asien, eine Reise durch Ostfrankreich, in deren Verlauf er u. a. auch nach L. kam. – **Jean-Paul Sartre** (→ Paris) lehrte im Schuljahr 1936/37 Philosophie am Gymnasium von L. – **Ernst Jünger** (1895-1998), Ende August 1939 als Hauptmann in die Wehrmacht einberufen, nahm am Vormarsch der deutschen Truppen in Frankreich teil und schreibt über seine Zeit in L. in dem Kriegstagebuch *Gärten und Straßen* (1942).

[R] **Anatole France** (→ Paris) verbrachte im September 1890 seine Ferien in **Saint-Thomas** (12 km sö. v. L.) und erkundete von hier aus die Umgebung; zweiter Besuch (mit seiner Tochter) in den Sommerferien 1892, als er einen Ausflug nach **Liesse-Notre-Dame** (12 km nö. v. L.) unternahm, dessen Wallfahrtskirche samt Geschichte er in *Pierre Nozière* (1899) beschreibt (3. Buch, 4. Kap.). – 16 km sw. von L., bei **Bouconville-Vauclair**, fiel bei einem Sturmangriff am 26. September 1914 der frühexpressionist. Dichter **Ernst Wilhelm Lotz** (* Culm/Weichsel 1890), der mit seinen Gedichten in Zeitschriften und Anthologien präsent war.

LIESSE-NOTRE-DAME (Aisne) → LAON [R]
MONTHERLANT (Schloß) (Oise) → BEAUVAIS [R]

MONTMÉLIAN (Oise)

[A] Auf dem Hügel von M. stand früher eine Burg (heute Ruine); die Kapelle, ein Wallfahrtsort, wurde in der Revolution zerstört; das Gnadenbild, Ziel der Wallfahrten, wurde bis zum Bau einer neuen Kirche 1864 in einer Scheune aufbewahrt. **Charles Péguy** (→ Orléans/C) verbrachte in dieser Scheune betend die Nacht vor der Marneschlacht, in der der Dichter am 5. 9. 1914 fiel.

[L] **Gérard de Nerval** erwähnt in *Sylvie* (1853) und *Promenades et souvenirs* (1855) mehrfach den Hügel von M. (»Butte de Montmélian«).

MORIENVAL (Oise) → COMPIÈGNE [R]

MORTEFONTAINE (Oise)

[A] **Gérard de Nerval** (→ Paris), der zweijährig seine Mutter verloren hatte und dessen Vater, ein Militär, am Rhein Dienst tat, verbrachte seine Kindheit bei seinem Onkel Antoine Boucher in M., bis der Vater den Siebenjährigen nach Paris holte; der Ort taucht in vielen Werken Nervals auf, so in den *Promenades et Souvenirs* (1855), in *Aurélia* und auch – unter dem Namen ›Magny‹ – in der Novelle *Sylvie* (1853), wo ein Traumgesicht dem Ich-Erzähler das Haus des Onkels vor Augen führt: »Vor mir stand ein Schloß aus der Zeit Heinrichs IV., die spitzen Schieferdächer und die rötliche Fassade mit ihren eingewinkelten Bändern aus gelbem Stein, ein weiter grüner Platz, von Ulmen und Linden umgeben, durch deren Laub die untergehende Sonne ihre rotglühenden Strahlen schoß.« Das Pseudonym ›Nerval‹ wählte der Dichter, der eigentlich Labrunie hieß, nach einem hier gelegenen Familiensitz.

NOYON (Oise)

* 1509 **Jean Calvin** (eigentlich Jean Cauvin) († Genf 1564), Reformator; nach Theologie- und Jurastudium allmähliche Hinwendung zu den Ideen der Reformation; Konflikt mit der Kirchenobrigkeit, so daß C. Paris 1533 verlassen mußte; in Basel Herausgabe des Hauptwerks *Institutio christianae religionis* (1536), der Basisdarstellung des reform.-christl. Glaubens; ab 1541 Genf, straffe Organisation der Kir-

Jean Calvin (Kupferstich)

che, unnachgiebige Verfolgung aller abweichenden Meinungen (z. B. Castellion, Servet [→ Saint-Martin-du-Fresne/RhA]). – Das im 16. Jh. zerstörte Geburtshaus des Reformators (an der Place Aristide-Briand) wurde 1927 (teilweise auf den alten Fundamenten) wiederaufgebaut und beherbergt heute das [M] Musée Jean-Calvin. – W.: *Joannis Calvini opera quae supersunt omnia* (59 Bde. 1863-1900).

[A] Der schottische Autor **Robert Louis Stevenson** (1850-1894), der im Sommer 1876 mit dem Kanu die Oise befuhr, übernachtete in N. (Hôtel du Nord) und bewunderte die Kathedrale, die er mit einem alten Schlachtschiff verglich. – **Edith Wharton** (1862-1937) kam die Stadt bei ihrem Besuch an Pfingsten 1907 wie eine englische Stadt vor: »[...] so sanft ist sie übergrünt, so deutlich ohne die scharfen Kanten der aus Bruchsteinen erbauten französischen Landstädte, daß sie mit ihren alten Fachwerkhäusern, den sauber gestutzten Rasenflächen um die Kathedrale und der krönenden Überraschung eines von Grün umgebenen Platzes dahinter –

ganz wie in England – den ersten Eindruck des Reisenden auf Schritt und Tritt zu bestätigen scheint.«

PÉRONNE (Somme)
* 1882 **Pierre Mac Orlan** (eigentlich Pierre Dumarchey) († Saint-Cyr-sur-Morin/IdF 1970), Lyriker, Erzähler; nach Abbruch der Schulausbildung Vagabundenleben in Deutschland, England und Marokko; Fremdenlegion; Montmartre-Bohemien, befreundet mit Apollinaire, Carco, Dorgelès; zog sich 1924 nach Saint-Cyr-sur-Morin zurück; ab 1950 Mitglied der Académie Goncourt; verfaßte Gedichte (*Œuvres poétiques complètes*, 1929) und zahlreiche Abenteuerromane, darunter *Le Quai des brumes* (1927), 1938 verfilmt mit M. Morgan, P. Brasseur und J. Gabin (Regie M. Carné, Drehbuch J. Prévert). – Weitere W.: *Le Rire jaune* (R. 1914), *Le Chant de l'équipage* (R. 1918), *Au Bord de l'Étoile Matutine* (R. 1920), *La Cavalière Elsa* (R. 1921, dt. *Die Reiterin Elsa*, 1923), *La Bandera* (R. 1931), *L'Ancre de miséricorde* (R. 1941, dt. *Der Anker der Barmherzigkeit*, 1948), *Chansons pour accordéon* (Ged. 1953), *Poésies documentaires complètes* (Ged. 1954).
[A] Der Chansonnier **Béranger** (→ Paris) verbrachte die Kindheit bei seiner Tante in P. – **Joseph Roth** (1894-1939), seit Sommer 1925 als Korrespondent der *Frankfurter Zeitung* in Frankreich, fuhr im Frühjahr 1926 nach P., im 1. Wk. Schauplatz der großen Sommeschlacht: »Die alte Kathedrale von Péronne ist vernichtet. Wo ihre Tore waren, hat man graue Latten hingenagelt. Steinerne Heiligenbilder, dereinst dem Schutz überwölbter Portale, Nischen, Ecken anvertraut, sind ohne Obdach. Die Kirche hat kein Dach und hundert Granatlöcher.« (Feuilleton vom 2. 5. 1926 in der *Frankfurter Zeitung*.) – Im Juli 1992 kam auf Einladung **Ernst Jünger** (1895-1998) anläßlich der Eröffnung des Museums zum 1. Weltkrieg (Historial de la Grande Guerre) nach P.

Pierrefonds: Schloß

[R] Die Umgebung von P. als Kriegsschauplatz (v. a. Richtung **Albert**, 23 km w. v. P.: die Dörfer **Étinehem**, **Fricourt**, **Mametz**, **Guillemont**) taucht in den Frontberichten einer Dichtergeneration auf, unter ihnen die Engländer **Siegfried Sassoon** (1886-1967), **Wilfred Owen** (1893-1918), **Robert Graves** (1895-1985; Autobiogr. *Goodbye to All That*, 1929, dt. *Strich drunter*, 1930), die Franzosen **Jean Cocteau** (als Sanitäter), **G. Duhamel** (*Civilisation*, 1918), der Schweizer **Blaise Cendrars** (*La Main coupée*, 1946), der Deutsche **Ernst Jünger** (*In Stahlgewittern*, 1920). – Der 1892 in Berlin geborene expressionist. Dramatiker **Reinhard Sorge** war 1915 einberufen worden, starb, schwer verwundet, am 20. Juli 1916 im Lazarett von **Ablaincourt-Pressoir** (16 km sw. v. P.) und wurde im Gemeinschaftsgrab des deutschen Friedhofs im benachbarten **Vermandovillers** begraben; dort auch Grab des Lyrikers und Erzählers **Alfred Lichtenstein** (* 1889 Berlin), der 25jährig am 25. September 1914 bei Vermandovillers gefallen war.

PICQUIGNY (Somme) → AMIENS [R]

PIERREFONDS (Oise)
[A] Bei **Victor Hugos** (→ Besançon/FC) Besuch im August 1835 war das riesige Schloß noch Ruine; es sollte erst über

zwanzig Jahre später unter der Leitung von Viollet-le-Duc rekonstruiert werden. – Bezüglich der Rekonstruktionsarbeiten ist **Anatole France** (→ Paris), der im August 1884 Ferien in P. machte, in seinem *Pierre Nozière* (1899) mit einer längeren Betrachtung – 3. Buch, 1. Kap. – sehr kritisch: »Um die Wahrheit zu sagen, ist Schloß Pierrefonds heute nichts als ein riesiges Spielzeug.« – **André Gide** (→ Paris) zog sich 1890 »in ein kleines Hotel am Ufer des winzigen Sees« von P. zurück, um hier seine *Cahiers d'André Walter* (1891) zu schreiben, wurde jedoch bereits nach zwei Tagen von seinem Freund **P. Louÿs** (→ Anhang) aufgestöbert und flüchtete weiter (→ Menthon-Saint-Bernard/RhA).

LE PLESSIS-VILLETTE (Schloß) (Oise) → PONT-SAINTE-MAXENCE

PONT-SAINTE-MAXENCE (Oise)

[A] **Voltaire** (→ Paris) war häufiger Gast auf dem drei Kilometer nördlich von P.-S.-M. gelegenen Schloß Le Plessis-Villette. Der Dichter hatte die Schloßherrin, die aus verarmtem Adel stammende Marquise de Villette, 1775 kennengelernt, als sie noch Reine Philiberte de Varicourt hieß und ins Kloster eintreten wollte; Voltaire adoptierte das Mädchen, das mit ihm zwei Jahre in Ferney lebte, bis er sie 1777 mit dem wohlhabenden Marquis de Villette verheiratete. (Das Herz des Philosophen befand sich ursprünglich im Besitz des Marquis; heute wird es, in eine goldene Kapsel eingeschlossen, im Sockel des von Houdon für die Pariser Nationalbibliothek geschaffenen Standbildes verwahrt.)

PRÉCY-SUR-OISE (Oise) → SAINT-LEU-D'ESSERENT [R]
RARAY (Schloß) (Oise) → SENLIS [R]

RIBEMONT (Aisne)

* 1743 **Antoine-Nicolas Caritat de Condorcet** († Bourg-la-Reine/IdF 1794), Philosoph, Mathematiker, Politiker; Jesuitenzögling in Reims, Verbindung zu Voltaire und den Enzyklopädisten, 1782 Aufnahme in die Académie Française, Anschluß an die Revolution, 1792 Präsident der Gesetzgebenden Nationalversammlung. – Gedenktafel am Geburtshaus. – W. u. a.: *Vie de Voltaire* (1787), *Esquisse d'un tableau historique des progrès de l'esprit humain* (postum 1795); *Œuvres complètes* (21 Bde. 1804).

SAINT-LEU-D'ESSERENT (Oise)

[A] **Marcel Proust** (→ Paris) unternahm am 21. April 1903 einen Tagesausflug von Paris nach Laon, Senlis und S.-L. – Für die amerikanische Schriftstellerin **Edith Wharton** (1862-1937), die an Pfingsten 1907 eine Kurzreise in die Picardie unternahm, wirkte der Ort »wie eine kleine mittelmeerische Hügelstadt: In der Art, wie sie sich an den Hang schmiegt und ihre Kirche wie einen Schild emporreckt, liegt eine trotzige Verteidigungsbereitschaft.«

[R] Der vor allem als Kritiker bekannte **Sainte-Beuve** (→ Boulogne-sur-Mer/NPdC) wohnte zeitweise in **Précy-sur-Oise** (2 km w. v. S.-L.). – Der schottische Autor **Robert Louis Stevenson** (1850-1894), der im Sommer 1876 mit einem Freund eine Kanufahrt von Antwerpen nach Fontainebleau unternahm, kam dabei durch P.: »Das Gasthaus in Précy ist das schlechteste Gasthaus in ganz Frankreich. Nicht einmal in Schottland wurde ich mit schlechterem Essen konfrontiert.«

SAINT-NICOLAS-D'ACY (Oise) → COURTEUIL

SAINT-QUENTIN (Aisne)

Bibliothèque municipale (Stadtbücherei; 150 Tsd. Bde., 100 Hs., 20 Ink.; große Sammlung [15 Tsd. Bde.] aus dem 16.-19. Jh.).

Musée Antoine-Lécuyer (u. a. zahlreiche von Quentin de La Tour geschaffene Porträts, darunter Bildnis Jean-Jacques Rousseaus und Jean d'Alemberts).

[A] Einzig das Rathaus und eine schöne Schnitzfassade aus der Renaissance fand **Victor Hugo** (→ Besançon/FC) bei seinem Besuch im Sommer 1835 bemerkenswert. – **Theodor Fontane** (1819-1898) bereiste im Frühjahr 1871 Nordfrankreich und stattete auch S.-Q. (wo er im Hôtel du Cygne abstieg) und seinem Schlachtfeld einen Besuch ab (Beschreibung in *Aus den Tagen der Okkupation*, 1871). – **M. Barrès** (→ Charmes/Lo) schrieb nach einem Besuch der Stadt im April 1890 den Artikel »Une Journée à Saint-Quentin chez Maurice-Quentin de La Tour«. – Für **Edith Wharton** (1862-1937) war S.-Q. auf ihrer Pfingstreise 1907 »eine große, öde Industriestadt mit einem Kern malerischer Gebäude, die sich um das Rathaus und die in beklagenswerter Weise restaurierte Stiftskirche drängen«, so daß sie sich intensiv dem Museum mit den Pastellporträts Quentin de La Tours widmete. – **Joseph Roth** (1894-1939), als Korrespondent der *Frankfurter Zeitung* seit 1925 in Frankreich, reiste im Frühjahr 1926 nach S.-Q., einen der Hauptschauplätze des 1. Wks.: »Da sind zu beiden Seiten der Straße Häuserleichen, die ihr kennt, und die plötzlichen, häßlichen, blankgetünchten, mit einem geschäftigen Gedränge von Schildern versehenen neuen Häuser [...]. Diese Stadt könnte im tiefen wilden Westen Amerikas stehen. Sie war einmal eine alte europäische Stadt mit alter europäischer Geschichte. Granaten haben sie ausgelöscht.« (Feuilleton der *Frankfurter Zeitung* vom 2. 5. 1926.)

SAINT-RIQUIER (Somme) → **ABBEVILLE** [R]
SAINT-THOMAS (Aisne) → **LAON** [R]

SAINT-VALERY-SUR-SOMME (Somme)

[A] **Victor Hugo** (→ Besançon/FC) genoß bei seinem Besuch Anfang September 1837 den Sonnenuntergang im Hafen von S.-V.; hier schrieb er das (um ein Jahr vordatierte) Gedicht »Oceano Nox« (in *Les Rayons et les ombres*, 1840); zwölf Jahre später kam er erneut nach S.-V., das er als »einen der schönsten Orte an der Küste« bezeichnete, und stieg für eine Nacht im Père Adam ab. – Gichtgeplagt verbrachte der russische Autor **Iwan Turgenjew** (1818-1883) den Sommer 1872 von Juli bis September in der Stadt (Maison Ruhaut). – Im August und September 1886 mietete **Anatole France** (→ Paris) für seine Familie und den befreundeten Romancier Gilbert-Augustin Thierry (1843-1915) das Haus Nr. 110 in der Rue de La Ferté (Gedenktafel), wo er an *Pierre Nozière* (1899) schrieb (dort Beschreibung des Ortes und Beobachtungen im 3. Buch, 3. Kapitel).

SENLIS (Oise)

Bibliothèque municipale (Stadtbücherei; 80 Tsd. Bde., 50 Hs., 11 Ink.; Sammlung zu Gérard de Nerval).

[A] **Saint-Simon** (→ Versailles/IdF) war Stadtkommandant von S. und wohnte in der Rue de la République Nr. 17. – Die Stadt findet häufige Erwähnung und Beschreibung in den Werken von **Gérard de Nerval** (→ Paris), so in *Angélique* (1852), *Sylvie* (1853) und in den *Promenades et souvenirs* (1855): »Ich empfand ein unsagbares Glück, als ich die Straßen und Gäßchen der alten römischen Stadt durchstreifte, die noch in späterer Zeit so berühmt war wegen ihrer Belagerungen und Kämpfe«; Bildnisrelief Nervals an der Place Gérard-de-Nerval. – **José Maria de Heredia** (→ Anhang), aus Kuba gebürtiger

Senlis: Gedenktafel für Gérard de Nerval

Lyriker, war von 1851 (als er nach Frankreich kam) bis zum Abitur 1858 Internatsschüler am Gymnasium Saint-Vincent, das in den Gebäuden der gleichnamigen ehemaligen Abtei untergebracht ist (sö. des Zentrums gelegen). – **Marcel Proust** (→ Paris) lernte S. im Rahmen eines Tagesausflugs von Paris am 21. 4. 1903 kennen. – Die Amerikanerin **Edith Wharton** (1862-1937) beeindruckte auf ihrer Pfingstreise 1907 vor allem »die kleine Kathedrale auf ihrem Platz«. – **P. Valéry** (→ Sète/LR) unternahm im September 1908 eine Radtour nach S.: »Senlis ist ein Wunder.« – **Walter Benjamin** (1892-1940), der seit März 1926 in Paris lebte, unternahm im Monat darauf einen Ausflug nach S. (und übernachtete im Hôtel du Grand Cerf, Rue de la République, heute Bank CA). – Der amerikanische Romancier **Louis Bromfield** (1896-1956) wohnte lange in S. und schrieb hier viele seiner Romane.

[R] **F.-R. de Chateaubriand** (→ Saint-Malo/Br) war 1801 Gast auf Schloß **Chamant** (unmittelbar nö. v. S.); Louis de Fontanes, ein Freund des Dichters, stellte ihn Lucien Bonaparte, dem Bruder Napoleons, vor, damit dieser sich für die Wiedereinbürgerung des nach England exilierten Dichters einsetze. – »Creil ist eine hübsche Stadt mit schönen alten Gebäuden, einer Brücke, die sich auf eine Insel stützt, und viel Wasser, in dem sich alles spiegelt«, befand **V. Hugo** (→ Besançon/FC) im August 1837, als er durch **Creil** (10 km nw. v. S.) kam. – **H. Barbusse** (→ Asnières-sur-Seine/IdF) kaufte 1910 in **Aumont-en-Halatte** (5 km nw. v. S.) ein Haus (Chemin Grueries Nr. 4), das er zu Ehren Nervals auf den Namen Villa Sylvie taufte und wo er zahlreiche Werke schrieb (heute [M] Musée Henri-Barbusse). – Im Schloß **Raray** (10 km nö. v. S.) drehte **Jean Cocteau** (→ Maisons-Laffitte/IdF) den Film *La Belle et la bête* (1946, dt. *Es war einmal*).

SEPTMONTS (Aisne) → **SOISSONS** [R]

SOISSONS (Aisne)

Bibliothèque municipale (Stadtbücherei; 88 Tsd. Bde.), Bibliothèque départementale de prêt de l'Aisne (121 Tsd. Bde.).

[A] **Abaelard** (→ Le Pallet/PdL), Theologe und Scholastiker, war nach der Verurteilung und Verbrennung seines Werks *De unitate et trinitate* auf der Synode zu Soissons (1121) im sogenannten ›Abaelard-Turm‹ der ehemaligen Abtei Saint-Médard eingekerkert, jedoch bald wieder freigelassen worden, so daß er in sein Kloster Saint-Denis bei Paris zurückkehren konnte. (Abaelard berichtet davon in seiner *Historia calamitatum mearum.*) – **Alexandre Dumas d. Ä.** (→ Villers-Cotterêts) erzählt in seinen *Mémoires*, wie er während der Julirevolution 1830, auf Karriere erpicht, das Pulverdepot im königstreuen S. einnahm und die drei Tonnen Pulver nach Paris brachte. – Bei seinen beiden Besuchen der Stadt Anfang August 1835 und im Juli 1838 besichtigte **Victor Hugo** (→ Besançon/FC) die Ruinen der nach 1805 abgerissenen Abteikirche Saint-Jean-des-Vignes, die ihm wie eine Theaterkulisse vorkamen. – **A. France** (→ Paris) kam von Saint-Thomas auf einen Tagesausflug im September 1890. – Auch **Edith Wharton** (1862-1937) ließ sich von der Kirchenruine anziehen, deren ungleiche Türme sie besonders faszinierten: »In diesen unvergleichlichen Türmen, die in ihrer Unterschiedlichkeit so harmonisch wirken und so kennzeichnend für das verlorengegangene Geheimnis der mittelalterlichen Kunst sind, bewahrt sich die Symmetrie der Ungleichheit.« (*Frankreichfahrt*, 1997.)

[L] Die Stadt findet eine ausführliche Beschreibung in der Erzählung *Angélique* (1852) von **Gérard de Nerval**.

[R] In **Bucy-le-Long** (3 km ö. v. S.) heiratete am 8. Oktober 1907 der Dichter **Francis Jammes** (→ Tournay/MPy) in der Dorfkirche Ginette Goedorp (anwesend: A. Gide). – **Septmonts** (6 km sö. v. S.), das Lustschlößchen der Bischöfe von S., hatte es **Victor**

Trie-Château

Hugo (→ Besançon/FC) Anfang August 1835 angetan; er erkundigte sich, ob es nicht eventuell zum Verkauf stünde, um es seiner Frau zu schenken: »die entzückendste Wohnstatt, die du dir vorstellen kannst«.

TRIE-CHÂTEAU (Oise)

[A] **Jean-Jacques Rousseau** (→ Anhang), vom Parlament verbannt, lebte nach seiner Rückkehr aus England von 1767 mit Unterbrechungen bis 1768 hier als Gast des Schloßherrn Prinz Conti und schrieb an seinen *Confessions*; um die Aufmerksamkeit der Behörden nicht zu erregen, mußte Rousseau sich mit einem falschen Namen tarnen und die Lebensgefährtin Thérèse Levasseur als seine Schwester ausgeben; von hier aus besuchte er die Abtei Gomerfontaine (in Trie-la-Ville), mit deren Äbtissin Jeanne de Nadaillac er sich anfreundete, und ging zum Botanisieren in den n. gelegenen Wald von Thelle (Rousseau wohnte im dritten Stock des Turmes; Denkmal von 1911). – Das Schloß befand sich ab 1857 im Besitz des **Grafen Gobineau** (→ Ville-d'Avray/IdF), für den es in den nächsten zwanzig Jahren Lebensmittelpunkt war (1876 bot er es zum Verkauf an). – **Jean Cocteau** (→ Maisons-Laffitte/IdF), **Charles Péguy** (→ Orléans/C), **Alain-Fournier** (→ La Chapelle d'Angillon/C) waren Sommergäste auf dem Schloß bei Madame Casimir Périer.

VERMANDOVILLERS (Somme) → PÉRONNE [R]

VILLENEUVE-SUR-FÈRE (Aisne)

»Villeneuve ist ein rauhes, kärgliches Land, ein Land des schweren Bodens und der Wälder; es hat nichts von der Heiterkeit der Champagne und der Liebenswürdigkeit all der Winzerdörfer, die unter der guten Sonne in der milden Talmulde der Marne schlummern. Es regnet häufig dort, und wenn es dort regnet, dann aber gründlich und heftig, beinah hätte ich gesagt: mit Leidenschaft.« (Paul Claudel)

* 1868 **Paul Claudel** († Paris 1955), Lyriker, Dramatiker, Übersetzer, Essayist; Sohn eines Steuereinnehmers; im kindlichen Alter mehrere Umzüge: Bar-le-Duc/

Lo, Nogent-sur-Seine/ChA, Wassy-sur-Blaise/ChA; mit 14 Jahren in Paris (Lycée Louis-le-Grand), in den Schulferien häufig bei den Großeltern in V. (und auch später immer wieder Rückkehr in den Geburtsort); Bekehrungserlebnis zum katholischen Glauben Weihnachten 1886 in Notre-Dame-de-Paris; diplomatische Laufbahn (u. a. USA, China, Deuschland, Brasilien, Japan, Belgien); Rückzug aus dem diplomatischen Dienst 1935, Leben fortan in Paris und Brangues/RhA. – Geburtshaus ist das Pfarrhaus des Ortes (»Ich kam im Schatten des Kirchturms zur Welt«); Taufe in der Kirche des Ortes, dort auch kleines Claudel-Museum. – W. u. a.: *Tête d'Or* (Dr. 1890, dt. *Goldhaupt*, 1915), *Partage de midi* (Dr. 1906, dt. *Mittagswende*, 1908), *Cinq grandes odes* (Ged. 1910, dt. *Fünf große Oden*, 1939), *L'Otage* (Dr. 1911, dt. *Der Bürge*, 1926), *L'Annonce faite à Marie* (Dr. 1912, dt. *Verkündigung*, 1913), *Le Pain dur* (Dr. 1918, dt. *Das harte Brot*, 1926), *Le Père humilié* (Dr. 1920, dt. *Der erniedrigte Vater*, 1927), *Le Soulier de satin* (Dr. 1929, dt. *Der seidene Schuh*, 1939), *Jeanne d'Arc au bûcher* (dramat. Oratorium, Musik A. Honegger, 1939, dt. *Johanna auf dem Scheiterhaufen*, 1958), *Journal 1904-32* (1969), *Journal 1933-55* (1969); *Œuvres complètes* (28 Bde. 1950-78), *Gesammelte Werke* (6 Bde. 1958-63).

VILLERS-COTTERÊTS (Aisne)

* 1802 **Alexandre Dumas d. Ä.** (eigentlich Alexandre Davy de La Pailleterie) († Puys/HNo 1870), Erzähler, Dramatiker; Sohn eines unter Napoleon in Ungnade gefallenen Generals; Lateinschule und Kanzleischreiber in V., das er in seinen *Mémoires* beschreibt; 19jährig Aufbruch nach Paris; Bekanntschaft und freundschaftl. Umgang mit Nodier, Lamartine, Hugo, Vigny, Musset, Nerval; 1851 Exil (Brüssel) aus politischen und finanziellen Gründen (Flucht vor Gläubigern); Rückkehr nach Paris 1853; Verfasser eines Riesenwerks, das sich u. a. an den historischen Romanen W. Scotts orientiert. – Geburtshaus Rue Alexandre-Dumas Nr. 46 (Gedenktafel); [M] Musée Alexandre-Dumas (informiert über die Familie Dumas); Grab auf dem Friedhof. – W. u. a.: *Henri III et sa cour* (Dr. 1829), *Antony* (Dr. 1831, dt. 1841), *Kean* (Dr. 1836, dt. 1839), *Les Trois Mousquetaires* (R. 1844, dt. *Die drei Musketiere*, 1844), *Vingt ans après* (R. 1845, dt. *Zwanzig Jahre später*, 1845), *Le Vicomte de Bragelonne* (R. 1848-50, dt. 1850), *Le Comte de Monte-Cristo* (R. 1844-45, dt. *Der Graf von Monte Christo*, 1846), *La Reine Margot* (R. 1845), *Mémoires d'un médecin* (R.zyklus 1846-53: *Joseph Balsamo*, 1846-48, dt. 1847-51; *Le Collier de la Reine*, 1849-50, dt. *Das Halsband der Königin*, 1849/50; *Ange Pitou* 1853, dt. 1853; *La Comtesse de Charny*, 1853, dt. 1853), *Mémoires* (1852-54, dt. 1855); *Œuvres complètes* (301 Bde. 1862-89).

[L] Über die Sitten auf dem Schloß von V.-C. während der Régence informiert **Saint-Simon** in seinen *Mémoires* (1829/30): »Auf dem Schloß fanden unbeschreibliche Orgien statt, Soupers, zu denen die Tischgenossen, Männer wie Frauen, splitternackt erschienen.«

VINEUIL-SAINT-FIRMIN (Oise) → CHANTILLY [R]
WARLUIS (Oise) → BEAUVAIS

Straße in Montreuil

NORD – PAS-DE-CALAIS (NPdC)

Region: Nord-Pas-de-Calais; Départements: Nord (59), Pas-de-Calais (62); Einwohner: 3,9 Mio.; Fläche: 12 414 qkm; Verwaltungssitz: Lille.

AIRE-SUR-LA-LYS (Pas-de-Calais) → SAINT-OMER [R]

ARRAS (Pas-de-Calais)

»Arras, die Haupstadt des Artois, hat hübsche Plätze. Sie stammen aus spanischer Zeit, sind merkwürdig wohlerhalten, vielleicht geschickt restauriert, die Häuser stehen bürgerstolz, mit stumpfen Giebeln, mit Kaufmannsarkaden behäbig da, doch in ihrer schönen Anlage auch mit einem vielleicht aus Madrid stammenden höfischen Glanz.« (Wolfgang Koeppen)

Université d'Artois. – Bibliothèque municipale (Stadtbücherei; 200 Tsd. Bde., 2400 Hs., 10 Ink.), Bibliothèque départementale de prêt du Pas-de-Calais (650 Tsd. Bde.).

A. ist die Geburtsstadt von **Maximilien de Robespierre** (1756-1794); Geburtshaus in der heutigen Rue Robespierre (Gedenktafel); der spätere Führer der Revolution war Mitglied der literarischen Gesellschaft Rosati (Anagramm für ›Artois‹), die in anakreontischen Versen Rosen, Frauen und Wein besang. (Unter den Mitgliedern u. a. auch der spätere Revolutionspolitiker L. Carnot und Joseph Fouché, damals Lehrer am Collège von A.) Sohn der Stadt ist auch der Abenteurer und Begründer bzw. Chef der Pariser Geheimpolizei Sûreté **Eugène-François Vidocq** (1775-1857), der *Mémoires* und ein Buch über die Gaunersprache (*Argot des Voleurs*) verfaßte und Eugène Sue für dessen *Les Mystères de Paris* (1842/43) eine Materialsammlung überließ; Vidocq diente als Vorbild für den faszinierenden Verbrecher Vautrin in mehreren Romanen Balzacs und für die Figur des Polizisten und Spitzels Javert in *Les Misérables* (1862) von V. Hugo.

* um 1135 **Gautier d'Arras** († 1189); der Dichter lebte als Beamter am Hof des Grafen von Flandern, später am Hof Thibauts

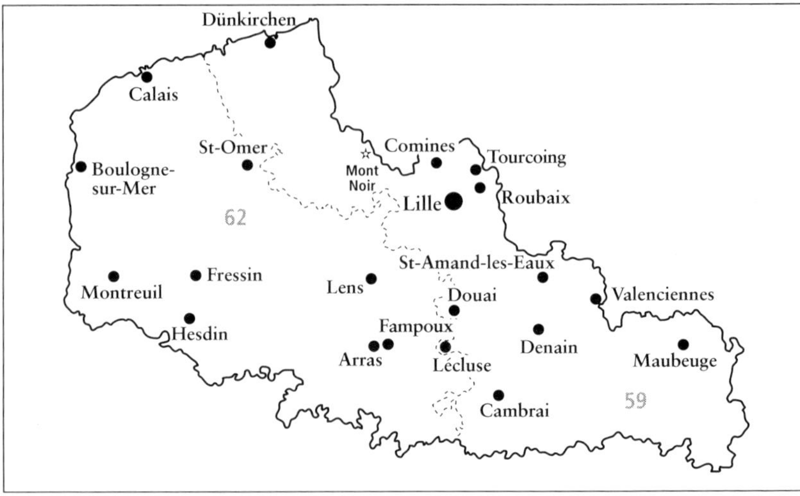

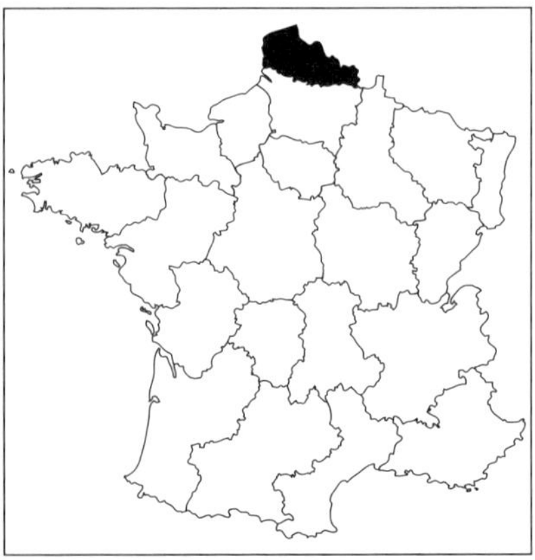

V. von Blois, dem er seine Versromane widmete: *Eracle* (um 1164) und *Ille et Galeron* (1167-70; Widmung auch an Beatrix v. Burgund, zweite Frau Kaiser Barbarossas).

* um 1165 **Jean Bodel** († in Leprosenhaus nahe A. 1210), Dramatiker; angesehener Bürger in A., verfaßte das erste frz. Mirakelspiel *Jeu de Saint-Nicolas* (um 1200), das Sachsen-Epos *Les Saisnes* (vor 1202) und das Abschiedslied *Congé*, nachdem er sich leprakrank von der Welt zurückgezogen hatte.

* um 1235 **Adam le Bossu** (der Bucklige) oder **Adam de la Halle** († Neapel 1288), Dichter und Komponist; einer der bedeutendsten Trouvères; nach Studium am Hof Roberts von Artois und Karls von Anjou tätig; verfaßte neben Chansons, Rondeaus, Motetten und Balladen auch die erste französische Komödie *Jeu de la Feuillé* (1276/77, *Spiel in der Laube*) sowie das Schäferspiel *Le Jeu de Robin et Marion* (1285).

* 1887 **Pierre Jean Jouve** († Paris 1976), Lyriker, Erzähler, Übersetzer; Schule in A. und Lille, Philosophiestudium in Paris und Poitiers; 1924 Konversion zum Katholizismus, Anhänger S. Freuds und der Psy-

Arras: Rue Gambetta

choanalyse. – W. u. a.: *Paulina 1880* (R. 1925, überarb. 1959, dt. 1964), *Hécate* (R. 1928, dt. *Die Abenteuer der Catherine Crachat/Hekate*), *Vagadu* (R. 1931, dt. *Nachtschwarzer Engel*), *Matière céleste* (Ged. 1937).

[A] **Victor Hugo** (→ Besançon/FC) hatte sich im August 1837, wie er seiner Frau schreibt, mehr von der Stadt erwartet: Zwar hätten ihm zwei Plätze gut gefallen, aber die Kirchen seien enttäuschend (und obendrein geschlossen) gewesen. – Am 8. 7. 1872 kamen mit dem Nachtzug **A. Rimbaud** (→ Charleville-Mézières/ChA) und **P. Verlaine** (→ Metz/Lo), der hier eine Tante hatte, in die Stadt; nachdem sie sich im Wartessal des Bahnhofs verschiedener Verbrechen gerühmt hatten, um die Bürger zu erschrecken, wurden sie inhaftiert und am gleichen Tag noch mit dem Zug nach Paris zurückgeschickt; nach seiner achtzehnmonatigen Gefängnisstrafe im belgischen Mons kam Verlaine – er hatte im Juli 1873 in Brüssel auf Rimbaud geschossen – im Januar 1875 mit seiner Mutter nach A., wo er in der Impasse d'Elvoye Nr. 2/Rue d'Amiens (Gedenktafel) wohnte; auch nach seiner Rückkehr aus England kam er nach A. und feierte hier mit seiner Mutter Weihnachten. Er lobte die Kathedrale und ihre Orgeln; Brief vom 2. 8. 1877: »Hier lebe ich mehr und mehr als Einsiedler. [...] Ich mache bis zum Verrecken Verse und beschäftige mich viel mit Englisch.« – **Edith Wharton**, (1862-1937), deren Besuch der Stadt im Mai 1906 am Beginn ihrer Reisen durch Frankreich stand, gefiel A. im Gegensatz zur umgebenden Landschaft sehr: »Die bezaubernde, alte, graue Stadt Arras, in der ein Hauch verblaßter Fülle aus dem 17. Jahrhundert hing, entschädigte uns reichlich für die eintönige Anfahrt«; ein Blick in das ins Auge gefaßte Hotel jedoch verwehrte der Amerikanerin eine Übernachtung. – **Wolfgang Koeppen** (1906-1996) besuchte die Stadt 1960 (*Reisen nach Frankreich*, 1961).

[L] Der 4. Akt der Verskomödie *Cyrano de Bergerac* (1897) von **Edmond Rostand** spielt vor den Mauern der Stadt. – Die Stadt im 15. Jh. bildet den Schauplatz für den Roman *Eine Messe für die Stadt Arras* (1971, dt. 1988) von **Andrzej Szczypiorski**.

[R] Auf dem Soldatenfriedhof von **Neuville-Saint-Vaast** (7 km n. v. A.) Grab von **Paul Nizan** (→ Tours/C).

AUDRUICQ (Pas-de-Calais) → **CALAIS** [R]
BAILLEUL (Nord) → **MONT NOIR**
BERGUES (Nord) → **DÜNKIRCHEN** [R]
BÉTHUNE (Pas-de-Calais) → **LENS** [R]

BOULOGNE-SUR-MER (Pas-de-Calais)
Université du Littoral (Bibliothek: 30 Tsd. Bde.). – **Bibliothèque municipale** im ehem. Annunciaten-Kloster, Place de la Résistance (Stadtbücherei; 250 Tsd. Bde., 1100 Hs., 100 Ink.). – Théâtre municipal (Stadttheater).

† 1747 **Alain-René Lesage** (* Sarzeau/Br 1668); der taub gewordene Autor war 1743 aus Paris zu seinem Sohn nach B. gezogen, wo er starb und auf dem Cimetière Notre-Dame begraben wurde.
* 1804 **Charles-Augustin Sainte-Beuve** († Paris 1869), Lyriker, Romancier, Kritiker; Vater Steuerbeamter (der zehn Wochen vor der Geburt des Sohnes starb); Schule in B., ab 1818 in Paris, Medizinstudium, zeitweise enge Freundschaft mit V. Hugo (und Liebesbeziehung zu dessen Frau Adèle); nach mäßig erfolgreichen dichterischen Produktionen (*Les Consolations*, Ged. 1830; *Volupté*, R. 1834) künftig ganz Hinwendung zur Literaturkritik; Professor für frz. Lit. in Lüttich und Paris, Professor für lat. Dichtung am Collège de France; von Napoleon III. zum Senator ernannt. – Geburtshaus: Rue du Pot-d'Étain Nr. 16 (Gedenktafel). – Weitere W.: *Tableau Historique et critique de la poésie française et du théâtre français au 16e siècle* (Studie 1828, erw. 1843), *Histoire de Port-Royal* (5 Bde., 1840-59), *Portraits littéraires* (Essays 1844, dt. in Ausw. 1923, 1958), *Causeries du lundi* (Aufsätze, 15 Bde., 1851-62, dt. in Ausw. u. d. T. *Menschen des 18. Jahrhunderts*, 1880), *Nouveaux lundis* (Aufsätze, 13 Bde., 1861-69).

Charles Augustin Sainte-Beuve

[A] Der englische Romancier **Tobias Smollett** (1721-1771) kam im Juni 1763 von Dover nach B. und beschreibt seine im Lauf eines dreimonatigen Aufenthalts gemachten Beobachtungen in dem Briefreisebuch *Travels through France and Italy* (1766, dt. *Reise durch Frankreich und Italien*, 1767). – Der Romantiker **Achim von Arnim** (1781-1831) setzte im Sommer 1803, nachdem er fast ein halbes Jahr in Paris gelebt hatte, von B. nach England über, wo er bis Mitte des nächsten Jahres in London blieb. – Nach einem ersten Aufenthalt im August/September 1831 kam **Heinrich Heine** (1797-1856) bis ins Jahr 1842 oft, manchmal nur für ein paar Tage, manchmal für Monate, in die Stadt. – Ende Dezember 1832 traf **P. Mérimée** (→ Paris) hier erstmals Jenny Dacquin (1811-1895), Notarstochter aus B., die ihm seit dem Jahr zuvor bewundernde Briefe schrieb, und mit der ihn eine lebenslange Freundschaft verbinden sollte. – **Franz Grillparzer** (1791-1872), der ab März 1836 in Paris gelebt hatte, reiste im Juni des Jahres über B. nach London: »In Boulogne, im Hotel de l'Univers, abgestiegen. Leidliches Mittagsmahl. Dann sogleich in den Hafen, Anstalten für die Überfahrt zu machen«, vermerkt das *Reisetagebuch* (zuletzt 1984). – Die Stadt sagte **Victor Hugo** (→ Besançon/FC) bei seinem Besuch Anfang September 1837 sehr zu (im Gegensatz zu seiner Unterkunft im Hôtel du Nord). – **G. Flaubert** (→ Rouen/

HNo) schiffte sich im Herbst 1851 mit Mutter und Nichte in B. nach England ein. – **Charles Dickens** (1812-1870) verbrachte den Sommer 1853 in einem Landhaus bei B., wo er seinen Roman *Bleak House* (1853) zu Ende schrieb, Aufenthalte 1854 und 1856 (Juni bis September) schlossen sich an.

L B. ist Schauplatz der Erzählung *What Maisie Knew* (1897) von **Henry James**.

R **Julien Green** (→ Paris) spricht in seinen *Tagebüchern* von seinen Aufenthalten (September 1932, September 1933, Februar 1937) im Schloß **Souverain-Moulin** (5 km nö. v. B.): »Mit seinen langen Korridoren, die sich wie die Gänge eines Labyrinths gabeln, seinen weitläufigen Räumen, in denen der köstliche Geruch der Landhäuser hängt, der der Geruch unserer Kindheit ist, entschwebt dieses Schloß in Zaubergefilde, die man nicht zu benennen wagt aus Furcht, alles könnte sich auflösen.« – **Sainte-Beuve** (s. o.) verbrachte als Kind häufig seine Ferien in **Wierre-au-Bois** (9 km sö. v. B.), wo er viele Verwandte hatte; der Dichter und Kritiker setzte dem Ort, wo das Schloß Schauplatz der Liebschaft mit einer Cousine war, in seinem Roman *Volupté* (1834) ein Denkmal; Gedenktafel am Friedhof mit den Gräbern naher Verwandter, Denkmal auf dem Dorfplatz.

CALAIS (Pas-de-Calais)

»Calais ist nicht groß, aber sehr bevölkert, und der sechste Teil der Einwohner sind Engländer. Die Häuser sind nicht hoch, nur an den Wirtshäusern sieht man Luxus. Übrigens ist hier alles traurig und ärmlich. Die Luft ist mit den feuchten und salzigen Dünsten des Meeres gefüllt, welches auf eine unangenehme Weise die Geruchsnerven kitzelt. Ich möchte für nichts in der Welt hier leben.« (Nikolai Karamsin)

Université du Littoral. – Bibliothèque municipale (Stadtbücherei; 52 Tsd. Bde.). – Scène Nationale Channel (Staatl. Bühne); Théâtre municipal (Stadttheater).

A Der russische Schriftsteller **Nikolai Karamsin** (1766-1826), Verfasser eines »russischen *Werther*«, spürte im Juni 1790, vor seinem Übersetzen nach England, den Spuren Yoricks aus Sternes *Sentimental Journey* (s. u.) nach. – Der englische Romantiker **William Wordsworth** unternahm mit einem Freund im Sommer 1790 eine Fußwanderung durch Frankreich in die Schweiz; in C. verließen sie am 13. Juli das Schiff aus England: »[...] Erreichten wir Calais, am Abend vor / Dem großen Fest, des neuen Ordnungsbundes. / Da sahen wir, in jener unscheinbaren Stadt / Und in Gesellschaft weniger Menschen nur, / Wie heller Glanz von den Gesichtern strahlt, / Wenn jedes Einzelmenschen Glück das Glück / Von Millionen ist«, schreibt der Dichter in seinem autobiographischen Gedicht *The Prelude, or Growth of a Poet's Mind* (1850, dt. *Präludium oder Das Reifen eines Dichtergeistes*, 1974). – **Victor Hugo** (→ Besançon/FC) kam Anfang September 1837 durch die Stadt; im Brief an seine Frau erwähnt er den Stadtturm und die gotische Kirche Notre-Dame als sehenswert. – **G. de Nerval** (→ Paris) fuhr im Frühjahr 1849 über C. nach England.

L Die *Chroniques* (1370-1400) von **Jean Froissart** berichten von der berühmten Tat der Bürger von C., die sich im Hundertjährigen Krieg für ihre Stadt opfern wollten (Denkmal von Auguste Rodin, 1895, zwischen Rathaus und Parc Saint-Pierre), und dienten als Quelle für das Drama *Die Bürger von Calais* (1914) von **Georg Kaiser**. – Im Gasthof Lion d'or erzählt der Chevalier des Grieux seine Liebesgeschichte *Manon Lescaut* (Roman von **Abbé Prévost**, 1731). – C. ist Schauplatz einiger Szenen des Romans *A Sentimental Journey through France and Italy. By Mr. Yorick* (1768, dt. *Yoricks empfindsame Reise durch Frankreich und Italien*, 1768) von **Laurence Sterne**.

R Der politisch engagierte Schriftsteller **Paul Nizan** (→ Tours/C) fiel als Soldat am 23. Mai 1940 bei einem Rückzugsgefecht von Dünkirchen in der Nähe von **Au-**

druicq (20 km sö. v. C.); Grab auf dem Soldatenfriedhof von Neuville-Saint-Vaast. – **Charles Baudelaires** Stiefvater, der General Aupick, wohnte in **Gravelines** (25 km ö. v. C.); der leibliche Vater Baudelaires war gestorben, als der künftige Dichter sechs Jahre alt war; anderthalb Jahre später hatte die Mutter Aupick geheiratet.

CAMBRAI (Nord)

Médiathèque municipale (140 Tsd. Bde., 1400 Hs., 600 Ink.). – Musée municipal (Stadtmuseum mit stadtgeschichtl. Abteilung).

† 1715 **François de Salignac de la Mothe-Fénelon** (* Sainte-Mondane/Aq 1651); seit 1695 Erzbischof von C., soll der ›Schwan von Cambrai‹ hier oder in → Carennac/MPy sein Hauptwerk, die *Aventures de Télémaque* (1699), geschrieben haben; er starb an den Folgen eines Kutschenunfalls. – Denkmal auf der Place du Saint-Sépulchre (1947 von Auricoste); Grabmal (1826 von David d'Angers) in der Kathedrale (Scheitelkapelle des Chorumgangs); von Fénelons erzbischöfl. Palais an der Place Fénelon blieb nur der Portikus (1625) am Eingang erhalten; Statue am Collège et Lycée Notre-Dame de Grâce.

[A] **F.-R. de Chateaubriand** (→ Saint-Malo/Br) kehrte nach kurzem Aufenthalt in der Garnison C. im September 1786 nach → Combourg/Br zurück, wo sein Vater gestorben war; in C. hatte der Dichter den *Télémaque* Fénelons (s. o.) gelesen. – Als ein »Wunder der Langeweile« beschreibt der Mitte August 1837 durchreisende **Victor Hugo** (→ Besançon/FC) die Stadt in einem Brief an seine Frau: Lieber würde er Fénelons *Télémaque* nochmals lesen, als ein zweites Mal in die Stadt zu kommen.

[R] **Fénelon** (s. o.) hielt sich oft in **Le Cateau-Cambrésis** (22 km ö. v. C.) auf, wo er einen großen Garten besaß (heute Parc Fénelon am Palais Fénelon, Rue des Poilus; Büste).

CASSEL (Nord) → **MONT NOIR**
LE CATEAU-CAMBRÉSIS (Nord) → CAMBRAI [R]

COMINES (Nord)

* um 1447 **Philippe de Commynes** († Schloß Argenton/PCh 1511), Geschichtsschreiber; Sproß einer flämischen Adelsfamilie, ab 1464 in Diensten des späteren Burgunderherzogs Karls des Kühnen, 1472 Wechsel der Seiten und von nun an am Hof des frz. Königs Ludwig XI., dessen Berater er wird; nach des Königs Tod zunächst Haft und Verurteilung, doch dann Rückkehr in seine alte Stellung unter Karl VIII.; seine von 1489-91 und 1495-98 verfaßten *Mémoires* berichten von der Regierungszeit Ludwigs XI. (Bücher 1-6) und Karls VIII. (Bücher 7 und 8). (Ein zweiter möglicher Geburtsort ist Burg Renescure → Saint-Omer.)

DENAIN (Nord)

[A] **Victor Hugo** (→ Besançon/FC), im August 1837 auf der Durchreise, besichtigte das Schlachtfeld, wo Marschall de Villars 1712 über die Truppen des Prinzen Eugen gesiegt hatte (ansonsten sei es ein »böses kleines Dorf«). – **Émile Zola** (→ Paris) kam Ende Februar 1884 in die Bergbauregion, wo die Arbeiter (vor allem im benachbarten Anzin) streikten; in D. fuhr Zola in die 675 m tiefe Grube Renard; die Informationen und Anregungen verarbeitete er in dem Roman *Germinal* (1885). (Eine Abordnung von Bergbauarbeitern aus D., wo die letzte Grube 1948 geschlossen wurde, nahm an der Beerdigung Zolas 1902 in Paris teil.)

DOUAI (Nord)

Bibliothèque municipale (Stadtbücherei; 240 Tsd. Bde., 1700 Hs., 323 Ink.). – L'Hippodrome (Staatl. Bühne); Théâtre municipal (Stadttheater).

* 1719 **Henri-Joseph du Laurens** († Marienborn bei Mainz 1793), Erzähler; Jesuitenzögling, 1737 Eintritt in den Orden

Marceline Desbordes-Valmore

der Trinitarier in D., 1744 Priesterweihe; 1752 Flucht mit einer Nonne aus D.; Aufenthalte in Paris, Brüssel, Amsterdam; in Mainz wurde er wegen blasphemischer Schriften zu zwanzig Jahren Gefängnis verurteilt; bekannt (und berüchtigt) blieb der Autor wegen seines Romans *Le Compère Mathieu ou les bigarrures de l'esprit humain* (1765, dt. 1779, zuletzt u. d. T. *Mathieu oder die Ausschweifungen des menschlichen Geistes*, 1988).

* 1786 **Marceline Desbordes-Valmore** († Paris 1859); zunächst Sängerin, dann Schauspielerin, 1817 Heirat mit dem Schauspieler Valmore; sechs Jahre danach gab sie ihren Beruf auf; zu den Verehrern ihrer Gedichte gehörten Sainte-Beuve, Baudelaire, Verlaine. – Geburtshaus: Rue de Valenciennes Nr. 126 (Gedenktafel); Standbild an der Kirche Notre-Dame. – W. u. a.: *Élégies et romances* (Ged. 1818), *L'Atelier d'un peintre* (R. 1833), *Les Pleurs* (Ged. 1833), *Pauvres fleurs* (Ged. 1839), *Poésies et prières* (Ged. 1843).

[A] **Victor Hugo** (→ Besançon/FC) war im August 1837 auf der Durchreise nach Belgien und lobte überschwenglich den Stadtturm als den schönsten, den er je gesehen habe. – **H. Taine** (→ Vouziers/ChA) besuchte die Stadt in den Jahren 1863-65 und beschreibt sie in seinen *Carnets de Voyage* (1897). – **A. Rimbaud** (→ Charleville-Mézières/ChA) kam mehrfach in die Stadt: 1871 begab er sich nach einem Gefängnisaufenthalt in Paris nach D. zu den Schwestern Gindre, die schon seinen Freund und Lehrer Izambard aufgezogen hatten; bei ihnen, zu denen er auch später zurückkehrte, schrieb er das Gedicht »Les Chercheuses de poux« (»Die Läusesucherinnen«). – **A. France** (→ Paris) kam im Juli 1896 nach D., um an den Feierlichkeiten zu Ehren der Desbordes-Valmore (s. o.) teilzunehmen.

[L] Die Handlung des Romans *La Recherche de l'absolu* (1834) von **Honoré de Balzac** spielt im D. der Jahre 1812 bis 1824. (Balzac war jedoch vor Abfassung des Romans nie in D. gewesen und nahm als Vorbild für das Haus der Hauptperson Baltazar Claës die sogen. Maison Tristan l'Hermite aus seiner Heimatstadt Tours/C.)

DÜNKIRCHEN (DUNKERQUE)
(Nord)

Université du Littoral (mit Bibliothek: 45 Tsd. Bde.); Bibliothèque municipale (Stadtbücherei; 100 Tsd. Bde.). – Le Bateau Feu (Staatl. Bühne).

[A] Über D. kam Anfang September 1837 **Victor Hugo** (→ Besançon/FC) von seiner Belgienreise nach Frankreich zurück. – **H. de Balzac** (→ Tours/C) schiffte sich am 21. Juli 1843 in D. auf dem englischen Dampfer Devonshire nach Sankt Petersburg ein, wo er mit Madame Hanska zusammentraf. – **Th. Gautier** (→ Tarbes/MPy) fuhr im Frühjahr 1849 über D. nach England.

[L] D. ist einer der Schauplätze des Romans *L'Aîné des Ferchaux* (1945, dt. *Der ältere Bruder*, 1992) von **Georges Simenon**. – Die Schlacht um Dünkirchen im Jahre 1940 ist der Hintergrund des mit dem Prix Goncourt ausgezeichneten Romans *Week-end à Zuydcoote* (1949; dt. *Wochenend in Zuydcoote*, 1950) von **Robert Merle**.

[R] **A. de Lamartine** (→ Mâcon/Bu), der verwandtschaftliche Beziehungen nach **Bergues** (9 km südl. v. D.) hatte, wurde 1833 zum Abgeordneten der Stadt gewählt (nach einer Wahlniederlage zwei Jahre zuvor); im Gasthof La Tête d'Or (Gedenktafel) schrieb er 1831 mit der *Réponse à Némésis* eine Erwiderung auf satirische, regierungskritische Verse, die der Dichter A. M. Barthélemy (1794-1867) unter dem Titel *La Némésis* bis 1832 als Zeitschrift herausgab (Büste Lamartines am Rathaus des Städtchens).

ÉTAPLES (Pas-de-Calais) → **MONTREUIL-SUR-MER** [R]

FAMPOUX (PAS-DE-CALAIS)

[A] **P. Verlaine** (→ Metz/Lo) verbrachte in dem Ort, Geburtsort seiner Mutter, häufig seine Ferien »inmitten großer Zuckerrüben- und Rapsfelder, in die kleine Baumgruppen und Sümpfe eingestreut sind, vor einem weiten Horizont, an dem hier und da die mit Dampf gekrönten rötlichen Feuerfahnen der Zuckerfabriken aufsteigen«; auch nach der Schulzeit war er noch oft hier bei seinem Onkel Dehée: so Mitte Juli 1869, als er brieflich um die Hand seiner späteren Frau Mathilde Mauté anhielt, so Ende Juni 1871, als er aus Furcht, in den Verhaftungswellen nach Niederschlagung der Pariser Kommune ebenfalls verhaftet zu werden, mit seiner schwangeren Frau hierher flüchtete, so im Januar 1875 nach seinem Gefängnisaufenthalt in Belgien (→ Arras): »es tut so gut, diese – wenn auch nördliche – Landluft zu atmen«.

FRESSIN (Pas-de-Calais)

[A] **Georges Bernanos** (→ Paris) verbrachte Kindheit und Jugend in einem stattlichen, von den Einheimischen ›le château noir‹ (das schwarze Schloß) genannten Haus, das sein Vater gekauft hatte, um der kranken Mutter bessere Luft als in Paris zu bieten: »In meiner Jugend lebte ich in einem geliebten, von Bäumen umstandenen alten Haus in einem winzigen, vom Rauschen der Blätter und des quellenden Wassers erfüllten Dörflein des Artois«, erinnert sich der Autor in *Les Grands cimetières sous la lune* (1938, dt. *Die großen Friedhöfe unter dem Mond* 1949); der Ort kommt mehrfach in seinen Romanen vor, so spielt z. B. die Dorfkirche eine Rolle in *Sous le Soleil de Satan* (1926, dt. *Die Sonne Satans*, 1927); in F. fand Bernanos auch die Vorbilder zu den Geistlichen im *Journal d'un Curé de Campagne* (1936, dt. *Tagebuch eines Landpfarrers*, 1936); nach Kriegszerstörung 1940 sind heute nur mehr das Eingangsgitter, der Bogen der Einfahrt, die Backstube und das Taubenhaus erhalten (Rue Bernanos Nr. 35).

GRAVELINES (Nord) → **CALAIS** [R]

HESDIN (Pas-de-Calais)

* 1697 **Antoine-François Prévost d'Exiles** († Courteil/Pi 1763), Erzähler, Übersetzer (aus dem Englischen: Richardson); Sohn eines königl. Beamten; Jesuitenkolleg von H., nach dem frühen Tod der Mutter Eintritt in den Jesuitenorden in Paris (für drei Jahre); Soldat, Desertion nach Holland, Rückkehr nach → Amiens/Pi; 1720 Eintritt in den Benediktinerorden (für fünf Jahre); 1728 Flucht nach Holland und England, ständige Geldnot, Liebesaffären; 1734 Rückkehr nach Frankreich, Sekretär des Prinzen Conti in Paris, 1735 Weltgeistlicher (Abbé); erneute Skandalaffären, erneute Flucht (Brüssel, Frankfurt), danach Rückkehr; berühmt durch den Liebesroman *Histoire du Chevalier des Grieux et de Manon Lescaut* (1731, dt. 1756 u. ö.), erschienen als siebter und letzter Band der *Mémoires et aventures d'un homme de qualité qui s'est retiré du monde* (dt. *Memoiren und Abenteuer eines Mannes von Wert, der sich von der Welt zurückgezogen hat*). – Geburtshaus: Rue Daniel-Lereuil Nr. 11 (Gedenktafel, Büste auf dem nahen Plätzchen). – Weitere W.: *Le Philosophe anglais ou histoire de M.*

Abbé Prévost

Cleveland, fils naturel de Cromwell (R. 1735-39), *Le Doyen de Killerine* (R. 1735-39), *Histoire générale des voyages* (80 Bde., 1746-89).

[A] Der **Marquis de Sade** (→ Paris) lag im Sommer 1762 in der Garnison von H., wo er eine Liebschaft mit einer zehn Jahre älteren Adligen hatte.

[R] **Julien Green** (→ Paris) hielt sich von Ende Juli bis Mitte September 1935 in dem »Schlößchen« von **Monchy-Cayeux** (20 km nö. v. H.) auf, das er »über die Maßen wohnlich« fand (*Tagebücher*); auch im Sommer des folgenden Jahres zog sich Green in das Schloß von M. zurück, das ihm von einer Freundin zur Verfügung gestellt wurde.

JEUMONT (Nord) → **MAUBEUGE** [R]

LÉCLUSE (Nord)

[A] Nachdem **P. Verlaine** (→ Metz/Lo) Mitte August 1862 das Abitur bestanden hatte, verbrachte er die Ferien bis zum Studienbeginn im November bei seiner Cousine Élisa Dujardin in L.: »Das Dorf selbst ist nicht gerade außergewöhnlich malerisch. Die einzige Straße, welche es bildet, ist unversöhnlich gerade, blank wie ein neuer Sou, mit zwei Rinnsteinen und zwei Gehsteigen«; als Élisa 1867 beerdigt wurde (Grab auf dem Friedhof), kam er erneut in das Dorf (auch im Hochsommer 1869, im Anschluß an einen Aufenthalt in → Fampoux).

LENS (Pas-de-Calais)

Théâtre municipal (Stadttheater).

[A] »Lens ist ein Ort aus Fördertürmen, Gleisen, endlos langen Kohlenzügen, schwarzen Halden, einem großen modernen Bahnhof, dem kleinstädtischen Hauptplatz Jean Jaurès, einer neonlichtstrahlenden Buchhandlung kommunistischer Schriften, in der die Verkäuferin aus Gesinnungstreue einen roten Arbeitsmantel trägt, und der Generaldirektion aller Minen, die in einem prächtigen Gebäude residiert, ähnlich dem Friedenspalast in Den Haag, eisengitterbeschirmt, auf gepflegten Rasen gestellt und doch schon verloren in einer ungeordneten Welt«, so **Wolfgang Koeppen** (1906-1996) in seinem Bericht *Reisen nach Frankreich* (1961).

[R] Die Stadt **Béthune** (15 km nw. v. L.) und ihre Umgebung zählen zu den Schauplätzen des Romans *La Semaine sainte* (1958, dt. *Die Karwoche*, 1961) von **L. Aragon**.

LILLE (Nord)

Université des Sciences et Technologies (Techn. Universität); Université Charles de Gaulle (Geistes- und Naturwissenschaften); Université du Droit et de la Santé (Jura, Medizin); Katholische Universität (mit Bibliothek: 400 Tsd. Bde., Hs., Ink.). – Bibliothèque interuniversitaire (Universitätsbibliothek; 600 Tsd. Bde., Hs., Ink.). – Bibliothèque municipale (Stadtbücherei; 830 Tsd. Bde., 1830 Hs., 300 Ink.), Médiathèque départementale du Nord (500 Tsd. Bde.). – Goethe-Institut (Rue des Stations Nr. 98; mit Bibliothek). – Le Théâtre du Nord (Théâtre National).

Lille: Place Jeanne-d'Arc

* um 1128 **Alain de Lille (Alanus ab Insulis)** († Cîteaux/Bu 1203), Theologe, Zisterzienser; Verfasser von theologischen Werken, Hymnen und der Dichtung *De planctu naturae*; einflußreich durch sein über die Jahrhunderte gelesenes allegorisches Epos *Anticlaudianus de Antirufino*.
* 1858 **Albert Samain** († Magny-les-Hameaux/IdF 1900), symbolist. Lyriker; seit 1882 Angestellter der Pariser Präfektur, Brieffreundschaft mit F. Jammes; Mitbegründer (1890) der Lit.zeitschrift *Mercure de France*, Verfasser von Sonetten. – Grab auf dem Cimetière de l'Est. – W. u. a.: *Au Jardin de l'infante* (Ged. 1893), *Aux Flancs du vase* (Ged. 1898), *Le Chariot d'or* (Ged. 1901); *Gedichte* (1911); *Œuvres complètes* (3 Bde. 1936-37).
* 1890 **Charles de Gaulle** († Colombey-les-deux-Églises/ChA 1970); der General und Politiker (1. Präsident der 5. Republik) verfaßte auch kriegstheoretische Schriften (*Le Fil de l'épée*, 1932, *Vers l'armée de métier*, 1934, *La France et son armée*, 1938) und Memoiren (*Mémoires de guerre*, 1954-60). – Geburtshaus Rue Princesse Nr. 9 (Museum). – Weitere W.: *Mémoires* (2000).

[A] **Philippe de Commynes** (→ Comines) schreibt als Eingang seiner *Mémoires*: »Als meine Knabenzeit vorüber war, wurde ich in Lille Herzog Karl von Burgund vorgestellt, der damals noch den Titel eines Grafen von Charolais führte, und der nahm mich in seinen Dienst. Und geschah solches im Jahre des Herrn 1464.« – **Marguerite Yourcenar** (1903-1987), berühmt geworden durch den historischen Roman *Mémoires d'Hadrien* (1951, dt. *Ich zähmte die Wölfin*, 1953) und 1980 als erste Frau in die Académie Française gewählt, verbrachte ihre frühe Kindheit im Hôtel de Crayencour (Rue Jean-Moulin Nr. 26, Gedenktafel): Yourcenar ist ein Anagramm des Familiennamens Crayencour; das Leben ihrer Vorfahren in L. beschreibt die Autorin in *Archives du Nord* (1977, dt. *Lebensquellen*, 1985), dem 2. Band ihrer Familiengeschichte. – Der Romancier **Maxence van der Meersch** (→ Roubaix) lebte als Anwalt und Redakteur in der Stadt. – **Wolfgang Koeppen** (1906-1996) fand bei seinem Besuch 1959 eine Handelsstadt vor, die sich »flämisch behäbig, ja hanseatisch bürgerstolz« gab.

[L] L. im Jahr 1815 ist einer der Schauplätze des Romans *La Semaine sainte* (1958, dt. *Die Karwoche*, 1961) von **L. Aragon**.

[M] **Musée des Beaux Arts** (Place de la République): u. a. illuminierte Handschriften und ein Stundenbuch (Ende 15. Jh.).

MAUBEUGE (Nord)

[A] **Wolfgang Koeppen** (1906-1996), 1959 auf Frankreichfahrt, war vom Wiederaufbau enttäuscht: »Maubeuge ist eine Stadt von größter Unschönheit. Man zögert, man schämt sich, dies zu sagen. Das alte Maubeuge, das vielleicht schön gewesen ist, wurde im Krieg zerstört – und der Krieg war nicht die Schuld der Stadt. Aber wie lieblos hat man den Ort wieder errichtet!«
[R] Der Grenzort **Jeumont** (12 km ö. v. M.) ist Schauplatz einer Szene des Krimis *L'Ombre chinoise* (1932, dt. *Maigret und der Schatten am Fenster*, 1959, u. d. T. *Maigret und das Schattenspiel*, 1982) sowie der Erzählung *Jeumont, cinquante et une minutes d'arrêt!* (1944, dt. *Jeumont, 51 Minuten Aufenthalt!*, 1976) von **G. Simenon**. – Das Musée de la société archéologique (Institut Villien) in **Avesnes-sur-Helpe** (19 km südl. v. M.) besitzt illuminierte Handschriften aus der 10 km ö. gelegenen Benediktinerabtei Liessies.

MONCHY-CAYEUX (Pas-de-Calais) → **HESDIN** [R]

MONT NOIR (Nord)

[A] **M. Yourcenar** (→ Lille) verbrachte einen Teil ihrer Kindheit in der Gegend um den Mont Noir, direkt an der belgischen Grenze, und erzählt davon und vom Leben ihrer Vorfahren in Bailleul und dem 20 km nw. gelegenen Cassel in den *Archives du Nord* (1977, dt. *Lebensquellen* 1985) und in *Quoi? L'Éternité* (1988, dt. *Liebesläufe*, 1989), dem 2. und 3. Band ihrer Familiengeschichte. – [M] Musée Marguerite-Yourcenar im ehemaligen Rathaus von Saint-Jans-Cappel.

Marguerite Yourcenar

MONTREUIL-SUR-MER
(Pas-de-Calais)

[A] Der englische Schriftsteller **L. Sterne** (1713-1768) besuchte M., das er in seiner *Sentimental Journey* (1768; dt. *Yoricks empfindsame Reise durch Frankreich und Italien*, übers. v. J. J. Ch. Bode 1768 u. ö.) erwähnt. – »Früher war es eine reizvolle Stadt. Heute ist es nur mehr eine Zitadelle«: **Victor Hugo** (→ Besançon/FC) besichtigte im September 1837 vorzüglich die Verteidigungsanlage des Ortes, der bei ihm im 1. Teil (Bücher 5-8) des Romans *Les Misérables* (1864) Schauplatz wurde. (Jean Valjean, unter dem Namen Madeleine Bürgermeister von M., wird von dem Polizisten Javert entlarvt.)
[R] **Victor Hugo** (→ Besançon/FC) fand bei seinem Besuch in **Étaples** (12 km w. v. M.) Anfang September 1837 ein ursprüngliches Fischerdorf ganz nach seinem Geschmack vor. Auf dem Soldatenfriedhof von Étaples befindet sich das Grab des Dichters **Gerrit Engelke** (* Hannover 1890), der am 13. 10. 1918 in einem englischen Feldlazarett gestorben war. – In **Le**

Touquet (15 km w. v. M.) starb 1951 der Schriftsteller **Maxence van der Meersch** (→ Roubaix); Grab in Mouvaux.

MOUVAUX (Nord) → **ROUBAIX**
NEUVILLE-SAINT-VAAST (Pas-de-Calais) → **ARRAS** [R]
RENESCURE (Nord) → **SAINT-OMER** [R]

ROUBAIX (Nord)

Bibliothèque municipale (Stadtbücherei; 200 Tsd. Bde., 170 Hs., Ink.).

* 1907 **Maxence van der Meersch** (eigentlich Josef Cardijn) († Le Touquet 1951), Romancier; Jurist und Journalist in Lille; Wendung vom Marxismus zum Christentum; 1936 Prix Goncourt für den Roman *L'Empreinte du Dieu*; bekannt durch seine Ärztesatire *Corps et âmes* (1943, dt. *Leib und Seele*, 1949). – Grab auf dem Friedhof von Mouvaux (unmittelbar w. v. R.) – Weitere W.: *La Maison dans la dune* (R. 1932, dt. *Das Haus in den Dünen*, 1948), *Invasion 14* (R. 1935), *Le Péché du monde* (R. 1941, dt. *Die Sünde der Welt*, 1948).

[A] **Wolfgang Koeppen** (1906-1996) kam bei seiner Frankreichfahrt 1959 auch durch das Industriegebiet im Norden des Landes: »Roubaix ist am flämisch-gemütlichsten. Deftige Fabrikantenvillen auf geschorenen Rasenteppichen. Dann breite Straßen, breite Plätze, breite Hauseinfahrten, überall Raum, sich zu regen.«

SAINT-AMAND-LES-EAUX (Nord)

Théâtre municipal (Stadttheater).

[A] An der Auffindung (1837) der um 880 verfaßten *Cantilène de Sainte-Eulalie* (*Eulaliasequenz*), des ältesten bekannten Gedichtes in französischer Sprache, in der im 7. Jahrhundert gegründeten Benediktinerabtei war **Hoffmann von Fallersleben** (1798-1874) beteiligt. – **Wolfgang Koeppen** (1906-1996) fand bei seiner Frankreichfahrt 1959 einen alten Ort vor, den die Moderne fest im Griff hielt: »Saint-Amand-les-Eaux, einst ein Wallfahrtsort, ein Kloster, eine Heilquelle, fast ein nordisches Lourdes, jetzt von der Industrie besetzt, verändert, aufgefressen, zeigt sich in eigenartiger Mischung aus Tristheit und altem Glanz.«

SAINT-JANS-CAPPEL (Nord) → **MONT NOIR**

SAINT-OMER (Pas-de-Calais)

Bibliothèque municipale (Stadtbücherei): Bestand von über 70 000 Bänden, darunter 1600 Handschriften (u. a. *Leben des Hl. Omer*, 11. Jh.) und über 120 Inkunabeln (u. a. die 42zeilige Gutenberg-Bibel aus dem Besitz des Kardinals Mazarin); Bücherschränke aus der Abtei Saint-Bertin.

[A] **Heinrich von Kleist** (1777-1811) hatte verzweifelt das Manuskript seines Dramas *Guiskard* in Paris verbrannt und war dann zu Fuß nach Boulogne-sur-Mer aufgebrochen, um dort in frz. Kriegsdienst zu treten; aus S.-O. schrieb er seiner Schwester Ulrike am 26. 10. 1803: »Ich habe die Hauptstadt dieses Landes verlassen, ich bin an seine Nordküste gewandert, ich werde französische Kriegsdienste nehmen, das Heer wird bald nach England hinüber rudern, unser aller Verderben lauert über den Meeren, ich frohlocke bei der Aussicht auf das unendlich-prächtige Grab.« (Ein Bekannter konnte Kleist überzeugen, nach Paris und von dort nach Deutschland zurückzukehren).

[R] Nach Schwierigkeiten auf Schulen in Paris und Bourges kam der 16jährige **Georges Bernanos** (→ Paris) 1904 auf das Collège Sainte-Marie in **Aire-sur-la-Lys** (20 km sö. v. S.-O.), wo er 1906 – im zweiten Anlauf – das Abitur bestand. – Das Burgtor der Ruine **Renescure** (6 km ö. v. S.-O.) trägt das Wappen des Geschichtsschreibers **Philippe de Commynes**; unklar ist, ob die Burg Geburtsort des Hofhistoriographen der Könige Ludwig XI. und Karl VIII. war (→ Comines) oder einfach unter seine Besitzungen zählte.

SOUVERAIN-MOULIN (Schloß) (Pas-de-Calais) → **BOULOGNE-SUR-MER** [R]

LE TOUQUET (Pas-de-Calais) → MONTREUIL-SUR-MER [R]

TOURCOING (Nord)

Théâtre municipal (Stadttheater).

* 1862 **René Ghil** (eigentlich René Guilbert) († Niort/PCh 1925), symbolist. Lyriker, Dichtungstheoretiker; Besuch des Lycée Condorcet in Paris; Anschluß an den Kreis um Stéphane Mallarmé, dessen Anhänger er wurde; dichtungstheoretische Werke (*Traité du Verbe*, 1886) stehen neben Gedichtsammlungen: *Légendes d'âmes et de sang* (1885), *Le Vœu de vivre* (1891/93), *Le Pantoun des Pantouns* (1902). – Weitere W.: *Œuvres complètes* (3 Bde. 1938).

VALENCIENNES (Nord)

Université de Valenciennes et du Hainaut-Cambrésis. – Bibliothèque municipale (Stadtbibliothek) in den Gebäuden des ehemaligen Jesuitenkollegs: im 1. Stock über 100 000 Bände der Jesuitenbibliothek, Handschriften (darunter die *Cantilène de Sainte-Eulalie*, das älteste bekannte Gedicht in französischer Sprache, geschrieben um 880, wohl im Kloster → Saint-Amand-les-Eaux), Inkunabeln und kostbare Drucke vom 17. bis zum 20. Jahrhundert. – Théâtre de Valenciennes.

In V. starb 1791 Kapitän John Byron, ein 37jähriger hochverschuldeter Lebemann, Vater des englischen Dichters Lord Byron (1788-1824).

* um 1337 **Jean Froissart** († Chimay/Belgien 1404), Geschichtsschreiber; aus bürgerlicher Familie stammend, geistliche Studien; ausgedehnte Reisen durch England, Schottland, Italien; Aufenthalt am Hof des Grafen von Foix; 1384 Übernahme eines geistlichen Amtes in Chimay; seine *Chroniques*, von ihm selbst dreimal überarbeitet, umfassen den Zeitraum von 1326 bis 1400. – Denkmal auf dem Square Froissart.

† 1475 **Georges Chastellain** (* Aalst/Flandern um 1415), Geschichtsschreiber; Studium an der Universität Löwen, ab 1434 am Hof Philipps des Guten, der ihm neben einer jährlichen Bezahlung ein Haus in V. zur Verfügung stellte; Chronist des Hauses Burgund bis kurz vor dessen Untergang.

* 1726 **Louise d'Épinay** († Paris 1783); Tochter eines königl. Offiziers, Klostererziehung; nach Trennung von ihrem Ehemann in Paris Kontakt zu den Aufklärern Diderot, Holbach, Grimm; zeitweise Gönnerin Rousseaus (→ Montmorency/IdF); einen umfangreichen Briefwechsel unterhielt sie mit dem Abbé Ferdinando Galiani (1728-1787), zuletzt veröffentlicht u. d. T. *Helle Briefe* (1992); auf Feindseligkeiten Rousseaus reagierte sie mit dem Schlüsselroman *Histoire de Madame de Montbrillant* (postum 1818).

[A] Weder dem Stadtturm noch der Festung oder dem Hauptplatz von V. wußte **Victor Hugo** (→ Besançon/FC) auf seiner Durchreise Richtung Belgien im August 1837 etwas abzugewinnen. – **Wolfgang Koeppen** (1906-1996) besuchte 1959 erst Maubeuge, dann V.: »Auch Valenciennes, die alte Stadt der Spitzen, hat der Krieg zerstört, aber hier ist der Wiederaufbau, anders als im benachbarten Maubeuge, artistischer und humaner geschehen, moderner und traditioneller zugleich, und alle zu Hochhäusern aufeinandergeschichteten Betongeschosse fügen sich schließlich zu einer freundlichen Stadt, die stolz die behutsam renovierte Fassade ihres Rathauses aus Flanderns großer Zeit zeigt.«

WIERRE-AU-BOIS (Pas-de-Calais) → BOULOGNE-SUR-MER [R]

Küste bei Étretat

HAUTE-NORMANDIE (HNo)

Region: Haute-Normandie; Départements: Eure (27), Seine-Maritime (76); Einwohner: 1,7 Mio.; Fläche: 12 318 qkm; Verwaltungssitz: Rouen.

AMFREVILLE-LA-MI-VOIE (Seine-Maritime) → **ROUEN** [R]

LES ANDELYS (Eure)

[A] **V. Hugo** (→ Besançon/FC) kam auf seiner Normandie-Reise Mitte August 1835 nach Les A., wo er übernachtete und das Château Gaillard, »einen riesigen Kranz verfallener Türme, der über vier Schleifen der Seine wacht«, in sein Skizzenbuch zeichnete. – Um von den Abiturvorbereitungen auszuruhen, besuchte im April 1840 **G. Flaubert** (→ Rouen) in Les A. seinen besten Jugendfreund Ernest Chevalier und unternahm mit ihm Ausflüge in die Umgebung (u.a. zum Château Gaillard und nach Port-Mort).

[R] In **Habloville** bei **Saint-Aubin-sur-Gaillon** (13 km sw. v. Les A.) starb 1799 der Aufklärer **Jean-François Marmontel** (→ Bort-les-Orgues/Li), der sich erstmals 1792 und endgültig – nach einem Intermezzo als Abgeordneter in Paris – 1797 hierher zurückgezogen hatte.

ARQUES-LA-BATAILLE (Seine-Maritime) → **DIEPPE** [R]

LE BEC-HELLOUIN (Abtei) (Eure)

[A] **Julien Green** (→ Paris) besuchte die Abtei Ende September 1983: »Auch wenn man darauf gefaßt ist, zerreißt es einem das Herz vor lauter Abscheu, wenn man in einer langen Wiese, einer Wiese, die fast so lang ist wie eine Kathedrale, die Sockel von Pfeilern sieht, die knapp über dem Boden gekappt wurden und einst den Mittelgang der Zisterzienserkirche bildeten. Rundherum nehmen riesige Bäume den Platz der fehlenden Apsis ein, über die sie zu wachen scheinen.«

BÉNOUVILLE (Seine-Maritime) → **ÉTRETAT** [R]

BERNAY (Eure) → **LE CHAMBLAC** [R]

BERNEVAL-SUR-MER (Seine-Maritime)

[A] Der anglo-irische Dichter **Oscar Wilde** (1854-1900), der am 19. Mai 1897 aus der Gefängnishaft in Reading entlassen worden war, verließ England und lebte anschließend drei Monate in B., zuerst unter dem Namen Sebastian Melmoth (nach der Titelfigur eines Romans von Ch. R. Maturin) im Hôtel de la Plage, dann in einem gemieteten Häuschen; hier begann er mit der Arbeit an dem langen Gedicht *The Ballad of Reading Gaol* (1898, dt. *Die Ballade vom Zuchthause zu Reading*, 1903).

BIELLEVILLE (Seine-Maritime) → **GRAINVILLE-YMAUVILLE** [R]

BONSECOURS (Seine-Maritime) → **ROUEN** [R]

BROGLIE (Eure) → **LE CHAMBLAC** [R]

CANTELEU-CROISSET (Seine-Maritime)

† 1880 **Gustave Flaubert** (* Rouen 1821); der Dichter bezog 1846 das im Jahr zuvor von seinem Vater erworbene Gut in Croisset und wohnte hier – im Wechsel mit Pariser Stadtwohnungen – bis zu seinem Tod; hier schrieb er seine Werke und empfing den Besuch vieler Schriftstellerkollegen: neben den engen Freunden Maxime du Camp (→ Paris) und Louis Bouilhet (→ Cany) auch den jungen G. de Maupassant (→ Tourville-sur-Arques), der erstmals 1867 nach C. kam (aus Canteleu läßt Maupassant Georges Duroy stammen, Titelfigur des Romans *Bel-Ami*, 1885, der sich schließlich Georges du Roy de Cantel nennt), Th. Gautier (→ Tarbes/MPy), Ernest Feydeau (1821-1873, Autor des Romans *Fanny*, 1858, Vater des Komödienautors Georges Feydeau), die Brüder Goncourt (→ Paris, → Nancy/Lo) Ende Okto-

Gustave Flaubert

ber 1863, Januar 1866 u. ö., George Sand (→ Paris) zweimal 1866 und Frühjahr 1868, Iwan Turgenjew (1818-1883) November 1868 sowie 1876 und 1879, José-Maria de Heredia (→ Anhang) 1879, É. Zola (→ Paris) und A. Daudet (→ Nîmes/LR) an Ostern 1880. – Einzig übriggeblieben von dem großen, mehrere Gebäude umfassenden Besitz ist ein Sommerpavillon ([M] Pavillon Flaubert mit Möbeln und Erinnerungsstücken); die Bibliothek Flauberts befindet sich im Rathaus von Canteleu (Place Jean-Jaurès, Nr. 13). (Da das Anwesen vor der Revolution der Benediktinerabtei Saint-Ouen in Rouen gehört hatte, behauptete Flaubert, daß B. Pascal hier gewesen sei und der Abbé Prévost die *Manon Lescaut* hier geschrieben habe.)

CANY (Seine-Maritime)
* 1822 **Louis Bouilhet** († Rouen 1869), Lyriker, Dramatiker; enger Freund Gustave Flauberts, brach medizinische Ausbildung in Rouen ab (er war Schüler von Flauberts Vater), um als Dichter in Paris zu leben; Erfolg vor allem mit Dramen. – W. u. a.: *Mélaenis* (1851), *Les Fossiles* (Ged. 1851), *L'Oncle Million* (Dr. 1860), *Faustine* (Dr. 1864), *La Conjuration d'Amboise* (Dr. 1867).

LE CHAMBLAC (Eure)
* 1887 **Jean de La Varende** († Paris 1959), Erzähler; aus altem normann. Adel stammend; Begeisterung für die Seefahrt, Ausbildung zum Maler; 1942 Mitglied der Académie Goncourt, die er drei Jahre später verließ (die Bemühungen um Aufnahme in die Académie Française waren erfolglos); nahm die heimatliche Normandie als Hintergrund seiner Romane und Erzählungen. – Geburtsort: [M] Schloß Bonneville, wohin der Autor nach dem 1. Wk. zurückkehrte; Grab auf dem Friedhof. – W. u. a.: *Contes du Pays d'Ouche* (Erz. 1936), *Nez-de-cuir* (R. 1936, dt. *Unter der Maske*, 1939), *Le Centaur de Dieu* (R. 1938, dt. *Der Himmelsreiter*, 1939), *Le Voyage sentimental* (Essays 1952, dt. *Die romantische Seefahrt – Schiffsgeschichte eines Enthusiasten*, 1957), *Le Cavalier seul* (R. 1957, dt. *Der einsame Kavalier*, 1958).

[R] Aus **Bernay** (13 km n. v. Le Ch.) stammte **Alexandre de Bernay**, Lehrer an der Schule von Notre-Dame in Paris, der den mittelalterlichen *Roman d'Alexandre* (über 20 000 Verse, um 1180/90) umgestaltete

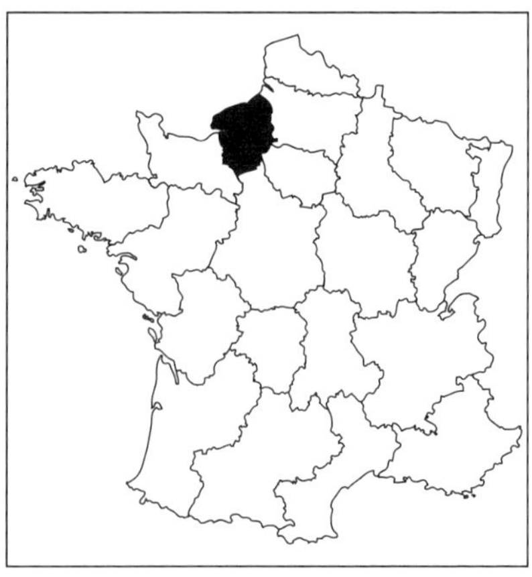

und vollendete und dabei den zwölfsilbigen Reimvers verwendete, der nach dem Roman ›Alexandriner‹ genannt wird. – Das bis ins 11. Jh. zurückreichende Schloß **Broglie** (3 km nw. v. Le Ch.) kaufte 1682 Simon Arnauld de Pomponne, der mit Madame de Sévigné (→ Paris) befreundet war; 1716 erwarb die aus dem Piemont stammende Familie Broglie die Herrschaft (von nun an nach der Familie benannt); Victor de Broglie, ab 1814 Herr auf B., heiratete Albertine, die Tochter der Madame de Staël, und empfing auf seinem Schloß u. a. **F. Guizot** (→ Nîmes/LR) und **A. de Tocqueville** (→ Paris).

CONCHES-EN-OUCHE (Eure)

A **P. Mérimée** (→ Paris), seit 1834 Denkmalpfleger, besuchte Anfang Juni 1841 in C. die Kirche Sainte-Foy, erfreute sich an den Glasgemälden und fragte sich, als er bei der Turmbesteigung sah, daß das Holz »die Konsistenz weichen Käses« habe, warum der Turmhelm den Kirchgängern noch nicht längst auf den Kopf gefallen sei. (Im Jahr darauf stürzte der Turmhelm bei einem Sturm herunter.)

R Auf dem Friedhof von **Verneuil-sur-Avre** (25 km südl. v. C.) Grab der Schriftstellerin **Louise Colet** (→ Aix-en-Provence/PAC). – **Marcel Proust** (→ Paris) kam im Herbst 1907 nach **Glisolles** (6 km nö. v. C.), dessen Schloß (neben anderen Schlössern) dem prächtigen Wohnsitz der Familie Guermantes in der *Recherche* einige Züge beisteuerte.

CROISSET (Seine-Maritime) → CANTELEU-CROISSET

CUVERVILLE (Seine-Maritimes)

A **André Gide** (→ Paris) verbrachte als Kind häufig die Sommerferien bei seinen Verwandten Rondeaux auf Schloß C.; ursprünglich Besitz der Großeltern (mütterlicherseits), kam das Anwesen an den Onkel Rondeaux, der es bei seinem Tod 1890 seiner Tochter Madeleine hinterließ, die Gide am 7. 10. 1895 in C. heiratete (kirchliche Trauung in Étretat); bis zu sei-

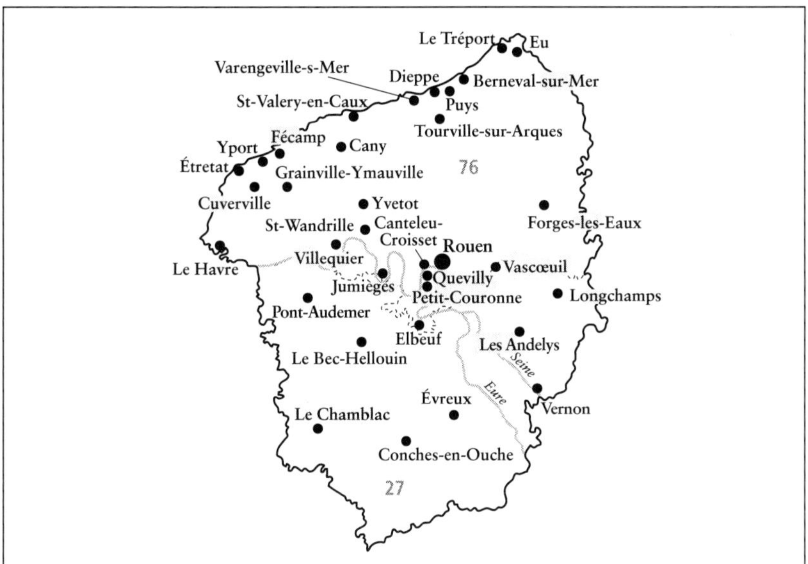

nem Tod kam Gide immer wieder nach C., das er in der Autobiographie *Si le Grain ne meurt* (1926, dt. *Stirb und werde*, 1930) beschreibt; hinter Alissas Haus in *La Porte étroite* (1909, dt. *Die enge Pforte*, 1909) steht ebenfalls das Haus in C.; hier besuchten ihn befreundete Schriftsteller, z. B. im September 1904 **P. Valéry** (→ Sète/LR); auf dem Friedhof von C. die Gräber Gides und seiner Frau.

DÉVILLE-LÈS-ROUEN (Seine-Maritime) → ROUEN [R]

DIEPPE (Seine-Maritime)

Bibliothèque municipale (Stadtbücherei; 100 Tsd. Bde.). – Dieppe Scène Nationale (Staatl. Bühne).

[A] **Voltaire** (→ Paris) kehrte wahrscheinlich um den Jahreswechsel 1728/1729 heimlich aus dem englischen Exil nach Frankreich zurück, zunächst nach D., wo er einige Zeit bei Freunden verbrachte, bevor er sich Mitte März 1729 in → Saint-Germain-en-Laye/IdF niederließ. – Der Frühromantiker **F.-R. de Chateaubriand** (→ Saint-Malo/Br) lag ab September 1787 in D. in Garnison; in seinen *Mémoires d'outre-tombe* (1848-50) erinnert er sich der »Stadt mit ihren Backsteinhäusern, ihren Läden voller Elfenbein, mit den reinlichen, hellen Straßen«. – **Wilhelm Hauff** (1802-1827), schwäbischer Märchendichter und Erzähler, unternahm im Juni 1826 von Paris aus einen Ausflug an die Küste der Normandie: »Ich sah hier zum erstenmal das Meer. Es sah ziemlich so aus, wie ich es mir dachte, nur – größer und dunkler, und ich bekam großen Respekt vor dem Wasser. (...) Daselbst versuchte ich auch das Meerwasser und fand richtig, daß Robinson Crusoe behauptet, es sei salzig und etwas bitter.« – Der Romantiker **A. de Vigny** (→ Loches/C) schrieb 1828 in D. das lange Gedicht *La Frégate La Sérieuse* (in dem er der Burg von D. und den Badenden einige Zeilen widmet); im Rahmen einer Reise durch die Normandie im Spätsommer 1832 kam er erneut in die Stadt. – Zur gleichen Zeit (Mitte August – Mitte September 1832) war auch **Heinrich Heine** (1797-1856) in D., das er Anfang August 1837 nochmals kurz besuchte. – **Victor Hugo** (→ Besançon/FC) war im August 1835 in D. und fand die Burg »noch recht schön«, die Stadt ansonsten aber eher langweilig, was ihn nicht hinderte, noch zweimal zu kommen: im September 1837 und im September 1849, als er im Hôtel du Nord abstieg und in sein Reisetagebuch »sehr viele Flöhe« notierte. – Der Historiker **Jules Michelet** (→ Paris) verbrachte Mitte September 1839 einige Tage in der Stadt am Meer. – »Dieppe ist gar hübsch, besonders so lange man Boulogne, die Königin dieser Nordseebäder, noch nicht gesehen hat«, notiert **Heinrich Laube** (1806-1884) in sein Frankreichbuch *Französische Lustschlösser* (1840). – **Th. Gautier** (→ Tarbes/MPy) fuhr im August 1851 über D. nach London. – **G. Sand** (→ Paris) verbrachte Ende September 1867 zwei Tage in D.: »Dieppe hat mich betört«, schrieb sie an ihren Freund **G. Flaubert** (→ Rouen), der im Herbst 1868 in D. seine Nichte Caroline und im nahe gelegenen → Puys den jüngeren Alexandre Dumas besuchte. – **Theodor Fontane** (1819-1898) kam im Frühjahr 1871 nach D., wo er »einen bürgerlichen und einen fashionablen Teil, einen Teil der Einheimischen und der Fremden« unterschied und in seinem Reisebericht *Aus den Tagen der Okkupation* (1871) beschreibt. – **R.L. Stevenson** (1850-1894) war Ende 1877 in D. im Hôtel des Étrangers einquartiert und schrieb dort den Reisebericht *An Inland Voyage* (1878), sein erstes Buch, zu Ende. – »Souvenir du 19 novembre 1893« (dt. »Erinnerung an den achtzehnten November 1893«) nannte **Paul Verlaine** (→ Metz/Lo) ein Gedicht; an diesem Datum fuhr er von D. mit dem Schiff nach Newhaven, um in England Vorträge zu halten. – **Marcel Proust** (→ Paris) besuchte bereits als

Kind die Badeorte am Meer, u. a. D., weil hier keine Asthmaanfälle zu befürchten waren; im August 1895 kam Proust mit seinem Freund Reynaldo Hahn nach D. und wohnte in der Villa der Malerin Madeleine Lemaire. – Freunde in D. waren die erste Anlaufstation für den am 19. Mai 1897 aus dem Gefängnis im englischen Reading entlassenen Dichter **Oscar Wilde** (1854-1900), der die Stadt schon von seiner Hochzeitsreise 1884 kannte; von hier ging er nach → Berneval-sur-Mer. – **Colette** (→ Saint-Sauveur-en-Puisaye/Bu) wohnte im August 1939 in D. im Hôtel Métropole und kehrte unmittelbar vor Kriegsausbruch nach Paris zurück. – Von Besuchen in D. berichten **Wolfgang Koeppen** (1906-1996) in *Reisen nach Frankreich* (1961) und **Rolf Schneider** (* 1932) in *Von Paris nach Frankreich* (1975).

L **Madame de Sévigné** erzählt im Brief vom 13. März 1671 an ihre Tochter, daß von einem Hund (den man tollwütig glaubte) gebissene Hofdamen sich nach D. begaben, um sich, dreimal eintauchend, der heilenden Kraft des hiesigen Meerwassers anzuvertrauen. – D. ist Schauplatz in der Maigret-Erzählung *Tempête sur la Manche* (1944, dt. *Sturm über dem Kanal*, 1989) und in dem Roman *Long Cours* (1936, dt. *Auf großer Fahrt*, 1987) von **G. Simenon**.

R **G. Sand** (s. o.), die die letzte Septemberwoche 1867 in der Normandie verbrachte, besuchte dabei auch **Arques-la-Bataille** (4 km sö. v. D.); die berühmte Schlacht von Arques am 21. 9. 1589, als König Heinrich IV. gegen die Übermacht der Katholischen Liga siegte, beschreibt **Heinrich Mann** im letzten Kapitel seines Romans *Die Jugend des Königs Henri Quatre* (1935).

ELBEUF (Seine-Maritime)
* 1885 **André Maurois** (Émile Herzog) († Neuilly-sur-Seine/IdF 1967), Romancier, Biograph; aus elsässischer Industriellenfamilie, die 1870 in die Normandie umsiedelte; Gymnasium in Rouen (Schüler von Alain), Philosophiestudium in Caen; in England Französisch-Lehrer des Königs Edward VII.; Beschreibung der Geburtsstadt unter dem Namen ›Pont-de-l'Eure‹ in den Romanen *Bernard Quesnay* (1926) und *Le Cercle de famille* (1932); 1938 Mitglied der Académie Française; Berühmtheit durch Künstler-Biographien; verfaßte gemeinsam mit L. Aragon eine *Histoire parallèle des Etats-Unis et de l'U. R. S. S.* (1962). – W. u. a.: *Ariel, ou la vie de Shelley* (Biogr. 1923), *Climats* (R. 1928), *Byron* (Biogr. 1930), *A la Recherche de Marcel Proust* (Biogr. 1949, dt. *Auf den Spuren von Marcel Proust*, 1956), *Lélia ou la vie de George Sand* (Biogr. 1952, dt. *Dunkle Sehnsucht – Das Leben der George Sand*, 1957), *Olympio ou la vie de Victor Hugo* (1954, dt. *Olympio – Victor Hugo*, 1957), *Robert et Elizabeth Browning* (Biogr. 1955), *Les Trois Dumas* (Biogr. 1957, dt. *Die drei Dumas*, 1959), *La Vie de Sir Alexander Fleming* (Biogr. 1959), *Prométhée ou La Vie de Balzac* (Biogr. 1965, dt. *Prometheus oder das Leben Balzacs*, 1966).

André Maurois

[A] **Victor Hugo** (→ Besançon/FC) unternahm im September 1837 eine Schiffahrt auf der Seine von Le Havre nach E., wo er die Kirchen Saint-Jean und Saint-Étienne »ziemlich heruntergekommen« fand, in beiden aber schöne Glasfenster entdeckte.

ÉTRETAT (Seine-Maritime)

[A] **Victor Hugo** (→ Besançon/FC), der Anfang August 1835 den Ort von Fécamp aus zu Fuß besuchte, war von den ins Meer reichenden Felsbögen begeistert und zeichnete sie in sein Skizzenbuch. – Die Eltern von **Guy de Maupassant** (→ Tourville-sur-Arques) zogen bald nach dessen Geburt (1850) nach É., wo sie das Gut Les Verguies (Avenue de Verdun) besaßen; hier wuchs der künftige Dichter auf (bis er ins Internat nach Yvetot geschickt wurde), hierher kam er alle Jahre in den Ferien, bis er sich 1883 selbst ein Haus in É. bauen ließ: La Guillette (eine ins Weibliche übertragene Form seines Vornamens), wo viele seiner Werke entstanden; É. ist Schauplatz der Novellen *L'Anglais d'Étretat* (1882, dt. *Der Engländer von Étretat*), *La Roche aux guillemots* (1885), *Adieu* (1885), *Le Modèle* (1888) sowie des Romans *Une Vie* (1883, dt. *Ein Leben*, 1894). – Sommerfrischler 1858: das englische Dichterpaar **Robert** (1812-1889) und **Elizabeth Browning** (1806-1861). – **G. Flaubert** (→ Rouen) besuchte 1860 in É. seine Jugendfreundin Laure de Maupassant (Mutter von Guy), Schwester des engen (bereits verstorbenen) Schulfreundes Alfred Le Poittevin. – **J. Michelet** (→ Paris) hielt sich im August 1860 in É. auf (und war mit dem Komfort seiner Unterkunft unzufrieden), **George Sand** (→ Paris) Ende September 1867. – Der englische Dichter **A. C. Swinburne** (1837-1909), im September 1868 Badegast in É., konnte nur knapp vor dem Ertrinken gerettet werden (im Rettungsboot: der 18jährige Maupassant). – **André Gide** (→ Paris) heiratete am 8. 10. 1895 in der Kirche von É. seine Cousine Madeleine Rondeaux. – **Georges Simenon** (→ Anhang), der im Sommer 1925 Ferien in der Nähe (s. u.) machte, kam auch nach É., wo ein Freund wohnte; die Stadt ist Schauplatz der Romane *Le Semeur de larmes* (1928), *L'Inconnue d'Étretat* (1932) und *Maigret et la vieille dame* (1951, dt. *Maigret und die alte Dame*, 1959).

[R] Im Sommer 1925 machte der belgische Autor **Georges Simenon** (s. o.) mit seiner Frau Ferien auf einem Bauernhof in **Bénouville** (4 km nw. v. É.); Schauplatz des Romans *Le Président* (1958, dt. *Der Präsident*, 1961) ist das bei Bénouville gelegene (fiktive) Gut Les Ebergues; im Ort selbst spielt die Novelle *Miss Harriett* (1883) von **G. de Maupassant.**

EU (Seine-Maritime)

[A] **Heinrich Heine** (1797-1856), der sich im Spätsommer 1832 in Dieppe aufhielt, unternahm am 21. August einen Abstecher nach Eu, wohin auch Heinrich Laube (1806-1884) des Schlosses wegen fuhr (*Französische Lustschlösser*, 1840). – **Victor Hugo** (→ Besançon/FC) kam Anfang Juli 1835 in die Stadt und besuchte die Stiftskirche (mit Krypta) und das Schloß, das er durch die Restaurierungen verschandelt fand. – **Anatole France** (→ Paris) widmete nach einem Ferienaufenthalt der Stadt eine Beschreibung in *Pierre Nozière* (1899).

ÉVREUX (Eure)

Bibliothèque départementale de prêt de l'Eure (270 Tsd. Bde.). – Théâtre de la Ville d'Evreux (Staatl. Bühne).

[A] Als die Stadt É. 1726 beim Orden der Benediktiner um einen geeigneten Prediger für die Fastenzeit bat, wurde der **Abbé Prévost** (→ Hesdin/NPdC) an die Kathedrale von É. entsandt, wo er ein knappes Jahr tätig war. – **Victor Hugo** (→ Besançon/FC) hielt sich Ende Juli 1834 in É. auf und besuchte dort die Kathedrale und

St.-Taurin, »zwei Wunder«, wie er in einem Brief an seine Frau schreibt. – **P. Mérimée** (→ Paris) informierte sich Anfang Juni 1841 als Generalinspektor der historischen Denkmäler Frankreichs über die Ergebnisse der Grabungen, war wenig erbaut und sehr ermüdet: »Ich habe alle Orte gesehen, wo man etwas gefunden hat, und alle, wo man nichts gefunden hat.« – **M. Proust** (→ Paris), der die Stadt im Herbst 1907 besuchte, schreibt in einem Brief an J. Lacretelle, daß einige Fenster der Kirche von Combray in *Du Côté de chez Swann* (1913) »sicherlich von Évreux« inspiriert seien.

[L] Als Geburtsort der Titelfigur spielt E. eine Rolle in dem Roman *Le Président* (1958, dt. *Der Präsident*, 1961) von **Georges Simenon**.

FÉCAMP (Seine-Maritime)

Fécamp Scène Nationale (Staatl. Bühne); Théâtre municipal (Stadttheater).

* 1855 **Jean Lorrain** (eigentlich Paul Duval) († Paris 1906), Lyriker, Erzähler, Kritiker; gehörte in Paris zum Kreis um E. de Goncourt, veröffentlichte Lyrikbände in der Nachfolge Verlaines und L. de Lisles; gefiel sich in der Rolle des Dekadenten, kritisierte die gesellschaftl. Entwicklung. – Geburtshaus Avenue Jean-Lorrain Nr. 248, Stele im Rathausgarten; Grab auf dem Friedhof. – W. u. a.: *Le Sang des Dieux* (Ged. 1882), *Les Lepillier* (R. 1885), *Très Russe* (R. 1886).

[A] **V. Hugo** (→ Besançon/FC), der die Stadt bereits von Besuchen Anfang August 1835 und im Juli 1836 kannte, als er sich für die Trinitatis-Kirche in der »reizvollen Stadt« begeistert hatte, war 1837 erneut in F. und schrieb ein in die Sammlung *Les Voix intérieures* (1837) aufgenommenes Gedicht (Nr. XXIII), das er mit dem Ortsnamen und dem Datum 15. Juli 1837 unterzeichnete (wenn er auch nicht zu dieser Zeit, sondern im September in F. war). – **Gustave Flaubert** (→ Rouen) besuchte 1860 in F. seine Mutter und seine Nichte Caroline. – **Guy de Maupassant** (→ Tourville-sur-Arques) kam als Kind häufig in das Haus seiner Großmutter Le Poittevin, einer Schulfreundin von Flauberts Mutter, am heutigen Quai Guy-de-Maupassant Nr. 82 (einer Theorie zufolge soll Maupassant sogar hier geboren und darauf blitzschnell in das Schloß Miromesnil gebracht worden sein, wo dann der Eintrag ins Geburtsregister erfolgte); F. ist Schauplatz der Novellen *La Maison Tellier* (1881, dt. *Das Haus Tellier*) und *Le Noyé* (1890, dt. *Der Ertrunkene*). – **George Sand** (→ Paris) besuchte die Normandie in der letzten Septemberwoche 1867 und fand hier »ein Paradies«, wie sie in einem Brief aus F. ihrer Schwiegertochter Lina schreibt.

[L] F. ist Schauplatz in den Krimis *Pietr-le-Letton* (1931, dt. *Maigret und die Zwillinge*, 1959, u. d. T. *Maigret und Pietr der Lette*, 1978) und *Au Rendez-vous des Terre-Neuvas* (1933, dt. *Maigret und das Verbrechen an Bord*, 1966, u. d. T. *Maigret am Treffen der Neufundlandfahrer*, 1980), in dem Roman *Les Rescapés du ›Télémaque‹* (1938, dt. *Die Überlebenden der Télémaque*, 1981) und in der Erzählung *Le Bateau d'Émile* (1954, dt. *Emil und sein Schiff*, 1985) von **G. Simenon**. (In F. hatte sich Simenon 1929 den Segelkutter Ostrogoth bauen lassen, mit dem er in den nächsten beiden Jahren etliche Reisen unternahm.)

FORGES-LES-EAUX (Seine-Maritime)

[A] **Voltaire** (→ Paris) hielt sich als Begleiter des Herzogs von Richelieu, eines Schulkameraden des Dichters, im Juli 1724 in F. auf und begann hier die Niederschrift der Komödie *L'Indiscret*, die im August des folgenden Jahres Premiere hatte. – Der Historiker **J. Michelet** (→ Paris) war im Juli 1860 in F. zur Kur.

GLISOLLES (Eure) → CONCHES-EN-OUCHE [R]

GODERVILLE (Seine-Maritime) → GRAINVILLE-YMAUVILLE [R]

GRAINVILLE-YMAUVILLE
(Seine-Maritime)

[A] **Guy de Maupassant** (→ Tourville-sur-Arques) verbrachte als Kind viel Zeit auf Château-Blanc, einem Schloß, das seine Mutter gemietet hatte (und wo Hervé, der jüngere Bruder des Dichters geboren wurde); Maupassant erinnert sich an »den langen grauen Bau [...], mitten in seinem weiten Park«, mit den »mächtigen Eichenalleen, die nach den vier Himmelsrichtungen führten«, in der Novelle *Garçon, un Bock!* (1884, dt. *Ober, ein Bock*).

[R] Die Ortschaften **Bielleville** und **Rouville** (ö. bzw. sö. v. G.-Y.) waren Lehensgüter der Familie des Schriftstellers **Alexandre Dumas d. Ä.** (→ Villers-Cotterêts/Pi), der eigentlich Alexandre Dumas Davy de la Pailleterie hieß; den Schriftstellernamen Dumas übernahm er von seinem Vater, dem General Dumas, Sohn einer schwarzen Sklavin namens Cesette Dumas und des Marquis de la Pailleterie. – **Goderville** (5 km w. v. G.-Y.) ist Schauplatz der Novelle *La Ficelle* (1884, dt. *Die Schnur*) von **Guy de Maupassant**.

GRUCHET-SAINT-SIMÉON (Seine-Maritime) → **SAINT-VALERY-EN-CAUX** [R]
HABLOVILLE (Eure) → **LES ANDELYS** [R]

LE HAVRE (Seine-Maritime)
Universität. – Bibliothèque municipale (Stadtbücherei; 450 Tsd. Bde., 650 Hs., 36 Ink.). – Le Volcan (Staatl. Bühne), Théâtre de l'Hôtel de Ville.

* 1601 **Georges de Scudéry** († Paris 1667), Lyriker, Dramatiker; Bruder von Madeleine (s. u.); als junger Mann Soldat, 1644-47 Festungskommandant in Marseille/PAC; stellte sich im Streit um den *Cid* gegen Corneille; 1650 Mitglied der Académie Française. – W. u. a.: *La Comédie des comédiens* (Kom. 1634), *Poésies diverses* (1649), *Alaric ou Rome vaincue* (Ep. 1654); *Poésies diverses* (2 Bde. 1983/84).

* 1607 **Madeleine de Scudéry** († Paris 1701), Erzählerin; Schwester von Georges (s. o.), unterhielt ab 1652 einen einflußreichen, preziösen Salon (in dem u. a. La Rochefoucauld verkehrte), verfaßte (vielleicht unter Mitwirkung ihres Bruders) vielbändige Barockromane. – W. u. a.: *Artamène ou le Grand Cyrus* (R. 1649-53), *Clélie, histoire romaine* (1654-60, dt. *Clelia: Eine römische Geschichte*, 1664).

* 1737 **Jacques-Henri Bernardin de Saint-Pierre** († Eragny-sur-Oise/IdF 1814), Vorromantiker; Familie, die sich auf einen der Bürger von → Calais/NPdC zurückführte; schon als Kind Schiffsreise nach Martinique; unruhiges Leben zwischen Reisen und Armee; 1768-70 Aufenthalt auf Mauritius; Berühmtheit durch den Roman *Paul et Virginie* (1788, dt. 1795); 1803 Mitglied der Académie Française. – Denkmal (1852) gegenüber dem Justizpalast. – Weitere W.: *Voyage à l'Isle de France* (Reiseber. 1773), *Etudes de la nature* (3 Bde. 1784-88, dt. *Betrachtungen über die Natur*, 1795/96), *La Chaumière indienne* (1791, dt. *Die indianische Strohhütte*, 1804); *Œuvres complètes* (3 Bde. 1826).

* 1793 **Casimir Delavigne** († 1843 Lyon/RhA), Dramatiker, Lyriker; Freundschaft mit dem Dramatiker E. Scribe; Bibliothekar am Palais Royal; Berühmtheit durch seine Gedichtsammlung *Messéniennes* (1818-30, dt. *Messenische Lieder*, 1832); 1825 Mitglied der Académie Française; verfaßte zahlreiche, pathetisch den Freiheitsgedanken feiernde Dramen. – Weitere W.: *Les Vêpres siciliennes* (Dr. 1819, dt. *Die sicilianische Vesper*, 1845), *Le Paria* (Dr. 1821, dt. 1823), *L'École des vieillards* (Dr. 1823, dt. *Die Schule der Alten*, 1824), *La Princesse Aurélie* (Dr. 1828, dt. *Aurelie, Prinzessin von Amalfi*, 1858), *Marino Faliero* (Dr. 1829), *Les Enfants d'Édouard* (Dr. 1833, dt. *König Eduards Söhne*, 1879/84); *Œuvres complètes* (4 Bde. 1874).

* 1903 **Raymond Queneau** († Neuilly/IdF 1976), Erzähler, Lyriker; Gymnasium in Le H., 1920-25 Philosophiestudium an der Sorbonne; nach anfänglicher Nähe Ab-

Raymond Queneau

kehr vom Surrealismus; ab 1938 Lektor, ab 1941 Generalsekretär des Verlags Gallimard; 1951 Mitglied der Académie Goncourt; bekannt durch seinen Roman *Zazie dans le Métro* (1959, dt. *Zazie in der Metro*, 1960). – Weitere W.: *Le Chiendent* (R. 1933, dt. *Hundszahn*, 1972), *Un rude hiver* (R. 1939, dt. *Ein Winter in Le Havre*, 1975), *Pierrot mon ami* (R. 1942, dt. *Mein Freund Pierrot*, 1950), *Loin du Rueil* (R. 1944, dt. *Die Haut der Träume*, 1984), *Les Ziaux* (Ged. 1943), *Exercices de style* (Prosa 1947, dt. *Stilübungen Autobus S*, 1961), *Cent mille milliards de poèmes* (Ged. 1961, dt. *Hunderttausend Milliarden Gedichte*, 1984), *Le Vol d'Icare* (R. 1968, dt. *Der Flug des Ikarus*, 1969).

A **Sophie von La Roche** (1731-1807), die 1785 eine große Frankreichfahrt unternahm, kam im Frühsommer nach Le H. und folgte dem Kanal bis an die Küste: »Jetzt habe ich meinen lange genährten Wunsch gestillt, das Meer gesehen, und dazu in einem herrlichen Augenblick, als die Sonne unterging und der Mond ihr gegenüber aufstieg.« – Die englische Autorin und Frauenrechtlerin **Mary Wollstonecraft** (1759-97), die seit Dezember 1792 in Paris lebte und dort ein Verhältnis mit dem Amerikaner Gilbert Imlay hatte, zog sich im Januar 1794 aus der Hauptstadt nach Le H. zurück und brachte dort ein Kind aus dieser Beziehung zur Welt; im Herbst 1794 kehrte sie nach Paris zurück. (M. W. ist die Mutter der *Frankenstein*-Autorin Mary Shelley.) – Der frühromant. Dichter **F.-R. de Chateaubriand** (→ Saint-Malo/Br) betrat nach seiner Amerikareise am 2. 1. 1792 in Le H. wieder französischen Boden und wartete dort auf seine Mutter: Sie mußte die Schiffahrt bezahlen, die man dem Dichter auf Kredit bewilligt hatte. – Der deutsche Philosoph **Arthur Schopenhauer** (1788-1860) wurde 1797 für zwei Jahre nach Le H. geschickt, um Französisch zu lernen; in der Familie des Kaufmanns Grégoire de Blésimaire, eines Geschäftsfreundes von Schopenhauers Vater, verlebte der junge Arthur den »weitaus froheste[n] Teil« seiner Kindheit. – **Heinrich Heine** (1797-1856), seit Mai 1831 im französischen Exil, fuhr oft von Paris ans Meer und verbrachte in Le H. zwei Wochen im Sommer 1832 sowie vier Wochen im Sommer 1837. – **V. Hugo** (→ Besançon/FC) kam im August 1835 durch die Stadt und bewunderte den »Schiffsmastenwald« im Hafen; im September 1837 bestieg Hugo in Le H. ein Schiff und fuhr auf der Seine über Rouen bis nach Elbeuf. – **Stendhal** (→ Grenoble/RhA) besuchte die Stadt im Juli 1837, stieg am Hafen im Hôtel de l'Amirauté ab und unternahm Spaziergänge bis auf die Höhe des Stadtteils Ingouville. – **Friedrich Hebbel** (1813-1863) fuhr im September 1843 mit dem Schiff von Hamburg nach Le H., wo er im Hotel Richelieu abstieg, bevor er mit der Postkutsche nach Paris weiterreiste. – Zwei Monate später kam **H. de Balzac** (→ Tours/C) in die Stadt, um seine Koffer abzuholen, die mit dem Schiff aus St. Petersburg kamen (wo er im Sommer Madame Hanska besucht hatte); Balzac machte die Stadt, mit dem Stadtteil Ingouville, zum Schauplatz des Romans *Modest Mignon* (1844, dt. 1846). – **A. Dumas d. Ä.** (→ Villers-Cotterêts/Pi) kam nach Le H. 1868 zu einem Vortrag, den er anläßlich einer Seefahrtsausstellung hielt. – **Émile Zola** (→ Paris) besuchte die Stadt im Februar 1889, um für seinen Roman *La Bête humaine* (1890, dt. *Die Bestie im Menschen*, 1890) zu recherchieren, der teilweise im Bahnhof der Stadt spielt. – **A. France** (→ Paris) war im August 1892 mit der Familie Caillavet in Le H., die sich hier eine Yacht gekauft hatte. – **André Gide** (→ Paris) besaß ein Gut (La Côte) bei Le H., das in dem autobiographisch gefärbten Roman *La Porte étroite* (1909, dt. *Die enge Pforte*, 1909) als das Haus der Tante Plantier auftaucht. – **M. Proust** (→ Paris) unternahm im August 1904 von Le H. aus eine Kreuzfahrt in die Bretagne auf der Segeljacht des Schwiegervaters eines Freundes. – **Jean-Paul Sartre** (→ Paris) unterrichtete 1931-33 und 1934-36 Philosophie am Gymnasium von Le H. – **Julien Green** (→ Paris), der sich bereits Anfang November 1933 in Le H. für einen vierteljährigen USA-Aufenthalt eingeschifft hatte, kehrte nach dem 2. Wk., den er in den USA verbracht hatte, Ende September 1945 über Le H. nach Frankreich zurück: »Le Havre, ein entsetzlicher Anblick: Große, völlig verlassene Stadt; lange Reihen leerer Häuser, die kurz vor dem Einsturz stehen. Straßen um Straßen, und niemand auf diesen Straßen. Im zerstörten Hafen eine von den Amerikanern installierte Hafenmauer aus Metall.« (*Tagebücher*, 29. 9. 1945.)

L In der 1. Fassung der *Éducation sentimentale* von **G. Flaubert**, dem Roman *Jules et Henry* (postum 1910, dt. 1921), flieht Henry mit Madame Renaud, seiner Geliebten, über den Hafen von Le H. nach Amerika. – Le H. ist Schauplatz des Romans *Le Bilan Malétras* (1948, dt. *Malétras zieht Bilanz*, 1990) von **Georges Simenon**.

Ehemalige Abtei Jumièges

R **V. Hugo** (→ Besançon/FC) besuchte **Montivilliers** (5 km nö. v. Le H.) im August 1835 und zählte den romanischen Vierungsturm der Erlöserkirche zu den »Großartigkeiten«, die er auf seiner Normandiereise sah; **P. Valéry** (→ Sète/LR) verbrachte im September 1905 seine Ferien hier.

LE HOULME (Seine-Maritime) → **ROUEN** R
INGOUVILLE (Seine-Maritime) → **SAINT-VALERY-EN-CAUX** R

JUMIÈGES (Seine-Maritime)

»Ich würde es lächerlich finden, über die herrlichen Hänge von Villequier zu sprechen oder über die großen, zu Mauern geschnittenen Bäume des großartigen Parks von Meilleraie, der fast gegenüberliegt. Wer kennt nicht den Anblick der Ruinen von Jumièges und die großartigen Schleifen, die die Seine eine Meile weiter zieht und die einem innerhalb kürzester Zeit den gleichen Hang aus verschiedenen

Blickwinkeln zeigt? Das alles ist bewundernswert. Aber wo findet man jemanden, der es noch nicht kennt?« (Stendhal)

[A] **Abbé Prévost** (→ Hesdin/NPdC) legte im November 1721 in der berühmten Benediktinerabtei J. (heute eine großartige Ruine) das Gelübde ab und ging bald schon von hier nach Rouen. – »Noch schöner als Tournus«, befand **V. Hugo** (→ Besançon/FC) im August 1835. – **Stendhal** (→ Grenoble/RhA) kam Anfang Juli 1837, bei seiner Reise die Seine aufwärts, vorbei. – J. habe sie begeistert, schreibt **G. Sand** (→ Paris), die Ende September 1867 von Paris an die Küste der Normandie fuhr, in einem Brief an G. Flaubert.

LONGCHAMPS (Eure)

* um 1130 **Nigellus von Longchamps** († Anfang 13. Jh.); Nigellus, der wahrscheinlich in L. geboren wurde, vor 1170 in das Kloster Christ Church in Canterbury eintrat und dort den Großteil seines Lebens verbrachte, ist der Autor der mittellat. Satire *Speculum stultorum* (dt. *Narrenspiegel*, zuletzt 1982).

LYONS-LA-FORÊT (Eure) → VASCŒUIL [R]
MIROMESNIL (Schloß) (Seine-Maritime) → TOURVILLE-SUR-ARQUES
MONTIVILLIERS (Seine-Maritime) → LE HAVRE [R]
PACY-SUR-EURE (Eure) → VERNON [R]

PETIT-COURONNE (Seine-Maritime)

[A] Der Vater von **P. Corneille** (→ Rouen) kaufte 1608 ein Bauernhaus mit Garten (heute Rue Pierre-Corneille Nr. 502) vor den Toren der Stadt Rouen, in der die Pest wütete; der Dichter erbte das Haus 1639, wohnte mehrfach mit seiner Familie in den Sommermonaten hier, gemeinsam mit seinem Bruder **Thomas** und dessen Familie (seit 1879 [M] Corneille-Museum).

Petit-Couronne: Corneille-Museum

PONT-AUDEMER (Eure)

[A] **V. Hugo** (→ Besançon/FC) besuchte die »reizvoll unvollendete Kirche« Saint-Ouen mit ihren »sehr schönen Fenstern von großer Eigentümlichkeit« im Juli 1836. – **M. Proust** (→ Paris) kam nach P.-A. im Spätsommer 1907, als er erstmals nach → Cabourg (BNo) in die Ferien gefahren war; nach Prousts Aussage hätten die Fenster von St-Ouen (neben denen aus Évreux) die Beschreibung der Kirchenfenster von Combray in *Du Côté de chez Swann* (1913) beeinflußt.

PRESSAGNY-L'ORGUEILLEUX (Eure) → VERNON [R]

PUYS (Seine-Maritime)

† 1870 **Alexandre Dumas d. Ä.** (* Villers-Cotterêts/Pi 1802); der fruchtbare Romancier hatte auf einer Südfrankreich-Reise einen Schlaganfall erlitten und sich daraufhin nach P. zu seinem Sohn (s. u.) begeben; nach seinem Tod am 5. 12. 1870 wurde Dumas zunächst auf dem Friedhof von Neuville-lès-Pollet beigesetzt, bevor er in den Heimatort Villers-Cotterêts/Pi umgebettet wurde.

[A] **A. Dumas d. J.** (→ Paris) besaß ab den 60er Jahren in P. ein Haus (und bald schon ein zweites), wo ihn u. a. **George Sand** (→ Paris) im August 1866 und **G. Flaubert** (→ Rouen) im Herbst 1868 besuchten

Rouen: Uhrturm

und wo ihn sein Vater nach dem Schlaganfall 1870 (s. o.) aufsuchte. – **Theodor Fontane** (1819-1898) weilte im Frühjahr 1871 in Dieppe und kam von dort auch nach Neuville und P., »um wie das Grab des älteren, so auch die Villa des jüngeren Dumas gesehen zu haben«; in dem Reisebericht *Aus den Tagen der Okkupation* (1871) beschreibt Fontane die Villa Dumas', »die eigentlich keine Villa war. Etwas entschieden Hausbacknes herrschte in ihr vor; man kann sagen, die ganze Anlage glänzte durch Abwesenheit alles idyllischen oder gar romantischen Apparats. Ein frischgestrichener Staketen-Zaun, Remisen und Stallgebäude, ein Reisewagen, an dem geputzt und gewaschen wurde, eine Koppel Hunde – alles erinnerte mehr an das moderne Jagdschloß eines Industriellen als an die Behausung eines Schriftstellers und Poeten.« – Die Eltern von **Catherine Pozzi** (→ Paris) und der Lyriker **Leconte de Lisle** (→ Anhang) mit seiner Frau Anna besaßen nahe beieinanderliegende Landhäuser in P., wo die befreundeten Familien die Ferien verbrachten.

QUEVILLY (Seine-Maritime)

* 1594 **Marc-Antoine de Saint-Amant** († Paris 1661), Lyriker; aus hugenottischer Kaufmannsfamilie; führte abenteuerliches Leben (Teilnahme an militärischen Expeditionen, Reisen nach Rom, Polen, Schweden); ab 1618 Lebensmittelpunkt Paris, Mitglied der Académie Française; Stammgast in den lit. Salons und den Schenken der Hauptstadt. – *Œuvres complètes* (2 Bde. 1855), *Œuvres* (5 Bde. 1967-79).

ROUEN (Seine-Maritime)

»Rouen ist eine der größten und reichsten Städte in Frankreich. Beinahe ließ sich ihre Größe nach der Menge ihrer Klöster berechnen, weil 24 Manns- und 10 Nonnenklöster, das Domstift und Kirche, nebst zwo Abteien darinnen sind. Die Straßen sind erstaunlich enge und die Häuser sehr hoch. Es ist seit dem 15ten Jahrhundert ein Parlament da, so, daß Rouen, in Absicht auf dies und das Erzbistum, alle Ehre hat, die eine Stadt in Frankreich haben kann.« (Sophie von La Roche)

»Linker Hand, weit hinten, liegt Rouen, die große Stadt mit ihren blauen Dächern, ausgebreitet unter dem Gewimmel von spitzigen gotischen Türmen. Zahllos sind sie, schlank und zierlich oder breit und gedrungen, und über alle hinaus ragt der gußeiserne Dachreiter der Kathedrale empor. Und überall sind Glocken, die im blauen Dunst des schönen Morgens läuten [...].« (Guy de Maupassant)

»Rouen ist entzückend. Ich hatt' es im Geiste immer nur im Qualm und Rauch jenes Scheiterhaufens gesehn, auf dem einst die lieblichste und zugleich erhabenste Gestalt aller Geschichte: ›die Jungfrau‹ stand und ihre Treue besiegelte; – aber das wirkliche *Rouen* ist eine lachende Stadt: breit, heiter, königlich, liegt es hingestreckt an den Ufern der unteren Seine.« (Theodor Fontane)

»Die Kathedrale von Rouen ist das Werk vieler Jahrhunderte, der Stil wandelte sich, aber aus allen Steinen wurde eine Gottesstadt. Und im Schatten der Kirche erkennt man, daß Rouen alt und schön ist, daß es uralte Gassen, voll von Geschichte und Wundern und liebe Fachwerkhäuser hat, die vor der Zerstörung be-

wahrt blieben und noch heute im Holz ihrer schweren Balken wie tiefe Wälder riechen.« (Wolfgang Koeppen)
Université de Rouen-Haute Normandie. – Universitätsbibliothek, Bibliothèque municipale (Stadtbücherei; 450 Tsd. Bde., 5000 Hs., 580 Ink.), Bibliothèque départementale de prêt de la Seine-Maritime (300 Tsd. Bde.). – ›Association des Amis de Flaubert et de Maupassant‹ (Hôtels des Sociétés savantes, Rue Beauvoisine, Nr. 190). – Musée des Beaux-Arts (u. a. Sitzstatue P. Corneille und Sammlung von Porträts des Malers Jacques-Émile Blanche: A. Gide, J. Cocteau, M. Jacob, R. Radiguet). – Théâtre des Deux Rives, Théâtre des Arts-Opéra de Rouen.

* 1606 **Pierre Corneille** († Paris 1684), Dramatiker; Sohn eines Juristen; 1615-1622 Jesuitenkolleg in R., Jurastudium; erster großer Erfolg mit der Tragikomödie *Le Cid* (1637, dt. 1650), die einen theatertheoretischen Streit (›la querelle du Cid‹) nach sich zog; 1647 Mitglied der Académie Française, 1662 Umzug nach Paris, zog sich 1674 aus dem Theaterleben zurück. – Geburtshaus: Rue de la Pie Nr. 4 (Inschrift, [M] Museum); Statue im Ehrenhof des Jesuitenkollegs. – Weitere W.: *Horace* (Dr. 1641, dt. 1662), *Cinna* (Dr. 1643, dt. 1666), *Polyeucte* (Dr. 1643, dt. 1878), *Rodogune* (Dr. 1647, dt. 1691); *Œuvres complètes* (3 Bde. 1980-87).
† 1613 **Mathurin Régnier** (* Chartres/C 1573); der Satiriker starb in der Hôtellerie de l'Écu d'Orléans (Rue de l'Ancienne-Prison) bei einer Operation; Grab in der Abtei Royaumont/IdF.
* 1625 **Thomas Corneille** († Les Andelys 1709), Dramatiker; jüngerer Bruder von Pierre (s. o.); Jurist; erfolgreicher und fruchtbarer Theaterdichter, ab 1684 Mitglied der Académie Française; schrieb mit *Timocrate* (1656) das erfolgreichste Stück des 17. Jahrhunderts. – Das Haus des Dramatikers stand neben dem seines Bruders in der Rue de la Pie (Mitte des 19. Jhs. abgerissen). – Weitere W.: *Don Bertrand de Cigarral* (Dr. 1650), *Ariane* (Dr. 1672),

Pierre Corneille

Don Juan (Dr. 1677), *Le Comte d'Essex* (Dr. 1678, dt. *Der Graf von Essex*, 1747).
* 1657 **Bernard le Bovier de Fontenelle** († Paris 1757) Philosoph, Schriftsteller; Neffe der Corneille-Brüder (s. o.), wuchs in R. auf, wo er auch einige seiner Hauptwerke schrieb, ging 30jährig nach Paris; im Streit zwischen den ›anciens‹ und ›modernes‹ ergriff er Partei für die Modernen; 1691 Mitglied der Académie Française, 1699-1740 Sekretär der Akademie der Wissenschaften. – Geburtshaus: Rue des Bons-Enfants Nr. 100-102 (Gedenktafel). – W. u. a.: *Dialogues des morts* (1683, dt. *Gespräche im Elysium*, 1948, zuletzt u. d. T. *Totengespräche*, 1991), *Entretiens sur la pluralité des Mondes* (1686), *Histoires des oracles* (1686, dt. *Historie der Heydnischen Orakel*, übers. v. Gottsched 1730), *Digressions sur les anciens et les modernes* (1688); *Œuvres complètes* (3 Bde. 1818; 1968).
* 1785 **Ulric Guttinguer** († Paris 1866), Dichter, Erzähler; stammte aus protestant. Schweizer Familie, konnte nach reicher Heirat ganz den literarischen Neigungen

leben; Anhänger der romantischen Schule; schrieb den autobiograph. Roman *Arthur* (1836), eine Satire auf die Gesellschaft von R., an dem zunächst der befreundete Sainte-Beuve mitarbeitete; Freundschaft auch zu V. Hugo und A. de Musset.

* 1821 **Gustave Flaubert** († Croisset 1880), Romancier; Sohn des Chefarztes am Hôtel-Dieu, Taufkirche Sainte-Madeleine, Gymnasium (Collège Royal, heute Lycée Corneille) in R.; 1842-44 Jurastudium in Paris (abgebrochen); ab 1846 Leben in Croisset und Paris; Reisen nach Afrika und in den Orient; 1857 Skandalerfolg mit dem Roman *Madame Bovary* (1857, dt. 1858); am Lebensende materiell schwierige Situation. – Geburtshaus Rue de Lecat Nr. 51 (Gedenktafel, [M] Museum), Denkmal auf der Place des Carmes, Grab auf dem Cimetière Monumental. – Weitere W.: *Salammbô* (R. 1863, dt. 1908), *L'Éducation sentimentale* (R. 1869, dt. *Die Schule der Empfindsamkeit*, 1904, u. d. T. *Die Erziehung des Herzens*, 1926, u. d. T. *Lehrjahre des Gefühls*, 1951), *La Tentation de Saint-Antoine* (Erz. 1874, dt. *Die Versuchung des heiligen Antonius*, 1874), *Trois Contes* (Erz. 1877, dt. *Drei Erzählungen*, 1903), *Bouvard et Pécuchet* (R. 1881, dt. 1922), *Par les champs et par les grèves* (Reisebericht 1886, dt. *Über Feld und Strand*, 1906), *Novembre* (R. 1910, dt. 1914), *Jules et Henry* (R. 1910, dt. 1921), *Dictionnaire des idées reçues* (1966, dt. *Wörterbuch der Gemeinplätze*, 1968); *Œuvres complètes* (21 Bde. 1923-54).

* 1864 **Maurice Leblanc** († Perpignan/LR 1941), Journalist, Kriminalautor; verfaßte zunächst Erzählungen und psycholog. Romane, dann Kriminal- und Abenteuerromane; mit der Novelle *L'Arrestation d'Arsène Lupin* (1905) fand er jene Figur, die Mittelpunkt von ca. 40 Novellen und Romanen werden sollte, u. a. in *Arsène Lupin, gentleman-cambrioleur* (R. 1907) und *Les Confidences d'Arsène Lupin* (R. 1914). – Geburtshaus Rue Fontenelle Nr. 2 (heute Rue Jeanne d'Arc), späteres Wohnhaus der Familie Rue du Baillage Nr. 4. – W.: *Die Abenteuer des Arsène Lupin* (16 Bde. 1923-30).

† 1869 **Louis Bouilhet** (* Cany 1822); Bouilhet, Schulfreund von Gustave Flaubert, besuchte in R. das Gymnasium (heute Lycée Corneille), studierte hier Medizin und war am Hôtel-Dieu Schüler von Flauberts Vater Dr. Achille-Cléophas Flaubert; Wohnungen in der Rue des Bons-Enfants, Rue Beauvoisine (Nr. 132, später Nr. 131) und schließlich (Sterbehaus) in der Rue de Bihorel; Fontaine-Bouilhet (Brunnen mit Büste) an der Ecke Bibliothek/Musée des Beaux-Arts; Grab auf dem Friedhof (Cimetière Monumental).

† 1916 **Émile Verhaeren** (* Saint-Amand-sur-Escaut/Belgien 1855); der »europäische Walt Whitman«, der u. a. von Stefan Zweig übersetzt wurde, kam im November 1916 zu einer Konferenz nach R. und wurde beim Abspringen vom Zug erfaßt und überrollt; Grab (seit 1927) im heimatlichen Saint-Amand.

[A] **Michel de Montaigne** (→ Montaigne/Aq) begleitete im Oktober 1562 König Karl IX. nach R. und sah hier drei Ureinwohner Brasiliens, wovon er in dem Kapitel 31 (»Des Cannibales«, dt. »Über die Menschenfresser«) seiner *Essais* (1580, dt. zuletzt 1998) spricht; ein zweites Mal kam Montaigne mit dem König Heinrich III. im Frühsommer 1588 in die Stadt. – **Blaise Pascal** (→ Clermont-Ferrand/Au) zog 1639, als 16jähriger, nach R., wohin sein Vater als königl. Steuereinnehmer versetzt worden war, und intensivierte hier seine naturwissenschaftl. Studien und Versuche: Erfindung einer Rechenmaschine, Experimente zum Luftdruck; 1648 zogen Vater und Sohn nach Paris zurück. – **Molière** (→ Paris) war am Anfang und am Ende seiner Wanderbühnenzeit in R.: 1643 weilte er mit seiner Truppe zur Zeit der Herbstmesse hier, 1658 blieb er vom Frühjahr bis zum August (und spielte u. a. für die Armen im Hôtel-Dieu); beim zweiten Aufenthalt traf Molière mit P. Corneille zusammen, der sich in eine der Schauspielerinnen, Marquise-Thérèse Du Parc, verliebte, an die er dann seine berühmten »Stances à Marquise« richtete (von G. Brassens u. d. T. »Marquise« als Chanson vertont – und erweitert). – **Madame de Sévigné** (→ Paris), für die eine Fahrt Seine-abwärts eine Reise durch »die schönste Landschaft der Welt« war, hielt sich in R. u. a. Anfang Mai 1689 auf. – Der **Abbé Prévost** (→ Hesdin/NPdC) kam nach seinem Noviziat 1721 in die Benediktinerabtei Saint-Ouen. – **Voltaire** (→ Paris) weilte im Frühjahr und Herbst 1723 bei der Familie de Bernières – Monsieur de Bernières war Gerichtspräsident der Normandie – in R. und auf deren Schloß La Rivière-Bourdet (wo er die Tragödie *Marianne* schrieb); auch nach seiner Rückkunft aus dem englischen Exil (1729) war Voltaire oft in R.: um die Drucklegung seiner Werke zu überwachen oder – weil er sich in Paris nicht blicken lassen durfte. – **Bernardin de Saint-Pierre** (→ Le Havre) schloß in den Jahren 1757/58 seine Ausbildung am Collège von R. ab und trat in die Ingenieurschule der Stadt ein, die kurz darauf aufgelöst wurde. – **Sophie von La Roche** (1731-1807) kam im Frühsommer 1785 auf der Reise von Paris nach Le Havre durch R. – **Madame de Staël** (→ Paris), die auf Geheiß Napoleons Paris nicht betreten durfte, bekam von Fouché Erlaubnis, sich in R. niederzulassen, wo sie Mitte September 1806 ankam und bis Ende November des Jahres blieb (um anschließend wieder ein Stückchen näher an Paris heranzurücken: Schloß Acosta in → Aubergenville/IdF); zeitweise waren bei ihr in R. **Benjamin Constant** (→ Anhang), **A. W. Schlegel** (1767-1845) und **Friedrich Schlegel** (1772-1829): »eine literarische Invasion, mit der Rouen gar nicht gerechnet hatte«, schreibt Mme de Staël in einem Brief. – Als **Stendhal** (→ Grenoble/RhA) mit zwei Freunden im Frühjahr 1811 das erste Mal nach R. kam, beschrieb er die Stadt als »abscheuliches Nest, schlimmer noch als Grenoble«; im Sommer 1837, als er u. a. das Geburtshaus Corneilles besuchte und sich in der Bibliothek Autographen des Klassikers vorlegen ließ, kam er zu einem anderen Urteil: »Rouen ist das Athen des gotischen Stils. [...] Rouen ist durch seine mittelalterlichen Zeugnisse und die gotische Architektur die schönste Stadt Frankreichs«, so in den *Mémoires d'un touriste* (1838). – **H. de Balzac** (→ Tours/C) hielt sich wiederholt in R. auf, wo seine Schwester Laure de Surville lebte; 1845 zeigte er Madame Hanska die Stadt; im Werk wird die Stadt in *L'Enfant maudit* (1831) erwähnt. – **Victor Hugo** (→ Besançon/FC) besuchte die Stadt mehrfach; in den *Feuilles d'automne* (1831) beginnt ein Gedicht »Amis! c'est donc Rouen, la ville aux vieilles rues« (datiert 14. Mai 1830), Mitte August 1835 war er zwei Tage in der Stadt und zählt in einem Brief an seine Frau alle Sehenswürdigkeiten auf, die er gesehen hatte. – **Heinrich Heine** (1797-1856), der sich seit Ende Juli 1832 in der Normandie aufhielt (Le Havre, Dieppe), kam Mitte September nach R., wo er zwei Wochen blieb, bevor er nach Paris zurückkehrte. – **A. Dumas d. Ä.** (→ Villers-Cotterêts/Pi) war mehrfach in R., so auch in der Theaterspielzeit 1834/35, als er der Première seines Stückes *Antony* beiwohnte, die im Tumult endete, und am 28. März 1846, als er hier vor Gericht als Zeuge aussagen mußte (vorgeladen u. a.: Lola Montez). – »Die Kirchenwunder Rouen's [...] wiegen in Himmelsträume«, befand **Heinrich Laube** (1806-1884) auf der Durchreise (*Französische Lustschlösser*, 1840). – Auch **J. Michelet** (→ Paris) war mehrfach in R., u. a. im September 1841, wo er sich im Musée des Beaux-Arts v. a. für die flämischen Meister und Ribera begeisterte. – **Friedrich Hebbel** (1813-1863) fuhr Mitte September 1843 in der Postkutsche durch R. (»die alte Kathedrale schaute mittelalterlich-ernsthaft zu uns herüber«) und lobte in einem Brief das

»weite prächtige Ansehen« der Stadt und ihre »Masse stattlicher Straßen«. – **George Sand** (→ Paris), die zweimal 1866 und einmal 1868 Flaubert in Croisset besuchte, kam bei diesen Gelegenheiten auch nach R. – **Guy de Maupassant** (→ Tourville-sur-Arques) mußte als 17jähriger das Internat von Yvetot verlassen und beendete seine Schulausbildung am Lycée Corneille in R.; die Stadt ist Schauplatz der Novellen bzw. wird erwähnt in *Boule de Suif* (1880, dt. u. a. *Schmalzpummel*), *La Maison Tellier* (1881, dt. *Das Haus Tellier*), *Le Horla* (1887, dt. *Der Horla*) und *Le Lit 29* (1886, dt. *Das Bett 29*). – **Theodor Fontane** (1819-1898) besuchte R. im Rahmen seiner ›Osterreise 1871‹ und ließ sich von einem Fremdenführer die Sehenswürdigkeiten der Stadt zeigen; Beschreibung in dem Reisebericht *Aus den Tagen der Okkupation* (1871). – **André Gide** (→ Paris) kam als Kind häufig nach R. (wo der Urgroßvater Ende des 18. Jhs. Bürgermeister gewesen war), um die Tage um Neujahr im Haus der Familie seines Onkels Rondeaux zu verbringen, wo die Mutter des Dichters geboren worden war (Hôtel Rondeaux, Rue de Crosne Nr. 20, Gedenktafel); Gides spätere Frau Madeleine, Tochter des Onkels und somit Cousine Andrés, war in der Rue de Lecat Nr. 18 geboren worden; Gide beschreibt die Kindertage in R. in *Si le grain ne meurt* (1926, dt. *Stirb und werde*, 1930); vom 13. bis zum 25. Mai 1912 war Gide Geschworener am Schwurgericht von R., worüber er in den *Souvenirs de la Cour d'Assises* (1914, dt. *Erinnerungen aus dem Schwurgericht*, zuletzt 1997) berichtet. – **José-Maria de Heredia** (→ Anhang), dessen Mutter aus der Normandie stammte und der mit Flaubert und Maupassant bekannt war, kam häufig nach R.; am 28. 5. 1900 hielt er die Einweihungsrede für ein Maupassant-Denkmal. – **Émile Zola** (→ Paris) kam erstmals anläßlich seines Besuchs bei Flaubert Ostern 1880 nach R. – mit von der Partie **A. Daudet** (→ Nîmes/LR) und **Edmond Goncourt** (→ Nancy/Lo), der gemeinsam mit seinem Bruder Jules in dem Roman *Sœur Philomène* (1861) das Schicksal einer Ordensschwester aus dem Krankenhaus von R. zum Vorbild genommen hatte (L. Bouilhet hatte den Brüdern von dem authentischen Fall berichtet); sechs Wochen später war Zola erneut in R.: zu Flauberts Beerdigung; im Februar 1889 besichtigte er eingehend den Justizpalast, den er zu einem der Schauplätze des Romans *La Bête humaine* (1890, dt. *Die Bestie im Menschen*, 1890) machte. – **Oscar Wilde** (→ Berneval-sur-Mer) traf sich im Sommer 1897 (erstmals nach seiner Zuchthaushaft) in R. mit Lord Alfred Douglas, dem er schließlich nach Neapel folgte. – **M. Proust** (→ Paris), der in R. auch den Spuren von **John Ruskin** (1819-1900) folgte, der die Stadt erstmals 1835 und letztmals im August 1880 besucht hatte, war begeistert von der »gewaltigen Kathedrale«, in deren Portal »die Heiligen sich an der Sonne wärmten« und auf deren Galerie »die Könige erstrahlten, bis hinauf zu den äußersten steinernen Höhen, die [er] unbewohnt glaubte, wo aber hier die Skulptur eines Eremiten in abgeschlossener Einsamkeit lebte und die Vögel auf seiner Stirn rasten ließ, während dort ein Kreis von Aposteln der Botschaft des Engels lauschte [...].« – **A. Maurois** (→ Elbeuf) fuhr täglich mit dem Zug aus seiner Heimatstadt Elbeuf nach R. zum Gymnasium, wo er Schüler von **Alain** (→ Mortagne-au-Perche/BNo) war, der von 1900 bis 1902 am Lycée Corneille Philosophie unterrichtete; Alain war Mitarbeiter der *Dépêche de Rouen*, in der bis zum 1. Wk. über 3000 Artikel (*Propos d'un Normand*) von ihm erschienen. – **R. Martin du Gard** (→ Neuilly-sur-Seine/IdF) leistete 1902-03 seinen Militärdienst in R. ab. – **G. Bernanos** (→ Paris) zog im Oktober 1913 als Leiter und Theaterkritiker der royalistischen Wochenschrift *L'Avant-Garde de Normandie* nach R., wo er bis zum Ausbruch des 1. Wks. wohnte; hier, in der Stadt, wo die Jungfrau von Orléans den Scheiterhaufen bestieg, verlobte sich Bernanos mit Jeanne Talbert d'Arc, einer direkten Nachfahrin von Jeanne d'Arcs Bruder. – **Rainer Maria Rilke** (1875-1926) entfloh Paris für zwei Tage (19./20. Oktober 1913) und suchte Ruhe in R. (»Eine ganze Kathedrale tut not, mich zu übertönen. Die französische Provinz hat immer etwas Beruhigendes für mich«, so in einem Brief an Lou Andreas-Salomé.) – **Simone de Beauvoir** (→ Paris) unterrichtete von 1932 bis 1936 Philosophie am Lycée Jeanne d'Arc von R. und fühlte sich beengt in der Stadt: »In Rouen stieß sich mein Blick überall an Mauern«; die junge Lehrerin wohnte zunächst im Hôtel de la Rochefoucauld (gegenüber der Kirche Saint-Romain), später im Hôtel du Petit Mouton (Rue du Petit Mouton Nr. 2-4) und verkehrte mit **J.-P. Sartre** (→ Paris), der zu dieser Zeit Lehrer in Le Havre war, im Café Le Métropole (Rue Jeanne d'Arc Nr. 111); Beschreibung der Zeit in R. in *La Force de l'âge* (1960, dt. *In den besten Jahren*, 1961). – **Wolfgang Koeppen** (1906-1996) besuchte die Stadt 1960 auf seinen *Reisen durch Frankreich* (1961); Beschreibung auch von **Rolf Schneider** (* 1932) in den Reisenotizen *Von Paris nach Frankreich* (1975). – **Julien Green** (→ Paris) sah die Stadt nach dem 2. Wk. erst im Herbst 1983 wieder: »Die Stadt hat gelitten, aber wiederaufgebaut ist sie sehr lebendig. [...] Auf der Place du Marché, wo Jeanne brannte, hat sich eine Art riesengroßer, ganz schwarzer Metallvogel niedergelassen, der alles andere auslöscht.«

[L] R. ist Schauplatz des Romans *Oncle Charles s'est enfermé* (1942, dt. *Der Erpresser*, 1991) von **Georges Simenon**.

[R] Der Dichter **Ulric Guttinguer** (→ Rouen) bezog nach seiner Hochzeit (1811) im w. v. R. gelegenen **Amfreville-la-Mi-Voie** ein stattliches Haus, wo ihn der befreundete **Sainte-Beuve** (→ Boulogne-sur-Mer/NPdC) häufig besuchte; 1850 erwarb **André Gides** (→ Paris) Großvater Édouard Rondeaux den Landsitz; Gide sah den Bau »bei jeder Reise in die Normandie vom Zug aus: »er liegt am Hügel von Saint-Adrien, unterhalb der Kirche von Bon-Secours, kurz bevor man die Brücke passiert.« In **Le Houlme** (7 km n. v. R.) besaß Henri Rondeaux, der Onkel Gides, eine Fabrik für Baumwollstoffe; Gide beschreibt in dem autobiographischen Text *Si le grain ne meurt* (1926, dt. *Stirb und werde*, 1930) das Gelände und erzählt von seinen kindlichen Spielen auf dem Fabrikgelände. – **G. Flaubert** (→ Rouen) verbrachte als Kind und junger Mann Ferien und freie Tage in **Déville-lès-Rouen** (n. v. R.), wo seine Eltern ein Haus besaßen, das sie 1844 verkauften, als ein Teil des Grundstücks für den Bau der Eisenbahnstrecke Rouen–Le Havre gebraucht wurde. (Die Familie kaufte dann das Haus in → Canteleu-Croisset.) – Auf dem Friedhof von **Bonsecours** (w. v. R.) Grab des Dichters **José-Maria de Heredia** (→ Anhang), dessen Mutter hier bereits ruhte.

ROUVILLE (Seine-Maritime) → GRAINVILLE-YMAUVILLE [R]
RY (Seine-Maritime) → VASCŒUIL [R]
SAINT-AUBIN-SUR-GAILLON (Eure) → LES ANDELYS [R]

SAINT-VALERY-EN-CAUX
(Seine-Maritime)

[A] **V. Hugo** (→ Besançon/FC) begab sich im Juli 1836 eilig nach S.-V., um dort bei einem angekündigten Sturm das Meer betrachten zu können; Ergebnis: das Gedicht »Une nuit qu'on entendait la mer sans la voir«, aufgenommen in die Sammlung *Les Voix intérieures* (1837). – **Jules Michelet** (→ Paris) verbrachte jeweils die Sommerferien 1862 und 1864 in dem Ort (und konnte auch in den Ferien die Arbeit nicht lassen). – **G. Sand** (→ Paris) war im Rahmen von Ausflügen Ende August 1866 und Ende September 1867 in S.-V. – **Kurt Tucholsky** (1890-1935), Normandie-Reisender 1926, verbrachte fast den ganzen Monat Juni hier: »[Die Normandie] ist ein heiteres, grünes Land, mit kleinen Badeständchen und großen mondänen Plätzen, um die bequeme Wege herumführen. Bevölkert wird dasselbe von Eingeborenen und einigen Fremden, die französisch sprechen; die Landessprache ist englisch.«

[R] **Victor Hugo** (s. o.) besuchte **Ingouville** (3 km sw. v. S.-V.) im August 1839 und im Mai 1843 und schrieb hier Gedichte, die in die große Sammlung *Les Contemplations* (1856) eingingen. – Der Historiker **J. Michelet** (s. o.) hielt sich zur Erholung von Mitte Juni bis Anfang August 1861 in **Veules-les-Roses** (6 km w. v. S.-V.) auf. – Der belgische Dichter **Maurice Maeterlinck** (→ Anhang), der im Frühjahr 1897 von Gent nach Paris gezogen war, unternahm von dort ausgedehnte Fahrradtouren, die ihn bis an die Küste brachten; in **Gruchet-Saint-Siméon** (16 km sö. v. S.-V.) sah er eines Tages das ehemalige Pfarrhaus, mietete sich ein und machte es für die Jahre bis 1906 zu seinem bevorzugten Rückzugsort.

SAINT-WANDRILLE (Abtei)
(Seine-Maritime)

Die 649 im Fontenelle-Tal gegründete Abtei wurde in der Frz. Revolution aufgehoben; nach einer vorübergehenden Rückkehr der Mönche (1894-1901) wurde sie endgültig 1931 wiederbesiedelt; das *Epos der Äbte von Fontenelle* von 831 ist die erste Geschichte eines abendländischen Klosters.

[A] Zu den Äbten des frühen Mittelalters zählte **Einhard** (um 770-840), der Biograph Karls des Großen. – Der **Abbé Prévost** (→ Hesdin/NPdC) war 1720 als Novize in der Abtei. – **Victor Hugo** (→ Besançon/FC) besuchte das Kloster im August 1835, als keine Mönche hier lebten (Brief an seine Frau Adèle). – Im Juli 1894 hielt sich **J.-K. Huysmans** (→ Paris) in der kurz zuvor unter dem mit dem Dichter bekannten Abt Dom Besse wiederbesiedelten Abtei auf und spielte mit dem Gedanken, hier Laienbruder zu werden; auch im Herbst kam Huysmans nochmals wieder, gab allerdings im Dezember seinen geplanten Klostereintritt auf, als er erfuhr, daß die Ordensoberen Dom Besse nach Spanien ins Exil geschickt hatten. – Im April 1907 nahm **Maurice Maeterlinck** (→ Anhang) mit seiner Geliebten, der Sängerin Georgette Leblanc, und zwei Hausangestellten Wohnsitz in der Abtei, wo der Dichter künftig arbeitete und im Sommer Freilichtaufführungen organisierte (Shakespeares *Macbeth* [in Maeterlincks Übersetzung] im August 1909 oder das eigene Stück *Pelléas et Mélisande* im August 1910); der Dichter, der auch Wohnsitze in Grasse und Nizza am Mittelmeer hatte, verließ die Abtei im September 1914.

TOURVILLE-SUR-ARQUES
(Seine-Maritime)

* 1850 **Guy de Maupassant** († Paris 1893), Erzähler; Sproß aus altem normannischen Adelsgeschlecht (die Mutter Laure Le Poittevin war eine Jugendfreundin Flauberts); aufgewachsen in Étretat, Internat in Yvetot, Jurastudium abgebrochen; 1871-78 Beamter in Ministerien; gehörte zum Freundeskreis der Naturalisten um É. Zola; ab 1891 in geistiger Umnachtung. – Geburtsstätte: [M] Schloß Miromesnil (1,5 km w. des Ortes), das die Eltern für den Sommer gemietet hatten. – W. u. a.: *Boule de Suif* (Nov. 1880, dt. *Dickchen*, 1900, u. d. T. *Fettklößchen*, 1927), *La Maison Tellier* (Nov.samml. 1881, dt. 1898), *Mademoiselle Fifi* (Nov.samml. 1882, dt. 1898), *Une Vie* (R. 1883, dt. *Ein Leben*, 1894), *Miss Harriet* (Nov.-samml. 1884), *Les Sœurs Rondoli* (Nov.-samml. 1884, dt. *Die Geschwister Rondoli*, 1892), *Bel Ami* (R. 1885, dt. *Der schöne Georg*, 1892, u. d. T. *Bel ami*, 1947), *La Petite Roque* (Nov. 1885, dt. 1897), *Le Horla* (Nov.samml. 1887, dt. 1893), *Mont-Oriol* (R. 1887, dt. 1888), *Pierre et Jean* (R. 1888, dt. *Zwei Brüder*, 1889, u. d. T. *Pierre und Jean*, 1956), *Fort comme la mort* (R. 1889, dt. *Stark wie*

Guy de Maupassant

der Tod, 1894), *Notre Cœur* (R. 1890, dt. *Unser Herz*, 1897); *Œuvres complètes* (16 Bde. 1968), *Romane und Novellen* (10 Bde. 1963/64).

LE TRÉPORT (Seine-Maritime)

[A] **V. Hugo** (→ Besançon/FC) fühlte sich schon bei seinem ersten Besuch Anfang August 1835 von der Stadt fasziniert und kam noch zweimal: im September 1837 (»Ich konnte Le Tréport nicht widerstehen. Ich war ihm zu nahe. Es zog mich zu stark an, jetzt bin ich da«) und Mitte September 1849, als er, wie bei seinem ersten Besuch, im Hôtel de la Ville de Calais abstieg. – Nach ersten epileptischen Anfällen suchte **G. Flaubert** (→ Rouen) mit seinen Eltern im Frühsommer 1844 in Le T. Erholung. – **A. France** (→ Paris) berichtet in *Pierre Nozière* (1899; Buch 3, Kap. 3) von einem Sommerferienaufenthalt in der Stadt. – Im September 1908 hielt sich **L. Bloy** (→ Périgueux/Aq) in dem Seebad auf. – **Wolfgang Koeppen** (1906-1996) kam 1960 nach Le T.: »[...] und dann lag Tréport vor mir wie eine Augenweide, um den Hafen ausgebreitet, windgeduckt, in einem Glast aus feuchter Seeluft, Meeressalz und verhangenem Sonnenlicht.« (*Reisen in Frankreich*, 1961.)

VARENGEVILLE-SUR-MER

(Seine-Maritime)

† 1953 **Jérôme Tharaud** (* Saint-Junien/Li 1874); der Journalist und Erzähler hatte sich an seinem Lebensende in den Badeort zurückgezogen; Grab auf dem Friedhof.

[A] Im Sommer 1927 quartierten sich die Surrealisten **A. Breton** (→ Tinchebray/BNo) und **L. Aragon** (→ Paris) im Manoir d'Ango in V. ein und arbeiteten: Breton an seinem Roman *Nadja* (1928), Aragon am *Traité du style* (1928). **G. Duhamel** (→ Paris) berichtet von einem Besuch, den er gemeinsam mit **B. Péret** (→ Rézé/PdL), **R. Desnos** (→ Paris), **J. Prévert** (→ Neuilly-sur-Seine/IdF) und dem Maler Y. Tanguy dem überraschten Breton bereitete.

VASCŒUIL (Eure)

[A] **J. Michelet** (→ Paris) wurde erstmals im September 1841 auf das Schloß von V. eingeladen, mit dessen Schloßherrin Madame Poullain-Dumesnil, der Mutter eines Schülers, ihn eine tiefe geistige Freundschaft verband; 1842 starb Madame Poullain-Dumesnil, im Jahr darauf heiratete deren Sohn Michelets Tochter aus erster Ehe; der Historiker und Philosoph kam auch nach seiner zweiten Eheschließung oft auf das Schloß, wo er an seiner *Histoire de France* (1833-67) arbeitete (rekonstruiertes Arbeitszimmer im Schloßturm; im Park [M] Musée Michelet).

[R] Der Ort **Ry** (4 km nw. v. V.) verlieh dem Schauplatz ›Yonville‹ des Romans *Madame Bovary* (1857) von **Gustave Flaubert** einige Züge und ist damit »eine Art Wallfahrtsort« (Jean de La Varende); das Vorbild für die Titelheldin wurde auf dem (aufgelassenen) Friedhof von Ry begraben (an der Stelle des Grabes Gedenktafel: »Delphine Couturier/1822-1848/Madame Bovary«); Galerie Bovary – Musée d'automates. – **Julien Green** (→ Paris) schreibt über **Lyons-la-Forêt** (11 km sö. v. V.) nach einem Besuch im September 1983 in seinen *Tagebüchern*: »Das ist eine kleine Stadt, die genauso geblieben ist, wie sie seit drei Jahrhunderten war, mit ganzen Straßenzügen, deren Balken freiliegen. Es sind so viele, daß man seinen Augen nicht traut.«

VERNEUIL-SUR-AVRE (Eure) → CONCHES-EN-OUCHE [R]

VERNON (Eure)

Médiathèque municipale (Stadtbücherei; 80 Tsd. Bde.).

In V. wurde 1810 Gustave Flauberts große Jugendliebe (→ Trouville/BNo) Elisa Foucault geboren, die hier aufwuchs und zunächst einen Offizier heiratete, bevor sie sich in zweiter Ehe mit Maurice Schlesinger, einem Berliner Geschäftsmann, verband. (Nach einer Theorie soll Schlesinger Elisa ihrem ersten Mann regelrecht abgekauft haben.)

[A] **A. France** (→ Paris) verbrachte die Sommerferien 1887 in V. und widmet der Stadt eine Beschreibung in *Pierre Nozière* (1899; 3. Buch, 2. Kap.).

[L] Die Stadt ist Schauplatz der Novelle *Une Soirée* (1883, dt. *Eine Abendgesellschaft*) von **Guy de Maupassant**.

[R] Ein Gasthof in **Pacy-sur-Eure** (»Passy«), 11 km sw. v. V., ist Schauplatz der Eingangsszene des Romans *Manon Lescaut* (1731, dt. 1756) des **Abbé Prévost**; hier sieht der Erzähler die Titelheldin und ihren Geliebten Des Grieux zum ersten Mal. – **Casimir Delavigne** (→ Le Havre) verbrachte seine letzten Lebensjahre in dem [M] Schloß La Madeleine in **Pressagny-l'Orgueilleux** (6 km n. v. V.); der Verleger **Gaston Gallimard** (1881-1975) ruht auf dem Friedhof des Ortes.

VEULES-LES-ROSES (Seine-Maritime) → SAINT-VALERY-EN-CAUX [R]

VILLEQUIER (Seine-Maritime)

Die ›Tragödie von V.‹ ereignete sich am 4. 9. 1843, als Léopoldine, Tochter des Dichters **Victor Hugo** (→ Besançon/FC), mit ihrem Mann Charles Vacquerie und zwei Freunden bei einer Bootspartie auf der Seine kenterten und ertranken. Das junge Paar, das erst im Februar des Jahres

Villequier: Victor-Hugo-Museum

geheiratet hatte, wurde in *einem* Sarg auf dem Friedhof des Ortes beigesetzt; dort auch die Gräber der Frau des Dichters Adèle Hugo (1803-1868) und der jüngsten Tochter Adèle (1830-1915). Hugo gedenkt im vierten Buch der Gedichtsammlung *Les Contemplations* (1856) häufig seiner Tochter. – [M] Musée Victor-Hugo (Rue Ernest-Binet) im ehemaligen Haus der Familie Vacquerie; am Seineufer (Richtung Caudebec) Statue des auf die Unglücksstelle schauenden Dichters mit Inschrift (»Il faut que l'herbe pousse / Et que les enfants meurent / Je le sais ô mon Dieu!«).

YPORT (Seine-Maritime)

[A] **George Sand** (→ Paris) reiste Ende September 1867 eine Woche durch die Normandie und kam dabei auch durch Y., »das schönste aller Dörfer« (Brief an G. Flaubert). – **André Gide** (→ Paris) war im September 1893 bei der befreundeten Familie Laurens in Y. (Tagebucheintrag).

[L] Der Ort ist einer der Schauplätze (Kap. 6) des Romans *Une Vie* (1883, dt. *Ein Leben*, 1894) und der Novelle *L'Ivrogne* (1885) von **G. de Maupassant.**

YVETOT (Seine-Maritime)

Musée du Pays de Caux (mit Ausstellung zu Guy de Maupassant).

[A] **Sophie von La Roche** (1731-1807) kam im Frühsommer 1785 auf dem Weg von Paris ans Meer durch Y., »eine kleine

Herrschaft, welche das Sonderbare hat, daß man ein paar hundert Schritte vor dem Städtgen zwischen zwo aufgemauerten viereckigten Säulen durchkommt, auf welchen steht, daß hier die Herrschaft Yvetot anfange.« – **Victor Hugo** (→ Besançon/FC) nahm Mitte Juli 1836 drei Tage Quartier in Y., ließ in einem Brief an seine Frau kein gutes Haar an der Stadt und verfaßte ein Spottgedicht. – **Guy de Maupassant** (→ Tourville-sur-Arques) kam als Dreizehnjähriger in das kirchlich geleitete Internat von Y.; aus den Osterferien 1868, die er zu Hause verbrachte, schrieb Maupassant, der später wegen eines Gedichts und alkoholischer Exzesse aus der Schule geworfen wurde, einen Brief an seinen Cousin Louis le Poitevin: »Ich weiß nicht, ob du diese Baracke kennst, dieses trübe Kloster, wo die Pfaffen herrschen, die Heuchelei, die Langeweile usw. usw., und von wo ein Sutanengeruch ausströmt, der sich in der ganzen Stadt Yvetot verbreitet und den man, ob man will oder nicht, auch in den ersten Ferientagen noch mit sich herumträgt. Um ihn leichter loszuwerden, habe ich gerade ein Buch von J.-J. Rousseau gelesen.«

[L] Y. ist die Hauptstadt eines imaginären Königreichs in dem Chanson »Le Roi d'Yvetot« (dt. »Der König von Yvetot«) von **Pierre-Jean de Béranger**.

Le Mont-Saint-Michel

BASSE-NORMANDIE (BNo)

Region: Basse-Normandie; Départements: Calvados (14), Manche (50), Orne (61); Einwohner: 1,4 Mio.; Fläche: 17589 qkm; Verwaltungssitz: Caen.

ALENÇON (Orne)

Bibliothèque municipale (Stadtbücherei; 160 Tsd. Bde., 700 Hs., Ink.). – Théâtre d'Alençon (Staatl. Bühne).

[A] **Margarete von Navarra** (→ Angoulême/PCh) war 1509 mit dem Herzog Karl von Alençon verheiratet worden und zog mit ihm in das Ancien Château (Alte Schloß) von A., wo sie wohnte, bis ihr Bruder, Franz I., 1515 König von Frankreich wurde und Schwester samt Schwager an den königl. Hof holte; die Stadt und ihre Umgebung ist Schauplatz der 1., 6. und 52. Geschichte des *Heptaméron* (1559, dt. 1791, zuletzt 1979). – **Honoré de Balzac** (→ Tours/C) war am 17. April 1825 in A., wo er mit dem Buchhändler und Graveur Godard einen Vertrag über die Herausgabe der Werke Molières und La Fontaines schloß (was, wie immer bei Balzac, in einem finanziellen Debakel endete); im Herbst 1828, auf seinem Weg nach Fougères/Br, war er erneut in A., Schauplatz in den Romanen *Les Chouans* (1829, dt. u. d. T. *Die Königstreuen*, 1923) und *La vieille fille* (1837, dt. *Die alte Jungfer*, 1838), ungenannter Handlungsort von *Le Cabinet des antiques* (1839, dt. *Das Antiquitätenkabinett*, 1923). – **V. Hugo** (→ Besançon/FC) kam am 19. Juni 1836 durch die Stadt, als er mit seiner Geliebten Juliette Drouet in die Bretagne reiste, und nutzte seinen Aufenthalt – um seiner Frau zu schreiben. – **Ch. Baudelaire** (→ Paris) war im November 1858 fast zwei Wochen in A. bei seinem Verleger Auguste Poulet-Malassis (auch zum Jahresschluß nochmals kurz). – **Alain** (→ Mortagne-au-Perche) besuchte hier das Gymnasium, bis er ein Stipendium für das renommierte Gymnasium Michelet in Vanves/IdF bekam.

[L] Die Stadt ist Schauplatz im 3. Teil von **Paul Scarrons** *Roman comique*, der den Ausgaben ab 1663 beigefügt wurde.

ARGENTAN (Orne) → **BAZOCHES-AU-HOULME** [R]
AUBE (Orne) → **LA TRAPPE** [R]

AVRANCHES (Manche)

»Welch ein erhabener Anblick, wenn man – wie ich – gegen Abend in Avranches ankommt! Die Stadt liegt auf einer Anhöhe. Man führte mich in den öffentlichen Park ganz am Ende der Stadt. Ich stieß vor Staunen und Überwältigung einen lauten Schrei aus. Eine mächtige Bucht dehnte sich vor mir aus, so weit mein Auge blickte, zwischen zwei breit auseinanderliegenden Küstenarmen, die sich in blauer Ferne im Dunst verloren. Und inmitten dieser unabsehbaren gelben Bucht ragte unter einem goldlichten, klaren Himmel, finster und spitz, ein eigenartig geformter Berg mitten aus den Sanddünen empor.« (Guy de Maupassant)
Bibliothèque de l'Hôtel de Ville: u. a. Manuskripte aus der Abtei Mont-St.-Michel vom 8. bis 15. Jh. sowie Inkunabeln. – Théâtre municipal (Stadttheater).

[A] **Madame de Sévigné** (→ Paris) war Anfang Mai 1689 in A.; vom Neffen des gerade verstorbenen Bischofs wurde sie gut untergebracht: »Ich sah von meinem Zimmer auf das Meer und den Mont St. Michel, diesen so hochmütig aufragenden Fels«, schreibt sie an ihre Tochter (Brief vom 9. 5. 1689). – Ende Juni 1836 durchreiste **V. Hugo** (→ Besançon/FC), vom Mont-St.-Michel kommend, den Ort: »In Avranches [...] hat man eine herrliche Aussicht, aber das ist auch schon alles.« – Von »einer der schönsten Aussichten Frankreichs«, die man von dem ›Plate-Forme‹ genannten kleinen Platz habe, spricht auch **Stendhal** (→ Grenoble/RhA), Besucher im Juli 1837. – **J. Barbey d'Aurevilly** (→ Saint-Sauveur-le-Vicomte) kam 1856 durch A., das er zum Rahmen seines Romans *Le Chevalier des Touches* (1864) bestimmte.

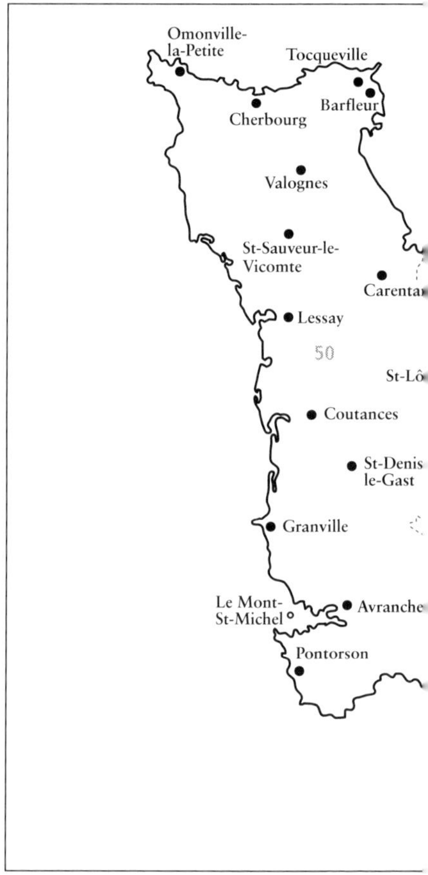

– **A. France** (→ Paris) lernte A. schon in seiner Jugend kennen (von Saint-Pierre-Langers aus, s. u.) und wählte später den Ort und seine Umgebung als Schauplatz in den Romanen *Jocaste* (1879) und *Le Chat maigre* (1879). – **G. de Maupassant** (→ Tourville-sur-Arques/HNo) machte A. (v. a. die ›Plate-Forme‹) zu einem Schauplatz der Novelle *Le Horla* (1887, dt. *Der Horla*) und des Romans *Notre Cœur* (1890, dt. *Unser Herz*, 1897). – »Aus dem Garten von Avranches sieht man den Mont-Saint-Michel, und der feine Flugsand erscheint abends wie ein glühender Urstoff«, heißt es in den *Nourritures terrestres* (1897, dt. *Uns nährt die Erde*, 1930) von **A. Gide** (→ Paris).

[R] **A. France** (→ Paris), eigentlich Anatole Thibault, verbrachte als Jugendlicher die Sommerferien der Jahre 1859 (mit seiner Mutter) und 1861 (allein) in dem 15 km nw. von A. gelegenen Ort **Saint-Pierre-Langers** bei der Familie Fouquet, Verwandten einer Freundin der Thibaults; der angehende Schriftsteller verliebte sich in das Mündel seiner Gastfamilie; im August 1873 war A. France erneut (mit einem Freund) in der Gegend um A.

BAGNOLES-DE-L'ORNE (Orne)

[A] Der Historiker **Jules Michelet** (→ Paris) begleitete im August und September 1866 seine Frau zu einer Thermalkur in den Ort. – Der belgische Dichter **M. Maeterlinck** (→ Anhang), der im Frühjahr 1897 von Gent nach Paris gezogen war, machte im Sommer dieses Jahres Urlaub in B.

BALLEROY (Calvados) → **BAYEUX** [R]

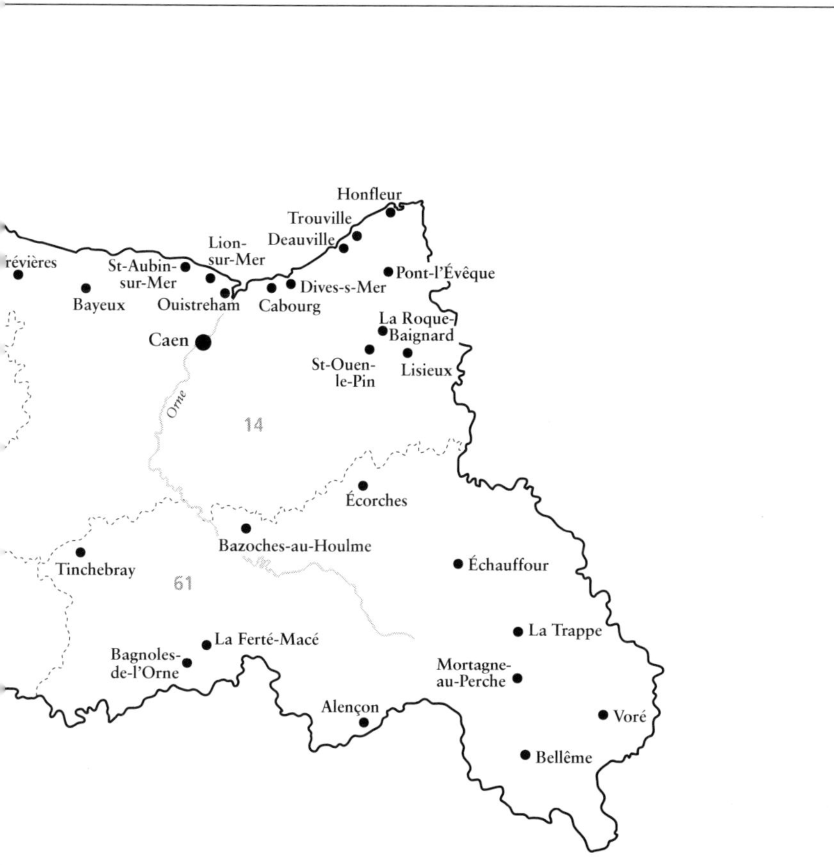

BARFLEUR (Manche)
[A] **V. Hugo** (→ Besançon/FC) kam im Rahmen seiner Bretagne-Reise Anfang Juli 1836 nach B., wo er mit seiner Geliebten Juliette Drouet eine nächtliche Bootsfahrt unternehmen wollte – was ihm der Bürgermeister des Ortes (»ein stupides Wesen«) verwehrte; der Dichter war so erbost, daß er am nächsten Tag beim Unterpräfekten in Valognes vorstellig wurde und die Amtsenthebung des Bürgermeisters erreichte. – **Jules Renard** (→ Châlons-du-Maine/PdL) lebte mit Frau und Kind von Ende April bis Anfang September 1890 in B. und schrieb dort den Roman *L'Écornifleur* (1892, dt. *Der Schmarotzer*, 1964); als er 1909 wieder nach B. kam, war er enttäuscht, daß die Einheimischen den Roman nicht gelesen hatten – was auch sein Gutes hatte: »Wenn sie ihn lesen, werden sie mich mit A. . .tritten empfangen . . .«

BARNEVILLE-CARTERET (Manche) → **SAINT-SAUVEUR-LE-VICOMTE** [R]

Bayeux: Kathedrale Notre-Dame

BAYEUX (Calvados)
Médiathèque municipale (100 Tsd. Bde., 600 Hs., Ink.).

* um 1385 **Alain Chartier** († Avignon/PAC 1430); Sekretär und Diplomat der Könige Karl VI. und Karl VII.; verfaßte während des 100jährigen Krieges politische (anti-englische) Dichtung und die höfische Verserz. *La belle dame sans merci* (1424). – Geburtshaus (verändert) Rue Saint-Malo Nr. 52; Standbild an der Ecke der Place Charles de Gaulle. – Weitere W.: *Livre des quatre dames* (Ged. 1416), *Le Quadrilogue invectif* (Prosa 1422); *Œuvres* (1617), *The Poetical Works of Alain Chartier* (1974).

[A] **Robert Wace** (→ Caen) war Kanoniker an der Kathedrale Notre-Dame. – Um **H. de Balzac** (→ Tours/C) aus der Bindung zu der über zwanzig Jahre älteren Laure de Berny (→ Villeparisis/IdF) zu lösen, schickte ihn seine Mutter zu seiner Schwester Laure und deren Mann Eugène Surville, die in B. (Rue des Teinturiers Nr. 23, Gedenktafel) wohnten; Balzac hielt sich von Mitte Mai bis Anfang August 1822 bei seinen Verwandten auf; die Stadt und ihre Kathedrale zählt zu den Schauplätzen der Novelle *Une double famille* (1830, dt. *Eine doppelte Familie*). – **Victor Hugo** (→ Besançon/FC) besuchte Anfang Juli 1836 in B. die Kathedrale Notre-Dame. – **P. Mérimée** (→ Paris) war Mitte Juni 1841 in B. und verfolgte die Schwierigkeiten mit, einen geeigneten Ausstellungsrahmen für den berühmten Teppich zu finden. – Im Herbst 1877 unternahm **G. Flaubert** (→ Rouen/HNo) eine Reise nach B. und Caen, um Studien für seinen Roman *Bouvard et Pécuchet* (postum 1881, dt. 1922) zu betreiben. – **M. Proust** (→ Paris) kam im August 1907 nach B. – Seine Eindrücke von B. beschreibt **Rolf Schneider** (* 1932) in den Reisenotizen *Von Paris nach Frankreich* (1975).

[L] Die Stadt und ihre Umgebung ist Schauplatz in den Romanen *Les Sœurs Lacroix* (1938, dt. *Der Schwager*, 1993) und *Le Passage de la ligne* (1959, dt. *Der Grenzgänger*, 1994) von **Georges Simenon**.

[R] **P. Mérimée** (→ Paris), als Denkmalschützer im Juni 1841 in der Normandie auf Inspektionstour, fand, daß man die romanische Kirche des Dorfes **Tour-en-Bessin** (5 km w. v. B.) nach Technik und Tempo »wie im Mittelalter« restauriere – aber durchaus zufriedenstellend. – **É. Zola** (→ Paris), im August 1881 in Grandcamp-Maisy in Ferien, lernte **Vierville-sur-Mer** (22 km nw. v. B.) bei einer Fahrt an der Küste entlang kennen; als er für den Roman *La Joie de vivre* (1884, dt. *Die Lebensfreude*, 1889) nach einem Schauplatz suchte, kam ihm (nach eigenen Aussagen) V. wieder in den Sinn (im Buch unter dem Namen ›Bonneville‹). – **Marcel Proust** (→ Paris) besuchte im August 1907 das Schloß **Balleroy** (16 km sw. v. B.), das eines der Vorbilder für das Schloß Guermantes im Romanzyklus *À la Recherche du temps perdu* (1913-27) wurde. – **Georges Simenon** (→ Anhang) zog sich im Herbst 1937 nach **Port-en-Bessin** (9 km n. v. B.) zurück und schrieb im Hôtel de l'Europe den Roman *La Marie du port* (1938, dt. *Die Marie vom Hafen*, 1989), der größtenteils im Hafen des Ortes spielt. – In der Schloßkapelle von **Saint-Gabriel-Brécy** (11 km ö. v. B.) Grab des in Paris verstorbenen Schriftstellers **Jacques de Lacretelle** (→ Cormatin/Bu).

BAZOCHES-AU-HOULME (Orne)

* 1858 **Rémy de Gourmont** († Paris 1915), Erzähler, Kritiker, Journalist; Gymnasium in Coutances, Jurastudium in Caen; ab 1881 in Paris an der Bibliothèque Nationale (bis 1891), gründete mit Freunden 1890 die lit. Zeitschrift *Le Mercure de France*; schuf ein reiches Werk: Romane, Dramen, Gedichte, Novellen, Essays und kritische Studien. – Geburtsort: Schloß La Motte. – W. u. a.: *Merlette* (R. 1886), *Sixtine* (R. 1890), *Lilith* (Dr. 1892), *Promenades littéraires* (7 Bde. 1904-28), *Une Nuit au Luxembourg* (R. 1906, dt. *Eine Nacht im Luxembourg*, übers. v. O. Flake 1908), *Un Cœur virginal* (R. 1907, dt. *Ein jungfräuliches Herz*, übers. v. O. Flake 1908); *Œuvres* (6 Bde. 1925-32).

[R] **Argentan** (20 km sö. v. B.) ist neben Alençon Schauplatz der ersten Novelle des *Heptaméron* (1559) der **Margarete von Navarra.**

BELLÊME (Orne)

† 1958 **R. Martin du Gard** (* Neuilly-sur-Seine/IdF 1881); der Autor erwarb 1925 von seinem Schwiegervater das 1,5 km n. der Stadt gelegene Schloß Le Tertre und lebte hier (später im Wechsel mit Nizza) bis zu seinem Tod; hier arbeitete er an seinem Romanzyklus *Les Thibault* (1922-40), an seiner Novelle *Confidence africaine* (1931) und an dem Drama *Un Taciturne* (1932); Grab in Cimiez/PAC.

[R] **F.-R. de Chateaubriand** (→ Saint-Malo/Br) hielt sich im September 1817 auf dem 6 km sw. v. B. gelegenen Schloß **Lonné** bei **Igé** auf, dem Besitz der Familie Orglandes; des Dichters Neffe Geoffroy-Louis de Chateaubriand hatte 1811 Zélie d'Orglandes geheiratet, deren Bruder Camille mit dem Romantiker A. de Vigny befreundet war.

Cabourg: Eingang des Grand-Hôtel

BÉNERVILLE-SUR-MER (Calvados) → DEAUVILLE [R]

BLANCHELANDE (Manche) → SAINT-SAUVEUR-LE-VICOMTE [R]

CABOURG (Calvados)

[A] **Marcel Proust** (→ Paris) besuchte von Kindesbeinen an die Seebäder an der normannischen Küste, um seiner Asthmaerkrankung Linderung zu verschaffen; nach C. kam Proust zu einem Sommer- bzw. Spätsommeraufenthalt alljährlich von 1907 bis 1914, wobei er stets im Grand Hôtel zu wohnen pflegte; um Geräuschbelästigungen aus Nachbarzimmern zu vermeiden, mietete er drei nebeneinandergelegene Zimmer, deren mittleres er bezog, sowie das über diesem gelegene Zimmer; im Werk findet sich C. unter dem Namen ›Balbec‹ beschrieben in *À l'Ombre des jeunes filles en fleurs* (1919, dt. *Im Schatten der jungen Mädchen*, 1927); seit 1987 ist Prousts Zimmer (Nr. 414) rekonstruiert und zu besichtigen (falls nicht belegt); Gedenktafel im Garten.

[R] **E. Renan** (→ Tréguier/Br) verbrachte den Sommer 1875 in dem Seebad **Houlgate** (3 km ö. v. C.), **M. Proust** (s. o.) die Sommerferien 1884 (zweiter Besuch im August 1913).

CAEN (Calvados)
Universität (gegr. 1437). – Universitätsbibliothek (600 Tsd. Bde.; Sammlung zu Leonardo da Vinci), Bibliothèques de la Ville (Städt. Büchereien; 520 Tsd. Bde., 1000 Hs., 112 Ink.). – Théâtre de Caen.
Auf dem protest. Friedhof (Rue du Magasin-à-Poudre) Grab des englischen Dandys **George Brummel** (1778-1840), dem u. a. Barbey d'Aurevilly (→ Saint-Sauveur-le-Vicomte) ein Buch widmete (Denkmal für Brummel unweit der Universität).

† um 1175 **Robert Wace** (* auf Jersey um 1100); der erste namentlich bekannte Dichter der frz. Literatur ging in C. zur Schule, bevor er Kanoniker in Bayeux wurde; neben Heiligenlegenden schrieb er zwei Reimchroniken: *Le Roman de Brut* (1155) beschreibt die Geschichte des britannischen Königtums von den Anfängen bis ins 7. Jh. (darin Erwähnung des Königs Artus und seiner Tafelrunde), *Le Roman du Rou* (1160-75) erzählt von den Heldentaten der Normannenherzöge.
* 1555 **François de Malherbe** († Paris 1628), Lyriker; Studium in Paris, Heidelberg und Basel; als Sekretär des Gouverneurs der Provence lebte er, mit Unterbrechungen (u. a. in C. 1586-95), von 1576 an in Aix-en-Provence/PAC, bis er 1605 an den königl. Hof nach Paris gerufen wurde, ab 1609 offizieller Hofdichter; sein bekanntestes Gedicht ist die »Consolation à Monsieur Du Périer« (um 1600). – Geburtshaus: Rue Saint-Pierre Nr. 126. – Weitere W.: *Les Larmes de Sainct-Pierre* (Ged. 1587), *Les Œuvres de messire F. de Malherbe* (3 Bde. 1630); *Œuvres* (1971).
[A] **Madame de Sévigné** (→ Paris) war Anfang Mai 1689 in der Stadt, die sie in einem Brief an ihre Tochter überschwenglich lobt: »Die Gegend ist sehr schön, und Caen ist die schönste Stadt, die freundlichste und fröhlichste und bestgelegene, mit den schönsten Straßen, den schönsten Gebäuden und schönsten Kirchen, mit Wiesen und Spazierwegen – und schließlich die Quelle aller unserer schönsten Geister: ich bin ganz bezaubert.« – **Voltaire** (→ Paris) hielt sich 1713, als 18jähriger, in C. auf und verkehrte bald in den vornehmen Häusern und Salons (u. a. der Madame de Osseville); libertinistische Gedichte, die einen Skandal hervorriefen, ließen ihn jedoch schnell vor verschlossenen Türen stehen. – **Bernardin de Saint-Pierre** (→ Le Havre/HNo) besuchte 1749-56 das Jesuitenkolleg der Stadt. – Von 1829 bis 1833 studierte **J.-A. Barbey d'Aurevilly** (→ Saint-Sauveur-le-Vicomte) Jura an der Universität. – **V. Hugo** (→ Besançon/FC) besuchte C. im Juli 1836 und zählte bei seiner Einfahrt in die Stadt fünfzehn Kirchtürme. – **P. Mérimée** (→ Paris), der als Denkmalschützer die Stadt im Juni 1841 besuchte, war erstaunt über »soviel Roheit und Vandalismus«; er hielt die Restaurierungsarbeiten an der Abbaye aux Dames für schlecht ausgeführt und setzte sich vehement für den Erhalt der alten Kirche Saint-Gilles ein: »Abriß wäre Mord«. (Dennoch fand ein Teilabriß statt; was übriggeblieben war, vernichteten die Bombardierungen von 1944.) – Schüler in C.: **O. Mirbeau** (→ Trévières), der seinen Abschluß hier machte; Student in C.: **Rémy de Gourmont** (→ Bazoches-au-Houlme), der von 1876 bis 1880 Jura studierte. – **G. Flaubert** (→ Rouen/HNo) unternahm im Herbst 1877 eine Reise ins Departement Calvados, nach Bayeux und C., um für seinen Roman *Bouvard et Pécuchet* (postum 1881, dt. 1922) zu recherchieren. – **André Maurois** (→ Elbeuf/HNo) studierte in C. Philosophie. – **M. Proust** (→ Paris) besuchte C. im August 1907 (darüber ein Reiseessay in den *Pastiches et mélanges*, 1919, dt. *Nachgeahmtes und Vermischtes*, 1989) und übernahm die Kirchtürme von St.-Étienne und St.-Pierre für die Kirche von Martinville in dem Roman *Du Côté de chez Swann* (1913). – **P. Claudel** (→ Villeneuve-sur-Fère/Pi) kam im Februar 1939 nach C. (mit seiner Tochter Marie) und hielt einen Vortrag über Francis Jammes. – **Julien Gracq** (→ Saint-Flo-

rent-le-Vieil/PdL) lebte in der Kriegs- und ersten Nachkriegszeit in C.: »Der Zeitraum dieser vier Jahre (1942-1946), die ersten zwei in der alten, unversehrten Stadt, an die sich nur wenige nach langem Besinnen schwach erinnern, die letzten zwei in der Schuttmoräne ihrer Ruinen, bleibt in meiner Erinnerung verankert.« (*Carnets du grand chemin*, 1992, dt. *Der große Weg*, 1996.)

[L] C. ist bei **Georges Simenon** Schauplatz dreier Werke: in *Le Port des brumes* (1932, dt. *Nebel über dem Hafen*, 1951, u. d. T. *Maigret und der geheimnisvolle Kapitän*, 1966), in *La Maison des sept jeunes filles* (1941, dt. *Das Haus der sieben Mädchen*, 1992) und in *La vieille dame de Bayeux* (1944, dt. *Die alte Dame aus Bayeux*, 1985).

CANAPVILLE (Calvados) → **PONT-L'ÉVÊQUE** [R]

CARENTAN (Manche)

[A] **V. Hugo** (→ Besançon/FC) besuchte Ende Juni 1836 die Kirche von C., wo ihm ein merkwürdiges Kapitell auffiel, das nicht etwa ein Akanthusblatt, sondern verschlungenes Seegras darstellte, was der Dichter in einem Ort am Meer leicht erklärlich fand.

[L] Die Stadt ist Schauplatz der Erzählung *Le Réquisitionnaire* (1831, dt. *Der Rekrut*) von **H. de Balzac.**

[R] **Émile Zola** (→ Paris) verbrachte den August 1881 in **Grandcamp-Maisy** (20 km nö. v. C.) und unternahm von hier aus Fahrten an der Küste entlang.

CARTERET (Manche) → **SAINT-SAUVEUR-LE-VICOMTE** [R]

CHERBOURG (Manche)

Bibliothèque municipale (Stadtbücherei; 65 Tsd. Bde.). – Théâtre de Cherbourg (Staatl. Bühne).

* 1915 **Roland Barthes** († Paris 1980), Literaturkritiker; Sohn eines Marineoffiziers, Kindheit in Bayonne; ab 1924 in Paris, Literaturstudium, anschließend Lehrtätigkeit (auch im Ausland), ab 1976 Lehrstuhl für Semiologie am Collège de France; Nähe zum Nouveau Roman. – W. u. a.: *Le Degré zéro de l'écriture* (Essay 1953), *Mythologies* (Essay 1957, dt. *Mythen des Alltags*, 1964), *Le Plaisir du texte* (1973, dt. *Die Lust am Text*, 1974).

[A] **H. de Balzac** (→ Tours/C), der von Mai bis August 1822 bei seiner Schwester in Bayeux lebte, unternahm Anfang Juli einen Ausflug hierher. – **Victor Hugo** (→ Besançon/FC) kam Anfang Juli 1836 mit seiner Geliebten Juliette Drouet nach Ch.; nachdem er bei Dunkelheit in der Stadt angekommen war, wo »man sie sich vorstellen kann, wie man will«, und neugierig geworden war, sah er sich bei Tag enttäuscht von der »langweiligen Stadt«. – **Heinrich Heine** reiste im August/September 1840 durch Normandie und Bretagne und kam dabei auch durch Ch. – **J. Michelet** (→ Paris) hielt sich Anfang August 1845 einige Tage in der Hafenstadt auf, um das Leben der Seeleute zu studieren.

[L] Ch. ist Schauplatz zweier Werke von **Georges Simenon**: Der Roman *La Marie du port* (1938, dt. *Die Marie vom Hafen*, 1989) spielt – im Wechsel mit Port-en-Bessin – ebenso hier wie die kurze Erzählung *Le vieux couple de Cherbourg* (1969, dt. *Die beiden Alten von Cherbourg*, 1990).

COUTANCES (Manche)

Théâtre municipal (Stadttheater).

[A] **Victor Hugo** (→ Besançon/FC), Ende Juni 1836 auf dem Rückweg von einer Reise durch die Bretagne wieder nach Paris unterwegs, kam abends nach C. und sah dort im Mondlicht »die erste schöne Kathedrale seit Chartres«. – **P. Mérimée** (→ Paris) kam im Juni 1841 als oberster Denkmalpfleger in die Stadt, besah sich die Reste des Aquädukts aus dem 14. Jh. sowie die Kathedrale und wurde von vielen Seiten gebeten, sich für den Erhalt der 20 km sö. von C. gelegenen Abtei Hambye einzusetzen. – **Barbey d'Aurevilly** (→ Saint-Sauveur-le-Vicomte) hielt sich wie-

Strand von Deauville

derholt in C. auf, das in den Romanen *Le Chevalier des Touches* (1864) und *Un Prêtre marié* (1865) eine Rolle spielt. – **Rémy de Gourmont** (→ Bazoches-au-Houlme) ging in C. auf das Gymnasium und besuchte auch später noch seine Eltern hier (Haus in der Rue Quesnel-Morinière), die von Le Mesnil-Villeman hierher gezogen waren; seine Erinnerung an die Stadt war keine gute: »Ich habe mich dort bis zur Verzweiflung gelangweilt, denn nie wohnte ich in einer mürrischeren und deprimierenderen Umgebung.« – Seine Reiseeindrücke beschreibt **Rolf Schneider** (* 1932) in *Von Paris nach Frankreich* (1975).

DEAUVILLE (Calvados)

† 1939 **Ford Madox Ford** (* Merton/Surrey 1873); der an Urämie leidende Schriftsteller war von Honfleur nach D. in die Clinique Saint-François (Avenue de la République) gebracht worden, wo er starb; Grab auf dem englischen Friedhof von D.

[A] Die Eltern von **G. Flaubert** (→ Rouen/HNo) hatten in D. ein Grundstück gekauft und ein Sommerhaus errichtet, wo der Dichter ab und zu verkehrte; als Ernest Commanville, der Mann von Flauberts Nichte Caroline, bankrott machte, verkaufte der Dichter im Spätsommer 1875 das ganze ererbte Anwesen, um seinen Verwandten unter die Arme zu greifen. – Im Juli 1914 waren **G. Apollinaire** (→ Anhang) und der mit ihm befreundete Zeichner André Rouveyre von der Zeitung *Comoedia* nach D. geschickt worden, um eine Reportage über das Badeleben zu machen; der Ausbruch des 1. Weltkriegs bereitete dem Aufenthalt an der Küste ein Ende. – **Joseph Roth** (1894-1939), in den Jahren 1925/1926 Feuilleton-Korrespondent der *Frankfurter Zeitung* in Frankreich, schrieb außer über die Städte des Südens auch über D.: »Deauville ist das typische mondäne Seebad. Es besteht aus Strand, Horizont, sauberen, weißen, stillen Häusern, einem lauten Kasino, Sportrasen, einer Rennbahn, Kaffeeterrassen, Restaurants.« –

Georges Simenon (→ Anhang) fuhr im Juli 1931 mit seinem Boot Ostrogoth von Paris über die Seine nach D., wo er im August auf der Terrasse der Bar du Soleil Maigret-Romane signierte. – **Colette** (→ Saint-Sauveur-en-Puisaye/Bu) verbrachte den Sommer 1952 mit ihrem Mann Maurice Goudeket in D. im Hôtel Royal.

[R] **M. Proust** (→ Paris), der in Cabourg seine Sommer verbrachte, kam bisweilen zu Fuß nach **Bénerville-sur-Mer** (sw. v. D.), wo die befreundete Louisa de Mornand ein Haus besaß; hier traf er erstmals seinen späteren Verleger Gaston Gallimard.

DIVES-SUR-MER (Calvados)

[A] In der Auberge Guillaume-le-Conquérant stiegen u. a. **Madame de Sévigné** (→ Paris) und **A. Dumas d. Ä.** (→ Villers-Cotterêts/Pi) ab (Gedenktafel in der Durchfahrt). – **M. Proust** (→ Paris), der häufig seine Ferien im benachbarten Cabourg verbrachte, das er unter dem Namen ›Balbec‹ in seinem Werk beschrieb, kannte natürlich auch D. (erster Besuch in D. im Spätsommer 1907), dessen Kirche Notre-Dame der ›Kirche von Balbec‹ manche Züge verlieh.

ÉCHAUFFOUR (Orne)

[A] Nachdem der **Marquis de Sade** (→ Paris) im Herbst 1763 erstmalig in → Vincennes/IdF eingekerkert worden war, wurde er auf das Schloß von É., Besitz seiner Schwiegereltern Montreuil, verbannt, von wo er sich erst im April des folgenden Jahres entfernen durfte.

[R] In **Gacé** (10 km nw. v. É.) [M] Musée de la Dame aux Camélias über das Leben der 1824 in **Nonant-le-Pin** (14 km w. v. É.) geborenen Alphonsine Plessis, Vorbild der Dramen- und Romanfigur bei **A. Dumas d. J.**

ÉCORCHES (Orne)

[A] Am 17. August 1673 feierte **Pierre Corneille** (→ Rouen/HNo) mit seiner Familie (darunter sein Bruder **Thomas**) in Boisligny, heute ein Ortsteil von É., die Hochzeit seiner Tochter Marie mit Jacques de Farcy; aus dieser Ehe (der zweiten von Corneilles Tochter) gingen vier Mädchen hervor, von denen eine die Stammutter der Charlotte Corday wurde, der Mörderin des Revolutionärs Marat.

LA FERTÉ-MACÉ (Orne)

[A] Der amerikanische Lyriker **E. E. Cummings** (1894-1962), der 1917 als Kriegsfreiwilliger beim Roten Kreuz in Frankreich Dienst tat, wurde wegen Spionageverdachts vier Monate in einem Lager bei La F.-M. interniert; über diese Zeit berichtet Cummings in dem Roman *The Enormous Room* (1922, dt. *Der ungeheure Raum*, 1961).

FERVAQUES (Calvados) → **LISIEUX** [R]
GACÉ (Orne) → **ÉCHAUFFOUR** [R]
GOURY (Manche) → **OMONVILLE-LA-PETITE** [R]
GRANDCAMP-MAISY (Calvados) → **CARENTAN** [R]

GRANVILLE (Manche)

Musée d'Art moderne Richard Anacréon (Place de l'Isthme) mit Autographensammlung (u. a. Colette, Valéry, Cocteau, Montherlant).

[A] **Victor Hugo** (→ Besançon/FC) war Ende Juni 1836 in G., unternahm einen Bootsausflug und gewahrte mit Schrecken erst auf dem Meer, daß er sich einer Nußschale und zwei unerfahrenen Jungen anvertraut hatte (Brief an seine Frau). – **Stendhal** (→ Grenoble/RhA) kam im Juli 1837 nach G., fand die Oberstadt von einer »dunklen Traurigkeit« und in der Kirche Notre-Dame eine fehlerhafte Orthograhie auf den Epitaphen, die Unterstadt neu und recht hübsch. – **Heinrich Heine** (1797-1856) besuchte das Seebad zwischen 1837 und 1840 in jedem Sommer, stieg im Hôtel des Trois-Couronnes ab (heute Hôtel du Nord et des Trois-Couronnes) und arbeitete hier (*Über die französische Bühne*, *Ludwig Börne*). – **J. Michelet** (→ Paris), der sich im Juni und Juli 1858

Honfleur

in der Stadt aufhielt, erwähnt sie in *La Mer* (1861). – **A. France** (→ Paris) kannte den Ort von den Ferien, die er 1871 in dem südl. gelegenen Kairon verbracht hatte, und macht ihn zum Schauplatz in *Jocaste* (1879) und *Le Petit Pierre* (1919). – **P. Valéry** (→ Sète/LR) verbrachte im September 1912 seine Ferien in G.: »Granville erinnert mich unendlich an Sète.«

[R] **Rémy de Gourmont** (→ Bazoches-au-Houlme) wohnte in seiner Jugend in dem Herrenhaus Dragueville in **Le Mesnil-Villeman** (21 km ö. v. G.), wohin er auch nach 1881, als er bereits in Paris lebte, häufig zurückkam, um zu arbeiten.

HAMBYE (Abtei) (Manche) → COUTANCES
LA HAYE-DU-PUITS (Manche) → SAINT-SAUVEUR-LE-VICOMTE [R]

HONFLEUR (Calvados)

* 1864 **Henri de Régnier** († Paris 1936), symbolist. Lyriker, Erzähler; befreundet mit A. Gide, heiratete 1896 Marie, die Tochter des Dichters José-Maria de Heredia, 1911 Mitglied der Académie Française. – W. u. a.: *Les Lendemains* (Ged. 1885), *Jeux rustiques et divins* (Ged. 1897), *Les Médailles d'argile* (Ged. 1900), *La Double Maîtresse* (R. 1900, dt. *In doppelten Banden*, 1904, u. d. T. *Die zweifache Liebe des Herrn von Galandot*, 1913), *La Cité des eaux* (Ged. 1902), *La Sandale ailée* (Ged. 1906), *Le Voyage d'amour* (R. 1930).

[A] **Victor Hugo** (→ Besançon/FC) kam Anfang Juli 1836 mit seiner Geliebten Juliette Drouet nach H., diesen »entzückenden, von grünen Hügeln bekrönten Hafen voller Masten und Segel«. – **Stendhal** (→ Grenoble/RhA) wollte im Juli 1837 nur durchreisen, verpaßte jedoch das Schiff nach Le Havre/HNo und beobachtete von einem Hotelzimmer das Treiben im Hafen. – Ende Juli 1847 kamen **G. Flaubert** (→ Rouen/HNo) und **Maxime du Camp** (→ Paris), nach ihrer Wanderung durch die Bretagne auf der Rückreise nach Paris, durch H., das Flaubert als einen Schauplatz in *Un Cœur simple* (1877) verwendet. – **Ch. Baudelaire** (→ Paris) kam zwischen 1858 und 1860 zu mehreren kurzen Besuchen nach H., wohin seine Mutter nach dem Tod ihres zweiten Mannes, des Generals Aupick, umgezogen war (das Häuschen hatte Aupick 1855 gekauft); der Dichter plante einige Zeit sogar, selbst nach H. umzusiedeln. – **André Gide** (→ Paris) war im Spätsommer 1893 in H. (Tagebucheintrag). – **M. Proust** (→ Paris) kam im September 1912 mit Madame Straus, der Witwe des *Carmen*-Komponisten Georges Bizet, die der Madame de Guermantes der *Recherche* einige Züge verlieh, in die Stadt. – Der bereits schwerkranke englische Schriftsteller **Ford Madox Ford** (1873-1939) reiste im Frühjahr 1939 von Amerika nach H., um dort seine Leiden zu lindern, mußte aber nach einigen Wochen nach Deauville ins Krankenhaus gebracht werden.

HOULGATE (Calvados) → **CABOURG** [R]
IGÉ (Orne) → **BELLÊME** [R]

LESSAY (Manche)

[A] **P. Mérimée** (→ Paris) kam Mitte Juni 1841 nach L. und sprach in bezug auf die Klosterkirche davon, auch »im Süden keine Kirche gesehen zu haben, die der Größe und Schlichtheit der Antike näher käme.« – **Barbey d'Aurevilly** (→ Saint-Sauveur-le-Vicomte) besuchte die Kirche 1864 und kritisierte die farblosen Glasfenster (heute gefärbt in Pastelltönen).

LION-SUR-MER (Calvados)

[A] **Gyp** (→ Auray/Br) verbrachte bis 1895 ihre Ferien in L., in der Villa La Dunette oder im Landhaus Vernet (an der Straße nach Ouistreham); der Ort taucht unter dem durchschaubaren Namen ›Tigre-en-Mer‹ in den Romanen *Une Élection à Tigre-en-Mer en 1889* und *Un Trio turbulent* auf; in letzterem tritt ein gewisser ›Théodore Gaule‹ auf, hinter dem sich **Anatole France** (→ Paris) verbirgt, der Gyp jeweils im August der Jahre 1891 bis 1893 im Landhaus Vernet besuchte (Gedenktafel); France arbeitete hier an *Le Lys rouge* (1894), an *Au Jardin d'Épicure* (1894) und der großen Biographie *Vie de Jeanne d'Arc* (1908).

LISIEUX (Calvados)

Bibliothèque municipale (Stadtbücherei; 65 Tsd. Bde., 190 Hs., Ink.). – Théâtre de Lisieux.

[A] **P. Mérimée** (→ Paris) besuchte die Stadt im Juni 1841: »Ich habe noch nie etwas so Trauriges gesehen wie die Kathedrale Saint-Pierre in Lisieux. Sie gleicht aufs Haar einer englischen Kathedrale: groß, kalt, schwer, regelmäßig und langweilig.« – **M. Proust** (→ Paris) kam im Spätsommer 1907 nach L., wo »die alten Häuser, deren feine, geäderte Holzbalken sich an der Brüstung der Fenster zu Heiligen- und Dämonenköpfen entfalteten, sich seit dem 15. Jahrhundert nicht gerührt zu haben [schienen]«; bei der abendlichen Besichtigung der Kathedrale kam Proust zupaß, im Automobil zu reisen: Sein Chauffeur beleuchtete die Fassade mit den Scheinwerfern des Wagens (beschrieben in einem Zeitungsartikel, der Aufnahme fand in die *Pastiches et mélanges*, 1919, dt. *Nachgeahmtes und Vermischtes*, 1989).

[R] Der Romantiker **F.-R. de Chateaubriand** (→ Saint-Malo/Br) wohnte zeitweise (so im Spätsommer und Herbst 1804) in **Fervaques** (12 km südl. v. L.) auf Schloß Le Kinnor, das seiner Geliebten Delphine de Custine (1770-1826) gehörte, die sich hierher zurückgezogen hatte, nachdem ihr Mann und ihr Schwiegervater guillotiniert worden waren (Grab der schönen Schloßherrin in der Kapelle beim Schloß).

LONNÉ (Schloß) (Orne) → **BELLÊME** [R]
LE MESNIL-VILLEMAN (Manche) → **GRANVILLE** [R]

LE MONT-SAINT-MICHEL (Manche)

»Vor uns erhob sich ein großer runder Felsen; seine Basis war von Mauern und Zinnen umgeben; auf dem Gipfel stand eine Kirche, seine Befestigungstürme gehen tief in den Sand, und

seine Glockentürme strecken sich hoch in die Luft. Ungeheure Strebepfeiler, die die Seiten des Bauwerkes stützen, ruhen auf einem steilen Hang, an dem Felsblöcke und Büschel von Unkraut über dem Abgrund hängen. Auf halber Höhe schauen ein paar Häuser, dort, wo sie gerade Platz gefunden haben, über den weißen Gürtel der Mauer, und von der braunen Masse der Kirche überragt, leuchten sie mit ihren lebhaften Farben zwischen diesen beiden großen, gleichmäßigen Tönen.« (Gustave Flaubert)
»Die Stadt, ein Haufen mittelalterlich übereinandergestaffelter Häuser auf dem gewaltigen Granitblock, der auf der Spitze die Abtei trägt, ist durch eine hohe zinnenbewehrte Mauer vom Sandmeer getrennt. Sie steigt im Ring um die Altstadt, mit stumpfen und scharfen Winkeln, mit Plattformen und Wachtürmen, und bei jeder Biegung entdeckt das überraschte Auge eine neue Weite des riesigen Horizonts.« (Guy de Maupassant)

[A] **Madame de Sévigné** (→ Paris) besuchte den M.-S.-M. im Oktober 1661 mit ihrer 15jährigen Tochter, woran sie sich im Mai 1689, wieder in Sichtweite des Festungsklosters, in einem Brief an ihre Tochter (mittlerweile Madame de Grignan) erinnert. – **Victor Hugo** (→ Besançon/FC) kam Ende Juni 1836 zum M.-S.-M., der ihm von außen wie eine »wunderbare Pyramide« schien, innen jedoch profaniert und verwahrlost. – **Heinrich Heine** (1797-1856) besuchte die Burgabtei im Juni 1837 und im September 1838. – **P. Mérimée** (→ Paris), der die Anlage schon als Student gesehen hatte, kam dienstlich im Juni 1841 als Generalinspektor der historischen Denkmäler Frankreichs wieder. – **J. Michelet** (→ Paris) war bei seinem Besuch am 2. 8. 1858 vom Schicksal der Gefangenen berührt (Erwähnung in *La Mer*, 1861). – **G. Flaubert** (→ Rouen/HNo) und **M. du Camp** (→ Paris) kamen im Rahmen ihrer Wanderung durch die Bretagne im Juli 1847 zum M.-S.-M. (Beschreibung in *Par les Champs et par les grèves*, 1886, dt. *Über Feld und Strand*, 1906, zuletzt 1993). – **G. de Maupassant** (→ Tourville-sur-Arques/HNo) liefert Beschreibungen

Alain

in der *Légende du Mont-Saint-Michel* (1882, dt. *Die Legende vom Mont Saint-Michel*) und im Roman *Notre Cœur* (1890, dt. *Unser Herz*, 1897). – **R. M. Rilke** (1875-1926) besuchte den »Pilgerberg an der Küste der Bretagne« Mitte Januar 1903 und im Sommer 1911.

[L] Eine altfranzösische Vorlage bearbeitet **Ludwig Uhland** in seinem Gedicht »Legende« (1812): »Es ist 'ne Kirche wohlbekannt, / Sankt Michael vom Berg genannt [...].«

MORTAGNE-AU-PERCHE (Orne)

* 1868 **Alain** (Émile Chartier) († Le Vésinet/IdF 1951), Essayist, Philosoph; Studium an der École Normale Supérieure, Philosophielehrer an Schulen in Rouen und Paris; zu den Schülern zählten A. Maurois, S. Weil, J. Gracq; Mitarbeit an zahlreichen Zeitungen. – Geburtshaus: Rue de la Comédie Nr. 3 (Gedenktafel); [M] Musée Alain mit Erinnerungsstücken und dem rekonstruierten Arbeitszimmer aus der Wohnung in Le Vésinet. – W. u. a.: *Les Cent et un propos* (1908), *Les Propos d'Alain* (1920), *Jeanne d'Arc* (1925), *Propos sur*

le bonheur (1925, dt. *Die Pflicht glücklich zu sein*, 1960), *Propos sur l'éducation* (1928, dt. *Über die Erziehung*, 1963), *Les Dieux* (1934, dt. *Wie die Menschen zu ihren Göttern kamen*, 1961), *Stendhal* (1935), *Avec Balzac* (1937), *Propos sur la religion* (1938, dt. *Gedanken über die Religion*, 1948).

NONANT-LE-PIN (Orne) → **ÉCHAUFFOUR** [R]

OMONVILLE-LA-PETITE (Manche)

† 1977 **Jacques Prévert** (* Neuilly-sur-Seine/IdF 1900); der Dichter erwarb 1971 ein Haus ([M] Maison de Prévert) in O., wo er ab 1975 ständig wohnte und wo er starb; Grab des Dichters sowie seiner Frau Janine und seiner Tochter Michèle auf dem Friedhof.

[R] Der herzkranke Musiker und Dichter **Boris Vian** (→ Ville-d'Avray/IdF) kam in den 50er Jahren häufig zur Erholung nach **Goury** (5 km nw. v. O.) in das Hôtel de la Mer.

OUISTREHAM (Calvados)

[A] **Georges Simenon** (→ Anhang) fuhr im August 1931 mit seinem Schiff Ostrogoth nach Ou. und schrieb an Bord in den kommenden zwei Monaten vier Maigret-Romane, unter ihnen *Le Port des brumes* (1932, dt. *Nebel über dem Hafen*, 1951, u. d. T. *Maigret und der geheimnisvolle Kapitän*, 1966), der hier spielt.

PONT-L'ÉVÊQUE (Calvados)

* 1872 **Robert de Flers** († Vittel/Lo 1927), Dramatiker, Librettist; der erfolgreiche Komödienautor (gemeinsam mit Gaston Arman de Caillavet, dem Schwiegervater André Maurois'), 1920 Mitglied der Académie Française, war seit gemeinsamen Schulzeiten am Lycée Condorcet in Paris mit M. Proust befreundet. – Geburtshaus: Hôtel de Brilly (heute Rathaus und Fremdenverkehrsamt, Gedenktafel). – W. u. a.: *Le Roi* (Dr. 1908), *Le Bois sacré* (Dr. 1910), *L'Habit vert* (Dr. 1913).

[A] **V. Hugo** (→ Besançon/FC) hebt in einem Brief, den er von seiner Bretagne- und Normandie-Reise 1836 seiner Frau schrieb, die »hübschen Häuser« der Stadt hervor. – **G. Flaubert** (→ Rouen/HNo), dessen Mutter Anne Justine Caroline Fleuriot aus P. stammte, kam häufig hierher, wo seine Eltern die außerhalb des eigentlichen Ortes gelegenen Gutshöfe Gefosses und Toucques besaßen; Flaubert macht P. und die beiden Höfe zum Schauplatz seiner Erzählung *Un Cœur simple* (1877, dt. 1891, u. d. T. *Ein schlichtes Herz*, 1904).

[R] Am Ortsausgang des 6 km nw. v. P.-l'É. gelegenen Ortes **Canapville** steht linker Hand (Richtung Touques) das Herrenhaus Manoir de Prétot aus dem 15. Jh., das sich im Besitz der Schwester und des Schwagers von **P. Corneille** (→ Rouen/HNo) befand (Privatbesitz, keine Besichtigung). – **U. Guttinguer** (→ Rouen/HNo) besaß in **Saint-Gatien-des-Bois** (7 km n. v. P.-l'É.) das Haus Fontaine-Virginie (vom Ortszentrum Richtung Flugplatz, schlechter Zustand), wo er zahlreiche Freunde empfing: **A. de Musset** (→ Paris) schrieb bei seinem Besuch 1829 das seinem Gastgeber gewidmete Gedicht »A Ulric G.« (in den *Premières poésies*, 1829-35); auch **G. Flaubert** (→ Rouen/HNo) und **M. du Camp** (→ Paris) besuchten Guttinguer im Sommer 1847 auf ihrer Rückreise aus der Bretagne.

PONTORSON (Manche)

Die Vorfahren des Dichters **Ch. Leconte de Lisle** (→ Anhang) stammten aus P.

[A] **Madame de Sévigné** (→ Paris) und ihre Tochter (und spätere Haupt-Briefpartnerin) besuchten den Ort im Oktober 1661 auf dem Weg zum Mont-St.-Michel. – **V. Hugo** (→ Besançon/FC) übernachtete bei seiner Reise durch Normandie und Bretagne im Sommer 1836 in P.; das Zimmer beschreibt er seiner Frau in einem Brief: »Ein Loch mit Balkendecke und gestampftem Boden [...], riesige Spinnen an der Decke, winzige Flöhe auf dem Boden«. – **P. Méri-**

Schloß La Roque-Baignard

mée (→ Paris), im Juni 1841 auf Inspektionsreise in der Normandie, weiß aus P. nichts zu berichten, außer daß die Kirche »sehr häßlich, sehr schwer und durch eine Restaurierung sehr verschandelt« sei.

L Das Gut Le Plougal, »ungefähr eine Meile von Pontorson entfernt«, ist Schauplatz des unvollendeten Romans *Mademoiselle du Vissard* (1950) von **H. de Balzac**.

PORT-EN-BESSIN (Calvados) → **BAYEUX** R
RÉMALARD (Orne) → **VORÉ** R

LA ROQUE-BAIGNARD (Calvados)

»[...] es sprang ins Auge, daß das Haupt- und Wohngebäude aus wesentlich jüngerer Zeit stammte, und sein einziger Reiz bestand in dem Mantel aus Glyzinien, mit dem es bedeckt war. Der Küchenbau und die Umfassungsmauer dagegen wiesen gedrängte, jedoch erlesene Proportionen auf und boten dem Auge einen angenehmen Wechsel von Ziegelsteinflächen und Quader-Verklammerungen, wie es dem Stil der Zeit entsprach. Das Ganze umgab ein Graben von beträchtlicher Breite und Tiefe, dessen Wasserbestand ständig vom abgeleiteten Flußwasser erneuert wurde, das ein kleiner, von Vergißmeinnicht gesäumter Bach herbeiführte und in einem Wasserfall herabstürzen ließ.« (André Gide)

A **André Gide** (→ Paris) kannte von Kindesbeinen an das Schloß La R.-B. (Privatbesitz, keine Besichtigung), wo die Familie häufig die Sommerferien verbrachte; der Großvater des Dichters hatte den Besitz 1851 erworben, Gide, der auch zum Arbeiten hierher kam, u. a. die *Cahiers d'André Walter* (1891) hier beendete, verkaufte ihn 1900; Beschreibung in dem Roman *L'Immoraliste* (1902, dt. 1905) und der Autobiographie *Si le grain ne meurt* (1926, dt. *Stirb und werde*, 1930); unter den Freunden Gides, die das Schloß besuchten: im Herbst 1898 **Francis Jammes** (→ Tournay/MPy), der hier an seinem Gedichtband *Le Deuil des primevères* (1901) arbeitete.

SAINT-AUBIN-SUR-MER (Calvados)

A **É. Zola** (→ Paris) hatte sich im August und September 1875 in S.-A. eingemietet (Rue des Dunes Nr. 53) und begann hier, nachdem er den Roman *Son Excellence Eugène Rougon* (1876, dt. *Seine Excellenz Eugène Rougon*, 1887) beendet hatte, mit den Arbeiten zu *L'Assommoir* (1877, dt. *Der Totschläger*, 1880, u. d. T. *Die Schnapsbude*, 1927).

SAINT-DENIS-LE-GAST (Manche)

* 1613 **Charles de Saint-Evremond** († London 1703), Frühaufklärer, Philosoph; Militär, der nach Kritik an Kardinal Mazarin 1661 ins Exil mußte (und dort auch trotz Amnestie blieb); Verfasser der satirischen Komödie *La Comédie des académistes pour la réformation de la langue française* (1638), Vorläufer von Molières *Femmes savantes*; in Westminster Abbey begraben. – Weitere W.: *Réflexions sur les divers génies du peuple romain* (1663), *Dissertation sur la tragédie ancienne et moderne* (1679), *Discours sur Épicure* (1684), *Sur les Poèmes des anciens* (1685); *Œuvres en prose* (4 Bde. 1963-69).

SAINT-GABRIEL-BRÉCY (Calvados) → **BAYEUX** R
SAINT-GATIEN-DES-BOIS (Calvados) → **PONT-L'ÉVÊQUE** R

SAINT-LÔ (Manche)

Médiathèque municipale (50 Tsd. Bde., 2000 Hs., Ink.; Sammlung zu Octave Feuillet), Bibliothèque centrale de prêt de la Manche (138 Tsd. Bde.); Musée des Beaux-Arts (u. a. Stiftung Octave Feuillet). – Théâtre municipal (Stadttheater).

* 1821 **Octave Feuillet** († Paris 1890), Erzähler; verbrachte den Großteil seines Lebens zurückgezogen in S.-L.; schrieb zunächst Theaterstücke, dann (Trivial-) Romane; bekanntestes Werk: *Roman d'un jeune homme pauvre* (1858, dt. *Der Roman eines armen jungen Menschen*, 1858); 1862 Mitglied der Académie Française. – Geburtshaus: Rue Saint-Georges Nr. 2; Grab auf dem Friedhof. – Weitere W.: *Monsieur de Camors* (R. 1867, dt. *Graf Camors*, 1868), *Honneur d'artiste* (R. 1890, dt. *Künstlerehre*, 1891).

[A] **V. Hugo** (→ Besançon/FC) war bei seinem Besuch der Stadt Ende Juni 1836 entsetzt, daß die »bewundernswerte Kirche« Sainte-Croix verfiel, da nicht genügend Geld für den Unterhalt zur Verfügung stand: »Oh, diese Unfähigkeit! Und für die Madeleine und den Quai d'Orsay wirft man die Millionen raus, als wäre es das einfachste auf der Welt!« – Auf der Rückreise von Granville nach Paris hielt sich **Heinrich Heine** (1797-1856) Anfang September 1840 einige Tage in S.-L. auf. – **P. Mérimée** (→ Paris) rühmte auf seiner Inspektionsreise im Juni 1841 die romanische Kirche Sainte-Croix mit ihrem Skulpturen-Schmuck (1944 zerstört). – **A. France** (→ Paris) besuchte oft S.-L., diese »kleine schwarze, hinkende und bucklige Stadt, schief gebaut, doch inmitten weicher Wiesen und klaren Wassers gelegen, von einem sanften Himmel überwölbt und – wie alle Städte der Normandie – einer häßlichen Frau gleichend: aber einer hübschen.« (*La Vie littéraire*, 1888-92.)

SAINT-OUEN-LE-PIN (Calvados)

† 1874 **François Guizot** (* Nîmes/LR 1787); der Politiker, der 1836 das Schloß im Ortsteil Le Val-Richer gekauft hatte (Privatbesitz, Besichtigung nach Anmeldung), zog 1860 von Paris hierher und schrieb seine Memoiren; in Le Val-Richer Grab Guizots und das seines Urenkels **Jean Schlumberger** (→ Guebwiller/E).

[A] Dem Besitz Guizots benachbart ist das Schloß → La Roque-Baignard, wo **A. Gide** (→ Paris) als Kind seine Sommerferien verbrachte; in *Si le grain ne meurt* (1926, dt. *Stirb und werde*, 1930) berichtet Gide, wie er an den Sonntagen nach Le Val-Richer kam, um mit den Kindern der Verwandtschaft Guizots zu spielen.

SAINT-PIERRE-LANGERS (Manche) → AVRANCHES [R]

SAINT-SAUVEUR-LE-VICOMTE (Manche)

* 1808 **Jules-Amédée Barbey d'Aurevilly** († Paris 1889), Erzähler, Kritiker; royalist. Familie; Kindheit in S.-S., Gymnasium in Valognes, Jurastudium in Caen; ab 1833 in Paris (später im Wechsel mit Valognes); exzentrischer Katholik, gefürchteter ultrakonservativer Kritiker; Hauptwerke sind der Roman *Le Chevalier des Touches* (1864) und die Novellensammlung *Les Diaboliques* (1874, dt. *Die Teuflischen*, 1900, 1961, u. d. T. *Diabolische Geschich-*

Jules-Amédée Barbey d'Aurevilly

ten, 1985). – Geburtshaus an der Place Ernest-Legrand (Gedenktafel); [M] Musée Barbey-d'Aurevilly in der Rue Bottin-Desylles, wo Barbey Kindheit und Jugend verbrachte und den *Chevalier des Touches* schrieb; Büste (A. Rodin) vor dem Eingang zur Burg; Grab auf dem kleinen Friedhof unterhalb der Burg. – Weitere W.: *Du Dandysme et de Georges Brummel* (1845, dt. *Vom Dandytum und Georges Brummel*, 1900), *Une vieille maîtresse* (R. 1851, dt. *Eine alte Geliebte*, 1904), *L'Ensorcelée* (R. 1854, dt. *Die Gebannte*, 1948), *Un Prêtre marié* (R. 1865, dt. *Ein verheirateter Priester*, 1968), *Ce qui ne meurt pas* (R. 1883); *Œuvres romanesques complètes* (2 Bde. 1964/66).

[A] **P. Mérimée** (→ Paris) kam im Juni 1841 als Generalinspektor der historischen Denkmäler Frankreichs nach S.-S. und fand die Abtei »so ruinös, daß sie höchstens als Zeichenmotiv zu gebrauchen« sei.

[R] **P. Mérimée** (s. o.) besuchte bei gleicher Gelegenheit auch **La Haye-du-Puits** (11 km südl. v. S.-S.) und verstand nicht, warum er in der Denkmalliste den »scheußlichen Turm« verzeichnet fand, der obendrein in zwei, drei Monaten einstürzen würde; Landschaftsmaler sollten ihn schnell noch in einem Gemälde festhalten. (Der Turm steht heute noch.) – In **Carteret** (18 km w. v. S.-S.) und im nahen Barneville verbrachte **Barbey d'Aurevilly** (→ Saint-Sauveur-le-Vicomte) als Kind und Jugendlicher seine Sommerferien; Stadt und Umgebung macht er zum Schauplatz des Romans *Une vieille maîtresse* (1851, dt. *Eine alte Geliebte*, 1904), dort auch Beschreibung. In der Abtei **Blanchelande** (8 km südl. v. S.-S.) spielt Barbeys Roman *L'Ensorcelée* (1854, dt. *Die Gebannte*, 1948).

LE TERTRE (Schloß) (Orne) → **BELLÊME**

TINCHEBRAY (Orne)

* 1896 **André Breton** († Paris 1966), Lyriker, Erzähler, Theoretiker; Sohn eines Kaufmanns, 1900 Umzug nach Paris, Medizinstudium; Interesse für die Theorien Sigmund Freuds; politisches Engagement in der Kommunist. Partei; Haupttheoretiker des Surrealismus, Verfasser des *Manifeste du surréalisme* (1924; dt. 1947) und des *Second manifeste du surréalisme* (1930, dt. 1968); enge Freundschaft mit Ph. Soupault und L. Aragon. – Weitere W.: *Les Champs magnétiques* (gemeinsam mit Ph. Soupault, 1920, dt. *Die magnetischen Felder*, 1981), *Nadja* (R. 1928, dt. 1960), *Les Vases communicants* (Ged. 1932, dt. *Die kommunizierenden Röhren*, 1973).

TOCQUEVILLE (Manche)

[A] **Alexis de Tocqueville** (→ Paris) lebte in den Sommern 1836-51 auf dem Stammschloß seiner Familie in T., das ihm als Erbe zugefallen war; hier schrieb er auch seine Hauptwerke *De la Démocratie en Amérique* (1835/40, dt. *Über die Demokratie in Nordamerika*, 1836) und *L'Ancien Régime et la Révolution* (1856, dt. *Das alte Staatswesen und die Revolution*, 1857); begraben wurde der Staatsmann, der in Cannes/PAC starb, in der Familiengruft auf dem Friedhof der Gemeinde.

TOUR-EN-BESSIN (Calvados) → **BAYEUX** [R]

LA TRAPPE (Abtei) (Orne)

Das Kloster wurde bald nach seiner Gründung (1120) von Zisterziensern übernommen; im 17. Jh. erfolgte die Reform unter dem Abt de Rancé (1626-1700), der die strenge Observanz einführte.

[A] Besucher der Abtei waren u. a. der Prediger **Bossuet** (→ Dijon/Bu), der **Herzog von Saint-Simon** (→ Versailles/IdF) und **F.-R. de Chateaubriand** (→ Saint-Malo/Br), der im August 1843 kam und sich Anregungen für sein letztes Werk *Vie de Rancé* (1844, dt. 1844, u. d. T. *Das Leben* *des Abbé de Rancé*, 1977) holte, eine Biographie des Reformabtes. – Nach einer schweren psychischen Krise zog sich **Léon Bloy** (→ Périgueux/Aq) im Herbst 1877 für zehn Tage von Paris in das Kloster zurück (zweiter Aufenthalt 1878).

R In **Aube**, 13 km n. der Abtei, befindet sich im ehemaligen Pfarrhaus (Rue Abbé-Derry Nr. 3) das M Musée de la Comtesse de Ségur, das an die Kinderbuchautorin **Sophie Rostopčina, Comtesse de Ségur** (* 1799 St. Petersburg, † 1874 Paris) erinnert, die 1822-1872 auf dem nahen Schloß Les Nouettes lebte und dort den Großteil ihrer Bücher schrieb (*Nouveaux contes de fée pour les petites enfants*, 1857, *L'Auberge de l'ange gardien*, 1864; *Œuvres*, 20 Bde. 1930-32).

TRÉVIÈRES (Calvados)

* 1850 **Octave Mirbeau** († Paris 1917), Erzähler, Dramatiker, Journalist; Arztsohn, Jesuitenschüler in Vannes/Br, Jurastudium in Paris (abgebrochen); ab 1872 journalist. Tätigkeit, Entwicklung vom Bonapartisten zum Sozialisten, vom Antisemiten zum Parteigänger von Dreyfus; Freundschaft mit É. Zola und den impressionist. Malern; Mitglied der Académie Goncourt; bekanntester Roman: *Le Journal d'une femme de chambre* (1900, dt. 1901, u. d. T. *Tagebuch einer Kammerzofe*, 1965), verfilmt von J. Renoir (1945) und L. Buñuel (1963). – Weitere W.: *Sébastien Roch* (R. 1890, dt. 1902), *Le Jardin des supplices* (R. 1899, dt. *Der Garten der Qualen*, 1902), *Les vingt et un jours d'un neurasthénique* (R. 1902, dt. zuletzt u. d. T. *Nie wieder Höhenluft oder Die 21 Tage eines Neurasthenikers*, 2000), *Les affaires sont les affaires* (Kom. 1903, dt. *Geschäft ist Geschäft*, 1903), *Dingo* (R. 1913); *Œuvres illustrées* (10 Bde. 1934-36).

TROUVILLE (Calvados)

A **A. Dumas d. Ä.** (→ Villers-Cotterêts/Pi) zog sich im Juli/August 1831 mit der Schauspielerin Bell Krelsamer, seit dem Vorjahr seine Geliebte, in ein Gasthaus in T. zum Schreiben zurück. – **Gustave Flaubert** (→ Rouen/HNo) war als Heranwachsender oft mit seinen Eltern in T., wohin er auch als junger Mann noch kam (1853 Wohnung bei einem Apotheker am Boulevard Fernand-Moureaux Nr. 138, Pharmacie du Port, Gedenktafel; Statue an der Place Maréchal Foch); in T. traf er in den Sommerferien 1836 Elisa Foucault-Schlesinger (→ Vernon/HNo), die große Liebe seiner Jugend, die als Maria bzw. Madame Renaud bzw. Madame Arnoux Vorbild der weiblichen Hauptfigur in *Mé-*

Am Strand von Trouville

moires d'un fou (1901, dt. *Erinnerungen eines Narren*, 1907), *Jules et Henry* (1910, dt. 1921) und *L'Éducation sentimentale* (1869, dt. 1904, u. d. T. *Lehrjahre des Herzens*, 1957) wurde; als Sommerfrische taucht der Ort in der Erzählung *Un Cœur simple* (1877, dt. 1891, u. d. T. *Ein schlichtes Herz*, 1904) auf. – **Heinrich Heine** (1797-1856) verbrachte seine Sommerferien 1843 von Ende Juli bis Ende August in T.: »[...] die Seebäder bekommen mir dies Jahr sehr gut [...]. Meine Augen sind leider sehr schwach«, schreibt er an seine Mutter. – Der Historiker **J. Michelet** (→ Paris) fand bei seinem Aufenthalt im August 1845 den Strand »sehr schön, nur zu sehr wie Paris«. – **M. Proust** (→ Paris), wegen seines Asthmaleidens von Kindheit an ein Stammgast in den Seebädern der Normandie, kam zwischen 1891 und 1903 häufig nach T., wo er in der Villa Les Frémonts (Privatbesitz) oder dem Hôtel des Roches Noires (Promenade des Planches, heute Privatbesitz) wohnte; dem Ort widmete er die Novelle *Melancholische Sommertage in Trouville*, die im September 1893 in der *Revue Blanche* erschien. – **Joseph Roth** (1894-1939), vom späten Frühjahr 1925 an für ein Jahr Korrespondent der *Frankfurter Zeitung* in Frankreich, schrieb ein Feuilleton über Deauville und ihre »Schwesterstadt« T.: »Trouville ist eine liebe, alte normannische Stadt mit Giebelhäusern, mit Läden, mit Droschken, und Automobilen. Ohne Trouville könnte Deauville nicht Deauville sein. Trouville versorgt Deauville mit den nüchternen Notwendigkeiten.« – **L. Aragon** (→ Paris) und **E. Triolet** (→ Anhang) wohnten bei einem Aufenthalt in T. im gleichen Haus wie Flaubert (s. o.). – **Marguerite Duras** (→ Anhang) war vom Beginn der 60er Jahre bis an ihr Lebensende häufiger Gast im Grand Hôtel des Roches Noires. – **Rolf Schneider** (* 1932) beschreibt seine Eindrücke der Stadt in den Reisenotizen *Von Paris nach Frankreich* (1975).

[L] T. ist Schauplatz des Romans *Daniel* (1859), den **Ernest Feydeau** Gustave Flaubert widmete.

LE VAL-RICHER (Calvados) → **SAINT-OUEN-LE-PIN**

VALOGNES (Manche)

Bibliothèque municipale (Stadtbücherei; 56 Tsd. Bde., 220 Hs., 200 Ink.).

[A] **Barbey d'Aurevilly** (→ Saint-Sauveur-le-Vicomte), der Verwandte in V. – »die Stadt meiner Phantome, das Herculanum meiner Träume« – hatte, besuchte hier das Gymnasium und kam später, von Paris aus, jeweils im Sommer in die Stadt (bis 1887), wo er zunächst im Hôtel du Louvre, später im Hôtel Grandval-Coligny (Rue des Religieuses Nr. 32; Besichtigungsmöglichkeit) wohnte; in V., einem der Schauplätze des *Chevalier des Touches* (1864), schrieb er u. a. die Novellensammlung *Les Diaboliques* (Standbild im Hof des Gymnasiums). – Als **Victor Hugo** (→ Besançon/FC) Anfang Juli 1836 nach V. kam, suchte er den Unterpräfekten auf, um sich am Bürgermeister von → Barfleur zu rächen. – **P. Mérimée** (→ Paris), als Generalinspektor der historischen Denkmäler Frankreichs im Juni 1841 in der Normandie unterwegs, hielt die Kirche der Stadt für interessant, die römischen Zeugnisse jedoch keiner Ausgrabung wert. – **A. France** (→ Paris) kam Ende 1882 für einige Tage mit seiner Frau, deren Großmutter hier gestorben war, und las in einer schaurigen, winddurchtosten Nacht den Roman *Le Chevalier des Touches* (s. o.), der ihm großen Eindruck machte, wie er in *La Vie littéraire* (1888-92) erzählt.

VIERVILLE-SUR-MER (Calvados) → **BAYEUX** [R]

VORÉ (Schloß) (Orne)

[A] Der Philosoph **Helvétius** (→ Paris) kaufte das Schloß V. 1749, blieb zu langen Aufenthalten hier und soll sein Werk *De l'Esprit* (1758) hier geschrieben haben. –

F.-R. de Chateaubriand (→ Saint-Malo/Br) kam Anfang Oktober 1817 auf das Schloß, mit dessen damaliger Besitzerin Adélaïde, der Tochter des Philosophen, er durch einen Neffen verwandt war.

[R] **Octave Mirbeau** (→ Trévières), dessen Familie aus **Rémalard** (2 km sw. v. Schloß V.) stammte, verbrachte einen Teil seiner Kindheit im heutigen Rathaus des Ortes, der mit seiner Umgebung im Werk als wiederkehrender Schauplatz auftaucht.

Camaret-sur-Mer

BRETAGNE (Br)

Region: Bretagne; Départements: Côtes-d'Armor (22), Finistère (29), Ille-et-Vilaine (35), Morbihan (56); Einwohner: 2,8 Mio.; Fläche: 27 209 qkm; Verwaltungssitz: Rennes.

AUDIERNE (Finistère) → (**POINTE DU**) **RAZ** [R]

AURAY (Morbihan)
* 1850 **Gyp** (eigentlich Sibylle de Riqueti de Mirabeau, Comtesse de Martel) († Neuilly-sur-Seine/IdF 1932), Erzählerin; Nachfahrin des Grafen Mirabeau, vertrat betont nationalist. Positionen, Antisemitin; schrieb eine Unzahl von Romanen mit emanzipierten Frauen als Heldinnen. – Geburtsort: Schloß Coëtsal in Sainte-Anne-d'Auray. – W. u. a.: *Petit Bob* (R. 1882), *Autour du mariage* (R. 1883), *Une Passionnette* (R. 1891), *Le Mariage de Chiffon* (R. 1894, dt. *Flederwischs Hochzeit*, 1896), *Autour du divorce* (R. 1901), *Souvenirs d'une petite fille* (1927).
[A] **Madame de Sévigné** (→ Paris) war im August 1689 in A., wohin sie »die hübscheste Reise der Welt« gemacht hatte, wie sie ihrer Tochter schrieb. – **J. Michelet** (→ Paris) kam im Rahmen seiner Bretagne-Reise im August 1831 in den Wallfahrtsort Sainte-Anne-d'Auray. – **P. Mérimée** (→ Paris) war im September 1835 auf Inspektionsreise in A.; die Stadt sei zwar in kunsthistorischer Sicht unbedeutend, so Mérimée, aber der beste Standort, wenn man die keltischen Denkmäler des Morbihan besuchen wolle. – **Stendhal** (→ Grenoble/RhA), der Anfang Juli 1837 in die Stadt kam, erfuhr von den Wallfahrten nach Sainte-Anne d'Auray und war dort beeindruckt von der »tiefen Frömmigkeit« der Pilger: »Die jungen Maler aus Paris, die nicht das Glück haben, an etwas zu glauben, sollten sich hier ihre Modelle suchen, wenn sie von einem Minister, der genauso gläubig ist wie sie, den Auftrag bekommen, Wunder zu malen [...].« – **G. Flau-**

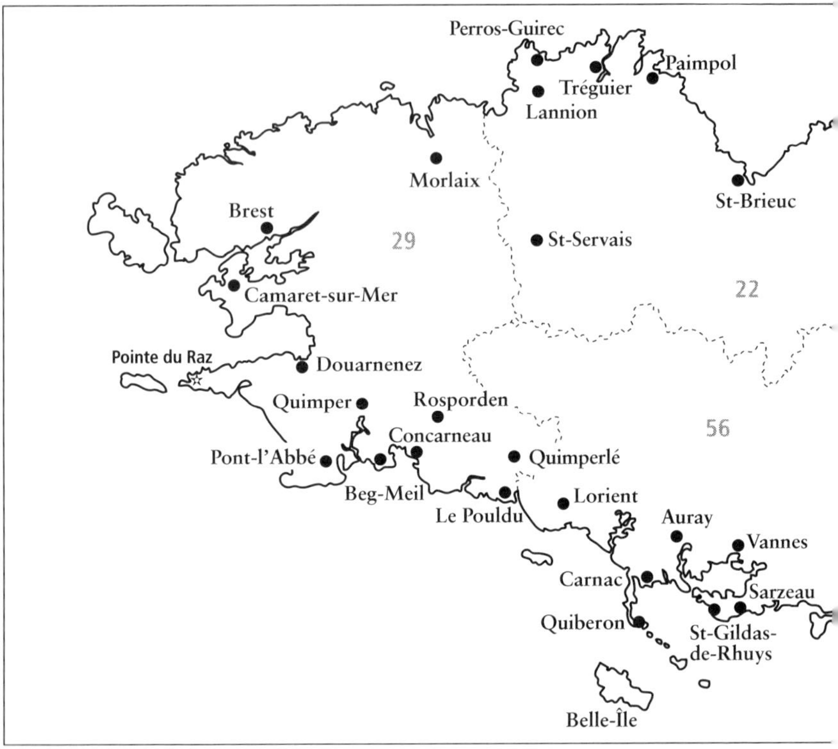

bert (→ Rouen/HNo), im Sommer 1847 mit seinem Freund **M. du Camp** (→ Paris) durch die Bretagne wandernd, war von A. angetan, fand auch die Frauen »hübscher als in der Umgegend« und besuchte die vor der Stadt gelegene Kartause und die Wallfahrtskirche Sainte-Anne. – Weitere Besucher der Stadt: der englische Dichter **Matthew Arnold** (1822-1888) im Frühjahr 1859, **H. Taine** (→ Vouziers/ChA) 1865, **G. Sand** (→ Paris) Mitte September 1866, **Robert Browning** (1812-1889) Sommer 1868. – **A. France** (→ Paris) besuchte die Wallfahrtskirche in Sainte-Anne-d'Auray Ende Juli 1890 (Beschreibung in *Pierre Nozière*, 1899), **André Gide** (→ Paris) im Sommer 1889 (Aufsatz »Le Pèlerinage de Sainte-Anne d'Auray«).

BEAUPORT (Abtei) (Côtes-d'Armor) → PAIMPOL

BEG-MEIL (Finistère)

[A] **Marcel Proust** (→ Paris) und der Musiker Reynaldo Hahn machten im Frühherbst 1895 Urlaub in B.-M., wo sie sich im Nebengebäude eines zum Hotel umgebauten Bauernhofs einmieteten: »Der Ort nennt sich Begmeil, Apfelbäume wachsen bis zum Meer herab, und der Geruch des Apfelweins vermischt sich mit dem des Tangs«, schreibt Proust in einem Brief an einen Freund; in B.-M. begann Proust Fragmente des autobiographischen Romans zu verfassen, der später u.d.T. *Jean Santeuil* (1952, dt. 1965) veröffentlicht wurde (dort Beschreibung des Ortes und seiner Umgebung).

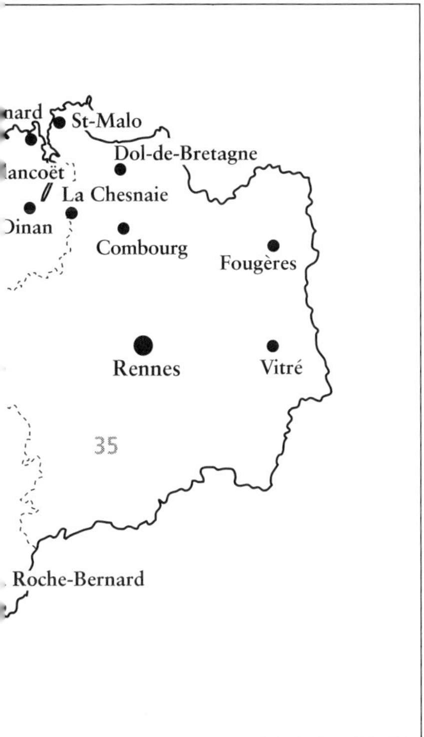

Sainte-Anne-d'Auray

BELLE-ÎLE (Morbihan)
A **G. Flaubert** (→ Rouen/HNo) und **M. du Camp** (→ Paris) widmeten im Fühsommer 1847 ihren Aufenthalt auf der Insel ganz der Natur, kletterten durch die Klippen, wanderten über Land; die Stadt Le Palais war ihnen bei der Ankunft nicht reizvoll erschienen: »Zwischen Zitadelle und Befestigungen eingeklemmt und in der Mitte von einem fast leeren Hafen unterbrochen, machte uns le Palais den Eindruck einer recht dummen kleinen Stadt, über der der Stumpfsinn der Garnison lag und die etwas von einem gähnenden Unteroffizier hatte.« (*Par les champs et par les grèves*, 1886, dt. *Über Feld und Strand*, 1919, 1993.) – **A. Daudet** (→ Nîmes/LR) besuchte die Insel Mitte der 70er Jahre. –

André Gide (→ Paris) berichtet von seinem Aufenthalt im Sommer 1889 in seinen *Notes d'un voyage en Bretagne*. – Die Tragödin **Sarah Bernhardt** (1844-1923), die 1894 erstmals nach B.-I. gekommen war, sollte auch in den nächsten Jahren, bis zu ihrem Tod, die Ferien auf der Insel verbringen; zunächst wohnte sie im kleinen Fort Sarah-Bernhardt an der Pointe des Poulains, später ließ sie das Manoir de Penhoët, ein Bauernhaus, ausbauen. – **Colette** (→ Saint-Sauveur-en-Puisaye/Bu) war von Juni bis Anfang September 1894 mit ihrem Ehemann Willy und dem Freund Paul Masson auf der Insel, um sich von einer Krankheit zu erholen; mit Masson durchstreifte sie die Insel und »gewann mit jedem Tag in Salzwasser und Sonne mehr jugendliche Lebhaftigkeit« zurück (*Die Erde mein Paradies*, 1967). – Im September 1895 wohnte **Marcel Proust** (→ Paris) mit dem Musiker Reynaldo Hahn im Hôtel de Bretagne in Le Palais, bevor sie auf das Festland nach Beg-Meil zogen. – Der Dichter **Jacques Prévert** (→ Neuilly-sur-Seine/IdF) kam 1937 auf die Insel.

[L] Die Insel ist Schauplatz des Romans *Le Vicomte de Bragelonne ou Dix ans plus tard* (1848/50, dt. *Der Graf von Bragelonne oder Zehn Jahre danach*, 1848/50) von **Alexandre Dumas d. Ä.**, einer Fortsetzung der *Drei Musketiere*.

BÉNODET (Finistère) → **PONT-L'ABBÉ** [R]
BEUZEC-CONQ (Finistère) → **CONCARNEAU**
BOISFÉVRIER (Schloß) (Ille-et-Vilaine) → **FOUGÈRES** [R]
(**ÎLE DE**) **BRÉHAT** (Côtes-d'Armor) → **PAIMPOL** [R]

BREST (Finistère)

Université de Bretagne occidentale (Bibliothek: 225 Tsd. Bde.). – Bibliothèque municipale (Stadtbücherei; 86 Tsd. Bde.) – Le Quartz de Brest (Theater).

* 1878 **Victor Segalen** († Huelgoat 1919), symbolist. Lyriker, Dramatiker, Erzähler; nach Medizinstudium Schiffsarzt; Begeisterung für fernöstl. Kulturen, Chinaexpeditionen; sammelte den Nachlaß des Malers P. Gauguin auf Tahiti. – Geburtshaus: Rue Massillon Nr. 17. – W. u. a.: *Les Immémoriaux* (R. 1907, dt. *Die Unvordenklichen*, 1986), *Stèles* (Ged. 1912), *Peintures* (Ged. 1916), *Orphée-Roi* (Dr. 1921), *René Leys* (R. 1921, dt. 1982), *Odes* (Ged. 1926), *Equipée, Voyage au pays du Réel* (Prosa 1929, dt. *Reise in das Land der Wirklichkeit*, 1984), *Chine. La Grande Statuaire* (Prosa 1973, dt. *China. Die große Statue*, 1986).

* 1910 **Henri Queffélec** († Paris 1992), Erzähler; Studium an der École Normale Supérieure, 1935-39 Lektor in Uppsala; ab 1942 freier Schriftsteller, 1975 Großer Preis der Académie Française für das Gesamtwerk; verfaßte Romane mit dem Schauplatz Bretagne. – W. u. a.: *Un Recteur de l'île de Sein* (1945, dt. *Gott braucht die Menschen*, 1951), *Les Chemins de terre* (1948, dt. *Unter leerem Himmel*, 1953), *Le Bout du monde* (1949), *Tempête sur Douarnenez* (1951), *Un Homme d'Ouessant* (1953, dt. *Und sah, daß es gut war*, 1955), *Frères de la brume* (1960, dt. *Männer im Nebel*, 1963), *Solitudes* (1963, dt. *Die Fischer von Fécamp*, 1965).

* 1922 **Alain Robbe-Grillet**, Romancier, Filmregisseur; wuchs in Paris auf; Studium am Institut national agronomique, Ingenieur; Mitarbeit an Instituten für Statistik und Wirtschaftsplanung (auch in Afrika); einer der wichtigsten Autoren des Nouveau roman. – W. u. a.: *Les Gommes* (R. 1953, dt. *Ein Tag zuviel*, 1954), *Le Voyeur* (R. 1955, dt. *Der Augenzeuge*, 1957), *La Jalousie* (R. 1957, dt. *Die Jalousie oder Die Eifersucht*, 1959), *Dans le Labyrinth* (R. 1959, dt. *Die Niederlage von Reichenfels*, 1960), *L'Année dernière à Marienbad* (R. 1961, dt. *Letztes Jahr in Marienbad*, 1961), *La Maison des rendez-vous* (R. 1965, dt. *Die blaue Villa in Hongkong*, 1966), *Topologie d'une cité fantôme* (R. 1976, dt. *Ansichten einer Geisterstadt*, 1977).

† 1940 **Saint-Pol-Roux** (* Marseille/PAC 1861); der greise Dichter überlebte die Vorgänge im Mai 1940 kein halbes Jahr (→ Camaret-sur-Mer) und starb in einem Krankenhaus in B. im Oktober; Grab in Camaret-sur-Mer.

[A] Von Ende Mai bis Ende August 1782 war **Choderlos de Laclos** (→ Amiens/Pi) in der Garnison B. stationiert (im gleichen Jahr erschienen anonym die *Liaisons dangereuses*). – **F.-R. de Chateaubriand** (→ Saint-Malo) kam im Frühjahr 1783 nach B., um das Marineoffiziersexamen abzulegen, kehrte jedoch bald zu seinen Eltern zurück, da er sich für die Marine nicht geeignet wußte: »Der Dienst zur See hätte mir sehr gefallen, wenn mir mein Unabhängigkeitsdrang nicht jede Art von Dienst verleidet hätte; ich kann nicht gehorchen.« – **V. Hugo** (→ Besançon/FC), im August 1834 in B., besichtigte den Hafen und das Zuchthaus und traf sich mit J. Drouet wieder (s. u.). – Auch für **G. Flaubert** (→ Rouen/HNo) und **M. du Camp** (→ Paris) bildete 1847 das Zuchthaus von B. neben dem Matrosenviertel einen Besichtigungspunkt: »Ist man nicht Ingenieur, Baumeister oder Schmied, so findet man Brest nicht übermäßig unterhaltend. [...] Außer dem Arsenal und dem Bagno sieht man nichts als Kasernen, Wachthäuser, Befestigungen, Gräben, Uniformen, Bajonette, Säbel und Trommeln.« – **Pierre Loti** (→ Rochefort/PCh) war ab 1867 Schüler an der Seefahrtsschule La Borda im gleichnamigen Schiff; während dieser Zeit wohnte er in der Grande-Rue über dem Bistro ›À la descente des Nantais‹ (*Journal intime*) – **Alain-Fournier** (→ La Chapelle-d'Angillon/C) besuchte ab Oktober 1901 die Marineschule in B., entschied sich aber nach einem guten Jahr für ein klassisches Gymnasium (→ Bourges/C). – **Jules Romains** (→ Saint-Julien-Chapteuil/Au) war 1909/10 Philosophielehrer am Gymnasium der Stadt. – **A. de Saint-Exupéry** (→ Lyon/RhA) war im März 1928 Teilnehmer an einem Navigationskurs in B. – **Jean**

Saint-Pol-Roux

Genet (→ Paris), der sich in den 30er Jahren in B. als Strichjunge und Taschendieb durchschlug, machte den Ort später zum Schauplatz seines Romans *Querelle de Brest* (1953, dt. 1955). – **J. Prévert** (→ Neuilly/IdF) hielt sich Anfang September 1939 zu den Dreharbeiten des Films *Remorques* in B. auf, als der 2. Wk. ausbrach; Prévert erinnert sich an B. in einem seiner berühmtesten Gedichte: »Barbara« (*Paroles*, 1946). – Der Weltenbummler **Blaise Cendrars** (→ Anhang) widmet der Stadt den Text *Brest. Cocotte en papier buvard* (dt. *Brest – Kokotte aus Löschpapier*) in der Sammlung *Bourlinguer* (1948, dt. in Ausz. u. d. T. *Der alte Hafen*, 1964).

[R] Im August 1834 flüchtete sich **Juliette Drouet**, die Geliebte Victor Hugos, von Paris nach **Saint-Renan** (14 km nw. v. B.) zu ihrer Schwester, die in der Rue Saint-Sébastien wohnte; voraus ging ein Streit mit dem Dichter, dem sie ihre Schulden verheimlicht hatte; Hugo reiste ihr hinterher, traf sie in B. und nahm sie nach der Versöhnung wieder mit zurück nach Paris. – **S. Mallarmé** (→ Paris) quartierte sich nach einem kurzen Aufenthalt in Douarnenez im August 1873 im Hôtel du Finistère von **Le Conquet** (22 km w. v. B.) ein und schrieb hier »Le Toast funèbre« (dt. »Trinkspruch für einen Toten«), den er der Sammlung *Le Tombeau de Théophile Gautier* (1873) beisteuerte. (Gautier war im Jahr zuvor gestorben.) Von Le Conquet (oder B.) Fähre zur **Île d'Ouessant**, Schauplatz des Romans *Un Homme d'Ouessant* (1953, dt. *Und sah, daß es gut war*, 1955) von **Henri Queffélec**.

CAMARET-SUR-MER (Finistère)

[A] Seit 1905 bewohnte **Saint-Pol-Roux** (→ Marseille/PAC) bei C. das Manoir de Cœcilian (1944 durch Bombeneinwirkung zerstört); Ende Mai 1940 drangen deutsche Soldaten in das Haus ein, erschossen die Haushälterin und vergewaltigten Divine, die Tochter des Dichters; Saint-Pol-Roux starb im Oktober des gleichen Jahres im Krankenhaus in Brest (Gedenkstein auf dem Square Saint-Pol-Roux; Grab auf dem Friedhof). – **Victor Segalen** (→ Brest) und **André Breton** (→ Tinchebray/BNo) zählten zu den Besuchern Saint-Pol-Roux', den die Surrealisten als einen ihrer Vorläufer betrachteten.

[R] Der Provenzale **Saint-Pol-Roux** (s. o.), der im Frühjahr 1883 erstmals die Bretagne besucht hatte, ließ sich 1898 mit seiner Familie in dem Dorf **Roscanvel** (6 km nö. v. C.). nieder und lebte hier bis zu seinem Umzug nach C.

Die Steinreihen von Carnac

CANCALE (Ille-et-Vilaine) → **SAINT-MALO** [R]

CARNAC (Morbihan)

»Das war also das berühmte Feld von Carnac, über das mehr Dummheiten gesagt sind, als Kiesel darauf liegen; sicher ist, daß man nicht häufig so steinige Spaziergänge findet. Aber trotz unserer angeborenen Neigung, alles zu bewundern, konnten wir nur einen gehörigen Schabernack darin sehen, durch den ein unbekanntes Zeitalter den Geist der Altertumsforscher kitzeln und die Reisenden verblüffen wollte.« (G. Flaubert)

[A] **V. Hugo** (→ Besançon/FC) kam im August 1834 nach C. und war entsetzt: »Stell dir vor«, schreibt er an seine Frau, »daß diese wunderbaren Steine, von denen du mich so oft hast sprechen hören, fast alle umgeworfen wurden von den dummen Bauern, die daraus Mauern und Hütten bauen.« – **P. Mérimée** (→ Paris) besuchte als Generalinspektor der historischen Denkmäler die keltischen Steinalleen Ende September 1835 (Beschreibung in den *Notes d'un voyage dans l'Ouest de la France*, 1836, zuletzt 1989), **Stendhal** (→ Grenoble/RhA) im Sommer 1837 (Erwähnung in den *Mémoires d'un Touriste*, 1838). – »Gewiß wäre es töricht, bei einem Besuche von Carnac nicht die berühmten Steine zu besichtigen«, schreibt **G. Flaubert** (→ Rouen/HNo), mit seinem Freund **M. du Camp** (→ Paris) im Sommer 1847 die Bretagne durchwandernd, in *Par les champs et par les grèves* (1886, dt. *Über Feld und Strand*, 1906) und gibt dort lange Erklärungen und Theorien, aber dennoch ließen die Steine die beiden Freunde »ziemlich kalt.« – Der englische Dichter **Matthew Arnold** (1822-1888) besuchte die Steinfelder im Mai 1859 (und schrieb »Stanzas from Carnac«), **Hippolyte Taine** (→ Vouziers/ChA) 1865 (Beschreibung in den *Car-*

nets de Voyage, 1897). – **George Sand** (→ Paris) kam im Rahmen einer 10tägigen Bretagne-Reise Mitte September 1866 nach C., **Robert Browning** (1812-1889) zwei Jahre später. – **A. France** (→ Paris) war im Sommer 1891 hier und beschrieb seinen Aufenthalt in *Pierre Nozière* (1899); zweiter Besuch im Oktober 1895.

LA CHESNAIE (CHÊNAIE)

(Ille-et-Vilaine)

[A] **F.-R. de Lamennais** (→ Saint-Malo), der fünfjährig seine Mutter verloren hatte, wuchs bei seinem Onkel in La Ch. auf und lebte 1810-14, nach seiner Bekehrung, wieder auf dem Gut; 1828 gründete er hier die Congrégation de Saint-Pierre, der er vorstand; nachdem er 1834 die Kongregation aufgelöst hatte, verließ er 1836 La Ch. für immer; zu den Besuchern zählte neben **H. Lacordaire** (→ Recey-sur-Ource/Bu) auch der Romantiker **M. de Guérin** (→ Andillac/MPy), der von Dezember 1832 bis September 1833 hier lebte (Parkbesichtigung möglich).

LA CLARTÉ (Côtes-d'Armor) → **PERROS-GUIREC** [R]

COMBOURG (Ille-et-Vilaine)

»Am Ende des Hofes, der unmerklich anstieg, zeigte sich zwischen den beiden Baumgruppen das Schloß. Seine traurige und strenge Fassade wies einen Mittelwall auf, der eine durchbrochene, überdachte Galerie mit Pechnasen trug. Dieser Mittelwall verband zwei nach Alter, Baumaterial, Höhe und Dicke ungleiche Türme; sie endeten in Zinnen mit spitzen Dächern, die wie Nachtmützen auf gotischen Kronen aussahen. Einige vergitterte Fenster unterbrachen hier und da die kahlen Mauern. Eine gerade, steile Freitreppe mit zweiundzwanzig Stufen ohne Geländer ersetzte die frühere Zugbrücke über die mit Schutt gefüllten Gräben; sie führte zum Schloßtor in der Mitte des Walls. Über diesem Tor sah man das Wappen der Herren von Combourg und die Öffnungen, aus denen früher die Hebearme und Ketten der Zugbrücke herausragten.« (F.-R. de Chateaubriand)

[A] **F.-R. de Chateaubriand** (→ Saint-Malo) kam 1777 – als Neunjähriger – auf das Schloß (11. Jh., seit 1761 im Besitz des Vaters), wo er nun zwei Jahre seines Lebens verbrachte, bis er auf die Schulen in Dol, Rennes und Dinan ging; auch später hielt er sich immer wieder auf dem Schloß auf, das er in seinen *Mémoires d'outre-tombe* (1848-50) beschreibt; nach Verwüstungen in der Frz. Revolution wurde das Innere 1876 restauriert ([M] Besichtigung der Räumlichkeiten mit Erinnerungsstücken; Statue zwischen Teich und Schloß). – **G. Flaubert** (→ Rouen/HNo) und **M. du Camp** (→ Paris) kamen im Rahmen ihrer Bretagne-Reise im Frühsommer 1847 nach C. und spürten im Schloß Chateaubriands Kindheit nach: »Nach dem Innenhof zu im zweiten Stock liegt ein kleines,

Combourg: Statue Chateaubriands vor dem Schloß

niedriges Zimmer, dessen erhaben verzierte Eichentür mittelst einer Eisenklinke geöffnet wird. Die Deckenbalken, die man mit der Hand erreichen kann, sind vor Alter wurmstichig; die Latten erscheinen unter dem Bewurf der Wand, die große Schmutzflecke hat; die Fensterscheiben sind durch die Spinngewebe verdunkelt und ihre Rahmen mit einer Kruste von Staub überzogen. Dies war sein Zimmer. Es liegt nach Westen, der untergehenden Sonne zu.« (*Par les champs et par les grèves*, 1886, dt. *Über Feld und Strand*, 1906.) – **Maurice Barrès** (→ Charmes/Lo) schreibt über seinen Besuch in *Ce que j'ai vu à Rennes.*

CONCARNEAU (Finistère)
[A] **G. Flaubert** (→ Rouen/HNo), der C. bereits von seiner Bretagne-Wanderung mit **M. du Camp** (→ Paris) im Frühsommer 1847 kannte und in regennasser Erinnerung hatte, war im Herbst 1875 mit seinem Freund Georges Pouchet in der Stadt und arbeitete an seinen *Trois Contes* (1877). – **Georges Simenon** (→ Anhang) verbrachte den Herbst und Winter 1930 in C. und dem wenig ö. gelegenen Weiler Beuzec-Conq und schrieb hier eine Reihe von Romanen; C. ist Schauplatz in *Le Chien jaune* (1931, dt. *Maigret und der gelbe Hund*, 1958) und *Les Demoiselles de Concarneau* (1936, dt. *Die bösen Schwestern von Concarneau*, 1988).

LE CONQUET (Finistère) → **BREST** [R]

DINAN (Côtes-d'Armor)
Bibliothèque municipale (Stadtbücherei; 71 Tsd. Bde., 1075 Hs.).

* 1868 **Théodore Botrel** († Pont-Aven 1925), Chansonnier, Heimatdichter; Sohn eines Schmieds, Angestellter bei der Eisenbahn; hatte schließlich mit seinen bretonischen Liedern im Pariser Cabaret Le Chat Noir Erfolg; Repertoire von ca. 900 Chansons, größter Erfolg mit »La Paimpolaise«. – Geburtshaus Rue de la Mittrie Nr. 10.

[A] Nachdem **F.-R. de Chateaubriand** (→ Saint-Malo) die Marineschule in Brest 1783 ohne Abschluß verlassen hatte, besuchte er das Gymnasium von D. (Gedenktafel), um humanistische Bildung für ein Theologiestudium zu erwerben (»in Wirklichkeit hoffte ich nur, Zeit zu gewinnen, denn ich wußte noch nicht recht, was ich eigentlich wollte«); in D. starb 1860 die älteste Schwester des Dichters, Marie-Anne de Marigny, im Alter von hundert Jahren. – **V. Hugo** (→ Besançon/FC) kam Ende Juni 1836 mit seiner Geliebten Juliette Drouet durch die Stadt. – Der Lyriker **Leconte de Lisle** (→ Anhang) kam 1837 nach D. – erste Anlaufstation auf dem frz. Festland – zum Cousin seines Vaters; bis zum November 1838 holte er auf dem Gymnasium von D. das Abitur nach, um Jura studieren zu können (→ Rennes) und war dann nochmals 1848 in der Stadt, als Abgesandter einer kreolischen Partei, die für die Abschaffung der Sklaverei warb.

DINARD (Ille-et-Vilaine)
† 1917 **Judith Gautier** (* Paris 1846); die Tochter von Théophile Gautier lebte im Wechsel mit Paris, wo sie einen Salon unterhielt, auf ihrem Gut Le Pré-des-Oiseaux (Rue de la Vistule Nr. 8) in Saint-Énogat, einem Stadtteil von D., wo sie starb (Grab auf dem Friedhof von S.-É.).

[A] Der englische Dichter **Robert Browning** (1812-1889) suchte nach dem Tod seiner Frau Elizabeth die Einsamkeit und verbrachte den August/September 1861 in Saint-Énogat. – Zu den Besuchern der Stadt gehörten **E. Renan** (→ Tréguier), der den Sommer 1863 in D. verbrachte, und **J. Michelet** (→ Paris), 1872 im Haus Boulevard Albert-Lacroix Nr. 46 (Gedenktafel). – **Leconte de Lisle** (→ Anhang) besuchte 1877 Judith Gautier auf deren Gut Le Pré-des-Oiseaux, wo **P. Louÿs** (→ Anhang), ein späterer Besucher, seinen erotischen Roman *Aphrodite* (1896) schrieb. – **P. Valéry** (→ Sète/LR) schrieb im Sommer 1940 in der Villa Rosavel (Rue des Marettes) *Mon Faust*. – **A. France** (→ Paris) wählte D. als Schauplatz des 28. Kapitels in *Le Lys rouge* (1894).

R In **Saint-Lunaire** (w. v. D.) war **Jules Verne** (→ Nantes/PdL) in den Sommermonaten oft in der Villa Caliban (im ö. Ortsteil La Fourberie) zu Gast, Besitz des Schriftstellers **Émile Bergerat** (1845-1923), der unter dem Pseudonym Caliban für den *Figaro* schrieb, der Académie Goncourt angehörte und mit Th. Gautiers zweiter Tochter Estelle verheiratet war.

DOL-DE-BRETAGNE (Ille-et-Vilaine)

»Dol, eine spanische Stadt Frankreichs in der Bretagne, wie es in alten Urkunden heißt, ist keine Stadt, sondern eine Straße. Eine alte, breite mittelalterliche Straße, rechts und links von pfeilergetragenen Häusern gefaßt, die nicht in einer Linie stehen, sondern Vorsprünge und Winkel der übrigens sehr breiten Straße bilden. Der Rest der Stadt ist ein Netz von Gassen und Gäßchen, die, wie Bäche in einen Fluß, in die Hauptstraße münden.« (Victor Hugo)

A **Madame de Sévigné** (→ Paris) war Ende Juli 1685 in D., als sie den Herzog von Chaulnes, Gouverneur der Bretagne, und seine Frau hier besuchte (zweiter Besuch im Mai 1689). – Der Frühromantiker **F.-R. de Chateaubriand** (→ Saint-Malo) war 1777-81 Schüler am Gymnasium in D. (Rue Pierre-Flaux) und ging hier, in der Abbaye-sous-Dol (Rue de Dinan, heute Altersheim) zur Erstkommunion (»für die jungen Christen das gleiche wie das Anlegen der männlichen Toga bei den Römern«). – **V. Hugo** (→ Besançon/FC), der die Kathedrale Ende Juni 1836 besuchte, bezeichnet sie in einem Brief enttäuscht als »eine einzige Baufälligkeit«; die Stadt ist einer der Schauplätze seines Romans *Quatre-vingt-treize* (1874, dt. *Dreiundneunzig*, 1874). – **Stendhal** (→ Grenoble/RhA) hingegen, den die Kathedrale von D. bereits als Kind begeistert hatte, fand seine Erinnerung bei dem Besuch im Sommer 1837 gar noch übertroffen. – **P. Mérimée** (→ Paris), im Juni 1841 auf Inspektionstour unterwegs, bezeichnet die Kathedrale von D. als »das schönste Denkmal der Bretagne«. – **G. Flaubert** (→ Rouen/HNo) bewunderte im Frühsommer 1847 die bauliche Schlichtheit der Kathedrale: »Ihr strenger Spitzbogen erinnert an den Herrscherstolz ihrer Bischöfe, deren Nachfolger noch im Chor ihren von oben bis unten vergoldeten Krummstab stehen haben.«

L Die Stadt wird als Heimat des Helden Gurun in dem Lai *Le Fresne* (2. Hälfte des 12. Jhs.) der **Marie de France** genannt.

DOUARNENEZ (Finistère)

† 1978 **Georges Perros** (* Paris 1923); der Lyriker und Aphoristiker (*Papiers collés*, 1960/73/78) sowie Brecht- und Strindberg-Übersetzer hatte sich 1959 in die Bretagne zurückgezogen; in D. arbeitete er in seinen letzten Lebensjahren in der Maison des Plomarchs; Grab auf dem Friedhof von Tréboul.

A Die Lyriker **J.-M. de Heredia** (→ Anhang) und **Sully Prudhomme** (→ Paris) unternahmen mit ihrem Kollegen Georges Lafenestre 1862 eine Wanderung durch die Bretagne; drei Jahre später schreibt Heredia: »Mehr als einmal habe ich mich nach den schönen Tagen von Douarnenez gesehnt, den Tagen im strahlenden Sonnenschein, im Schatten der großen Bäume und vollen Ernten, oder auf den leeren Stränden, in der mir so teuren Freiheit des Herzens und des Geistes«; der Dichter, der im August 1873 und im Sommer 1884 erneut in der Stadt war, gedenkt der Bretagne u. d. T. »La mer de Bretagne« in einer ganzen Reihe von Sonetten seiner Sammlung *Les Trophées* (1893). – Bei seinem zweiten Aufenthalt traf Heredia mit **S. Mallarmé** (→ Paris) zusammen, der von hier nach → Le Conquet ging, um dort an dem Gedicht für Th. Gautier zu arbeiten. – **A. Gide** (→ Paris) kam im Sommer 1889 im Rahmen seiner Bretagne-Reise nach D.

L D. und die umgebende Küste sind Schauplätze des Romans *Tempête sur Douarnenez*

Fougères: Stadtansicht

(1951) des bretonischen Erzählers **Henri Queffélec.**

[R] Auf dem Friedhof von **Tréboul** (w. v. D.) Grab von **John-Antoine Nau** (eigentlich Eugène Torquet) (1873-1918), der 1903 den ersten Prix Goncourt für den Roman *Force ennemie* erhielt, und von **Georges Perros** (s. o.).

ELVEN (Morbihan) → VANNES [R]
ESPINAY (Schloß) (Ille-et-Vilaine) → VITRÉ

FOUGÈRES (Ille-et-Vilaine)

»Zur Zeit bin ich [...] in einer Stadt, die sich Maler ganz fromm anschauen sollten, in einer Stadt, die eine alte Burg hat, die von den herrlichsten alten Türmen der Welt umgeben ist, eine Stadt mit Wassermühlen, sprudelnden Bächen, Felsen, Rosengärten, Straßen mit steilen Giebelhäusern, hohen und niedrigen Kirchen, alten Ladentheken aus glänzendem Holz in den Geschäften, allerlei alten efeubewachsenen Ruinen. Das alles habe ich bei Tageslicht, in der Dämmerung und bei Mondschein gesehen und kann mich nicht daran satt sehen. Es ist einfach wunderbar.« (Victor Hugo)

Bibliothèque municipale (Stadtbücherei; 110 Tsd. Bde., 100 Hs., Ink.).

* 1890 **Jean Guéhenno** († Paris 1978), Essayist, Journalist; Sohn eines Schusters, Volksschule in F., Fabrikarbeiter, Autodidakt; beschrieb seine Heimatstadt in der Autobiographie *Changer la vie* (1961), 1963 Mitglied der Académie Française; verfaßte zahlreiche Essays und Studien, u. a. über Michelet (1927) und Rousseau (1948-52). – Weitere W.: *Caliban parle* (Essay 1928), *Journal d'un homme de quarante ans* (Autobiogr. 1934, dt. *Ein Mann von 40 Jahren*, 1936), *La Mort des autres* (Essay 1968), *Carnets du vieil écrivain* (Autobiogr. 1971).

[A] **F.-R. de Chateaubriand** (→ Saint-Malo) besuchte in F. häufig seine drei älteren Schwestern: die älteste, Marie-Anne de Marigny, eine glühende Royalistin, in der Rue Chateaubriand Nr. 18 (Gedenktafel), die zweite, Bénigne-Jeanne de Québriac, in der Rue Lesueur Nr. 5 (Hôtel de Québriac-Chateaubriand, Gedenktafel) und Julie-Marie Farcy de Montavallon in der

Rue Nationale Nr. 32 (Haus abgebrochen, Gedenktafel am Nachfolgebau). – **Alfred de Musset** (→ Paris) wohnte im Spätsommer 1819 mit seinem älteren Bruder Paul in den Ferien bei dem Onkel Guyot-Desherbier (Rue Nationale Nr. 36), der in F. Unterpräfekt war. – **Honoré de Balzac** (→ Tours/C) wohnte im September und Oktober 1828 im Hause des Generals de Pommereul (Hôtel Bertin de la Hautière, Place de Lariboisière Nr. 19, heute Pfarrhaus von Saint-Léonard, Inschrift) und arbeitete an seinem Roman *Le dernier chouan ou la Bretagne en 1800* (1829, dt. *Die Chouans oder Die Bretagne im Jahr 1799*, 1841), der in F. und Umgebung spielt. – **V. Hugo** (→ Besançon/FC) war Ende Juni 1836 mit seiner Geliebten Juliette Drouet in F. (die Drouet war 1806 in F. als Tochter des Schneiders Julien Gauvain in der Rue de Rillé geboren und, früh schon Vollwaise, von ihrem Onkel René Drouet zur Erziehung nach Paris zu Benediktinerinnen geschickt worden); das Paar stieg im Hôtel des Trois-Marchand (Ecke Rue Albert-Durand/Rue de la Forêt, heute Au Bistro Gourmand) ab; die Tour Mélusine der Burg ist unter dem Namen La Tourgue Schauplatz im 3. Teil des Romans *Quatre-vingt-treize* (1874, dt. *Dreiundneunzig*, 1874). – **G. Flaubert** (→ Rouen/HNo) und **M. du Camp** (→ Paris) kamen am Ende ihrer Bretagne-Reise im Frühsommer 1847 auch nach F.: »Dauerhafter Eindruck der Türme, die Wälle sind mit grün bedeckt«, notierte Flaubert in sein Skizzenbuch. – Auf Balzacs Spuren kam **Julien Gracq** (→ Saint-Florent-le-Vieil/PdL) nach F., der von seinen Eindrükken in *Les Eaux étroites* (1976, dt. *Die engen Wasser*, 1985) und *En lisant, en écrivant* (1981) berichtet.

[R] **F.-R. de Chateaubriand** (s. o.) war mit den Schloßherren von **Boisfévrier** (4 km ö. v. F.), der Familie Langan, befreundet und besuchte sie dort. – 1787 hielt sich **Chateaubriand** auf Schloß **Marigny** (7 km nw. v. F.) auf, dessen Besitzerin seine älteste Schwester Marie-Anne de Marigny (1760-1860) war; deren Schwiegersohn verkaufte das Schloß an General de Pommereul, mit dessen Sohn **H. de Balzac** (s. o.) bekannt war; Balzac, der im Herbst 1828 im Hause de Pommereul in F. zu Besuch war (s. o.), beschreibt das Schloß unter dem Namen La Vivetière im 2. Kapitel seines Romans *Le dernier chouan ou la Bretagne en 1800* (1829, dt. *Die Chouans oder Die Bretagne im Jahr 1799*, 1841, u. d. T. *Die Königstreuen*, 1923); vom Schloß ist lediglich die Kapelle St.-Jacques und der Schloßteich erhalten. – Auch auf Schloß **La Sécardais** (20 km sw. v. F.) weilte **Chateaubriand** (→ Saint-Malo) wiederholt; das Schloß befand sich im Besitz seiner Schwester Bénigne-Jeanne, die nach dem Tod ihres ersten Mannes (Monsieur de Québriac) den Vicomte de la Celle-de-Chateaubourg geheiratet hatte, dem das Schloß gehörte. – Das Schloß La Rouërie in **Saint-Ouen-la-Rouërie** (27 km nw. v. F.) ist einer der Schauplätze des Romans *Le Marquis de Fayolle* (1849) von **Gérard de Nerval** (→ Paris).

LA FOURBERIE (Ille-et-Vilaine) → **DINARD** [R]
LA GUIMORAIS (Ille-et-Vilaine) → **SAINT-MALO** [R]
(ÎLE D') HOUAT (Morbihan) → **QUIBERON** [R]
HUELGOAT (Finistère) → **MORLAIX** [R]
KERLEAU (Schloß) (Morbihan) → **VANNES** [R]
LANDIVISIAU (Finistère) → **MORLAIX** [R]
LANDRELLEC (Côtes-d'Armor) → **PERROS-GUIREC** [R]

LANNION (Côtes-d'Armor)

* 1863 **Charles Le Goffic** († ebda. 1932), Lyriker, Erzähler; Philologiestudium in Paris, Lehrtätigkeit; Freundschaft mit M. Barrès und A. France; Darstellung der bretonischen Heimat in Vers und Prosa; 1930 Mitglied der Académie Française. – Geburtshaus Rue Jean-Savidan Nr. 6, Sterbehaus Place du Marchallach Nr. 14 (Grab in

Trégastel); Statue (Jean Boucher) an der Ecke Avenue Ernest-Renan/Rue de la Mairie. – W. u. a.: *Amour breton* (Ged. 1889), *Le Crucifié de Kéraliès* (R. 1892), *Sur la Côte* (R. 1897), *Morgane* (R. 1898), *Le Pardon de la reine Anne* (Ged. 1902), *L'Âme bretonne* (Prosa 1902-22), *La Bretagne et les pays celtiques* (Prosa 1904-24), *Le Pirate de l'île de Lern* (R. 1913), *L'Abbesse de Guérande* (R. 1921).

[A] Der achtjährige **Villiers de l'Isle-Adam** (→ Saint-Brieuc) zog mit seiner Familie 1846 nach L., wo eine Großtante ein Haus gekauft hatte.

LORIENT (Morbihan)

Université Bretagne Sud. – Bibliothèque municipale (Stadtbücherei; 140 Tsd. Bde.). – Théâtre de Lorient (Centre Dramatique de Bretagne).

L. ist die Geburtsstadt der Schauspielerin Marie Dorval (1798-1849), 1831-35 Geliebte des Romantikers **A. de Vigny** (→ Loches/C), der für sie das Drama *Chatterton* (1835) schrieb.

* 1803 **Auguste Brizeux** († Montpellier/LR 1858); Lyriker, der seiner Heimat in Leben und Werk eng verbunden blieb, verfaßte Idyllen wie *Marie* (1831) und *La Harpe d'Armorique* (1844) und das Epos *Les Bretons* (24 Gesänge, 1845). – Geburtshaus Rue Poissonnière Nr. 2 (Gedenktafel), Grab auf dem Cimetière de Carnel. – Weitere W.: *Œuvres* (4 Bde. 1910-12).

[A] Als **Madame de Sévigné** (→ Paris) im August 1689 hierher kam (und im Haus des Direktors der Indienkompanie zum Essen eingeladen war), sah sie lediglich einen Anlandeplatz ohne zugehörige Stadt (die sollte erst im 18. Jh. gebaut werden): »[Wir sind] an einen Ort gefahren, den man Orient nennt, eine Meile vom Meer entfernt. Da werden die Händler und Waren, die aus dem Orient eintreffen, in Empfang genommen.« – **Bernardin de Saint-Pierre** (→ Le Havre/HNo), Ende 1767 zum Königl. Ingenieur-Hauptmann ernannt und nach Madagaskar entsandt, schiffte sich in L. zu dieser Reise ein, die ihn allerdings – auf eigenmächtiges Handeln hin – zur Île-de-France (Mauritius) bringen sollte; die Reise schildert er in dem Bericht *Voyage à l'île de France* (1773). – **Stendhal** (→ Grenoble/RhA), der bei seinem Besuch in der Stadt im Juli 1837 von seinem Hotel (Hôtel de France) begeistert war, spricht in den *Mémoires d'un touriste* (1838) von der Stadtanlage: »Man sieht, daß Lorient nach dem Maßstab der Vernunft gebaut wurde. Die Straßen sind geradlinig, was dem Malerischen natürlich sehr abträglich ist.« – **Ernest Renan** (→ Tréguier) besuchte die Hafenstadt 1888. – **P. Loti** (→ Rochefort/PCh) lag 1878 in L. in Garnison und wohnte während dieser Zeit im Hôtel de l'Océan (Rue Marie-Dorval); dort schrieb er an seinem ersten Roman *Aziyadé* (1879). – **Alain** (→ Mortagne-au-Perche/BNo) war 1893-1900 Lehrer an Gymnasium und Volkshochschule und schrieb für den *Rappel du Morbihan* und die *Dépêche de Lorient*.

[R] **Madame de Sévigné** (s. o.) war im August 1689 auch in **Port-Louis** (südl. v. L.), »einem schönen festen Ort [...], wo man immer das herrliche offene Meer vor Augen hat.«

MARIGNY (Schloß) (Ille-et-Vilaine) → **FOUGÈRES** [R]

MONCHOIX (Schloß) (Côtes-d'Armor) → PLANCOËT

MORLAIX (Finistère)

Bibliothèque municipale (Stadtbücherei; 165 Tsd. Bde., 170 Hs., Ink.).

* 1806 **Émile Souvestre** († Paris 1854), Erzähler; war Journalist und Lehrer, bis er mit Romanen Erfolg hatte, die in seiner bretonischen Heimat spielen, u. a. *Les derniers Bretons* (1835-37), *Le Foyer breton* (1844); 1851 Preis der Académie Française. – Weitere W.: *Un Philosophe sous les toits* (R. 1850, dt. *Der Philosoph in der Dachstube*, 1850), *Confessions d'un*

ouvrier (R. 1851, dt. *Aus dem Leben eines Handwerkers*, 1853).
* 1845 **Tristan Corbière** († ebda. 1875), Lyriker; Schüler am Gymnasium von M.; lebte hauptsächlich in der Bretagne; wurde erst nach seinem Tod von P. Verlaine entdeckt (und unter die ›poètes maudits‹ gerechnet). – Geburtshaus: Herrensitz Coat-Congar in dem nördl. Vorort Ploujean, Grab auf dem Friedhof Saint-Martin. – W.: *Les Amours jaunes* (Ged. 1873/1891, dt. in Ausw. *Die gelben Liebschaften*, 1948), *Casino des trépassés, L'Américaine* (Prosa 1941); *Œuvres complètes* (1970).
[A] Im Manoir de l'Armorique (im nördl. Vorort Ploujean) wohnte zeitweise der Lyriker **J.-M. de Heredia** (→ Anhang).
[R] **A. Dumas d. Ä.** (→ Villers-Cotterêts/Pi) verbrachte den Sommer 1869 in **Roscoff** (25 km n. v. M.), wohin er sich mit seiner Köchin Marie zurückgezogen hatte, um ein *Grand Dictionnaire de Cuisine* (dt. *Großes Wörterbuch der Kochkunst*) zu schreiben. (Das Werk wurde erst nach Dumas' Tod unter der Mitarbeit des jungen A. France fertiggestellt und herausgegeben.) – In **Huelgoat** (29 km südl. v. M.) starb 1919 **Victor Segalen** (→ Brest) auf einer einsamen Wanderung an einer Verwundung; Grab auf dem Friedhof. – Auf dem Friedhof von **Landivisiau** (18 km w. v. M.) Grab von **Xavier Grall** (1930-1981), Dichter seiner bretonischen Heimat (u. a. *Stèle pour Lamennais*, *Rituel breton*, 1986).

(**ÎLE D'**) **OUESSANT** (Finistère) → **BREST** [R]

PAIMPOL (Côtes-d'Armor)

Denkmal für den Heimatdichter **Théodore Botrel** (→ Dinan) auf dem nach ihm benannten Square.

[A] **P. Mérimée** (→ Paris), im September 1835 auf Inspektionstour in der Bretagne, besuchte die Ruinen der Abtei Beauport, die er vor weiterem Abbruch zu bewahren hoffte, und begeisterte sich für das »herrliche Panorama« der Bucht von P., wo er zu seiner großen Überraschung südländische Vegetation fand. – **P. Loti** (→ Rochefort/PCh) schrieb 1884 in einem Hotel an der Place du Martray (Ecke Rue de l'Église) an dem Roman *Pêcheurs d'Islande* (1886, dt. *Islandfischer*, 1888), der P. zum Rahmen hat; in dem wenige Kilometer nö. gelegenen Fischereihafen Pors-Even wohnte Loti bei dem Fischer Guillaume Floury, der ihm Vorbild für die Figur des ›Yann‹ im Roman wurde; die im Roman beschriebene Kapelle für verschollene Seeleute befindet sich zwischen Pors-Even und Ploubazlanec: die Kapelle Perros-Hamon von 1770.
[R] Im Sommer 1928 wohnten die jungen deutschen Schriftsteller **Peter Huchel** (1903-1981) und **Alfred Kantorowicz** (1899-1979) mit einem Freund auf der **Île de Bréhat**.

LE PALAIS (Morbihan) → **BELLE-ÎLE**

PERROS-GUIREC (Côtes-d'Armor)

[A] An der Straße von P.-G. nach dem 2 km sö. gelegenen Dorf Louannec steht die Villa Rosmapamon, wo **E. Renan** (→ Tréguier) zwischen 1885 und 1892 die Sommermonate verbrachte und u. a. **Charles Le Goffic** (→ Lannion) und **M. Barrès** (→ Charmes/Lo) empfing (Besichtigungsmöglichkeit); über seinen Besuch 1886 schreibt Barrès in *Huit jours chez M. Renan* (1888). – **P. Valéry** (→ Sète/LR) machte im August 1921 mit seiner Familie Ferien in P.-G.
[R] An der Roche des Martyrs (Märtyrerfelsen) in **La Clarté** (nw. v. P.-G.) Medaillons für die bretonischen Dichter **Gabriel Vicaire** (1848-1900), **Charles Le Goffic** (→ Lannion) und **Anatole Le Braz** (→ Saint-Servais). – **M. Barrès** (→ Charmes/Lo) schrieb in **Landrellec** (7 km w. v. P.-G.) 1886 das Ende seines Romans *Sous l'œil des barbares* (1888). – Auf der kleinen dem Ort **Ploumanach** (nw. v. P.-G.) gegenüberliegenden Insel wohnte der polnische Dichter **Henryk Sienkiewicz** (1846-1916),

Autor des Romans *Quo vadis?* (1896) und Nobelpreisträger von 1905, im Jahre 1898 auf Schloß Costaérès; im Sommer 1929 wurde **Colette** (→ Saint-Sauveur-en-Puisaye/Bu) von den damaligen, mit der Dichterin befreundeten Besitzern auf das Schloß eingeladen. – Auf dem Friedhof von **Trégastel** (2 km w. v. P.-G.) Grab des breton. Schriftstellers **Charles Le Goffic** (→ Lannion); in dem Ort hielt sich **A. Gide** (→ Paris) im Juni 1908 auf (Tagebucheintrag).

PLANCOËT (Côtes-d'Armor)

[A] **F.-R. de Chateaubriand** (→ Saint-Malo) wurde bald nach seiner Geburt nach P. gebracht und lebte die ersten drei Jahre bei seiner Großmutter Madame de Bedée und deren Schwester (Notre-Dame in der Rue de l'Abbaye, Gedenktafel); siebenjährig (1775) kehrte er mit seiner Mutter nochmals für einige Zeit zur Großmutter zurück, woran er sich in den *Mémoires d'outre-tombe* (1848-50, dt. zuletzt in Ausz. *Erinnerungen von jenseits des Grabes*, 1994) erinnert: »Wir stiegen bei meiner Großmutter ab. Wenn ich je das Glück kennengelernt habe, so war es gewiß in diesem Hause. Meine Großmutter bewohnte ein Haus mit Gärten, die sich terrassenförmig auf ein kleines Tal herabsenkten, in dem eine von Weiden umstandene Quelle sprudelte.« Von hier besuchte der künftige Dichter auch das Schloß Monchoix seines Onkels, das ihm gerade im Vergleich mit der väterlichen Burg Combourg gefiel: »Das Schloß des Comte de Bedée lag eine Meile von Plancouët entfernt, erhöht in einer freundlichen Gegend. Alles atmete hier Freude; die Heiterkeit meines Onkels war unerschöpflich. [...] Von Combourg nach Monchoix zu gehen, das war ein Gang aus der Wüste in die Welt, aus der Burg eines mittelalterlichen Barons in die Villa eines römischen Fürsten.«

PLÉNEUF-VAL-ANDRÉ (Côtes-d'Armor) → **SAINT-BRIEUC** [R]

PLOUBAZLANEC (Côtes-d'Armor) → **PAIMPOL**
PLOUJEAN (Finistère) → **MORLAIX**
PLOUMANACH (Côtes-d'Armor) → **PERROS-GUIREC** [R]
PONT-AVEN (Finistère) → **QUIMPERLÉ** [R]

PONT-L'ABBÉ (Finistère)

»[...] es ist die bretonischste Stadt der ganzen überbretonischen Bretagne zwischen Kap Raz bis zum Morbihan, ein Landstrich, der die bretonischen Sitten, Legenden und Bräuche konzentriert in sich beschließt.« (Guy de Maupassant)

[A] **Guy de Maupassant** (→ Tourville-sur-Arques/HNo) der im September 1879 und im Juli 1882 bei Reisen durch die Bretagne auch nach P. kam, macht den Ort zum Rahmen der Novelle *Un Fils* (1882, dt. *Ein Sohn*).
[R] **Émile Zola** (→ Paris) zog sich im Sommer 1883 nach **Bénodet** (14 km ö. v. P.) zurück: »Unsere Abgeschiedenheit hier ist vollkommen, Verpflegung und Post müssen wir mit dem Boot holen, als ob wir auf einer Insel wären«, schreibt er in einem Brief an H. Céard; Zola, der an *La Joie de vivre* (1884, die *Die Lebensfreude*, 1889) arbeitete, blieb bis Mitte September.

PORS-EVEN (Côtes-d'Armor) → **PAIMPOL**
PORT-LOUIS (Morbihan) → **LORIENT** [R]

LE POULDU (Finistère)

[A] **A. Gide** (→ Paris), im Sommer 1889 in der Bretagne unterwegs (auch zu Fuß), sah in einer Wirtschaft des Ortes eine große Zahl von Leinwänden mit »kindischem Geklecksе« und lernte beim Abendessen auch die dazugehörigen Maler kennen, unter ihnen Paul Gauguin (Bericht in *Si le grain ne meurt*, 1926, dt. *Stirb und werde*, 1930). – Der Philosoph **Alain** (→ Mortagne-au-Perche/BNo) verbrachte seinen Urlaub im Hôtel Pouzoullic, bis er sich Mitte der 20er Jahre ein Landhaus (Le Puits fleuri, Gedenktafel) baute.

QUIBERON (Morbihan)

[A] Die Wanderer **G. Flaubert** (→ Rouen/HNo) und **M. du Camp** (→ Paris) kamen auf ihrer Bretagne-Reise im Frühsommer 1847 auch nach Qu., wo sie im Hotel Penthièvre frühstückten (Hummer und Beefsteaks); Flaubert, immer auf der Suche nach den Sehenswürdigkeiten, schreibt in *Par les champs et par les grèves* (1886, dt. *Über Feld und Strand*, 1906): »Die ganze Vergangenheit von Quiberon besteht in einem Blutbad. Seine größte Sehenswürdigkeit ist der Friedhof; er ist voll, er läuft über, seine Mauern bersten, er ergießt sich bis auf die Straße.« – **H. Taine** (→ Vouziers/ChA) besuchte die Stadt 1852 (*Carnets de voyage*, 1897), **A. Daudet** (→ Nîmes/LR) in den Sommerferien 1874 (*Souvenirs d'un homme de lettres*, 1888), **Alain** (→ Mortagne-au-Perche/BNo) im August 1896. – **André Gide** (→ Paris) vollzog nach bestandenem Abitur im Oktober 1889 einen Teil der Flaubert-Du Campschen Reise nach und begann die Fußtour in Qu. (*Notes d'un voyage en Bretagne*). – In dem kleinen Fischerhafen Port-Haliguen ließ sich **H. Céard** (→ Paris) von 1900 bis 1907 nieder (Villa Ker Dister). – **A. France** (→ Paris) hielt sich im September 1905 und August 1908 in der Villa seiner Freundin Madame de Caillavet auf.

[R] **Alphonse Daudet** (→ Nîmes/LR) unternahm Mitte der 70er Jahre einen Ausflug auf die **Île d'Houat**, den er in dem Aufsatz »Une visite à l'Île de Houat« (1876) beschreibt.

QUIMPER (Finistère)

»Obschon Quimper der Mittelpunkt der eigentlichen Bretagne ist, unterscheidet es sich von ihr. Seine schöne Ulmenallee längs des Flusses, der zwischen Kais fließt und Schiffe trägt, macht es sehr kokett, und das große Präfekturgebäude, das allein das kleine westliche Delta einnimmt, gibt ihm einen ganz französischen und beamtenmäßigen Anstrich. Man merkt, daß man in einer Departements-Hauptstadt ist [...].« (Gustave Flaubert)

Max Jacob

Bibliothèque municipale (Stadtbücherei; 195 Tsd. Bde., 60 Hs., 20 Ink.; Sammlung zu Max Jacob; zeitgenöss. Bibliophilie). – Théâtre de Cornouaille (Staatl. Bühne).

* 1876 **Max Jacob** († Drancy/IdF 1944), Dichter, Maler; Sohn eines jüdischen Schneiders, Gymnasium in Qu., ab 1901 in Paris; 1909 christliche Vision (1915 Taufe); 1921 Rückzug in das Kloster Saint-Benoît-sur-Loire/C, wo ihn die Nazis 1944 verhafteten und ins KZ Drancy steckten, wo er starb; Freundschaft mit G. Apollinaire, J. Cocteau, A. Breton, Picasso. – Geburtshaus: Rue du Parc; Gedenkraum im Musée des Beaux-Arts. – W. u. a.: *Saint-Matorel* (R. 1911/14, illustriert von P. Picasso und A. Derain), *Le Siège de Jérusalem* (Dr. 1914, illustriert von P. Picasso), *Le Cornet à dés* (Ged. 1917, dt. Der Würfelbecher, 1968), *Conseils à un jeune poète* (Essays 1945, dt. *Ratschläge für einen jungen Dichter*, 1969); *Œuvres complètes* (1971).

[A] **G. Flaubert** (→ Rouen/HNo), mit **M. du Camp** (→ Paris) im Frühsommer 1847 in der Bretagne unterwegs, beschreibt in dem Reisebericht *Par les champs et par les grèves* (1886, dt. *Über Feld und Strand*«, 1906) seinen Besuch der Kirchen und des Schlachthauses der Stadt. – **André Gide** (→ Paris), der nach dem Abitur im Sommer 1889 eine Rucksacktour durch die Bretagne unternahm, listet Qu. in den

Notes d'un voyage en Bretagne unter den besuchten Orten auf. – **Julien Gracq** (→ Saint-Florent-le-Vieil/PdL) war von 1937 bis Kriegsausbruch Gymnasiallehrer in Qu. und schrieb hier seinen ersten Roman *Au Château d'Argol* (1938); Gracq berichtet von dieser Zeit in den *Carnets du grand chemin* (1992, dt. *Der große Weg*, 1996).

QUIMPERLÉ (Finistère)

»Zwei Flüsse zu Füßen der Berge umgeben die Stadt wie ein silbernes Armband; sie vereinigen sich, kreuzen sich, teilen sich, verschwinden zurückkommend, ohne daß man unterscheiden könnte, nach welcher Seite sie fließen noch ob es mehrere sind oder nur einer; sie strömen so zwischen Häusern und Straßen dahin, an ihren Ufern die unterste Stufe der Gartentreppen bespülend, und plätschern über die grünen Kiesel ihres Bettes, in dem sich die hohen feinen Gräser neigen.« (Gustave Flaubert)

[A] **P. Mérimée** (→ Paris) streifte die Stadt bei seiner Inspektionstour im September 1835 und beschreibt die Kirche Sainte-Croix ausführlich in seinen *Notes d'un voyage dans l'Ouest de la France* (1836, zuletzt 1989). – **Flaubert** (→ Rouen/HNo) und **Du Camp** (→ Paris), Bretagne-Wanderer 1847, kamen auch nach Qu., und das war »einer der angenehmsten Zufälle unserer Reise«; Flaubert beschreibt in dem Reisebuch *Par les champs et par les grèves* (1886) den Besuch der beiden Kirchen Saint-Michel und Sainte-Croix.

[L] »Die Gegend von Quimperlé, der schönste und anmutigste Landstrich der Bretagne«, ist Schauplatz der Novelle *À vendre* (1885, dt. *Zu verkaufen!*) von **Guy de Maupassant**.

[R] **M. Proust** (→ Paris), der 1904 bei seiner Segeltour entlang der bretonischen Küste u. a. nach **Pont-Aven** (15 km w. v. Qu.) kam, nennt in *Du Côté de chez Swann* (1913), dem 1. Band der *Recherche*, den Ort als Bahnstation – dabei war er nie ans Eisenbahnnetz angeschlossen! 1925 starb hier **Théodore Botrel** (→ Dinan); Grab auf dem Friedhof. Dem Maler Paul Gauguin in P.-A. und Umgebung spürt

An der Pointe du Raz

Ludwig Harig in *Gauguins Bretagne* (1988) nach.

(POINTE DU) RAZ (Finistère)

[A] **J. Michelet** (→ Paris), der die Bretagne im Spätsommer 1831 bereiste, beschreibt die P. d. R. als das »Heiligtum der keltischen Welt« in seinem *Tableau de la France*, das als Einleitung zum 2. Band der *Histoire de France* (1833) erschien. – »Der Mensch ist nicht geschaffen, dort zu leben, die Natur in so starker Wirkung zu ertragen«, notierte **G. Flaubert** (→ Rouen/HNo), der im Sommer 1847 mit **M. du Camp** (→ Paris) an der Landspitze war. – Unter den Besuchern: Die Lyriker **J.-M. de Heredia** (→ Anhang) und **F. Coppée** (→ Paris), **A. Gide** (→ Paris) im Sommer 1889, **A. France** (→ Paris) im Juli 1891 und November 1895 (Beschreibung in *Pierre Nozière*, 1899). – »Wenn ich nicht wüßte, daß die Welt kein Ende hat, wenn Wissen nicht Erde daraus gemacht hätte,

so hörte die Welt hier auf, jämmerlich, wie ein gewaltiger Schrei hingeschleuderter Steine, in die der Ozean Löcher geschliffen hat, auf denen er bläst wie auf einer Flöte, dunkle, jagende Töne, wozu er selbst noch eine Trommel schlägt, die so groß wie die ganze Welt sein muß, so dröhnt es«, so der Niederländer **Cees Nooteboom** (* 1933) im Juli 1966.

R Von seiner Flucht aus dem Lager **Audierne** (13 km ö. v. der P. d. R.), in das er im Mai 1940 interniert worden war, berichtet **Leonhard Frank** (1882-1961) in seiner Autobiographie *Links wo das Herz ist* (1952). – Vor der Küste die **Île de Sein** (Fähre v. Audierne), Schauplatz des Romans *Un Recteur de l'Île de Sein* (1945, dt. *Gott braucht die Menschen*, 1951) von **Henri Queffélec**.

RENNES (Ile-et-Vilaine)

Universität (gegr. 1461). – Universitätsbibliothek (330 Tsd. Bde., 600 Hs.), Bibliothèque municipale (Stadtbücherei; 300 Tsd. Bde., 1500 Hs., 130 Ink.), Bibliothèque départementale d'Ille-et-Villaine (250 Tsd. Bde.). – Théâtre National de Bretagne.

* 1877 **Alphonse de Châteaubriant** († Kitzbühel 1951), Erzähler; schrieb konservativ-regionalistische Romane; war Kollaborateur unter der deutschen Besatzung und floh nach der Befreiung nach Tirol, wo er unerkannt bis zu seinem Tod lebte; erhielt 1911 den Prix Goncourt für den Roman *Monsieur de Lourdines* (dt. *Herr von Lourdines*, 1942). – Weitere W.: *La Brière* (R. 1923, dt. *Schwarzes Land*, 1925), *La Réponse du Seigneur* (R. 1933, dt. *Die Antwort des Herrn*, 1936), *La Gerbe des forces* (Essays 1937, dt. *Geballte Kraft*, 1938).

A **Marbod von Rennes** (→ Angers/PdL), der lat. Lyrik verfaßte, wurde 1096 zum Bischof von R. ernannt. – Die Briefeschreiberin **Madame de Sévigné** (→ Paris) war häufig in R., allein 1689 dreimal, als sie zu Gast beim Gouverneur der Bretagne, dem Herzog von Chaulnes und seiner Frau, war. – **F.-R. de Chateaubriand** (→ Saint-Malo) besuchte von Oktober 1781 bis Anfang 1883 das Gymnasium von R.: »Ich sollte dort meine Studien fortsetzen und meinen Mathematikkurs beenden, um dann in Brest das Marineexamen abzulegen. Rennes erschien mir wie ein Babylon, das Gymnasium wie eine Welt. Ich staunte über die Menge der Lehrer und Schüler, die Größe der Gebäude, des Gartens und der Höfe, doch gewöhnte ich mich daran« (*Mémoires d'outre-tombe*, 1848-50); von Ende 1788 bis Anfang 1789 wohnte der Dichter der bretonischen Ständeversammlung in R. bei. – **G. de Nerval** (→ Paris) war 1833 in R. und machte die Stadt und deren Umgebung zu einem der Schauplätze seines unvollendeten Romans *Le Marquis de Fayolle* (1849). – **V. Hugo** (→ Besançon/FC) fand bei seinem Besuch der Stadt Anfang August 1834, daß sie nicht viel zu bieten habe. – **P. Mérimée** (→ Paris) kam im September 1835, überzeugt, daß es aufgrund des Stadtbrands von 1720 wohl kaum eine Stadt in Frankreich geben könne, die noch weniger historische Bausubstanz aufweise, und kam zu dem Schluß, daß »man in Rennes generell wenig Sinn für Kunst und Historisches habe.« – **Stendhal** (→ Grenoble/RhA) war im Juli 1837 gar nicht in R., wie er in seinen *Mémoires d'un Touriste* (1838) glauben machen will, sondern übernahm die Kirchenbeschreibungen fast wörtlich aus den *Notes d'un voyage dans l'Ouest de la France* (1836) seines Freundes Mérimée. – In der ersten Julihälfte 1837 weilte **Heinrich Heine** (1797-1856) in der Stadt und arbeitete an einer neuen Auflage der *Reisebilder*. – Im Wintersemester 1838/39 war **Ch. Leconte de Lisle** (→ Anhang) Jurastudent in R. (Wohnung Rue des Carmes Nr. 4), brach das Studium jedoch bereits im Sommer 1839 ab. – **A. de Villiers de l'Isle-Adam** (→ Saint-Brieuc) besuchte im Laufe seiner ortsreichen Schullaufbahn auch das Collège Saint-Vincent. – **G. Flaubert** (→ Rouen/HNo) und **M. du Camp** (→ Paris) fanden im Sommer 1847 R. langweilig und ließen sich, als Abendunterhaltung, in einem Schaustellerwagen einen gefangenen Seehund zeigen: »Was wird es dort zu sehen geben, wenn der Seehund nicht mehr dort ist?« – **H. Taine** (→ Vouziers/ChA) besuchte die Stadt 1863 und 1865, **Alexandre Dumas d. Ä.** (→ Villers-Cotterêts/Pi) 1869. – **Alfred Jarry** (→ Laval/PdL) kam 1888 in R. an das Staatl. Gymnasium, dessen Physiklehrer Hébert Anlaß zu einer Komödie wurde, die später unter dem Titel *Ubu Roi* (1897) Theatergeschichte schrieb; Jarry wohnte bis 1890 bei seiner Mutter am Boulevard Laënnec Nr. 18. – **M. Barrès** (→ Charmes/Lo) war Zeuge, als vom 7. August bis 8. September 1899 im Festsaal des Gymnasiums (Nähe Bahnhof) der Revisionsprozeß im Fall Dreyfus stattfand (*Ce que j'ai vu à Rennes*). – **Léon Bloy** (→ Périgueux/Aq) floh nach Kriegsausbruch 1914 von Saint-Piat/C nach R. (und noch weiter nach Vannes), war aber Ende Oktober 1914 zurück in → Bourg-la-Reine/IdF. – Der Arzt und Schriftsteller **Georges Duhamel** (→ Paris) war 1940 Chirurg am Hôpital de Pontchaillou. – Seine Eindrücke von R. beschreibt **Rolf Schneider** (* 1932) in den Reisenotizen *Von Paris nach Frankreich* (1975).

LA ROCHE-BERNARD (Morbihan)

[A] **Stendhal** (→ Grenoble/RhA) sah Anfang Juli 1837, wie die Flut des Meeres die Vilaine in die Mündung zurückdrängte, und zählte diesen Anblick unter die schönsten Naturschauspiele, die er jemals gesehen hatte (Beschreibung in den *Mémoires d'un Touriste*, 1838). – **H. de Balzac** (→ Tours/C) kam im Frühjahr 1841 mit Hélène de Valette nach La R.-B. (→ Guérande/PdL); in einer verworfenen Variante der Erzählung *Mademoiselle du Vissard* (postum 1950) schreibt Balzac: »Die Vilaine ist von La Roche-Bernard bis zu ihrer Mündung ebenso tief eingezwängt wie der Rhein zwischen Bingen und Koblenz.«

LES ROCHERS-SÉVIGNÉ (Schloß) (Ille-et-Vilaine) → **VITRÉ** [R]
ROSCANVEL (Finistère) → **CAMARET-SUR-MER** [R]
ROSCOFF (Finistère) → **MORLAIX** [R]

ROSPORDEN (Finistère)

[A] **G. Flaubert** (→ Rouen/HNo) und **M. du Camp** (→ Paris) kamen 1847 auf ihrer Bretagne-Reise nach R.: »Es war Markttag, der Platz war voll von Bauern, Karren und Vieh; die rauhen keltischen Laute klangen in das Gebrüll der Tiere und das Peitschengeknall der Karren; doch gab es keine Verwirrung und Auftritte oder Lachen in den Menschengruppen, kein lautes Schwatzen auf der Schwelle der Wirtshäuser«, und Flaubert analysiert in seinem Reisebuch *Par les champs et par les grèves* (1886, dt. *Über Feld und Strand*, zuletzt 1993) die Folgen der Armut auf die bretonische Psyche. – **P. Loti** (→ Rochefort/

PCh) besuchte in R. mehrfach die Familie des Titelhelden seines Romans *Mon Frère Yves* (1883).

SAINT-BRIEUC (Côtes-d'Armor)

Bibliothèque municipale (Stadtbücherei; 180 Tsd. Bde., 180 Hs., 43 Ink.). – La Passerelle (Staatl. Bühne).

Auf dem Cimetière Saint-Michel die Gräber von Lucien Camus (Vater von Albert Camus), der 1914 in der Marneschlacht gefallen war, und von **Roger Nimier** (1925-1962), Kritiker und Erzähler, Autor des Romans *Le Hussard bleu* (1950, dt. *Der blaue Husar*, 1960).

* 1838 **Auguste Villiers de l'Isle-Adam** († Paris 1889), Erzähler, Dramatiker; alter bretonischer Adel; Gymnasium zuerst in S.-B., dann verschiedene Internate, schließlich Umzug nach Rennes, ab 1855 in Paris; Anhänger R. Wagners, Freundschaft mit Huysmans, L. Bloy, S. Mallarmé; bekannt blieben seine Erzählungen. – Geburtshaus Rue Saint-Benoît Nr. 2 (späterer Wohnsitz der Familie in der Rue Saint-Gouéno und Eckhaus Rue Vicairie/Rue de Brest), Büste (É. Le Goff) in den den Justizpalast umgebenden Grandes Promenades. – W. u. a.: *Isis* (R. 1862), *Elën* (Dr. 1865), *Morgane* (Dr. 1866), *La Révolte* (Dr. 1870), *Contes cruels* (Erz. 1883, dt. *Grausame Geschichten*, 1904), *Histoires insolites* (Erz. 1888, dt. *Geschichten vom Jenseits*, 1909/20), *L'Ève future* (R. 1886, dt. *Edisons Weib der Zukunft*, 1909, u. d. T. *Die Eva der Zukunft*, 1920); *Œuvres complètes* (11 Bde. 1914-31; 2 Bde. 1986).

* 1899 **Louis Guilloux** († ebda. 1980), Romancier; Sozialist, schrieb sozialkritische Romane; begleitete 1936 A. Gide auf dessen Reise in die UdSSR. – Grab auf dem Friedhof. – W. u. a.: *La Maison du peuple* (R. 1927, dt. *Das Volkshaus*, 1981), *Angélina* (R. 1934), *Le Sang noir* (R. 1935, dt. *Schwarzes Blut*, 1959), *Le Jeu de patience* (R. 1949).

[A] **Lamennais** (→ Saint-Malo) wurde im März 1816 in S.-B. zum Diakon geweiht. – **Tristan Corbière** (→ Morlaix) besuchte das Gymnasium der Stadt ebenso wie **A. Le Braz** (→ Saint-Servais), nach dem die Schule heute benannt ist, und **Alfred Jarry** (→ Laval/PdL), der 1888 auf das Gymnasium von Rennes wechselte. – **A. Breton** (→ Tinchebray/BNo) hielt sich als Kind häufig bei seinem Großvater mütterlicherseits in S.-B. auf.

[R] Auf dem Friedhof von **Pléneuf-Val-André** (24 km nö. v. S.-B.) Grab von **Jean Richepin** (1849-1926; → Paris).

SAINT-COULOMB (Ille-et-Vilaine) → **SAINT-MALO** [R]

SAINT-ÉNOGAT (Ille-et-Vilaine) → **DINARD**

SAINT-GILDAS-DE-RHUYS (Morbihan)

[A] **Abaelard** (→ Le Pallet/PdL) wurde 1128 Abt des Klosters; in seiner *Historia calamitatum mearum* (verfaßt zw. 1133 und 1136, dt. u. d. T. *Die Leidensgeschichte*) beklagt sich Abaelard über die Sittenverderbtheit der Mönche und schildert Versuche, ihn zu vergiften, so daß er bis 1136 das Kloster verließ.

SAINT-LUNAIRE (Ille-et-Vilaine) → **DINARD** [R]

SAINT-MALO (Ille-et-Vilaine)

»Von außen gleicht diese Inselstadt einer Zitadelle aus Granit. Am Strand des offenen Meeres zwischen dem Schloß und dem Fort Royal versammelten sich die Kinder; hier bin ich als Gefährte der Wellen und der Stürme aufgewachsen. Eine der ersten Freuden, die ich genoß, war die, gegen den Sturm zu kämpfen und mit den Wellen zu spielen, die sich vor mir zurückzogen oder mich am Strand verfolgten. Ein weiteres Vergnügen bestand darin, aus dem Ufersand Bauwerke zu errichten, die meine Spielkameraden Backöfen nannten. Seither habe ich oft geglaubt, Schlösser für die Ewigkeit zu errichten; sie fielen viel schneller zusammen als meine Sandburgen.« (François-René de Chateaubriand)

»Saint-Malo, im Meere erbaut und von Befestigungsmauern umgeben, erscheint bei der Ankunft wie eine auf den Fluten schwimmende Steinkrone, deren Zierate die Pechnasen sind.

Saint-Malo: Schloß und Fort Royal

Die Wogen schlagen gegen die Mauern und brechen sich bei Ebbe an ihren Füßen auf dem Sande.« (Gustave Flaubert)

* 1768 **François-René de Chateaubriand** († Paris 1848), bedeutendster frühromantischer Dichter Frankreichs, Politiker; alter bretonischer Adel, Kindheit und Jugend in S.-M. und Schloß Combourg; Schulen in der Bretagne; Eintritt in die Armee; Aufenthalte in Nordamerika und England; nach anfänglicher Nähe Bruch mit Napoleon; Reisen; seit 1811 Mitglied der Académie Française; Gesandter in Berlin (1820) und London (1822), 1823 frz. Außenminister; große Popularität durch die beiden Kurzromane *René* (dt. 1802) und *Atala* (dt. 1805), die zuerst in dem philosophischen Werk *Le Génie du christianisme* (1802, dt. *Genius des Christentums*, 1803/04) erschienen waren. – Geburtshaus: Rue Chateaubriand Nr. 3 (Gedenktafel; Hoffassade sichtbar vom Innenhof des Hotels France et Chateaubriand); 1771-76 Wohnung an der Place Chateaubriand Nr. 2 (Relieftafel); 1792 heimliche Hochzeit in der Rue des Grands-Degrés Nr. 17; Grab auf der Île du Grand Bé; Chateaubriand-Denkmal (1948) vor dem Kasino; [M] Musée d'Histoire de la Ville (Esplanade Félicité-Lamennais) mit Erinnerungsstücken. – Weitere W.: *Les Martyrs* (R. 1809, dt. *Die Märtyrer*, 1809/10), *Itinéraire de Paris à Jérusalem* (Reiseber. 1811, dt. *Tagebuch einer Reise von Paris nach Jerusalem*, 1812), *Les Natchez* (R. 1826, dt. 1827/28), *Les Aventures du dernier Abencérage* (R. 1826, dt. *Die Abenteuer des letzten der Abenceragen*, 1843), *Mémoires d'outre-tombe* (Autobiogr. 1848-50, dt. *Von Jenseits des Grabes. Denkwürdigkeiten*, 1849-50); *Œuvres romanesques et voyages* (2 Bde. 1969).

* 1782 **Félicité-Robert de Lamennais** († Paris 1854); früh verwaist, bei Onkel auf Schloß La Chesnaie aufgewachsen; mit 22 Jahren Mathematiklehrer in S.-M., dann Eintritt ins Priesterseminar, Priesterweihe 1816; gründete 1830 mit Lacordaire

und Montalembert das ›Generalbüro zur Verteidigung der religiösen Freiheit‹ (Zeitung: *L'Avenir*); sein Hauptwerk *Paroles d'un croyant* (1834, dt. *Worte eines Gläubigen*, 1837) wurde vom Vatikan verurteilt; Bruch mit der kath. Kirche, Annäherung an sozialist. Ideale; 1840 Gefängnis, 1848 Sitz in der Nationalversammlung. – Geburtshaus Rue Saint-Vincent Nr. 5 (1944 zerstört). – Weitere W.: *Essai sur l'indifférence en matière de religion* (Essay 1817-23), *Le Livre du peuple* (1838, dt. *Das Buch des Volkes*, 1838), *De l'Esclavage moderne* (1840, dt. *Die Sklaverei unserer Zeit*, 1840); *Œuvres complètes* (12 Bde. 1967).

[A] **P. Mérimée** (→ Paris) hielt sich auf seiner Inspektionstour im September 1835 nur kurz in S.-M. auf, da es aus Sicht des Denkmalschützers wenig Interessantes gebe: Die Stadtmauer gehe in ihren ältesten Teilen höchstens ins 16. Jh. zurück, und die im Kern romanische Kirche sei durch mehrere Restaurierungen entstellt. – Auch **V. Hugo** (→ Besançon/FC), Ende Juni 1836 in der Bretagne, war wenig begeistert von der Stadt, die, so der Dichter, ohne ihre alten Hafentürme und ohne das Meer kaum von Interesse wäre. – **Stendhal** (→ Grenoble/RhA) unternahm im Juli 1837 einen Rundgang auf der Stadtmauer von S.-M. und irrte dann durch die Straßen der schwarzgrauen Granitstadt, auf der Suche nach den Geburtshäusern von Chateaubriand und Lamennais. – Im September 1845 hielt sich der deutsche demokratische Dichter **Georg Herwegh** (1817-1875) mit Freunden (u.a. dem russischen Anarchisten Bakunin) zu meeresbiologischen Studien in der Bucht von S.-M. auf. – **G. Flaubert** (→ Rouen/HNo) und **M. du Camp** besichtigten im Sommer 1847 die Burg und die Kathedrale (»häßlich, dürr, schmucklos, von fast protestantischem Charakter«) und gingen bei Ebbe zur Insel Grand Bé, wo sie das Grab Chateaubriands schon vorbereitet fanden: »Das Grab besteht aus drei Stücken, einem für

Grab Chateaubriands

den Sockel, einem für die Platte und einem für das Kreuz. Darunter wird er ruhen, den Kopf nach dem Meere gewandt; in diesem auf einer Klippe errichteten Grabe wird seine Unsterblichkeit sein, wie sein Leben war, einsam und von Stürmen umgeben.« (*Par les champs et par les grèves*, 1886, dt. *Über Feld und Strand*, 1906, zuletzt 1993). – Besuche auch von **E. Renan** (→ Tréguier) in den Jahren 1854 und 1856, von **H. Taine** (→ Vouziers/ChA) 1864, **G. de Maupassant** (→ Tourville-sur-Arques/HNo) Mitte September 1879, **F. Coppée** (→ Paris) 1880. – **Simone de Beauvoir** (→ Paris) erzählt in dem autobiogr. Bericht *La Force de l'âge* (1960, dt. *In den besten Jahren*, 1961) von den Osterferien 1931 in der Bretagne mit ihrem Lebensgefährten **J.-P. Sartre** (→ Paris): »Ich liebte Saint-Malo, seine engen, provinziellen Gassen, wo das Tosen des Meeres einst die Korsaren geweckt hatte. Kaffeebraune Wellen peitschten die Grand Bé, es war schön; aber das Grabmal Chateaubriands erschien uns in seiner heuchlerischen Einfachheit so lächerlich pompös, daß Sartre zum Ausdruck seiner Verachtung darauf pißte.« – **Rolf Schneider** (* 1932) beschreibt seine Eindrücke von S.-M. in Reisenotizen *Von Paris nach Frankreich* (1975).

[R] **G. Flaubert** (→ Rouen/HNo) und **M. du Camp** (→ Paris) kamen auf ihrer Bretagne-Wanderung im Frühsommer 1847 nach **Cancale** (14 km ö. v. S.-M.), von wo sie sich mit dem Schiff zum Felsen von C. fahren ließen; **J. Michelet** (→ Paris) beschreibt den Ort in *La Mer* (1861). – **Colette** (→ Saint-Sauveur-en-Puisaye/Bu) erwarb 1910 in **La Guimorais** (8 km ö. v. S.-M.), einem Ortsteil von **Saint-Coulomb**, ein einsam gelegenes Haus an der Küste, Rozven genannt; bis zum Verkauf des Anwesens im Jahr 1927 kam die Dichterin immer wieder zum Arbeiten hierher.

Von Saint-Malo Fähr-Verkehr zu den Kanalinseln: **Victor Hugo** (→ Besançon/FC) lebte im Exil 1852-55 auf **Jersey** (Marine-Terrace), anschließend, bis 1870, auf **Guernsey** ([M] Hauteville-House in St-Peter-Port).

SAINT-OUEN-LA-ROUËRIE (Ille-et-Vilaine) → **FOUGÈRES** [R]
SAINT-RENAN (Finistère) → **BREST** [R]

SAINT-SERVAIS (Côtes-d'Armor)

* 1859 **Anatole Le Braz** (eigentlich Jean François Marie Lebras) († Menton/PAC 1926); Professor für Philosophie und Literatur in Rennes, schrieb Gedichte und Erzählungen über die Bretagne, sammelte bretonische Volkslieder. – Geburtshaus: ehemaliges Schulgebäude (heute Post, Gedenktafel). – W. u. a.: *La Chanson de la Bretagne* (Ged. 1892), *Les Légendes de la mort en Basse-Bretagne* (Ged. 1893), *Contes du soleil et de la brume* (Erz. 1905).

SAINTE-ANNE-D'AURAY (Morbihan) → **AURAY**

SARZEAU (Morbihan)

* 1668 **Alain-René Lesage** († Boulogne-sur-Mer/NPdC 1747), Erzähler, Dramatiker; aus kleinbürgerl. Verhältnissen, Jesuitenschüler in Vannes, Jurastudium in Paris; verfaßte satirische Theaterstücke und, nach spanischem Vorbild, die Schelmenromane *Le Diable boiteux* (1707, dt. *Der hinkende Teufel*, 1711) und *Histoire de Gil Blas de Santillane* (1715/1724/1735, dt. 1774). – Geburtshaus an der Straße nach Sucinio. – Weitere W.: *Crispin, rival de son maître* (Kom. 1707, dt. *Der Nebenbuhler seines Herrn*, 1772), *Turcaret* (Kom. 1709, dt. *Der Schieber*, 1933), *Le Bachelier de Salamanque* (R. 1736-38, dt. *Der Baccalaureus von Salamanca*, 1802); *Œuvres complètes* (12 Bde. 1935).

[A] Das Geburtshaus von Lesage besuchten 1847 die Bretagne-Wanderer **G. Flaubert** (→ Rouen/HNo) und **M. du Camp** (→ Paris).

LA SÉCARDAIS (Schloß) → **FOUGÈRES** [R]
(ÎLE DE) SEIN (Finistère) → **(POINTE DU) RAZ** [R]
TRÉBOUL (Finistère) → **DOUARNENEZ** [R]
TRÉGASTEL (Côtes-d'Armor) → **PERROS-GUIREC** [R]

TRÉGUIER (Côtes-d'Armor)

* 1823 **Ernest Renan** († Paris 1892), Philosoph; Sohn eines Schiffers, Kindheit und Jugend in T. (*Souvenirs d'enfance et de jeunesse*, 1883, dt. *Erinnerungen aus meiner Kindheit und Jugendzeit*, 1883); ab 1838 in Paris, zunächst theolog. Seminar, dann Lösung von der Kirche, wissenschaftliche Laufbahn; Arbeiten zur Orientalistik und Religionswissenschaft, Lehrstuhl am Collège de France (zeitweise Vorlesungsverbot auf kirchl. Intervention); ab 1879 Mitglied der Académie Française, ab 1883 Administrator am Collège de France; berühmtestes Werk: *Vie de Jésus* (1863, dt. *Das Leben Jesu*, 1863) als 1. Band der *Histoire des origines du christianisme* (7 Bde. 1863-82). – Geburtshaus, in das Renan häufig zurückkehrte, in der Rue Ernest-Renan heute [M] Musée Ernest Renan mit Erinnerungsstücken, Manuskripten, Erstausgaben, dem Arbeitszimmer aus dem Collège de France; Denkmal (Jean Boucher) auf der Place du Martray. – Weitere W.: *Histoire du peuple d'Israël* (1887-93, dt. *Geschichte des Volkes Israel*, 1894), *L'Avenir de la Science* (1890); *Œuvres complètes* (10 Bde. 1947-61).

[A] **Villiers de l'Isle-Adam** (→ Saint-Brieuc) war kurzzeitig Internatsschüler in T. – Der bretonische Dichter **Anatole Le**

Braz (→ Saint-Servais) verbrachte einen Teil seiner Jugend in dem Ort (Grab im Bois du Poète). – **Anatole France** (→ Paris) war am 13. 9. 1903 in T. anläßlich der Denkmalseinweihung für Renan. – Das Geburtshaus von Renan besuchte im August 1921 **P. Valéry** (→ Sète/LR), der mit seiner Familie Ferien in Perros-Guirec machte.

VANNES (Morbihan)

Bibliothèque municipale (Stadtbücherei; 90 Tsd. Bde., 30 Hs., Ink.), Bibliothèque départementale de prêt du Morbihan (185 Tsd. Bde.).

[A] Die Briefeschreiberin **Madame de Sévigné** (→ Paris) wohnte bei ihrem Besuch der Stadt im Sommer 1689 im bischöfl. Palais. – **A.-R. Lesage** (→ Sarzeau), 14jährig Waise geworden, besuchte in V. das Jesuitenkolleg Saint-Yves (heute Gymnasium Jules-Simon); Denkmal (1892) an der Promenade de la Rabine (die Muse auf der Stufe wurde 1943 von den dt. Besatzern eingeschmolzen). – **Lamennais** (→ Saint-Malo) wurde 1816 in V. zum Priester geweiht. – Der Historiker **J. Michelet** (→ Paris) besuchte V. im August 1831, **V. Hugo** (→ Besançon/FC) drei Jahre später. – **Prosper Mérimée** (→ Paris) fand als Generalinspektor der historischen Denkmäler bei seinem Besuch der Stadt im September 1835 wenig, was ihm bemerkenswert schien: an der Kathedrale die Türme und das Querhausportal, in der Stadtmauer die Tour du Connétable. – **Stendhal** (→ Grenoble/RhA) kam Anfang Juli 1837 gegen Abend in die Stadt, wollte unbedingt noch ans Meer, das er in seiner »Unwissenheit« ganz nahe glaubte, mußte den Gang dorthin aber unterwegs wegen Müdigkeit abbrechen: »An den einsamen Kanalufern von Vannes hätte ich viel Geld dafür gegeben, einen Wagen kommen zu sehen; ich war wirklich nicht mehr in der Lage, auch nur hundert Schritt weiter zu gehen.« – **G. Flaubert** (→ Rouen/HNo), der 1847 mit seinem Freund **M. du Camp** (→ Paris) durch die Bretagne wanderte, erwähnt von V. in seinen Reisenotizen die Steinbüsten *Vannes und seine Frau* sowie die Tour du Connétable. – **Villiers de l'Isle-Adam** (→ Saint-Brieuc), der zwischen seinem 9. und 13. Lebensjahr Internatsschüler in mehreren Orten war, besuchte in V. das Collège Saint-François-Xavier. – **Octave Mirbeau** (→ Trévières/BNo) war 1859-63 Schüler am Jesuitenkolleg von V.; die Schule ist Schauplatz seines Romans *Sébastien Roch* (1890, dt. 1902). – **H. Taine** (→ Vouziers/ChA) besuchte V. 1865 (*Carnets de voyage*, 1897), **A. Daudet** (→ Nîmes/LR) und **F. Coppée** (→ Paris) 1880. – **Saint-Pol-Roux** (→ Marseille/PAC) kam im Frühjahr 1883 erstmalig nach V., dessen mittelalterliches Stadtbild ihn so faszinierte, daß er seither mit dem Gedanken spielte, sich in der Bretagne niederzulassen (→ Roscanvel). – Bei Ausbruch des Krieges 1914 war **Léon Bloy** (→ Périgueux/Aq) in die Bretagne geflohen, über Rennes nach V., kehrte aber Ende September 1914 wieder in sein Haus in Bourg-la-Reine/IdF zurück.

Madame de Sévigné

[R] Bei **Elven** (15 km nö. v. V.) befindet sich die Ruine des Renaissance-Schlosses Kerleau, das sich im Besitz von Pierre Descartes, Bruder des Philosophen, befand; **René Descartes** (→ Descartes/C) weilte zwischen der Rückkehr aus Italien (1625) und seiner Abreise nach Holland (1628) wiederholt bei seinem Bruder auf dem Schloß.

VITRÉ (Ille-et-Vilaine)

[A] **Madame de Sévigné** (→ Paris) kam mitunter von ihrem nahen Schloß Les Rochers-Sévigné (s. u.) nach V., wo sie in der sogenannten Tour Sévigné (Rue Sévigné Nr. 9) wohnte (Statue im Jardin du Parc). – **G. de Nerval** (→ Paris) kam im Spätsommer 1833 in die Stadt und stieg im Gasthof Riquet ab; der Ort und Schloß Espinay (7 km w. v. V.) sind Schauplätze in dem unvollendeten Roman *Le Marquis de Fayolle* (1849).

[R] **Madame de Sévigné** (→ Paris) war 18jährig mit Henri de Sévigné verheiratet worden; als ihr Mann sieben Jahre später (1651) starb, fiel ihr das Schloß [M] **Les Rochers-Sévigné** (5 km sö. v. V.) zu, das das wichtigste ihrer Besitztümer werden sollte; hierher zog sie sich, Witwe geworden, mit den Kindern zurück, hierher kam sie auch später oft, als die Kinder verheiratet waren; ihr längster Aufenthalt (mit Unterbrechungen) währte von Mai 1689 bis Oktober 1690; in einem Brief an ihre Tochter vom 23. 10. 1675 beschwichtigt sie diese, zwar gebe es viele Wölfe in der Gegend, aber bei Spaziergängen würde sie durch ihre »infanterie« geschützt (Privatbesitz; Besichtigungsmöglichkeit der Schloßkapelle und einiger Räume). – Unter den Besuchern des Schlosses waren im Juni 1939 **Virginia Woolf** (1882-1941) und ihr Ehemann.

Am Lac de Chalain

FRANCHE-COMTÉ (FC)

Region: Franche-Comté; Départements: Doubs (25), Jura (39), Haute-Saône (70), Territoire de Belfort (90); Einwohner: 1,1 Mio.; Fläche: 16 202 qkm; Verwaltungssitz: Besançon.

ARC-ET-SENANS (Doubs)

[A] **Julien Green** (→ Paris) zeigte sich bei seinem Besuch im August 1980 von der Idealstadt und dem Genie ihres Schöpfers Ledoux beeindruckt: »In Arc-et-Senans hatte er [= Ledoux] eine Stadt nach Art Proudhons erdacht, den Mikrokosmos einer Stadt, die auf eigenen Füßen steht; alles war vorgesehen, Arbeit und Freizeit, und da es darum ging, das salzhaltige Wasser auszubeuten, bestehen die Verzierungen nur aus Stalaktiten und zu Stein gewordenem Wasser. Die Anlage ist grandios, aber wie jeder Traum blieb diese ideale Stadt unvollendet. Ledoux erfand eine neue Säule, deren Schaft aus viereckigen Blöcken gehauen ist, was an das Griechenland Hölderlins erinnert, ein Land, das nur im Kopf eines schöpferischen Menschen existiert.«

AUDINCOURT (Doubs) → **MONTBÉLIARD** [R]

BELFORT (Territoire de Belfort)

»Auch die Einfahrt nach Belfort führte wieder durch Festungswälle: alte Aufschüttungen, alte Gräben, alte Mauern, alte Ängste und schließlich eine veraltete Gloire in Gestalt eines riesigen Löwen aus rotem Sandstein, der zu Füßen des steilen Felsens, des eigentlichen Forts, döst oder wacht und an die erhebende Verteidigung von 1870 erinnern soll.« (W. Koeppen)

Bibliothèque municipale (Stadtbücherei; 264 Tsd. Bde., 60 Hs., 6 Ink.).

Théâtre Granit (Staatl. Bühne); Théâtre de Belfort.

Bei einem Parkplatz in der Rue de l'As-de-Carreau stellt ein modernes Fresko (Ernest Pignon-Ernest) 47 lebensgroße Männer und Frauen als

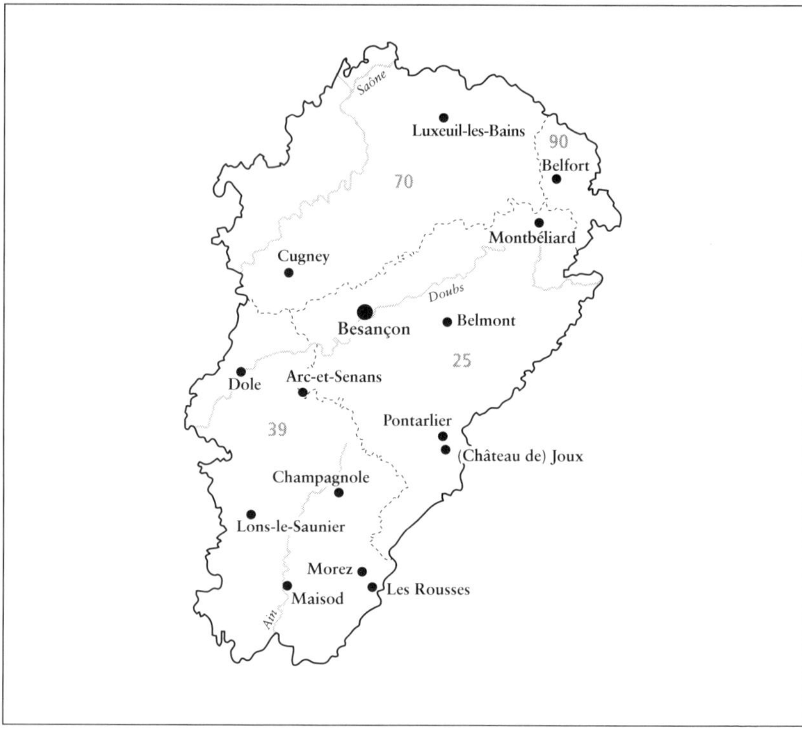

Kulturträger des romanischen und germanischen Raums dar (u. a. Goethe und Rimbaud).

* 1879 **Léon Deubel** († Maisons-Alfort [Freitod in der Marne] 1913), Lyriker; aus wohlhabenden Verhältnissen stammend, schlug sich in Paris als Gelegenheitsarbeiter durch. – Geburtshaus: Faubourg de France Nr. 47 (Gedenktafel); Büste im Parc Jean-Jaurès. – W. u. a.: *La Lumière natale* (Ged. 1905), *L'Arbre et la rose* (Ged. 1908); *Œuvres* (1929), *Poèmes* 1898-1912 (1939).

[A] **Wolfgang Koeppen** (1906-1996) kam 1959 im Rahmen seiner *Reisen nach Frankreich* (1961) durch B.

[L] Am Löwen von B. sich wiederaufzurichten, empfiehlt **François Coppée** der französischen Nation in dem Gedicht »Au Lion de Belfort« (in der Sammlung *Le Cahier rouge*).

[R] **Johann Gottfried Seume** (1763-1810), berühmt geworden durch seinen *Spaziergang nach Syrakus im Jahre 1802* (1803), kam auf dem Weg von Italien über Basel nach Paris durch die Burgundische Pforte und war über das wohlfeile Essen erfreut: »In einem Dorfe nicht weit von Belfort hielt ich eine herrliche Mittagsmahlzeit mit Suppe, Rindfleisch, Zwischengericht, Braten, zweyerley Dessert und gutem Wein und zahlte dafür dreyßig Sols.« – **Georges Duhamel** (→ Paris) besuchte 1904 seinen Freund Gabriel Adain in **Danjoutin** (2 km südl. v. B.), wo dessen Eltern ein kleines Gut besaßen; als Duhamel 1928 wieder hierher kam, war er über die Folgen der Industrialisierung in D. enttäuscht, das mittlerweile zu einem Vorort von Belfort geworden war; Beschreibung der Umgebung, in die die Freunde Ausflüge unternahmen, in *Biographie de mes fantômes* (1947).

BELMONT (Doubs)

* 1882 **Louis Pergaud** († Marcheville [gefallen] 1915), Erzähler; Volksschullehrer, Freundschaft mit L. Deubel (→ Belfort); Prix Goncourt für den Roman *De Goupil à Margot* (1910); schrieb neben seinen bekannten Tiergeschichten und dem mehrfach verfilmten Roman *La Guerre des boutons* (R. 1912, dt. *Der Krieg der Knöpfe*, 1964) auch Lyrik (*Poèmes*, 1930). – [M] Maison Louis Pergaud – Weitere W.: *La Revanche du corbeau* (R. 1911), *Le Roman de Miraut, chien de chasse* (R. 1913), *La Vie des bêtes* (R. 1923); *Œuvres* (4 Bde. 1948).

Louis Pergaud

BESANÇON (Doubs)

»Besançon ist nicht nur eine der hübschesten Städte Frankreichs, es ist auch voll von Menschen mit Herz und Geist.« (Stendhal)

»Keine Stadt ist so wie sie taub und unempfindlich für den Fortschritt. [...] Von Victor Hugo, Nodier, Fourier, den großen Söhnen der Stadt, ist keine Rede, niemand beschäftigt sich mit ihnen.« (Honoré de Balzac)

»Die Stadt macht einen sehr guten Eindruck, wohl zumeist deshalb, weil sie einen bestimmten Charakter, ein Gesicht für sich hat. Alle charakteristischen Städte wirken viel anheimelnder, als die architektonisch korrekten [...]. Seine Quaderhäuser, mit keinem anderen Fassadenschmuck als einem Balkon oder einem Bogen am Fenster, sind freilich weder sonderlich originell noch pittoresk; desto mehr jedoch sind es die Kirchen. Vor allem die alte Kathedrale.« (Theodor Fontane)

»Auf der Place d'Armes in Besançon aber stand der Dichter Victor Hugo – die Franzosen nennen ihn ihren größten Schriftsteller – mit nacktem Oberkörper und schaute auf den Einheitsmusikpavillon unter den schattenspendenden, auch ein wenig verdüsternden Bäumen ...« (W. Koeppen)

Université de Franche-Comté (gegr. 1422). – Universitätsbibliothek (300 Tsd. Bde., 200 Hs.), **Bibliothèque municipale** (Stadtbücherei; 500 Tsd. Bde., 3700 Hs. (z.T. illuminiert), 1000 Ink., Einbände). – Nouveau Théâtre Besançon (Centre National Dramatique); Théâtre municipal (Stadttheater).

* 1604 **Jean (de) Mairet** († ebda. 1686), Dramatiker; Förderung durch Richelieu;

verfaßte mit seiner *Sophonisbe* (1634) das erste französische Drama, das streng die Einheit von Zeit, Ort und Handlung befolgte; die Einhaltung der drei Einheiten wurde zu einem Streitpunkt zwischen ihm und Pierre Corneille (→ Rouen/HNo).

* 1772 **Charles Fourier** († Paris 1837), Begründer der modernen Soziologie; beeinflußt vom Werk Jean-Jacques Rousseaus, entwarf er eine soziale Utopie, in der die Menschen in häusl.-agrar. Gemeinschaften (›Phalanstères‹) zusammenleben sollten. – Geburtshaus: Grande-Rue Nr. 83.

* 1780 **Charles Nodier** († Paris 1844) Erzähler, Kritiker; Vorläufer der Surrealisten; Sohn eines Juristen, der die Mutter des Dichters erst elf Jahre nach dessen Geburt heiratete; Bibliothekarsgehilfe in B., dann Paris. – Geburtshaus Rue Charles Nodier (damals Rue Neuve) Nr. 2 – W.: *Smarra* (Erz. 1821), *Trilby* (Erz. 1822), *La Fée aux miettes* (Erz. 1832, dt. *Die Krümchen-Fee*, 1835), *Œuvres complètes* (12 Bde. 1832-41).

* 1802 **Victor Hugo** († Paris 1885), Lyriker, Dramatiker, Erzähler; Hauptvertreter der französischen Romantik; Sohn eines napoleonischen Offiziers (später Generals); bald schon Wegzug aus B. und Reisen (Marseille, Elba, Neapel); erst mit sieben Jahren, in Paris, begann eine Zeit relativer Seßhaftigkeit; schon mit 20 Jahren königl. Dichterpension; politische Parteinahme führte ins Exil 1851-70: Brüssel, Jersey, Guernsey; triumphale Rückkehr nach dem Sturz Napoleons III., Wahl in Nationalversammlung (1871) und Senat (1875). – Geburtshaus: Grande-Rue Nr. 140 (Gedenktafel); Statue auf der Promenade Granvelle. – W. u. a.: *Odes* (Ged. 1822), *Hernani* (Dr. 1830, dt. 1830), *Feuilles d'automne* (Ged. 1831, dt. *Herbstblätter* 1841), *Notre-Dame de Paris* (R. 1831, dt. u. a. u. d. T. *Der Glöckner von Notre-Dame*, 1948), *Marion Delorme* (Dr. 1833, dt. 1833), *Lucrèce Borgia* (Dr. 1833, dt. 1835 v. G. Büchner), *Marie Tudor* (Dr. 1833, dt. 1835 v. G. Büchner),

Victor Hugo

Ruy Blas (Dr. 1838, dt. 1842), *Les Misérables* (R. 1862, dt. *Die Elenden*, 1862), *Les Travailleurs de la mer* (R. 1866, dt. *Die Arbeiter des Meeres*, 1866), *L'Homme qui rit* (1869, dt. *Der lachende Mann*, 1869, u. d. T. *Die lachende Maske*, 1962); *Œuvres complètes* (45 Bde, 1904-52).

* 1809 **Pierre-Joseph Proudhon** († Paris 1865), Sozialist, einer der Begründer des Anarchismus; sein berühmtes »Eigentum ist Diebstahl« greift jedoch nicht generell das Privateigentum an, sondern dessen ungerechte Verteilung. – Geburtshaus: Rue du Petit-Battant (Gedenktafel). – W.: *Qu'est-ce que la propriété* (1840; dt. *Was ist Eigentum*).

* 1866 **Tristan (eigentlich Paul) Bernard** († Paris 1947), Dramatiker, Erzähler; Kindheit in B.; wichtige Persönlichkeit des kulturellen Lebens in Paris, erlangte als Verfasser von Komödien Berühmtheit. – Geburtshaus: Grande-Rue Nr. 23 (Gedenktafel). – W. *Les Pieds nickélés* (Dr.

1895), *L'Anglais tel qu'on le parle* (Dr. 1899), *Les Mémoires d'un jeune homme rangé* (R. 1899), *Petit Café* (Dr. 1911).

[A] **Jean-Jacques Rousseau** (→ Anhang) weilte im Sommer 1733 für kurze Zeit in B. (Wohnung wahrscheinlich am Quai Vauban), wo er bei dem Abbé Blanchard, »einem Mann von Verdienst und einem großen Talent, der damals Kapellmeister an der Kathedrale von B. war«, Unterricht in Komposition nehmen wollte, wozu es dann allerdings nicht kam; Rousseau spricht davon im 5. Buch seiner *Confessions* (1782, dt. *Die Bekenntnisse*, 1782 u. ö.). – **Choderlos de Laclos** (→ Amiens/Pi) war von 1775 bis 1779 in der Garnison von B. (mit einer Unterbrechung: → Valence/RhA) und begann hier mit der Niederschrift der *Liaisons Dangereuses* (1782). – **Johann Gottfried Seume** (1763-1810) wendete sich im Anschluß an seine berühmte Italienwanderung nach Frankreich und kam auf dem Weg nach Paris durch B.: »Besançon ist wohl mehr ein Waffenplatz als eine Festung. Der Ort ist seit Cäsars Zeiten immer ein wichtiger Posten gewesen. Aber bey einer Belagerung würde jetzt die Stadt bald zu Grunde gehen und der Ort sich kaum halten.« (*Spaziergang nach Syrakus im Jahre 1802*, 1803.) – Zwei preußische Dichter, beide unter dem Verdacht der Spionage von den Franzosen festgenommen, machten Bekanntschaft mit der auch als Gefängnis genutzten Zitadelle: **Heinrich von Kleist** (→ Château de Joux) zweimal kurz (am 3.3. und 11. 4. 1807), **Theodor Fontane** (→ Domrémy/Lo) über zwei Wochen im Oktober 1870 (Beschreibung in *Kriegsgefangen. Erlebtes 1870*, 1871). – **Honoré de Balzac** (→ Tours/C), der den Titelhelden der Erzählung *Sarrasine* (1832) in B. zur Welt kommen läßt, besuchte hier 1834 den befreundeten Schriftsteller Charles de Bernard (Rue Bersot Nr. 49), der ihm Vorlage für den Titelhelden des Romans *Albert Savarus* (1842) wurde; die Hauptfigur des in B. spielenden Romans bewohnt das Palais Pétremant de Valey (heute Banque de France). – **G. Flaubert** (→ Rouen/HNo) besuchte B. im Frühsommer 1845, als er von Italien über die Schweiz nach Paris und Rouen zurückkehrte; in seinen Reiseaufzeichnungen vermerkt Flaubert, daß er V. Hugos Geburtshaus nur mit Mühe fand (»Geburtszimmer getäfelt, hellgrau gestrichen, Alkoven mit einem Bett in der Mitte«). – **Hippolyte Taine** (→ Vouziers/ChA) kam 1863 und 1864 auf seinen Frankreichtouren durch B. (Beschreibung in den *Carnets de voyage*, 1897). – **Stéphane Mallarmé** (→ Paris) war vom Oktober 1866 bis zum Oktober 1867 Englischlehrer am Gymnasium der Stadt und wohnte in der Rue Poitune Nr. 36. – **Marcel Aymé** (→ Joigny/Bu) war Gymnasiast in B. – **Wolfgang Koeppen** (1906-1996) besuchte die Stadt im Rahmen seiner *Reisen nach Frankreich* (1961).

[L] B. ist einer der Schauplätze in **Stendhals** *Le Rouge et le Noir*: die Hauptfigur Julien Sorel besucht das Seminar von B. – Beschreibung der Stadt in *Les Innocents* (1917) von **Francis Carco.**

[R] **Colette** (→ Saint-Sauveur-en-Puisaye/Bu) hielt sich zwischen 1893 und 1905 häufig in dem w. v. B. gelegenen Landhaus **Les Monts-Boucons** ihres ersten Mannes Henri Gauthier-Villars (Pseudonym: Willy) auf, der es ihr überließ (aber im Augenblick der Trennung wieder zurückforderte): »Kaum tippe ich mein Gedächtnis an, steht schon das kleine Landgut Monts-Boucon vor meinen Augen, sein fast schwarzes Ziegeldach, der Directoire-Giebel, der sicher erst aus der Zeit Karls X. stammte, mit der gelblichen Bemalung, die Baumgruppen, sein Bogen aus Felsgestein im Stil von Hubert Robert. Das Haus, den Bauernhof und die fünf, sechs Hektar Land darum machte mir – so schien es – Monsieur Willy zum Geschenk« (*Mes Apprentissages* 1936, dt. *Meine Lehrjahre*, zuletzt 1980); hinter der Ortschaft Casamène in *La Retraite sentimentale* (1907) steht Les M.

BREVANS (Jura) → DOLE

CHAMPAGNOLE (Jura)

[A] **Stendhal** (→ Grenoble/RhA) übernachtete auf seiner Reise nach Mailand über Genf im September 1811 in dem Ort, dessen geographische Lage er in sein Tagebuch zeichnete. – Der englische Kunstschriftsteller **John Ruskin** (1819-1900) machte von 1835 an häufig in Ch. Station, wenn er nach Genf unterwegs war; er stieg so oft im Hôtel de la Poste (heute Polizeistation) ab (Gedenktafel), daß ihm der Gasthof zu einer zweiten Heimat wurde, wie er in seinen Erinnerungen *Praeterita* (1885-1889) schreibt. – **Colette** (→ Saint-Sauveur-en-Puisaye/Bu) verbrachte die Sommermonate 1895 in Ch. und erholte sich von einer überstandenen Krankheit, worüber sie in ihrer Autobiographie *Mes Apprentissages* (1936, dt. *Meine Lehrjahre*, zuletzt 1980) berichtet: »Die Sommermonate gaben mir das Leben wieder und die Hoffnung, daß sie nicht enden würden. Ich erinnere mich, 1896 oder 1897 rettete mich Champagnole im Jura vor dem Stubenofen, dem Halbdunkel, der Resignation.«

CUGNEY (Haute-Saône)

[L] **Alphonse Daudet** soll durch eine Predigt, die er in der Dorfkirche von C. hörte, zu seiner humoristischen Erzählung *Le Curé de Cucugnan* (dt. *Der Pfarrer von Cucugnan*) angeregt worden sein.

DANJOUTIN (Territoire de Belfort) → BELFORT [R]

DOLE (Jura)

Bibliothèque municipale (Stadtbücherei; 120 Tsd. Bde., 555 Hs., 65 Ink.). – Théâtre municipal (Stadttheater).

[A] **Benjamin Constant** (→ Anhang) hielt sich mehrfach in dem vor den Toren D.s gelegenen Ort Brevans auf, wo sein Vater, mit dem ihn eine schwierige Beziehung verband, bis zu seinem Tod 1812 wohnte; hierher kam im Juli 1807 auch der Romantiker **A. W. Schlegel** (1767-1845) als Abgesandter der Madame de Staël, deren Kinder er unterrichtete, um Constant nach ihrem Wohnsitz Coppet in der Schweiz zu holen. – **Charles Nodier** (→ Besançon) der am 31. 8. 1808 in der Stiftskirche Désirée Charve heiratete, hielt ab dem Sommer dieses Jahres für ein Jahr Vorlesungen über Literatur, Philosophie, Grammatik und Naturgeschichte im alten Franziskanerkloster der Stadt; Nodier wohnte im Hotel de Lyon (heute Grand-Hôtel, Gedenktafel). – **Stendhal** (→ Grenoble/RhA), der häufig nach D. kam, dessen Lage ihm gefiel, und im Hôtel de Lyon (heute Grand-Hôtel) abstieg, könnte bei der Beschreibung des fiktiven ›Verrières‹ am Anfang von *Le Rouge et le Noir* (1830, dt. *Rot und Schwarz*, 1901) an D. gedacht haben; »Die kleine Stadt Verrières kann für eine der hübschesten der Freigrafschaft gelten. Ihre weißen Häuser mit Spitzdächern von roten Ziegeln schmiegen sich dem Hang einer Höhe an, deren wellige Silhouette von den Wipfeln mächtiger Kastanien getragen wird. Ein paar hundert Schritte unterhalb der ehedem von den Spaniern erbauten, heute verfallenen Befestigungen fließt der Doubs.« – Der Schriftsteller **Marcel Aymé** (→ Joigny/Bu) kam mit sieben Jahren zu seiner Tante nach D., wo er auch das Gymnasium besuchte; nachdem er das Ingenieurstudium in Paris abbrechen mußte, kehrte er nach D. zurück und schrieb hier seinen ersten Roman *Brûlebois* (1926); D. ist ein häufig wiederkehrender Schauplatz in seinem Werk, u. a. in *Le Moulin de la Sourdine* (1936), wo der Turm der Stiftskirche eine große Rolle spielt. – **Wolfgang Koeppen** (1906-1996) beschreibt seinen Besuch im Jahre 1959 in den *Reisen nach Frankreich* (1961).

[R] **Marcel Aymé** (s. o.), der im Alter von zwei Jahren seine Mutter verloren hatte, wuchs bei seinen Großeltern in **Villers-Robert** (14 km südl. v. D.) in der ehemaligen Ziegelei (La Tuilerie, Gedenktafel) auf, bevor er nach D. zu seiner Tante kam (s. o.).

(CHÂTEAU DE) JOUX (Doubs)

»Die Festung Joux verteidigt den Zugang nach Pontarlier; in ihren Kerkern hat sie nacheinander zwei Männer gesehen, deren Erinnerung die Revolution bewahren wird: Mirabeau und Toussaint Louverture, den schwarzen Napoleon, der vom weißen Napoleon nachgeahmt und getötet wurde.« (Chateaubriand)

[A] Die wenige Kilometer südl. von Pontarlier gelegene Burg diente seit dem Barock auch als Gefängnis; **Heinrich von Kleist**, der mit zwei Gefährten am 30. 1. 1807 in Berlin von der frz. Besatzungsmacht wegen Spionageverdachts gefangengenommen worden war, wurde, mit Zwischenstationen, bis zum 5. 3. 1807 in die Festung Joux gebracht, wo er vier Wochen lang festgesetzt blieb, bis er nach → Châlons-en-Champagne/ChA verlegt wurde; sein Gefängnis war zunächst ein Gewölbe, »das zum Teil in den Felsen gehauen, zum Teil von großen Quadersteinen aufgeführt, ohne Licht und Luft war.« Kleists Mitgefangener Gauvain wurde in jener Zelle untergebracht, in der vier Jahre zuvor der haitische Freiheitskämpfer General Toussaint l'Ouverture gestorben war, was dem Dichter Anregung zu seiner späteren Erzählung *Die Verlobung in St. Domingo* (1811) wurde.

Eine Kellerbesichtigung zeigt auch einen Teil der Kulissen für den Film *Les Misérables* nach dem Roman von V. Hugo (Frankreich 1995, Regie: Claude Lelouche).

LONS-LE-SAUNIER (Jura)

Bibliothèque municipale (Stadtbücherei; 70 Tsd. Bde.).

* 1760 **Claude-Joseph Rouget de Lisle** († Choisy-le-Roi/IdF 1836), Dichter, Komponist; Sohn eines königlichen Advokaten; von seinen zahlreichen Gedichten und Kompositionen überdauerte einzig sein 1792 in Straßburg geschriebener »Chant de guerre de l'Armée du Rhin«, der u. d. T. »La Marseillaise« französische Nationalhymne wurde (vgl. St. Zweig: *Sternstunden der Menschheit*, 1943); Leben in materieller Armseligkeit, bis ihm der Bürgerkönig Louis-Philippe eine Staatsrente aussetzte. – Geburtshaus Rue du Commerce Nr. 24, gen. ›Maison de la Marseillaise‹ (Gedenktafel, Besichtigung des Hauses möglich); Standbild (A. Bartholdi) auf der Promenade de la Chevalerie.

Lons-le-Saunier: Statue von Claude-Joseph Rouget de Lisle

* 1833 **Maurice Joly** († Paris 1878 [Freitod]), Erzähler; mehrere Schulversuche (»Die Legende [...] besagt, ich sei nacheinander aus fünf Gymnasien geflüchtet [...]; und die Legende ist wahr«); Jurastudium; Regierungsbeamter und Jurist; Gefängnisstrafe wegen zeitgenöss.-polit. Anspielungen im *Dialogue aux enfers entre Machiavel et Montesquieu* (1864, dt. *Ein Streit in der Hölle. Gespräche zwischen Machiavelli und Montesquieu über Macht und Recht*, 1948, 1991). – Weitere W.: *La Question brûlante* (1861), *César* (1865), *Les Principes de 89* (1865), *Recherches sur l'art de parvenir* (1868, dt. *Das Handbuch des Aufsteigers*, 2001), *Les Affamés. Études de mœurs contemporaines* (1876).

[A] **Colette** (→ Saint-Sauveur-en-Puisaye/Bu) besuchte einige Male mit ihrem ersten

Mann, dem Schriftsteller Willy (Henry Gauthier-Villars), ihre Schwiegereltern in L.

[R] **Rouget de Lisle** (s. o.) verbrachte seine Kindheit und die Jahre von 1808 bis 1817 in **Montaigu** (2 km südl. v. L.); zum Gedenken an den Dichter wurde eine Pyramide errichtet.

LUXEUIL-LES-BAINS (Haute-Saône)

[A] Das Hôtel du Cardinal Jouffroy (Rue Victor-Genoux), das spätgotische Palais des Abts und Kardinals Jean Jouffroy, beherbergte in den folgenden Jahrhunderten zeitweise die Briefeschreiberin **Madame du Sévigné** (→ Paris), den Romantiker **A. de Lamartine** (→ Mâcon/Bu) und von 1831-35 den Historiographen **Augustin Thierry** (→ Blois/C), der, schon erblindet, hier seiner Frau den größten Teil seines Werks *Récits des temps mérovingiens* (1840, dt. 1855) diktierte.

MAISOD (Jura)

[A] **A. de Lamartine** (→ Mâcon/Bu) flüchtete im Frühjahr 1815 auf das Schloß M., um dem Kriegsdienst für Napoleon zu entgehen; auch später besuchte der Dichter wiederholt das Schloß seiner Vorfahren; im Park wird eine Steinbank gezeigt, auf der sich Lamartine gerne ausgeruht haben soll.

[R] Die Ruine des Schlosses von **Pratz** (13 km südl. v. M.) (12. Jh., umgebaut im 17. Jh.) gehörte dem Vater des Dichters; die väterlichen Vorfahren Lamartines stammten aus **Saint-Claude** (13 km w. v. Pratz); Lamartine in seinem *Cours familier de littérature*: »Auch ich habe meine Lebenskraft aus diesem Bergquell geschöpft; die Hälfte meiner Vorfahren stammt aus diesen Wäldern, ist mit den Sturzbächen verbunden, hat in den Burgen des Saint-Claude-Tales und in der so fleißigen und malerischen Stadt Morez gelebt.«

MONTAIGU (Jura) → **LONS-LE-SAUNIER** [R]

MONTBÉLIARD (Doubs)

Bibliothèque municipale (Stadtbücherei; 90 Tsd. Bde.). – Scène Nationale (Staatl. Bühne); Théâtre municipal (Stadttheater).

[A] **Georges Bernanos** (→ Paris) erlitt Ende Juli 1933 einen Motorradunfall in B., der einen Krankenhausaufenthalt nach sich zog; das Bein des Dichters blieb verkrüppelt.

[R] **Audincourt** (unmittelbar sö. v. M.) ist einer der beiden Hauptschauplätze in dem autobiographischen Roman von **Jean Egen** *Les Tilleuls de Lautenbach* (1979, dt. *Die Linden von Lautenbach*, 1984).

LES MONTS-BOUCONS (Doubs) → BESANÇON [R]

MOREZ (Jura)

Mitte des 18. Jahrhunderts gründete Jean-Baptiste Dolard, Urgroßvater mütterlicherseits des Romantikers **A. de Lamartine** (→ Mâcon/Bu), in M. mehrere Betriebe, u. a. eine Drahtzieherei.

[A] **Stendhal** (→ Grenoble/RhA), Anfang September 1811 auf der Durchreise, besichtigte in M. eine Nagelfabrik, woran das erste Kapitel von *Le Rouge et le Noir* (1830; dt. *Rot und Schwarz*, 1901 u. ö.) erinnert, wo von einer ebensolchen Nagelfabrik die Rede ist. – Häufiger Gast in M. war der engl. Kunstschriftsteller **John Ruskin** (1819-1900), der ab 1835 in dem Ort Zwischenstation auf dem Weg in die Schweiz und nach Italien machte.

PONTARLIER (Doubs)

[A] **Jean-Jacques Rousseau** (→ Anhang) kam im Juni 1762 als Autor des verurteilten Romans *Émile* auf der Flucht durch P., dem letzten Halt auf französischem Boden (nochmaliger Besuch Mitte Mai 1763); der Ort diente ihm in den nächsten Jahren als Station, um seine Post nach Frankreich zu besorgen; von 1762-65 wohnte er in dem 25 km entfernten Bergdorf Môtiers, das zum damals preußischen Fürstentum

Das Lamartine-Haus in Morez

Neuchâtel/Schweiz gehörte. – **Chateaubriand** (→ Saint-Malo/Br) kam zweimal nach P., das er in seinen *Mémoires d'outre-tombe* (1848-50; dt. *Memoiren von jenseits des Grabes*, 1848/49 u. ö.) erwähnt, und stieg im Hôtel National ab, das noch existiert.

[L] In *Les Misérables* (1862, dt. *Die Elenden*, 1862) von **Victor Hugo** behauptet der ehemalige Galeerensträfling Jean Valjean, nach P. unterwegs zu sein, worauf ihm der Bischof von Arbeitsmöglichkeiten in den Käsereigenossenschaften von P. erzählt.

PRATZ (Jura) → MAISOD [R]

LES ROUSSES (Jura)

J.-J. Rousseau hatte Schwierigkeiten mit dem französischen Zoll von Les R., als in seinen Kleidern, die ihm aus der Schweiz nach → Besançon nachgeschickt werden sollten, ein Schriftstück entdeckt wurde, das man zum Zweck des Drucks eingeschmuggelt glaubte. Rousseau berichtet über den Fall im 5. Buch von *Les Confessions* (1782, dt. *Die Bekenntnisse*, 1782 u. ö.)

[A] **Honoré de Balzac** (→ Tours/C) war auf seiner Reise in die Schweiz zu Gast in Les R., das in seinem Roman *Albert Savarus* (1842) als ›Les Rouxey‹ auftaucht (die Dent de Vaulion heißt im Roman ›Dent de Vilard‹). – Der Wanderer **Julien Gracq** (→ Saint-Florent-le-Vieil/PdL) lobt die Umgebung von Les R.: »Das heiterste Tal des Jura, das ich kenne, habe ich zwischen Les Rousses und Bois d'Amont durchwandert.« (*Carnets du grand chemin*, 1992, dt. *Der große Weg*, 1996.)

[L] **Voltaire** unterstützte die Einwohner der Gemeinde, seit Jahrhundeten Leibeigene des Benediktinerklosters Saint-Claude, in ihrem Kampf um Aufhebung der Leibeigenschaft und verfaßte die Schrift *Supplique des serfs de Saint-Claude* (1771). – **Goethe**, der Ende Oktober 1779 auf seiner zweiten Schweizer Reise durch den Jura kam, erwähnt die Bewohner der Gegend um Les R. in den *Briefen aus der Schweiz*: »Sie gehören fast als Leibeigene an die Canonici von St. Claude, sie sind an die Erde gebunden, viele Abgaben liegen auf ihnen [...].«

SAINT-CLAUDE (Jura) → MAISOD [R]
VILLERS-ROBERT (Jura) → DOLE [R]

Weinberge vor dem Schloß Pierreclos

BURGUND (Bu) BOURGOGNE

Region Burgund (Bourgogne); Départements: Côte-d'Or (21), Nièvre (58), Saône-et-Loire (71), Yonne (89); Einwohner: 1,6 Mio.; Fläche: 31 582 qkm; Verwaltungssitz: Dijon.

ALISE-SAINTE-REINE (Côte-d'Or)

[L] An diesem Ort befand sich höchstwahrscheinlich das antike Alesia, Schauplatz der Schlacht von 52 v. Chr., als die römischen Truppen den Galliern unter Vercingetorix die entscheidende Niederlage beibrachten; **Julius Cäsar** berichtet davon in seinem Geschichtswerk *De Bello Gallico* (dt. *Der gallische Krieg*). – Die Ballade »Vercingetorix« (1870) von **C. F. Meyer** zeichnet das Schicksal des Gallierfürsten nach. – Auf dem Mont Auxois monumentale Vercingetorix-Statue (Aimé Millet, 1865). (Zwei abweichende Theorien siedeln das antike Alesia in Alaise/Département Doubs bzw. in Chaux-des-Crotenay/Département Jura an.)

[R] **Roger de Rabutin Graf von Bussy**, kurz: **Bussy-Rabutin**, (→ Épiry), Cousin der Madame de Sévigné, war vom königlichen Hof auf sein [M] Schloß **Bussy-Rabutin** (7 km n. v. A.) verbannt worden, nachdem er Stegreifcouplets über die Beziehung Ludwigs XIV. zu Maria Mancini, der Nichte Mazarins, verfaßt hatte; nachdem Bussy-Rabutin eine *Histoire Amoureuse des Gaules* (gedruckt 1665 in Lüttich, dt. 1666) veröffentlicht hatte, in der die Sitten der Hofgesellschaft bloßgestellt wurden, wurde er in der Bastille inhaftiert; nach seiner Freilassung neuerlich auf sein Schloß exiliert, kümmerte er sich um dessen bauliche Umgestaltung und Ausschmückung und schrieb seine *Mémoires*. – Der berühmte Prediger **Henri Lacordaire** (→ Recey-sur-Ource), der die Dominikaner wieder in Frankreich ansässig machte, gründete eine Niederlassung in **Flavigny-sur-Ozerain** (5 km sö. v. A.), die sogenannte Maison Lacordaire (Eckhaus an der Porte du Val, heute Priesterseminar); Standbild Lacordaires an der Esplanade.

ALLIGNY-EN-MORVAN (Nièvre) → SAULIEU
[R]

AUTUN (Saône-et-Loire)

Bibliothèque municipale (Stadtbücherei; 100 Tsd. Bde., 415 Hs., 200 Ink.). – Théâtre municipal (Stadttheater).

† 1693 **Roger de Rabutin, Comte de Bussy** (* Épiry 1618); Bussy-Rabutin, der als Knabe kurzzeitig Unterricht im Jesuitenkolleg von A. erhalten hatte, starb an einem Schlaganfall auf der Durchreise zum Hof in Versailles, wo er am Ende seines Lebens wieder geduldet wurde; Grab in der Kathedrale St. Lazare im 19. Jahrhundert zerstört.

[A] Im April 1734 besuchte **Voltaire** (→ Paris) mit seiner Geliebten Madame Châtelet das südl. der Stadt gelegene Schloß Montjeu (Privatbesitz, keine Besichtigung), um an der von ihm eingefädelten Hochzeit seines Schulfreundes Herzog Armand-Jean von Richelieu teilzunehmen; von seinem Freund d'Argental vor einer bevorstehenden Verhaftung gewarnt – seine *Philoso-*

Alise-Sainte-Reine: Vercingetorix-Statue

phischen Briefe waren gerade heimlich gedruckt und illegal veröffentlicht worden – reiste Voltaire jedoch vor den Feierlichkeiten nach → Cirey/ChA ab. – **Prosper Mérimée** (→ Paris), der sich Mitte August 1834 einen Überblick über die antiken und mittelalterlichen Denkmäler der Stadt verschaffte, gibt in den *Notes d'un voyage dans le Midi de la France* (1835) ausführliche Beschreibungen (allerdings nicht vom großen Tympanon des Meister Gislebertus: das Werk wurde erst drei Jahre später von der Übergipsung befreit). – **Stendhal** (→ Grenoble/RhA) hielt sich Ende April 1837 mehrere Tage in A. auf und zeigte Aufmerksamkeit für die baulichen Zeugnisse der Römerzeit und die Kathedrale St. Lazare (*Mémoires d'un touriste*, 1838). – **Jules Michelet** (→ Paris) kam Ende März 1839 mit seiner Tochter nach A. und ließ sich von einem Geistlichen die Sehenswürdigkeiten zeigen. – Im August 1925 besuchte **R. M. Rilke** (1875-1926) die Stadt.

[L] A., Schauplatz der 61. Geschichte des *Heptaméron* (1559, dt. zuletzt 1979) der **Margarete von Navarra**, ist ein wiederkehrender Handlungsort in *Le Pape des escargots* (1972)

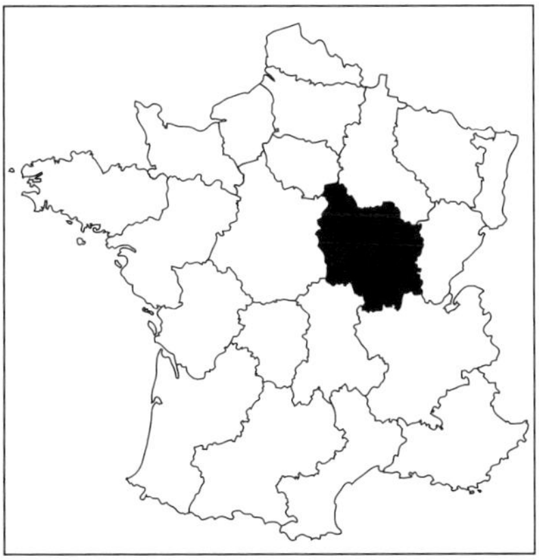

von **H. Vincenot**: Gilbert de la Rouéchotte, eine der Hauptfiguren des Romans, wird als Nachfahre des Meisters Gislebertus, der das große Tympanon der Kathedrale schuf, bezeichnet.

R **Madame de Sévigné** (→ Paris) beschreibt nach einem Besuch des Schlosses **Sully** (14 km nö. v. A.) den Hof desselben als den schönsten in Frankreich (Brief vom 2. 9. 1678). – Der englische Schriftsteller **Lawrence Durrell** (1912-1990), der seit Ende der 50er Jahre in Südfrankreich lebte (→ Sommières/LR), besuchte im Februar 1977 einen Yoga-Kurs in dem Buddhistischen Zentrum Kagyu-Ling im Schloß **Plaige** (32 km südl. v. A., an der D 994).

AUXERRE (Yonne)

»Auf dem höchsten Punkt kauert die alte Kirche, / Wie eine graue Henne über den Häusern brütend, / Die sich mit ihren braunen Ziegelkapuzen am Hang / Zusammendrängen, um einander zu wärmen.« (Marie Noël)

Bibliothèque municipale (Stadtbücherei; 180 Tsd. Bde., 520 Hs., 250 Ink.), Bibliothèque départementale de prêt de l'Yonne (150 Tsd. Bde.). – Théâtre d'Auxerre.

† 1593 **Jacques Amyot** (* Melun/IdF 1513); der frz. König Karl IX. hatte den Humanisten 1570 zum Bischof von A. ernannt, wo eine seiner Aufgaben in der Wiederherstellung der durch die Hugenottenkriege zerstörten Kathedrale bestand; sein Palais hatte Amyot in der Rue de Paris Nr. 59; Medaillon am Museums-/Bibliotheksbau Place du Maréchal Leclerc Nr. 2; Grab in der Kathedrale Saint-Étienne.

* 1883 **Marie Noël** (eigentlich Marie Rouget) († ebda. 1967), Lyrikerin, Erzählerin; verfaßte vor allem religiös inspirierte Gedichte, ab 1920 Tagebuch (*Notes intimes*, 1959, dt. Ausw. u. d. T. *Erfahrungen mit Gott*, 1961); die »Lerche von Auxerre« (Francis Jammes), verbrachte ihr ganzes Leben in A. – Wohnung von 1895 bis 1967 in der heutigen Rue Marie Noël Nr. 1 (Gedenktafel); Statue (Brochet, 1977) mit Versen aus ihrem Werk (Original in Saint-Germain, Kopie auf der Place de l'Hôtel de Ville). – Weitere W.: *Les Chansons et les heures* (Ged. 1922), *Le Rosaire des joies* (Ged. 1930), *Contes* (Erz. 1942), *Chants et psaumes d'automne* (Ged. 1947), *Le Jugement de Don Juan* (Dr. 1955), *Chants des quatre-temps* (Ged. 1972).

A **Restif de la Bretonne** (→ Sacy) lebte 1751-55 als Lehrling und 1759-61 als Geselle beim Buchdrucker Fournier in A. (Gedenktafeln an den Häusern Place de l'Hôtel de Ville Nr. 7 und Place des Cordeliers Nr. 13); er gedenkt seiner Zeit in A. in der 1794-97 erschienenen Autobiogr. *Monsieur Nicolas* (die Liebesabenteuer spielen sich in der Umgebung des Uhrturms ab); Denkmal (Brochet, 1995) in der Fußgängerzone. – **Johann Gottfried Seume** (1763-1810) kam 1802 nach A., »eine Mittelstadt, aber ziemlich lebhaft, wenigstens weit lebhafter als Dijon«, und fuhr von hier mit der Eilpost nach Paris weiter. – **Madame de Staël** (→ Paris), die Paris nahe sein wollte, aber auf Geheiß Napoleons nicht näher als vierzig Meilen an die Hauptstadt herankommen durfte, begab sich Ende April 1806 nach A. und wohnte vier Monate lang am Quai de la République (Hôtel du Léopard, abgerissen) oder im nahen Schloß Vincelles, das sie von einem Freund gemietet hatte; als Mitglieder ihres »Hofstaats« waren u. a. auch **A. W. Schlegel** (1767-1845) und zeitweise **Benjamin Constant** (→ Anhang) hier anwesend. – Der Historiker **J. Michelet** (→ Paris), Ende März 1839 von Paris nach Lyon unterwegs, genehmigte sich nur einen kurzen Aufenthalt zur Besichtigung von Kathedrale und Abteikirche St. Germain. – **Colette** (→ Saint-Sauveur-en-Puisaye/Bu), die 1889 in A. die Mittlere Reife ablegte, kam auch später oft und gerne in die Stadt: »Auxerre. Das ist fast meine Heimat.« – **Maurice Barrès** (→ Charmes/Lo) wurde von dem Kopf einer Sibylle im Chorumgang der Kathedrale Saint-Étienne so beeindruckt, daß er mit ihr eine imaginäre Zwiesprache hielt (*La Sibylle d'Auxerre* in: *Le Mystère en pleine lumière*, 1926). – Im April 1907 kam die amerikanische Schriftstellerin **Edith Wharton** (1862-1937) durch A., »eine jener unverwechselbaren alten französischen Städte mit dicht aneinandergedrängten Häusern, die ebenso lebendig und ausdrucks- wie charaktervoll sind wie gewisse französische Gesichter.« – Ende September 1928 besuchten die englischen Schriftstellerinnen **Virginia Woolf** (1882-1941) und **Vita Sackville-West** (1892-1962) A. und waren von den Glasfenstern der Kathedrale Saint-Étienne begeistert. – **Simone Weil** (→ Paris) wurde wegen ihres politischen Engagements im Herbst 1932 aus → Le Puy/Au an das Gymnasium von A. strafversetzt, wo sie pädagogisch wenig erfolgreich war: Nur ein Viertel ihrer Philosophieschülerinnen bestand das Abitur; nach einjähriger Lehrtätigkeit in A. bekam sie eine Stelle an der höheren Töchterschule von → Roanne/RhA. – **Julien Green** (→ Paris) notiert seinen Aufenthalt vom 13. November 1935 in seinen *Tagebüchern*: »Ich habe mir die Kathedrale bei Mondschein angesehen. Tiefes Geheimnis dieser gigantischen schwarzen Masse, die von einem Mondstrahl gestreift wurde. Kaum daß ich ein kleines Stück des Portals ausmache, Schöpfungsszenen, späte Gotik, all das zerfressen, als hätten Flammen an diesen Steinen geleckt.«

[R] **Restif de la Bretonne** (s. o.), der im Pfarrhaus von **Courgis** (10 km ö. v. A.) Unterricht bekam, begegnete in der Dorfkirche Jeannette Rousseau, seiner großen Liebe, wagte jedoch nicht sie anzusprechen.

AUXONNE (Côte-d'Or)

»Kleine Stadt Auxonne, wie ein Schneckenhaus um die alte Kirche gelagert, ein Wehrgemäuer des Glaubens, der spitze Turm wie ein Pfeil gegen den Himmel gerichtet, sechstausend Einwohner, Schweigen. Napoleon war Artillerieleutnant in Auxonne gewesen, drei Jahre lebte er in dem verschlafenen Nest. Auxonne träumt noch heute von Napoleon, aber Napoleon träumte in Auxonne nur von Paris.« (Wolfgang Koeppen)

[A] **Johann Gottfried Seume** (1763-1810) zog 1802, kaum über die Alpen zurück, weiter Richtung Paris: »In Auxonne wurden alle Festungswerke niedergerissen, und jedermann ging und ritt und fuhr ungehindert und ungefragt aus und ein. Das fand ich selbst gegen die Schweiz sehr liberal.« (*Spaziergang nach Syrakus im Jahre 1802*, 1803.) – **W. Koeppen** vermerkt seinen Zwischenstop in A. in seinen *Reisen nach Frankreich* (1961).

AVALLON (Yonne)

[A] **Prosper Mérimée** (→ Paris), Mitte August 1834 auf dem Weg von Paris über Burgund in den Süden des Landes, konzentrierte sein Interesse auf die Kirche St. Lazare (*Notes d'un voyage dans le Midi de la France*, zuletzt 1989). – **Marcel Proust** (→ Paris), im September 1903 in den Kurort → Évian/RhA unterwegs, besichtigte ebenfalls die Kirche St. Lazare; als er am Abend vom Besuch → Vézelays zurück war, fühlte er sich so krank, war von Asthmaanfällen geplagt und fiebrig, daß er die ganze Nacht umherspazierte, bis er am

Avallon: Saint-Lazare und Uhrturm

nächsten Morgen um 6 Uhr den Zug nach Dijon nehmen konnte. – Die amerikanische Schriftstellerin **Edith Wharton** (1862-1937) hatte im April 1907 nur eine Stunde für die Besichtigung der Stadt: »So kam es, daß wir lediglich den allgemeinen Eindruck einer von Mauern umgebenen Stadt mitnahmen, die sich vor einem eindrucksvollen Hintergrund aus Fels und Wald erhebt, sowie die lebhafte Erinnerung an einen kleinen, verlassenen Platz mit sehenswerten Winkeln, wo sich unbeschreiblich malerische alte Häuser um die mit Skulpturen geschmückte Fassade der Kirche Saint Lazare drängen« (*Frankreichfahrt*, 1997). – Im August 1925 kam **R. M. Rilke** (1875-1926) in die Stadt, die für ihn schon im Oktober 1911 Übernachtungsstation auf dem Weg in die Provence gewesen war. – **Virginia Woolf** (1882-1941), die Ende September 1928 mit ihrer Schriftstellerkollegin **Vita Sackville-West** (1892-1962) eine einwöchige Reise durch Burgund unternahm, war von A. begeistert: »Falls ich einmal Witwe werde, werde ich hier leben.« – Nach seinem Motorradunfall in → Montbéliard/FC suchte **G. Bernanos** (→ Paris) im August 1933 in A. Erholung bei Freunden. – **Alfred Döblin** (1878-1957) zog im September 1939 von Paris für einige Wochen nach A., um die weitere Entwicklung nach Kriegsausbruch abzuwarten; mit seiner Familie wohnte er »sehr eingeschränkt im Appartement (das heißt, ein Zimmer, eine Mansarde, eine Küche).« – »In Avalon [sic!]. [...] Gestern abend, als die Straßen und Plätze menschenleer waren, haben wir uns die angestrahlte Stiftskirche Saint-Lazare angesehen. Der Prophet steht aufrecht wie ein Baum in seinem langen Gewand mit tausend säuberlichen Falten, ein Buch in der Hand, in einer Ecke des Portals zwischen Säulen, von denen die einen reglos sind und die anderen tanzen und sich winden«, so **Julien Green** (→ Paris) in seinen *Tagebüchern* (21. August 1980).

R Der Titelheld von **Romain Rollands** Schelmenroman *Colas Breugnon* (1919), ein Schreiner, gibt vor, für die Kirche von **Montréal** (12 km nö. v. A.) gearbeitet zu haben: »Ich habe auch (und dieses ist mein Meisterstück) zu meinem eigenen und unseres Pfarrers Ergötzen die Chorstühle der Kirche von Montréal geschnitzt, darauf zwei Bürgersleute, am Tisch sitzend, sich bei ihrem Henkelkrug verlustieren und miteinander anstoßen [...]. Arbeiten und darnach trinken, trinken und darnach arbeiten, welch köstliches Leben!« (Tatsächlich haben sich die Brüder Rigoley dargestellt, die das Chorgestühl um 1520 schufen.)

BEAUNE (Côte-d'Or)

»Es ist eine schläfrige Burgunderstadt, sehr alt und reif, mit gewundenen Straßen, sich immer wieder diagonal eröffnenden Perspektiven und steilen, moosbedeckten Dächern.« (Henry James)

Théâtre municipal (Stadttheater).

† 1949 **Jacques Copeau** (* Paris 1879); der Theatermann und Mitbegründer der *NRF* starb im Hôtel-Dieu; Grab im nahen Pernand-Vergelesses (s. u.).

[A] **Stendhal** (→ Grenoble/RhA) besuchte Mitte Mai 1837 das Hôtel-Dieu und verfolgte abends belustigt eine Diskussion unter Winzern, welche Auswirkung es auf den Geschmack habe, ob der Wein in Reihen längs oder quer zur Straße gelesen werde. – **Henry James** (1843-1916) machte Ende Oktober 1882 auf der Reise von Mâcon nach Dijon nur einen Zwischenstop zur Mittagszeit in B., wo er im Hôtel-Dieu das Jüngste Gericht Rogier van der Weydens nicht besichtigen konnte, da es sich damals im Refektorium der Nonnen befand. – **Marcel Proust** (→ Paris) besichtigte Mitte Oktober 1903, auf der Rückreise von der Kur in → Évian/RhA nach Paris, das Hôtel-Dieu. – Die Lyrikerin **Gertrud Kolmar** (1894-1943), im Herbst 1927 zu einem Ferienkurs in → Dijon, besuchte die Stadt Mitte Oktober dieses Jahres; das Gedicht »Die Irre« trägt den Titelzusatz »Beaune, Côte d'Or, den 14. 10. 1927«. – **Wolfgang Koeppen** (1906-1996) besichtigte 1959 neben Weinkellern und -museum auch das berühmte Hôtel-Dieu:

Beaune: Hôtel-Dieu

»Im Hôtel-Dieu hing auch Roger van der Weydens großes Polyptychon vom Jüngsten Gericht; aber niemand in Beaune dachte an das Endspiel, kein Händler blickte von seinen Weinkontobüchern zu den strafenden Engeln auf.« (*Reisen nach Frankreich*, 1961.)

[R] In **Bragny-sur-Saône** (20 km sö. v. B.) starb 1605 **Pontus de Tyard** (→ Chalon-sur-Saône [R]), der 1589 sein Amt als Bischof von Chalon an seinen Neffen übergeben und sich auf seine Besitzung in Bragny zurückgezogen hatte. – Das auf die Mönche von Cîteaux zurückgehende Weingut **Le Clos de Vougeot** (20 km nö. v. B.) besuchte **Stendhal** (s. o.) Mitte Mai 1837; in B. wurde ihm kurz darauf sogar eine Flasche Wein aus dem Gut versprochen, die noch auf Mönchszeiten, d. h. vor die Revolution, zurückging. – Das Weinstädtchen **Nuits-Saint-Georges** (15 km nö. v. B.) ist

Schauplatz einer erotischen Szene in dem Roman *La Rôtisserie de la Reine Pédauque* (1893) von **Anatole France.** – **Jacques Copeau** (s. o.) zog 1925 von Paris nach **Pernand-Vergelesses** (6 km n. v. B.) in ein schönes Landhaus (Gedenktafel) und setzte von hier aus seine Theaterarbeit fort; Grab auf dem Friedhof.

BISSY-SUR-FLEY (Schloß) (Saône-et-Loire) → CHALON-SUR-SAÔNE [R]

BOURBILLY (Schloß) (Côte-d'Or)

[A] Das Schloß B., im Süden der gleichnamigen Gemeinde, war Besitz der Rabutin-Chantal und damit Eigentum der **Madame de Sévigné** (→ Paris), der berühmtesten frz. Briefeschreiberin des 17. Jhs., die aus dieser Familie hervorging und sich häufig hier aufhielt; später ging das Schloß in den Besitz ihrer Tochter Madame de Grignan über.

[R] **Madame de Sévigné** (→ Paris) kam von B. aus oft nach Schloß **Époisses** (8 km nw. v. B.) zu ihrem Nachbarn, dem befreundeten Grafen von Guitaut; im Schloß, das sich immer noch in Familienbesitz befindet, gibt es einen ›Salon der Madame de Sévigné‹.

BRAGNY-SUR-SAÔNE (Saône-et-Loire) → BEAUNE [R]
BRÈVES (Nièvre) → CLAMECY [R]
LA BUSSIÈRE-SUR-OUCHE (Côte-d'Or) → COMMARIN [R]
BUSSIÈRES (Saône-et-Loire) → SONDERKARTE LAMARTINE s. S. 303
BUSSY-RABUTIN (Schloß) (Côte-d'Or) → ALISE-SAINTE-REINE [R]

CHALON-SUR-SAÔNE
(Saône-et-Loire)

Bibliothèque municipale (Stadtbücherei; 180 Tsd. Bde., 254 Hs., Ink.). – Théâtre municipal (Stadttheater).

[A] **Pontus de Tyard** (s. u.) war von 1578 bis 1589 (als er das Amt an seinen Neffen übergab) Bischof von Ch. – **P. Mérimée** (→ Paris) war im August 1834 auf der Durchreise nur einige Stunden in Ch. und

Schloß Époisses

besichtigte die Kathedrale St. Vincent sowie das ins 16. Jh. zurückreichende Hospital. – **A. Dumas d. Ä.** (→ Villers-Cotterêts/Pi), der im Mai 1835 von Paris nach Italien reiste (wovon er in seinem Reisebuch *Une Année à Florence* berichtet), bestieg in Ch. das Dampfschiff zur Weiterfahrt in den Süden, ebenso wie im September 1844 **Friedrich Hebbel** (1813-1863), der von der französischen Hauptstadt nach Rom unterwegs war. – **Stendhal** (→ Grenoble/RhA) fiel bei seinem Besuch Mitte Mai 1837 die Lebendigkeit der Handelstadt auf, die ihm geradezu ein Vorgeschmack auf Marseille schien. – Mitte Oktober 1839 kam **Victor Hugo** (→ Besançon/FC) auf seiner Rückreise vom Süden nach Paris durch die Stadt und legte für sein Reisealbum ein Verzeichnis der Sehenswürdigkeiten an. – **Wolfgang Koeppen** (1906-1996) wurde 1959 sein Aufenthalt in Ch. durch die Folgen der Industrie vergällt: »Die Saône trug hier eine schillernde Teerschicht, einen gleißenden Ölfilm, und ihr immer glatter, sonst weicher Spiegel täuschte auf einmal eine metallische Härte vor.«

[R] Im Benediktinerpriorat von **Saint-Marcel** (2 km ö. v. Ch.) starb 1142 **Abaelard** (→ Le Pallet/PdL); der Abt von Cluny, Petrus Venerabilis, hatte den greisen und kranken Scholastiker in das ruhige kleine Kloster bringen lassen und bestattete Abaelard ein halbes Jahr nach dessen Tod mit kirchlichen Ehren in → Le Paraclet/ChA, wo Heloisa Priorin war; Kenotaph für Abaelard in der Kirche von

S.-M. – Auf dem Schloß **Bissy-sur-Fley** (27 km sw. v. Ch.) wurde 1521 **Pontus de Tyard** († Bragny-sur-Saône 1605) geboren; das mit M. Scève befreundete Mitglied der Dichtergruppe Pléiade war ab 1578 Bischof von Ch.; mit den *Erreurs amoureuses* (1549) schuf er eine der frühesten Sonettsequenzen (*Œuvres poétiques complètes*, 1966). – In **Givry** (6 km w. v. Ch.) wurde 1747 **Vivant Denon** (eigentlich Dominique Vivant de Non) († Paris 1825), Kupferstecher, Diplomat, Kunstsammler und Schriftsteller geboren; Denon war über ein Jahrzehnt im diplomatischen Dienst (St. Petersburg, Neapel) tätig, mit Voltaire befreundet und 1802-15 ›Directeur des musées de France‹ (also u. a. des Louvre); als Beobachter nahm er an den Feldzügen Napoleons teil, wurde 1806 in Goethes Haus in Weimar einquartiert; er ist heute noch bekannt durch seine Erzählung *Point de lendemain* (1777, dt. zuletzt u. d. T. *Nur diese Nacht*, 1997), verfaßte den Reisebericht *Voyage dans la Haute-Égypte* (1802); das Museum (Gemälde, Volkskunde, Archäologie) am Rathausplatz von Ch. trägt seinen Namen.

LA CHARITÉ-SUR-LOIRE (Nièvre)

A Der Ort war Anfang August 1834 die zweite Station auf **P. Mérimées** (→ Paris) Weg in den Süden; Beschreibung der Denkmäler in den *Notes d'un voyage dans le Midi de la France* (1835, zuletzt 1989); auch auf seiner Reise in die Auvergne, Mitte 1837, bildet La C. den Auftakt und Schlußpunkt; in einem Brief an den Staatsrat Jean Vatout setzte er sich vehement für die »schönste Kirche des Departements Nièvre« ein. (Ein Durchgang im Klosterbereich trägt den Namen ›Passage P. Mérimée‹). – **Stendhal** (→ Grenoble/RhA) berichtet in seinem Reisebericht *Mémoires d'un touriste* (1838) von einem Achsbruch der Kutsche, der ihn Mitte April 1837 in La Ch. aufhielt; zwei Stunden lang konnte er sich den Torso der Kirche anschauen, was ihn so fesselte, daß er nicht einmal an den Achsbruch denken mußte. – Im gleichen Jahr kam auch noch **A. Dumas d. Ä.** (→ Villers-Cotterêts/Pi) durch La Ch. und ließ sich die Sehenswürdigkeiten des Ortes zeigen (Beschreibung in dem Reisebericht *Midi de la France*, zuletzt 1991). – Auch **Victor Hugo** (→ Besançon/FC) war von der Kirche begeistert: »In La Charité-sur-Loire in der Nähe von Bourges gibt es eine romanische Kirche, die es an Größe und Reichtum der Architektur mit den berühmtesten in Europa aufnehmen kann – nur ist sie eine halbe Ruine.«

R **Pouilly-sur-Loire** (10 km n. v. La Ch.) ist Schauplatz des Romans *Le Cheval blanc* (1938, dt. *Zum Weißen Roß*, 1980) von **Georges Simenon**.

CHAROLLES (Saône-et-Loire)

* 1697 **Madame du Deffand** († Paris 1780); die auf Schloß Chamrond geborene Marie de Vichy-Chamrond, so der Mädchenname der für ihre Briefe berühmten und oft mit Madame de Sévigné verglichenen Schriftstellerin, heiratete mit 22 Jahren den Marquis du Deffand, von dem sie sich bald wieder trennte; in Paris gründete sie einen Salon, in dem u. a. Montesquieu, Voltaire, Marivaux, d'Alembert, Horace Walpole verkehrten; nach ihrer Erblindung 1753 nahm sie als Vorleserin Julie de Lespinasse (→ Lyon/RhA) zu sich, mit der sie sich jedoch bald überwarf; allein mit Horace Walpole, Verfasser des Schauerromans *Die Burg von Otranto* (1764), mit dem sie eine Altersliebe verband, wechselte sie über 800 Briefe.

A **Edgar Quinet** (→ Bourg-en-Bresse/RhA) besuchte von 1811-15 das Collège von Ch.

R **J.-K. Huysmans** (→ Paris) besuchte die berühmte Klosterkirche von **Paray-le-Monial** (13 km w. v. Ch.) im Spätsommer 1895: »Die Basilika hat drei Schiffe, jedes Schiff drei Joche, jedes Joch drei von drei Fenstern gekrönte Bögen. Es ist die bis zu Ende gedachte Darstellung der Dreifaltigkeit.«

CHÂTEAUNEUF-EN-AUXOIS (Côte-d'Or) → COMMARIN [R]
CHAUMOT (Nièvre) → CHITRY-LES-MINES [R]

CHITRY-LES-MINES (Nièvre)

[A] **Jules Renard** (→ Châlons-du-Maine/PdL), der in Ch., dem Heimatort seines Vaters, aufgewachsen war, wurde 1904 zum Bürgermeister der Gemeinde, die seiner Erzählung *Poil de Carotte* (1894) möglicherweise als Schauplatz diente, gewählt (Wiederwahl vier Jahre später); nach dem frühen Tod des Autors 1910 in Paris wurde er in Ch. begraben; im Ort Denkmal von 1960 (Sirdey), das ein 1942 von den Deutschen entferntes ersetzt.
[R] In dem jenseits des Canal du Nivernais gelegenen Ort **Chaumot** wohnte **J. Renard** von 1897 bis 1909 in einem alten Pfarrhaus aus dem 18. Jahrhundert, genannt La Gloriette (Gedenktafel); in der Folge teilte er seine Zeit zwischen Paris und Chaumot, wo er 1900 in den Gemeinderat gewählt wurde.

Romain Rolland

CLAMECY (Nièvre)

* 1801 **Claude Tillier** († Nevers 1844), Erzähler, Journalist; Schüler am Collège von C., Stipendium für das Lycée impérial in Bourges, ab 1822 Volksschullehrer in C., verlor wegen eines oppositionellen Zeitungsartikels seine Stelle, mußte ins Gefängnis und verfaßte anschließend, als Journalist in Nevers, sozialkritische, fortschrittlich-liberale Texte; sein Name ist heute noch bekannt durch den Roman *Mon Oncle Benjamin* (1843, dt. *Mein Onkel Benjamin*, übers. v. L. Pfau 1866), der C. und die kleinen Orte im Südwesten der Stadt (Corvol, Flez, Varzy) zum Schauplatz hat. – Büste in der Rue du Grand-Marché; Geburtshaus (Gedenktafel) in der heutigen Rue Claude-Tillier. – W.: *Œuvres* (4 Bde. 1846).
* 1866 **Romain Rolland** († Vézelay 1944), Romancier, Biograph, Dramatiker, Musikwissenschaftler; nach dem Besuch der École Normale Supérieure Studium in Paris und Rom; 1903-12 Professor für Musikwissenschaft an der Sorbonne; wegen seines pazifistischen Engagements im 1. Weltkrieg (*Au-dessus de la mêlée*, Essays 1915, dt. *Über dem Schlachtgetümmel*, 1946) wurde er im eigenen Land angefeindet; 1915 Nobelpreis für Literatur; allmähliche Distanzierung vom Kommunismus (Rußlandreise 1935), zu dem er sich zunächst bekannt hatte; verfaßte bedeutende Biographien über Ludwig van Beethoven (1903), Michelangelo (1905), G. F. Händel (1910), Tolstoi (1911), Gandhi (1924); Hauptwerk: *Jean Christophe* (10 Bde. 1904-12, dt. *Johann Christof*, 3 Bde. 1914-17); bekannt blieb auch der Roman *Colas Breugnon* (1919, dt. *Meister Breugnon*, 1920), in dem C. liebevoll beschrieben wird. – Geburtshaus (Gedenktafel) in der heutigen Rue Romain-Rolland; [M] Musée d'Art et d'Histoire Romain Rol-

land (Rue Romain-Rolland) mit Erinnerungsstücken, Ausgaben, Manuskripten etc., davor Steinbüste (1967). – Weitere W.: *Danton* (Dr. 1900, dt. 1919), *Clérambault* (R. 1920, dt. 1922) *L'Âme enchantée* (R.zyklus 1922-33, dt. *Die verzauberte Seele*, 1924-36), *Le Jeu de l'Amour et de la Mort* (St. Zweig gewidmetes Dr. 1925, dt. *Ein Spiel von Tod und Liebe*, 1925), *Le Voyage intérieur* (Autobiogr. 1942, dt. *Reise nach innen*, 1949).

[A] **P. Mérimée** (→ Paris) streifte bei seiner Fahrt in den Süden Frankreichs Anfang August 1834 auch C., dessen Kirche St. Martin er in seinen *Notes d'un voyage dans le Midi de la France* (1835) erwähnt. – **Jules Renard** (→ Châlons-du-Maine/PdL), der ab 1902 Mitarbeiter der Zeitung *L'Écho de Clamecy* war, weilte mehrfach in C., wo er auch Vorträge und Reden hielt, u. a. zur Einweihung der Büste für Claude Tillier (1905).

[R] Auf dem Friedhof von **Brèves** (10 km sö. v. C.) befindet sich das Grab des 1944 in → Vézelay verstorbenen Schriftstellers **Romain Rolland** (s. o.), dessen Vorfahren aus B. stammten, das auch einen der Schauplätze des Romans *Colas Breugnon* (1919) abgibt.

CLUNY (Saône-et-Loire)

Théâtre de Cluny.

[A] **Abaelard** (→ Le Pallet/PdL), der berühmte Frühscholastiker, kam während des Konzils von Sens im Sommer 1140 auf dem Weg nach Rom in die Abtei C., wo der Abt Petrus Venerabilis, ein Schüler Abaelards, den kranken Mann zum Bleiben veranlaßte und später in das Benediktinerpriorat → Saint-Marcel bei Chalon brachte. – Zu **A. de Lamartine** s. SONDERKARTE LAMARTINE S. 303 – **P. Mérimée** (→ Paris) traf bei einem Rundgang im August 1834 überall auf Fragmente aus der ehemaligen Abtei: »Da ein romanisches Basrelief, hier eine Säule mit verziertem Kapitell; ein paar Schritte weiter flachgearbeitete Köpfe, ausgemeißelte Tiere, ganze Stücke von Portalgewänden und Pilastern.« – **Wolfgang Koeppen** (1906-1996), 1959 gekommen, um »in diesem Garten des Abälard allein der Geschichte nachzuwandeln«, verzichtete auf eine Besichtigung des Kreuzgangs, weil er dabei »das Geleier des Guide« hätte in Kauf nehmen müssen (*Reisen nach Frankreich*, 1961).

[M] **Musée d'Art et d'Archéologie**: u. a. ca. 4000 Bde., Inkunabeln, wertvolle Einbände.

COMMARIN (Côte-d'Or)

[A] **Henri Vincenot** (→ Dijon) kehrte 1968 nach C. zurück, woher seine Familie stammte, und wo er bei seinen Großeltern aufgewachsen war; Beschreibung in *La Billebaude* (autobiogr. R. 1978); Gedenktafel am Haus der Familie in der Hauptstraße.

[R] Burg und Umgebung von **Châteauneuf-en-Auxois** (5 km südl. v. C.) bilden den Schauplatz von Vincenots Burgund-Roman *Le Pape des escargots* (1972); auch der Mittelalterroman *Les Étoiles de Compostelle* (1982, dt. *Die Sterne von Compostela*, 1993) des gleichen Autors spielt größtenteils in Ch. und der nahen Zisterzienserabtei von **La Bussière-sur-Ouche** – Das figurengeschmückte Nordportal der Kirche von **Saint-Thibault-en-Auxois** (20 km nw. v. C.) erfährt eine neue Deutung durch La Gazette, Titelheld des bereits oben erwähnten Romans *Le Pape des escargots* (1972).

CORMATIN (Schloß) (Saône-et-Loire)

* 1888 **Jacques de Lacretelle** († Paris 1985), Erzähler, Essayist, Biograph, Übersetzer; Kindheit im Nahen Osten, Studium in Paris und Cambridge; Freund und Schüler Marcel Prousts; ab 1936 Mitglied der Académie Française; Hauptwerk ist der Romanzyklus *Les Hauts-Ponts* (4 Teile 1932-36), der über drei Generationen hinweg den Niedergang einer Familie schildert. – Weitere W.: *Silbermann* (R. 1922, dt. 1924), *La Bonifas* (R. 1925), *Le Retour*

de Silbermann (R. 1930), *Le Tiroir secret* (Autobiogr. 1959).

[A] In dem Schloß aus dem frühen 17. Jh. war häufig **Alphonse de Lamartine** (→ Mâcon) zu Gast; Nina de Pierreclos, die schöne Tochter des Schloßherrn, bekam 1813 einen Sohn von ihm.

COURGIS (Yonne) → **AUXERRE** [R].

DECIZE (Nièvre)

* 1890 **Maurice Genevoix** († Alicante 1980), Erzähler; Kindheit an der Loire, Gymnasium in Orléans, École Normale Supérieure in Paris; schwere Verwundung im 1. Wk., Offizier; 1925 Prix Goncourt für den Roman *Raboliot*; ausgedehnte Reisen (Afrika, Amerika, Skandinavien), 1946 Aufnahme in die Académie Française; aktives Eintreten für den Umweltschutz. – Weitere W.: *Sous Verdun* (R. 1916), *La Boue* (R. 1921), *Rémi des Rauches* (R. 1922), *L'Assassin* (R. 1930), *Roû* (R. 1931), *La dernière Harde* (R. 1938), *Afrique Blanche, Afrique Noire* (Essay 1944), *Vlaminck* (Essay 1954), *Le Roman de renard* (R. 1958), *La Loire, Agnès et les garçons* (R. 1962), *La Forêt perdue* (R. 1967), *Un Jour* (1976, dt. *Ein Tag, ein Leben*, 1977), *Lorelei* (R. 1978, dt. 1979) *Trente mille jours* (Erinnerungen 1980).

DIJON (Côte-d'Or)

»Dijon hat, was den Geist anbelangt, in Frankreich nur Grenoble als Rivalen; es ist eine Stadt aus hübschen Häusern, die aus kleinen viereckigen Steinen erbaut wurden, die aber kaum mehr als ein erstes Stockwerk haben und ein niedriges zweites. Daher ein dörfliches Aussehen. Sicher ist das wohnlicher, gesünder usw. als fünfstöckige Häuser; dafür gibt es aber auch nichts Bedeutendes, Formschönes mehr: man ist eben in einem Dorf.« (Stendhal)

»Wie dem auch sei, ich möchte plump sagen, daß es der alten Hauptstadt von Burgund an Charakter fehlt; sie ist nicht auf der Höhe. Sie ist alt und eng und verwinkelt und wurde auch weitgehend so belassen: doch hat sie nichts Hochragendes und Emporstrebendes; sie ist für das Auge nicht, was die burgundische Hauptstadt sein sollte.« (Henry James)

Université de Bourgogne. – Universitätsbibliothek (660 Tsd. Bde., Hs., Ink.), **Bibliothèque municipale** (Stadtbücherei; 400 Tsd. Bde., 3400 Hs. u. a. aus dem frühen 12. Jh. [aus Cîteaux], 235 Ink.; Schwerpunkt: u. a. Burgund, Wein). – Théâtre National de Bourgogne; Opéra.

* 1627 **Jacques Bénigne Bossuet** († Paris 1704), Theologe, Prediger; Sohn eines Juristen, Besuch des Jesuitenkollegs in D.; 13jährig schon Kanonikus in Metz/Lo, Priesterweihe 1652; Berühmtheit durch seine Predigten (*Sermons*) und Grabreden (*Oraisons funèbres*) in Paris; ab 1670 Erzieher des Dauphins (Thronfolgers) unter Verzicht auf das Bistum Condom, dem Bossuet seit 1669 vorstand; ab 1682 Bischof von Meaux. – Geburtshaus Place Bossuet Nr. 18 (Gedenktafel); Standbild vor der Kirche St. Jean. – W.: *Œuvres complètes* (31 Bde. 1862-66).

* 1674 **Prosper Jolyot, Sieur de Crais-Billon (Crébillon d. Ä.)** († Paris 1762), Dramatiker; Jesuitenkolleg in D.; nach juristi-

Dijon: Bossuet-Standbild vor der Kirche Saint-Jean

scher Laufbahn Hinwendung zum Theater; Verfasser sehr erfolgreicher pathetischer Horrortragödien (Beiname des Autors: ›Le Terrible‹, d. i. ›Der Schreckliche‹) nach antiken und mythologischen Stoffen. – Geburtshaus Rue Monge Nr. 32 (Gedenktafel, unleserlich); Büste an der Place du Premier Mai. – W.: *Idoménée* (Dr. 1705, dt. 1752), *Atrée et Thyeste* (Dr. 1707), *Électre* (Dr. 1709, dt. 1774), *Xercès* (Dr. 1714), *Catilina* (Dr. 1749, dt. übers. v. Lessing 1775).

* 1689 **Alexis Piron** († Paris 1773), Satiriker; anstelle der vorgesehenen theolog. Laufbahn Jurastudium; Verlust des Advokatenamts wegen der obszönen »Ode à Priape« (1718); veröffentlichte zahlreiche scharfzüngige Epigramme und erfolgreiche Dramen; am Lebensende Pension durch Vermittlung der Madame de Pompadour. – Geburtshaus Rue Piron Nr. 46 (Gedenktafel). – Weitere W.: *Arlequin-Deucalion* (Dr. 1722), *Gustave Wasa* (Dr. 1733), *La Métromanie* (Verskom. 1738); *Œuvres complètes* (10 Bde. 1928-31).

* 1709 **Charles de Brosses** († Paris 1777), Politiker, Historiker, Geograph; mit Buffon und Diderot befreundet; mit Voltaire verfeindet (wegen eines Landguts, das er ihm verkauft hatte); auf Anregung seines Freundes Buffon verfaßte er die *Histoire des navigations aux terres australes* (1756, dt. v. Adelung 1767); erster Präsident des Parlaments von Burgund; anhaltende Bekanntheit durch seine erstmals postum (1798) veröffentlichten Aufzeichnungen eines Italienaufenthaltes, die zur klassischen Reiseliteratur zählen: *Le Président de Brosses en Italie. Lettres familières écrites d'Italie en 1739 et 1740* (2 Bde. 1860 u. ö., dt. *Des Präsidenten de Brosses vertrauliche Briefe aus Italien*, 1918-22). – Weitere W.: *Sur le Culte des dieux fétiches* (1760, dt. 1785), *Traité de la formation mécanique des langues* (1765, dt. 1777), *Histoire de la république romaine dans le cours du septième siècle par Salluste* (1777, dt. 1799).

* 1719 **Jacques Cazotte** († Paris 1792), Erzähler; Besuch des Jesuitenkollegs von D., Mitschüler von Rameaus Neffen; 1747-61 Marineangestellter in Martinique, dann Paris; Mitglied okkultistischer Kreise; starb als überzeugter Monarchist unter der Guillotine; heute bekannt einzig wegen seines Romans *Le Diable amoureux* (1772, dt. u. d. T. *Biondetta*, 1780, *Der verliebte Teufel*, 1791). – Weitere W.: *La Patte du chat* (Erz. 1741), *Les mille et une fadaises* (Erz. 1742); *Œuvres complètes* (6 Bde. 1798-1816).

* 1830 **Stéphen Liégeard** († Nizza/PAC 1925), Schriftsteller, Politiker; Sohn des Bürgermeisters von D., Abgeordneter und ab 1864 Unterpräfekt in Carpentras/PAC, schrieb das von der Académie Française ausgezeichnete Reisebuch *La Côte d'Azur* (1887), das der Mittelmeerküste den heute gängigen Namen gab. – Geburtshaus Rue des Forges Nr. 40 (Initialen über dem Portal), Wohnhaus Rue Vauban Nr. 21. – Weitere W.: *Les Abeilles d'Or* (1859), *Trois ans à la Chambre* (1873).

* 1912 **Henri Vincenot** († ebda. 1985), Schriftsteller, Bildhauer, Maler; Kindheit auf dem Land bei den Großeltern; Schulen in Dijon und Paris, Studium der Wirtschaftswissenschaften; Militärdienst in Marokko; Eintritt in die Eisenbahngesellschaft Paris-Lyon-Marseille, deren Zeitschrift er redigierte; 1968 Rückkehr nach Burgund (→ Commarin); in seinen Romanen, die vorzugsweise in Burgund spielen, Engagement gegen den Materialismus und die Umweltzerstörung. – Geburtshaus Rue des Perrières Nr. 8 (Gedenktafel), Sterbehaus Rue J.-J. Rousseau Nr. 74 (Gedenktafel); D. ist einer der Schauplätze des Romans *Le Pape des escargots* (1972). – Weitere W.: *La Billebaude* (autobiogr. R. 1978), *Les Étoiles de Compostelle* (1982, dt. *Die Sterne von Compostela*, 1993).

[A] **Molière** (→ Paris) gab in den Sommermonaten 1657 mit seinem Illustre Théâtre Vorstellungen in D., wo man amtlicherseits die Eintrittspreise festgesetzt hatte, damit die Komödianten keinen zu hohen Preis verlangten; die Truppe spielte in einem Pavillon ihres einstigen Gönners, des Prinzen Conti, der ihnen nach seiner Hinwendung zur Religion seine Gunst entzog. – Der Naturwissenschaftler **Buffon** (→ Montbard) studierte in seiner Jugend am Jesuitenkolleg von D. (Wohnung von 1717-42 im Hôtel Buffon, Rue Buffon Nr. 24). – **J.-J. Rousseau** (→ Anhang) kam durch D., das für ihn auf der Strecke von der Schweiz nach Paris lag, im Juni 1753 und, diesmal für einige Tage, im Juni 1770, wo er u. a. mit dem Präsidenten de Brosses (s. o.) zusammentraf. – Der schottische Romancier **Tobias Smollett** (1721-1771) kam im Herbst 1763 und Frühjahr 1765 auf der Durchreise über D., »eine ehrwürdige alte Stadt«, wo er den besten Burgunderwein fand, doch war auch der noch, was Gehalt und Geschmack betraf, weit unter der Qualität, die der Autor in London zu trinken pflegte. (Der beste Wein sei sicherlich für den Adel reserviert oder käme in den Export, so Smolletts Überlegung.) – Der **Marquis de Sade** (→ Paris) begab sich im Frühsommer 1764 auf königliches Geheiß nach D., wo er vom Parlament zum Statthalter des Königs für die Provinzen Bresse, Bugey, Valromey und Gex ernannt wurde; de Sade nutzte die Zeit auch zu historischen Forschungen in der Bibliothek des Kartäuserklosters Champmol. – **Voltaire** (→ Paris) stieg bei seiner letzten Reise von Ferney nach Paris im Februar 1778 im Hôtel de la Croix d'Or (abgerissen) ab; Bewunderer bestachen die Kellner des Gasthofs, um dem Dichter aufwarten zu dürfen. – **Johann Gottfried Seume** (1763-1810) schloß an seine Italienwanderung 1802 einen Abstecher nach Paris an und sah in D. eine verunsicherte Stadt: »Der Ort empfindet die Folgen der Revolution vor allen übrigen, weil sie hier vorzüglich heftig war. Die Leute wissen bis jetzt vor Angst noch nicht, wo sie mit ihrer Stimmung hin sollen: die Meisten scheinen königlich zu sein. [...] Im Ganzen ist die Stadt sehr todt.« (*Spaziergang nach Syrakus im Jahre 1802*, 1803.) – **Lacordaire** (→ Recey-sur-Ource) wohnte von 1809 bis 1815 in der Rue Vannerie 36, danach, bis 1822, in der gleichen Straße Nr. 41 (heute ›Direction régionale des affaires culturelles de Bourgogne‹). – Der 1806 im italienischen Ceva/Piemont geborene Romantiker **Aloysius Bertrand** zog neunjährig mit seiner Familie nach D., wo er ab 1818 das Collège Royal besuchte; 1833 verließ er D. in Richtung Paris, wo er zuvor schon anderthalb Jahre gelebt hatte; in D. schrieb er für die Zeitung *Le Patriote de Bourgogne* die Prosagedichte, die nach seinem Tod Sainte-Beuve unter dem Titel *Gaspard de la Nuit* (1842) herausgab, deren erstes mit den Worten beginnt: »Ich liebe Dijon wie das Kind die Amme, deren Milch es gesogen hat, wie der Dichter das Mädchen, das ihm das Herz erweckte.« – Der englische Kunstschriftsteller **John Ruskin** (1819-1900) übernachtete auf seinen Reisen, die er ab 1835 über die Schweiz nach Italien unternahm, stets im Hotel La Cloche (bis 1884 in der Rue de la Liberté, dort auch zu Gast: **A. de Lamartine;** seither an der Place Darcy: u. a. Übernachtungsgast: **Th. Mann**). – **Stendhal** (→ Grenoble/RhA), der in der ersten Maihälfte 1837 zweimal kurz nach D. kam, besichtigte neben den Kirchen St. Bénigne und Notre-Dame das Museum, wo ihn vor allem die Figuren der Trauernden an den Herzogsgrabmälern faszinierten. – Auch für **Victor Hugo** (→ Besançon/FC) stand bei seinem dreitägigen Besuch im Oktober 1839 neben den Kirchen das Museum auf dem Programm. – **Ch. Baudelaire** (→ Paris) hielt sich über den Jahreswechsel 1849/1850 einige Wochen in D. auf, unbekannt, ob er auf Mitarbeit bei einer Zeitung hoffte oder einfach den Spuren des von ihm verehrten Aloysius Bertrand (s. o.) nachforschen wollte; jedenfalls blieb ihm eine schlechte Erinnerung an D.: »Niemals sprach er den Namen dieser Stadt aus, ohne mit den Zähnen zu knirschen«, berichtet Charles Asselineau, Freund und Biograph des Dichters. – Der Amerikaner **Henry James** (1843-1916) war Ende Oktober 1882, am Ende seiner Frankreich-Rundfahrt, von dem Museum im ehemaligen Herzogspalast mit den Grabmälern begeistert, ansonsten war die Stadt für ihn »eine ziemliche Enttäuschung«. – Auch **Marcel Proust** (→ Paris) besah sich Anfang September 1903, auf der Reise zur Kur in → Évian-RhA, die Herzogsgrabmäler, die ebenfalls für **Edith Wharton** (1862-1937) Ende April 1907 den ersten Anlaufpunkt bei der Stadtbesichtigung bildeten, wobei die Amerikanerin bedauerte, daß diese »so grausam dem weihevollen Dämmer der Kartause entrissen und dem kalten Licht des durch die Museumsfenster einfallenden Lichts ausgesetzt« worden sind. – **R. M. Rilke** (1875-1926) war ein erstes Mal Ende April 1903 in D., wo er, wie er brieflich Auguste Rodin mitteilte, die Werke Claus Sluters (v. a. also den Moses-Brunnen in der Kartause von Champmol) besuchte (vgl. hierzu das Gedicht »Irre im Garten«), und dann erst wieder im August 1925, kurz vor seinem Tod. – Die aus Berlin gebürtige Dichterin **Gertrud Kolmar** (1894-1943) besuchte im Herbst 1927 einen Ferienkurs an der Universität von D. (Faculté des Lettres), den sie mit einem Diplom, dem besten, das in diesem Jahr einem ausländischen Studenten gegeben wurde, abschloß. – Der amerikanische Schriftsteller **Henry Miller** (1891-1980) kam zum Jahresbeginn 1932 nach D., wo er am Lycée Carnot (Boulevard Thiers) Englisch unterrichtete; Ende Februar nahm er in Paris eine Stellung bei einer Zeitung an; Miller berichtet von dieser Zeit in dem Roman *Im Wendekreis des Krebses* (1934, dt. 1953). – **Wolfgang Koeppen** (1906-1996) sah die romantischen Vorstellungen, die der Name der Stadt weckt, bei seinem Besuch 1959 enttäuscht: »Die Wirklichkeit dunstete nach Benzin in überlasteten Straßen [...]. Die kulinarischen Genüsse waren große fette Kunststoffschnecken vor den Türen zahlreicher Restaurants«. – »In Dijon der ungeheure Palast mit seinen menschenleeren Höfen, eine stolze Architektur, die nur von Autorität, von Macht, von Ansprüchen redet, deren Schönheit jedoch Ehrfurcht gebietet. Alle diese vergänglichen Dinge ...«, so **Julien Green** (→ Paris) in seinen *Tagebüchern* (26. August 1980).

R In **Genlis** (15 km sö. v. D.) übernachtete 1802 der berühmte Italienwanderer **Johann Gottfried Seume** (s. o.) auf dem Gut der Schriftstellerin und Prinzenerzieherin Stéphanie-Félicité du Crest de Saint-Aubin, Comtesse de Genlis (1746-1830): »Die Besitzung ist sehr nett, aber sehr bescheiden; und die Dame wird, trotz allem was ihre Feinde von ihr sagen, hier sehr geliebt.« – **A. de Lamartine** (→ Mâcon) besuchte auf Schloß **Montculot** (20 km w. v. D.) häufig seinen Onkel Jean-Baptiste, einen Geistlichen, von dem er 1826 das Anwesen erbte; hier entstanden u. a. »Le Soir« und »Souvenir« aus den *Méditations poétiques* (1820), »Les Étoiles« aus den *Nouvelles Méditations poétiques* (1823) und »La Source dans les bois« sowie die »Novissima verba« aus den *Harmonies poétiques et religieuses* (1830); 1831 mußte der Dichter aus finanziellen Gründen das Schloß (Privatbesitz, keine Besichtigung; Gedenktafel) wieder verkaufen. – Die ehemalige Abteikirche Notre-Dame in **Saint-Seine-l'Abbaye** (27 km nw. v. D.) zählt zu den Objekten, an denen die Protagonisten aus *Le Pape des escargots* (1972) von **Henri Vincenot** als Bildhauer tätig sind.

ÉPIRY (Nièvre)

* 1618 **Roger de Rabutin, Comte de Bussy** († Autun 1693), Schriftsteller; Cousin der Madame de Sévigné; Schulbildung am Collège von Clermont; militärische Karriere bis zum General; Stegreifcouplets über die Sitten am Hof trugen ihm eine Verbannung auf sein burgundisches Schloß Bussy-Rabutin ein, wo er eine *Histoire*

Roger de Rabutin, Comte de Bussy

amoureuse des Gaules niederschrieb, die ihn 1665/66 für dreizehn Monate in die Bastille brachte; danach schrieb er seine Lebenserinnerungen (*Mémoires*, 1697). – Der Geburtsort, das Schloß, ist heute Ruine.

ÉPOISSES (Côte-d'Or) → **BOURBILLY** [R]
FLAVIGNY-SUR-OZERAIN (Côte-d'Or) → **ALISE-SAINTE-REINE** [R]

FONTAINE-FRANÇAISE (Schloß) (Côte-d'Or)

[A] In dem Schloß, das der Pariser Architekt Souhard 1754-58 im Auftrag von François Bollioud de Saint-Julien erbaute, waren eine Reihe von Literaten zu Gast: **Voltaire** (→ Paris), **Jean-Jacques Rousseau** (→ Anhang), **Madame de Staël** (→ Paris) und **Madame Récamier** (→ Lyon/RhA), die Muse Chateaubriands.

FONTENAY (Abtei) (Côte-d'Or) → **MONTBARD** [R]
FOURCHAMBAULT (Nièvre) → **NEVERS** [R]
GIVRY (Saône-et-Loire) → **CHALON-SUR-SAÔNE** [R]

JOIGNY (Yonne)

»Joigny [...] schien selbst nach Auxerre zu den individuellsten der alten französischen Landstädte zu gehören: insbesondere die einzigartige, mit einem herrlichen Gittertor an beiden Enden begrenzte, lange Uferpromenade läßt sie gewissermaßen privat erscheinen und ist zugleich eine einzigartig geglückte Lösung der schwierigen Aufgabe, eine Stadt mit ihrem Fluß zu verbinden. Oberhalb der Uferpromenade ermöglichten die steilen Straßen zahlreiche Blicke auf malerische Überbleibsel aus dem Mittelalter, die sich in nahezu unzugänglichen Winkeln befinden.« (Edith Wharton)

* 1902 **Marcel Aymé** († Paris 1967), Erzähler, Dramatiker; Kindheit und Jugend in der Franche-Comté; verfaßte neben Märchen und Theaterstücken vor allem realistisch-derbe Romane, die in ländlichem Milieu spielen; sein bekanntestes Werk ist *La Jument verte* (R. 1933, dt. *Die grüne Stute*, 1952). – Geburtshaus Rue Jacques d'Auxerre Nr. 76 (Gedenktafel). – Weitere W.: *Brûlebois* (R. 1926), *Les Jumeaux du diable* (R. 1927), *La Table aux crevés* (R. 1929), *Les Contes du chat perché* (Märchen 1934, dt. in Ausw. 1949 u. ö.), *Le Moulin de la Sourdine* (R. 1936), *Le Chemin des écoliers* (R. 1946), *Clérambard* (Dr. 1950), *Les Tiroirs de l'inconnu* (1960, dt. *Die Schubladen des Unbekannten*, 1962); *Œuvres romanesques complètes* (1989 ff.).

[A] Die Amerikanerin **Edith Wharton** (1862-1937) besuchte die Stadt Ende April 1907 (*A Motor-Flight through France*, 1908, dt. *Frankreichfahrt*, 1997).

[L] J. ist Schauplatz einer Episode des Romans *La Rôtisserie de la Reine Pédauque* (1893) von **Anatole France**.

MÂCON (Saône-et-Loire)

»Am Ufer der Saône, einige Meilen oberhalb von Lyon, liegt zwischen Dörfern und Wiesen, am Hang eines kleinen Hügels, der sich kaum über die Ebene erhebt, die kleine, doch anmutige Stadt Mâcon. Zwei gotische Türme, geköpft von der Revolution, verfallen im Lauf der Zeiten, ziehen Blick und Gedanken des Rei-

senden an, der in die Provence oder nach Italien in einem der Dampfboote fährt, die täglich den Fluß durchfurchen.« (Alphonse de Lamartine) »Mâcon ist eine halb schweizerische, halb südfranzösische, im übrigen aber ziemlich häßliche Stadt.« (Gérard de Nerval)
»Noch immer war Mâcon eine Landstadt, ein in einer Flußschleife und in einer Bergmulde eng zusammengedrängtes schönes Menschenwerk.« (Wolfgang Koeppen)
Bibliothèque municipale (Stadtbücherei; 240 Tsd. Bde.). – Le Théâtre (Staatl. Bühne).

Zu **Alphonse de Lamartine** s. SONDERKARTE LAMARTINE. S. 303 f.

[A] »Um neun Uhr stiegen wir endlich bei der Stadt Mâcon aus, wo wir in dem besten Wirtshause zu Abend aßen und den herrlichsten Burgunder tranken. Er ist dick, von dunkler Farbe und dem Getränke, das man bei uns in Rußland Burgunder nennt, ganz unähnlich«, berichtet der russische Schriftsteller **Nikolai Karamsin** (1766-1826) von seiner Europareise 1789/90. – **Gérard de Nerval** (→ Paris) kam ganz zu Beginn seiner Reise, die ihn in den Orient führen sollte, an Weihnachten 1842, durch die Stadt. – Ende Oktober 1882 folgte der Amerikaner **Henry James** (1843-1916) in M. den Spuren Lamartines, suchte dessen Geburtshaus, das, nach des Dichters eigener Auskunft, imposant sein müsse, sah sich jedoch überrascht: »Ein sehr bescheidenes Gebäude in einer kleinen Nebenstraße wird durch ein Schild der Stadtverwaltung an der Fassade als Schauplatz der Ankunft Lamartines in dieser Welt ausgewiesen.« – **Wolfgang Koeppen** (1906-1996) besuchte die Stadt 1959 und widmet ihr einige Seiten seiner *Reisen nach Frankreich* (1961).

MILLY-LAMARTINE (Saône-et-Loire) → SONDERKARTE LAMARTINE S. 304

MONTBARD (Côte-d'Or)

* 1707 **Comte de Buffon** (eigentlich Georges-Louis Leclerc) († Paris 1788), Naturwissenschaftler; Sohn eines Parlamentsrats, frühe Studienreisen, mit 26 in die Aka-

Montbard: Buffons Arbeitskabinett

demie der Wissenschaften aufgenommen, mit 32 Direktor des Botanischen Gartens von Paris, von wo er bald wieder in seine Heimat zurückkehrte, um ungestörter arbeiten zu können; sein Hauptwerk, die *Histoire naturelle* (1749-89) beschäftigte ihn fast sein ganzes Leben. – Statue auf der Place Buffon, dort auch Geburtshaus (Gedenktafel; im Hauseingang Tafel mit Ermahnung Buffons an seinen Sohn); der von Buffon geschaffene Parc Buffon liegt auf dem Gelände der alten Burg, mit zwei Türmen, der Tour de l'Aubespin (wo Buffon physikalische Experimente durchführte) und der Tour Saint-Louis (Bibliothek), und Buffons Arbeitszimmer, wo er den Großteil seiner Naturgeschichte schrieb; Grab in dem südl. Kapellenanbau an St. Urse (Chapelle de Buffon); Hôtel de Buffon (komfortables Stadthaus des Forschers); [M] Musée Buffon in den ehemaligen Stallungen.

[A] Mitte Juni 1770 besuchte **J.-J. Rousseau** (→ Anhang) Buffon in M.: nach einem zeitgenössischen Bericht warf er sich vor dem Arbeitszimmer des Naturforschers zu Boden und küßte die Türschwelle (Gedenktafel).

[R] Die Schlußszene des Films *Cyrano de Bergerac* (Frankreich 1989, Regie: Jean-Paul Rappeneau, Drehbuch nach dem Stück von Edmond Rostand) spielt im Jardin des Simples der ehemaligen Zisterzienserabtei **Fontenay** (5 km ö. v. M.); die im Bau befindliche Abtei ist einer der Schauplätze in **Henri Vincenots** Mittelalterroman *Les Étoiles de Compostelle* (1982, dt. *Die Sterne von Compostela,* 1993).

MONCEAU (Schloß) (Saône-et-Loire) → **SONDERKARTE LAMARTINE** S. 304
MONTCULOT (Côte-d'Or) → **DIJON** [R]
MONTJEU (Schloß) (Saône-et-Loire) → **AUTUN**
MONTRÉAL (Yonne) → **AVALLON** [R]

NEUVY-SUR-LOIRE (Nièvre)

Auf dem Friedhof Grab der Elternmörderin Violette Nozière (1915-1966); Gedichte über sie in einem Sammelbändchen, das die Surrealisten 1933 herausgaben, u. a. P. Éluard (»Violette a rêvé de défaire / A défait / L'affreux nœud de serpents de liens du sang«) und B. Péret (»Elle était belle comme un nénuphar sur un tas de charbon ...«); Film *Violette Nozière* (1978, Regie: Claude Chabrol).

NEVERS (Nièvre)

Bibliothèque municipale (Stadtbücherei; (126 Tsd. Bde., Ink.).

† 1844 **Claude Tillier** (* 1801 Clamecy); Tillier lebte ab 1841 in N., wo er leitender Redakteur der liberalen Zeitung *L'Association* geworden war; er starb nach fast zwanzigjährigem Leiden an Lungentuberkulose; Grab (mit Büste) auf dem Friedhof.

[A] **P. Mérimée** (→ Paris), 1834 zum Generalinspektor der Denkmalpflege ernannt, begann am 1. August desselben Jahres seine erste Dienstreise, deren Auftakt N. bildete; in seinen *Notes d'un voyage dans le Midi de la France* (1835) beschreibt er ausführlich die Sehenswürdigkeiten der Stadt. – Im Herbst des gleichen Jahres reiste **A. Dumas d. Ä.** (→ Villers-Cotterêts/Pi) durch N. und nahm sich die Zeit, »die drei größten Sehenswürdigkeiten der Stadt zu besichtigen: Die Porte de Croux [...], das Kloster der Visitandinnen, wo sich das Grab von Vert-Vert [d. i. eines durch ein Scherzgedicht berühmten Papageis] befindet, und Saint-Etienne«. – Als **Stendhal** (→ Grenoble/RhA) Mitte April 1837 nach der königlichen Kanonengießerei auch die Kirchen der Stadt besuchte, fand er für diese kaum ein positives Wort: Fassade und Schmuck von St. Étienne schienen ihm »armselig«, an Saint-Sauveur (»miserabel umgebaut«) störte ihn der milchkaffeefarbene Putz, Saint-Genest war zu einer Brauerei geworden, und die Kathedrale Saint-Cyr wirkte auf ihn »ziemlich schwerfällig«; lobend erwähnt er hingegen in seinen *Mémoires d'un touriste* (1838) die Fassade des ehemaligen Herzogschlosses und den öffentlichen Park. – **H. Taine** (→ Vouziers/ChA) war 1851 Philosophielehrer in N. – **Jules Renard** (→ Châlons-du-Maine/PdL), der im nahen → Chitry-les-Mines aufwuchs, besuchte die Internatsschule Saint-Louis in N., die seit 1960 den Namen des Autors trägt. – Für **Colette** (→ Saint-Sauveur-en-Puisaye), die in den Jahren vor dem 1. Wk. mit einer Variété-Truppe durch die Provinz tingelte, war N. »die erste Stadt der Tournée. [...] Und dieses Schloß der Herzöge von Nevers ist einfach idiotisch mit seinen auf beiden Seiten gerafften Stuckdraperien.« – Nach Ausbruch des 2. Weltkriegs wurden alle deutschen Flüchtlinge in Lagern zusammengefaßt; in dem ehemaligen Gut Clos St. Joseph bei N. waren u. a. **W. Benjamin** (1892-1940) und **Hermann Kesten** (1900-1996) interniert.

[L] N. ist Schauplatz einer kurzen Szene (1. Teil, Kap. 18) des *Roman comique* (1652, dt. 1782, u. d. T. *Der Komödiantenroman*, 1887) von **Paul Scarron** und des Romans *Les Suicidés* (1934, dt. *Die Selbstmörder,* 1990) von **Georges Simenon**.

[R] **J.-J. Rousseau** (→ Anhang) traf sich Mitte Juli 1769 in **Pougues-les-Eaux** (10 km nw. v. N.) mit seinem Gönner Prinz Conti, der dort zur Kur weilte. – In **Fourchambault** (5 km nw. v. N.) bewohnte im Herbst 1901 der englische Romancier **George Gissing** (1857-1903) das am südl. Rand des Ortes gelegene Schloß Tazière, das einem Cousin seiner Lebensgefährtin Gabrielle gehörte.

NUITS-SAINT-GEORGES (Côte d'Or) → BEAUNE [R]
PARAY-LE-MONIAL (Saône-et-Loire) → CHAROLLES [R]
PASSY (Yonne) → SENS [R]
PERNAND-VERGELESSES (Côte-d'Or) → BEAUNE [R]
PIERRECLOS (Schloß) (Saône-et-Loire) → SONDERKARTE LAMARTINE S. 304
PLAIGE (Schloß) (Saône-et-Loire) → AUTUN [R]

PONTIGNY (Yonne)

[A] Im Jahr 1905 erwarb der Universitätsprofessor und Philosoph **Paul Desjardins** (1859-1940; Grab auf dem Friedhof) das alte Zisterzienserkloster und machte es zu einer intellektuellen Begegnungsstätte; die Gesprächsrunden, die jeweils zehn Tage dauerten, wurden im Winter in Paris, im Sommer in P. durchgeführt: die ›Dekaden von P.‹; unter den Gästen in P. waren A. Gide (→ Paris), **F. Mauriac** (→ Bordeaux/Aq), **R. Martin du Gard** (→ Neuilly-sur-Seine/IdF), **J. Schlumberger** (→ Guebwiller/E), **A. Maurois** (→ Elbeuf/HNo), der in seinen *Mémoires* eine Zusammenkunft 1922 beschreibt, **E. R. Curtius** (→ Thann/E), **G. Duhamel** (→ Paris), **J. Romains** (→ Saint-Julien-Chapteuil/Au), **H. Barbusse** (→ Asnières-sur-Seine/IdF), **P. Valéry** (→ Sète/LR), **Heinrich Mann** (1871-1950), **Jean Tardieu** (→ Saint-Germain-de-Joux/RhA) u. a.; heute ist das Gelände Rehabilitationszentrum (Ladapt).

[L] Die Abtei ist einer der Schauplätze des im 12. Jh. spielenden Romans *Les Étoiles de Compostelle* (1982, dt. *Die Sterne von Compostela*, 1993) von **Henri Vincenot**.

[R] **Julien Green** (→ Paris) besuchte Ende August 1980 das ehemalige Hospital von **Tonnerre** (23 km ö. v. P.): »Ein endloser Saal unter einem abgerundeten Gewölbe in Form eines Schiffskörpers. Man brachte vierzig Betten entlang den Wänden unter und, wenn es zu kalt war, zwei Kranke pro Bett. Unter den Bodenplatten etwa hundert Tote. Diese Orte waren furchterregend. Das Ende des Lebens unter Schrekken und Qualen und die Ruhe unter dem Stein, in ein und demselben Saal«, so Green in den *Tagebüchern*.

POUILLY-SUR-LOIRE (Nièvre) → LA CHARITÉ-SUR-LOIRE [R]

RECEY-SUR-OURCE (Côte-d'Or)

* 1802 **Henri Lacordaire** († Sorèze/MPy 1861), Theologe, Prediger; nach zunächst jurist. Ausbildung Theologiestudium, Priesterweihe 1828; zeitweise Anschluß an Lamennais (→ Saint-Malo/Br); Erfolge als Prediger, Engagement für Unabhängigkeit der Kirche vom Staat; 1843 erfolgreiche Wiederbegründung des (seit der Revolution) verbotenen Dominikanerordens, dem er selbst beigetreten war; 1850-54 Oberer der französischen Ordensprovinz; 1860 Aufnahme in die Académie Française. – Standbild in der Kirche. – W.: *Œuvres* (9 Bde. 1920-29).

SACY (Yonne)

* 1734 **Nicolas Restif de la Bretonne** († Paris 1806), Erzähler; Bauernsohn, Buchdruckerlehrling in Auxerre, ging 1755 nach Paris; verfaßte sittengeschichtl. und erotische Romane; »eine so heftig sinnliche Natur ist mir noch nicht vorgekommen« (Schiller an Goethe). – Der adlig klingende Namenszusatz ›de la Bretonne‹ stammt vom erhaltenen Elternhaus, dem Hof La Bretonne, am Ortsausgang von S. (Gedenktafel). – W.: *Le Paysan perverti* (Briefr. 1776, dt. *Der verführte Bauer*, 1778), *La Paysanne pervertie* (Briefr. 1784), *Monsieur Nicolas* (Autobiogr. 1794-97), *Anti-Justine ou Les Délices de l'amour* (R. 1798).

Sidonie-Gabrielle Colette

SAINT-HONORÉ-LES-BAINS (Nièvre)

[A] Der englische Erzähler **George Gissing** (1857-1903), Autor zahlreicher Romane (u. a. *New Grub Street*, 1891, dt. *Zeilengeld*, zuletzt 1986), mietete sich vom Frühjahr bis Herbst 1900 mit seiner Lebensgefährtin Gabrielle Fleury in der Villa des Roses in S.-H. ein.

SAINT-MARCEL (Saône-et-Loire) → CHALON-SUR-SAÔNE [R]
SAINT-POINT (Saône-et-Loire) → SONDERKARTE LAMARTINE S. 304

SAINT-SAUVEUR-EN-PUISAYE (Yonne)

* 1873 **Sidonie-Gabrielle Colette** († Paris 1954), Erzählerin; Tochter eines pensionierten Offiziers; Kindheit und Jugend in S.-S., das unter dem Namen ›Montigny‹ in *Claudine à l'École* (1900) und *Les Vrilles de la vigne* (1908) geschildert wird; nach ihrer Hochzeit mit dem Schriftsteller und Verlegersohn Henry Gauthier-Villars (›Willy‹) schrieb sie ihre ersten, unter dem Pseudonym ihres Mannes erschienenen *Claudine*-Romane; 1906 Scheidung, Arbeit u. a. als Artistin, Kritikerin, zwei weitere Ehen. – Beschreibung des Geburtshauses (in der heutigen Rue Colette, Gedenktafel) in den Romanen *Claudines Mädchenjahre* und *Sido* (1929) sowie in ihren Erinnerungen *Mes Apprentissages* (1936). – [M] Musée Colette im Château Saint-Sauveur (Erinnerungsstücke, Manuskripte, Möbel, Bücher). – Weitere W.: *Claudine en ménage* (1902, dt. *Renauds Weib*, 1927), *Sept dialogues de bêtes* (1905, dt. *Sieben Tierdialoge*, 1928), *L'Entrave* (1913, dt, *Die Fessel*, 1928), *Chéri* (1920, dt. 1927), *La Maison de Claudine* (1922, dt. *Mein Elternhaus*, 1929), *La Fin de Chéri* (1926), dt. *Chéris Ende*, 1927), *La Chatte* (1933, dt. *Die Katze*, 1936), *Gigi* (1943, dt. 1953); *Œuvres complètes* (16 Bde. 1973-76).

SAINT-SEINE-L'ABBAYE (Côte-d'Or) → DIJON [R]
SAINT-THIBAULT-EN-AUXOIS (Côte-d'Or) → COMMARIN [R]

SAULIEU (Côte-d'Or)

[A] **Madame de Sévigné** (→ Paris) war am 29. August 1677 in S. und hatte im Laufe eines Mahls zu tief ins Glas geschaut: soviel läßt sich einem heiteren, dialogischen Brief entnehmen, den sie mit ihrem Reisebegleiter, dem Grafen von Guitaut, verfaßte und an ihre Tochter schickte; aus Reue soll sie für die Kirche St. Andoche eine Muttergottesstatue gestiftet haben (im linken Seitenschiff; die Madonna soll die Gesichtszüge der Madame de Sévigné tragen). – **P. Mérimée** (→ Paris), als Inspektor der Denkmalpflege auf Dienstreise unterwegs in den Süden Frankreichs, streifte Mitte August 1834 S., dessen Kirche er in passablem Zustand, wenn auch durch »schreckliche weiße Tünche« entstellt fand. – **Virginia Woolf** (1882-1941), die Ende September 1928 mit **Vita Sackville-West** (1892-1962) durch Burgund reiste, stieg in S. im Hôtel de la Poste ab (»das übliche kleine französische Gasthaus, in dem auch die Bauern essen«).

[L] Die Kirche St. Andoche ist einer der Schauplätze in *Le Pape des escargots* (1972) von **H. Vincenot.**

[R] **Jean Genet** (→ Paris), den seine Mutter noch als Säugling der öffentlichen Fürsorge übergeben hatte, wurde 1911 zur Pflegefamilie Regnier in **Alligny-en-Morvan** (11 km sw. v. S.) gebracht; hier wuchs Genet auf, in der Dorfkirche wurde er getauft und ging zur Kommunion, hier besuchte er die Schule, die er 1924 als bester Schüler abschloß.

SENS (Yonne)

Théâtre municipal (Stadttheater).

[A] In S. fand im Sommer 1140 das Konzil statt, das die Thesen des Scholastikers **Abaelard** (→ Le Pallet/PdL), der zunächst noch anwesend war, schließlich verurteilte; Exkommunikation und Internierung, so das Urteil, erreichten den kranken Theologen in → Cluny, wohin er, ursprünglich mit der Absicht, nach Rom weiterzuziehen, gegangen war. – **Crébillon d.J.** (→ Paris) wohnte von 1750-54 mit seiner englischen Frau in S. – Der schottische Romancier **T. Smollett** (1721-1771) besuchte im Frühjahr 1765 auf der Rückreise von Nizza nach England in S. eine Manchester-Manufaktur, deren Vorarbeiter aus England abgeworben worden waren. – Ein gutes halbes Jahr später besuchte Smolletts Landsmann **James Boswell** (1740-1795), ebenfalls auf der Rückreise nach England, in S. Verwandte. – **Victor Hugo** (→ Besançon/FC) war im Oktober 1839 von der Kathedrale überwältigt und fertigte für sein Reisealbum eine ausführliche Beschreibung an. – **Stéphane Mallarmé** (→ Paris), dessen Vater 1852 zum Leiter des Verkehrssteueramtes befördert worden war, kam 1856 in die Stadt und wurde Internatsschüler am Gymnasium (Lycée Impérial, seit 1960 Lycée Mallarmé), an dem er 1860 Abitur machte (Gedenktafel am Eingang in der Rue Thenard); in die Zeit in S. fielen seine ersten schriftstellerischen Versuche und die Bekanntschaft mit Marie Gerhardt, einer deutschen Gouvernante, die er 1863 heiratete. – **Edith Wharton** (1862-1937) kam auf ihrer Frankreich-Rundfahrt Ende April 1907 nach S. und fand die Kathedrale so überwältigend, »so edel und mit so kraftvollem Umriß, daß man unverzüglich die Rangliste bedeutender französischer Sakralbauten revidiert, die man im Kopf hat, und für diesen einen Spitzenplatz vorsieht.« – **Albert Camus** (→ Anhang) und sein befreundeter Verleger waren am 4. 1. 1960 unterwegs von → Lourmarin/PAC nach Paris, aßen im Hôtel de Paris (Rue de la République Nr. 97) zu Mittag und verunglückten kurz darauf tödlich in der Nähe des Weilers Villeblevin (20 km nw. v. S.); Grab in Lourmarin/PAC.

[L] Frédéric Moreau, Protagonist in dem Roman *L'Éducation sentimentale* (1869) von **Gustave Flaubert**, besuchte das Gymnasium von S., das auch der Vater des Dichters besucht hatte. – Die Protagonisten des Romans *La Rôtisserie de la Reine Pédauque* (1893) von **Anatole France** legen auf ihrer Flucht in S. einen Aufenthalt in dem »elenden Gasthaus ›Zum Landsknecht‹« ein.

[R] In **Subligny** (4 km w. v. S.) Grab des Chansonniers **Aristide Bruant** (1851-1925). – Das Schloß von **Passy** (10 km südl. v. S.), im Besitz der Eltern von **Pauline de Beaumont** (→ Mussy-sur-Seine/ChA), wurde in den Revolutionswirren, nachdem der Vater in den Septembermorden umgekommen war, zum Fluchtpunkt der Familie; **Chateaubriand** (→ Saint-Malo/Br) kam häufig zu Besuch, wenn er bei seinem Freund Joseph Jaubert (1754-1824) weilte, der im nahen **Villeneuve-sur-Yonne** (Rue Joubert Nr. 18) ein Landhaus besaß. (Chateaubriand gab 1838 das Hauptwerk des Freundes, die *Pensées*, postum heraus.)

SUBLIGNY (Yonne) → **SENS** [R]
SULLY (Schloß) (Saône-et-Loire) → **AUTUN** [R]
TONNERRE (Yonne) → **PONTIGNY** [R]

TOURNUS (Saône-et-Loire)
* 1874 **Albert Thibaudet** († Genf 1936); einer der bedeutendsten französischen Literarhistoriker des 20. Jahrhunderts, Schüler von Henri Bergson; Universitätslehrer in York und Genf, Kritiker der *Nouvelle Revue Française*. – Wohnhaus der Familie Place de l'Abbaye Nr. 9 (Gebäude des 17. Jhs. mit Turm) – W.: *La Poésie de Stéphane Mallarmé* (1912), *Trente ans de vie française: Maurras* (1920), *Le Bergsonisme* (1924), *La République des Professeurs* (1928), *Cluny* (1928, darin Beschreibung der Heimatstadt), *Histoire de la littérature de 1789 à nos jours* (1936, dt. *Geschichte der französischen Literatur von 1789 bis zur Gegenwart*, 1953).

[A] Ein Ziel auf **P. Mérimées** (→ Paris) Dienstreise im August 1834 war die Abteikirche St. Philibert, über die er ausführlich in seinen *Notes d'un voyage dans le Midi de la France* (1835) spricht. – **Stendhal** (→ Grenoble/RhA) kam im Mai 1837 auf einer Schiffahrt von Chalon nach Lyon an T. vorbei und beschrieb im Zwiegespräch mit einem Mitreisenden die Abteikirche in seinen *Mémoires d'un touriste* (1838). – Auch **Wolfgang Koeppen** (1906-1996) besuchte auf seiner Frankreichfahrt 1959 die Kirche: »Kein Neugieriger war zu sehen, kein Fremdenführer bot seine Dienste an, kein Beter sprach mit Gott, und über allem lag ein Hauch von Ewigkeit.« (*Reisen nach Frankreich*, 1961.)

[L] Als »eine der unzähligen Benediktinerabteien, die wie Juwelen auf dem Kleid des christlichen Gallien ausgestreut sind«, bezeichnet der Protagonist in **Anatole Frances** Roman *La Rôtisserie de la reine Pédauque* (1893) die Kirche St. Philibert, die auch einen der Schauplätze in *Le Pape des escargots* (1972) von **Henri Vincenot** bildet.

VÉZELAY (Yonne)
»Vézelay ist ein Wunder, wie die Schweiz, ganz allein auf einem Berg, der die andern überragt, auf Meilen von überall sichtbar, in ergreifendster Harmonie mit der Landschaft. Die Kirche ist ungeheuer groß und ähnelt ebenso türkischen Bädern wie Notre-Dame, aus abwechselnd schwarzen und weißen Steinen erbaut, eine köstliche christliche Moschee.« (Marcel Proust)

Mittelschiff der Pilgerkirche in Vézelay

»Der bloße Anblick, den Vézelay vom Tal aus bietet, beschwört – einmal ganz vom Ansturm der Gedankenverbindungen abgesehen, den er auslöst – sogleich das Bild einer jener vollkommenen Leistungen herauf, bei denen Kunst und Natur einander darstellen und erfüllen. Die Kirche steht genau dort, wo ein solcher Bau stehen müßte, und sie sieht aus, wie ein Bauwerk aussehen sollte, das eines solchen Standortes würdig ist. Die Landschaft, die es umgibt, weist dieselbe Mischung aus Heiterkeit und Schroffheit auf, die sich in seinen Linien ausdrückt, und auf der Hügelkuppe erhebt sich sein Umriß ohne den geringsten Bruch in der strukturellen Harmonie beider.« (Edith Wharton)

Auf dem Friedhof Grab des Dramatikers, Erzählers und Philosophen **Maurice Clavel** (1920-1979).

* 1519 **Théodore de Bèze** (Theodor Beza) († Genf 1605); »Offiziosus und Evangelist Calvins« (Stefan Zweig); Jurastudium in Orléans und Paris; Anschluß an die evangelische Bewegung, zunächst in Lausanne, wo er an der Universität Griechisch lehrte, dann in Genf; Freund und Nachfolger Calvins, dessen erster Biograph er wurde; Psalmenübersetzungen und Dramen; Verfasser theologischer Traktate und der Abhandlungen über die Verfolgung von Ketzern: *De haereticis a civili magistratu puniendis libellus* (1584) (vgl. St. Zweig: *Castellio gegen Calvin oder Ein Gewissen gegen die Gewalt*, 1936). – Geburtshaus in der Rue-Sainte-Étienne (Gedenktafel).

† 1944 **Romain Rolland** (* Clamecy 1866); Rolland hatte sich 1938 nach V. zurückgezogen, wo er sein Robespierre-Drama verfaßte, seine Autobiographie *Le Voyage intérieur* und die Péguy-Biographie (1945 postum). – Wohn- und Sterbehaus Rue-Sainte-Étienne Nr. 20 (Gedenktafel); Grab in Brèves.

[A] **Prosper Mérimée** (→ Paris) kam am 8./9. August 1834 in seiner Eigenschaft als Inspektor der staatlichen Denkmalpflege nach V. (und nach Saint-Père-sous-Vézelay) und initiierte die Restaurierung der Wallfahrtskirche, die Viollet-le-Duc von 1840-59 durchführte; Mérimée, an den eine Gedenktafel in der Vorhalle der Kirche erinnert, fand es in seinen *Notes d'un voyage dans le Midi de la France* (1835) unverständlich, warum bei den vorhandenen Schäden die Gewölbe der Kirche nicht längst eingestürzt seien. – **Marcel Proust** (→ Paris), Anfang September 1903 unterwegs zur Kur in → Évian/RhA, besichtigte, von Asthmaanfällen geplagt, die Wallfahrtskirche Ste-Marie-Madeleine, wovon er in einem Brief an seinen Freund Georges de Lauris spricht. – Die Amerikanerin **Edith Wharton** (1862-1937) legte Ende April 1907 in dem kleinen Ort Saint-Père, zu Füßen von V. gelegen, einen Halt mit Besichtigung der Kirche Notre-Dame ein, bevor sie den Hügel nach V. bestieg und Ste-Marie-Madeleine »in der gesamten Kirchenarchitektur nichts Vergleichbares« attestierte. – Im Rahmen ihrer einwöchigen Burgund-Reise Ende September 1928 stiegen die englischen Schriftstellerinnen **Virginia Woolf** (1882-1941) und **Vita Sackville-West** (1892-1962) in V. im Hôtel de la Poste ab. – **Paul Claudel** (→ Villeneuve-sur-Fère/Pi) besuchte Mitte April 1940 in V. den kranken Romain Rolland (Essay *Vézelay*, 1948). – **Georges Bataille** (→ Billom/Au) wohnte von März bis Oktober 1943 und von 1945 bis 1949 ständig in V. und kam auch später immer wieder (Gedenktafel am Wohnhaus an der Place du Grand Puits); unter seinen Besuchern auch **P. Éluard** (→ Saint-Denis/IdF); Grab Batailles auf dem Friedhof von V.

[L] V. und die Kirche St. Madeleine sind Schauplätze in den Romanen *Le Pape des escargots* (1972) und *Les Étoiles de Compostelle* (1982) von **H. Vincenot**; **Umberto Eco** versetzt das berühmte Tympanon in die Abteikirche seines Romans *Der Name der Rose* (1980, dt. 1982): »[...] Auch hier beherrschte ein thronender Christus die ganze Komposition, doch rechts und links neben ihm standen und saßen, in verschiedenen Stellungen und verschiedene Gegenstände haltend, die zwölf Apostel, die von ihm den Auftrag erhalten hatten, in die Welt zu gehen und den Menschen das Evangelium zu bringen. Über dem Haupt des Erlösers, angeordnet in einem Bogen, der sich in zwölf Paneele teilte, sowie unter seinen Füßen in einer ununterbrochenen Prozession von Figuren, waren die Völker der Welt dargestellt, denen die frohe Botschaft gebracht werden sollte, und ich erkannte an ihren Kostümen die Juden, die Kappadozier, die Araber und die Inder, die Phrygier, die Byzantiner, die Armenier und die Skythen sowie die Römer [...].«

VILLEBLEVIN (Yonne) → SENS

VILLENEUVE-SUR-YONNE (Yonne) → SENS [R]

VOUGEOT (Côte-d'Or) → BEAUNE [R]

SONDERKARTE LAMARTINE

BUSSIÈRES

Lamartine kam als Kind nach B., um Latein- und Französischunterricht bei dem Abbé François Dumont zu nehmen, der in den Revolutionswirren ein weltliches Leben aufnahm; die kurze Liebesbeziehung des ehemaligen Priesters zu einer jungen Adligen verarbeitete der Dichter in dem Versepos *Jocelyn* (1836); Grabstein des Abbé Dumont an der Chorwand der romanischen Dorfkirche (Inschrift von Lamartine); Gedenktafel am Pfarrhaus.

CLUNY

Lamartine, dessen Vorfahren aus C. stammten (Gedenktafel in der Rue Lamartine Nr. 9), kam häufig in den Ort, um einen politischen Freund zu besuchen (Gedenktafel am Hôtel de Bourgogne, Place de l'Abbaye).

MÂCON

* 1790 **Alphonse de Lamartine** († Paris 1869), romantischer Dichter und Erzähler; Kindheit und Jugend ab dem 7. Lebensjahr auf dem Weingut Milly; 1811/12 Italienreise; ab 1820 lit. Erfolg mit Gedichten *Méditations poétiques*; 1832/33 Reise in den Nahen Osten; ab 1833 politische Laufbahn, zunächst als Abgeordneter, später als Außenminister; nach der Niederlage gegen Louis Napoléon in der Wahl um das Präsidentenamt Rückzug ins Private; trotz reichen Erbes ein Leben mit finanziellen Sorgen (teils auch, weil er seinen Schwestern und deren Angehörigen Renten zu zahlen hatte). – Rue des Ursulines Nr. 1: Gedenktafel am ehemaligen Kloster, das in der Revolution Gefängnis wurde, in dem der Vater Lamartines inhaftiert war (das gegenüber gelegene Geburtshaus des Dichters existiert nicht mehr); nach 1804 bewohnte die Familie das Hôtel d'Ozenay, das sich von 1830-41 im Besitz des Dichters befand (Rue Lamartine Nr. 15, Gedenktafel; hier entstanden die meisten Gedichte der *Méditations*); Hôtel de Lamartine in der Rue de Bauderon-de-Senecé Nr. 3 (Lamartine verkaufte das 1820 vom Großvater geerbte Haus 1861 an seine Schwester; Gedenktafel); Hôtel de Pierreclau in der Rue de la Barre Nr. 5 (Geburtshaus der Marguerite de Pierreclos, Vorbild der Laurence in Lamartines Epos *Jocelyn*; Gedenktafel); Hotel Senecé (Rue Senecé): Sitz der Akademie, deren Präsident Lamartine war, heute [M] Musée Lamartine mit Andenkenstücken, Handschriften etc.; Statue Lamartines (1878) am Ufer der Saône; Ecke Rue Gambetta/Avenue Edouard Herriot: großes Mosaik (1983) zur Erinnerung

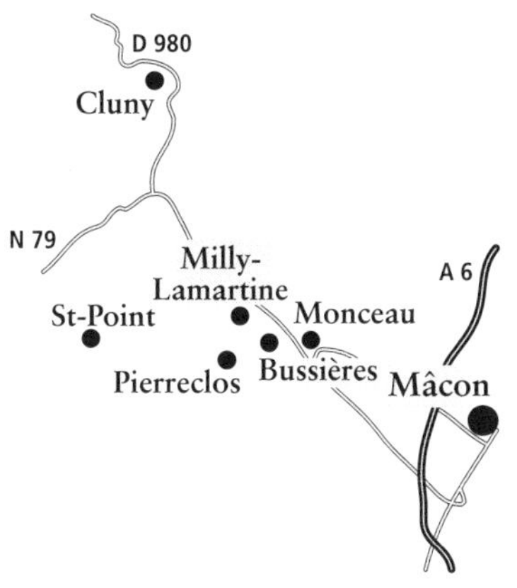

an die Rolle Lamartines in der Übergangsregierung von 1848. – Weitere W.: *Nouvelles Méditations poétiques* (Ged. 1823), *Harmonies poétiques et religieuses* (Ged. 1830), *Jocelyn* (Verserz. 1836), *La Chute d'un ange* (Verserz. 1838), *Recueillements poétiques* (Ged. 1839), *Histoire des Girondins* (Hist. 1847), *Graziella* (Erz. 1849); *Œuvres complètes* (1860-66).

MILLY-LAMARTINE

Kindheit und Jugend verbrachte Lamartine in dem elterlichen Landhaus ([M] Maison de Lamartine) in M., in dem er auch später längere Zeitabschnitte verbrachte; als sein Vater ihm 1817 nach Florenz schrieb, daß das Haus wohl verkauft werden müsse (was umgangen werden konnte), schrieb der Dichter in einem Zug das Gedicht »Milly ou la terre natale«; in M. verfaßte er die erste seiner *Méditations*, das Gedicht »L'Isolement« (»Einsamkeit«); auch der Ich-Erzähler in *Graziella* (1849) spricht von M. als seiner Heimat; nach dem durch Geldknappheit erzwungenen Verkauf des Hauses, schrieb Lamartine das lange Gedicht *La Vigne et la Maison* (1857); der Ort findet darüber hinaus in dem Roman *Le Tailleur de pierres de Saint-Point* (1851) sowie in den Erinnerungen Erwähnung; Büste Lamartines vor dem Rathaus der Gemeinde.

MONCEAU

Das Schloß M. (heute Erholungsheim für Senioren) erbte Lamartine 1833 von einer Tante. (Der Dichter war der einzige männliche Erbe einer weitverzweigten Familie.) Hier schrieb er das Buch über seine Orientreise *Le Voyage en Orient* (1835) und das historische Werk *Histoire des Girondins* (1847); mitten in den Weinbergen existiert noch das achteckige Häuschen (La Solitude), in das sich Lamartine oft zurückzog.

PIERRECLOS

Marguerite de Pierreclos, Vorbild zur Figur der Laurence in Lamartines Versepos *Jocelyn* (1836), verbrachte Kindheit und Jugend auf dem auf einem Hügel gelegenen Herrensitz ([M] Château).

SAINT-POINT

Der auf das Mittelalter zurückgehende Herrensitz S.-P. ([M] Château) war der Lieblingsaufenthalt des Dichters, den er dem Zeitgeschmack gemäß umgestalten ließ; Lamartine hatte das Anwesen, wo ihn später V. Hugo (→ Besançon/FC) und Ch. Nodier (→ Besançon/FC) besuchten, 1820 als Hochzeitsgeschenk von seinem Vater erhalten und führte hier das Leben eines adeligen Gutsbesitzers (Besichtigung u. a. des Arbeitszimmers und des Schlafzimmers); neben der Dorfkirche, in der seine Kirchenbank und zwei Gemälde seiner Frau zu sehen sind, befindet sich das Mausoleum mit den Gräbern des Dichters und seiner Familie sowie eine Büste Lamartines und ein Standbild seiner Frau; Inschrift über dem Eingang: »Speravit anima mea« (»Meine Seele hat gehofft«); der Ort selbst ist Schauplatz von Lamartines Roman *Le Tailleur de pierre de Saint-Point* (1851).

Schloß Amboise

CENTRE (C)

Region: Centre; Départements: Cher (18), Eure-et-Loir (28), Indre (36), Indre-et-Loire (37), Loir-et-Cher (41), Loiret (45); Einwohner: 2,4 Mio.; Fläche: 39151 qkm; Verwaltungssitz: Orléans.

AMBOISE (Indre-et-Loire)

»Das Schloß Amboise schaut auf die Stadt herab, die zu seinen Füßen wie ein an einen Felsen hingestreuter Haufe Kiesel liegt; es hat eine edle, imposante Burgenphysiognomie, mit seinen großen, dicken Türmen, die von langen, schmalen Rundbogenfenstern durchbrochen sind; mit seiner Arkadengalerie, die sie verbindet, und mit der rotgelben Färbung seiner Mauern [...].« (Gustave Flaubert)

»Die Stadt Amboise liegt wie Tours am linken Ufer des Flusses – eine kleine Stadt mit weißem Gesicht, die auf eine herrliche Brücke blickt und sich gleichsam auf der Rückseite gegen das Piedestal des Felsens lehnt, auf dem sich das dunkle Schloß auftürmt.« (Henry James)

† 1465 **Charles d'Orléans** (* Paris 1394); der Fürst und Dichter starb im Schloß; Grab zunächst im Cölestinerkloster in Paris, dann in der Basilika von Saint-Denis/IdF.
† 1519 **Leonardo da Vinci** (* Vinci 1452); das Universalgenie war Anfang 1516 auf Einladung König Franz' I. als Kunstberater nach A. gekommen; bis zu seinem Tod bewohnte Leonardo, der auch *Favole* (Märchen) und *Facecie* (Schnurren) verfaßte, das Herrenhaus Le Clos-Lucé ([M] Museum: Sterbezimmer, Arbeitszimmer, Modelle der Erfindungen); das Grab befindet sich heute in der Chapelle St.-Hubert (Gedenktafel), nachdem der ursprüngliche Bestattungsort, die Stiftskirche auf dem Schloßgelände, abgetragen wurde (dort heute Büste).
† 1556 **Luigi Alamanni** (* Florenz 1495); der humanistische Dichter war in politische Affären verwickelt und mußte nach der Rückkehr der Medici ins Exil gehen: Franz I. nahm ihn auf und betraute ihn in der Folge mit diplomatischen Missionen (auch nach Italien).
[A] **Agrippa d'Aubigné** (→ Pons/PCh), Dichter und protestantischer Heerführer, mußte 1560 in A. als Siebenjähriger im Angesicht der Hingerichteten seinem Vater schwören, sie zu rächen: So läßt der Autor seine Lebensbeschreibung (*Sa Vie à ses enfants*, 1729, dt. *Denkwürdigkeiten aus dem Leben des Aubigné, von ihm selbst an seine Kinder geschrieben*, 1780) beginnen. – Das Schloß von A. besichtigte **Victor Hugo** (→ Besançon/FC) Mitte August 1834. – Zwei Monate später war **Hermann Fürst von Pückler-Muskau** (1785-1871) in der Stadt; in *Semilassos vorletzter Weltgang in Europa* (1835) beschreibt er ausführlich das Schloß mit der Tour des Minimes. – **Gustave Flaubert** (→ Rouen/HNo) brach Anfang Mai 1847 mit seinem Freund **Maxime Du Camp** (→ Paris) von Paris in die Bretagne auf; am Beginn ihrer Reise standen die Sehenswürdigkeiten an der Loire, so in A., wo sie das Schloß und

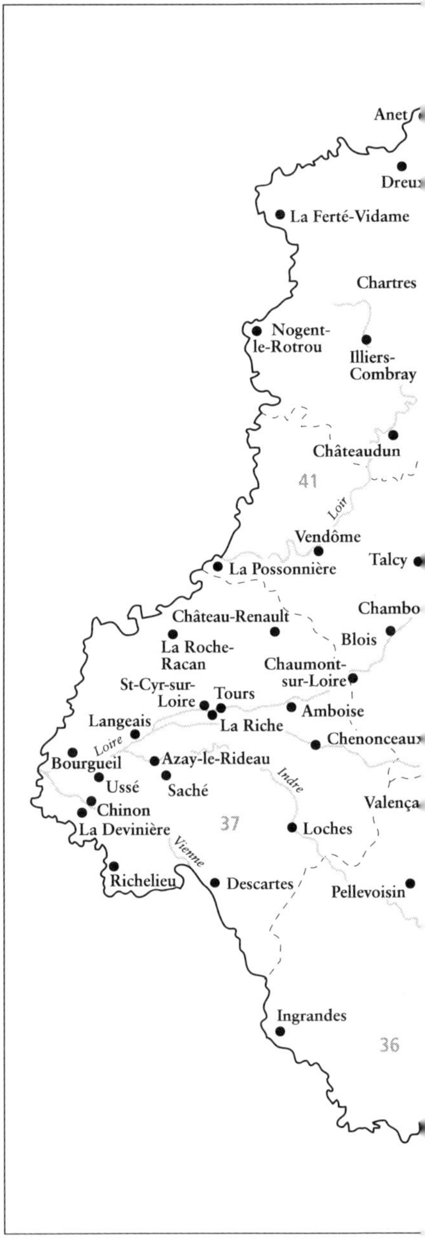

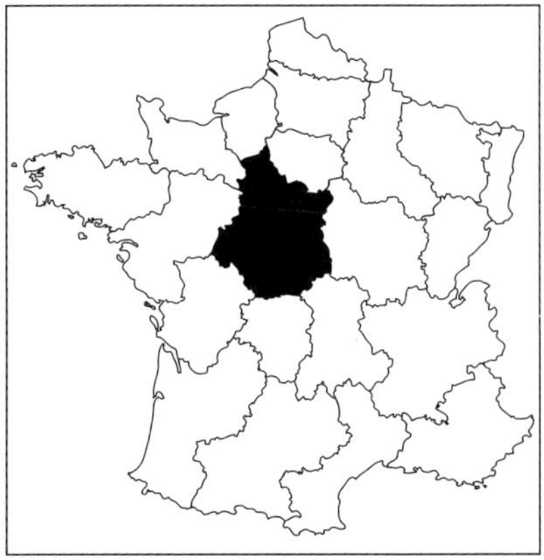

die zugehörige Chapelle Saint-Hubert, »ein Kleinod lapidarer Goldschmiedekunst des sechzehnten Jahrhunderts, innen noch feiner ausgearbeitet als außen, durchbrochen wie der Griff eines chinesischen Sonnenschirms«, besichtigten (Beschreibung in den Reisenotizen *Par les champs et par les grèves*, 1886, dt. u. d. T. *Über Feld und Strand*, 1906, zuletzt 1993). – Als **Henry James** (1843-1916) im Oktober 1882 das Schloß in Augenschein nehmen wollte, wurde es gerade restauriert, und dem Romancier blieb nur, »das Panorama zu genießen«. – **Wolfgang Koeppen** (1906-1996) besuchte Stadt und Schloß 1960 und fand die Straßen der Stadt »so eng, daß nur Franzosen mit ihren Wagen noch hindurchfahren können.« (*Reisen nach Frankreich*, 1961.)

[L] **Philippe de Commynes** berichtet in seinen *Mémoires* (1524, dt. 1551, 1952) die Umstände, wie König Karl VIII. in seinem Schloß A. an den Folgen eines Kopfstoßes gegen einen Türsturz starb. – **Margarete von Navarra** wählt A. als Schauplatz der 2., 27. und 71. Geschichte ihrer Sammlung *L'Heptaméron* (1559, dt. 1791, zuletzt 1979).

[R] Die nur wenig sw. v. A. gelegene Pagode von **Chanteloup**, vom Herzog von Choiseul, einem Minister Ludwigs XV., 1775-78 erbaut, ist der letzte Rest des in der Revolution zerstörten Schlosses von Chanteloup; Gast auf dem Schloß waren u. a. 1772 **Madame du Deffand** (→ Charolles/Bu) und der **Abbé Jean-Jacques Barthélemy** (→ Cassis/PAC), Autor des Romans *Le Voyage du jeune Anacharsis en Grèce* (1788), von dem die Inschrift an der Pagode stammt. **Julien Green** (→ Paris), der sich im August 1946 im nahen Rilly-sur-Loire aufhielt, unternahm von dort aus einen Ausflug: »In Chanteloup bestiegen wir die bezaubernde Pagode, eine hohe Nadel wie aus Lochstickerei. Der Wärter sagt uns, das Schloß Choiseul sei nicht während der Revolution zerstört worden, wie man zuweilen behauptet, sondern lange vor 1789; die Trümmer seien beim Bau von Amboise verwendet worden, und es seien fast überall in der Gegend noch Stücke zu finden« (*Tagebücher*). – Das zur Gemeinde **Négron** (w. v. A.) gehörige Schloß La Vallière war Besitz des burlesken Erzählers **Paul Scarron** (→ Paris), der, bereits seit vierzehn Jahren gelähmt, 1652 die 25 Jahre jüngere Françoise d'Aubigné (→ Niort/PCh) heiratete (die Ehe wurde nie vollzogen) und mit ihr hierher auf das Schloß der Familie kam.

ANET (Eure-et-Loir)

[A] Zu den Gästen des Schlosses zählten im 17. und 18. Jh. **Molière** (→ Paris), **Kardinal de Retz** (→ Montmirail/ChA), **Fontenelle** (→ Rouen/HNo), **Madame du Deffand** (→ Charolles/Bu) und **Voltaire** (→ Paris), der mit seiner Geliebten Madame de Châtelet im August 1747 kam, als das Schloß der Herzogin von Maine (→ Sceaux/IdF) gehörte; Voltaire und die Châtelet führten hier die Farce *Boursouffle* auf.

[L] **Joachim du Bellay** widmet ein Sonett seiner Sammlung *Les Regrets* (1558) dem Renaissanceschloß A. und seiner schönen Herrin Diane de Poitiers (»De vostre Dianet – de vostre nom j'appelle / Vostre maison d'Anet – la belle architecture ...«).

ARGENTON-SUR-CREUSE (Indre) → **CHÂTEAUROUX** [R]

ARS (Schloß) (Indre) → **SONDERKARTE GEORGE SAND** S. 344

AUBIGNY-SUR-NÈRE (Cher) → **LA CHAPELLE-D'ANGILLON** [R]

AZAY-LE-RIDEAU (Indre-et-Loire)

»Dieses Schloß ist eines der schönsten und zierlichsten der anmutigen Touraine und badet sich im Wasser des Indreflusses wie ein Fürstendirnchen, im Schmucke seiner Wimpeltürme und mit Spitzenwerk umflochtenen Kreuzgänge, mit schönen Soldaten auf den Wetterfahnen, die wie alle Soldaten sich nach dem Winde drehen.« (Honoré de Balzac)

[A] Daß **Honoré de Balzac** (→ Tours), der häufig in nahen → Saché weilte, natürlich auch Ort und Schloß A. sehr gut kannte, spiegelt sich in zwei Geschichten seiner *Contes drôlatiques* (1832, dt. *Tolldreiste Geschichten*, 1895 u. ö.): *Le Curé d'Azay-le-Rideau* (dt. *Der Pfarrer von Azay*) und *Comment fust basti le chasteau d'Azay* (dt. *Wie das Schloß von Azay erbaut ward*); auch die Handlung des Romans *Le Lys dans la vallée* (1836, dt. *Die Lilie im Tal*, 1845 u. ö.) spielt in der Nähe des Schlosses, das als »ein geschliffener Diamant mit vielen Facetten, den die Indre einfaßte, den blumenverdeckte Pfeiler trugen« beschrieben wird. – **Henry James** (1843-1916) besichtigte das Schloß im Oktober 1882 und bezeichnete es in seinem Reisebuch *A Little Tour in France* (1885, dt. *Eine kleine Frankreich-Tour*, 1986) als

Schloß Azay-le-Rideau

ein »höchst vollendetes und schönes Werk«. – **Julien Green** (→ Paris) erwähnt seinen Besuch von A. in den *Tagebüchern* (August 1934): »Schloß, Park, alles entzückte mich.«

AZAY-SUR-CHER (Indre-et-Loire) → **TOURS** [R]

BEAUMONT-LA-RONCE (Indre-et-Loire) → **LA ROCHE-RACAN** [R]

LE BIGNON-MIRABEAU (Schloß) (Loiret)

Dem ›Redner der Revolution‹ zu Ehren nahm der Ort im 19. Jh. dessen Namen als Zusatz an.

* 1749 **Honoré-Gabriel Riqueti, Comte de Mirabeau** († Paris 1791), Politiker, Schriftsteller, der ›Redner der Revolution‹; mit 15 Jahren in ein Militärpensionat; Haft nach Liebesabenteuer (→ Île de Ré/PCh), Teilnehmer an militärischen Operationen; Exil in Holland und London, weitere Haftstrafen (→ Marseille/PAC, → Vincennes/IdF); zunehmend politisches Engagement, Wahl in die Generalstände als Abgeordneter von Aix-en-Provence; nahm nach 1789 eine Vermittlerrolle zwischen den Prinzipien der Revolution und einer konstitutionellen Monarchie ein. – Das Schloß (Geburtsort), das der Vater 1747 gekauft hatte, wurde im 19. Jh. abgerissen; Statue auf dem Dorfplatz. – W. u. a.: *Essai sur le despotisme* (1784), *La Monarchie prussienne* (1788); *›Der Redner der Revolution‹. Reden, Briefe, Schriften* (1989).

† 1975 **Patrice de La Tour du Pin** (* Paris 1911); der Autor der Gedichtsammlung *La Quête de la joie* (1933) verbrachte seine Kindheit in dem Schloß seiner Familie (heute [M] Museum), auf das er sich nach dem 2. Wk. zurückzog und wo er starb (Grab hier). (Das Schloß, 1880 erbaut, steht an der Stelle des alten Schlosses der Grafen von Mirabeau.)

[R] In **Courtenay** (15 km sö. v. Le B.-M.) wurde 1851 **Aristide Bruant** († Paris 1925) geboren, um die Jahrhundertwende berühmtester Chansonnier Frankreichs; Bruant sang seine Lieder vor allem im Chat Noir, dessen Leitung er übernahm und ihm den Namen Le Mirliton gab; verfaßte auch Romane mit genauen Milieuschilderungen (*Les Basfonds de Paris*, 1897; *La Loupiote*, 1901; *La Princesse du trottoir*, 1925).

BLOIS (Loir-et-Cher)

»Dort ist Blois! rief er mir zu. Ich öffnete die Augen und sah tausend Fenster, die gleichzeitig zu einer unregelmäßigen Ansammlung von Häusern, Kirchtürmen, einem Schloß gehörten, und auf dem Hügel sah ich eine Krone von hohen Bäumen und am Ufer des Wassers eine Reihe von spitzen Fassaden mit Steingiebeln, eine ganze Stadt, angelegt wie ein römisches Amphitheater, sorglos auf den Stufen eines abschüssigen Geländes verstreut [...].« (Victor Hugo)

»Kein lieblicherer Anblick als Blois! Wo man auch am Fluß steht, es ist eine lichte Stadt. Und wer aus dem Fenster des Schlosses blickte, mochte sich wohl glücklich wie Polykrates fühlen.« (Wolfgang Koeppen)

Im Schloß: Bibliothèque municipale (Stadtbücherei; 110 Tsd. Bde., 3000 Hs., 73 Ink.); in der Gemäldegalerie u. a. Porträts von Dante, Petrarca, Ariost, Ronsard, Erasmus von Rotterdam, Kardinal de Retz. – Halle aux Grains (Staatl. Bühne Blois).

* 1795 **Augustin Thierry** († Paris 1856), Historiker; Besuch des Gymnasiums von B., anschließend École Normale Supérieure in Paris; 1814-17 Sekretär des Sozialphilosophen Saint-Simon; Erblindung mit 30 Jahren, Hinwendung zur Geschichtswissenschaft; 1830 Aufnahme in die Académie Française. – Geburtshaus Rue des Cordeliers Nr. 27 (Gedenktafel); Büste im Jardin Augustin Thierry (Place Victor Hugo). – W. u. a.: *Conquête de l'Angleterre par les Normands* (1825), *Récits des Temps mérovingiens* (2 Bde. 1835/40, dt. übers. v. C. F. Meyer, 1855), *Essai sur l'histoire de la formation et des progrès du Tiers État* (1850); *Œuvres complètes* (10 Bde. 1856-60).

[A] **Charles d'Orleáns** (→ Paris), Neffe des

Königs Karl VI., wuchs vor allem im Schloß von B. auf, das ihm als Erbe zugefallen war; an die Verwundung in der Schlacht von Azincourt (1415) schloß sich eine 25jährige Gefangenschaft in England an (Thema des Heimwehs in den Gedichten); Heimkehr 1440 und Rückzug auf sein Schloß in B., wo er Gelehrte, Künstler und Dichter um sich sammelte und u. a. 1457 den Dichterwettbewerb ›Je meurs de soif auprès de la fontaine‹ – ›Ich sterbe dürstend an der Quelle‹ – veranstaltete, an dem auch **F. Villon** (→ Paris) teilnahm. – **Margarete von Navarra** (→ Angoulême/PCh) verbrachte entscheidende Jahre ihrer Erziehung (bis zu ihrem 16. Lebensjahr) auf dem Schloß zu B., wo sie, begünstigt durch die reiche Bibliothek, den Grundstock ihrer breitgefächerten Bildung legen konnte. – König **Franz I.** (→ Cognac/PCh) weilte häufig im Schloß B., in seinem Gefolge auch immer wieder **Clément Marot** (→ Cahors/MPy). – Der 20jährige **Pierre de Ronsard** (→ La Possonnière) lernte am 21. April 1545 bei einem Fest im Schloß die 13jährige Cassandre Salviati (→ Talcy) kennen und lieben; auf dieses Ereignis anspielend, schrieb er u. a. das Sonett »Ville de Blois, naissance de ma Dame ...« (Im folgenden Jahr wurde Cassandre verheiratet.) Im Schloß, Flügel Franz' I., Abguß der Büste, die früher auf Ronsards Grab stand. – Als König Heinrich III. 1588 zum zweiten Mal in seiner Amtszeit die Generalstände nach B. einberief, nahm **Michel de Montaigne** (→ Montaigne/Aq) an den Sitzungen teil. – Der Moralist **La Rochefoucauld** (→ Paris), der seinem Vater gefolgt war (dieser war wegen Verleumdung Richelieus hierher verbannt worden), heiratete in B. 1628, noch nicht fünfzehnjährig, Andrée de Vivonne, eine wohlhabende Alleinerbin. – Der Fabeldichter **Jean de La Fontaine** (→ Château-Thierry/Pi) besuchte die Stadt im Spätsommer 1663 und beschreibt sie in einem Brief an seine Frau. – Die Schriftstellerin **Sophie von La Roche** (1731-

Blois: Treppenturm des Schlosses

1807), Ende April 1785 auf der Durchreise von Paris nach Bordeaux/Aq, gibt in ihrem *Journal einer Reise durch Frankreich* (1787) ihrer Begeisterung über Stadt und Umgebung Ausdruck: »Bald aber kamen wir an die Loire gegen die Stadt Blois, und erblickten das schönste und am stärksten bewohnte Stück Erde, welches je vor unsere Augen kam. Es ist unmöglich, daß irgend die Ufer eines Flusses einem menschenfreundlichen Herzen mehr Freude geben können, als diese.« – Der englische Romantiker **William Wordsworth** (1770-1850) zog im Frühjahr 1791 von Orléans nach B., wo er bis zum Herbst dieses Jahres blieb und eine Liebesaffäre mit Anette Vallon hatte, die ein Kind von ihm bekam. – **Johanna Schopenhauer** (1766-1838), mit ihrem Sohn Arthur 1804 auf Frankreichfahrt, fällte in ihren Reiseerinnerungen (zuletzt u. d. T. *Promenaden unter südlicher Sonne. Die Reise durch Frankreich 1804*,

1993) ein gemischtes Urteil über die Stadt: »Sie schien uns noch armseliger, schmutziger und kleiner [als Orléans], hat aber eine höchst anmutige Lage hart am Ufer der Loire.« – **Victor Hugo** (→ Besançon/FC) besuchte mit seiner Frau Adèle im April 1825 in B. seinen Vater, den General Léopold Hugo, der 1822 das Haus in der Rue du Foix Nr. 65 gekauft hatte (Büste des Dichters vor dem Haus, das von der Straße aus nicht zu sehen ist; Privatbesitz), das er bis Sommer 1827 bewohnte; in dem Gedicht »A M. Louis B.« aus den *Feuilles d'automne* (1831, dt. *Herbstblätter,* 1836) beschreibt Hugo B., das er zum Schauplatz seines Dramas *Marion Delorme* (1831) machte. (Weitere Beschreibung der Stadt in den Briefen vom 28. 4. 1825 und 17. 4. 1864.) – **Hermann Fürst von Pückler-Muskau** (1785-1871), der B. im Oktober 1834 besuchte und im Hôtel d'Angleterre abstieg, beschreibt das Schloß in der Briefsammlung *Semilassos vorletzter Weltgang in Europa* (1835). – »Es ist eine Mittelstadt, die für den Deutschen etwas Romantisches hegt«, befand **Heinrich Laube** (1806-1884) in seinem Reisebuch *Französische Lustschlösser* (1840). – **G. Flaubert** (→ Rouen/HNo) und sein Freund **Maxime du Camp** (→ Paris) kamen im Mai 1847 durch das Loiretal, besichtigten das Schloß von B. und durchstreiften die Stadt: »Die Straßen von Blois sind leer, das Gras wächst zwischen den Steinen; auf beiden Seiten ziehen sich lange graue Mauern hin, die große Gärten einschließen und hier und da kleine verschwiegene Türen haben, die sich wohl nur geheimnisvollen, nächtlichen Besuchern öffnen.« (*Par les Champs et par les grèves*, 1886, dt. *Über Feld und Strand*, 1906.) – **Henry James** (1843-1916) besuchte das Schloß Anfang Oktober 1882 und beschrieb es ausführlich in seinen Reiseaufzeichnungen *A Little Tour in France* (1885, dt. *Eine kleine Frankreich-Tour*, 1986). – **Pierre Louÿs** (→ Anhang) besuchte am 10. 6. 1890 B. im Rahmen seiner ›Wallfahrt zu Ronsards Ehren‹ und spürte hier den Spuren des Dichters nach. – Die amerikanische Autorin **Edith Wharton** (1862-1937) war Ende März 1907 mit dem Auto unterwegs in den Südwesten Frankreichs und legte einen Zwischenstop in B. ein: »Es gibt nicht viele Dachansichten, die schöner sind als die von der Mauer in Blois herab.« – **Julien Green** (→ Paris) besuchte die Stadt Mitte August 1946: »In Blois gibt es eine schneeweiße alte Kirche. Sie ist so schön und so hell, daß man, wenn man durch das Schiff geht, den Eindruck hat, in einer Seele ohne Sünden zu wandeln« (*Tagebücher*). – **Wolfgang Koeppen** (1906-1996) kam 1960 im Rahmen seiner *Reisen nach Frankreich* (1961) in die Stadt.

[L] Der zum Hof offene Treppenturm sei »eine von Riesen erdachte, von Zwergen gearbeitete maurische Laune, welche dieser Fassade ein traumhaftes Aussehen verleiht«, so **Honoré de Balzac** in seinem Roman *Le Martyr calviniste* (1841), einem Teilband des Katharina de Medici-Buches, wo er eine genaue Beschreibung des Schlosses und seiner Geschichte liefert; B. spielt in zwei weiteren Werken Balzacs eine Rolle: In *Le Lys dans la vallée* (1836) verhindert das zu hohe Geländer der Loire-Brücke den Selbstmord des von seiner Mutter ungeliebten Félix de Vandenesse, in *Louis Lambert* (1832) lebt der Titelheld längere Zeit bei seinem Onkel in B., wo er seine Liebe Pauline de Villenoix trifft. – Als königliche Residenz ist das Schloß Schauplatz einiger Szenen der Romanbiographie *Die Jugend des Königs Henri Quatre* (1935) von **Heinrich Mann.**

[R] Mitte August 1810 zog **Madame de Staël** (→ Paris) von → Chaumont-sur-Loire, wo der Hausherr zurückgekehrt war, auf den Landsitz **Fossé** (3 km nw. v. B.); hier korrigierte sie im September des Jahres die letzten Druckfahnen ihres Buches *De l'Allemagne* (1810), das von der Regierung sofort verboten wurde; Madame de Staël wurde am 26. September aus Frankreich ausgewiesen und begab sich ins Schweizer Exil nach Coppet; **Adelbert von Chamisso** (→ Sainte-Menehould/ChA [R]), der Madame de Staël von Chaumont hierher gefolgt war, ging im Oktober 1810 nach → La Roche-sur-Yon/PdL. – Auf dem Friedhof von **Menars** (6 km nö. v. B.) Grab der Schriftstellerin **Marthe Fürstin Bibesco** (1888-1973), die Romane schrieb, u. a. *Le Perroquet vert* (1924, dt. *Der grüne Papagei*, 1928) und *Feuilles de calendrier* (1939), sowie mit M. Proust gut bekannt war, über den sie zwei Bücher veröffentlichte: *Au Bal avec Marcel Proust* (1928, dt. *Begegnung mit Marcel Proust*, 1972) und *Le Voyageur voilé* (1947).

LA BONAVENTURE (Schloß) (Loir-et-Cher) → VENDÔME [R]

BOURGES (Cher)

»Ganz Paris zählt nicht so viel wie die Kathedrale von Bourges.« (Honoré de Balzac)
»Vom Inneren dieser riesigen Kathedrale kann ich nur sagen, daß sie ihren Zweck vollkommen erfüllt. Der Besucher, der zwischen ihren mächtigen Pfeilern herumirrt, wird von Ehrfurcht ergriffen: Er fühlt die Nichtigkeit des Menschen in Gegenwart des Göttlichen.« (Stendhal)
Bibliothèque du Cher (230 Tsd. Bde.), Médiathèque (220 Tsd. Bde., 1000 Hs., 250 Ink.). – Scène Nationale (Staatl. Bühne).

* 1632 **Louis Bourdaloue** († Paris 1704), Prediger; Ausbildung am Jesuitenkolleg von B. (heute staatliche Kunstschule, Place Cujas), nach 1669 erfolgreicher Prediger in Paris (neben Bossuet); im »Prospectus« der *Encyclopédie* unter die bedeutendsten Männer des 17. Jhs. gezählt; Beichtvater Colberts, der Madame de Sévigné, Boileaus. – Büste im Jardin de l'Évêché. – W.: *Œuvres* (17 Bde. 1822-26).

[A] **Jean Calvin** (→ Noyon/Pi), der künftige Reformator studierte 1531 an der Universität B. und wohnte dabei im Augustinerkloster (Rue Mirebeau). – **Jacques Amyot** (→ Melun/IdF), Humanist, Plutarch-Übersetzer und nachmaliger Bischof von Auxerre, lehrte um 1540 Latein und Griechisch an der 1463 gegründeten Universität. – **Claude Tillier** (→ Clamecy/Bu) bekam als glänzender Schüler in seiner Heimat Clamecy ein Stipendium für das Lycée Impérial, das er 1820 mit dem Abitur beschloß; die gleiche Schule besuchte auch **Jules Sandeau** (→ Aubusson/Li), bis er 1828 zum Jurastudium nach Paris ging. – **H. de Balzac** (→ Tours) übernachtete auf der Durchreise im Sommer 1835 in der Präfektur (Rue du 95 e-de-Ligne); der Präfekt war mit der Schwester der Balzac-Freundin Zulma Carraud (→ Angoulême/PCh) verheiratet. – **George Sand** (→ Paris) kam häufig nach B.: Im April 1835 lernte sie hier den berühmten Anwalt Michel de Bourges kennen, der ihr Geliebter wurde und für sie im Juli 1836 bei dem Berufungsprozeß ihres Mannes Casimir Dudevant plädierte. (Die Verhandlung, bei der es um das Sorgerecht für die Kinder und das Wohnrecht in Nohant ging, fand im Palais Jacques Cœur statt, damals Justizpalast der Stadt.) George Sand, die während ihrer Aufenthalte in B. bei ihrer Freundin Éliza Tourangin in der Rue Saint-Ambroise wohnte, setzte Michel de Bourges – unter dem Namen Éverard – in ihren *Lettres d'un voyageur* (1834-37) und in ihrer *Histoire de ma vie* (1854/55) ein Denkmal. – Den Historiker **Jules Michelet** (→ Paris) begeisterte im September 1835 die Kathedrale, »eine Venus der Architektur«. – **Prosper Mérimée** (→ Paris) begann seine Inspektionsreise, die ihn in die Auvergne führen sollte, am 29. 5. 1837 in B.; ausführlich beschreibt er in seinen *Notes d'un voyage en Auvergne* (1838, zuletzt 1989) die Kathedrale, das Palais Jacques Cœur und das Hôtel Lallemant; als er im Juli 1841 wiederkam, überprüfte er den Fortgang der Restaurierungen der Kathedrale (»nicht schlecht«). – **Stendhal** (→ Grenoble/RhA), der am 20. Juni 1837 in B. ankam, stahl sich noch vor Einbruch der Dunkelheit in die Kathedrale Saint-Étienne: »Ich gestehe, eine einzigartige Empfindung gehabt zu haben: ich war Christ, ich dachte wie der Heilige Hieronymus, den ich gestern las. Eine ganze Stunde lang spürte ich nicht mehr, was mich mit Nadelstichen seit meiner Ankunft in Bourges quälte.« Im Garten des Erzbischöfl. Palastes las Stendhal am folgenden Tag auf einer Bank Shakespeares *Romeo und Julia.* – **A. de Lamartine** (→ Mâcon/Bu) mußte 1849 als Zeuge vor Gericht in B. erscheinen und wohnte währenddessen in der Rue du Secrétain bei einem Freund. – **Henry James** (1843-1916) kam im Oktober 1882 nach B., stieg im Gasthof Boule d'Or ab und widmete sich bei den Besichtigungen vor allem dem Palais Jacques Cœur und – natürlich – der Kathedrale, die ihn tief beeindruckte: »Ein solches Gebäude hat etwas von stiller Größe, von Unendlichkeit; es sänftigt und klärt den Geist, es erleuchtet das Gemüt.« – 1903 kam **Georges Bernanos** (→ Paris), der vorher Schulen in Paris und der Provinz besucht hatte, für ein Jahr auf das Unterseminar von B. (Rue Jean Baffier). – **Alain-Fournier** (→ La Chapelle-d'Angillon) besuchte von Januar bis Herbst (Abitur) 1903 das Gymnasium der Stadt, das seit 1937 nach dem Dichter heißt. – Im Herbst 1935 erhielt **Simone Weil** (→ Paris) eine Stelle am Lycée von B., wo sie ein Schuljahr unterrichtete, bis sie als Freiwillige im August 1936 auf der Seite der Republikaner am Spanischen Bürgerkrieg teilnahm. – **Ernst Jünger** (1895-1998), Wehrmachtsoffizier in Frankreich, war im Sommer 1940 in B., worüber er in seinem Tagebuch *Gärten und Straßen* (1942) berichtet.

R **Prosper Mérimée** (→ Paris), seit 1834 Generalinspektor der historischen Denkmäler Frankreichs, besuchte die Stiftskirche Saint-Martin von **Plaimpied** (10 km südl. v. B.) im Frühsommer 1837 und beschreibt sie in seinen *Notes d'un voyage en Auvergne* (1838, zuletzt 1989). Als er wenig später **Mehun-sur-Yèvre** (11 km nw. v. B.) besichtigte, fand er von der einstmals berühmten Burg nur mehr Ruinen. (Eine Vorstellung von der früheren Pracht gibt eine Miniatur in den *Très riches heures du duc de Berry.*)

BOURGUEIL (Indre-et-Loire)

A An die Spitze des im Mittelalter sehr reichen Benediktinerklosters wurde 1089 **Balderich von Bourgueil** (1046-1130) berufen, der sich mit zahlreichen lateinischen Gedichten einen Namen machte. – **Pierre de Ronsard** (→ La Possonnière) weilte häufig als Gast in der Benediktinerabtei B., mit deren Abt Charles de Pisseleu er befreundet war; im April 1555 verliebte er sich in B. in das 15jährige Bauernmädchen Marie Dupin, der er die Hälfte der Gedichtsammlung *Continuation des amours* (1555) und die Sammlung *Nouvelle continuation des amours* (1556) widmete. (In Port-Guyet bei Saint-Nicolas de Bourgueil, 3 km w. v. B., befindet sich das sogenannte ›Haus der Marie de Bourgueil‹.) – Im Juni 1890 unternahm **Pierre Louÿs** (→ Anhang) eine ›Wallfahrt zu Ronsards Ehren‹ und kam dabei auch nach B., wo er sich »an jeder Straßenecke ... auf jedem Weinbergsweg« an das Liebespaar erinnerte, wie er einem Freund schreibt.

R 4 km südl. v. B. liegt das Schloß **Les Réaux**, das 1650 **Tallemant des Réaux** (→ La Rochelle/PCh) erwarb und sich künftig nach der neuen Besitzung nannte.

BRIANTES (Indre) → **SONDERKARTE GEORGE SAND S. 344**
CANDES-SAINT-MARTIN (Indre-et-Loire) → **CHINON** R
LA CELLE (Cher) → **SAINT-AMAND-MONTROND** R

CHAMBORD (Loir-et-Cher)

»Was soll man von Chambord sagen, das, unvollkommen und halbfertig wie es noch ist, durch seinen Anblick die ganze Welt in Bewunderung und Entzücken versetzt! [...] Es ist etwas Großartiges, wenn Kunst die Natur überflügelt.« (Brantôme)

»Wir sind durch die leeren Galerien und verlassenen Zimmer gegangen, wo die Spinne ihre Netze über die Salamander Franz I. spannt. Das ist nicht die gewöhnliche Ruine, mit der Pracht schwarzer und grünlicher Trümmer, mit koketten Blumenzieraten und herabhängendem Grün, das im Winde wogt wie Fetzen

Schloß Chambord

von Damast. Es ist ein verschämtes Elend, das sein verschlissenes Gewand bürstet und den Wohlanständigen spielen will.« (Gustave Flaubert)

»Ich habe so etwas Bizarres und Grotesk-Absurdes noch nie gesehen. Von seiner halben Höhe an wird das Schloß ganz von seiner schwerlastenden Dachkonstruktion bestimmt. Das Dach ist mit unzähligen Türmen, Giebeln, Kaminen und neuen Häusern oben so überladen, daß es dort eine Stadt für sich bildet. Eine komplette Loire-Stadt auf dem Dach, ganz eng zusammengedrückt. Von weitem sieht es aus, als stünden da die Reste eines Gelages, lauter Rotweinflaschen gestapelt. Doch ist der Phantasie freie Bahn gegeben.« (Horst Krüger)

[A] **Molière** (→ Paris) wurde mit seiner Schauspielertruppe im September 1669 auf das Schloß geholt; in Anwesenheit Ludwigs XIV. erlebte die in wenigen Tagen hier geschriebene Komödie *Monsieur de Pourceaugnac* ihre Uraufführung; ein Jahr später war Molière mit seiner Truppe erneut auf dem Schloß und spielte erstmals das Stück *Le bourgeois gentilhomme* (dt. *Der Bürger als Edelmann*), das nach der zweiten Aufführung, als der König dem Autor gratulierte, ein Erfolg wurde. (Der Festspielsaal war im ersten Stock des Donjon, im Südsaal des Kreuzes, untergebracht; die Bühne befand sich vor den Fenstern – dort heute die Büsten Molières und Lullys –, die königliche Loge war wahrscheinlich in die Innentreppe eingebaut, die restlichen Zuschauer verfolgten das Geschehen von ansteigenden Rängen in Form eines Amphitheaters.) – **Victor Hugo** (→ Besançon/FC), auf Besuch bei seinem Vater im nahen Blois, besichtigte das Schloß Ch. im Frühjahr 1825; in einem Brief an seinen Freund Adolphe de Saint-Valry schreibt der Dichter, auf dem Giebel des höchsten Türmchens seinen Namen eingekratzt und ein Stück vom Rahmen des Fensters mitgenommen zu haben, in das Franz I. mit seinem Ring eingeritzt hatte: »Bien fol est qui s'y fie: Souvent femme varie«. Die berühmte Fensterinschrift hatte mit eigenen Augen u. a. **Brantôme** (→ Bourdeilles/Aq) gesehen, wie er in seiner Biographiensammlung *Vie des hommes illustres et des grands capitaines* (postum 1665-66) berichtet. – **F.-R. de Chateaubriand** (→ Saint-Malo/Br) kam 1834 auf das Schloß, das er in seiner Biographie des Gründers der Trappisten *La Vie de Rancé* (1844) beschreibt. – Im gleichen Jahr war unter den Besuchern auch

Hermann Fürst von Pückler-Muskau (1785-1871), der sich in den Reisebriefen *Semilassos vorletzter Weltgang in Europa* (1835) enthusiastisch äußert: »[...] das Schloß selbst aber übertraf alle meine Erwartungen. [...] Ich kenne nichts, mit dem ich diese Phantasie in Stein vergleichen könnte«; allerdings behauptet er, daß die königliche Fensterinschrift »längst verschwunden« sei. – **Heinrich Laube** (1806-1884) beschreibt das Schloß in seinen *Französischen Lustschlössern* (1840): »Wahrlich, Schloß Chambord ist einzig in der Welt.« – Die Freunde **G. Flaubert** (→ Rouen/HNo) und **Maxime du Camp** (→ Paris) kamen im Mai 1847 nach Ch.: »Das Ganze ist traurig und entbehrt der Größe.« (Reisebericht *Par les Champs et par les grèves*, 1886). – Bei seinem Besuch im Oktober 1882 wußte der amerikanische Schriftsteller **Henry James** (1843-1916) auch kritische Worte für das Schloß zu finden: »Diese Türme jedoch, schön, wie sie in ihrer Art sind, kamen mir ein wenig töricht vor; sie sind die Übertreibung einer Übertreibung.« – **Julien Green** (→ Paris) besuchte das Schloß im August 1946 (*Tagebücher*), **Wolfgang Koeppen** (1906-1996) 1960: »Das Schloß darf man ein Märchen nennen.« – Der Reiseschriftsteller **Horst Krüger** (1919-1999), an der Loire unterwegs und einiges Hochgepriesenes »nicht der Rede wert« findend, sah sich durch das Schloß von Ch. und dessen Dachkonstruktion entschädigt (Beschreibung in *Poetische Erdkunde*, 1978.)

[L] Das Schloß ist Schauplatz de 19. Kapitels des Romans *Cinq-Mars* (1826, dt. 1829, zuletzt 1997) von **A. de Vigny**.

CHANTELOUP (Pagode) (Indre-et-Loire) → AMBOISE [R]

LA CHAPELLE-D'ANGILLON (Cher)

* 1886 **Alain-Fournier** (eigentlich Henri-Alban Fournier) († Saint-Remy-la-Calonne/Lo [gefallen] 1914), Erzähler; Sohn eines Lehrerehepaars, früheste Kindheit in Ch., wo er auch später bei den Großeltern die Ferien verbrachte; 1891 Umzug nach → Épineuil-le-Fleuriel; Schulen in Paris, dann Handelsmarineschule in Brest (abgebrochen); Gymnasien in Bourges und Sceaux (berühmtes Lycée Lakanal) als Vorbereitung auf die École Normale Supérieure; Freundschaft mit Jacques Rivière, Bekanntschaft mit A. Gide, P. Claudel, Ch. Péguy; postume Berühmtheit durch den Roman *Le Grand Meaulnes* (1913, dt. u. d. T. *Der große Kamerad*, 1930), in dem der Geburtsort des Autors als ›La Ferté-d'Angillon‹ eine Rolle spielt; fiel 1914 sö. von Verdun. – Geburtshaus in der Avenue Alain-Fournier Nr. 35 (Gedenktafel); [M] Musée Alain-Fournier – Jacques Rivière im Schloß. – Weitere W.: *Colombe Blanchet* (R.fragment 1922), *Miracles* (Ged. und Erz. 1924), *Correspondance avec Jacques Rivière 1905 à 1914* (1926/28, dt. Ausw. u. d. T. *Jugendbildnis Alain-Fournier. Briefe*, 1954).

Alain-Fournier

[R] **Alain-Fournier** verbrachte als Kind oft seine Herbstferien in **Nançay** (20 km w. v.

La Ch.); der Ort spielt unter dem Namen ›Vieux-Nançay‹ in dem Roman *Le Grand Meaulnes* (1913) eine wichtige Rolle: Der Onkel Florin Raimbault des Dichters, der neben der Kirche am Marktplatz einen Kaufladen besaß (Gedenktafel), begegnet im Buch als ›Onkel Florentin‹, und auch das geheimnisvolle ›Schloß Sablonnières‹, in dem die abgebrochene Hochzeitsfeier stattfand, gehört im Roman zu der Gemeinde. – In **Aubigny-sur-Nère** (14 km n.v. La Ch.) [M] Museum (Château des Stuarts) mit Erinnerungsstücken an **Marguerite Audoux** (→ Sancoins), die 1877 als Magd auf einen Bauernhof bei Sainte-Montaine (9 km w. von A.) kam, von wo sie vier Jahre später nach Paris floh, um sich dort als Näherin durchzuschlagen; Audoux spricht von dieser Zeit in ihrem autobiogr. Roman *Marie-Claire* (1910).

CHARTRES (Eure-et-Loir)

»Hier bräuchte man ganze Bände und Millionen von Ausrufezeichen. Die Kathedrale von Chartres ist ein Wunder. Wir haben sechsunddreißig Stunden in, auf und unter ihr verbracht, sind in ihren Schiffen hin und her gegangen, sind in die Krypta hinunter- und die Türme hinaufgestiegen, haben das Gebäude in allen Richtungen beschaut und wissen immer noch nichts, außer daß man sechs Monate Studium bräuchte, um sich eine einigermaßen vollständige Vorstellung dessen, was sie enthält, zu machen.« (Victor Hugo)

»Chartres ist die bespielhafte Kathedralstadt. Die Kathedrale gehört nicht zur Stadt, die Stadt dient der Kathedrale.« (Wolfgang Koeppen)

Bibliothèque municipale (Stadtbücherei; 214 Tsd. Bde., 1375 Hs., Ink.). – Théâtre municipal (Stadttheater).

* 1573 **Mathurin Régnier** († Rouen/HNo 1613), Dichter, Satiriker; Sohn wohlhabender Eltern, Neffe des Dichters Desportes, der ihn protegierte; kirchliche Laufbahn: Rom – Paris – Ch. (1609 Domherr); starb bei einer Operation. – An der Stelle des Geburtshauses (Rue des Bouchers Nr. 1) Neubau (Gedenktafel zur Rue Mathurin Régnier). – W. u. a.: *Les premières œuvres* (1608), *Les Satires du Sr. Régnier* (1612, erw. 1613), *Satires et autres œuvres* (1652).

[A] **Clément Marot** (→ Cahors/MPy), der in den Reformationswirren in Paris (im Châtelet) eingekerkert worden war (weil er angeblich in der Fastenzeit Speck gegessen hatte), schrieb in Ch., wo er in der Auberge de l'Aigle unter Arrest stand, am Ende dieser weniger strengen Haft im März 1526 sein Gedicht »L'Enfer« (»Die Hölle«), in dem er seine Gefängniserfahrungen verarbeitete. – **Michel de Montaigne** (→ Montaigne/Aq) kam im Mai 1588 im Gefolge des aus Paris vertriebenen Königs Heinrich III. nach Ch. – **Victor Hugo** (→ Besançon/FC) besuchte die Stadt Mitte Juni 1836 und war von ihrer Kathedrale verzaubert. – **Émile Zola** (→ Paris) kam Anfang Mai 1886 für zwei Tage in die Stadt und begann hier mit den Vorarbeiten zu seinem Roman *La Terre* (1887), bevor er nach → Châteaudun weiterreiste. – Im Dezember 1893 besuchte **J.-K. Huysmans** (→ Paris) die Kathedrale von Ch. – »die erlesenste Kathedrale des Mittelalters [...], eine blonde, hagere, blauäugige Kirche« –, die im Zentrum seines Romans *La Cathédrale* (1898, dt. 1923) steht; weitere Besuche 1895. – **Marcel Proust** (→ Paris) kam der Kathedrale wegen im September 1902 nach B. – **Rainer Maria Rilke** (1875-1926) unternahm am 25. 1. 1906 einen Tagesausflug nach Ch.; in einem Brief an seine Frau schreibt er über den Besuch: »[...] dann kamen wir in eine kleine, helle französische Stadt und sahen über einem Haufen kleiner, zusammengeschobener Häuser aus dem Gedränge einen Turm aufsteigen, der oben blühte von Gotik und einen anderen wie eine Knospe von Gotik daneben.« – **Edith Wharton** (1862-1937) kam Ende 1907 in die Stadt: »Ach, die graue, alte Kathedralenstadt Chartres mit ihren schmalen, sauberen Gassen, die sich in der Mitte zu einem *Platz* weiten wie ein Marktplatz auf einem Druck aus dem 18. Jahrhundert.« – Der

Engländer **Rudyard Kipling** (1865-1936) erzählt in seinen *Souvenirs of France* (1933), wie er bei seinem Besuch der Kathedrale sogar die Gelegenheit hatte, vom Dach die Rückseite der berühmten Fenster aus der Nähe zu sehen. – **Charles Péguy** (→ Orléans) unternahm wiederholt Wallfahrten nach Ch., so 1911, Mitte Juni 1912, Mitte September 1912 und Ende Juli 1913 (Gebet *Présentation de la Beauce à Notre-Dame de Chartres*). – **Paul Claudel** (→ Villeneuve-sur-Fère/Pi), den im April 1925 trotz schlechten Wetters die Leuchtkraft der Farben fasziniert hatte, kam erneut im Juni 1935 und an Ostern 1937. – **Joachim Ringelnatz** (1883-1934) nutzte einen dreiwöchigen Paris-Aufenthalt im Januar 1925 zu einem Abstecher nach Ch. (Gedicht »Chartres«). – **Wolfgang Koeppen** (1906-1996) empfing bei seinem Besuch 1960 keinen positiven Eindruck von der Stadt, die er »heimgesucht von Reiseautobussen, Andenkenhandel, Fremdenausnützung« fand (*Reisen nach Frankreich*, 1961).

CHÂTEAU-RENAULT (Indre-et-Loire)

[A] **Théophile Gautier** (→ Tarbes/MPy) durchquerte den Ort, den man »Schtrnoh« (so der Dichter) ausspreche, Anfang Mai 1840 auf seiner Reise nach Spanien: »Château-Regnault [sic!] ist eine kleine Stadt mit abschüssigen, raschen Kehren, von schlecht gebauten, schwankenden Häusern gesäumt, die sich aneinanderzulehnen scheinen, um nicht einzustürzen; ein dikker, stellenweise von grünen Efeumatten überzogener Rundturm an der Böschung der ehemaligen Befestigungsanlagen hebt den Gesamteindruck etwas.« (*Voyage en Espagne*, 1843.)

CHÂTEAUBRUN (Ruine) (Indre) → SONDERKARTE GEORGE SAND S. 344

CHÂTEAUDUN (Eure-et-Loir)

Bibliothèque municipale (Stadtbücherei; 100 Tsd. Bde.; Sammlung von über 12 000 Bden., die vor 1810 gedruckt wurden). – Théâtre municipal (Stadttheater).

Lambert Le Tort (Le Court), Mitverfasser des *Alexanderromans* (um 1180), auf den das zwölfsilbige Versmaß, der Alexandriner, zurückgeht, wurde in Ch. geboren.

[A] **Charles d'Orléans** (→ Blois), dessen Vater Louis d'Orléans Ch. 1392 gekauft hatte, erbte die Stadt, in deren Schloß er für einige Zeit lebte, bevor er sie seinem Halbbruder Jean schenkte. – **Émile Zola** (→ Paris) kam Anfang Mai 1886 für fünf Tage nach Ch. und Umgebung, um Studien zu seinem Roman *La Terre* (1887, dt. *Mutter Erde*, 1888 u. ö.) zu machen, wozu er im Gasthof Le Bon Laboureur (Rue Gambetta Nr. 61) abstieg; das 10 km südlich gelegene Dorf Romilly-sur-Aigre gab das Vorbild für ›Rognes‹, den Hauptort des Romans, im 10 km sö. gelegenen Weiler Villeloup stand ein Bauernhof Pate für das landwirtschaftliche Gut ›Hourdequin‹. – **Wolfgang Koeppen** (1906-1996) erinnerte bei seinem Besuch 1960 der Anblick des Schlosses an Kafkas Roman (*Reisen nach Frankreich*, 1961).

[L] Ch. findet mehrfache Erwähnung in dem Romanwerk *A la Recherche du temps perdu* (1913-27, dt. *Auf der Suche nach der verlorenen Zeit*, 1926-30) von **Marcel Proust**.

[R] **François Rabelais** (→ La Devinière) war wiederholt in **Langey** (13 km w. v. Ch.), dessen Grundherrn Guillaume du Bellay (→ Le Mans/PdL) er als Leibarzt betreute. (Erwähnung Langeys und du Bellays sowohl im *Tiers Livre* wie im *Quart Livre*.) – Von Anfang Juli bis Anfang August 1817 wohnte **F.-R. de Chateaubriand** (→ Saint-Malo/Br) auf Schloß **Montboissier** (14 km n. Ch.), das während der Revolution zerstört worden war und von dem »nur zwei durch ein Gitter getrennte Pavillons, die ehemals Schloßvogtei waren«, geblieben waren; hier, bei der Comtesse de Colbert (→ Malesherbes), schrieb er das dritte Buch des ersten Teils seiner *Mémoires d'outre-tombe* (1848-50).

CHÂTEAUNEUF-SUR-LOIRE (Loiret) → SAINT-BENOÎT-SUR-LOIRE [R]

CHÂTEAUROUX (Indre)

Bibliothèque municipale (Stadtbücherei; 110 Tsd. Bde.), Équinoxe – la Médiathèque (410 Tsd. Bde.), Bibliothèque départementale de prêt de l'Indre (125 Tsd. Bde.).

* 1846 **Maurice Rollinat** († Ivry/IdF 1903), Dichter, Komponist; Sohn eines Abgeordneten; Patenkind der George Sand; Verwaltungsangestellter in Paris; Einfluß von Baudelaire und Poe auf seine Dichtung, Vertonung der eigenen Gedichte (auch Gedichte von Baudelaire), die er dann selbst im Chat Noir, dem berühmtesten Künstler-Kabarett am Montmartre, vor Publikum sang; von Neurosen geplagt Rückzug nach → Fresselines/Li. – Geburtshaus Avenue de Déols Nr. 7 (Gedenktafel); spätere Wohnung: Rue des Notaires Nr. 5; Büste des Dichters im Park am Justizpalast; Grab auf dem Städtischen Friedhof. – W. u. a.: *Dans les Brandes* (Ged. 1877), *Les Névroses* (Ged. 1883), *L'Abîme* (1886), *La Nature* (1892), *Paysages et paysans* (1899).

[A] **Sophie von La Roche** (1731-1807) machte im Frühjahr 1785 in Ch. Station auf ihrer Rückreise von Bordeaux/Aq nach Paris: »Alles lebt und webt auf allen Straßen. In allen Höfen und Scheuern saßen und standen Weiber, Mädgen und Knaben am Wollrad, alle reinlich gekleidet.« – **George Sand** (→ Paris) hielt sich oft in Ch. auf; schon ihr Großvater Dupin wohnte als Generalsteuereinnehmer des Herzogtums d'Albret mit Frau und Sohn Maurice (dem Vater der Dichterin) einen Teil des Jahres über im Schloß Château-Raoul: »Sie bewohnten das alte Schloß [...], dessen malerische Gebäude den Flußlauf der Indre und deren ausgedehnte Grundwiesen überragen«, so George Sand in ihrer *Histoire da ma vie* (1854/55, dt. *Geschichte meines Lebens*, 1863). – **Stendhal** (→ Grenoble/RhA) lernte die Stadt durch einen Kurzaufenthalt in den frühen Morgenstunden des 22. Juni 1837 kennen und gewann einen positiven Eindruck. – **A. Dumas d. Ä.** (→ Villers-Cotterêts/Pi) weilte manchmal zu Besuch in Ch., wo seit 1856 seine Tochter verheiratet war. – **Jean Giraudoux** (→ Bellac/Li) besuchte von 1893 bis 1900 das Gymnasium der Stadt (heute Lycée Jean-Giraudoux; Gedenktafel im Ehrenhof der Schule); in seinen Werken *Simon le pathétique* (R. 1918), *Adorable Clio* (Prosa 1920) und *Les Cinq tentations de La Fontaine* (Essay 1938) erinnert er sich an seine Zeit in der »häßlichsten Stadt Frankreichs«. – Die Amerikanerin **Edith Wharton** (1862-1937) folgte bei einer Auto-Tour im Mai 1906 den Spuren von G. Sand und war von Ch. enttäuscht, »denn die Stadt ähnelte in so großem Maße anderen langweiligen französischen Landstädten und schien sich in geradezu herausfordernder Weise kaum dessen bewußt zu sein, daß es sich bei ihr um eine der Hauptstädte der Literatur handelt.« (*Frankreichfahrt*, 1997.)

[M] **Musée municipal** (Hôtel Bertrand): u. a. Erinnerungsstücke an Maurice Rollinat und seine Patentante George Sand.

[R] **Argenton-sur-Creuse** (28 km sw. v. Ch.) bildet den Hintergrund des Romans *Le Docteur Mystérieux* (1872) von **Alexandre Dumas d. Ä.**

CHÂTILLON-COLIGNY (früher CHÂTILLON-SUR-LOING) (Loiret)

[A] **Colette** (→ Saint-Sauveur-en-Puisaye/Bu) zog siebzehnjährig 1890 mit ihren Eltern hierher, wo ein Halbbruder der Schriftstellerin Arzt war. Da der Vater in finanziellen Angelegenheiten keine glückliche Hand besaß, hatte man Haus und Einrichtung in Saint-Sauveur verkaufen müssen und war zu dem Arzt in dessen kleines Haus (Rue de l'Égalité) gezogen, bevor man gegenüber ein Häuschen mit Garten beziehen konnte. In Ch. traf Colette ihren ersten Ehemann, den fünfzehn Jahre älteren Verlegersohn Gauthier-Villars (›Willy‹), mit dem sie einen Tag nach der Hochzeit (1893) den Ort verließ und nach Paris zog; Grab der Eltern und des Bruders auf dem Friedhof.

CHÂTILLON-SUR-INDRE (Indre) → PELLEVOISIN [R]
CHÂTILLON-SUR-LOING (Loiret) → CHÂTILLON-COLIGNY

LA CHÂTRE (Indre)

* 1785 **Henri de Latouche** (eigentlich Hyacinthe Thabaud) († Châtenay-Malabry/ IdF 1851), Dramatiker, Kritiker, Herausgeber; Jurastudium, Freundschaft mit Chateaubriand, Liebschaft mit Marceline Desbordes-Valmore; kaufte in Paris die vor dem Ruin stehende Zeitung *Le Figaro*, die er zu Ansehen brachte, setzte sich für Balzac ein, wurde literarischer Mentor seiner Landsmännin George Sand, die er häufig in Nohant besuchte; Herausgeber der hinterlassenen Werke von André Chénier, Schiller-Übersetzungen. – Geburtshaus Rue de Bellefonds Nr. 9 (Gedenktafel). – W. u. a.: *Le Tour de faveur* (Dr. 1818), *Olivier Brusson* (R. 1823), *La Reine d'Espagne* (Dr. 1831).

[A] Zu **George Sand** s. SONDERKARTE GEORGE SAND S. 344 f. – Die Amerikanerin **Edith Wharton** (1862-1937) kam 1906 nach La Ch., war aber gedanklich vom vorherigen Besuch in Nohant noch so »gefangen, daß alle anderen Eindrücke ausgeschlossen blieben.«

[R] Im Frühjahr 1907 besuchte **E. Wharton** (1862-1937) auf einer Fahrt mit dem Automobil in den Südwesten Frankreichs die »bemerkenswerte Kleinstadt« **Neuvy-Saint-Sépulchre** (16 km w. v. La Ch.), deren Grabeskirche sie bewunderte (Schilderung in *A Motor-Flight through France*, 1908, dt. *Frankreichfahrt*, 1997).

Schloß Chaumont

CHAUMONT-SUR-LOIRE
(Loir-et-Cher)

»Chaumont, auf dem mittäglichen linken Ufer der Loire, liegt wunderherrlich auf einer Höhe, man hat über die Esplanade des inneren Hofes, wie von den Zinnen der alten, schönen, festen, gotischen Türme, die göttlichste Aussicht über den breiten, schönen, gradfließenden Strom, und über die Landstraße fern am andern Ufer, in eine reiche, grüne, unabsehbare Ebene, mit Weinbergen, Ansiedeleien, Saaten und Wäldern reich erfüllt.« (Adelbert von Chamisso)

»Ich schreibe Ihnen hier, teuerste Schwester, an den wegen ihrer Lieblichkeit gepriesenen Ufern der Loire [...] auf einer alten stattlichen Burg, mit runden unverwüstlichen Thürmen umbollwerkt, ehemals von Königen besessen und bewohnt [...]. Dies ritterliche Schloß liegt auf einem Felsen, zu unseren Füßen das Dorf, zweihundert Stufen führen zu und herauf [...] wie in den elysäischen Gefilden, so gibt es auch um uns her blühende Gebüsche, worin die Nachtigallen unaufhörlich singen.« (A.W. Schlegel)

»Chaumont ist feudal, wenn man will; doch herrscht hier der Geist der Moderne. Es stellt eine ungeheure, blankgescheuerte Baumasse dar, mit großen Rundtürmen, ohne die Zierde eines Blattes Efeu oder eines Fleckchens Moos, umgeben von Gärten von bescheidenen Ausmaßen [...], und es sieht eher aus wie eine außerordentlich vergrößerte Villa.« (Henry James)

[A] **Madame de Staël** (→ Paris) bezog Ende April 1810 das Schloß, das sie von einem befreundeten amerikanischen Verleger gemietet hatte, um von hier aus den Druck ihres Buches *De l'Allemagne* (1810) im nahen Tours zu überwachen und die Druckfahnen Korrektur zu lesen; zu ihrem ›Hofstaat‹ in Ch. gehörten **B. Constant** (→ Anhang), **A.W. Schlegel**

(1767-1845), **Madame Récamier** (→ Lyon/RhA) und ab Ende Juli auch der deutsch-französische Dichter **Adelbert von Chamisso** (→ Sainte-Menehould/ ChA [R]), die alle Mitte August der Schriftstellerin nach → Fossé folgten. – Als **Henry James** (1843-1916) im Oktober 1882 das Schloß besichtigen wollte, mußte er sich von außen mit einer »Hintertreppenansicht« begnügen, da es geschlossen war (damals Privatbesitz).

[L] Das Schloß ist Ausgangspunkt und erster Schauplatz des historischen Romans *Cinq-Mars* (1826, dt. 1829, zuletzt 1997) von **Alfred de Vigny**.

[R] In **Rilly-sur-Loire** (4 km w. v. Ch.) machte **Julien Green** (→ Paris) im August 1946 Ferien: »Von meinem Zimmer aus sehe ich den Fluß. Beim Anblick dieser schönen Landschaft fragte ich mich, ob meine großen Anstrengungen, mich an Paris zu klammern, nicht vergeblich sind, ob es nicht einfacher und vernünftiger wäre, mich an den Ufern der Loire niederzulassen.« (*Tagebücher*)

CHENONCEAUX (Indre-et-Loire)

»Eine eigentümliche Sanftheit und aristokratische Heiterkeit liegt über dem Schloß Chenonceaux. Es liegt am Ende einer großen Baumallee in einiger Entfernung vom Dorfe, das sich respektvoll abseits hält, im Wasser erbaut; von Wald umgeben, streckt es inmitten eines weiten Parks mit schönen Rasenflächen seine Türmchen und viereckigen Schornsteine in die Luft.« (Gustave Flaubert)

»Wenn eine gewisse hüpfende Leichtigkeit das charakteristische Merkmal von Chenonceaux ist, wenn sich in jedem seiner Züge zeigt, daß es ein Ort der Erquickung war – ein Ort, der zu zarten, erlesenen Lustbarkeiten ausersehen war –, dann bestätigt sich dieser Ausdruck nirgends besser als in der eigenartigen, unerwarteten Bewegung, mit welcher es sich über den Fluß hinweg fortsetzt.« (Henry James)

[A] 1733 hatte der Krongutsverwalter Claude Dupin das Schloß erworben; seine zweite Frau verpflichtete in den Jahren 1746/47 als Sekretär und Faktotum **Jean-Jacques Rousseau** (→ Anhang); der Philosoph, dessen Lebensgefährtin Thérèse Levasseur während dieser Zeit das erste Kind bekam, erwähnt den Aufenthalt in seinen *Confessions* (1782, dt. *Bekenntnisse*, 1782): »[...] es gab dort eine gute Küche, und ich wurde fett wie ein Mönch. [...] Man spielte viel Musik. Ich komponierte mehrere Trios für Gesang [...]. Man spielte Komödie. Ich schrieb dort in vierzehn Tagen eine dreiaktige, betitelt ›Das unbesonnene Versprechen‹ [...]. Ich verfaßte auch andere kleine Werke, unter ihnen ein Versstück ›Sylvies Allee‹, nach dem Namen einer Allee des Parks, die am Cher entlang führte«. Madame Dupin (Grab im Schloßpark, auf dem linken Ufer des Cher) lud berühmte Persönlichkeiten in ihren Salon; u. a kamen **Madame de Tencin** (Mutter D'Alemberts und Schriftstellerin; unterhielt einen einflußreichen Salon in Paris), **Madame du Deffand** (→ Charolles/Bu), **Fontenelle** (→ Rouen/ HNo), **Montesquieu** (→ Labrède/Aq), **Voltaire** (→ Paris) und **Buffon** (→ Montbard/ Bu). (Claude Dupins Sohn aus erster Ehe, Louis-Claude, genannt Francueil, wurde Großvater von George Sand.) – **Hermann Fürst von Pückler-Muskau** (1785-1871), Besucher im Oktober 1834, beschreibt das Schloß mit seiner Ausstattung in *Semilassos vorletzter Weltgang in Europa* (1835). – Anfang Dezember 1845 besuchte **George Sand** (→ Paris) mit ihrem Sohn Maurice die Verwandten auf Schloß Ch.; in einem Brief vom 13. 12. 1845 bedankt sie sich für die Aufnahme bei Apolline Vallet de Villeneuve und läßt den Aufenthalt Revue passieren. – Vor ihrer Bretagne-Wanderung 1847 statteten die Freunde **G. Flaubert** (→ Rouen/HNo) und **Maxime Du Camp** (→ Paris) dem Schloß einen Besuch ab. (Beschreibung in *Par les Champs et par les grèves*, 1886, dt. *Über Feld und Strand*, 1906, zuletzt 1993). – **Henry James** (1843-1916) befand bei seinem Besuch im Oktober 1882, daß man des Wesens dieses Schlosses am besten von außen gewahr werde (s. o. Zit.). – **Wolfgang Koeppen** (1906-1996) fand bei einem knapp bemessenen Besuch 1960 das Schloß zur Mittagsstunde vom Verwalter geschlossen. (»Selbst eine Schlange hätte ihn vor zwei Uhr zu gar nichts verführen können.«)

[L] **Marguerite Yourcenar** beschreibt das Schloß und seine Bewohner(innen) in *Ah, mon beau château* (1978, dt. *Chenonceaux. Schloß der Frauen*, 1993).

[R] In dem 1 km w. von Monthou-sur-Cher gelegenen Schloß **Le Gué-Péan** (22 km ö. v. Ch.) wird eine wertvolle Autographensammlung gezeigt (u. a. Handschriften von V. Hugo, M. Proust, J.-P. Sartre, B. Vian); in der Schloßkapelle Gedicht von L. Aragon.

CHINON (Indre-et-Loire)

Musée du Vieux Chinon et de la Batellerie (einstiges Haus der Generalstände, in dem 1199 Richard Löwenherz gestorben sein soll; u. a. Bildnis Rabelais' von Eugène Delacroix).

H. de Balzac (→ Tours) trug sich 1832 mit dem Gedanken, für den Sitz der Stadt Ch. bei den Wahlen zur Abgeordnetenkammer zu kandidieren.

[A] Der Geschichtsschreiber **Philippe de Commynes** (→ Comines/NPdC), der unter Ludwig XI. Gouverneur von Ch. geworden war, veranlaßte den Bau sowohl der Kirche Saint-Étienne wie der als Burggefängnis genutzten Tour d'Argenton. – **François Rabelais**, 1494 im nahen → La Devinière geboren, verbrachte seine Kindheit in Ch., wo seine Eltern (der Vater war Advokat) ein Haus hatten (Rue de la Lamproie Nr. 15, Gedenktafel am heutigen Haus); die Stadt ist ein wiederkehrender Schauplatz in seinen Romanen, so z. B. die ›bemalten Keller‹ (›Caves Painctes‹, am Ende der Impasse des Caves-Paintes), die jedoch ihre Bemalung im Lauf der Zeit verloren haben. (Statue für den Dichter am Ufer der Vienne, Quai Jeanne d'Arc). – **G. Flaubert** (→ Rouen/HNo), der im Mai 1847 mit seinem Freund **Maxime du Camp** (→ Paris) von Paris über die Loire in die Bretagne reiste, notierte in sein Skizzenbuch: »Überall in Chinon suche ich nach Erinnerungen an Rabelais und finde nichts«. – **René Boylesve** (→ Descartes) beschreibt Ch. in seinen Romanen *La jeune fille bien élevée* (1909) und *Madeleine, jeune femme* (1912). – **Julien Green** (→ Paris) erwähnt seinen Aufenthalt in Ch. in einem Tagebucheintrag vom 3. August 1934.

[R] **Julien Green** (s. o.) besuchte Ende Juli 1934 die Kirche von **Candes-Saint-Martin** (14 km nw. v. Ch.): »Trotz ihres hohen Alters ist sie ganz weiß [. . .]. Auch im Innenraum ist alles weiß, und so viel Weiß dringt einem am Ende in die Seele; man fühlt sich wie gefangen in einer Lichtflut.« (*Tagebuch*, 25. 7. 1934.)

CINQ-MARS-LA-PILE (Indre-et-Loire) → **LANGEAIS** [R]
CORLAY (Indre) → **SONDERKARTE GEORGE SAND** S. 345
LE COUDRAY (Schloß) (Indre) → **SONDERKARTE GEORGE SAND** S. 345
LE COUDRAY-MONTPENSIER (Schloß) (Indre-et-Loire) → **LA DEVINIÈRE** [R]
COURTEMPIERRE (Loiret) → **MONTARGIS** [R]
COURTENAY (Loiret) → **LE BIGNON-MIRABEAU** [R]
COUTURE-SUR-LOIR (Loir-et-Cher) → **LA POSSONNIÈRE** [R]
CROIXVAL (Loir-et-Cher) → **LA POSSONNIÈRE** [R]
CULAN (Cher) → **SAINT-AMAND-MONTROND** [R]
CUZION (Indre) → **CHÂTEAUBRUN/SONDERKARTE GEORGE SAND** S. 344

DESCARTES (Indre-et-Loire)

Der an dem Grenzfluß Creuse zwischen Touraine und Poitou gelegene Ort, das einstige La Haye-en-Touraine, benannte sich 1802 zu Ehren des großen Philosophen in ›Descartes‹ um.

* 1596 **René Descartes** († Stockholm 1650), Philosoph, Naturwissenschaftler; Sohn einer Gelehrten- und Beamtenfamilie

René Descartes (Stahlstich von Auguste A. Baudran)

aus dem Poitou, Taufe in der Kirche Saint-Georges, Besuch des Jesuitenkollegs von La Flèche/PdL; Studium; ausgedehnte Reisen in Europa, Kontakt zu Rosenkreuzern; 1628 Emigration in die Niederlande; ab 1644 Reisen nach Frankreich, 1649 auf Einladung der schwedischen Königin Christine an den Hof von Stockholm. – Geburtshaus in der heutigen Rue Descartes Nr. 29 (heute [M] Museum mit Dokumenten zu Leben und Werk); einer Legende zufolge soll er allerdings nicht hier, sondern am jenseitigen, poitevinischen Ufer geboren worden sein: Seine Mutter wollte in ihrem Elternhaus entbinden und wurde unterwegs von den Wehen überrascht. – W. u. a.: *Discours de la méthode pour bien conduire sa raison et chercher la vérité dans les sciences* (1637, dt. *Abhandlung über die Methode des richtigen Vernunftgebrauchs und der wissenschaftlichen Wahrheitsforschung*, 1863); *Œuvres* (13 Bde. 1897-1913), *Philosophische Werke* (4 Bde. 1902-11).

* 1867 **René Boylesve** (eigentlich René Tardiveau) († Paris 1926), Erzähler; Vater Notar, Jurastudium in Paris; 1918 Aufnahme in die Académie Française; schrieb Novellen und Kurzromane. – Geburtshaus in der Rue Descartes. – W. u. a.: *Le Parfum des Îles Borromées* (R. 1898), *La Leçon d'amour dans un parc* (R. 1902), *L'Enfant à la balustrade* (R. 1903).

LA DEVINIÈRE (Gut) (Indre-et-Loire)

* 1494 **François Rabelais** († Paris 1553), Erzähler; Sohn eines Advokaten aus Chinon, Klostererziehung im nahen Seuilly, Novize im Kloster La Baumette bei Angers; Studien (vor allem Griechisch) als Franziskanermönch, dann als Benediktiner; später Weltgeistlicher; Medizinstudium, Arzt u. a. im Poitou, in Lyon, in Narbonne und Montpellier, in Metz; ab 1534 zahlreiche Italien-Reisen im Gefolge des Bischofs Jean du Bellay und dessen Bruders; 1551 Pfründe eines Pfarrers von Meudon/IdF. – [M] Museum mit Erinnerungsstücken im Herrenhaus; La D. spielt im Werk Rabelais' eine wichtige Rolle: als Residenz Grandgousiers (Gargantuas Vater), als Schauplatz des Pikrocholinischen Krieges; ebenso die Umgebung: das 1 km w. gelegenene Lerné ist die Herrschaft Pikrocholes, in der Benediktinerabtei von Seuilly (heute Ruine, 1 km südlich), wo Rabelais seinen ersten Unterricht bekam, vernichtet Jean des Entommeures das Heer Pikrocholes; durch die Umgebung führt ein Rundweg (›Circuit Rabelaisien de la Guerre Picrocholine‹). – W.: *Gargantua et Pantagruel* (Kurztitel für 5 Bde.: *Pantagruel*, 1532; *Gargantua*, 1534; *Le Tiers Livre*, 1546; *Le Quart Livre*, 1552; *Le Cinquième et Dernier Livre*, 1564; dt. *Affenteuerliche und Ungeheuerliche Geschichtschrift Vom Leben, rhaten und Thaten der for langen weilen Vollenwolbeschraiten Helden und Herrn Grandgusier, Gargantoa, und Pantagruel Königen inn Utopien und Ninenreich*, frei übers. v. J. Fischart 1575, u. d. T. *Gargantua und Pantagruel*, 1880 u. ö.).

[A] Zu den vielen Verehrern Rabelais', die

François Rabelais

La D. besuchten, gehörte 1953 auch der amerikanische Autor **Henry Miller** (1891-1980).

[R] Der belgische Dichter und Nobelpreisträger **Maurice Maeterlinck** (1862-1949) kaufte 1927 das verwahrloste Schloß **Le Coudray-Montpensier** (2 km südl. v. La D.) und ließ es wieder herrichten; hier schrieb er *La Vie des fourmis* (1930, dt. *Das Leben der Ameisen*, 1930).

DREUX (Eure-et-Loir)

* 1605 **Antoine Godeau** († Vence/PAC 1672), Lyriker, Epiker; Schulbesuch in D., dann Paris; verkehrte im berühmten Salon der Marquise de Rambouillet und im Haus von Valentin Conrat, aus dessen gelehrtem Zirkel die Académie Française hervorging; mit dreißig Jahren Hinwendung zu einer geistlichen Karriere, die ihn Bischof von Grasse werden ließ, was ihn, den von der Madame de Sévigné hoch verehrten Autor, nicht an weiterer lit. Produktion hinderte. – W. u. a.: *Discours sur les œuvres de Malherbes* (1629), *Vie de Saint-Augustin* (Biogr. 1652), *Histoire de l'Église* (1653), *Saint-Paul* (Ep. 1654).

* 1609 **Jean Rotrou** († ebda. 1650), Dramatiker; aus wohlhabender Familie, Jurastudium in Paris, Förderung durch Richelieu, Rückkehr nach D., wo er ein hohes politisches Amt bekleidete; Freundschaft mit Pierre Corneille. – Statue auf der Place Jean-Rotrou. – W. u. a.: *L'heureuse constance* (Kom. 1631), *L'innocente infidélité* (Tragikom. 1635), *Les Ménechmes* (Kom. 1636), *Le Véritable Saint-Genest* (Trag. 1647), *Venceslas* (Trag. 1648), *Cosroès* (Trag. 1649).

[A] **Victor Hugo** (→ Besançon/FC) wanderte im Sommer 1821 von Paris nach D., um hier Adèle Foucher wiederzusehen, seine künftige Frau; er wohnte in der Rue Godeau Nr. 16 (Gedenktafel). – **Wolfgang Koeppen** (1906-1996) stattete »der verträumten Stadt« 1960 einen Besuch ab, worüber er in den *Reisen nach Frankreich* (1961) berichtet.

DREVANT (Cher) → SAINT-AMAND-MONTROND [R]

ÉPINEUIL-LE-FLEURIEL (Cher)

[A] **Alain-Fournier** (→ La Chapelle-d'Angillon) zog mit seinen Eltern 1891 hierher; der Ort, in dem der Dichter seine Kindheit vom fünften bis zum zwölften Lebensjahr verbrachte, wurde unter dem Namen ›Sainte-Agathe‹ (nach einer Wallfahrtskapelle w. von É.) Hauptschauplatz des Romans *Le Grand Meaulnes* (1913): nahezu alle Namen des Buches können im Ort identifiziert werden. Das Schulhaus, in dem der Vater des Dichters (›Monsieur Seurel‹) Lehrer war, ist heute Museum ([M] École du ›Grand Meaulnes‹).

FAVEROLLES (Eure-et-Loir) → MAINTENON [R]

LA FERTÉ-VIDAME (Eure-et-Loir)

[A] Der **Herzog von Saint-Simon** (→ Versailles/IdF) schrieb den größten Teil seiner berühmten *Mémoires* (entstanden 1694-1752, 1. vollständiger Druck 1829/30) im Schloß, das nur noch als Ruine existiert

(Gedenktafel an einem Anbau); in der Pfarrkirche bezeichnet eine Steinplatte die Stelle der früheren Gruft. (In der Revolution wurden die Särge des Herzogs und seiner Frau eingeschmolzen; die sterblichen Reste befinden sich seitdem in einem Massengrab auf dem alten Friedhof.) Das [M] Musée Saint-Simon (Pavillon Saint-Dominique) erinnert an den Schriftsteller und seine Epoche (Manuskripte, Gemälde, Bibliothek).

Illiers-Combray: Glockenturm von Saint-Hilaire

FOSSÉ (Loir-et-Cher) → **BLOIS** [R]
GARGILESSE-DAMPIERRE (Indre) → **SONDERKARTE GEORGE SAND** S. 345
LA GRENADIÈRE (Landhaus) (Indre-et-Loire) → **SAINT-CYR-SUR-LOIRE**
LE GUÉ-PÉAN (Schloß) (Loir-et-Cher) → **CHENONCEAUX** [R]
LA HAYE-EN-TOURAINE (Indre-et-Loire) → **DESCARTES**

ILLIERS-COMBRAY (Eure-et-Loir)

Die Stadt trägt seit 1971 auf den Ortsschildern den Doppelnamen mit dem erklärenden Zusatz ›Le Combray de Marcel Proust‹.

»Von weitem, aus einer Entfernung von zehn Meilen in der Runde, zum Beispiel von der Eisenbahn aus gesehen [...], war Combray nur eine Kirche, die die Stadt in ihrer Gesamtheit in sich verkörperte, von ihr und für sie der Ferne Kunde gab und, wie man beim Näherkommen bemerkte, mit ihrem hohen, düsteren Kragenmantel wie eine gute Hirtin ihre Schafe die grauwolligen Rücken der zusammengeduckten Häuser gegen den Wind zu beschirmen versuchte, die hier und da noch ein Stück der alten Stadtmauer – in der vollkommenen Kreisform kleiner Städte auf den Bildern der Primitiven – umgrenzte.« (Marcel Proust)

[A] **Marcel Proust** (→ Paris) kam zwischen 1878 und 1889 in den Ferien mit seiner Familie nach I. zu seiner Tante Élisabeth Amiot, der Schwester seines Vaters, der hier 1834 geboren worden war (die Großeltern des Dichters hatten am Marktplatz einen Kolonialwarenladen); die Tante hatte 1847 den Tuchhändler Jules Amiot geheiratet und wohnte in der heute nach dem Vater des Dichters benannten Rue du Docteur Proust Nr. 4 (Gedenktafel; früher: Rue du Saint-Esprit); der Ort taucht häufig im Werk Marcel Prousts auf: im letzten Teil der *Pastiches et Mélanges* (1919), in *Jean Santeuil* (postum 1952, dt. 1965) (unter dem Namen ›Étreuilles‹) und vor allem als Combray in *Du Côté de chez Swann* (1913, dt. *Der Weg zu Swann*, 1926, u. d. T. *In Swanns Welt*, 1953); das Haus der Tante (der ›Tante Léonie‹), die Kirche St. Jacques (als ›Saint-Hilaire‹), der Fluß Loir (als ›Vivonne‹) haben ihren Platz im Werk; das Haus der Tante ist heute Proust-Museum ([M] Maison de Tante Léonie) und Sitz der ›Société des amis de Marcel Proust et des amis de Combray‹. – Auch Stätten der Umgebung von I., die Proust von Spaziergängen kannte, finden im Werk häufig Erwähnung: der Kalvarienberg im Norden der Stadt, von dem zweimal im *Swann* die Rede ist; jenseits des Loir der dem Onkel Amiot gehörende Pré Catalan (hier las Proust auf einer Bank die Werke Balzacs), der als ›Garten von Les Oublis‹ im 4. Kap. von *Jean Santeuil* auftaucht und als ›Park von Monsieur Swann‹ in *Du Côté de chez Swann*, in den der Autor das südl. der Stadt gelegene Herrenhaus Tansonville als Landsitz Swanns holt; an den Weg in den w. gelegenen Ort Méréglise (›Méséglise‹) verlegt Proust das Haus ›Montjouvain‹ des Komponisten Vinteuil, für das das Schloß Mirougrain im Norden I.s Vorbild war, während es nach der Mühle von Montjouvin südl. von I. benannt wurde (im Roman bezieht sich ›Mirougrain‹ auf den Landsitz der ›Tante Léonie‹); die Ortschaft Saint-Éman nördl. von I. findet sich als ›Saint-André-des-Champs‹ im Roman wieder.

INGRANDES (Indre)
[A] Der Erzähler **Henry de Monfreid** (1879-1974) ließ sich nach vielen Reisen, vor allem nach Afrika, 1948 in I. nieder, wo er seine Erfahrungen aus dem Schwarzen Kontinent niederschrieb; sein Haus ist heute Museum ([M] Musée Henry de Monfreid).

INGRANNES (Loiret)
[A] **Georges Simenon** (→ Anhang) zog im Herbst 1935 in das ehemalige Zisterzienserpriorat La Cour Dieu, 2 km nw. v. I., wo er ein Jahr wohnte; aus I., Schauplatz des Romans *Le Temps d'Anaïs* (1950, dt. *Die Zeit mit Anaïs*, 1987), läßt Simenon den Chauffeur der Titelfigur in *Le Président* (1958, dt. *Der Präsident*, 1961) stammen, der Wald von Orléans ist Schauplatz in der Erzählung *Les Larmes de bougie* (1944, dt. *Die Wachstropfen*, 1976).

ISSOUDUN (Indre)
[A] **Honoré de Balzac** (→ Tours) besuchte in I. zwischen 1834 und 1838 mehrfach das Ehepaar Carraud (→ Angoulême/PCh), das auf Schloß Frapesle wohnte; Zulma Carrauds Vater war stellvertretender Bürgermeister von I.; die Stadt bildet den Rahmen für Balzacs Roman *La Rabouilleuse* (1841/42, dt. u. d. T. *Ein Junggesellenheim*): Maxime Gilets Stammlokal lag an der Place d'Armes (heute: Place des Marchés), die Kneipe der alten Cognette lag zwischen der Rue des Minimes und der Place Misère im Elendsviertel von I. – **P. Mérimée** (→ Paris) kam als Denkmalschützer im Sommer 1841 in I. nicht auf seine Kosten: Die Tour blanche sei keineswegs römisch, sondern mittelalterlich, und allenfalls ihrer malerischen Lage wegen erwähnenswert, die Porte François I. so verstümmelt, daß man auch für sie kein Interesse aufbringen könne.
[R] Auf dem Friedhof von **Nohant-en-Graçay** (25 km n. v. I.) Grab der engen Freundin Balzacs **Zulma Carraud** (1796-1889; s. o.).

LANGEAIS (Indre-et-Loire)
[A] Als sich **Henry James** (1843-1916) fragt, warum Anfang Oktober 1882 sein erster Ausflug von Tours ausgerechnet nach L. führte, um dort das »schlichteste und schmuckloseste aller Loireschlösser« zu besichtigen, findet er die Antwort in der Duchesse de Langeais, Hauptfigur in der gleichnamigen Erzählung von Balzac (die allerdings nicht in L., sondern in Spanien und Paris spielt).
[R] Auf einer Schiffahrt von Tours nach Nantes sah Ende Juni 1837 **Stendhal** (→ Grenoble/RhA) in **Cinq-Mars-la-Pile** (4 km nö. v. L.) das für den Ort namensgebende turmartige Gebäude aus gallorömischer Zeit; die Burg der Ortes wurde auf Geheiß Richelieus geschleift (nur zwei Rundtürme blieben erhalten), weil sie Geburtsort des Henri d'Effiat, Marquis de Cinq-Mars war, eines Günstlings Ludwigs XIII., der eine Verschwörung gegen den Kardinal initiiert hatte. Cinq-Mars, dessen Schicksal **Alfred de Vigny** in seinem historischen Roman *Cinq-Mars* (1826, dt. 1829) beschreibt, wurde 1642 im Alter von 22 Jahren hingerichtet. (Einer anderen Theorie zufolge wurde er im Schloß von → Effiat/Au geboren.)

LANGEY (Eure-et-Loir) → CHÂTEAUDUN
R

LOCHES (Indre-et-Loire)
»Loches ist gewiß einer der größten Eindrücke für den Reisenden in Mittelfrankreich« (Henry James)

* 1797 **Alfred de Vigny** († Paris 1863), Lyriker, Erzähler, Dramatiker; Sproß aus altem Adelsgeschlechts; ein Jahr nach der Geburt Umzug nach Paris; 1814 Eintritt in die Armee, Beurlaubung 1824, Entlassung 1827; erste Gedichte ab 1820, Freundschaft mit Dichtern (Trauzeuge V. Hugos); Liaison mit der Schauspielerin Marie Dorval; Entwicklung einer stoischen Philosophie. – Geburtshaus in der Rue des Jeux (Gedenktafel); Denkmal auf der Place de la Marne. – W. u. a.: *Poèmes* (Ged. 1822), *Cinq-Mars* (R. 1826, dt. 1829), *Poèmes antiques et modernes* (Ged. 1826), *La Maréchale d'Ancre* (Dr. 1831), *Stello* (Prosa 1832, dt. 1835), *Servitude et grandeur militaires* (Prosa 1835, dt. *Soldatenschicksal*, 1878), *Chatterton* (Dr. 1835, dt. 1850), *Daphné* (Erz. 1837), *La Mort du loup* (Ged. 1838), *La Colère de Samson* (Ged. 1839), *Le Mont des oliviers* (Ged. 1839), *La Maison du Berger* (Ged. 1844), *La Bouteille à la mer* (Ged. 1847); *Œuvres complètes* (8 Bde. 1914-45).

A Der Italienfreund **Stendhal** (→ Grenoble/RhA) erinnerte sich Ende Juni 1837 angesichts der Festung an das Schicksal des Mailänder Herzogs Ludovico il Moro, der u. a. Leonardo da Vinci an seinen Hof geholt hatte und hier 1508 als Gefangener Ludwigs XII. gestorben war. – **P. Mérimée** (→ Paris), der im Juli 1842 nach L. kam, informierte sich über die Schändung des Grabes der Agnès Sorel und ließ sich von einem stolzen Pfarrer die frischgestrichene (»in der Farbe frischer Butter«) Kirche St.-Ours zeigen: »Allein meine Ehrfurcht vor Tonsuren hielt mich davon ab, ihm das, was von seinen Haaren noch da war, auszureißen.« – Das »Juwel des Ortes« war im Oktober 1882 für **Henry James** (1843-

Alfred de Vigny

1916), der die Kirche St.-Ours, Schloß mit Kerker und Verliesen (»gewiß die grausigsten Europas«) besichtigte, »schlicht das Grab der Agnes Sorel, *la belle des belles*, die so viele Jahre lang die Mätresse Karls VII. war.« – In seinen *Tagebüchern* notiert **Julien Green** (→ Paris) unter dem 14. August 1946 eine Führung durch das Schloß von L.

R **P. Mérimée** (→ Paris) begutachtete als Generalinspektor der historischen Denkmäler Frankreichs im Juli 1842 das Schloß **Montrésor** (17 km ö. v. L.), »eine reizende Laune der Renaissance«.

LORRIS (Loiret) → SAINT-BENOÎT-SUR-LOIRE R

MAINTENON (Eure-et-Loir)

A Ludwig XIV. erwarb 1674 das Wasserschloß und schenkte es **Françoise d'Aubigné** (→ Niort/PCh), die sich künftig ›Madame de Maintenon‹ nennen durfte (sie war die Witwe des 1660 verstorbenen

Schriftstellers Paul Scarron); 1684 heiratete Ludwig heimlich Madame de Maintenon, vier Jahre später wurde das Besitztum zum Marquisat erhoben; die nunmehrige Marquise von Maintenon vermachte das Schloß 1698 als Hochzeitsgeschenk ihrer Nichte, die den Herzog von Ayen, Sohn des ersten Marschalls von Noailles, heiratete; seitdem ist das [M] Schloß im Besitz der Familie Noailles (→ Noailles/Li). – Der Dichter **Jean Racine** (→ La Ferté-Milon/Pi), nach dem eine Allee im Park benannt ist, soll nach lokaler Tradition sein Drama *Athalie* hier entworfen haben, das er zusammen mit der Tragödie *Esther* auf Bitte der Marquise de Maintenon für die Internatsschülerinnen ihres Instituts in → Saint-Cyr-l'École/IdF schrieb. (Originalausgaben der beiden Stücke aus dem Besitz der Marquise de Maintenon in dem Gang, der Kapelle und Schloß verbindet.) – **Victor Hugo** (→ Besançon/FC) besichtigte Mitte Juni 1836 den Aquädukt und das »bewundernswerte kleine Schlößchen«. – **Edith Wharton** (1862-1937) kam Ende März 1907 in den Ort »mit seinen herrlichen rot-lila Mauern und den Steinornamenten, die sich im Wassergraben zwischen Schloß und Dorfstraße spiegeln.«

[R] **Léon Bloy** (→ Périgueux/Aq) hielt sich gegen Ende seines Lebens oft in **Saint-Piat** (5 km südl. v. M.) auf (Juli–Sept. 1912, Juli–Aug. 1913, Juli–Aug. 1914); bei seinem letzten Aufenthalt erfuhr er vom Ausbruch des 1. Wks. und kehrte daraufhin nicht nach → Bourg-la-Reine/IdF zurück, sondern begab sich in die Bretagne. – **Julien Green** (→ Paris) erwarb Anfang der 60er Jahre mit seinem Lebensgefährten Robert de Saint Jean und seiner Schwester Anne in **Faverolles** (14 km n. v. M.) das ehemalige Pfarrhaus, wohin er sich in den folgenden Jahren immer wieder zurückzog. (Einer lokalen Überlieferung zufolge soll V. Hugo, nach dem Staatsstreich 1851 auf der Flucht, in dem Haus übernachtet haben, wie Green in seinen *Tagebüchern* berichtet.)

MALESHERBES (Loiret)

[A] In jungen Jahren hielt sich **F.-R. de Chateaubriand** (→ Saint-Malo/Br) häufig auf Schloß M. (heute [M] Museum) auf, dessen Besitzer Guillaume de Lamoignon de Malesherbes (1721-1794) »zweifellos der bedeutendste Kopf im Gesichtskreis des jungen Bretonen« (F. Sieburg) war; Malesherbes, Onkel der Comtesse de Colbert (→ Montboissier/Châteaudun [R]), war Minister, Förderer der Enzyklopädisten, Verteidiger Ludwigs XVI. vor dem Konvent und starb unter der Guillotine; er riet Chateaubriand zur Amerikareise, die der Dichter 1791 unternahm (Büste Malesherbes' in der Kirche).

MARMOUTIER (Kloster) → **TOURS**
MAZANGÉ (Loir-et-Cher) → **VENDÔME** [R]
MEHUN-SUR-YÈVRE (Cher) → **BOURGES** [R]
MEILLANT (Cher) → **SAINT-AMAND-MONTROND** [R]
MENARS (Loir-et-Cher) → **BLOIS** [R]
MERS-SUR-INDRE (Indre) → **SONDERKARTE GEORGE SAND** S. 345
METTRAY (Indre-et-Loire) → **TOURS** [R]

MEUNG-SUR-LOIRE (Loiret)

* um 1241 **Jean de Meung** (Jean Clopinel) († Paris 1305); wahrscheinlich Kleriker, gelehrter Dichter, der aus dem Lateinischen übersetzte (Vegetius, Boethius, Abaelard); fügte den 4000 Versen des *Roman de la rose* (dt. *Rosenroman*), den Guillaume de Lorris (→ Lorris) ca. 40 Jahre vorher verfaßt hatte, zwischen 1275 und 1280 fast 18 000 weitere hinzu. – Denkmal auf dem Mail.

[A] **François Villon** (→ Paris) saß im Sommer 1461 im Gefängnis des Bischofs von Orléans zu M., weil er in der Kirche von Baccon (8 km nw.) einen silbernen Leuchter gestohlen hatte; im Anschluß an diese Zeit schrieb er *Le Testament*, worin er die schlechte Behandlung in der Haft beklagt (»... was ich ausgestanden / An Leiden mancherlei, von Handen / Des Bischofs Thibault d'Aussigny ... / [...] Gab mir an

Brot nur winzge Brocken / Kalt Wasser ganze Sommerzeit.«); Villon kam frei, weil er unerwarteterweise von König Ludwig XI., der am 2. Oktober 1461 durch M. kam, amnestiert wurde: »Ich schrieb es Einundsechzig auf / Als mich zu Meung aus harter Haft, / Daß neu begänn des Lebens Lauf, / Der gute König frei geschafft.«

[L] Der Kommissar Maigret des belgischen Autors **Georges Simenon** hat sich für seine alten Tage ein Haus in M. gekauft; der Ort ist Schauplatz in *Ceux du Grand-Café* (1944, dt. *Die Spieler vom ›Grand Café‹*, 1989), in *Maigret se fâche* (1947, dt. *Maigret regt sich auf*, 1981), *Les Mémoires de Maigret* (1951, dt. *Maigrets Memoiren*, 1963) und in *Maigret et le tueur* (1969, dt. *Maigret und der Mörder*, 1970, u. d. T. *Maigret und der Messerstecher*, 1990).

MONTARGIS (Loiret)

[A] **Molière** (→ Paris) besuchte im Ort hin und wieder Familienangehörige: Eine Großtante hatte das Benediktinerinnenkloster Notre-Dame-des-Anges gestiftet und war selbst in den Orden eingetreten, seine jüngste Halbschwester Catherine war Nonne bei den Vistandinerinnen. – **Stendhal** (→ Grenoble/RhA) kam im April 1837 durch die »kleine, ziemlich unbedeutende Stadt« und schrieb in seinem Reisebuch *Mémoires d'un touriste* (1838) vom guten Essen im Hôtel de la Poste. – **Victor Hugo** (→ Besançon/FC) war Anfang Oktober 1844 enttäuscht, nur mehr kümmerliche Reste der einstmals berühmten Burg von M. zu finden.

[L] M. ist einer der Schauplätze in der Kriminalerzählung *L'Auberge aux noyés* (1944, dt. *Das Wirtshaus zu den Ertrunkenen*, 1985) von **Georges Simenon.**

[R] Das Schloß von **Courtempierre** (15 km nw. v. M.) gehörte dem Humanisten **J. Amyot** (→ Melun/IdF), Stiftsdekan in Orléans und nachmaliger Bischof von Auxerre, und verblieb in dessen Familie bis 1663.

MONTBOISSIER (Eure-et-Loir) → **CHÂTEAUDUN** [R]

MONTCONTOUR (Schloß) (Indre-et-Loire) → **TOURS** [R]

MONTGIVRAY (Indre) → **SONDERKARTE GEORGE SAND** S. 345

MONTHOU-SUR-CHER (Loir-et-Cher) → **CHENONCEAUX** [R]

MONTIPOURET (Indre) → **SONDERKARTE GEORGE SAND** S. 346

MONTOIRE-SUR-LE-LOIR (Loir-et-Cher) → **VENDÔME** [R]

MONTRÉSOR (Indre-et-Loire) → **LOCHES** [R]

LA MOTTE-FEUILLY (Indre) → **SONDERKARTE GEORGE SAND** S. 346

MOULIN D'ANGIBAULT (Indre) → **MONTIPOURET/SONDERKARTE GEORGE SAND** S. 346

NANÇAY (Cher) → **LA CHAPELLE-D'ANGILLON** [R]

NÉGRON (Indre-et-Loire) → **AMBOISE** [R]

NEUVY-SAINT-SÉPULCHRE (Indre) → **LA CHÂTRE** [R]

NOGENT-LE-ROTROU (Eure-et-Loir)

[A] Auf seiner Reise von Chartres in die Bretagne besichtigte **Victor Hugo** (→ Besançon/FC) Mitte Juni 1836 das Schloß der Stadt, fand dessen Äußeres ansprechend, das Innere jedoch verfallen.

NOHANT (Indre) → **SONDERKARTE GEORGE SAND** S. 346

NOHANT-EN-GRAÇAY (Cher) → **ISSOUDUN** [R]

NOIRLAC (Abtei) (Cher) → **SAINT-AMAND-MONTROND** [R]

ORLÉANS (Loiret)

Universität (gegr. 1309). – Universitätsbibliothek (150 Tsd. Bde.); Médiathèque (422 Tsd. Bde., 2500 Hs.), Bibliothèque départementale de prêt du Loiret (275 Tsd. Bde.). – Centre Jeanne-d'Arc (mit Bibliothek). – Scène Nationale (Staatl. Bühne), Centre National Dramatique.

* 1509 **Étienne Dolet** († Paris 1546), Herausgeber, Übersetzer; Jura-, Philosophie- und Sprachenstudium; eröffnete 1538 in Lyon eine Buchdruckerei, verlegte klassische Autoren, Rabelais und Marot, mit

Orléans: Jeanne-d'Arc-Standbild

dem er befreundet war; verfaßte eine Schrift zum Problem der Übersetzung (*La Manière de bien traduire d'une langue en aultre*, 1540) und Kommentare zu antiken Autoren (*Commentarii linguae latinae*, 1536-38); wurde als Freigeist der Verbreitung ketzerischer Schriften angeklagt, zum Tode verurteilt und in Paris (Place Maubert) verbrannt.

* 1873 **Charles Péguy** († Le Plessis-l'Évêque/IdF 1914), Dichter; Sohn einer mittellosen Handwerkerfamilie, Stipendien für das Gymnasium in O., die höhere Schule in Paris und die École Normale Supérieure; Abbruch des Studiums, Buchhändler und Schriftsteller; Herausgeber der *Cahiers de la Quinzaine*; nach anfänglicher Parteinahme für die Linke (in der Dreyfus-Affäre; Mitglied der Sozialistischen Arbeiterpartei), Bruch (1899); ab 1908 kritisches Bekenntnis zum Katholizismus und dessen mystischer Tradition; Autor des ›renouveau catholique‹; fiel als Soldat in der Marneschlacht. – Geburtshaus Faubourg de Bourgogne Nr. 50 wurde 1923 abgerissen (Gedenkstein an Straßenkreuzung); Gedenktafel Rue de Bourgogne Nr. 2, wo der Dichter von Dezember 1895 bis Juli 1896 lebte und sein Jeanne-d'Arc-Drama begann; Büste auf dem Square Charles Péguy (im Sockel des Denkmals Hinweis, daß im Juni 1940 ein Bombensplitter die Büste an exakt der gleichen Stelle am Kopf traf, an der der Dichter seine tödliche Wunde erhalten hatte); [M] ›Centre Charles Péguy‹ (Erinnerungsstücke, Manuskripte, Bibliothek) in der Rue du Tabour Nr. 11. – W. u. a.: *Jeanne d'Arc* (Dr. 1897), *Le Mystère de la charité de Jeanne d'Arc* (Versdichtung 1910, dt 1920, u. d. T. *Das Mysterium der Erbarmung*, 1954), *Le Mystère des saints innocents* (Versdichtung 1912, dt. *Das Mysterium der unschuldigen Kinder*, 1958), *La Tapisserie de Sainte-Geneviève et de Jeanne d'Arc* (Versdichtung 1912, dt. 1965), *La Tapisserie de Notre-Dame* (Versdichtung 1913, dt. u. d. T. *Darbringung des Landes Beauce an Unsere Liebe Frau von Chartres, Gebete in der Kathedrale von Chartres*, 1965), *Ève* (Versepos 1913, dt. 1938/39); *Œuvres complètes* (20 Bde. 1916-55).

[A] **Theodulf von Orléans** (um 755-821), der 781 Bischof von O. wurde, verfaßte lateinische Lyrik. – **François Villon** (→ Paris), der O. zweimal in seinem *Testament* erwähnt, war wahrscheinlich 1460 hier in Haft, als der Landesherr Charles d'Orléans erstmals seine dreijährige Tochter in die Stadt mitnahm: Mit dem Erstbesuch eines Mitglieds der herzoglichen Familie war eine Amnestie verbunden, so daß der Dichter freikam. – Der Humanist **Johannes Reuchlin** (1455-1522) schrieb sich, nach Studien in Freiburg, Basel und Paris, im Januar 1479 an der Universität O. ein, wo er den Titel eines Bakkalaureats der Rechte erwarb (nebenbei Griechisch unterrichtend), bevor er im Herbst 1480 nach Poitiers/PCh weiterzog. – Jurastudenten auch **Jean Calvin** (→ Noyon/Pi), der hier sein Werk *De Psychopannychia* (1534) schrieb, **Th. de Bèze** (→ Vézelay/Bu) und **É. de La Boétie** (→ Sarlat/Aq). – **Rabelais** (→ La Devinière), mehrfach Gast in O., läßt den Titelhelden seines *Pantagruel* (1532) das lockere Studentenleben in O. kennenlernen und schätzen (Kap. 5). – **Michel de Montaigne** (→ Montaigne/Aq) schrieb bei einem Besuch der Stadt im Februar 1588 seinem Amtsnachfolger als Bürgermeister von Bordeaux einen Brief. – **Molière** (→ Paris) war mehrfach in O.: als Jurastudent ist er für das Jahr 1640 bezeugt, später kam er zu Aufführungen mit seiner Theatergruppe, dem Illustre Théâtre. – Der Märchenerzähler **Charles Perrault** (→ Paris) kam im Juli 1651 für einen Tag, um hier sein Examen als Rechtsreferent abzulegen; auch der Moralist **Jean de La Bruyère** (→ Paris) legte sein Juraexamen in O. ab. – Den Fabeldichter **Jean de La Fontaine** (→ Château-Thierry/Pi) führte seine Reise ins Limousin über O.; in einem Brief an seine Frau beschreibt er Stadt und die Loire-Brücke. – Auch **Madame de Sévigné** (→ Paris) kam wiederholt nach O., so im September 1675 und im Mai 1680, als sie sich jeweils hier auf der Loire nach Nantes einschiffte. – In dem Schloß La Source (heute Teil der Universität) des südl. Vororts Olivet war einige Male **Voltaire** (→ Paris) zu Besuch bei dem befreundeten englischen Staatsmann und historisch-politischen Schriftsteller **Lord Bolingbroke** (1678-1751), ehemaliger Kriegs- und Außenminister, der 1716-23 im französischen Exil lebte. (Der Name des Schlosses bezieht sich auf die – vermeintliche – Loiret-Quelle im Park.) – **Jean-Jacques Rousseau** (→ Anhang) besuchte die Stadt mehrfach; aus O. stammte seine Frau Thérèse Levasseur, deren Vater hier Beamter an der Münze war. (Rousseau spricht davon in den *Confessions*, 1. Teil, 7. Buch.) – **Sophie von La Roche** (1731-1807) machte im Frühjahr 1785 auf ihrem Weg von Paris in den Südwesten Frankreichs Station in O., wo sie »die Statue des Mädgen von Orleans mit Aufmerksamkeit [betrachtete], welche ihre Geschichte und der Glauben ihrer Zeit so merkwürdig machten«. – Der englische Romantiker **William Wordsworth** (1770-1850) wohnte ab Dezember 1791 bis zum Frühling 1792 in O., in der Pension Coin Maugas, bevor er nach → Blois zog. – **Johanna Schopenhauer** (1766-1838), Romanautorin und Philosophenmutter, war auf ihrer Frankreichreise 1804 von der Stadt enttäuscht: »Warum wir uns Orléans immer als eine schön gebaute, große Stadt gedacht hatten, ist uns nicht klar; so viel ist aber gewiß, daß sie beides nicht ist.« – **V. Hugo** (→ Besançon/FC) kam im Sommer 1825 gemeinsam mit **Charles Nodier** (→ Besançon/FC) in die Stadt und traf hier den jungen Apotheker Charles Lassailly, der später sein Sekretär wurde. – **H. de Balzac** (→ Tours) war mehrfach Gast in O., wo er Szenen seiner Romane *Le Martyr calviniste* (1841, Teilbd. der *Études philosophiques sur Catherine de Médicis*), *La Femme de trente ans* (1834) und *Le Lys dans la vallée* (1836) ansiedelt. – **Hermann Fürst von Pückler-Muskau** (1785-1871) kam im Oktober 1834 nach O., das er in den Reisebriefen (*Semilassos vorletzter Weltgang in Europa*, 1835) beschreibt: »Die Cathedrale, von den Engländern wunderbar herrlich angefangen, ist erst von Ludwig dem Vierzehnten grotesk und geschmacklos beendigt worden. Sie erinnert mit ihrem Wald von Spitzen und ihrem kunstreichen Mittelthurm etwas an den Dom von Mailand.« – »Ach, das stolze Orleans zeigt sich gar einfach! Hätte es nicht eine hübsche quer durchschneidende Straße von oben nach unten, nach der Loirebrücke, hätte es nicht einen wundervollen Dom, es wäre ganz eine kleine, reizlose Stadt«, befand **Heinrich Laube** (1806-1884) in den *Französischen Lustschlössern* (1840). – **A. de Lamartine** (→ Mâcon/Bu) war wiederholt in O., wo er 1848 zum Abgeordneten des Departements Loiret gewählt wurde. – **George Sand** (→ Paris) kam auf dem Weg zwischen Paris und dem Berry häufig durch O.; im September 1866 traf sie sich in O. mit Sohn und Schwiegertochter, um gemeinsam eine Reise in die Bretagne zu unternehmen. – **Marcel Proust** (→ Paris), der sich im November 1889 freiwillig für ein Jahr zum Militärdienst gemeldet hatte, wurde in die Kaserne des Quartier Chatillon in O. einberufen; wegen seiner Asthmaanfälle wurde er von der Teilnahme an Frühappell und Reitübungen befreit und durfte sich ein Privatzimmer außerhalb der Kaserne mieten (Rue des Bons Enfants, in der Nähe von Sainte-Croix). – **Anatole France** (→ Paris) kam im März 1902 zu Recherchen für seine Romanbiographie *Vie de Jeanne d'Arc* (1908, dt. *Das Leben der heiligen Johanna*, 1946) in die Stadt. – **Maurice Genevoix** (→ Decize/Bu) besuchte das Gymnasium von O., bevor er auf der École Normale Supérieure in Paris studierte. – Der irische Dramatiker **G. B. Shaw** (1856-1950) wurde 1913 hier zu seinem Stück *Saint Joan* (1924, dt. *Die heilige Johanna*, 1924) angeregt. – **Georges Bataille** (→ Billom/Au) wurde 1951 Konservator an der Stadtbücherei von O. und wohnte bis kurz vor seinem Tod 1962 im rechten Flügel des Bischofspalastes (Rue Dupanloup Nr. 1). – **Wolfgang Koeppen** (1906-1996) sah bei seinem Besuch 1960 seine Erwartungen von der Realität enttäuscht: »Ich hatte vergessen, daß Orléans zerstört war.« (*Reisen nach Frankreich*, 1961.)

[L] Die Stadt ist Schauplatz einer kurzen Szene (1. Teil, Kap. 18) des *Roman comique* (1652, dt. 1782, u. d. T. *Der Komödiantenroman*, 1887) von **Paul Scarron**. – In *La Veillée de Vincennes*, der mittleren Novelle aus **Alfred de Vignys** *Servitude et grandeur militaires* (1835, dt. 1878, u. d. T. *Glanz und Elend des Militärs*, 1957), wird die Aufführung eines Dramas von Voltaire im Theater von O. erzählt.

[R] **F. Rabelais** (→ La Devinière) war am 1. 3. 1542 auf dem Schloß von **Saint-Ay** (8 km sw. v. O.) zu Gast, dessen Besitzer Étienne Laurens ein Gefolgsmann von Guillaume du Bellay, Bruder von Rabelais' Gönner Jean du Bellay, war; von hier schrieb der Dichter einen humorvollen Brief an den Advokaten Antoine Hullot nach Orléans. – Der Romancier **Maurice Genevoix** (→ Decize/Bu) zog 1928 nach Les Vernelles, einem Stadtteil von **Saint-Denis-de-l'Hôtel** (15 km ö. v. O.), wo er (im Wechsel mit Paris) bis zu seinem Tod wohnte; sein Haus (Place du Cloître Nr. 45) ist heute Museum ([M] Musée municipal mit Erinnerungsstücken an den Autor).

PELLEVOISIN (Indre)

[A] Die Eltern von **Georges Bernanos** (→ Paris) besaßen in dem kleinen Ort, aus dem die Mutter des Schriftstellers stammte, ein Haus, wo die Familie bis zum Erwerb des Hauses in → Fressin/NPdC 1898 Ferien machte; nachdem der Dichter 1948 im Krankenhaus von Neuilly/IdF an einem Leberleiden gestorben war, wurde er neben seinen Eltern auf dem Friedhof von P. beigesetzt. – **Jean Giraudoux** (→ Bellac/Li) besuchte in P. die Schule, bis er 1893 auf das Gymnasium in Châteauroux wechselte; die Familie war 1889 hierher gezogen, wo der Vater Steuereinnehmer war; der Dichter beschreibt den Ort in seinen frühen Erzählungen *Provinciales* (1909, dt. *Der*

kleine Herzog und andere Erzählungen, 1928).
[R] **Stendhal** (→ Grenoble/RhA) besichtigte Ende Juni 1837 die Burg von **Châtillon-sur-Indre** (20 km w. v. P.), deren prächtigen Efeubewuchs er bewunderte, verzichtete aber wegen der Hitze auf eine Besteigung der Türme.

PLAIMPIED (Cher) → **BOURGES** [R]
LE PLESSIS-LÈS-TOURS (Schloß) → **LA RICHE**
PONT-DE-RUAN (Indre-et-Loire) → **SACHÉ** [R]
PORT-GUYET (Indre-et-Loire) → **BOURGUEIL**

LA POSSONNIÈRE (Schloß) (Loir-et-Cher)

* 1524 **Pierre de Ronsard** († Saint-Cosme/La Riche 1585), Lyriker; Sohn eines Hofbeamten von niederem Adel, 1536 Page, 1541 Aufgabe des Hofdienstes wegen hochgradiger Schwerhörigkeit; empfing 1547 die niederen Weihen, die ihm Zugang zu kirchlichen Pfründen eröffneten (ohne daß er je ein geistl. Amt ausübte); Studium alter Sprachen in Paris, Mittelpunkt eines Dichterkreises, der sich nach antikem Vorbild ›Pléiade‹ (Siebengestirn) nannte; Hofdichter 1560-74; nach 1556 erhielt er drei kirchliche Pfründe: Croixval (s. u.), → Saint-Cosme, Montoire-sur-le-Loir (→ Vendôme [R]); drei (unerfüllte) Lieben finden poetischen Ausdruck: zu Cassandre Salviati (→ Talcy), Marie Dupin (→ Bourgueil) und Hélène de Surgères (→ Rochefort/PCh [R]). – Das einen Kilometer südl. von Couture-sur-Loir gelegene, in der heutigen Form vom Vater des Dichters errichtete Schloß (Geburtshaus), wo Ronsard den größten Teil seiner Kindheit verbrachte, ist heute Museum ([M] Manoir de la Possonnière); viele Gedichte nehmen Bezug auf die Umgebung, so z. B. den 6 km sö. gelegenen Wald von Gâtines (»À la Forêt de Gastine«, »Contre les Bûcherons de la Forêt de Gastine«). – W. u. a.: *Les quatre premiers livres des odes* (Ged. 1550), *Les Amours* (Ged. 1552), *Le Bocage* (Ged. 1554), *Continuation des amours* (Ged. 1555), *Nouvelle continuation des amours* (Ged. 1556), *La Franciade* (Epos unvollendet 1572); *Œuvres complètes* (7 Bde. 1984).

Pierre de Ronsard

[A] Auf seiner ›Wallfahrt zu Ronsards Ehren‹ im Juni 1890 besuchte **Pierre Louÿs** (→ Anhang) sowohl den Geburtsort des Dichters als das Priorat in Croixval (s. u.).
[R] In der Dorfkirche von **Couture-sur-Loir** (2 km nw. v. La P.), wo **Pierre de Ronsard** (s. o.) getauft wurde, sind die Eltern des Dichters begraben (im hinteren Langhaus, Liegefiguren); nur wenig flußaufwärts gelangt man an der Mündung der Braye in den Loir zur L'Isle Verte (Grünen Insel), wo Ronsard begraben sein wollte (vgl. das Ged. »De l'Élection de son sépulcre«, 1550). 1556 wurde Ronsard an die Spitze des unmittelbar bei dem Weiler **Croixval** (8 km sö. v. La P.) gelegenen Benediktinerpriorats Sainte-Madeleine berufen. (Er folgte hierin seinem Freund, dem Dichter Amadis Jamyn, nach.) Der Dichter hatte sich in die zwanzig Jahre jüngere

Hofdame Hélène de Surgère (→ Rochefort/PCh [R]) verliebt, für die er die *Sonnets pour Hélène* (1578, dt. *Sonette für Helene,* 1923) schrieb; daneben entstanden hier auch die Gedichte »La Salade«, »Le Pin« und die »Stances de la fontaine d'Hélène«. Auch in seinen letzten Lebensmonaten hielt sich Ronsard in C. auf; auf den Tod erkrankt, ließ er sich nach Saint-Cosme (→ La Riche) bringen.

POULIGNY-SAINT-MARTIN (Indre) → **SONDERKARTE GEORGE SAND** S. 346
PRÉPATOUR (Schloß) (Loir-et-Cher) → **VENDÔME**
LES RÉAUX (Schloß) (Indre-et-Loire) → **BOURGUEIL** [R]

LA RICHE (Indre-et-Loire)

† 1585 **Pierre de Ronsard** (* La Possonnière 1524); 1560 war Ronsards Bruder Prior von Saint-Cosme geworden, fünf Jahre später übertrug er dem Dichter das Priorat als Pfründe; in den Jahren 1568-70 weilte Ronsard vorzüglich in Saint-Cosme, wo er an dem Epos *La Franciade* (1572) und seinen Gedichten arbeitete und sich der Gartenarbeit widmete; 1585 erkrankte er in seiner Pfründe → Croixval schwer, ließ sich nach Saint-Cosme zurückbringen, wo er nach dem Empfang der Kommunion noch zwei Gedichte diktierte, bevor er starb. – Museum ([M] Prieuré de Saint-Cosme) im Haus des Priors (dort u. a. Ronsards Arbeitszimmer); Grabstelle 1933 wiedergefunden (heute Steinplatte mit Rosenstock).

[A] **Abbé Barthélemy** (→ Cassis/PAC) weilte in dem Priorat Saint-Cosme als Erzieher der Tochter des Generalintendanten von Tours, der die Anlage bis Mitte der 80er Jahre des 18. Jhs. bewohnte, und schrieb hier einen Teil seines Romans *Voyage du jeune Anacharsis en Grèce* (1788). – **Hermann Fürst von Pückler-Muskau** (1785-1871) zeigte sich im Oktober 1834 enttäuscht vom Schloß Le Plessis-lès-Tours (Lieblingsresidenz und Sterbeort König Ludwigs XI.): »Auch dieses Monu-

La Riche: Schloß Le Plessis-lès-Tours

ment französischer Geschichte hat erst der Vandalismus neuerer Zeit zerstört, und ein großer Teil der alten Mauern wurde nicht später als in diesem letzten Winter niedergerissen.« (*Semilassos vorletzter Weltgang in Europa*, 1835.) – Einen Spaziergang von Tours nach der zwei Kilometer westlich gelegenen Gemeinde unternahmen u. a. **Stendhal** (→ Grenoble/RhA) Ende Juni 1837 (mit Scotts Roman in der Tasche, s. u.) und **Henry James** (1843-1916) Anfang Oktober 1882. – **Pierre Louÿs** (→ Anhang), im Juni 1890 auf einer ›Wallfahrt zu Ronsards Ehren‹ unterwegs, besuchte dabei auch die Reste des Priorats Saint-Cosme.

[L] Das im 15. Jh. erbaute Schloß Le Plessis-lès-Tours, von dem heute nur mehr ein stark veränderter, als Theater genutzter Teil steht, ist Schauplatz des Romans *Quentin Durward* (1823, dt. 1826, u. d. T. *Im Auftrag des Königs,* 1976) von **Walter Scott**, der den Kampf zwischen Ludwig XI. und Karl dem Kühnen zum Hintergrund hat (Scott stützt sich auf die Chronik des königl. Historiographen **Philippe de Commynes**); allerdings nimmt sich der englische Autor Freiheiten in der Schilderung heraus, wie **Honoré de Balzac**, der seinerseits die Handlung der Erzählung *Maître Cornélius* (1832) szenenweise ins Schloß verlegt, vermerkt: »Trotz der vortrefflichen Eingebung, die der Autor von ›Quentin Durward‹ gehabt hat, als er das königliche Schloß Le Plessis-lès-Tours auf eine Anhöhe stellte, muß man sich entschließen, es dort zu lassen, wo es in dieser

Zeit stand, nämlich in einer Senke, die an zwei Seiten von der Cher und der Loire geschützt wurde.« Auch die Geschichte *Les Joyeulsetez du roy Loys le unziesme* (dt. *Die Späße König Ludwig des Elften*) aus den *Contes drôlatiques* (1832) spielt im Schloß. – Das Drama *Les Compères du Roi Louis. Chronique de France en six Tableaux* (Uraufführung 1926) von **Paul Fort** hat in seinem zweiten Bild das Schloß zum Schauplatz. – In der Romanbiographie *Die Jugend des Königs Henri Quatre* (1935) von **Heinrich Mann** spielt die Versöhnungsszene zwischen König Heinrich III. und dem Titelhelden in Schloß und Park.

RICHELIEU (Indre-et-Loire)

[A] **Jean de La Fontaine** (→ Château-Thierry/Pi) reiste im Frühherbst 1663 mit seinem Onkel durch das Städtchen, das der berühmte Kardinal ab 1631 planmäßig zu seiner Residenz hatte ausbauen lassen; »das schönste Dorf der Welt« nennt es der Dichter in einem Brief, aber eines, das aussterben werde, da die Lage schlecht gewählt sei. – 1720 besuchte **Voltaire** (→ Paris) das Schloß, das er für das schönste in Frankreich hielt. – **Julien Green** (→ Paris) notiert seinen Besuch vom 23. September 1934 in den *Tagebüchern*: »Lange Kastanienalleen säumen weite Rasenflächen. Über diesem herrlichen Grün vergißt man die Steifheit der Anlage. Keine Überraschung, keine Biegung in diesen großen Adern. Was man sieht, sieht man bis zum Ende.« – **Julien Gracq** (→ Saint-Florent-le-Vieil/PdL) beschreibt in seinen *Carnets du grand chemin* (1992, dt. *Der große Weg*, 1996) den »Verfall der winzigen Stadt des Kardinals« und das Zurechtstutzen der alten Häuser für moderne Nutzung.

RILLY-SUR-LOIRE (Loir-et-Cher) → **CHAUMONT-SUR-LOIRE** [R]
ROCHAMBEAU (Schloß) (Loir-et-Cher) → **VENDÔME**
ROCHECORBON (Indre-et-Loire) → **TOURS** [R]

LA ROCHE-RACAN (Schloß) (Indre-et-Loire)

† 1670 **Honorat de Bueil, Seigneur de Racan** (* Aubigné-Racan/PdL 1589); der Landjunker verbrachte fast sein ganzes Leben auf dem früher La Roche-au-Majeure genannten Familiensitz (2,5 km sö. der Ortschaft Saint-Paterne-Racan); Grab in der Krypta der Kirche von Saint-Paterne-Racan.

[R] Das Schloß von **Beaumont-la-Ronce** (12 km sö. v. La R.-R.) gehörte dem Cousin des Dichters **Pierre de Ronsard** (→ La Possonnière); von einem Aufenthalt berichtet der Dichter in *Le Voyage de Tours* (1560).

ROMILLY-SUR-AIGRE (Eure-et Loir) → **CHÂTEAUDUN**

SACHÉ (Indre-et-Loire)

»Dann sah ich in einem Talgrund den massiven Bau des romantischen Schlosses von Saché, ein schwermütiges Stück Erde, vollkommen in seiner Traurigkeit, zu ernst für den oberflächlichen Beschauer und nur dem Dichter teuer, dessen Herz krank ist.« (Honoré de Balzac)

[A] **Honoré de Balzac** (→ Tours) zog sich zwischen 1823 und 1848 immer wieder, auch auf der Flucht vor Gläubigern, auf das Schloß S. zurück, das Jean de Margonne, einem einstigen Liebhaber seiner Mutter, gehörte (die Zimmer, in denen Balzac wohnte, sind im Originalzustand geblieben, in andern Räumen des Schlosses ist ein [M] Musée Balzac untergebracht); hier arbeitete er an vielen seiner Romane, so an *Maître Cornélius* (1832), *Louis Lambert* (1832), *La Recherche de l'absolu* (1834), *Le Père Goriot* (1834), *Séraphita* (1835), *César Birotteau* (1837), *Les Illusions perdues* (1837-43), *Les Petits bourgeois* (1846) und an *Le Lys dans la vallée* (1836), in dem sich Beschreibungen des Ortes und der Umgebung finden: Henriette de Mortsauf wird in der kleinen Kirche des Dorfes begraben, hinter dem Schloß ›Frapesle‹ im Buch verbirgt sich das östlich des Ortes gelegene Schloß Valesne (Privatbesitz).

[R] Das Herrenhaus Vonne, n. von **Pont-de-Ruan** (2 km nö. v. S.) am rechten Indre-Ufer gelegen, ist unter der Bezeichnung ›Clochegourde‹ in dem Roman *Le Lys dans la vallée* (1836) von **Honoré de Balzac** beschrieben.

SAINT-AMAND-MONTROND (Cher)

[A] **Prosper Mérimée** (→ Paris), seit 1834 Generalinspektor der historischen Denkmäler Frankreichs, besuchte den Ort und seine Umgebung (s. u.) Anfang Juni 1837; in seinen *Notes d'un voyage en Auvergne* (1838, zuletzt 1989) beschreibt er kurz die beiden Kirchen von S.-A.

[L] Ein zwischen S.-A. und Montluçon/Au an Cher und Canal du Berry gelegenes Dorf ist Schauplatz des Romans *La Veuve Couderc* (1942, dt. *Die Witwe Couderc*, 1982) von **Georges Simenon.**

[R] **Mérimée** (s. o.) besuchte Anfang Juni 1837 eine Reihe von Denkmälern in der Umgebung v. S.-A. In der ehemaligen Zisterzienserabtei **Noirlac** (5 km nw. v. S.-A.) fand er eine Porzellanmanufaktur untergebracht, was er in seinen *Notes* beklagt: »Es bleibt zu bedauern, daß eine so große und in mancherlei Hinsicht bedeutende Kirche wie in Noirlac einer Bestimmung zugeführt wurde, die sie völlig zweckentfremdet. [...] Das Kirchenschiff ist ein Speicher geworden, und es gibt keinen Raum älteren oder auch neueren Datums, dem die Bedürfnisse der Manufaktur nicht einschneidende und traurig stimmende Veränderungen zugefügt hätten.« Weiterhin besuchte und beschrieb Mérimée die Burg von **Meillant** (6 km n. v. S.-A.) und die romanische Kirche Saint-Blaise des ehemaligen Benediktinerpriorats von **La Celle** (7 km nw. v. S.-A.), deren Kapitelle im Chor er hervorhob. Nach dem Besuch des gallo-römischen Ortes **Drevant** (4 km südl. v. S.-A.) setzte sich Mérimée beim zuständigen Minister mit Nachdruck für die Fortführung der gerade begonnenen Ausgrabungsarbeiten ein. – Dem Schloß von **Culan** (25 km sw. v. S.-A.) stattete **George Sand** (→ Paris) 1847 einen Besuch ab.

SAINT-AVERTIN (Indre-et-Loire) → **TOURS** [R]

SAINT-AY (Loiret) → **ORLÉANS** [R]

SAINT-BENOÎT-SUR-LOIRE (Loiret)

Die um die Mitte des 7. Jhs. gegründete Benediktinerabtei Fleury (heutiger Name ab dem 13. Jh.) wurde durch die beiden berühmten Klosterschulen und die bedeutende Bibliothek (in den Religionskriegen zerstreut) zu einem der wichtigsten geistigen Zentren des Abendlandes.

[A] Gründer der Schulen – eine zur Ausbildung der Priester, eine für die Mönche – war Abt **Theodulf von Orléans** (um 755-821), Dichter und Ratgeber Karls des Großen. – Der Dichter und Maler **Max Jacob** (→ Quimper/Br), der 1909 zum Katholizismus konvertiert war, ließ sich 1921 (mit einer langen Unterbrechung, von 1928-36 in Paris) im ehemaligen Kloster nieder (Wohnung ab 1936 Rue Orléanaise Nr. 63), wo er bisweilen die Gäste durch die Anlage führte; 1944 wurde er hier verhaftet und ins KZ Drancy gebracht, wo er starb (Grab auf dem Friedhof von S.-B.; Gedenktafel im Kirchenboden). – **Paul Claudel** (→ Villeneuve-sur-Fère/Pi) besuchte M. Jacob am 15. 7. 1925.

[R] In **Lorris** (20 km nö. v. S.-B.) wurde um 1205 **Guillaume de Lorris** († um 1240) geboren, Verfasser der ersten 4058 Verse des *Roman de la rose* (gedr. 1526; dt. 1839, u. d. T. *Der Rosenroman*, 1956 u. ö.); Fortsetzung des unvollendeten Werks durch Jean de Meung (→ Meung-sur-Loire). – **Voltaire** (→ Paris), der Paris wegen eines satirischen Gedichts verlassen mußte, kam 1716 nach **Sully-sur-Loire** (8 km sö. v. S.-B.) ins Exil (im Jahr darauf kehrte er allerdings schon in die Hauptstadt zurück); 1719 war der Dichter erneut bei dem Chevalier de Sully zu Gast, der ein

Theater hatte einbauen lassen, in dem die Stücke Voltaires gegeben wurden. – **Maurice Genevoix** (→ Decize/Bu) verbrachte seine Kindheit in **Châteauneuf-sur-Loire** (12 km nw. v. S.-B.); der Ort ist Schauplatz der Maigret-Erzählung *Le Notaire de Châteauneuf* (1944, dt. *Der Notar von Châteauneuf*, 1989) von **Georges Simenon**.

SAINT-CHARTIER (Indre) → **SONDERKARTE GEORGE SAND** S. 346
SAINT-COSME (SAINT-CÔME) (Indre-et-Loire) → **LA RICHE**

SAINT-CYR-SUR-LOIRE
(Indre-et-Loire)

»Nirgendwo auf der Welt würden Sie einen Wohnsitz finden, der so schlicht und dabei so großartig ist, so reich an Früchten aller Art, an Düften, an Aussichten. Im Herzen der Touraine ist er eine kleine Touraine, wo alle Blumen, alle Früchte, alle Schönheiten dieser Gegend vertreten sind. [...] Ein Fürst kann La Grenadière zu seiner *Villa* machen, ein Dichter aber wird ständig dort wohnen [...].« (Honoré de Balzac)

† 1924 **Anatole France** (* Paris 1844); der Nobelpreisträger hatte sich 1914 von Paris hierher auf die zwei Jahre später gekaufte Besitzung La Béchellerie (Rue de la Gaudinière Nr. 11, Gedenktafel) zurückgezogen, wo er starb (Grab auf dem alten Friedhof von Neuilly-sur-Seine/IdF); am 11. 10. 1920 hatte France im Rathaus von S.-C. Emma Laprévotte geheiratet, die frühere Hausdame seiner Freundin Madame de Caillavet (→ Capian/Aq), die 1910 gestorben war.

[A] Der Märchenerzähler **Charles Perrault** (→ Paris) bewohnte 1669 das Landhaus La Perraudière. – **Honoré de Balzac** (→ Tours), der als Säugling zu einer Amme in S.-C. gegeben worden war, mietete im Sommer 1830 das Landhaus La Grenadière und lebte hier mit seiner Geliebten Laure de Berny (→ Villeparisis/IdF) zusammen. Der Dichter trug sich mit dem Gedanken, das Haus, Schauplatz einer Liebesnacht zwischen Félix de Vandenesse

Saint-Cyr-sur-Loire: La Grenadière

und Lady Arabella in *Le Lys dans la vallée* (1836, dt. *Die Lilie im Tal*, 1845), zu kaufen, mußte aber aus finanziellen Gründen von dem Plan Abstand nehmen; Haus und Garten beschreibt er euphorisch in der Erzählung *La Grenadière* (1842) (am Haus ehemalige Gedenktafel, die an Balzac und den Liedermacher **P.-J. de Béranger** [→ Paris] erinnert, der 1836-38 hier lebte; im Garten Schiefertisch Balzacs). – **Stendhal** (→ Grenoble/RhA) unternahm Ende Juni 1837 einen Spaziergang von → Tours hierher, um den bewunderten Béranger (s. o.) zu besuchen; der Gedanke jedoch, daß auch er einer aus der Verehrerflut war, die den Chansonnier um die Ruhe brachte, ließ ihn, schon im Begriff zu klopfen, umkehren. – Der Philosoph **Henri Bergson** (→ Paris) hielt sich ab 1937 öfters auf dem Landsitz La Gaudinière (Rue de la Gaudinière Nr. 9, Gedenktafel) auf. – **Wolfgang Koeppen** (1906-1996) fuhr bei seinem Besuch von Tours 1960 auch zum Landsitz von Anatole France (s. o.): »Ein schier endlos langer schmaler Weg zwischen hohen Gartenmauern aus festgefügten Steinen. Endlich kam der Besitz des Dichters und war eine richtige Ferme, ein französischer Bauernhof.« (*Reisen nach Frankreich*, 1961.)

SAINT-DENIS-DE-L'HÔTEL (Loiret) → **ORLÉANS** [R]
SAINT-ÉMAN (Eure-et-Loir) → **ILLIERS-COMBRAY**

SAINT-NICOLAS-DE-BOURGUEIL (Indre-et-Loire) → **BOURGUEIL**

SAINT-PATERNE-RACAN (Indre-et-Loire) → **LA ROCHE-RACAN**

SAINT-PIAT (Eure-et-Loir) → **MAINTENON** [R]

SAINTE-SÉVÈRE-SUR-INDRE (Indre) → **SONDERKARTE GEORGE SAND** S. 346

SANCERGUES (Cher)

[A] **R. Martin du Gard** (→ Neuilly-sur-Seine/IdF) ließ sich 1909 in Le Verger d'Augy bei S. nieder, wo er bis 1920 lebte; hier entstanden einige seiner Werke u. a. der Roman *Jean Barois* (1913).

[R] **Sancerre** (20 km n. v. Sancergues) ist Schauplatz des Krimis *M. Gallet, décédé* (1931, dt. *Maigret und der tote Monsieur Gallet*, 1961) von **Georges Simenon.**

SANCERRE (Cher) → **SANCERGUES** [R]

SANCOINS (Cher)

* 1863 **Marguerite Audoux** (eigentlich Marguerite Marie Donquichote) († Saint-Raphaël/PAC 1937), Erzählerin; im Waisenheim von Bourges aufgezogen; mit 14 Jahren Arbeit auf einem Bauernhof bei Aubigny-sur-Nère (→ La Chapelle-d'Angillon [R]), Flucht nach Paris, wo sie sich als Näherin durchschlug; Bekanntschaft mit Charles-Louis Philippe und Valery Larbaud; großer Erfolg mit den autobiogr. Romanen *Marie-Claire* (1910, Prix Femina, dt. 1938) und *L'Atelier de Marie-Claire* (1920, dt. 1938).

SARZAY (Schloß) (Indre) → **SONDERKARTE GEORGE SAND** S. 347

SAVONNIÈRES (Indre-et-Loire) → **TOURS** [R]

LA SOURCE (Schloß) (Loiret) → **ORLÉANS**

SOUVIGNY-EN-SOLOGNE (Loir-et-Cher)

[A] **Eugène Labiche** (1815-1888), Verfasser von ca. 170 Lustspielen, kaufte sich 1853 vom großen Erfolg der Komödie *Un Chapeau de paille d'Italie* (1851) in S. 500 ha. Grund mit dem Herrenhaus Launoy, an das er einen Flügel anbauen ließ (Arbeitszimmer dort erhalten); hier verbrachte der von Zola angefeindete Dramatiker (seit 1880 Mitglied der Académie Française) den Großteil des Jahres.

SULLY-SUR-LOIRE (Loiret) → **SAINT-BENOÎT-SUR-LOIRE** [R]

TALCY (Schloß) (Loir-et-Cher)

[L] **Pierre de Ronsard** widmete Cassandre Salviati, Tochter eines reichen Florentinischen Bankiers, der das [M] Schloß 1517 erworben hatte, zahlreiche Gedichte, die 1552 erstmals erschienenen *Amours de Cassandre* (darunter die berühmte Ode »Mignonne, allons voir si la rose ...«); der Dichter hatte das 13jährige Mädchen in → Blois kennengelernt. (Ein Rosenstrauch am Brunnen im Hof erinnert an die Liebe Ronsards zu Cassandre.) Die Nichte Cassandres, Diane Salviati, wurde in ähnlicher Weise von **Agrippa d'Aubigné** bedichtet (*Printems du Sieur d'Aubigné*, entstanden 1571-73, gedruckt 1874). (Cassandre Salviatis Tochter heiratete Guillaume de Musset und ist dadurch direkte Vorfahrin des Dichters **Alfred de Musset**.)

TOURS (Indre-et-Loire)

»Diese Stadt lacht mehr, ist fröhlicher, verliebter, frischer, blühender, duftiger als alle übrigen Städte der Welt [...]. Und wenn ihr hinreiset, so werdet ihr inmitten eine hübsche Straße finden, eine köstliche Straße, worin die Leute lustwandeln, die stets voll Wind, Schatten, Sonne, Regen und Liebeshauch ist. [...] Es ist die Straße, in der ich geboren bin, die Königin der Straßen, immer zwischen Himmel und Erde, eine Straße mit einem Brunnen, der nichts fehlt, um als herrlichste von allen Straßen gepriesen zu werden. Sie ist die einzige wahre Straße in Tours.« (Honoré de Balzac)

»Die Stadt Tours [...] hat etwas Liebliches und Helles, das ahnen läßt, daß sie von einem Land der Früchte umgeben ist. Es ist eine sehr angenehme kleine Stadt; es dürfte wenige Orte dieser Größe geben, die reifer, vollendeter sind oder, wie ich annehmen möchte, sich in größerem Einklang mit sich selbst befinden und weniger zum Neid auf die Verpflichtungen größerer Ort neigen.« (Henry James)

Honoré de Balzac

Université François-Rabelais (Bibliothek: ca. 200 Tsd. Bde.). – **Bibliothèque municipale** (Stadtbücherei; 512 Tsd. Bde., 1100 Hs., 130 Ink.; Sammlungen zu Robert Pinget, R. Boylesve, Anatole France), Bibliothèque départementale (383 Tsd. Bde.). – Centre Dramatique Régional.

Am Loire-Ufer, links und rechts der Rue Nationale, zwei Standbilder für Geistesgrößen aus der Touraine: **Rabelais** (→ La Devinière) und **Descartes** (→ Descartes).

† 594 **Gregor von Tours** (→ Clermont-Ferrant/Au), der 563 zum Grab des hl. Martin gekommen und 573 zum Bischof von T. gewählt worden war.

† 804 **Alkuin**; der um 730 in York/England geborene Geistliche (Leiter der Domschule von York) reformierte nach persönlicher Bekanntschaft mit Karl dem Großen als eine Art ›Kultusminister‹ das Bildungswesen (u. a. Schulgründungen zur Ausbildung von Geistlichen); 796 wurde er Abt von Saint-Martin in T., wo er neben einer Grundschule eine Schule zum Studium der Sieben Freien Künste und eine Schreiberschule ins Leben rief; außerdem gab er eine revidierte Fassung der lat. Bibelübersetzung, der *Vulgata*, heraus und verfaßte Fabeln und Gedichte.

* 1799 **Honoré de Balzac** († Paris 1850), Erzähler, Dramatiker; Sohn eines Proviantmeisters (bäuerlicher Herkunft; früherer Familienname: ›Balssa‹, der Name ›Balzac‹ taucht erst ab 1776 auf; den Adelspartikel ›de‹ legte sich der Dichter erst als Erwachsener zu), bald nach der Geburt zu einer Amme im nahen Saint-Cyr-sur-Loire gegeben, dann als Externer in der Pension Le Guay (Rue de la Scellerie); 1807-13 Schule bei den Oratorianern in → Vendôme, dann Gymnasium in Paris und T. (Juli bis September 1814, heute Lycée Descartes, Rue de la Préfecture); Jurastudium an der Sorbonne 1816-18, Arbeit in einer Kanzlei; ab 1819/20 erste Versuche, als Schriftsteller erfolgreich zu sein, zunächst als Dramatiker, dann als Verfasser von Kolportageromanen; alle finanziellen Unternehmungen (Verleger, Druckereibesitzer) scheiterten und zogen eine lebenslange Schuldenlast nach sich; erster literarischer Erfolg mit dem Roman *Le dernier chouan ou la Bretagne en 1800* (1829, dt. *Die Chouans oder Die Bretagne im Jahr 1799*, 1841, u. d. T. *Die Königstreuen*, 1923); ab 1832 brieflicher Kontakt zu der ukrainischen Adligen Evelina Hanska, die er im Jahr darauf kennenlernte und 1850, kurz vor seinem Tod, heiratete; 1841 Plan, die Romane, die in unablässiger Folge entstanden, in einem alle Lebensbereiche umfassenden Zyklus zusammenzufassen: *La Comédie humaine* (10 Bde. 1950, dt. *Die menschliche Komödie*, 16 Bde. 1908-11, 10 Bde. 1971). – Geburtshaus Rue Nationale Nr. 39 (1940 zerstört, Gedenktafel am Neubau); 1804-07 lebte Balzac im elterlichen Haus Rue Nationale Nr. 53; eine Balzac-Statue (1889 v. P. Fournier) auf der Place du Palais (heute Place Jean-Jaurès) wurde 1942 eingeschmolzen (neues Denkmal für 2001 auf dem Square Sicard, gegenüber dem Musée des Beaux-Arts, geplant); die Stadt ist Schauplatz in etlichen Werken, so in *L'Apostrophe* (dt. *Der Zu-*

ruf) und *Le Succube* (dt. *Der Sukkubus*) aus der Sammlung der *Contes drôlatiques* (Gesamtausgabe 1832, dt. *Tolldreiste Geschichten*, 1895 u. ö.), so in den frühen Romanen *Sténie* (1821) und *Wann-Chlore* (1825), so in *Maître Cornélius* (1832) und *Le Curé de Tours* (1832, dt. *Der Pfarrer von Tours*, 1924) aus der *Comédie humaine* (die Gedenktafel Rue de la Psalette Nr. 8 bezeichnet ein falsches Haus als Schauplatz des *Curé de Tours*); auch für nicht in T. angesiedelte Romane und Erzählungen dienen Gebäude der Stadt als Vorbild, so beschreibt das Haus Claës des Romans *La Recherche de l'absolu* (1834, dt. 1844, u. d. T. *Der Alchimist*, 1923, u. d. T. *Die Suche nach dem Absoluten*, 1969) die Maison Tristan l'Hermite (Rue Briçonnet Nr. 16), die Kirche aus *Jésus-Christ en Flandre* (1846, dt. *Jesus Christus in Flandern*) die Kathedrale St-Gatien. – Weitere W.: Aus der *Comédie humaine* (91 Romane und Novellen) seien noch genannt: *La Peau de chagrin* (1831, dt. 1843, u. d. T. *Das Chagrinleder*, 1888, u. d. T. *Die tödlichen Wünsche*, 1924), *Le Chef-d'œuvre inconnu* (1831, dt. *Das unbekannte Meisterwerk*, 1925), *Louis Lambert* (1832, dt. 1845), *Le Colonel Chabert* (1832, dt. u. d. T. *Die Doppelehe*, 1844, u. d. T. *Der Oberst Chabert*, 1884), *Eugénie Grandet* (1833, dt. 1835), *Le Médecin de campagne* (1833, dt. *Der Landarzt*, 1835), *La Duchesse de Langeais* (1834, dt. u. d. T. *Rührt das Beil nicht an*, 1844, u. d. T. *Die Duchesse de Langeais*, 1909), *La Femme de trente ans* (1834, dt. *Die Frau von dreißig Jahren*, 1845), *Le Père Goriot* (1835, dt. *Vater Goriot*, 1835), *Le Lys dans la vallée* (1836, dt. *Die Lilie im Tal*, 1845), *La vieille fille* (1837, dt. *Die alte Jungfer*, 1838), *Illusions perdues* (3 Teile 1837-43, dt. 1845, u. d. T. *Verlorene Illusionen*, 1909), *Splendeurs et misères des courtisanes* (4 Teile 1838-47, dt. 1845, u. d. T. *Glanz und Elend der Kurtisanen*, 1909), *Histoire de la grandeur et de la décadence de César Birotteau* (1838,

Tours: Kathedrale Saint-Gatien

dt. *Geschichte der Größe und des Verfalles von Cäsar Birotteau*, 1842), *Pierrette* (1840, dt. 1840), *Ursule Mirouët* (1842, dt. 1843), *Une Ténébreuse affaire* (1841, dt. *Eine dunkle Begebenheit*, 1841), *Albert Savarus* (1842, dt. 1925), *La Rabouilleuse* (1842, dt. u. d. T. *Die Junggesellenwirtschaft*, 1844), *Modeste Mignon* (1844, dt. 1846), *La Cousine Bette* (1847, dt. *Tante Lisbeth*, 1910), *Le Cousin Pons* (1847, dt. *Vetter Pons*, 1919); *Gesammelte Werke* (44 Bde. 1923-26, Neuausg. 40 Bde. 1952-64).

* 1858 **Georges Courteline** (eigentlich Georges Moineaux) († Paris 1929), Erzähler, Dramatiker; Sohn des Schriftstellers Jules Moineaux (1825-1895), verfaßte zunächst erfolgreiche Humoresken und Novellen aus der Welt des Militärs, bevor er als Komödienautor zu Ruhm gelangte: *Boubourouche* (1893), *Un Client sérieux* (1897), *Le Gendarme est sans pitié* (1898). – Geburtshaus Rue Georges Cour-

teline Nr. 49 (Gedenktafel). – Weitere W.: *Œuvres complètes* (11 Bde. 1947-49).
* 1905 **Paul Nizan** († bei Audruicq/NPdC 1940); Sohn eines Eisenbahningenieurs; in Paris Lycée Henri IV., Lycée Louis-le-Grand, École Normale Supérieure; Freundschaft mit Jean-Paul Sartre; Philosophiestudium; Engagement in der Kommunistischen Partei (1939 Austritt); verfaßte Reportagen (u. a. über den span. Bürgerkrieg), Streitschriften und Romane; fiel bei Dünkirchen. – W. u. a.: *Aden Arabie* (Essay 1932, dt. *Aden*, 1969), *Les Chiens de garde* (Essay 1932, dt. *Die Wachhunde*, 1969), *Antoine Bloyé* (R. 1933, dt. *Das Leben des Antoine B.*, 1974), *Le Cheval de Troie* (R. 1935, dt. *Das Trojanische Pferd*, 1979), *La Conspiration* (R. 1938, dt. *Die Verschwörung*, 1975).
† 1952 **Charles Maurras** (* Martigues/PAC 1868); der wegen Kollaboration zu lebenslänglicher Haft verurteilte Autor zog sich nach seiner Begnadigung nach T. zurück (Karditaph in Maussane-les-Alpilles/PAC).
[A] **Hrabanus Maurus** (780-856), der spätere Abt von Fulda und Erzbischof von Mainz, wurde vor der Jahrhundertwende zur Vervollkommnung seiner Studien an die Klosterschule von Saint-Martin geschickt, wo damals noch Alkuin (s. o.) lehrte. – **Sophie von La Roche** (1731-1807), Autorin der *Geschichte des Fräuleins von Sternheim* (1771), begeisterte sich im April 1785 vor allem für den Pont Wilson, »die neue prächtige Brücke, welche über jedem Bogenpfeiler mit einer Kugel geziert ist, davon jede eine Lilie trägt. Drei Wagen können sich bequem ausweichen, und auf beiden Seiten sechs Fußgänger auf dem für sie erhöhten Wege gehen.« – Für **Johanna Schopenhauer** (1766-1838) war T. auf ihrer Reise 1804 »vielleicht die hübscheste, freundlichste, reinlichste kleine Stadt in Frankreich«. – »Eine schöne Stadt«, so resümierte in einem Brief an seine Frau **Victor Hugo** (→ Besançon/FC) einen kurzen Aufenthalt Mitte August 1834. – **Stendhal** (→ Grenoble/RhA) wußte hingegen von seinem Besuch der Stadt Ende Juni 1837 kaum Positives zu berichten: Essen und Service in seiner Unterkunft (Hôtel de la Caille) waren schlecht, die Kathedrale fand er zu sehr gerühmt, die Loire-Brücke sei nur gegen Bezahlung schön zu finden; Spaziergänge führten ihn zum Landhaus La Grenadière (→ Saint-Cyr-sur-Loire) und zum Schloß Le Plessis-lès-Tour (→ La Riche). – **Théophile Gautier** (→ Tarbes/MPy) kam Anfang Mai 1840 auf dem Weg nach Spanien durch T., dessen Stadtbild er malerisch fand; die Zwiebeltürme von Saint-Gatien gäben der Stadt etwas von Moskau. – Über T. reisten im Mai 1847 **G. Flaubert** (→ Rouen/HNo) und **M. du Camp** (→ Paris) in die Bretagne; nach der Besichtigung von Saint-Julien notierte Flaubert in sein Notizbuch: »nacktes Portal von prächtigem Romanisch; Inneres verfallen, Magazine; linker Transept voll Spinngeweben, prächtig im Ton«. – **George Sand** (→ Paris) besichtigte T. im September 1866 mit Sohn und Schwiegertochter, mit denen sie in die Bretagne unterwegs war. – **René Boylesve** (→ Descartes) besuchte in T. das Lycée Descartes; die Stadt ist Schauplatz seiner Romane *Mademoiselle Cloque* (1899) und *La jeune fille bien élevée* (1909). – **Henry James** (1843-1916) begann Anfang Oktober 1882 seine Frankreichfahrt in T., besuchte die Kathedrale, die Kirchen Saint-Martin (d. h. die Ruine: der heutige Bau wurde vier Jahre später begonnen) und Saint-Julien und vieles mehr, sogar außerhalb der Altstadt → Schloß Le Plessis-lès-Tours (→ La Riche) und die Ruine des Klosters Marmoutier, war aber hauptsächlich auf den Spuren Balzacs unterwegs, von dessen Geburtshaus er jedoch enttäuscht war: »Wenn das Wohnhaus, das zu solcher Ehre ausersehen war, nicht ehrwürdig und altersgebräunt sein konnte, dann sollte es wenigstens einzeln dastehen.« – **Kurt Tucholsky** (1890-1935) besuchte Mitte Mai 1928 die Schlösser an der Loire und machte Station in T.:

»Das ist ein ganz anderes Frankreich als das was wir kennen. Die Leute sind viel nordischer, mehr zu uns gehörig – leichte Erinnerung an Eberswalde. Sehr merkwürdig.« (Brief an seine Frau Mary vom 15. 5. 1928). – Von Oktober 1929 bis Februar 1931 leistete **Jean-Paul Sartre** (→ Paris) seinen Militärdienst bei einer Meteorologie-Einheit in T. ab, von wo er als Lehrer nach → Le Havre/HNo ging. – Der Lyriker und Übersetzer **Paul Celan** (1920-1970) studierte von November 1938 bis Juli 1939 Medizin an der Universität von T. – Für **Alfred Döblin** (1878-1957) war T. die erste Station einer Odyssee, die ihn ab Juni 1940 auf der Flucht vor den deutschen Truppen durch Frankreich trieb (Bericht in *Schicksalsreise*, 1949). – **Wolfgang Koeppen** (1906-1996) fand bei seinem Besuch 1960 trotz aller Modernität auf den abendlichen Plätzen noch »das alte echte Frankreich« (*Reisen nach Frankreich*, 1961).

[L] T. ist Schauplatz der 38. und 45. Geschichte des *Heptaméron* (1559, 1791, zuletzt 1979) der **Margarete von Navarra.**

[R] Balzac-Schauplätze nicht nur in T., sondern auch in der Umgebung. Die Burg von **Rochecorbon** (ö. v. T.), von der sich ›La Lanterne de Rochecorbon‹ (›die Laterne von R.‹), ein viereckiger Aussichtsturm des 15. Jhs. hoch über dem Loire-Tal, erhalten hat, ist Schauplatz in zwei Werken von Balzac, in *Le Péché véniel* (dt. *Die verzeihliche Sünde*) aus der Sammlung der *Contes drôlatiques* (1832, dt. *Tolldreiste Geschichten*, 1888) und in dem Roman *L'Excommunié* (1837). Die Brücke bei **Vouvray** (5 km ö. v. T.), an der Stelle, wo die Cisse (Cise) in die Loire mündet, ist Schauplatz einer weiteren Szene im Werk Balzacs: In dem Roman *La Femme de trente ans* (1834, dt. *Die Frau von dreißig Jahren*, 1845) wird die Kutsche der Titelheldin, die hier zum ersten Mal ihren späteren Liebhaber, den englischen Arzt Arthur Ormond, sieht, zu einem Halt auf der Brücke gezwungen, Gelegenheit für den Autor, die landschaftliche Schönheit zu schildern: »Zur Rechten umfaßt der Reisende mit einem Blick alle Krümmungen der Cise, die sich wie eine silberne Schlange durch das junge Gras der Wiesen windet [...]. Zur Linken erscheint die Loire in ihrer ganzen Pracht. [...] Auf der anderen Seite des Flusses breiten die schönsten Landschaften der Touraine, soweit das Auge reicht, ihre Herrlichkeit aus«; Vouvray ist ebenfalls Schauplatz von Balzacs Erzählungen *La Grande Bretèche* (1832, dt. *Die Grande Bretèche*) und *L'illustre Gaudissart* (1833, dt. *Der berühmte Gaudissart*). Schloß **Montcontour** (1 km ö. v. Vouvray) ist ebenfalls Schauplatz in der *Femme de trente ans*: »Montcontour ist ein alter Herrensitz auf einem jener Felsen, an deren Fuß die Loire vorbeifließt [...]. Es ist eins von den hübschen kleinen weißen Schlössern der Touraine, die mit ihren kunstvoll ausgehauenen Türmchen aussehen, als seien sie mit Mechelner Spitzen bestickt, eins jener schmucken, zierlichen Schlösser, die sich mit ihren Sträußen von Maulbeerbäumen, ihren Weinbergen, ihren Hohlwegen, ihren langen, durchbrochenen Geländern, ihren in den Fels gehauenen Kellern, ihren Efeuwänden und steilen Abhängen in den Fluten des Stromes spiegeln. Die Dächer von Montcontour glitzern in den Sonnenstrahlen, alles ist dort durchglüht und feurig.« Schloß **Beauvais** (18./19. Jh.) in **Azay-sur-Cher** (8 km ö. v. T.) war Schauplatz eines Dramas, das H. de Balzac zu seinem Roman *Une ténébreuse affaire* (1841, dt. *Eine dunkle Affäre*, 1841) angeregt hat: Senator Clément de Ris wurde am 23. 9. 1800 aus dem Schloß verschleppt und neunzehn Tage in einer Höhle gefangengehalten. – **Jules Romains** (→ Saint-Julien-Chapteuil/Au) besaß in **Saint-Avertin** (ö. v. T.) den Landsitz Le Grandcœur, wo er viele Bände seines Romanzyklus' *Les Hommes de bonne volonté* (1932-46) schrieb; die sommerliche Touraine beschreibt Romains in seinem Beitrag zu dem bibliophilen Sammelband *La Guirlande des années* (1941).

– Nach einem Gefängnisaufenthalt in Meaux/IdF wurde im September 1926 **Jean Genet** (→ Paris) in die Landwirtschafts- und Besserungskolonie **Mettray** (7 km n. v. T.) gebracht, wo er bis zu seiner Volljährigkeit bleiben sollte, im Dezember des folgenden Jahres jedoch ausriß und wieder eingefangen wurde; Genet schildert die Zeit in seinem Roman *Miracle de la rose* (1946, dt. *Wunder der Rose*, 1963). – In **Savonnières** (12 km w. v. T.) wohnte der Dramatiker und Erzähler **René Benjamin** (1885-1948), Prix Goncourt 1915 für den Roman *Gaspard*, in der ehemaligen Priorei Le Plessis, wo ihn u. a. der befreundete Theatermann **S. Guitry** (→ Anhang) besuchte.

USSÉ (Schloß) (Indre-et-Loire)

A **Charles Perrault** (→ Paris) soll nach einem Besuch das Schloß als Schauplatz des Märchens *La Belle au bois dormant* (dt. *Dornröschen*) aus den *Contes de ma mère l'oye* (1697) vor Augen geschwebt haben. – **Voltaire** (→ Paris), der Ende Dezember 1722 auf das Schloß kam und bis Januar des folgenden Jahres blieb, versuchte von hier aus sein Drama *La Ligue ou Henri le Grand* (1723; ab der 2. Aufl. 1728 u. d. T. *La Henriade*) zu lancieren; zumal die Abwesenheit von Paris dem Dichter gefiel: »Ich lebe überaus glücklich, seit ich fort bin von allem böswilligen Gerede, von dem Klatsch, den Schandtaten, die ich über mich ergehen lassen mußte...« (Brief an die Présidente de Bernières). – **F.-R. de Chateaubriand** (→ Saint-Malo/Br) verbrachte in den Jahren zwischen 1807 und 1813 mehrfach die Sommermonate auf dem Schloß, dessen damalige Besitzerin, Claire de Duras, eine Verehrerin des Dichters war; der Dichter redigierte hier einen Teil seiner Autobiographie *Mémoires d'outre-tombe* (1848-50) und pflanzte die Zedern am Eingangstor.

VALENÇAY (Indre)

A **George Sand** (→ Paris) besuchte das Schloß von V. 1834. – Die Amerikanerin **E. Wharton** (1862-1937) hatte bei einer Automobiltour im Frühjahr 1907 zuvor die Schlösser von Versailles und Maintenon gesehen und stellte Vergleiche an: »Valençay [...] hält sich eher von der Stadt fern und erwartet, daß sie den Hügel hinab, auf dem das mächtige Gebäude seine schweren Ecktürme und abgeflachten Kuppeln aufragen läßt, auf Distanz bleibt. Eine riesige Mauer ähnlich einer Felsklippe umschließt die gesamte Südflanke des Hügels und trägt den in Terrassen angelegten Park vor dem Schloß, das nach Norden hin ein riesiger Ehrenhof mit einem monumentalen Gitterwerk und einer großen Toreinfahrt von der Straße trennt. Der Eindruck ist grandioser, aber weniger edel.« (*A Motor-Flight through France*, 1908, dt. *Frankreichfahrt*, 1997.)

VENDÔME (Loir-et-Cher)

Bibliothèque municipale (Stadtbücherei; 81 Tsd. Bde.)

A **Pierre de Ronsard** (→ La Possonnière) weilte häufig in V. (Gedenktafel am Lycée Ronsard); dem einen Kilometer w. auf dem rechten Ufer des Loir gelegenen Schloß Prépatour widmete er ein Gedicht. – **Honoré de Balzac** (→ Tours) war 1807-13 Internatsschüler am Oratorianer-Kolleg (heute Lycée Ronsard); in seinem Roman *Louis Lambert* (1832) erinnert sich Balzac der ungeliebten Schulzeit und des strengen Regiments: »Nach ihrer Aufnahme verlassen die Schüler das Kolleg erst wieder am Ende ihres Studiums. Mit Ausnahme der Spaziergänge, die unter der Führung der Patres draußen gemacht wurden, war alles darauf abgestimmt, dem Haus die Vorteile der Klosterdisziplin zu geben. [...] die klassische Lederrute spielte in allen Ehren noch ihre schreckliche Rolle. [...] An bestimmten Tagen war es vorgeschrieben, Briefe an die Eltern zu schreiben genauso wie zu beichten.«

Die Bibliothek war die einzige Freude des Dichters, der viel Zeit in der Krankenstube verbrachte, die damals im Hôtel du Saillant untergebracht war, einem Herrenhaus, das im 16. Jh. Besitz der Brüder Guillaume, Jean und René du Bellay (→ Le Mans/PdL), Cousins des Dichters Joachim du Bellay (→ Liré/PdL), war; in diesem Gebäude befand sich auch der Karzer, dessen Schutz der sensible, verschlossene Zögling oft vor den Neckereien seiner Mitschüler suchte. Ausflüge unternahm Balzac zu dem Landheim des Kollegs (La Lézonnière) und dem wenige Kilometer loireabwärts gelegenen Schloß Rochambeau; Gedenktafel und Büste im Torbogen zum Schulhof; außer dem *Louis Lambert* spielt auch die Erzählung *La Grande Bretèche* (1837) in V. (in dem Haus Rue Guesnault Nr. 5). – Auf Ronsards Spuren kam im Juni 1890 **Pierre Louÿs** (→ Anhang) in die Stadt. – **Wolfgang Koeppen** (1906-1996) beschreibt seinen Besuch 1960 in den *Reisen nach Frankreich* (1961).

[R] Zu den Dichtern, die Antoine de Bourbon, Vater des Königs Heinrich IV., auf das [M] Schloß **La Bonaventure** bei **Mazangé** (12 km w. v. V.) rief, zählte auch **Pierre de Ronsard** (s. o.); im 16. Jh. kaufte die Familie Musset das Schloß, wo der Vater von **Alfred de Musset** (→ Paris) geboren wurde; der Dichter, der nach Verkauf der Residenz seine Ferien mehrfach im 25 km nö. gelegenen Schloß von → Cogners/PdL verbrachte, zeichnete das Schloß einige Male. – In **Montoire-sur-le-Loir** (19 km w. v. V.) war der Dichter **Pierre de Ronsard** (s. o.) ab 1570 Prior des Benediktinerklosters Saint-Gilles (berühmt für seine ma. Fresken in der Kapelle), wo er sich häufig (auch kurz vor seinem Tod) aufhielt; Montoire ist Geburtsort des Titelhelden in *Louis Lambert* (1832) von **Honoré de Balzac.**

VERNEUIL-SUR-IGNERAIE (Indre) → LE COUDRAY/SONDERKARTE GEORGE SAND S. 345
VILLELOUP (Eure-et-Loir) → CHÂTEAUDUN
VOUVRAY (Indre-et-Loire) → TOURS [R]

SONDERKARTE GEORGE SAND

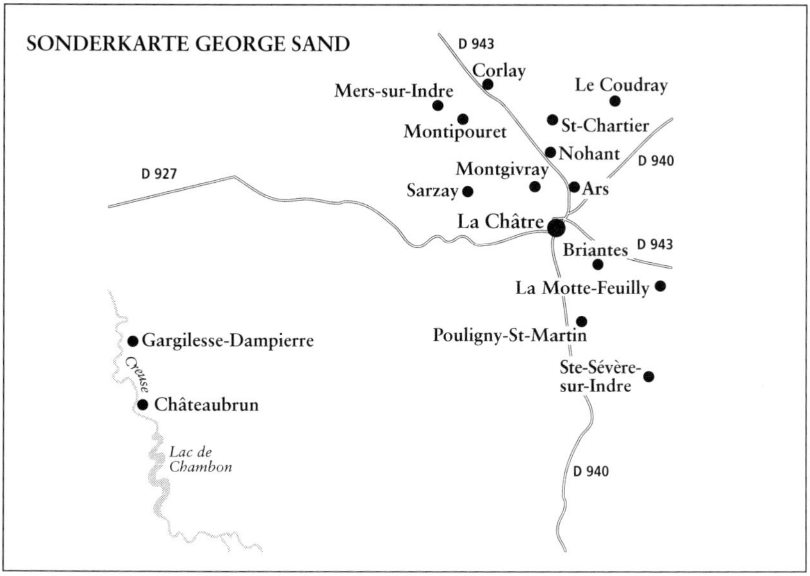

Schloß Ars

ARS (Schloß)
Im September 1831 wohnte Jules Sandeau (→ Aubusson/Li) bei Gustave Papet, dem befreundeten Schloßherrn von A. (2 km nö. von La Châtre); im Schloß traf sich George Sand zu heimlichen Liebesnächten mit Sandeau und läßt später Szenen ihres Romans *Les Beaux Messieurs de Bois-Doré* (1858) hier spielen.

BRIANTES
In dem Roman *Les beaux Messieurs de Bois-Doré* (1858) von George Sand ist das Schloß B. im Besitz des Marquis de Bois-Doré.

CHÂTEAUBRUN (Ruine)
Nach ihrem ersten Besuch des Schlosses Ch. (heute Ruine) südl. von Cuzion im Jahre 1828 trug sich George Sand mit Kaufgedanken, die sie dann zwar fallenließ, aber sie kam immer wieder, vor allem vom benachbarten Gargilesse aus, hierher; das Schloß taucht in ihrem Roman *Consuelo* (1842/43, dt. 1845 u. ö.) auf und ist Schauplatz in *Le Péché de Monsieur Antoine* (1845, dt. *Die Sünde des Herrn Antoine*, 1846), wo sich Émile Cardonnet vor einem Gewitter in den viereckigen Turm (heute George-Sand-Turm genannt) flüchtet; auch in den *Promenades autour d'un village* (1859) spricht sie von den »romantischen Trümmern, wo man bei Mondschein die wunderbare Symphonie der Blutenden Nonne von Gounod oder, besser noch, den Freischütz von Weber hören möchte.«

LA CHÂTRE
George Sand kam zu allen Zeiten ihres Lebens häufig vom nahen Nohant nach La Ch.; hier ging die Dichterin zur Erstkommunion (Kirche Saint-Germain), hier verkehrte sie als junges Mädchen im Hause des Arztes Decerfz (Ecke Rue des Bœufs), hier traf sie sich mit den Söhnen der Freunde ihres Vaters, der 1808 am Pont du Lion-d'Argent durch einen Sturz vom Pferd starb; den Schluß ihres Romans *Lélia* (1839) schrieb sie in der Rue des Pavillons des Städtchens, das in vielen ihrer Werke auftaucht: in *André* (1835), in *Mauprat* (1837), in *Les beaux*

George Sand (1864)

Messieurs de Bois-Doré (1858) und natürlich in dem Lebensrückblick *Histoire de ma vie* (1854/55); Statue der Dichterin (Aimé Millet) auf dem Square George-Sand; [M] Musée George Sand et de la Vallée Noire (Rue Venôse Nr. 71) mit zahlreichen Erinnerungsstücken (auch an H. de Latouche und M. Rollinat).

CORLAY
An der D 943 bei C., an einem Aussichtspunkt, Stele (zum 50. Todestag der Dichterin) mit der Inschrift »Ici commence la Vallée Noire célébrée par les romans de George Sand«.

LE COUDRAY (Schloß)
Am 30. Juli 1830 lernte George Sand, damals noch Baronin Dudevant, auf Schloß Le C. (1 km sö. v. Verneuil-sur-Igneraie), dem Landsitz ihres Freundes Charles Duvernet, den neunzehnjährigen Jurastudenten Jules Sandeau (→ Aubusson/Li) kennen, mit dem sie eine Liebschaft begann (und nach dessen Namen sie ihr Pseudonym wählte).

GARGILESSE-DAMPIERRE
George Sand war so beeindruckt von dem Dorf, daß ihr Alexandre Manceau, Sekretär und Geliebter der Dichterin, hier »eine Hütte« kaufte, die sie im Juni 1857 bezog: »Das Häuschen besteht aus zwei äußerst sauberen Zimmern, Eisenbetten, Binsenstühlen, Weichholztisch und ist angebaut an andere, ganz gleiche, aber weniger saubere Häuser, in denen die Bauern des Ortes wohnen, die sehr liebenswürdig hilfsbereit, weder kriecherisch noch bettelhaft sind. [...] Dieses Dorfleben im Verein mit dem wirklichen bäuerlichen Alltag scheint mir viel normaler als das Leben im Schloß, das für mich sehr kompliziert ist. Sich um nichts kümmern zu müssen in den materiellen Dingen war mir immer als ein Ideal erschienen, und dieses Ideal finde ich in meinem Zimmerchen, in dem ich gerade Platz genug habe zum Schreiben, Waschen und Schlafen.« George Sand schrieb hier u. a. *Les beaux Messieurs de Bois-Doré* (1858) und *L'Homme de neige* (1859); Schilderungen des Ortes und seiner Umgebung finden sich in den *Promenades autour d'un village* (1859) und in dem Roman *Le Péché de M. Antoine* (1845). Die Villa Algira, heute [M] Museum, befand sich im Besitz der Enkelin George Sands, Aurore Lauth (1866-1961), bis zu deren Tod.

MERS-SUR-INDRE
Der Ort M. ist zusammen mit den nur wenig nw. gelegenen Weilern Fourche und Les Ormeaux Schauplatz des Romans *La Mare au diable* (1846, dt. *Der Teufelssumpf*, 1846 u. ö.); der Sumpf, ein im Sommer ausgetrockneter Teich, befindet sich im Wald von Chanteloube, 500 m nö. des Schlosses Le Magnet.

MONTGIVRAY
Die häufigen Besuche der Autorin im Schloß von M. fanden ihren Niederschlag in dem frühen Roman *Valentine* (1832); die nahen Dörfer Vieilleville, Urmont und La Frémenelle sind Schauplätze in *La Petite Fadette* (1849). (1873 erwarb Solange Clésinger, die Tochter der Dichterin, das Schloß.)

Nohant: George Sands Schreibtisch

MONTIPOURET

Die Gegend um M. spielt eine große Rolle in mehreren Romanen Sands; der Ort selbst findet in *François le Champi* (1847/48) Erwähnung. 2 km südl. v. M. befindet sich die Mühle von Angibault, Schauplatz des Romans *Le Meunier d'Angibault* (1845).

LA MOTTE-FEUILLY

Lauriane de Beuvre, weibliche Hauptfigur des Romans *Les beaux Messieurs de Bois-Doré* (1858), bewohnt das Schloß La M.-F.

NOHANT

† 1876 **George Sand** (* Paris 1804); die Dichterin hatte auf dem von ihrer Großmutter 1793 erworbenen Schloß bereits 1810-18 Kindheit (als Aurore Dupin) und ab 1823 erste Ehejahre (als Baronin Dudevant) verbracht, bevor ihr im Scheidungsprozeß das Gut endgültig zufiel (1836) und ihr ständiger Wohnsitz wurde; neben dem Maler Eugène Delacroix und den Musikern Franz Liszt (mit der Gräfin d'Agoult) und natürlich Frédéric Chopin (mit Unterbrechungen von 1839-46) kamen viele Schriftsteller in das gastfreie Haus: Honoré de Balzac (→ Tours) im Februar 1838, Alexandre Dumas d. Ä. (→ Villers-Cotterêts/Pi), Alexandre Dumas d. J. (→ Paris) zweimal 1861 und September 1863, Eugène Fromentin (→ La Rochelle/PCh) eine Woche Mitte Juni 1862, Théophile Gautier (→ Tarbes/MPy) September 1863 (»Das Haus, eigentlich eher ein Schloß, ist schön mit seinem Efeu und seinem alten grauen Gemäuer; es liegt inmitten eines weitläufigen Grundstücks, zur Hälfte Park, zur Hälfte Garten. Das Ganze ist ziemlich verwahrlost, gerade so, wie ich es mag«), Gustave Flaubert (→ Rouen/HNo) Weihnachten 1869 und April 1873, der russische Autor Iwan Turgenjew (1818-1883) dreimal zwischen 1872 und September 1873; bei der Beisetzung am 10. Juni 1876 waren u. a. anwesend: der Prinz Napoleon, Flaubert, A. Dumas d. J., E. Renan (→ Tréguier/Br). Besucher Nohants in der ersten Hälfte des 20. Jhs., als Aurore, die Enkelin der Dichterin (gest. 1961), Schloßherrin war: E. Wharton 1906, V. Woolf 1937. – Grab auf dem Friedhof; das Schloß ist heute Museum (M Maison de George Sand).

POULIGNY-SAINT-MARTIN

Mitten im Wald steht ca. 1 km südl. des Ortes P. die Tour Gazeau, Aufenthaltsort des Bonhomme Patience aus dem Roman *Mauprat* (1837).

SAINT-CHARTIER

Der Ort mit Schloß und Umgebung bildet einen der Hauptschauplätze des Romans *Les Maîtres Sonneurs* (1853, dt. *Die Musikanten-Zunft*, 1856 u. ö.); alljährliche Versammlung (Wochenende des 14. Juli) im Schloß: ›Rencontres Internationales de Luthiers et Maîtres Sonneurs‹.

SAINTE-SÉVÈRE-SUR-INDRE

Ort und Schloß spielen wiederholt in den Romanen George Sands eine Rolle: In *Mauprat* (1837, dt. 1838) ist das Schloß Besitz des Vaters der Edmée de Mauprat, in *Les*

Mühle von Angibault

Maîtres Sonneurs (1853, dt. *Die Musikanten-Zunft*, 1856) ist eine Anhöhe bei S.-S. Schauplatz des 17. und 18. Kapitels.

SARZAY (Schloß)
Das Schloß Blanchemont in dem Roman *Le Meunier d'Angibaut* (1845, dt. *Der Müller von Angibaut*, 1845) hat Schloß S. zum Vorbild: »Ein recht elegantes Schloß, ein langgestrecktes Viereck, das in allen Stockwerken nur einen einzigen großen Raum aufweist, vier Ecktürme, die kleinere Zimmer enthalten, und ein weiterer Turm mit der einzigen Treppe in der Rückfassade.«

Saumur: Blick vom Schloß auf Stadt und Brücke

PAYS DE LA LOIRE (PdL)

Region: Pays de la Loire; Départements: Loire-Atlantique (44), Maine-et-Loire (49), Mayenne (53), Sarthe (72), Vendée (85); Einwohner: 3,1 Mio.; Fläche: 32082 qkm; Verwaltungssitz: Nantes.

L'AIGUILLON-SUR-MER (Vendée)

[L] In *La Maison du juge* (1942, dt. *Maigret im Haus des Richters*, 1984) von **G. Simenon** wird der nach Luçon (20 km nö. v. L'A.) strafversetzte Kommissar Maigret zur Aufklärung eines Mordes nach L'A. gerufen.

ANCENIS (Loire-Atlantique) → **LIRÉ** [R]

ANGERS (Maine-et-Loire)

»Es ist recht und billig zu sagen, daß das Château d'Angers selbst einer Pilgerreise würdig ist; der einzige Nachteil besteht darin, daß man es in einer Viertelstunde gesehen hat.« (Henry James)

Universität; Université Catholique de l'Ouest (Bibliothek: 250 Tsd. Bde., Hs., Ink.); École Supérieure d'Arts et Métiers. – Universitätsbibliothek (300 Tsd. Bde., Sammlungen zu Julien Gracq, Octave Mirbeau, Michel Tournier), Bibliothèque municipale (Stadtbücherei; 400 Tsd. Bde., 2000 Hs., 115 Ink.). – Nouveau Théâtre d'Angers (Centre National Dramatique). – Théâtre municipal (Stadttheater).

Die alte Hauptstadt des Anjou war ein Zentrum der Wissenschaften (Universitätsgründung 1364); vor allem unter der Herrschaft des ›Guten Königs‹ **René** (1409-80; Titularkönig von Sizilien und letzter Herzog von Anjou), der selbst dichtete und malte, kam es zu einer Blüte von Kunst und Kultur. Im August 1486 wurde in A. das Mysterienspiel *Le Mystère de la Passion d'Angers* von **Jean Michel** aufgeführt; die ca. 30 000 Verse, die eine Spieldauer von zehn Tagen beanspruchten, sind die Neubearbeitung bzw. Erweiterung eines um die Jahrhundertmitte in Paris aufgeführten Werkes. – A. ist ferner Geburtsstadt des Bildhauers **David d'Angers** (1788-1856), der eine große Zahl von Dichterstatuen bzw. -büsten schuf: Racine, Chateaubriand, V. Hugo, Balzac u. a. (große Sammlung seiner Werke in der Galerie David d'Angers, Rue Toussaint Nr. 33 *bis*).

* 1035 **Marbod von Rennes** († ebda. 1123); Kanzler und Lehrer in seiner Geburtsstadt, ab 1096 Bischof von Rennes/Br, zog sich am Ende seines Lebens in die Abtei Saint-Aubin in A. zurück (in den Klostergebäuden, im 17. und 18. Jh. erneuert, heute Präfektur); verfaßte lat. Lyrik.

* 1530 **Jean Bodin** († Laon/Pi 1596); Jurist, ab 1561 in Paris, verfaßte staatstheoret. Schriften (*Six livres de la république*, 1576), suchte nach Lösungen in den Religionskriegen (*Colloquium heptaplomeres*, entstanden vor 1593, veröffentl. 1841, dt. *Das Heptaplomeron*, 1841) und schrieb ein Buch über die Geisterwelt *Démonomanie des sorciers* (1580).

* 1853 **René Bazin** († Paris 1932), Erzähler; Universitätsprofessor für Jura, 1903 Aufnahme in die Académie Française; verfaßte Romane über das Leben in der Provinz (Anjou, Elsaß u. a.); Großonkel von Hervé Bazin (s. u.). – Geburtshaus Quai René Bazin Nr. 8, Wohnsitz im Herrenhaus Les Rangeardières im ö. gelegenen Saint-Barthélemy-d'Anjou (dort auch Grab). – W. u. a.: *La Terre qui meure* (R. 1899, dt. *Landflucht*, 1901) *Les Oberlé* (R. 1901, dt. 1904), *Le Blé qui lève* (R. 1907), *Baltus le lorrain* (R. 1926).

* 1911 **Hervé Bazin** (eigentlich Jean-Pierre Hervé-Bazin) († ebda. 1996), Lyriker, Erzähler; Großneffe von René Bazin (s. o.); Jura- und Philologiestudium in A. und Paris, Bruch mit der Familie; aktiv in der Résistance; 1948 großer Erfolg mit dem Roman *Vipère au poing* (dt. *Viper im Würgegriff*, 1956); zahlreiche Reisen, ab 1973 Präsident der Académie Goncourt. – Geburtshaus in der Rue du Bellay. – Weitere W.: *Parcelles* (Ged. 1933), *La Mort du petit cheval* (R. 1950, dt. *Das Tischtuch ist zerschnitten*, 1956), *Le Matrimoine* (R. 1967, dt. *Die sanften Löwinnen*, 1970), *Les Bienheureux de la désolation* (R. 1970, dt. *Glück auf dem Vulkan*, 1971)

Cri de la chouette (R. 1972, dt. *Die Eule ruft*, 1976).

[A] **F. Rabelais** (→ La Devinière/C), dessen Mutter aus A. stammte, war Novize in dem bei A. gelegenen Franziskanerkloster La Baumette, wo er möglicherweise bereits die Brüder du Bellay (→ Le Mans) und Geoffroy d'Estissac (→ Maillezais) kennenlernte, die für seinen weiteren Lebensweg wichtig werden sollten. – **Victor Hugo** (→ Besançon/FC), Mitte August 1834 auf der Durchreise, lobte in der »malerischen« Stadt das alte Schloß sowie Portal und Fenster der Kathedrale. – **P. Mérimée** (→ Paris), der als Generalinspektor der historischen Denkmäler im Sommer 1835 zu einer Reise in den Westen Frankreichs aufgebrochen war, kam im Oktober

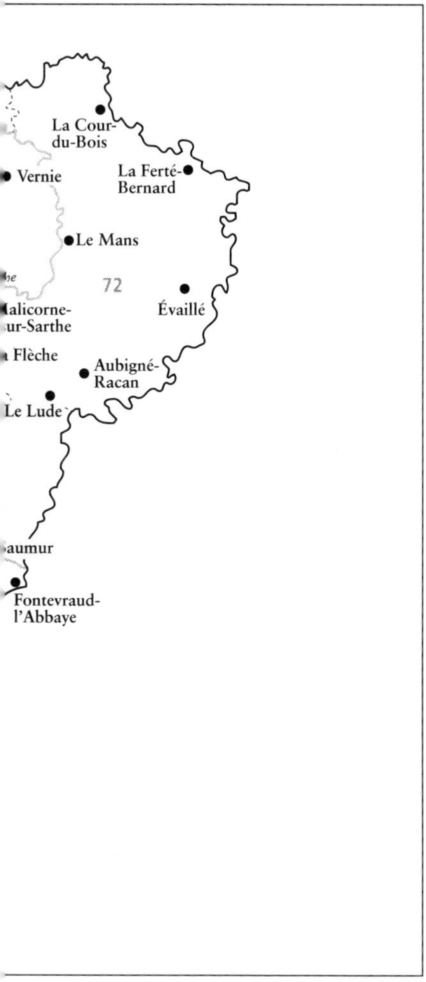

dieses Jahres nach A., wo ihn weniger das Schloß als die Kirchen und spätmittelalterlichen Häuser der Stadt interessierten (Beschreibung in den *Notes d'un voyage dans l'Ouest de la France*, 1836). – Nach einer 10-tägigen Reise durch die Bretagne Mitte September 1866 fuhr **G. Sand** (→ Paris) von A. mit dem Schiff über Loire und Indre nach Châteauroux/C. – **Henry James** (1843-1916) kam im Oktober 1882 in die Stadt und besichtigte Schloß (»dessen Äußeres ganz ordentlich ist«) und Kathedrale (»von mäßigem Interesse«). – **Paul Claudel** (→ Villeneuve-sur-Fère/Pi) besuchte im August 1925 René Bazin (s. o.) und Familie auf dem Gut Les Rangeardières. – **Julien Green** (→ Paris), der sich im Spätsommer und Herbst 1934 in Dampierre eingemietet hatte, spricht in seinen *Tagebüchern* auch von einem Besuch in A. (21. 9. 1934): »In Angers betrachteten wir lange das Portal der Kathedrale und die schönen grauen Steinfiguren. Moses' blindes, inbrünstiges Antlitz. Die Gewänder der Heiligen fallen in fließenden Falten auf ihre Füße, wie sie einzig ein schwerer und zugleich weicher Stoff machen kann; ihre langen Ärmel hängen herab und verwickeln sich an den Enden.« – **Wolfgang Koeppen** (1906-1996) führten 1960 seine *Reisen nach Frankreich* (1961) in das Schloß mit dem Teppichzyklus der Apokalypse.

R **Gilles de Rais** (→ Tiffauges), wegen seiner Grausamkeit berüchtigter Herr der im 13. Jh. erbauten Burg (heute Ruine) von **Champtocé-sur-Loire** (20 km w. v. A.), war dem Märchenerzähler **Charles Perrault** (→ Paris) Vorbild für die Figur des ›Barbe-bleue‹ (›Blaubart‹). – **Prosper Mérimée** (→ Paris) besuchte die Dorfkirche von

Angers

Savennières (11 km sw. v. A.) Mitte Oktober 1835 und hebt in seiner Beschreibung (*Notes d'un voyage dans l'Ouest de la France*, 1836, zuletzt 1989) das vorromanische Fischgrätenmauerwerk hervor. – Aus dem kleinen Ort **Saulgé-l'Hôpital** (20 km sö. v. A.) und dessen Umgebung stammten die Thibaults, die Vorfahren des Schriftstellers **Anatole France** (→ Paris): Der Vater des Dichters (geb. 1805 in Luigné, 1 km südl. v. S.), Sohn des Dorfschusters, wurde in Paris Inhaber einer Buchhandlung: ›Librairie politique de France-Thibault‹. »Mein Vater hieß in Wirklichkeit François-Noël Thibault«, erklärt der Dichter sein Pseudonym. »Aber er stammte aus dem Anjou, wo man gerne France für François sagt. Deshalb war er in seiner Heimat nur unter dem Namen France bekannt.« – Ab dem Frühjahr 1941 fanden sich in **Rochefort-sur-Loire** (15 km sw. v. A.) Lyriker zur ›École de Rochefort‹ zusammen, die eine Befreiung des Geistes durch die Poesie proklamierte; Gründer und bedeutendstes Mitglied dieser Gruppe war **René Guy Cadou** (→ Sainte-Reine-de-Bretagne).

ASSÉ-LE-BÉRENGER (Mayenne) → CHÂLONS-DU-MAINE [R]

AUBIGNÉ-RACAN (Sarthe)

* 1589 **Honorat de Bueil, Seigneur de Racan** († La Roche-Racan/C 1670); Freund und Schüler von F. de Malherbe (→ Caen/BNo), über den er *Mémoires pour la vie de Malherbe* schrieb; Gründungsmitglied der Académie Française; verfaßte bukolische Dichtungen (*Les Bergeries*, 1619), eine Psalmenübersetzung (*Odes sacrées*), Sonette, Oden etc. – Geburtsort ist das nö. des Ortes gelegene Schloß Champmarin, von wo das drei Wochen alte Kind auf das Schloß La Roche-Racan/C gebracht wurde. – Weitere W.: *Œuvres complètes* (2 Bde. 1930/37).

[R] Der Lyriker **Joachim du Bellay** (→ Liré), der über beste kirchliche Beziehungen verfügte (→ Le Mans), besaß die Pfründe des weltlichen Erzdiakons von

Château-du-Loir (12 km ö. v. A.), die nach seinem Tod im Jahre 1560 auf **Pierre de Ronsard** (→ La Possonnière/C) überging. – Ronsard war 1548 bereits der Herrensitz **Sarceau** bei **Sarcé** (6 km nw. v. A.) zugefallen, der seit der 2. Hälfte des 15. Jhs. im Besitz seiner Familie war. – **Alfred de Musset** (→ Paris) verbrachte einige Tage im September 1829 auf dem einen Kilometer sw. der Ortschaft **Saint-Biez-en-Belin** (18 km n. v. A.) gelegenen Schloß **Chardonneux**, das er als »hübsches Landhaus in der Nähe von Le Mans« zum Schauplatz seiner Erzählung *Pierre et Camille* (1844) macht.

BATZ-SUR-MER (Loire-Atlantique) → **LE CROISIC**
LA BAULE (Loire-Atlantique) → **LE CROISIC** [R]
LE BURON (Loire-Atlantique) → **VIGNEUX-DE-BRETAGNE**
CARELLES (Mayenne) → **ERNÉE** [R]

CHÂLONS-DU-MAINE (Mayenne)

* 1864 **Jules Renard** († Paris 1910), Erzähler; in Chitry-les-Mines/Bu aufgewachsen, Schulen in Nevers und Paris; 1890 Mitbegründer und fortan Mitarbeiter der Lit.-Zs. *Mercure de France*; 1894 Bekanntschaft mit Toulouse Lautrec, der die Tiergeschichten *Histoires naturelles* (1896, dt. *Naturgeschichten*, 1960) illustrierte; 1904 Bürgermeister von Chitry-les-Mines; bekannt als Autor des Romans *Poil de Carotte* (1894, dt. *Rotfuchs*, 1946; dramatisiert 1900, dt. u. d. T. *Fuchs*, 1901) – weitere W.: *L'Écornifleur* (R. 1892, dt. *Der Schmarotzer*, 1964), *Le Vigneron dans sa vigne* (Erz. 1894), *Journal 1887-1910* (postum vollst. 1935, dt. in Ausz. u. d. T. *Ideen – in Tinte getaucht*, 1986); *Œuvres complètes* (2 Bde. 1970).

[R] Den Denkmalschützer **P. Mérimée** (→ Paris) packte bei der Besichtigung der Basilika Notre-Dame von **Évron** (18 km ö. v. Ch.) im Sommer 1841 das Grausen, denn er fand sie »von oben bis unten wildwüst verputzt.« – Die Inschrift auf dem Taufstein der Dorfkirche von **Assé-le-Bérenger** (4 km ö. v. Évron) nennt als ihren Stifter Jean Pocquelin, Pfarrer von 1679 bis 1704, einen Cousin des Dramatikers **Molière** (→ Paris).

Jules Renard

CHAMPMARIN (Schloß) (Sarthe) → **AUBIGNÉ-RACAN**
CHAMPTOCÉ-SUR-LOIRE (Maine-et-Loire) → **ANGERS** [R]
LA CHAPELLE-ANTHENAISE (Mayenne) → **LAVAL** [R]
LA CHAPELLE-SUR-ERDRE (Loire-Atlantique) → **NANTES** [R]
CHARDONNEUX (Schloß) (Sarthe) → **AUBIGNÉ-RACAN** [R]

LA CHÂTAIGNERAIE (Vendée)

François de La Rochefoucauld (→ Paris) heiratete 1628, noch keine fünfzehn Jahre alt, Andrée de Vivonne, Erbtochter des verstorbenen Grafen von La Ch., und gelangte so in den Besitz des Lehens.

[R] **Georges Simenon** (→ Anhang) schrieb im Spätsommer 1940 auf dem Gutshof Pont-Neuf in **Vouvant** (10 km südl. v. La Ch.) den Roman *La Vérité sur Bébé Donge* (1942, dt. *Die Ehe der Bébé Donge*, 1953, u. d. T. *Die Wahrheit über Bébé Donge*, 1978), den er in der Umgebung von La Ch. spielen läßt.

CHÂTEAU-DU-LOIR (Sarthe) → **AUBIGNÉ-RACAN** [R]

CHÂTEAUBRIANT (Loire-Atlantique)

Théâtre municipal (Stadttheater).

Die Burg von Ch. wurde im 11. Jahrhundert von einem Grafen Brient gegründet, einem Vorfahren des Schriftstellers **F.-R. de Chateaubriand** (→ Saint-Malo/Br), der seine Familiengeschichte in den *Mémoires d'outre-tombe* (1848-50) erläutert (Teil 1, Buch 1, Kap. 2); Montmirel, der Koch des Dichters, gilt als Erfinder des Rinderfilets Châteaubriant (geschrieben wie die Stadt), die der zweitgrößte Umschlagplatz für Rindfleisch in Frankreich ist. – Sophie Trébuchet, die Mutter von **V. Hugo** (→ Besançon/FC), früh schon Vollwaise, wuchs bei einer Tante auf: in Ch. im Haus in der Rue Couëré und auf dem Familiengut La Renaudière in der Gemeinde Petit-Auverné (12 km südl. v. Ch.); der Überlieferung nach traf sie auf dem Weg zwischen diesen beiden Wohnsitzen zum ersten Mal den künftigen Vater des Dichters, Léopold-Sigisbert Hugo (→ Nancy/Lo), der im Jahr 1793 als Offizier in der Bretagne stationiert worden war, um die royalistischen Aufstände niederzuschlagen.

[R] **G. Flaubert** (→ Rouen/HNo) und **Maxime du Camp** (→ Paris) verbrachten auf ihrer Bretagne-Reise den 9. und 10. Mai 1847 in dem alten, bei dem Ort **La Meilleraye-de-Bretagne** (20 km südl. v. Ch.) gelegenen Zisterzienserkloster **Melleray**; Flaubert beschreibt in seinem Skizzenbuch die einzelnen Räume der Anlage, Aussehen und Verhalten der Mönche und notiert schließlich die »Freude in den Feldern, den Sack auf dem Rücken, Freiheit und Sonne wiederzufinden«. – In **Louisfert** (7 km sw. v. Ch.) starb 1951 **René Guy Cadou** (→ Sainte-Reine-de-Bretagne, der seit Ende 1944 Lehrer im Ort war; das Sterbehaus (die Schule von L.) wird heute als [M] Museum und zu Veranstaltungen genutzt (Grab in Nantes auf dem Cimetière de la Bouteillerie).

CHEMAZÉ (Mayenne)

[A] Das bei Ch. gelegene Schloß Saint-Ouen besuchte **P. Mérimée** (→ Paris) im Sommer 1841 auf einer Inspektionstour; der Staat solle das Objekt erwerben, so wandte sich Mérimée an das Ministerium, um die notwendigen Restaurierungsarbeiten durchführen zu lassen; die anschließende Nutzung sei kein Problem: Man brauche das Schloß ihm nur zu schenken, er wolle es gern bewohnen.

CHÊNEHUTTE-LES-TUFFEAUX (Maine-et-Loire) → **SAUMUR** [R]

CLISSON (Loire-Atlantique)

[A] **G. Flaubert** (→ Rouen/HNo) und **Maxime du Camp** (→ Paris), die im Mai 1847 eine Fahrt in die Bretagne unternahmen, besichtigten in C. die alte Burgruine und anschließend den Park La Garenne-Lemot (mit einer Heloisa-Grotte), einen »trotz seiner künstlichen Schönheiten sehr hübschen Park«; Flaubert spart in seiner Beschreibung in *Par les Champs et par les grèves* (postum 1886, dt. *Über Feld und Strand*, 1906) nicht an Ironie: »›Was wir an solchen Orten empfinden‹, sagt Herr Richer, der Verfasser einer Reise an der unteren Loire, ›hat auch Heloise empfunden; sie hat gefühlt, bewundert und geträumt wie wir.‹ Ich muß gestehen, daß ich nicht wie Herr Richer und Heloise bin, ich habe wenig gefühlt, ich habe nur die Bäume bewundert und fand, daß die von ihnen beschattete Grotte sich vorzüglich eigne, um darin Sommertags mit ein paar Freunden und irgendwelchen Heloisen zu frühstücken; denn die Nähe des Wassers erlaubt, die Flaschen kaltzustellen; geträumt habe ich überhaupt nicht.«

COGNERS (Sarthe) → **ÉVAILLÉ** [R]
COUDRECIEUX (Sarthe) → **ÉVAILLÉ** [R]

LA COUR-DU-BOIS (Schloß) (Sarthe)

[A] **Marceline Desbordes-Valmore** (→ Douai/NPdC) weilte häufig auf dem Schloß (1 km südl. von Mamers) bei ihrer

Freundin, der Baronin de Raiset, und verfaßte hier Gedichte; der Dichterin Tochter Ondine, »ein kokettes, kluges und ambitiöses Mädchen« (St. Zweig), umworben von Sainte-Beuve (→ Boulogne-sur-Mer/NPdC) und H. de Latouche (→ La Châtre/C), heiratete den Abgeordneten von Mamers, den Juristen Langlais.

LE CROISIC (Loire-Atlantique)
[A] **H. de Balzac** (→ Tours/C), der mit dem Schiff die Loire von dem Gutshaus La Grenadière (→ Saint-Cyr-sur-Loire/C) herabgekommen war – »Ich habe die poetischste Reise gemacht, die in Frankreich möglich ist«, schreibt er in einem Brief vom 21. Juli 1830 an einen befreundeten Journalisten – hielt sich mit Madame de Berny, seiner mütterlichen Geliebten, im Juni 1830 in Le C. auf; ein zweites Mal kam Balzac im April/Mai 1841 in diese Gegend; die Gegend um Le C. und das benachbarte Batz-sur-Mer sind Schauplatz der Novelle *Un Drame au bord de la mer* (1835, dt. *Ein Drama am Ufer des Meeres*). – Der englische Dichter **Robert Browning** (1812-1889) verbrachte Ferienaufenthalte 1866 und 1867 in Le C. (poetischer Niederschlag in *The Two Poets of Croisic*, 1878). – **Émile Zola** (→ Paris), der im Sommer 1876 in → Piriac-sur-Mer Urlaub machte, besuchte auch Le C. und Batz-sur-Mer.
[R] **La Baule** (8 km ö. v. Le C.) ist neben Paris Handlungsort des Kriminalromans *Maigret et l'homme tout seul* (1971, dt. *Maigret und der Einsame*, 1975, u. d. T. *Maigret und der einsame Mann*, 1990) von **G. Simenon**.

CUNAULT (Maine-et-Loire) → **SAUMUR** [R]
DAMPIERRE (Maine-et-Loire) → **SAUMUR** [R]

ERNÉE (Mayenne)
[A] **Honoré de Balzac** (→ Tours/C), der im September vor Ort Recherchen für seinen Roman *Les Chouans* (1829/1834, dt. u. d. T. *Die Königstreuen*, 1923) betrieb, kam auf dem Weg von Alençon nach Fougères auch durch E.; das »Raststädtchen für Reisende« ist im Roman mehrfach erwähnt und Schauplatz kurzer Szenen. – **V. Hugo** (→ Besançon/FC) kam Ende Juni 1836 durch E. und zeichnet im Brief an seine Frau kein positives Bild des Ortes: »Ernée ist eine scheußliche kleine Stadt, dumm und platt, wo eine häßliche Alte eine schreckliche Wirtschaft führt.«
[R] Das Dorf **Carelles** (10 km n. v. E.) ist Schauplatz der 29. Geschichte der Sammlung *L'Heptaméron* (1559, dt. 1791, zuletzt 1979) von **Margarete von Navarra**.

ÉVAILLÉ (Sarthe)
[A] Die Pfarrei des Dorfes zählte zu den Pfründen, die **Pierre de Ronsard** (→ La Possonnière/C) innehatte (ab 1555); nach dem ›Massaker von Vassy‹ kam Ronsard, der stets entschieden auf der royalistisch-katholischen Seite Stellung bezog, in seine Pfründe, um sich mit den Adligen der Gegend gegen plündernde Hugenottenbanden zur Wehr zu setzen.
[R] Das Schloß von **Cogners** (4 km südl. v. É.) befand sich zu Beginn des 19. Jahrhunderts im Besitz des Marquis de Musset, des Taufpaten von **A. de Musset** (→ Paris); der Dichter verbrachte als Schüler des Collège Henri IV. dreimal seine Sommerferien auf dem Schloß: 1822, 1824 (als er auf der Jagd beinahe seinen Bruder Paul erschoß) und 1827, als er, ein Siebzehnjähriger, sich bereits zu langweilen begann: »Mir fehlt ein hübscher Fuß, eine schlanke Taille, Liebe. Ich würde ja meine Cousine lieben, die alt ist und häßlich, wenn sie nur nicht so pedantisch und sparsam wäre.« – Die Vorfahren der engl. Schriftstellerin **Daphne du Maurier** (1907-1989) waren Besitzer von Gut und Glashütte La Pierre bei **Coudrecieux** (12 km n. v. É.); die Erzählerin, die 1955 den Ort ihrer Ahnen besuchte, hatte bereits in der Biographie *The du Mauriers* (1932) ihr Andenken beschworen; auch der Roman *Scapegoat* (1957, dt. *Der Sündenbock*, 1957) spielt in der Landschaft Maine.

ÉVRON (Mayenne) → **CHÂLONS-DU-MAINE** R

LA FERTÉ-BERNARD (Sarthe)

La F. ist der Geburtsort der Weißnäherin Anne-Toinette Champion (1710-1796), die **D. Diderot** (→ Langres/ChA) 1743 heimlich heiratete.

* 1544 **Robert Garnier** († Le Mans 1590), Dramatiker; Jurist, zunächst am Parlament in Paris, dann als Ratgeber in Le Mans, schließlich ›lieutenant criminel‹ der Provinz Maine; Dramatiker in der Nachfolge Senecas und des griechischen Theaters, Vorläufer der Klassik des 17. Jahrhunderts; Hauptwerk: *Les Juifves* (1583). – Geburtshaus hinter der Kirche abgerissen; Gedenktafel in der Rue Robert-Garnier Nr. 11. – Weitere W.: *Porcie* (Dr. 1568), *Hippolyte* (Dr. 1573), *Cornélie* (Dr. 1574), *Marc-Antoine* (Dr. 1578), *La Troade* (Dr. 1579), *Antigone* (Dr. 1580), *Bradamante* (Dr. 1582).

LA FLÈCHE (Sarthe)

A Der Lyriker **Jean-Antoine de Baïf** (→ Anhang), mit Ronsard (→ La Possonnière/C) und du Bellay (→ Liré) befreundetes Mitglied der Pléiade, verbrachte einen Großteil seiner Kindheit auf dem Gut La Cour-des-Pins (2 km nw. von La F.), das ihm später als Erbe seines Vaters, des Humanisten und Diplomaten Lazare de Baïf, zufiel. – Heinrich IV., dessen Herz 1610 hier bestattet wurde, hatte 1604 in La F. das Jesuitenkolleg Collège royal (seit dem 18. Jh. Militärschule) gegründet, dessen berühmtester Schüler der Philosoph **René Descartes** (→ Descartes/C) war, der von 1606 bis 1614 seine Ausbildung hier erhielt; Descartes, dessen Onkel, P. Charlet, Rektor von La F. war, mußte nicht mit den übrigen im großen Schlafsaal übernachten, sondern verfügte als ›chambriste‹ über ein Einzelzimmer. – **Hippolyte Taine** (→ Vouziers/ChA) beschreibt die Anlage nach einem Besuch 1863 in seinen *Carnets de voyage* (1897). – **André Gide** (→ Paris) besuchte hier im Februar 1902 seinen Schwager Marcel Drouin, der Philosphielehrer an der Militärschule war.

L Léandre, eine der Hauptfiguren des *Roman comique* (1651/57, dt. 1782, u. d. T. *Der Komödiantenroman*, 1887) von **Paul Scarron**, war Jesuitenschüler von La F., bevor er sich aus Liebe zu einer Akteurin der Schauspieltruppe anschloß (2. Teil, 5. Kap.).

FONTENAY-LE-COMTE (Vendée)

Théâtre municipal (Stadttheater).

Der in Weimar geborene Märchensammler **Ludwig Bechstein** (1801-1860) ist der uneheliche Sohn des aus F. stammenden und nach Deutschland emigrierten Louis Hubert Dupontreau und der Johanna Dorothea Bechstein.

* um 1535 **Nicolas Rapin** († Poitiers/PCh 1608), Politiker, Lyriker; Jurastudium in Poitiers, Bürgermeister von F.; hohe politische Ämter; 1579 Sieg bei dem Lyrikwettbewerb anläßlich der ›Grands Jours de Poitiers‹ (einer Zusammenkunft zur Beilegung des Religionskrieges) mit dem Gedicht »La Puce«; Paris; im Alter Rückzug auf das für ihn erbaute Château de Terre-Neuve bei F.; Übersetzungen aus dem Lat. und Ital. (z. B. Ariosts *Orlando furioso*); Mitverfasser der gegen die katholische Ligue gerichteten Schrift *Satire Ménépée* (1594). – Weitere W.: *Ode de la paix* (Ged. 1563), *Les Plaisirs du gentilhomme champestre* (Ged. 1583); *Œuvres* (1982).

A **François Rabelais** (→ La Devinière/C) wurde 1521 Mönch im Franziskanerkloster Le Puy-Saint-Martin (an dessen Stelle heute das Rathaus), stürzte sich, geleitet durch den gleichgesinnten Mönch Pierre Amy, in das Studium des Griech., übersetzte Herodot ins Lat., führte einen Briefwechsel mit dem Gräzisten Budé (Budaeus) und verkehrte in weltlichen Kreisen (v. a. bei dem Juristen und Humanisten André Tiraqueau); als auf Geheiß der Sorbonne hellenistische Studien unterbunden und die Bücher konfisziert wurden, verließ Rabelais Ende 1523 das Kloster und begab sich nach → Maillezais. – Während seiner Wanderjahre soll sich **Molière** (→ Paris), gemeinsam mit Madeleine Béjart, Mitglied der Schauspieltruppe Dufresne, drei Wochen im Juni 1648 in F. aufgehalten haben. – In Begleitung seiner Freunde, mit denen er eine Reise durch das Poitou unternahm, kam im September 1653 **Blaise Pascal** (→ Clermont-Ferrand/Au) in die Stadt. – Der Autor der *Maximes*, **La Rochefoucauld** (→ Paris), war als Kind häufig in F., wo sein Vater Gouverneur war. – Ende Juli 1770 kehrte der **Marquis de Sade** (→ Paris) in sein Regiment zurück, das in F. lag; nach Schwierigkeiten mit Vorgesetzten, die vielleicht sogar in einem Duell gipfelten, verließ der Marquis die Garnison wieder. – **Jacques de Lacretelle** (→ Cormatin/Bu) war häufig in F., wohnte zeitweise hier; die Stadt, die der Autor in seinem Erinnerungsbuch *Le Tiroir secret* (1960) beschreibt, dient der Romantetralogie *Les Hauts-Ponts* (1932-35) als Schauplatz. – Der belgische Krimiautor **Georges Simenon** (→ Anhang), der ab Ende 1940 in F. lebte (Quai Victor-Hugo Nr. 12) und im folgenden Jahr einen Teil des Château de Terre-Neuve (s. o.) bezog, machte die Stadt und ihre Umgebung zu Schauplätzen seiner Romane, so in *Le Rapport du Gendarme* (1944, dt. *Der Bericht des Polizisten*, 1987) und *Maigret a peur* (1953, dt. *Maigret hat Angst*, 1957). – **Georges Bataille** (→ Billom/Au) hielt sich in seinen letzten Lebensjahren häufig bei seinem Freund André Costa in F. auf.

FONTEVRAUD-L'ABBAYE (Maine-et-Loire)

[A] **Prosper Mérimée** (→ Paris), seit 1834 oberster Denkmalschützer Frankreichs, besuchte noch Ende dieses Jahres die einstige Abtei und berichtete brieflich dem Minister den Zustand der Baulichkeiten. – Auf seiner Reise in die Bretagne kam im Mai 1847 **G. Flaubert** (→ Rouen/HNo) mit seinem Freund **M. du Camp** (→ Paris) in das ehemalige, um das Jahr 1100 von Robert d'Arbrissel gegründete Kloster, das zu dieser Zeit schon seit über vierzig Jahren als Gefängnis genutzt wurde. »Gefangene im Refektorium, auf dem Spaziergang einzeln, zum Schweigen gezwungen, im Gänsemarsch. – Armer Robert d'Arbrissel, du Seele voll Liebe, ahntest du diese schändlichen Dinge?« notiert Flaubert in sein Skizzenbuch der Reise. – **Julien Green** (→ Paris) besuchte die Abtei im Spätsommer 1934 und schreibt in seinen *Tagebüchern*: »Neulich in der Abtei von Fontevrault, wo ich einen Schrei des Entzückens unterdrücken mußte, als ich die Tür aufstieß. Das Schiff liegt weiß im Halbdunkel, und der halbkreisförmige, von Lichtstrahlen überflutete Chor in der Tiefe funkelt wie eine Luftspiegelung.« – **Jean Genet** (→ Paris), der das Gefängnis 1944 besuchte, macht es zum Schauplatz seines Romans *Miracle de la rose* (1946, dt. *Wunder der Rose*, 1963).

[L] Ein ehemaliger Häftling aus F. ist die männliche Hauptfigur des Romans *La Veuve Couderc* (1942, dt. *Die Witwe Couderc*, 1982) von **Georges Simenon**.

[R] **Alexandre Dumas d. Ä.** (→ Villers-Cotterêts/Pi) schrieb einen Roman um die ebenso verführerische wie gewaltbereite Herrin von Schloß **Montsoreau** (3 km n. v. F.): *La Dame de Montsoreau* (1846); **Julien Green** (→ Paris) besuchte das Schloß im Juli 1934: »In Montsoreau machten wir kurz halt, wenn auch nur im Gedanken an die gleichnamige, Dumas so teure Dame.«

GUÉRANDE (Loire-Atlantique)

[A] Am 4. Juni 1830 kam **Honoré de Balzac** (→ Tours/C), der mit seiner Geliebten Laure de Berny eine Schiffsreise die Loire abwärts vom Gut La Grenadière (→ Saint-Cyr-sur-Loire/C) nach → Le Croisic unternahm, erstmals nach G.; ein zweiter Besuch folgte im April/Mai 1841 in Begleitung von Hélène de Valette (1808-1873); mit der bereits im Alter von 19 Jahren verwitweten Frau, der er den Roman *Le Curé du village* (1841) widmete (Widmung später gestrichen), verband den Dichter eine Liebesbeziehung; ausführliche Beschreibung der Stadt im Roman *Béatrix* (1839): »Eine unter den Städten, die noch ganz unverfälscht das Gesicht der Feudalzeit tragen, ist Guérande ...« – Die Freunde **G. Flaubert** (→ Rouen/HNo) und **Maxime du Camp** (→ Paris) besuchten die Stadt Mitte Mai 1847, besichtigten die Befestigungen (»gemahnen an Avignon«) und die Stiftskirche Saint-Aubin (»von englischem Charakter«). – **G. Sand** (→ Paris) kam im Rahmen einer 10tägigen Reise durch die Bretagne Mitte September mit Sohn und Schwiegertochter nach G. – **É. Zola** (→ Paris), der im nahen → Piriac-sur-Mer Urlaub machte, kam im August 1876 nach G. (»ein Schmuckstück von einer Stadt, eine feudale Stadt, die man in der Vitrine eines Raritätenhändlers ausstellen könnte«, Brief vom 11. 8. 1876).

JUBLAINS (VILLE ROMAINE) (Mayenne) → MAYENNE [R]
LASSAY-LES-CHÂTEAUX (Mayenne) → MAYENNE [R]

LAVAL (Mayenne)

Bibliothèque municipale (Stadtbücherei; 170 Tsd. Bde., Ink.; Sammlung zu Alfred Jarry). – Théâtre de Laval.

* 1873 **Alfred Jarry** († Paris 1907), Dramatiker, Lyriker, Erzähler, Vorläufer der Surrealisten und Dadaisten; Schulbesuch in Saint-Brieuc/Br und Rennes/Br, ab 1891 Lycée Henri IV. in Paris (einer der Lehrer: H. Bergson); Literaturkritiker, Bekanntschaft mit Paul Gauguin; berüchtigter Bohemien, berühmt durch den Skandal um sein Theaterstück *Ubu Roi* (1896, dt. *König Ubu*, 1959); starb in einem Armenspital an Tuberkulose. – Geburtshaus Ecke Rue Alfred-Jarry/Quai Jean-Fouquet (abgerissen); Aufenthalte bei seiner Schwester in der Rue Eugène Jamin Nr. 13 und Rue Charles-Landelle Nr. 13; Statue (Zadkine) im Park an der Place Hardy-de-Lévaré, nahe der Porte Beucheresse. – Weitere W.: *Les Minutes de Sable Mémorial* (Pr. und Ged. 1894, dt. in Ausz. u. d. T. *Der Alte vom Berge*, 1972), *Les jours et les nuits, roman d'un déserteur* (R. 1897, dt. *Tage und Nächte. Roman eines Deserteurs*, 1985), *L'Amour absolu* (R. 1899, dt. *Die absolute Liebe*, 1985), *Ubu enchaîné* (Dr. 1900, dt. *Ubu in Ketten*, 1970), *Messaline* (R. 1900, dt. *Messalina*, 1971), *Le Surmâle* (R. 1902, dt. *Der Supermann*, 1969), *Gestes et opinions du docteur Faustroll, pataphysicien* (R. postum 1911, dt. *Heldentaten und Lehren des Dr. Faustroll, Pataphysiker*, 1968), *La Dragonne* (R. postum 1943), *Ubu cocu* (postum 1944, dt. *Ubu Hahnrei*, 1970).

Alfred Jarry

[A] **Madame de Sévigné** (→ Paris) kam häufig durch L., wenn sie sich auf ihr Schloß → Les Rochers-Sévigné/Br begab. – **Prosper Mérimée** (→ Paris), seit 1834 Generalinspektor der historischen Denkmäler Frankreichs, besuchte L. im August 1835 und hatte durch die immer weiter vorkragenden Geschosse der Häuser – »Man könnte sie für auf die Spitze gestellte Pyramiden halten« – den Eindruck, in eine mittelalterliche Stadt zu kommen; in seinen *Notes d'un voyage dans l'Ouest de la France* (1836) beschreibt er das Alte Schloß (damals Gefängnis) und die Kathedrale, stattete auch der Wallfahrtskirche Notre-Dame d'Avesnières (1,5 km südl. der Stadt) sowie der Dorfkirche von Grenoux (2 km nw. der Stadt) einen Besuch ab. – **Villiers de l'Isle-Adam** (→ Saint-Brieuc/Br) war zwischen seinem 9. und 13. Lebensjahr Internatsschüler in mehreren Orten, u. a. auch am Gymnasium von L. im ehemaligen Ursulinenkloster. – **Alain-Fournier** (→ La Chapelle-d'Angillon/C) leistete sechs Monate seines Militärdienstes (Herbst und Winter 1908/09) in L. ab. – Die Philosophin **Simone Weil** (→ Paris), deren Vater als Militärarzt häufig versetzt wurde, wohnte mit Unterbrechungen von 1914 bis 1918 in L. (Rue Hoche Nr. 10) und besuchte ab 1917 in L. zum ersten Mal eine Schule.

[R] Der Dramatiker **Eugène Ionesco** (→ Anhang) verlebte in seiner Kindheit glückliche Jahre 1921-24 in **La Chapelle-Anthenaise** (10 km nö. v. L.) in einer alten Mühle.

LIRÉ (Maine-et-Loire)

* 1522 **Joachim du Bellay** († Paris 1560), Lyriker; früher Verlust der Eltern, Kindheit und Jugend in L.; 1545 Jurastudium in Poitiers, Freundschaft mit Pierre de Ronsard (→ La Possonnière/C), ab Ende 1547 Studium der antiken Literatur in Paris (Collège de Coqueret); Mitglied der Pléiade, deren Manifest er verfaßte: *La Deffence et Illustration de la Langue Françoyse* (1549); im gleichen Jahr erster Sonettkranz der französischen Literatur: *L'Olive*; 1553-57 als Sekretär seines Onkels, des Kardinals Jean du Bellay (→ Le Mans), in Rom; nach Rückkehr Vermögensverwalter seines Onkels in Paris, zunehmende Taubheit. – Geburtshaus: Schloß La Turmelière, heute Ruine (1,5 km sw. von L.); [M] Musée Joachim-du-Bellay im Renaissancehaus Le Grand Logis (Rue Pierre de Ronsard Nr. 1); am Bürgermeisteramt Gedenktafel mit dem 31. Sonett der *Regrets*, in dessen Schlußterzett der Dichter die Liebe zur Heimat über die Liebe zu Rom stellt: »Plus mon Loire gaulois que le Tibre latin, / Plus mon petit Liré que le mont Palatin, / Et plus que l'air marin la douceur angevine.« – Weitere W.: *Les Antiquitez de Rome* (Ged. 1558), *Les Regrets* (Ged. 1558), *Divers Jeux rustiques* (Ged. 1558), *Poemata* (Ged. 1558); *Œuvres poétiques* (1982).

Joachim du Bellay

[R] Die Freunde **G. Flaubert** (→ Rouen/HNo) und **Maxime du Camp** (→ Paris) begannen ihre Reise in die Bretagne im Mai 1847 mit einer Loire-Fahrt, die sie nach **Ancenis** (3 km n. v. L.) führte; »Ancenis ist, was man eine fürchterliche kleine Stadt nennt, schlecht gepflastert, winklig, mit grauen, ärmlichen Häusern, wie die kleinen Städte des Languedoc, aber ihre Mängel geben ihr einen besonderen Schick; niemand auf den Straßen«, notiert Flaubert in sein Skizzenbuch; Statue du Bellays (s. o.) an der Loire-Brücke. – Der ma. Bergfried, der die Stadt **Oudon** (10 km w. v. L.) überragt, befand sich im Besitz des älteren Bruders von du Bellay (s. o.); in langwierigen Prozessen mußte der Dichter dem Neffen nach dem Tod des Bruders (1551) das Erbe sichern.

LOUISFERT (Loire-Atlantique) → CHÂTEAUBRIANT [R]

LUÇON (Vendée) → L'AIGUILLON-SUR-MER

LE LUDE (Schloß) (Sarthe)
[A] **Madame de Sévigné** (→ Paris), die am 5. 10. 1690 hier übernachtet hatte, beschrieb ihrer Tochter den Zustand der Besitzung fünf Jahre nach dem Tod des Besitzers Henri de Daillon, der einst vergeblich um die berühmte Briefeschreiberin geworben hatte: »Alles trauert hier, alles ist vernachlässigt; hundert Orangenbäume sind schon eingegangen oder werden es noch und zeigen, daß sich seit fünf Jahren niemand mehr um sie gekümmert hat.« (Brief vom 7. 10. 1690)

LUIGNÉ (Maine-et-Loire) → **ANGERS** [R]
MAILLÉ (Vendée) → **MAILLEZAIS**

MAILLEZAIS (Vendée)
[A] **F. Rabelais** (→ La Devinière/C), der Ende 1523 das Franziskanerkloster in → Fontenay-le-Comte verlassen mußte, fand Aufnahme in der Benediktinerabtei Saint-Pierre von M. (heute Ruine), deren Abt Geoffroy d'Estissac ein liberaler Gelehrter war; d'Estissac, auch Bischof von M. und Abt bzw. Prior weiterer Klöster, machte Rabelais zu seinem Sekretär; im Gefolge seines Gönners verbrachte der Dichter die folgenden drei Jahre an mehreren Orten im Poitou. – **Agrippa d'Aubigné** (→ Pons/PCh), Dichter und protestantischer Waffengefährte Heinrichs von Navarra (des späteren Königs Heinrich IV.), wurde 1589 Gouverneur des Ortes (bis 1610), wo er mehrere Prosawerke verfaßte und das Epos *Les Tragiques* (1616) abschloß; bis ins Jahr 1619 hielt sich der Dichter überwiegend in M. auf oder in Maillé (5 km sw.), wo bei dem Drucker Jean Moussat die *Tragiques* (anonym 1616), die *Histoire universelle* (1616-20), und die *Aventures du baron de Faeneste* (1617) erschienen; in der Nähe von Maillé besaß d'Aubigné die Burg Dogoin. – »Abtei Maillezais. Die große Abtei, die nicht durch den Zahn der Zeit zerstört wurde, sondern durch einen Dichter, Agrippa d'Augigné, der hier seine *Tragiques* schrieb, eine andere Ruine und weniger imposant als die, in denen wir spazieren gehen«, schreibt **Julien Green** (→ Paris) in seinen *Tagebüchern* (14. Mai 1981).

MALICORNE-SUR-SARTHE (Sarthe)
[A] **Paul Scarron** (→ Paris), der beste Beziehungen zur Familie Beaumanoir de Lavardin unterhielt, kam mehrfach in das Schloß, das sich seit Beginn des 17. Jahrhunderts im Besitz der Familie befand. – Eine Generation später verkehrte hier **Madame de Sévigné** (→ Paris), die mit der Marquise de Lavardin eng befreundet war, und schrieb von hier vier ihrer berühmten Briefe (23. 5. 1671, 13. 12. 1671, 28. 3. 1676, 23. 10. 1680).

MAMERS (Sarthe) → **LA COUR-DU-BOIS**

LE MANS (Sarthe)
Université du Maine-Le Mans (Bibliothek: 130 Tsd. Bde.). – Médiathèque Louis Aragon (800 Tsd. Bde., 700 Hs., 340 Ink.), Bibliothèque départementale de la Sarthe (220 Tsd. Bde.). – Théâtre municipal (Stadttheater).
Eine Blüte erlebte die Stadt im 16. Jahrhundert durch die kunstliebenden Brüder der Familie du Bellay (Onkel des Dichters **Joachim du Bellay**): René du Bellay (1535-46 Bischof von Le M.), Jean du Bellay (Kardinal, 1546-47 Bischof von Le M.) und Guillaume du Bellay, Edler von Langey (General, Diplomat, Unterhändler mit der protest. Partei in Deutschland, Gouverneur von Piemont).

† 1590 **Robert Garnier** (* 1544 La Ferté-Bernard); der Dramatiker war in der Franziskanerkirche von Le M. beigesetzt worden, die 1792 zerstört wurde; Gedächtnisbüste in der Grabkapelle der Familie Le Gras in Le Luart (15 km sw. von La Ferté-Bernard).
[A] **Hildebert von Lavardin** (1056-1133), ab 1085 Leiter der Kathedralschule von Le M. und von 1096 bis 1125 Bischof, zählt zu den prominentesten lateinischen Lyrikern des Mittelalters. – 1543 waren bei der Totenmesse für Guillaume du Bellay (s. o.) in der Kathedrale Saint-Julien

Le Mans: Kathedrale

(hier auch Grabmal) anwesend: **F. Rabelais** (→ La Devinière/C) als Leibarzt des Verstorbenen, **Joachim du Bellay** (→ Liré), sein Neffe, und **Pierre de Ronsard** (→ La Possonnière/C); auf dem Grabmal Achtzeiler von Clément Marot. – Der erste Aufenthalt des Schriftstellers **Paul Scarron** (→ Paris) ist für April 1634 bezeugt, als er als Taufpate in Le M. weilte; auch später kam er häufig in die Stadt, wo er ab Dezember 1638 die Pfründe eines Domherrn von Saint-Julien besaß (die er 1651 verkaufte); Scarron verkehrte im Hôtel de Vaux (Rue de Vaux Nr. 10-12), dem Hause seines Gönners, des Grafen von Belin, der die Bekanntschaft mit **Jean Mairet** (→ Besançon/FC) und **Jean Rotrou** (→ Dreux/C) vermittelte; Scarron, der in unmittelbarer Nachbarschaft der Kathedrale wohnte (Maison de Scarron, Place Saint-Michel Nr. 1) und seinen *Roman comique* (1651, dt. 1782, u. d. T. *Der Komödiantenroman*, 1887) mit dem Einzug der Komödianten in Le M. beginnen läßt, gehörte zu den Gästen im Palast des Bischofs Philibert de Lavardin (heute: Musée de Tessé) wie auch **Saint-Evremond** (→ Saint-Denis-le-Gast/BNo), **La Rochefoucauld** (→ Paris) und **Madame de Sévigné** (→ Paris). – Der Romantiker **Alfred de Musset** (→ Paris) besuchte in Le M. dreimal seinen Onkel Guyot-Desherbiers, der als hoher Beamter seine Wohnung in der Präfektur hatte: im Sommer 1826, im September 1827 und von Ende August bis Mitte September 1829, als er im Park der Präfektur die Verserzählung *Mardoche* (1830) schrieb. – **Prosper Mérimée** (→ Paris), seit 1834 Generalinspektor der historischen Denkmäler Frankreichs, kam im Hochsommer 1835 in die Stadt; in seiner Beschreibung (*Notes d'un voyage dans l'Ouest de la France*, 1836) hebt er die Kathedrale Saint-Julien hervor, deren Fenster zwar nicht in ihrem Erhaltungszustand aber in ihrer Farbkraft mit denen von Chartres konkurrieren könnten. – Nach einem Besuch 1863 beschreibt **Hippolyte Taine** (→ Vouziers/ChA) die Stadt in seinen *Carnets de voyage* (1897). – Der amerikanische Schriftsteller **Henry James** besuchte die Stadt im Oktober 1882 und notierte nach der Besichtigung: »Nachdem man eine Weile im Chor der Kathedrale gestanden hat, gibt es keine weiteren Eindrücke in Le Mans, die allzu tief gehen.« – **A. de Saint-Exupéry** (→ Lyon/RhA) besuchte vom Herbst 1909 bis zum Kriegsbeginn 1914 das Jesuitenkolleg Sainte-Croix (Rue Notre-Dame, heute Kaserne) und wohnte mit seiner Mutter in der Rue Clos-Mayot Nr. 21; nach Kriegsbeginn kehrte die Familie aus den Ferien nicht mehr nach Le M. zurück. – **Paul Claudel** (→ Villeneuve-sur-Fère/Pi) sah die Kathedrale im April 1925 zum ersten Mal und war begeistert: »Auf so etwas Großartiges war ich keineswegs gefaßt«, notierte er in sein Tagebuch.

[M] **Musée de Tessé:** Das Museum im ehemaligen Bischofspalast widmet einen Saal dem Dichter Paul Scarron und seinem *Roman comique* (s. o.).

MAYENNE (Mayenne)

Théâtre municipal (Stadttheater).

[A] **H. de Balzac** (→ Tours/C), der im September 1828 Recherchen für seinen Roman *Les Chouans* (1829/34) betrieb, kam auf seinem Weg von Alençon/BNo nach Fougères/Br durch M., das samt seiner Umgebung ein Schauplatz des Romans ist. – **V. Hugo** (→ Besançon/FC) besuchte mit seiner Geliebten Juliette Drouet Mitte Juni 1836 M. und fand eine »heitere und malerische Stadt, die schräg über ihren Fluß gebaut ist, eine schöne Burg besitzt, eine hohe Kirche, in die zweitausend Jahre alte Römersteine vermauert sind, Häuser aus dem fünfzehnten Jahrhundert mit Streifen von Holz und Gipsputz und eine alte Brücke mit Spitzbögen. Das Ganze bildet eine entzückende Einheit.« (Brief an seine Frau.)

[R] Bevor **Victor Hugo** (s. o.) nach M. kam, hatte er **Lassay-les-Châteaux** (19 km nö. v. M.) besucht: »Ich habe Lassay gesehen, eine reizende, kleine, recht ursprüngliche Stadt, die im genauen Schnittpunkt von Durchgangsstraßen liegt und drei Burgen besitzt, von denen ich die beiden prächtigsten gezeichnet habe. [...] Von der dritten existieren lediglich einige Mauerreste inmitten der schönsten und urwüchsigsten Bäume der Welt«, so der Bericht an seine Frau in Paris. – Wenig später kam Victor Hugo nach **Jublains** (10 km sö. v. M.), vergaß im Brief an seine Frau jedoch die Schilderung der Römerstadt völlig über den Reizen seiner Führerin (des »hübschesten Mädchens der Welt«), die ihm zum Abschied einen Kuß gab; **P. Mérimée** (→ Paris) war im Sommer 1841 von den Ausgrabungen begeistert: »Ein militärisches Pompeji! Einzigartig!«

LA MEILLERAYE-DE-BRETAGNE (Loire-Atlantique) → CHÂTEAUBRIANT [R]
MELLERAY (Abtei) (Loire-Atlantique) → CHÂTEAUBRIANT [R]
MONTSOREAU (Maine-et-Loire) → FONTEVRAUD-L'ABBAYE [R]

NANTES (Loire-Atlantique)

»Man sieht hier weder den düsteren Schmutz von Lyon, noch das rege Leben von Le Havre oder Marseille, noch die geraden Straßen von Bordeaux [...]. Die Aussicht oben von der Kathedrale herab entschädigt für die Stufen, durch deren Erklimmen man außer Atem kommt: steil in der Tiefe schieben und quetschen die Häuser ihre Dächer aneinander wie die spitzen Hüte einer gedrängt stehenden Menge; links zieht sich eine breite Wiese am Ufer des breiten, grauen Flusses, der sich teilt und eine Biegung macht, während die beiden Läufe der Erdre und der Sèvre mit zahlreichen Armen und Inseln das Land in großen, grauen Linien zerteilen.« (Gustave Flaubert)

Universität (Bibliothek: 500 Tsd. Bde.). – Bibliothèque municipale – Médiathèque (Stadtbücherei; 500 Tsd. Bde., 5000 Hs., 200 Ink.). – Le Lieu Unique (Staatl. Bühne).

N. ist der Geburtsort von Sophie Trébuchet (1772-1821), der Mutter des romantischen Dichters **Victor Hugo** (→ Besançon/FC); auf dem Cimetière de la Bouteillerie (Rue Gambetta) Grab des Lyrikers **René Guy Cadou** (→ Sainte-Reine-de-Bretagne), in der Mediathek von N.: ›Centre René-Guy-Cadou‹ (Archiv).

* 1828 **Jules Verne** († Amiens/Pi 1905), Erzähler; Sohn eines Rechtsanwalts, Kindheit und Jugend in N., mit elf Jahren Aus-

Jules Verne

reißversuch auf Ostindiensegler und Versprechen, künftig nur mehr im Traum zu reisen; Jurastudium; 1848 Übersiedlung nach Paris, Abschluß des Studiums; mäßiger Erfolg mit Theaterstücken; 1863 Veröffentlichung des ersten Romans *Cinq Semaines en ballon* (dt. *Fünf Wochen im Ballon*, 1874), großer Erfolg – über 60 meist phantastische Romane folgen; nach 20 Jahren Paris Umzug nach Le Crotoy und Amiens (1871), 1888 Wahl in den Stadtrat von Amiens. – Geburtshaus Cours Olivier de Clisson Nr. 4 (Gedenktafel), Denkmal im Jardin des Plantes; M Musée Jules-Verne (Rue de l'Hermitage Nr. 3) mit Erinnerungsstücken; Grab des Vaters auf dem Cimetière de Miséricorde. – Weitere W.: *Voyage au centre de la terre* (R. 1864, dt. *Reise zum Mittelpunkt der Erde*, 1873), *De la Terre à la lune* (R. 1865, dt. *Von der Erde zum Mond*, 1873), *Vingt mille lieues sous les mers* (R. 1869/70, dt. *20 000 Meilen unter den Meeren*, 1873), *Une Ville flottante* (R. 1871, dt. *Eine schwimmende Stadt*, 1875), *Le Tour du monde en quatre-vingts jours* (R. 1873, dt. *Reise um die Erde in 80 Tagen*, 1874), *L'Île mystérieuse* (R. 1874/75, dt. *Die geheimnisvolle Insel*, 1875/76), *Michel Strogoff* (R. 1876, dt. *Der Kurier des Zaren*, 1876); *Œuvres complètes* (49 Bde. 1966-71).

A **Molière** (→ Paris), der als Mitglied der Truppe Dufresne bereits im Spätjahr 1645 in N. gewesen war, spielte im Frühjahr 1648 mit seiner Schauspieltruppe im Ballhaus (Jeu de Paume) von N. (1836 abgerissen; Gedenktafel am heutigen Bau Rue Saint-Léonard Nr. 21). – Unterwegs zu ihrem Schloß Le Buron (→ Vigneux-de-Bretagne) kam **Madame de Sévigné** (→ Paris) häufig nach N. (und auf das Schloß La Seilleraye, 10 km nö. von N.), wo sie ihren Cousin Guillaume d'Harouys besuchte, den sie sehr schätzte (»sein Herz ist ein vollendetes Meisterwerk«), und im Hôtel de Briord (Rue de Briord Nr. 13) abstieg. – Der **Kardinal de Retz** (→ Montmirail/ChA), der als einer der führenden Köpfe der Fronde, der Adelsrevolte gegen den Hof, im Dezember 1652 verhaftet und in → Vincennes/IdF festgesetzt worden war, wurde bald in das Schloß von N. überführt, wo er seine Zelle im Hufeisenturm (Tour du Fer à Cheval) bekam; am 8. August 1654 gelang ihm während eines Ausgangs die Flucht. – Der deutsche Schriftsteller, Philosoph und Kirchenmann **Johann Gottfried Herder** (1744-1803) war von Riga in sechs Wochen mit dem Segelschiff nach N. gefahren, wo er Mitte Juli 1769 ankam; mit seinem Reisebegleiter Berens wohnte Herder, dessen Ziel es war, sich in die französische Sprache und Kultur einzuleben, im Haus von dessen Geschäftsfreund Babut; am 4. November 1769 fuhr er nach Paris ab, von wo er über Brüssel und Amsterdam bis zum Frühjahr des nächsten Jahres wieder nach Deutschland (Hamburg) zurückkehrte. (Seine Gedanken während der Zeit in Frankreich schildert das *Journal meiner Reise im Jahr 1769*.) – Der Dichter **Leconte de Lisle** (→

Anhang) verbrachte seine Kindheit bis zum 10. Lebensjahr in N. bei seinem Großvater, einem ehemaligen Militärarzt (Wohnungen: Rue Gresset Nr. 8; Rue Contrescarpe Nr. 38). – **Victor Hugo** (→ Besançon/FC) hatte Mitte August 1834 nur einen Tag für die Sehenswürdigkeiten der Stadt, besichtigte die Kathedrale (»die etwas Bewundernswertes birgt: das Grabmal Franz II.«) und das Schloß (»muß großartig gewesen sein«) und stieg bei Sonnenuntergang auf den Turm der Kathedrale, um den Rundblick zu genießen. – **P. Mérimée** (→ Paris), der die Stadt im Oktober 1835 in seiner Funktion als Generalinspektor der historischen Denkmäler Frankreichs besuchte, sah in der Kathedrale Saint-Pierre das bedeutendste Bauwerk der Stadt und widmet ihrer Beschreibung breiten Raum in den *Notes d'un voyage dans l'Ouest de la France* (1836, zuletzt 1989). – **Stendhal** (→ Grenoble/RhA), der bei seinem knapp zweiwöchigen Besuch Ende Juni/Anfang Juli 1837 im Hôtel de France (Place Graslin) wohnte, war vor allem vom Grabdenkmal für Franz II. und Margarete de Foix in der Kathedrale beeindruckt: Sooft es seine Zeit erlaubte, besah er sich das Kunstwerk und wies seinem Schöpfer Michel Colombe in seiner Kunst den gleichen Rang zu, wie Marot und Montaigne in der Literatur; ein Hinweis seines Führers auf die Hinrichtungsstätte Gilles de Rais' (→ Tiffauges) führte Stendhal auf die Spur des Massenmörders, dessen Lebensweg er in den *Mémoires d'un touriste* (1838) skizziert. – **Jules Vallès** (→ Le Puy-en-Velay/Au), dessen Vater von 1846 bis 1853 Gymnasiallehrer in N. war (die Familie wohnte am Quai de Richebourg), beschreibt die Stadt in den beiden Teilen *L'Enfant* und *Le Bachelier* seiner *Jacques Vingtras*-Trilogie (1879-85). – Im Hôtel de France, wie zehn Jahre zuvor Stendhal, stiegen für eine Woche auch die Freunde **G. Flaubert** (→ Rouen/HNo) und **Maxime Du Camp** (→ Paris) ab, die Mitte Mai 1847 die Stadt besuchten; Flaubert gibt in seinem Reisebuch *Par les Champs et par les grèves* (postum 1886, dt. *Über Feld und Strand*, 1906) zu, daß seine Erinnerung an N. vom Bauch geprägt wird: »Ich glaube, daß Nantes eine ziemlich dumme Stadt ist, aber ich habe dort so viel Crevetten gegessen, daß ich gern daran zurückdenke.« – Der Historiker **Jules Michelet** (→ Paris), der 1851 nach dem Staatsstreich Napoleons III. seinen Lehrstuhl verloren hatte, wohnte bis 1853 unter Bewachung in La Haute-Forêt bei der Kirche Saint-Félix und schrieb hier das naturkundliche Werk *L'Oiseau* (1856, dt. *Aus den Lüften. Das Leben der Vögel*, 1856). – **Hippolyte Taine** (→ Vouziers/ChA) besuchte die Stadt 1865 und beschreibt die Kathedrale in den *Carnets de voyage* (1897). – Eine Besichtigung von N. (v. a. das Schloß) stand für **G. Sand** (→ Paris) mit Sohn und Schwiegertochter am Beginn einer 10tägigen Reise durch die Bretagne Mitte September 1866. – **Marcel Schwob** (→ Chaville/IdF) wuchs in N. auf, wo sein Vater, ein Journalist, Besitzer und Herausgeber der Zeitung *Le Phare* war; Schwob besuchte das Gymnasium der Stadt, bis er 1882 nach Paris zog und dort Schüler am Gymnasium Louis-le-Grand wurde. – **Henry James** (1843-1916) übernachtete auf seiner Frankreichreise im Oktober 1882 zweimal in N. und widmet der Stadt eine ausführliche Beschreibung in seinen Reiseaufzeichnungen *A Little Tour in France* (1885, dt. *Eine kleine Frankreich-Tour*, 1986). – **A. Breton** (→ Tinchebray/BNo) wurde 1915 zum Sanitätsdienst ins Militärhospital von N. eingezogen, wo er 1916 den Exzentriker **Jacques Vaché**, Autor der *Lettres de guerre* (postum 1919, hrsg. v. Breton, Aragon, Éluard), kennenlernte, der für ihn eine surrealistische Leitfigur werden sollte. (Vaché nahm sich 1919 in einem Hotelzimmer in N. mit einer Überdosis Opium das Leben.) – Schüler am Gymnasium Clemenceau waren u. a. **Paul Nizan** (→ Tours/C) und **Julien Gracq** (→ Saint-Florent-le Vieil) (von

1921-28 im Internat); Gracq, der mit seinem Buch *La Forme d'une ville* (1985) ein Porträt der Stadt liefert, traf hier 1939 vor Kriegsausbruch im Hôtel de la Vendée mit dem bewunderten André Breton (s. o.) zusammen. – **Paul Fort** (→ Reims/ChA) war während der deutschen Besatzung in N. untergetaucht und schrieb hier seine *Ballades nantaises* (in: *Vive patrie*, 1949), die er einem Freund und dem Andenken der Kneipen der Stadt widmete. – Auch **Wolfgang Koeppen** (1906-1996) führten seine *Reisen nach Frankreich* (1961) durch die Hafenstadt (»ganz Nantes riecht wie ein frischer Fisch«).

[L] N. ist Schauplatz der Romane *L'Âne-Rouge* (1933, dt. *Zum Roten Esel*, 1994) und *Les Mémoires de Maigret* (1951, dt. *Maigrets Memoiren*, 1963) von **G. Simenon**.

[M] **Palais Dobrée**: u. a. Buchmalereien und die Handschrift der *Mémoires* (1489-91) von Philippe de Commynes.

[R] **René Descartes** (→ Descartes/C), dessen Familie die beiden am Flüßchen Erdre gelegenen Herrensitze Chavagnes und Jaille besaß, kam in seiner Jugend, zumal in seinen Schulferien (→ La Flèche), häufig nach **La Chapelle-sur-Erdre** (5 km n. v. N.); der letzte Besuch des Philosophen datiert in das Jahr seiner Frankreichreise 1644. – **G. Flaubert** (→ Rouen/HNo) und **Maxime du Camp** (→ Paris) kamen im Rahmen ihrer Bretagnereise am 10. 5. 1847 durch **Nort-sur-Erdre** (25 km n. v. N.); »unbeschreibliche Fresken« notiert Flaubert nach Besichtigung der Kirche in sein Skizzenbuch.

NORT-SUR-ERDRE (Loire-Atlantique) → NANTES [R]
OUDON (Loire-Atlantique) → **LIRÉ** [R]

LE PALLET (Loire-Atlantique)

* 1079 **Abaelard** (Petrus Abaelardus, Pierre Abélard) († Saint-Marcel/Bu 1142), Philosoph der Frühscholastik, Theologe, Gegenspieler Bernhards von Clairvaux; Studium bei berühmten Lehrern seiner Zeit, schon früh Eröffnung eigener Schulen (Melun, Paris); nach Liebesbeziehung zu Heloisa, der Nichte des Kanonikers Fulbert, ließ dieser Abaelard überfallen und entmannen; Eintritt in das Kloster Saint-Denis/IdF (Heloisa ins Kloster Argenteuil/IdF); anhaltende Schwierigkeiten mit der Amtskirche; 1123 Gründung von Le Paraclet/ChA, ab 1128 Abt von Saint-Gildas-de-Rhuys/Br; 1140 Verbrennung seiner Lehrsätze auf dem Konzil von Sens; letztes Lebensjahr im Priorat Saint-Marcel/Bu; Abaelard verfaßte u. a. ein Selbstporträt, die *Historia calamitatum mearum* (dt. u. d. T. *Die Leidensgeschichte*), ein Gedicht an seinen (und Heloisas) Sohn Astrolabius (»Ad Astrolabium«), über 130 Hymnen für das Kloster Le Paraclet und sechs Klagelieder; der berühmte *Briefwechsel Abaelard–Heloisa* (*Epistulae*, lat. Originaltext 1616) ist in seiner Authentizität umstritten. – Vom Schloß, dem Geburtsort, ist nur mehr die Kapelle erhalten. – W. u. a.: *Petri Abaelardi opera* (1849/59), *Die Leidensgeschichte und der Briefwechsel mit Heloisa* (4. Aufl. 1979).

PETIT-AUVERNÉ (Loire-Atlantique) → CHÂTEAUBRIANT

PIRIAC-SUR-MER (Loire-Atlantique)

[A] **G. Flaubert** (→ Rouen/HNo) und **Maxime du Camp** (→ Paris) kamen auf ihrer Fußwanderung durch die Bretagne im Mai 1847 von Guérande kommend auch nach P., wo sie übernachteten. – **A. Daudet**

Le Pallet: Gedenktafel für Pierre Abaelard

(→ Nîmes/LR) verbrachte in P. den Sommer 1874. – **É. Zola** (→ Paris) war von Mitte Juli bis Anfang September 1876 mit Frau und Verleger Georges Charpentier hier zum Urlaub und verbrachte seine Tage mit Krabbenfischen, Schlafen und Nichtstun (was ihm fast ein schlechtes Gewissen machte); das Seebad nennt er im Brief vom 27. 7. 1876 an Edmond de Goncourt »ein verlorenes Nest am Ende der Welt«.

PORNIC (Loire-Atlantique)

[A] Der deutsche Dichter **Georg Herwegh** (1817-1875) verbrachte den Spätsommer 1847 mit seiner Frau in P., einem »ganz stillen Winkel der Welt«, um meereskundliche Studien zu betreiben. – **J. Michelet** (→ Paris) hielt sich wiederholt in P. auf, so im August/September 1853, um sich von einer Krankheit zu erholen, und von August bis Oktober 1858. – Der englische Dichter **Robert Browning** (1812-1889), der im Herbst 1862 in Sainte-Marie vor den Toren von P. weilte, machte den Ort zum Schauplatz der Ballade »Gold Hair: A Story of Pornic« (1864).

RANROUËT (Burg) (Loire-Atlantique) → SAINTE-REINE-DE-BRETAGNE [R]

RÉZÉ (Loire-Atlantique)

* 1899 **Benjamin Péret** († Paris 1959), Lyriker, Erzähler; nach kurzer dadaist. Phase einer der Begründer des Surrealismus, Weggefährte A. Bretons; Eintritt in die KPF; längerer Brasilienaufenthalt (mit seiner brasilian. Frau); während des 2. Wks. Exil in Mexiko, Vermittler lateinamerikan. Lit. nach Frankreich (Freundschaft mit Octavio Paz). – W. u. a.: *Le Grand Jeu* (Ged. 1928), *Je ne mange pas de ce pain-là* (Ged. 1936); *Œuvres complètes* (7 Bde. 1969-95).

LA ROCHE-SUR-YON (Vendée)

Bibliothèque municipale (Stadtbücherei; 160 Tsd. Bde.). – Le Manège (Staatl. Bühne).

[A] Auf Vermittlung der Madame de Staël kam im Oktober 1810 **Adelbert von Chamisso** (→ Boncourt/ChA) hierher zu **Prosper de Barante** (→ Riom/Au), der unter der Herrschaft Napoleons Präfekt des Departements Vendée war; da die Präfektur der von Napoleon aus strategischen Überlegungen gegründeten Stadt noch nicht bezugsfertig war, residierte Barante in dem w. der Stadt gelegenen Schloß La Brossardière; Barante übersetzte zu dieser Zeit die Werke Schillers, mit der Hilfe Chamissos, der bis zum März 1811 blieb und dann in die Schweiz nach Coppet zu Madame de Staël ging.

[L] Die Stadt ist Schauplatz des Romans *Lettre à mon juge* (1947, dt. *Brief an meinen Richter*, 1961) von **Georges Simenon**.

ROCHEFORT-SUR-LOIRE (Maine-et-Loire) → ANGERS [R]

ROUESSÉ-VASSÉ (Sarthe) → VERNIE [R]

LES SABLES-D'OLONNE (Vendée)

Bibliothèque municipale (Stadtbücherei; 60 Tsd. Bde.).

[A] Der belgische Krimiautor **Georges Simenon** (→ Anhang) wohnte von Oktober 1944 bis zum Frühsommer 1945 in Les S., zuerst im Hotel Les Roches-Noires (Quai Clemenceau Nr. 12), dann in der Villa Les Soleils (in der gleichen Straße), wo er zwei Monate lang als mutmaßlicher Kollaborateur unter Hausarrest stand; das Seebad dient als Schauplatz in den Romanen *Le Fils Cardinaud* (1943, dt. *Der Sohn Cardinaud*, 1988) und *Les Vacances de Maigret* (1948, dt. *Maigret nimmt Urlaub*, 1957, u. d. T. *Maigret macht Ferien*, 1987). – **Roland Dorgelès** (→ Amiens/Pi) erwarb 1959 ein Haus in Les S., 1959 und 1960 verbrachte **Georges Bataille** (→ Billom/Au) den Sommer hier (Quai Clemenceau Nr. 17 bzw. Quai Wilson Nr. 9).

[R] Die Lehensherrschaft über **Talmont-**

Saint-Hilaire (13 km sö. v. Les S.) wurde von König Ludwig XI. seinem Historiographen **Philippe de Commynes** (→ Comines/NPdC) übertragen, der den Titel ›Seigneur d'Argenton et de Talmont‹ trug; nach dem Tod Ludwigs (1483) fiel Commynes jedoch in Ungnade, und das Lehen wurde ihm entzogen.

SAINT-BARTHÉLEMY-D'ANJOU (Maine-et-Loire) → **ANGERS**
SAINT-BIEZ-EN-BELIN (Sarthe) → **AUBIGNÉ-RACAN** [R]
SAINT-CHRISTOPHE-DU-JAMBET (Sarthe) → **VERNIE** [R]

SAINT-FLORENT-LE-VIEIL
(Maine-et-Loire)

* 1910 **Julien Gracq** (eigentlich Louis Poirier), Erzähler; Gymnasium in Nantes, Studium an der École Normale Supérieure, Gymnasiallehrer; Anschluß an die Surrealisten (A. Breton); Freundschaft mit Ernst Jünger; 1951 lehnte er den Prix Goncourt für seinen bekanntesten Roman *Le Rivage des Syrtes* (dt. *Das Ufer der Syrten*, 1952) ab; lebt zurückgezogen in S.-F. – Weitere W.: *Au Château d'Argol* (R. 1938, dt. *Auf Schloß Argol*, 1954), *Un Balcon en forêt* (R. 1958, dt. *Ein Balkon im Wald*, 1960), *Préférences* (Essays 1961, dt. *Entdeckungen*, 1965), *Lettrines* (Prosa 1967), *Les Eaux étroites* (Prosa 1976, dt. *Die engen Wasser*, 1985), *La Forme d'une ville* (Prosa 1985), *Carnets du grand chemin* (Reiseerz. 1992, dt. *Der große Weg*, 1996).

SAINT-MESMIN-LE-VIEUX (Vendée)

[A] Der Romancier **Georges Simenon** (→ Anhang) bewohnte von Mitte 1942 bis (mit Unterbrechungen) 1945 bei dem Weiler S.-M. eine Villa, in der er eine Reihe seiner Bücher schrieb: *L'Aîné des Ferchaux* (1945, dt. *Der ältere Bruder*, 1992), *La Fuite de Monsieur Monde* (1945, dt. *Die Flucht des Herrn Monde*, 1970), *Les Noces de Poitiers* (1946, dt. *Hochzeit in Poitiers*, 1992), *Le Cercle des Mahé* (1946, dt. *Die Ferien des Monsieur Mahé*, 1993), das auch in der Gegend um S.-M., entlang der Sèvre Nantaise, spielt (im Wechsel mit Porquerolles/PAC); der Ort ist Schauplatz der Erzählung *Le Deuil de Fonsine* (1950, dt. *Trauer um Fonsine*, 1980).

SAINT-NAZAIRE (Loire-Atlantique)
Médiathèque Étienne-Caux (135 Tsd. Bde.).

[A] **Stendhal** (→ Grenoble/RhA), der sich Ende Juni 1837 in → Nantes aufhielt, unternahm mit dem Dampfschiff einen Tagesausflug nach S.-N., blieb aber, dort angekommen, wegen des schlechten Wetters an Bord und kehrte zurück, ohne die Stadt gesehen zu haben. – **Julien Gracq** (→ Saint-Florent-le-Vieil) erlebte 1925 als 15jähriger den Stapellauf der Île-de-France, ein Ereignis, das tiefen Eindruck auf ihn machte, wie er später immer wieder betonte. – Nach einem dreijährigen Aufenthalt in Paris emigrierte am 20. Mai 1940 **Vladimir Nabokov** (1899-1977) mit Frau und Kind über S.-N. nach New York.

SAINT-OUEN (Schloß) (Mayenne) → **CHEMAZÉ**

SAINTE-REINE-DE-BRETAGNE
(Loire-Atlantique)

* 1920 **René Guy Cadou** († Louisfert 1951), Lyriker; Haupt der ›École de Rochefort‹ (→ Angers [R]), Einfluß von Max Jacob und Pierre Reverdy; ab Ende 1944 bis zu seinem Tod Lehrer in → Louisfert. – W. u. a.: *Retour de flamme* (1940), *La Vie rêvée* (1944), *Poèmes inédits* (1948), *Les Biens de ce monde* (1951), *Hélène ou le règne végétal* (1953).

[R] Im Mai 1847 besuchten die Freunde **G. Flaubert** (→ Rouen/HNo) und **Maxime du Camp** (→ Paris) die Burgruine **Ranrouët** (12 km w. v. S.-R), die früher Sitz des Marschalls von Rieux war; Flaubert berichtet in seinem Skizzenbuch zur Bretagne-Reise, wie sie dem Kind, das sie führte, folgend, durch ein Fenster einstiegen und im Innern ein Kohlfeld vorfanden; die Ruine, so Flaubert, »hat etwas Spießbürgerliches wie der Marschall von Rieux selbst«.

SARCÉ (Sarthe) → AUBIGNÉ-RACAN [R]
SAULGÉ-L'HÔPITAL (Maine-et-Loire) → ANGERS [R]

SAUMUR (Maine-et-Loire)
Théâtre de Saumur.

[A] Der Geschichtsschreiber **Joinville** (→ Joinville/ChA), als junger Mann anwesend, als König Ludwig IX. (der Heilige) 1241 ein Hoflager in S. hielt, berichtet davon in seiner Biographie *Le Livre des saintes paroles et des bons faits de notre roi Louis* (1305-09, Kap. 21). – **Duplessis-Mornay** (→ Buhy/IdF), Mitstreiter Heinrichs IV., der ihn zum Gouverneur von S. machte, gründete hier eine protest. Hochschule, die sich regen Zulaufs erfreute (unter den Schülern: **Théophile de Viau**, → Clairac/Aq), und ließ um das Schloß die Befestigungswerke errichten (Gedenktafel an der Montée du Fort). – Nach der ›Affäre von Arcueil‹ (→ Arcueil/IdF) wurde der **Marquis de Sade** (→ Paris) drei Wochen im April 1768 im Schloß von S. gefangengehalten, erfuhr eine wenig strenge Behandlung und durfte mit dem Gouverneur speisen; Ende des Monats wurde er in die Festung Pierre-Encize bei Lyon überstellt, wo er bis November des Jahres interniert blieb. – **Benjamin Constant** (→ Anhang), seit 1819 Abgeordneter des Département Sarthe, wurde Anfang Oktober 1820 bei einem Handgemenge in S. fast umgebracht. (Seit der Ermordung des Herzogs von Berry Anfang des Jahres kam es in allen Teilen Frankreichs zu Unruhen.) – **Honoré de Balzac** (→ Tours/C) besuchte die Stadt wiederholt von → Schloß Saché/C aus, wohin er sich zwischen 1823 und 1848 häufig zurückzog, und machte sie zum Schauplatz seines Romans *Eugénie Grandet* (1833, dt. 1835) (Hinweis auf den Roman auf einer Tafel am Haus Place Saint-Pierre Nr. 5; als ›Haus der Eugénie Grandet‹ bezeichnet man das am Aufgang zum Schloß gelegene Gebäude Montée du Fort Nr. 7). – **P. Mérimée** (→ Paris) listet in seinen *Notes d'un voyage dans l'Ouest de la France* (1836, zuletzt 1989) auf, was ihm bei seinem Besuch Mitte Oktober 1835 an den Kirchen der Stadt (»die sich nicht mit denen in Angers vergleichen können«) bemerkenswert schien. – **Stendhal** (→ Grenoble/RhA) notierte in seinen *Mémoires d'un touriste* (1838) die Sehenswürdigkeiten der Stadt, die er – Ende Juni 1837 mit dem Schiff von Tours nach Nantes unterwegs – im Vorbeifahren sehen konnte. – Die Freunde **G. Flaubert** (→ Rouen/HNo) und **Maxime du Camp** (→ Paris) machten auf dem Weg in die Bretagne im Mai 1847 einen Halt in S.; »kleine, schlecht gepflasterte, gewundene Straßen mit Blumen an den Fenstern«, schreibt Flaubert, dem vor allem die Kirche Saint-Pierre Eindruck machte: »entzückender Seiteneingang, von wundervollem Romanisch; aber das Schönste ist die Farbe der Steine, die grün, blau usw. ist«. – **P. Claudel** (→ Villeneuve-sur-Fère/Pi) kam im August 1925 in die Stadt mit dem »großartigen Schloß«. – **Wolfgang Koeppen** besichtigte 1960 das Schloß mit seinen Verliesen und Museen (*Reisen nach Frankreich*, 1961).

[R] An dem Schlößchen La Mimerolle (Privatbesitz) in **Chênehutte-les-Tuffeaux** (6 km nw. v. S.) Gedenktafel, der zufolge **Balzac** (→ Tours/C) seinen Roman *Eugénie Grandet* (1834, dt. 1835) 1833 in diesem Haus geschrieben habe. (Balzac war jedoch 1832 hier zu Gast und verfaßte den Roman ein Jahr später in Paris.) – **Prosper Mérimée** (→ Paris), seit 1834 Generalinspektor der historischen Denkmäler Frankreichs, setzte sich nach einem Besuch der romanischen Kirche Notre-Dame in **Cunault** (15 km nw. v. S.) vehement für ihren Erhalt ein. – **Julien Green** (→ Paris) mietete sich Ende Juli 1934 in **Dampierre** (sö. v. S.) im Haus Le Grand Hureau ein und blieb hier, mit Unterbrechungen (Paris) und Ausflüge unternehmend, bis Anfang Herbst.

Abtei Solesmes

SAVENNIÈRES (Maine-et-Loire) → ANGERS [R]

SILLÉ-LE-GUILLAUME (Sarthe) → VERNIE

SOLESMES (Abtei) (Sarthe)

Die 1010 gegründete und in der Frz. Revolution aufgehobene Benediktinerabtei (**V. Hugo** trug sich mit dem Gedanken, die dem Verfall preisgegebene Anlage zu kaufen) wurde 1833 durch den bedeutenden **Abt Guéranger** († 1875) wiederbegründet, der weltweit beachtete liturgische Schriften verfaßte: *Institutions liturgiques* (3 Bde.) und vor allem *L'Année liturgique* (15 Bde.).

† 1960 **Pierre Reverdy** (* Narbonne/LR 1889); der Dichter hatte sich 1926 mit seiner Frau in nächster Nähe der Abtei niedergelassen und blieb mit kurzen Unterbrechungen bis zu seinem Tod hier (Grab auf dem Friedhof).

[A] Als **P. Mérimée** (→ Paris) Anfang August 1835 die Anlage besuchte, führte ihn Abt Guéranger selbst durch die wiederbesiedelte Abtei. – Eine große Zahl von Schriftstellern kam hierher, unter ihnen der katholische Publizist **Ch. Montalembert** (→) 1835 und 1842, der Theologe **H. Lacordaire** (→ Recey-sur-Ource/Bu) 1838, **H. Taine** (→ Vouziers/ChA) 1863, **Arthur de Gobineau** (→ Ville-d'Avray/IdF), der im Februar 1869 seine Schwester Caroline besuchte, die in S. ins Frauenkloster Sainte-Cécile eingetreten war, **Villiers de l'Isle-Adam** (→ Saint-Brieuc/Br), dem seine Familie zwei Aufenthalte September 1862 und August 1863 auferlegte (um ihn dem Einfluß einer Frau zu entziehen), mehrfach zwischen 1870 und 1874 (in seine *Histoires Insolites*, 1888, nimmt er eine Erzählung mit dem Titel *Une Entrevue à Solesmes* auf), **J.-K. Huysmans** (→ Paris), der sich mit dem Gedanken trug, ins Kloster zu gehen (drei Aufenthalte: September/Oktober 1896, Juli 1897, Juli 1898), **Paul Claudel** (→ Villeneuve-sur-Fère/Pi) im September 1900 zu Exerzitien und Arbeit (weitere Besuche im April 1925 und März 1936), **A. de Saint-Exupéry** (→ Lyon/RhA) 1922, **P. Valéry** (→ Sète/LR) im August 1927, **Simone Weil** (→ Paris), die das Osterfest 1938 mit ihrer Mutter hier verbrachte und beim Hören der gregorianischen Messe ein ekstatisches Erlebnis hatte, und **Julien Green** (→ Paris) einige Tage Ende Oktober 1947: »Solesmes verlassen, wo ich länger hätte bleiben können, aber die Kälte hat mich vertrieben«, vermeldet das *Tagebuch*.

TALMONT-SAINT-HILAIRE (Vendée) → LES SABLES-D'OLONNE [R]

TIFFAUGES (Vendée)
T. ist wegen der Burg des **Gilles de Rais** (oder de Retz) bekannt, der an der Seite Jeanne d'Arcs kämpfte, mit 25 Jahren Marschall von Frankreich war – und sich sein durch Zügellosigkeit verschwendetes Vermögen durch Alchimie wiederzubeschaffen trachtete, wofür er als Opfergabe, so ein Geisterbeschwörer, »Hand, Herz, Auge und das Blut von jungen schönen Kindern« bringen müsse: Gilles de Rais, der satanische Verbrecher, das Monstrum, wurde 1440 in Nantes »als Falschmünzer, Mörder, Zauberer, Sodomiter und Atheist« (G. Flaubert) gehängt und verbrannt (und zur Figur des ›Barbe-bleue‹, ›Blaubart‹, in den Märchen von **Ch. Perrault**).

A **G. Flaubert** (→ Rouen/HNo) besuchte Mitte Mai 1847 die Burgruine und versetzte sich in die Zeit des berüchtigten Schloßherrn zurück: »Hier an dieser Stelle lebte er. Die Gewölbe erglühten unter dem Luftstrom magischer Gebläse, die Wände glänzten nachts im Scheine der Fackeln, die zwischen Humpen mit Inselwein und böhmischen Gauklern brannten. Man rief die Hölle an, man tafelte mit dem Tod, man erwürgte Kinder; man kannte furchtbare Lüste und schauerliche Freuden; das Blut floß, die Instrumente klangen, alles hallte von Wollust, von Schrecken und von Wahnsinn wider.« (*Par les champs et par les grèves*, postum 1886, dt. *Über Feld und Strand*, 1906.) – Im September 1889 besuchte **J.-K. Huysmans** (→ Paris) T. und stieg im Hôtel du Pélican ab; die Burg des Gilles de Rais beschreibt er in *Là-Bas* (1891, dt. *Da unten*, 1903). – **Julien Green** (→ Paris) kam Mitte Mai 1981 in den Ort und notierte in sein *Tagebuch*: »Tiffauges im Sonnenlicht, schaurig und großartig. [...] Von der Straße aus steigen wir hinauf. Bevor wir ein Tor und die Reste einer Umfriedungsmauer durchschreiten, glänzt auf der rechten Seite schwarzes Wasser, dort, wo einst ein Graben gewesen sein muß [...]. Ließ Gilles de Rais auf dem Grund solcher Gräben die Leichen verbergen?«

VERNIE (Sarthe)
A **Paul Scarron** (→ Paris), Freund der Familie Lavardin, hielt sich häufig auf deren Schloß V. auf, das vor seiner Zerstörung zu den schönsten Provinzschlössern Frankreichs zählte; das 10 km w. gelegene Sillé-le-Guillaume ist einer der Schauplätze (2. Teil, 16. Kap.) seines *Roman comique* (1651/57, dt. *Der Komödiantenroman*, 1887).
R **F. Rabelais** (→ La Devinière/C) bekam von seinem Gönner Kardinal Jean du Bellay (→ Le Mans) im Januar 1551 für zwei Jahre die Pfründe eines Pfarrers von **Saint-Christophe-du-Jambet** (6 km n. v. V.) übertragen (zur gleichen Zeit erhielt er auch die Pfründe eines Pfarrers von → Meudon/IdF). – Das Schloß Vassé bei **Rouessé-Vassé** (18 km w. v. Vernie) war im 17. Jh. im Besitz von Henri-François de Vassé (1622-84), eines angeheirateten Cousins der **Madame de Sévigné** (→ Paris), der um die Gunst der berühmten Briefeschreiberin warb; als im Frühjahr 1918 Paris beschossen wurde, ließ **Paul Valéry** (→ Sète/LR) seine Kinder auf das Schloß V. bringen, damals im Besitz des Comte de Vaissière, und kam selbst im September des Jahres.

VIGNEUX-DE-BRETAGNE
(Loire-Atlantique)
A **Madame de Sévigné** (→ Paris), Eigentümerin des Schlosses Le Buron in V., kam zwischen 1646 und 1689 achtmal auf ihren Besitz; in einem Brief an ihre Tochter vom 27. 5. 1680 beklagt sie sich über ihren Sohn, der in ihrer Abwesenheit Bäume zu Geld gemacht hat: »Ich hätte, als ich die Verwüstung auf dem Gut sah, heulen können. Früher standen dort die ältesten Bäume der Welt. Mein Sohn hat sie bei seiner letzten Reise alle fällen lassen, hat sogar noch eine kleine Baumgruppe verkauft, die besonders hübsch aussah. All dies ist trostlos.« (Privatbesitz; keine Besichtigung.)

VOUVANT (Vendée) → **LA CHÂTAIGNERAIE**
R

Annecy: Altstadt

RHÔNE – ALPES (RhA)

Region: Rhône – Alpes; Départements: Ain (01), Ardèche (07), Drôme (26), Isère (38), Loire (42), Rhône (69), Savoie (73), Haute-Savoie (74); Einwohner: 5,5 Mio.; Fläche: 43 698 qkm; Verwaltungssitz: Lyon.

AIX-LES-BAINS (Savoie)

»Der See von Bourget ist ein weites, zerklüftetes Gebirgsbecken, 700-800 Fuß über dem Mittelmeer, ein Wassertropfen von einem so leuchtenden Blau wie kein zweiter in der Welt. Sieht man von der Höhe des Dent-du-Chat auf den See hinunter, so liegt er wie ein verlorener Türkis da. [...] Dieser See ist der einzige, auf dem man traulich von Herz zu Herz sprechen kann. Hier kann man sinnen und lieben. Nirgends trifft man ein schöneres Einvernehmen zwischen Wasser, Himmel, Bergen und Erde. Auf ihm findet man Balsam für jeden Kummer des Lebens.« (Honoré de Balzac)

»Heute morgen die zweite Dusche genommen. Das geht etwa so vor sich: Man zieht sich nackt wie eine Made aus und steigt in ein Becken, wo einen zwei handfeste Burschen packen, auf einen Schemel setzen und dort zwei mächtigen Strahlen 35 gradigen, leicht schwefeligen und quellheißen Wassers aussetzen. Für schwerere Fälle gibt's 47 Grad. Dann oder vielmehr zugleich wird man in einer Sintflut massiert. Das ist sehr angenehm, ja fast wollüstig. Nach viertelstündiger Übung richtet man sich auf und dann wird ein Wasserstrahl von vorn, von hinten und von der Seite auf die kranke Stelle gespritzt. Ein Strahl zum Umwerfen, wenn man sich nicht an eigens an der Wand befindliche Ringe anklammerte. Nachher geht man schlafen oder ruht aus. Das ist die einzige Tätigkeit in meinem hiesigen Leben. Das geht von fünf bis sechs Uhr morgens vor sich.« (Paul Verlaine)

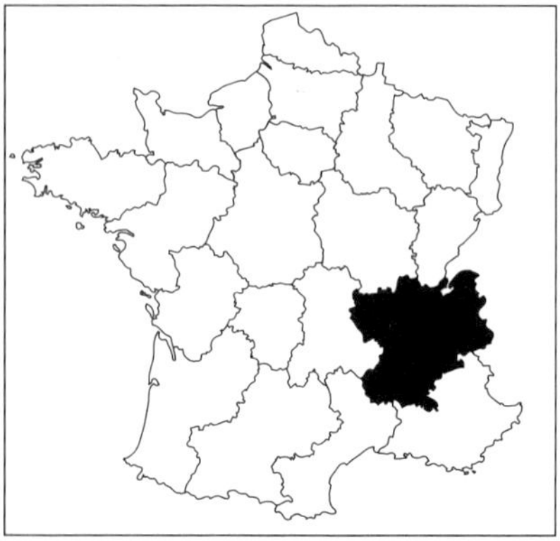

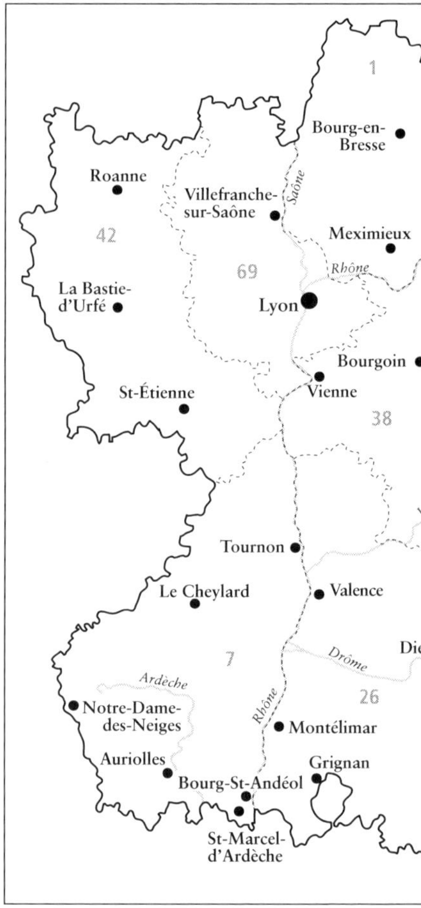

Auf dem Friedhof von Tresserve, dem unmittelbar südl. gelegenen Ort, Grab des religiösen Schriftstellers **Daniel-Rops** (→ Épinal/Lo).

[A] **Casanova** (1725-1798) erzählt in den *Mémoires* (1826-38, dt. *Geschichte meines Lebens*, 1964-67) von seinen Abenteuern in der Stadt (»ein schmutziges Nest, wo es Mineralquellen und, gegen Ende des Sommers, gutes Publikum gibt«). – **A. de Lamartine** (→ Mâcon/Bu), zur Behandlung von Nervenstörungen ab Juli 1816 in A., traf im Herbst dieses Jahres Julie Charles, lungenkranke Frau eines berühmten Physikers, in die er sich verliebte; nach einer Zusammenkunft in Paris verabredete das Paar ein Treffen in A. für den Sommer 1817, aber nur Lamartine kam, Julie Charles, die er unter dem Namen ›Elvire‹ bedichtete, wurde von ihrer Krankheit bei Paris zurückgehalten und starb bald darauf; das berühmte Gedicht »Le Lac« aus den *Méditations poétiques* (1820) trug ursprünglich den Titel »Le Lac de B***«, womit der See von Bourget gemeint ist, der auch, mit der Umgebung von A., den landschaftlichen Hintergrund für den autobiogr. Roman *Raphaël* (1849) bildet. (Schiffsrundfahrten führen zur Grotte Raphaël; die Familienpension des Doktor Perrier, in der der Dichter in A. abstieg, wurde 1934 abgerissen, Zimmer mit Mobiliar im [M] Musée Faure rekonstruiert.) In Tresserve Büste Lamartines (Abguß der Büste im Sitzungssaal der Académie Française) und, nach A. zu, ›Site lamartinien‹ mit Denkmal; Statue am Ufer von Châtillon. – **H. de Balzac** (→ Tours/C) kam Ende August 1832 nach A., wo er mit der von ihm umworbenen Madame de Castries zusammentraf; er bewohnte ein Zimmer mit Seeblick in der Pension Roissard; die Stadt bildet einen der Schauplätze von *La Peau de chagrin* (1831, dt. *Das Chagrinleder*): Der Held des Romans,

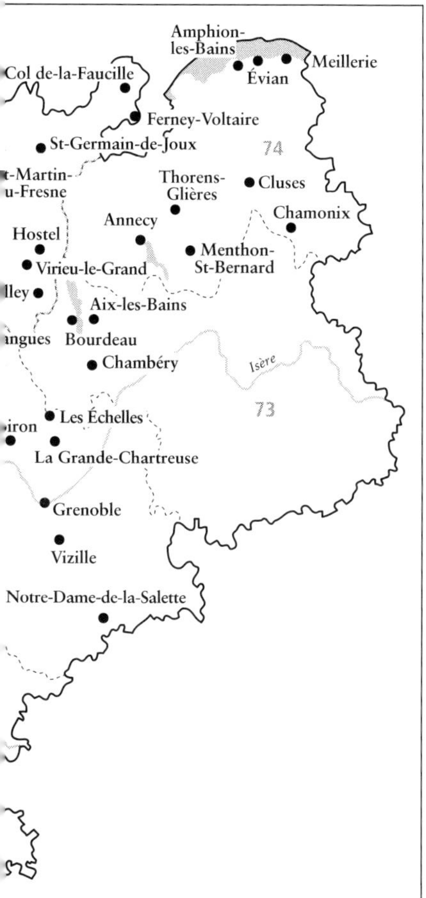

Raphael de Valentin, läßt sich in einer Pension in A. nieder, verläßt die Stadt jedoch wieder, nachdem er zu einem Duell in dem jenseits des Sees gelegenen Ort Bordeau (d.i. → Bourdeau) gezwungen worden war; in die dritte Auflage des Romans (1833) fügte Balzac eine Beschreibung des Sees ein. – **Stendhal** (→ Grenoble) nahm 1837 bei seinem Besuch der Stadt am gesellschaftlichen Leben des Kurortes teil, fuhr bei stürmischem Wetter über den See, um das Kloster Hautecombe (s.u.) zu besichtigen. – **Victor Hugo** (→ Besançon/FC) kam bei seiner großen Reise durch die Schweiz und Südfrankreich im September 1839 durch den Badeort. – Der Historiker **Jules Michelet** (→ Paris) mietete sich im September 1865 im Hôtel d'Italie ein und arbeitete an seinem Buch über Ludwig XV. – **Guy de Maupassant** (→ Tourville-sur-Arques/HNo) ging Ende September 1888 zu einer Kur nach A., die er im Juni 1890 wiederholte (Maison de Varicourt). – Auf Anraten seines Arztes begab sich im August 1889 **Paul Verlaine** (→ Metz/Lo) in den Kurort, um seinen Rheumatismus zu kurieren. – **Guillaume Apollinaire** (→ Anhang) hatte mit Mutter und Bruder Anfang 1899 die Côte d'Azur verlassen und lebte kurzzeitig in A. und Lyon, bevor sich die Familie im April in Paris niederließ. – Die amerikanische Schriftstellerin **Willa Cather** (1873-1947) weilte 1930 zur Kur in A. und traf dort Flauberts Nichte Caroline kurz vor deren Tod. – **P. Claudel** (→ Villeneuve-sur-Fère/Pi) suchte im September 1954 wegen seines Ischiasleidens ein Krankenhaus in A. auf.

[R] **Stendhal** (s.o.) fuhr 1837 von A. mit dem Boot zu der Abtei **Hautecombe** (5 km nw. v. A.), um die Grablege der Herzöge von Savoyen zu besuchen; er fand das Kloster mit zwölf Mönchen und einem Abt besiedelt.

AMPHION-LES-BAINS (Haute-Savoie)

[A] Der Historiker **J. Michelet** (→ Paris) hielt sich (nach einer Besichtigungstour durch die Schweiz) mit seiner Frau im September und Oktober 1869 in A. zur Erholung auf. – Die Dichterin **Anna de Noailles** (→ Paris), deren Vater, der rumänische Fürst Grégoire de Brancovan, in A. eine Villa (die nicht mehr vorhandene Villa Bassaraba) besaß, lud hierher Intellektuelle und Künstler ein; u.a. kamen der junge **M. Proust**, der zur Kur im nahen → Évian weilte, und **Emmanuel Berl** (→ Le Vésinet/IdF) zu Besuch; auf dem Friedhof von Publier (1 km südl. v. A.) Stele mit dem Herz der Dichterin, deren Grab sich in Paris (Père Lachaise) befindet.

[R] **J.-J. Rousseau** (→ Anhang) kam erstmals im September 1754 in das westlich gelegene Bad **Thonon-les-Bains**, als er mit seiner Frau eine Bootsrundfahrt auf dem Genfer See unternahm (ein zweites Mal zehn Jahre später).

ANNECY (Haute-Savoie)

Bibliothèque municipale (Stadtbücherei; 250 Tsd. Bde., 60 Hs., 13 Ink.; Sammlung zu Franz von Sales). – Centre Dramatique National de Savoie.

† 1857 **Eugène Sue** (* Paris 1804); der Autor der *Mystères de Paris* (1842/43, dt. *Die Geheimnisse von Paris*, 1843), Anhänger der Theorien von Fourier und Proudhon, mußte als republikanischer Abgeordneter 1851 Paris verlassen und ins Exil gehen; Grab auf dem Cimetière de Loverchy.

[A] **Franz von Sales** (→ Thorens-Glière) war von 1602-22 Bischof von A.; er wohnte u. a. in der Rue J.-J. Rousseau Nr. 15 (Inschrift) und im Hôtel de Bagnorea (früher Hôtel Favre, Rue Sainte-Claire Nr. 18, Gedenktafel), wo er mit anderen die Académie Florimontante gründete; Grab ursprünglich in Saint-François, heute (seit 1911) in der neuen Visitationsbasilika auf dem Berg hinter der Burg (dort auch Grab der Großmutter der Madame de Sévigné, der hl. Jeanne de Chantal). – **Jean-Jacques Rousseau** (→ Anhang), 1712 in Genf geboren, floh aus einer Graveurlehre nach A., wo er am Palmsonntag 1728 anlangte und bei Madame de Warens (1699-1762) unterkam (im Hof des bischöfl. Palastes, heute Polizei und staatl. Musikschule, Rue Jean-Jacques Rousseau Nr. 10, Büste und kleiner Brunnen, an der Stelle, an der sich Madame de Warens und Rousseau erstmals begegneten); nach wenigen Tagen wanderte er bereits nach Turin weiter, wo er zum Katholizismus konvertierte; im Sommer 1729 kehrte er für ein Jahr nach A. zu Madame de Warens, seiner mütterlichen Freundin, zurück, die später auch seine Geliebte wurde; erfolgloser Besuch des Priesterseminars, Unterricht an der Singschule, Sänger im Domchor. (Über Rousseau in A.: Harig, Ludwig, »Rousseaus vergessene Findelkinder«, in: ders., *Heimweh*, 1979.) – Der Historiker **Jules Michelet** (→ Paris), der im Herbst 1865 eine Reise durch Savoyen unternahm, blieb zwei Wochen in A., wo er auch das Grab des verehrten E. Sue (s. o.) aufsuchte. – Der amerikanische Schriftsteller **F. Scott Fitzgerald** (1896-1940) verbrachte im Juli 1931 zwei Wochen in A. mit seiner Frau Zelda, die seit dem Sommer des Vorjahres in einem Schweizer Sanatorium am Genfer See in Behandlung war; das Paar wohnte zunächst im Hotel Beau Rivage, dann zog es nach Menthon-St-Bernard.

Annecy: Kathedrale

ARTEMARE (Ain) → HOSTEL (Schloß)

AURIOLLES (Ardèche)

[A] **A. Daudet** (→ Nîmes/PAC) war häufig im sogenannten Mas de la Vignasse zu Gast, einem Landhaus, das sich im Familienbesitz seiner Mutter, einer geborenen Reynaud, befand (heute [M] Daudet-Museum, Gedenktafel). Die Aufenthalte in A. waren für den Dichter eine reiche Inspirationsquelle: Seine Cousine Marie regte ihn zu Gedichten seiner Sammlung *Les Amoureuses* (1858) an, Züge seines für die Jagd und Abenteuergeschichten begeisterten Cousins Henri, mit dem der Dichter von Mitte 1861 bis Ende Februar 1862 eine Algerienreise unternahm, flossen in die Figur des Titelhelden der *Tartarin de Tarascon*-Erzählungen (1872/85/90) ein.

LA BASTIE-D'URFÉ (Schloß) (Loire)

[A] **Honoré d'Urfé** (→ Marseille/PAC) schrieb einen Teil seines umfangreichen Schäferromans *Astrée* (1607-27) auf Schloß La B., das seit 1331 seiner Familie gehörte; das Schloß selbst, im 16. Jahrhundert von italienischen Künstlern im Renaissancestil umgestaltet, ist Schauplatz des Romans.

BELLEY (Ain)

* 1755 **Jean-Anthelme Brillat-Savarin** († Paris 1826); Ausbildung zum Juristen, Politiker; in der Freizeit Verfasser von juristischen und politischen Abhandlungen; Berühmheit durch das Buch *La Physiologie du goût* (1825, dt. *Physiologie des Geschmacks,* 1865), in dem in humorvoller Art Betrachtungen über Essen, Küche, Schlafen, Träume u. v. m. angestellt werden. – Geburtshaus: Grand'Rue Nr. 62 (Gedenktafel); Büste am Nordende des ›Promenoir‹ (Inschrift: »Wer Gäste einlädt, muß für ihr Wohlbefinden sorgen, solange sie unter seinem Dach weilen«).

[A] **A. de Lamartine** (→ Mâcon/Bu) besuchte hier von 1803-07 das Gymnasium (heute: Collège Lamartine); Denkmal vor der Schule. – **H. de Balzac** (→ Tours/C), der eine juristische Ausbildung absolviert hatte, kam 1839 nach B., um den ihm seit acht Jahren bekannten Notar Peytel zu verteidigen, der angeklagt war, Frau und Diener ermordet zu haben; der Schwurgerichtsprozeß fand in → Bourg-en-Bresse statt.

BOURDEAU (Savoie)

In der Nähe des Hafens von B. befindet sich die Grotte de Lamartine.

[A] **Montaigne** (→ Montaigne/Aq) Anfang November 1581 auf der Rückreise aus Italien, überstieg den »Mont du Chat, der hoch, steil und steinig, aber ganz ungefährlich und unbeschwerlich« war und gelangte am Seeufer an »ein Schloß, namens Bordeau, in dem mit großem Geräusch Schwerter hergestellt werden«, wie er in seinem *Tagebuch einer Reise durch Italien* (dt. zuletzt 1988) vermerkt. – **H. de Balzac** (→ Tours/C), der im August 1832 in → Aix-les-Bains weilte, kam über den See und bestieg trotz einer schmerzhaften Verletzung den Dent-du-Chat; in seinem im folgenden Jahr erschienenen Roman *La Peau de chagrin* (dt. *Das Chagrinleder*) wird der Held zu einem Duell »in der Nähe des Schlosses Bordeau, auf einer kleinen Bergwiese« gezwungen. – **G. Sand** (→ Paris), die die Gegend im Frühsommer 1861 besucht hatte, macht das Schloß von B. unter dem Namen ›Manoir de Turdy‹ zum Schauplatz ihres Romans *Mademoiselle de La Quintinie* (1863).

BOURG-EN-BRESSE (Ain)

»Klein, friedevoll und ländlich, steht [die Stadt] inmitten der großen milchstrotzenden Ebenen der Bresse, eines fetten Landstriches, der einstmals zum Besitz des Hauses Savoyen gehörte und dessen bescheidene Hauptstadt sie war. Das blaue Massiv des Jura gibt ihr einen achtbaren Horizont, doch die einzige Sehenswürdigkeit in der Nähe, auf die sie verweisen kann, ist ihre berühmte Begräbniskirche.« (Henry James)

Brou: Chor der Kirche

Bibliothèque municipale (Stadtbücherei; 150 Tsd. Bde., 48 Hs., 150 Ink.; Sammlung zu Roger Vailland mit Hs., Fotografien, Bibliothek). – Théâtre de Bourg-en-Bresse.

* 1803 **Edgar Quinet** († Paris 1875), Schriftsteller, Historiker, Philosoph; Kindheit in Certines, ab 1815 Besuch des Gymnasiums in B., Jurastudium in Paris; lebenslange Freundschaft mit Jules Michelet; Herder-Übersetzungen; Professor am Collège de France, 1848 Stellungnahme auf der äußersten Linken; unter Napoleon III. Exil in Belgien und in der Schweiz; 1871 Abgeordneter in der Nationalversammlung. – W.: *Ahasvérus* (Ep. 1833, dt. 1834), *Napoléon* (Versep. 1833), *Prométhée* (Versep. 1838, dt. in Ausw. 1862), *Le Génie des religions* (1842), *Les Révolutions d'Italie* (1848/52), *La Révolution* (1865).

[A] **Honoré de Balzac** (→ Tours/C), der Jura studiert hatte, bevor er sich der Schriftstellerei widmete, verteidigte 1839 einen Bekannten, den Notar Peytel aus Belley, der des zweifachen Mordes angeklagt war; der Dichter hatte als Rechtsanwalt keinen Erfolg: Peytel wurde schuldig gesprochen und am 28. 10. 1839 auf dem Marktplatz von B. öffentlich hingerichtet. – **H. Bosco** (→ Avignon/PAC) war 1913 (sowie 1930) für ein Jahr Lehrer in B. – **P. Nizan** (→ Tours/C) unterrichtete 1931/32 Philosophie am Gymnasium von B.

Einen Anziehungspunkt für alle Kunstreisenden stellt die Kirche in dem mittlerweile mit B. zusammengewachsenen kleinen Ort **Brou** dar; die Urteile der Besucher fielen dabei recht unterschiedlich aus: **Stendhal** (→ Grenoble) kam 1837 und war erstaunt zu sehen, daß »alles was schon in Metall schwierig auszuführen scheinen könnte, man in Brou in Marmor ausgeführt findet.« – Der englische Lyriker **Matthew Arnold** (1822-1888) widmet der Kirche das Gedicht »The Church of Brou« (1853). – **Hippolyte Taine** (→ Vouziers/ChA), Besucher 1865, beschreibt die Kirche in seinen *Carnets de voyage* (1897). – **Henry James** (1843-1916) war bei seinem Besuch Ende Oktober 1882 erstaunt über den exzellenten Erhaltungszustand und schrieb zumal den Grabmälern »eine außerordentliche Entfaltung von Kunstfertigkeit« zu. – **Marcel Proust** (→ Paris) besuchte auf seiner

Rückreise von der Kur in → Évian nach Paris im Oktober 1903 die Anlage. – Die amerikanische Schriftstellerin **Edith Wharton** (1862-1937) fand im April 1907, daß man die Kirche zu sauber herausgeputzt habe; »abgeschrubbt« und »gescheuert« wirke sie, so daß man vergeblich alle romantische Phantasie zusammennehme: »Trotz dieser letzten Anstrengung, mit der wir unsere ganze Vorstellungskraft aufbieten, erscheint die Kirche von Brou keineswegs in einem poetischen Licht.« – **Gertrud von Le Fort** (1876-1971), in deren Erzählung *Plus Ultra* (1950) die Kirche von Brou eine Rolle spielt, besuchte das Gotteshaus im Sommer 1954 auf einer Frankreichfahrt mit dem Züricher Verleger Peter Schifferli und dessen Frau.

R In **Meillonas** (12 km nö. v. B.) starb 1965 **Roger Vailland** (→ Acy-en-Multien/Pi); Grab auf dem Friedhof von M. – **Edgar Quinet** (s. o.) verbrachte die Kindheitsjahre bei seiner Mutter in **Certines** (9 km sö. v. B.).

BOURG-SAINT-ANDÉOL (Ardèche)

A **J.-J. Rousseau** (→ Anhang) kam im Herbst 1737 auf dem Weg zur Kur in Montpellier durch B., wo Madame de Larnage, eine Reisebekanntschaft, es verstand, »ihm den Kopf zu verdrehen« (*Confessions*, 1. Teil, Buch VI). – **A. de Rivarol** (→ Bagnols-sur-Cèze/LR) besuchte in B. das ›Petit Séminaire‹, bevor er seine theologischen Studien in Avignon fortsetzte. – Mitte Dezember 1833 traf in B.-S.-A. **Stendhal** (→ Grenoble), der sich auf der Rückreise zu seinem Konsulat in Civitavecchia befand, das Liebespaar **George Sand** (→ Paris) und **Alfred de Musset** (→ Paris), die unterwegs nach Venedig waren: Den tanzenden Stendhal an Bord des Bootes, das die Rhône hinabfuhr, verewigte Musset in seinem Album. – **Victor Hugo** (→ Besançon/FC) mußte auf seiner Schiffsfahrt auf der Rhône im Oktober 1839 wegen Hochwassers einen Zwangsaufenthalt in B. einlegen.

BOURGOIN (Isère)

A **J.-J. Rousseau** (→ Anhang), der nach seiner Rückkehr aus England zunächst bei seinem Gönner Prinz Conti (→ Trie-Château/Pi) gelebt hatte, bezog Mitte August 1768 in B. den Gasthof Auberge de la Fontaine d'Or (Ecke Rue Robert-Belmont/Rue du Brigadier Mégevan; abgerissen); im Hinterzimmer dieses Gasthofs erklärte er am 30. 8. 1768 im Beisein des Bürgermeisters des Ortes Thérèse Levasseur, mit der er seit fast einem Vierteljahrhundert zusammenlebte, zu seiner Frau; am 1. Februar 1769 zogen die beiden im nahen Dorf Maubec (2 km südl. v. B.) auf den Bauernhof Monquin, wo das Paar bis zum Mai 1770 wohnte; hier schrieb Rousseau große Teile seiner *Confessions* (1782); nach Streitigkeiten mit der Besitzerin des Hofes zog das Paar nach Paris.

BRANGUES (Isère)

A **P. Claudel** (→ Villeneuve-sur-Fère/Pi) erwarb 1927 das Schloß B., das in seinen letzten Lebensjahren bevorzugter Aufenthaltsort wurde; nach Claudels Tod in Paris (23. 2. 1955) wurde sein Leichnam hierher überführt und an der von ihm bestimmten Stelle beigesetzt: »In Brangues, tief im Park, in dem entferntesten Winkel meines Gartens, steht eine hohe Pappel, schlank wie eine Kerze, wie ein Glaubensakt, wie ein Akt der Liebe. Dort, unter einer alten, mit Moos und Frauenhaar überzogenen Mauer, habe ich meinen Platz bestimmt. Dort, nur wenig getrennt vom Land und seinen Arbeiten, will ich ruhen.« (Schloß in Privatbesitz, keine Besichtigung; Zugang zum Grab erlaubt.)

R Ein gewisser Antoine Berthet versuchte am 22. 7. 1829 in der Kirche von B. eine gewisse Madame Michoud de la Tour zu erschießen. (Er wurde ein halbes Jahr später in Grenoble hingerichtet.) **Stendhal**, der einige Male seine Schwester Pauline in **Thuellin** (7 km südl. v. B.) besuchte, verarbeitete diesen Vorfall in seinem Roman *Le Rouge et le Noir* (1830;

Chambéry: Statue der Brüder de Maistre an der Treppe zum Herzogsschloß

dt. *Rot und Schwarz*, 1913), als er Julien Sorel auf Madame de Rênal schießen läßt (Band 2, Kap. 35).

BROU (Ain) → BOURG-EN-BRESSE
CERTINES (Ain) → BOURG-EN-BRESSE [R]

CHAMBÉRY (Savoie)

Université de Savoie (Bibliothek: 100 Tsd. Bde.). – Médiathèque Jean-Jacques Rousseau (260 Tsd. Bde., 600 Hs., 80 Ink.; umfangreiche Sammlung von Büchern aus dem 18. Jh.), Bibliothèque départementale de la Savoie (168 Tsd. Bde.). – Scène Nationale (Staatl. Bühne).

* 1753 **Joseph de Maistre** († Turin 1821), Schriftsteller, Philosoph; Sohn des Senatspräsidenten, Bruder von Xavier de M. (s. u.); erbitterter Gegner der Französischen Revolution; nach dem Wiener Kongreß Minister des Königs von Sardinien. – Geburtshaus Hôtel de Salins (abgerissen), späteres Wohnhaus der Familie Place Saint-Léger Nr. 47; Denkmal für ihn und seinen Bruder an der Treppe, die zum Schloß führt. – W. u. a.: *Lettres d'un royaliste savoisien* (1793), *Considérations sur la France* (1796), *Les Soirées de Saint-Petersbourg* (1821).

* 1763 **Xavier de Maistre** († St. Petersburg 1852); Bruder von Joseph de M. (s. o.) und dreizehn weiteren Geschwistern; bekannt durch die Erzählung *Voyage autour de ma chambre* (1795, dt. zuletzt *Die Reise um mein Zimmer*, 1968). – Geburtshaus und Denkmal s. o. – Weiteres W.: *Le Lépreux de la cité d'Aoste* (1811).

[A] **Clément Marot** (→ Cahors/MPy), der seit 1542 im calvinist. Genf lebte, bekam dort Schwierigkeiten wegen seines lockeren Lebenswandels, flüchtete im November 1543 nach Ch., um schließlich von hier nach Turin zu gehen. – Der Theologe und Philosoph **Giordano Bruno** (1548-1600), der 1576 mit Kirche und Orden gebrochen hatte, kam zwei Jahre später auf der Reise nach Genf durch Ch., wo er im Dominikanerkloster Unterkunft suchte und sich sehr kühl aufgenommen sah. – **M. de Montaigne** (→ Montaigne/Aq) kam auf der Rückreise aus Italien im November 1581 durch Ch., das er als »klein, schön und handeltreibend« beschreibt,

»zwischen die Berge gebettet, aber an einer Stelle, wo sie stark zurücktreten und eine ziemlich große Ebene freigeben.« – **Jean-Jacques Rousseau** (→ Anhang), der anderthalb Jahre als Landstreicher und Musiker durch Frankreich und die Schweiz gezogen war, begab sich im September 1731 nach Ch., wo ihm Madame de Warens, seine mütterliche Freundin (→ Annecy), die inzwischen hierhergezogen war, eine Stelle beim königl. Katasteramt verschaffte (Grab der Madame de Warens auf dem Cimetière de Lemenc verschollen, Gedenktafel); Rousseau vervollkommnete seine musikalischen Fähigkeiten, so daß er bald als Musiklehrer Geld verdienen und die Arbeit bei der Behörde aufgeben konnte; er wohnte bei Madame de Warens (Hôtel de Saint-Laurent): »Das Haus, das sie bewohnte, war düster und traurig und mein Zimmer das düsterste und traurigste des Hauses. Eine Mauer als Aussicht, eine Sackgasse als Straße, wenig Luft, wenig Licht, wenig Raum, Grillen, Ratten, morsche Dielen; all das ergab keine freundliche Wohnung«; verständlich, daß Rousseau 1735 über den Umzug in das Landhaus Les Charmettes (s. u.) sehr glücklich war. (Zu Rousseau in Ch.: Harig, Ludwig, »Rousseaus vergessene Findelkinder«, in: ders., *Heimweh*, 1979). – **Casanova** (1725-1798) besuchte die Stadt 1761 und 1762. – Ende Oktober 1772 kam der **Marquis de Sade** (→ Paris) inkognito unter dem Namen »Graf von Mazan« in die Stadt, stieg zuerst in der Herberge La Pomme d'or ab, von wo er wenig später in ein Haus am Stadtrand zog; am 8. 12. 1772 wurde er verhaftet und auf die Burg Miolans (30 km ö. v. Ch.), die ›Bastille der Herzöge von Savoyen‹, gebracht, von wo ihm am 30. April des folgenden Jahres die Flucht gelang. – **A. de Lamartine** (→ Mâcon/Bu), der während der ›Hundert Tage‹ Napoleons ins Schweizer Exil gegangen war, kam bei seiner Rückkehr nach Frankreich 1815 durch die Stadt, wo er die royalistisch gesinnte Familie de Maistre (s. o.)

Les Charmettes: Haus von J.-J. Rousseau

besuchte; am 6. 6. 1820 fand in der Sainte Chapelle des Schlosses die kirchliche Trauung Lamartines mit der Schottin Maria Ann Birch statt. – **Stendhal** (→ Grenoble), der das Jesuitenkolleg besichtigte, hob bei seinem Besuch im Jahr 1837 den Nutzen der Arkadengänge in der Stadt hervor, die ihn an das geliebte Italien erinnerten. – **H. v. Hofmannsthal** (1874-1929), im September 1892 unterwegs in den Süden Frankreichs, begeisterte sich für das nächtliche Ch.: »ganz Rokoko mit schnörkligen Giebeln, geschweiften Balkonen und stilvoll bevölkert mit vielen Katzen.«

[R] Der 1735 von Madame de Warens, der mütterlichen Freundin (»Mama«) und Geliebten von **Jean-Jacques Rousseau** (s. o.) gepachtete Landsitz **Les Charmettes** vor den Toren Chambérys wurde dem Philosophen für die nächsten fünf Jahre Lebensmittelpunkt; in den *Confessions* (1. Teil, Buch VI) beschreibt er die Idylle: »Ich erhob mich mit der Sonne und war glücklich; ich ging spazieren und war glücklich; ich sah Mama und war glücklich; ich verließ sie und war glücklich; ich durchstreifte die Wälder, die Berge, ich schweifte durch die Täler, ich las, ich ging müßig; ich arbeitete im Garten, ich pflückte die Früchte, ich half im Hauswesen, und das Glück folgte mir überall. Es war nicht in irgendetwas nachweisbar, es war ganz in mir selbst, es konnte mich nicht einen Augenblick verlassen.« Von der Zeit in Les Ch. berichtet auch sein Gedicht »Le Verger des Charmettes«; das Haus ist heute [M] Museum (Gedenktafel an der Mauer). (Vgl. auch Harig, Ludwig, »Rousseaus vergessene Findelkinder«, in: ders., *Heimweh*, 1979.) **Stendhal** (→ Grenoble) fand es bei seinem Besuch 1837 schwierig, Les Ch. so zu sehen, wie es ist: Rousseaus Bericht schöbe sich stets zwischen Wahrnehmung und Realität. Das englische Dichterpaar **Robert** (1812-1889) und **Elizabeth Browning** (1806-1861) kamen im Herbst 1858, um Rousseaus Wohnstatt zu sehen, **George Sand** (→ Paris) im Frühsommer 1861, als sie von einem Aufenthalt an der Côte d'Azur (→ La Seyne-sur-Mer/PAC) nach Nohant/C zurückfuhr und dabei einen Abstecher zur Region um den See v. Bourget machte. Im September 1892 besuchte **H. v. Hofmannsthal** (1874-1929) das Rousseau-Museum, im Spätsommer 1899 **Francis Jammes** (→ Tournay/MPy).

CHAMONIX (Haute-Savoie)

[A] Auf seiner zweiten Schweizer Reise kam **J. W. Goethe** (1749-1832) Anfang November 1779 in Begleitung seines Herzogs Carl August von Sachsen-Weimar durch das Tal von Ch. (»Chamouni«); der Anblick des nächtlichen Montblanc begeisterte den Dichter: »Es war die Schönheit dieses Anblicks ganz außerordentlich; denn, da er [= der Montblanc] mit den Sternen, die um ihn herumstunden, zwar nicht in gleich raschem Licht, doch in einer breitern zusammenhängenden Masse leuchtete, so schien er den Augen zu einer höhern Sphäre zu gehören und man hatte Müh', in Gedanken seine Wurzeln wieder an die Erde zu befestigen.« – Die Romanautorin **Johanna Schopenhauer** (1766-1838), 1804 auf Frankreichfahrt mit ihrem Sohn Arthur, stattete Ch. und dem Mont-Blanc einen Besuch ab; Beschreibung in den Reiseerinnerungen, zuletzt u. d. T. *Promenaden unter südlicher Sonne* (1993). – Ende August 1805 besuchte **F.-R. de Chateaubriand** (→ Saint-Malo/Br) Ch. und den Montblanc (Beschreibung in dem Reisebericht *Voyage au Mont-Blanc*). – 1816 unternahmen vom Genfer See zwei englische Romantiker einen Ausflug nach Ch.: **Shelley** (1792-1822) Ende Juli (Übernachtung im Hôtel de Londres), **Lord Byron** (1788-1824) einen Monat später (Übernachtung im Hôtel d'Angleterre). – Im August 1825 besuchte ein von der Natur überwältigter **Victor Hugo** (→ Besançon/FC) das Tal von Ch. – Im Rahmen einer Hochgebirgstour (auf Maultierrücken) kam im Frühjahr 1868 **Th. Gautier** (→ Tarbes/MPy) nach Ch.

LES CHARMETTES (Savoie) → **CHAMBÉRY** [R]

LE CHEYLARD (Ardèche)

[A] Von Frühjahr bis Herbst 1942 wohnte **Emmanuel Bove** (→ Paris), der sich zuvor nach Dieulefit (→ Montélimar [R]) zurückgezogen hatte, in Le Ch., dann flüchtete er mit seiner Frau nach Algerien.

CLAIX (Isère) → **GRENOBLE** [R]

CLUSES (Haute-Savoie)

[A] **J. W. Goethe** (1749-1832) kam am 3. 11. 1779 auf seiner zweiten Schweizer Reise mit dem Herzog Carl August von Sachsen-Weimar in den Ort; auf dem Weg von Genf nach → Chamonix übernachteten sie hier »in einem schlechten Wirtshaus, bei muntern und willigen Leuten, an deren Patois man sich erlustigt«, wie Goethe in seinen *Briefen aus der Schweiz* schreibt.

COL DE LA FAUCILLE (Ain) → **LA FAUCILLE**
CORENC (Isère) → **GRENOBLE** [R]
CRUSSOL (Festung) (Ardèche) → **VALENCE**
CULOZ (Ain) → **VIRIEU-LE-GRAND** [R]

DIE (Drôme)

Aus D. stammte die Gräfin **Beatrix von Die** (Beatritz de Dia) (12. Jh.; Büste auf dem Platz), die in ihrem Werk ihre unglückliche Liebe zu einem Troubadour, wohl zu Raimbaut d'Aurenga (→ Orange/PAC), besingt.

[A] Der Amerikaner **Henry Miller** (1891-1980), der mit Frau Eve und Kindern Mitte April 1959 nach Frankreich gekommen war, legte in D. einen Zwischenstop ein, um hier den Lehrer Albert Maillet zu besuchen, den er bei seiner letzten Europareise kennengelernt hatte.

DIEULEFIT (Drôme) → **MONTÉLIMAR** [R]

LES ÉCHELLES (Savoie)

»Hinauf nach Les Echelles. Hier hatte des großen Schriftstellers Stendhal Onkel, Romain Gagnon, ein Haus mit einem Holzbalkon und einen Garten neben dem Guiersfluß. Stendhal kam schon mit acht Jahren gern hierher und jagte und fischte später. Schmackhafte Forellen aus dem Guiers. Stendhal hat die Örtlichkeit oft gezeichnet.« (Kasimir Edschmid)

[A] **Stendhal** (→ Grenoble) kam als Schüler einige Male auf Besuch zu Onkel und Tante nach Les É.; im Gegensatz zum Leben in der verhaßten Heimatstadt Grenoble schienen ihm seine Aufenthalte hier das »vollendete Glück« zu sein, wie er in seinem autobiograph. Roman *Vie de Henri Brulard* (postum 1890, Kap. 13) schreibt.

ÉVIAN (Haute-Savoie)

[A] **A. de Lamartine** (→ Mâcon/Bu), der sich im Frühjahr 1815 (nach der Rückkehr Napoleons) in die Schweiz und an den Genfer See geflüchtet hatte, schrieb 1841 das Gedicht »Ressouvenir du Lac Léman«, wo er neben den Orten am Schweizer Ufer auch Meillerie und É. erwähnt. – Der englische Romantiker **Lord Byron** (1788-1924), der im Juni 1816 mit dem befreundeten Dichter **Percy B. Shelley** (1792-1822) eine Rundfahrt um den Genfer See unternahm, um den Spuren der Hauptfiguren aus Rousseaus verehrter *Nouvelle Héloïse* zu folgen, hatte in É. Schwierigkeiten mit der Behörde, weil er keinen Paß bei sich hatte. – Auf dem Weg nach Italien kam **Th. Gautier** (→ Tarbes/MPy) 1850 über É. und war vom Genfer See begeistert: »Was man vor sich sieht«, fragt er, »ist es Wasser vom Himmel oder der azurne Nebel eines Traums?« – **Marcel Proust** (→ Paris) besuchte É. Anfang September 1893, ein nächstes Mal zehn Jahre später und erneut Anfang September 1905 (Splendide Hôtel), als er seine Mutter begleitete, die hier erkrankte und – zurück in Paris – Ende des Monats an einer Nierenerkrankung starb. – **Emmanuel Berl** (→ Le Vésinet/IdF) beschreibt seine Erinnerung an É. und das Hôtel Ermitage vor dem 1. Wk. in der autobiogr. Erzählung *Sylvia* (1952, dt. in: *Geisterbeschwörung*, 1991).

(COL DE) LA FAUCILLE (Ain)

[A] Der 1320 m hohe Paß über den Jura fand viele Bewunderer, so **J. W. Goethe** (1749-1832) auf seiner zweiten Schweizer Reise 1779 und **J.-J. Rousseau** (→ Anhang). – Der englische Kunstschriftsteller **John Ruskin** (1819-1900), der ab 1835 häufig von Paris und Dijon kommend über den Paß nach Genf und weiter nach Italien reiste, schrieb in seiner Autobiographie *Praeterita*: »[...] der Col de la Faucille öffnete mir an diesem Tag des Jahres 1835 als deutliches Bild das Heilige Land meiner künftigen Arbeit, meine wahre Heimat auf dieser Welt.«

FERNEY-VOLTAIRE (Ain)

[A] **Voltaire** (→ Paris) kaufte 1758 Schloß und Gut F., damit er neben seinen Schweizer Besitzungen auch eine Rückzugsmöglichkeit nach Frankreich besäße, wenn sein Werk Anstoß bei den calvinistischen Behörden in Genf erregen sollte; ab 1760 wohnte er für die restlichen achtzehn Jahre seines Lebens vorwiegend im [M] Schloß F., das er, ebenso wie die Nebengebäude, umbauen ließ; seinen Aufenthaltsort bezeichnet er als »Paradies auf Erden«, als einen »von Bergen umsäumten Garten«; nach

Schloß Ferney

seinem Tod (1778 in Paris) verkaufte seine Nichte das Anwesen an den Marquis de Villette, der auf Voltaires Grabstein schreiben ließ: »Son esprit est partout, mais son cœur est ici« (»Sein Geist ist überall, aber sein Herz ist hier«); an Voltaire, der zahlreiche Genfer Handwerker veranlaßte, sich hier niederzulassen, erinnert außerdem die auf sein Geheiß angepflanzte Hauptallee; vor dem Bürgermeisteramt des Ortes steht eine Statue des Dichters. – Der Schotte **James Boswell** (1740-1795) besuchte auf seiner Europa-Reise am 24. 12. 1764 Voltaire in F. und sah den Dichter für eine halbe Stunde; in wirklichen Kontakt zu ihm kam Boswell erst, nachdem er es über die Nichte des Philosophen zu einer Einladung mit Übernachtung auf dem Schloß gebracht hatte. – »Jeder Reisende, der sich in Genf aufhält, rechnet es sich zur angenehmen Pflicht, nach Ferney zu reisen, wo der berühmteste Schriftsteller unseres Jahrhunderts gelebt hat«, so im Oktober 1789 **Nikolai Karamsin** (1766-1826), Hauptvertreter der Empfindsamkeit in Rußland. – **Stendhal** (→ Grenoble) lobte anläßlich seines Besuchs 1837 vor allem, daß »die Lage von Ferney, militärisch gesprochen, geschickt gewählt war«, denn Voltaire konnte sich jederzeit schnell in den Zuständigkeitsbereich eines anderen Machthabers flüchten.

LA GRANDE-CHARTREUSE (Isère)

»Als ich diese [= die Grande-Chartreuse] 1805 besuchte, durchquerte ich eine Einöde, die stetig zunahm; ich glaubte, sie würde im Kloster enden, aber man zeigte mir hinter den Klostermauern Gärten der Kartäuser, die noch verlassener waren als die Wälder. Schließlich fand ich im Mittelpunkt dieses bemerkenswerten Ortes, von all diesen Einsamkeiten umhüllt, den alten Friedhof der Zenobiten, das Heiligtum, von dem aus das Ewige Schweigen, die

Gottheit dieses Ortes, seine Macht über die Gebirge und in die Wälder der Umgebung ausstrahlte.« (F.-R. de Chateaubriand)
»Als ich das erste Mal aufbrach, um die Chartreuse, die große, zu sehen – irrte ich lange Zeit umher, ganz in der Nähe, auf der Straße von Saint-Laurent nach Saint-Pierre; ich wandte keinen Blick von der Talmulde, in der sie – wie ich wußte – lag, tief dort unten, unsichtbar, und keinen Blick auch von dem Weg, der dorthin führte – aber ich ging nicht näher aus Furcht, einen so lange gehegten Traum vielleicht zu zerstören. Am Abend stieg ich die Straße wieder hinab. Ich ging wieder fort in köstlicher Traurigkeit, träumender als je zuvor...« (André Gide)

[A] Das namengebende Gründungskloster der Kartäuser zog viele Schriftsteller an: **J.-J. Rousseau** (→ Anhang) kam 1768 und schrieb »Vers à la louange des religieux de la Grande-Chartreuse«. – Der englische Romantiker **William Wordsworth** (1770-1850) besuchte das Kloster im Rahmen einer Fußwanderung im Sommer 1790. – **F.-R. de Chateaubriand** (→ Saint-Malo/Br) besichtigte die Anlage 1805, **A. de Lamartine** (→ Mâcon/Bu) Anfang August 1823 (»Improvisé à la Grande-Chartreuse«, in: *Nouvelles Méditations poétiques*, 1823). – **H. de Balzac** (→ Tours/C), Besucher im September 1832, läßt in *Le Médecin de campagne* (1833, dt. *Der Landarzt*) die Titelfigur erzählen: »Ich sah die Grande-Chartreuse, ich durchschritt die alten, stillen Gewölbe, hörte unter den Bogengängen das Wasser der Quelle Tropfen für Tropfen niederfallen. Ich trat in eine Zelle, meine Nichtigkeit zu ermessen, ich atmete den tiefen Frieden, den mein Vorgänger hier gefunden hatte, und las voll Rührung die Inschrift, die er nach Klosterbrauch über die Tür gesetzt hatte; alle Vorsätze des Lebens, das zu führen ich mir vorgenommen hatte, enthielten diese drei lateinischen Worte: Fuge, late, tace ...«; auch die Titelfigur aus Balzacs *Albert Savarus* (1842) zieht sich nach Intrige und enttäuschter Liebe hierher zurück. – **Stendhal** (→ Grenoble) kam am 1. 9. 1837 mit einer Reisegruppe, deren

Kloster La Grande-Chartreuse

Frauen nicht im Kloster übernachten durften. – Der englische Kunsthistoriker **John Ruskin** (1819-1900) war 1845 von der Klosteranlage und der Umgebung enttäuscht. – Der englische Dichter **Robert Browning** (1812-1889) verbrachte 1880-82 jeweils einen Monat des Jahres im Kloster bzw. in dessen unmittelbarer Nähe. – **Léon Bloy** (→ Périgueux/Aq) besuchte das Kloster im November 1882. – **A. Gide** (→ Paris) kam im Frühjahr 1890, der mit Gide befreundete Dichter **Pierre Louÿs** (→ Anhang) eine Woche Ende August 1890 zu Sammlung und Meditation. – **J.-K. Huysmans** (→ Paris) zog sich für wenige enttäuschende Tage im Juli 1891 hierher zurück. – **F. Jammes** (→ Tournay/MPy) besuchte das Kloster im Spätsommer 1899, **Alain** (→ Mortagne-au-Perche/BNo) 1907, **P. Claudel** (→ Villeneuve-sur-Fère/Pi) Ende September 1937 und schrieb das Gedicht »A la Grande-Chartreuse«.

GRENOBLE (Isère)

Institut National Polytechnique; Universität (gegr. 1339). – Universitätsbibliothek, **Bibliothèque municipale** (Stadtbücherei; 715 Tsd. Bde., 22 Tsd. Hs., darunter viele Manuskripte aus dem Mutterkloster der Kartäuser La Chartreuse und fast alle Hs. Stendhals, 671 Ink.). – Musée des Beaux-Arts (mit Bibliothek: u. a. 30 Tsd. Kataloge). – Centre National Dramatique.

* 1715 **Étienne Bonnot de Condillac** († Schloß Flux bei Beaugency/C) Philosoph; Hauptvertreter des neueren Sensualismus (Hauptwerk: *Traité des sensations*,

Stendhal

1754, dt. 1870); verfaßte daneben auch pädagogische Schriften, so die *Cours d'études* (16 Bde.) für den Sohn des Herzogs von Parma, dessen Erzieher Condillac war, und Werke zur Nationalökonomie; 1768 Wahl in die Académie Française. – Geburtshaus Grande-Rue Nr. 13 (Gedenktafel). – Weitere W.: *Œuvres philosophiques* (3 Bde. 1948-51).

* 1783 **Stendhal** (eigentlich Marie-Henri Beyle) († Paris 1842), Erzähler; Wahl des Pseudonyms nach dem Geburtsort Winckelmanns Stendal in Sachsen-Anhalt; Sohn eines Juristen, Kindheit und Jugend in G. (beschrieben in *Vie de Henri Brulard*, postum 1890, dt. *Leben des Henri Brulard*, 1923), 1796-99 Besuch der École Centrale; Studium und Militärdienst; ab 1806 im Dienst des Kriegsministeriums, Verwaltungsbeamter in Braunschweig (1806/07) und Wien (1809); als Beamter Teilnahme an Napoleons Rußlandfeldzug; 1814-21 Mailand, 1821-30 freier Schriftsteller in Paris, Kunst-, Theaterkritiker; als Konsul 1830/31 in Triest, 1831-36 und 1839-41 in Civitavecchia. – Geburtshaus und Wohnhaus bis 1790 in der heutigen Rue Jean-Jacques-Rousseau Nr. 14 (Gedenktafel); [M] Maison Stendhal: Wohnhaus 1790-99 beim Großvater in der Grand-Rue Nr. 20 (Gedenktafel, Museum); Stele mit Medaillon (David d'Angers) im Stadtpark; [M] Musée Stendhal in der Rue Hector-Berlioz Nr. 1.; als Stendhal am 8. 8. 1837 seine Geburtsstadt besuchte, stieg er im Hôtel des Trois Dauphins (Rue Montorge, heute Résidence Napoléon) ab und belegte das Zimmer Nr. 2, dasselbe, das Napoleon bei seiner Rückkehr aus Elba bewohnt hatte. – W.: *De l'Amour* (psycholog. Studie 1822, dt. *Über die Liebe*, 1903), *Armance* (R. 1827, dt. 1921), *Le Rouge et le Noir* (R. 1830, dt. *Rot und Schwarz*, 1913), *Mémoires d'un touriste* (Reiseessays 1838), *La Chartreuse de Parme* (1839, dt. *Die Kartause von Parma*, 1906), *Lucien Leuwen* (R. postum 1855, dt. 1921); *Gesammelte Werke* (13 Bde. 1959-83), *Œuvres complètes* (50 Bde. 1967-74).

[A] **Rabelais** (→ La Devinière/C) soll häufig G. besucht und 1532 bei dem Präsidenten Vachon in der Rue des Clercs Nr. 5 od. 11 gewohnt haben (so Albert Ravanat in *Séjour de Rabelais à Grenoble*, 1891). – 1652 spielte **Molière** (→ Paris) mit seiner Schauspieltruppe in der Stadt. – **Casanova** (1725-1798) kam 1760 nach G. – **J.-J. Rousseau** (→ Anhang), der die Stadt schon im September 1737 kennengelernt hatte (»man kann mit einer Stadt gar nicht zufriedener sein, als ich es mit dieser bin«), kam Mitte Juli 1768 erneut nach G. und wohnte einen Monat lang in der Rue des Vieux-Jésuites Nr. 2 (heute Rue J.-J.-Rousseau Nr. 2, Gedenktafel). – **Choderlos de Laclos** (→ Amiens/Pi) lag von Herbst 1769 bis 1775 in G. in Garnison. – Der Historiker **Jules Michelet** (→ Paris) kam im Mai 1844 auf seiner Reise in den Süden in die Stadt und besuchte die Gemäldegalerie. – **André Gide** (→ Paris) hielt sich zur Zeit der Abfassung seines Erstlings *Les Cahiers d'André Walter* (1891) in G. an der Place Grenette auf, wie Gide Julien Green später erzählte (vgl. Greens *Tagebücher*, 11. Mai 1929). – **H. v. Hofmannsthal** (1874-1929) führte sein Weg nach Südfrankreich im September 1892 durch die Stadt, wo er Stendhals Spuren nachspürte. – **Henri Bosco** (→ Avignon/PAC) begann in G. sein Philosophie- und Philologiestudium, das er in Florenz abschloß. – **P. Claudel** (→ Villeneuve-sur-Fère/Pi) kam am 11. 7. 1935 nach G. und hielt einen Vortrag über Berlioz und die Dauphiné (*Éloge du Dauphiné*, 1942).

[L] Die Stadt ist Schauplatz der 36. Geschichte des *Heptaméron* (1559, dt. 1791) der **Margarete von Navarra.**

[R] In seiner postum erschienenen Autobiographie *Vie de Henri Brulard* (1890, dt. *Das Leben des Henri Brulard*, 1923 u. ö.) beschreibt **Stendhal** (s. o.) das Familiengut Furonnière in **Claix** (5 km südl. v. G.), wohin sich sein Vater zweimal pro Woche zu begeben pflegte; der Dichter verbrachte seine Schulferien auf dem Gut, wo er sich heimlichen Zugang zur väterlichen Bibliothek zu verschaffen wußte (Kap. 9), und kam auch später noch (auch nach dem Verkauf 1820) hierher zurück (Privatbesitz, keine Besichtigung). – Der Dichter **Peter Huchel** (1903-1981) lebte – mit Unterbrechungen – von Herbst 1928 bis Herbst 1929 in **Corenc** (3 km nö. v. G.), wo er bei dem Winzer Thomasset Unterkunft und Anstellung gefunden hatte; auf diese Zeit beziehen sich die Gedichte »Corenc«, »Ferme Thomasset« und »Wiese bei Corenc«.

GRIGNAN (Drôme)

† 1696 **Madame de Sévigné** (* Paris 1626); die große Briefeschreiberin hielt sich häufig, auch für längere Zeit, auf Schloß G. auf, das ihrer Tochter gehörte, die 1669 den Grafen von Grignan geheiratet hatte; zum ersten Mal kam Madame de Sévigné im Juli 1672 – sie blieb eineinviertel Jahre –, zum letzten Mal im Mai 1694, zu einem Aufenthalt, der bis zu ihrem Tod am 17. 4. 1696 dauern sollte; sie wurde vor dem Hauptaltar der Stiftskirche Saint-Sauveur von G. bestattet. (Grab

Grignan: Grabtafel der Madame de Sévigné

1793 durch Revolutionäre zerstört; Gedenkplatte im Boden.) – Im [M] Schloßmuseum Erinnerungsstücke an Madame de Sévigné und ihre Tochter; Statue (1857) auf der Place Sévigné.

HAUTECOMBE (Abtei) (Savoie) → **AIX-LES-BAINS** [R]

HOSTEL (Schloß) (Ain)

[A] **Paul Claudel** (→ Villeneuve-sur-Fère/Pi), im August 1909 aus China zurückgekehrt, wo er als französischer Konsul tätig gewesen war, besuchte im Oktober dieses Jahres seinen Schwiegervater, den Architekten Sainte-Marie-Perrin, auf dessen Besitztum Schloß H. nw. v. Artemare; begeistert schrieb Claudel an einen Freund: »Ich lebe inmitten der schönsten Gegend, die man sich vorstellen kann, in der dreifachen Glorie des Herbstes, der Berge und der Gletscher. Gott hat mir das Leben sehr süß gemacht und behandelt mich wie ein verwöhntes Kind, fast mit ein wenig Mißtrauen, wie mir scheinen will.« Im Juni/Juli 1911 war er erneut hier und schrieb den »Cantique du Rhône«.

LYON (Rhône)

»Es war gewiß peinlich, darauf angewiesen zu sein, die Nacht auf der Straße zu verbringen, was mir mehrmals in Lyon zugestoßen ist. Ich gäbe lieber einige Heller, die mir verblieben, für Brot als für Unterkunft aus, denn schließlich liefe ich weniger Gefahr, aus Schlafmangel als des Hungers zu sterben.« (Jean-Jacques Rousseau)

Lyon: Stadtansicht

»Ich habe Lyon gesehen [...]. Ich glaube, es ist die Stadt, die ich auf der Welt von allen am meisten liebe.« (F.-R. de Chateaubriand)

»Eigenartige Stadt, bigott und handeltreibend, katholisch und protestantisch, voll von Nebel und Rauch, wo sich die Ideen nur schwer aufklären. Alles, was aus Lyon kommt, ist minutiös, betulich, voller Vorsicht.« (Charles Baudelaire)

»Bis jetzt bin ich recht unzufrieden mit Lyon. Die Gegend an den Ufern der Rhône ist sehr pittoresk, aber das Stadtinnere mit seinen hohen Häusern und den engen Straßen ist traurig, düster und dreckig. Betriebsamkeit und Bevölkerung sind im Verhältnis ebenso groß wie in Paris, doch erweist sich die Lebendigkeit als eine verdrießlich-geschäftige. Es ist die Unruhe der Arbeit, nicht des Vergnügens.« (George Sand)

»Lyon liegt ungefähr wie Heidelberg, nur mit dem Unterschiede, daß alles, was es Heidelberg ähnlich macht, sich großartiger zeigt; es ist an der einen Seite ganz, an der andern eine Stunde lang von Bergrücken eingeschlossen; die Rhône fließt mitten durch die Stadt und hat ein äußerst prächtiges Ansehen, imposante Brücken führen über den breiten Fluß und links und rechts ziehen sich nach Art der Pariser Boulevards Spaziergänge hinunter, die mit Alleen bepflanzt sind.« (Friedrich Hebbel)

»Diese Stadt liegt an der Grenze zwischen dem Norden und dem Süden Europas. Es ist eine Stadt der Mitte. Dem nördlichen Ernst und dem nördlichen Zielbewußtsein ebenso hingegeben wie der Ungezwungenheit des Südens, lächelt sie und arbeitet.« (Joseph Roth)

»Von weitem erwartet, doch bescheiden und ohne Lärm mit ruhiger, sanfter Strömung tritt ›la Saône‹ in das Weichbild der Stadt ein, schmiegt sich zwischen die Hügel, kommt als Weib in die Stadt gegangen: leicht beladen und weichen Schritts. ›Le Rhône‹ bricht überraschend in das Tal ein, rauscht, schäumt, schreit, stößt am Hang an, ändert seinen Lauf, ist der wilde, unerwünschte Mann aus den Bergen – (Welch ein Irrtum der deutschen Seele, ihn – weiblich – ›die‹ Rhône zu nennen).« (Ludwig Harig)

Universität; Katholische Universität (Bibliothek: 264 Tsd. Bde., Hs., Ink.); École Normale Supérieure. – Universitätsbibliothek (570 Tsd. Bde.; Hs., Ink.), **Bibliothèque municipale** (Stadtbücherei; 1500 Tsd. Bde., 15 Tsd. Hs.,

1000 Ink.). – Goethe-Institut (Rue François Dauphin Nr. 16-18). – Théâtre des Jeunes Années (Centre Dramatique National).

Der Damenschneider Friedrich Georg Göthé, Großvater Johann Wolfgang Goethes, war aus dem Thüringischen nach L. ausgewandert, mußte aber als Protestant nach der Aufhebung des Toleranzediktes von Nantes 1685 durch Ludwig XIV. Frankreich verlassen und ging nach Frankfurt/Main.

* um 1504 **Maurice Scève** († ebda. um 1564), Dichter, Humanist; tonangebendes Mitglied der ›École lyonnaise‹; Sohn eines Patriziers, Jurastudium; große Bewunderung für Petrarca; sein Hauptwerk *Délie, objet de plus haute vertu* (1544), eine Dichtung in 449 Zehnsilbern, war durch seine Geliebte Pernette du Guillet (s. u.) inspiriert; nach langer Vergessenheit wurde er im 20. Jh. wiederentdeckt. – W.: *Œuvres poétiques complètes* (2 Bde. 1971).

* um 1520 **Pernette du Guillet** († ebda. 1545), Lyrikerin; adlige Herkunft, 16jährig verheiratet; ab 1536 Schülerin und (platonische) Geliebte von Maurice Scève (s. o.), der sie in seiner *Délie* (1544) feiert. – W.: *Rymes* (1968, 1983).

* um 1522 **Louise Labé** († ebda. 1566), Lyrikerin; ›la Belle Cordière‹ (›die schöne Seilerin‹), die bedeutendste Vertreterin der ›Schule von Lyon‹, war die Tochter des reichen Seilers Pierre Charly, genannt Labé, und heiratete wiederum einen Seiler, den schon älteren, wohlhabenden Ennemond Perrin; sie verfaßte drei Elegien, 24 Sonette (von R. M. Rilke 1917 übersetzt) und den Prosadialog »Débat de folie et d'amour«; sie führte einen Salon, in dem berühmte Humanisten der Zeit verkehrten, nahm in Männerkleidern an der Belagerung Perpignans teil, hatte zahlreiche Liebschaften, u. a. mit Olivier de Magny (→ Cahors/MPy), an den vermutlich die Sonette gerichtet sind; nach dem Tod ihres Mannes zog sie sich immer häufiger nach Parcieux (s. u.) zurück, ihr Haus in der Rue Confort Nr. 28 vermachte sie den Armen der Stadt; erste Vermittlung an deutsche Leser durch Wieland. – Denkmal (1983) für die Dichterin zwischen Oper und Rathaus. – W.: *Œuvres de Louize Labé Lionnoise* (1555); *Œuvres complètes* (1981).

* 1732 **Julie de Lespinasse** († 1776 Paris), Schriftstellerin; war eine Zeitlang Mittelpunkt des Salons der Madame du Deffand (→ Charolles/Bu), deren Vorleserin sie war, bevor sie einen eigenen Salon gründete; bekannt blieb sie durch ihre persönlichen Briefe, die sie an den Grafen Hyppolyte Guibert (1744-1790) schrieb: *Correspondance entre Mademoiselle de Lespinasse et le comte de Guibert* (1906, dt. zum erstenmal vollständig u. d. T. *Briefe einer Leidenschaft. 1773-76*, 1997).

* 1777 Jeanne-Françoise-Julie-Adelaide Bernard (**Madame Récamier**) († Paris 1849); Tochter eines Bankiers, Kindheit in L.; 15jährig mit dem Pariser Bankier Récamier verheiratet; ihr Salon war tonangebend während der Restauration (1815-30); Freundin der Madame de Staël, Chateaubriands und Benjamin Constants; »Ohne etwas herauszugeben, vielleicht ohne etwas niedergeschrieben zu haben, übte diese merkwürdige Frau bedeutenden Einfluß über zwei unserer größten Schriftsteller« (Goethe).

† 1843 **Casimir Delavigne** (* Le Havre/HNo 1793); der seinerzeit berühmte Lyriker und Dramatiker starb in L. auf dem Weg nach Italien, wohin er auf ärztlichen Rat seiner Gesundheit wegen unterwegs war; Grab auf dem Père Lachaise in Paris.

* 1895 **Gabriel Chevallier** († Cannes/PAC 1969), Schriftsteller, Journalist, Zeichner; Erfolg durch die humorvoll-satirischen Romane über ein Dorf im Beaujolais: *Clochemerle* (1934, dt. 1951), *Clochemerle-Babylone* (1951, dt. 1956), *Clochemerle-les-Bains* (1963, dt. *Clochemerle wird Bad,* 1964); Grab auf dem Friedhof von Oullins (5 km südl. v. L.).

* 1900 **Antoine de Saint-Exupéry** († 1944 verschollen); frühes Interesse für Technik, 1921 Militärdienst bei der Luftwaffe,

dann bei der privaten Luftfahrt, ab 1934 bei der Air France; ab 1939 Soldat; kehrte von einem Aufklärungsflug über dem Mittelmeer nicht zurück. – Geburtshaus Rue du Peyrat Nr. 8. – W. u. a.: *Courrier Sud* (R. 1929, dt. Südkurier, 1949), *Vol de nuit* (R. 1931, dt. *Nachtflug*, 1932), *Terre des hommes* (Erz. 1939, dt. *Wind, Sand und Sterne*, 1940), *Le Petit Prince* (Erz. 1943, dt. *Der kleine Prinz*, 1950), *La Citadelle* (1948, dt. *Die Stadt in der Wüste*, 1951).

* 1908 **Pierre Bertaux** († Paris 1986), Germanist, Schriftsteller, Politiker; Besuch keiner Volksschule, Unterricht beim Großvater, Klavierstunden von André Gide; Studium an der École Normale Supérieure; politische Laufbahn bis zum Präfekten; aufsehenerregende These in seiner Hölderlin-Biographie: »Hölderlin war nicht geisteskrank!«; in den letzten Jahren des Lebens Germanistikprofessor an der Sorbonne-Nouvelle in Paris-Asnières.

* 1934 **Roger Kowalski** († ebda. 1975), Lyriker; Sohn polnisch-deutscher Eltern; Militärzeit im Algerienkrieg; starb nach einer Herzoperation; Prägung durch deutsche Lyriker (Novalis, Trakl, Rilke). – W. u. a.: *Le Silenciaire* (Ged. 1961), *La Pierre militaire* (Ged. 1961), *Augurales* (Ged. 1964), *Les Hautes Erres* (Ged. 1966), *A l'Oiseau à la miséricorde* (Ged. 1976), *Le Langage, l'oiseau de la grande pierre* (Ged. 1977).

Antoine de Saint-Exupéry

[A] **F. Rabelais** (→ La Devinière/C) kam 1532 nach L., wo er im November dieses Jahres Arzt am Hôtel-Dieu (Place de l'Hôpital) wurde; hier gab er die *Lettres médicales* des italienischen Arztes Manardi heraus sowie die Aphorismen des Hippokrates, hier erschien auch zuerst, unter dem Anagramm Alcofrybas Nasier, sein *Pantagruel* (1532) und später der *Gargantua* (1534); im Oktober 1533 folgte er Jean de Bellay, dem Bischof von Paris, nach Rom. – Der Herausgeber und Übersetzer **Étienne Dolet** (→ Orléans/C) lebte 1534-46 in L. und eröffnete hier 1538 eine Buchdruckerei, wo u. a. antike Autoren, Rabelais und Marot gedruckt wurden. (Dolet wurde 1546 in Paris wegen Verbreitung ketzerischer Schriften verbrannt.) – **Sebastian Castellio** (→ Saint-Martin-du-Fresne), der spätere Gegenspieler Calvins, studierte ab 1535 in L. – Der Lyriker **Clément Marot** (→ Cahors/MPy), der wegen seiner Sympathien für die Reformation ins italienische Exil hatte gehen müssen (Ferrara, Venedig), schwor im Dezember 1536, als er nach L. zurückkehrte, auf der Schwelle der Kathedrale Saint-Jean dem Protestantismus ab; auch 1538, als in L. eine Gesamtausgabe seiner Werke (*Les Œuvres*) erschien, weilte er in der Stadt. – Der Theologe und Philosoph **Giordano Bruno** (1548-1600) verbrachte im Herbst 1579, auf der Reise von Genf (wo er den Calvinismus abzulehnen gelernt hatte) nach → Toulouse/MPy, einen Monat hier. – **M. de Montaigne** (→ Montaigne/Aq) kam im November 1581 auf seiner Rückkehr aus Italien durch die Stadt, die ihm sehr gut gefiel, so daß er einige Tage blieb. – **Molière** (→ Paris), der sich nach dem Bankrott des Illustre Théâtre der Wandertruppe des Charles Dufresne angeschlossen hatte, war zwischen 1652 und 1655 häufig zu Aufführungen in der Stadt; nach und nach hatte er die Leitung der Truppe übernommen, der vom Prinzen Conti der Titel »Schauspieler Seiner Königlichen Hoheit des Prinzen von Conti« und eine jährliche Pension verliehen wurde. – **J.-J. Rousseau** (→ Anhang) war häufig in der Stadt; bekannt wurde durch seine Beschreibung in den *Confessions* (1. Teil, Buch IV), wie er in jungen Jahren manche Nacht unter freiem Himmel in L. verbrachte (1730/31); vom Frühjahr 1740 an war er ein Jahr lang als Hauslehrer bei dem hohen Justizbeamten de Mably in Stellung; während dieser Zeit verfaßte er sein erstes pädagogisches Werk *Projet pour l'éducation;* auch vor seinem Umzug nach Paris hielt er sich mit seiner Frau 1770 in L. auf. – Der Dichter der *Night Thoughts* (1742-45, dt. 1752), der Engländer **Edward Young** (1683-1765), reiste auf ärztliches Anraten im Herbst 1736 mit seiner Familie an die Côte-d'Azur, um seine kranke Stieftochter in milderem Klima überwintern zu lassen; sie starb jedoch bereits in L. und wurde auf dem protestant. Friedhof des Hôtel-Dieu begraben. (Schon die *Biographia Brittanica* von 1766 nennt als Sterbeort → Montpellier/LR und schafft damit eine bis heute gepflegte Legende.) – **Voltaire** (→ Paris) kam im November 1754 nach L. und wurde begeistert empfangen. – **Casanova** (1725-1798) kam auf seinen Reisen durch Europa wiederholt durch die Stadt, die er in seinen *Mémoires* (1826-38) erwähnt. – Der schottische Romancier **Tobias Smollett** (1721-1771) blieb im Herbst 1763 auf seiner Reise in den Süden nur kurz in L., da das feuchte Klima seiner Gesundheit abträglich war. – Sein Landsmann **James Boswell** (1740-1795) war Anfang 1766 in der Stadt, die er aber wegen eingewachsener Zehennägel nicht besichtigen konnte. – Der russische Schriftsteller **Nikolai Karamsin** (1766-1826) weilte im Rahmen seiner Frankreichreise einige Tage im März 1790 in L. (»der größte und beste Teil der Stadt liegt zwischen den beiden Flüssen«), wo er wiederholt mit dem deutschen Dichter **Friedrich Matthisson** (1761-1831) zusammentraf, der eine Stelle als Hofmeister bei einem Bankier innehatte. – **A. de Lamartine** (→ Mâcon/Bu), der 1801 das Internat Puppier im Stadtteil La Croix-Rousse besucht hatte, kam, angeblich zum Jurastudium, jeweils die ersten Monate der Jahre 1809 und 1810 wieder in die Stadt, wo er eine Romanze mit Henriette Pommier hatte, einer Bürgerstochter aus Mâcon, die er sogar heiraten wollte. – **Friedrich Hölderlin** (1770-1843) übernachtete auf seinem Fußmarsch aus dem Schwäbischen zur Hauslehrerstelle in Bordeaux/Aq im Hôtel du Commerce (Eckhaus Place Bellecour/Rue Émile Zola); von hier schrieb er seiner Mutter (Brief vom 9. 1. 1802). – Ein Jahr später war **Achim von Arnim** (1781-1831), der sich mit seinem Bruder auf Kavaliersreise durch Europa befand, in L., von wo er Ende Januar 1803 nach Paris weiterzog. – **Chateaubriand** (→ Saint-Malo/Br), der erstmals im Herbst 1802 nach L. gekommen war, das ihm »äußerst gut gefiel«, fuhr auch im Jahr darauf über L., als er als erster Botschaftssekretär beim Vatikan nach Rom ging. – Für **Johanna Schopenhauer** (1766-1838) war L. »eine der häßlichsten, der schönsten, der größten Städte in Frankreich, auch wohl in Europa«; Beschreibung der Stadt und ihres Wirtschaftslebens sowie der Umgebung in den Reiseerinnerungen (zuletzt u. d. T. *Promenaden unter südlicher Sonne. Die Reise durch Frankreich 1804*, 1993). – Mitte November 1804 verbrachte **Friedrich Schlegel** (1772-1829) zwei Tage in L.; er befand sich auf der Rückreise von Madame de Staëls Schweizer Wohnsitz Coppet nach Paris. – Anfang Dezember 1804 weilte **Madame de Staël** (→ Paris) selbst, in Begleitung von **B. Constant** (→ Anhang), in L., bevor sie nach Italien reiste; weiterer Besuch des Paares im Juni 1809. – **Marceline Desbordes-Valmore** (→ Douai/NPdC) war als Schauspielerin über längere Phasen in L. am Theater engagiert (1821-23, 1827-

32, 1834-37); Gedenktafel an der Place des Terreaux. – **Ch. Baudelaire** (→ Paris) besuchte 1832 das Gymnasium in L., wohin seine Mutter mit seinem Stiefvater, dem Major Aupick, umgezogen waren; die Familie wohnte bis zur Rückkehr nach Paris 1836 in der Rue de l'Auvergne; an den Bruder schreibt der Elfjährige: »Es gefällt mir kein bißchen in der Pension, sie ist schmutzig, schlecht geführt, unordentlich, die Schüler sind boshaft und schmutzig wie alle Lyoneser.« – **A. de Musset** (→ Paris) und **G. Sand** (→ Paris) fuhren Mitte Dezember 1833 auf der Rhône von L. nach Avignon, danach weiter nach Venedig. Auf dem gleichen Schiff befand sich auch **Stendhal** (→ Grenoble), der nach einem Urlaub wieder auf dem Rückweg nach Civitavecchia war, wo er als Konsul tätig war; der Dichter hielt sich oft in L. auf, wo er einen Cousin hatte. – **P. Mérimée** (→ Paris), Ende August 1834 in L., setzte sich als frischgebackener staatlicher Inspektor der Kunstdenkmäler Frankreichs dafür ein, daß die Kirche Saint-Paul nicht abgerissen wurde. – **A. Dumas d. Ä.** (→ Villers-Cotterêts/Pi), der im November 1834 von Paris über das Bourbonnais ans Mittelmeer fuhr, traf in L. erstmals auf Spuren aus der Römerzeit und besichtigte die Kirchen Saint-Martin d'Ainay und Saint-Jean sowie das Rathaus; auch bei seiner Italienreise 1835 kam er auf Hin- wie Rückfahrt über L., wo er eine Beziehung zu der Schauspielerin Hyacinthe Meynier unterhielt. – **H. Heine** (1797-1856), der nach einem Schiffbruch vor Marseille nicht weiter nach Neapel, sondern zurück nach Paris wollte, schrieb in einem Brief von dem mehrtägigen Aufenthalt im November 1836: »Hier ennuyire ich mich schrecklich. Das Theater ist meine einzige Ressource.« – Der Historiker **J. Michelet** (→ Paris) verbrachte im Frühjahr 1839 eine Woche mit seiner Tochter in der Stadt. – Der anarchist. Sozialist **P.-J. Proudhon** (→ Besançon/FC) wurde in L. 1843 von einer Schiffahrtsgesellschaft angestellt. – Mitte 1844 kam der englische Romancier **Charles Dickens** (1812-1870), von Paris nach Italien unterwegs, von Chalon-sur-Saône mit dem Schiff nach L. (Beschreibung in den *Pictures from Italy*, 1846), von wo er über Avignon nach Marseille weiterfuhr; ein Vierteljahr später auf der gleichen Route mit den gleichen Stationen: **Friedrich Hebbel** (1813-1863). – **Th. Gautier** (→ Tarbes/MPy), der die Stadt Anfang Juli 1845 besuchte, fand sie »recht traurig«. – **A. Daudet** (→ Nîmes/PAC), der 9jährig nach L. gekommen war, besuchte hier das Gymnasium; seine Schulzeit spiegelt sich in dem Roman *Le Petit Chose* (1868) wider. – »Lyon ist recht trist. Es regnet dort fast jeden Tag, und der Himmel ist immer bedeckt«, befand **Hippolyte Taine** (→ Vouziers/ChA), Besucher der Stadt 1863 und 1865, in seinen *Carnets de voyage* (1897). – Für **Theodor Fontane** (1819-1898), Kriegsgefangener des Jahres 1870 (→ Domrémy/Lo), war L. eine Zwischenstation auf dem Weg zur Île d'Oléron (knappe Beschreibung in *Kriegsgefangen. Erlebtes 1870*, 1871). – **Saint-Pol Roux** (→ Marseille/PAC) besuchte ab Oktober 1872 das Pensionnat Notre-Dame-des-Minimes; 1882 zog er nach Paris. – **C. F. Meyer** (1825-1898) unternahm nach seiner Eheschließung am 5. Oktober 1875 mit seiner Frau eine Hochzeitsreise nach Südfrankreich und Korsika, die er mit einem eintägigen Aufenthalt in L. begann und ausklingen ließ. – Zwischen Oktober 1890 und Juli 1892 besuchte **J.-K. Huysmans** (→ Paris) mehrfach in L. den Ex-Abbé, Wunderheiler und Satanisten Boullan. – Im Januar 1899 hatte **Guillaume Apollinaire** (→ Anhang) mit Mutter und Bruder die Côte d'Azur verlassen und wohnte mit seiner Familie kurzzeitig in Aix-les-Bains und L., bevor die Familie im April nach Paris weiterzog. – **Édouard Herriot**, 1872 in Troyes geboren, war von 1905 bis zu seinem Tod 1957 Bürgermeister von L., unter Aristide Briand Minister und später Präsident der

Nationalversammlung und machte sich obendrein mit Veröffentlichungen über Beethoven und Madame Récamier einen Namen als Schriftsteller; Mitglied der Académie Française (Büste im Park am Pont Morand; Grab auf dem Cimetière de Loyasse). – **P. Claudel** (→ Villeneuve-sur-Fère/Pi) kam häufig in die Stadt, wo er am 15. 3. 1906 Reine Sainte-Marie Perrins geheiratet hatte; noch im Januar 1952 war Claudel in L., als er im Grand Théâtre einen Vortrag über die Bibel hielt; von Claudel der Essay »Éloge de Lyon« (1950). – **Edith Wharton** (1862-1937) war im April 1907 begeistert von ihrer nächtlichen Ankunft in L.: »Allgemein gilt Lyon wohl als prosaischste aller französischen Großstädte, doch niemand kann sie als das ansehen, der auf diese Weise bei Nacht in sie hinabfährt, gewahrt, wie die majestätischen Brücken die Ufer miteinander verbinden und sich die Millionen Lichter zu beiden Seiten im doppelten Schwung des Flusses brechen.« – **Joseph Roth** (1894-1939), der im Sommer 1925 einige Tage in L. lebte, schrieb über die Stadt in *Die weißen Städte* (postum) und in einem Feuilletonartikel: »Es sind drei durch die Flüsse Saone und Rhône voneinander getrennte Städte. Dank den Flüssen Städte von verschiedenem Charakter. Es ist an diesem Beispiel zu sehen, wie sehr Wasser scheiden kann.« – **Albert Camus** (→ Anhang) hielt sich 1940 vor seiner Rückkehr nach Algerien drei Monate in L. auf; 1943, als er aus Gesundheitsgründen einige Zeit im Zentralmassiv verbrachte, besuchte er häufig seinen in L. weilenden Freund Pascal Pia. – **Louis Aragon** (→ Paris) und **Elsa Triolet** (→ Anhang), beide in der Résistance aktiv, hielten sich während der deutschen Besatzung wiederholt in L. auf. (Bei E. Triolet ist L. ein Schauplatz des Romans *Les Amants d'Avignon*, 1943, dt. *Die Liebenden von Avignon*, 1949). – **Wolfgang Koeppen** (1906-1996) besuchte die Stadt 1959: »Lyon ist die Stadt der Seide, der duftenden Gewebe, der schön gefärbten und bedruckten Stoffe, und jede Lyonerin sah aus, als könne sie schneidern.«

[L] Eine Kapelle der Kirche St-Jean ist Schauplatz der 65. Geschichte des *Heptaméron* (1559, dt. 1791) der **Margarete von Navarra**. – L. ist einer der Schauplätze des Briefromans *Oberman* (1804, dt. 1844) von **É. de Senancour**. – Die alte (verschwundene) Festung Pierre-Encise und die Place des Terreaux als Ort der Hinrichtung sind Schauplätze des Romans *Cinq-Mars* (1826, dt. 1829, zuletzt 1997) von **Alfred de Vigny**. – In die Stadt der Revolutionszeit führt die Erzählung *Die Hochzeit von Lyon* (1927) von **Stefan Zweig**. – **Ludwig Harig** beschreibt die Stadt in »Straßen zwischen den Strömen« (Essay in *Heimweh*, 1979).

[R] **Louise Labé** (s. o.), die bedeutendste französische Dichterin des 16. Jhs., zog sich nach 1557, dem Tod ihres Mannes E. Perrin, immer häufiger nach **Parcieux** (15 km n. v. L.) zurück, wo dieser ein Landhaus besessen hatte; das Grab der ›schönen Seilerin‹ in P. ist verschollen.

MAUBEC (**Isère**) → BOURGOIN

MEILLERIE (Haute-Savoie)

[A] **J.-J. Rousseau** (→ Anhang) kam 1754 im Rahmen einer einwöchigen Bootsfahrt um den Genfer See auch nach M.; von der Küste vor dem Ort, einem glücklich vermiedenen Schiffbruch und der Klause M. wird in Rousseaus Roman *Julie ou la Nouvelle Héloïse* (17. Brief, 4. Teil) berichtet. – Den Spuren Rousseaus folgend gerieten die englischen Romantiker **Lord Byron** (1788-1824) und **P. B. Shelley** (1792-1822) auf ihrer Schiffsrundfahrt um den Genfer See Ende Juni 1816 vor der Küste von M. in einen Sturm; nach dem Schiffbruch konnten sich die beiden Dichter schwimmend an Land retten.

MEILLONNAS (Ain) → BOURG-EN-BRESSE [R]

MENTHON-SAINT-BERNARD
(Haute-Savoie)

[A] In dem Ort am See von Annecy wohnte **H. Taine** (→ Vouziers/ChA), der später am Roc de Chère in einem privaten Anwesen bestattet wurde, als **André Gide** (→ Paris) sich im Frühjahr 1890 hierher zurückzog, um seinen Erstling *Les Cahiers d'André Walter* (1891) zu schreiben; Gide hatte lange gesucht, bis er »ein reizendes kleines Landhaus inmitten von Obstbäumen entdeckte, dessen Besitzer [ihm] monatsweise zwei Zimmer vermietete. [...] Monsieur Taine wohnte in der Nähe.« (*Si le Grain ne meurt*, 1926, dt. *Stirb und werde*, 1930); von hier aus besuchte er auch die Grande-Chartreuse. – Im Juli 1931 hielten sich der amerikanische Schriftsteller **F. Scott Fitzgerald** (1896-1940) und seine Frau Zelda für kurze Zeit in M. auf, bevor Zelda wieder in ein Sanatorium bei Nyon am Genfer See zurückkehrte.

[R] In seinen *Confessions* berichtet **J.-J. Rousseau** (→ Anhang) von einem Ausflug Anfang Juli 1730 nach **Thônes** (»Toune«), 14 km ö. v. M.; in Begleitung zweier junger Damen verlebte er einen ausgelassenen Nachmittag, der im sogenannten ›Kirschenidyll‹ (bevorzugtes Thema von Illustratoren) gipfelte: »Ich stieg auf den Baum und warf ihnen Büschel (Kirschen) herab, und sie warfen mir durch die Zweige die Kerne zurück. Einmal stellte sich Fräulein Galley, mit aufgehaltener Schürze und zurückgehaltenem Kopf, so günstig hin, und ich zielte so gut, daß ich ihr ein Büschel in den Busenausschnitt warf; man kann sich das Gelächter denken! Ich sagte mir: Warum sind meine Lippen keine Kirschen! Wie gern würde ich sie da hineinwerfen!« (1. Teil, Buch IV.)

MEXIMIEUX (Ain)

* 1585 **Claude Favre Sieur de Vaugelas** († 1650 Paris); der bedeutendste ›Académicien‹ des 17. Jahrhunderts wurde auf dem Schloß von la Rouze geboren; er veröffentlichte 1647 seine berühmten *Remarques sur la langue françoise, utiles à ceux qui veulent bien parler et bien escrire* (dt. *Bemerkungen über die französische Sprache, zum Nutzen derer, die gut schreiben und gut sprechen wollen*), in denen der »bon usage«, d. i. die Sprache des Hofes und anerkannter zeitgenössischer Dichter, als Norm gesetzt wird; die Vollendung des Werkes war Vaugelas, der in materieller Not lebte, nur möglich, weil er eine Rente vom Kardinal Richelieu bezog.

[R] Nach dem frühen Tod ihres Mannes (1904) verließ die Mutter des Fliegers und Schriftstellers **A. de Saint-Exupéry** (→ Lyon) mit ihren fünf Kindern Lyon; der vierjährige Antoine verbrachte die nächsten fünf Jahre auf dem Schloß seiner Tante Madame de Tricaud in **Saint-Maurice-de-Rémens** (10 km n. v. M.) und in La Môle/PAC; auch die Sommerferien 1914 verbrachte der spätere Autor hier, kehrte jedoch nach Kriegsausbruch nicht in das Jesuitenkolleg von Le Mans/PdL zurück (→ Villefranche-sur-Saône).

MIOLANS (Burg) (Savoie) → CHAMBÉRY

MONTÉLIMAR (Drôme)
Bibliothèque municipale (Stadtbücherei; 87 Tsd. Bde.). – Théâtre municipal (Stadttheater).

[A] **Molière** (→ Paris) spielte um 1655 mit seiner Schauspieltruppe in M. – **J.-J. Rousseau** (→ Anhang) war im Herbst 1737 drei Tage in M.: unterwegs zu einer Kur in Montpellier hatte er die Bekanntschaft einer Madame de Larnage gemacht, mit der er sich von der übrigen Reisegesellschaft absonderte; Rousseau erzählt verzückt von dem kurzen Liebesabenteuer in seinen *Bekenntnissen* (1. Teil, Buch VI): »O diese drei Tage! Ich habe sie mir manchmal zurückersehnen müssen. Ähnliche sind nicht mehr wiedergekommen.« – **Ernst Jünger** (1895-1998) machte auf seiner Reise in die Pyrenäen Ende April 1967 in M. Station: »Die Stadt sollte eine Konditorenmütze im Wappen tragen, denn die-

ser Zweig der Gastronomie steht hier in hoher Blüte und hat sich insbesondere durch die Ausbildung eines Seitentriebes weithin berühmt gemacht: der Nougatsiederei.«
R **Emmanuel Bove** (→ Paris) zog sich von Oktober 1940 bis Frühjahr 1942 mit seiner Frau nach **Dieulefit** (27 km ö. v. M.) zurück und schrieb hier den Roman *Un Homme qui savait* (1985). – Unter den Flüchtlingen aus dem okkupierten Teil Frankreichs, die nach D. kamen und wie Bove in der Pension de Beauvallon wohnten, waren auch **Pierre Jean Jouve** (→ Arras/NPdC) und **L. Aragon** (→ Paris).

NOTRE-DAME-DE-LA-SALETTE
(Isère)
A Die Wallfahrtskirche N.-D. steht an der Stelle, wo zwei Hirtenknaben am 19. 9. 1846 eine Marienvision hatten, die im Werk mehrerer Schriftsteller Erwähnung findet, so bei **J. K. Huysmans** (→ Paris), Wallfahrt im Juli 1891, in *La Cathédrale* (1898) und in *Les Foules de Lourdes* (1906), bei **Léon Bloy** (→ Périgueux/Aq), Wallfahrten 1879, 1880, 1906, 1910, in *Celle qui pleure* (1908) und *La Vie de Mélanie, Bergère de La Salette* (1912) sowie bei **François Mauriac** (→ Bordeaux/Aq) in *Pèlerins de Lourdes* (1933).

NOTRE-DAME-DES-NEIGES
(Trappistenkloster) (Ardèche)
A Der *Schatzinsel*-Autor **Robert Louis Stevenson** (1850-1894) unternahm im Herbst 1878 eine Reise durch die Cevennen, in deren Verlauf er auch das Trappistenkloster besuchte (Beschreibung seines Aufenthalts in *Travels with a Donkey in the Cevennes*, 1879).
s. a. LUC/LR

OULLINS (Rhône) → **LYON**
PARCIEUX (Ain) → **LYON** R
PUBLIER (Haute-Savoie) → **AMPHION-LES BAINS**

ROANNE (Loire)
Bibliothèque municipale (Stadtbücherei; 120 Tsd. Bde.). – Théâtre municipal (Stadttheater).

A **Jean Giraudoux** (→ Bellac/Li) leistete ab November 1902 seinen Militärdienst in R. ab. – **Simone Weil** (→ Paris) wurde im Herbst 1933 an die höhere Töchterschule nach R. versetzt, wo sie Philosophie unterrichtete; ein Jahr darauf nahm sie unbezahlten Urlaub, um ihren »persönlichen Studien«, wie sie angab, nachzugehen.

SAINT-DONAT-SUR-L'HERBASSE (Drôme) → **TOURNON** R

SAINT-ÉTIENNE (Loire)
Université Jean Monnet (gegr. 1970; Bibliothek: 130 Tsd. Bde.). – Bibliothèque municipale (Stadtbücherei; 400 Tsd. Bde., 517 Hs., Ink.).

* 1804 **Jules Janin** († Paris 1874), Romancier, Journalist, Kritiker; schrieb für den *Figaro* und das *Journal des Débats*, ab 1870 Mitglied der Académie Française. – W. u. a.: *L'Âne mort et la femme guillotinée* (R.parodie 1829), *Histoire de la littérature dramatique* (1835-38).
A Der Historiker **Jules Michelet** (→ Paris) kam im April 1839 nach S.-É. und interessierte sich für die Industriearbeit und deren Auswirkung auf die Menschen.

SAINT-GERMAIN-DE-JOUX (Ain)
* 1903 **Jean Tardieu** († Créteil/IdF 1995), Lyriker; aus künstlerischem Elternhaus (Vater Maler, Mutter Musikerin); Zugang zu lit. Krisen durch die Dekaden von → Pontigny/Bu (Bekanntschaft mit Gide, Martin du Gard, Rivière); Freundschaft mit F. Ponge; Militärzeit in Indochina; ab 1946 beim Rundfunk. – W. u. a.: *Accents* (Ged. 1939), *Jours pétrifiés* (Ged. 1948), *Monsieur Monsieur* (Ged. 1951), *Une Voix sans personne* (Ged. 1954), *Histoires obscures* (Ged. 1961).

SAINT-MARCEL-D'ARDÈCHE
(Ardèche)

* 1715 **François Joachim de Bernis** († Rom 1794), Kardinal, Lyriker; Günstling der Madame Pompadour, Rokokolyriker, Briefpartner Voltaires; 1744 Mitglied der Académie Française; verschiedene politische Ämter (u. a. Außenminister 1757), 1758 Kardinal, ab 1764 Erzbischof von Albi; Rivale Casanovas (der ihn in seinen *Mémoires* beschreibt) um die Gunst einer Venezianerin. – W. u. a.: *Poésies diverses* (1744), *Les Saisons et les jours* (1764).

SAINT-MARTIN-DU-FRESNE (Ain)

* 1515 **Sébastien Castellion (Sebastian Castellio)** († Basel 1563), Theologe, Humanist; »einsamer Idealist im Namen der menschlichen Denkfreiheit« (Stefan Zweig); nach Studium in Lyon Schüler des Reformators Calvin, dem er von Straßburg nach Genf folgte, Direktor des Collège von Genf, 1545 Bruch mit Calvin; Universitätsprofessor in Basel, wo er, nachdem man in Genf auf Betreiben Calvins den spanischen Theologen Michel Servet verbrannt hatte, unter dem Pseudonym Martin Bellius seine Schrift für die Toleranz verfaßte: *De haeriticis, an sint persequende* (1554) (vgl. St. Zweig: *Castellio gegen Calvin,* 1936). Moderne Ausgabe: *De l'Impunité des hérétiques. De haereticis non puniendis* (Frz. und Lat. 1971).

SAINT-MAURICE-DE-RÉMENS (Ain) → MEXIMIEUX [R]
THOISSEY (Ain) → VILLEFRANCHE-SUR-SAÔNE [R]
THÔNES (Haute-Savoie) → MENTHON-SAINT-BERNARD [R]
THONON-LES-BAINS (Haute-Savoie) → AMPHION-LES-BAINS [R]

THORENS-GLIÈRES (Haute-Savoie)

* 1567 **Franz von Sales** († Lyon 1622), Ordensgründer; Geburt auf Burg Sales (in unmittelbarer Nähe der Burg Thorens); Jesuitenkolleg in Paris; Jurastudium in Padua, bevor er Priester wurde (Weihe 1594); 1602-22 Bischof von Annecy; 1610 gründete er gemeinsam mit der hl. Jeanne de Chantal, der Großmutter der Madame de Sévigné, den Orden von der Heimsuchung Mariens (Visitandinerinnen, Salesianerinnen). – An der Stelle der alten Burg Sales heute nur mehr Kapelle und zwei hundertjährige Linden; 1602 erwarben der Heilige und seine Brüder Burg Thorens, die sich noch heute im Besitz der Familie befindet, dort Erinnerungsstücke. – Hauptwerke: *Introduction à la vie dévote* (1609, dt. 1699), *Traité de l'amour de Dieu* (1616).

THUELLIN (Isère) → BRANGUES

TOURNON (Ardèche)

[A] **Honoré d'Urfé** (→ Marseille/PAC) besuchte gemeinsam mit zwei Brüdern das Collège von T. (Gedenktafel in der Aula des Gymnasiums); während dieser Zeit verfaßte er das Gedicht »La triomphante entrée de Madame Magdeleine de la Rochefoucauld« (1583). – **Pierre de Ronsard** (→ La Possonnière/C) nahm 12jährig 1536 an der Bestattung des Dauphin in der Stiftskirche Saint-Julien von T. teil; der Thronfolger, dessen Page Ronsard seit drei Tagen war, hatte, stark erhitzt, nach einem Tennisspiel ein Glas eiskalten Wassers getrunken und war wenige Tage später gestorben. (Ein Schildknappe wurde der Vergiftung verdächtigt und in Lyon hingerichtet.) – Der Dichter **Stéphane Mallarmé** (→ Paris) war 1863-66 Englischlehrer am Gymnasium von T. (Medaillon an der Fassade); er wohnte zunächst in der heutigen Rue Marc-Sauzet, später in einem Haus an der Rhône, wo viele Gedichte und Entwürfe entstanden (Gedenktafel). – **Edith Wharton** (1862-1937) registrierte im April 1907 von ihrem Automobil aus »das romantische Tournon auf einer schroffen Klippe am Westufer der Rhône, das vom herzoglichen Schloß Soubise überragt wird.« – **Joseph Roth** (1894-1939) kam im Sommer 1925 zu Fuß von → Vienne nach T., wo er sich des Gefühls der Enge nicht erwehren konnte: »Tournon [...] hatte keinen Mittelpunkt. Tournon bestand aus Gassen, die unentwirrbar ineinander verflochten waren. [...] Auf der einen Seite Hügel, auf der andern der Fluß. Es ist kein Platz zu atmen. Die Häuser haben sich hier verfangen. Sie können nicht mehr hinaus. Eine ganze Stadt ist gefangen.«

R **L. Aragon** (→ Paris) und **E. Triolet** (→ Anhang), beide in der Résistance aktiv, tauchten ab Juli 1943 für 14 Monate in **Saint-Donat-sur-l'Herbasse** (15 km nw. v. T.) unter.

TRESSERVE (Savoie) → **AIX-LES-BAINS**

VALENCE (Drôme)

Médiathèque publique et universitaire (77 Tsd. Bde., 200 Hs., 36 Ink.). – Scène Nationale (Staatl. Bühne); Théâtre municipal (Stadttheater).

* 1862 **Louis Le Cardonnel** († Avignon/PAC 1936), Geistlicher und Lyriker; befreundet mit Mallarmé, Huysmans, den Brüdern Margueritte; seine Lyrik (*Carmina sacra*, 1912, *De l'une et l'autre aurore*, 1924) ist von R. Wagner, den Symbolisten und den engl. Präraffaeliten inspiriert. – Geburtshaus in der Rue de Vernoux (Gedenktafel); Grab auf dem Friedhof (Avenue de Romans). – Weitere W.: *Œuvres* (2 Bde. 1929).

A **J.-J. Rousseau** (→ Anhang), im Herbst 1737 unterwegs zur Kur in Montpellier, knüpfte in einem Gasthaus »außerhalb der Stadt in Saint-Jacques« die Reiseliebschaft mit Madame de Larnage an, wovon er in seinen *Bekenntnissen* spricht (1. Teil, Buch VI). – **Choderlos de Laclos** (→ Amiens/Pi) wurde mit dem Jahresbeginn 1777 beauftragt, in V. eine Artillerieschule zu gründen (in die im September 1785 der 17jährige Napoleon Bonaparte eintrat). – Dem **Marquis de Sade** (→ Paris), der Mitte Juli 1778 vom Gericht in Aix-en-Provence/PAC freigesprochen, wegen eines anderen Haftbefehls aber sofort wieder festgenommen worden war und nach → Vincennes/IdF gebracht werden sollte, gelang am 16. Juli 1778 in V. eine kühne Flucht, worauf er sich auf sein Schloß → Lacoste/PAC begab. – **A. Dumas d. Ä.** (→ Villers-Cotterêts/Pi) fand bei seinem Besuch im November 1834, daß Napoleons Militärausbildung in V. alle anderen historischen Ereignisse und Sehenswürdigkeiten der Stadt in den Schatten stellte. – **Stendhal** (→ Grenoble), der Mitte Juni 1837 nach V. kam, fühlte sich hier schon »ganz und gar im Süden« – nicht nur was die Temperaturen, sondern auch was den Menschenschlag anbelangte; ansonsten fand er die mit spitzen kleinen Steinchen gepflasterte Stadt »recht scheußlich«, wie er seinem Reisetagebuch anläßlich seines Besuchs Anfang Juni 1838 anvertraut. – Der Schweizer **C. F. Meyer** (1825-1898) blieb mit seiner Frau, von der Hochzeitsreise im Süden zurückkehrend, im Februar 1876 einen Tag in der Stadt. – **H. v. Hofmannsthal** (1874-1929) durchquerte V. im September 1892 auf seiner Reise nach Südfrankreich. – **Edith Wharton** (1862-1937) konzentrierte bei ihrer Reise im April 1907 ihr Interesse nicht auf die Stadt, sondern, ihr gegenüber, auf den »wildromantische[n] Steilabfall mit den Ruinen der Festung von Crussol«, wo Papst Pius VI. bis zu seinem Tod gefangengehalten worden war. – **Thomas Mann** (1875-1955), der den Spätsommer 1936 an der Côte d'Azur verbracht hatte, fuhr auf der Rückfahrt in die Schweiz über V. und übernachtete im Hôtel de la Croix d'Or.

L Die Stadt ist Schauplatz einer Szene des Romans *Les Amants d'Avignon* (1943, dt. *Die Liebenden von Avignon*, 1949) von **Elsa Triolet**.

VAUX-EN-BEAUJOLAIS (Rhône) → **VILLEFRANCHE-SUR-SAÔNE** R

VIENNE (Isère)

Théâtre de Vienne.

Im Park der Stadt steht ein Denkmal für den Spanier **Michel Servet** (Miguel Serveto), der in V. sein Buch *Christianismi restitutio* drucken ließ und hier, nach der Ächtung des Werkes, ins Gefängnis kam, aus dem er ausbrach und nach Genf floh, wo er auf dem Scheiterhaufen verbrannt wurde. (Vgl. St. Zweig: *Castellio gegen Calvin. Ein Gewissen gegen die Gewalt*, 1936.)

[A] **Molière** (→ Paris) war 1641 mit seinem Illustre Théâtre in V. – Die Romanautorin **Johanna Schopenhauer** (1766-1838), 1804 mit Sohn Arthur auf Frankreichfahrt, besuchte die römischen Hinterlassenschaften in V. – **P. Mérimée** (→ Paris), der im Spätsommer 1834 auf seiner Inspektionstour nach V. kam, bemängelte, daß der antike Beiname ›pulchra‹ (›die Schöne‹) keine aktuelle Berechtigung mehr habe, wenn auch natürlich die Lage der Stadt immer noch bewundernswert sei. – **A. Dumas d. Ä.** (→ Villers-Cotterêts/Pi) war wie sein Reisebegleiter im November 1834 enttäuscht von V., »das nurmehr eine Stadt von nachgeordneter Bedeutung ist, mit baufälligen Häusern und gewundenen, schmutzigen Straßen. Wir suchten lange, von welcher Seite es sich unter einem malerischen Blickwinkel zeigen würde.« – **Stendhal** (→ Grenoble) stieg im Juni 1837, bevor er sich vor allem den Zeugnissen der Römerzeit widmete, zunächst zu den Ruinen eines Schlosses über der Stadt empor, um sich einen Überblick zu verschaffen: »Von dieser Stelle hatte man eine erstaunliche Aussicht; es schien, als hätte die Rhône Felsen und Hügel umgestürzt, um sich einen Weg zu bahnen. Wenn der Fluß in Vienne ankommt, fließt er, wie ein Gefangener, zwischen hohen Felsmauern. Die Gère, ein Flüßchen, das aus einem Hochtal herabkommt und die Räder einer ganzen Reihe Fabriken und Tuchmanufakturen antreibt, mündet fast in der Mitte der Stadt in die Rhône.« – **Edith Wharton** (1862-1937) empfing im April 1907 einen starken Eindruck von V., »der stolzesten aller Städte am Fluß«. – **Joseph Roth** (1894-1939), seit dem Frühjahr 1925 Feuilletonkorrespondent der *Frankfurter Zeitung* in Frankreich, hielt sich im Spätsommer 1925 13 Tage in V. auf und beklagte sich über die Ereignislosigkeit in der historisch bedeutenden Stadt: »Aus dieser Stadt gibt es nichts zu berichten. In dieser Stadt geschieht nichts mehr. Es ist alles schon geschehn.« – **Henry Miller** (1891-1980) kam im Rahmen seiner Südfrankreich-Reise 1953 nach V. – Ähnliche Empfindungen wie J. Roth hatte **Wolfgang Koeppen** (1906-1996) bei seinem Besuch 1959 in der mittagsheißen Stadt: »Die Zeit, selbst der schöne kräftige Fluß der Rhône schienen im Mittag stillzustehen.«

VIEU (Ain) → **VIRIEU-LE-GRAND** [R]

VILLEFRANCHE-SUR-SAÔNE (Rhône)

Médiathèque municipale (140 Tsd. Bde., Hs.).

[A] Im Oktober 1914 traten **Antoine de Saint-Exupéry** (→ Lyon) und sein Bruder François in das Internat Montgré in V. ein; mit dem nächsten Trimester wechselten sie jedoch schon in ein Internat in Fribourg (Schweiz) über.

[R] **Gabriel Chevallier** (→ Lyon) verbrachte als junger Mann seine Ferien in **Vaux-en-Beaujolais** (17 km nw. v. V.) und machte den Ort zum Schauplatz seines Romans *Clochemerle* (1934, dt. 1951); sehenswert sicherlich der Stein des Anstoßes im Roman, die ›pissotière de Clochemerle‹. – **Albert Camus** (→ Anhang) war am 3. 1. 1960 mit seinem Freund und Verleger Michel Gallimard sowie dessen Frau und Tochter von → Lourmarin/PAC in der Provence nach Paris aufgebrochen; in dem kleinen Hotel von **Thoissey** (20 km n. v. V.) übernachtete die kleine Reisegruppe, die am nächsten Tag nahe Villeblevin/Bu Opfer eines Verkehrsunfalls werden sollte, den nur die beiden Frauen überlebten.

VIRIEU-LE-GRAND (Ain)
[A] **Honoré d'Urfé** (→ Marseille/PAC) zog sich nach seiner Gefangenschaft in Feurs gemeinsam mit seiner schönen Schwägerin Diane de Chateaumorand, die er nach der Annullierung ihrer Ehe mit seinem Bruder heiratete, auf das Schloß V. zurück und verfaßte hier die ersten drei Teile seines Schäferromans *Astrée* (1610-19); das Schloß ist heute nur noch Ruine; auf dem Dorfplatzbrunnen befand sich bis 1942 eine Büste des Dichters.
[R] **A. Brillat-Savarin** (→ Belley) verbrachte häufig den Sommer bei seinen Schwestern im Herrenhaus (Familienbesitz) von **Vieu** (5 km n. v. Virieu), ging hier zur Jagd, schrieb an der *Physiologie du Goût*, empfing Freunde und kreierte neue Küchenrezepte (»Die Entdeckung eines neuen Gerichts tut mehr für das Glück der Menschheit als die Entdeckung eines Sterns«). – Die amerikanische Autorin **Gertrude Stein** (1874-1946) verließ das unter deutscher Besatzung stehende Paris und lebte 1943-45 in **Culoz** (13 km ö. v. Virieu); Beschreibung in *Wars I Have Seen* (1945).

VIRIEU-SUR-BOURBRE (Isère) → **VOIRON** [R]

VIZILLE (Isère)
[A] **Stendhal** (→ Grenoble) besuchte die Stadt im August 1837 und besichtigte den Park und das Schloß, das sich der Politiker und Militär Lesdiguières, der es bis zu Herzogswürden brachte, hatte bauen lassen. »Die ganze Gegend muß sechs Monate im Jahr schrecklich kalt sein; aber im August sieht man plötzlich landschaftliche Köstlichkeiten, die einem die Idee eingeben, für zwei oder drei Tage hier zu bleiben«, schreibt Stendhal in seinen *Mémoires d'un touriste* (1838). – **Jean Cocteau** (→ Maisons-Laffitte/IdF) drehte im Oktober 1947 im Schloß den Film *L'Aigle à deux tête* (dt. *Der Doppeladler*).

Virieu-le-Grand: Urfé-Brunnen (1942 zerstört)

VOIRON (Isère)
[A] **Stendhal** (→ Grenoble) besuchte in V. oft seine Cousins Allard. – **A. de Lamartine** (→ Mâcon/Bu) kam auf seinen Reisen, die er ab 1804 nach Virieu-sur-Bourbe (s. u.) unternahm, häufig durch den Ort; die Titelheldin seines Romans *Geneviève* (1850) läßt er in V. zur Welt kommen.
[R] **Lamartine** (s. o.) weilte wiederholt auf Besuch bei seinem Freund Aymon de Virieu auf dessen Herrensitz Pupetières wenig südl. von **Virieu-sur-Bourbre** (18 km nw. v. Voiron); Frucht seines Aufenthalts im Juni/Juli 1819 ist das Gedicht »Le Vallon« in den *Méditations* (1820); in seinem Kommentar zu dem Gedicht berichtet Lamartine, daß sein Freund den völlig verfallenen Herrensitz erst wieder aufbauen ließ.

Vulkanruinen Tuillière und Sanadoire

AUVERGNE (Au)

Region: Auvergne; Départements: Allier (03), Cantal (15), Haute-Loire (43), Puy-de-Dôme (63); Einwohner: 1,3 Mio.; Fläche: 26 013 qkm; Verwaltungssitz: Clermont-Ferrand.

AIGUEPERSE (Puy-de-Dôme)

* 1738 **Jacques Delille** († Paris 1813), Lyriker, Übersetzer; Ausbildung zum Geistlichen; entzog sich in der Revolution der Verhaftung durch Emigration nach England (Rückkehr 1802); übersetzte vor allem Vergil (*Georgica*, *Äneis*) und Milton (*Verlorenes Paradies*), schuf bukolische Dichtungen: *Les Jardins ou l'Art d'embellir les paysages* (1782), *L'Homme des champs ou les Géorgiques françaises* (1800); 1774 Aufnahme in die Académie Française, große zeitgenössische Achtung. – W.: *Œuvres* (16 Bde. 1824).

[A] **Prosper Mérimée** (→ Paris), im Sommer 1837 auf Inspektionsreise in der Auvergne unterwegs, lobt in seinen *Notes d'un voyage en Auvergne* (1838, zuletzt 1989) die schönen Proportionen des Chors der Kirche Notre-Dame. – Der amerikanischen Schriftstellerin **Edith Wharton** (1862-1937) gefiel bei ihrem Besuch im Mai 1906 der Ort nicht: »Abgesehen von zwei eindrucksvollen Bildern der italienischen Schule in der modernisierten Kathedrale« biete die Stadt nur »den verdrießlichen Eindruck der typischen Auvergne-Stadt.«

[L] Beschreibung des Ortes in *Juliette au pays des hommes* (R. 1924, dt. *Juliette im Lande der Männer*, 1957) von **Jean Giraudoux**.

[R] Im Schloß von **Effiat** (5 km nö. v. A.) wurde 1620 Cinq-Mars, Marquis von Éffiat, geboren (1642 in Lyon hingerichtet), Titelheld des historischen Romans *Cinq-Mars ou une conjuration sous Louis XIII.* (1826, dt. zuletzt u. d. T. *Cinq-Mars oder Der Rebell des Königs*, 1997) von **Alfred de Vigny**. (Einer anderen Theorie zufolge soll Cinq-Mars in dem später geschleiften

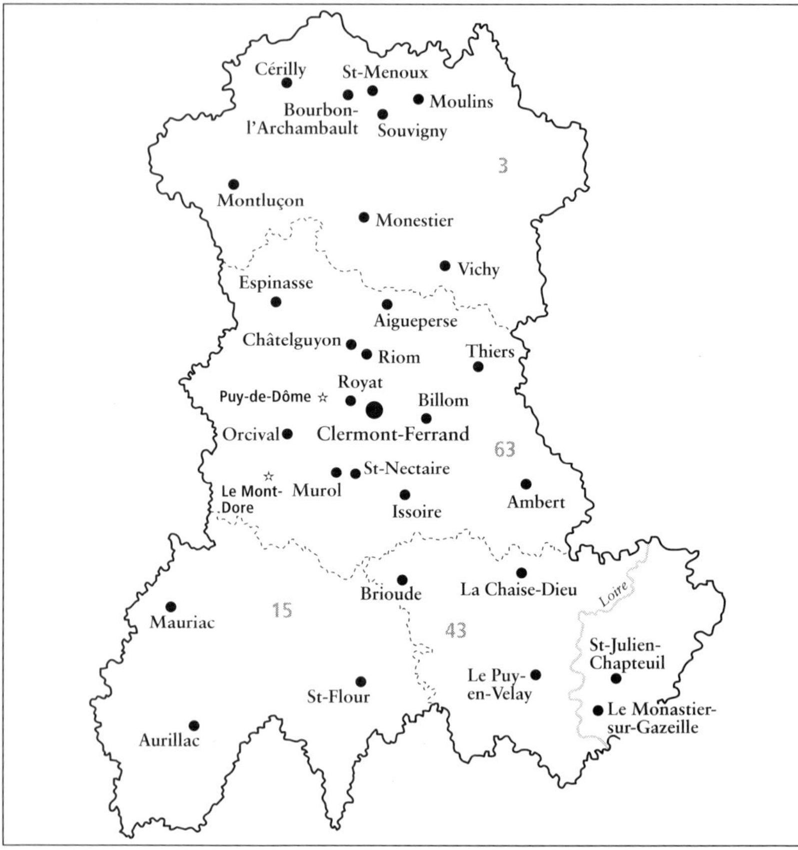

Schloß Cinq-Mars-la-Pile bei Tours/C geboren worden sein.) – Das [M] Musée municipal in **Gannat** (9 km n. v. A.) besitzt ein mittelalterl. *Evangeliar* mit Miniaturmalereien auf Pergament (Einband 10. Jh.).

ALLEUZE (Burg) (Cantal) → **SAINT-FLOUR** [R]

AMBERT (Puy-de-Dôme)
* 1887 **Henri Pourrat** († ebda. 1959), Romancier; Schule in A., Stelle am ›Institut National Agronomique‹, die er wegen einer schweren Krankheit nicht antrat; in seinen Romanen, die die Auvergne zum Schauplatz haben, wird die Natur als mythische Macht überhöht dargestellt; Sammler von mündlich überlieferter Literatur, Märchen, Sagen, Legenden: *Le Trésor des contes* (13 Bde. 1948-62). – Grab auf dem Friedhof. – Weitere W.: *Les Vaillances, farces et gentillesses de Gaspard des Montagnes* (R. 4 Bde. 1922-31), *L'Homme à la bêche, histoire du paysan* (R. 1940), *Vent de Mars* (R. 1941), *Le Chasseur de la nuit* (R. 1951), *Le Temps qu'il fait* (R. 1960).

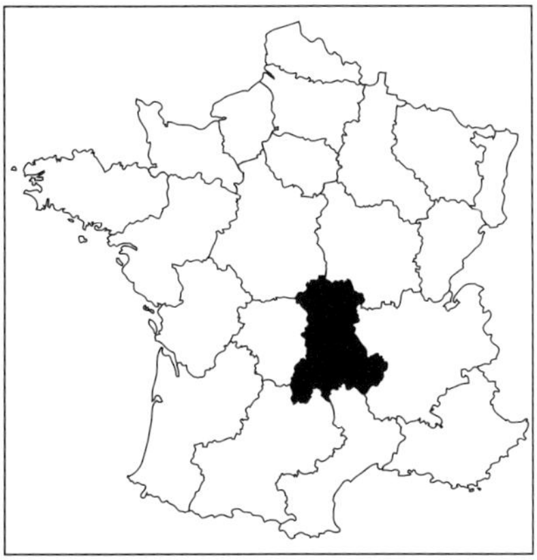

[A] **Th. Gautier** (→ Tarbes/MPy), dessen Sohn Unterpräfekt in A. war, besuchte die Stadt im November 1867. – **Alexandre Vialatte** (→ Magnac-Laval/Li), dessen Vorfahren aus A. stammten (Wohnung in der Rue du Midi), kam immer wieder aus Paris in die Auvergne, v. a. nach A.; 1928 ließ er sich in der sogenannten Maison Debost an der Straße nach Lyon nieder; häufig suchte er zum Schreiben die große Halle im Hôtel Terminus (neben dem Bahnhof) auf (Denkmal in der Nähe des Bahnhofs; Grab auf dem Friedhof von A.).

[L] Der Ort ist einer der beiden Schauplätze des Romans *Les Copains* (1913) von **Jules Romains.**

[R] Im Hotel Bouniou von **Saint-Amant-Roche-Savigne** (12 km w. v. A.) quartierte sich **Alexandre Vialatte** (s. o.) ein und schrieb *Le fidèle berger* (1942).

ANJONY (Burg) (Cantal) → AURILLAC [R]

AURILLAC (Cantal)

Médiathèque départementale (253 Tsd. Bde.), Médiathèque municipale (150 Tsd. Bde.). – Musée de Cire (Wachsfigurenkabinett mit szenischen Darstellungen zur Stadtgeschichte).

[A] Der Lyriker **François Maynard** (→ Toulouse/MPy) war 1611-26 Gerichtspräsident in A., konnte sich jedoch mit der Stadt nicht anfreunden (Wohnung in der heutigen Rue Vermenouze Nr. 35). – **Prosper Mérimée** (→ Paris) besuchte die Stadt Ende Juni 1837, fand aber wenig Bemerkenswertes von ihr in seinen *Notes d'un voyage en Auvergne* (1838, zuletzt 1989) zu berichten.

[R] **Margarete von Valois**, genannt **Reine Margot (Königin Margot)** (→ Saint-Germain-en-Laye/IdF), dichtende erste Gemahlin König Heinrichs IV., wurde wegen ihrer freizügigen Sitten vom Hof ins Exil geschickt und verbrachte bis 1585 insgesamt 18 Monate auf der wenig später geschleiften Burg von **Carlat** (10 km ö. v. A.); anschließend brachte man sie nach Usson (→ Issoire [R]). – **Prosper Mérimée** (s. o.), im Sommer 1837 mit der Auflistung der Denkmäler in der Auvergne beschäftigt, bewunderte in der Kirche von **Saint-Cernin** (20 km n. v. A.) die spätgotische Holzverkleidung im Chor und setzte anschließend sein Besichtigungsprogramm mit der nahen Burg von **Anjony** fort, die er in perfektem Erhaltungszustand fand.

BARANTE (Schloß) (Puy-de-Dôme) → THIERS [R]

BARRIAC-LES-BOSQUETS (Cantal) → MAURIAC [R]

BEAUREGARD-L'ÉVÊQUE (Puy-de-Dôme) → CLERMONT-FERRAND [R]

BESSE-EN-CHANDESSE (Puy-de-Dôme) → SAINT-NECTAIRE [R]

BILLOM (Puy-de-Dôme)

* 1897 **Georges Bataille** († Paris 1962), Essayist, Lyriker, Erzähler; Kindheit und Jugend in Reims/ChA; Ausbildung zum Bibliothekar (1922-42 an der Bibliothèque Nationale in Paris; ab 1951 in Orléans/C); Verbindungen zum Surrealismus (Gegenposition zu André Breton), linkspolitisches Engagement, Beschäftigung mit Philosophie, Psychoanalyse, Theologie und Ethnologie, langjähriger Mitarbeiter der *Nouvelle Revue Française*; umfangreiches Œuvre aus zahlreichen literaturkritischen und philosophischen Veröffentlichungen,

Georges Bataille

Romanen und Gedichten (z. T. pornographischen Inhalts). – W. u. a.: *L'Expérience intérieur* (1943), *Le Coupable* (R. 1943), *Sur Nietzsche* (Essay 1945), *Lautréamont et Sade* (Essay 1949), *Abbé C.* (R. 1950, dt. 1966), *Manet* (kunsthist. Essay 1955), *La Littérature et le mal* (Essay 1957), *L'Érotisme* (1957, dt. *Der heilige Eros*, 1963), *Les Larmes d'Éros* (Essays 1961); *Das obszöne Werk* (dt. Samml. 1972), *Das theoretische Werk* (dt. Samml. 1974).

LA BOURBOULE (Puy-de-Dôme) → LE MONT-DORE [R]

BOURBON-L'ARCHAMBAULT (Allier)

[A] Der Dichter **Paul Scarron** (→ Paris), der seit 1638 an einer Krankheit litt, die u. a. eine zunehmende Gelenksteife mit sich brachte, suchte zweimal Linderung im Thermalbad B.: im August/September 1641 und im Mai/Juni 1642. – **Madame de Sévigné** (→ Paris) war von Ende September bis Mitte Oktober 1687 zur Kur hier. – **Alexandre Dumas d. Ä.** (→ Villers-Cotterêts/Pi), im November 1834 auf dem Weg von Paris ans Mittelmeer, besichtigte die alte Stammburg der Bourbonen (mit dem Turm Qui-qu'en-crogne), in deren Ruinen sich arme Bauern eingenistet hatten.

[R] In **Ygrande** (10 km sw. v. B.) [M] Museum für den Heimatdichter **Émile Guillaumin** (1873-1951), dessen Grab auf dem Friedhof.

BRIOUDE (Haute-Loire)

[A] Als **Stendhal** (→ Grenoble/RhA) Mitte Juni 1837 nach B. kam, begeisterte er sich vor allem für die Kapitelle der Kirche Saint-Julien. – Einen Monat später war **Prosper Mérimée** (→ Paris), in seiner Eigenschaft als Inspektor der historischen Denkmäler Frankreichs in der Auvergne unterwegs, an gleicher Stelle; er widmet der romanischen Basilika Saint-Julien von B. eine ausführliche Beschreibung in seinen *Notes d'un voyage en Auvergne* (1838, zuletzt 1989).

CARLAT (Cantal) → AURILLAC [R]

CÉRILLY (Allier)

* 1874 **Charles-Louis Philippe** († Paris 1909), Romancier, Vertreter des Renouveau catholique; Sohn eines Schusters, Kindheit und Jugend in ärmlichen Verhältnissen; in Paris Anschluß an eine Gruppe junger Schriftsteller; Lebensunterhalt durch Stellung als kleiner Beamter; allmählich wachsende Bekanntheit; Darstellung einfacher, sozial deklassierter Menschen in der Tradition Dostojewskis und Tolstois, Gegenposition zu Zola. – [M] Geburtshaus in der Rue Charles-Louis-Philippe Nr. 5, Grab (mit Büste) auf dem Friedhof von C. – W. u. a.: *La Mère et l'enfant* (R. 1900), *Bubu de Montparnasse* (R. 1901, dt. *Bübü vom Montparnasse*, 1913), *Le Père Perdrix* (R. 1903, dt. *Vater Perdrix*, 1913), *Marie Donadieu* (R. 1904, dt. 1913), *Croquignole* (R. 1906, dt. 1913), *Dans la petite ville* (R. 1910, dt. *Die kleine Stadt*, 1913), *Charles Blanchard* (R. 1913, dt. 1922).

Charles-Louis Philippe

[A] Die Eltern von **Jean Giraudoux** (→ Bellac/Li) wohnten ab September 1895 in C., wo sie ihr Sohn, Schüler des Gymnasiums in → Châteauroux/C, in den Ferien besuchte.
[R] Die Ortschaft **Meaulne** (16 km w. v. C.) war namensgebend für den Roman *Le Grand Meaulnes* (1913) von **Alain-Fournier**; Schauplatz der Handlung, das »Sainte-Agathe« des Romans, ist allerdings nicht M., sondern das fünf Kilometer sw. gelegene → Épineuil-le-Floriel/C.

LA CHAISE-DIEU (Haute-Loire)

[A] **Prosper Mérimée** (→ Paris) besuchte die berühmte Abtei Saint-Robert Anfang Juli 1837 und beschreibt die Kirche mit Totentanz und Wandteppichen in den *Notes d'un voyage en Auvergne* (1838, zuletzt 1989).

CHAMALIÈRES (Puy-de-Dôme) → CLERMONT-FERRAND [R]
CHAMÉANE (Puy-de-Dôme) → ISSOIRE [R]
LA CHAPUZE (Haute-Loire) → SAINT-JULIEN-CHAPTEUIL

CHÂTELGUYON (Puy-de-Dôme)

[A] **Guy de Maupassant** (→ Tourville-sur-Arques/HNo) besuchte jeweils im Juli/August der Jahre 1883 und 1885 das Heilbad; seine Erlebnisse und Erfahrungen verarbeitete er in dem im August 1885 konzipierten Roman *Mont-Oriol* (1887, dt. 1888), dessen Handlung er in einem Thermalbad in der Auvergne namens Enval – so heißt die nächste Ortschaft südl. von Ch. – spielen läßt; 1886 kam er im Juli zu einem kurzen Aufenthalt, um einige Beschreibungen des Romans nochmals vor Ort zu überprüfen. – Im Juli 1910 hielt sich **M. Barrès** (→ Charmes/Lo) in Ch. auf (*Carnets*).

CLERMONT-FERRAND
(Puy-de-Dôme)

Entstanden aus den Orten Clermont und Montferrand; 1731 Vereinigung und heutiger Name.
»Die Lage der Stadt erinnert an die schönsten Städte der Schweiz, mit dem zu ihrer Gunst ausfallenden Unterschied, daß sie aus Lava gebaut ist, und daß die Gegenwart eines Vulkans, auch wenn er erloschen ist, der Gegend immer etwas Staunenswertes und Tragisches aufprägt, was die Aufmerksamkeit daran hindert zu erlahmen.« (Stendhal)
»Eine mittelalterliche Stadt, schwarz wie Tinte, entsetzlich schmutzig, aber voll von bizarren Bauten mit Spitzbögen, Säulchen, Wendeltreppen, Wasserspeiern und Grotesken, all das kaum zu erkennen vor lauter Gestein und An- und Umbauten nach ›Hausmacher Art‹ ... Der Puy-de-Dôme ist kein Witz, er existiert, und man erblickt ihn an jedem Straßenende.« (Théophile Gautier)
»Unser Weg führte uns [...] nach Clermont-Ferrand, das dunkel am Fuße des Puy de Dôme lagert. Es ist eine äußerst sonderbare und strenge Stadt, ganz und gar aus dem schwarzen Gestein der Lavasteinbrüche von Volvic errichtet und damit gepflastert. Gekrönt wird sie vom finsteren Glanz ihrer schwarzen Kathedrale. Viollet-le-Duc hat diesem hohen alten Bauwerk die Westfassade und die Türme beigefügt, was ihm so gut gelungen ist, daß man beim ersten Anblick der Zwillingstürme über den Dächern von Clermont – einen Augenblick lang – verzeiht, was er mit unbesonnener Hand Blois, Pierrefonds und Vézelay angetan hat.« (Edith Wharton)
Universität. – Universitätsbibliothek (1200 Tsd. Bde., 2000 Hs., 85 Ink.; Sammlungen zu

B. Pascal, H. Pourrat), Bibliothèque municipale (Stadtbücherei; 150 Tsd. Bde.), Bibliothèque départementale de prêt du Puy-de-Dôme (239 Tsd. Bde.). – Lit. Gesellschaft: ›Les Amis d'Erckmann-Chatrian‹ (Centre de recherches révolutionnaires et romantiques, Boulevard Gergovia Nr. 29). – Comédie Clermont-Ferrand (Staatl. Bühne); Théâtre municipal (Stadttheater).

* 538 od. 539 **Gregor von Tours** († Tours/C 594), Bischof, Geschichtsschreiber; Sohn einer römischen Senatorenfamilie (die Stadt hieß damals noch Arvernum); 573 Bischof von Tours, Ratgeber der Merowingerkönige; Autor der *Historia Francorum* (dt. *Zehn Bücher fränkischer Geschichte*), der wichtigsten Quelle über die Frühgeschichte des Fränkischen Reichs.
* 1623 **Blaise Pascal** († Paris 1662), Theologe, Mathematiker, Philosoph; fünftes Kind des Präsidenten des Obersteueramts von C.; Unterricht durch den Vater; schon früh Verfassen von mathematischen Abhandlungen; 1646 Anschluß der ganzen Familie an den Jansenismus; Aufenthalte in der Geburtsstadt 1652/53 u. Mai bis September 1660 bei seiner Schwester Gilberte Périer auf dem Gut Bien-Assis (Gedenktafel am Eingangsportal des abgerissenen Anwesens in der sö. Ecke des Jardin Lecoq); 1655 Eintritt in die Gesellschaft von Port-Royal, Stellungnahme auf seiten der Jansenisten im Zwist mit den Jesuiten: *Lettres écrites à un provincial par un de ses amis* (1656/57, dt. *Provinzialbriefe über die Sittenlehre der Jansenisten*, 1773-75); Berühmtheit bis heute durch seine postum herausgegebenen *Pensées sur la religion* (1670, 1904, dt. *Gedanken über die Religion*, 1701, 1970 u. ö.). – Geburtshaus an der SW-Ecke der Kathedrale abgerissen (Inschrift in den Bodenplatten an der Stelle; Informationstafel); Denkmal (v. Guillaume 1879) auf dem Square Blaise Pascal; [M] Pascal-Museum im Musée du Ranquet in Planung. – W.: *Œuvres complètes* (14 Bde. 1904-14), *L'Œuvre de Pascal* (1950).

Clermont-Ferrand: Pascal-Denkmal

* 1741 **Sébastien Roch Nicolas Chamfort** († Paris 1794); Eltern unbekannt, vom Gewürzhändler François Nicolas aufgezogen; 1760 Hauslehrer, Verfassen von Komödien, Zutritt zur lit. Gesellschaft, Aufnahme in die Académie Française (1781); Begeisterung für die Revolution, Formulierung der Parole »Krieg den Palästen, aber Friede den Hütten«; als er während der ›terreur‹ verhaftet werden sollte, Selbstmordversuch, an dessen Folgen er ein halbes Jahr später starb; bis heute als Moralist und Aphoristiker berühmt für seine *Maximes et pensées, caractères et anecdotes* (1795, dt. *Maximen, Charakterzüge und Anekdoten*, 2 Bde., 1797 u. ö.).
[A] **Michel de Montaigne** (→ Montaigne/Aq) kam am 19. 11. 1581 auf seiner Rückreise von Italien nach Bordeaux durch die Stadt. – Der Prediger **Jean-Baptiste Massillon** (→ Hyères/PAC) wurde 1717 Bischof von C. und hielt sich in seinen letzten Lebensjahren häufig in Beauregard-

l'Évêque (s. u.) auf. – **F.-R. de Chateaubriand** (→ Saint-Malo/Br) hielt sich Anfang August 1805 fünf Tage in C. auf, die er in dem Reisebericht *Cinq jours à Clermont* beschreibt; erneuter Besuch der Stadt 1838. – **Stendhal** (→ Grenoble/RhA) zeigt sich in seinen *Mémoires d'un touriste* (1838) untröstlich, daß er bei seinem Besuch Mitte Juni 1837 zur Besichtigung der Stadt nur anderthalb Stunden zur Verfügung hatte. – Einen Monat später besuchte **Prosper Mérimée** (→ Paris) die Kathedrale und die Kirche Notre-Dame-du-Port (Beschreibungen in den *Notes d'un voyage en Auvergne*, 1838). – **J. Michelet** (→ Paris) besuchte die Stadt im Juni 1844. – **Paul Bourget** (→ Amiens/Pi) verbrachte Kindheit und Jugend in C. (die längste Zeit, 1854-70, im Cours Sablon Nr. 3, Gedenktafel), woran er sich gerne erinnerte: »Clermont-Ferrand ist meine Stadt, die einzige, in der ich mich nicht als Fremdling fühle ...«; die Auvergne wird zum Schauplatz dreier seiner Romane: *Le Disciple* (1889, dt. *Der Schüler*, 1893), *Un Drame dans le monde* (1921) und vor allem *Le Démon de Midi* (1914), in dem er dem Blaise-Pascal-Gymnasium, der Kirche Notre-Dame-du-Port und der Minoritenkirche ein Denkmal setzt. – **Théophile Gautier** (→ Tarbes/MPy) berichtet im November 1867 in einem Brief seiner Tochter Estelle von seinem Eindruck von der Stadt. – Der Philosoph **Henri Bergson** (→ Paris) lehrte von 1883-88 Philosophie am Blaise-Pascal-Gymnasium; er wohnte u. a. am Boulevard Trudaine Nr. 7, wo er seine *Essais sur les données immédiates de la conscience* (1889, dt. u. d. T. *Zeit und Freiheit*, 1911) schrieb. – **Maurice Barrès** (→ Charmes/Lo), dessen Vorfahren aus der Auvergne, aus Lacapelle-Barrès, stammten, hielt sich häufig in C. auf; schon um 1900 stimmte er einen Trauergesang über die Baufälligkeit des Pascalschen Geburtshauses an (in: *Les Maîtres*) und bedauert, daß man sich in C. wohl bald, auf den Spuren des Philosophen unterwegs, einzig an das Château de Bien-Assis (s. o.), das Haus des Schwagers, würde halten müssen. – **Edith Wharton** (1862-1937) besuchte die Stadt auf ihrer Frankreichreise im Mai 1906.

[L] In seinen *Chroniques* (1370-1400) berichtet **Jean Froissart** von der Einnahme Montferrands durch Perrot le Béarnais. – Christine, weibliche Hauptfigur des Romans *L'Œuvre* (1886, dt. 1886, u. d. T. *Das Werk*, 1923) von **Émile Zola**, stammt aus C.-F. (Erwähnung der »Altstadt aus schwarzer Lava« im 4. Kapitel).

[R] **Blaise Pascal** (s. o.) ließ im Dezember 1648 auf dem Gipfel des 1465 m hohen **Puy-de-Dôme** (10 km w. v. C.-F.) seinen Schwager Florin Périer Experimente zum Luftdruck durchführen. Anfang August 1805 bestieg **F.-R. de Chateaubriand** (s. o.) den Berg und fand den Aufstieg ebenso beschwerlich wie den des Vesuvs (Beschreibung in dem Reisebericht *Cinq jours à Clermont*). – **J.-B. Massillon** (s. o.) starb 1742 in seinem Landhaus in **Beauregard-l'Évêque** (15 km ö. v. C.-F.); sein Herz wurde unter dem Altar der Kirche bestattet. – **Prosper Mérimée** (s. o.) besichtigte bei seiner Auvergne-Reise im Sommer 1837 eindringlich **Gergovie** (6 km südl. v. C.-F.) und das vermeintliche Gebiet, wo die Gallier unter Vercingetorix Julius Cäsar eine Niederlage beigebracht hatten. (Über den tatsächlichen Schauplatz der von Cäsar beschriebenen Schlacht von Gergovia herrscht unter Wissenschaftlern keine Einigkeit.) In der Kirche von **Lempdes** (ö. v. C.-F.) fand **Mérimée** zwei figürlich ausgearbeitete Konsolen so obszön, daß er die Darstellungen in den *Notes d'un voyage en Auvergne* (1838) nur auf Lat. wiederzugeben wagte; in **Chamalières** (w. v. C.-F.) besuchte und beschrieb er die Kirche und den sog. Sarazenenturm. – Zur Ortschaft **Orcines** (am Fuß des Puy-de-Dôme) gehört Schloß Sarcenat, Geburtsort des Theologen und Paläontologen **Pierre Teilhard de Chardin** (1881-1955).

CORDÈS (Schloß) (Puy-de-Dôme) → ORCIVAL [R]
CUSSET (Allier) → VICHY [R]
DORAT (Puy-de-Dôme) → THIERS [R]
EFFIAT (Schloß) (Puy-de-Dôme) → AIGUEPERSE [R]
ENNEZAT (Puy-de-Dôme) → RIOM [R]

ESPINASSE (Puy-de-Dôme)

[A] **Madame de La Fayette** (→ Paris), Autorin der *Princesse de Clèves* (1678), hielt sich oft auf Schloß E. auf, wo François Motier, Graf von La Fayette, den sie 1655 geheiratet hatte, geboren worden war; eine zweite Besitzung des Grafen, wo die Schriftstellerin häufig weilte, lag in Nades (30 km nö. v. E.).

GANNAT (Allier) → AIGUEPERSE [R]
GERGOVIE (Puy-de-Dôme) → CLERMONT-FERRAND [R]

ISSOIRE (Puy-de-Dôme)

[A] Mitte Juni 1837 reiste **Stendhal** (→ Grenoble/RhA) durch I. und besichtigte die einstige Abteikirche; in seinen *Mémoires d'un touriste* (1838) erinnert er sich des »schönsten erzählenden Kapitells, das [er] kenne«. – **Prosper Mérimée** (→ Paris) besuchte einen Monat später den Ort mit seiner ehem. Abteikirche Saint-Austremoine, deren Beschreibung er in seinen *Notes d'un voyage en Auvergne*« (1838) viel Platz einräumt. (Zudem lobt er die bereits durchgeführten Arbeiten zum Erhalt der Kirche.)

[L] **Voltaire** erwähnt I. eingangs seiner Kurzerzählung *Jeannot und Colin*: »Mehrere ehrwürdige Persönlichkeiten haben Jeannot und Colin auf der Schulbank in Issoire, einer Stadt in der Auvergne, gekannt, einer Stadt, die im ganzen Weltall durch ihr Schulinstitut und ihre Kochkessel berühmt ist.« – In **Jules Romains**' Roman *Les Copains* (1913) führt eine Gruppe von Freunden die Einwohner der Stadt durch eine sprechende Vercingetorix-Statue an der Nase herum.

[R] Die erste Frau König Heinrichs IV., **Margarete von Valois**, genannt **Reine Margot (Königin Margot)**, wegen ihrer freien Sitten zwanzig Jahre vom Hof verbannt, verbrachte einen Großteil ihres Exils auf Schloß **Usson** (9 km ö. v. I.), wo sie 1572 Heinrich geheiratet hatte; hier schrieb sie Gedichte (und vertonte diese), verfaßte ihre *Mémoires* (erschienen postum 1628), kümmerte sich um die Armen und verführte den greisen Schloßherrn; 1605 verließ sie mit Erlaubnis ihres Mannes das Schloß, das auf Befehl Richelieus 1633 geschleift wurde, und kehrte an den Hof zurück. (Roman von **Alexandre Dumas d. Ä.**: *La Reine Margot*, 1842.) – **A. de Gobineau** (→ Ville-d'Avray/IdF), der jeweils das Frühjahr 1881 und 1882 bei Richard Wagner in Bayreuth verbracht hatte, hielt sich in den Sommern der beiden Jahre (der letzten seines Lebens) auf dem Schloß der Gräfin La Tour in **Chaméane** (14 km sö. v. I.) auf.

LEMPDES (Puy-de-Dôme) → CLERMONT-FERRAND [R]

MAURIAC (Cantal)

[A] **J.-F. Marmontel** (→ Bort-les-Orgues/Li) besuchte vier Jahre lang das Jesuitenkolleg von M., woran er sich in seinen *Mémoires* (postum 1919) erinnert.

[R] Zu Besuch auf Schloß Burc bei **Barriac-les-Bosquets** (14 km sw. v. M.) war sicher auch **A. de Lamartine** (→ Mâcon/Bu), dessen Cousin Jean Guigée de Champvans (1813-1897) Schloßherr war; im Schloß Briefe, Manuskripte und zahlreiche Kunstgegenstände, die der Dichter aus Italien mitbrachte (Familienbesitz, keine Besichtigung). – **Georges Bataille** (→ Billom), dessen Mutter aus **Riom-ès-Montagnes** (30 km nö. v. M.) stammte, verbrachte bis ins Erwachsenenalter die Sommerferien bei seinen Großeltern in R.

MEAULNE (Allier) → CÉRILLY [R]

LE MONASTIER-SUR-GAZEILLE (Haute-Loire)

[A] **Prosper Mérimée** (→ Paris) besuchte

den Ort auf seiner Dienstreise durch die Auvergne im Juli 1837 und beschreibt die Kirche Saint-Chaffre ausführlich in seinen *Notes d'un voyage en Auvergne* (1838). – Ende September 1878 begann der englische Autor **Robert Louis Stevenson** (1850-1894) seine zweiwöchige Reise durch die Cevennen in Le M. (Gedenktafel): »Monastier ist bemerkenswert wegen seiner Spitzenherstellung, wegen der Trunksucht, wegen der Freiheit im Sprachgebrauch und wegen seiner beispiellosen politischen Meinungsverschiedenheiten«; im folgenden Jahr publizierte er seine Reiseerfahrungen unter dem Titel *Travels with a donkey in the Cevennes*; die Schilderung *A Mountain Town in France* (postum 1896) bezieht sich ebenfalls auf Le M.; [M] Musée municipal mit Ausstellung zu Stevenson.

MONESTIER (Allier)

† 1942 **Victor Margueritte** (* Blida/Algerien 1866); der Autor, der mit seinem Bruder Paul M. (→ Soorts-Hossegor/Aq) eine Reihe von Romanen sowie Manifeste für die Emanzipation der Frau verfaßt hatte, hatte mit seinem 1926 dramatisierten Roman *La Garçonne* (1922, dt. *Die Junggesellin*, 1923) einen großen Publikumserfolg (weitere R.: *Le Compagnon*, 1924; *Le Couple*, 1925); Grab auf dem Friedhof.

LE MONT-DORE (Puy-de-Dôme)

[A] **Pauline de Beaumont** (→ Mussy-sur-Seine/ChA), Geliebte **Chateaubriands** (→ Saint-Malo/Br), suchte erst kurz vor ihrem Tod im November 1803 Heilung von der Schwindsucht in dem Kurort; der Dichter kam zwei Jahre später und bestieg den Mont-Dore. – **George Sand** (→ Paris) reiste 1827 durch die Auvergne und stieg Mitte August für zehn Tage im Hôtel de la Poste ab; der Ort, in dem sie Anfang Juni 1859 nochmals einige Tage verbrachte, ist einer der Schauplätze ihres Romans *Jean de la Roche* (1860). – **Émile Zola** (→ Paris) verbrachte den August 1885 hier, **Marcel Proust** (→ Paris) den August 1896. – **Edith Wharton** (1862-1937) kam 1906 im Mai – und das war noch Vorsaison, der Kurort hatte »sich noch nicht für die Unterhaltung der Badegäste hergerichtet«.

[L] Der Ort ist Schauplatz der Komödie *Les Eaux du Mont-Dore* (1822) von **Eugène Scribe**. – In **Honoré de Balzacs** Roman *La Peau de Chagrin* (1831, dt. *Das Chagrinleder*) zieht sich der Protagonist Raphael aus dem mondänen Heilbad in Savoyen in den abgelegenen Kurort M. in der Auvergne zurück (und besteigt bald schon die umliegenden Berge).

[R] **Valery Larbaud** (→ Vichy) verbrachte ab 1894 als Schüler (und auch später noch) seine Ferien in **La Bourboule** (8 km w. v. Le M.-D.) und berichtet davon in den Erzählungen *Enfantines* (1918, dt. *Kinderseelen*, 1953).

MONTLUÇON (Allier)

Médiathèque municipale (166 Tsd. Bde.). – Musée des Musiques Populaires (Volksmusikmuseum). – Théâtre des Ilets.

[A] Im Sommer 1837 kam **Prosper Mérimée** (→ Paris) als Inspektor der historischen Denkmäler Frankreichs nach M., fand die Kirchen unbedeutend, aber die Reste der Befestigungsanlage interessant. – Die amerikanische Schriftstellerin **Edith Wharton** (1862-1937) besuchte im Mai 1906 den Ort, »eine herrliche alte Grenzstadt mit einer tapferen kriegerischen Vergangenheit und interessanten Resten aus der Zeit der Bourbonenherrschaft. [...] Eigentlich hatten wir die Nacht dort verbringen wollen, aber der Gasthof wirkte so wenig gastlich – es war die ganz besondere Ungastlichkeit, deren niederdrückendes Geheimnis die von Handlungsreisenden aufgesuchten Hotels französischer Fabrikstädte bewahren –, daß wir nicht einmal einen Blick in die Zimmer werfen mochten.«

[L] Ein n. v. M. (das häufig erwähnt wird) an Cher und Kanal gelegenes Dorf ist Schauplatz des Romans *La Veuve Couderc* (1942, dt. *Die Witwe Couderc*, 1982) von **Georges Simenon**.

[R] **Prosper Mérimée** (→ Paris), in den Sommermonaten 1837 auf einer Inspektionsreise in der Auvergne unterwegs, stellte angesichts der antiken Zeugnisse in **Néris-les-Bains** (8 km sö. v. M.) Überlegungen zur Badekultur an und verglich die Blüte zur Zeit der Römer mit der Dürftigkeit seiner Gegenwart; **François Rabelais** (→ La Devinière/C) erwähnt den Ort im 33. Kapitel seines *Pantagruel*, wo er die Kurbäder mit heißen Quellen aufzählt.

MOULINS (Allier)

»Mit den Straßen, deren Pflaster aus hellen Steinen besteht, den ansehnlichen Patrizierhäusern aus dem 18. Jahrhundert und den schön gepflasterten, großen Innenhöfen wirkte es nach den finsteren schwarzen Städten des Südens in einzigartiger Weise offen und fröhlich. Hinter den hübschen steinernen Toreinfahrten und durch Balkone gegliederten Fassaden spürte man förmlich die Existenz alter getäfelter Salons mit Pastellporträts und verblaßten Wandbehängen.« (Edith Wharton)

Bibliothèque municipale (Stadtbücherei; 260 Tsd. Bde., 106 Hs., 100 Ink.). – Théâtre municipal (Stadttheater).

* 1823 **Théodore de Banville** († Paris 1891), Lyriker; Sproß aus verarmtem Adel, Schulbildung in Paris; wurde als Dichter von Sainte-Beuve entdeckt; Liebesbeziehung zu der Schauspielerin Marie Daubrun (in Konkurrenz zu Baudelaire); seine formvollendete Lyrik wurde u. a. von Mallarmé und Rimbaud bewundert. – Geburtshaus Rue de Bourgogne Nr. 35 (Gedenktafel); Informationstafel Ecke Cours Jean-Jaurès/Rue de Bourgogne; Statue im Jardin de la Gare. – W. u. a.: *Les Cariatides* (Ged. 1842), *Les Stalactites* (Ged. 1846), *Les Exilés* (Ged. 1857), *Odes funambulesques* (Ged. 1857); *Œuvres* (9 Bde. 1890-1909).

[A] Im Oktober 1461 kam **François Villon** (→ Paris) nach einem Gefängnisaufenthalt in → Meung-sur-Loire/C nach M., wo Jean II. residierte, an den sich Villons »Bittgesuch an den Herzog von Bourbon« richtet; in Vers 101 f. seines *Großen Testaments* erwähnt Villon M. als »gute Stadt« und »neue Hoffnung« (»Esperance« – »Hoffnung« war die Devise des Bourbonenherzogs). – **A. Dumas d. Ä.** (→ Villers-Cotterêts/Pi) fand im November 1834 lediglich eine Bibel aus dem 13. Jh. in der Stadtbücherei und das Grabmal des Herzogs von Montmorency sehenswert. (Das Grabmal befindet sich in der Klosterkirche des Salesianerinnenordens, der 1616 von der hl. Jeanne de Chantal gegründet worden war; die 1767 heiliggesprochene Großmutter der Madame de Sévigné starb 1641 in M.) – Auch **Stendhal** (→ Grenoble/RhA), der im April 1837 zwei Tage in M. verbrachte, hielt nur das Herzogsgrabmal für beachtenswert. – Ein Vierteljahr später kam **Prosper Mérimée** (→ Paris), stimmte in seinem Urteil mit Stendhal überein, erwähnt in seinen *Notes d'un voyage en Auvergne* (1838) aber neben dem Grabmal immerhin noch die Glasmalereien und den Flügelaltar des ›Meisters von Moulins‹ in der ansonsten »mäßigen« Kathedrale

Theodore de Banville

Notre-Dame. – Für **Theodor Fontane** (1819-1898) war M. eine Station auf seinem Transport als Kriegsgefangener von Domrémy/Lo zur Île d'Oléron/PCh, wovon er in seinem Buch *Kriegsgefangen. Erlebtes 1870* (1871) berichtet: »Eine Stunde später fuhren wir in den Bahnhof des bischöflichen Moulins ein. Ein Bischofssitz! Das war eins. Vor allem aber heimelte der Name mich an; was konnte reizender klingen als *Moulins*. Ich stellte es mir vor als von Wind- und Wassermühlen umgeben, die einen still und lauschig, die andern rasch und plauderhaft, und dazwischen eine Bevölkerung von Klosterschülern und Mühlknappen, die einen schwarz, die andern weiß, aber alle gleichmäßig heiter, ihr Leben teilend zwischen Singen und Angeln. Nie war eine Vorstellung falscher gewesen.« – **Valery Larbaud** (→ Vichy) besuchte 1896-98 das Gymnasium von M. – **Edith Wharton** (1862-1937) bedauerte im Mai 1906, nicht mehr Zeit für die Besichtigung zu haben, denn die Stadt »bietet deutlich mehr als das große Triptychon«. – Für **Alfred Döblin** (1878-1957) war M., wo er im Gymnasium einquartiert wurde, eine Station seiner Odyssee durch Frankreich im Sommer 1940 (Bericht in *Schicksalsreise*, 1949).

[L] Der Ort ist Schauplatz in den Romanen *Les Inconnus dans la maison* (1940, dt. *Die Unbekannten im eigenen Haus*, 1978, u. d. T. *Fremd im eigenen Haus*, 1981) und *L'Affaire Saint-Fiacre* (1933, dt. *Maigret und das Geheimnis im Schloß*, 1958, später u. d. T. *Maigret und die Affäre Saint-Fiacre*) von **Georges Simenon**, der seinen berühmten Kommissar drei Jahre das Gymnasium in M. besuchen ließ.

[R] Der belgische Romancier **Georges Simenon** (→ Anhang) war 1923/24 Privatsekretär und Reisebegleiter des steinreichen Marquis Jacques de Tracy, der sich meist in seinem Schloß Saint-Jean-des-Bois in der Nähe von **Paray-le-Frésil** (23 km nö. v. M.) aufhielt; unter dem Namen ›Saint-Fiacre‹ macht Simenon das Dorf zum Geburtsort des Kommissars Maigret und zum Schauplatz in *L'Affaire Saint-Fiacre* (1933, dt. *Maigret und das Geheimnis im Schloß*, 1958, u. d. T. *Maigret und die Affäre Saint-Fiacre*). – Auf dem Friedhof von **Thionne** (27 km sö. v. M.) Grab des Journalisten (beim *Canard Enchaîné*) und Erzählers (*Paris au mois d'août*, 1964) **René Fallet** (1927-1983), der auch zahlreiche Drehbücher schrieb, u. a. für *Fanfan la Tulipe* (dt. *Fanfan, der Husar*), 1951, mit G. Philipe; Fallets Roman *La grande ceinture* verfilmte René Clair u. d. T. *Porte des Lilas* (1956).

MOZAC (Abtei) (Puy-de-Dôme) → **RIOM** [R]

MUROL (Burg) (Puy-de-Dôme)

[A] Was das rein Malerische anbelange, so **Prosper Mérimée** (→ Paris) auf seiner Inspektionsreise im Sommer 1837, könne sich kaum etwas mit der Burg von M. messen, aber ein Ort, um authentische Festungsarchitektur des Mittelalters zu studieren, sei es nicht. – **Edith Wharton** (1862-1937) im Mai 1906: »Dieser Ort unterstreicht mit seiner Lage auf einem Felssporn über dem einsamen Gebirgstal die romantischen Empfindungen, welche die Burg hervorruft, und sie bildet eine eindrucksvolle Einheit mit dem Ort, an dem sie steht.«

NADES (Allier) → **ESPINASSE**
NÉRIS-LES-BAINS (Allier) → **MONTLUÇON** [R]
ORCINES (Puy-de-Dôme) → **CLERMONT-FERRAND** [R]

ORCIVAL (Puy-de-Dôme)

[A] **Edith Wharton** (1862-1937) wollte im Mai 1906 mit ihrem Bruder die Wallfahrtskirche Notre-Dame besichtigen – kollidierte jedoch mit dem Viehmarkt in O.: »Während wir uns dem Platz näherten, erkannten wir eine wildbewegte Fläche so unauflöslich und dicht aneinander gedrängter blauer Menschenrücken und rotbunter Rinderrücken, daß jede von außen kommende Bewegung lediglich eine

Welle hindurchschickte, aber nicht die kleinste Öffnung bewirkte. Daher blieben wir am Rand stehen. Die Kirche mit ihrem wunderbar gerundeten Chorumgang und dem pyramidenförmigen Turm in der Mitte bildete wenige Meter entfernt eine Insel in einem gehörnten Meer [...]. Daher blieb uns keine Wahl, als einzusehen, daß wir Eindringlinge waren und eine Besichtigung Orcivals auf den nächsten Besuch verschieben mußten.«

[R] Das **Schloß Cordès** (2 km n. v. O.) ist, neben Clermont-Ferrand, einer der Schauplätze in dem Roman *Le Démon de Midi* (1914) von **Paul Bourget**.

PARAY-LE-FRÉSIL (Allier) → **MOULINS** [R]
PLOMB DU CANTAL (Bergmassiv) (Cantal) → **SAINT-FLOUR** [R]
POLIGNAC (Haute-Loire) → **LE PUY-EN-VELAY** [R]

Jules Vallès

LE PUY-EN-VELAY (Haute-Loire)

Bibliothèque municipale (Stadtbücherei; 75 Tsd. Bde., Hs., Ink.). – Théâtre municipal (Stadttheater).

* 1832 **Jules Vallès** (eigentlich Vallez) († Paris 1885), Journalist, Romancier; Sohn eines Lehrers; Kindheit und Jugend in Le P., Saint-Étienne und Nantes; Journalist, Engagement für den Sozialismus; 1852 auf Betreiben des Vaters Einweisung in eine Nervenheilanstalt, aus der er wieder freikam; nach Scheitern der Commune, deren Mitglied er war, Flucht nach London; 1872 in Abwesenheit zum Tode verurteilt, 1880 amnestiert; in London entstand der Romanzyklus *Jacques Vingtras* (1879-86; dt. 1951, in Ausz. bereits 1895), der Vallès einen Platz in der Literaturgeschichte sicherte. – Geburtshaus Place de la Visitation Nr. 55; Büste im Jardin Henri Vinay. – W.: *Œuvres complètes* (13 Bde. 1970).

[A] **Prosper Mérimée** (→ Paris), der Le P. Anfang Juli 1837 besuchte und das Stadtbild malerisch fand, liefert in seinen *Notes d'un voyage en Auvergne* (1838, zuletzt 1989) eine ausführliche Beschreibung der Kathedrale Notre-Dame, des Baptisteriums und des Propsthauses, der Chapelle Saint-Michel und der Kirche Saint-Laurent sowie des Museums. – Der Historiker **Jules Michelet** (→ Paris) war bei seinem Besuch der Stadt im Juni 1844 von den Einzigartigkeiten begeistert. – **George Sand** (→ Paris) war Mitte Juni 1859 für zwölf Tage mit ihrem Geliebten Manceau in Le P. und wohnte im Hôtel des Ambassadeurs (Place du Breuil Nr. 31); der Aufenthalt fand Niederschlag in den Romanen *Jean de la Roche* (1860) und *Le Marquis de Villemer* (1861). – **Simone Weil** (→ Paris) trat im Herbst 1931 ihre erste Stelle als Philosophielehrerin an der Mädchenoberschule von Le P. an (Wohnung in der Route de Saugues); wegen ihres anhaltenden politischen Engagements – und weil nur zwei ihrer Schülerinnen das Abitur bestanden – wurde sie im Herbst 1932 nach → Auxerre/Bu strafversetzt. – **Alfred Döblin** (1878-1957) schildert in dem autobiogr. Bericht *Schicksalsreise* (1949) seine Versuche, in den Wirren des Sommers 1940 von Paris nach Le P., zu seiner Frau, zu gelangen; hier schließlich angekommen, erfuhr er, daß seine Frau die Stadt bereits wieder verlassen hatte.

[R] **Prosper Mérimée** (s. o.), Anfang Juli 1837 in den Ruinen der Burg **Polignac** (5 km nw. v. Le P.), ging einer alten Sage nach, der zufolge sich hier ein Apollo-Heiligtum befunden habe mit einer Riesenmaske des Gottes, durch dessen Mundöffnung das Orakel weissagte: Mérimée fand die im Bergfried aufbewahrte Maske bärtig, was gegen einen immer glattrasiert dargestellten Apollo spricht (eher für einen Neptun oder Jupiter), und stieg schließlich mit einer Strohfackel bewaffnet in den Brunnen hinab – wo er auf keinen Raum aus der Römerzeit, sondern auf die mittelalterliche Zisterne der Herren von Polignac stieß. Nach seinem Besuch des heutigen **Saint-Paulien** (14 km n. v. Le P.) schlug Mérimée dem zuständigen Minister vor, Ausgrabungen zu bewilligen, um die römische Vorgängerstadt zu erforschen. – Das Schloß **La Rochelambert** (14 km nw. v. Le P.) ist Schauplatz des Romans *Jean de la Roche* (1860) von **George Sand** (s. o.), die hier ihre Freundin Apollonie de La Rochelambert besuchte.

PUY-DE-DÔME (Puy-de-Dôme) → CLERMONT-FERRAND [R]

RIOM (Puy-de-Dôme)

Bibliothèque municipale (Stadtbücherei; 90 Tsd. Bde., Hs., Ink.).

* 1782 **Prosper de Barante** († Dorat 1866), Politiker, Schriftsteller; politische Laufbahn bis zum Präfekten, Staatsrat und Pair de France; Botschafter in Turin und St. Petersburg; nach der Revolution von 1848 Rückzug von allen politischen Ämtern; zahlreiche Freundschaften in Literatenkreisen; Schiller-Übersetzungen (mit Hilfe des befreundeten Adelbert von Chamisso). – W. u. a.: *Tableau de la littérature française au XVIIIe siècle* (1809), *Histoire des Ducs de Bourgogne* (1824).

[A] Der Historiograph **Jean Froissart** (→ Valenciennes/NPdC) war am 6. 6. 1389 Zeuge der prächtigen Hochzeit zwischen dem 49jährigen Herzog Jean de Berry, der R. zu seiner Residenz gemacht hatte, und der schönen 12jährigen Jeanne de Boulogne. (Der Herzog, ein Kunstliebhaber, war Auftraggeber des berühmten Stundenbuches *Les très riches heures du duc de Berry* der Gebrüder Limbourg.) – Der Dramatiker **Pierre de Marivaux** (→ Paris) verbrachte seine Jugend in R., wo sein Vater Direktor der Münzprägeanstalt war. – **Prosper Mérimée** (→ Paris) besuchte den Ort im Rahmen seiner Inspektionsreise Ende Juli 1837 und bescheinigte den Glasmalereien der Sainte-Chapelle (im Justizpalast), daß keine anderen, in bezug auf die Strahlkraft der Farben, sie überträfen; der Basilika Saint-Amable widmet er in seinen *Notes d'un voyage en Auvergne* (1838, zuletzt 1989) eine längere Beschreibung. – **Edith Wharton** (1862-1937), die im Mai 1906 mit ihrem Bruder durch die Stadt kam, bezeichnet R. »wegen seiner breiten Prachtstraßen und hellen, offenen Plätze als den fröhlichsten und belebendsten Ort, den wir in der Auvergne gesehen hatten«.

[L] Der berühmteste Jurist R.s im 19. Jahrhundert, Eugène Rouher, nachmals mächtiger Minister des 2. Kaiserreichs, verlieh dem Titelhelden des Romans *Son Excellence Eugène Rougon* (1876) von **Émile Zola** wesentliche Züge.

[R] Bei seinem Besuch der Abtei von **Mozac** (nw. v. R.) fand **Prosper Mérimée** (s. o.) Ende Juli 1837 die Kapitelle der alten Abteikirche von besonderem Interesse; anschließend besichtigte er die 7 km ö. v. R. gelegene Stiftskirche von **Ennezat** (ausführliche Beschreibung in den *Notes d'un voyage en Auvergne*, 1838, zuletzt 1989).

RIOM-ÈS-MONTAGNES (Cantal) → MAURIAC [R]

LA ROCHELAMBERT (Schloß) (Haute-Loire) → LE PUY-EN-VELAY [R]

ROYAT (Puy-de-Dôme)

»Royat selbst – sogar das öde neue Viertel für Badegäste – ist in höchstem Grade kennzeichnend für die Gegend: Der Ort hängt in einer Kluft des gewaltigen vulkanischen Auswurfs, und seine Hotels, Stadthäuser, Parks und Weinberge klammern sich, stets vom Absturz bedroht, an jede Kante und Spalte, als hätte man ihnen gerade erst bei ihrem Absturz auf die Dächer von Clermont Einhalt geboten.« (Edith Wharton)

[A] **Prosper Mérimée** (→ Paris), als Inspektor der historischen Denkmäler Frankreichs unterwegs, kam im Sommer 1837 nach R. und richtete anschließend einen Brief an den zuständigen Minister, sich für die Kirche des Ortes einzusetzen, die sich in erbarmungswürdigem Zustand befand. – Zu den Kurgästen des Badeortes zählten u. a. 1867 die **Brüder Goncourt** (→ Nancy/Lo, → Paris) und **Théophile Gautier** (→ Tarbes/MPy), August 1875 **Anatole France** (→ Paris) und **Maurice Barrès** (→ Charmes/Lo). – **Edith Wharton** (1862-1937) befand bei ihrer Reise im Mai 1906: »Als Badeort ist Royat kein besonders schmuckes Beispiel seiner Gattung«.

SAINT-AMANT-ROCHE-SAVIGNE (Puy-de-Dôme) → **AMBERT** [R]
SAINT-CERNIN (Cantal) → **AURILLAC** [R]

SAINT-FLOUR (Cantal)

»Wenn ich acht Tage ganz für mich hätte, so würde ich diese Zeit, wie mir scheint, sehr gut im Cantal, in der Umgebung von Saint-Flour, verbringen. Es gibt dort einsame Orte, empfindsamer Menschen würdig, die mit Genuß Petrarcas Sonette lesen.« (Stendhal)

[A] **Prosper Mérimée** (→ Paris) fand Anfang Juli 1837 auf seiner Inspektionstour in S.-F. wenig Bemerkenswertes, allenfalls bescheinigte er der Kathedrale, daß »ihre Schlichtheit selbst nicht gänzlich ohne Eleganz sei«, wie er in seinen *Notes d'un voyage en Auvergne* (1838) verzeichnet. – **Julien Gracq** (→ Saint-Florent-le-Vieil/PdL) beschreibt die Stadt in seinen *Carnets du grand chemin* (1992, dt. *Der große Weg*, 1996): »*Saint-Flour*: es liegt etwas Italienisches in der Art, wie die Stadt den markanten Hügel mit ihren Türmen schmückt, in dem großzügigen Entwurf ihrer Esplanade, in dem schönen, schwarzen Stein der herrschaftlichen Häuser mit ihren grasbewachsenen Höfen, die denen eines ehemaligen kleinen Fürstensitzes auf dem Apennin oder in den Abruzzen gleichen [...].«

[R] **Jean Froissart** (→ Valenciennes/NPdC) berichtet in seinen *Chroniques* (1370-1400) von der Eroberung der Burg **Alleuze** (12 km südl. v. S.-F.) im Jahr 1379 (allerdings wurde sie nicht von Aymerigot Marchez eingenommen, wie der Historiograph schreibt, sondern von dem auf der Seite der Engländer stehenden Raubritter Bernard de Garlan). Jean-Baptiste Grenouille, Protagonist des Romans *Das Parfum* (1985) von **Patrick Süskind**, zog sich auf der Suche nach »größtmöglicher Einsamkeit« für sieben Jahre auf den **Plomb du Cantal** (25 km w. v. S.-F.) zurück, den »menschenfernsten Punkt des ganzen Königreichs«.

SAINT-GÉRAND-LE-PUY (Allier) → **VICHY** [R]

SAINT-JULIEN-CHAPTEUIL, Ortsteil **LA CHAPUZE** (Haute-Loire)

* 1885 **Jules Romains** (eigentlich Louis Farigoule) († Paris 1972), Lyriker, Erzähler, Dramatiker; schon bald Umzug nach Paris, wo der Vater Lehrer war (Rückkehr in die Auvergne in den Ferien); Studium an der École Normale Supérieure, Lehrtätigkeit in Brest, Laon, Nizza, ab 1919 freier Schriftsteller; Hauptvertreter des Unanimismus; 1960 Aufnahme in die Académie Française; Erwähnung der Heimat im Werk: *Les Journées dans la montagne*, *Bertrand de Ganges*; Hauptwerk ist der 27-bändige Romanzyklus *Les Hommes de bonne volonté* (1932-46, dt. *Die guten Willens sind*, 1935-62). – [M] Musée Jules

Romains. – Weitere W.: *La Vie unanime* (Ged. 1908), *Les Copains* (1913, dt. *Kumpel*, 1930), *Psyché* (R.trilogie 1922-29), *Knock ou le triomphe de la médecine* (Dr. 1923, dt. *Dr. Knock oder Der Triumph der Medizin*, 1947), *Un grand honnête homme* (R. 1961, dt. *Ein ehrenwerter Herr*, 1961).

SAINT-MENOUX (Allier)
[A] **A. Dumas d. Ä.** (→ Villers-Cotterêts/Pi) legte auf seiner Reise von Paris ans Mittelmeer einen Halt in S.-M. ein und berichtet in seinem Reisebericht *Midi de la France* (zuletzt 1991) von einem Brauch der Einheimischen: Von einem tollwütigen Hund Gebissene steckten ihren Kopf in das Loch in der Sarkophagwand des Kirchenheiligen – und würden geheilt. (Heute erklärt man diese Methode als erfolgversprechend bei Schwachsinn und Kopfleiden.) – 1837 kam zunächst im April **Stendhal** (→ Grenoble/RhA), der den Einsturz der romanischen Kirche befürchtete, dann, Anfang August, **Prosper Mérimée** (→ Paris), der dem Gotteshaus eine ausführliche Beschreibung in den *Notes d'un voyage en Auvergne* (1838, zuletzt 1989) widmet.

SAINT-NECTAIRE (Puy-de-Dôme)
[A] Mitte Juni 1837 besuchte **Stendhal** (→ Grenoble/RhA) auf der Durchreise das Thermalbad S.-N. und besah sich die erzählenden Kapitelle in der romanischen Kirche: »Außerhalb der Badesaison«, schreibt er in den *Mémoires d'un touriste* (1838), »gibt es keine hundert Leute in Saint-Nectaire; dann ist es nicht klug, sich bis hierher vorzuwagen, es sei denn, man hätte ein Zelt in seinem Gepäck.« – **Prosper Mérimée** (→ Paris), Inspektor der historischen Denkmäler Frankreichs, führte eine Dienstreise Ende Juli des gleichen Jahres nach S.-N., dessen (vermeintliche) Relikte aus gallischer Zeit sowie die romanische Kirche mit ihren herrlichen Kapitellen er in seinen *Notes d'un voyage en Auvergne* (1838) ausführlich beschrieb.
[R] **Julien Green** (→ Paris) mietete sich im Sommer 1925 im Hôtel de la Providence et de la Poste in **Besse-en-Chandesse** (15 km südl. v. S.-N.) ein und schrieb an seinem ersten Roman *Mont-Cinère* (1926).

SAINT-PAULIEN (Haute-Loire) → **LE PUY-EN-VELAY** [R]
SAINT-POURÇAIN-SUR-SIOULE (Allier) → **VICHY** [R]
SAINT-YORRE (Allier) → **VICHY** [R]

Jules Romains

Thiers: Papiermühle

SOUVIGNY (Allier)

[A] **A. Dumas d. Ä.** (→ Villers-Cotterêts/Pi) besichtigte die Kirche mit den Herzogsgrabmälern der Bourbonen im November 1834, **Stendhal** (→ Grenoble/RhA) Ende April 1837; gut drei Monate später begeisterte sich **Prosper Mérimée** (→ Paris) für »das schönste Bauwerk, das uns das Mittelalter im Bourbonnais hinterlassen hat« (Beschreibung in den *Notes d'un voyage en Auvergne*, 1838).

THIERS (Puy-de-Dôme)

Bibliothèque municipale (Stadtbücherei; 70 Tsd. Bde.).

[A] Auf seiner Heimreise aus Italien kam Mitte November 1581 **M. de Montaigne** (→ Montaigne/Aq) nach T., »einer kleinen Stadt am Allierfluß, die sehr starken Handel treibt, gut gebaut und volkreich ist. Die Einwohner treiben hauptsächlich Handel mit Papier und sind berühmt für Messer und Spielkarten.« – **Prosper Mérimée** (→ Paris) besuchte Ende Juli 1837 die Pfarrkirche Saint-Genès und die ehemalige Abteikirche le Moutier, also noch vor ihrer baulichen Entstellung 1882, obwohl Mérimée bereits 1838 anmahnte, bei den nötigen Sicherungsarbeiten bloß den ursprünglichen Charakter der Denkmäler nicht zu verfälschen. – **George Sand** (→ Paris) zeigte bei einem Besuch Ende Juni 1859 vor allem Interesse für die Messerfabrikation im ›französischen Solingen‹; ihre Eindrücke verarbeitete sie in dem Roman *La Ville noire* (1861).

[R] In **Dorat** (6 km nw. v. Th.) starb 1866 **Prosper de Barante** (→ Riom); der Philosoph, der auf seinem Schloß **Barante** bei D. wohnte, schrieb hier einen Teil seiner *Histoire des Ducs de Bourgogne* (1824/28) und empfing seine Freunde, zu denen u. a. Chateaubriand (→ Saint-Malo/Br), Madame de Staël (→ Paris), Lamartine (→ Mâcon/Bu) und Guizot (→ Nîmes/LR) gehörten.

THIONNE (Allier) → MOULINS [R]
USSON (Puy-de-Dôme) → ISSOIRE [R]
VALBOIS (Allier) → VICHY [R]

VICHY (Allier)

»Heute Morgen, meine Liebe, habe ich Wasser getrunken. Ah! Wie scheußlich es schmeckt! [...] Man geht hier um sechs Uhr früh zum Brunnen und trifft schon dort alle Welt, man trinkt Wasser und verzieht dabei gräßlich sein Gesicht, denn stellen Sie sich vor, das Wasser ist kochendheiß und schmeckt ganz fürchterlich nach Salpeter. Man geht, man kommt, man promeniert, man hört die Messe, [...] schließlich diniert man. [...] Nachmittags um fünf spaziert man durch die wunderbare Landschaft; um sieben ißt man eine Kleinigkeit. Um zehn geht man zu Bett.« (Madame de Sévigné) Médiathèque municipale (175 Tsd. Bde.).

Valery Larbaud

* 1881 **Valery Larbaud** († ebda. 1957), Erzähler, Lyriker, Essayist, Übersetzer; aus wohlhabender Familie (der Großvater hatte eine Heilquelle gekauft), zunächst Privatunterricht, dann Schulabschluß am Lycée Louis-le-Grand in Paris; Studium der Anglistik und Germanistik an der Sorbonne; ausgedehnte Bildungsreisen; Freundschaft mit P. Valéry und Charles-Louis Philippe; Mitarbeiter an der Übersetzung des *Ulysses* von J. Joyce ins Frz. (1929); machte den engl. Autor Samuel Butler (1835-1902) durch Übersetzungen in Frankreich bekannt; 1935 Gehirnschlag, der zu Sprach- und Gedächtnisstörungen führte und ihn bis ans Lebensende an den Rollstuhl fesselte. – Wohn- und Sterbehaus Avenue Victoria Nr. 26 (Gedenktafel); Grab in der Familiengruft auf dem Cimetière communal; [M] Bibliothèque-musée Valery Larbaud (mit der 14 000 Bände umfassenden Bibliothek des Autors). – W. u. a.: *Fermina Márquez* (R. 1911, dt. 1957), *A. O. Barnabooth* (R. 1913, dt. 1956), *Enfantines* (Erz. 1918, dt. *Kinderseelen*, 1953), *Amants, heureux amants* (Erz. 1923, dt. *Glückliche Liebende*, 1955), *Ce Vice impuni, la lecture* (Essay 1925, erw. 1941), *Sous l'Invocation de Saint-Jérôme* (Essays 1946, dt. Teilübers. u. d. T. *Sankt Hieronymus, Schutzpatron der Übersetzer*, 1956), *Le Cœur de l'Angleterre suivi de Luis Losada* (postum 1971); *Œuvres complètes* (10 Bde. 1950-55).

† 1964 **Maurice Constantin-Weyer** (* 1881 Bourbonne-les-Bains/ChA); der Autor hatte eine Cousine V. Larbauds geheiratet und war nach V. gezogen; Grab auf dem Friedhof.

[A] Zu den Kurgästen des Badeortes gehörten im 17. Jahrhundert u. a. **Madame de La Fayette** (→ Paris) und die von Rheuma geplagte **Madame de Sévigné** (→ Paris); die berühmte Briefeschreiberin berichtet in mehreren Briefen an ihre Tochter vom Kurleben in V., wo sie Mitte Mai bis Mitte Juni 1676 und zwei Wochen Anfang September 1677 wahrscheinlich nicht im sogenannten Pavillon Sévigné (Place Sévigné), sondern in der Auberge du Cheval blanc (heute dort: Hôtel du Pont neuf) wohnte. – **F.-R. de Chateaubriand** (→ Saint-Malo/Br) kam im Sommer 1805 nach V., wo seine Frau zur Kur weilte. – Der russische Schriftsteller **Iwan Turgenjew** (1818-

1883) war Mitte 1859 zur Kur in V.: »Hier sind viele Menschen, aber alles Franzosen; Russen nur wenige – und uninteressante«, schreibt er an einen befreundeten russischen Lyriker. – **G. Flaubert** (→ Rouen/HNo) kam nach Abschluß seines Romans *Salammbô* (1862) im Juli 1862 und kurierte eine Lebererkrankung aus (erneute Kur im Juni/Juli 1863). – Flauberts Freund **L. Bouilhet** (→ Cany/HNo) nahm im Frühsommer 1869, bereits auf den Tod erkrankt, Zuflucht zu den Heilwassern, starb aber wenig später. – Als die amerikanische Schriftstellerin **Edith Wharton** (1862-1937) im Mai 1906 nach V. kam, mußte sie feststellen, zu früh im Jahr gekommen zu sein: »Die Saison beginnt erst im Juni, und im Mai bibbern lediglich einige Badegäste, die es nicht abwarten können – meist Engländer –, in Ecken der Marmorhallen oder käuen in verlassenen Lesesälen trübsinnig die Nachrichten des vorigen Jahres wieder.« – **Annette Kolb** (1870-1967), die 1933 nach Paris emigriert war, floh 1940 vor den deutschen Truppen nach V. (wo eine Freundin ein Hotelzimmer für sie reserviert hatte), bevor ihre Flucht ein Jahr später – nach einer wahren Odyssee – in New York endete. – Der belgische Romancier **Georges Simenon** (→ Anhang) machte den Kurort kurz nach einem Aufenthalt zum Schauplatz des Krimis *Maigret à Vichy* (1968, dt. *Maigret in Kur*, 1969).

[R] **Valery Larbaud** (s. o.) lebte oft in den Villen, die seine Familie in der Umgebung von V. besaß: Vor allem in den Sommermonaten nach seinem Gehirnschlag 1935 kam er in die Villa, die seiner Mutter und deren Zwillingsschwester in Valbois bei **Saint-Pourçain-sur-Sioule** (24 n. v. V.) gehörte, oder er hielt sich in der Villa in **Saint-Yorre** (8 km südl. v. V.) auf. – **Jean Giraudoux** (→ Bellac/Li), bereits Schüler der École Normale Supérieure in Paris, verbrachte seine Ferien 1904 bei den Eltern in **Cusset** (ö. v. V.), wohin der Vater als letzte Station versetzt worden war; auch Ende 1940, nach der militärischen Niederlage Frankreichs, zog sich der Dichter nach C. zurück, wo sein Bruder wohnte. – Der Ire **James Joyce** (1882-1941), der 1940 aus Paris geflohen war, erfuhr vom Einmarsch der deutschen Truppen in **Saint-Gérand-le-Puy** (19 km nw. v. V.), wo er bei Freunden Unterschlupf gefunden hatte; als er eine Einreiseerlaubnis erhalten hatte, kehrte er in die Schweiz (nach Zürich) zurück.

YGRANDE (Allier) → BOURBON-L'ARCHAMBAULT [R]

Flußschifferhäuser an der Dordogne

LIMOUSIN (Li)

Region: Limousin; Départements: Corrèze (19), Creuse (23), Haute-Vienne (87); Einwohner: 715 Tsd.; Fläche: 16942 qkm; Verwaltungssitz: Limoges.

AUBUSSON (Creuse)

Scène Nationale (Staatl. Bühne).

* 1811 **Jules Sandeau** († Paris 1883), Romancier; Gymnasium in Bourges, ab November 1828 Jurastudium in Paris; am 30. 7. 1830 auf Schloß Le Coudray bei Nohant Bekanntschaft mit der Baronin Dudevant, deren Liebhaber er bis März 1833 wurde, und die sich nach seinem Namen das Pseudonym George Sand zulegte; gemeinsames Verfassen des Romans *Rose et Blanche* (1831); 1853 Konservator der Bibliothèque Mazarine; 1858 Mitglied der Académie Française; 1859 Bibliothekar des Palais de Saint-Cloud. – Geburtshaus: Rue Jules Sandeau Nr. 18. – W. u. a.: *Marianna* (R. 1839), *Mademoiselle de la Seiglière* (R. 1848), *Le Jour sans lendemain* (1853).

BELLAC (Haute-Vienne)

»Meine Geburtsstadt ist Bellac, Haute-Vienne. Ich bitte nicht um Verzeihung, daß ich dort geboren bin.« (Jean Giraudoux)

* 1882 **Jean Giraudoux** († Paris 1944), Dramatiker, Erzähler; Sohn eines Ingenieurs beim Straßenbauamt, Kindheit und Jugend in »fünf Städtchen [...], von denen keines mehr als fünftausend Einwohner hatte«, Gymnasium in Chateauroux/C; ab 1900 Paris, École Normale Supérieure, Germanistikstudium; Auslandsaufenthalte: 1905 München (Hauslehrer in der Familie der Herzöge von Sachsen-Meiningen), 1906 Harvard (Französischlektor); Eintritt in den diplomatischen Dienst; Verwundung im 1. Wk.; Weltreise 1936, politisches Engagement, 1939/40 Propagandaminister. – Geburtshaus: Avenue Jean-Jaurès Nr. 4 (Gedenktafel; heute [M] Museum mit Erinnerungsstücken); Jean-Giraudoux-Denkmal (1951 v. Chauvenet) im Garten neben dem Rathaus; jährliches Theaterfestival zu Ehren Girau-

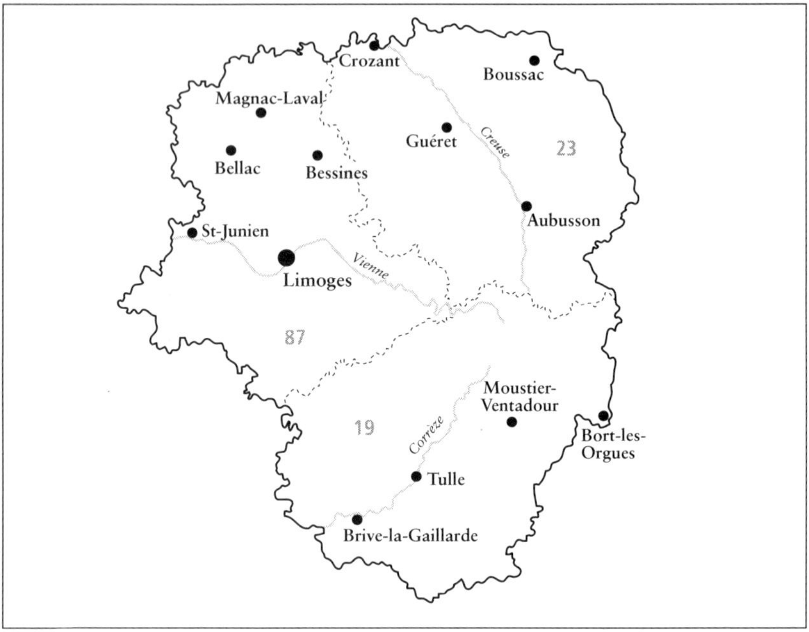

doux'. – W. u. a.: *Provinciales* (Erz. 1909, dt. *Der kleine Herzog und andere Erzählungen*, 1928), *L'École des indifférents* (Erz. 1911, dt. *Die Schule der Gleichgültigen*, 1956), *Elpénor* (R. 1919, dt. *Die Irrfahrten des Elpenor*, 1960), *Suzanne et le Pacifique* (R. 1921, dt. *Suzanne und der Pazifik*, 1958), *Siegfried et le Limousin* (R. 1922, dt. *Siegfried oder die zwei Leben des Jacques Forestier*, 1962), *Juliette au pays des hommes* (R. 1924, dt. *Juliette im Lande der Männer*, 1957), *Bella* (R. 1925, dt. 1927), *Simon le Pathétique* (R. 1926, dt. *Simon*, 1961), *Églantine* (R. 1927, dt. 1928), *Siegfried* (Dr. 1928, dt. u. d. T. *Die Grenze*, 1930), *Amphitryon 38* (Dr. 1929, dt. 1930), *Les Aventures de Jérôme Bardini* (R. 1930, dt. *Die Abenteuer des Jérôme Bardini*, 1948, u. d. T. *Die Schule des Hochmuts*, 1959), *Judith* (Dr. 1931, dt. 1951), *Intermezzo* (Dr. 1933, dt. 1950), *La Guerre de Troie n'aura pas lieu* (Dr. 1935, dt. *Kein Kampf in Troja*,

1936), *Electre* (Dr. 1937, dt. 1959), *Choix des Élues* (R. 1939, dt. *Die Auserwählten*, 1963), *Ondine* (Dr. 1939, dt. *Undine*, 1948), *Sodome et Gomorrhe* (Dr. 1943, dt. 1944), *La Folle de Chaillot* (Dr. 1945, dt. *Die Irre von Chaillot*, 1946); *Œuvres complètes* (1959 ff.).

[A] Der Fabeldichter **Jean de La Fontaine** (→ Château-Thierry/Pi) kam im September 1663 als Begleiter seines Onkels nach B. und stieg im Gasthof La Pyramide (Rue Thiers Nr. 29, Gedenktafel) ab; der Dichter ließ in seinem Brief vom 19. 9. 1663 kaum ein gutes Haar an B.: Die Zufahrtswege seien so schlecht, daß man Gott danken müsse, wenn sich von acht bis zehn Durchreisenden nur drei oder vier den Hals brächen, Essen und Wein seien miserabel; die schlechten Wege sollen ihn zu der Fabel *Le Coche et la mouche* angeregt haben. Aus dieser einmaligen Übernachtung konstruiert Giraudoux (s. o.) in seinem Essay *Les Cinq tentations de La Fontaine* (1938) für sich eine mögliche Abstammung. (Immerhin erwähnt La Fontaine in besagtem Brief als einzigen Lichtblick in B. ein hübsches Mädchen.) – Auch **Fénelon** (→ Sainte-Mondane/Aq) stattete B. einen Besuch ab und wurde ehrenvoll empfangen. – **Charles Sylvestre** (1889-1948) bewohnte von 1932 bis zu seinem Tod 1948 (Grab in Peyrat-de-Bellac) den – mittlerweile nach ihm benannten – Turm (Ecke Rue de Belfort/Rue Baudin) aus dem 15. Jahrhundert und schrieb hier seine Romane *Le Nid d'épervier*, *Le Passé d'amour*, *La Roue tourne*, *Le Démon du soir* und *Manoir* (Gedenktafel).

BESSINES (Haute-Vienne)

[A] **Jean Giraudoux** (→ Bellac) verbrachte vom Frühjahr 1883 bis zum April 1890 seine Kindheit in B.; neben der Geburtsstadt Bellac bewohnte er bis zum Erwachsenenalter außerdem noch die kleinen Orte Pellevoisin/C, Cérilly/Au und Cusset/Au, insgesamt also fünf Städtchen, »von denen keines mehr als fünftausend

Jean Giraudoux

Einwohner hatte. Die Vorteile dieser Zeit sind unschätzbar. Denn ich bin nie weniger als ein Fünftausendstel der Menschenansammlungen gewesen, in denen ich lebte, und zweimal nicht weniger als ein Tausendstel. Das festigt schon im Kind das Bewußtsein seiner Bedeutung und flößt ihm mehr Vertrauen zum Leben ein.«

BORT-LES-ORGUES (Corrèze)

* 1723 **Jean-François Marmontel** († Habloville/HNo 1799); Sohn eines Schneiders; Schüler am Jesuitenkolleg in Mauriac/Au, später Philosophielehrer am Jesuitenkolleg von Toulouse; ließ sich 1745 in Paris nieder; Wertschätzung Voltaires und der Madame de Pompadour; Mitglied der Académie Française (seit 1763), deren Sekretär er auf Lebenszeit wurde; Mitarbeiter an der berühmten *Encyclopédie*; ab 1771 Historiograph des Königs; 1792 Rückzug mit Frau und Kindern ins Département Eure. – Geburtshaus in der Rue de Paris Nr. 52 (Gedenktafel), Büste auf der Place Marmontel. – W. u. a.: *Bélisaire* (R. 1766, dt. 1769), *Contes moraux* (1771),

Les Incas (Erz. 1777, dt. 1783), *Les Mémoires d'un père pour servir à l'instruction de ses enfants* (2 Bde. postum 1800/1806, dt. u. d. T. *Leben und Denkwürdigkeiten*, 4 Bde. 1805/1806); *Œuvres complètes* (19 Bde. 1818-20).

[A] **Julien Gracq** (→ Saint-Florent-le-Vieil/PdL) beschreibt die Stadt, »die verwinkelte, schuppenförmig gemusterte Anhäufung seiner Schieferdächer tief unten in der Schlucht«, in seinen *Carnets du grand chemin* (1992, dt. *Der große Weg*, 1996).

[R] Aus **Saint-Exupéry-les-Roches** (22 km nw. v. B.) stammen die Vorfahren des Schriftstellers und Fliegers **Antoine de Saint-Exupéry** (→ Lyon/RhA). – In **Ussel** (6 km nw. v. Saint-Exupéry) informiert das [M] Musée du Pays d'Ussel über regionale Schriftsteller und ihre Werke, im ersten Stock Vitrine zu den Werken regionaler Schriftsteller, darunter die Troubadours Gui d'Ussel und Bernard de Ventadour (→ Moustier-Ventadour).

BOUSSAC (Creuse)

[A] »Die alten Steine« hätten ihn hergeführt, beteuerte **P. Mérimée** (→ Paris) als Denkmalpfleger im Juli 1841, ansonsten sei B. »ein fürchterliches Nest, die schlimmste Unterpräfektur Frankreichs«. – **George Sand** (→ Paris) bewohnte die erste Oktoberwoche 1870 einige Räume des Schlosses von B., das Schauplatz ihres Romanes *Jeanne* (1844) ist; das Schloß war 1870 Wohnsitz des mit der Autorin befreundeten Unterpräfekten Maulmond; G. Sand war Ende September 1870 vor einer Pocken-Epidemie aus ihrem heimischen Schloß Nohant/C zunächst in das Haus Maulmonds in Saint-Loup (25 km südl. v. B.) geflüchtet, dann hierher gekommen; die Umgebung von B. beschreiben die *Promenades autour d'un village* (1859).

[R] **Chambon-sur-Voueize** (25 km sö. v. B.) ist Schauplatz in dem Roman *Le Marquis de Villemer* (1861) von **George Sand**.

BRIVE-LA-GAILLARDE (Corrèze)

Théâtre municipal (Stadttheater).

[L] Der Markt der Stadt ist in dem Chanson »Hécatombe« (1953) von **Georges Brassens** Schauplatz einer amüsanten Schlacht zwischen den Marktfrauen und der Polizei. (Nach dem Dichter hat man die ›Halle Georges Brassens‹ benannt, in der seit 1982 eine bekannte Buchmesse stattfindet.)

[R] Neben der Kirche von **Chameyrat** (20 km nö. v. B.) steht das Haus des Brigadegenerals Louis Hugo; der Onkel des Dichters **Victor Hugo** (→ Besançon/FC) hatte sich vor allem im Februar 1807 in der Schlacht von Eylau (Ostpreußen) ausgezeichnet. Marie, die Tochter des Generals und Cousine des Dichters, trat, nachdem ihr Mann wenig nach der Hochzeit gestorben war, 24jährig in das Kloster der Karmeliterinnen in Tulle ein und führte mit ihrem Cousin einen umfangreichen Briefwechsel. – Schloß **Noailles** (7 km südl. v. B.) ist Stammsitz einer der bedeutendsten Adelsfamilien Frankreichs, aus der neben Marschällen, Botschaftern und Bischöfen auch Schriftsteller hervorgegangen sind, so **Paul de Noailles** (1802-1885), der u. a. mit der *Histoire de Madame de Maintenon* (1848-50) die Biographie einer Verwandten schrieb (→ Maintenon/C) und 1849 Nachrücker für den verstorbenen Chateaubriand in der Académie Française wurde, und die Lyrikerin **Anna de Noailles** (→ Paris). – **Colette** (→ Saint-Sauveur-en-Puisaye/Bu) kam häufig, auch für längere Aufenthalte, in das bei **Varetz** (7 km nw. v. B.) gelegene Schloß **Castel-Novel**, das sich im Besitz der Familie Jouvenel befand; hier schrieb sie u. a. ihren Roman *Chéri* (1920); die Schriftstellerin hatte 1912 Henry de Jouvenel, Chefredakteur des *Matin*, geheiratet (Scheidung 1924); Jouvenel (1876-1935) hatte einen Teil seiner Kindheit hier verbracht und wurde nach seinem Tod auf dem Friedhof von V. beerdigt. **Louis Aragon** (→ Paris) verbrachte nach seiner Demobilisierung den August 1940 im Schloß, damals im Besitz von Renaud de Jouvenel. – Während der deutschen Besatzung im 2. Wk. zog sich **Colette** (s. o.) mit ihrem dritten Ehemann Maurice Goudeket für einige Zeit nach **Curemonte** (30 km sö. v. B.) zurück, wo die Tochter der Dichterin (aus zweiter Ehe) die Schlösser Saint-Hilaire und Plas besaß.

CASTEL-NOVEL (Corrèze) → **BRIVE-LA-GAILLARDE** [R]
CHALUSSET (Haute-Vienne) → **LIMOGES** [R]
CHAMBON-SUR-VOUEIZE (Creuse) → **BOUSSAC** [R]
CHAMEYRAT (Corrèze) → **BRIVE-LA-GAILLARDE** [R]

CROZANT (Creuse)

[A] **George Sand** (→ Paris), die schon im September 1826 hierher gekommen war, erneuerte ihren Eindruck von der Burgruine nochmals im September 1843, bevor sie den Ort als Schauplatz des Romans *Le Péché de Monsieur Antoine* (1845) verwendete.

[R] **Maurice Rollinat** (→ Châteauroux/C), von Neurosen geplagt, verbrachte die letzten 20 Jahre seines Lebens ab 1883 in **Fresselines** (10 km ö. v. C.); auf der Reliefplatte *Der Dichter und seine Muse* (von Auguste Rodin) an der Kirche Saint-Julien de Brioude ist Rollinat dargestellt.

CUREMONTE (Corrèze) → **BRIVE-LA-GAILLARDE** [R]
FRESSELINES (Creuse) → **CROZANT** [R]

GUÉRET (Creuse)

Bibliothèque départementale de prêt (135 Tsd. Bde.).

* 1888 **Marcel Jouhandeau** (eigentlich Marcel Provence) († Rueil-Malmaison/IdF 1979), Erzähler; Sohn eines Metzgers, Kindheit in G., das in seinen Büchern unter dem Namen ›Chaminadour‹ auftaucht; Studium an der Sorbonne, bis 1949 am Collège Saint-Jean de Passy Latein- und Französischlehrer; 1929 Ehe mit der Tänzerin Élisabeth Toulemon; viele Reisen

Marcel Jouhandeau

zwischen den Kriegen; reiches Œuvre mit weit über hundert Titeln. – Geburtshaus (Metzgerei des Vaters) in der Rue de l'Ancienne-Mairie. – W. u. a.: *La Jeunesse de Théophile* (R. 1921, dt. *Der junge Theophil*, 1957), *Les Pincengrain* (R. 1924, dt. *Die Pincengrains*, 1966), *Monsieur Godeau intime* (Prosa 1926, dt. *Herr Godeau*, 1966), *Tite-le-Long* (1932), *Chaminadour* (3 Bde Erz. 1934-41, dt. in Ausw. 1964), *Scènes de la vie conjugale* (1948-59, dt. in Ausz. u. d. T. *Elise*, 1968).

[A] **Theodor Fontane** (1819-1898) schildert in seinem Bericht *Kriegsgefangen. Erlebtes 1870* (1871) seinen kurzen Gefängnisaufenthalt in G.

LIMOGES (Haute-Vienne)

Universität (gegr. 1626). – Universitätsbibliothek (110 Tsd. Bde.), Bibliothèque municipale (Stadtbücherei; 490 Tsd. Bde., 270 Hs., 34 Ink.), Bibliothèque départementale de prêt de la Haute Vienne (176 Tsd. Bde.). – Théâtre de l'Union (Centre Dramatique National); Théâtre municipal (Stadttheater).

Limoges: Kathedrale

* 1508 **Jean Dorat** († Paris 1588), Humanist, Lyriker; ausgezeichneter Hellenist, ab 1540 in Paris, Leiter des humanist. Collège de Coqueret, Lehrer Ronsards, Mitglied des Dichterkreises Pléiade; Verfasser von 50 000 Versen in griech., lat. und frz. Sprache.

[A] **Molière** (→ Paris) soll mit seiner Truppe 1648 in L. ausgepfiffen worden sein (der Aufenthalt Molières in L. ist allerdings nicht nachgewiesen), so daß er sich später durch ein Stück rächte: *Monsieur de Pourceaugnac* (1669, dt. auch u. d. T. *Der Herr aus der Provinz*) hat einen dummen, aufgeblasenen Gecken zum Titelheld, der aus L. stammt. – **Jean de La Fontaine** (→ Château-Thierry/Pi) kam im September 1663 nach L., wo er die Leute (im Gegensatz zum vorher bereisten Bellac) so höflich fand, wie es denn auch Franzosen anstehe. – **Sophie von La Roche** (1731-1807) kam im Mai 1785 auf der Rückreise von Bordeaux/Aq nach Paris durch L., »eine artige Stadt mit ganz vortrefflichen Spaziergängen und guten Gebäuden. Wohnungen und Gärten sind sehr schön, besonders die letzteren, welche in großen Absätzen, mit Lauben und Blumenstücken besetzt, bis an den Fluß Vienne hinabgehen.« – Im September 1832 besuchte auf seiner Reise nach → Aix-les-Bains/RhA **Honoré de Balzac** (→ Tours/C) die Stadt und stieg in der Rue des Combes im Hause des Porzellanfabrikanten Nivet ab, dessen Kunde er war. (Die Familie Nivet war verwandt mit der Familie Carraud, Freunde Balzacs aus → Angoulême/PCh.) Der Sohn des Fabrikanten zeigte dem Dichter die Stadt, u. a. ein altes Haus aus dem 15. Jahrhundert (1924 abgerissen), das Balzac in dem Roman *Le Curé de village* als Wohnung der Familie Sauviat schildert. – **Prosper Mérimée** (→ Paris) widmete sich als Inspektor der historischen Denkmäler Frankreichs bei seinem Besuch im Sommer 1837 den Kirchen, allen voran der Kathedrale Saint-Étienne, und den Zeugnissen der Römerzeit, von denen er überrascht war, nur noch wenige zu finden.

[L] Im allerersten Kapitel seiner *Essais* (1580 u. ö.) berichtet **Montaigne**, wie die Einwohner der Stadt nach der Einnahme durch Eduard, den Prinzen von Wales, dem Tod entgingen.

[R] **Prosper Mérimée** (→ Paris) besuchte auf seiner Inspektionsreise im Sommer 1837 auch die Burganlage von **Chalusset** (10 km südl. v. L.), der er in seinen *Notes d'un voyage en Auvergne* (1838, zuletzt 1989) eine ausführliche Beschreibung widmet. In **Saint-Léonard-de-Noblat** (20 km ö. v. L.) bewunderte Mérimée das Eichenholz-Chorgestühl der Kirche und hebt in seinen *Notes* die malerische Lage des Ortes hervor.

MAGNAC-LAVAL (Haute-Vienne)

* 1901 **Alexandre Vialatte** († Paris 1971), Erzähler, Journalist, Übersetzer; Vorfah-

ren aus der Auvergne (→ Ambert), die im Zentrum seines Schaffens steht; Leben zwischen Paris und der Auvergne; Übersetzungen von Kafka, Nietzsche, Th. Mann, Brecht. – W. u. a.: *Battling le ténébreux* (R. 1928), *Le fidèle berger* (R. 1942), *Les Fruits du Congo* (R. 1951), *L'Auvergne absolue* (Textsammlung 1983).

MOUSTIER-VENTADOUR (Corrèze)

* um 1125 **Bernard de Ventadour (Bernart de Ventadorn)** († Abtei Dalon in Sainte-Trie/Aq um 1180?), Troubadour; einer der großen Liebeslyriker des Mittelalters; Sohn eines Ofenheizers und einer Bäckerin; Ausbildung zum Minnesänger auf Burg V., wo er sich in seine Herrin, die Gräfin Alaiz de Montpellier, verliebte; nach Rückkehr des Grafen vom Kreuzzug zog Bernard an den Hof Eleonores von Aquitanien (→ Bordeaux/Aq), der er Lieder widmete und um 1155 nach England folgte; nach seiner Rückkehr auf den Kontinent zog er sich in das Kloster Dalon (→ Sainte-Trie/Aq) zurück – soweit seine Vita nach einem mittelalterl. Biographen.

[A] Die Burgruine Ventadour war ein wichtiger Ort der französischen Literatur des Mittelalters. Marie de Turenne, die wegen ihrer Schönheit und ihres Geistes berühmte Gattin des Schloßherrn Ebles V. von Ventadour, holte mehrere Troubadours an ihren Hof, unter ihnen **Bertran de Born** (→ Salagnac/Aq).

NOAILLES (Corrèze) → BRIVE-LA-GAILLARDE [R]
ORADOUR-SUR-GLANE (Haute-Vienne) → SAINT-JUNIEN [R]
SAINT-EXUPÉRY-LES-ROCHES (Corrèze) → BORT-LES-ORGUES [R]

SAINT-JUNIEN (Haute-Vienne)

* 1874 **Jérôme Tharaud** († Varengeville-sur-Mer/HNo 1953), Erzähler, Journalist; Mitschüler Péguys in Paris, Sekretär von Maurice Barrès, Lektor an der Universität von Budapest; verfaßte mit seinem Bruder **Jean** (* S.-J. 1877, † Paris 1952), der auch Sekretär Barrès' war, neben Novellensammlungen (*Les Contes de la Vierge*, 1902), und Romanen (*L'Illustre Dingley, écrivain*, 1906, Prix Goncourt) ein umfangreiches Werk an Reportagen (u. a. über exotische Länder) sowie Erinnerungsbücher über Péguy und Barrès; 1938 Aufnahme in die Académie Française (sein Bruder 1946). – W.: *Œuvres* (4 Bde. 1929 f.).

[A] **Prosper Mérimée** (→ Paris), im Juni 1837 auf Inspektionsreise der Denkmäler in Frankreich unterwegs, widmete der Stiftskirche nach seinem Besuch eine ausführliche Beschreibung in seinen *Notes d'un voyage en Auvergne* (1838, zuletzt 1989).

[R] Am 10. Juni 1944 wurde die ganze Einwohnerschaft von **Oradour-sur-Glane** (12 km nö. v. S.-J.) zusammengetrieben und von einer SS-Elitedivision umgebracht; an dieses Ereignis erinnern zahlreiche Texte, so **Camille Mayran**: *Larmes et Lumières à Oradour* (1952).

SAINT-LÉONARD-DE-NOBLAT (Haute-Vienne) → LIMOGES [R]
SAINT-LOUP (Creuse) → BOUSSAC

TULLE (Corrèze)

Bibliothèque centrale de prêt de la Corrèze (220 Tsd. Bde.).

Voltaire (→ Paris) sollte 1716 aufgrund eines satirischen Gedichts, das das inzestuöse Verhältnis des Regenten zu seiner Tochter zum Thema hatte, nach T. ins Exil geschickt werden, aber der Vater des Dichters intervenierte energisch und erreichte eine Verbannung nach → Sully-sur-Loire/C.

[A] Als Inspektor der historischen Denkmäler Frankreichs besuchte **Prosper Mérimée** (→ Paris) Mitte Juni 1838 den Ort, wo ihm die große Anzahl gotischer Häuser auffiel, unter denen die Maison de Loyac, das ehemalige Haus des Abtes, hervorsticht.

[R] **Mérimée** (s. o.) hatte zuvor bereits das »äußerst malerische« **Uzerche** (25 km nw. v. T.) besucht, dessen Kirche er in seinen

Notes d'un voyage en Auvergne (1838, zuletzt 1989) beschreibt. – **Simone de Beauvoir** (→ Paris) spricht in ihrer Autobiogr. *Mémoires d'une jeune fille rangée* (1958, dt. *Memoiren einer Tochter aus gutem Hause*, 1960) von den Ferien, die die Familie auf dem Gut des Großvaters in **Meyrignac** (20 km n. v. T.) verbrachte.

USSEL (Corrèze) → **BORT-LES-ORGUES** [R]
UZERCHE (Corrèze) → **TULLE** [R]
VARETZ (Corrèze) → **BRIVE-LA-GAILLARDE** [R]

La Rochelle

POITOU – CHARENTE (PCh)

Region: Poitou-Charente; Départements: Charente (16), Charente-Maritime (17), Deux-Sèvres (79), Vienne (86); Einwohner: 1,6 Mio.; Fläche: 25809 qkm; Verwaltungssitz: Poitiers.

(ÎLE D') AIX (Charente-Maritime)

[A] **Choderlos de Laclos** (→ Amiens/Pi) wurde Ende April 1779 auf die Insel beordert, um Befestigungsarbeiten durchführen zu lassen; während seiner Zeit hier (er blieb bis Ende des Jahres) arbeitete er an den *Liaisons dangereuses* (1782). – Der belgische Romancier **Georges Simenon** (→ Anhang) zog sich im Sommer 1927 nach einer Affäre mit der Tänzerin Josephine Baker auf die Insel zurück, die er zum Schauplatz des Romans *La Femme en deuil* (1929) macht.

ANGOULÊME (Charente)

Bibliothèque municipale (Stadtbücherei; 152 Tsd. Bde., 142 Hs., Ink.). – Papiermuseum (Rue de Bordeaux Nr. 134). – Théâtre d'Angoulême (Staatl. Bühne).

* 1491 **Mellin de Saint-Gelais** († Paris 1558), Dichter; natürlicher Sohn von Octavien de Saint-Gelais (1468-1502, Dichter, Übersetzer, Bischof von A.); Kindheit in A., Studium, Italienreise, Hofdichter Franz' I., dessen Verse er korrigiert haben soll, ab 1544 Aufseher der königlichen Bibliothek in Fontainebleau; führte mit C. Marot (→ Cahors/MPy), mit dem er befreundet war, das Sonett in Frankreich ein. – W.: *Œuvres* (1547).

* 1492 **Margarete von Navarra** (**Margarete von Angoulême**) († Schloß Odos/MPy 1549); Schwester von Franz I., Großmutter von Heinrich IV.; verbrachte einen Teil ihrer Kindheit in A.; sprach neben

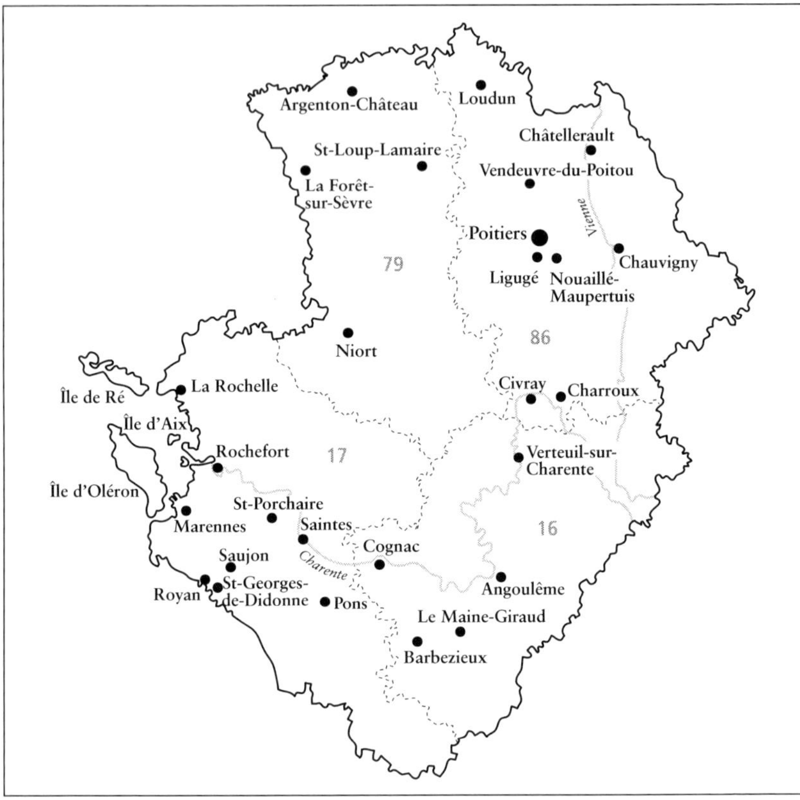

Frz. auch Ital. und Span. sowie Lat., Griech. und Hebr., korrespondierte mit den gelehrten Männern ihrer Zeit; durch zweite Ehe 1527 Königin von Navarra; hielt sich überwiegend am Hof in → Nérac/Aq auf; Vertraute und Ratgeberin ihres Bruders; schrieb neben Dramen und Lyrik (*Marguerites de la Marguerite des princesses*, 1547) die in der Nachfolge Boccaccios stehende, unvollendet gebliebene Novellensammlung *L'Heptaméron* (postum 1559, dt. 1791 u. ö.), deren 46. Geschichte in A. spielt. – Geburtsort ist (nach lokaler Tradition) der Rundturm des Rathauses, das an der Stelle der einstigen Burg der Grafen von A. steht, davor Statue.

* 1597 **Jean-Louis Guez de Balzac** († ebda. 1654); Collège in A., Jesuitenschüler in Poitiers, dann Collège de La Marche in Paris, Studium in Leyden; Sekretär des Herzogs von Épernon in Metz, Sekretär des Erzbischofs von Toulouse (von 1620-22 in Rom); frühzeitiger Rückzug auf das Schloß Balzac (s. u.); berühmt durch seine Briefe: *Lettres* (1. Teil 1624, 2. Teil 1636), 1624 Ehrentitel ›Empereur des Esprits‹; eines der ersten Mitglieder der Académie Française. – Geburtshaus jetziges Hôtel de France (Mercure) an der Place des Halles Centrales Nr. 1 (Gedenktafel), Sterbehaus Rue des Arceaux Nr. 3, Grab in der ehemaligen Franziskanerkapelle (Chapelle

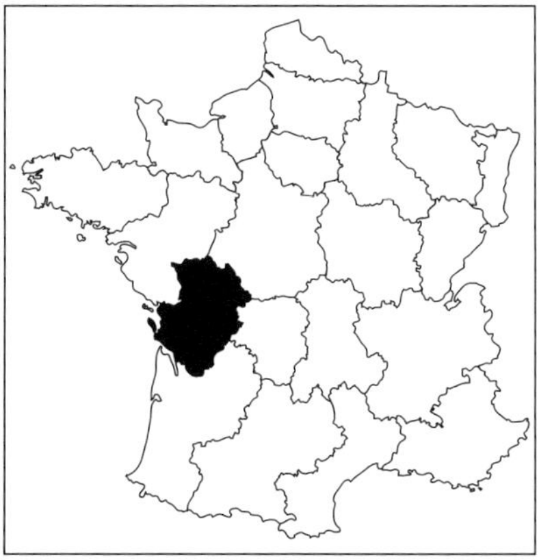

des Cordeliers, heute Krankenhauskapelle des Hôpital de Beaulieu). – Weitere W.: *Le Barbon* (Satire 1648, dt. *Der Schulfuchs*, 1750), *Le Socrate chrétien* (Essay 1652); *Œuvres complètes* (2 Bde. 1665, Neudr. 1971).

[A] **J. Calvin** (→ Noyon/Pi) hielt sich 1533/34 in A. auf (Wohnhaus Rue de Genève Nr. 34, Gedenktafel; heute Musée de la Résistance et de la Déportation). – Der Moralist **F. de La Rochefoucauld** (→ Paris), der die meiste Zeit seines Lebens in dem 40 km n. v. A. gelegenen Schloß → Verteuil-sur-Charente verbrachte, gehörte zu den häufigen Besuchern der Stadt. – Die Schriftstellerin **Sophie von La Roche** (1731-1807) kam auf ihrer Frankreichreise im Frühjahr 1785 durch A.: »Man schreibt den Einwohnern viel Verstand, Höflichkeit und Liebe der Künste zu. [...] Die Stadt Angouleme aber ist wegen der Rebhühnerpasteten berühmt, welche sie ehemals in Teig, wie kalte Pasteten sein sollen, verschickte, jetzo aber in runden braunen glasierten breiten Töpfen, die ausdrücklich dazu gemacht und noch in Schachteln gepackt werden.« – »Angoulême ist die größte Stadt in diesem Teile von Frankreich, aber auch die schmutzigste und häßlichste, die wir bis jetzt gesehen hatten«, so **Johanna Schopenhauer** (1766-1838), Romanautorin und Philosophenmutter, in ihren Reiseerinnerungen (zuletzt u. d. T. *Promenaden unter südlicher Sonne. Die Reise durch Frankreich 1804*, 1993). – **Honoré de Balzac** (→ Tours/C) hielt sich dreimal in A. bei dem befreundeten Ehepaar Carraud auf: im Dezember 1831, von Mitte Juli bis Mitte August 1832 und von Mitte April bis Ende Mai 1833 (Gedenktafel am Treppenaufgang zum Justizpalast, Place Francis-Louvel); Zulma Carraud (1796-1889), eine Schulfreundin von Balzacs Schwester, blieb dem Dichter sein Leben lang eng verbunden; bei seinen Besuchen bewohnte Balzac ein Zimmer in der staatlichen Pulverfabrik (Poudrerie, Place Honore-de-Balzac Nr. 1, Gedenktafel), deren Direktor Zulmas Mann war; hier schrieb Balzac an seinen Werken (*Louis Lambert*, *Le Médecin de campagne*, *L'Histoire des Treize*, *La Grenadière*) und verschaffte sich Kenntnisse über das traditionelle Gewerbe von A., die Papierfabrikation, die er in seinem Roman *Illusions perdues* (1837-43, dt. 1845, u. d. T. *Verlorene Illusionen*, 1909) verwer-

Angoulême: Standbild der Margarete von Navarra

Schloß Balzac

tet, dessen Hauptschauplatz (neben Paris) die Stadt bildet. – **Stendhal** (→ Grenoble/RhA) kam auf seiner Reise in den Süden am 10. März 1838 in die Stadt, deren Hügellage er mit der italienischer Städte wie Perugia und Rieti vergleicht; fasziniert war er von den »bewundernswerten Augenbrauen der Frauen von Angoulême. Ganz der Ebenholzbogen, von dem in ›Tausendundeiner Nacht‹ die Rede ist.« – **Théophile Gautier** (→ Tarbes/MPy) sah die Stadt Anfang Mai 1840 auf dem Weg nach Spanien und fand, daß sie ein italienisches (aber ein falsches italienisches) Aussehen habe. – **Gustave Flaubert** (→ Rouen/HNo) kam auf seiner Reise nach bestandenem Abitur Ende August 1840 durch A. und behielt die Stadt in guter Erinnerung. – **V. Hugo** (→ Besançon/FC), Anfang September 1843 mit seiner Geliebten Juliette Drouet auf der Rückreise von Spanien, ging morgens um fünf Uhr durch die Stadt und notierte in sein Skizzenbuch knappe Sätze über das Rathaus (»schönes Schloß aus dem 13. und 15. Jahrhundert«) und die Kathedrale (»bewundernswertes Portal«). – Als **Henry James** Mitte Oktober 1882 im Zug an A. vorbeifuhr, bedauerte er nur so lange, den Spuren Balzacs in der Stadt nicht gefolgt zu sein, bis er merkte, daß ein »lebensgetreues Figurenpaar wie die Akteure in der *Comédie Humaine*« das Abteil mit ihm teilte, wie er in seinen Reiseerinnerungen *A Little Tour in France* (1885, dt. *Eine kleine Frankreich-Tour*, 1986) schreibt; die Stadt selbst lernte er dann Ende März 1907 kennen, als ihn **Edith Wharton** (1862-1937) und Ehemann im Auto auf eine Reise in den Südwesten Frankreichs mitnahmen: Die Lage und die Kathedrale abgerechnet, erschien den Reisenden das Innere der Stadt »langweilig und ohne kennzeichnende Details« (so Wharton in *A Motor-Flight through France*, 1908, dt. *Frankreichfahrt*, 1997). – Die Brüder **Tharaud** (→ Saint-Junien/Li), deren Mutter aus A. stammte, besuchten hier das Gymnasium: **Jérôme** drei Jahre lang (und wurde nach dem Wechsel nach Paris dort Mitschüler Péguys), **Jean** bis zum Abitur. – **Boris Vian** (→ Ville-d'Avray/IdF) studierte ab 1939 in A. an der Technischen Hochschule bis zu deren Rückverlegung nach Paris im Jahr darauf (Wohnung: Boulevard d'Alsace-Lorraine Nr. 39 a).

[R] **Margarete von Navarra** (s. o.), Schwester von Franz I., hielt sich mit ihrem königlichen Bruder wiederholt auf dem w. v. A. gelegenen Schloß **L'Oisellerie** auf (verbaut, heute Schule), das auch **Voltaire** (→ Paris) besuchte. – **J.-L. Guez de Balzac** (s. o.), der durch die Veröffentlichung seiner Briefe schon als 27jähriger berühmt geworden war, zog sich auf das 8 km nw. von A. gelegene [M] **Schloß Balzac** zurück (in der heutigen Form vom Vater des Schriftstellers erbaut), das in den ersten beiden Jahrzehnten des 17. Jhs. u. a. von der Königinmutter Maria von Medici und dem Kardinal Richelieu besucht wurde. – Der Moralist **F. de La Rochefoucauld** (s. o.) hielt sich wiederholt auf dem im 16. Jh. erbauten Stammschloß [M] **La Rochefoucauld** (19 km nö. v. A.) auf, das er nach einem Brand wiederherstellen und erweitern ließ; das Schloß ist noch im Besitz der Familie. – In den *Illusions perdues* (1837-43, dt. 1845, u. d. T. *Verlorene Illusionen*, 1909) von **H. de Balzac** (s. o.) zieht sich der alte Geizhals Séchard, Druckereibesitzer in A., nach dem Verkauf der Druckerei an seinen Sohn David auf das

Schloß La Rochefoucauld

Landgut in **Marsac** (12 km nw. v. A.) zurück; nach dem Tod des Alten bewohnt David mit Familie das Gut, das Schauplatz ist einer Szene der *Splendeurs et misères des courtisanes* (1838-47, dt. 1845, u. d. T. *Glanz und Elend der Kurtisanen*, 1909).

ARGENTON-CHÂTEAU (Deux-Sèvres)
† 1511 **Philippe de Commynes** (* Comines/NPdC um 1447); der Geschichtsschreiber hatte das Schloß von A. (heute Ruine), ein Geschenk des Königs Ludwig XI., in seinen letzten Lebensjahren bewohnt und hier ab 1489 seine *Mémoires* (1. vollst. Ausg. 1539, dt. 1551) verfaßt (Gedenktafel).
[R] Das Franziskanerkloster von **Thouars** (19 km ö. v. A.) ist Schauplatz der 11. Geschichte des *Heptaméron* (1559, dt. 1791, zuletzt 1979) der **Margarete von Navarra.**

BALZAC (Schloß) (Charente) → ANGOULÊME [R]

BARBEZIEUX (Charente)
* 1884 **Jacques Chardonne** (eigentlich Jacques Boutelleau) († La Frette-sur-Seine/IdF 1968), Erzähler; Sohn eines Franzosen und einer Amerikanerin, Kindheit in B., ab 1902 Paris, 1910 Verlagsleiter bei Stock; Romancier in der Nachfolge Stendhals und Bourgets; angegriffen (u. a. von A. Gide) wegen seiner resignierenden Haltung nach der militär. Niederlage Frankreichs 1940. – Geburtshaus in Saint-Hilaire (1 km südl. v. B.) an der Rampe des mobiles. – W. u. a.: *L'Épithalame* (R. 1921), *Eva ou le journal interrompu* (R. 1930, dt. *Eva oder das unterbrochene Tagebuch*, 1932), *Les Destinées sentimentales* (R., 3 Bde. 1934-36), *Romanesque* (R. 1937), *Le Bonheur de Barbezieux* (1938); *Œuvres complètes* (6 Bde. 1951-55).

BONNIVET (Schloß) (Vienne) → VENDEUVRE-DU-POITOU [R]

LA BRÉE-LES-BAINS (Charente-Maritime) → ÎLE D'OLÉRON
CHAMPAGNE-VIGNY (Charente) → LE MAINE-GIRAUD

CHARROUX (Vienne)

[A] **Prosper Mérimée** (→ Paris), seit 1834 oberster Denkmalschützer Frankreichs, kam im Oktober 1835 und sah von der Abtei Saint-Sauveur nur noch Teile einer Ruine; ursprünglich wollte Mérimée gar nicht nach Ch., aber ihn erreichte die Nachricht, daß der Abriß des großen poligonalen Turmes wegen Erweiterung des Meseplatzes unmittelbar bevorstand; daß wenigstens der Turm und der Rest der Ruine erhalten blieben, ist M.s Verdienst.

[R] E. **Jünger** (1895-1998) besuchte, wie schon zu Beginn der 60er Jahre, 1973 und 1975 Bekannte, die im Schloß von **Pressac** (13 km ö. v. Ch.) wohnten: »Vorzug der Schlösser: die Zeit läuft langsamer. Man findet noch alte Räume, alte Möbel, alte Bräuche und Manieren dort. Nachteile: Mangel an technischem Komfort – ein Mangel, der mich allerdings nicht stört.« (*Siebzig verweht II*, 1981.)

CHÂTELLERAULT (Vienne)

Bibliothèque municipale (Stadtbücherei; 132 Tsd. Bde.).

[A] Aus Ch. stammt die Familie des Philosophen **René Descartes** (→ Descartes/C), hier war sein Großvater Arzt, hier wurde sein Vater geboren; der junge René, der im Alter von einem Jahr seine Mutter verloren hatte, verbrachte einen Teil seiner frühen Kindheit in dem vom Großvater erbauten Haus in der Rue Bourbon Nr. 162 ([M] Maison Descartes). – Im Schloß Le Verger (am Ortsausgang Richtung La Roche-Posay, linkerhand) stieg **J. de La Fontaine** (→ Château-Thierry/Pi) ab, als er im September 1663 mit seinem Onkel Jannart eine Reise ins Limousin unternahm; der Fabeldichter besuchte hier einen Verwandten namens Pidoux; im Park soll der Dichter die Fabel *Le petit poisson et le pêcheur* (dt. *Der kleine Fisch und der Fischer*) entworfen haben. – »Ein altes mit engen sehr übel gepflasterten Gäßgen durchzogenes Städtgen, in welchem 400 Messerschmiede in einer Reihe wohnen, so daß man links und rechts nichts als 6 bis 8 Fuß breite Schmiedeessen sieht«, beschreibt **Sophie von La Roche** (1731-1807) ihren Eindruck vom Frühjahr 1785 in ihrem *Journal einer Reise durch Frankreich* (1787). – **Hermann Fürst von Pückler-Muskau** (1785-1871) kam im Herbst 1834 durch Ch., »das mit Recht wegen seiner Messer und noch mehr wegen der unverschämten Zudringlichkeit seiner Weiber berühmt ist.« (*Semilassos vorletzter Weltgang in Europa*, 1835.) – **Th. Gautier** (→ Tarbes/MPy) fand bei seiner Durchreise im Mai 1840 außer der Brücke Henri IV. nichts Bemerkenswertes in Ch. – **A. Dumas d. Ä.** (→ Villers-Cotterêts/Pi) erzählt von Zwischenstation (und Messerkauf) in Ch. Anfang Oktober 1846 in seinem Reisebericht *De Paris à Cadix*.

[R] Bei **Les Ormes** (15 km n. v. Ch.), in dem 1 km sö. des Dorfes gelegenen Weiler Poizay (heute eingemeindet), stand der längst verschwundene Hof Les Cartes, der namensgebend für die Familie des Philosophen **René Descartes** wurde (s. a. Descartes/C, das nur 5 km w. liegt).

CHAUVIGNY (Vienne)

[A] Für **Prosper Mérimée** (→ Paris) war Ch. die letzte Stadt, die er als Generalinspektor der historischen Denkmäler Frankreichs auf seiner zweiten Sichtungsreise im Oktober 1835 besuchte; in seinen *Notes d'un voyage dans l'Ouest de la France* (1836, zuletzt 1989) beschreibt er die drei Burgen und die Kirche Saint-Pierre. – Die amerikanische Autorin **Edith Wharton** (1862-1937), die im Frühjahr 1907 mit ihrem Mann und dem Schriftstellerkollegen **Henry James** (1843-1916) von Paris in den Südwesten Frankreichs fuhr, kehrte von Poitiers in das zuvor bei Nacht gestreifte Ch. zurück: »Auch im Tageslicht er-

König Franz I. (ca. 1540)

schien es uns nicht minder anregend, und wir fanden es voller unerwarteter Reichtümer.« (*A Motor-Flight through France*, 1908, dt. *Frankreichfahrt*, 1997.)
[R] **Prosper Mérimée** (s. o.) besuchte die Kirche von **Saint-Savin** (19 km ö. v. Ch.) im Oktober 1835 und bescheinigt ihr, »eine der sehenswertesten in Frankreich« zu sein, da »fast nur sie allein uns heute eine Vorstellung von der Wirkung liefern kann, die die Malerei für die innere Ausgestaltung eines Bauwerks hervorbringt.« (*Notes d'un voyage dans l'Ouest de la France*, 1836.)

CHERVES (Charente) → COGNAC

CIVRAY (Vienne)
[A] **Prosper Mérimée** (→ Paris), den seine Inspektionsreisen im Oktober 1835 ins Poitou führten, bescheinigte der Fassade der Kirche Saint-Nicolas, trotz »furchtbarer Verstümmelung immer noch eines der bemerkenswertesten Denkmäler byzantinischer Kunst« zu sein. – **Edith Wharton** (1862-1937) kam im Frühjahr 1907 durch C., wo die »eigentümliche, verstümmelte Gestalt eines kopflosen Reiters« an der Kirche Saint-Nicolas ihr Interesse weckte.

COGNAC (Charente)
»Cognac bot aber das Bild eines unzerstörten Altertums. Alte Häuser, alte Tore, alte Türme, alte Brücken, alte Wasserläufe, und sie schienen wie verwunschen, sie schienen in der Sonne zu schlafen und nur von einigen trägen Katzen auf einem sandigen Platz bewohnt zu sein.« (Wolfgang Koeppen)
Bibliothèque municipale (Stadtbücherei; 52 Tsd. Bde., Hs.).

* 1494 **Franz I.** († Rambouillet/IdF 1547), König von Frankreich, Dichter; kam früh schon mit der italienischen Renaissance in Berührung, holte u. a. Luigi Alamanni (→ Amboise/C) und Leonardo da Vinci (→ Amboise/C) an seinen Hof, förderte humanist. Studien, gründete 1530 das Collège Royal (heute Collège de France), begünstigte bis 1534 die Reformierten (Calvin widmete ihm 1536 die *Institutio*); die poet. Produktion umfaßt u. a. Rondeau, Chanson, Acht- und Zwölfzeiler, Ballade. – Geburtsort war das Alte Schloß (Ancien Château). – W.: *Œuvres poétiques* (1984).
[A] Mit dem königl. Hof weilte auch **Margarete von Navarra** (→ Angoulême), Schwester Franz' I., im Alten Schloß von C.; das 5 km n. gelegene Dorf Cherves macht sie zum Schauplatz der 33. Geschichte ihrer Sammlung *L'Heptaméron* (1559, dt. 1791, zuletzt 1979). – **Victor Hugo** (→ Besançon/FC) kam im September 1843 mit seiner Geliebten J. Drouet (→ Fougères/Br) auf der Rückreise von Spanien durch die »sehenswerte und ziemlich gut erhaltene alte Stadt«. – **Wolfgang Koeppen** (1906-1996) bestellte sich bei seinem Besuch der Stadt 1960 erwartungsvoll einen Cognac: »Es hatte ein großer Moment sein sollen, aber der Kellner war verwundert, daß ich einen Cognac und kein Coca Cola wünschte, und er brachte mir mißtrauisch ein kleines Glas, das nichts Besonderes und teurer als in Deutschland war.« (*Reisen nach Frankreich*, 1961.)

COULON (Deux-Sèvres) → NIORT [R]
CROUTELLE (Vienne) → POITIERS [R]
ÉCHILLAIS (Charente-Maritime) → ROCHEFORT [R]

LA FORÊT-SUR-SÈVRE (Deux-Sèvres)

† 1623 **Duplessis-Mornay** (* Buhy/IdF 1549); der ›Hugenottenpapst‹, hatte 1612 das Schloß gekauft, in das er sich, bei Ludwig XIII. in Ungnade gefallen, zurückzog und seine *Mémoires* (1624/52) verfaßte.

GRIPT (Deux-Sèvres) → NIORT [R]
JONZAC (Charente-Maritime) → PONS [R]

LIGUGÉ (Vienne)

[A] **F. Rabelais** (→ La Devinière/C), der zwischen 1524 und 1527 dem Bischof Geoffroy d'Estissac als Sekretär und Vertrauter folgte, hielt sich wiederholt in der Abtei L. auf, wo ihn der Dichter **Jean Bouchet** (→ Poitiers) mit der Dichtungstheorie der ›Rhétoriqueurs‹ vertraut machte. (Als Unterkunft diente Rabelais der seit dem 17. Jh. nach ihm benannte, in die Außenmauer integrierte Rundturm.) – Ende Juni 1899 bezog **J.-K. Huysmans** (→ Paris) in L. die sogenannte Maison Notre-Dame (Gedenktafel); im März des folgenden Jahres wurde er als Laienbruder der Abtei aufgenommen (Gelübde am 21. 3. 1901, Annahme des Namens ›Bruder Jean‹); Huysmans arbeitete hier an *Sainte Lydwine de Schiedam* (1901) und sammelte Stoff für den Roman *L'Oblat* (1903); die – vorübergehende – Auflösung des Klosters veranlaßte den Dichter im Oktober 1901 zur Rückkehr nach Paris. – **P. Claudel** (→ Villeneuve-sur-Fère/Pi) besuchte zweimal die Abtei L.: im September 1900, als er sich endgültig gegen einen Eintritt ins Kloster entschloß, und im April 1905.

[R] Das Schloß **Vivonne** (heute Ruine), 12 km südl. v. L. gelegen, war der Stammsitz der Familie Vivonne; Catherine de Vivonne, 1588 als Tochter des französischen Gesandten beim Hl. Stuhl in Rom geboren und durch ihre Heirat 1600 zur **Marquise de Rambouillet** geworden, eröffnete in Paris in ihrem Haus, dem Hôtel de Rambouillet, einen Salon, wo in der ›Chambre bleue‹ die bedeutendsten Geister der Zeit verkehrten.

LOUDUN (Vienne)

[L] Die Priorin des Ursulinenklosters behauptete, sie und ihre Nonnen seien von Teufeln besessen und der Hexenmeister sei Urbain Grandier, ein Geistlicher der Stadt L.: Grandier starb 1634 auf dem Scheiterhaufen. Das Schicksal des Geistlichen wird in dem historischen Roman *Cinq-Mars* (1826, dt. 1829, zuletzt 1997) von **A. de Vigny** und in *La Sorcière* (1862, dt. *Die Hexe*, 1863) von **Jules Michelet** behandelt; eine historisch getreue Darstellung des Falles schuf **Aldous Huxley** mit *The Devils of Loudun* (1952, dt. *Die Teufel von Loudun*, 1955), an die sich der Dramatiker **John Whiting** mit seinem Stück *The Devils* (1961, dt. *Die Teufel*, übers. v. E. Fried 1962) anlehnte. (Oper von Krzysztof Penderecki, 1969; Film von K. Russell, 1973.)

[R] **Prosper Mérimée** (→ Paris), seit 1834 Generalinspektor der historischen Denkmäler Frankreichs, setzte sich nachdrücklich für die Restaurierung der ehemaligen Abteikirche **Saint-Jouin-de-Marnes** (20 km sw. v. L.) ein, die sich zur Zeit seines Besuchs in einem bedenklichen Zustand befand.

LE MAINE-GIRAUD (Landgut) (Charente)

[A] Der Romantiker **A. de Vigny** (→ Loches/C), der erstmals 1823 hierher kam und den Gutshof 1837 von seiner Mutter erbte, hielt sich hier 1838, 1846, 1848-49 sowie 1850-53 auf; hier pflegte er seine schwerkranke Frau und schrieb bzw. beendete zahlreiche Werke (*La Mort du loup, La Maison du berger, La Bouteille à la mer*); mit Bezug auf das im Turm gelegene, keine zehn Quadratmeter große Arbeitszimmer Vignys spricht Sainte-Beuve erstmalig – eine Schöpfung aus seinem Gedichtband *Pensées d'août* (1837) aufnehmend – vom Rückzug eines Dichters in den »Elfenbeinturm« (*Portraits littéraire*, erw. Ausg. 1852); [M] Museum im Gutshof und im Bürgermeisteramt des 1 km n. gelegenen Dorfes Champagne-Vigny.

MARENNES (Charente-Maritime)
[A] **Fénelon** (→Sainte-Mondane/Aq), Ende 1685 in die Saintonge geschickt, um nach der Aufhebung des Edikts von Nantes die Protestanten zur Konversion zu bewegen, predigte in der ersten Jahreshälfte 1686 häufig im Jesuitenkloster von M. (heute protestantische Kirche) und in der Kirche Sacré-Cœur in La Tremblade (sw. v. M.), wo man seinen Namen auf einer Tafel mit den früheren Gemeindepfarrern findet. – Für den kriegsgefangenen **Theodor Fontane** (1819-1898) war das Gefängnis von M. (»wir waren weit mehr eine Sehenswürdigkeit als wie Feinde«) die letzte Zwischenstation, bevor er zur Haft auf der Île d'Oléron anlangte (Beschreibung in *Kriegsgefangen. Erlebtes 1870*, 1871).

MARSAC (Charente) → **ANGOULÊME** [R]
MARSILLY (Charente-Maritime) → **LA ROCHELLE** [R]
MELLE (Deux-Sèvres) → **NIORT** [R]
NIEUL-SUR-MER (Charente-Maritime) → **LA ROCHELLE** [R]

NIORT (Deux-Sèvres)
Bibliothèque municipale (Stadtbücherei; 300 Tsd. Bde., 1500 Hs., 70 Ink.), Bibliothèque départementale de prêt des Deux-Sèvres (277 Tsd. Bde.). – Le Moulin du Roc (Staatl. Bühne).
Die Burg von N., eine der Residenzen Eleonores von Aquitanien, war ein wichtiger Ort mittelalterlicher Literatur; hier trafen sich Sänger aus allen Teilen Frankreichs.

* 1635 **Françoise d'Aubigné** (später: **Madame de Maintenon**) († Saint-Cyr-l'École/IdF 1719); Enkelin des Dichters Agrippa d'Aubigné (→ Pons); Françoise soll während eines Besuchs der Mutter im Gefängnis von N., wo der Vater, ein Verbrecher und Strandräuber, wieder einmal einsaß, geboren worden sein; Kindheit auf Martinique, calvinist. Erziehung bei einer Verwandten, dann bei Ursulinen in Paris, Konversion zum Katholizismus; 1652 Heirat (→ Négron/C) mit dem Dichter Paul Scarron (→ Paris), den sie bis zu dessen Tod 1660 pflegte; ab 1669 am königl. Hof als Erzieherin der unehelichen Kinder, die Ludwig XIV. mit Madame de Montespan hatte, deren Nachfolgerin als Mätresse sie schließlich wurde; 1674 kaufte der König für sie das Gut Maintenon und verlieh ihr den Titel ›Madame de Maintenon‹; 1684 heimliche Eheschließung mit Ludwig XIV. (die Königin Marie-Thérèse war im Jahr zuvor gestorben); 1686 Gründung eines Internats für die Töchter aus verarmtem Adel, das in Saint-Cyr-l'École/IdF eine Stätte fand.
* 1757 **Louis de Fontanes** († Paris 1821); klassizist. Autor, der gegen die modische Literatur der Empfindsamkeit und des Sturm-und-Drang stand; mit Chateaubriand befreundet; von Napoleon zum Großmeister der Universität Paris gemacht, Pair von Frankreich, Marquis, königl. Minister. – W.: *Œuvres* (2 Bde. 1839).
[A] **Jules Sandeau** (→ Aubusson/Li), Romancier und früher Liebhaber von George Sand, kam wiederholt nach N., wo sowohl seine Eltern lebten wie auch seine geliebte Schwester, bei der er in der Rue du Mûrier und später in der Rue Saint-Gaudent wohnte; hier schrieb er an seinen Romanen *Le Colonel Évrard* (1873) und *Jean de Thommeray* (1873).
[R] Die Umgebung von N. ist Schauplatz im *Heptaméron* (1559, dt. 1791, zuletzt 1979) der **Margarete von Navarra**: Eine Fährfrau aus **Coulon** (8 km w. v. N.) ist die Hauptfigur der 5. Geschichte, in dem Dorf **Gript** (12 km südl. v. N.) spielt die 34. Geschichte. – **F. Rabelais** (→ La Devinière/C) erzählt im 13. Kap. seines *Quart Livre* (1548), wie sich François Villon auf seine alten Tage in das Kloster **Saint-Maixent-l'École** (24 km nö. v. N.) zurückgezogen habe und dort ein Passionsspiel aufführen wollte. (Dem Küster der Franziskaner, der sich weigerte, dem Gottvater-Darstel-

ler mit geeigneter Kleidung auszuhelfen, ließ Villon einen derben, tödlich endenden Streich spielen.) – In **Melle** (28 sö. v. N.) verbrachte der Dichter **René Ghil** (→ Tourcoing/NPdC) häufig den Sommer auf seiner Besitzung Le Sublet; in der Erzählung *Le Conte du Juge de Mesle* berichtet **J. de La Fontaine** von einem Schiedsspruch, den 1644 der Richter Pierre-Saturne Houliers (gest. 1665; Grab auf dem Friedhof) in Melle fällte: Das Ziehen von Strohhalmen entschied über den Ausgang eines Prozesses.

NOUAILLÉ-MAUPERTUIS (Vienne)

[A] Um 1618 erbte **R. Descartes** (→ Descartes/C) von seiner Großtante das kleine Gut Le Perron, wo er sich in der Folge hin und wieder aufhielt, und nannte sich ›Sieur du Perron‹.

[L] In der Nähe von Maupertuis hatte 1356 eine der blutigsten Schlachten des Hundertjährigen Krieges stattgefunden. **Jean Froissart** beschreibt die Schlacht in seinen *Chroniques* (gedr. 1495) ebenso wie die amerikanische Historikerin **Barbara Tuchman** in *A Distant Mirror* (1978, dt. *Der ferne Spiegel*, 1980).

L'OISELLERIE (Schloß) (Charente) → **ANGOULÊME** [R]

(ÎLE D') OLÉRON
(Charente-Maritime)

»Die Bevölkerung, ziemlich zahlreich und wohlhabend, hat sich in zwei Städten und vier Dörfern konzentriert. Die beiden Städte sind Château und St. Pierre. St. Pierre ist um etwas größer, steht aber an Bedeutung hinter Château zurück. Hier ist die Zitadelle, hier sind die Forts und Kasernen, hier wohnen die Behörden; es ist der beherrschende Punkt, während St. Pierre, als behagliche Ackerstadt, inmitten der Insel liegt.« (Theodor Fontane)

[A] **Victor Hugo** (→ Besançon/FC), der mit seiner Geliebten Juliette Drouet (→ Fougères/Br) von einer Spanienreise zurückkehrte, kam am 8. September 1843 auf die Insel, wo er beim abendlichen Spaziergang an Strand und Zitadelle von düsteren Vorahnungen (→ Rochefort [R]) befallen wurde: »Vielleicht hätte ich an einem anderen Tag, zu einer anderen Stunde, einen anderen Eindruck empfangen. Aber an diesem Abend war mir alles düster und melancholisch. Diese Insel schien mir wie ein großer, ins Meer gelegter Sarg und dieser Mond war die Fackel dazu.« – Der Schriftsteller **Pierre Loti** (→ Rochefort) verbrachte als Kind seine Ferien in Saint-Pierre-d'Oléron im Haus der Großeltern (Maison des Aïeules, Rue Pierre Loti Nr. 13); Beschreibung – auch der Ausflüge in das Fischerdorf La Brée-les-Bains – in *Le Roman d'un enfant* (1890, dt. *Roman eines Kindes*, 1994); Loti kaufte 1899 das zwischenzeitlich verkaufte Haus zurück und zog mit seinem Sohn Samuel hier ein, empfing Besuch von Schriftstellerkollegen (u. a. **A. Daudet**, → Nîmes/PAC); nach seinem Tod 1923 in Hendaye/Aq wurde sein Leichnam hierher überführt und im Garten des Hauses »unter Efeu und Lorbeer« beigesetzt (ins Grab wurden – nach seinem Wunsch – Eimer und Schaufel aus der Kindheit gelegt sowie ein Ring und die Briefe von Aziyadé, einer jungen Türkin, Titelheldin des ersten, autobiographischen Romans des Autors). – Gedenktafel an der Gartenmauer der Maison des Aïeules (das Anwesen ist, nach Wunsch des Dichters, nicht zu besichtigen); Büste vor dem Rathaus; ein Saal des [M] Musée de l'île d'Oléron Aliénor d'Aquitaine (Rue Pierre-Loti Nr. 31) zeigt Dokumente zu Leben und Werk. – **Theodor Fontane** (1819–1898), am 5. Oktober 1870 in → Domrémy/Lo als Spion verhaftet, wurde in die Zitadelle von Oléron (Château d'Oléron) gebracht, wo er vom 9. bis 29. November 1870 einsaß; während dieser Zeit schrieb er einen Großteil des Berichtes *Kriegsgefangen. Erlebtes 1870*, der bereits ab Weihnachten des gleichen Jahres als Vorabdruck bei der *Vossischen Zeitung* zu erscheinen begann (Buchausgabe 1871). – Der Lyriker **J.-M. de Heredia** (→ Anhang) kam Ende 1870 auf die Insel, nach Saint-

Georges-d'Oléron, wohin seine Mutter mit der Familie bei Kriegsausbruch schon vorausgegangen war; Heredia blieb bis zum Frühjahr 1871 hier.

LES ORMES (Vienne) → **CHÂTELLERAULT** R

POITIERS (Vienne)

»Mit der markanten Silhouette italienischer Städte vertraute Reisende, die dem Auge sogleich einen malerischen Eindruck vermittelt, halten alte französische Provinzstädte häufig für gesichtslos. [...] Vielleicht wirken die wenigen französischen Städte, die über ein eigenes Gesicht verfügen, wegen ihrer Seltenheit um so nachdrücklicher; und in dieser herausragenden Gruppe steht Poitiers an der Spitze.« (Edith Wharton)

Universität (gegr. 1431). – Universitätsbibliothek (großer Bestand, 50 Tsd. Bde., an Büchern des 16.-19. Jhs.; Hs., Ink.); Bibliothèque municipale (Stadtbücherei; 350 Tsd. Bde., 1700 Hs., 282 Ink.), Bibliothèque départementale de prêt de la Vienne (144 Tsd. Bde.). – Musée Sainte-Croix (u. a. Gemälde des Malers und Schriftstellers E. Fromentin, → La Rochelle). – Centre Dramatique.

* 315 **Heiliger Hilarius** († ebda. 368); gebildetes, heidnisches Elternhaus; Taufe 345 mit Tochter und Frau, von der er sich nach seiner Wahl zum Bischof von P. 354 trennte; Lehrer des hl. Martin, Kämpfer gegen die Arianer; Kirchenlehrer, Verfasser von Hymnen; aus seinem Hauptwerk *De Trinitate* sind drei Hymnen erhalten. – Grab in Saint-Hilaire-le-Grand (Krypta).

† 599 **Venantius Fortunatus** (* 536 Treviso); Vertrauter der hl. Radegundis, der Gattin Chlotars I., die 559 nach P. geflüchtet war und das Frauenkloster Sainte-Croix gegründet hatte, in dessen Dienst Venantius Fortunatus eintrat; ab 596 Bischof von P.; Verfasser (in lat. Sprache) von Hymnen, Gedichten und einer Biographie der hl. Radegundis. – Grab in Saint-Hilaire-le-Grand (verschollen).

* 1071 **Guihelm IX. von Aquitanien** (Guihelm de Peitieu, Wilhelm IX. von Aquitanien) († ebda. 1127), Graf von Poitiers und Herzog von Guyenne; Großvater der Eleonore von Aquitanien, besaß größere Ländereien als der französische König; gilt als ältester Troubadour; wiederholte Auseinandersetzungen mit der Kirche; Kreuzzug 1101/02; überliefert sind elf Kompositionen in poitevinischem Dialekt (dt. *Gesammelte Lieder*, 1969). – Die mittelalterliche Residenz der Grafen von Poitiers ist heute Teil des Justizpalastes.

* 1476 **Jean Bouchet** († ebda. um 1558), Jurist, Prinzenerzieher; Freund von F. Rabelais; Anhänger der ›Rhétoriqueurs‹, die sich in komplizierten Gedichtformen gefielen: *L'Amoureux transy sans espoir* (1507), *Opuscule du traverseur* (1525); verfaßte auch historische Schriften: *Les Annales d'Aquitaine* (1524). – Wohnhaus: Hôtel à l'enseigne de la Rose (Rue de la Cathédrale Nr. 53).

* 1926 **Michel Foucault** († Paris 1984), Philosoph; 1960-68 Universitätslehrer in Clermont-Ferrand, danach in Vincennes; ab 1970 Professor am Collège de France. – W. u. a.: *Folie et déraison* (1961, dt. *Wahnsinn und Gesellschaft*, 1969), *Les Mots et les choses* (1966, dt. *Die Ordnung der Dinge*, 1971), *L'Archéologie du savoir* (1969, dt. *Archäologie des Wissens*, 1973), *Histoire de la sexualité* (3 Bde. 1976-84, dt. *Sexualität und Wahrheit*, 3 Bde. 1977-86).

A Der Humanist **Johannes Reuchlin** (1455-1522), der sich später als Philologe vor allem dem Hebr. und Griech. widmete, wechselte zur Fortsetzung seines Jurastudiums im Herbst 1480 von Orléans/C an die 1431 gegründete Universität von P., wo er im Sommer darauf den Titel eines Lizentiaten der Rechte erwarb. – **F. Rabelais** (→ La Devinière/C) studierte – mit Unterbrechungen – zwischen 1524 und 1527 Jura an der Universität in P., wohin er auch den Titelhelden seines *Pantagruel* (1532) kommen läßt: Um den Studenten die Langeweile zu vertreiben, nimmt Pantagruel einen Felsblock und legt ihn als Tisch auf

Poitiers: Pierre levée

vier Pfeiler, »da mußten die Scholaren in ihren Mußestunden hinaufklettern und lustige Zechgelage anstellen, wo es bei Schinken und Wein hoch herging. Auch kritzelte jedweder seinen Namen mit einem Messer in den Stein«; kein Student, fährt Rabelais fort (5. Kap.), wurde künftig immatrikuliert, der nicht zuvor auf den Felsen (den Dolmen ›La Pierre levée‹ in der Rue Pierre-levée) geklettert wäre, die Felsengrotte Passelourdin (s. u.) besucht und von der Quelle in Croutelle (s. u.) getrunken hätte. – **Jean Calvin** (→ Noyon/Pi) begann in P. 1534 seine Lehre zu verkünden. – **P. de Ronsard** (→ La Possonnière/C) machte 1545 in P. die Bekanntschaft des Mitstudenten **J. du Bellay** (→ Liré/PdL); später weilte auch **Jean-Antoine de Baïf** (→ Anhang), ein weiteres Mitglied der Pléiade in P., dessen Studentenzeit in P. den Hintergrund der Sammlung *Amours de Francine* (1555) bildet. – Der Jurist und Dichter **Nicolas Rapin** (→ Fontenay-le-Comte/PdL), der hier studiert hatte, kam 1579 anläßlich der ›Grands Jours de Poitiers‹ (eines Kongresses zur Beilegung des Religionszwists in Frankreich) wieder in die Stadt und gewann den während des Kongresses ausgerichteten lyrischen Wettbewerb (Thema: der Floh am Hals eines in der Region bekannten Blaustrumpfs). – Der englische Jurist und Philosoph **Francis Bacon** (1561-1626), der sich vom Herbst 1576 bis Frühjahr 1579 als Begleiter des englischen Botschafters vor allem in Frankreich aufhielt und dem französischen Hof folgte, kam so (nach Blois und Tours) auch nach P., wo er sich an der Universität einschrieb. – **René Descartes** (→ Descartes/C) erwarb nach seinem Jurastudium in P. 1616 den Titel eines Baccalaureatus und Lizentiatus der Rechte; 1628 kam er erneut in die Stadt (und stieg im Hôtel du Moulin-à-Vent in der gleichnamigen Straße ab), um das Haus Rue Riffault Nr. 2, das ihm gehörte, zu verkaufen. – **J.-L. Guez de Balzac** (→ Angoulême) war Schüler des Jesuitenkollegs der Stadt. – **La Rochefoucauld** (→ Paris) wurde am 3. 11. 1646 zum Gouverneur des Poitou ernannt und zog im April 1647 in die Stadt (Anfang 1649 entzog ihm der König das Amt, aber der Kardinal Mazarin setzte ihn zwei Jahre später wieder in seine Rechte ein). – Eine Poitou-Reise mit Freunden führte im September 1653 **Blaise Pascal** (→ Clermont-Ferrand/Au) in die Stadt. – **J. de La Fontaine** (→ Château-Thierry/Pi) kam auf seiner Reise ins Limousin im September 1663 durch P., einer »schlecht gepflasterten Stadt voller Studenten und mit jeder Menge Priester und Mönche«, doch gebe es, fährt der Dichter im Brief an seine Frau fort, »zum Ausgleich« auch viele schöne Frauen. – **Sophie von La Roche** (1731-1807) mußte bei ihrem Besuch der Stadt im Frühjahr 1785 »viele enge berggigte Straßen durchfahren, die dunkel und unfreundlich aussahen, weil die Häuser sehr hoch sind, meist noch nach alter Art schmale Fenster haben und schwarz aussehen, aber mit artigen muntern Einwohnern besetzt sind« (*Journal einer Reise durch Frankreich*, 1787). – **Hermann Fürst von Pückler-Muskau** (1785-1871) streifte P. im Herbst 1834 auf seiner Reise nach

Südfrankreich und besichtigte hier, wie er in den Reisebriefen *Semilassos vorletzter Weltgang in Europa* (1835) beschreibt, die berümte Pierre levée (s. o.). – **Jules Michelet** (→ Paris) besuchte im August 1835 die Kirchen der Stadt (St.-Hilaire sehe »von hinten seltsam« aus, befand er). – **Prosper Mérimée** (→ Paris), der als Generalinspektor der historischen Denkmäler Frankreichs 1835 seine zweite große Rundreise unternahm, kam Mitte Oktober nach P., dessen Sehenswürdigkeiten er in den *Notes d'un voyage dans l'Ouest de la France* (1836, zuletzt 1989) beschreibt: »Es gibt wenige Städte, die eine größere Zahl interessanter Denkmäler versammeln als Poitiers.« – Ende August 1840 reiste **Gustave Flaubert** (→ Rouen/HNo) nach bestandenem Abitur in die Pyrenäen: »In Poitiers beginnt der Süden«, schreibt er in seinen Reiseerinnerungen und bemerkt »etwas Puritanisches, soweit ich nach einem schlechten Diner urteilen konnte.« – **H. Taine** (→ Vouziers/ChA) war 1852 Lehrer am Gymnasium von P. (Wohnung von April bis August 1852 in der Rue des Carmélites Nr. 84, Gedenktafel). – P. war im Oktober 1870 eine Station für den kriegsgefangenen **Theodor Fontane** (1819-1898) auf dem Weg von Domrémy/Lo zur Île d'Oléron (»Unser Gefängnis zu Poitiers war das besteingerichtete unter allen, die ich kennenlernte; es hatte etwas von der Opulenz eines großen Bahnhofs oder eines Musterkrankenhauses«). – Mitte Oktober 1882 kam im Rahmen seiner Frankreichrundfahrt **Henry James** (1843-1916) in die Stadt, besichtigte Notre-Dame-la-Grande, die Kathedrale, das Baptisterium Saint-Jean und den Justizpalast, aber »das Entzückendste in Poitiers ist schlicht die Promenade de Blossac – ein kleiner öffentlicher Park am einen Ende des Hügelplateaus« mit einem »schönen Ausblick über die Landschaft der Umgebung und insbesondere auf den Flußlauf des kleinen Clain«. – Die amerikanische Autorin **Edith Wharton** (1862-1937) besuchte die Stadt, ihre Kirchenbauten und den Justizpalast im Frühjahr 1907 (Beschreibung in *A Motor-Flight through France* 1908, dt. *Frankreichfahrt*, 1997). – **Julien Green** (→ Paris) kam Ende August 1934 in die Stadt und spricht davon in seinen *Tagebüchern*: »Poitiers. Wir verweilten lange in Saint-Hilaire. Der Bauplan ist schwer nachzuvollziehen, doch die Kompliziertheit und die Vielzahl der Säulen, Bögen und Wölbungen lassen am Ende einen merkwürdigen Eindruck von Unendlichkeit aufkommen.«

[L] Im Jahr 1901 erregte der Fall einer 52jährigen Frau Aufsehen, die 24 Jahre lang von ihrer Mutter in einem schmutzstarrenden Zimmer (Rue de la Visitation Nr. 21) eingesperrt gehalten worden war; **André Gide** berichtet davon: *La Séquestrée de Poitiers* (1930, dt. *Die Eingeschlossene von Poitiers*, 1996). – P. und Umgebung sind Schauplätze bei **Georges Simenon**: in *Les Noces de Poitiers* (1946, dt. *Hochzeit in Poitiers*, 1992) und *Tante Jeanne* (1950, dt. 1990).

[R] Die Freunde **P. de Ronsard** (→ La Possonnière/C) und **Jean-Antoine de Baïf** (→ Anhang) suchten auf ihrer Reise nach Tours in **Croutelle** (sw. v. P.) die Wahrsagerin Janeton auf und befragten sie über Baïfs (Thoinet) Geliebte Francine (vgl. dessen Gedichtzyklus *Les Amours de Francine*, 1555); Ronsard (Perrot) berichtet davon in *Le Voyage de Tours ou Les Amoureux* (2. Buch der *Amours*, 1560); **F. Rabelais** spricht im 5. Kap. seines *Pantagruel* (1532) von drei Bedingungen, um an der Universität von Poitiers immatrikuliert zu werden: Eine davon besteht darin, aus der Quelle von C. zu trinken; der Überlieferung nach soll es sich dabei um die Quelle auf dem Gut Le Léjat (Privatbesitz) an der Straße nach Vouneuil-sous-Biard handeln. – Bei **Saint-Benoît** (südl. v. P.) befindet sich auf dem rechten Ufer des Clain die Felsengrotte Passelourdin, von wo der Titelheld aus **Rabelais**' *Pantagruel* (1532, 5. Kap.) den Felsblock holt, der ihm als Tischplatte für die Studenten in → Poitiers dienen wird; ein Besuch der Grotte ist, laut

Rabelais, seitdem eine der Immatrikulationsvoraussetzungen für das Studium in P.

POIZAY (Vienne) → CHÂTELLERAULT [R]

PONS (Charente-Maritime)
* 1552 **Théodore Agrippa d'Aubigné** († Genf 1630), Lyriker, Erzähler, Geschichtsschreiber; Großvater der Françoise d'Aubigné (→ Niort); Waffenbruder Heinrichs IV., 1589-1610 Statthalter von Maillezais/PdL; Liebe zu Diane Salviati, Nichte von Ronsards Cassandre (→ Talcy/C), besungen in *Le Printemps* (1570); nachdem sein Geschichtswerk über die Religionskriege *Histoire universelle* (1618-20) in Paris öffentlich verbrannt wurde, Exil in Genf, wo er Festungsbaumeister wurde. – Geburtsort: Schloß Saint-Maury w. v. P. (zerstört). – Weitere W.: *Les Tragiques* (Epos 1616), *Les Avantures du Baron de Faeneste* (1617-19), *La Confession du Sieur de Sancy* (Parodie, postum 1660), *Sa Vie à ses enfants* (u. d. T. *Histoire secrète*, 1729, u. d. T. *Mémoires*, 1730); *Œuvres* (1969).
[R] Auf dem Friedhof von **Jonzac** (19 km sö. v. P.) Grab des Kriminalautors **Émile Gaboriau** (→ Saujon).

PRESSAC (Vienne) → CHARROUX [R]

(ÎLE DE) RÉ (Charente-Maritime)
In der Kirche der Ortschaft Saint-Martin-de-Ré befindet sich ein Epitaph für den Baron de Chantal, Vater der **Madame de Sévigné** (→ Paris), der bei der Verteidigung der Ostspitze der Insel, der Pointe de Sablanceaux, gegen die Engländer 1627 den Tod gefunden hatte.

[A] **Graf Mirabeau** (→ Le Bignon-Mirabeau/C), der aus der Garnison in → Saintes nach Paris geflüchtet war, wurde im Sommer 1768 in der Zitadelle von Saint-Martin-de-Ré interniert; im Frühjahr des folgenden Jahres meldete sich der spätere ›Redner der Revolution‹ zur Korsika-Expedition (auf der er sich auszeichnen sollte) und kam so frei. – **Eugène Fromentin** (→ La Rochelle) verbrachte die letzte Oktoberwoche 1862 auf der Insel und machte Aufzeichnungen (*Notes sur l'Île de Ré*).

Pierre Loti, für einen Kostümabend als Gott Osiris verkleidet

[L] Die Insel ist Schauplatz der Novelle *L'Épave* (1886, dt. *Das Wrack*) von **Guy de Maupassant**.

LA ROCHE-COURBON (Schloß) (Charente-Maritime) → SAINT-PORCHAIRE

ROCHEFORT (Charente-Maritime)
* 1850 **Pierre Loti** (eigentlich Julien Viaud) († Hendaye/Aq 1923), Romancier; aus protestantischer Seemannsfamilie, Sohn eines Schiffsarztes, Kindheit in R. (beschrieben in *Le Roman d'un enfant*, 1890, dt. *Roman eines Kindes*, 1994); Ausbildung zum Marineoffizier, Teilnahme 1883 an einer Tongkingexpedition und 1900 an der Niederwerfung des Boxeraufstandes (beschrieben in *Les derniers jours*

de Pékin, 1901), Kapitän bis 1910; 1892 Aufnahme in die Académie Française. – Geburtshaus in der heutigen Rue Pierre-Loti Nr. 141 (M Museum); Denkmal auf dem Square Triviers. – Weitere W.: *Aziyadé* (R. 1879, dt. *Die Ehe des Lieutenants Grant*, 1886), *Le Mariage de Loti* (R. 1880, dt. *Lotis Ehe*, 1897), *Le Roman d'un Spahi* (R. 1881, dt. *Der Spahi*, 1892), *Mon Frère Yves* (R. 1883, dt. *Mein Bruder Yves*, 1901), *Pêcheurs d'Islande* (R. 1886, dt. *Islandfischer*, 1888), *Madame Chrysanthème* (R. 1887, dt. 1896), *Le Désert* (R. 1895), *Jérusalem* (Reiseber. 1895, dt. 1896), *Ramuntcho* (R. 1897, dt. 1898), *Vers Ispahan* (R. 1904), *Les Désenchantés* (R. 1906, dt. *Die Entzauberten*, 1908); *Œuvres complètes* (11 Bde. 1893-1911).

* 1908 **Maurice Merleau-Ponty** († Paris 1961), Philosoph; lebte seit 1918 in Paris, Philosophiestudium an der École Normale Supérieure; 1945 Professor in Lyon, 1949 an der Sorbonne, 1952 Lehrstuhl am Collège de France; begründete mit Sartre, mit dem er befreundet war, und anderen die Zeitschrift *Les Temps Modernes* (1945). – W. u. a.: *La Phénoménologie de la perception* (1945), *Humanisme et terreur* (1947), *Aventures de la dialectique* (1955).

* 1908 **Thomas Narcejac** († Nizza/PAC 1998), Kriminalautor; Handelsschule, Sozialarbeiter; schrieb gemeinsam mit Pierre Boileau (1906-1989) ca. hundert Novellen, vier Theaterstücke und 43 Kriminalromane. – W. u. a.: *Celle qui n'était plus* (1952, dt. *Das Nebelspiel*, 1954, u. d. T. *Tote sollten schweigen*, 1963), *Les Visages de l'ombre* (1953, dt. *Die Gesichter des Schattens*, 1961), *D'entre les Morts* (1955, dt. *Von den Toten auferstanden*, 1957), *Maléfices* (1961, dt. *Hexenspuk*, 1975), *Maldonne* (1962, dt. *Die Karten liegen falsch*, 1965), *La Justice d'Arsène Lupin* (1977, dt. *Arsène Lupin sorgt für Gerechtigkeit*, 1979), *L'Âge bête* (1978, dt. *Rache mit 15*, 1979), *Carte vermeil* (1979, dt. *Auf dem Abstellgleis*, 1980).

A Für **Theodor Fontane** (1819-1898) war R. Station sowohl auf seinem Weg zur Haft auf der Île d'Oléron als auch auf dem Weg von dort zurück in die Freiheit (*Kriegsgefangen. Erlebtes 1870*, 1871). – »In Rochefort das unglaubliche Heim von Loti, in dem sich manche wertvolle Gegenstände unter Jahrmarktströdel mischen. Was ihm in seinen Büchern so wunderbar gelang, der Orient, den er uns schenkte, ist ihm beim Einrichten und Ausschmücken seiner letzten Zuflucht mißlungen. Das Wunder der Worte vermochte er mit Gegenständen nicht zu wiederholen. Teppiche, Mosaike, ein seidendrapierter Sarg, all das in einem grauen und deprimierenden Licht. Lassen wir das, es ist traurig, und ich liebe ihn allzu sehr, Julien Viaud«, so **Julien Green** (→ Paris) in seinem *Tagebuch* vom 13. Mai 1981.

R Im Stadtpark von **Surgères** (24 km nö. v. R.) Schloß der Familie de Fonsèque, in deren Tochter Hélène (1546-1618) sich **P. de Ronsard** (→ La Possonnière/C) 1570 verliebt hatte; Ronsard bedichtete seine letzte große Liebe, Hofdame der Königin Katharina de Medici und über zwanzig Jahre jünger als er, in den *Sonnets pour Hélène* (1578); Grab Hélènes bis zu dessen Zerstörung in der Revolution in der Kirche Notre-Dame. Hier begann **Pierre Louÿs** (→ Anhang) im Juni 1890 seine ›Wallfahrt zu Ronsards Ehren‹. – **Victor Hugo** (→ Besançon/FC), mit seiner Geliebten Juliette Drouet (→ Fougères/Br) auf der Rückreise aus Spanien, erfuhr am 9. 9. 1843 in **Soubise** (sw. v. R.), soeben zurück von der → Île d'Oléron, vom Tod seiner Tochter Léopoldine (→ Villequier/HNo). J. Drouet schreibt in ihrem Tagebuch: »Auf einem größeren Platz sahen wir in großen Buchstaben die Aufschrift CAFÉ DE L'EUROPE. Wir gingen hinein. Das Café war zu dieser Tageszeit leer. Nur ein junger Mann saß an einem Tisch, rauchte und las die Zeitung. [...] Wir setzten uns ganz hinten an einen Tisch [...], der Kellner bringt eine Flasche Bier und geht wieder. Toto [= Victor

Hugo] nimmt eine der ausliegenden Zeitungen [...]. Plötzlich neigt er sich zu mir, zeigt auf die Zeitung und sagt mit erstickter Stimme: ›Das ist ja schrecklich!‹ Ich schaue ihn an: Niemals, solange ich lebe, werde ich den Ausdruck namenloser Verzweiflung auf seinem Gesicht vergessen. Eben noch schien er froh und glücklich, und jetzt, im Bruchteil einer Sekunde, war er zu Boden geschmettert. Seine Lippen waren weiß, seine Augen schauten ohne zu sehen, sein ganzes Gesicht war tränenüberströmt.« – **Pierre Loti** (s. o.) verbrachte als Kind die schulfreien Tage bei einer befreundeten Familie auf dem Landsitz Limoise bei **Échillais** (5 km südl. v. R.), wovon er in dem *Roman d'un enfant* (1890, dt. *Roman eines Kindes*, 1994) erzählt.

LA ROCHEFOUCAULD (Schloß) (Charente) → ANGOULÊME [R]

LA ROCHELLE (Charente-Maritime)

Universität (gegr. 1993, Bibliothek). – Médiathèque. – Musée des Beaux-Arts (u. a. Werke von Eugène Fromentin, s. u.). – Jährlich Mitte Juli: Francofolies (Musikfestival). – La Coursive (Staatl. Bühne).

* 1619 **Gédéon Tallement des Réaux** († Paris 1692), Erzähler; aus hugenottischer Familie, heiratete die Tochter eines Bankiers; konvertierte nach der Aufhebung des Edikts von Nantes zum Katholizismus; verfaßte die *Historiettes* (postum 1834-35, dt. *Geschichten*, übers. v. O. Flake 1913, u. d. T. *Die Histörchen*, 1963), eine Sammlung von Geschichten, Anekdoten, Skandalen um Persönlichkeiten des 17. Jhs. – Weitere W.: *Histoire de la République de Venise* (1679).

* 1820 **Eugène Fromentin** († ebda. 1876), Maler, Erzähler; Kindheit in La R., wo die Familie ein Stadthaus besaß (heute Rue Dupaty Nr. 7-9), und von Juni bis November auf dem Familiengut in Saint-Maurice (1858 nach La R. eingemeindet; Inschrift am Haus), wohin der Autor sein ganzes Leben kommen sollte; Gymnasium in La R., unglückliche Liebe zu der Kreolin Jenny Chessé (1817-1844), verarbeitet im einzigen Roman *Dominique* (1862, dt. 1949); Jurastudium in Paris (1843 Lizentiat der Rechte); als Maler in der Nachfolge von Corot und Delacroix; kunstkritische Studie *Les Maîtres d'autrefois* (1876); Orientreise 1842, drei Algerienreisen 1846-53: *Un Été dans le Sahara* (1857), *Une Année dans le Sahel* (1859). – Denkmal auf der Place Fromentin, Erinnerungsstücke im [M] Musée d'Orbigny-Bernon (Rue Saint-Côme), Gemälde im Musée des Beaux-Arts; Grab auf dem Friedhof (Cimetière Saint-Maurice), in der Nähe auch Grab der Jenny Chessé (s. o.).

[A] In der evangelischen Kirche (ehemaliges Augustinerkloster) von La R. fand 1571 unter dem Vorsitz von **Théodore de Bèze** (→ Vézelay/Bu) eine nationale Synode der Protestanten statt, an der auch Jeanne d'Albret, Königin von Navarra, und ihr Sohn Heinrich (nachmals König Heinrich IV.) teilnahmen. – Nach der Aufhebung des Edikts von Nantes in die Saintonge geschickt, um die Protestanten zum Katholizismus zu bekehren, predigte **Fénelon** (→ Sainte-Mondane/Aq) häufig während der ersten Jahreshälfte 1686 in La R., wo er auch, in gleicher Mission, die Zeit von Mai bis Juli 1687 verbrachte. – **Choderlos de Laclos** (→ Amiens/Pi), der bereits als 20jähriger Leutnant in La R. stationiert war, kehrte im Sommer 1782 als Pionierhauptmann in die Stadt zurück, wo er ein Verhältnis mit Marie-Soulange Duperré (der Schwester des Admirals Duperré) anknüpfte, die er am 3. Mai 1786 heiratete (der gemeinsame Sohn war bereits ein Jahr zuvor geboren worden); einen Tag nach der Hochzeit wurde Laclos auf Befehl des Kriegsministers nach → Metz/Lo strafversetzt, da er sich in seinem Brief »Sur l'éloge de M. le maréchal de Vauban« kritisch und respektlos über den Festungsbaumeister geäußert habe. – **Graf Mirabeau** (→ Le Bignon-Mirabeau/

C), gerade aus der Haft auf der → Île de Ré entlassen, verwundete im Frühjahr 1769 in La R. seinen Oberst beim Duell. – Der amerikanische Schriftsteller **Henry James** (1843-1916), der das Rathaus besichtigte und lange Spaziergänge unternahm, fand im Oktober 1882 Gefallen an La R., das sich ihm »als faszinierende kleine Stadt darstellte, als recht originelle Mischung aus Helligkeit und Langerweile.« – **Jean-Paul Sartre** (→ Paris), der einjährig seinen Vater verloren hatte, zog 1917 nach La R. zu seiner Mutter, die sich hier mit einem Fabrikdirektor verheiratet hatte, und besuchte 1917-19 das Gymnasium. – Der belgische Romancier **Georges Simenon** (→ Anhang), der im Frühjahr 1932 mit seiner Frau in die Stadt kam, im Hôtel de France abstieg und eine langfristige Unterkunft suchte (s. u.), machte die Stadt und ihre Umgebung zum (nach Paris) häufigsten Schauplatz seiner Werke; hier spielen u. a. *Le Haut-mal* (1933, dt. *Das Unheil*, 1992), *L'Évadé* (1936, dt. *Der Ausbrecher*, 1979), *Le Testament Donadieu* (1937, dt. *Das Testament Donadieu*, 1985), *Le Coup-de-Vague* (1939, dt. *Wellenschlag*, 1979), *Le Voyageur de la Toussaint* (1941, dt. *Der Passagier vom 1. November*, 1953, u. d. T. *Ankunft Allerheiligen*, 1979), *Le Clan des Ostendais* (1947, dt. *Die Flucht der Flamen*, 1991), *Les Fantômes du chapelier* (1949, dt. *Die Fantome des Hutmachers*, 1982) und *Le Fils* (1957, dt. *Der verlorene Sohn*, 1993).

[L] Die Belagerung von La R. im Jahre 1573 ist mehrfach thematisiert worden, so in *1572. Chronique du temps de Charles IX.* (1829, dt. 1829, u. d. T. *Die Bartholomäusnacht*, 1954) von **Prosper Mérimée** und in *Die Jugend des Königs Henri Quatre* (1935) von **Heinrich Mann**, der den künftigen König Heinrich IV. vor und in den Mauern der Stadt mit Montaigne zusammentreffen läßt; die Belagerung von 1627/28 spielt in *Les Trois Mousquetaires* (1844, dt. *Die drei Musketiere*, 1845) von **A. Dumas d. Ä.** eine Rolle. – La R. ist Schauplatz der Novelle *Ce Cochon de Morin* (1883, dt. *Dies Schwein, der Morin*) und Ausgangsort der Novelle *L'Épave* (1886, dt. *Das Wrack*) von **Guy de Maupassant**: »La Rochelle ist eine Stadt von erhabenem Charakter! Ihre Straßen sind wie ein Labyrinth. Sie laufen unter endlosen Galerien hin. Die niedrigen und finsteren Bogengänge wirken wie der verschollene Schauplatz einer Verschwörung. Es ist, als hallten sie heute noch wider von dem Lärm jener heldenmütigen und blutigen Religionskriege.«

[R] **Georges Simenon** (s. o.) mietete im April 1932 das Herrenhaus La Richardière bei **Marsilly** (7 km n. v. La R.), wo er mit seiner Frau über zwei Jahre wohnte und über zehn Romane (darunter drei Maigret-Romane) schrieb; der Ort ist Schauplatz der Romane *Le riche homme* (1970, dt. *Der reiche Mann*, 1970) und *Le Coup-de-Vague* (1939, dt. *Wellenschlag*, 1979), in M. hat *Le petit docteur* (1943, dt. *Der kleine Doktor*, 1977) seine Praxis. Ab dem Spätsommer 1938 wohnte Simenon erneut (bis 1940) in der Gegend, in einem ehemaligen Priorat in **Nieul-sur-Mer** (5 km n. v. La R.).

ROYAN (Charente-Maritime)

[A] **H. Taine** (→ Vouziers/ChA) besuchte R. 1855 und beschreibt das damals abgelegene, öde Dorf in *Voyage aux eaux des Pyrénées* (1855, dt. *Eine Reise in die Pyrenäen*, 1878). – Der Verleger Garnier besaß in R. einen Landsitz in Strandnähe (Le Paradou, Ecke Boulevard Frédéric-Garnier/Avenue Émile-Zola) und empfing hier zahlreiche Gäste, unter ihnen **Émile Zola** (→ Paris), **A. Daudet** (→ Nîmes/PAC), **François Coppée** (→ Paris) und die große Tragödin **Sarah Bernhardt** (1844-1923).

SAINT-BENOÎT (Vienne) → **POITIERS** [R]

SAINT-GEORGES-DE-DIDONNE
(Charente-Maritime)

[A] **Jules Michelet** (→ Paris), der 1852 den Treueeid auf Napoleon III. verweigerte und daraufhin nach seinem Lehrstuhl auch den Posten am Archiv in Paris verlor, wohnte von Juni bis Oktober 1859 in S.-G. am heutigen Boulevard Michelet Nr. 22, wo er an *La Femme* (1859, dt. *Die Frau*, übers. v. F. Spielhagen 1860) und *La Mer* (1861, dt. *Das Meer*, übers. v. F. Spielhagen 1861) schrieb. – In S.-G. sah **Pierre Loti** (→ Rochefort), dessen Eltern für die Badesaison hier ein Fischerhaus gemietet hatten, als Kind zum ersten Mal bewußt das Meer, wie er in *Le Roman d'un enfant* (1890, dt. *Roman eines Kindes*, 1994) schreibt: »Vor mir sah ich etwas, etwas Dunkles und Rauschendes, das auf allen Seiten gleichzeitig aufgetaucht war und kein Ende zu nehmen schien, eine wogende Fläche, die einen Todestaumel in mir hervorrief …«

SAINT-GEORGES-D'OLÉRON (Charente-Maritime) → **ÎLE D'OLÉRON**

SAINT-JOUIN-DE-MARNES (Deux-Sèvres) → **LOUDUN** [R]

SAINT-LOUP-LAMAIRÉ (Deux-Sèvres)

Während der Französischen Revolution war der Ort in Arouet-sur-Thouet umbenannt worden, weil François Arouet (1651-1722), der Vater des Philosophen **Voltaire** – einem Anagramm aus Arouet l(e) j(eune) –, hier geboren wurde; das Geburtshaus Arouets, der es bis zum Notar am Pariser Justizpalast Châtelet und zum königlichen Rat brachte, ist die Maison du Parquet, der ehemalige Hof des königlichen Amtmanns aus dem 15. Jh.

SAINT-MAIXENT-L'ÉCOLE (Deux-Sèvres) → **NIORT** [R]

SAINT-MARTIN-DE-RÉ (Charente-Maritime) → **ÎLE DE RÉ**

SAINT-PIERRE-D'OLÉRON (Charente-Maritime) → **ÎLE D'OLÉRON**

SAINT-PORCHAIRE (Charente-Maritime)

[A] **Pierre Loti** (→ Rochefort) verbrachte seinen Urlaub als Seekadett häufig bei seinem Schwager Armand Bon, Steuereinnehmer in S.-P. (Gedenktafel am Haus), und lernte dabei auch das 2 km n. gelegene Schloß La Roche-Courbon kennen; Loti setzte sich erfolgreich am 21. 10. 1908 mit einem Artikel – »Le Château de la Belle au bois dormant« (»Das Dornröschenschloß«) – im *Figaro* für den Erhalt von Schloß und Wald ein.

SAINT-SAVIN (Vienne) → **CHAUVIGNY** [R]

SAINTES (Charente-Maritime)

Bibliothèque municipale (Stadtbücherei; 58 Tsd. Bde.), Bibliothèque départementale de la Charente-Maritime (200 Tsd. Bde.)

† 394 **Decimus Magnus Ausonius** (* Bordeaux/Aq 310); der Autor der *Mosella* besaß bei S. die Villa Pagus Noverus, in der er starb.

[A] Mitte Dezember 1685 kam **Fénelon** (→ Sainte-Mondane/Aq) in S. an; als Anführer der Mission, die beauftragt war, nach der Aufhebung des Edikts von Nantes die Protestanten zur Konversion zu bewegen, verbrachte er das nächste halbe Jahr in der Saintonge. – **Graf Mirabeau** (→ Le Bignon-Mirabeau/C) lag ab Juli 1767 in Garnison in S., von wo er – nach Schulden, Liebeshändeln und Streit mit seinem vorgesetzten Offizier – nach Paris flüchtete (→ Île de Ré). – Als oberster Denkmalschützer Frankreichs setzte sich **Prosper Mérimée** (→ Paris) nach einem Besuch der Stadt vor allem für die Erhaltung der Zeugnisse aus der Römerzeit ein. – **V. Hugo** (→ Besançon/FC), im September 1843 auf der Durchreise, zeigte sich bestürzt, daß man gerade den alten Germanicusbogen auf der Brücke abbrach (der Bogen wurde dann, was Hugo nicht wußte, am rechten Ufer wieder aufgestellt).

[L] Ein Haus in S. ist Schauplatz der Erzählung *Le Silence de la mer* (1942, dt. *Das Schweigen des Meeres*, 1945) von **Vercors**, so die geographische Zuweisung im Buch (der Autor beschrieb jedoch sein eigenes Haus in Villiers-sur-Morin/IdF).

SAUJON (Charente-Maritime)

* 1832 **Émile Gaboriau** († Paris 1873), Kriminalautor; arbeitete als Kriminalreporter, war Sekretär des Abenteuer- und

Kriminalautors Paul Féval; in der Nachfolge E. A. Poes einer der Begründer des ›Roman policier‹ in Frankreich; Erfolg mit seinem ersten Roman *L'Affaire Lerouge* (1866, dt. *L'Affaire Lerouge oder Gefahren des Irrthums*, 1867, u. d. T. *Die Witwe Lerouge*, 1887). – Weitere W.: *Le Crime d'Orcival* (1867, dt. *Das Verbrechen von Orcival*, 1942), *Monsieur Lecoq* (1869), *La Vie infernale* (1870), *Clique dorée* (1871), *La Corde au cou* (R. 1873, dt. *Der Strick um den Hals*, 1874, u. d. T. *Die tugendhafte Gräfin oder Der Strick um den Hals*, 1968), *L'Argent des autres* (postum 1874, dt. *Andrer Leute Geld*, 1924).

SOUBISE (Charente-Maritime) → **ROCHEFORT** [R]
SURGÈRES (Charente-Maritime) → **ROCHEFORT** [R]
THOUARS (Deux-Sèvres) → **ARGENTON-CHÂTEAU** [R]
LA TREMBLADE (Charente-Maritime) → **MARENNES**

VENDEUVRE-DU-POITOU (Vienne)

Auf dem Friedhof Grab des Philosophen **Michel Foucault** (→ Poitiers).

[R] Nach der Überlieferung soll das zwischen 1513 und 1525 für den Admiral Bonnivet, einen Günstling Franz' I., erbaute Schloß **Bonnivet** (heute Ruine, 2 km sö. v. V.) dem Märchendichter **Ch. Perrault** als Schauplatz des Märchens *Le Chat botté* (*Der gestiefelte Kater*) (1697, dt. 1790) vor Augen gestanden haben. »Hundertmal prächtiger als Schloß Bonnivet« sei die Abtei Thélème: So versucht **F. Rabelais** im 53. Kapitel seines *Gargantua* (1534) dem zeitgenössischen Leser die Schönheit der vom Dichter ersonnenen Abtei zu verdeutlichen.

VERTEUIL-SUR-CHARENTE (Charente)

[A] Der Moralist **La Rochefoucauld** (→ Paris) verbrachte lange Abschnitte seines Lebens auf seinem Hauptschloß V., wo er (im Wechsel mit Schloß La Rochefoucauld) den Großteil seiner *Mémoires* (1662) schrieb.

VIVONNE (Vienne) → **LIGUGÉ** [R]

Die einsame Küste des Médoc

AQUITAINE (Aq)

Region: Aquitaine; Départements: Dordogne (24), Gironde (33), Landes (40), Lot-et-Garonne (47), Pyrénées-Atlantiques (64); Einwohner: 2,8 Mio.; Fläche: 41 309 qkm; Verwaltungssitz: Bordeaux.

AGEN (Lot-et-Garonne)
Bibliothèque municipale (Stadtbücherei; 65 Tsd. Bde.). – Théâtre municipal (Stadttheater). In A. gab es in der Renaissance eine starke italienische Kolonie (von 1476 bis 1586 waren die Bischöfe von A. Italiener).

* 1540 **Joseph Justus Scaliger** († Leyden 1609), Humanist; Sohn von Julius Caesar Scaliger (s. u.), Übertritt zum Protestantismus, ab 1593 Universitätslehrer in Leyden, orientalist. Studien, zahlreiche Reisen, Begründer der wissenschaftl. Inschriftenkunde (Epigraphik).

† 1558 **Julius Caesar Scaliger** (Giulio Cesare Scaligero) (* Riva del Garda/Trentino 1484), Dichter, Humanist; kam 1525 als Arzt des Bischofs Antonio della Rovere nach A.; gab die Werke des Aristoteles und Theophrast heraus, verfaßte Polemiken gegen Erasmus von Rotterdam, neulat. Gedichte und eine nachmals berühmte Poetik: *Poetices libri septem* (postum 1561). – Wohnhaus neben der Kirche Saint-Hilaire, Kenotaph auf dem Friedhof.

[A] **Nostradamus** (→ Saint-Rémy-de-Provence/PAC) kam 1531 nach A., gewann die Freundschaft J. C. Scaligers (s. o.), eröffnete eine Arztpraxis, heiratete und blieb in der Stadt, bis Frau und Kinder an einer Pestepidemie starben. – Der italienische Dominikaner **Matteo Bandello** (* Castelnuovo Scrivia/Piemont 1485), eng mit der Genueser Adelsfamilie Fregoso verbunden, begleitete diese 1542 ins sichere frz. Exil nach A., wo sie in der bischöflichen Residenz wohnten (im Wechsel mit Bazens, s. u.); Bandello, Autor von 214 Novellen (1554/73) in der Nachfolge Boccaccios (darunter *Romeo und Julia*), hielt Kontakt zu Margarete von Navarra (→ Angoulême/PCh) und verweste 1550-55 den Bischofsstuhl für den minderjährigen Sohn der Familie Fregoso. – **Molière** (→ Paris) war mit seiner Schauspieltruppe im Frühjahr 1650 und Ende 1656 in der Stadt. – **Arthur Young** (1741-1820), ein englischer Agronom, der zwischen 1787 und 1790 drei Reisen durch Frankreich unternahm, bezeichnet in seinen *Travels in France* (1792, dt. *Reisen durch Frankreich*, 1793-95) die Gegend um A. als »das Schönste in Frankreich«. – Weiteres Lob erfuhr die Stadt in den Reiseerinnerungen der gestrengen **Johanna Schopenhauer** (1766-1838), die 1804 mit ihrem Sohn Arthur durch Frankreich fuhr. – **Gérard de Nerval** (→ Paris) war zwischen 1834 und 1853 häufig auf Verwandtenbesuch in A., der Geburtsstadt seines Vaters Étienne Labrunie. – **Hermann Fürst von Pückler-Muskau** (1785-1871) war Ende Oktober 1834 in A. (*Semilassos vorletzter Weltgang in Europa*, 1835), **Stendhal** (→ Grenoble/RhA) Ende März 1838. – Der Schriftsteller **Francis Carco** (→ Anhang) war 1908 Hilfslehrer am Gymnasium Bernard-Palissy (am Jardin de Jayan), wovon er in seiner Autobiographie *À Voix basse* (1938) berichtet.

[R] Die Genueser Adelsfamilie Fregoso ließ die das Tal der Garonne überschauende Burg von **Bazens** (24 km nw. v. A.) zu einer Renaissanceresidenz umbauen und verbrachte mit **Matteo Bandello** (s. o.) die Sommer hier; an seinem Lebensabend trat der Novellist und Kleriker in den Dominikanerkonvent von **Port-Sainte-Marie** (3 km sw. v. Bazens) ein, wo er 1561 starb; Grab in der von den Hugenotten zerstörten Kirche.

AIGUILLON (Lot-et-Garonne) → **CLAIRAC** [R]

AMOU (Landes) → **ORTHEZ** [R]

ANNESSE-ET-BEAULIEU (Dordogne) → **PÉRIGUEUX** [R]

ARAMITS (Pyrénées-Atlantiques) → **OLORON-SAINTE-MARIE** [R]

ARCACHON (Gironde)

[A] **Jules Michelet** (→ Paris) verbrachte in A. den Juli und August 1851 mit seiner Frau. – Seinen Besuch der Stadt 1864 beschreibt **Hippolyte Taine** (→ Vouziers/ChA) in den *Carnets de voyage* (1897). – Der englische Erzähler **George Gissing** (1857-1903), Verfasser des Romans *New Grub Street* (1891, dt. zuletzt u. d. T. *Zeilengeld*, 1986), mietete ab Dezember 1901 in A. die Villa Souvenir und blieb hier bis zu seinem Umzug nach Ciboure. – Der italienische Autor **Gabriele d'Annunzio** (1863-1938), der 1910 vor Gläubigern aus Italien nach Frankreich (in ein »freiwilliges Exil«) geflohen war, kam im Juli dieses Jahres nach A., wo er im Stadtteil Le Moulleau die Villa Saint-Dominique bezog; hier schrieb er auf Frz. das Drama *Le Martyre de Saint-Sébastien* (1911, Musik von Claude Debussy) und mehrere Werke auf Ital.; im Mai 1915 kehrte er nach Italien zurück, um am Krieg teilzunehmen (Büste auf dem Marktplatz von Le Moulleau). – Zu den Feriengästen in A. zählten auch **P. Benoit** (→ Albi/MPy) und **F. Mauriac** (→ Bordeaux).

ARENGOSSE (Landes) → **MONT-DE-MARSAN** [R]
ARGELOUSE (Landes) → **SAINT-SYMPHORIEN** [R]
ASCAIN (Pyrénées-Atlantiques) → **SAINT-JEAN-DE-LUZ** [R]
ATHOS (Pyrénées-Atlantiques) → **SALIES-DE-BÉARN** [R]
LA BASTIDE-CLAIRENCE (Pyrénées-Atlantiques) → **HASPARREN** [R]

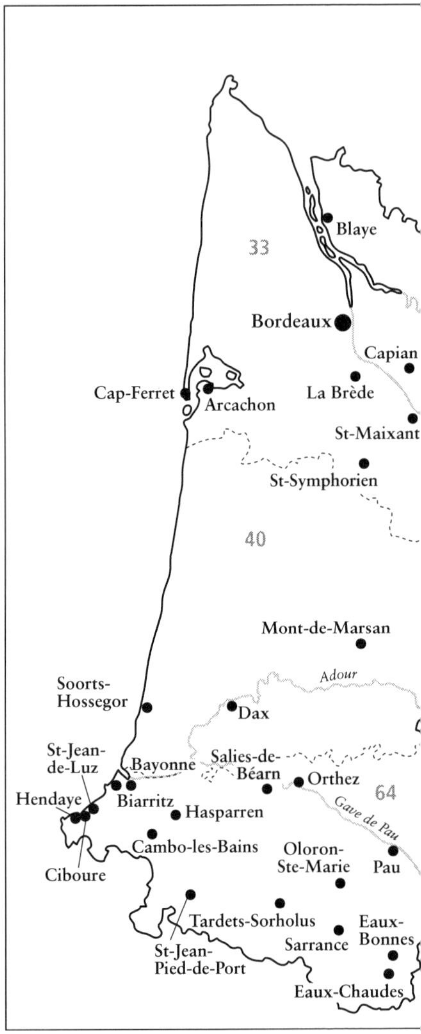

BAYONNE (Pyrénées-Atlantiques)

»Die Stadt könnte nicht anmutiger gelegen sein, inmitten grüner Hügel, am Zusammenfluß von Nive und Adour, was eine Mündung wie eine kleine Gironde ergibt. Aber aus dieser hübschen Stadt und der schönen Lage mußte man ja eine Zitadelle machen. [...]. Ein Meisterwerk Vaubans. Nun gut. Aber es ist gewiß, daß die Meisterwerke Vaubans die Meisterwerke des lieben Gottes verschandeln.« (Victor Hugo)

Bibliothèque municipale (Stadtbücherei; 205 Tsd. Bde., 726 Hs.). – Scène Nationale de Bayonne & Sud-Aquitaine (Staatl. Bühne).

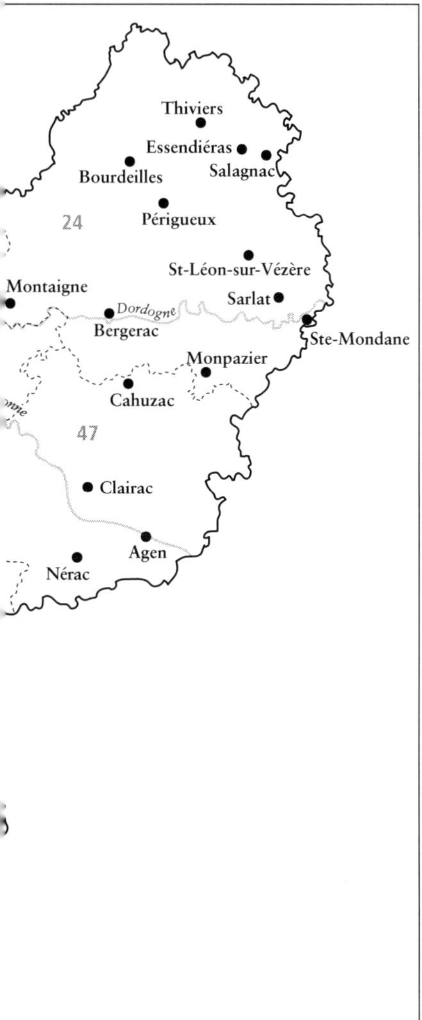

[A] **Stendhal** (→ Grenoble/RhA) fand bei seinem Besuch Mitte April 1838 B. kompakt (»wie es zu einer Stadt des Krieges paßt«), städtischer als Reims oder Dijon, angenehm und stieg im Hotel San-Esteban ab. – Dort übernachtete auch **Théophile Gautier** (→ Tarbes/MPy), als er im Mai 1840 durch die Stadt kam und sie »in Sprache und Sitten fast schon spanisch« fand; weitere Besuche im Frühherbst 1853 und im September 1856. – **Gustave Flaubert** (→ Rouen/HNo) unternahm im Spätsommer 1840 eine Reise in die Pyrenäen und war entzückt von B.: »Bis jetzt schwärme ich von Bayonne, und ich möchte da leben«. – Als **Victor Hugo** (→ Besançon/FC) Ende Juli 1843 auf seiner Reise nach Spanien durch B. kam, suchte er vergeblich nach den Spuren seiner Vergangenheit in der Stadt, die er als Kind, zu dem in Spanien stationierten Vater unterwegs, kennengelernt hatte. – Für **A. Dumas d. Ä.** (→ Villers-Cotterêts/Pi) war B. eine Zwischenstation auf seiner Reise nach Spanien im Oktober 1846 (Reisebericht *De Paris à Cadix*). – **H. Taine** (→ Vouziers/ChA) kam 1854 durch B., das er in seinem Reisebuch *Voyage aux eaux des Pyrénées* (1855, dt. *Eine Reise in die Pyrenäen*, 1878) beschreibt: »Bayonne ist eine fröhliche Stadt, ursprünglich, halb spanisch.« – Der Historiker **J. Michelet** (→ Paris), im September 1863 unterwegs nach Saint-Jean-de-Luz, besuchte in B. die Kathedrale. – **Paul-Jean Toulet** (→ Pau) besuchte das Gymnasium von B.; die Stadt findet in seinen *Contrerimes* (1921) Erwähnung. – »Bayonne ist eine Stadt, wie ich sie liebe«, befand **Francis Carco** (→ Anhang) und verweist auf die alten Stadtviertel, Hotels und Cafés, Kathedrale und Schloß: Sogar im Winter könne man dort alleine leben. – **Colette** (→ Saint-Sauveur-en-Puisaye/Bu) kam als Darstellerin mit einer Variétégruppe in den Jahren vor dem 1. Wk. nach B. und notierte ihre Eindrücke in *Mes Cahiers* (1941, dt. in Ausz. *Die Erde mein Paradies*, 1967): »Das massige, alte Schloß, gedrungen und vierschrötig wie eine Bulldogge, von frischem Gras gesäumt. Die Hauptstraße mit ihren niedrigen, auf schweren Pfeilern ruhenden Arkaden.« – **A. France** (→ Paris) besuchte die Stadt im November 1912. – **Kurt Tucholsky** (1890-1935) kam im Herbst 1925 nach B. und hatte Schwierigkeiten, ein Nachtquartier zu finden: »Man mag nicht gern in einen Ort fahren, von dem man weiß, daß es schwer ist unterzukommen. Hier ists besonders schauerlich: denn gleich von nebenan, aus Biarritz, kommen die Minderbemittelten, die da nur am Tage mondän sind, und wohnen in Bayonne. Kein Bett frei.« Einen Stierkampf in B. beschreibt er in seinem *Pyrenäenbuch* (1927).

[R] Auf dem Friedhof von **Urt** (15 km ö. v. B.) Grab des Literaturtheoretikers und -kritikers **Roland Barthes** (→ Cherbourg/BNo), der bei einem Verkehrsunfall ums Leben kam.

BAZAS (Gironde) → **SAINT-MAIXANT** [R]
BAZENS (Lot-et-Garonne) → **AGEN** [R]

BERGERAC (Dordogne)

* 1766 **François-Pierre Gonthier Maine de Biran** († Paris 1824), Philosoph; verbrachte ab 1798 den Großteil seines Lebens auf Schloß Grateloup bei Saint-Sauveur (s. u.); 1806 Unterpräfekt in B., ab 1816 Staatsrat in Paris. – W. u. a.: *Influence de l'habitude sur la faculté de penser* (1803), *Considérations sur les rapports du physique et du moral de l'homme* (1811), *Journal* (3 Bde. 1954-57); *Œuvres* (5 Bde. 1920-26).

† 1937 **Francis Vielé-Griffin** (* Norfolk/USA 1863); als Achtjähriger nach Frankreich gekommen, trat der Dichter später vor allem als symbolist. Lyriker hervor, mit den Vorbildern Verlaine, Laforgue und vor allem Mallarmé, zu dessen Dienstagsempfängen (›Mardis‹) er eingeladen war; aus dem Engl. übersetzte er Whitman und Swinburne ins Frz. – W. u. a.: *Joies* (Ged. 1889), *Les Cygnes* (Ged. 1892), *La Lumière de la Grèce* (Ged. 1912); *Œuvres* (5 Bde. 1924-30).

[A] Der Vater von **Catherine Pozzi** (→ Paris), der berühmte Arzt Samuel Pozzi (1846-1918), Kollege von Marcel Prousts Vater und Vorbild für den Doktor Cottard in Prousts *Recherche*, besaß bei B. das Gut La Graulet, wo er u. a. den befreundeten Lyriker **Leconte de Lisle** (→ Anhang) zu Gast hatte. Catherine Pozzi verbrachte häufig die Sommermonate auf der väterlichen Besitzung, wo sie im September 1920 **Paul Valéry** (→ Sète/LR) empfing, den sie ein Vierteljahr zuvor kennengelernt hatte.

[L] Der Titelheld der Verskomödie *Cyrano de Bergerac* (1897) von **Edmond Rostand** stammt aus B.; mit dem historischen Savinien Cyrano de Bergerac (→ Paris; Statue auf der Place de la Myrpe) hat die Dramenfigur allerdings nur wenig gemein. – In dem Roman *Le Fou de Bergerac* (1932, dt. *Maigret und der Verrückte*, 1963, u. d. T. *Maigret und der Verrückte von Bergerac*, 1986) von **Georges Simenon** löst der Kommissar den Fall von seinem Hotelzimmer in B. aus. – Die Stadt ist Schauplatz in dem Roman *Province* (1934) von **Jules Romains** (= 6. Bd. des Zyklus *Hommes de bonne volonté*).

[R] Der Philosoph **Maine de Biran** (s. o.) verbrachte den Großteil seines Lebens bei **Saint-Sauveur** (10 km ö. v. B.) auf Schloß **Grateloup** (mit Bibliothekspavillon; Familienbesitz, keine Besichtigung), wo er u. a. sein *Journal intime* schrieb; nach der Bestattung in Paris, wo er 1824 gestorben war, wurde er 1886 auf den Friedhof von S.-S. umgebettet (Denkmal an der Straßenkreuzung in S.-S.).

Fischereihafen von Biarritz

BEYNAC-ET-CAZENAC (Dordogne) → SARLAT [R]

BIARRITZ (Pyrénées-Atlantiques)

»Ich wüßte keinen Ort, der reizvoller und herrlicher wäre als Biarritz.« (Victor Hugo)

»Es liegt entzückend: die silbrig-blaue Küste mit Felsen, die kunstvoll durchbrochen sind, so daß man darin spazierengehen kann, Blumenanlagen [...]. Allerdings spielt sich ›Biarritz‹ auf den Besitzungen der reichen Leute ab, in den Klubs, den Parks, den kleinen und großen Villen am Meer und in den Schlössern, die von der Küste entfernt liegen.« (Kurt Tucholsky)

[A] **P. Mérimée** (→ Paris), der B. von seinen Reisen nach Spanien kannte, besuchte die Stadt im September 1862 mit dem kaiserlichen Ehepaar, war im September mit Napoleon III. allein hier und empfing im September 1865 in der kaiserl. Residenz Villa Eugénie (heute Hôtel du Palais) Bismarck. – **Stendhal** (→ Grenoble/RhA) kam Mitte April 1838 durch B., wo er zum Abendessen (mit »sehr ordentlichem Wein aus Bordeaux«) hielt. – Als **G. Flaubert** (→ Rouen/HNo) nach bestandenem Abitur im Spätsommer 1840 eine Reise in den Süden unternahm, wurde er am Strand von B. Zeuge, wie – trotz seiner Rettungsversuche – zwei Menschen ertranken. – **Victor Hugo** (→ Besançon/FC) besuchte den Ort Ende Juli 1843 und war fasziniert vom Leben am Strand: »Den modischsten Hut aus Paris auf dem Kopf, bis zu den Füßen hinab in ein großes Tuch gehüllt, das Gesicht hinter einem Spitzenschleier, begeben sich die Frauen mit niedergeschlagenen Augen in eine jener Segeltuchkabinen, die man überall am Strand findet. Und einen Augenblick später kommen sie wieder heraus, mit nackten Beinen, bekleidet mit einem einfachen braunen Wollhemd, das oftmals kaum bis über die Knie reicht, und springen lachend ins Meer.« – **A. Dumas d. Ä.** (→ Villers-Cotterêts/Pi) kam auf seiner Reise nach Spanien im Oktober 1846 durch B. – **Th. Gautier** (→ Tarbes/MPy) war im Frühherbst 1853 mit seiner Lebensgefährtin, der Sängerin Ernesta

Grisi, die im Casino auftrat, in B. – Nach B. kam in den Osterferien 1897 als 15jähriger Schüler **Valery Larbaud** (→ Vichy/Au), der mit seiner Mutter durch Südwestfrankreich und Spanien reiste. – Der russische Dichter **Anton Tschechow** (1860-1904) wohnte im September 1897 für zwei Wochen im Hotel Victoria, zog dann aber, weil es ihm am Atlantik zu kühl war, nach Nizza weiter. – Der russische Romancier **Vladimir Nabokov** (1899-1977) fuhr in seinen ersten zehn Lebensjahren wiederholt mit Mutter und Geschwistern in den Ferien nach B. und berichtet davon in seiner Autobiographie *Sprich, Erinnerung, sprich* (1966, dt. 1984). – Zu dieser Zeit besuchten das mondäne Seebad auch **P. Loti** (→ Rochefort/PCh), der hier bei einem Freund mit **F. Jammes** (→ Tournay/MPy) zusammentraf (Bericht Jammes' in *L'Amour, les muses et la chasse*, dem 2. Band seiner Autobiogr.), **E. Rostand** (→ Marseille/PAC) und der irische Dramatiker **G. B. Shaw** (1856-1950). – **Blaise Cendrars** (→ Anhang) wohnte im April 1925 in B. in der Villa einer Freundin (Eugenia Errazuris) und arbeitete an dem Roman *Moravagine* (1926); auch in den folgenden Jahren kam er wiederholt hierher. – **K. Tucholsky** (1890-1935) stattete dem Badeort im Herbst 1925 einen Besuch ab. – Die **Fürstin Bibesco** (→ Menars/C) gedenkt ihrer Aufenthalte in B. in dem Roman *Le Perroquet vert* (1924, dt. *Der grüne Papagei*, 1928). – Wintergast Ende der 20er Jahre: der englische Romancier und Dramatiker **John Galsworthy** (1867-1933), Nobelpreisträger 1932. – Der Theatermann **Sacha Guitry** (→ Anhang) wohnte im Sommer 1935 in der Villa Calaoutça (Besitzung der Comtesse de Castries im Stadtteil La Négresse); sein Vater, der Schauspieler Lucien Guitry, war (wie auch Sarah Bernhardt) in den Casinos von B. aufgetreten. – Im August 1949 organisierte **Jean Cocteau** (→ Maisons-Laffitte/IdF) in B. das erste Festival des ›film maudit‹ (›verfemten Films‹). – Auf der Suche nach einem Wohnort kam **Henry Miller** (1891-1980) 1961 für zehn Tage nach B.

BLAYE (Gironde)
* 12. Jh. **Jaufré Rudel**, Fürst von B., Troubadour; kaum gesicherte Daten aus seinem Leben, nahm wahrscheinlich am Kreuzzug von 1147 teil (von dem er nicht zurückkehrte?); der Legende nach verliebte er sich auf bloße Erzählungen hin in Melisande, die Gräfin von Tripolis, der er seine Kanzonen widmete (Einführung der Fernliebe, ›Amor de lonh‹, in die Literatur); auf der Schiffahrt zu ihr erkrankt, starb er in Tripolis in den Armen der Geliebten, die gleichen Tags ins Kloster ging. – Von der mittelalterlichen Burg, dem Geburtsort Jaufré Rudels, stehen noch zwei Türme. – Das sehnsuchtsvolle Leben und Sterben des adligen Troubadours wurde Stoff u. a. bei L. Uhland (Ballade »Rudello«, 1815), H. Heine (in: *Der Romanzero*, 1851, 3. Buch: »Jehuda ben Halevy/II«), R. Browning (Ballade »Rudel to the Lady of Tripoli«, 1842) und E. Rostand (*La Princesse lointaine*, 1898).

[A] Besucher der Burg war Ende 1802 **F.-R. de Chateaubriand** (→ Saint-Malo/Br); Erwähnung in den *Mémoires d'outre-tombe* (1848-50).

[L] In dem Epos *La Chanson de Roland* (um 1100, dt. *Rolandslied*) läßt Karl d. Gr. seinen Neffen Roland, Graf von B., in der Abtei Saint-Romain bestatten; auf die Nachricht vom Tod des Geliebten stirbt auch Rolands Braut, die »schöne Alda«, und wird ebenfalls hier begraben (Grundmauern der Abtei unter der Festung).

BŒIL-BEZING (Pyrénées-Atlantiques) → PAU [R]

BORDEAUX (Gironde)
»Bordeaux ist unbestritten die schönste Stadt Frankreichs.« (Stendhal)
»Ein sogenannter schöner Mensch ist gewöhnlich etwas recht Langweiliges; bis jetzt fürchte ich, daß Bordeaux in diesem Sinne eine schöne Stadt ist.« (Gustave Flaubert)

»Bordeaux ist eine sehenswerte, originelle, vielleicht einzigartige Stadt. Nehmen Sie Versailles und fügen Antwerpen hinzu, so erhalten Sie Bordeaux.« (Victor Hugo)
»Als Umschlagplatz des besten Weines der Welt ist es wahrhaftig eine heilige Stadt – geweiht dem Kult des Bacchus in diskretester Form.« (Henry James)
Universität (gegr. 1441). – Universitätsbibliothek; Bibliothèque de B. (936 Tsd. Bde., 4500 Hs., 363 Ink.; Sammlungen zu Montesquieu, Montaigne [u. a. Exemplar der *Essais* mit Randbemerkungen M.s], F. Mauriac). – Goethe-Institut (Cours de Verdun Nr. 35; mit Bibliothek). – Centre Dramatique National.

* 310 **Decimus Magnus Ausonius** († Saintes/PCh 394); glänzende Stellung am kaiserlichen Hof in Trier, kehrte im Alter in seine Heimat, in seine Villa Pagus Noverus bei Saintes/PCh zurück; bekannt durch sein Preisgedicht auf die Mosel: *Mosella*.
* 1841 **Catulle Mendès** († Saint-Germain-en-Laye/IdF 1909), Lyriker, Erzähler, Journalist; Sohn eines Bankiers, ging als 20jähriger nach Paris; heiratete 1866 Judith, die Tochter Théophile Gautiers (baldige Trennung); Parnasse-Lyriker, Wagnerianer; spielte als Kritiker eine wichtige Rolle im Kulturbetrieb seiner Zeit. – Geburtshaus: Cours Victor-Hugo Nr. 54 (Gedenktafel). – W. u. a.: *Philomela* (Ged. 1863), *L'Homme tout nu* (R. 1881), *Folies amoureuses* (R. 1883), *La Légende du Parnasse contemporain* (Ged. 1884); *Œuvres complètes* (9 Bde. 1900-08).
* 1885 **François Mauriac** († Paris 1970), Erzähler, Dramatiker, Essayist; Sohn aus wohlhabender Weinhändlerfamilie, strenge katholische Erziehung, Internat, Literaturstudium in B. und Paris; 1933 Mitglied der Académie Française; aktive Beteiligung an der Résistance; 1952 Literaturnobelpreis. – Geburtshaus: Rue du Pas-Saint-Georges Nr. 86 (Gedenktafel), Wohnungen in der Rue Duffour-Dubergier, Rue Margaux, Rue Vital-Charles, Rue Rolland. – W. u. a.: *La Chair et le sang* (R. 1920, dt. *Fleisch und Blut*, 1949), *Le Baiser au lépreux* (R. 1922, dt. *Der Aussätzige und die Heilige*, 1928), *Le Désert de l'amour* (R. 1925, dt. *Die Einöde der Liebe*, 1927), *Thérèse Desqueyroux* (R. 1927, dt. *Die Tat der Thérèse Desqueyroux*, 1928), *Le Nœud de vipères* (R. 1932, dt. *Natterngezücht*, 1936), *Le Mystère Frontenac* (R. 1933, dt. *Das Geheimnis Frontenac*, 1939), *La Fin de la nuit* (R. 1935, dt. *Das Ende der Nacht*, 1953); *Œuvres complètes* (12 Bde. 1950-56).

François Mauriac

* 1886 **Jacques Rivière** († Paris 1925), Kritiker, Essayist, Romancier; Schwager von Alain-Fournier (→ La Chapelle-d'Angillon/C), befreundet mit André Gide; ab 1911 Generalsekretär der *Nouvelle Revue Française* (*NRF*), ab 1919 deren Leiter; kritische Studien (bzw. Würdigungen) zu Rimbaud, Claudel, Proust, Jammes u. a. – W. u. a.: *Aimée* (R. 1922), *A la Trace de Dieu* (Autobiogr. 1925), *Florence* (R. 1935).
* 1910 **Jean Anouilh** († Lausanne 1987), Dramatiker; Sohn eines Schneiders und einer Musikerin, ab 1920 in Paris, Jurastudium; kurzzeitig Sekretär des Schauspieler-Regisseurs Louis Jouvet; Erfolg mit Dra-

men seit Mitte der 30er Jahre. – W. u. a.: *Le Voyageur sans bagage* (Dr. 1936, dt. *Der Reisende ohne Gepäck*, 1947), *Le Rendezvous de Senlis* (Dr. 1937, dt. *Das Rendezvous im Geisterhaus*, 1946), *Le Bal des voleurs* (Dr. 1942, dt. *Lumpenball*, 1946), *Antigone* (Dr. 1944, dt. 1946), *Médée* (Dr. 1948, dt. 1948), *Becket ou L'Honneur de Dieu* (Dr. 1959, dt. *Becket oder Die Ehre Gottes*, 1961); *Théâtre complet* (8 Bde. 1942-74), *Dramen* (8 Bde. 1956-70).

* 1911 **Jean Cayrol**, Lyriker, Romancier, Essayist, Drehbuchautor; Jura- und Literaturstudium, Bibliothekar, Résistancemitglied, 1942 verhaftet (KZ Mauthausen bis 1945); christl. Grundhaltung. – W. u. a.: *Lazare parmi nous* (Essay 1950, dt. *Lazarus unter uns*, 1959), *L'Espace d'une nuit* (R. 1954, dt. *Im Bereich einer Nacht*, 1961), *Les Corps étrangers* (R. 1959, dt. *Die Fremdkörper*, 1959), *Le Froid du soleil* (R. 1963, dt. *Die kalte Sonne*, 1965), *Il était une fois Jean Cayrol* (Autobiogr. 1982).

[A] Unter **Eleonore von Aquitanien** (1122-1204), die zahlreiche Troubadours an ihren Hof in B. holte (unter ihnen: **Bernard de Ventadour**, → Moustier-Ventadour/Li), erlebte die mittelalterl. Literatur eine Blüte. – **É. de La Boétie** (→ Sarlat) wurde 1552 Parlamentsrat in B. (Wohnhaus in der Rue Gouvéa, Gedenktafel); 1558 schloß er den Freundschaftsbund mit **Michel de Montaigne** (→ Montaigne), der im Jahr zuvor ebenfalls Parlamentsrat geworden war; Montaigne hatte die Stadt bereits ab 1539 während seiner siebenjährigen Schulzeit am Collège de Guyenne kennengelernt, an die sich ein Jurastudium, fortgesetzt in Toulouse/MPy, angeschlossen hatte; 1580 erschien in B. (bei dem Drucker Millanges) die erste Ausgabe der *Essais*, 1581-85 war Montaigne Bürgermeister der Stadt; Wohnhaus Rue de la Rousselle Nr. 23-25 (abgerissen; Gedenktafel am Neubau); Grabdenkmal im Musée d'Aquitaine (das an der Stelle der Feuillanten-Kirche steht, in der Montaigne 1593 begraben worden war; Grabstätte verschollen); Standbild (1858) auf der Esplanade des Quinconces. – **Théophile de Viau** (→ Clairac) studierte in B.; sein Vater, ein Anwalt, mußte als Hugenotte B. verlassen. – **Molière** (→ Paris) war 1647 mit seiner Schauspieltruppe in B. – Der Philosoph **Charles de Montesquieu** (→ La Brède) studierte 1708-09 Jura an der Universität der Stadt, 1714 Ernennung zum Parlamentsrat, 1716 Amt des Parlamentspräsidenten (vom Onkel geerbt), Mitglied der Akademie von B.; Wohnung u. a. in der Rue Porte-Dijeaux Nr. 87 (Gedenktafel), Standbild (1858) auf der Esplanade des Quinconces; Haus der Ehefrau: Maison de Jeanne de Lartigue am Square Jean-Bureau. – **Louis-Sébastien Mercier** (→ Paris), der Autor des *Tableau de Paris* (1781-88, dt. zuletzt in Ausz. u. d. T. *Pariser Nahaufnahmen*, 2000), war 1763-65 Lehrer in B. (und kehrte dann nach Paris zurück). – **Sophie von La Roche** (1731-1807), Autorin der *Geschichte des Fräuleins von Sternheim* (1771), war von Ende April bis Mitte Mai 1785 in B., das sie ausführlich in ihrem *Journal einer Reise durch Frankreich* (1787, Nachdr. 1994) beschreibt. – **Friedrich Hölderlin** (1770-1843), der am 10. Dezember 1801 im heimatlichen Schwaben aufgebrochen war, kam am 28. Januar 1802 in B. an und übernahm die Hauslehrerstelle bei dem Konsul und Weinhändler Daniel Meyer in den Allées de Tourny: »Fast wohn' ich zu herrlich. Ich wäre froh an sicherer Einfalt« (seit Ende 2000 neue Gedenktafel am Haus); im Mai des gleichen Jahres ließ sich Hölderlin bereits den Paß für die Rückreise ausstellen; der Bordeaux-Aufenthalt spiegelt sich in dem Gedicht »Andenken« (1803). Wiederholt in B. auf Hölderlins Spuren: **Peter Härtling** (*Hölderlin. Ein Roman*, 1976). – Ende 1802 kam **F.-R. de Chateaubriand** (→ Saint-Malo/Br) in die Stadt (Bericht in den *Mémoires d'outre-tombe*, 1848-50). – **Johanna Scho-**

penhauer (1766-1838) verbrachte im Rahmen einer Frankreichreise 1804 fast zwei Monate mit ihrem Sohn Arthur in B.; ausführliche Beschreibung in den Reiseerinnerungen (zuletzt u. d. T. *Promenaden unter südlicher Sonne*, 1993). – **A. de Vigny** (→ Loches/C), der durch das Militär in den Südwesten Frankreichs kam, wurde im September 1823 in die Salons von B. eingeführt, u. a. in den seinerzeit berühmten Salon der Madame Paul Nérac, dessen Schmuck über vier Jahre hinweg **Marceline Desbordes-Valmore** (→ Douai/NPdC) war. – **George Sand** (→ Paris) kam, als damals noch unbekannte Baronin Dudevant, zwischen Oktober 1825 und April 1826 häufig – mit oder ohne Ehemann – von dem Stammschloß ihres Gatten in Pompiey (→ Nerac R) nach B. (Der längste Aufenthalt war von Ende Januar bis Anfang April 1826, als sie sich u. a. mit dem Anwalt Aurélien de Sèze [→ Cauterets/MPy] traf, mit dem sie eine Liebesbeziehung anknüpfte.) – **Hermann Fürst von Pückler-Muskau** (1785-1871) kam im Herbst 1834 in die Stadt, deren Sehenswürdigkeiten (einschließlich der Mumiengruft in Saint-Michel) er in den Reisebriefen *Semilassos vorletzter Weltgang in Europa* (1835) beschreibt. – **Stendhal** (→ Grenoble/RhA), der sich im Rahmen einer Reise durch Südfrankreich im März und April 1838 in B. aufhielt, wo ihm die feinen Gesichtszüge und (wie schon in Angoulême/PCh) die schönen Augenbrauen der Frauen auffielen, sah sich auf den Spuren Montaignes zweimal enttäuscht: Das Wohnhaus war seit wenigen Jahren abgerissen, die Feuillantenkirche mit dem Grab Montaignes geschlossen. – **Théophile Gautier** (→ Tarbes/MPy) machte im Mai 1840 auf seiner Reise nach Spanien Station in B. und besichtigte die Kathedrale, die Gemäldesammlung im Rathaus und die Mumiengruft im Turm von Saint-Michel: »Niemals hat die Einbildungskraft der Dichter und Maler einen schrecklicheren Alptraum hervorgebracht«. – **Gustave Flaubert** (→ Rouen/HNo), ein Vierteljahr später (nach bestandenem Abitur) in die Pyrenäen unterwegs, zeigte sich von der gleichen Gruft wenig beeindruckt (»ich gestehe, daß mich der Anblick der Fratzen aller dieser verschiedenen großen Leichen recht unterhalten hat«) und besuchte neben anderen Sehenswürdigkeiten auch die Bibliothek (s. o.), wo er sich die alte *Essais*-Ausgabe vorlegen ließ: »Auf der Bibliothek habe ich die Manuskripte Montaignes mit ebensoviel Verehrung wie eine Reliquie in der Hand gehalten; denn es gibt auch profane Reliquien. [...] Meine historisch feierliche Stimmung – wenn man diesen Ausdruck gelten lassen will – beim Durchblättern des Buches war größer als meine Andacht in der Kathedrale von Bordeaux«. – **Charles Baudelaire** (→ Paris), von Mutter und Stiefvater zur Besserung seines Lebenswandels auf eine Seereise geschickt, schiffte sich am 9. 6. 1841 in B. auf dem Paquebot-des-Mers-du-Sud nach Mauritius und die Bourbonen-Inseln ein; im Februar 1842 kehrte er über B. wieder nach Frankreich zurück. – **Victor Hugo** (→ Besançon/FC) blieb auf seiner Reise nach Spanien im Juli 1843 zwei Tage in B. und befürchtete, die alte Bausubstanz der Stadt durch die »Lust am Abbruch« bald der Modernität geopfert zu sehen. – Auch **A. Dumas d. Ä.** (→ Villers-Cotterêts/Pi), im Oktober 1846 Richtung Spanien unterwegs, reiste über B. (Bericht *De Paris à Cadix*). – Seinen Besuch der Stadt 1863 beschreibt **Hippolyte Taine** (→ Vouziers/ChA) in den *Carnets de voyage* (1897). – **Francis Jammes** (→ Tournay/MPy) wohnte 1880-88 am Cours Pasteur Nr. 11 (Gedenktafel) und erzählt von dieser Zeit u. a. in *De l'Âge divin à l'âge ingrat* (1921), dem 1. Band seiner Autobiographie, und in dem großen Gedicht *Ma France poétique* (1926). – **Henry James** (1843-1916) widmete auf seiner Frankreichrundfahrt im Oktober 1882 der Stadt drei Tage, wußte in seinem Reisebuch *A Little Tour in France* (1885, dt. *Eine kleine*

Frankreich-Tour, 1986) jedoch über kaum etwas zu berichten – außer über den Wein. – **Saint-John Perse** (→ Giens/PAC) studierte von 1904 bis 1910 (mit Unterbrechungen Jura in B. – **Paul Claudel** (→ Villeneuve-sur-Fère/Pi) zog im September 1914 als Vertreter des Auswärtigen Amts nach B. und arbeitete im Kriegsministerium bis zu seiner Rückkehr nach Paris im Dezember des Jahres (Wohnung in der Rue du Champ-de-Mars). – **K. Tucholsky** (1890-1935) kam im Herbst 1925 auf seiner Reise in die Pyrenäen über B., wo er »zum ersten- und letztenmal auf dieser Reise, im Chapeau Rouge, ein ernsthaftes Abendessen zelebrierte, mit einem Rotwein, weich wie Samt« (*Ein Pyrenäenbuch*, 1927). – In seiner autobiogr. Erzählung *Bordeaux. La grosse Galette* (dt. *Bordeaux. Ein Koffer voll Geld*, in: *Bourlinguer*, 1948, dt. in Ausz. u. d. T. *Der alte Hafen*, 1964) erzählt **Blaise Cendrars** (→ Anhang), wie er mit dem Schiff über die Gironde-Mündung in den Hafen der Stadt kam: »[...] und da war Bordeaux, BORDEAUX, seine Plattheit, seine Schalheit, seine Langeweile, sein Regen, seine verlassenen Kais, seine Lampenmasten«. – Der amerikanische Romancier **Henry Miller** (1891-1980) war im Herbst 1938 in B. – **Emmanuel Bove** (→ Paris), der 1938-40 in Cap-Ferret wohnte, zog sich wiederholt nach B. ins Hôtel de Normandie zurück, um hier ungestört arbeiten zu können. – **Gertrud von Le Fort** (1876-1971) unternahm 1939 eine Fahrt durch Frankreich und weilte dabei (neben Paris) längere Zeit in B. – **W. Koeppen** (1906-1996) kam 1960 nach B.: »Bordeaux hat schöne Straßen und charmante Plätze vom Vorabend der Großen Revolution aus Ludwigs XV. Zeit. Wenn man sie in ihrer Erhaltenheit, in ihrer klassischen Ruhe betrachtet und das stille Sein der Bäume vor den gelassenen Fassaden sieht, möchte man glauben, die Revolution habe nie stattgefunden.« (*Reisen nach Frankreich*, 1961.)

[L] Verschiedene Fassungen des *Chanson de Roland* (um 1100, dt. *Rolandslied*) lassen Karl d. Gr. das Horn Olifant in die Stiftskirche Saint-Seurin von B. bringen. Um einen Herzog von Aquitanien dreht sich das Epos *Huon de Bordeaux* (1216-29). Das (alte) Rathaus der Stadt ist in dem Roman *Die Jugend des Königs Henri Quatre* (1935) von **Heinrich Mann** Schauplatz einer großen Szene zwischen dem Titelhelden, König Heinrich III. und Michel de Montaigne (Kap. »Erbe der Krone«).

[M] **Musée d'Aquitaine** (Cours Pasteur Nr. 20): u.a. Abteilung zu Sprache und Dialekten des Bordelais, Mauriac-Büste (Zadkine, 1943).

[R] In **Germignan** (7 km nw. v. B.) starb 1563 der Humanist **Étienne de La Boétie** (→ Sarlat) im Landhaus von M. de Montaignes Schwager P. de Lestonnac; Montaigne, der ans Sterbebett seines Freundes gekommen war, schrieb seinem Vater einen Brief über die letzten Stunden La Boéties. – **Théophile Gautier** (→ Tarbes/MPy), sonst »nicht gerade ein Bewunderer der modernen Erfindungen«, zeigte sich im Mai 1840 auf der Durchreise begeistert von der Dordogne-Brücke in **Cubzac-les-Ponts** (17 km nö. v. B.): ein Bauwerk, das der Ägypter oder Römer würdig wäre. – **Paul-Jean Toulet** (→ Pau) lebte nach seinem Weggang aus Paris von 1912 bis 1916 auf Schloß La Rafette bei **Saint-Loubès** (15 km nö. v. B.); auf dem Schloß fand auch seine Hochzeit statt (→ Saint-Jean-de-Luz [R]).

BOURDEILLES (Dordogne)

* 1540 **Pierre de Bourdeilles, Sieur de Brantôme** († Brantôme 1614); Geistlicher, Militär und Hofmann (1582 vom Hof verbannt), Leben an Fürstenhöfen und auf Schlachtfeldern; stürzte 1584 unglücklich unter sein Pferd und blieb danach ans Bett gefesselt; Rückzug ins 10 km nö. gelegene Kloster Brantôme, dessen (Kommende-)Abt er war (die Pfründe hatte er von seinem Onkel übernommen); seine hier (diktierten) Erinnerungen machten

Schloß La Brède

ihn in der Nachwelt berühmt: *Vies des dames galantes* (postum 1665, dt. *Aus dem Leben galanter Frauen*, 1850 u. ö.). – Geburtsort ist das Schloß von Bourdeilles; das Grab befindet sich in der Turmkapelle von [M] Schloß Richemont bei Saint-Crépin-de-Richemont (14 km n. v. B.). – Weitere W.: *Vie des hommes illustres et des grands capitaines* (postum 1665-66); *Œuvres complètes* (13 Bde. 1858-95).

BRANTÔME (Dordogne) → **BOURDEILLES**

LA BRÈDE (Gironde)

* 1689 **Charles-Louis de Secondat, Baron de La Brède et de Montesquieu** († Paris 1755), Schriftsteller, Philosoph; wurde zum Zeichen der Demut von einem Bettler über die Taufschale gehalten; Erziehung bei den Oratorianern in Juilly/IdF; nach zahlreichen politischen Ämtern in Bordeaux, 1731 Rückzug auf das Schloß La B., wo er den größten Teil seines Lebens verbrachte; hier entstanden seine wichtigsten Werke: *Considérations sur les causes de la grandeur des Romains et de leur décadence* (1734, dt. *Betrachtungen über die Ursachen der Größe und des Verfalls der Römer*, 1786) und *L'Esprit des lois* (1748, dt. *Der Geist der Gesetze*, 1753); Mitglied der Académie Française (ab 1727), Mitarbeiter an der *Encyclopédie* (»Essai sur le goût«). – Geburtsort: [M] Schloß (Besichtigung mit Schlafzimmer und Bibliothek), Denkmal auf dem Marktplatz (Place Montesquieu). – Weitere W.: *Lettres persanes* (Briefr. 1721, dt. *Des Herren von Montesquieu Persianische Briefe*, übers. v. Hagedorn 1760, u. d. T. *Persische Briefe*, 1867 u. ö.); *Œuvres complètes* (7 Bde. 1875-79, 3 Bde. 1950).

[A] Besucherin im Mai 1785 war **Sophie von La Roche** (1731-1807): »Nun sind wir in Montesquieus Schlafzimmer, und ich schreibe an dem Tische, an welchem der ehrwürdige Mann so oft schrieb. Ich kann nicht ausdrücken, was ich fühle; aber mein Herz ist gerührt und erhaben, ich blicke mit Ehrfurcht um mich, wie fromme Pilgrimme an heiliger Stätte sich umsehen.« – Im April 1838 besichtigte **Stendhal** (→ Grenoble/RhA) das Schloß Montesquieus: »Nicht gerade daß ich Liebe für Montesquieu empfände, es ist Verehrung; auch wenn er breit ausführt, was ich längst verstanden habe, langweilt er mich nie. Heute morgen bin ich nach La Brède gefahren. Als ich dort ankam, wurde ich von einem kindlichen Respekt gepackt, wie damals, als ich Potsdam besuchte und den von einer Kugel durchschossenen Hut Friedrichs II. berührte. Dieser Tag von La Brède wird Einfluß auf mein Leben haben. Gewöhnlich fördert der Besuch eines königlichen Schlosses nur meine Lust, mich lustig zu machen.«

CAHUZAC (Lot-et-Garonne)

[A] **Rabelais** (→ La Devinière/C) weilte wiederholt auf der Burg von C. (heute Ruine), die Louis d'Estissac, dem Neffen seines Gönners Geoffroy d'Estissac (→ Maillezais/PdL), gehörte. (Rabelais erwähnt C. in seinem *Gargantua*, Kap. 12, und im *Quart Livre*, Kap. 52.) – Der Moralist **La Rochefoucauld** (→ Paris) schrieb zwischen 1653 und 1657 einen Teil seiner *Réflexions ou sentences et maximes morales* (1664 u. ö.) auf der Burg, die der Familie seit Beginn des 17. Jhs. gehörte.

CAMBO-LES-BAINS (Pyrénées-Atlantiques)

[A] **Edmond Rostand** (→ Marseille/PAC), der wegen eines Lungenleidens 1900 erstmals als Kurgast nach C. gekommen war und für sich und seine Familie die Villa Etchegorria gemietet hatte, ließ sich 1903-06 die Villa Arnaga (1,5 km nw. des Ortes) erbauen, die er bis zum Ende seines Lebens bewohnte (er starb am 4. 12. 1918 in Paris, wohin er sich begeben hatte, um die Siegesfeiern nach dem Ende des 1. Wks. mitzuerleben); in der Villa Arnaga schrieb er die Dramen *Chantecler* (1910) und *La dernière nuit de Don Juan* (postum 1922) sowie die chauvinist. Kriegsgedichte *Le Vol de la Marseillaise* (postum 1919) und *Le Cantique de l'aile* (postum 1922); zu den Besuchern Rostands zählten u. a. die Schauspielerin **Sarah Bernhardt** (1844-1923) und die Schriftsteller **Pierre Loti** (→ Rochefort/PCh), **Gabriele d'Annunzio** (1863-1938), **G. Courteline** (→ Tours/C), **H. Barbusse** (→ Asnières-sur-Seine/IdF), **F. Jammes** (→ Tournay/MPy), **Jean Cocteau** (→ Maisons-Laffitte/IdF) sowie die Lyrikerin **Anna de Noailles** (→ Paris), die 1914-16 in der Villa Brimborion in C. wohnte und eine Liebesbeziehung zum Autor des *Cyrano* unterhielt; [M] Musée Edmond-Rostand in der Villa, Denkmal im Ort. – 1945 kam **H. Michaux** (→ Anhang) mit seiner tuberkulosekranken Frau nach C.

CAP-FERRET (Gironde)

[A] **Emmanuel Bove** (→ Paris) zog mit seiner zweiten Frau 1938 nach C.-F. am Bassin d'Arcachon und wohnte hier in verschiedenen Sommerhäusern (u. a. Les Goëlands, La Tanière), bis er im März 1940 einberufen wurde; hier (und in Bordeaux) schrieb er den Roman *Mémoires d'un homme singulier*, 1987, dt. *Ein Außenseiter*, 1995). Häufig traf Bove mit **Marcel Aymé** (→ Joigny/Bu) zusammen, der mit seiner Frau den Urlaub hier verbrachte.

[R] Das Hotel Chanteclerc in **Le Piquey** (7 km n. v. C.-F.), einem Badeort am Bassin d'Arcachon, sah nach dem 1. Weltkrieg zahlreiche Schriftsteller unter seinen Gästen, u. a. **Francis Carco** (→ Anhang), **Pierre Benoit** (→ Albi/MPy), **Roland Dorgelès** (→ Amiens/Pi), **Jean Cocteau** (→ Maisons-Laffitte/IdF), der hier *Le Secret professionnel* (1922) schrieb, und **Raymond Radiguet** (→ Saint-Maur-des-Fossés/IdF), der hier, wenige Monate vor seinem Tod, an dem Roman *Le Diable au corps* (1923, dt. *Den Teufel im Leib*, 1925) arbeitete. (Cocteau berichtet, daß er den schreibfaulen Radiguet im Hotelzimmer einschloß, doch der entwischte durchs Fenster.)

CAPIAN (Gironde)

[A] Nach einem ersten Besuch im September 1887 pflegte **Anatole France** (→ Paris) fast alljährlich im Herbst ein oder zwei Monate auf dem Gut seiner Freundin (und zeitweisen Geliebten) Madame Léontine Arman de Caillavet (in deren Salon in Paris er verkehrte) in C. zu verbringen; in dem Kapitel »Anthologie« seiner Sammlung *La Vie littéraire* (1888-92) beschreibt

France ausführlich einen morgendlichen Blick aus dem Fenster auf das ländliche Leben in C.; heute Weingut (eine Büste des Dichters wurde 1995 gestohlen).

CIBOURE (Pyrénées-Atlantiques)
† 1962 **Pierre Benoit** (* Albi/MPy 1886); der Schriftsteller wohnte seit 1945 auf dem Hügel Bordagain (in der Nähe der Socoa-Bucht) in der Villa Allégria, beschrieben in *Les Amours mortes* (1962); Grab auf dem Friedhof.
[A] Der gesundheitlich schwer angeschlagene engl. Romancier **George Gissing** (1857-1903) tauschte 1902 den Wohnort Arcachon gegen das mildere Klima in C., wo er die Villa Lannes bewohnte; nach einem Jahr, Ende Juni 1903, zog er nach Saint-Jean-Pied-de-Port. – **Kurt Tucholsky** (1890-1935) kam im Herbst 1925 in den Ort (»Ciboure. Ich muß in die Réserve de Ciboure, das habe ich in Paris aufbekommen«), fand beim Abendessen aber nur Snobs und überteuerte Preise (*Ein Pyrenäenbuch*, 1927). – **Georges Bernanos** (→ Paris), der nach dem Erfolg seines Romans *Sous le Soleil de Satan* (1926) seinen Beruf als Versicherungsagent aufgab (→ Bar-le-Duc/Lo), um künftig als freier Schriftsteller zu arbeiten, wohnte im Sommer 1926 in C., bevor er nach → Bagnères-de-Bigorre/MPy zog.
[R] Als **Th. Gautier** (→ Tarbes/MPy) im Mai 1840 durch **Urrugne** (3 km sw. v. C.) kam, wo ihm – wie im benachbarten Saint-Jean-de-Luz – die Häuser wegen des ochsenblutgestrichenen Fachwerks »blutrünstig und barbarisch« vorkamen, zog die Inschrift an der Kirchenuhr seine Aufmerksamkeit an: »Vulnerant omnes, ultima necat.«

CLAIRAC (Lot-et-Garonne)
* 1590 **Théophile de Viau** († Paris 1626), Lyriker; Sproß einer hugenottischen Adelsfamilie, protestant. Ausbildung; in Paris in adligem Dienst (auch am Hof); Verfolgung durch die Jesuiten wegen der obszönen Gedichtsammlung *Le Parnasse des poètes satiriques* (1622), nach über zweijähriger Gefängnishaft Verbannung; Zuflucht beim Duc de Montmorency in → Chantilly/Pi. – W. u. a.: *Les Œuvres du sieur Theophile* (1621; 1622); *Œuvres complètes* (4 Bde. 1978-87).
[A] **Montesquieu** (→ La Brède) hielt sich häufig bei seinem Freund François de Labat (Chevalier de Vivens) in C. auf und schrieb einen Teil seiner *Lettres persanes* (1721) hier; am 22. 3. 1715 heiratete er in C. Jeanne de Lartigue.
[M] **L'Abbaye des Automates** (in der Benediktinerabtei): in der stadtgeschichtl. Abteilung u. a. Informationen zu Théophile de Viau und Montesquieu.
[R] Von **Aiguillon** (7 km sw. v. C.) spricht Mathilde de La Mole in *Le Rouge et le Noir* (1830, dt. *Rot und Schwarz*, 1901) von **Stendhal**: »Wir werden uns im Schloß Aiguillon zwischen Agen und Marmande niederlassen. Die Gegend soll so schön sein wie in Italien.«

COARRAZE (Pyrénées-Atlantiques) → PAU [R]
CUBZAC-LES-PONTS (Gironde) → BORDEAUX [R]

DAX (Landes)
[A] **Stendhal** (→ Grenoble/RhA) kam auf seiner Reise durch den Südwesten Frankreichs Mitte April 1838 nach D., wo er einen Spaziergang auf den alten Befestigungsmauern unternahm.

EAUX-BONNES (Pyrénées-Atlantiques)
»Eaux-Bonnes, in ehrlichem Deutsch ›Gutwasser‹ geheißen, besteht eigentlich nur aus einem langen Platz, mit Bäumen darauf, von hochstöckigen Häusern eingeschlossen, dahinter sind die Berge, die passen auf, daß sich keiner erkältet. Denn Eaux-Bonnes ist einer jener zahllosen Kurplätze der Pyrenäen, in denen Kranke baden, brausen, gurgeln, inhalieren und sich sicherlich oft genug heilen können.« (Kurt Tucholsky)

[A] **H. Taine** (→ Vouziers/ChA) kam auf seiner von ärztlicher Seite verordneten Badereise 1854 in den Kurort, den er in seinem Reisebuch *Voyage aux eaux des Pyrénées* (1855, dt. *Eine Reise in die Pyrenäen*, 1878) beschreibt. – **Kurt Tucholsky** (1890-1935) besuchte E.-B. auf seiner Pyrenäenreise im Herbst 1925.

[R] **Tucholsky** (s. o.) kam an einem Herbstabend 1925 nach **Laruns** (4 km nw. v. E.-B.), um von hier seine Reise mit dem Zug fortzusetzen; mit der Taschenlampe leuchtete er in der dunklen Stadt einen Gedenkstein ab und fand ihn einem gewissen J.-B. Guindey gewidmet, der in der Schlacht bei Saalfeld am 10. 10. 1806 Prinz Louis Ferdinand von Preußen erschossen hatte: »Wat dem eenen sin Uhl, is dem annern sin Nachtigall, und welche schöne Sache ist doch der Krieg! Jedes Los gewinnt.« (*Ein Pyrenäenbuch*, 1927.)

EAUX-CHAUDES (Pyrénées-Atlantiques)

[A] **Michel de Montaigne** (→ Montaigne), der seit 1577 unter Nierensteinen litt, suchte Linderung in den heimatlichen Bädern von E.-Ch. und Bagnères-de-Bigorre/MPy, bevor er sich 1580 auf die große Bäderreise ins Ausland begab. – **H. Taine** (→ Vouziers/ChA) beschreibt den Ort nach einem Besuch 1854 in *Voyage aux eaux des Pyrénées* (1855, dt. *Eine Reise in die Pyrenäen*, 1878). – **Paul Claudel** (→ Villeneuve-sur-Fère/Pi) war in einer depressiven Phase im August 1905 zur Kur hier und schrieb das Gedicht »Ténèbres«. – **Kurt Tucholsky** (1890-1935) kam im Herbst 1925 von Eaux-Bonnes nach E.-Ch.: »Heißwasser – Eaux-Chaudes – ist noch viel ausgestopfter. Das ist nun auch wirtschaftlich pleite. Der betrübte Badediener führt mich durch das Bad, das unter Sequester steht, sie haben in keiner Zelle mehr einen Stuhl, wegen Gepfändetwordenseins.« (*Ein Pyrenäenbuch*, 1927).

[L] Das Thermalbad ist Schauplatz einer Szene des Romans *La Femme de trente ans* (1834, dt. *Die Frau von dreißig Jahren*, 1845) von **Honoré de Balzac**. – In **Heinrich Manns** *Die Jugend des Königs Henri Quatre* (1935) begleitet die Titelfigur eine schwangere Mätresse in das Bad: »Eine Frau besonders, die sich in die heißen Quellen legt, ist sicher, glücklich niederzukommen.«

ESSENDIÉRAS (Gut) (Dordogne)

† 1915 **Gaston Arman de Caillavet** (* Paris 1869); der mit M. Proust befreundete Komödienautor starb auf seinem Gut; Grab auf dem Friedhof.

[A] Das Gut E. war Wohnsitz des Romanciers und Biographen **André Maurois** (→ Elbeuf/HNo); der Ururgroßvater seiner Frau Simone, Tochter von Gaston Arman de Caillavet (s. o.) hatte es nach der Frz. Revolution gekauft; die Umgebung des Gutes bildet den Hintergrund zu Maurois' Roman *L'Instinct du bonheur* (1934).

GERMIGNAN (Gironde) → **BORDEAUX** [R]
GRATELOUP (Schloß) (Dordogne) → **BERGERAC** [R]
GUÉTHARY (Pyrénées-Atlantiques) → **SAINT-JEAN-DE-LUZ** [R]
GUILLERY (Schloß) (Lot-et-Garonne) → **NERAC** [R]
GURSON (Schloßruine) (Dordogne) → **MONTAIGNE** [R]

HASPARREN (Pyrénées-Atlantiques)

† 1938 **Francis Jammes** (* Tournay/MPy 1868); 1921 war der Dichter von Orthez nach H. gezogen, wo er die Villa Eyhartzia bewohnte, in der er siebzehn Jahre später starb; hier empfing er seine Besucher (u. a. P. Valéry, September 1928) und schrieb seine letzten Werke, u. a. das große Gedicht *Ma France poétique* (1926); Grab auf dem Friedhof; seit 1984 [M] Museum in der Villa Eyhartzia.

[R] Am 7. Juli 1905 nahm **Jammes** (s. o.) in **La Bastide-Clairence** (8 km nö. v. H.) an einer Messe teil und kommunizierte das erste Mal seit seiner Wiederbekehrung; Meßdiener war sein Freund **Paul Claudel** (→ Villeneuve-sur-Fère/Pi), der großen Anteil an der Bekehrung hatte.

HAUTEFORT (Dordogne) → SALAGNAC [R]

HENDAYE (Pyrénées-Atlantiques)

† 1923 **Pierre Loti** (* Rochefort/PCh 1850); der Schriftsteller besaß die an der Bidassoa gelegene Villa Bakhar Etchea (Gedenktafel), wo er 1891-93 und 1896-98 und auch später wohnte und starb; hier entstanden die späten Werke *Prime jeunesse* (1919) und *Suprêmes visions d'Orient* (1921); Grab auf der Île-d'Oléron/PCh.

[A] Der Komödienautor **Georges Courteline** (→ Tours/C) verbrachte oft seine Ferien in H. – Der spanische Dichter **Miguel de Unamuno** (1864-1936), der 1924 auf die Insel Fuerteventura verbannt worden und von dort geflohen war, lebte ab 1925 hier, nahe der Grenze; 1930 wurde er nach Spanien zurückgeholt.

LABRÈDE (Gironde) → LA BRÈDE
LAMOTHE-MONTRAVEL (Dordogne) → MONTAIGNE
LANGON (Gironde) → SAINT-MAIXANT
LARUNS (Pyrénées-Atlantiques) → EAUX-BONNES [R]
LESCAR (Pyrénées-Atlantiques) → PAU [R]
MALAGAR (Schloß) (Gironde) → SAINT-MAIXANT
MAULÉON-LICHARRE (Pyrénées-Atlantiques) → TARDETS-SORHOLUS [R]

MONPAZIER (Dordogne)

[A] **Blaise Cendrars** (→ Anhang) quartierte sich im Winter 1930 im Hôtel de Londres in P. ein, der Heimat Jean Calmots, über den Cendrars den Roman *Rhum* (1930) schrieb (Besucher Cendrars' in P.: der amerikanische Romancier **John Dos Passos**). – **Julien Green** (→ Paris) besuchte die Stadt am 23. Oktober 1987 (*Tagebücher*): »Montpazier [sic!] ist ein bewaffneter Mann inmitten des Périgord, ein Engländer, der entschlossen ist, niemals wegzugehen. Der Marktplatz, gesäumt von breiten, offenen Umgängen, die Häuser, die durch eine Lücke voneinander getrennt sind, ein schmaler Durchlaß, der erlaubte, das Feuer zu isolieren und zu bekämpfen – alles hat etwas Aggressives bewahrt.«

MONT-DE-MARSAN (Landes)

Bibliothèque départementale de prêt des Landes (200 Tsd. Bde.). – Théâtre municipal (Stadttheater).

[A] M. war neben Pau und Nérac Lieblingsresidenz der **Margarete von Navarra** (→ Angoulême/PCh); hier, in ihrer Eremitage, ließ sie die *Comédie jouée au Mont-de-Marsan le jour de caresme 1547* aufführen. – **Th. Gautier** (→ Tarbes/MPy) besuchte im Sommer 1844 das Schloß von M., Geburtsort des Abbé de Montesquiou, eines zwölf Jahre zuvor verstorbenen Gönners der Familie Gautier.

[R] Auf der gleichen Reise durch Südwestfrankreich besuchte **Gautier** (s. o.) auch Schloß Castillon, w. v. **Arengosse** (26 km nw. v. M.) gelegen, einstige Residenz seiner Cousine Emilie d'Ismer, die diese erst kurz zuvor verkauft hatte (und jetzt in dem nahen Garein, 10 km nö., wohnte); das Schloß wird in dem Roman *Le Capitaine Fracasse* (1863, dt. 1864) beschrieben.

MONTAIGNE (Schloß) (Dordogne)

* 1533 **Michel Eyquem de Montaigne** († ebda. 1592); Sohn aus geadelter Weinhändlerfamilie, Erziehung durch dt. Hauslehrer, der nur Latein sprach; Jurastudium; Gerichtsrat in Périgueux, Parlamentsrat in Bordeaux, Freundschaft mit Étienne de La Boétie; mit 38 Jahren Rückzug aus der Öffentlichkeit auf sein Schloß M., wo er sein Hauptwerk, die *Essais* (1580, erw. 1595, dt. 1753/54, zuletzt 1998), verfaßte; Reisen in die Schweiz, nach Süddeutschland und Italien; 1581-85 Bürgermeister von Bordeaux, Vermittlertätigkeit in polit. Konflikten. – Den größten Teil seines Lebens verbrachte Montaigne auf seinem Schloß (3 km n. von Lamothe-Montravel in dem Weiler Saint-Michel-de-Montaigne), hier wurde er geboren, hier starb er (Grab in Bordeaux), hier empfing er seine Besu-

Michel de Montaigne

cher (u. a. zweimal König Heinrich IV.); das Schloß brannte 1885 ab (Wiederaufbau im folgenden Jahr), erhalten blieb der [M] Turm (Kapelle, Wohnzimmer und Bibliothek), in dem Montaigne die *Essais* schrieb; Denkmal an der Kirche des Ortes. – W.: *Œuvres coMichel de Montaignemplètes* (12 Bde. 1924-41).

[A] **Julien Green** (→ Paris) stattete dem Schloß am 6. Mai 1984 (*Tagebücher*) einen Besuch ab: »Die Treppe im Turm von Montaigne hochzusteigen bereitet große Freude. Seine Gegenwart ist nur für jene spürbar, die ihn lieben, nicht für die zerstreuten Touristen. Die griechischen und lateinischen Sätze, die auf die Balken gemalt sind, jener, der auf lateinisch sagt, daß unser blinder Verstand durch die Finsternis irrt und unser Geist nicht fähig ist, das Wahre zu erkennen ...«

[R] **Montaigne** (s. o.) war häufig Gast auf dem nö. v. M. gelegenen Schloß **Gurson** (heute Ruine), so bei der Hochzeit des Grafenpaares; an Diane de Foix, Gräfin von G., adressiert er das Kapitel 26 »De l'institution des enfants« (dt. »Über die Knabenerziehung«) seiner *Essais* (1580), »denn da ich an Eurer Eheschließung einen so großen Anteil hatte, besitze ich auch einiges Recht, mich für die Größe und das Gedeihen all derer zu interessieren, die daraus hervorgehen werden«.

MONTESQUIEU (Lot-et-Garonne) → **NÉRAC** [R]

NÉRAC (Lot-et-Garonne)

[A] **Margarete von Navarra** (→ Angoulême/PCh) hielt sich überwiegend an ihrem Hof in N. auf, wo auch ihre Werke (u. a. das *Heptaméron*) entstanden; an ihrem Hof lebten zeitweilig **C. Marot** (→ Cahors/MPy) und **J. Calvin** (→ Noyon/Pi), hier besuchte sie wahrscheinlich auch der italienische Novellist **Matteo Bandello** (→ Agen). – **Th. de Bèze** (→ Vézelay/Bu), während der Religionskriege zur Vermittlung von der protestantischen Seite ins Land gerufen, bewohnte ein Haus an der Baïse-Brücke.

[L] Das Schloß von N. und der Park La Garenne sind wiederkehrende Handlungsorte der Romanbiographie *Die Jugend des Königs Henri Quatre* (1935) von **Heinrich Mann**.

[R] Der Philosoph **Montesquieu** (→ La Brède), mit vollem Namen Charles-Louis de Secondat, Baron de la Brède de Montesquieu, wohnte wiederholt auf seinem Schloß **Montesquieu** (16 km nö. v. N.), der Besitzung seiner Vorfahren (Heinrich IV. hatte 1606 die Herrschaft M. zur Baronie erhoben). – **George Sand** (→ Paris) lebte nach ihrer Pyrenäenreise von Anfang September 1825 bis Ende Januar 1826 (mit Unterbrechungen, → Bordeaux) mit ihrem Ehemann Casimir Baron Dudevant (1795-1871) auf dessen Familienschloß **Guillery** in **Pompiey** (12 km nw. v. N.); sie beschreibt das Schloß, wo ihr Mann geboren worden war, in ihrer *Histoire de ma vie* (1854/55; 4. Teil, Kap. 11). – Auf seinem Schloß La Roche bei **Vianne** (9 km

n. v. N.) starb 1941 der Erzähler **Marcel Prévost** (→ Paris); Grab auf dem Friedhof.

OLORON-SAINTE-MARIE

(Pyrénées-Atlantiques)
Auf dem Neuen Friedhof Grab des Schriftstellers **Jules Supervielle** (→ Anhang), dessen Eltern in O. im Abstand von einer Woche an einer mysteriösen Krankheit gestorben waren; auf dem Grabstein des Dichters: »Ce doit être ici le relais / Où l'âme change de chevaux«; der Stadt widmete er das Gedicht »Oloron-Sainte-Marie« (1927).

[A] **Alfred de Vigny** (→ Loches/C) war als Offizier ab Sommer 1823 beim Regiment in O. (und Urdos) stationiert; hier entstand das Gedicht »Le Déluge«, unterschrieben mit »écrit à Oloron, dans les Pyrénées, en 1823«.

[R] Aus **Aramits** (14 km sw. v. O.) stammte Henri d'Aramits, 1640 königl. Musketier, Vorbild für die Figur des ›Aramis‹ in den *Trois Mousquetaires* (1844) von **A. Dumas d. Ä.** (→ Villers-Cotterêts/Pi).

ORTHEZ (Pyrénées-Atlantiques)

† 1391 **Gaston III.**, gen. **Gaston Phoebus** (* 1331); der Graf von Foix/MPy, Gelehrter und Dichter, der an seinem prunkvollen Hof zu O. Troubadours versammelte, verfaßte eine Abhandlung über die Jagd: *Des deduiz de la chasse des bestes sauvages et des oyseaux de proye* (1387-91); nach einem Schlaganfall gestorben, wurde er im Franziskanerkloster von O. beigesetzt; von der Burg steht nur mehr die Tour Moncade.

[A] Der Geschichtsschreiber **Jean Froissart** (→ Valenciennes/NPdC), 1388 und 1389 Gast im Schloß, berichtet in seinen *Chroniques* (gedr. 1495) von der prunkvollen Hofhaltung unter Gaston Phoebus (s. o.). – **Alfred de Vigny** (→ Loches/C) war als Soldat in O. stationiert (s. u.). – **Victor Hugo** (→ Besançon/FC), Mitte August 1843 aus Spanien kommend auf der Durchreise, fiel die Fröhlichkeit der sonnigen Stadt auf und notierte in sein Skizzenbuch den »schönen, hohen Viereckturm der einstigen Grafen«. – **H. Taine** (→ Vouziers/ChA) besuchte O. 1854; Beschreibung in *Voyage aux eaux des Pyrénées* (1855, dt. *Eine Reise in die Pyrenäen*, 1878). – **Francis Jammes** (→ Tournay/MPy) zog im Dezember 1888 von Bordeaux nach O., wo er drei Wohnsitze hatte: zunächst das Haus Sarrailh (Rue Saint-Pierre Nr. 16), ab 1897 das Haus Chrestia (außerhalb der Stadt, an der Straße nach Pau; heute Sitz der ›Association Francis-Jammes‹), wo er *De l'Angélus de l'aube à l'Angélus du soir* (1898), *Le Roman du lièvre* (1903, dt. *Der Hasenroman*, 1916) und *Almaïde d'Étremont* (1911) schrieb, und ab 1907 schließlich das Haus Le Major. »Wenn ich an meiner Dichtung mit derselben Sorgfalt gearbeitet habe wie ein ordentlicher Schuster an seinem Stücke Leder, dann betrachte ich den schönen Baum im Garten des Hauses, in dem Alfred de Vigny gewohnt hat, als er in Orthez Soldat war. Der Handlungsreisende, der seinen Musterkoffer in die Apotheke oder den Buchladen trägt, weiß so wenig, daß hier der Dichter Alfred de Vigny gewohnt hat, wie das Rind, das zur Weide trottet, oder der Distelfink, der an seinen Futterhalmen pickt.« (*Das Paradies der Tiere*, 1958.) Zu den Besuchern Francis Jammes' in O. zählten 1896 **François Coppée** (→ Paris) und 1897 **Albert Samain** (→ Lille/NPdC), im Juni 1905 **Paul Claudel** (→ Villeneuve-sur-Fère/Pi) und der junge Dichter **Saint-John Perse** (→ Giens/PAC), 1911 **F. Mauriac** (→ Bordeaux) und **V. Larbaud** (→ Vichy/Au).

[R] Im Sommer 1844 wurde der Dichter **Th. Gautier** (→ Tarbes/MPy) von einem weitläufigen Verwandten, dem Baron de Claye, im Schloß von **Amou** (13 km n. v. O.) empfangen, das dem Schloß Bruyères im Roman *Le Capitaine Fracasse* (1863, dt. 1864) einige Züge beisteuerte. – In **Saint-Cricq-Chalosse** (25 km n. v. O.) besuchte **Gautier** einen weiteren Verwand-

Pau: Schloß Heinrichs IV.

ten, Henri de Poudenx (25 km n. v. O.); zweiter Besuch 1849.

PAU (Pyrénées-Atlantiques)
»Von der Terrasse der Place Royale in Pau über die Ebene zu sehen – auf die Gebirgskette der Pyrenäen: das ist wie eine Symphonie in A-Dur.« (Kurt Tucholsky)
Universität. – Universitätsbibliothek; Bibliothèque municipale (Stadtbücherei; 335 Tsd. Bde., 430 Hs., Ink.), Bibliothèque centrale de prêt des Pyrénées-Atlantiques (165 Tsd. Bde.). Aus P. stammte Isaac de Portau, 1643 königl. Musketier, Vorbild für die Figur des ›Porthos‹ in den *Trois Mousquetaires* (1844) von **A. Dumas d. Ä.**

* 1553 **Heinrich IV. (Heinrich von Navarra)** († Paris 1610); Sohn der Jeanne d'Albret und des Antoine de Bourbon, Enkel der Margarete von Navarra; Anführer der Hugenotten in den Religionskriegen, heiratete 1572 Margarete von Valois, Schwester des Königs Karl IX.; 1589 König von Frankreich, Übertritt zum Katholizismus (»Paris ist eine Messe wert«); erließ 1598 das Toleranzedikt von Nantes; wurde 1610 von einem Fanatiker ermordet; das Leben des volkstümlichen Königs mit den vielen Mätressen, des Kämpfers für Toleranz wurde vielen Dichtern zum Stoff: u. a. Voltaire: *La Ligue ou Henri le Grand* (Ep. 1723, ab der 2. Aufl. u. d. T. *La Henriade*, 1728), A. Dumas d. Ä.: *La Reine Margot* (R. 1845), Heinrich Mann: *Die Jugend des Königs Henri Quatre* (R. 1935) u. *Die Vollendung des Königs Henri Quatre* (R. 1938). – Standbild auf der Place Royale.

* 1867 **Paul-Jean Toulet** († Guéthary 1920), Lyriker, Erzähler; Kindheit und Jugend in P.; ging 18jährig für drei Jahre nach Mauritius (woher die Familie stammte), lebte anschließend in Nordafrika; zahlreiche Reisen (Spanien, England, Ferner Osten); 1898-1912 Paris; begründete mit anderen jungen Dichtern (u. a. F. Carco) die École fantaisiste; das Hauptwerk sind kurze, in Zeitschriften erschienene Gedichte: *Les Contrerimes* (1921). – Geburtshaus Rue d'Orléans Nr. 16 (Gedenktafel). – Weitere W.: *Le Mariage de Don Quichotte* (Erz. 1902), *Mon Amie Nane* (Erz. 1905), *Les Demoiselles La Mortagne* (Erz. 1924), *Vers inédits* (1936); *Œuvres complètes* (1986).

A **Margarete von Navarra** (→ Angoulême/PCh) weilte als Königin von Navarra oft in der Residenzstadt P., wo sie an ihrer Novellensammlung, dem *Heptaméron* (1559, dt. 1791, zuletzt 1979), dessen 68. Geschichte hier spielt, arbeitete und die mittelalterliche Burg in ein Renaissanceschloß umgestalten ließ. – **Margarete von Valois** (→ Saint-Germain-en-Laye/IdF), erste Gemahlin Heinrichs IV. (s. o.), Verfasserin von *Mémoires* (postum 1628), hielt sich ebenfalls oft im Schloß auf. – Aus Gesundheitsgründen besuchte der Moralist **La Rochefoucauld** (→ Paris) P.; nach seinem Kuraufenthalt konnte er wieder ohne Krücken gehen. – Der Romantiker **A. de Vigny** (→ Loches/C), von einem dreimonatigen Paris-Urlaub bei seinem Regiment zurück, traf im September 1824 in P. die reiche Engländerin Lydia Bunbury, die er im Februar des folgenden Jahres in der protestantischen Kirche der Stadt heiratete (um mit ihr anschließend nach Paris zu gehen); in P. konzipierte er den Roman *Cinq-Mars* (1826) und verfaßte das lange Gedicht »Le Cor«, das er selbst »geschrieben in Pau 1825« datierte. – **Hermann Fürst von Pückler-Muskau** (1785-1871) besuchte P. im November 1834; sein erster Gang galt dem Königsschloß, das er in den Reisebriefen *Semilassos vorletzter Weltgang in Europa* (1835) beschreibt. – Im April 1838 besichtigte **Stendhal** (→ Grenoble/RhA) auf seiner Reise durch Südwestfrankreich P., wo ihn das Schloß und die »armselige« Kirche Saint-Martin wenig ansprachen, dafür aber seine Unterkunft im Hôtel de France an der Place Royale: »Ausgezeichnetes Hotel, ausgezeichneter Tee, unaufdringliche Aufmerksamkeiten, ausgezeichnetes Benehmen des Personals, ausgezeichnetes Bett, schönes Zimmer.« – »Die Sonne und die Landschaft, welche in die Fenster des Schlosses von Pau sehn, gehören zum Schönsten, was Europa besitzt«, befand **Heinrich Laube** (1806-1884) in seinen *Französischen Lustschlössern* (1840). – **Gustave Flaubert** (→ Rouen/HNo), der nach bestandenem Abitur 1840 in die Pyrenäen fuhr, fand bei seinem verregneten Besuch nichts Bemerkenswertes in P.: »Das Gestüt hat mich genau ebenso interessiert wie das Schloß Heinrichs IV. Denn mir ist noch schlecht von der Wiege des guten Königs. Sein Nachkomme Ludwig XVIII. hat einen vergoldeten Helm und weiße Fahnen, Trophäen und Lilien darüber anbringen lassen, und das alles wegen einer Schildkrötenschale und zweier Gabeln, die dort anstatt des teuren Herrschers ruhen. Soll das heißen, daß Heinrich IV. ein Vielfraß war?« – **Victor Hugo** (→ Besançon/FC) besuchte Mitte August 1843 das Schloß, wo ihn der mäßige Restaurierungszustand der wenigen Räume ärgerte, die Ausstattung aber freute. (Ein übereifriger Wachmann wollte ihn allerdings nicht nahe an eine Statue Heinrichs IV. heranlassen – und wurde vom entrüsteten Dichterfürsten gemaßregelt.) – **H. Taine** (→ Vouziers/ChA) lernte P. 1854 auf seiner Pyrenäenreise kennen und beschreibt Stadt und Schloßmuseum ausführlich in seinem Reisebuch *Voyage aux eaux des Pyrénées* (1855, dt. *Eine Reise in die Pyrenäen*, 1878). – Der 1846 in Montevideo geborene **Comte de Lautréamont** (→ Anhang), der 1859 zur Schulbildung nach Frankreich (→ Tarbes/MPy) gekommen war, besuchte von Oktober 1863 bis August 1865 das Gymnasium (heute Lycée Louis-Barthou) in P., das er ohne Abschluß verließ. – **J. Michelet** (→ Paris) besuchte auf einer Reise in den Südwesten Frankreichs im September 1863 das Schloß von P. – **Francis Jammes** (→ Tournay/MPy) zog im Alter von sechs Jahren mit seinen Eltern nach P. und wohnte hier ein knappes Jahr; in *De l'âge divin à l'âge ingrat* (1921), dem 1. Band seiner Autobiographie, und in seinem Lebensrückblick *Ma France poétique* (1926) spricht Jammes von der Zeit in P., das er auch von → Orthez aus häufig besuchte. – Der Lyriker **François Coppée** (→ Paris) mußte sich Anfang 1897 in P. einem chirurgischen

Eingriff unterziehen, blieb auch zur Genesung und schrieb *La bonne souffrance* (Prosa 1898). – **Saint-John Perse** (→ Giens/PAC), 1899 von den Antillen, wo ein Erdbeben eine Wirtschaftskrise auslöste, nach Frankreich gekommen, besuchte bis 1904 die Schule in P.; auch nach dem Studium kam der Dichter wieder in die Stadt zurück, wohnte in der Rue de Bordeaux Nr. 37, wo ihn 1911 u.a. **V. Larbaud** (→ Vichy/Au) besuchte; 1912 zog er nach Paris. – **M. Barrès** (→ Charmes/Lo) kam Ende Oktober 1901 in die Stadt und spricht von dem Besuch in dem Aufsatz »Souvenir de Pau en Béarn« (in der Sammlung *Amori et dolori sacrum*, 1903). – **A. France** (→ Paris) kam im Dezember 1909 und im November 1912 in die Stadt. – **Heinrich Mann** (1871-1950) besuchte 1925 P., das ihm als häufiger Schauplatz von Szenen der Romanbiographie *Die Jugend des Königs Henri Quatre* (1935) diente. – Im Herbst des gleichen Jahres war auch **Kurt Tucholsky** (1890-1935) in P.: »Das Schloß ist restauriert, aber trotzdem gut erhalten.«

[R] In der ehem. Kathedrale von **Lescar** (nw. v. P.), der Grablege der Könige von Navarra, Grab der **Margarete von Navarra** (→ Angoulême/PCh); die Verfasserin des *Heptameron* (postum 1559) war 1549 auf Schloß Odos bei Tarbes/MPy gestorben. – Auf dem Friedhof von **Bœil-Bezing** (10 km sö. v. P.) wurde **Carl Einstein** (1885-1940) beerdigt (Grab aufgelassen); der Schriftsteller, der seit Ende der 20er Jahre in Paris lebte, war nach Verhaftung und Internierungslager bei Bordeaux in einem Kloster untergetaucht und nahm sich 1940 das Leben, da er als ehemaliger Spanienkämpfer nicht über die Pyrenäen fliehen konnte. – Das Eingangskapitel der Romanbiographie *Die Jugend des Königs Henri Quatre* (1935) von **Heinrich Mann** sieht den Titelhelden auf Schloß **Coarraze** (20 km sö. v. P.) und Umgebung, wo der junge Prinz volksnah aufwächst.

PÉRIGUEUX (Dordogne)

Bibliothèque municipale (Stadtbücherei; 160 Tsd. Bde., 320 Hs., 70 Ink.); Bibliothèque départementale de prêt de la Dordogne (Leihbücherei; 300 Tsd. Bde.).

* 1846 **Léon Bloy** († Bourg-la-Reine/IdF 1917), Romancier, Essayist; Gymnasium in P., 1864 Paris, wo er sich Barbey d'Aurevilly (→ Saint-Sauveur-le-Vicomte/BNo) anschloß; Konversion zum Katholizismus, Autor des ›renouveau catholique‹ (der Wiederbesinnung auf katholische Werte in der Lit.). – Geburtshaus: Villa Bel-Air in der Rue de Crompsault (Stadtteil Saint-Georges). – W. u. a.: *Le Désespéré* (R. 1887, dt. *Der Verzweifelte*, 1954), *La Femme pauvre* (R. 1897, dt. *Clotilde Maréchal*, 1931, u. d. T. *Das Wrack der Finsternis. Clotilde Maréchal*, 1933, u. d. T. *Die Armut und die Gier*, 1950), *Exégèse des lieux communs* (1902/1913, dt. *Auslegung der Gemeinplätze*, 1995).

[A] 1554 erhielt der 21jährige **Michel de Montaigne** (→ Montaigne/Aq) die Stellung eines Rats am Steuergerichtshof von P.; dieses Amt hatte ihm sein Vater Pierre Eyquem gekauft, der im gleichen Jahr Bürgermeister von Bordeaux geworden war; drei Jahre später wurde Montaigne Parlamentsrat von Bordeaux. – **Victor Hugo** (→ Besançon/FC) kam Anfang September 1843 nach P. und besichtigte die Kathedrale Saint-Front, den Vesuna-Turm und das Château Barrière. – **Henry Miller** (1891-1980), der Ende 1952 nach Frankreich gekommen war, reiste im folgenden Jahr eigens nach P., um dort Dr. de Fontbrune zu treffen, einen Nostradamus-Spezialisten.

[R] **Léon Bloy** (s. o.) zog sich von Juli bis September 1911 nach **Annesse-et-Beaulieu** (11 km w. v. P.) in die Mühle von Taillepetit zurück und schrieb hier *La Vie de Mélanie, bergère de La Salette* (1912).

LE PIQUEY (Gironde) → CAP-FERRET [R]
POMPIEY (Lot-et-Garonne) → NÉRAC [R]
PORT-SAINTE-MARIE (Lot-et-Garonne) → AGEN [R]

PUYGUILHEM (Schloß) (Dordogne) → **THIVIERS** [R]
RICHEMONT (Schloß) (Dordogne) → **BOURDEILLES**
ROUFFIGNAC (Dordogne) → **SAINT-LÉON-SUR-VÉZÈRE** [R]
SAINT-CRÉPIN-DE-RICHEMONT (Dordogne) → **BOURDEILLES**
SAINT-CRICQ-CHALOSSE (Landes) → **ORTHEZ** [R]

SAINT-JEAN-DE-LUZ
(Pyrénées-Atlantiques)

Bibliothèque municipale (Stadtbücherei; 54 Tsd. Bde.).

[A] **H. Taine** (→ Vouziers/ChA) besuchte die Stadt 1854 und beschreibt sie in *Voyage aux eaux des Pyrénées* (1855, dt. *Eine Reise in die Pyrenäen*, 1878): »Saint-Jean-de-Luz ist eine kleine Stadt mit engen Straßen, die heutzutage still und heruntergekommen ist.« – **J. Michelet** (→ Paris) hielt sich zur Erholung von Ende September bis Ende Oktober 1863 in S.-J. auf. – Von einem Sommererlebnis 1931 in S.-J. erzählt **Ernst von Salomon** (1902-1972) in dem autobiogr. Roman *Boche in Frankreich* (1950).

[R] Im Hôtel de la Rhune (Gedenktafel) von **Ascain** (6 km sö. v. S.-J.) schrieb 1896 **Pierre Loti** (→ Rochefort/PCh) seinen Roman *Ramuntcho* (1897, dt. 1898), der den 6 km südl. gelegenen Ort **Sare** und Umgebung zum Schauplatz hat. – In **Guéthary** (4 km nö. v. S.-J.) starb 1920 **Paul-Jean Toulet** (→ Pau); der Dichter, der 1912 Paris verlassen und die Tochter eines Gastwirts aus G. geheiratet hatte, verbrachte die letzten Jahre seines Lebens im Ort (Haus Etcheberria); Sammlung zum Autor in der Maison Saraleguinea, Avenue du Général-de-Gaulle; Grab nahe der Kirche.

SAINT-JEAN-PIED-DE-PORT
(Pyrénées-Atlantiques)

† 1903 **George Gissing** (* Wakefield/Yorkshire 1857); der Autor von *New Grub Street* (1891, dt. zuletzt u. d. T. *Zeilengeld*, 1986) lebte die letzten Jahre seines Lebens dauerkrank in Südfrankreich mit seiner Lebensgefährtin Gabrielle Fleury; im Sommer 1903 war er hierher gezogen und starb kurz nach Weihnachten; den englischen Romancier H. G. Wells (1866-1946), der u. a. den Roman *The Time Machine* (1895, dt. *Die Zeitmaschine*, 1904) schrieb, rief ein Telegramm an das Sterbebett des Freundes.

[A] **Francis Jammes** (→ Tournay/MPy) war als Kind zu Besuch in S.-J., wo ein Schulfreund seines Vaters wohnte (Erwähnung in *De l'âge divin à l'âge ingrat*, 1921). – **Jules Supervielle** (→ Anhang), als Kind Vollwaise geworden (→ Oloron-Sainte-Marie) wuchs bei seiner Großmutter in S.-J. auf. – In der »kleinen Bergstadt im Grünen« schaute sich im Herbst 1925 **Kurt Tucholsky** (1890-1935) einen Wettkampf im Pelotaspiel an und schilderte ihn in seiner Reisebeschreibung *Ein Pyrenäenbuch* (1927).

[L] 30 km südl. von S.-J. (schon in Spanien): der Engpaß von Roncevaux, in dem Roland, Titelfigur des mittelalterlichen *Rolandsliedes*, nach heldenhaftem Kampf stirbt.

SAINT-LÉON-SUR-VÉZÈRE
(Dordogne)

[A] **Julien Green** (→ Paris) besuchte die romanische Kirche von S.-L. Mitte Oktober 1987 (*Tagebücher*): »Die Kirche scheint riesenhaft, zweifellos des unbestimmten Lichts wegen. Man steigt endlose Stufen hinauf, die von Tausenden von Schritten so abgenutzt sind, daß man auf den schiefen, bemoosten Steinen auszugleiten droht. Der Portalvorbau fehlt, nur in der hohen Fassade öffnet sich eine mächtige Tür, und im Innern scheinen sich die Gewölbe im Zwielicht zu verlieren. In all diesen leeren Kirchen hängt ein Geruch von Moder, hängt die vage Erinnerung an kalten Weihrauch.«

[R] In seinen *Tagebüchern* schreibt **Julien Green** (s. o.) auch von seinem Besuch der

Grotten von **Rouffignac** (14 km w. v. S.-L.) am 8. Oktober 1987: »In Rouffignac taucht man in das schwarze Loch einer jahrtausendealten Vergangenheit ein.«

SAINT-LOUBÈS (Gironde) → **BORDEAUX** [R]

SAINT-MAIXANT (Gironde)

[A] 1927 erbte **François Mauriac** (→ Bordeaux) den Familienbesitz Schloß Malagar, hoch über den Ufern der Garonne bei S.-M. gelegen; der Dichter schrieb einen großen Teil seines Werkes hier; [M] Centre François Mauriac; auf dem Gelände Bronzeplatten (im Boden) mit Texten des Nobelpreisträgers. In der Gegend um S.-M. und Langon spielen die Romane *Le Baiser aux lépreux* (1922, dt. *Der Aussätzige und die Heilige*, 1928) und *Génétrix* (1923, dt. *Der Tod der jungen Frau*, 1928).
[R] Der römische Dichter **Ausonius** (→ Bordeaux) kam häufig nach **Bazas** (16 km sö. v. S.-M.), wo sein Vater Arzt war.

SAINT-MICHEL-DE-MONTAIGNE (Dordogne) → **MONTAIGNE**
SAINT-PALAIS (Pyrénées-Atlantiques) → **SALIES-DE-BÉARN** [R]
SAINT-SAUVEUR (Dordogne) → **BERGERAC** [R]

SAINT-SYMPHORIEN (Gironde)

[A] **F. Mauriac** (→ Bordeaux) besuchte wiederholt S.-S., wo seine Familie Besitz hatte; der Ort und seine Umgebung sind Schauplätze in seinem Werk, u. a. in den Romanen *Le Mystère Frontenac* (1933, dt. *Das Geheimnis Frontenac*, 1939), *Un Adolescent d'autrefois* (1969) und *Thérèse Desqueyroux* (1927, dt. *Die Tat der Thérèse Desqueyroux*, 1928), wo S.-S. unter der Bezeichnung »Saint-Clair« eine Rolle spielt; die großen Eichen im Park Jouannet hätte Mauriac gerne als Sterbeort gewählt (*Mémoires intérieurs*, 1959).
[R] **Argelouse** (13 km sw. v. S.-S.) wird als Schauplatz von **Mauriacs** Roman *Thérèse Desqueyroux* (s. o.) ebenfalls genannt; in Wirklichkeit bezeichnet das A. des Romans jedoch das 8 km nö. von hier gelegene Jouanhaut.

Schloß Fénelon

SAINTE-MONDANE (Dordogne)

* 1651 **François de Salignac de La Mothe-Fénelon** († Cambrai/NPdC 1715); verbrachte die ersten zwölf Jahre seines Lebens auf Schloß Fénelon; 1675 Priesterweihe in Paris; übernahm Bekehrungsaufgaben nach der Aufhebung des Edikts von Nantes (1685); verfaßte die pädagogische Schrift *De l'Éducation des filles* (1687, dt. *Von der Erziehung der Töchter*, 1698), die ihn Erzieher des Thronfolgers werden ließ; 1693 Aufnahme in die Académie Française, ab 1695 Erzbischof von Cambrai; berühmt blieb Fénelon über die Jahrhunderte durch seinen Erziehungsroman *Les Aventures de Télémaque* (1699, dt. *Die seltsamen Begebenheiten des Telemach*, 1733). – Geburtsort: [M] Schloß Fénelon bei S.-M. – Weitere W.: *Dialogues*

des morts (1712, dt. *Gespräche der Toten*, 1745); *Œuvres complètes* (10 Bde. 1848-52, Neudr. 1969).

SAINTE-TRIE (Dordogne) → **SALAGNAC** [R]

SALAGNAC (Dordogne)

* um 1140 **Bertran de Born, Vicomte d'Hautefort** († Abtei Dalon in Sainte-Trie um 1215), Troubadour; Schloßherr von Hautefort (s. u.); schürte die Zwistigkeiten zwischen König Heinrich II. von England und seinen Söhnen (einer von ihnen: Richard Löwenherz); als Anstifter von Streit und Krieg läßt ihn Dante in der *Göttlichen Komödie* als »Körper ohne Kopf« in der Hölle auftreten (Inferno, XXVIII, 118-142); verfaßte mindestens 40 Kompositionen: Sirventese (Kampflieder), Klagelieder, Kanzonen; zog sich 55jährig ins Kloster Sainte-Trie (s. u.) zurück.

[R] Der Vorgängerbau des heutigen Schlosses von **Hautefort** (10 km südl. v. S.) war das Stammschloß des Troubadours **Bertran de Born** (s. o.), der sich mit seinem Bruder um den Besitz stritt; das Schloß ist Schauplatz von **Ludwig Uhlands** Ballade »Bertran de Born«, 1829: »Droben auf dem schroffen Steine / Raucht in Trümmern Autafort . . .«. – Von der ehemaligen Zisterzienserabtei Dalon in **Sainte-Trie** (2 km südl. v. S.) blieb nur eine Ruine; in der Abtei starben zwei der bekanntesten mittelalterlichen Dichter: um 1180 **Bernard de Ventadour** (→ Moustier-Ventadour/Li), der sich nach seinem Englandaufenthalt im Gefolge Eleonores von Aquitanien ins Kloster zurückgezogen hatte, und, ca. 35 Jahre später, **Bertran de Born** (s. o.)

SALIES-DE-BÉARN
(Pyrénées-Atlantiques)

[A] **Paul-Jean Toulet** (→ Pau) war häufig in S., das ihm als Rahmen seines Romans *La jeune fille verte* (1920) diente (Gedenktafel am Café des Jardin Public). – Der asthmakranke **Marcel Proust** (→ Paris) besuchte den Kurort im September 1885 mit seiner Mutter und wohnte im Hôtel de la Paix. – Anfang Januar 1926 kam der amerikanische Romancier **F. Scott Fitzgerald** (1896-1940) nach S. und blieb mit seiner Frau Zelda, die sich von einer Krankheit erholte, zwei Monate hier.

[R] Aus **Athos** (8 km sw. v. S.) stammte Arnaud de Sillègne d'Athos, 1640 königl. Musketier, Vorbild für die Figur des ›Athos‹ in den *Trois Mousquetaires* (1844) von **A. Dumas d. Ä.** (→ Villers-Cotterêts/Pi). – **Francis Jammes** (→ Tournay/MPy) wohnte als Schulkind vier Jahre in der Rue du Palais-de-Justice Nr. 14 in **Saint-Palais** (24 km sw. v. S.), wovon er in *De l'âge divin à l'âge ingrat* (1921) und in seinem autobiographischen Gedicht *Ma France poétique* (1926) spricht (»Voici l'entrée avec le tout petit parterre . . .«).

SALIGNAC-EYVIGUES (Dordogne) → **SARLAT** [R]

SARE (Pyrénées-Atlantiques) → **SAINT-JEAN-DE-LUZ** [R]

SARLAT (Dordogne)

Théâtre municipal (Stadttheater).

* 1530 **Étienne de la Boétie** († Germignan bei Bordeaux 1563), Humanist; Jurastudium in Orléans, ab 1554 Parlamentsrat in Bordeaux, seit 1558 mit Montaigne befreundet, der ihm in den *Essais* (I, 28, »De l'amitié«) ein Denkmal setzt und seine Werke postum veröffentlichte (1570). – Geburtshaus: Renaissancepalais gegenüber der Kathedrale, Statue auf der Place de la Grande-Rigaudie; Herrenhaus La Boétie, Stammsitz der Familie an der Straße nach Vitrac (2 km südl. v. S., keine Besichtigung). – W. u. a.: *Discours de la servitude volontaire* (postum 1567), *Œuvres complètes* (1892, 2. Aufl. 1967).

[A] **Fénelon** (→ Sainte-Mondane) besuchte hier gelegentlich seinen Onkel, der Bischof von S. war und seinem Neffen, als der 20 Jahre alt war, die Pfründe eines Domherren von S. besorgt hatte. – »In der Kathedrale von Sarlat, die doch mitten in der Stadt liegt, ist die Stille von außerordentlicher Qualität«, so **Julien Green** (→ Paris) in seinen *Tagebüchern* (29. September 1987).

[R] Die Burg von **Salignac-Eyvigues** (15 km nö. v. Sarlat) gehörte der Familie des Autors der *Aventures de Télémaque* (1699) **Fénelon** (→ Sainte-Mondane), mit vollem Namen François de Salignac de La Mothe-Fénelon. – Der belgische Romancier **Georges Simenon** (→ Anhang) verbrachte mit seiner Frau Tigy das Frühjahr 1938 in **Beynac-et-Cazenac** (9 km sw. v. S.) und schrieb hier den Roman *Le Coup-de-Vague* (1939, dt. *Wellenschlag*, 1979).

SARRANCE (Pyrénées-Atlantiques)

[L] Im Rahmen ihrer Novellensammlung *L'Heptaméron* (postum 1559) erzählt **Margarete von Navarra** (→ Angoulême/PCh), wie eine Reisegruppe auf der Rückkehr von der Kur in → Cauterets/MPy von schlechtem Wetter in S. festgehalten wurde; zum Zeitvertreib sollten die fünf Damen und fünf Herren jeder eine Geschichte am Tag erzählen ...

Sarlat: La-Boétie-Denkmal

[R] **A. de Vigny** (→ Loches/C) war als Offizier von 1823 an in den Garnisonen von **Urdos** (23 km südl. v. S.) und → Oloron-Sainte-Marie stationiert; in U. schrieb er 1823 das lange Gedicht »Dolorida«.

SOORTS-HOSSEGOR (Landes)

† 1918 **Paul Margueritte** (* Lagh'-Ouat/Algerien 1860); der Offizierssohn, der bis 1881 selbst in der Armee diente, verfaßte zunächst Werke im Stil Zolas (*Jours d'épreuves*, 1889), später, gemeinsam mit dem Bruder Victor (→ Monestier/Au), Romane (*La Commune*, 1904), Kinderbücher und Manifeste für die Emanzipation der Frau; Grab auf dem Friedhof.

TARDETS-SORHOLUS (Pyrénées-Atlantiques)

[A] T. war eine der Stationen auf **Kurt Tucholskys** (1890-1935) Pyrenäenreise im Herbst 1925: »Es war grade Markt, und die Bauernfrauen, manche bis zu acht Unterröcken stark, standen zwischen ihren

Äpfelkiepen, saßen auf ihren Gemüsen und wühlten hinter ihren Budchen.«

[R] **Tucholsky** (s. o.) stieg bei seiner Rundfahrt 1925 in **Mauléon-Licharre** (13 km n. v. T.-S.) aus dem »Pyrenäenauto« aus und »kletterte in der kleinen Stadt umher« (*Ein Pyrenäenbuch*, 1927).

THIVIERS (Dordogne)

Die Vorfahren von **Jean-Paul Sartre** (→ Paris) stammten väterlicherseits aus Th., wie Sartre in *Les Mots* (1964, dt. *Die Wörter*, 1965) beschreibt: »Ungefähr zur gleichen Zeit, da Charles Schweitzer Louise Guillemin kennenlernte, heiratete ein Landarzt die Tochter eines reichen Hausbesitzers aus dem Périgord und zog mit ihr in die traurige Hauptstraße von Thiviers: gerade gegenüber der Apotheke. Am Morgen nach der Hochzeit stellte sich heraus, daß der Schwiegervater keinen Sou besaß. Der Doktor Sartre war darüber so entrüstet, daß er vierzig Jahre lang kein Wort mit seiner Frau sprach; bei Tisch begnügte er sich mit Zeichen, sie nannte ihn schließlich ›meinen Dauergast‹.«

[R] **Julien Green** (→ Paris) beschreibt seinen Besuch des Schlosses von **Puyguilhem** (15 km w. v. Th.) in seinen *Tagebüchern* (30. April 1984).

URDOS (Pyrénées-Atlantiques) → **SARRANCE** [R]

URRUGNE (Pyrénées-Atlantiques) → **CIBOURE** [R]

URT (Pyrénées-Atlantiques) → **BAYONNE** [R]

VIANNE (Lot-et-Garonne) → **NÉRAC** [R]

Gorges du Tarn in den Cevennen

MIDI – PYRÉNÉES (MPy)

Region: Midi-Pyrénées; Départements: Ariège (09), Aveyron (12), Haute-Garonne (31), Gers (32), Lot (46), Hautes-Pyrénées (65), Tarn (81), Tarn-et-Garonne (82); Einwohner: 2,4 Mio.; Fläche: 45 348 qkm; Verwaltungssitz: Toulouse.

ALBI (Tarn)

»Ich bin kein weitgereister Mann und kann nicht nachlässig hinwerfen: ›Das Haus des Dalai-Lama in Tibet erinnert mich an der Nordseite an die Peterskirche in Rom ...‹ Diese Kathedrale in Albi hat mich an gar nichts erinnert – doch: an eins. An Gott. Ihr Anblick schlägt jeden Unglauben für die Zeit der Betrachtung knock-out.« (Kurt Tucholsky)

Bibliothèque municipale (Stadtbücherei; ca. 300 Tsd. Bde.). – Scène Nationale (Staatl. Bühne).

* 1618 **Claude Boyer** († Paris 1698), Dramatiker; Priester im Bistum A., fruchtbarer Dramatiker in Paris; 1666 Mitglied der Académie Française; seine Werke erfuhren den Spott von Racine und Boileau. – W. u. a.: *La Porcie romaine* (Dr. 1646), *Judith* (Dr. 1695), *Méduse* (Dr. 1697).

* 1622 **Michel Leclerc** († Paris 1691), Dramatiker; Jurist und Theatermann; 1662 Mitglied der Académie Française, verfaßte 1675 gemeinsam mit Jacques Coras (1630-1677) ein Drama *Iphigénie*, mit dem sie Racine ausstechen wollten (der mit spöttischen Versen reagierte). – Weitere W.: *La Virginie romaine* (1645), *Le Docteur extravagant* (Dr. 1684).

* 1886 **Pierre Benoit** († Ciboure/Aq 1962), Erzähler; Sohn eines Offiziers, Studium in Algier, Montpellier und Paris; Freundschaft mit R. Dorgelès und F. Carco; Autor von Abenteuer- und Unterhaltungsromanen; 1931 Mitglied der Académie Française. – W. u. a.: *Kœnigsmarck* (1918, dt. 1924), *L'Atlantide* (1919, dt. *Atlantis*, 1920), *Le Lac salé* (1921, dt. *Der Salzsee*, 1925), *Mademoiselle de La Ferté* (1923, dt. *Das Fräulein von La Ferté*, 1927), *Le Puits de Jacob* (1925, dt. *Der Jakobsbrunnen*, 1929); *Œuvres complètes* (24 Bde. 1967 ff.).

[A] **Molière** (→ Paris) war im August und September 1647 mit seiner Schauspieltruppe in A. – **François de Bernis** (→ Saint-Marcel-d'Ardèche/RhA), Briefpartner Voltaires, residierte von 1764 bis 1791 als Erzbischof von A. im Palais de la Berbie. – **P. Valéry** (→ Sète/LR), der im September 1907 von Plaisance (s. u.) aus A. besuchte, war von der Kathedrale tief beeindruckt. – Der englische Autor **Rudyard Kipling** (1865-1936) fand, daß »die Backsteinmasse der Kathedrale von Albi, gegen den Mond gesehen, der Seele einen Hammerschlag versetze« (*Souvenirs of France*, 1933). – **A. France** (→ Paris) besuchte die Stadt Ende 1909 im Rahmen einer Reise durch Südfrankreich. – Bei seinem Besuch der Stadt im Herbst 1925 besichtigte **Kurt Tucholsky** (1890-1935) die Kathedrale Sainte-Cécile (»Innen ist die Kathedrale nicht so schön, es gibt zwar gute Einzelheiten, aber es ist eben eine hohe Kirche, deren Raum man leider aufgeteilt hat«), das Musée Toulouse-Lautrec in der ehemaligen Bischofsresidenz und das Geburtshaus des Malers.

[R] In **Canezac** (30 km n. v. A.), Ortsteil der Gemeinde **Montirat**, wurde 1939 ein Gedenkstein mit folgender Inschrift errichtet: »Auf diesen Hügeln pflügten die Vorfahren Balzacs«. Bernard-François Balssa, Vater von **Honoré de Balzac** (→ Tours/C), wurde 1746 auf dem Bauernhof La Nougaryié als ältestes von elf Kindern geboren; ca. 30 Jahre später änderte er den Familiennamen von Balssa in Balzac um (sein Sohn legte sich dann um 1830 das Adelsprädikat zu). – **P. Valéry** (→ Sète/LR) machte im September 1907 Ferien bei seinem älteren Bruder Jules in **Plaisance** (35 km ö. v. A.).

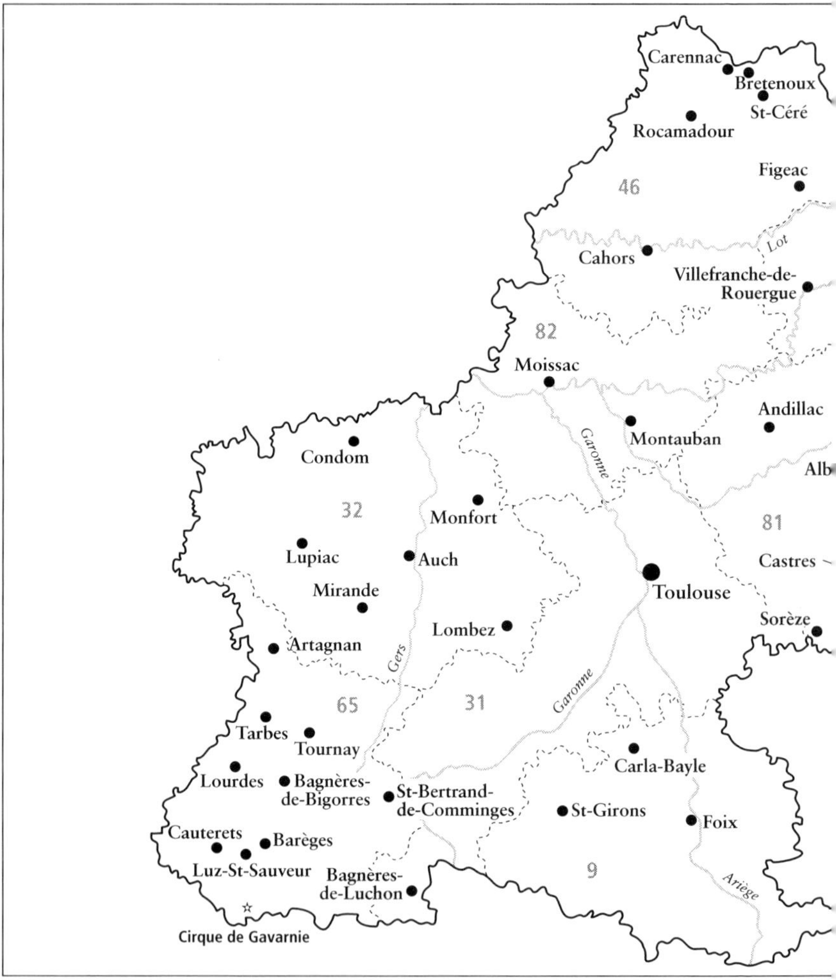

ANDILLAC (Tarn)
* 1810 **Maurice de Guérin** († ebda. 1839), romant. Dichter; aufgezogen von der zärtlich geliebten Schwester Eugénie (1805-1848), die ihrerseits Gedichte und Tagebuch schrieb; Kindheit auf Schloß Le Cayla (2 km nö. v. A.); Petit Seminaire in Toulouse, Collège Stanislas in Paris; Nachhilfelehrer und Mitarbeiter bei Zeitungen; Einfluß von Lamennais, bei dem er zeitweise in La Chesnaie/Br wohnte; Autor des berühmten Prosaged. *Le Centaure* (postum 1840, dt. *Der Kentaur*, übers. v. Rilke 1911); starb an Tuberkulose. – Geburts- und Sterbeort: [M] Schloß Le Cayla, Grab der Geschwister auf dem Friedhof von A.

(an der Apsis der Kirche) – weitere W.: *La Bacchante* (Prosaged. postum 1862, dt. *Die Bacchantin*, 1922); *Œuvres complètes* (2 Bde. 1947).

[A] Unter den Besuchern des Schlosses Le Cayla: **Francis Jammes** (→ Tournay) 1906, der davon in *Les Caprices du poète* (1923), dem 3. Bd. seiner Autobiogr.

spricht, **M. Barrès** (→ Charmes/Lo) (Beschreibung in den *Carnets*), **F. Mauriac** (→ Bordeaux/Aq), der das Museum 1937 eröffnete. – Alljährlich treffen sich am Todestag des Dichters (19. Juli) ›Les amis de Guérin‹ (›Die Freunde von Guérin‹) auf dem Schloß.

ARGELÈS (Hautes-Pyrénées) → **LOURDES** [R]

ARTAGNAN (Hautes-Pyrénées)

Im Schloß von A., Besitz der Adelsfamilie Montesquiou (→ Mauperthuis/IdF), lernten sich die Eltern des Dichters **Th. Gautier** (→ Tarbes) kennen; das Paar heiratete im Dezember 1810 in der Dorfkirche von A.

AUCH (Gers)

Bibliothèque départementale de prêt du Gers (160 Tsd. Bde.).

An der großen Treppe, die von der Place Salinis zum Gers führt, Statue (1931) für Charles de Batz-Castelmore (→ Lupiac), das historische Vorbild des ›d'Artagnan‹ in A. Dumas' d. Ä. *Les Trois Mousquetaires* (1844).

[A] **Hermann Fürst von Pückler-Muskau** (1785-1871) besuchte A. im Herbst 1834 und beschreibt die Kathedrale in *Semilassos vorletzter Weltgang in Europa* (1835). – **Stendhal** (→ Grenoble/RhA) kam Ende April 1838 nach A., wo sein Augenmerk natürlich der Kathedrale galt. (Das Kircheninnere, »bar jeder Traurigkeit«, fand er »fast griechisch«.) – **Victor Hugo** (→ Besançon/FC) fiel bei seinem Besuch der Kathedrale Anfang September 1843 der »Kult der Sybillen« auf: Überall – von den Fenstern bis zum Chorgestühl – sehe man sie dargestellt. – **A. France** (→ Paris) besuchte die Stadt Ende 1909. – **Julien Gracq** (→ Saint-Florent-le-Vieil/PdL) fand es bei seinem Besuch der Stadt 1976 »erholsam«, wenn man »in dieser bescheidenen Stadt eintrifft und nirgends an einer Fabrik, an Werksschloten oder auch nur an einem gefinkelten *Service-Center* vorbeikommt! Von den grünen Hügeln gelangt man hier unmittelbar in die lange Straße, die zur Kathedrale führt, wie in die Alleen eines Kurortes.« (*Carnets du grand chemin*, 1992, dt. *Der große Weg*, 1996.)

BAGNÈRES-DE-BIGORRE

(Hautes-Pyrénées)

Zu den Gästen des Heilbades zählte 1842 auch Marguerite Gautier, Titelfigur des Romans *La Dame aux camélias* (1848, dramatisiert 1852; dt. 1850, u. d. T. *Die Kameliendame*, 1907) von **A. Dumas d. J.** (→ Paris).

Bibliothèque municipale (Stadtbücherei; 75 Tsd. Bde., 154 Hs.)

[A] Bevor **Michel de Montaigne** (→ Montaigne/Aq) im Jahr 1580 zu seiner großen Bäderreise Richtung Lothringen, Schweiz und Italien aufbrach, suchte er Linderung für sein Leiden (Nierensteine) in den heimatlichen Pyrenäen-Bädern von B. und Eaux-Chaudes/Aq. – Im Kurpark Gedenkplaketten für die Besuche der **Madame de Maintenon** (→ Niort/PCh) (1675) und der zu ihrer Zeit erfolgreichen Romanschriftstellerin **Marie-Sophie Cottin** (1770-1817). – Der Engländer **Laurence Sterne** (1713-1768), Autor des *Tristram Shandy*, kam lungenkrank Mitte 1763 nach B. – **Hermann Fürst von Pückler-Muskau** (1785-1871) besuchte den Ort Ende Oktober 1834: »Bagnères ist ein nettes Städtchen, und auch die hiesigen Badeetablissements sind elegant eingerichtet, wozu die nahen Marmorbrüche reichlich ihre Schätze geliefert haben.« (*Semilassos vorletzter Weltgang in Europa*, 1835.) – **P. Mérimée** (→ Paris) kam erstmals im Hochsommer 1838 in den Kurort (Brief vom 7. 8. 1838 an seinen Freund Léon de Lavergne). – **A. de Lamartine** (→ Mâcon/Bu) machte Mitte Juli 1840 von seiner Kur in Bagnères-de-Luchon einen Abstecher hierher und wurde als Ehrengast empfangen (wofür sich der Dichter mit einer Ansprache bedankte). – **Heinrich Heine** (1797-1856), der Anfang Juni 1846 in Paris aufgebrochen war, um sich zur Kur nach → Barèges zu begeben, mußte wegen seines schlechten Gesundheitszustandes vor der Weiterreise zwei Wochen in B. bleiben. – **H. Taine** (→ Vouziers/ChA) kam 1854 in den Badeort, den er in *Voyage aux eaux des Pyrénées* (1855, dt. *Eine Reise in die Pyrenäen*, 1878) beschreibt. – Im Winter 1859/60 unternahm **Th. Gautier** (→ Tarbes) eine Reise in die heimatlichen Pyrenäen und kam dabei auch nach B. – 1903 kamen **F. Jammes** (→ Tournay) und **Marcel Schwob** (→ Chaville/IdF) nach B. – **Georges Bernanos** (→ Paris) bezog im September 1927 das Haus in der Allée des Coustous Nr. 11, wo er – mit Unterbrechungen – bis zum nächsten Jahr wohnte; hier arbeitete er an dem Roman *L'Imposture* (1927, dt. *Der Abtrünnige*, 1929, u. d. T. *Der Betrug*, 1954).

[R] In dem vom Adour durchflossenen Tal von **Campan** (7 km südl. v. B.) siedelt **Jean Paul** (1763-1825) seine Erzählung *Das Kampaner Tal oder über die Unsterblichkeit der Seele* (1797) an; als wichtigste Quelle für die Beschreibung des Tals dienten ihm die *Travels in France* (1792, dt. *Reise durch Frankreich und einen Teil von Italien in den Jahren 1787-90*, 1793-95) von **Arthur Young**, »ders fast noch stärker lobt als ich«, so Jean Paul.

BAGNÈRES-DE-LUCHON
(Haute-Garonne)

A Der Romantiker **A. de Lamartine** (→ Mâcon/Bu) kam 1840 ein erstes Mal (Gedenktafel im Hof des Hôtel de Bordeaux), 1862 ein zweites Mal (Wohnung in der Rue Lamartine Nr. 21). – **G. Flaubert** (→ Rouen/HNo), der den Ort schon von seiner Pyrenäenreise 1840 kannte, kam im Juli 1872 ein zweites Mal als Begleiter seiner Nichte Caroline und wohnte an der Place du Maréchal de Richelieu. – **H. Taine** (→ Vouziers/ChA) besuchte auf ärztliches Anraten 1854 die Badeorte in den Pyrenäen; eine Beschreibung von B.-d.-L. findet sich in *Voyage aux eaux des Pyrénées* (1855, dt. *Eine Reise in die Pyrenäen*, 1878). – **J. Michelet** (→ Paris) begleitete im September 1863 seine zweite Frau Athénaïs zu einem Kuraufenthalt nach B. – **A. Dumas d. Ä.** (→ Villers-Cotterêts/Pi) wohnte bei seinem Aufenthalt in B.-d.-L. am Boulevard Alexandre-Dumas (Gedenktafel). – Der Lyriker **J.-M. de Heredia** (→ Anhang) weilte 1882 in B.-d.-L.; der Badeort und seine Umgebung spiegelt sich in den »Sonnets épigraphiques« (zurückgehend auf ein Werk über die Inschriften der Gegend), die Eingang in den Gedichtzyklus *Les Trophées* (1893) fanden. – **Edmond Rostand** (→ Marseille/PAC) kam von seiner Kindheit an alljährlich in den Ferien mit seinen Eltern hierher, wo die Familie in der Villa am Boulevard Edmond-Rostand Nr. 7 wohnte; hier entstanden Teile des Erfolgsdramas *Cyrano de Bergerac* (1897); der Ort und die Umgebung finden Erwähnung in der Gedichtsammlung *Les Musardises* (1890); Büste in der Allée des Bains. – **G. de Maupassant** (→ Tourville-sur-Arques/HNo) war im Juni 1891 in B.-de-L., fühlte sich jedoch vom Schwefelgeruch gestört und ging zur Kur in den Schweizer Jura. – **Octave Mirbeau** (→ Trévières/BNo) machte nach einem Besuch des Kurorts B. zum Rahmen seines Romans *Les vingt-et-un jours d'un neurasthénique* (1902, dt. zuletzt u. d. T. *Nie wieder Höhenluft oder Die 21 Tage eines Neurasthenikers*, 2000). – **Kurt Tucholsky** (1890-1935) kam im Herbst 1925 (»Luchon ist ein großer Badeort, besonders wenn niemand da ist.«) – Besuche auch der Theatermänner **Sacha Guitry** (→ Anhang) und **Armand Salacrou** (1899-1989), des Nobelpreisträgers **F. Mauriac** (→ Bordeaux/Aq) und des Schauspielers und Sängers **Yves Montand.**

M **Musée du Pays de Luchon** (Allée d'Étigny Nr. 18): u. a. (1. Stock) Erinnerungsstücke an Schriftsteller, die zur Kur in B.-de-L. waren.

BARÈGES (Hautes-Pyrénées)

A **Heinrich Heine** hielt sich von Mitte Juni bis Ende August 1846 zur Kur in B. auf, wovon er sich vergeblich eine Linderung seiner Krankheit versprach; nach seiner Abreise schreibt er seinem Verleger Campe nach Hamburg: »Während der ersten Wochen, die ich in Barèges zubrachte, hatte ich mich etwas erholt und Hoffnung geschöpft, aber seitdem ging es den Schneckengang: meine Sprachwerkzeuge sind so gelähmt, daß ich nicht sprechen kann, und essen kann ich nicht seit vier Monaten, wegen der Schwierigkeit des Kauens und Schluckens und der Abwesenheit des Geschmacks. Auch bin ich so entsetzlich abgemagert, mein armer Bauch ist kläglich verschwunden, und ich sehe aus wie ein dürrer einäugiger Hannibal. [...] Meine Meinung geht dahin, daß ich nicht mehr zu retten bin, daß ich aber vielleicht noch eine Weile, ein oder höchstens zwei Jahre, in einer trübseligen Agonie mich hinfristen kann.« (Brief vom 1. 9. 1846); hier schrieb er drei Artikel »Aus den Pyrenäen« (»Lutetia, Anhang«). – **H. Taine** (→ Vouziers/ChA) besuchte den Ort 1854; Beschreibung in *Voyage aux eaux des Pyrénées* (1855, dt. *Eine Reise in die Pyrenäen*, 1878). – Auf seiner Pyrenäenreise wartete **Kurt Tucholsky** (1890-1935) 1925 drei Regentage in B. ab, bevor er auf den Pic du Midi ritt: »Der Gipfel steht vor mir – hoch oben blinkt ein Mär-

Cahors: Lot und Pont Valentré

chenschloß mit der weißen Kuppel einer Moschee. Das ist das Observatorium.«

BRETENOUX (Lot)

[A] **Pierre Loti** (→ Rochefort/PCh) kam häufig (im August 1861 das erste Mal) auf Ferien zu einem Onkel nach B. auf das Landgut ›Bories‹ (Gedenktafel); Loti erzählt von seinen Ferien im Haus des Onkels und den Ausflügen zur nahen Schloßruine Castelnau (3 km sw. v. B.) in *Prime Jeunesse* (1919) und in *Le Roman d'un enfant* (1890, dt. *Roman eines Kindes*, 1994): »Hoch oben auf einem der bewaldeten Berge der Umgebung stand dieses alte Schloß Castelnau, und die rötliche Masse seiner Terrassen, seiner Mauern, seiner Türme und Türmchen hob sich scharf vom Himmel ab.«

CAHORS (Lot)

Die Stadt besaß von 1332 bis 1751 eine Universität, von 1605 bis 1763 ein Jesuitenkolleg (Collège de Quercy, heute Lycée Gambetta). – Musée Henri Martin, Rue Émile-Zola (u. a. Erinnerungsstücke an C. Marot und Fénelon). – Bibliothèque départementale de prêt du Lot (167 Tsd. Bde.). – Théâtre municipal (Stadttheater).

* 1496 **Clément Marot** († Turin 1544), Lyriker; Sohn eines Dichters, frühe Kindheit in C. (geschildert in der »Églogue au Roi«); Jurastudium in Paris; schon frühzeitig im Gefolge der Margarete von Navarra und des künftigen Königs Franz I.; als Sympathisant der Reformation Gefängnisaufenthalt und Flucht; Rückkehr, Hofdichter von Franz I.; erneute Flucht: Genf, Turin. – Geburtshaus in der Rue Sainte-Barbe abgerissen; Denkmal auf der Place Champollion. – W. u. a.: *Les Œuvres* (1538, 1544), *Trente Pseaumes* (1541), *L'Enfer* (1542); *Les Œuvres* (5 Bde. 1911-31).

* 1529 **Olivier de Magny** († Paris 1561), Lyriker; befreundet mit Dichtern der Pléiade; 1555 Romreise, dort Bekannt-

schaft mit J. du Bellay; enge Beziehung zu Louise Labé. – Haus der Familie Rue Clément-Marot Nr. 12 (Gedenktafel). – W. u. a.: *Les Amours* (1553), *Les Gayetés* (1554), *Les Souspirs* (1557), *Les Odes amoureuses* (1559); *Œuvres complètes* (6 Bde. 1871-80).

[A] **Fénelon** (→ Sainte-Mondane/Aq), der das Jesuitenkolleg von C. besucht hatte, erhielt 1677 von der Universität C. den Doktorgrad in Theologie. – Für **Alfred Döblin** (1878-1957) war C. eine Station seiner Odyssee durch Frankreich in den Wirren des Sommers 1940 (Bericht in *Schicksalsreise*, 1949).

[L] Die Belagerung und Erstürmung der Stadt im Jahre 1580 wird in einer knappen Szene der Romanbiographie *Die Jugend des Königs Henri Quatre* (1935) von **Heinrich Mann** geschildert. – **Valery Larbaud** fügt in seine fiktive Romanbiographie *A. O. Barnabooth* (1913, dt. 1921) das Klagelied auf den alten Bahnhof von C. ein: »L'ancienne Gare de Cahors«.

[R] **A. Breton** (→ Tinchebray/BNo) erwarb 1950 ein altes Haus mit Turm und kleinem Garten (Place du Carol) in **Saint-Cirq-Lapopie** (28 km ö. v. C.), ließ es restaurieren und hielt sich oft (auch unmittelbar vor seinem Tod 1966) dort auf.

CAMPAN (Hautes-Pyrénées) → **BAGNÈRES-DE-BIGORRE** [R]
CANEZAC (Tarn) → **ALBI** [R]

CARENNAC (Lot)

[A] **Fénelon** (→ Sainte-Mondane/Aq), der bereits als Theologiestudent in Cahors häufig seine Ferien in C. bei seinem Onkel verbrachte, der dem Benediktinerpriorat vorstand, folgte diesem nach seinem Tod 1681 im Amt nach; der Überlieferung nach soll Fénelon sein Hauptwerk *Les Aventures de Télémaque* (1699/1717, dt. 1700) in dem Turm Tour de Télémaque geschrieben haben; die von der Dordogne umspülte Insel Île de Barrade hat man nach dem Roman in Île de Calypso umgetauft (auf der Terrasse über dem Dordogne-Tal Büste des Dichters). – **Emmanuel Berl** (→ Le Vésinet/IdF) erinnert sich in den autobiogr. Erzählungen *Sylvia* (1952) und *Rachel et autres grâces* (1965, beide dt. in: *Geisterbeschwörung*, 1991) seiner Aufenthalte in C.

CARLA-BAYLE (Ariège)

* 1647 **Pierre Bayle** († Rotterdam 1706), Frühaufklärer; Sohn eines calvinist. Pfarrers, 1669 Konversion zum Katholizismus (dem er im Folgejahr wieder abschwur); Flucht nach Genf; ab 1675 Philosophielehrer an der Akademie von Sedan/ChA, nach deren Auflösung 1681 in Rotterdam; bedeutendster Vertreter der frühen Aufklärung, Nachfolge Descartes', Verfechter der uneingeschränkten Gewissensfreiheit; Hauptwerk: *Dictionnaire historique et critique* (1696, dt. 1732 übers. v. Gottsched, 1741-44), ein Vorläufer der *Encyclopédie* des 18. Jhs. – Standbild des Philosophen (1905). – Weitere W.: *Pensées diverses sur la comète* (1683, dt. übers. v. Gottsched 1741), *Réflexions sur la tolérance des livres hérétiques* (1685), *Commentaire philosophique* (1686), *Réponse aux questions d'un provincial* (1704); *Œuvres diverses* (5 Bde. 1670-1731, Nachdr. 1964-82).

CASTELNAU (Lot) → **BRETENOUX**
CASTELSARRASIN (Tarn-et-Garonne) → **MOISSAC** [R]

CASTRES (Tarn)

Bibliothèque municipale (Stadtbücherei). – Théâtre municipal (Stadttheater).

Voltaire bezog Stellung in dem Justizskandal Sirven: Die geistesgestörte Tochter des hugenottischen Geometers Sirven hatte man 1760 aus C. entführt und in ein Kloster gesteckt, wo sie gänzlich verrückt wurde; als man das zurückgebrachte Mädchen einige Zeit später in einem Brunnen ertrunken fand, wurden die Eltern des Mordes bezichtigt, doch die flohen vor der Anklageerhebung zu Voltaire in die Schweiz (sie wurden dann in Abwesenheit verurteilt und in effigie hingerichtet); der Philo-

Cauterets

soph erreichte schließlich die Aufhebung des ersten Urteils und Freispruch.

* 1859 **Jean Jaurès** († Paris 1914), Politiker, Schriftsteller; der spätere sozialist. Politiker verbrachte seine Kindheit auf dem elterlichen Hof La Fédial in Saïx (5 km sw. v. C.), wohin er auch später oft zurückkehrte; Gymnasium in C., École Normale Supérieure in Paris; Philosophielehrer in Albi, Universitätslehrer in Toulouse; sozialist. Abgeordneter, Engagement für Dreyfus; Mitbegründer der Zeitung *L'Humanité* (1904); als Pazifist um die dt.-frz. Aussöhnung bemüht, wurde er am Vorabend des 1. Wks. von einem nationalist. Fanatiker ermordet. – Geburtshaus: Rue Richard Nr. 5 (Gedenktafel), Standbild auf der Place Jean-Jaurès; [M] Musée Jean-Jaurès. – W. u. a.: *Histoire socialiste de la République française* (13 Bde. 1901-08); *Œuvres* (9 Bde. 1931-39).

[R] Schloß **Hauterive** (5 km südl. v. C.) war der Wohnsitz von Léontine de Villeneuve (1803-1897), der »Okzitanierin«, von der **F.-R. de Chateaubriand** (→ Saint-Malo/Br) in seinen *Mémoires d'outre-tombe* (postum 1848-50) spricht. Leontine heiratete 1829, noch im Jahr der Begegnung mit dem Dichter (→ Cauterets), dem sie ihr Leben lang freundschaftlich verbunden blieb, den Grafen von Castelbajac. (Das Inkognito der »Okzitanierin« wurde erst 1929 gelüftet.)

CAUTERETS (Hautes-Pyrénées)

»Am ersten Tag im September, um die Zeit, da die Bäder in den Pyrenäen ihre wirksamste Heilkraft auszuüben beginnen, hielten sich in Cauderès etliche Badegäste aus Frankreich wie auch aus Spanien auf, die einen einer Trinkkur halber, andere, um zu baden, und manche wieder erhofften sich Heilung oder doch Linderung ihrer Gebrechen von dem Moorschlamm, was alles so treffliche Mittel sind, daß viele Kranke, die bereits von ihren Ärzten aufgegeben sind, hernach die Bäder gesundet wieder verlassen.« (Margarete von Navarra)

»Rings umragt von dunklen Bergen,
Die sich trotzig übergipfeln,
Und von wilden Wasserstürzen
Eingelullet, wie ein Traumbild,
Liegt im Tal das elegante
Cauterets. Die weißen Häuschen
Mit Balkonen; schöne Damen
Stehn darauf und lachen herzlich.«
(Heinrich Heine)

[A] **Margarete von Navarra** (→ Angoulême/PCh) besuchte das Bad im September 1546 und machte diesen Aufenthalt zum Ausgangspunkt ihrer Novellensammlung *L'Héptameron* (postum 1559; dt. 1791, zuletzt 1979). – **George Sand** (→ Paris), damals noch Baronin Dudevant, kam mit ihrem Mann Casimir im Juli 1825 nach C.; während Dudevant sich der Jagd auf Gemsen und Adler widmete, lernte die nachmalige Autorin Aurélien de Sèze, einen Anwalt aus Bordeaux, kennen und lieben. – **Chateaubriand** (→ Saint-Malo/Br) hielt sich im Juli/August 1829 zur Kur in C. auf (Rue de la Raillère Nr. 8, Gedenktafel, Besichtigungsmöglichkeit); in seinen *Mémoires d'outre-tombe* (postum 1848-50, dt. 1968) schreibt er von seiner Begegnung mit der unbekannten »Okzitanierin«, hinter der sich Léontine de Villeneuve (→ Hauterive) verbarg. – **Hermann Fürst von Pückler-Muskau** (1785-1871) besuchte C. Ende Oktober 1834 (Erwähnung in den Reisebriefen *Semilassos vorletzter Weltgang in Europa*, 1835). – **Charles Baudelaire** (→ Paris) kam als Schüler 1838 mit seinem Stiefvater, dem General Aupick, nach C. (und schrieb das Gedicht »Incompatibilité«). – **Gustave Flaubert** (→ Rouen/HNo), nach bestandenem Abitur auf Pyrenäenreise, kam im Herbst 1840 auch nach C., von wo er Ausflüge an den ›Pont d'Espagne‹ (8 km südl. v. C.) und den See von Gaube (10 km südl. v. C.) unternahm; in seinem Reisetagebuch teilt Flaubert eine Anekdote über den Seebesucher Chateaubriand mit: »›Ich möchte immer hier leben‹, sagte Chateaubriand. – ›Oh, Sie würden sich hier zum Sterben langweilen‹, erwiderte eine Dame aus der Gesellschaft. ›Was heißt das‹, erwiderte der Dichter lachend, ›ich langweile mich immer.‹« – **Heinrich Heine** (1797-1856) war von Ende Juni bis Ende Juli 1841 in C. zur Kur; im Spätherbst des gleichen Jahres schrieb er nach eigenen Angaben die Verssatire *Atta Troll* (1847), die den Ort zum Schauplatz hat (s. o.). – **Victor Hugo** (→ Besançon/FC) besuchte C. Mitte August 1843 und schreibt in seinen Aufzeichnungen von einem gewaltigen Erdrutsch. – **H. Taine** (→ Vouziers/ChA) berichtet von seinem Besuch 1854 in *Voyage aux eaux des Pyrénées* (1855, dt. *Eine Reise in die Pyrenäen*, 1878): »Gastwirte, Fremdenführer, ein ganzes Volk bietet sich an, aber wir haben viel Willensstärke und, nachdem wir hübsch Widerstand geleistet haben, erhalten wir das Recht, uns umzuschauen und die Wahl zu treffen.« – **Kurt Tucholsky** (1890-1935) 1925: »Die Kurkapelle spielt einen dünnen Walzer, die Gurgler gurgeln, die Bresthaften baden sich, die Stubenmädchen stehen zusammen und beraten, wer von wem das nächste Kind bekommen wird. Von mir nicht. Auf und davon –!« (*Ein Pyrenäenbuch*, 1927.)

LE CAYLA (Tarn) → **ANDILLAC**

CONDOM (Gers)

Théâtre municipal (Stadttheater).

[A] **J.-B. Bossuet** (→ Dijon/Bu) war 1669-71 Bischof von C., suchte jedoch um Suspension von diesem Amt nach, um seine Aufgaben als Erzieher des Dauphin und Prediger bei Hof besser erfüllen zu können.

[R] Eauze (29 km sw. v. C.) ist Schauplatz eines wichtigen Kapitels (»Eauze oder Menschlichkeit«) der Romanbiographie *Die Jugend des Königs Henri Quatre* (1935) von **Heinrich Mann**.

CONQUES (Aveyron)

[A] **Prosper Mérimée** (→ Paris) besuchte Anfang Juli 1837 die romanische Abteikirche Sainte-Foy in seiner Eigenschaft als Generalinspektor der historischen Denkmäler Frankreichs und forderte wiederholt Geld für den Erhalt der Anlage beim zuständigen Ministerium; ausführliche Beschreibung in den *Notes d'un voyage en Auvergne* (1838, zuletzt 1989).

EAUZE (Gers) → CONDOM [R]

FIGEAC (Lot)

* 1790 **Jean-François Champollion** († Paris 1832), Ägyptologe; Studium in Grenoble und am Collège de France; 19jährig Professor für Geschichte in Grenoble; Entzifferung der Hieroglyphen des ›Steins von Rosette‹; Ägyptenreisen; 1826 Gründung und Konservator der ägypt. Abteilung des Louvre; 1831 Lehrstuhl am Collège de France. – [M] Museum im Geburtshaus (Rue des Frères Champollion). – W. u. a.: *L'Égypte des Pharaons* (1814), *Précis de système hiéroglyphique des anciens Égyptiens* (1824).

[A] **Ch. Nodier** (→ Besançon/FC) kam 1833 für einige Tage nach F., für ihn »eine der schönsten Städte im Süden Frankreichs«. – **P. Mérimée** (→ Paris) dehnte Ende Juni 1837 seine Dienstreise als Generalinspektor der historischen Denkmäler Frankreichs von der Auvergne bis nach F. aus, wo ihn besonders die beiden Kirchen Notre-Dame-du-Puy und Saint-Sauveur interessierten (*Notes d'un voyage en Auvergne*, 1838, zuletzt 1989).

FOIX (Ariège)

Scène Nationale de Foix (Staatl. Bühne).

[A] **Gaston III.**, gen. **Gaston Phoebus** (→ Orthez/Aq), der als Graf von Foix die Burg bewohnte, tat sich als Dichter und Förderer von Wissenschaft und Künsten hervor. – **Kurt Tucholsky** (1890-1935) kam auf seiner Pyrenäentour 1925 in die Stadt, besichtigte die Burg und ging dann »durch die Straßen und sah alles an und guckte überall hinein und freute [s]ich des Glücks der Fremden: dabei zu sein, ohne dabei zu sein.«

[R] **Anna Seghers** (1900-1983) floh im September 1940 aus dem von den Deutschen besetzten Paris in den Süden Frankreichs und verbrachte den folgenden Winter in **Pamiers** (20 km n. v. F.), um in der Nähe ihres Mannes zu sein, der in dem 10 km n. v. P. gelegenen Lager Le Vernet inhaftiert war; über Marseille gelang dem Ehepaar mit den Kindern im Frühjahr 1941 die Ausreise nach Amerika.

(CIRQUE DE) GAVARNIE
(Hautes-Pyrénées)

»Gavarnie, das ist ein Berg und eine Mauer zugleich, der geheimnisvollste Bau des geheimnisvollsten Architekten, das Kolosseum der Natur.« (Victor Hugo)

»Der Cirque de Gavarnie ist nicht nur ein Gebirgskessel, sondern eine nationale Zwangsvorstellung. Unmöglich, in Paris von den Pyrenäen zu sprechen, ohne daß der andere sagt: ›Vous faites le tour des Pyrénées? Alors il faut voir le Cirque de Gavarnie.‹ Ja doch.« (Kurt Tucholsky)

[A] **George Sand** (→ Paris), noch als Baronin Dudevant, besuchte das Naturwunder im August 1825 und berichtete davon ihrer Mutter in einem Brief. – Für **Hermann Fürst von Pückler-Muskau** (1785-1871) war G. eine Station seiner Pyrenäenreise

Gavarnie: die Rolands-Bresche

im Herbst 1834 (*Semilassos vorletzter Weltgang in Europa*, 1835). – **Victor Hugo** (→ Besançon/FC) besuchte den ›Cirque de Gavarnie‹ im Spätsommer 1843. – **Gustave Flaubert** (→ Rouen/HNo), der im Herbst 1840 nach bestandenem Abitur durch die Pyrenäen reiste, war begeistert von dem berühmten Gebirgskessel: »Das ist eine Einkreisung von zwei Wegstunden Durchmesser, die von einem Kranz schneebedeckter Berggipfel umschlossen ist. Im Hintergrunde stürzt ein Wasserfall herab. Zur Linken liegen die Rolandsbresche und ein Marmorbruch, und der Boden, auf dem man dahinschreitet und der von weitem so gleichmäßig erschien, steigt so steil an, daß man auf Händen und Knien kriechen muß, um an den Fuß des Wasserfalls zu gelangen.« – **H. Taine** (→ Vouziers/ChA) kam 1854 nach G. (Beschreibung in *Voyage aux eaux des Pyrénées*, 1878). – **Emmanuel Berl** (→ Le Vésinet/

IdF) erinnert sich in der autobiogr. Erzählung *Sylvia* (1952, dt. in: *Geisterbeschwörung*, 1991) an einen Ausflug: »Ich war mit Mama in Gavarnie und sehr darauf bedacht, mir alles gut anzusehen, denn ich sollte für meinen Professor, der mir das aufgegeben hatte, eine schriftliche Beschreibung des Talkessels machen.« – **Kurt Tucholsky** (1890-1935) besuchte 1925 sowohl den Kessel von G. als auch den 18 km ö. gelegenen Cirque de Troumouse: »Wir stehen in der Mitte des riesigen Kessels. Er ist größer als der von Gavarnie, in seiner völligen Verlassenheit viel schöner.« (*Ein Pyrenäenbuch*, 1927.)

Vom Boucharopaß Wanderweg zur ›Brèche de Roland‹ (Rolandsspalte), die auf das *Chanson de Roland* (dt. *Rolandslied*) Bezug nimmt.

HAUTERIVE (Schloß) (Tarn) → **CASTRES** [R]

LAPEYRE (Aveyron)

Auf dem Friedhof von L. Grab von Medora Leigh-Byron (1814-1849), die der inzestuösen Beziehung zwischen **Lord Byron** (1788-1824) und seiner Halbschwester Augusta entstammte; nach abenteuerlichem Leben hatte Medora einen einfachen Soldaten aus L. geheiratet und war bald darauf hier gestorben.

LOMBEZ (Gers)

[A] Der italienische Humanist **Francesco Petrarca** (1304-1374), der in enger Beziehung zu der einflußreichen Familie Colonna stand, verbrachte den Sommer 1330 bei Giacomo Colonna, den Papst Johannes XXII. zwei Jahre zuvor zum Bischof von L. ernannt hatte; Petrarca schwärmt in einem Brief von diesem »fast himmlischen Sommer«, der ihm so gefiel, daß er »bei Gedanken an diese Zeit immer sehnsuchtsvoll seufzen muß.« (Gedenktafel in der Vorhalle der Kathedrale von L.) – »Etwas Mutloses und Ausgetrocknetes schwebt um die gelben Bruchsteine der Kathedrale, die in der Sonne zerbröckeln wie der Kalktuff von Saumur«, befand **Julien Gracq** (→ Saint-Florent-le-Vieil/PdL) bei seinem Besuch der »vom Bistum zur Unterpräfektur abgesunkenen und von da auch noch zur Bezirkshauptstadt heruntergekommenen« Stadt (*Carnets du grand chemin*, 1992, dt. *Der große Weg*, 1996).

LOURDES (Hautes-Pyrénées)

»Die Aussicht, nach Paris zurückzukehren, einem im Vergleich mit Lourdes zu Pilgerzeiten einzigartig ruhigen Ort, erfüllt mich mit Freude. Ich glaube, daß ich dann wieder in eine liebe große Provinzstadt komme, wo es noch dunkle Kirchen gibt, Leute, die beten und nicht grölen, Messen, die noch Messen sind. [...] Lourdes ist ein riesiges Krankenhaus gepaart mit einem gigantischen Jahrmarkt. [...] Nirgends sonst herrscht ein solcher Tiefstand an Frömmigkeit, an Fetischismus, der bis zu postlagernden Briefen an die heilige Jungfrau reicht.« (Joris-Karl Huysmans)

»Die Ankunft in der unsauberen Stadt mit all ihren Straßenbahnen und Hotels hat mich nicht aus der Ruhe gebracht. Ich hatte sie mir noch scheußlicher vorgestellt. Wir stiegen erst zur Basilika hinauf und betrachteten von einem Geländer aus die Kranken und die Menge, die vor der Grotte und den Bädern betete. Dann wurde ich von neuem von dieser gewaltigen unsagbaren Rührung ergriffen. Ich kann nicht sagen, warum ich ein solches Bedürfnis hatte, zu weinen. Vielleicht wegen dieses verzweifelten Vertrauens, das diese Menschen haben. SIE hat gesagt: ›Hier werde ich Wunder vollbringen.‹« (Alain-Fournier)

»Durch eine Wallfahrt nach Lourdes kann man organische Krankheiten heilen. Das ist der Fundamentalsatz der Gläubigen.« (Kurt Tucholsky)

[A] Besucher des Ortes vor der ersten Marienerscheinung im Februar 1858 wissen wenig zu berichten: **G. Flaubert** (→ Rouen/HNo), der im Herbst 1840 durch die Pyrenäen reiste, zeichnet von den Menschen in L. und den südl. gelegenen Ortschaften ein wenig schmeichelhaftes Bild: »Wie das Vieh sind auch die Menschen hier klein und häßlich; bei den Frauen sieht man oft Kröpfe; nirgends wird der Blick durch charakteristische oder glänzende Schönheiten angezogen; die Leute sind in trüber Stimmung, der Winter ist hart gewesen [...].« – **Victor Hugo** (→ Besançon/FC) kam Mitte August 1843 durch den Ort, fand den Bergfried auf dem Felsen interessant und stellt in seinen Reisenotizen Überlegungen zur Kommunikation zwischen Burgen im Mittelalter an. – **Émile Zola** (→ Paris) reiste im Frühsommer 1891 durch den Südwesten Frankreichs, kam dabei auch nach L. und begann im Herbst des Jahres mit der Niederschrift des Romans *Lourdes* (1894, dt. 1894). – **Maurice Barrès** (→ Charmes/Lo) schreibt über seine Besuche in L. in *Les Amitiés françaises* (1903; 7. Kap.) und *N'importe où hors du monde* (1958, Kap. »Une visite à Lourdes«). – **J.-K. Huysmans** (→ Paris) hielt sich im Frühjahr 1903 und Herbst 1904 in L. auf und veröffentlichte seine kritischen Beobachtungen unter dem Titel *Les Foules de Lourdes* (1906). – **Paul Claudel** (→ Villeneuve-sur-Fère/Pi) pilgerte im August 1905 und im November 1914 nach L. mit seinem Freund **Francis Jammes** (→ Tournay), der sich im August 1907 hier verlobte und bereits 1889 ein Gedicht über den Ort verfaßt hatte (»J'allai à Lourdes ...«). – **Alain-Fournier** (→ La Chapelle-d'Angillon/C) zeigte sich im Mai 1909 vom Glauben der Menschen beeindruckt und besuchte den Ort im Herbst 1911 ein zweites Mal: »und sofort packte mich wieder der Zauber, sogleich wieder fühlte ich mich bis zu Tränen überwältigt.« – **G. Bernanos** (→ Paris) unternahm 1923 und 1927 Wallfahrten nach L. – **Kurt Tucholsky** (1890-1935) besuchte den Wallfahrtsort im Herbst 1925 und widmet seiner Beschreibung breiten Raum in dem Reisebericht *Ein Pyrenäenbuch* (1927). – Eine Szene des autobiogr. Romans *Boche in Frankreich* (1950) von **Ernst von Salomon** (1902-1972) spielt im Sommer 1931 in L. – Der Ich-Erzähler der autobiogr. Romanchronik *Die Erschaffung der Welt* (1937-81, dt. 1991) des portugiesischen Autors **Miguel Torga** (1907-1995) kommt bei seiner Reise von Francos Spanien nach Mussolinis Italien über L., »die aus geweihtem Wachs bestehende Stadt«, ein »Thermalbad der Seelen, das im Schatten einer neureichen, weltläufigen Mutter Gottes blühte«. – Der amerikanische Romancier **Henry Miller** (1891-1980) kam im Herbst 1938 nach L. – Mitte Juni 1940, vor dem Einmarsch der deutschen Truppen in Paris, floh **Walter Benjamin** (1892-1940) aus der Hauptstadt nach L., von hier Ende August weiter nach Marseille. Zur gleichen Zeit aus dem gleichen Grund am gleichen Ort: **Walter Mehring** (1896-1981) und **Franz Werfel** (1890-1945), der nach geglückter Flucht (in Erfüllung eines Gelübdes) den Roman *Das Lied der Bernadette* (1941) schrieb.

[R] **Hermann Fürst von Pückler-Muskau** (1785-1871) besuchte **Argelès** (13 km südl. v. L.), »ein heiteres Städtchen, in der reizendsten Lage am Fuß hoher Berge terrassenmäßig bewohnt«, im Herbst 1834 (*Semilassos vorletzter Weltgang in Europa*, 1835).

LUCHON (Haute-Garonne) → **BAGNÈRES-DE-LUCHON**

LUPIAC (Gers)

4 km n. v. L. wurde Charles de Batz-Castelmore (1615-1673) auf Schloß Castelmore geboren, 1647 königl. Musketier, dessen Familie mütterlicherseits die Lehensherrschaft über Artagnan (Hautes-Pyrénées) besaß und der als Vorbild diente für die Figur des ›d'Artagnan‹ in den *Trois Mousquetaires* (1844) von **A. Dumas d. Ä.**

LUZ-SAINT-SAUVEUR
(Hautes-Pyrénées)

[A] **Victor Hugo** (→ Besançon/FC) besuchte Ende August 1843 die »reizvolle alte Stadt«, »etwas Seltenes in den französischen Pyrenäen«, und war von der Burgruine Sainte-Marie so fasziniert, daß er sie gleich viermal in sein Skizzenbuch zeichnete. – **H. Taine** (→ Vouziers/ChA), Besucher 1854, liefert eine Beschreibung in *Voyage aux eaux des Pyrénées* (1855, dt. *Eine Reise in die Pyrenäen*, 1878). – **Julien**

Green (→ Paris) hielt sich in der ersten Septemberhälfte 1926 hier auf und schrieb an seinem Roman *Adrienne Mesurat* (1927); die *Tagebücher* verzeichnen: »In Saint-Sauveur. Das Haus ist das letzte im Dorf. Es wurde am Rand einer mehr als sechzig Meter tief abfallenden Schlucht gebaut, auf deren Grund der Sturzbach Pau fließt. Ständiges Tosen, dabei sieht er wie ein Rinnsal aus. Nachts wache ich manchmal auf und meine, einen vorüberfahrenden Zug zu hören. Hier ist alles überwältigend.«

MAUVEZIN (Hautes-Pyrénées) → **TOURNAY**
R

MILLAU (Aveyron)

* 1754 **Louis de Bonald** († Le Monna 1840); der ultraroyalist. Staatstheoretiker und Philosoph emigrierte während der Revolution nach Heidelberg, wo seine *Théorie du pouvoir politique et religieux dans la société civile* (1796) entstand; nach seiner Rückkehr aus dem Exil lebte der Philosoph auf dem 5 km ö. gelegenen Familienschloß in Le Monna (Grab in der Dorfkirche von Le Monna). – Geburtshaus Rue Saint-Martin Nr. 6 (Gedenktafel). – Weitere W.: *Essai analytique sur les lois naturelles de l'ordre social* (1800); *Œuvres complètes* (12 Bde. 1817-30).

MIRANDE (Gers)

A **Alain-Fournier** (→ La Chapelle-d'Angillon/C) wohnte von Frühjahr 1909 an einige Monate als junger Unterleutnant in M. in der Straße nach Tarbes (Gedenktafel), kam im Herbst 1911 wieder hierher, auch im Frühjahr 1913 zu einem Manöver, und wurde 1914 von hier in den 1. Wk. eingezogen. – »*Mirande* hat dem Besucher nichts zu bieten als das reizlose, rechtwinklige Würfelmuster seiner Straßen und ist seines hübschen Namens ganz und gar unwürdig«, so **Julien Gracq** (→ Saint-Florent-le-Vieil/PdL) in seinen *Carnets du grand chemin* (1992, dt. *Der große Weg*, 1996).

MOISSAC (Tarn-et-Garonne)

L Adson von Melk, Ich-Erzähler des Romans *Der Name der Rose* (1980, dt. 1982) von **Umberto Eco**, beschreibt mit dem Tympanon seiner Gast-Klosterkirche das berühmte Südtympanon der Abteikirche von M.: »Ich sah einen Thron, der gesetzt war im Himmel, und auf dem Thron saß Einer, und Der Da saß, war streng und erhaben anzusehen, die weitgeöffneten Augen blickten funkelnd auf eine ans Ende ihrer irdischen Tage gelangte Menschheit. Prächtige Locken und ein majestätischer Bart umrahmten sein Antlitz und fielen auf seine Brust [...]. Mit der Linken hielt er auf dem Knie ein versiegeltes Buch, die Rechte hob er zu einer Geste, von der ich nicht sagen kann, ob sie segnend war oder drohend.«

R **Émile Zola** (→ Paris), der bei Ausbruch des dt.-frz. Krieges 1870 aus Paris geflohen war, wurde von der von Republikanern gebildeten Regierung der Nationalen Verteidigung im September 1870 zum Unterpräfekten von **Castelsarrasin** (8 km südl. v. M.) nominiert, aber Gambetta unterschrieb die Ernennungsurkunde nicht.

MONFORT (Gers)

* 1544 **Guillaume de Salluste du Bartas** († Paris 1590); Jurastudium; kämpfte auf der Seite Heinrichs von Navarra (des späteren Königs Heinrich IV.) gegen die katholische Liga; verfaßte das Epos *La Sepmaine ou création du monde* (1578, dt. *Erste Woche. Von der Erschaffung der Welt*, 1631), das riesigen Erfolg hatte und in mehrere Sprachen übersetzt wurde. – Geburtshaus in der Rue de Bouzon. – Weitere W.: *Œuvres* (3 Bde. 1935-40).

LE MONNA (Aveyron) → **MILLAU**

MONTAUBAN (Tarn-et-Garonne)

Bibliothèque municipale (Stadtbücherei; ca. 102 Tsd. Bde., 1400 Hs., Ink.). – Théâtre municipal (Stadttheater).

* 1709 **Jean-Jacques Lefranc de Pompignan** († Schloß Pompignan 1784), Lyriker, Dramatiker; Jurastudium in Paris, anschließend als Staatsanwalt an der Cour des Aides (Steueraufsichtsbehörde) in M.

Rocamadour

tätig; Gegenspieler Voltaires; 1760 Aufnahme in die Académie Française; verfaßte jurist. Schriften und Reiseberichte, Dramen- u. Operntexte, Übersetzungen aus dem Griech. und Lat. sowie die bekannt gebliebene »Ode sur la mort de Jean-Baptiste Rousseau«. – Hôtel Lefranc de Pompignan (Rue Cambon). – Weitere W.: *Didon* (Dr. 1734); *Œuvres complètes* (6 Bde. 1770-84).

[A] **J. Michelet** (→ Paris), dessen zweite Frau A. Mialaret aus M. stammte, wohnte von April bis September 1863 hier im Haus Faubourg du Moustier Nr. 21 (Gedenktafel).

MONTIRAT (Tarn) → **ALBI** [R]

ODOS (Schloß) (Hautes-Pyrénées) → **TARBES** [R]

PAMIERS (Ariège) → **FOIX** [R]

PLAISANCE (Aveyron) → **ALBI** [R]

POMPIGNAN (Schloß) (Tarn-et-Garonne) → **TOULOUSE** [R]

ROCAMADOUR (Lot)

Der Wallfahrtsort, einer der wichtigsten im Mittelalter, findet bereits im *Rolandslied* Erwähnung; über dem Innenportal der Chapelle Notre-Dame steckt ein grobes Eisenschwert in der Felsenwand: ›Durendal‹, das berühmte Schwert Rolands. Eine der zahllosen Votivtafeln wurde von der Mutter **Fénelons** (→ Sainte-Mondane/Aq) gestiftet, nachdem ihr Sohn, noch als Kind, von einer schweren Krankheit genesen war.

[A] Der amerikanische Romancier **Henry Miller** (1891-1980) verbrachte den Juni 1939 in R., bevor er von Marseille mit dem Schiff nach Griechenland (und weiter nach Amerika) fuhr.

[R] **Julien Green** (→ Paris) besuchte die Kirche von **Souillac** (20 km nw. v. R.) 1926 und im Herbst 1987: »In Souillac. Jesaias deutet einen Tanzschritt an und zeigt mit dem Finger auf die Stelle einer langen schmalen Rolle, wo seine Prophezeiung die Geburt einer gebärenden Jungfrau vorhersagt.« (*Tagebücher.*)

RODEZ (Aveyron)
Bibliothèque départementale de prêt de l'Aveyron (236 Tsd. Bde.).

[A] **Prosper Mérimée** (→ Paris), der R. im Sommer 1837 besuchte, liefert in seinen *Notes d'un voyage en Auvergne* (1838, zuletzt 1989) eine ausführliche Beschreibung der Kathedrale Notre-Dame und des freistehenden Glockenturms; ein Jahr später kam **F.-R. de Chateaubriand** (→ Saint-Malo/Br) durch die Stadt. – Im Februar 1902 spürte **M. Barrès** (→ Charmes/Lo) in R. dem Mordfall Fualdès nach, den er literarisch verwerten wollte (was er dann aber nicht tat). – **Francis Carco** (→ Anhang) lebte von 1906 bis 1908 in R., wovon er in seiner Autobiographie *À Voix basse* (1938) berichtet. – Der surrealist. Theatermann **Antonin Artaud** (→ Marseille/PAC) war von 1942-46 Insasse der psychiatrischen Klinik von R., unterzog sich einer Elektroschockbehandlung (und veröffentlichte *Lettres de Rodez*, 1946).

SAINT-BERTRAND-DE-COMMINGES (Haute-Garonne)
[A] **Gustave Flaubert** (→ Rouen/HNo) war 1840 als 18jähriger von den Schnitzereien weltlichen Inhalts in der Kathedrale beeindruckt: »Das ist keine Kirche, das ist ein Boudoir.« – **Kurt Tucholsky** stattete der Kirche auf seiner Pyrenäenreise 1925 einen Besuch ab: »Die hat die schönsten Holzschnitzereien, vor denen ich gestanden habe.«

SAINT-CÉRÉ (Lot)
† 1646 **François Maynard** (* Toulouse 1582); nach dem Rückzug vom Hof – und als Zuflucht vor der ungeliebten Arbeit in Aurillac/Au – besaß der Dichter das Haus Nr. 14 in der heutigen Rue François-Maynard; Grab im Chor der Kirche Sainte-Spérie.
[A] Häufiger Gast in S.-C. war der Romancier **Pierre Benoit** (→ Albi); drei seiner Romane spielen in der Gegend: *Alberte* (1926), *Le Déjeuner de Sousceyrac* (1931) und *Lunégarde* (1942).

SAINT-CIRQ-LAPOPIE (Lot) **CAHORS** [R]

SAINT-GIRONS (Ariège)
[A] **Octave Mirbeau** (→ Trévières/BNo), der sich in Paris bonapartistischen Kreisen angeschlossen hatte, kam von Mai bis September 1877 mit dem Abgeordneten Baron de Saint-Paul nach S.-G., organisierte hier dessen Wahlkampf und schrieb in dessen Zeitung *L'Ariégeois*.

SAINT-JORY (Haute-Garonne) → **TOULOUSE** [R]

SAINT-LÉONS (Aveyron)
* 1823 **Jean-Henri Fabre** († Sérignan/PAC 1915), Entomologe, Dichter, der ›Homer der Insekten‹; aus kleinen Verhältnissen stammend, unregelmäßige Ausbildung; naturwissenschaftliche Studien, Lehrer in Avignon; Verfasser provenzalischer Gedichte und populärwissenschaftlicher Werke für Kinder und Jugendliche; Hauptwerk: *Souvenirs entomologiques* (1879-1907, dt. in Ausw. u. d. T. *Das offenbare Geheimnis*, 1961); Ehrenlegion 1867; im Alter Rückzug nach Sérignan/PAC. – [M] Museum im Geburtshaus, Bronzestatue im Dorfpark.

SORÈZE (Tarn)
† 1861 **Henri Lacordaire** (* Recey-sur-Ource/Bu 1802); Lacordaire hatte die Leitung des 1682 von Benediktinern gegründeten und seit 1854 von Dominikanern fortgeführten Gymnasiums (1991 geschlossen) von S. übernommen, verbrachte seine letzten Lebensjahre hier und schrieb die *Lettres à un jeune homme sur la vie chrétienne* (1858); Grab zunächst in der Schulkapelle, seit 1992 in der Kirche des Ortes; Statue im ehemaligen Schulhof.

SOUILLAC (Lot) → **ROCAMADOUR** [R]
SOUSCEYRAC (Lot) → **SAINT-CÉRÉ**

TARBES (Hautes-Pyrénées)
Bibliothèque municipale (Stadtbücherei; 143 Tsd. Bde. Hs., Ink.). Bibliothèque départementale de prêt des Hautes-Pyrénées (Leihbücherei; ca. 200 Tsd. Bde.) – Scène Nationale (Staatl. Bühne).

* 1811 **Théophile Gautier** († Neuilly-sur-Seine/IdF 1872), Erzähler, Lyriker, Kritiker; früher Umzug nach Paris, das Lebensmittelpunkt blieb; seit Schulzeiten enge Freundschaft mit G. de Nerval; lange Zeit Schwanken zwischen Malerei und Literatur, bevor er sich für diese entschied; umfangreiches theater- und kunstkritisches Werk; ausgedehnte Reisen; lebte ab 1844 mit der Sängerin Ernesta Grisi (zwei Töchter: Judith und Estelle); ab 1868 Privatbibliothekar der Prinzessin Mathilde; seine Aufnahme in die Académie wurde mehrfach abgelehnt. – Geburtshaus Rue Brauhauban Nr. 23 (Gedenktafel), Büste in der Stadt; Büste im Hof des Gymnasiums (Besuch der Stadt im Januar 1860, wo Gautier belustigt feststellte, daß man im Gymnasium sein angebliches Pult zeigte und mit dem guten Schüler renommierte – wo er doch dreijährig schon nach Paris gezogen war: Brief an den Schwiegersohn E. Bergerat). – W. u. a.: *Poésies* (Ged. 1830), *Mademoiselle de Maupin* (R. 1834, dt. 1903), *Tra los montes. Voyage en Espagne* (Reiseber. 1843), *Émaux et camées* (Ged. 1852/72, dt. *Emaillen und Kameen*, 1919), *Le Roman de la momie* (R. 1858, dt. *Der Roman der Mumie*, 1903), *Le Capitaine Fracasse* (R. 1863, dt. 1864); *Œuvres* (8 Bde. 1890-98), *Gesammelte Werke* (14 Bde. 1925/26).

[A] **Hermann Fürst von Pückler-Muskau** (1785-1871) hielt sich im Herbst 1834 im Rahmen seiner Pyrenäenreise in T. auf, wo er im Hôtel de France abstieg (Beschreibung in den Reisebriefen *Semilassos vorletzter Weltgang in Europa*, 1835). – **Stendhal** (→ Grenoble/RhA) kam Ende April 1838 nach T., wo ihm besonders die »Fröhlichkeit« der Place Maubourguet gefiel. –

Theophile Gautier

Anfang September 1846 kam **Heinrich Heine** (1797-1856) über T., als er von einer wenig erfolgreichen Kur in → Barèges nach Paris zurückkehrte. – **Lautréamont** (→ Anhang) war von Oktober 1859 bis August 1862 Schüler am Gymnasium (heute Lycée Théophile-Gautier); nach den letzten beiden Schuljahren in Pau/Aq kehrte der Dichter nach T. zurück. – **Jules Laforgue** (→ Anhang) kam 1866 mit seiner Familie nach T. und wohnte bei Verwandten in der Rue Massey (bis 1876), besuchte das Internat der Stadt und ging schließlich mit der Familie nach Paris (Büste im Jardin Massey).

[R] **Margarete von Navarra** (→ Angoulême/PCh), Schwester des Königs Franz I., zog sich im September 1549 in das einsame, wenig südl. v. T. gelegene Schlößchen **Odos**, Schauplatz der 69. Geschichte des *Heptaméron* (postum 1559), zurück und starb hier am Ende des gleichen Jahres; Grab in Lescar/Aq.

TOULOUSE (Haute-Garonne)

»Gewiß evoziert der Name eine Vision – beschwört er etwas, das in höchstem Maße *meridional* ist. Doch ist die Stadt, man muß es gestehen, weniger malerisch als das Wort, trotz der Place du Capitole, trotz des Kais an der Garonne, trotz des sehenswerten Kreuzgangs im alten Museum.« (Henry James)

»Über Toulouse muß gefahren werden – da kann der kleine Abstecher nur Freude machen. Um so mehr als Toulouse um drei Karat häßlicher ist als Lyon. Reste schöner Architektur stehen museal dazwischen.« (Kurt Tucholsky)

Universität (gegr. 1229; Universitätsbibliothek: ca. 650 Tsd. Bde., 430 Hs., Ink.); Institut National Polytechnique; Institut Catholique (mit Bibliothek). – Bibliothèque municipale (Stadtbücherei; über 900 Tsd. Bde. 2900 Hs., 411 Ink.; Sammlungen zu Racine und Molière); Médiathèque (430 Tsd. Bde.). – Goethe-Institut (Rue Clémence Isaure Nr. 6 bis). – Théâtre National de Toulouse.

1324 gründeten sieben Notabeln der Stadt die ›Compagnie du Gai-Savoir‹ (›Gesellschaft der Fröhlichen Wissenschaft‹), die älteste literarische Gesellschaft Europas, mit dem Ziel, die provenzalische Sprache Langue d'oc zu erhalten; Ludwig XIV. erhob diese Gesellschaft 1694 in den Rang einer ›Académie des Jeux floraux‹ (Patronin der Gesellschaft ist Clémence Isaure – Denkmal am Hôtel d'Assézat –, der Tradition nach eine reiche Stifterin vom Ende des 14. Jhs.); als Preise der alljährlich ausgeschriebenen litererischen Wettbewerbe werden goldene bzw. silberne Blumen verliehen; unter den Preisträgern u. a. **Robert Garnier** (→ La Ferté-Bernard/PdL), **P. de Ronsard** (→ La Possonnière/C), **Antoine du Baïf** (→ Anhang), **Fabre d'Églantine** (→ Carcassonne/LR), der sich den Namenszusatz nach dem Gewinn einer silbernen Heckenrose (frz. ›églantine‹) zulegte, und **Victor Hugo** (→ Besançon/FC), der mehrere Preise erhielt, woran er in den *Feuilles d'Automne* (1831) erinnert: »Toulouse la Romaine, où dans des jours meilleurs / Je suis venu cueillir la poésie en fleurs.« (»Du römisches Toulouse, wo ich in besseren Zeiten die Dichtung als Blumen pflückte.«) (Auf der Liste der leer ausgegangenen Kandidaten u. a. A. de Lamartine, A. de Vigny.)

Ein Justizmord aus dem Jahre 1761 rief **Voltaire** (→ Paris) auf den Plan: Der Hugenotte Jean Calas, der versucht hatte, den Selbstmord seines Sohnes zu verheimlichen, war von fanatisierten Katholiken in T. vor Gericht gestellt (er hätte seinen Sohn getötet, weil dieser katholisch werden wollte) und hingerichtet worden. Voltaire, der erst nach Vollstreckung des Urteils von der Affäre hörte, unternahm die nötigen Untersuchungen, bewirkte schließlich eine Revision des Urteils und verfaßte die Schrift *Traité sur la Tolérance à l'occasion de la mort de Jean Calas* (1763).

Auf dem Friedhof ›Terre-Cabade‹ (Avenue du Cimetière) Grab der **Léontine de Villeneuve** (1803-1897), von der Chateaubriand als »Okzitanierin« in seinen Memoiren spricht (→ Castres [R]).

* um 1175 **Peire Vidal** († 1215), Troubadour; trat in den Dienst des Herrn von Les Baux, dessen Hof um 1200 ein Musenhort war, mußte jedoch nach Italien fliehen, als eine Beziehung zur Fürstengattin ans Licht kam; am dritten Kreuzzug nahm er bis Zypern teil, wo er sich in eine Griechin verliebte und dann heiratete; die letzte bekannte Station seines Lebens war der Hof Alfons' III. von Kastilien. – W.: *Les poésies de Peire Vidal* (1923).

* um 1195 **Guilhem Figueira** († um 1250), Troubadour; floh vor der Inquisition nach Italien; erhalten haben sich zehn Gedichte, darunter ein Sirventes gegen den Papst.

* 1582 **François Maynard** († Saint-Céré 1646), Lyriker; Juristenfamilie; ab 1605 Sekretär der Margarete von Valois, Schüler Malherbes; 1611-26 Gerichtspräsident in Aurillac/Au; eines der ersten Mitglieder der Académie Française; verfaßte v. a. Erotica, Trinklieder, Epigramme, Sonette. – W.: *Poésies* (1927).

† 1973 **Jacques Maritain** (* Paris 1882); der Philosoph, den Papst Paul VI. als Laien in den Kardinalsrang erheben wollte, starb im Kloster der Petits Frères de Charles Foucauld (Grab in Kolbsheim/E).

[A] Schon der römische Epigrammatiker **Martial** (40-102) bezeichnet T. als »Tolosa Palladia«, als Stadt der Pallas Athene, Göttin von Kunst und Wissenschaft. – Der spätrömische Dichter **Ausonius** (→ Bordeaux/

Aq) kam in seiner Jugend nach T., wo sein Onkel an einer der berühmten Schulen der Stadt lehrte. – **Guido Cavalcanti** (1255-1300), florentinischer Dichterfreund Dantes, kam auf der Wallfahrt nach Santiago de Compostela über T. und lernte hier die schöne »Mandetta« kennen, die er dann in seinen Liedern besang. – **Francesco Petrarca** (1304-1374) führte 1330 sein Weg nach → Lombez über T., das er als »gelehrte Stadt« bezeichnet. – **F. Rabelais** (→ La Devinière/C) blieb nur kurze Zeit in T., dessen Intoleranz in religiösen Dingen ihm mißfiel, und so ließ er auch den Titelhelden seines Romans *Pantagruel* (1532) bald an eine andere Universität weiterziehen: »Doch wurde ihm die Stadt entleidet, als er sah, wie etliche Studienmeister lebendigen Leibs dem Scheiterhaufen überantwortet wurden, sintemalen ihm deuchte, er sei von Natur aus durstig genug, ohne solcher Erhitzung zu bedürfen.« – Zu den Studenten der 1229 gegründeten Universität gehörten im 16. Jh. die Humanisten **Étienne Dolet** (→ Orléans/C), **Jean Bodin** (→ Angers/PdL), **Joseph Julius Scaliger** (→ Agen/Aq) und auch **M. de Montaigne** (→ Montaigne/Aq), der bei seinen Großeltern mütterlicherseits, den Lopez, wohnte. – **Giordano Bruno** (1548-1600) kam Ende 1579 nach T., wo er im folgenden Jahr Professor für Philosophie an der Universität wurde und Vorlesungen hielt; 1581 verließ er die Stadt und zog nach Paris. – **Molière** (→ Paris), der in Paris Schwierigkeiten hatte, mit dem Illustre Théâtre Fuß zu fassen, tingelte durch die Provinz und ist in T. im Juli 1647 und 1649 nachweisbar. – 1669-70 war **Pierre Bayle** (→ Carla-Bayle) Schüler am Jesuitenkolleg von T., **J.-F. de Marmontel** (→ Bort-les-Orgues/Li) war hier später Philosophielehrer. – **Laurence Sterne** (1713-1768), der an einer Lungenerkrankung litt, lebte ab Mitte 1762 mit Frau und Tochter ein Jahr lang in T. – **F.-R. de Chateaubriand** (→ Saint-Malo/Br) kam Ende 1802 im Rahmen seiner Reise durch Südfrankreich nach T., wo ihn die Architektur von Saint-Sernin in Staunen versetzte. – **Johanna Schopenhauer** (1766-1838), Romanautorin und Philosophenmutter, stattete der Stadt auf ihrer Frankreichtour 1804 einen Besuch ab und beschreibt sie in ihren Reiseerinnerungen (zuletzt u. d. T. *Promenaden unter südlicher Sonne*, 1993). – **M. de Guérin** (→ Andillac) besuchte in T. von 1821 bis 1824 das ›Petit Séminaire‹; seine Schwester Eugénie war in T. oft bei Freunden (Gedenktafel in der Rue Pharaon). – **Stendhal** (→ Grenoble/RhA) kam Ende April 1838 nach T. und besichtigte im ›Capitole‹, dem Rathaus, die den berühmten Persönlichkeiten der Stadt gewidmete ›Salle des Illustres‹ – um den Preis, ein zweistündiges Konzert ertragen zu müssen (die Musik war von einer »unvorstellbaren Plattheit und Unbeholfenheit«, alle in seiner Nähe sitzenden Frauen waren häßlich). – **Gustave Flaubert** (→ Rouen/HNo) kam im Herbst 1840 nach T., als er nach bestandenem Abitur durch Südfrankreich reiste; bei seinem Besuch nahm er sich vor allem Saint-Sernin vor, konnte jedoch, unausgeschlafen und frierend, keine Beziehung zu der Kirche aufbauen: »Was brauchte ich auch Saint-Sernin zu besuchen, um romanische Bögen in maurischem Geschmack und einen alten Christus aus vergoldetem Holz zu sehen, der mich an Don Quichotte erinnerte und den ich an einem andern Tage wundervoll gefunden hätte?« – **H. Lacordaire** (→ Recey-sur-Ouche/Bu) wohnte ab 1851 zeitweise im Dominikanerkloster (Rue Espinasse), wo er auch predigte. – Für **H. Taine** (→ Vouziers/ChA) stand T. (»traurige Stadt mit kieselsteingepflasterten, allzu engen Straßen«) am Ende seiner Pyrenäenreise 1854; Beschreibung in *Voyage aux eaux des Pyrénées* (1855, dt. *Eine Reise in die Pyrenäen*, 1878) und, nach Besuchen 1863 und 1864, in den *Carnets de voyage* (1897). – Der englische Dichter **Matthew Arnold** (1822-1888), an Schulsystemen und Erziehungsfragen interessiert, verfaßte nach einem Besuch der Stadt die pädagogische Schrift *A French Eton* (1864) über ein Lycée der Stadt. – **Henry James** (1843-1916) sah bei seinem Besuch im Oktober 1882 seine Erwartungen von der Realität enttäuscht; einzig die Basilika Saint-Sernin, »eine der nobelsten Kirchen Südfrankreichs«, gereichte ihm zum »Trost«. – Der sozialist. Politiker und Schriftsteller **Jean Jaurès** (→ Castres) war Philosophieprofessor an der Universität (Wohnung Place Salengro Nr. 20, Gedenktafel; Denkmal am Square Charles-de-Gaulle). – **A. France** (→ Paris) besuchte T. im Spätjahr 1909, als er eine Reise durch Südfrankreich unternahm. – **Kurt Tucholsky** (1890-1935) kam 1925, auf seiner Rückfahrt aus den Pyrenäen nach Paris, in die Stadt und besuchte hier die Comtesse de Toulouse-Lautrec, die Mutter des Malers. – **A. de Saint-Exupéry** (→ Lyon/RhA) war ab Herbst 1926 bei der Fluggeugesellschaft Latécoère in T. angestellt und übernahm ab dem folgenden Frühjahr Postflüge von hier nach Afrika. – **Alfred Döblin** (1878-1957) traf nach vielen Verwicklungen im Sommer 1940 in T. wieder mit seiner Frau zusammen, mit der ihm die Flucht über Marseille, Spanien und Portugal in die USA gelang (Bericht in *Schicksalsreise*, 1949).

[R] **Jean-Jacques Lefranc de Pompignan** (→ Montauban) starb 1784 in seinem Schloß **Pompignan** (30 km n. v. T.), auf das er sich an seinem Lebensabend zurückgezogen hatte. – **Saint-Jory** (15 km n. v. T.) ist Schauplatz der Erzählung *Die Überschwemmung* (aus: *Le Capitaine Burle*, 1882, dt. 1898) von **Émile Zola**.

TOURNAY (Hautes-Pyrénées)

* 1868 **Francis Jammes** († Hasparren/Aq 1938), Lyriker, Erzähler; besuchte Schulen in Pau/Aq und Bordeaux/Aq, lebte ab 1888 in Orthez/Aq, ab 1921 in Hasparren; zunächst enge Freundschaft mit A. Gide (später Entfremdung), dann mit P. Claudel, unter dessen Einfluß Konversion (1905); verfaßte neben Gedichten (*De*

Francis Jammes in seinem Garten in Hasparren, 1938

l'Angélus de l'aube à l'angélus du soir, 1898, *Le Deuil des primevères*, 1901), auch lyrische Romane und Erzählungen: *Le Roman du lièvre* (1903, dt. *Der Hasenroman*, 1916), *Clara d'Ellébeuse* (1899, dt. *Klara*, 1921), *Almaïde d'Etrémont* (1901, dt. *Almaide*, 1919) und *Pomme d'Anis* (1904, dt. *Röslein*, 1920), sowie Memoiren (3 Bde.: *De l'âge divin à l'âge ingrat*, *L'Amour, les muses et la chasse*, *Les Caprices du poète*, 1921-23). – Geburtshaus mit Gedenktafel. – Weitere W.: *Les Géorgiques chrétiennes* (Ged. 1911 f.), *Monsieur le curé d'Ozeron* (R. 1916, dt. *Der Pfarrherr von Ozeron*, 1929), *Livres des quatrains* (Ged. 1923-25), *Ma France poétique* (Ged. 1926); *Œuvres* (5 Bde. 1913-26).

[R] **Froissart** beschreibt in seinen *Chroniques* (1370-1400, gedr. 1495) die Belagerung der Festung **Mauvezin** (8 km südl. v. T.) im Jahre 1373 durch den Herzog von Anjou.

(CIRQUE DE) TROUMOUSE (Hautes-Pyrénées) → GAVARNIE

VILLEFRANCHE-DE-ROUERGUE
(Aveyron)

Théâtre municipal (Stadttheater).

[A] **Prosper Mérimée** (→ Paris) beeindruckte bei seinem Besuch der Stadt Ende Juni 1837 vor allem das Äußere der Kirche Notre-Dame, »man könnte sagen, das einzig Bemerkenswerte des ganzen Bauwerks« (*Notes d'un voyage en Auvergne*, 1838, zuletzt 1989). – **Francis Carco** (→ Anhang) kam als 15jähriger nach V. und wohnte 1901-06 in der Rue de la République Nr. 31 (Gedenktafel); in seiner Autobiographie *À Voix basse* (1938) berichtet er über seine Zeit in der Stadt.

Aigues-Mortes: Stadtmauer

LANGUEDOC – ROUSSILLON (LR)

Region: Languedoc-Roussillon; Départements: Aude (11), Gard (30), Hérault (34), Lozère (48), Pyrénées-Orientales (66); Einwohner: 2,2 Mio.; Fläche: 27 376 qkm; Verwaltungssitz: Montpellier.

AIGUES-MORTES (Gard)

»[...] zehn Minuten später sahen wir Aigues-Mortes – oder vielmehr seine Mauern; denn kein einziges Haus ragt über die Befestigung hinaus, und die gotische Stadt gleicht einem Juwel, das man sorgfältig in ein steinernes Schmuckkästchen eingeschlossen hat.« (A. Dumas d. Ä.)

»Diese entzückende kleine Stadt [...] ist außerordentlich malerisch, und wenn sie vielleicht eine recht klein geratene Schwester von Carcassonne ist, so trägt sie doch zumindest alle wesentlichen Züge der Familie.« (Henry James)

A Als **Alexandre Dumas d. Ä.** (→ Villers-Cotterêts/Pi) Ende 1834 die Stadt besuchte, deren Geschichte er ausführlich in seinem Reisebuch *Midi de la France* (1837-41, zuletzt 1991) schildert, hatte er Mühe, ein Gasthaus zu finden: verständlich, denn außer einem Dichter oder einem Maler komme kaum jemand in den Ort, so Dumas. – **F.-R. de Chateaubriand** (→ Saint-Malo/Br) bewunderte 1838 die Anlage: »Die Stadt ist mit all ihren Türmen und ihrer Stadtmauer noch völlig unversehrt: Sie ähnelt einem hochwandigen Schiff, das hier gestrandet ist, und der Heilige Ludwig, die Zeit und das Meer haben es auch hier gelassen.« – **Hippolyte Taine** (→ Vouziers/ChA) besuchte die Stadt 1865 (Beschreibung in den *Carnets de voyage*, 1897). – **Henry James** (1843-1916) kam Ende Oktober 1882 nach A. und widmet der Stadt eine eingehende Beschreibung in seinem Reisebericht *A Little Tour in France* (1885, dt. *Eine kleine Frankreich-Tour*, 1986). – **Maurice Barrès** (→ Charmes/Lo) besuchte im Oktober 1898 die Festungsstadt, die er bereits zuvor

(vor allem die Tour de Constance) zum Schauplatz seines Romans *Le Jardin de Bérénice* (1891) gemacht hatte. – **Kurt Tucholsky** (1890-1935) war zu Jahresbeginn 1925 in A. (»Die Mauern haben einen Durchmesser von drei Metern und gehen um die ganze Stadt, insgesamt fast zwei Kilometer; auf ihnen bin ich herumgegangen und habe auf das graue, schwach rötliche Dachgewirr der alten Häuser gesehen.«) – **Gertrud von Le Fort** (1876-1971) besuchte im Sommer 1954 mit dem Züricher Verleger Peter Schifferli und dessen Frau A., das sie zum Schauplatz der den Reisegefährten gewidmeten Novelle *Der Turm der Beständigkeit* (1957) machte. – **Ernst Jünger** (1895-1998), der im Frühjahr 1967 zu entomologischen Studien in die Pyrenäen gefahren war, machte von dort einen Abstecher nach A.-M.: »›Die toten Wasser‹ – kein Dichter könnte einen besseren Namen finden; er könnte einer Legende entnommen sein.«

[L] Von der *Tour de Constance* handelt auch **André Chamsons** gleichnamiger Roman (1970).

[R] **Jean-Jacques Rousseau** (→ Anhang), im September 1737 nach Montpellier unterwegs, suchte in **Lunel** (15 km n. v. A.-M.) den seinerzeit berühmten Gasthof Pont-de-Lunel auf und beschreibt ihn in seinen *Confessions* (1782/89, dt. *Bekenntnisse*, 1782): »Dies Wirtshaus, das geschätzteste in Europa, verdiente damals seinen Ruf. Die Besitzer hatten seine glückliche Lage auszunutzen gewußt, und es war mit reichlichen und gewählten Vorräten versehen. [...] Aber die ›Brücke von Lunel‹ behielt nicht lange diese Qualität, und dadurch, daß sie ihren Ruf mißbrauchte, verlor sie ihn gänzlich.«

ALÈS (Gard)

Der Name der Stadt wurde bis 1926 ›Alais‹ geschrieben; Denkmal für den Dichter **Florian** (→ Sauve).
Le Cratère – Théâtre d'Alès (Staatl. Bühne).

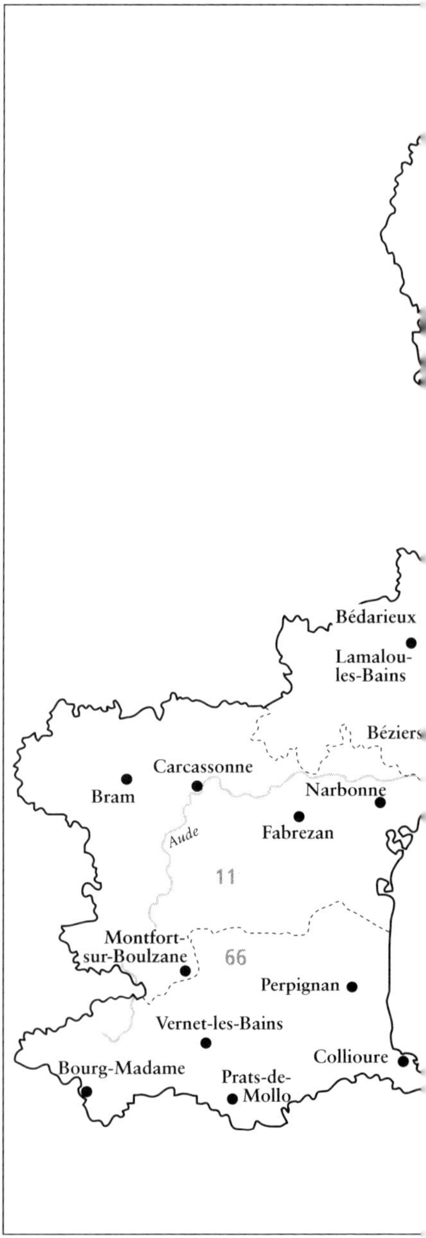

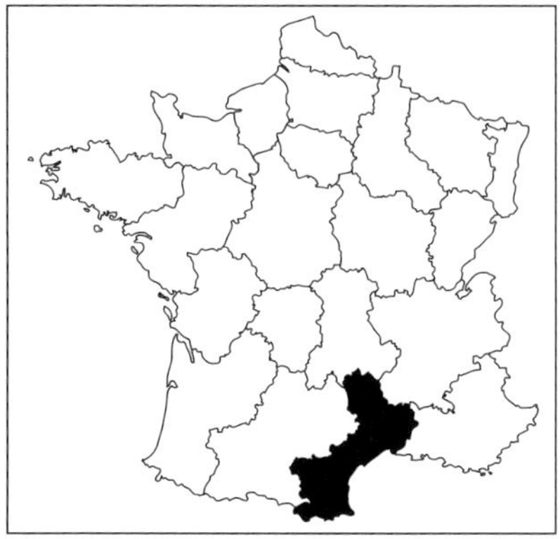

[A] Der Historiker **J. Michelet** (→ Paris) besuchte die Stadt Mitte Juni 1844 im Rahmen einer Reise durch Südfrankreich. – **A. Daudet** (→ Nîmes) kam im April 1857 als Studienaufseher an das Gymnasium von A., von wo er bereits ein halbes Jahr später nach Paris ging, um wie sein Bruder Ernest dort Journalist zu werden; Daudet erzählt von seiner Zeit in A. in dem autobiographischen Roman *Le Petit Chose* (1868, dt. *Der kleine Dingsda*, 1877), in dem die Stadt den Namen ›Sarlande‹ trägt. – **André Chamson** (→ Nîmes) verbrachte in A. und in Le Vigan seine Kindheit und Jugend (bis zum Studienbeginn in Montpellier).

[M] **Musée-bibliothèque Pierre-André-Benoit** (im Schloß von Rochebelle): Sammlungen des Schriftstellers, Zeichners, Malers, Verlegers und Druckers P.-A. Benoit (1921-1993), der u. a. mit Claudel und R. Char in Briefkontakt stand und kleinformatige, illustrierte Bücher verlegte.

ANDUZE (Gard)

[A] **É. P. de Senancour** (→ Paris) war wegen Alimenteforderungen von 1816 bis 1818 in den Süden geflohen und bewohnte am Ufer des Gardon in der Nähe von A. die Mas de la Figuière. – In seiner Autobiographie *Si le Grain ne meurt* (1926, dt. *Stirb und werde*, 1930) erzählt **André Gide** (→

Paris), wie er, 18jährig, auf der Rückfahrt von einem Verwandtenbesuch bei A. den Anschlußzug verpaßte und bei einer einfachen Bauernfamilie Unterkunft fand (1. Teil, 2. Kap.).

AUXILLAC (Lozère) → **MENDE** R

BAGNOLS-SUR-CÈZE (Gard)

* 1753 **Antoine Comte de Rivarol** (eigentl. Antoine Rivaroli) († Berlin 1801), Essayist, Aphoristiker; ältestes von sechzehn Geschwistern einer aus Italien stammenden Familie; Schule in B., Seminar in Bourg-Saint-Andéol/RhA, Theologiestudium in Avignon/PAC (vom Bischof von Uzès ermöglicht); Kontakt zu aufklärerischen Kreisen in Paris; von der Berliner Akademie preisgekrönte Abhandlung *Discours sur l'universalité de la langue française* (1784), darin der berühmte Satz »Ce qui n'est pas clair n'est pas français«; nach Ausbruch der Revolution Emigration: Hamburg, Berlin. – Geburtshaus Maison du Lys, Rue Antoine-de-Rivarol Nr. 25, wo der Schriftsteller seine ganze Kindheit verbrachte (Besichtigung möglich). – Weitere W.: *De l'Influence des passions* (1797), *Discours sur l'homme intellectuel et moral* (1797), *L'Esprit de Rivarol* (postum 1802), *Pensées inédites* (postum 1808); *Maximen und Gedanken* (dt. Ausw. 1938; 1973/74).

BANYULS-SUR-MER (Pyrénées-Orientales) → **COLLIOURE** R

BEAUCAIRE (Gard)

»Beaucaire, das den südamerikanischen Riesenschlangen gleicht, die alles an einem Tag essen und dann sechs Monate verdauen, lebt das ganze Jahr von seiner Messe, deren Ruf über ganz Europa verbreitet ist.« (A. Dumas d. Ä.)

A **Johanna Schopenhauer** (1766-1838) war 1804 mit ihrem Sohn Arthur im Rahmen ihrer Frankreichreise in B. (Beschreibung in *Promenaden unter südlicher Sonne*, 1993). – **Alexandre Dumas d. Ä.** (→ Villers-Cotterêts/Pi) besuchte B. Ende 1834, fand die meisten Geschäfte geschlossen (wie an 358 Tagen des Jahres), genoß die Aussicht von der Burg und ging über die Brücke nach → Tarascon/PAC. – **Stendhal** (→ Grenoble/RhA) kam Ende Juli 1837 zu einer der einst berühmten Messen in die völlig überfüllte, »kleine und recht häßliche« Stadt; die Bewohner, die »jede Art von Arbeit verabscheuen und trotzdem viel gähnen«, vermieteten Unterkünfte zu solchen Preisen, daß sie im restlichen Jahr nicht zu arbeiten bräuchten, wie der Autor in seinen *Mémoires d'un touriste* (1838) vermerkt. – **Th. Gautier** (→ Tarbes/MPy) war 1845 zur Messezeit in B. – **F. Mistral** (→ Maillane/PAC) widmet B. und seiner Messe den 10. Gesang seines großen Gedichts über die Rhône *Lou Pouème dóu Rose* (1897). – **Henry James** (1843-1916), Ende Oktober 1882 auf seiner Frankreichfahrt in → Tarascon/PAC angelangt, überquerte, von der alten Festungsruine angelockt, die Brücke nach B. und sah sich für den Weg reich belohnt: »Die ganze Anlage mit ihrem Standort und ihren Ausblicken bietet ein unauslöschliches Bild.« – **Joseph Roth** (1894-1939) kam im Sommer 1925 nach B.: »Das war einmal der größte Jahrmarkt des Orients und des Okzidents. Beaucaire war die lauteste europäische Messestadt, jedes Jahr, zwischen dem 21. und dem 28. Juli. [...] Sie ist heute düster, verbittert, säuerlich, erfüllt von kleinmütigem Mißtrauen gegen Fremde, das man oft bei heruntergekommenen Händlern findet.«

L B. ist der Schauplatz der Erzählung *Aucassin et Nicolette*, die in der ersten Hälfte des 13. Jhs. in der Pikardie entstanden ist.

R Den kleinen, auf dem linken Ufer der Rhône zwischen Avignon und Tarascon gelegenen Ort **Vallabrègues** (6 km n. v. B.) wählt **F. Mistral** (s. o.) als Geburtsort für Vincent, den männlichen Helden seines provenzalischen Epos' *Mirèio* (*Mireille*, 1858: »D'ounte venès? de Valabrego?/ Just! [...]«, Cant I).

BÉDARIEUX (Hérault)
* 1827 **Ferdinand Fabre** († 1898 Paris), Erzähler; Bauernsohn, Priesterseminar in Montpellier, schließlich Bibliothekskonservator in Paris; Verfasser von Romanen über Bauern und Priester in den heimatlichen Cevennen. – Geburtshaus Rue Ferdinand-Fabre Nr. 30 (Gedenktafel). – W. u. a.: *Les Courbezon* (R. 1862), *L'Abbé Tigrane* (R. 1873, dt. 1876), *Mon Oncle Célestin* (R. 1883), *Lucifer* (R. 1884).

BÉZIERS (Hérault)
Bibliothèque municipale (Stadtbücherei; 105 Tsd. Bde.). – Théâtre de Béziers.
An die Allées Paul Riquet schließt sich ein Landschaftspark an: ›Plateau des Poètes‹ mit zahlreichen Büsten von Dichtern der Region.

[A] **Johanna Schopenhauer** (1766-1838), Philosophenmutter und Romanautorin, beschreibt B. in ihren Reiseerinnerungen (zuletzt u. d. T. *Promenaden unter südlicher Sonne. Die Reise durch Frankreich 1804*, 1993). – **Hermann Fürst von Pückler-Muskau** (1785-1871) kam Ende 1834 nach B. (Erwähnung in *Semilassos vorletzter Weltgang in Europa*, 1835). – **Stendhal** (→ Grenoble/RhA), der zwei Tage im September 1837 in B. verbrachte, empfiehlt in seinen *Mémoires d'un touriste* (1838) dem Ankömmling, nach der Terrasse an der Kathedrale (Saint-Nazaire) zu fragen und von dort den Blick auf die neun Schleusen des Languedoc-Kanals zu genießen. – **Valery Larbaud** (→ Vichy/Au) schreibt von seinem Besuch der Stadt und des ›Plateau des Poètes‹ in seiner Essay-Sammlung *Jaune bleu blanc* (1927), Kapitel »Septimanie«.

BEZOUCE (Gard) → NÎMES [R]
LE BOULOU (Pyrénées-Orientales) → COLLIOURE [R]

BOURG-MADAME (Pyrénées-Orientales)
[A] **Kurt Tucholsky** (1890-1935) kam bei seiner Pyrenäenfahrt im Herbst 1925 nach B., von wo er einen Abstecher nach Andorra unternahm.

Carcassonne

BRAM (Aude)
* 1925 **Jean Cau** († Paris 1993), Erzähler, Dramatiker, Journalist; Sohn eines Landarbeiters; 1945-57 Sekretär J.-P. Sartres, Mitarbeit an der Zeitschrift *Les Temps modernes*, Redakteur beim *Express*; 1961 Prix Goncourt für den Roman *La Pitié de Dieu*. – Weitere W.: *Les Parachutistes* (Dr. 1963), *Le Meurtre d'un enfant* (R. 1965), *Les Yeux crevés* (Dr. 1968), *L'Innocent* (R. 1982).

CARCASSONNE (Aude)
»Am Morgen nach meiner Ankunft in Carcassonne war ich auf dem großen Platz. Das ist ein rechter Platz des Südens, wo sich im Schatten gut Siesta halten läßt. Er ist mit Platanen bepflanzt, die ihren Schatten darüber werfen; den großen Brunnen in der Mitte zieren Najaden, die auf Delphinen reiten; er verbreitet ringsum jene köstliche Frische, die den Poren so wohl tut.« (Gustave Flaubert)
»Carcassonne ist bewegend, ohne jeden Zweifel; und der Reisende, der sich im Verlaufe einer kleinen Frankreichreise in melancholischen Momenten zu der Aussage gedrängt gefühlt ha-

ben mag, daß aufs Ganze gesehen die Enttäuschungen so zahlreich sind wie die erfüllten Erwartungen, muß zugeben, daß es etwas Besseres doch gar nicht geben kann.« (Henry James) Bibliothèque municipale (Stadtbücherei; 150 Tsd. Bde., 750 Hs., 53 Ink.), Bibliothèque départementale de L'Aude (130 Tsd. Bde.). – Théâtre municipal Jean Alary (Stadttheater). Auf dem Friedhof (Cimetière de Laconte, Avenue du Maréchal-Juin) Grab des Schriftstellers **Jean Cau** (→ Bram).

* 1755 **Fabre d'Églantine** (eigentl. Philippe François Nazaire Fabre) († Paris 1794), Lyriker, Dramatiker; den Namenszusatz nahm der Dichter an, nachdem er bei den ›Jeux floraux‹ in → Toulouse/MPy eine silberne Heckenrose (frz. églantine) gewonnen hatte; großer Erfolg mit einer Komödie in der Nachfolge Molières: *Le Philinte de Molière* (1790); Mitverfasser des Revolutionskalenders; sein Gedicht »Il pleut, il pleut, bergère ...« wurde zum Volkslied; Sekretär Dantons, dem er unter die Guillotine folgte. – Geburtshaus in der Rue de Verdun (Gedenktafel). – Weitere W.: *Le Convalescent de qualité ou l'Aristocrate* (Kom. 1791, dt. *Der Aristokrat in der Klemme*, 1792), *Les Précepteurs* (1791, dt. *Die Hofmeister*, 1801).

† 1950 **Joë Bousquet** (* Narbonne 1897); der Lyriker und Erzähler, seit einer schweren Verwundung im 1. Wk. ans Bett gefesselt, wohnte seit 1919 in C., zunächst in der Rue de Verdun Nr. 23, ab 1924 in der gleichen Straße Nr. 53 ([M] Maison des Mémoires), wo er neben vielen anderen auch den Besuch der Schriftstellerkollegen Aragon, Breton, Eluard, Valéry, Gide und Colette empfing; Grab in Villalier (6 km nö. v. C.).

[A] **Molière** (→ Paris) war mit seiner Schauspielertruppe zu Aufführungen im Oktober 1647 in der Stadt. – Der Lyriker **André Chénier** (→ Anhang) und sein jüngerer Bruder, der Dramatiker **Marie-Joseph**, als Söhne eines französischen Kaufmanns in Konstantinopel geboren, wuchsen ab 1765 bei einem Onkel in C. auf (Rue Pinel Nr. 8, Gedenktafel; Erinnerungsstücke an die Familie im [M] Musée des Beaux-Arts); 1773 gingen die Brüder zum weiteren Schulbesuch nach Paris. – **Hermann Fürst von Pückler-Muskau** (1785-1871) kam Ende 1834 nach C.: »Das Ganze erscheint mir wie eine ungeheure zerstörte Riesenburg« (*Semilassos vorletzter Weltgang in Europa*, 1835). – Dem ahnungslosen Besucher **Stendhal** (→ Grenoble/RhA) ging Ende April 1838 erst vor Ort auf, daß er sich »mitten in einer Stadt des 15. Jahrhunderts« befand. – **G. Flaubert** (→ Rouen/HNo) besuchte C. im Herbst 1840: »Die Tore mit den Pechnasen sind noch vorhanden; doch habe ich weder einen römischen Soldaten noch einen lateinischen Bogenschützen gesehen; die modern beide unter dem Gras der Gräben.« – **Hippolyte Taine** (→ Vouziers/ChA) beschreibt die Stadt nach seinem Besuch 1865 in den *Carnets de voyage* (1897). – Obwohl **Henry James** (1843-1916), im Oktober 1882 auf einer Rundfahrt in Frankreich unterwegs, nur wenige Stunden zur Besichtigung der Stadt hatte, war er tief beeindruckt und beschreibt sie ausführlich in seinen Reiseerinnerungen *A Little Tour in France* (1885, dt. *Eine kleine Frankreich-Tour*, 1986). – **A. France** (→ Paris) besuchte C. im Herbst 1909. – **L. Aragon** (→ Paris) und **E. Triolet** (→ Anhang) verbrachten den Herbst 1940 in C. und trafen oft mit J. Bousquet (s. o.) zusammen. – **W. Koeppen** (1906-1996) kam 1960 nach C.: »Über Carcassonne hebt sich die Festung, die Cité, die alte Stadt, wie das Bild eines Jerusalem in einem frommen Buch. Die Ritter, die dort gewohnt haben mögen, sind gestorben und haben den Andenkenhändlern Platz gemacht.« (*Reisen nach Frankreich*, 1961)

[R] Der Lyriker **André Chénier** (s. o.) und sein Bruder, der Dramatiker **Marie-Joseph**, deren Vater aus → Montfort-sur-Boulzane stammte, kamen in ihrer Kindheit häufig in die Gegend von **Limoux** (25 km südl. v. C.); der ältere der Brüder, André, erinnert sich später der Spaziergänge an der

Aude mit der Mutter und der Ausflüge zu der n. der Stadt gelegenen Wallfahrtskirche Notre-Dame de Marceille.

CERBÈRE (Pyrénées-Orientales) → COLLIOURE [R]
CETTE → SÈTE
CHEYLARD-L'ÉVÊQUE (Lozère) → LUC [R]

COLLIOURE (Pyrénées-Orientales)

† 1939 **Antonio Machado** (* Sevilla 1875); der spanische Lyriker war bei Ausbruch des Bürgerkriegs nach C. ins Exil gegangen; Grab auf dem alten Friedhof (Rue Jardin-Navarro): auf dem Grab Briefkasten für die Post der Verehrer.

[R] **Cerbère** (28 km südl. v. Collioure) war für **Kurt Tucholsky** (1890-1935) der Schlußpunkt seiner großen Pyrenäenreise im Herbst 1925: »Das ist mein Abschied von den Pyrenäen: Aus Perpignan fährt die Bahn nach der spanischen Grenze – bis Cébère [sic!].« – Der russische Romancier **Vladimir Nabokov** (1899-1977) verbrachte Anfang 1929 mit seiner Frau einen Urlaub im 24 km w. v. C. gelegenen **Le Boulou** (Unterkunft im Établissement Thermal) und schrieb hier an seinem Roman *Lushins Verteidigung* (1930, dt. 1961). – Der Amerikaner **Henry Miller** (1891-1980), der 1961 Europa, vor allem den Süden (Portugal, Spanien, Italien, Südfrankreich), bereiste, blieb eine Woche in **Banyuls-sur-Mer** (8 km südl. v. C.).

FABREZAN (Aude)

* 1842 **Charles Cros** († Paris 1888), Lyriker; Sprachen- und Medizinstudium, naturwissenschaftl. Versuche (u. a. zur Farbfotografie); verfaßte symbolist. Gedichte – Sammlungen *Le Coffret de santal* (1873), *Le Collier de griffes* (1908) – und war Textdichter des berühmten Pariser Kabaretts Le Chat Noir. – Weitere W.: *Œuvres complètes* (1970).

[R] In **Moux** (8 km nw. v. F.) befindet sich abseits vom Friedhof auf Familienbesitz das Grab des Dramatikers **Henry Bataille** (→ Nîmes), der nach eigenem Wunsch unter einer Kopie des berühmten *Squelette* von Ligier Richier (Original in Bar-le-Duc/Lo) ruht.

GRUISSAN (Aude) → NARBONNE [R]

LAMALOU-LES-BAINS (Hérault)

Théâtre municipal (Stadttheater).

[A] Zu den Kurgästen zählten u. a. **Alphonse Daudet** (→ Nîmes) und **Alexandre Dumas d. Ä.** (→ Villers-Cotterêts/Pi). – **A. Gide** (→ Paris) hatte als Schüler Nervenkrisen simuliert, um dem Gymnasium in Montpellier zu entgehen, und wurde im Mai 1882 nach L. geschickt (Schilderung in *Si le Grain ne meurt*, 1926, dt. *Stirb und werde*, 1930).

LEUCATE (Aude) → PERPIGNAN [R]
LIMOUX (Aude) → CARCASSONNE [R]
LOGRIAN (Gard) → SAUVE

LUC (Lozère)

[A] Der schottische Schriftsteller **Robert Louis Stevenson** (1850-1894), der im Herbst 1878 auf dem Eselsrücken die Cevennen durchquerte, kam durch L.: »Luc selbst war eine doppelte Reihe zerstreut liegender Häuser, die sich zwischen Berg und Fluß zwängten. Der Ort war nicht schön, hatte auch keine erwähnenswerte Besonderheit außer der alten Burg oben [...].« (*Travels with a Donkey in the Cevennes*, 1879.)

[R] Auch in **Cheylard-l'Évêque** (12 km w. v. L.), einer weiteren Station, sah **Stevenson** (s. o.) seine Erwartungen enttäuscht; den Gasthof des Ortes bezeichnet er in seinen *Travels* als »einzigartig schlicht«.

LUNEL (Hérault) → AIGUES-MORTES [R]
LUSSAN (Gard) → UZÈS [R]

MENDE (Lozère)

Bibliothèque municipale (Stadtbücherei; 80 Tsd. Bde., 60 Hs., 60 Ink.). – Théâtre municipal (Stadttheater).

[A] Der Romantiker **A. de Lamartine** (→ Mâcon/Bu) hielt sich, von seiner zweiten

Orientreise im Sommer 1850 zurückgekehrt, im Hause seines Schwagers, des Grafen de Ligonnès, an der Place d'Aigues-Passes auf; der Graf war mit Sophie, der jüngsten Schwester des Dichters, verheiratet (deren Grab auf dem alten Friedhof der Kirche Saint-Gervais). – **Alfred Döblin** (1878-1957) schildert in dem autobiogr. Bericht *Schicksalsreise* (1949) seinen Aufenthalt im Flüchtlingslager von M. im Sommer 1940.

R Die Grafen von Ligonnès (s. o.) waren die Herren von Schloß Ligonnès in **Auxillac** (28 km w. v. M.). A. ist der Geburtsort von **Céleste Gineste** (1891-1984), der Haushälterin **Marcel Prousts** (→ Paris), deren Erinnerungen an den Dichter aufgezeichnet wurden: *Monsieur Proust* (1973, dt. 1974); sie war mit Odilon Albaret, dem Chauffeur Prousts, verheiratet.

Francis Ponge

MONTFORT-SUR-BOULZANE (Aude)

Das 27 km sö. von Quillan gelegene Dorf war der Geburtsort des nachmaligen französischen Konsuls in Konstantinopel Louis Chénier (1723-96), Vater der Schriftstellerbrüder **André** und **Marie-Joseph Chénier**; der Vater des Konsuls besaß eine Schmiede in M.

MONTPELLIER (Hérault)

Universität (gegr. 1220). – Universitätsbibliothek (1 Mio. Bde., Hs., Ink.), Bibliothèque municipale (Stadtbücherei; 700 Tsd. Bde., 500 Hs., 80 Ink.), Bibliothèque départementale de prêt de l'Hérault (165 Tsd. Bde.). – Théâtre des 13 Vents (Centre Dramatique National), Théâtre Gérard Philipe, Théâtre Jean Vilar.

* 1798 **Auguste Comte** († Paris 1857), Soziologe, ›Vater des Positivismus‹; Gymnasium und kurzes Medizinstudium in M.; ab 1818 in Paris Nachfolger A. Thierrys als Privatsekretär und Mitarbeiter des Sozialphilosophen Saint-Simon; Hauptwerke: *Cours de philosophie positive* (1830-42, dt. *Die positive Philosophie*, 1883) und *Système de politique positive* (1851-54). – Geburtshaus in der Rue de la Merci nicht erhalten; Büste im Jardin du Champ-de-Mars (nahe der Esplanade). – Weitere W.: *Discours sur l'esprit positif* (1844, dt. *Abhandlung über den Geist des Positivismus*, 1915), *Discours sur l'ensemble du positivisme* (1848), *Principes de philosophie positive* (postum 1868, dt. *Der Positivismus in seinem Wesen und in seiner Bedeutung*, 1894).

* 1899 **Francis Ponge** († Le Bar-sur-Loup/PAC 1988), Lyriker; aus protestantischer Familie, scheiterte an der Aufnahmeprüfung zur École Normale Supérieure; Mitglied der sozialist., später der kommunist. Partei, Teilnahme an der Résistance; befreundet mit Camus, Sartre, Paulhan; Bekanntheit und Erfolg ab den 60er Jahren. – W. u. a.: *Le Parti pris des choses* (Prosa 1942, dt. in Ausw. *Einführung in den Kieselstein*, 1955), *Le grand recueil* (Ged. und Prosa, 3 Bde. 1961, dt. in Teilübers. 1964, 1965, 1967, 1968), *Pour un Malherbe* (Essay 1965), *Le Savon* (1967, dt. *Die Seife*, 1969).

A **Francesco Petrarca** (1304-1374), der seit dem zwölften Lebensjahr mit seiner Familie in der Provence lebte (→ Avignon/PAC), studierte ab 1316 in M. Jurisprudenz (1320 setzte er seine Studien an der Universität Bologna fort). – **Nostradamus** (→ Saint-Rémy-de-Provence/PAC), der bereits in M. Medizin studierte hatte, kehrte nach vier Wanderjahren in die Stadt zurück, ließ sich 1529 nieder, war aber schon zwei Jahre später wieder auf Reisen. – Im September 1530 schrieb sich **François Rabelais** (→ La Devinière/C) an der medizinischen Fakultät ein, wo er bereits nach sechs Wochen den Grad eines Baccalaureatus erwarb; nachdem er Anfang 1532 die Stadt verlassen hatte (→ Lyon/RhA), kehrte er im Frühjahr 1536 zurück, bestand das Doktorexamen in M. und war hier praktizierend und lehrend bis 1540 tätig (Denkmal im Jardin des Plantes, nahe dem Boulevard Henri IV.); seinen Romanhelden Pantagruel schickt Rabelais ebenfalls nach M., »wo er einen preislichen Tropfen und lustige Kumpanei beisammen fand«, und läßt ihn Medizin studieren, bis ihn störte, daß »es ein zu trübes und melancholisches Handwerk sei und die Ärzte gleich alten Teufeln nach der Klystierspritze röchen.« – **Molière** (→ Paris) kam ab 1653 wiederholt mit seiner Schauspieltruppe nach M. (eine Gedenktafel an der Südfassade des Musée Fabre erinnert an den Aufenthalt im Winter 1653/54). – Der englische Philosoph **John Locke** (1632-1704) verbrachte die Jahre zwischen 1675 und 1679 hauptsächlich in M. (kürzere Aufenthalte auch in Paris, in Lyon, in der Provence), das damals als Kurort für Lungenkranke bekannt war; hier machte er die Bekanntschaft von Lord Pembroke, dem er den *Essay Concerning Human Understanding* (1689) widmete. – Der Jesuit **L. Bourdaloue** (→ Bourges/C) predigte auf königlichen Befehl in M., um möglichst viele Konvertiten zum Katholizismus zurückzubringen, wie Madame de Sévigné in einem Brief (vom 3. 4. 1685) berichtet. – Der englische Dichter **Edward Young** (1683-1765), Autor von *The Complaint, or Night Thoughts on Life, Death and Immortality* (1742-45, dt. 1752, u. d. T. *Klagen oder Nachtgedanken über Leben, Tod und Unsterblichkeit*, 1760/61), kam nur laut einer Legende 1736 durch M., wo seine Tochter gestorben und im Jardin des Plantes (zwei Gedenktafeln mit lateinischen Inschriften) begraben worden sein soll; in Wirklichkeit starb die Tochter des Dichters in → Lyon/RhA. – **J.-J. Rousseau** (→ Anhang) kam Mitte September 1737 nach M., um sich hier von einem ›Herzpolypen‹ kurieren zu lassen; zunächst wohnte er in einer Pension in der Nähe der Place de la Canourgue, dann bezog er eine Wohnung in der Rue Basse Nr. 26 (heute Rue J.-J.-Rousseau): »Ich brach gegen Ende November nach einem Aufenthalt von sechs Wochen oder zwei Monaten in dieser Stadt auf, wo ich ein Dutzend Louisdor ließ, ohne jeden Nutzen für meine Gesundheit oder für meine Belehrung [...].« (*Les Confessions*, 1782/89.) – **Laurence Sterne** (1713-1768), Autor des *Tristram Shandy*, kam wegen des milden Klimas im Spätsommer 1763 nach M. und traf hier auf den Schotten **Tobias Smollett** (1721-1771), der die Stadt ebenfalls seiner angeschlagenen Gesundheit wegen aufsuchte (*Travels through France and Italy*, 1766); Smollett wohnte im Cheval Blanc, wo gut zwei Jahre später auch sein Landsmann **James Boswell** (1740-1795) abstieg, der sich aufgrund der eisigen Wintertemperaturen in Rußland glaubte. – Der **Marquis de Sade** (→ Paris) fuhr Mitte Oktober 1776 für zwei Wochen nach M., um hier mit Hilfe eines Franziskanerpaters neues Personal für Haushalt und sexuelle Ausschweifungen auf seinem Schloß → Lacoste/PAC anzuwerben. – Mademoiselle Necker, die spätere **Madame de Staël** (→ Paris), wohnte als 18jährige von November 1784 bis April 1785 mit ihrer Mutter bei einer Kaufmannsfamilie in der Nähe von M. und wurde in die Salons der Stadt eingeführt; die Mutter der späteren Schriftstellerin gründete in M. ein protestant. Spital (heutige Rue du Carré-du-Roi Nr. 1), das 1793 geschlossen wurde. – **F.-R. de Chateaubriand** (→ Saint-Malo/Br) besuchte M. im Rahmen seiner Südfrankreich-Reise Ende 1802. – **Johanna Schopenhauer** (1766-1838) widmet der Stadt ein ausführliches Kapitel ihrer Reiseerinnerungen (zuletzt u. d. T. *Promenaden unter südlicher Sonne. Die Reise durch Frankreich 1804*, 1993). – **Hermann Fürst von Pückler-Muskau** (1785-1871) besuchte die Stadt Ende 1834 und beschreibt in seinen Reisebriefen *Semilassos vorletzter Weltgang in Europa* (1835) den Jardin des Plantes, die Promenade du Peyrou und die Gemäldesammlung des Musée Fabre. – **Stendhal** (→ Grenoble/RhA) verbrachte ein paar Tage im September 1837 in M., dessen Heiterkeit und Lebendigkeit er in seinen *Mémoires d'un touriste* (1838) hervorhebt; Ende April 1838, bei seinem zweiten Besuch in der Stadt, die er zu den »häßlichen« zählte, widmete sich Stendhal den Gemälden des Musée Fabre. – **Heinrich Laube** (1806-1884) berichtet in seinem Frankreichbuch *Französische Lustschlösser* (1840) begeistert von der Promenade du Peyrou: »Dieser Zauberplatz des Südens, der allein so viele Fremde lockt, von dem man eine römische *campagna* zu sehen glaubt, er liegt breit und weit auf dem höchsten Punkte der Stadt.« – **P. Verlaine** (→ Metz/Lo) zog als einjähriges Kind (1845) in die Stadt, wohin sein Vater als Offizier versetzt worden war; seiner Kindheit in M. erinnert sich der Dichter in dem Sonett »A Aman-Jean. Sur un portrait enfin reposé qu'il avait fait de moi« (1891). – Dem Dichter **H. Chr. Andersen** (1805-1875) machten im Sommer 1846 die extremen Temperaturen eine Besichtigung der Stadt unmöglich: »Von Montpelliers Schönheit weiß ich nur, daß sie unter Sonnenstrahlen, die mich versengten, lag. In seiner Stube mit dicht verriegelten Fensterläden, gekleidet, als wollte er ins Bad gehen, hielt sich der Fremde auf.« (*Meines Lebens Märchen*, 1855) – **Th. Gautier** (→ Tarbes/MPy) besuchte M. im November 1850. – **Jules Michelet** (→ Paris) bezeichnete M. in seinem *Tableau de la France* (1853) als »Stadt der Medizin, des Parfums und des Grünspans«. – **H. Taine** (→ Vouziers/ChA), 1864 in M., beschreibt die Stadt in seinen *Carnets de voyage* (1897). – **Prosper Mérimée** (→ Paris), asthmageplagt, kam im April 1868 zur Luftkur. – Der amerikanische Schriftsteller **Henry James** (1843-1916) stieg bei seinem Besuch im Oktober 1882 im Hotel Nevet ab (wo auch Stendhal übernachtet hatte), fand – mit Ausnahme des Musée Fabre – eigentlich wenig Bemerkenswertes in der Stadt und mochte sie trotzdem: »Es gibt Orte, die einem gefallen, ohne daß man sagen könnte, weshalb, und Montpellier gehört zu diesen.« – **Paul Valéry** (→ Sète) besuchte ab 1884 das Gymnasium von M., leistete hier 1889/90 seinen einjährigen Militärdienst ab, schrieb sich für Jura an der Universität ein und veröffentlichte erste Gedichte; im August 1894 begann er die Arbeit an *La Soirée avec Monsieur Teste* (»Teste wurde erzeugt, in einem Zimmer, wo Auguste Comte seine ersten Jahre verbracht hat«; Gedenktafel im Hof des Hauses Rue de la Vieille Intendance Nr. 9), bevor er nach Paris zog; am 20. 5. 1890 hatte er, anläßlich der Sechshundertjahrfeier der Universität, **Pierre Louÿs** (→ Anhang) kennengelernt, der seinerseits die Bekanntschaft eines weiteren jungen Dichters vermittelte: **André Gide** (→ Paris), der Mitte Dezember 1890 in M. seinen Onkel Charles besuchte; Gide kannte die Stadt bereits, war er doch mit seiner Mutter im Herbst 1881 nach M. gezogen und hatte hier das Gymnasium besucht, eine unglückliche Zeit, die er dadurch beendete, daß er Nervenkrisen vorspielte und darauf von der Schule genommen und auf Kur geschickt wurde (→ Lamalou-les-Bains); von der Schulzeit berichtet Gide in *Si le grain ne meurt* (1926, dt. *Stirb und werde*, 1930), darüber hinaus erwähnt er die Stadt und ihren botanischen Garten im 3. Buch der *Nourritures terrestres* (1897). – **F. Mis-**

tral (→ Maillane/PAC) kam zu den ›Fêtes latines‹ 1898 nach M. und rezitierte hier seine »Ode à la race latine« (Gedenktafel Rue Foch Nr. 2). – Der polnisch-englische Romancier **Joseph Conrad** (1857-1924) hielt sich mit Frau und Sohn im Frühjahr 1906 sowie von Dezember 1906 bis Mitte Mai 1907 in M. auf, jeweils im Riche Hôtel & Continental (Place de la Comédie), las hier sein Erinnerungsbuch *The Mirror of the Sea* (1906, dt. *Spiegel der See*, 1939) Korrektur und schrieb einen Teil seines Romans *The Secret Agent* (1907, dt. *Der Geheimagent*, 1926). – **Valery Larbaud** (→ Vichy/Au), der den Winter 1913/14 in der Provence und im Languedoc verbrachte, blieb von Ende Januar 1914 bis Frühjahrsbeginn in M. und schrieb über die Stadt im Kapitel »Septimanie« seiner Sammlung *Jaune bleu blanc* (1927). – **Catherine Pozzi** (→ Paris) besuchte häufig in M. ihre Mutter, die seit 1917 getrennt von ihrem Mann bei einer Cousine lebte. – **Jean Genet** (→ Paris), der sich, um der Strafkolonie zu entgehen, freiwillig zum Militär gemeldet hatte, wurde im Frühjahr 1929 in M. stationiert (dort meldete er sich auch 1934 wieder zum Militärdienst). – Der amerikanische Schriftsteller **Henry Miller** (1891-1980) besuchte die Stadt 1953 und 1961, **Ernst Jünger** (1895-1998) im Mai 1990.

[L] Stadt und Universität sind Schauplatz einer Episode des Romans *Das Parfum* (1985) von **Patrick Süskind**.

[R] In **Saint-Gély-du-Fesc** (8 km nw. v. M.) starb 1981 der Chansonnier **Georges Brassens** (→ Sète); Grab in Sète.

MOUX (Aude) → **FABREZAN** [R]

NARBONNE (Aude)

Bibliothèque municipale (Stadtbücherei; 110 Tsd. Bde., 340 Hs., 20 Ink.). – Le Théâtre (Staatl. Bühne).

* 1889 **Pierre Reverdy** († Solesmes/PdL 1960), Lyriker; Vater Sozialist, Winzer und Bürgermeister von N., dort Kindheit und Jugend; in Paris (ab 1910) Kontakt und Freundschaft zu Apollinaire, Y. Goll und den Malern der Moderne; Picasso: »Reverdy oder die in die Dichtung verirrte Malerei«; obwohl Antimilitarist Kriegsfreiwilliger 1914; 1921 Bekehrung zum Christentum (Taufpate: Max Jacob), 1926 Umzug mit seiner Frau in die Nähe der Benediktinerabtei Solesmes. – W. u. a.: *Poèmes en prose* (1915, Illustr. v. J. Gris), *Ardoises du toit* (Ged. 1918, Illustr. v. G. Braque), *Les Jockeys camouflés* (Ged. 1918, Illustr. v. H. Matisse), *La Guitare endormie* (Ged. 1919), *Étoiles peintes* (Ged. 1921, Illustr. v. A. Derain), *Cravates de chanvre* (Ged. 1922), *Épaves du ciel* (Ged. 1924), *Grande nature* (Ged. 1925), *Écume de la mer* (Ged. 1926, Illustr. v. P. Picasso), *La Balle au bond* (Ged. 1927, Illustr. v. A. Modigliani), *Sources du vent* (Ged. 1929, dt. *Quellen des Windes*, 1970).

* 1897 **Joë Bousquet** († Carcassonne 1950), Lyriker, Erzähler; nach einer schweren, im Mai 1918 erlittenen Kriegsverletzung ans Bett gefesselt; lebte von 1919 bis zu seinem Tod in Carcassonne; verfaßte vor allem hermetische Gedichte, u. a. *La Connaissance du Soir* (1946). – Weitere W.: *Œuvres romanesques complètes* (2 Bde. 1979).

[A] **Molière** (→ Paris) war mit seiner Schauspielertruppe von Dezember 1649 bis Januar 1650 sowie im Frühjahr 1656 in N. – **Prosper Mérimée** (→ Paris), 1834 zum Generalinspektor der historischen Denkmäler Frankreichs ernannt, unternahm im gleichen Jahr zur Bestandsaufnahme eine Reise in den Süden Frankreichs, während der er (im November) auch N. besuchte; die Befestigungsmauern, mit zahlreichen Spolien aus der Römerzeit errichtet, erregten mehr Interesse als die Kirchen der Stadt. – **Stendhal** (→ Grenoble/RhA) hatte bei seinem Besuch der Stadt Mitte September 1837 nur eine Stunde Zeit, sah »einen schönen Turm und Kirchen« und interessierte sich, ähnlich wie Mérimée, für die Mauern mit Inschriften und Reliefs aus römischer Zeit; zweiter Besuch Ende April 1838. – **Gustave Flaubert** (→ Rouen/HNo) kam im Herbst 1840 durch die Stadt: »Es war ungefähr Mittag, als wir in Narbonne ankamen. Die Sonne vergoldete die ganze Landschaft, die Kathedrale hob sich vom azurblauen Himmel ab, ich hatte nicht gewußt, wie schön ein Horizont sein kann.« – **Henry James** (1843-1916) war bei seinem Besuch im Oktober 1882 keineswegs von der Stadt beeindruckt, einzig der Chor der Kathedrale wußte ihm zu gefallen. – **Wolfgang Koeppen** (1906-1996) kam 1960 in die Stadt: »Hübsch liegt Narbonne an einem Kanal und unter Bäumen. [...] Der Palast des Bischofs gleicht sehr einem festen Gefängnis mit hohen Räumen. Ein sicherer Wehrgang führte den Bischof in seine nicht vollendete, seine ruinenhaft gebliebene, sehr eigenartige und eigentlich bezaubernde Kirche, in der eine bayerische ritterliche Grablegung der strahlenden Sonne über Narbonne mißtrauen läßt.« (*Reisen nach Frankreich*, 1961.)

L Schon antike Autoren wie **Martial** und **Ausonius** priesen die Schönheit der einstigen Hauptstadt der römischen Provinz ›Gallia Narbonensis‹. – Als Aufenthaltsort des siechen Kardinals Richelieu ist der Erzbischöfl. Palast einer der Schauplätze in dem historischen Roman *Cinq-Mars* (1826, dt. 1829, zuletzt 1997) von **Alfred de Vigny.**

R Die steile Felswand von **Gruissan** (14 km sö. v. N.) war **V. Hugo** in seinem Roman *L'Homme qui rit* (dt. *Die lachende Maske*, zuletzt 1962) Vorbild für die am Beginn des 1. Buches geschilderte Topographie.

NÎMES (Gard)

»Es ist eher eine Stadt mit drei oder vier schönen Besonderheiten als eine Stadt, die, so möchte ich sagen, insgesamt eine gute Figur macht.« (Henry James)

»Bei Nîmes erhebt sich ein Hügel am Rand.
Dort sieht man selig nieder
Über versonnenes Sonnenland
Mit Judasbäumen, Mimosen und Flieder;
Tourmagne! was für ein bunter Segen!
(Der Pincio ist ein Hund dagegen).«
(Alfred Kerr)

Archives du Gard (Bibliothek, 30 Tsd. Bde., 1000 Hs.), Bibliothèque municipale (Stadtbücherei; 400 Tsd. Bde., 850 Hs., 60 Ink.), Bibliothèque départementale de prêt du Gard (190 Tsd. Bde.). – Théâtres de Nîmes.

Aus N. stammte ein Strumpfwirker namens Jacques François Fontaine, der sich 1694 in Eberswalde, dann in Berlin niederließ, Urururgroßvater **Theodor Fontanes**. In der Kathedrale Notre-Dame et Saint-Castor Grab von **F. J. de Pierre de Bernis** (→ Saint-Marcel/RhA); die Brunnenfigur auf der Fontaine de Nîmes (Place de la Libération), eine Personifikation der Stadt, trägt die Gesichtszüge der Schauspielerin **Juliette Drouet** (→ Fougères/Br), die mit dem Bildhauer James Pradier, dem Schöpfer des Werkes, liiert war, bevor sie eine Verbindung mit **Victor Hugo** einging.

* 1787 **François Guizot** († Val-Richer/BNo 1874), Politiker, Geschichtsphilosoph, Kritiker, Übersetzer; Sohn protest. Eltern, Vater guillotiniert; Übersiedlung nach Genf; ab 1805 in Paris; Journalist; während der Restauration zahlreiche Ämter in Ministerien, Staatsrat, Lehrtätigkeit (u. a. an der Sorbonne); ab 1830 Unterrichtsminister, Innenminister; Mitglied der Académie Française; 1840 bis zur Februarrevolution 1848 Außenminister, dann Exil in England (bis 1850); Rückkehr; Übersetzungen aus dem Dt. (Jean Paul) und Engl. (Gibbon), Herausgeber einer Shakespeare-Ausgabe. – W. u. a.: *Essai sur la vie et les œuvres de Shakespeare* (1821), *Histoire de la civilisation en Europe depuis la chute de l'Empire Romain jusqu'à la Révolution française* (1835, dt. *Allgemeine Geschichte der europäischen Civilisation in vierzehn akademischen Vorlesungen vorgetragen*, 1844), *Mémoires pour servir à l'histoire de mon temps* (1857-68, dt. *Denkwürdigkeiten. Beiträge zur Geschichte der neuesten Zeit*, 1860).

* 1796 **Jean Reboul** († ebda. 1864), Dich-

ter; Bäcker, der durch sein Gedicht *L'Ange et l'Enfant* (1828) Berühmtheit erlangte, so daß ihn u. a. A. de Lamartine, Ch. Nodier, F.-R. de Chateaubriand, A. Dumas d. Ä., H. Chr. Andersen und F. Mistral besuchten. – Wohn- und Sterbehaus Rue des Trois Maures Nr. 1 (Gedenktafel, Porträtrelief zur Rue Jean Reboul), Denkmal im Jardin de la Fontaine (gegenüber des Diana-Tempels). – Weitere W.: *Poésies* (1836), *Les Traditionelles* (Ged. 1857).

* 1840 **Alphonse Daudet** († Paris 1897), Erzähler, Dramatiker; Sohn eines Seidenfabrikanten, der bald sein Vermögen verlor; Klosterschule und Institut Canivet in N., dann Umzug nach Lyon; 1857 als Hilfslehrer nach Alès, Ende des Jahres nach Paris, um Journalist zu werden; Sekretär des Herzogs von Morny, erste Erfolge mit Theaterstücken; Berühmtheit durch die Erzählungssammlung *Les Lettres de mon moulin* (1869, dt. 1879, u. d. T. *Briefe aus meiner Mühle*, 1894) und den Roman *Tartarin de Tarascon* (1872, dt. 1882); die letzten Lebensjahre von schwerer Krankheit gezeichnet. – Geburtshaus Boulevard Gambetta Nr. 20 (Gedenktafel), Denkmal auf dem Square de la Couronne. – Weitere W.: *Les Amoureuses* (Ged. 1858), *La Dernière Idole* (Dr. 1862), *Le Petit Chose* (R. 1868, dt. *Der kleine Dingsda*, 1877), *Les Contes du Lundi* (Erz. 1873), *Fromont jeune et Risler aîné* (R. 1874, dt. 1874), *Jack* (R. 1876), *Le Nabab* (R. 1877), *Les Rois en exil* (R. 1879), *Numa Roumestan* (R. 1881, dt. 1882), *L'Évangéliste* (R. 1883), *Sapho* (R. 1884, dt. 1884), *Tartarin sur les Alpes* (Erz. 1885, dt. *Tartarin in den Alpen*, 1886), *L'Immortel* (R. 1888), *Port-Tarascon* (Erz. 1890).

* 1872 **Henry Bataille** († Rueil-Malmaison/IdF 1922); Autor von erfolgreichen Theaterstücken. – W. u. a.: *La Belle au bois dormant* (1894), *Maman Colibri* (1904), *La Marche nuptiale* (1905), *La Femme nue* (1908); *Théâtre complet* (12 Bde. 1922-29).

* 1884 **Jean Paulhan** († Boissise-la-Bertrand/IdF 1968), Erzähler, Kritiker; nach Studium an der Sorbonne Lehrtätigkeit, ab 1920 Sekretär der *Nouvelle Revue Française*, später deren Leiter; 1963 Wahl in die Académie Française; trat in jungen Jahren als Erzähler hervor (*Jacob Cow le Pirate*, 1921, *La Guérison sévère*, 1925), später als Kritiker und Theoretiker (*Les Fleurs de Tarbes ou la Terreur dans les lettres*, 1941; *Clef de la poésie*, 1944, dt. *Schlüssel zur Poesie*, 1969; *Entretiens sur les faits divers*, 1945, dt. *Unterhaltungen über vermischte Nachrichten*, 1962; *Le Marquis de Sade et sa complice*, 1950). – Geburtshaus Rue Jean Reboul Nr. 20 (Gedenktafel). – Weitere W.: *Œuvres complètes* (5 Bde. 1966-70).

Alphonse Daudet

* 1900 **André Chamson** († Paris 1983), Romancier; aus protestantischer, den Cevennen entstammender Familie; nach Studium an der Sorbonne Bibliothekar an der Bibliothèque Nationale; politisches Engagement, 1934 Regierungsamt; aktiv in der Résistance, 1956 Mitglied der Académie Française. – W. u. a.: *Roux le Bandit*

(1925, dt. *... der nicht mit den anderen ging*, 1949), *Les Hommes de la route* (1927), *Le Crime des justes* (R. 1928, dt. *Das Verbrechen der Gerechten*, 1930), *L'Auberge de l'abîme* (1934, dt. *Die Herberge in den Cevennen*, 1934), *Héritages* (1932), *L'Année des vaincus* (R. 1934), *Le Puits des miracles* (R. 1945, dt. *Der Wunderbrunnen*, 1950), *La Tour de Constance* (R. 1970).

[A] Der Kanzelredner **Esprit Fléchier** (→ Pernes-les-Fontaines/PAC) wurde 1687 zum Bischof von N. ernannt (Grab in der Kathedrale). – **J.-J. Rousseau** (→ Anhang), im Herbst 1737 nach Montpellier unterwegs, kam über N., wo ihn, wie er in den *Confessions* (1782/89) berichtet, die Arena anzog und abstieß: »Dieses weitläufige und prächtige Amphitheater ist von häßlichen kleinen Häusern umgeben, und andere kleinere und noch häßlichere Häuser füllen seine Arena, so daß das Ganze einen ungleichartigen und verworrenen Eindruck macht, bei dem Ärger und Entrüstung Genuß und Überraschung erstikken.« (Die Einbauten wurden erst im 19. Jh. entfernt.) – Arena und Maison Carrée begeisterten im Herbst 1763 den schottischen Romancier **Tobias Smollett** (1721-1771); Beschreibung in dem Reisebuch *Travels through France and Italy*, 1766). – Ende Dezember 1765 besuchte Smolletts Landsmann **James Boswell** (1740-1795) in N. den Jardin de la Fontaine, die Maison Carrée (»die schönste Hinterlassenschaft der Welt«) und die Arena, wo ihn, ähnlich wie Rousseau, der Einbau der kleinen, rauchgeschwärzten Wohnhäuser ärgerte. – **G. Casanova** (1725-1798) kam im Januar 1769 auf seiner Rückreise aus Spanien in die Stadt: »Nîmes ist eine französische Stadt, die den Besuch eines Fremden wert ist. Man findet dort in den achtunggebietenden Monumenten eine ausgezeichnete Nahrung für den Geist und im schönen Geschlecht eine solche für das Herz.« – Die Romanautorin **Johanna Schopenhauer** (1766-1838) besuchte die Stadt mit ihrem sechzehnjährigen Sohn Arthur, dem künftigen Philosophen; Beschreibung in den *Promenaden unter südlicher Sonne. Die Reise durch Frankreich 1804* (1993). – **Alexandre Dumas d. Ä.** (→ Villers-Cotterêts/Pi) kam im Spätherbst 1834 in die Stadt und wurde von J. Reboul (s. o.) nachts in die Arena geführt: »Unmöglich kann man sich eine Vorstellung davon machen, welche Wirkung diese riesige Ruine, bei Mondschein gesehen, hervorbringt«; seine Eindrücke beschreibt Dumas in dem Reisebuch *Midi de la France* (1837-41, zuletzt 1991). – Im Dezember 1834 war **Hermann Fürst von Pückler-Muskau** (1785-1871) in N. zu Gast: »Das Amphitheater, welches hundert angebaute Hütten von außen und innen kaum entdecken ließen, steht jetzt frei und teilweise restauriert«, berichtet er in seinen Reisebriefen *Semilassos vorletzter Weltgang in Europa* (1835). – **Stendhal** (→ Grenoble/RhA) führte seine Frankreichreise Anfang August 1837 nach N., wo er fünf Denkmäler besichtigenswert fand: neben der Maison Carrée und der Arena auch das Nymphäum (meist Diana-Tempel genannt), die Tour Magne (die er für den Rest eines Grabmonuments hielt) und das Augustustor. – **George Sand** (→ Paris) kam auf dem Weg nach Mallorca, wo sie den kommenden Winter mit Chopin verbringen wollte, Ende Oktober 1838 nach N. – **Heinrich Laube** (1806-1884) beschreibt die Sehenswürdigkeiten der Stadt in den *Französischen Lustschlössern* (1840). – **G. Flaubert** (→ Rouen/HNo), der nach dem Abitur 1840 eine Reise durch Südfrankreich unternahm, besichtigte in N. zu später Tageszeit die Arena (»man hätte glauben können, daß sie eben erst vom Volk verlassen worden wäre«) und den Jardin de la Fontaine; zweiter Besuch der Stadt im Frühjahr 1845. – Der Historiker **J. Michelet** (→ Paris) besuchte N. im Juni 1844 (und traf mit J. Reboul, s. o., zusammen). – Der Däne **H. Chr. Andersen** (1805-1875) besuchte in N. im Sommer 1846 neben den antiken Sehenswürdigkeiten natürlich auch J. Reboul (s. o.) (*Meines Lebens Märchen*, 1855, Kap. 12). – Am Ende seiner Schulzeit, die er im August 1847 in Avignon/PAC abschloß, legte **F. Mistral** (→ Maillane/PAC) im Rathaus von N. sein Abitur ab. – **P. Verlaine** (→ Metz/Lo), der in früher Kindheit ein unruhiges Leben in mehreren Garnisonsstädten hatte, zog im Februar 1848 nach N., wohin der Vater wegen der Revolutionsunruhen verlegt worden war. – Der Schweizer Dichter **C. F. Meyer** (1825-1898) besuchte N. und die Maison Carrée im Rahmen seiner Hochzeitsreise im Oktober 1875. – **A. Gide** (→ Paris), der die Stadt bereits in Kinderzeiten als letzte Station auf der Reise von Paris nach Uzès kennenlernte, erwähnte die »Fontaine voll zahmen Wassers« in den *Nourritures terrestres* (1897). – Der amerikanische Schriftsteller **Henry James** (1843-1916) besichtigte Ende Oktober 1882 die römischen Hinterlassenschaften der Stadt, befand aber, daß sie ansonsten wenig zu bieten habe, war auch befremdet von den Neubauten, u. a. von einer Kirche, »die auf allerseltsamste Weise den Eindruck erweckte, als sei sie für Brooklyn oder Cleveland bestimmt gewesen.« – **Colette** (→ Saint-Sauveur-en-Puisaye/Bu) kam als Schauspielerin und Tänzerin vor dem 1. Wk. durch die Provinz, u. a. auch durch N., dessen Jardin de la Fontaine sie verzauberte: »Wir stoßen das schwarze, goldverzierte Gittertor auf, und die Welt verändert sich: ein Frühling empfängt uns, so märchenhaft schön, daß man jeden Augenblick fürchtet, er könnte versinken oder sich in Dunst auflösen. Der Springbrunnen, das Bad der Diana, unergründliche, steingepflasterte Baumgänge, wo ein herrisches, grünes Wasser braust, klar, dunkel, blauschillernd wie ein Schlange [...].« (*Mes Cahiers*, 1941, dt. in Ausz. *Die Erde mein Paradies*, 1967.) – **Valery Larbaud** (→ Vichy/Au) besuchte die Stadt im Winter 1913/14 und schreibt über sie in *Jaune bleu blanc* (1927). – **Guillaume Apollinaire** (→ Anhang) war als Soldat vom Dezember 1914 an vier Monate lang in der Kaserne von N. stationiert; hier hatte er vom 7. bis zum 16. Dezember im Hôtel du Midi eine Liebesaffäre mit der Gräfin Coligny-Châtillon, die er zehn Wochen zuvor in Nizza kennengelernt hatte. – **Kurt Tucholsky** (1890-1935) besuchte N. Anfang 1925. – **Joseph Roth** (1894-1939), im Sommer 1925 als Korrespondent der *Frankfurter Zeitung* in Südfrankreich, berichtet in zwei Feuilletons von einem nachmittäglichen Stierkampf und einer abendlichen Kinovorstellung in der Arena. – Der Kritiker **Alfred Kerr** (1867-1948), seit 1933 in Paris im Exil (von wo er 1936 nach London weiterzog), unternahm eine Reise nach N., die er in Gedichtform beschreibt (in: *Melodien*, 1938). – Der portugiesische Autor **Miguel Torga** (1907-1995) kam Ende der 30er Jahre durch N. und äußert sich angesichts der Arena kritisch zu den Hinterlassenschaften der »über die ganze Welt verstreuten Legionen Latiums« (*Die Erschaffung der Welt*, 1937-81, dt. 1991). – **Lion Feuchtwanger** (1884-1958), der (wie auch **W. Herzog, F. Hessel, A. Kantorowicz**) im Sommer 1940 auf dem n. v. N. gelegenen Gut Saint-Nicolas interniert war, beschreibt seine Zeit im Lager und die Fluchtversuche aus N. in dem Bericht *Der Teufel in Frankreich* (zuerst u. d. T. *Unholdes Frankreich*, 1942). – **Henry Miller** (1891-1980) kam 1960 nach Südfrankreich und traf sich hier mit **L. Durrell** (1912-1990), der von September 1958 bis Juli 1966 in dem Gutshof Le Mazet Michel am n. Stadtrand (Engances, Straße nach Uzès) lebte.

R **A. Daudet** (s. o.) war als Pflegekind in seinen ersten fünf Lebensjahren häufig bei der Familie Trinquier in **Bezouce** (10 km nö. v. N.): »Bezouce ist ein wenig mein Maillane«, sagt Daudet mit Bezug auf Frédéric Mistrals Geburtsort.

PERPIGNAN (Pyrénées-Orientales)
Universität. – Médiathèque (250 Tsd. Bde., 200 Hs., 85 Ink.). – Théâtre municipal (Stadttheater).

† 1941 **Maurice Leblanc** (* Rouen/HNo 1864); der Erfinder des Edelganoven Arsène Lupin war bis 1947 auf dem Friedhof an der Avenue Victor-Dalbiez beigesetzt, dann wurde er auf den Friedhof Montparnasse in Paris umgebettet.

[A] **Stendhal** (→ Grenoble/RhA) besuchte die Stadt, die ihm »unendlich« gefiel, Mitte September 1837 und reiste von hier nach Spanien weiter. – **George Sand** (→ Paris) kam im Oktober 1838 von Nohant/C mit ihren beiden Kindern Maurice und Solange nach P. und traf hier mit Chopin zusammen; gemeinsam ging es dann von hier über Barcelona nach Mallorca. – Der dänische Dichter **H. Chr. Andersen** (1805-1875) lag im glutheißen Sommer 1846 fieberkrank in P. in einem Hotelbett und mußte den Plan, nach Spanien weiterzureisen, aufgeben. – Der opiumsüchtige Dichter **Jean Cocteau** (→ Maisons-Laffitte/IdF) wohnte 1940 bei dem befreundeten Doktor Nicolau in P. und schrieb hier das Stück *La Machine à écrire* (1941, dt. *Die Schreibmaschine*, 1947) zu Ende. Der Nobelpreisträger des Jahres 1985 **Claude Simon**, 1913 in Tananarive (Madagaskar) geboren, verbrachte seine Kindheit in P. und lebt heute, im Wechsel mit Paris, in dem 12 km n. gelegenen Ort Salses.

[L] Mehrere Kapitel des historischen Romans *Cinq-Mars* (1826, dt. 1928, zuletzt 1997) von **Alfred de Vigny** spielen im königlichen Lager vor P.

[R] Auf dem Friedhof von **Leucate** (30 km n. v. P.) Grab des Abenteurers und Schriftstellers **Henry de Monfreid** (→ Ingrandes/C).

PÉZENAS (Hérault)
[A] **Molière** (→ Paris) kam ab 1650 immer wieder mit seinem Illustre Théâtre in die Stadt, in der früher der Gouverneur des Languedoc residierte; 1653 wurde der Dramatiker dem damaligen Gouverneur, dem Prinzen Armand de Bourbon-Conti auf dessen nahem Schloß La Grange-des-Prés vorgestellt, und der Adlige (»eine hochgeborene, bucklige Null«, so Kardinal Retz) stellte die Schauspieltruppe unter seinen Schutz und verlieh ihr den Titel ›Komödianten seiner Hoheit des Prinzen Conti‹. (Conti, später zu strengem Christentum bekehrt, zog sein Protektorat zurück und machte Molière Schwierigkeiten.) Molière wohnte in P. mit seinen Darstellern in der Hostellerie du Bât d'Argent (Rue Conti Nr. 44), spielte im Freien vor dem einfachen Volk und in Stadtpalästen erschiedener Parlamentsabgeordneter wie z. B. im Hôtel d'Alfonce (Rue Conti Nr. 32), wo die Truppe von November 1655 bis Februar 1656 ihr Theater hatte; an der Place Gambetta lag das Haus des mit Molière befreundeten Barbiers Gély (heute Sitz des Fremdenverkehrsamtes), in dessen Laden der Dichter, von einem versteckten Platz aus, Kunden und deren Eigenarten studieren konnte; Erinnerungsstücke an Molière im [M] Musée Vulliod-St.-Germain, Denkmal an der Promenade du Pré; ›Circuit Molière‹ (Rundgang).

PONT DU GARD (Aquädukt) (Gard)
»Der Pont du Gard ist immer einsam, auch wenn ihn Touristen umschwärmen, ihn auf ihre Filme bannen und mit ihren Autobussen seine Tragfähigkeit erproben.« (Wolfgang Koeppen)

[A] **J.-J. Rousseau** (→ Anhang), im Herbst 1737 nach Montpellier unterwegs, verbrachte mehrere Stunden im Angesicht des Bauwerks, des ersten Römerbaus, den er kennenlernte, und der gleich alle seine Erwartungen übertraf, wie er in den *Confessions* (1782/89) schreibt: »Der Anblick dieses einfachen und edlen Werkes machte auf mich umso mehr Eindruck, als es mitten in einer Einöde liegt, wo Schweigen und Einsamkeit den Gegen-

Pont du Gard

stand bedeutender und die Bewunderung lebhafter machen, denn die angebliche Brücke war nur ein Aquädukt.« – Der schottische Autor **Tobias Smollett** (1721-1771) war im Herbst 1763 überrascht, ein Bauwerk vorzufinden, das nicht etwa ruinös war, sondern »frisch wie die Brücke bei Westminster« (*Travels through France and Italy*, 1766). – Mitte Oktober 1834 kam **P. Mérimée** (→ Paris) auf seiner ersten Inspektionstour als oberster französischer Denkmalschützer an den Aquädukt und bewunderte die Zuversicht der Erbauer, die herauskragende Steine für Reparaturgerüste gleich miteinbauten: »Welches Vertrauen diese Römer doch auf die Dauer ihres Reiches setzten, daß sie vorhersahen, man könne eines Tages den Pont du Gard reparieren müssen!« (*Notes d'un voyage dans le Midi de la France*, 1835, zuletzt 1989.) – **A. Dumas d. Ä.** (→ Villers-Cotterêts/Pi) sah dieses »herrliche Epos aus Granit« Ende 1834; seine Eindrücke beschreibt er in dem Reisebuch *Midi de la France* (1837-41, zuletzt 1991): »Wenn man den Pont du Gard gesehen hat, muß man die Augen schließen und darf sie erst wieder vor der Arena und der Maison carrée öffnen.« – Um der Tageshitze zu entgehen, ritt **Stendhal** (→ Grenoble/RhA) Anfang August 1837 bei Mondschein von Nîmes hierher: In ein »langanhaltendes und tiefes Erstaunen« habe ihn der Aquädukt versetzt, berichtet er in den *Mémoires d'un touriste* (1838). – Auf dem Weg nach Mallorca gehörte **G. Sand** (→ Paris) mit ihren Kindern im Herbst 1838 zu den Besuchern. – Für **Heinrich Laube** (1806-1884) war der Aquädukt »die interessanteste Antike, welche Frankreich besitzt« (*Französische Lustschlösser*, 1840). – **G. Flaubert** (→ Rouen/HNo), der im Herbst 1840 von einer Pyrenäenreise zurückkam, war enttäuscht vom Zustand des künstlichen Wasserlaufs: »Keine Erinnerung knüpft sich an den Pont du Gard; seine gewaltigen Überreste gemahnen nur allgemein an die einstige Größe Roms; es fließt kein Wasser in dem Aquädukt, dessen lange Steinröhre zum Teil durch die Stalaktiten verstopft ist, die durch Ablagerung darin entstanden sind und gewissermaßen eine zweite innere Einfassung bilden.« – Im Juni 1844 sah **J. Michelet** (→ Paris) mit dem röm. Aquädukt einen weiteren Bau der »fremdländischen Eroberer, herrisch und großartig anzuschauen«. – Bei aller Bewunderung, die der amerikanische Schriftsteller **Henry James** (1843-1916) im Oktober 1882 für das Bauwerk aufbrachte, konnte er es doch nicht von einer »gewissen Torheit« freisprechen, weil es »an der passenden Abstimmung der Mittel auf den Zweck mangelt. [...] All das, um das Wasser von ein paar Quellen zu einer kleinen Provinzstadt zu leiten!«. – **Wolfgang Koeppen** (1906-1996) besuchte den Aquädukt im Rahmen seiner *Reisen nach Frankreich* (1961).

[L] **Marcel Pagnol** beschreibt in seiner Autobiographie *La Gloire de mon père* (1957, dt. u. d. T. *Eine Kindheit in der Provence*, 1961), wie sein Großvater, ein Steinmetz, vier- oder fünfmal jährlich mit seiner Familie zu dem berühmten Aquädukt kam, ihn bestieg, das Mauerwerk streichelte: »Nach dem Essen setzte er sich ins Gras, die Familie gruppierte sich im Halbkreis um ihn herum. So verweilten sie im Angesicht der tausendjährigen Brücke, einem Meisterstück römischer Baukunst, das der Großvater bis zum Abend nicht mehr aus den Augen ließ.«

PRATS-DE-MOLLO (Pyrénées-Orientales)

[A] **Ernst Jünger** (1895-1998) fuhr im Frühsommer 1967 nach P., um hier insektenkundliche Studien zu betreiben (Beschreibung in den Tagebuchaufzeichnungen).

SAINT-GÉLY-DU-FESC (Hérault) → **MONTPELLIER** [R]

SAINT-GILLES (Gard)

[A] **A. Dumas d. Ä.** (→ Villers-Cotterêts/Pi) widmete Ende 1834 der Besichtigung der Kirche einen Vormittag: »Die Kirche von Saint-Gilles ist das vollständigste Bauwerk, das von der byzantinischen Kunst noch steht, nicht nur in Frankreich sondern vielleicht in Europa.« (*Midi de la France*, 1837-41, zuletzt 1991.)

[L] Die Stadt ist Schauplatz des Romans *Dom Gigadas* (1840), der unter dem Pseudonym Horace Saint-Aubin veröffentlicht wurde, hinter welchem sich **H. de Balzac** verbarg (selbst wenn der Dichter der *Comédie humaine* dies bestritt).

SALSES (Pyrénées-Orientales) → **PERPIGNAN**

SAUVE (Gard)

* 1755 **Jean Pierre Claris de Florian** († Sceaux/IdF 1794), Dramatiker, Erzähler, Fabeldichter; entfernte Verwandtschaft mit Voltaire, Kindheit auf dem Schloß von Logrian (8 km ö. v. S.; Gedenktafel), 1768 Page des Herzogs von Penthièvre; militärische Ausbildung; 1788 Aufnahme in die Académie Française; Verfasser von Schäferromanen, Cervantes-Übersetzer; häufiger Bezug auf die Heimat im Werk, so daß er als geistiger Pate der ›Félibres‹ gesehen wird, die seit 1879 jährlich zu seinem Grab in Sceaux/IdF pilgern. – Gedenktafel am Geburtshaus. – W. u. a.: *Arlequin roi, dame et valet* (Kom. 1778), *Galatée* (R. 1783), *Numa Pompilius* (R. 1786), *Estelle* (R. 1787, dt. 1790), *Fables* (1792, dt. 1796); *Œuvres complètes* (20 Bde. 1830).

SÈTE (Hérault)

Der Rat der Stadt beschloß am 27. 8. 1927 die bisherige Schreibweise des Stadtnamens CETTE durch das etymologisch motivierte SÈTE zu ersetzen.

Théâtre de Sète (Staatl. Bühne).

* 1871 **Paul Valéry** († Paris 1945), Dichter; Taufe in der Kirche St.-Louis, Gymnasium (heute Lycée Paul-Valéry) in S., 1884 Umzug nach Montpellier; Freundschaft mit Pierre Louÿs und André Gide; ab 1894 in Paris (Kreis um S. Mallarmé); 1925 Mitglied der Académie Française, ab 1937 Poetikprofessur am Collège de France; verfaßte formstrenge, symbolistische Dichtung, so *La Jeune Parque* (1917, dt. *Die junge Parze*, 1947, übers. v. P. Celan

1960) und *Le Cimetière marin* (1920, dt. *Der Friedhof am Meer*, übers. v. E. R. Curtius 1925, v. R. M. Rilke 1927). – Geburtshaus Grande-Rue Nr. 65 (1954 abgerissen); Grab auf dem Cimetière marin, dem er sein berühmtestes Gedicht gewidmet hatte; [M] Musée Paul-Valéry direkt oberhalb des Friedhofs. – Weitere W.: *Introduction à la méthode de Léonard de Vinci* (Essay 1895, dt. *Über Leonardo da Vinci*, 1923/24), *Eupalinos ou l'architecte* (Prosa 1923, dt. *Eupalinos oder Über die Architektur*, 1927), *Monsieur Teste* (Erz. 1926, dt. *Herr Teste*, 1927), *Stendhal* (Essay 1927, dt. 1929), *Pièces sur l'art* (Prosa 1934, dt. *Über Kunst*, 1959), *Mon Faust* (dramat. Skizze, 1945, dt. *Mein Faust*, 1948, 1957), *Cahiers* (2 Bde. 1973/74, dt. *Cahiers/Hefte*, 6 Bde. 1987-93); *Œuvres* (12 Bde. 1931-50), *Werke* (7 Bde. 1989-95).

* 1912 **Jean Vilar** († ebda. 1971), Theatermann; Schauspieler und Regisseur, gründete 1947 das Theaterfestival von Avignon; 1951-63 Direktor des Théâtre National Populaire (TNP) in Paris. – Grab auf dem Cimetière marin. – W. u. a.: *Chronique romanesque* (Autobiogr. 1971), *Le Théâtre* (1975).

Paul Valéry

* 1921 **Georges Brassens** († Saint-Gély-du-Fesc 1981), Chansonnier, Lyriker; Sohn eines Maurers, lebte ab 1939 in Paris (u. a. als Dreher bei Renault), im 2. Wk. Zwangsarbeiter in Deutschland; 1952 Durchbruch als Chansonnier, 1967 großer Preis für Poesie der Académie Française; vertonte u. a. Gedichte von Villon, Corneille, Aragon; die Chansons erlangten große Popularität. – Grab auf dem Cimetière le Py; [M] ›Espace Brassens‹ (Boulevard Camille-Blanc Nr. 67). – W. u. a.: *À la Venvole* (Ged. 1942), *La Lune écoute aux portes* (Ged. 1947), *La Tour des miracles* (R. 1953), *Poèmes et Chansons* (1973), *Chansons. Das Gesamtwerk* (frz.-dt. 1996).

[A] Die Romanautorin **Johanna Schopenhauer** (1766-1838) unternahm auf ihrer Frankreichreise 1804 mit ihrem sechzehnjährigen Sohn Arthur von Montpellier einen Abstecher nach S.; Beschreibung in den Reiseerinnerungen (zuletzt u. d. T. *Promenaden unter südlicher Sonne*, 1993). – Den deutschen Dichter **Georg Herwegh** (1817-1875) führte 1843 seine Hochzeitsreise über Lyon nach S., von wo er mit seiner jungen Frau Emma per Schiff nach Neapel weiterfuhr. – Der Däne **H. Chr. Andersen** (1805-1875), im Sommer 1846 Richtung Pyrenäen unterwegs, besuchte in S. zwei Landsleute; durch den Klang der heimischen Sprache wurde ihm die Stadt am Meer »urplötzlich zu einem Stück Dänemark«. – Der englische Dichter **Matthew Arnold** (1822-88) reiste im Mai 1859 nach S. und gedenkt der Stadt in dem Gedicht »A Southern Night«: »Cette, with its glistening houses white ...« – **Hippolyte Taine** (→ Vouziers/ChA) besuchte die Stadt 1863 und 1865 (Beschreibung in den *Carnets de voyage*, 1897). – **Valery Larbaud** (→ Vichy/Au) schreibt über die Stadt in seiner Essay-Sammlung *Jaune bleu blanc* (1927). – **W. Koeppen** (1906-1996) kam auf seinen *Reisen nach Frankreich* (1961) nach S.: »Sète, am Meer, am weißen Strand, mit seinem Hafen, einem

Uzès: Blick auf Kathedrale und Tour Fenestrelle

richtigen Canale Grande, ist ein kleines, aber sehr lebendiges Venedig ohne jede historische Größe. Ich saß bei den Schiffen und fühlte mich wohl.«

SOMMIÈRES (Gard)

† 1990 **Lawrence Durrell** (* 1912 Jullundur/Indien); der Autor der Tetralogie *The Alexandria Quartet* (1957-60, dt. *Das Alexandria Quartett*, 1958-61) bewohnte in S. von Februar 1957 bis September 1958 die Villa Louis, zog dann in einen Gutshof bei Nîmes; im Juli 1966 kehrte er nach S. zurück und lebte bis zu seinem Tod in der nach der Erbauerin benannten Villa Madame Tartes (Route de Saussine Nr. 15). [A] **Henry Miller** (1891-1980) kam im Sommer 1959 nach S., wo Durrell eine Wohnung für ihn gemietet hatte, und traf hier u. a. mit seinem Verleger Ledig-Rowohlt zusammen.

UZÈS (Gard)

»Ach, mein kleines Uzès! Lägest du in Umbrien, dann würden die Touristen aus Paris angereist kommen, um dich zu sehen! Die Stadt ist am Rand eines Felsens erbaut, dessen steiler Abhang zum Teil von den schattigen Gärten des herzoglichen Schlosses bedeckt wird [...]. Von den Terrassen der Promenade oder vom Stadtgarten aus kann man über die hohen Zürgelbäume des herzoglichen Parks hinweg auf der anderen Seite des engen Tals einen noch schrofferen, ganz zerklüfteten und ausgehöhlten Felsen sehen, dessen Bögen, Zacken und steile Böschungen an Meeresklippen erinnern; und dahinter dann die rauhe, von der Sonne ausgedörrte Garrigue.« (André Gide)

[A] **Jean Racine** (→ La Ferté-Milon/Pi) kam im Herbst 1661 nach U. zu seinem Onkel, einem Kanoniker (Wohnung in der Rue Saint-Julien Nr. 3), um hier auf die kirchliche Laufbahn vorbereitet zu werden (zahlreiche Briefe Racines zwischen November 1661 und Ende Juli 1662); der Pavillon Racine ist ein restaurierter Turm der Stadtbefestigung, in dem auch Racine gewohnt haben soll (Gedenktafel). – **André Gide** (→ Paris), dessen Vater aus U. stammte (Gedenktafel für den berühmten Onkel des Dichters, den Volkswirtschaftler Charles Gide, 1847-1932, an dessen Geburtshaus an der Place Saint-Étienne), verbrachte als Kind regelmäßig die Oster-

ferien im Haus der Großmutter (Hôtel de Trinquelague an der Esplanade), wovon er in der Autobiographie *Si le Grain ne meurt* (1926, dt. *Stirb und werde*, 1930) berichtet (Erinnerungsstücke an den Nobelpreisträger von 1947 im [M] Musée municipal Georges-Borias neben der Kathedrale).
[R] **Lussan** (17 km n. v. U.) ist die Wiege der Familie von **André Gide** (s. o.); Ende des 16. Jhs. wird hier erstmals ein Vorfahre, ein gewisser Jean Gido, urkundlich faßbar.

VALLABRÈGUES (Gard) → **BEAUCAIRE** [R]
VALLERAUGUE (Gard) → **LE VIGAN** [R]

VERNET-LES-BAINS
(Pyrénées-Orientales)
[A] Der dänische Dichter **H. Chr. Andersen** (1805-1875), der im Sommer 1846 erkrankt war und deshalb nicht nach Spanien weiterreisen konnte, erholte sich in V., das zu der Zeit noch wenig besucht war: »Vernet machte im allgemeinen den Eindruck, unter den Badeorten sich noch in einer Art Unschuldszustand zu befinden; nur im Schreiben von Rechnungen, das erzählten mir die Gäste sogleich, habe der Direktor das Kurhotel auf eine Stufe mit den größten in Europa zu heben gewußt.« (*Meines Lebens Märchen*, 1855) – Der englische Autor **Rudyard Kipling** (1865-1936), Nobelpreisträger 1907, war mehrfach als Kurgast in V. – **Kurt Tucholsky** (1890-1935) besuchte den Ort im Herbst 1925 im Rahmen seiner großen Pyrenäenreise und bestieg den Canigou: »Von Vernets [sic!] hat man auf den Canigou zu klettern.«
[R] In **Villefranche-de-Conflent** (5 km n. v. Vernet) besichtigte **Tucholsky** (s. o.) das die Stadt überragende Fort (*Ein Pyrenäenbuch*, 1927).

LE VIGAN (Gard)
[A] **André Chamson** (→ Nîmes) kam bereits in seinem Geburtsjahr 1900 hierher zu seiner Großmutter (Rue de l'Horloge Nr. 2) und verbrachte im Wechsel mit Alès seine Kindheit und Jugend in dem Ort, der unter dem Namen ›Saint-André‹ in den Romanen *Les Hommes de la route* (1927) und *Héritages* (1932) auftaucht. (Ein Raum des [M] Musée cévenol ist dem Schriftsteller gewidmet.)
[R] Oberhalb von **Valleraugue** (20 km n. v. Le V.), auf dem Col de la Luzette, inmitten der Natur Grab von **André Chamson** (s. o.).

VILLALIER (Aude) → **CARCASSONNE**
VILLEFRANCHE-DE-CONFLENT (Pyrénées-Orientales) → **VERNET-LES-BAINS** [R]

VILLENEUVE-LÈS-AVIGNON (Gard)
[A] **Prosper Mérimée** (→ Paris), oberster Denkmalschützer Frankreichs, besuchte die ehemalige Kartause Val-de-Bénédiction im September 1834 (Gedenktafel mit Textauszug aus den *Notes d'un voyage dans le Midi de la France* in der Kirchenruine). – **A. Dumas d. Ä.** (→ Villers-Cotterêts/Pi) fiel bei seinem Besuch Ende 1834 vor allem die außergewöhnliche Schönheit der Frauen von V. auf und erkundigte sich bei einem Einheimischen nach dem Grund: »Mein Gott, sagte dieser, das ist die einfachste Sache der Welt: Wir hatten hier bis zur Revolution ein Kloster mit Kartäusern und Benediktinern, und das waren prachtvolle Männer.« – **Stendhal** (→ Grenoble/RhA) machte während seines Aufenthaltes in → Avignon/PAC einen Abstecher über die Rhône, besuchte den Turm Philipps des Schönen, die ehemalige Kartause und sah eine Anzahl von Gemälden, die sich heute im Musée municipal Pierre-de-Luxembourg befinden. – Auch **Henry James** (1843-1916) nutzte Ende Oktober 1882 einen regenfreien Tag, um von Avignon die »endlose Brücke« zu überqueren und V. mit der Tour Philippe-le-Bel und der verfallenen Benediktinerabtei Saint-André zu besichtigen (Beschreibung in *A Little Tour in France*, 1885, dt. *Eine kleine Frankreich-Tour*, 1986).

Lavendelfelder

PROVENCE – ALPES – CÔTE-D'AZUR (PAC)

Region: Provence – Alpes – Côte-d'Azur; Départements: Alpes-de-Haute-Provence (04), Hautes-Alpes (05), Alpes-Maritimes (06), Bouches-du-Rhône (13), Var (83), Vaucluse (84); Einwohner: 4,4 Mio.; Fläche: 31 400 qkm; Verwaltungssitz: Marseille.

AGAY (Var)

[A] Die irische Schriftstellerin **Rebecca West** (1892-1983) wohnte in den 20er Jahren in der Villa Fri-Fri Palace am Meer. – **Walter Benjamin** (1892-1940), der seit März 1926 in Paris lebte, verbrachte zwei Wochen im September in A. (Hôtel du Littoral). – Im Sommer 1930 stieg **Paul Éluard** (→ Saint-Denis/IdF) im Hôtel Robinson ab und schrieb von hier Briefe an Gala (die ihn Dalís wegen verlassen hatte). – **Antoine de Saint-Exupéry** (→ Lyon/RhA) heiratete im April 1931 in A. Consuelo Suncin, Witwe des argentinischen Journalisten Gomez Carillo; im August 1940 war der Schriftsteller-Pilot erneut in A., wo er auf Besuch bei seiner Schwester im Schloß an seinem Roman *Citadelle* schrieb. – Der Erzähler und Lyriker **Albert Cohen** (1895-1981), der einige Zeit im Hôtel des Roches Rouges lebte, machte A. zu einem Schauplatz des Romans *Belle du Seigneur* (1968, dt. *Die Schöne des Herrn*, 1983).

AIX-EN-PROVENCE (Bouches-du-Rhône)

»Wie in vielen Städten der Provence sind auch in Aix die Gebäude aus grauen Steinen, die sich mit den Staubfärbungen der südlichen Landschaften vermengen. Aus der Ferne vermischt sich Aix mit den Hügeln, und man hat seine Mühe, die Stadt zu erkennen.« (Victor Hugo)

Université de Provence (Aix-Marseille; gegr. 1413), École Nationale Supérieure d'Arts et Métiers. – Universitätsbibliothek; **Cité du Livre** (in der ehem. Streichholzfabrik, Rue des Allumettes Nr. 8-10): Hier u. a. die Bibliothèque municipale (400 Tsd. Bde., über 2000 Hs., 360 Ink.), darunter die **Bibliothèque Méjanes** (benannt nach dem Marquis de Méjanes [→ Arles], einem Bibliophilen und Gelehrten, der die Sammlung der Stadt überließ mit der Auflage, daß eine öffentliche Bibliothek eingerichtet werde), die [M] **Fondation Saint-John-Perse** (mit Manuskripten, Werken etc. des Nobelpreisträgers von 1960), die Vidéothèque d'Art lyrique et de Musique. – Musée Paul Arbaud (Rue du 4 septembre Nr. 2 a; mit Bibliothek: 11 Tsd. Hs., Ink.). – Théâtre du Jeu de Paume; Théâtre des Ateliers.

* 1715 **Luc de Clapiers, Marquis de Vauvenargues** († Paris 1747), Moralist; Kindheit auf Schloß Vauvenargues (12 km ö. v. A.), militärische Laufbahn bis zum gesundheitlichen Ruin (beide Beine erfroren); Rückzug und Abfassung des Hauptwerks *Introduction à la connaissance de l'esprit humain* (1746), als dessen Anhang die von Voltaire geschätzte Aphorismensammlung *Réflexions et maximes* erschien. – Geburtshaus Rue Vauvenargues Nr. 26 (Gedenktafel). – Weitere W.: *Œuvres complètes* (2 Bde. 1857).

* 1810 **Louise Colet** († Paris 1876), Lyrikerin; verheiratet mit einem Pariser Professor; verfaßte von der Académie Française preisgekrönte Gedichte, gab die Briefe B. Constants an Madame Récamier heraus; Liebesbeziehung zu dem Philosophen Victor Cousin (von dem sie ein Kind bekam: eine Folge einer »piqûre de cousin«, eines Mückenstichs, wie der Journalist A. Karr spottete – was ihm einen Messerstich von L. Colet einbrachte), zu Flaubert (»das große, sinnliche Erlebnis seiner Jugend«, so J. de La Varende), zu Musset und Vigny. (Maxime du Camps Grabschrift auf sie: »Hier ruht jene, die Victor Cousin kompromittierte, Alfred de Musset lächerlich machte, Gustave Flaubert verächtlich behandelte und Alphonse Karr umzubringen versuchte«.)

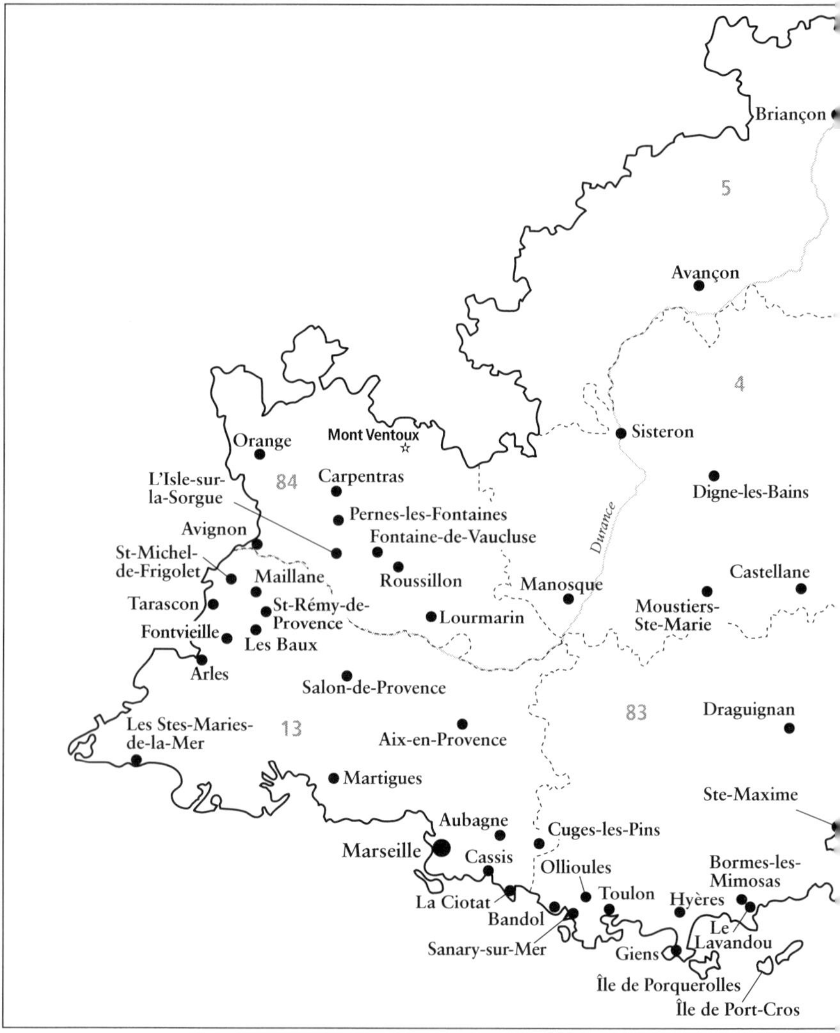

* 1847 **Paul Alexis** († Triel-sur-Seine/IdF 1901), Journalist, Erzähler, Dramatiker; Jurastudium in A.; Freundschaft mit Émile Zola, Mitglied der Autorengruppe, die sich regelmäßig in Zolas Landhaus in Médan/IdF traf und den Novellenband *Les Soirées de Médan* (1880) herausgab (Alexis' Beitrag: *Après la bataille*); Verfasser zahlreicher Romane und Dramen, z. T. Bearbeitungen von Stoffen der Goncourts (z. B. *Les Frères Zemganno*, 1890).

† 1940 **Walter Hasenclever** (* Aachen 1890); der deutsche Dramatiker, der Mitte Mai 1940 in das Lager Les Milles inter-

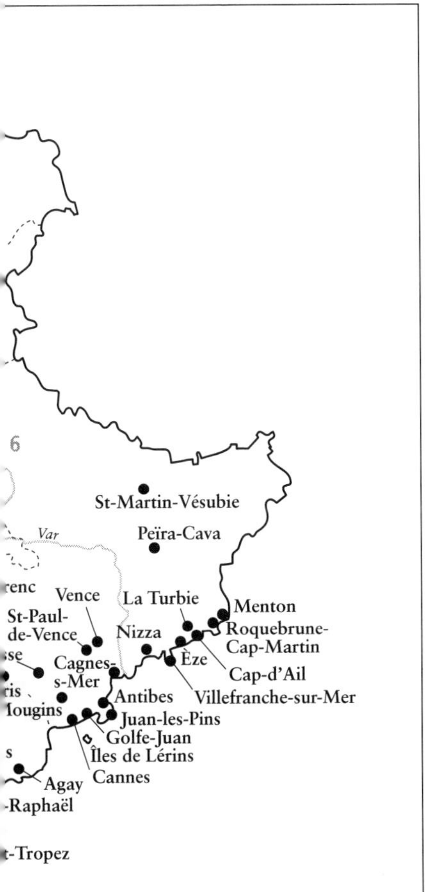

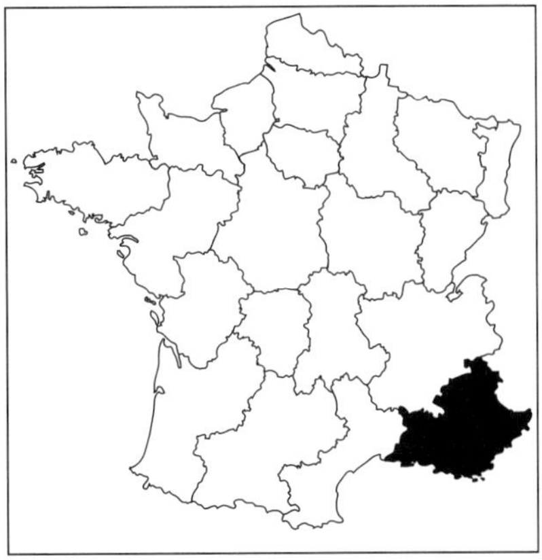

niert worden war, nahm dort am 20. Juni eine Überdosis Schlaftabletten und starb am folgenden Tag im Krankenhaus von A. (Grab auf dem städtischen Friedhof).

[A] Zur Bekämpfung der Pest und Betreuung der Kranken begab sich **Nostradamus** (→ Saint-Rémy-de-Provence) 1546 in die Stadt. – **François de Malherbe** (→ Caen/BNo) kam als Sekretär des Herzogs Henri d'Angoulême, Gouverneur der Provence, 1576 nach A. und lebte hier (mit Unterbrechungen) bis 1605; gegenüber der Kirche Sainte-Marie-Madeleine befindet sich das Hôtel du Périer, heute Librairie Dragon (Place des Prêcheurs Nr. 1), in dem 1598 Marguerite du Périer starb, Tochter eines mit dem Dichter befreundeten Juristen, den Malherbe mit einem seiner bekanntesten Gedichte, der »Consolation à Monsieur Du Périer / Sur la Mort de sa Fille« trösten wollte. – **Madame de Sévigné** (→ Paris) war Ende 1672 in A., **G. Casanova** (1725-1798) im Frühjahr 1763 (Beschreibung in seinen *Mémoires*). – Der schottische Romancier **Tobias Smollett** (1721-1771) besuchte die Stadt im Frühjahr 1765 auf der Rückreise von Nizza nach England und testete das Heilwasser. – **Graf Mirabeau** (→ Le Bignon-Mirabeau/C) verbrachte seine Jugend in A. und trat, vom Dritten Stand gewählt, als Abgeordneter dieser Stadt, in der er am 23. 6. 1772 Marie-Emilie de Covet (die Erbtochter des Marquis de Marignane) geheiratet hatte, 1789 in die Generalstände ein. – Der berüchtigte **Marquis de Sade** (→ Paris), der häufig in A. zu Gast war, wurde gemeinsam mit seinem Kammerdiener wegen des ›Kantharidinskandals‹ (→ Marseille) Anfang September 1772 in A. zum Tode verurteilt: Anstelle der beiden Männer, die sich der Verhaftung durch Flucht entzogen hatten, wurden auf der Place des Prêcheurs zwei lebensgroße Puppen verbrannt; sechs Jahre später wohnte de Sade (im Gefängnis von A. verwahrt) dem Berufungsprozeß bei, der von Ende Juni bis Mitte Juli 1778 im Jakobinerkloster stattfand und mit einer Ermahnung endete; dennoch wurde der Marquis im Anschluß an den Prozeß wieder gefangengenommen und sollte nach Vincennes/IdF zurückgebracht werden (→ Valence/RhA). – **Johanna Schopenhauer** (1766-1838) besuchte mit ihrem Sohn Arthur 1804 die Stadt und war nicht sonderlich angetan: »Den Cours und noch ein paar hübsche Straßen ausgenommen, ist der übrige Teil von Aix winkelig und dunkel, und die darin herrschende Unreinlichkeit übersteigt allen Glauben.« – **H. Heine** (1797-1856) hielt sich von Mitte Oktober bis Anfang November 1836 in A. auf und wollte ursprünglich von hier nach Neapel weiterreisen, was er aber wegen der dortigen Choleraepidemie aufgab. – **Stendhal** (→ Grenoble/RhA) kam 1837 nach A., flanierte über den Cours (Mirabeau) mit seinen drei Brunnen, besuchte die Kirchen (die er – bis auf die Kathedrale – »ziemlich mäßig« fand) und vermerkt in seinen *Mémoires d'un touriste* (1838) vor allem die günstige Lage der Stadt: »An einen Hügel gelehnt, schaut sie nach Süden, und der Besucher wird weniger vom Mistral belästigt als in all den kleinen Städten der Umgebung.« – Auf der Durchreise lernten A. kennen: **A. Dumas d. Ä.** (→ Villers-Cotterêts/Pi) Mitte Mai 1835, **V. Hugo** (→ Besançon/FC) Anfang Oktober 1839 und **G. Flaubert** (→ Rouen/HNo) im Frühjahr 1845 (»Aix. – Nichts Bemerkenswertes«, so das Reisetagebuch). – **Émile Zola** (→ Paris) zog dreijährig mit seiner Familie nach A. (der Vater François war ein berühmter Ingenieur und baute den nach ihm benannten Staudamm und Kanal; Grab auf dem Friedhof Saint-Pierre); die Familie wechselte häufig die Wohnung, v. a. nach dem Tod des Vaters 1847; 1847-52 besuchte der junge Émile das Alumnat Notre-Dame, danach – bis zum Umzug nach Paris 1858 – das Collège Bourbon (Rue Cardinale Nr. 41, heute Collège Mignet), wo er Freundschaft mit Paul Cézanne schloß, Vorbild für den Maler Claude Lantier in dem Roman *L'Œuvre* (1886); die Stadt spielt eine bedeutende Rolle in Zolas Familiengeschichte der *Rougon-Macquart*, wo sie sich unter dem Namen ›Plassans‹ in fünf Bänden wiederfindet: in *La Fortune des Rougon* (1871, dt. *Das Glück der Familie Rougon*), *La Conquête de Plassans* (1874, dt. *Die Eroberung von Plassans*), *La Faute de l'Abbé Mouret* (1875, dt. *Die Sünde des Abbé Mouret*), *L'Œuvre* (1886, dt. *Das Werk*) und in *Le Docteur Pascal* (1893, dt. *Doktor Pascal*); Büste Zolas im Parc Jourdan. – **F. Mistral** (→ Maillane) studierte in A. Jura und nahm hier 1853 an einem Kongreß teil, der im Jahr darauf zur Gründung des ›Félibrige‹ führte (→ Avignon [R]), der Gesellschaft neuprovenzalischer Dichter zur Förderung der provenzalischen Sprache (Büste Mistrals mit Reliefs zu *Mirèio* im Parc Jourdan; Bibliothek zum ›Félibrige‹ im Musée Paul Arbaud). – **M. Pagnol** (→ Aubagne) studierte in A. Literaturwissenschaft. – Anfang 1925 besuchte **Kurt Tucholsky** (1890-1935) A. im Rahmen einer Reise durch Südfrankreich: »Der kleine Taschenkalender zeigte auf Winter, aber das Land lag in dem hellen Licht eines Vorfrühlingstages – reingefegt die Wege, strahlende Wärme, die meisten Bäume kahl, aber mit einem hellen, grünlichen Schimmer um die Spitzen. Der Himmel war weißlichblau, es spritzte nur so von Licht.« – **P. Claudel** (→ Villeneuve-sur-Fère/Pi) war am 30. 4. 1925 in A. Trauzeuge bei der Hochzeit des berühmten Komponisten Darius Milhaud. – Der Erzähler **Romain Gary** (→ Anhang) studierte ab 1933 Jura

Luc de Clapiers, Marquis de Vauvenargues

in A. – **Jean Genet** (→ Paris) diente vom Oktober 1935 an beim Infanterieregiment in A., bis er Mitte Juni 1936 desertierte. – **Blaise Cendrars** (→ Anhang) wohnte von Juli 1940 bis Januar 1948 in der Rue Clemenceau Nr. 12 (Gedenktafel). – **A. Camus** (→ Anhang), der sich Ende der 50er Jahre nach Lourmarin zurückgezogen hatte, kam häufig nach A. – **Wolfgang Koeppen** (1906-1996) war bei seinem Besuch erfreut, »wie lieblich, wie freundlich, wie heiter, wie ganz und gar menschlich« sich die Stadt zeigte (*Reisen nach Frankreich*, 1961). – Reiseeindrücke beschreiben auch **Rolf Schneider** (* 1932) (*Von Paris nach Frankreich*, 1975) und **Fred** (* 1917) und **Maxie Wander** (1933-1977) (*Provenzalische Reise*, 1978).

[L] A. um das Jahr 1868 ist Schauplatz des Theaterstücks *Pour Lucrèce* (1953) von **Jean Giraudoux**; zur Regierungszeit des guten Königs René spielt die Komödie *Margarete in Aix* (1967) von **Peter Hacks.** – Die Stadt A., die Montagne Sainte-Victoire und die umgebenden Orte sind Schauplatz der Erzählung *Die Lehre der Sainte-Victoire* (1980) von **Peter Handke.**

[R] Der **Marquis de Vauvenargues** verbrachte seine Kindheit in dem Renaissanceschloß **Vauvenargues** (14 km ö. v. Aix), dem Stammschloß der Familie, wohin er später nur mehr selten kam. (In den 50er Jahren des 20. Jhs. erwarb Pablo Picasso das Schloß, in dessen Park der Maler begraben liegt; keine Besichtung.) – Die alte Ziegelei von **Les Milles** (5 km sw. v. Aix), war im Herbst 1939 und im Mai/Juni 1940 Sammellager für deutschstämmige Exilanten; interniert waren hier u. a. **Walter Hasenclever** (der am 20. Juni 1940 eine Überdosis Schlaftabletten nahm und am folgenden Tag in Aix starb), **Franz Hessel**, **Golo Mann**, **Lion Feuchtwanger** (Bericht in *Der Teufel in Frankreich*, zuerst u. d. T. *Unholdes Frankreich*, 1942) und **Alfred Kantorowicz** (Bericht in *Exil in Frankreich*, 1971).

ANTIBES (Alpes-Maritimes)

Bibliothèque municipale (Stadtbücherei; 100 Tsd. Bde.).

† 1896 **Paul Arène** (* Sisteron 1843); der Erzähler, der die Stadt A. in seinem Roman *La Gueuse parfumée* (1876) beschrieb, starb im Hôtel National et d'Alsace (Rue de la République Nr. 44, Gedenktafel); Grab in Sisteron.

* 1899 **Jacques Audiberti** († Paris 1965), Lyriker, Dramatiker, Erzähler; Sohn eines Handwerkers, Kindheit und Jugend in A. (Avenue Saint-Roch Nr. 6), 1924 Umzug nach Paris; zunächst journalist. Betätigung, dann Gedichte (Prix Mallarmé 1935); größte Erfolge als Dramatiker. – Geburtshaus Rue Saint-Esprit Nr. 4. – W. u. a.: *Quoat-Quoat* (Dr. 1946, dt. 1961), *Le Mal court* (Dr. 1947, dt. *Der Lauf des Bösen*, 1961), *Cent Jours* (R. 1950), *La Pucelle* (Dr. 1951), *La Logeuse* (Dr. 1956, dt. *Die Zimmerwirtin*, 1961), *La Fourmi dans le corps* (Dr. 1961, dt. *Die Ameyss im Fleische*, 1961), *Pomme, Pomme, Pomme* (Dr. 1962).

[A] Der schottische Romancier **Tobias**

Smollett (1721-1771) fand die Stadt, damals Grenze zwischen Frankreich und Italien, im Frühjahr 1765 klein und unbedeutend, allein ihre Befestigung bemerkenswert. – Auch Smolletts Landsmann **James Boswell** (1740-1795) war Ende des gleichen Jahres überrascht, daß A. so klein und ärmlich war. – Für **A. Dumas d. Ä.** (→ Villers-Cotterêts/Pi) war Mitte Juni 1835 A. eine Übernachtungsstation auf dem Weg von Marseille nach Italien (Reisebericht *Une Année à Florence*). – **Guy de Maupassant** (→ Tourville-sur-Arques/HNo) wohnte ab Ende 1885 häufig in der Villa Muterse (am Ende der Avenue du Bosquet) in Cap d'A., ab Oktober 1886 im Chalet des Alpes (Route de la Badine Nr. 22); im Hafen lag die Jacht Bel-Ami des Dichters, der in seinem Reisebericht *La Vie errante* (1890, dt. in Ausz. *Die Irrfahrten des Herrn de Maupassant*, 1967) eine Beschreibung von A. und seinen Bewohnern liefert. – **A. France** (→ Paris) quartierte sich erstmals Ende 1911 (mit Emma Laprévotte, die er neun Jahre später heiratete) am Cap d'A. ein, was er zwischen 1917 und 1921 (bis auf 1919) jeweils in den Monaten Januar und Februar wiederholte. – Das amerikanische Ehepaar Gerald und Sara Murphy, wohlhabend und am Umgang mit Künstlern interessiert, baute sich Mitte der 20er Jahre in A., an der Plage de la Garoupe die Villa America, in die es neben Malern und Musikern auch die Schriftsteller **E. Hemingway** (1898-1961), **John Dos Passos** (1896-1970), **Blaise Cendrars** (→ Anhang) und **F. Scott Fitzgerald** (1896-1940) einlud; Fitzgerald, der mit seiner Frau Zelda die Sommer 1925 und 1926 in A. verbrachte, formte die Hauptfigur Dick Diver des an der Riviera spielenden Romans *Tender is the Night* (1934, dt. *Zärtlich ist die Nacht*, 1952) nach dem Vorbild Gerald Murphys. – »In Rivieraführern steht immer von jedem Ort, der gerade behandelt wird, er sei der weitaus reizvollste und schönste. Das ist auf die Dauer natürlich etwas verwirrend für den gutgläubigen Leser. Einer aber muß wirklich der schönste sein, und wir finden also, das ist Cap d'Antibes«, urteilen **Erika** (1905-1969) und **Klaus Mann** (1906-1949) in ihrem *Buch von der Riviera* (1931) und fügen eine Beschreibung des zum Hôtel du Cap-Eden Roc gehörenden Felsenschwimmbades bei. – Das gleiche Hotel ist Schauplatz der Erzählung *The Three Fat Women of Antibes* (dt. *Die drei dicken Damen von Antibes*) von **Somerset Maugham** (1874-1965), der ebenso wie **George Bernhard Shaw** (1856-1950) hier zu Gast war. – **Joseph Roth** (1894-1939) verbrachte das Frühjahr 1931, an seinem Roman *Radetzkymarsch* (1932) arbeitend, in A., wo ihn **Stefan Zweig** (1881-1942) besuchte. – Der belgische Romancier **Georges Simenon** (→ Anhang) bezog für den Winter 1931/32 mit seiner Frau die Villa Les Roches Grises am Cap d'A.; A. ist (neben Cannes) Schauplatz des Maigret-Romans *Liberty-Bar* (1932, dt. 1952). – Im Frühjahr 1938 bewohnte der Surrealist **Paul Éluard** (→ Saint-Denis/IdF) am Cap d'A. die Villa Shadirock. – Der russische Schriftsteller **Vladimir Nabokov** (1899-1977) lebte von Sommer bis Herbst 1938 mit Frau und Kind in A. in der Villa Les Cyprès, Chemin de l'Ermitage Nr. 18 (dann Umzug nach Paris). – Im September 1939 wurden die im Raum Nizza ansässigen deutschen Emigranten in dem am Fort Carré gelegenen Fußballstadion von A. interniert, unter ihnen **Walter Hasenclever** (1890-1940), der auf Intervention von Jean Giraudoux freikam; Hasenclever erzählt davon in seinem autobiogr. Roman *Die Rechtlosen* (postum 1963). – **Ernst Jünger** (1895-1998), der A. 1951 einen längeren Besuch abstattete, beschreibt die Stadt in *Ein Vormittag in Antibes* (1960): »Beim ›Eden Rock‹ kommt man an einer Terrasse vorüber, auf der hochblonde Amerikanerinnen mit brillantroten Fußnägeln und von Ambre solaire glänzend sich langsam wie auf Toaströstern in der Sonne drehen.« Jünger besuchte auch **Nikos Kazantzakis** (1883-1957), Autor des *Alexis Sorbas* (1946, dt. 1952), der seit 1948 vorwiegend in A. lebte (Wohnungen: Villa Rose am Boulevard du Cap Nr. 6, Villa Manolita im Parc Saramartel, Haus in der Rue du Bas-Castellet Nr. 8). – **Graham Greene** (1904-1991) pflegte ab den 60er Jahren in A. zu überwintern und schrieb hier zahlreiche Werke. – In den 60er Jahren wohnte zeitweise der Dichter **Jacques Prévert** (→ Neuilly-sur-Seine/IdF) in A. (Rue de l'Orme Nr. 10) und war Stammgast im Café de la Tour.

L An der Côte d'Azur in der Nähe von A. spielt der zweite Teil des Romans *Burger's Daughter* (1979, dt. *Burgers Tochter*, 1981) der südafrikanischen Autorin **Nadine Gordimer**.

ARLES (Bouches-du-Rhône)

Médiathèque (160 Tsd. Bde., 2400 Hs., 13 Ink.).

A. ist Geburtsstadt des **Marquis de Méjanes** (1729-1786), Politiker, Gelehrter, Bibliophile; der ehemalige Konsul von → Aix-en-Provence vermachte dieser Stadt seine 80 000 Bücher umfassende Bibliothek (La Méjanes).

A **A. Dumas d. Ä.** (→ Villers-Cotterêts/Pi) verbrachte Ende 1834 drei Tage in A. (»Arles ist das Mekka der französischen Archäologen: Es ist die antike Stadt par excellence«) und besichtigte die Römerbauten, Saint-Trophime und die Alyscamps. – Als **Stendhal** (→ Grenobles/RhA) 1837 nach A. kam, war die Arena noch mit »schmutzigen Häusern verbaut« und »sah aus wie eine Festung.« – **G. Flaubert** (→ Rouen/HNo), der nach bestandenem Abitur im Herbst 1840 durch Südfrankreich reiste, bedauerte, daß man in A. nur wenige der schönen Frauen der Stadt zu Gesicht bekäme und daß er für seine Besichtigung zu wenig Zeit hatte: »In Arles hätte ich [...] länger verweilen und alle die zahllosen Schönheiten des Klosters des heiligen Trophimus gründlich genießen mögen, die man gesehen haben muß, um auch Arles zu lieben und sich nach ihm zu sehnen«; »Arlesierinnen: die Schönheiten scheinen mir in größerer Zahl vorhanden zu sein als bei meinem ersten Besuch«, schreibt er anläßlich seines erneuten Aufenthalts im Frühjahr 1845. – **Th. Gautier** (→ Tarbes/MPy) besuchte A. im Sommer 1845 und im Herbst 1850. – Der Historiker **J. Michelet** (→ Paris) besuchte mit seiner Frau im Frühherbst 1853 die Stadt und absolvierte ebenso das übliche Besichtigungsprogramm (Saint-Trophime, Arena, Alyscamps) wie 1865 **Hippolyte Taine** (→ Vouziers/ChA): »Die Stadt sieht ganz wie eine alte italienische Stadt aus« (*Carnets de voyage*, 1897). – Für **A. Daudet** (→ Nîmes/LR) wurde die Schönheit einer Arlesierin zum Ausgangspunkt der tragisch endenden kleinen Erzählung *L'Arlésienne* (später dramatisiert, vertont von G. Bizet) aus der Sammlung *Lettres de mon moulin* (1869, dt. 1879, u. d. T. *Briefe aus meiner Mühle*, 1894). – Ende Oktober 1882 kam **Henry James** (1843-1916) im Rahmen seiner Frankreichrundreise nach A., besichtigte das römische Theater, die Arena, die Kirche Saint-Trophime (»Sie ist sehr bemerkenswert, doch wäre es mir lieber, sie stünde irgendwoanders. Arles ist herrlich heidnisch, und Saint-Trophime erzeugt mit seinen apostolischen Skulpturen eher einen falschen Klang.«), die Alyscamps (»ein sehr romantischer Winkel«) und das Antikenmuseum, »das Römischste, was ich außerhalb von Rom kenne.« (Die von James in seinem Reisebuch *Eine kleine*

Das Amphitheater in Arles im 17. Jahrhundert

Frankreich-Tour, 1986, beschriebenen Exponate sind heute in dem 1995 eröffneten Musée de l'Arles antique untergebracht.) – Der Maler **Vincent van Gogh** (1853-1890), der im Februar 1888 nach A. gekommen war, bewohnte ab Mai 1888 das »gelbe Haus« an der Place Lamartine Nr. 2 (im Krieg zerstört), bis er im Mai 1889 nach Saint-Rémy-de-Provence umzog; Briefe an den Malerfreund É. Bernard (»Das blasse Orange der Sonnenuntergänge läßt das Gelände blau erscheinen«), vor allem aber an den Bruder Theo (»Jetzt haben wir hier eine glorreiche, gewaltige Hitze ohne Wind, das ist etwas für mich. Eine Sonne, ein Licht, das ich mangels besserer Bezeichnungen nur gelb, blasses Schwefelgelb, blasses Zitronengold nennen kann. Ach, schön ist das Gelb!«) beschreiben die Stimmungen des Malers und die Landschaft, dokumentieren Werk und Lektüre des Künstlers (Maupassant, Zola, Loti, die Goncourts). – **Hugo von Hofmannsthal** (1874-1929), dem seine Eltern zum glänzend bestandenen Abitur eine Südfrankreichfahrt spendierten, besah sich Arena, Saint-Trophime und Alyscamps (»der vornehmste Begräbnisplatz der Erde«) und stimmte in den Lobgesang auf die Arlesierinnen ein: »Frauen von Arles haben noch immer die feierliche römische Schönheit, die Kameenprofile und den königlichen Gang und die königlichen Gebärden« (*Südfranzösische Eindrücke*, 1892). – **F. Mistral** (→ Maillane), der die Schönheit der Töchter der Stadt in seinem Lied der Rhône *Lou Pouème dóu Rose* (1897) besingt, kam häufig nach A., wo er um die Jahrhundertwende das [M] Muséon Arlaten begründete, ein volkskundliches Museum (mit Raum zur Gründung des ›Félibrige‹, Salle Frédéric Mistral und Bibliothek), das er mit dem Geld des Nobelpreises dotierte (Denkmal Mistrals auf der Place du Forum). – **R. M. Rilke** (1875-1926) besuchte Ende Mai 1909 die Stadt: Die »seelengewohnten Schatten der Allyscamps« fanden Eingang in die *Aufzeichnungen des Malte Laurids Brigge* (1910) wie auch in die *Sonette an Orpheus* (1923, X.: »Euch, die ihr nie mein Gefühl verließt, / grüß ich, antikische Sarkophage ...«). – Im Dezember 1924 kam **Kurt Tucholsky** (1890-1935) nach A., »wo die alte Architektur noch so lebendig ist, weil sie in ihrem Licht steht«. – **Joseph Roth** (1894-1939), Feuilletonkorrespondent der *Frankfurter Zeitung*, besuchte A. im Sommer 1925: »Die ganze Stadt hat etwas von der kühlen, alten Heiterkeit eines Klostergangs und viel von vegetativem Stein und lebendigem Marmor.« – **Ernst Jünger** (1895-1998) kam im Frühsommer 1967 nach A. (Tagebuchaufzeichnungen). – Ihre Eindrücke beschreiben **Fred** (* 1917) und **Maxie Wander** (1933-1977) in dem Reisebuch *Provenzalische Reise* (1978).

[L] **Dante** spricht von den im Mittelalter wesentlich größeren Alyscamps im »Inferno« der *Göttlichen Komödie* (9. Gesang 112/115: »So wie in Arles, wo sich die Rhône staut / [...] Die Gräber rings die Landschaft wellig machen«).

[R] Der amerikanische Schriftsteller **Henry James** (s. o.) stattete im Herbst 1882 den Ruinen der **Abtei Montmajour** (5 km nö. v. A.) einen Besuch ab und beschreibt sie in seinen Aufzeichnungen *A Little Tour in France* (1885, dt. *Eine kleine Frankreich-Tour*, 1986).

AUBAGNE (Bouches-du-Rhône)
* 1895 **Marcel Pagnol** († Paris 1974), Erzähler, Dramatiker, Filmregisseur; Sohn eines Lehrers, Kindheit und Jugend in Marseille, Studium in Marseille und Aix-en-Provence, ab 1922 Lehrer in Paris; erste Berühmheit mit der Komödie *Topaze* (1928) und den Marseiller Volksstücken *Marius* (1929), *Fanny* (1931) und *César* (1936), die der Autor verfilmte; 1946 Mitglied der Académie Française; großer Erfolg mit den Erinnerungsbüchern *La Gloire de mon père* (1957) und *Le Château de ma mère* (1958, beide dt. u. d. T. *Eine*

Marcel Pagnol

Kindheit in der Provence, 1961) und *Le Temps des secrets* (1960). – Geburtshaus Cours Barthélemy Nr. 16; [M] ›Le petit monde de Marcel Pagnol‹ (Romanfiguren als Santons); ›Circuits Marcel Pagnol‹ (Rundgänge und Touren). – Weitere Werke: *L'Eau des collines* (R. 1962, dt. *Die Wasser der Hügel*, 1964), *Le Secret du masque de fer* (R. 1965, dt. *Die eiserne Maske*, 1966), *Pirouettes* (R. postum, dt. *Pirouetten der Liebe*, 1991).

[A] Aus A. stammte der **Abbé Barthélemy** (→ Cassis), dessen Mutter zur Entbindung in ihr Elternhaus nach Cassis gefahren war; Marcel Pagnol hebt in seiner Autobiographie *La Gloire de mon père* Parallelen hervor: Beide Autoren aus A. wurden fast in der Kutsche geboren, beider Väter hießen Joseph, beide wurden sie an einem 5. März in die Académie Française gewählt, beide auf den 25. Platz. (Denkmal für den Abbé am Cours Barthélemy.) – **Stendhal** (→ Grenoble/RhA) sah 1837 hier auf der Durchreise das Denkmal des Abbé Barthélemy, »Autor des dummen, von den Franzosen so bewunderten Buches ›Le Voyage d'Anacharsis‹« (*Mémoires d'un touriste*, 1838).

AVANÇON (Hautes-Alpes)

Der Ort ist die Wiege der Familie von **Th. Gautier** (→ Tarbes/MPy); sein Großvater wurde hier geboren (1748), sein Vater verbrachte einen Teil seiner Kindheit hier.

AVIGNON (Vaucluse)

»Diese Stadt ist eine Abfallgrube, wo sich aller Unrat der Welt sammelt. Man verachtet Gott und betet das Geld an; man tritt die göttlichen und die menschlichen Gesetze mit Füßen. Alles atmet die Lüge: die Erde, die Häuser und vor allem die Schlafzimmer.« (Francesco Petrarca)
»Bei einem schönen Sonnenuntergang im Herbst in Avignon anzukommen, ist etwas Wunderbares. Herbst, Sonnenuntergang, Avignon ist dreimal der gleiche Klang.« (Victor Hugo)
Universität (gegr. 1303 [1972]). – Universitätsbibliothek (Rue Violette Nr. 5); Bibliothèque municipale (Stadtbücherei; 300 Tsd. Bde., über 7000 Hs., 700 Ink.). – Seit 1947 alljährlich im Juli: **Festival annuel d'Art dramatique** (gegr. von Jean Vilar) für Schauspiel, Ballett, Musik und Film; Opéra Théâtre.

* 1829 **Théodore Aubanel** († ebda. 1886), provenzalischer Dichter; Sproß einer Familie von Druckern und Verlegern, verfaßte Gedichte und Dramen auf Provenzalisch, Freund F. Mistrals, Mitbegründer des ›Félibrige‹ (s. u. [R]). – [M] Musée Théodore Aubanel (heute noch von der Familie bewohnt) mit Erinnerungsstücken, seltenen Ausgaben und Bildern (u. a. von Fromentin und Th. Gautier); Grab auf dem Cimetière Saint-Véran. – W.: *La mióugrano entreduberto* (Ged. 1860), *Li fiho d'Avignoun* (Ged. 1885), *Lou rèire-Soulèu* (Ged. 1899); *Œuvres complètes* (2 Bde. 1960-62).

* 1888 **Henri Bosco** († Nizza 1976), Lyriker, Erzähler; Sohn eines Handwerkers, Gymnasium in A.; Studium in Grenoble und Florenz, Lehrtätigkeit in Frankreich, Italien und Marokko; zog sich 1955 nach Nizza und Lourmarin zurück; verfaßte ländlich-phantastische Romane sowie Kinderbücher. – W. u. a.: *Églogues de la mer* (Ged. 1928), *L'Âne culotte* (R. 1937, dt.

Avignon: Papstpalast bei Nacht

Der Esel mit der Samthose, 1954), *Bucoliques de Provence* (Ged. 1944), *Le Mas Théotime* (R. 1945, dt. *Der Hof Théotime*, 1953), *Malicroix* (R. 1948, dt. *Das Erbe der Malicroix*, 1955).

† 1891 **Joseph Roumanille** (* Saint-Rémy-de-Provence 1818); der spätere Mitbegründer des ›Félibrige‹ (Büste auf dem Square Saint-Martial) war 1845 als Lehrer an das Gymnasium von A. gekommen (dort Bekanntschaft mit dem Schüler F. Mistral) und verbrachte den Großteil seines Lebens in A.; Porträtrelief am Haus Rue Saint-Agricol Nr. 19, Grab in Saint-Rémy-de-Provence.

† 1936 **Louis Le Cardonnel** (* Valence/RhA 1862); der Lyriker und Priester starb im Palais du Roure (Rue du Collège-du-Roure Nr. 3); Grab in Valence.

[A] Für **Francesco Petrarca** (1304-1374) war A., wo sein Vater im Umkreis des päpstlichen Hofes als Notar tätig gewesen war, während fast dreier Jahrzehnte Lebensmittelpunkt: Hierher kam er 1326 nach langen Studienjahren, hier schlug er eine geistliche Laufbahn ein und empfing die niederen Weihen, hierher (bzw. ab 1337 nach → Fontaine-de-Vaucluse) kehrte er von den zahlreichen Reisen zurück, die er im Auftrag der einflußreichen Patrizierfamilie Colonna unternahm, und hier begegnete er am 6. April 1327 in der Kirche Sainte-Claire (Rue du Roi René, Ruine; Gedenktafel) zum erstenmal Laura, die er in seinen Gedichten unsterblich machen sollte (nach Petrarcas Angaben starb sie auf den Tag 21 Jahre später und wurde im Franziskanerkloster beerdigt, von dem noch der Glockenturm, Rue des Teinturiers, steht); der Dichter verließ die Provence für immer im Frühjahr 1353 und lebte künftig in Italien. – **Molière** (→ Paris) hielt sich 1655 in A. auf und ein zweites Mal 1657, als er mit dem Maler Pierre Mignard zusammentraf, mit dem ihn eine lebenslange enge Freundschaft verbinden sollte. – **G. Casanova** (1725-1798) stieg im Spätsommer 1760 für einige Tage im Hôtel de Saint-Omer (Rue du Limas) ab; über seine erotischen Abenteuer in A. berichtet er in den *Mémoires* (1826-38, dt. *Geschichte meines Lebens*, 1964-67). –

Der **Marquis de Sade** (→ Paris), der bereits als Vierjähriger einige Zeit bei seiner Großmutter in A. verbracht hatte, kam auch später immer wieder in die Stadt zurück; auch im Frühjahr 1763, als seine Familie in Paris alles für die Hochzeit vorbereitete, war der Marquis in A. und stellte einer anderen Frau nach. – Der Schotte **James Boswell** (1740-1795) verbrachte die Weihnachtstage 1765 in A. und nahm an der Christmette in der Kathedrale teil. – **A. de Rivarol** (→ Bagnols-sur-Cèze/LR) schloß im Priesterseminar Sainte-Garde 1776 seine geistlichen Studien ab. – **Madame de Staël** (→ Paris), noch unter ihrem Mädchennamen Necker, reiste mit ihrer kränkelnden Mutter Ende Oktober 1784 nach A., wo die Frauen den Winter zu verbringen gedachten; zum Bedauern der 18jährigen Tochter, der das gesellschaftl. Leben der Stadt gefiel (u.a. ein Ball im Papstpalast), vertrug die Mutter das Klima in A. nicht, so daß die beiden schon nach vier Wochen nach Montpellier/LR weiterfuhren. – **F.-R. de Chateaubriand** (→ Saint-Malo/Br) kam wegen einer Raubdruck-Angelegenheit Ende Oktober 1802 nach A., wo er Lauras Grab in der Franziskanerkirche (s. o.) und den Papstpalast besuchte (Beschreibung in den *Mémoires d'outre-tombe*, 1848-50). – **Achim von Arnim** (1781-1831), mit seinem Bruder auf Bildungsreise durch Europa, kam Ende 1802 durch Südfrankreich und träumte in einem Brief an Clemens Brentano vom gemeinsamen Leben an der Rhône: »[...] wir wohnen Avignon gegenüber an dem Ufer der Rhône am Berge im gewesenen Kloster, keiner verfolgte uns denn keiner verstände unsere Sprache [...].« – **Johanna Schopenhauer** (1766-1838), Romanautorin und Philosophenmutter, fand 1804 zwar den Anblick der Stadt schön, aber sonst kein Gefallen daran: »Überhaupt trägt alles in Avignon ein unheimliches, zerstörtes Ansehen. Die wilden Gesichtszüge des Volkes, seine heftige, einem ewigen Zürnen ähnliche Sprache und Gebärde haben etwas unbeschreiblich Widerwärtiges.« – **Stendhal** (→ Grenoble/RhA), im Dezember 1833 auf der Rückreise von Paris nach Civitavecchia, wo er Konsul war, begegnete auf dem Dampfer die Rhône hinunter nach A. dem Liebespaar **George Sand** (→ Paris) und **Alfred de Musset** (→ Paris), das nach Venedig unterwegs war; Stendhal war im Rahmen seiner Frankreichfahrten 1837 zweimal in A.: zunächst einige Tage Mitte Juni, die er zu ausgiebigen Besichtigungen nutzte (Papstpalast, Kathedrale, Musée Calvet), später zu einem Kurzbesuch, wo er sich erneut die Kathedrale und die damals Giotto zugeschriebenen Fresken im Papstpalast besah. – **Prosper Mérimée** (→ Paris), den seine erste Reise als Generalinspektor der historischen Denkmäler Frankreichs in die Provence führte, verbrachte die Woche vom 7. bis 15. September 1834 in A., wo er sich bei der Ankunft in eine spanische Stadt versetzt glaubte; der Papstpalast schien ihm allerdings eher »die Burg eines asiatischen Despoten als die Wohnstatt des Stellvertreters eines friedliebenden Gottes«. – Zwei Monate später kam **A. Dumas d. Ä.** (→ Villers-Cotterêts/Pi) in die Stadt und fand »das ganze Mittelalter ebenso sichtbar auf den Stein der Mauern und Türme [des Papstpalasts] geschrieben wie die Geschichte Ramses' auf den Granit der Pyramiden«. – **Heinrich Heine** (1797-1865), der nach einer überstandenen Gelbsucht plante, den Winter in Südfrankreich zu verbringen, kam Anfang November 1836 auch nach A. (→ Aix-en-Provence), war aber Ende des Monats schon wieder zurück in Paris; auch Heines Freund **Heinrich Laube** (1806-1884) besuchte die Stadt und fand »die päpstliche Burg, von einem mürrischen, wüsten Ansehn, jetzt großenteils zum Militärgefängnis benützt« (*Französische Lustschlösser*, 1840). – **Victor Hugo** (→ Besançon/FC) war Ende September 1839 einige Tage in A. und stieg im Hôtel d'Europe ab. (Hotelgäste dort 1846 auf Hochzeitsreise: das englische Dichterpaar

Robert und **Elizabeth Browning**.) – Der Historiker **J. Michelet** (→ Paris) besuchte A. Ende Mai 1844 und setzte sich intensiv mit dem Papstpalast auseinander. – A. war Mitte 1844 Station auf dem Weg nach Italien für den Engländer **Charles Dickens** (1812-1870); Beschreibung des Papstpalasts in den *Pictures from Italy* (1846). – **Friedrich Hebbel** (1813-1863) kam ein Vierteljahr später auf der Reise von Paris nach Rom durch A. und besichtigte Kathedrale und natürlich den Papstpalast: »Er ist jetzt zu einer Kaserne hergerichtet, die roten Hosen trommeln und pfeifen, wie die schwarzen Röcke einst gelispelt und gewispert haben [...].« – **G. Flaubert** (→ Rouen/HNo) kam im Frühjahr 1845 von Lyon die Rhône herab nach A. und konnte sich begeistern: »Das ist der Süden: alle sind vor der Tür; überall lichte Töne; ein warmer Lufthauch zieht durch die anmutigen Straßen.« – Im Rahmen einer Reise durch Südfrankreich besuchte **Th. Gautier** (→ Tarbes/MPy) in A., der Geburtsstadt seines Vaters (1775), seine Tante in der Rue Calade Nr. 128 und besichtigte Papstpalast und Kathedrale (weitere Besuche im November 1850 und Juni 1852). – Der große Entomologe **Jean-Henri Fabre** (→ Saint-Léons/MPy), zunächst Schüler, dann Lehrer in A. (Wohnungen: Rue de la Masse Nr. 22, Rue des Teinturiers Nr. 14, wo ihn 1865 Louis Pasteur besuchte), hielt Vorlesungen in der damals profanierten Kirche Saint-Martial (unter den Hörern: Mistral, Roumanille, Mallarmé). – **Frédéric Mistral** (→ Maillane) besuchte 1842-47 das Gymnasium von A. (Rue F. Mistral, heute École publique mixte, Gedenktafel), wo er 1845 die Bekanntschaft des als Lehrer an die Schule berufenen J. Roumanille (s. o.) machte; Mistrals bedeutendstes Werk, das Epos *Mireille* (*Mirèio*), wurde 1859 in A. gedruckt (Gedenktafel für die Druckerfamilie Seguin in der Rue de la Bouquerie Nr. 13); Büste auf der Place Louis-le-Cardonnel, Gedenktafel in der Rue Louis Pasteur Nr. 7. – **Victor von Scheffel** (1826-1886) fuhr im Juni 1856 mit der Eisenbahn nach Südfrankreich; der erste Gang galt dem Papstpalast, dessen Innenräume (samt Inquisitionskammern) der Dichter besichtigte: »Auch das Innere des Schlosses trägt den kriegerischen, bis an die Zähne gewaffneten Charakter [...]. Es ist ein schwüles Gefühl, auf einem Boden zu stehen, auf welchem dereinst zur Ehre Gottes Menschen geröstet wurden.« (Reisebild »Avignon«, 1857.) – **Stéphane Mallarmé** (→ Paris), der am Städt. Gymnasium von A. Englisch unterrichtete, wohnte von 1867 bis 1871 im Haus Portail Matheron Nr. 8 (Gedenktafel); den August 1870 verbrachte **Villiers de l'Isle-Adam** (→ Saint-Brieuc/Br) auf Besuch bei ihm. – **M. Barrès** (→ Charmes/Lo) suchte bei einem Aufenthalt im Mai 1873 das Grab des kurz zuvor verstorbenen **John Stuart Mill** (1806-1873) auf dem Friedhof Saint-Véran auf; der engl. Wirtschaftswissenschaftler und Philosoph hatte nach dem Tod seiner Frau, die im November 1858 im Hôtel d'Europe in A. gestorben war, ein Haus (Hermitage de Monloisier) in der Nähe des Friedhofs gekauft (an der Straße zum Pont-des-deux-Eaux), das künftig sein Hauptwohnsitz wurde. – **C. F. Meyer** (1825-1898) verbrachte Anfang 1876 mit seiner Frau auf Hochzeitsreise eine Woche in der Stadt. – **Henry James** (1843-1916), im Herbst 1882 bereits zum dritten Mal in A., wo er im Hôtel d'Europe abstieg, besuchte auch diesmal wieder den Papstpalast (und auch diesmal lautete sein Urteil, daß es »das trostloseste aller historischen Bauwerke« sei). – **H. v. Hofmannsthal** (1874-1929) legte auf der mit seinem französischen Privatlehrer unternommenen Südfrankreich-Reise im September 1892 einen Halt in A. ein. – Auch **R. M. Rilke** (1875-1926) logierte für die Dauer seiner Provence-Reise vom 22. September bis zum 8. Oktober 1909 im Hôtel d'Europe (dort auch, auf der Durchreise Ende August 1936, **Thomas Mann**) und sah fast täglich den Papstpalast, »diese hermetisch verschlossene Burg, in der die Papstschaft, da sie sich am Rande anfaulen fühlte, sich zu konservieren gedachte, sich selber einkochend in einer letzten echten Leidenschaft«; am meisten liebte Rilke in A., durch das er nochmals am 14. 10. 1911 kam (und wieder im gleichen Hotel übernachtete), die Rue des Teinturiers mit ihren hohen Wasserrädern. – Der englische Autor **Rudyard Kipling** (1865-1936), der vor dem 1. Wk. Frankreich im Automobil erkundete, stieß, wie er in den *Souvenirs of France* (1933) erzählt, in seinem Hotel in A. auf Schwierigkeiten, sein Gefährt abzustellen: »Aber, Monsieur, das hier können wir nicht unterbringen. Es macht den Pferden Angst!« – **Kurt Tucholsky** (1890-1935) kam Anfang 1925 nach A., »wo die Päpste hausten, als sie Rom nicht gefielen und Rom ihnen nicht.« – Einige Monate später war **Joseph Roth** (1894-1939) in A.: »Ist das eine mittelalterliche, ist das eine römische Stadt? Ist sie orientalisch oder europäisch? Sie ist nichts von alledem und alles zusammen. Sie ist eine katholische Stadt.« – **Gertrud von Le Fort** (1876-1971) besuchte A. im Rahmen einer Frankreichreise, die sie im Sommer 1954 mit dem Züricher Verleger Schifferli und dessen Frau unternahm. – **Wolfgang Koeppen** (1906-1996) fand 1959 eine vom Tourismus heimgesuchte Stadt: »Reisebusse umlagerten das französische Rom und sahen aus wie feindliche Heere.« – **Ernst Jünger** (1895-1998) konnte sich auch bei einem Besuch im Mai 1978, als er nach 1967 erneut den Papstpalast besuchte, nicht vorstellen, »daß die Päpste sich hier wohl fühlten.« (*Siebzig verweht, II*, 1981.)

[L] **F. Rabelais** läßt den Titelhelden seines Romans *Pantagruel* (1532) nach A. kommen: »[...] kaum drei Tage am Platz, war er schon höllisch verliebt. Denn die Weibsleute treiben alldort mit Inbrunst das Bürzelspiel auf Stoß und Stich. Wär' es sonst päpstlich Gebiet?« (5. Kap.) – A. zur Papstzeit ist Schauplatz der Erzählung *La Mule du Pape* (dt. *Das Maultier des Papstes*) aus den *Lettres de mon moulin* (1869; dt. 1879, u.d.T. *Briefe aus meiner Mühle*, 1894 u.ö.) von **Alphonse Daudet**. – Zur Zeit der deutschen Besatzung spielt der Roman *Les Amants d'Avignon* (1943, dt. *Die Liebenden von Avignon*, 1949) von **Elsa Triolet**.

[R] Am 21. Mai 1854 kamen in **Font-Ségugne** (5 km ö. v. A.) sieben Männer auf dem Gut der Familie Giéra zusammen, um den Dichterbund des ›Félibrige‹ zu gründen, der sich eine Renaissance der provenzal. Kultur (und Sprache) zum Ziel setzte. Die Gründungsmitglieder waren **Frédéric Mistral** (→ Maillane), **Joseph Roumanille** (→ Saint-Rémy-de-Provence), **Théodore Aubanel** (→ Avignon), **Jean Brunet, Rémy Marcellin, Paul Giéra** und **Anselme Mathieu.**

BANDOL (Var)

[A] **Stéphane Mallarmé** (→ Paris) verbrachte den August 1868 mit Frau und dreijährigem Sohn in B. (Hôtel Lion d'Or). – Die neuseeländische Autorin **Katherine Mansfield** (1888-1923) kam aus Gesundheitsgründen an die Côte d'Azur und hielt sich von November 1915 bis April 1916 sowie in den ersten drei Monaten 1918 in B. auf, wovon ihre Tagebuchaufzeichnungen und Briefe berichten; in den Jahren 1915 und 1918 wohnte sie in dem am Hafen gelegenen Hotel Beau Rivage (heute Appartementhaus; Erinnerungstafel in der Eingangshalle), von Januar bis April 1916 in der Villa Pauline am Boulevard G. Clemenceau (heute Villa Petite Pauline, Gedenktafel). – Im Hotel Beau Rivage wohnte Ende 1928 auch **D.H. Lawrence** (1885-1930) mit seiner Frau; nach anschließenden Aufenthalten in Paris, Italien und Deutschland kehrte das Paar nach B. zurück und ließ sich in der Villa Beau Soleil (Chemin du Littoral) nieder; dem bereits todkranken englischen Autor, der 1930 in Vence starb, stattete 1929 der befreundete deutsche Arzt, Dramatiker und Romancier **Max Mohr** (1891-1937) einen einmonatigen Besuch

Les Baux

ab. – Auf den Spuren Lawrences kam im Frühjahr 1933 **René Schickele** (→ Oberehnheim/E) nach B. und schrieb einen Feuilleton-Beitrag für die *Frankfurter Zeitung* (»Villa Beau Soleil – D. H. Lawrence«). – **Th. Mann** (1875-1955) hielt sich zu Beginn seines Exils vier Wochen in B. auf und wohnte im Grand-Hôtel, das seine Kinder **Erika** (1905-1969) und **Klaus** (1906-1949) in ihrem zwei Jahre zuvor erschienenen *Buch von der Riviera* als »etwas spießig, aber sehr solide geführt« klassifizieren: »NB: nach Damen in Hosen dreht man sich im Speisesaal um«; Mitte Juni 1933 bezog Th. Mann eine Villa in → Sanary-sur-Mer. – **Georges Bernanos** (→ Paris) bewohnte von November 1945 bis Herbst 1946 in B. die Villa La Pinède.

[L] B. ist neben Paris Schauplatz des Krimis *Maigret et l'indicateur* (1971, dt. *Maigret und der Spitzel*, 1975) von **Georges Simenon.**

[R] **Bertolt Brecht** (1898-1956) machte Mai/Juni 1928 Urlaub in **Saint-Cyr-sur-Mer** (6 km nw. v. B.), wo er mit Kurt Weill an der *Dreigroschenoper* arbeitete. Der Kunsthistoriker **Julius Meier-Graefe** (1867-1935) war aus gesundheitl. Gründen nach Südfrankreich gezogen und wohnte ab 1930 in einem Haus in S.-C., wo ihn u. a. **R. Schickele** (→ Oberehnheim/E) besuchte. (Meier-Graefes Witwe Annemarie Meier-Graefe, die 1949 Hermann Broch geheiratet hatte, zog nach dessen Tod wieder in das Haus zurück.) **Thomas Mann** (1875-1955) verbrachte Anfang September 1936 einige Tage in S.-C. (Grand Hôtel Les Lecques) und traf wiederholt mit Schickele und Annemarie Meier-Graefe zusammen (*Tagebücher*).

BAR-SUR-LOUP (Alpes-Maritimes) → **GRASSE** [R]

LES BAUX (Bouches-du-Rhône)

»Und gegenüber, fern in die Himmel eingelegt wie Stein in Stein, heben sich die Ränder der seltsamsten Ansiedlung herauf, und der Weg hin ist so von den immensen Trümmern (man weiß nicht, ob Berg- oder Turmstücken) verlegt und verstürzt, daß man meint, selber auffliegen zu müssen, um in die offene Leere dort oben eine Seele zu tragen. Das ist Les Baux.« (Rainer Maria Rilke)

Unterhalb des Ortes befindet sich der Pavillon de la Reine Jeanne, nach dessen Vorbild **F. Mistral** sein Mausoleum in → Maillane erbauen ließ; am südl. Ende des Bergrückens Denkmal für den provenzal. Dichter und Bauern **Charloun Rieu** (→ Fontvieille [R]); auf dem Friedhof Grab des Schriftstellers **André Suarès** (→ Marseille).

[A] Der Troubadour **Peire Vidal** (→ Toulouse/MPy) wurde vom hiesigen Herrscher Barral de Baux an den Hof gerufen, der um 1200 ein Hort des Minnesangs war; nachdem allerdings eine Liaison mit der Fürstengattin offenkundig wurde, mußte der Dichter nach Italien fliehen. – Als **A. Dumas d. Ä.** (→ Villers-Cotterêts/Pi) im November 1834 den Ort besuchte, der ihm noch »trauriger, einsamer und ausgestorbener« schien als die einstige Metropole Arles, fand er als einzige Bevölkerung ein rundes Dutzend Bettler. – **Henry James** (1843-1916), begeistert von seinem Besuch Ende Oktober 1882, versuchte in seinen Reiseerinnerungen *A Little Tour in France* (1885, dt. *Eine kleine Frankreich-Tour*, 1986) eine überschaubare Beschreibung des Ortes zu liefern, sah sich dazu aber nicht in der Lage, »einfach deshalb, weil er eine Wirrnis von Ruinen darstellt.« – **R. M. Rilke** (1875-1926) verbrachte im Herbst 1909 einen Tag in der Felsenstadt, deren Geschichte er in einem Brief (vom 23. 10. 1909) an Lou Andreas-Salomé schildert. – **Kurt Tucholsky** (1890-1935) besuchte Les B. im Dezember 1924: »Man sieht: Vineta auf den Bergen. Man sieht eine versunkene, eine mit den steinigen Bergen verwachsene, versteinerte, verfallene und tote Stadt.« – **Joseph Roth** (1894-1939), als Feuilletonkorrespondent der *Frankfurter Zeitung* im Sommer 1925 in Südfrankreich unterwegs, machte ebenfalls einen Abstecher nach Les B.: »Es sind keine Ruinen in der üblichen Bedeutung. Sondern es ist die Rückkehr des Steins zum Stein. [...] Die Troubadoure kamen von allen Seiten zur Burg Les Beaux gezogen, die Kollegen unserer Minnesänger, wahrscheinlich ein wenig galanter als diese und wahrscheinlich auch weniger innig.« – **Wolfgang Koeppen** (1906-1996) besuchte 1959 die »wieder Natur und Felsen gewordenen Schloßruinen von Les Baux«. – Im September des gleichen Jahres begann **J. Cocteau** (→ Maisons-Laffitte/IdF) hier die Dreharbeiten des Films *Le Testament d'Orphée* (1961, dt. *Das Testament des Orpheus*).

[M] **Fondation Louis-Jou:** Der Graveur, Drukker und Verleger Louis Jou (1881-1968), der den Renaissance-Palast ab 1940 bewohnte, schuf u. a. Holzschnittserien zu den Sonetten Ronsards und den *Essais* Montaignes; ferner werden frühe Drucke und alte Bucheinbände gezeigt.

LA BAYORRE (Var) → **HYÈRES** [R]
BEAUVALLON (Var) → **SAINTE-MAXIME** [R]

BORMES-LES-MIMOSAS (Var)

[A] Für **Erika** (1905-1969) und **Klaus Mann** (1906-1949) ist in ihrem Reiseführer *Das Buch von der Riviera* (1931) B. »wohl der hübscheste Flecken dieses Striches; altes Städtchen voll winkeliger kleiner Überraschungen. Drum herum liegen Berge und man kann zu einer Burgruine spazieren.« – Der 1933 aus Deutschland geflüchtete Journalist und Schriftsteller **Alfred Kantorowicz** (1899-1979) bewohnte von 1938 bis 1940 ein schlichtes Haus (zwischen der Montée du Paradis und der Rue Canto Cigale) unterhalb der Ruine, die der Autor für sich mit der Burg aus Uhlands geliebter Ballade »Bertran de Born« identifizierte – so Kantorowicz' Erinnerung in *Exil in Frankreich* (1971).

[R] **A. de Saint-Exupéry** (→ Lyon/RhA) verbrachte in seiner Kindheit viel Zeit auf dem Schloß **La Môle** (15 km nö. v. B.), das seiner Großmutter gehörte.

BRIANÇON (Hautes-Alpes)

[A] **Stendhal** (→ Grenoble/RhA) besuchte die Festungsstadt im August 1837 und machte sich Gedanken über das Garnisonsleben in B., das recht langweilig sein müsse: Schließlich könne witterungsbedingt eine Belagerung nur in den vier Sommermonaten stattfinden.

CABRIS (Alpes-Maritimes)

[A] **André Gide** (→ Paris) kam häufig nach C., wo Tochter und Schwiegersohn seiner Freunde Rysselberghe ein Haus (Les Audides) hatten; im September 1939 wohnte Gide in C. in der Villa La Messuguière (schon Gemarkung Spéracèdes, aber näher an C.), die seinen luxemburgischen Freunden Mayrisch gehörte; 1949 wurde in C. mit Gide eine Sequenz des Films *La Vie commence demain* (Regie: N. Védrès) gedreht, 1950 trafen sich Gide und **J.-P. Sartre** hier anläßlich der Dreharbeiten zu dem Film *Avec André Gide* (Regie: M. Allégret). Die Villa Messuguière der Mayrischs war ein Treffpunkt der Intellektuellen, außer Gide und Sartre waren hier auch **H. Michaux** (→ Anhang), **A. Camus** (→ Anhang), **Pierre-Jean Jouve** (→ Arras/NPdC), **Ch. Vildrac** (→ Paris), **H. de Montherlant** (→ Paris), **P. Valéry** (→ Sète/LR), der deutsche Philosoph **Herbert Marcuse** (1898-1979), **R. Martin du Gard** (→ Neuilly-sur-Seine/IdF), **A. de Saint-Exupéry** (→ Lyon/RhA), **P. Claudel** (→ Villeneuve-sur-Fère/Pi), **M. Pagnol** (→ Aubagne), **A. Malraux** (→ Paris), **H. Bosco** (→ Avignon), und der polnische Dichter **Witold Gombrowicz** (1904-1969).

CAGNES-SUR-MER (Alpes-Maritimes)

[A] Der seit 1933 im Exil umhergetriebene Dramatiker **Walter Hasenclever** (1890-1940) bewohnte in den Jahren 1939/40 in C. die Villa Saint-Hilaire. – 1949 hielten sich **J.-P. Sartre** (→ Paris) und **S. de Beauvoir** (→ Paris) in C. auf; S. de Beauvoir begann hier mit der Arbeit an ihrem Roman *Les Mandarins* (1954). – Nach einem Besuch schrieb 1953 **J. Prévert** (→ Neuilly-sur-Seine/IdF) das Gedicht »Cagnes-sur-Mer« (in: *La Pluie et le beau temps*, 1955).

[L] Über den Maler Auguste Renoir, der von 1907 bis zu seinem Tod 1919 mit seiner Familie eine Villa im Ortsteil Les Collettes bewohnte, berichten u. a. sein Sohn **Jean Renoir** (*Mein Vater Auguste Renoir*, 1962) und der Kunstkritiker **Julius Meier-Graefe** (*Geschichten neben der Kunst*, 1933).

CANNES (Alpes-Maritimes)

Médiathèque (90 Tsd. Bde.).

† 1859 **Alexis de Tocqueville** (* Paris 1805); der Politiker und Staatsphilosoph hatte die Côte-d'Azur wegen ihres milden Klimas aufgesucht und starb in C. an einem Lungenleiden (Grab in Tocqueville/BNo).

† 1868 **Henry Peter Brougham** (* Edinburgh 1778); der englische Lordkanzler (1830-34) und Anwalt, Verfasser zweier Romane und einer Anzahl juristischer und historischer Bücher, war Ende 1834 mit seiner kranken Tochter wegen des milden Klimas nach C. gekommen und hatte mit dem Bau des Château Eléonore den Anstoß zur Entwicklung des mondänen (meist von Engländern besuchten) Badeorts gegeben (Statue auf dem Square Brougham; auf dem Sockel Gedicht von Stéphen Liégeard, der in einem Buch von 1887 erstmals von der ›Côte d'Azur‹ spricht); Grab auf dem Cimetière protestant an der Avenue de Grasse.

† 1870 **Prosper Mérimée** (* Paris 1803); der Dichter verbrachte aus Gesundheitsgründen ab 1856 jeden Winter in C. (zunächst Hôtel de la Poste, dann Hôtel des Princes, dann Wohn- und Sterbehaus Ecke Square Mérimée Nr. 3/Rue Jean de Riouffe, Gedenkstein auf dem Platz); Grab auf dem Cimetière protestant an der Avenue de Grasse.

† 1949 **Klaus Mann** (* München 1906); der älteste Sohn von Thomas Mann, der seit 1926 wiederholt nach C. kam, hatte sich Anfang April 1949 in das kleine Hotel Pavillon Madrid zurückgezogen, um an seinem Roman *The Last Day* zu arbeiten; am 21. Mai starb er an einer Überdosis Schlaftabletten in der Clinique Lutétia (Grab auf dem Cimetière du Grand-Jas an der Avenue de Grasse); in dem mit seiner Schwester Erika verfaßten *Buch von*

der Riviera (1931) widmet er der Stadt ein Kapitel.

[A] »Ein schmuckes Dorf« fand der schottische Schriftsteller **T. Smollett** (1721-1771) im Frühjahr 1765 vor, das er als Wohnort Nizza und Antibes vorziehen würde. – **Stendhal** (→ Grenoble/RhA) fand die Stadt mit ihrer Lage bei seinem Besuch im Mai 1838 (Hôtel du Midi) schön und als Alterssitz geeignet – wenn nur nicht die Luft durch stehende Wasser und Abwasserkanäle so verpestet werden würde. – **F.-R. de Chateaubriand** (→ Saint-Malo/Br) besuchte C. im Juli 1838 und stieg im Hôtel de la Poste ab. – »Entzükkende, halbmondförmig gedehnte Meeresbucht«, vermerkt das Reisetagebuch von **G. Flaubert** (→ Rouen/HNo), der im Mai 1845 über Südfrankreich nach Italien fuhr. – Der Lyriker **Stéphane Mallarmé** (→ Paris) hielt sich Ende März/Anfang April 1866 in C. auf (Villa Delamp). – Der englische Maler und *Nonsense*-Dichter **Edward Lear** (1812-1888) hielt sich 1867 und den beiden folgenden Jahren in C. auf. – Der Schweizer Dichter **C.F. Meyer** (1825-1898) nahm auf seiner Hochzeitsreise im Oktober 1875 zwei Wochen lang Quartier in C. und fuhr mit seiner Frau von hier aus nach Monaco, Nizza und auf die vorgelagerten Inseln Sainte-Marguerite und Saint-Honorat. – **G. de Maupassant** (→ Tourville-sur-Arques/HNo) hielt sich ab Mitte der 80er Jahre häufig in C. auf, lebte in verschiedenen Häusern und Wohnungen (Villa Mon Plaisir, Rue Jean-Dolfus; Villa Continental, Rue Guy-de-Maupassant Nr. 6; Pension Marie-Louise); den Ort und seine Berühmtheiten schildert er in der Tagebuch-Erzählung *Sur l'eau* (1888, dt. *Auf dem Wasser*, 1947): »Fürsten, Fürsten, überall Fürsten! Glücklich, wer Fürsten liebt! Kaum hatte ich gestern morgen den Fuß auf die Promenade de la Croisette gesetzt, als ich dreien von ihnen begegnete, einem hinter dem anderen. In unserem demokratischen Lande ist Cannes die Stadt der Titel geworden.« Im Dezember 1891 mietete Maupassant das Chalet de l'Isère (Route de Grasse Nr. 42), wo er am Neujahrstag 1892 einen Nervenzusammenbruch erlitt, sich umzubringen versuchte und nach Paris-Passy in eine Klinik gebracht wurde. – **André Gide** (→ Paris) war Anfang 1883 mit seiner Mutter in C.: »Unsere Unterkunft beim Bahnhof war nur mittelmäßig, aber trotzdem habe ich Cannes in ganz zauberhafter Erinnerung.« – **Guillaume Apollinaire** (→ Anhang), der mit seinem Bruder zunächst das Gymnasium Saint-Charles in Monaco besucht hatte, wechselte nach dessen Schließung 1895, fünfzehnjährig, nach C. auf das Gymnasium Stanislas, wo er bis zum Februar 1897 blieb (→ Nizza). – **Valery Larbaud** (→ Vichy/Au) traf 1912 in C. **John Galsworthy** (1867-1933) und **Arnold Bennett** (1867-1931), vom dem er Texte ins Französische übersetzte. – **Blaise Cendrars** (→ Anhang) zog Anfang 1917 nach C. und wohnte hier mit seiner Familie in einer kleinen Wohnung in der Rue Hoche Nr. 39 (baldiger Umzug nach Nizza). – Der amerikanische Romancier **F. Scott Fitzgerald** (1896-1940) wohnte mit seiner Frau Zelda im Sommer 1929 in der Villa Fleur des Bois (Boulevard Cazagnaire Nr. 12). – Der Surrealist **P. Éluard** (→ Saint-Denis/IdF) stieg in C. im Hôtel Méditerranée ab. – **Vladimir Nabokov** (1899-1977), der lange in Berlin gelebt hatte, floh aus Hitler-Deutschland und ließ sich Anfang Juli 1937 in C. nieder (Hôtel des Alpes, Rue Saint-Dizier/Rue G.-Clemenceau und 2-Zimmer-Wohnung in der Rue Georges-Clemenceau Nr. 81), wo er an seinem Roman *Die Gabe* (1952) arbeitete; im Herbst 1937 zog er mit seiner Frau Vera nach Menton. – Der Komödienautor **Tristan Bernard** (→ Besançon/FC), der mit seiner Frau seit drei Jahren im Hôtel Windsor wohnte, wurde am 1. 10. 1943 von der Gestapo verhaftet und nach Verhör ins KZ Drancy/IdF transportiert. (Bernards Worte an seine Frau: »Sei ruhig, mein Liebe, bisher lebten wir in der Angst, ab jetzt in der Hoffnung.«) – **Julien Green** (→ Paris) kam Anfang September 1952 in die Stadt, als er von einem Italienaufenthalt zurückkehrte: »Cannes. Hôtel Splendide (das ist der Name des Hotels, nicht eine Meinung, die ich äußere). Blick auf das Meer und die Altstadt.« – **Jean Cocteau** (→ Maisons-Laffitte/IdF) war mehrfach in C., u. a. 1953, als Juryvorsitzender des Festivals. – **Georges Simenon** (→ Anhang), der im Frühjahr 1955 aus Amerika nach Frankreich zurückgekehrt war, bezog im Herbst 1955 die luxuriöse Villa Golden Gate in C. (zwei Jahre später siedelte er in die Schweiz über); die Stadt ist bei ihm Schauplatz in den Maigret-Krimis *Liberty-Bar* (1932, dt. 1952), *Les Caves du Majestic* (1942, dt. *Maigret im Luxushotel*, 1962, u. d. T. *Maigret und die Keller des Majestic*‹, 1982) und *L'Improbable Monsieur Owen* (1944, dt. *Der zweifelhafte Monsieur Owen*, 1987) und in den ›Non-Maigrets‹ *Cour d'assises* (1941, dt. *Vor Gericht*, 1989) und *Strip-tease* (1958, dt. 1986). – **Henry Miller** (1891-1980) wurde 1960 zu einem Mitglied der Film-Festspiel-Jury berufen und traf hier mit Georges Simenon, dem Präsidenten der Jury, zusammen. – C. war eine der Stationen für **Wolfgang Koeppen** (1906-1996) auf seinen »Reisen nach Frankreich« (1961): »Das Meer, die Sonne sind auch in Cannes umsonst, und alte, in Schals und Schleier gewickelte Damen, Zurückgebliebene der Belle Époque, blicken schauernd auf die braunen, bis zum äußersten entblößten Leiber und erinnern sich der vergangenen eigenen Verhülltheit, der einst erwünschten Blässe.«

[R] Der Lyriker **René Char** (→ L'Isle-sur-la-Sorgue) hielt sich Mitte der 30er Jahre in **Le Cannet** (nö. v. C.) auf, wo ihn sein Freund **P. Éluard** (→ Saint-Denis/IdF) besuchte.

LE CANNET (Alpes-Maritimes) → CANNES [R]

CAP-D'AIL (Alpes-Maritimes)

[A] Die Schriftstellerin **Mechtilde Lichnowsky** (1879-1958) zog 1930 in die Villa des Fleurs, lebte hier bis zum Ausbruch des 2. Wks. und war »in der Gegend als La Princesse populär«, wie die Besucher **Erika** (1905-1969) und **Klaus Mann** (1906-1949) in ihrem *Buch von der Riviera* (1931) zu vermelden wissen. – **André Malraux** (→ Paris) bewohnte von April bis Oktober 1941 mit seiner Lebensgefährtin Josette Clotis und dem gemeinsamen Sohn die Villa Les Camélias; Besucher u. a. **Emmanuel Berl** (→ Le Vésinet/IdF), **Jean-Paul Sartre** (→ Paris) und **Simone de Beauvoir** (→ Paris).

CAP-FERRAT (Alpes-Maritimes) → VILLEFRANCHE-SUR-MER [R]
CAP-MARTIN (Alpes-Maritimes) → MENTON [R]

CARPENTRAS (Vaucluse)

Bibliothèque Inguimbertine, Boulevard Albin-Durand Nr. 234 (1745 von Bischof Malachie d'Inguimbert gegr., 250 Tsd. Bde., 4300 Hs., 198 Ink.)

[A] Ende 1311 kam der siebenjährige **Francesco Petrarca** (1304-1374) nach C., wo er seinen ersten Unterricht genoß. (Der in → Avignon tätige Vater hatte in der überfüllten Papststadt keine Wohnung finden können.) In einem Brief erinnert sich der Dichter später der glücklichen Jahre, die er bis zum Studienbeginn (→ Montpellier) hier verbrachte: »Wieviel Heiterkeit, wieviel Sicherheit, welcher Frieden im Haus und welche Freiheit draußen, welche Zeit der Muße in den Feldern und welche Stille!« – Der Literat und Politiker **Stéphen Liégeard** (→ Dijon/Bu) war ab 1864 Unterpräfekt des Départements Vaucluse in C. – **Rainer Maria Rilke** (1875-1926) lernte die Stadt im Herbst 1909 kennen und empfiehlt (Brief an Marie Taxis, 12. März 1914) den Besuch der Stadt: »[...] dann [...] Carpentras, bitte, wenn sichs tun läßt: das Alteleutehospiz dort, von einem der Bischöfe herrlich aufgebaut, mit lauter ganz klein gewordenen alten Leuten, um die herum das Haus immer größer wird –, eventuell auch die alte schöne Synagoge dort –; der Blick vom Balkon des Hospitals auf den Ventoux ...« – **Georges Bataille** (→ Billom/Au) war 1949-51 Bibliothekar an der berühmten Bibliothèque Inguimbertine (Wohnung in der Rue Fornery Nr. 12).

[M] **Musée de la Poésie** (Parc des Ombrages): Museum zur französischsprachigen Lyrik.

[R] In **Vacqueyras** (12 km nw. v. C.) wurde um 1160 der Troubadour **Raimbaut de Vacqueyras** († 1207) geboren; der Sohn eines verarmten Ritters, der an südfrz.. und nordital. Höfen, v.a. bei Bonifaz II. von Montferrat (Vermittlung der provenzal. Lit. nach Italien) lebte, nahm am Sizilienfeldzug Kaiser Heinrichs VI. (danach Ritterschlag) und am 4. Kreuzzug 1202/03 teil und verfaßte 33 lyrische Kompositionen. - Der **Marquis de Sade** (→ Paris) hielt sich häufig auf Schloß **Mazan** (7 km ö. v. C.), dem Geburtsort seines Vaters, auf (heute Altenheim); im Winter und Frühjahr 1772 ließ er den großen Saal des Schlosses instand setzen, um hier, im Wechsel mit Lacoste (→ Lourmarin [R]), Theater spielen zu können. - **Stendhal** (→ Grenoble) besuchte die Römerstadt **Vaison-la-Romaine** (27 km n. v. C.) Mitte Juni 1837 von Avignon aus mit einem befreundeten Antikenenthusiasten; neben der Römerbrücke und den Resten des antiken Theaters stand auch die Besichtigung der Kathedrale und der Kapelle Saint-Quenin (»äußerst sehenswert«) auf dem Programm, wie die *Mémoires d'un touriste* (1838) berichten (zweiter Besuch Ende Mai 1838).

CARQUEIRANNE (Var) → **HYÈRES** [R]

CASSIS (Bouches-du-Rhône)

* 1716 **Jean-Jacques Barthélemy** († Paris 1795), Erzähler; Familie aus Aubagne; Geistlicher (Priesterweihe allerdings nicht nachgewiesen), Beschäftigung mit Orientalistik, Leiter des Pariser Münzkabinetts,

Castellane

Entdecker des phönizischen Alphabets; 1754-57 Rom-Aufenthalt, Autor des erfolgreichen Romans *Le Voyage du jeune Anacharsis en Grèce* (1788), Mitglied der Académie Française (1789). – Geburtshaus am Kai, »der hübscheste Besitz in ganz Cassis« (Marcel Pagnol). – Weitere W.: *Amours de Carite et Polydore* (R. 1760); *Œuvres complètes* (4 Bde. 1821 f.).

[A] Für **Alphonse Daudet** (→ Nîmes/LR), der Ende Januar 1867 Julie Allard geheiratet hatte, war im Monat darauf C. eine Station der Hochzeitsreise. – Die Engländerin **Virginia Woolf** (1882-1941) verbrachte einige Tage im März 1925 und April 1927 (jeweils im Hôtel Cendrillon) sowie im April 1928 (Château de Fontcreuse) in C.

[L] Die Küste bei C. ist Schauplatz des Versromans *Calendau* (1867, dt. 1909) von **Frédéric Mistral.**

CASTELLANE
(Alpes-de-Haute-Provence)

[A] **André Breton** (→ Tinchebray/BNo) schrieb im August 1931 im Hôtel du Levant an dem surrealist. Text *Les Vases communicants* (1932); bei einem zweiten Besuch in C. ein Jahr später besuchten ihn **P. Éluard** (→ Saint-Denis/IdF) und dessen Frau Nusch.

CHAMPTERCIER (Alpes-de-Haute-Provence) → DIGNE-LES-BAINS [R]
CHÂTEAUNEUF-DU-PAPE (Vaucluse) → ORANGE [R]
CIMIEZ (Alpes-Maritimes) → NIZZA

LA CIOTAT (Bouches-du-Rhône)

* 1927 **Olivier Larronde** († Paris 1965); der mit J. Cocteau befreundete Lyriker orientierte sich an den hermetischen Gedichten S. Mallarmés. – W. u. a.: *Les Barricades mystérieuses* (Ged. 1948), *Rien voilà l'ordre* (Ged. 1959), *L'Arbre à lettres* (Ged. 1966).

[A] Der Romantiker **Alphonse de Lamartine** (→ Mâcon/Bu) startete im Juli 1832 von Marseille zu einer Reise in den Orient; wegen schlechten Wetters mußte das Schiff jedoch nach zwei Tagen im Hafen von La C. ankern (Auszug aus Lamartines Reisebuch *Voyage en Orient*, 1835, auf einer Gedenktafel am alten Rathaus der Stadt, Quai Ganteaume). – »La Ciotat ist lieb und still, ein Hafenstädtchen, das Charme hat«, schreiben **Erika** (1905-1969) und **Klaus Mann** (1906-1949) in ihrem *Buch von der Riviera* (1931). – **Georges Bataille** (→ Billom/Au) verbrachte den Sommer 1931 in La C. – **Henry Miller** (1891-1980) und seine spätere Frau Eve bewohnten auf Einladung des Schauspielers Michel Simon im Februar 1953 dessen Haus in La C. (auch 1960 verbrachte Miller wieder einige Tage im Haus Simons).

[L] Ob die Erzählung *Der Soldat von La Ciotat* (entstanden 1935) von **Bertolt Brecht** auf ein persönliches Erlebnis des Autors zurückgeht, bleibt zu bezweifeln; wahrscheinlich schöpfte Brecht, der 1928 (→ Bandol [R]) und 1930/31 (→ Le Lavandou) in Südfrankreich war, aus einer schriftlichen Quelle.

LA COSTE (Vaucluse) → LACOSTE/LOURMARIN [R]

CUGES-LES-PINS (Bouches-du-Rhône)

[A] Als **A. Dumas d. Ä.** (→ Villers-Cotterêts/Pi) Mitte Mai 1835 auf seinem Weg nach Italien durch C. kam, hatten ausgiebige Regenfälle einen veritablen See entstehen lassen, eine Sehenswürdigkeit ersten Ranges, wie der Autor in seinem Reisebuch *Une Année à Florence* (zuletzt 1991) berichtet. – Im Herbst 1839 kam **V. Hugo** (→ Besançon/FC) auf dem Weg von Marseille nach Toulon durch C.: »Cuges ist ein recht hübscher Marktflecken, der in einer Art tiefer grüner Schüssel liegt, die ohne den kleinsten Sprung von hohen Bergen gebildet wird. Nach Cuges geht es von allen Seiten bergab, von Cuges weg nach allen Seiten bergauf. Das Wasser, das bergab, aber nicht bergauf fließt, sammelt sich im Winter auf dem Grund der Schüssel und läßt dort so etwas wie einen See entstehen.«

[R] **H. de Balzac** (→ Tours/C) kam im Februar 1838 durch das Tal von **Gémenos** (9 km w. v. C.), bevor er sich in Toulon nach Korsika einschiffte; Renée de l'Estorade, eine der beiden Protagonistinnen in Balzacs Briefroman *Les Mémoires de deux jeunes mariées* (1842, dt. *Erinnerungen zweier junger Ehefrauen*), schreibt ihre Briefe von ihrer Besitzung in der »Oase des Tals von Gémenos«.

DIGNE-LES-BAINS
(Alpes-de-Haute-Provence)

[A] Der Philosoph **Pierre Gassendi** (s. u.), der zunächst die geistl. Laufbahn eingeschlagen hatte (Priesterweihe 1615), war Probst der Kathedrale von D. (Statue auf der Place Général de Gaulle).

[L] Der Ort ist Schauplatz der ersten zwölf Kapitel des Romans *Les Misérables* (1862) von **Victor Hugo**, wo Jean Valjean auf den Bischof von D. trifft.

[R] In **Champtercier** (8 km w. v. D.) wurde 1592 als Sohn eines provenz. Bauern der Philosoph, Mathematiker und Astronom **Pierre Gassendi** († Paris 1655) geboren (Gedenktafel an der Ruine des Geburtshauses).

DRAGUIGNAN (Var)

Bibliothèque départementale de prêt du Var (70 Tsd. Bde.), Bibliothèque municipale (Stadtbücherei; 66 Tsd. Bde.).

[A] Als **V. Hugo** (→ Besançon/FC) Anfang Oktober 1839 nach D. kam, riß man gerade die alte Stadtmauer ab, »das einzige Berühmte und Eindrucksvolle, das Draguignan besaß«; der Dichter bescheinigte dem Stadtrat von D. in Sachen Kunst und Geschichte auch gut nach Paris zu passen – wegen seiner Unfähigkeit.

[R] **Julien Green** (→ Paris) besuchte die Zisterzienserabtei **Le Thoronet** (24 km sw. v. D.) im Mai 1962 und notiert in sein *Tagebuch*: »Sie ist leer, doch sie steht und spricht noch immer jene Sprache, die wir ein klein wenig verlernt haben, die Sprache des romanischen Glaubens. Die hohen Wände, die Gewölbe, die weiten Räume tragen in unbeschreiblicher Stille die Verse der Psalmen vor. Nie war Stein beseelter, nie hat er klarer die göttliche Herrlichkeit besungen.«

ÈZE (Alpes-Maritimes)

[A] **Friedrich Nietzsche** (1844-1900), der ab 1883 die Winter in → Nizza verbrachte, schrieb dort (im Februar 1884) den dritten Teil des *Zarathustra*. »Viele verborgene Flecke und Höhen aus der Landschaft Nizzas sind mir durch unvergeßliche Augenblicke geweiht; jene entscheidende Partie, welche den Titel ›Von alten und neuen Tafeln‹ trägt, wurde im beschwerlichsten Aufsteigen von der Station zu dem wunderbaren maurischen Felsenneste Eza gedichtet, – die Muskel-Behendheit war bei mir immer am größten, wenn die schöpferische Kraft am meisten floß«, gibt der Philosoph Auskunft. (1970 wurde der vom Bergdorf zum Badeort hinunterführende Weg ›Sentier Frédéric Nietzsche‹ benannt.) – Auch **Erika** (1905-1969) und **Klaus Mann** (1906-1949) erwähnen diesen Weg in ihrem *Buch von der Riviera* (1931): »Ein nicht gerade komfortabler Pfad führt hinauf zum eigentlichen, zum Dorf Eze, das, an der Corniche Moyenne, recht malerisch hinter Felsen kauert.« – **Wolfgang Koeppen** (1906-1996), den seine *Reisen nach Frankreich* (1961) ebenfalls nach È. führten, schien der Ort »schwindelerregend, ein wirklicher Adlerhorst, ein bizarres Räubernest, eine uneinnehmbare Fluchtburg.«

FONT-SÉGUGNE (Vaucluse) → **AVIGNON** [R]

FONTAINE-DE-VAUCLUSE (Vaucluse)

»Als wir zur Quelle kamen – ich erinnere mich daran, als wäre es heute gewesen –, erfaßte mich die einzigartige Schönheit des Ortes, und ich sagte zu mir, neben den kindlichen Gedanken, die ich hatte: ›Das ist ein Ort nach meinem Sinn, den ich, wenn es mir einmal möglich sein wird, den großen Städten vorziehen werde!‹ Dies, was ich damals still zu mir selbst sagte, machte ich wenig später, als ich ins Mannesalter kam und wenn mir die Welt die Zeit des Müßiggangs nicht streitig machte, mit klaren Zeichen deutlich. Hier brachte ich nämlich viele Jahre zu, wenn auch unterbrochen, weil mich Geschäfte wegriefen oder weil sich für mich Schwierigkeiten einstellten. Aber es war ein Zeit von solcher Ruhe und von solchem Zauber, durch die ich erkannte, was das menschliche Leben ist, eine Zeit, die für mich allein Leben bedeutete, während das sonstige Dasein eine Marter war.« (F. Petrarca)

»Wir [...] gingen zur berühmten Quelle, die an diesem Tag überreichlich floß. Die Natur war der Baumeister der sehr geräumigen Höhle, aus der sie entspringt. Sie befindet sich am Fuß einer senkrechten Felswand von hundert Fuß Höhe und ebensolcher Breite. Der Bogen, der den Höhleneingang bildete, ist übrigens nur halb so hoch, und aus ihm strömt das Wasser so reichlich, daß es schon am Ursprung den Namen Fluß verdient.« (G. Casanova)

»Das kleine Tal hört [...] nach einer Windung plötzlich auf und empfängt in seinen Armen die magische Quelle. Ich nenne sie magisch aufgrund der geheimnisvollen Weise, wie sie auf die Welt kommt, wobei die riesige Bergschulter sich über ihr erhebt, als wolle sie das Geheimnis beschützen. Von unter dem Berg her steigt sie leise und ohne sichtbare Bewegung herauf und füllt ein natürliches Becken mit dem ruhigsten blauen Wasser. Der Gegensatz zwischen der Reglosigkeit dieses Beckens und der Aufgewühltheit des Wassers, sowie es über das Bekken hinausgequollen ist, macht einen Großteil des Zaubers von Vaucluse aus.« (H. James)

[A] **Francesco Petrarca** (1304-1374), der den Ort als Kind kennengelernt hatte, erwarb hier 1337 ein Haus (von dem man lediglich weiß, daß es am linken Ufer der Sorgue und unterhalb des Schlosses lag) und zog sich bis zu seiner Rückkehr nach Italien 1353 so oft wie möglich hierher zurück; in F.-d.-V. entstand ein Großteil seines Werkes; Petrarcas Freund Kardinal Philippe de Cabassole besaß in F. ein Schloß (heute Ruine), hoch über der berühmten Quelle gelegen, in dem der Dichter oft zu Besuch war. (Die 1804 an der Sorgue-Quelle errichtete Säule zu Ehren Petrarcas wurde später in die Ortsmitte versetzt; Gedenktafel am Weg zum Quelltopf; [M] Musée Pétrarque in einem Haus aus dem 19. Jh. mit zahlreichen Stichen und Petrarca-Ausgaben im Obergeschoß und Handschriften/Gedichten von René Char [→ L'Isle-sur-la-Sorgue] im Erdgeschoß.) – **Casanova** (1725-1798) ließ sich bei seinem Besuch im Spätsommer 1760 von der Erinnerung an Petrarca und Laura zu Tränen rühren (*Mémoires*). – **F.-R. de Chateaubriand** (→ Saint-Malo/Br) kam im November 1802 und pflückte neben der Quelle duftendes Heidekraut (Beschreibung in den *Mémoires d'outre-tombe*, 1848-50). – **A. Dumas d. Ä.** (→ Villers-Cotterêts/Pi), der Ende 1834 den Weg von Avignon zur Sorgue-Quelle ebenso schön fand wie den von Rom nach Frascati, blieb vier Stunden am Quelltopf sitzen und las Petrarca. – Auch **Stendhal** (→ Grenoble/RhA) besuchte Mitte Juni 1837 den Ort, »der allen Leuten, die Petrarcas Sonette lesen, so teuer ist«, fand ihn aber schon oft genug schön beschrieben, so daß er in seinen *Mémoires d'un touriste* (1838) nichts mehr sagen müsse. – **G. Sand** (→ Paris) kam im Oktober 1838, auf dem Weg zu Chopin nach Mallorca, mit ihren beiden Kindern zur Sorgue-Quelle, das englische Dichterpaar **Robert** (1812-1889) und **Elizabeth Browning** (1806-1861) acht Jahre später auf Hochzeitsreise – und in der beiden Gefolge natürlich auch ihr Hund, wie Virginia Woolf in dessen Biographie *Flush* (1933, dt. 1934) beschreibt. – **Victor von Scheffel** (1826-1886) unternahm im Frühsommer 1856 mit zwei Freunden eine Reise in den Süden Frankreichs, wo neben Avignon auch F.-d.-V. ein Ziel bildete: »Noch lange blieb ich oben auf meinem Steinblock sitzen, in die Lesung der *rime* des Meisters vertieft; das Rauschen des Quells und der flutende Wohllaut seiner Sonette war zwiefache Musik [...].« (Reisebild »Ein Tag am Quell von Vaucluse«, 1857, Ged. »Am Quell von Vaucluse«.) – **Henry James** (1843-1916) unternahm im Herbst 1882 von Avignon aus eine »Pilgerschaft« zu dem Ort Petrarcas und sah seine Vorbehalte bestätigt: »Petrarcas Kabinett ist heute ein häßliches kleines Kaffeehaus, aufgeputzt wie eine Reklametafel mit Zitaten aus den genialen ›Rime‹«; dafür war er von der berühmten Quelle der Sorgue desto beeindruckter. – Im September 1892 besuchte den Ort **H. v. Hofmannsthal** (1874-1929), dem seine Eltern nach bestandenem Abitur eine Frankreichfahrt bezahlten. – Vom Kampf der Fischer gegen die Vergiftung der Sorgue (»Crillone«) zu Beginn des 20. Jhs. handelt das Lesestück *Le Soleil des eaux* (1951, dt. *Die Sonne der Wasser*, 1994) von **René Char** (→ L'Isle-sur-la-Sorgue).

[L] In seinem Epos *Mireille* (*Mirèio*) (1859) spricht **F. Mistral** von dem Feigenbaum des Schlosses (heute Ruine); Gedenktafel mit Zitat aus der *Mireille* am Felsen direkt vor dem Quelltopf der Sorgue.

[R] In der Burg **Saumane-de-Vaucluse** (4 km n. v. F.-d.-V.) der Herren de Sade aus dem 15. Jahrhundert verbrachte der berüchtigte **Donatien Alphonse François de Sade** (→ Paris) seine Kindheit vom fünften bis zum zehnten Lebensjahr, als er nach Paris ins Gymnasium geschickt wurde;

Burgherr war der Onkel des Marquis, Abbé de Sade, ein Mann, der für seine galanten Abenteuer berühmt war, eine prächtige Bibliothek besaß und als Freund der Literatur engen Kontakt zu Voltaire und Madame de Châtelet pflegte. (Das Schloß wird auch als Geburtsort der von Petrarca bedichteten Laura genannt, die einer Theorie zufolge Tochter eines gewissen Jean de Sade gewesen sein soll.)

FONTVIEILLE (Bouches-du-Rhône)
[A] In der Mühle, die unmittelbar sö. der Ortschaft F. liegt, soll **Alphonse Daudet** (→ Nîmes/LR) die berühmten *Lettres de mon moulin* (1869, dt. 1879, u. d. T. *Briefe aus meiner Mühle*, 1894) geschrieben haben; Daudet, der eine nicht zu identifizierende »Wind- und Getreidemühle im Rhônetal, im Herzen der Provence, auf einem mit Fichten und Steineichen bestandenen Hügel gelegen« (so in der Vorrede) gekauft hatte, schrieb jedoch seine *Briefe* teils bei Freunden (den Ambroy auf deren Gut Montauban) in F., teils in Paris (Besucher der Mühle u. a. **K. Tucholsky**, Dezember 1924); in der Mühle [M] Museum mit Erinnerungsstücken an den Dichter, Büste Daudets auf der Place Gabriel Péri.
[R] **Paradou** (7 km ö. v. F.) ist Geburtsort von **Charloun Rieu** (1846-1924); der Bauernsohn, Hirte und Landarbeiter schrieb lange Gedichte über den bäuerlichen Jahreszyklus (*Li cant dou terraire*, 1897; *Li nouvéu cant dou terraire*, 1900; *Li darrié cant dou terraire*, 1911) und übersetzte *Das befreite Jerusalem* und die *Odyssee* ins Provenzalische; Grab auf dem Friedhof.

FRÉJUS (Var)
Bibliothèque municipale (Stadtbücherei; 50 Tsd. Bde., Hs., Ink.).
[A] **T. Smollett** (1721-1771) war bei seinem Besuch im Frühjahr 1765 entsetzt über den verfallenen Zustand des Amphitheaters. – **Victor Hugo** (→ Besançon/FC) hatte bei einem Besuch Anfang Oktober 1839 nur eine Stunde Zeit in F., wäh-

Fontvieille: Daudets Mühle

rend der er das Amphitheater und das Hôtel de la Poste aufsuchte, wo Napoleon die Nacht auf den 26. 4. 1814 verbracht hatte. (Die einstige Damastbespannung des Zimmers, von Souvenirjägern stückchenweise entfernt, fand der Dichter schon durch eine Tapete ersetzt.) – **G. Flaubert** (→ Rouen/HNo) genoß im Mai 1845 bei einer Zwischenübernachtung die abendliche Stille der Provinzstadt. – Auf der Reise nach Italien besichtigte der Historiker **J. Michelet** (→ Paris) im Frühherbst 1853 die Überreste des röm. Aquädukts. – »Zum Wohnen können wir Ihnen Frejus nicht empfehlen, so rückgewandt und gebildet sind wir wieder nicht, und höchstens unten, Fréjus Plage, käme für Sie in Frage«, empfehlen **Erika** und **Klaus Mann** in ihrem *Buch von der Riviera* (1931) und erwähnen als sehenswert Amphitheater und Kathedrale. – **Vladimir Nabokov** (1899-1977) lebte mit seiner Frau Vera im Sommer 1939 in einer russischen Pension in F. (danach Rückkehr nach Paris). – Eine Autopanne zwang **Wolfgang Koeppen** (1906-1996) zu einem Aufenthalt in F., wo der übliche Touristenrummel fehlte:

»Es mußte dort einmal eine Fremdensaison gegeben haben, aber das war lange her, war zu Großmutters Zeiten gewesen, und die neuen sonnen- und wasserwütigen Ausflügler mieden die nicht mehr am Meer liegende Stadt. Alles spielte sich unter Einheimischen ab, und ich war aufgenommen«, erinnert sich der Autor und berichtet in den *Reisen nach Frankreich* (1961) von seinen Erlebnissen.

LA GARDE (Var) → **TOULON** [R]
GÉMENOS (Bouches-du-Rhône) → **CUGES-LES-PINS** [R]

GIENS (Var)
† 1975 **Saint-John Perse** (eigentlich Marie-René-Alexis Saint-Léger (* Saint-Léger-les-Feuilles/Guadeloupe 1887); der Lyriker (Nobelpreis 1960), der 1899 nach Frankreich gekommen war und nach dem Studium die Diplomatenlaufbahn eingeschlagen hatte (u.a. Legationssekretär in Peking), emigrierte unter dem Vichy-Regime in die USA und kehrte 1957 nach Frankreich zurück, wo er bis zu seinem Tod die Villa Les Vigneaux (Ortsteil La Polynésie, Allée de la Pinède) auf der Halbinsel G. bewohnte; Grab auf dem Friedhof von G. – W. u.a.: *Éloges* (Ged. 1911, dt. *Preislieder*, 1964), *Anabase* (Ged. 1924, dt. 1950), *Exil* (Ged. 1942), *Vents* (Ged. 1946, dt. 1957), *Amers* (Ged. 1957, dt. 1959); *Œuvres complètes* (1972), *Das dichterische Werk* (2 Bde. 1978).
[A] **Joseph Conrad** (1857-1924), der die frz. Mittelmeerküste seit seinem 17. Lebensjahr kannte, als er in Marseille als Seemann anheuerte, kam im April 1921 (gemeinsam mit **E. Wharton** und **P. Bourget**, → Hyères) auf die Halbinsel G., die er zum Schauplatz des Romans *The Rover* (1923, dt. *Der Freibeuter*, 1930) machte.

Saint-John Perse

GOLFE-JUAN (Alpes-Maritimes)
[A] Dem genius loci des Ortes, wo Napoleon am 1. März 1815 nach der Verbannung nach Elba mit seiner 1100 Mann starken Garde an Land gegangen war, spürte **A. Dumas d. Ä.** (→ Villers-Cotterêts/Pi) Mitte Juni 1835, **Stendhal** (→ Grenoble/RhA) im Mai 1838, **F.-R. de Chateaubriand** (→ Saint-Malo/Br) Ende Juli 1838 nach (Erwähnung in den *Mémoires d'outre-tombe*, 1848-50). – Im Herbst 1839 kam **Victor Hugo** (→ Besançon/FC): »Zwei Stunden ging ich durch den Sand, wo dieser Mann vor vierundzwanzig Jahren gegangen ist, holte mir nasse Füße in der Flut, in die sein banger Traum gefallen ist; das Meer trieb Schilf und Algen unter meine Schritte. Hinter einer niederen Düne las ich eine Spielzeugkugel auf. Dann, als es Abend wurde, verließ ich diese Einsamkeit und fuhr weiter nach Antibes.« – **George Sand** (→ Paris) besuchte im Februar/März 1868 Freunde, die Schriftstellerin Juliette Lamber und deren späteren Mann Edmond Adam, die eine Villa (Bruyères) am Golf Juan besaßen, und unternahm von hier aus Ausflüge an der Côte d'Azur.
[L] G. und die Côte d'Azur sind Schauplatz des Romans *Chemin sans issue* (1938, dt. *Sackgasse*, 1991) von **Georges Simenon**.

GRASSE (Alpes-Maritimes)
Bibliothèque et archives municipales (Stadtbücherei; 120 Tsd. Bde.).

Aus G. stammte der **Comte de Thoranc** (1719-94), der als ›lieutenant du roi‹ vom Januar 1759 bis Ende Mai 1761 im Elternhaus von **Johann Wolfgang Goethe** in Frankfurt/Main einquartiert war; der Dichter setzte dem kunstliebenden Offizier, der nach einer Gouverneurszeit in St. Domingo als Kommandant ins Roussillon zurückkehrte und schließlich wieder in seinem Schloß in G. lebte, im 3. Buch des 1. Teiles von *Dichtung und Wahrheit* (1811/14) ein Denkmal.

* 1543 **Louis Bellaud de La Bellaudière** († ebda. 1588), bedeutendster provenzal. Dichter zwischen den mittelalterl. Troubadours und den Félibres des 19. Jhs.; Hauptthema des Werkes (zumeist Sonette) sind die Gefängnisaufenthalte (Grund unbekannt) des Dichters. – Inschrift an der Tour de Guet. – W.: *Obros et rimos prouvenssalos* (1595).

[A] Ein vergrätzter **Stendhal** (→ Grenoble/RhA) fand bei seinem Besuch im Mai 1838 weder schöne Architektur noch Cafés in G., dafür jedoch schlechte Luft: Bis in sein Zimmer wurde er vom Harzgeruch der Parfumfabrik verfolgt, der ihm Kopfschmerzen verursachte. – **George Sand** (→ Paris) stattete der Stadt Ende Februar 1868 von → Golfe-Juan aus einen Besuch ab: »Heute waren wir in Grasse, einer seltsamen Stadt, auf halber Höhe ins Gebirg gebaut und herrlich gelegen, von sehr italienischem Aussehen, aber in ihrem Innern schmutzig und verwinkelt wie eine mittelalterliche Stadt.« – Mitte November 1889 besuchte **G. de Maupassant** (→ Tourville-sur-Arques/HNo) in G. seine kranke Mutter. – Der belgische Dichter **Maurice Maeterlinck** (→ Anhang), der bereits ab dem Jahreswechsel 1903/04 die Wintermonate in G. verbracht hatte, zog im April 1906 von Paris hierher in die Villa des Quatre-Chemins (»eine Art alte, kleine, provenzalische Burg inmitten der herrlichsten Landschaft der Welt, im Land der Blumen, Berge und azurblauen Buchten«); im November 1911, dem Jahr der Nobelpreisverleihung an ihn, verlegte er seinen Wohnsitz nach Nizza. – Der russische Erzähler und Lyriker **Iwan Bunin** (1870-1953), der seine Heimat nach der Oktoberrevolution verlassen hatte, lebte ab 1920 im französischen Exil, zunächst in Paris, dann in G. (1923-39 Villa Belvédère, Chemin du Vieux-Logis; 1939-45 Villa Jeannette, Boulevard Clemenceau), wo er 1933 während eines Kinobesuchs von der Nobelpreisverleihung an ihn erfuhr; nach dem 2. Wk. zog Bunin nach Paris. – **K. Tucholsky** (1890-1935) war im November 1924 »In der Geburtsstadt Fragonards« (1924), so der Titel seines Reise-Essays. – Der Engländer **H. G. Wells** (1866-1946), Autor der *Zeitmaschine*, baute sich mit seiner Geliebten Odette Keun bei G. die Villa Lou Pidou, wo er die Winter 1925-32 verbrachte. – Den Besuch einer Parfümfabrik empfehlen **Erika** (1905-1969) und **Klaus Mann** (1906-1949) in ihrem Reiseführer *Das Buch von der Riviera* (1931). – **Hans Arp** (→ Straßburg/E) lebte von Juni 1940 bis November 1942 mit seiner Frau Sophie Täuber in G. – **André Gide** (→ Paris) stieg im September 1941 im Grand Hôtel ab und traf mit I. Bunin (s. o.) zusammen. – **H. de Montherlant** (→ Paris) war in den Jahren 1942 und 1943 in G. und arbeitete an seinen Dramen *La Reine morte* (1942) und *Fils de personne* (1943). – Weitere Besucher der Stadt: **Paul Valéry** (→ Sète/LR), **Jean Cocteau** (→ Maisons-Laffitte/IdF), **Julien Green** (→ Paris).

[L] Die Stadt ist Schauplatz (1. Teil, 2. Buch, Kap. 9) eines demütigenden Erlebnisses für Jean Valjean, Hauptfigur in *Les Misérables* (1862, dt. *Die Elenden*, 1862) von **Victor Hugo**. – Die Handlung des letzten Teils des Romans *Das Parfum* (1985) von **Patrick Süskind** spielt in der »Stadt Grasse, seit einigen Jahrzehnten unumstrittene Produktions- und Handelsmetropole für Duftstoffe, Parfumeriewaren, Seifen und Öle.«

[R] In **Bar-sur-Loup** (5 km nö. v. G.) starb 1988 der Dichter **Francis Ponge** (→ Montpellier/LR) in seinem Haus Le Mas des Vergers, das er 1961 gekauft hatte; Grab auf dem protestantischen Friedhof von Nîmes/LR.

GRIMAUD (Var) → SAINT-TROPEZ [R]

HYÈRES (Var)

Bibliothèque municipale (Stadtbücherei; 90 Tsd. Bde.).

* 1663 **Jean-Baptiste Massillon** († Beauregard/Au 1742), Theologe, Prediger, der ›Racine der Kanzel‹ (Voltaire); Oratorianer, in Vienne Philosophieprofessor; berühmte Totenpredigten für den Dauphin (1711) und Ludwig XIV. (1715), 1718 Bischof von Clermont und Mitglied der Académie Française. – Geburtshaus Rue Rabaton Nr. 7 (Gedenktafel), Standbild auf der Place de la République. – W. u. a.: *Recueil de sermons* (1705), *Oraison funèbre* (1709); *Œuvres complètes* (4 Bde. 1886).

† 1874 **Jules Michelet** (* Paris 1798); der Historiker hatte seit 1857 bereits mehrfach den Winter im milden Klima von H. verbracht, wo er nach einem Herzinfarkt starb; Grab auf dem Friedhof Père Lachaise in Paris.

[A] In ihren Reiseerinnerungen (zuletzt u. d. T. *Promenaden unter südlicher Sonne. Die Reise durch Frankreich 1804*, 1993) beschreibt **Johanna Schopenhauer** (1766-1838), Romanautorin und Philosophenmutter, ihre Eindrücke von der Stadt und ihren Bewohnern. – **Alexandre Dumas d. Ä.** (→ Villers-Cotterêts/Pi) machte im Frühsommer 1835 auf dem Weg nach Italien einen Abstecher nach H.: »Wir konnten Hyères doch nicht so nahe gekommen sein, ohne das Paradies der Provence auch zu besuchen.« – **Heinrich Heine** (1797-1856) weilte Mitte Oktober 1836, von → Marseille kommend, einige Tage in der Stadt. – **Iwan Turgeniew** (1818-1883) verbrachte im Oktober 1848 einige verregnete Tage im Hôtel d'Europe. – **Lew Tolstoj** (1828-1910) begleitete im Spätsommer 1860 seinen schwerkranken Bruder Nikolai nach H., wo dieser im Herbst starb; der Autor kehrte über Italien, England, Belgien und Deutschland wieder nach Rußland zurück (Ankunft im April 1861). – **A. Gide** (→ Paris) verbrachte mit seiner Mutter einen Teil des Winters 1882/83 in H., wo sie sich »zu Tode langweilten«, so daß die »erste Begegnung mit dem Eukalyptusbaum sowie die Entdeckung eines kleinen Hauben-Aronstabs« zu Ereignissen wurden, bevor sie nach Cannes umzogen. – **R. L. Stevenson** (1850-1894) und seine Familie bewohnten von Februar 1883 bis Juni 1884 in H. das Chalet La Solitude (Rue Victor-Basch Nr. 4), bis sie von einer Cholera-Epidemie vertrieben wurden. – **William Somerset Maugham** (1874-1965) verbrachte als 14- und 15jähriger aus Gesundheitsgründen jeweils den Winter in H. – **Paul Bourget** (→ Amiens/Pi), der die Winter von 1894 bis zu seinem Tod in H. verbrachte, bewohnte die Villa Le Plantier (Stadtteil Costebelle), wo ihn im April 1899 der amerikanische Romancier **Henry James** (1843-1916) besuchte; weitere Besucher: im November 1915 A. Gide und E. Wharton. – Die amerikanische Schriftstellerin **Edith Wharton** (1862-1937) pachtete nach dem Ende des 1. Wks. hoch über der Altstadt den ehemaligen Klarissenkonvent Sainte-Claire-le-Château, wo sie bis zu ihrem Tod die kalte Jahreszeit zu verbringen pflegte; dort besuchten sie u. a. Kollegen wie **Joseph Conrad** (1857-1924), **Sinclair Lewis** (1885-1951) und **Aldous Huxley** (1894-1963). – **Catherine Pozzi** (→ Paris), auf der Suche nach einer Villa (→ Vence) am Mittelmeer, kam Ende Oktober 1921 nach H. und stieg im Golf-Hôtel ab: »[...] ich [habe] das teuerste Zimmer genommen. Es ist wie ein Leuchtturm, mit den Fenstern rundherum, und mit einem großen Badezimmer. Der Mistral läßt es erzittern, er wird es ganz einfach abtrennen und mich in den Himmel forttragen, bis zum Glück.« – **Rudyard Kipling** (1865-1936) besuchte H. 1921 und 1923, **F. Scott Fitzgerald** (1896-1940) stieg mit seiner Frau Zelda Ende Mai 1924 im Park Hotel ab. – 1922/23 wohnte **Jules Romains** (→ Saint-Julien-Chapteuil/Au) in der Altstadt von H. und schrieb hier das Theaterstück *Knock ou le triomphe de la médecine*. – **Pierre Drieu la Rochelle** (→ Paris) kam ab Mitte der 20er Jahre häufig nach H. und in die Umgebung. – »Das Klima ist vielgerühmt, wegen seiner Trockenheit und zarten Milde; alte Damen mit phantastischen Bankguthaben genießen es, indem sie mit dunklen Sonnenschirmen den Boulevard Jean Jaurès und die Avenue de Belgique hinunterspazieren«, beobachteten **Erika** und **Klaus Mann** (*Das Buch von der Riviera*, 1931). – **A. Malraux** (→ Paris) wurde bei seinen Besuchen in H. zuweilen im Rathaus empfangen: Joseph Clotis, der Vater seiner Lebensgefährtin, war Bürgermeister der Stadt.

[R] **Georges Bernanos** (→ Paris) bewohnte von Ende Juni 1931 bis Oktober 1934 mit seiner Familie die Villa Fenouillet in **La Bayorre** (w. v. H.); von hier zog der Autor, der knapp bei Kasse war, auf die Balearen, weil dort das Leben günstiger war (seine zurückgelassenen Möbel und Bücher wurden in La B. öffentlich versteigert). – **Jean Cocteau** (→ Maisons-Laffitte/IdF) hielt sich im Frühjahr 1921 in **Carqueiranne** (4 km sw. v. H.) auf und wohnte mit **Raymond Radiguet** (→ Saint-Maur-des-Fossés/IdF) im Hôtel Gilles et Jules; auf dem Friedhof Grab eines Unbekannten, womöglich des Schriftstellerpiloten **Antoine de Saint-Exupéry** (→ Lyon/RhA), der am 31. Juli 1944 zu einem Aufklärungsflug gestartet, aber nicht zurückgekehrt war; ein Fischer hatte den Leichnam im September 1944 gefunden (die Familie des Autors hat eine Exhumierung abgelehnt).

L'ISLE-SUR-LA-SORGUE (Vaucluse)

* 1907 **René Char** († Paris 1988), Lyriker; Sohn eines Gipshändlers, Internat in Avignon; zeitweise Anschluß an die Surrealisten, aktiv in der Résistance; Freundschaft mit Georges Braque, P. Éluard, A. Camus und M. Heidegger; L'I. bleibt bis zum Tod Lebensmittelpunkt. – Grab auf dem alten Friedhof an der Straße nach Cavaillon. – W. u. a.: *Arsenal* (Ged. 1929), *Le Marteau sans maître* (Ged. 1934), *Seuls demeurent* (Ged. 1945), *Feuillets d'Hypnos* (Ged. 1946), *Fureur et mystère* (Ged. 1948), *Recherche de la base et du sommet* (Ged. 1955), *Hypnos und andere Dichtungen* (übers. v. P. Celan u. a. 1963), *Rückkehr stromauf, Gedichte* (übers. v. P. Handke 1984); *Œuvres complètes* (1983).

René Char an der Quelle der Sorgue

JUAN-LES-PINS (Alpes-Maritimes)

»Viele Menschen, die auf sich halten, kommen herbeigefahren, um am schönen Sandstrand von Juan-les-Pins ihre originellen Badekostüme zu zeigen, in denen sie übrigens beileibe nicht zu schwimmen gedenken, sondern hauptsächlich zu tanzen; eleganter Badekostümball zwischen 11 und 12 Uhr in der Bar neben dem Kasino. Zwischendurch in der Sonne liegen; nachher Lunch im Kasino. So die Leute, die auf sich halten.« (Erika und Klaus Mann)

[A] Der amerikanische Romancier **F. Scott Fitzgerald** (1896-1940) mietete mit seiner Frau Zelda im Frühjahr 1926 die Villa Paquita, die das Paar im Juni **E. Hemingway**

(1898-1961) und Familie überließ. – **Erika** (1905-1969) und **Klaus Mann** (1906-1949) beschreiben in ihrem *Buch von der Riviera* (1931) das Wesen des Badeortes J. nebst Unterkunfts- und Amüsiermöglichkeiten; im Hôtel du Pin-Doré begann Klaus Mann mit der Niederschrift seines Romans *Treffpunkt im Unendlichen* (1932). – **Henry Miller** (1891-1980) verbrachte 1960 einige Zeit in Südfrankreich, zuletzt in J., bevor er zu seinem Verleger nach Mailand fuhr.

LACOSTE (Vaucluse) → **LOURMARIN** [R]

LE LAVANDOU (Var)

[A] **Jean Cocteau** (→ Maisons-Laffitte/IdF) und **Raymond Radiguet** (→ Saint-Maur-des-Fossés/IdF) hielten sich von Mai bis August 1922 in Le L. auf (Grand Hôtel) und arbeiteten an *Thomas l'Imposteur* bzw. *Le Bal du Comte d'Orgel*. – 1924 kamen der Dadaist **Tristan Tzara** (1896-1963) und der surrealist. Lyriker **René Crevel** (1900-1935) in den Ort. – **Walter Hasenclever** (1890-1940) wohnte ab Ende der 20er Jahre wiederholt in Le L. und schrieb hier u. a. das Schauspiel *Sinnenglück und Seelenfrieden* (1932). – **Bertolt Brecht** (1898-1956) verbrachte die letzte Maiwoche und den Juni 1930 in Le L. und arbeitete hier an seinem Stück *Die heilige Johanna der Schlachthöfe*; auch im Jahr darauf war Brecht von Mitte Mai bis Mitte Juni in Le L. (Unterkunft im Hôtel Provence), wo ihn **Walter Benjamin** (1892-1940) besuchte. – **Thomas Mann** (1875-1955) verbrachte einige Tage Mitte September 1936 in Le L. (Pension La Calanque) bzw. Aiguebelle (*Tagebücher*). – **Henri Michaux** (→ Anhang) wohnte von September 1940 bis zum Sommer 1943 in Le L. in der Villa Armor.

[R] **J. Cocteau** (s. o.) und **R. Radiguet** (s. o.) wohnten August bis Oktober 1922 in **Pramousquier** (8 km ö. v. Le L.) am Cap Nègre (Villa da la Croix-Fleurie) und arbeiteten: Cocteau schrieb *Le Grand*

Albert Camus

Écart (1923, dt. *Die große Kluft*, 1924) und *Thomas l'Imposteur* (1923, dt. *Thomas der Schwindler*, 1954), Radiguet den Roman *Le Bal du Comte d'Orgel* (1924, dt. 1925, u. d. T. *Der Ball des Comte d'Orgel*, 1953).

(ÎLES DE) LÉRINS (Alpes-Maritimes)

[A] **George Sand** (→ Nohant/C), die sich im Frühjahr 1868 bei Freunden an der Côte d'Azur aufhielt, unternahm einen Ausflug zu den Îles de L.

[L] In seinem Reisebericht *Une Année à Florence* (zuletzt 1991) listet **A. Dumas d. Ä.** neun Theorien auf, um wen es sich bei dem berühmten Gefangenen mit der eisernen Maske auf der Insel Sainte-Marguerite handeln könne; der Leser solle selbst wählen, was ihm am wahrscheinlichsten oder sympathischsten sei. – Das Schicksal des Gefangenen beleuchtet auch **Marcel Pagnol** in seinem Buch *Le Secret du masque de fer* (1965, dt. *Die eiserne Maske*, 1966). – Das Fort Sainte-Marguerite ist einer der Schauplätze des Romans *Moravagine* (1926) von **Blaise Cendrars**.

LOURMARIN (Vaucluse)
[A] **Henri Bosco** (→ Avignon) war lange Jahre Konservator des Renaissanceschlosses von L. (Grab auf dem Friedhof). – **Albert Camus** (→ Anhang) hatte mitten im Ort (in der heutigen Rue Albert Camus) ein Haus erworben, in das er sich ab dem Frühsommer 1959 zurückzog und wo er die letzten beiden Monate seines Lebens verbrachte. Am 3. 1. 1960 brach er von hier mit seinem Freund und Verleger Gallimard, dessen Frau und Tochter im Auto nach Paris auf; am 4. 1. 1960 verunglückte das Auto bei → Villeblevin/Bu, Camus war sofort tot (Grab auf dem Friedhof).
[R] Das Schloß von **Lacoste** (16 km nw. v. Lourmarin), heute Ruine (Restaurierung im Gange), war der Stammsitz des **Marquis de Sade** (→ Paris), zu dem er zwischen seinen Verhaftungen und Gefängnisaufenthalten immer wieder zurückkehrte, der auch, damals eines der schönsten Schlösser Südfrankreichs, wiederholt zum Schauplatz sexueller Orgien wurde; im Theatersaal wurden de Sades Stücke aufgeführt; bedingt durch die 11jährige Haft in Vincennes, der Bastille und Charenton (von 1778-1790) verfiel das Schloß immer mehr, wurde 1792 geplündert und vom Marquis vier Jahre später verkauft.

MAILLANE (Bouches-du-Rhône)
* 1830 **Frédéric Mistral** († ebda. 1914), Hauptvertreter der neuprovenzal. Literatur; Sohn eines Landadligen, Kindheit und erste Schule in M., Internat in Saint-Michel-de-Frigolet, Gymnasium in Avignon, Jurastudium in Aix; 1854 Gründung des ›Félibrige‹ (→ Avignon [R]); Nobelpreis 1904; sein Hauptwerk, das Epos *Mirèio* (frz. *Mireille*) (1859, dt. 1880), ist der bedeutendste Text der neuprovenzal. Literatur. – Geburtshaus Mas du Juge; Wohnhaus 1855-76 Maison du Lézard, wo er u. a. sein Epos »Mirèio« schrieb; Wohnhaus ab 1876 ist heute [M] Museon Mistral (die Zimmer blieben seit dem Tod des Dichters unverändert); Mausoleum (nach dem

Frédéric Mistral

Vorbild des Pavillon de la Reine Jeanne bei → Les Baux) auf dem Friedhof. – Weitere W.: *Calendau* (Epos 1867), *Lis isclo d'or* (Ged. 1875), *Trésor du félibrige* (Lexikon 1878-86), *Nerto* (Erz. 1884, dt. 1890), *Lou Pouèmo dóu Rose* (Versepos 1897), *Moun espelido, memori et raconte* (Autobiogr. 1906); *Œuvres poétiques* (zweispr. 1980).
[A] Zu den Besuchern Mistrals in M. zählten u. a. **A. Daudet** (→ Nîmes/LR), **Stéphane Mallarmé** (→ Paris) und **M. Barrès** (→ Charmes/Lo).

MANOSQUE
(Alpes-de-Hautes-Provence)

»Manche Städte können stolze Kathedralen vorweisen, mittelalterliche Befestigungen oder Eingeweide von Märtyrern. Manosque seine Schönheit.« (Jean Giono)

* 1895 **Jean Giono** († ebda. 1970), Erzähler, Lyriker; Sohn eines Schusters und einer Büglerin, Lehre in einer Bank (deren Direktor er später wurde); Frontsoldat im 1. Wk., Kriegsdienstverweigerer im 2. Wk.;

Jean Giono

1944 der Kollaboration verdächtigt (Haft und Publikationsverbot); 1954 Mitglied der Académie Goncourt; verbrachte fast sein ganzes Leben in der Provence, dem Schauplatz seiner (teils historischen) Erzählungen und Romane. – Wohnhaus [M] Lou Paraïs (auf der Colline du Mont-d'Or), das der Dichter 1929 bezog und wo er 1970 starb; [M] Centre Jean-Giono; Grab auf dem Friedhof. – W. u. a.: *Accompagnés de la flûte* (Ged. 1924), *La Colline* (R. 1929, dt. *Der Hügel*, 1932), *Un de Baumugnes* (R. 1929, dt. *Der Berg der Stummen*, 1933), *Regain* (R. 1930, dt. *Ernte*, 1931), *Jean le bleu* (R. 1932, dt. *Der Träumer*, 1934), *Le Chant du monde* (R. 1934, dt. *Das Lied der Welt*, 1935), *Que ma joie demeure* (R. 1935, dt. *Bleibe meine Freude*, 1937), *Le Hussard sur le Toit* (1951, dt. *Der Husar auf dem Dach*, 1952); *Œuvres romanesques complètes* (5 Bde. 1972-80).

[A] In den Bahnhofsanlagen erinnert ein Gedenkstein an **Frédéric Mistral** (→ Maillane), der auf dem Weg nach Gréoux-les-Bains (10 km sö. v. M.) hier in die Postkutsche umstieg. – **Henry Miller** (1891-1980), in Südfrankreich unterwegs und begeisterter Leser Gionos, unternahm im Juli 1939 eine ›Wallfahrt zu Giono‹, traf ihn aber in M. nicht an. – **Fred** (* 1917) und **Maxie Wander** (1933-1977), die im Grand Hôtel de Versailles (»bombastischer Name, aber nur *ein* Stern«) abstiegen, beschreiben ihre Eindrücke in dem Reisebuch *Provenzalische Reise* (1978).

[R] **M. Barrès** (→ Charmes/Lo) erwarb 1906 das Schloß **Mirabeau** (22 km sw. v. Manosque) von Sibylle de Riquetti de Mirabeau, die unter dem Namen **Gyp** (→ Auray/Br) zahlreiche Romane und Theaterstücke verfaßte; sie war die letzte Nachfahrin der berühmten Familie, der auch der Graf Mirabeau (→ Le Bignon-Mirabeau/C) angehörte. Barrès schrieb eine an seine Vorbesitzer des Schlosses erinnernde *Lettre à Gyp sur le printemps à Mirabeau* (in: *Le Mystère en pleine lumière*, 1927).

MARSEILLE (Bouches-du-Rhône)

»Der Hafen von Marseille ist der merkwürdigste, den ich gesehen habe, nicht etwa wegen seines Panoramas, das sich von Notre-Dame-de-la-Garde bis zum Turm Saint-Jean erstreckt, nicht wegen seiner Kolibris, seiner Papageien und Affen, die sich unter diesem schönen südlichen Himmel noch in ihrer Heimat glauben und singend, krächzend und gestikulierend den Passanten tausend Nettigkeiten antun, sondern weil der Hafen von Marseille der Treffpunkt der ganzen Welt ist: Man trifft hier keine zwei Menschen, die gleich gekleidet sind, und keine zwei, die die gleiche Sprache sprechen.« (Alexandre Dumas d. Ä.)

»Marseille ist eine Anhäufung von Häusern unter einem schönen Himmel. Mehr nicht.« (Victor Hugo)

»Marseille ist eine hübsche Stadt, die aus großen palastartigen Häusern besteht. Sonne und Südluft dringen voll in die Straßen, man fühlt dort einen Hauch orientalischen Lebens, man geht ungezwungen, man atmet mit Lust, die Poren öffnen sich und saugen die Sonnenstrahlen wie ein Lichtbad ein.« (Gustave Flaubert)

»Wenn man morgens durch einen Spalt der Fensterläden hinuntersieht, unterscheidet sich das Ganze nicht gar so sehr von Görlitz. (›Herr Panter! Dazu fahren Sie nach Marseille, um eine Ähnlichkeit mit Görlitz festzustellen?‹ – ›Lieber Freund, Sie ahnen gar nicht, wie sich die

Welt überall gleicht!‹) Allerdings: man sieht Kolonialsoldaten, mit einem weißen Tuch um den Helm geschlungen; man sieht Afrikaner im Burnus, dieser Toga des Südens – aber auf einer Elektrischen.« (Kurt Tucholsky)

»[...] Marseille ist eine Welt, in der das Abenteuerliche alltäglich und der Alltag abenteuerlich ist. Hier kann man ratlos sein. Marseille ist das Tor der Welt, Marseille ist die Schwelle der Völker. Marseille ist Orient und Okzident.« (Joseph Roth)

»Marseille ist nicht eine Stadt der Architektur, der Religion, der Philosophie, der Akademien oder der schönen Künste. Es ist kein Produkt der Geschichte, der Siedlungsgeographie, der Volkswirtschaft oder einer Politik royalistischer oder republikanischer Prägung. Heute erscheint es philiströs und proletarisch. Es wirkt gutartig und lachlustig. Es ist schmutzig und unproportioniert. Aber es ist trotz alledem eine der geheimnisvollsten Städte der Welt, eine von jenen, die sich am schwersten entziffern lassen.« (Blaise Cendrars)

»Noch immer lebte Marseille vom Meer, blickte von seinen Hängen wie aus der Runde eines antiken Theaters erwartungsvoll auf die Wellen, und die Hauptschauplätze seines Lebens waren noch immer die Canebière, der Cours Belsunce und der Alte Hafen.« (Wolfgang Koeppen)

Université de Provence (Aix-Marseille). – Bibliothèque départementale de prêt des Bouches-du-Rhône (270 Tsd. Bde.), Bibliothèque municipale (Stadtbücherei). – Goethe-Institut (Rue de Rome Nr. 171, mit Bibliothek; seit 1. 4. 1998 geschlossen). – Théâtre National, Théâtre des Bernardines, Théâtre de Lenche, Théâtre Le Sémaphore.

* 1567 **Honoré d'Urfé** († Villefranche-sur-Mer 1625), Erzähler; Offizier, Malteserritter, kämpfte auf seiten des Herzogs von Savoyen gegen König Heinrich IV.; heiratete seine Schwägerin Diane de Chateaumorand nach Annullierung von deren erster Ehe; zog sich schließlich nach Savoyen zurück; d'Urfés Bekanntheit beruht auf dem umfang- und erfolgreichen Schäferroman *L'Astrée* (1607-27, dt. u. d. T. *Von der Lieb Astreae und Celadonis*, 1619-35). – Weiteres W.: *Épîtres morales* (1598).

* 1861 **Saint-Pol-Roux** (eigentlich Paul-Pierre Roux) († Brest/Br 1940), Lyriker; geboren und aufgewachsen in der Vorstadt Saint-Henry, Sohn eines Industriellen; Studium, zog 1882 nach Paris; Mitglied des Rosenkreuzer-Ordens; lebte ab 1898 in dem Manoir de Cœcilian bei Camaret in der Bretagne; Freundschaft mit dem Maler Paul Gauguin; wurde von den Surrealisten als einer ihrer Vorläufer bezeichnet. – W. u. a.: *Golgotha* (Ged. 1884), *Les Reposoires de la processions* (Prosaged. 1893-1907), *La Dame à la faulx* (Dr. 1899).

* 1868 **Edmond Rostand** († Paris 1918), Dramatiker, Lyriker; Sohn eines Schriftstellers, Gymnasium in M., studierte Philosophie, Literatur und Geschichte; Welterfolg mit der Tragikomödie *Cyrano de Bergerac* (1897, dt. 1898); 1903 Aufnahme in die Académie Française; zog sich, tuberkulosekrank, in die Pyrenäen (→ Cambo-les-Bains/Aq) zurück. – Geburtshaus Rue Rostand Nr. 14; Grab auf dem Cimetière Saint-Pierre. – Weitere W.: *Les Musardises* (Ged. 1890), *La Princesse lointaine* (Dr. 1895, dt. *Die Prinzessin im Morgenland*, 1905), *L'Aiglon* (Dr. 1900, dt. *Der junge Aar*, 1925), *Chantecler* (Dr. 1910, dt. 1956); *Œuvres complètes* (6 Bde. 1910-25).

* 1868 **André Suarès** (eigentlich Isaac-Félix Suarès) († Saint-Maur-des-Fossés/IdF 1948), Literaturkritiker, Essayist; Sohn eines jüdischen Maklers, École Normale Supérieure; befreundet mit R. Rolland, A. Gide, Ch. Péguy, P. Claudel; Mitarbeiter der *NRF* (*Nouvelle Revue Française*), verfaßte zahlreiche biographische Essays. – W. u. a.: *Wagner* (1899), *Trois hommes, Pascal, Ibsen, Dostojevski* (1913), *Debussy* (1922), *Trois grands vivants. Cervantès, Tolstoi, Baudelaire* (1937), *Vues sur l'Europe* (1939).

† 1891 **Arthur Rimbaud** (* Charleville-Mézières/ChA 1854); der Dichter war am 2. April 1891 schwerkrank aus Harer (Somaliland) zurückgekehrt, worauf man ihm im Krankenhaus von M. ein Bein am-

Marseille: Hafen

putiert hatte; nach einer letzten Reise in die heimatlichen Ardennen kam er in Begleitung seiner Schwester Isabelle Ende August 1891 zurück in das Krankenhaus La Conception von M., wo er am 10. November starb; Grab auf dem Friedhof von Charleville-Mézières/ChA.

* 1896 **Antonin Artaud** († Ivry-sur-Seine/IdF 1948), Dichter, Theatermann; ging 1920 nach Paris, Kontakte zu den Surrealisten, Schauspieler, dann Theaterregisseur und -theoretiker: *Manifeste du théâtre de la cruauté* (1932) und *Le Théâtre et son double* (1938, dt. *Das Theater und sein Double*, 1969); ausgedehnte Reisen, Drogenexperimente, häufiger Aufenthalt in Heilanstalten. – Nach Umbettung (1975) Grab auf dem Cimetière Saint-Pierre. – Weitere W.: *L'Ombilic des limbes* (Ged. 1925), *Le Pèse-nerfs* (Ged. 1925, dt. *Die Nervenwaage*, 1961), *Les Cenci* (Dr. 1935), *Van Gogh, le suicide de la société* (Biogr. 1948, dt. *Van Gogh, der Selbstmörder durch die Gesellschaft*, 1977); *Œuvres complètes* (21 Bde. 1976-85).

[A] Der Geschichtsschreiber **Joinville** (→ Joinville/ChA), Teilnehmer am 6. Kreuzzug, schildert in seiner *Histoire de Saint Louis* (1305-09) den Aufbruch der Kreuzfahrer unter Ludwig IX. aus dem Hafen von M. – Der Arzt und Astrologe **Nostradamus** (→ Saint-Rémy-de-Provence) kam 1544 zur Bekämpfung der Pest in die Stadt. – Der Lyriker und Dramatiker **Georges de Scudéry** (→ Le Havre/HNo) lebte von 1644 bis 1647 als Gouverneur des alten Forts Notre-Dame-de-la-Garde in M., wohin ihn seine Schwester **Madeleine de Scudéry** (→ Le Havre/HNo) begleitet hatte. – **Madame de Sévigné** (→ Paris) hielt sich Ende Januar 1673 in der Stadt auf: »Ich bitte Aix um Entschuldigung, aber Marseille gefällt mir besser. Es ist im Verhältnis bevölkerter als Paris. Hunderttausend Seelen wohnen in dieser Stadt. Wie viele davon schöne Seelen sind, das zu zählen hatte ich keine Zeit. Die Atmosphäre im allgemeinen ist ein wenig schurkisch [...].« – **G. Casanova** (1725-1798) sah sich bei seinem ersten Besuch der Stadt im Herbst 1760 von dem Völkergewimmel an seine Heimatstadt Venedig erinnert (*Mémoires*). – Dem schottischen Romancier **Tobias Smollett** (1721-1771) gefiel es im Frühjahr

1765 bei einem Kurzaufenthalt in M. sehr (allein die hohen Preise bemängelte er). – Sein Landsmann **James Boswell** (1740-1795) verbrachte im Dezember 1765 auf der Rückreise von Italien in die Heimat einige Tage in M., stöhnte über miserable Unterkunft, schlechtes Essen und einen Theaterbesuch: »Das Gequieke und die Grimassen der Franzosen waren einem unerträglich, wenn man gerade aus den Opernhäusern Italiens kam.« – Dem italienischen Lyriker und Dramatiker **Vittorio Alfieri** (1749-1803) gewährte hingegen kaum zwei Jahre später gerade das Theaterspiel – neben dem Baden – in M. Vergnügen, wie er in seiner Autobiographie (1803, dt. 1812 u. ö.) schreibt (Gedenktafel für Alfieri am Palais du Pharo). – Ende Juni 1772 beging der **Marquis de Sade** (→ Paris) in einem Haus der Rue d'Aubagne mit seinem Kammerdiener und mehreren Prostituierten sexuelle Ausschweifungen, die durch exzessive Verabreichung von Aphrodisiaka an zwei der Frauen beinahe mit deren Tod endeten (›Kantharidinskandal‹); der drohenden Verhaftung entzog sich de Sade durch Flucht nach Italien. – 1774 wurde der **Graf Mirabeau** (→ Le Bignon-Mirabeau/C) für ein halbes Jahr auf Veranlassung seines Vaters im Château d'If gefangengehalten und schrieb dort an seinem *Essay über den Despotismus*. – Der Romantiker **Achim von Arnim** (1781-1831), mit seinem Bruder auf Kavalierstour in Europa, kam Ende 1802 nach M., das er zum Schauplatz seiner Erzählung *Der tolle Invalide auf dem Fort Ratonneau* (1818) macht. (Die Insel Ratonneau liegt der Stadt vorgelagert.) – Zur gleichen Zeit besuchte **F.-R. de Chateaubriand** (→ Saint-Malo/Br) M. und stieg (wie auch bei seinem Besuch 1838) zu Notre-Dame-de-la-Garde hoch, um den Blick auf Stadt und Meer zu genießen. – **Johanna Schopenhauer** (1766-1838), gemeinsam mit ihrem sechzehnjährigen Sohn Arthur 1804 in M., widmet der Stadt eine ausführliche Beschreibung in ihren Reiseerinnerungen (zuletzt u. d. T. *Promenaden unter südlicher Sonne*, 1993). – **Stendhal** (→ Grenoble/RhA) kam im Hochsommer 1805 nach M., um eine kaufmännische Laufbahn einzuschlagen; in die Zeit seiner über einjährigen Beschäftigung bei dem Kolonialwarenhändler Meunier in der Rue Venteuse Nr. 14 (Gedenktafel) fiel die Liebesbeziehung zu der Schauspielerin Mélanie Guilbert (›Louason‹), die am Grand Théâtre in M. debütierte, und die Aufnahme in eine Freimaurerloge. 1837 kam der Autor erneut nach M. und stieg im Hôtel des Bouches-du-Rhône (Rue Paradis) ab; in den *Mémoires d'un touriste* (1838), wo er ausführlich auf die Geschichte der Stadt eingeht, schwärmt er von ihrer Lage, dem Cours (Belsunce) und der Canebière; bei seinem 10tägigen Besuch im Mai 1838 widmete er sich ausgiebig den Gemälden und Skulpturen, die heute im Palais Longchamp untergebracht sind. – **A. de Lamartine** (→ Mâcon/Bu) verbrachte bereits die Wochen ab Mai 1832 in M. (Hôtel Beauvau), bevor er an Bord der Alceste am 11. Juli Richtung Vorderer Orient fuhr. – **George Sand** (→ Paris), die mit **A. de Musset** (→ Paris) auf der Reise nach Venedig bereits Ende 1833 über M. gekommen war, mietete sich im Februar 1839 auf der Rückreise von Mallorca mit dem kranken Frédéric Chopin im Hôtel Beauvau (Quai des Belges) am Hafenbekken ein; drei Monate später reisten sie nach → Nohant/C weiter. – Für **A. Dumas d. Ä.** (→ Villers-Cotterêts/Pi) war M. der Schlußpunkt seiner Ende 1834 unternommenen Reise von Paris ans Mittelmeer, die er in seinem Reisebericht *Midi de la France* (zuletzt 1991) beschreibt; am Beginn seines Erfolgsromans *Le Comte de Monte-Cristo* (1844/45, dt. *Der Graf von Monte-Christo*, 1846) kommt der Titelheld im Hafen von M. an, in das der Hafeneinfahrt auf einer Felseninsel vorgelagerte Château d'If wird er eingekerkert. – **Hermann Fürst von Pückler-Muskau** (1785-1871) war von Weihnachten 1834 bis über den Jahreswechsel hinaus in M., das er in seinen Reisebriefen *Semilassos vorletzter Weltgang in Europa* (1835) beschreibt. – **Heinrich Heine** (1797-1856), der nach einer Gelbsucht den Winter in Südfrankreich verbringen wollte, kam Anfang Oktober 1836 für einige Tage nach M., bevor es ihn weitertrieb: »Schwerlich werde ich länger als einige Tage hierbleiben, das Geräusch der schachernden Seestadt wirkt peinigend auf meinen Körper, Marseille ist Hamburg ins Französische übersetzt und ich kann letzteres jetzt auch in der besten Übersetzung nicht vertragen« (Brief an Campe); Heines Freund **Heinrich Laube** (1806-1884) beschreibt die Stadt in seinem Frankreich-Buch *Französische Lustschlösser* (1840). – **V. Hugo** (→ Besançon/FC) kam Ende September 1839 nach M. und war enttäuscht, daß von der geschichtsträchtigen Vergangenheit der Stadt nichts geblieben war. – **G. Flaubert** (→ Rouen/HNo) war mehrfach in M.: zu Aufenthalten im Herbst 1840 und im Frühjahr 1845, zur Einschiffung am 4. 11. 1849 (auf der Nil nach Alexandria) und am 17. 4. 1858 (nach Tunesien: Studien in Karthago für den Roman *Salammbô*). – Hier auch Einschiffung von **P. Mérimée** (→ Paris) im August 1841 nach Griechenland und Kleinasien. – **J. Michelet** (→ Paris) interessierte sich im Juni 1844 vor allem für die Skulpturen des Bildhauers P. Puget (Musée des Beaux-Arts); im Frühherbst 1853 machte der Historiker in M. Zwischenstation auf seinem Weg nach Italien. – **Friedrich Hebbel** (1813-1863), im Herbst 1844 von Paris, wo er ein Jahr verbracht hatte, nach Rom unterwegs, schiffte sich in M. nach Civitavecchia ein. – **Th. Gautier** (→ Tarbes/MPy) unternahm im Sommer 1845 eine Reise durch Südfrankreich; während seines Besuchs in M. schwamm er vom Hafen zum Château d'If und von dort wieder zurück (wovon er sein Leben lang erzählte); der Hafen von M. war für Gautier wiederholt Ausgangs- bzw. Endpunkt ausgedehnter Reisen. – Der dänische Dichter **H. Chr. Andersen** (1805-1875) kam im Sommer 1846 von einem Italienaufenthalt mit dem Schiff nach M., wo er im Hôtel des Empereurs wohnte und dem norwegischen Komponisten und Violinvirtuosen Ole Bull begegnete; von M. setzte Andersen seinen Weg über Land Richtung Pyrenäen fort. – **F. Mistral** (→ Maillane) besuchte häufig M.; Gedenktafeln am Treppenaufgang unterhalb der Kirche Notre-Dame-de-la-Garde; dort auch Tafeln für den Mitbegründer des ›Félibrige‹ **Théodore Aubanel** (→ Avignon). – Der in Athen als Iannis Papadiamantopulos geborene symbolist. Lyriker **Jean Moréas** (1856-1910) verbrachte einen Teil seiner Jugend in M. – **Émile Zola** (→ Paris), der in Paris das Lycée Saint-Louis besuchte und dort wegen seines südfrz. Akzents ›der Marseiller‹ hieß, nahm nach dem Scheitern in der Hauptstadt in der Provinz einen zweiten Anlauf, fiel aber Ende 1859 auch in M. durchs Abitur (wieder im Fach Französisch). – **A. Daudet** (→ Nîmes/LR), der sich im Dezember 1861 in M. mit einem Cousin nach Algerien einschiffte, läßt den Titelhelden seines Romans *Tartarin de Tarascon* (1872, dt. 1882) vor seiner Abreise nach Afrika über die Canebière Richtung Hafen stolzieren und das Staunen der Einheimischen hervorrufen. – **Hippolyte Taine** (→ Vouziers/ChA) besuchte die Stadt in den Jahren 1863-65 (Beschreibung in den *Carnets de voyage*, 1897). – **Joseph Conrad** (1857-1924) begann seine seemännische Laufbahn 1874 bei der Handelsmarine in M., bei der er vier Jahre lang, bis zu seinem Wechsel zur britischen Handelsmarine, blieb. – **C. F. Meyer** (1825-1898) kam, auf seiner Hochzeitsreise Ende Januar 1876 aus Korsika zurückkehrend, in M. an und blieb mit seiner Frau zwei Tage hier. – Im September 1892 weilte **Hugo von Hofmannsthal** (1874-1929) im Rahmen seiner einmonatigen Südfrankreich-Reise in M. – **André Gide** (→ Paris), der im Herbst 1893 mit dem befreundeten Maler Paul-Albert Laurens eine Afrika-Reise unternahm, schiffte sich am 18. Oktober in M. nach Tunis ein. – **Marcel Pagnol** (→ Aubagne) zog als Kleinkind mit seiner Familie nach M. (Wohnung in der Rue de la Terrasse), wo er aufwuchs und studierte; in seinen Volksstücken *Marius*, *Fanny* und *César* (1929-36, dt. 1961; alle auch von Pagnol verfilmt) schildert er das Leben am alten Hafen, M. ist Schauplatz seiner Erinnerungsbücher und des Romans *Pirouettes* (postum, dt. *Pirouetten der Liebe*, 1991); Grab auf dem Cimetière de la Treille. – **Jean Cocteau** (→ Maisons-Laffitte/IdF) erzählte wiederholt, wie er, keine siebzehn Jahre alt, von zu Hause nach M. ausgerissen war und ein Jahr unter falscher Identität in der Altstadt lebte, bevor er zurückgebracht wurde; auch später kam er oft nach M. (und logierte u. a. im Hôtel Beauvau). – **Valery Larbaud** (→ Vichy/Au) war wiederholter Besucher der Stadt, über die er u. a. das Gedicht »Marseille« (aus den *Dévotions particulières*) schrieb (Gedenktafel am Treppenaufgang zu Notre-Dame-de-la-Garde). – **Ernst Jünger** (1895-1998) riß als 17jähriger Gymnasiast (1913) von zu Hause aus, meldete sich in Verdun zur Fremdenlegion und wurde in M., im Fort St. Jean, auf die Überfahrt nach Afrika vorbereitet, wie er in der autobiogr. Erzählung *Afrikanische Spiele* (1936) berichtet. – **Guillaume Apollinaire** (→ Anhang), der seit Dezember 1914 Gefreiter bei einem Regiment in → Nîmes/LR stand, traf sich Ende März 1915 in M. ein letztes Mal mit seiner ehemaligen Geliebten Louise de Coligny-Châtillon (›Lou‹), bevor sein Regiment an die Front verlegt wurde. – **Vladimir Nabokov** (1899-1977), der den Sommer 1923 (bis Ende Juli) als Landarbeiter in Toulon verbrachte, hielt sich anschließend einige Tage in M. auf (Beschreibung in der Erzählung *Der Hafen*). – **Kurt Tucholsky** (1890-1935) besuchte die Hafenstadt 1924 und verfaßte den Reise-Essay *Marseille*; von der Besichtigung des Château d'If erzählt er in dem Artikel »Vierzehn Käfige und einer«. – **Joseph Roth** (1894-1939) führte im August 1925 seine Südfrankreich-Reise als Korrespondent der *Frankfurter Zeitung* nach M. (»Ich sehe vor lauter Mastbäumen nicht das Meer. Es riecht im Hafen nicht nach Salz und Wind, sondern nach Terpentin«); im Juni/Juli 1934 lebte er mit seiner Lebensgefährtin Andrea Manga Bell als Exilant bis zu seinem Umzug nach Nizza in M. (Hôtel Beauvau). – **Walter Benjamin** (1892-1940) hielt sich ab 1926 wiederholt in Paris und in Südfrankreich auf, u. a. in M., über das er 1928 den Essay *Marseille* schrieb (»Auf dem unbetretensten, sonnigsten Platz steht die Kathedrale. [...] An der Fassade sind die Wartesäle im Innern kenntlich, wo Reisende I. bis IV. Klasse (doch vor Gott sind sie alle gleich), eingeklemmt wie zwischen Koffer in ihre geistige Habe, sitzen und in Gesangbüchern lesen, die mit ihren Konkordanzen und Korrespondenzen den internationalen Kursbüchern sehr ähnlich sehen. [...] Das ist der Religionsbahnhof zu Marseille. Schlafwagenzüge in die Ewigkeit werden zur Messezeit hier abgefertigt.«); von hier brach Benjamin im September 1940 nach dem spanischen Grenzstädtchen Port-Bou auf, wo er sich, nachdem ihm die Einreise verweigert wurde, am 27. September das Leben nahm. – Der Journalist **Egon Erwin Kisch** (1885-1948) hielt sich Ende 1926/Anfang 1927 in M. auf und schrieb über das Château d'If den Artikel »Das Verlies des Grafen von Monte Christo«. – **Erika** (1905-1969) und **Klaus Mann** (1906-1949) widmen in ihrem *Buch von der Riviera* (1931) der Stadt das Eingangskapitel (»Marseille gehört zu den Städten, die größer sind, als es ihnen zukommt; das heißt: größer als man es von ihnen erwartet. Das eigentliche Marseille liegt übersichtlich und zusammengedrängt, man erfaßt seine Konstruktion beim ersten Spaziergang.«); K. Mann wohnte bei späteren Aufenthalten in der Stadt im Hôtel Beauvau. – **Simone de Beauvoir** (→ Paris) hatte für das Schuljahr 1931/32 in M. ihre erste volle Stelle als Philosophielehrerin. – Im Juni 1932 schifften sich **G. Simenon** (→ Anhang) und seine Frau in M. nach Alexandria ein; die Stadt ist bei Simenon einer der Schauplätze des Romans *La Fuite de Monsieur Monde* (1945, dt. *Die Flucht des Herrn Monde*, 1970). – Der portugiesische Autor **Miguel Torga** (1907-1995) reiste in den 30er Jahren aus dem Spanien Francos in das faschistische Italien u. war in M. froh, nicht mehr – wie in anderen Städten der Provence – mit Hinterlassenschaften des römischen Imperialismus konfrontiert zu sein: »Die ganze Cannebière entlang bezog sich alles auf die Gegenwart.« (*Die Erschaffung der Welt*, 1937-81, dt. 1991). – **Blaise Cendrars** (→ Anhang) war häufig in M., das er in der Erzählung *Le Vieux-Port* (dt. *Marseille. Der alte Hafen*, in: *L'Homme foudroyé*, 1945, dt. in Ausz. *Der alte Hafen*, 1964) porträtiert: »Marseille ist eine Stadt nach meinem Herzen. Sie ist heute die einzige unter den Hauptstädten des Altertums, die uns nicht mit den Denkmälern ihrer Vergangenheit erdrückt.« – **Henry Miller** (1891-1980), der M. 1938 im Laufe einer Südfrankreich-Fahrt das erste Mal besucht hatte, nahm von hier Mitte Juli 1939 ein Schiff nach Griechenland, wo er die nächsten fünf Monate lebte. – **Jean Giono** (→ Manosque) wurde Mitte Oktober 1939 im Fort Saint-Nicolas inhaftiert, weil er das ›Paix Immédiate‹-Manifest unterschrieben hatte; von der Haft spricht er in dem Bericht *Noah* (1947, dt. 1957). – **Franz Werfel** (1890-1945) und seine Frau Alma Werfel-Mahler, die in M. (Hôtel du Louvre et de la Paix) auf ihre Ausreisepapiere gewartet hatten, verließen am 12. September 1940 im gleichen Zug die Stadt in Richtung Spanien wie **Heinrich Mann** (der im Grand Café Riche verkehrte und von der Zeit in M. in *Ein Zeitalter wird besichtigt*, 1945, berichtet), **Golo Mann** (1909-1994) und **Lion Feuchtwanger** (1884-1958). – Unter den Flüchtlingen via M. auch **Walter Mehring** (1896-1981), **Alfred Polgar** (1873-1955), **Leonhard Frank** (1882-1961), **Hans Sahl** (1902-1993) und **Alfred Döblin** (Bericht in *Schicksalsreise*, 1949). – Um Verfolgungen aus dem Weg zu gehen, entschloß sich **A. Breton** (→ Tinchebray/BNo) 1940 mit seiner Familie zur Ausreise in die USA und wartete in M., untergebracht im Schloß Air-Bel, auf ein Schiff. (Die Ausreise gelang 1941 über Martinique nach New York.) – Der Dramatiker **Eugène Ionesco** (→ Anhang) lebte 1940-43 in M. und ging dann von hier nach Paris. – **Anna Seghers** (1900-1983) fuhr mit Mann und Kindern im März 1941 auf einem Frachtdampfer von M. Richtung Amerika; im Eckhaus Quai des Belges/Canebière befand sich das Café Mont Ventoux, als Café Vertoux Stammlokal des Erzählers in dem Roman *Transit* (1948). (1985 auf den Spuren der Seghers in M.: **Christa Wolf**; Beschreibung in *Die Dimension des Autors*, 1987.) – **Wolfgang Koeppen** (1906-1996) besuchte die Stadt 1959 und beschreibt sie in seinen *Reisen nach Frankreich* (1961). – Reiseeindrücke auch von **Rolf Schneider** (* 1932) (*Von Paris nach Frankreich*, 1975) und **Fred** (* 1917) und **Maxie Wander** (1933-1977) (*Provenzalische Reise*, 1978).

[R] **Blaise Cendrars** (s. o.) kam im Frühjahr 1927 in das Fischernest **La Redonne** (20 km w. v. M.) und mietete das Schloß Escayrol, »was, abgesehen von der gesteigerten Lebensfreude, in jeder Hinsicht ein Fehlgriff war«; der Dichter berichtet von seiner Zeit in La R. in der Erzählung *Le Vieux-Port* (dt. *Marseille. Der alte Hafen*, in: *L'Homme foudroyé*, 1945, dt. in Ausz. *Der alte Hafen*, 1964).

MARTIGUES (Bouches-du-Rhône)

* 1867 **Charles Maurras** († Tours/C 1952), Kulturkritiker, Lyriker, Erzähler; Wortführer der monarchistischen Action française (gegr. 1899), Antisemit, als Kollaborateur mit den Nationalsozialisten zu lebenslanger Haft verurteilt (1945 aus

der Académie Française ausgeschlossen), 1952 begnadigt. – Haus des Autors (Chemin du Paradis Nr. 22) mit Schreibtisch und Bibliothek (7000 Bde.); Besichtigung möglich. – W. u. a.: *Les Amants de Venise* (Essay 1902), *L'Avenir de l'intelligence* (Essay 1905), *La Musique intérieure* (Ged. 1925), *Contes philosophiques* (Erz. 1928), *Mes Idées politiques* (Essay 1937).

MAZAN (Vaucluse) → **CARPENTRAS** [R]

MENTON (MENTONE)
(Alpes-Maritimes)

»Die Altstadt, reichlich italienisch, liegt oben auf dem Berg, die schönste Aussicht hat man vom Friedhof aus, oder von dem Terrassenplatz, auf dem die St. Michel-Kirche seit sechzehnhundertundsoundsoviel auf Mentone schaut.« (Erika und Klaus Mann)
Bibliothèque municipale (Stadtbücherei; 69 Tsd. Bde.).

† 1928 **Vicente Blasco Ibáñez** (* Valencia 1867); der spanische Romancier hatte sich 1922 in M.-Garavan die Villa Fontana Rosa erbauen lassen (mit einem Garten, in dem er Dichterbüsten aufstellen ließ: Flaubert, Dickens, Goethe, Hugo, Zola u. a.), in der er vier Jahre später starb (Anwesen in schlechtem Zustand).

[A] **G. Flaubert** (→ Rouen/HNo) kam auf seiner Reise nach Italien im Frühjahr 1845 durch M.: »Italien beginnt, es liegt in der Luft. Kleine enge Straßen mit hohen weißen Häusern; kaum daß der Wagen hindurch kann«, vermerkt das Reisetagebuch. – **R. L. Stevenson** (1850-1894), der bereits als 13- und 14jähriger mit seiner Familie die Wintermonate in M. verbracht hatte, weilte von November 1873 bis April 1874 zur Kur in M. (Hôtel du Pavillon und Hôtel Mirabeau), wo es dem 23jährigen jungen Autor diesmal allerdings nicht behagte: »In den Süden gehen! Wozu? Mit gesunden, munteren Augen nahm ich an zwei windigen schottischen Februar-Nachmittagen mehr Schönes wahr als in meinem jetzigen angeschlagenen Zustand hier in den wundervollen Olivengärten und grauen Hügeln während einer ganzen Woche.« – Stevensons schottischer Landsmann **Thomas Carlyle** (1795-1881), Autor satirischer Romane und wissenschaftlicher Werke sowie Goethe-Übersetzer, verbrachte den Winter 1866/67 in M., »dem größten britischen Sanatorium im Ausland«. – **Guy de Maupassant** (→ Tourville-sur-Arques/HNo) hielt sich zwei Wochen im Mai 1882 in der Stadt auf. – Die aus Neuseeland gebürtige Erzählerin **Katherine Mansfield** (1888-1923) kam, auf der Suche nach Heilung von der Schwindsucht, im Januar 1920 nach M.; die ersten drei Wochen wohnte sie in einem privaten Sanatorium (L'Hermitage, Rue Paul-Morillot), bevor sie bis Ende April 1920 zu ihrem Cousin in die Villa Flora zog; nach einem England-Aufenthalt kehrte sie nach M. zurück und wohnte von Mitte September 1920 bis Anfang Mai 1921 in der Villa Isola Bella im Stadtteil Garavan (Büste im Park des Musée des Beaux-Arts; Verleihung eines Katherine-Mansfield-Preises). – »Eine verblühte Schöne, die freilich ihrer freundlichen Charaktereigenschaften wegen sich eines ziemlich regen Zuspruchs erfreut«, urteilten **Erika** (1905-1969) und **Klaus Mann** (1906-1949) in ihrem *Buch von der Riviera* (1931) über die Stadt, die sie »gar nicht einmal so herrlich« fanden. – Die erste von vielen Adressen im Exil des Dramatikers **Walter Hasenclever** (1890-1940) war im Frühjahr 1933 das Hôtel des Anglais in M. – Im Oktober 1937 zogen **Vladimir Nabokov** (1899-1977) und Frau von Cannes nach M., wo sie bis zum Sommer 1938 in der Pension Les Hespérides in der Nähe der Place Saint-Roche wohnten; in M. brachte Nabokov seinen Roman *Die Gabe* (1952) zum Abschluß. – **Céline** (→ Asnières-sur-Seine/IdF), nach der Amnestie 1951 nach Frankreich zurückgekehrt, wohnte zunächst mit seiner Familie drei Wochen im Juli bei den Schwiegereltern in M., bevor er nach Meudon/IdF zog. – **Jean Cocteau** (→ Maisons-Laffitte/IdF), der oft an der Côte-d'Azur weilte und ab 1937 nach M. kam, malte 1956/57 das Standesamt von M. aus (das [M] Musée Jean-Cocteau zeigt u. a. Plastiken und Gemälde des Allround-Künstlers). – Der irische Nobelpreisträger **W. B. Yeats** (1865-1939) stieg im Januar 1938 im Hotel Carlton in M. ab, bevor er im März nach Cap-Martin (s. u.) weiterzog.

[R] In **Cap-Martin** (südl. v. M.) starb 1939 der irische Dichter **William Butler Yeats** (* Sandymount bei Dublin 1865), Nobelpreisträger 1923, der in seinen letzten Lebensjahren für längere Aufenthalte ans Mittelmeer kam (u. a. Rapallo/Italien) und im März 1938 in C.-M. in das Hotel Idéal Séjour gezogen war; hier starb er Ende Januar des folgenden Jahres; Grab bis 1948 auf dem Friedhof von Roquebrune, seitdem in Sligo/Irland.

LES MILLES (Bouches-du-Rhône) → **AIX-EN-PROVENCE** [R]

MIRABEAU (Schloß) (Vaucluse) → **MANOSQUE** [R]

LA MÔLE (Var) → **BORMES-LES-MIMOSAS** [R]

MONTMAJOUR (Abtei) (Bouches-du-Rhône) → **ARLES** [R]

MOUGINS (Alpes-Maritimes)

[A] Der Surrealist **Paul Éluard** (→ Saint-Denis/IdF), der wiederholt nach M. kam, stieg entweder im Hotel Le Vaste Horizon oder im La Pergola ab. – **Georges Simenon** (→ Anhang) bewohnte nach seiner Rückkehr aus Amerika von Frühjahr bis Herbst 1955 die Villa La Gatounière in M., wo er die Romane *La Boule noire* (1955, dt. *Die schwarze Kugel*, 1962) und *Les Complices* (1955, dt. *Die Komplicen*, 1959) schrieb; anschließend zog er nach → Cannes. – **Julien Green** (→ Paris) verbrachte einige Wochen im Juni/Juli 1959 und Juni 1961 in M. (*Tagebücher*).

MOUSTIERS-SAINTE-MARIE (Alpes-de-Hautes-Provence)

[L] Über der Felsenkluft, die vom Dorf zum Kloster führt, hängt an einer über zweihundert Meter langen Kette ein Stern, den der Kreuzritter Blacas als Dank für die Errettung aus sarazenischer Gefangenschaft gestiftet haben soll; **F. Mistral** besingt diesen »cadeno de Moustiers« in *Lis Isclo d'Or* (Gedenktafel mit Versen des Gedichts am Weg zur Kapelle); **André Breton** erwähnt Kette und Stern in *Arcane 17* (1944).

NIZZA (NICE) (Alpes-Maritimes)

»Nizza sieht so aus, als wäre es von den Autoren der Gesellschaftsromane begründet und von ihren Helden belebt worden. Die meisten Gestalten auf der Kurpromenade und am Strand kommen aus der Leihbibliothek und aus den Träumen kleiner Provinzmädchen.« (Joseph Roth)

»Welche Überraschung, wenn man die Avenue de la Victoire hinunterkommt – eine Geschäftsstraße, wie es in der Welt tausende gibt, – die Place Masséna überquert, und plötzlich auf der Promenade des Anglais steht; plötzlich auf dieser herrlichsten Promenade der Küste, des Kontinents. Ich weiß keine, die mit solchem Schwung und solcher Grandezza dem Meer entlang führte.« (Erika und Klaus Mann)

Université de Nice-Sophia Antipolis (gegr. 1965). – Universitätsbibliothek (250 Tsd. Bde., Sammlungen zu H. Bosco, E. Quinet, P. Istrati), Bibliothèque municipale (Stadtbücherei; 683 Tsd. Bde. 860 Hs., 270 Ink.). – Musée Masséna (v. a. Gemälde und Skulpturen, Stadtgeschichte; Bibliothek). – Nouveau Théâtre de Nice (Centre Dramatique National); Théâtre municipal (Stadttheater).

† 1927 **Gaston Leroux** (* Paris 1868); der Kriminalautor war 1909 nach dem Erfolg seiner Feuilleton-Romane von Paris nach N. umgesiedelt (letzter Wohnsitz: Boulevard Gambetta Nr. 53); Grab auf dem Cimetière du Château (kleine Statue links des Eingangs).

† 1949 **Maurice Maeterlinck** (* Gent 1862); der Nobelpreisträger war im November 1911 von Grasse nach N. in die türkische Villa Les Abeilles in Les Baumettes gezogen; Ende 1930 kaufte der Dichter das Schloß Castellamare am Fuß des Mont Boron (am Cap de Nice), das er nach einem Gedicht (aus den *Douze Chansons*) in Orlamonde umtaufte und wo ihn

Nizza: Promenade des Anglais

u. a. P. Valéry, der häufig in N. war, besuchte; auch nach der Exilzeit in Amerika (1940-47) kehrte Maeterlinck hierher zurück, wo er am 6. Mai 1949 in der Villa Orlamonde starb (der Leichnam wurde in Marseille eingeäschert und in einem Eichenkasten zur Villa zurückgebracht).

† 1965 **William Somerset Maugham** (* Paris 1874); der englische Schriftsteller, der in Cap-Ferrat (→ Villefranche-sur-Mer [R]) wohnte, war nach einem schweren Sturz ins anglo-amerikanische Krankenhaus von N. gebracht worden, wo er starb (Beisetzung der Urne in Canterbury, wo Maugham die King's School besucht hatte).

† 1976 **Henri Bosco** (* Avignon 1888); der Autor war nach langjähriger Lehrtätigkeit im Ausland 1955 nach Frankreich zurückgekehrt und hatte sich in Lourmarin und N. niedergelassen, wo er 1956-76 in Cimiez die Maison Rose (Avenue Sainte-Colette, Gedenktafel) bewohnte; Grab in Lourmarin.

[A] Der englische Dichter **Edward Young** (1683-1765) verbrachte den Winter 1736/37 in N. (→ Lyon/RhA). – Der schottische Romancier **Tobias Smollett** (1721-1771) hielt sich wegen des milden Klimas von Ende 1763 bis Frühjahr 1765 (mit Unterbrechungen) in N. auf und beschreibt seine Beobachtungen und Gedanken in dem Reisebuch *Travels through France and Italy* (1766; dt. *Reise in Frankreich und Italien*, 1767). – Der Lyriker **Jacques Delille** (→ Aigueperse/Au) beschreibt N. im 2. Gesang seines großen Gedichts *Les Jardins* (1801). – **Alexandre Dumas d. Ä.** (→ Villers-Cotterêts/Pi) fiel bei seinem Besuch der Stadt (Mitte Juni 1835) auf, daß man jeden Ankömmling für einen Engländer hielt und Franzosen bzw. Deutsche als eine Untergruppierung betrachtete (*Une année à Florence*, zuletzt 1991). – Der russische Dichter **Nikolai Gogol** (1809-1852) überwinterte von Anfang Dezember 1843 bis Mitte März 1844 in N. und arbeitete am 2. Teil seines Romans *Die toten Seelen*. – Im Januar 1847 war der Dichter **Georg Herwegh** (1817-1875) mit dem befreundeten Naturwissenschaftler Carl Vogt in N., um meeresbiologische Forschungen zu betreiben; von Herbst 1850 bis Anfang 1851 hielt sich Herwegh mit seiner Frau erneut in N. auf, im Haus von **Alexander Herzen** (1812-1870; Grab auf dem Cimetière du Château), Briefpartner Bakunins und »Idealgestalt eines russischen Bauern-Sozialisten« (H. Pongs), mit dessen Frau Natalie der deutsche Dichter ein Verhältnis hatte. – Der Journalist und Romancier **Alphonse Karr** (→ Paris) zog 1851 von Paris nach N., widmete sich der Gartenkunst (ein Bankier finanzierte ihm einen Garten im Stadtteil Saint-Philippe) und machte durch seine Artikel im *Figaro* das Leben an der Riviera in weiten Kreisen bekannt; 1861 zog er sich ins ruhigere Saint-Raphaël zurück. – Der kränkelnde Dichter **Théodore de Banville** (→ Moulins/Au) wohnte mit seiner Geliebten, der Schauspielerin Marie Daubrun, von September 1859 bis Sommer 1860 in N. (Rue Masséna Nr. 5) und berichtete in Zeitungsartikeln über den Anschluß der Stadt an Frankreich. – **Edward Lear** (1812-1888), Maler und Autor mehrerer *Nonsense*-Bücher (1846 u. ö.) verbrachte den Winter 1864/65 in N. – Der russische Satiriker **Michail Saltykow-Schtschedrin** (1826-1889) wohnte von Oktober 1875 bis April 1876 in der Pension russe (heute Hôtel Oasis, Rue Gounod) und arbeitete dort an seinem Hauptwerk, dem Roman *Die Herren Golowliow* (1880). – **C. F. Meyer** (1825-1898) schiffte sich mit seiner Frau Anfang November 1875 in N. nach Korsika ein, wo das frischvermählte Paar seine Hochzeitsreise fortsetzte. – **Stéphen Liégeard** (→ Dijon/Bu), der durch sein Buch *La Côte d'Azur* (1887) der Küste erst den heute gängigen Namen gab, kam 1880 nach N. – Die russische Malerin und Literatin **Maria Bashkirtseff** (1860-1884) beschrieb ihr Leben in N. in ihrem Tagebuch (*Journal*, postum 1887): »Der richtige Monat für Nizza ist der Mai. Es ist dann so schön, daß man überschnappen könnte.« (Gedenkstein neben dem Haus Promenade des Anglais Nr. 63; Gemälde im Musée des Beaux-Arts, Avenue des Baumettes.) – **Friedrich Nietzsche** (1844-1900) verbrachte die Winter zwischen 1883 und 1888 in N., wo Teile seiner Werke *Also sprach Zarathustra*, *Jenseits von Gut und Böse*, *Der Wille zur Macht*, *Der Antichrist* und *Ecce homo* entstanden; der Philosoph wohnte in verschiedenen Unterkünften, u. a. in der Rue Cathérine Ségurane Nr. 38 (Gedenktafel mit Porträtrelief), in der Rue Saint-François-de-Paule Nr. 26/Ecke Avenue des Phocéens, in der Rue des Ponchettes Nr. 17, in der heutigen Rue Rossini (Pension de Genève, abgerissen) und im heutigen Hôtel Continental (Rue Verdi); die Aussichtsterrasse auf dem Schloßberg am Ende der Montée Eberlé trägt den Namen Terrasse Frédéric Nietzsche. – **Raymond Roussel** (1877-1933), der 1890 mit seiner Mutter nach N. gekommen war, schrieb hier den Roman (in 5000 Alexandrinern) *La Doublure* (1897), in dem er eine Beschreibung der Stadt und des Karnevals liefert. – **Anton Tschechow** (1860-1904) stieg im April 1891, bei seinem ersten Besuch in N., im Hôtel Beau Rivage ab (Rue Saint-François-de-Paule, Gedenktafel); weitere Aufenthalte schlossen sich in den Wintern 1897/98 und 1900/01 an (beide Male in der Pension Russe, heute Hôtel Oasis, Rue Gounod): »Die Promenade des Anglais ist über und über grün und glänzt in der Sonne; ich sitze morgens im Schatten und lese Zeitung. Gehe viel spazieren.« – **Valery Larbaud** (→ Vichy/Au), der der Côte d'Azur sein Leben lang verbunden blieb, kam erstmals 1895 mit seiner Mutter nach N. – **Guillaume Apollinaire** (→ Anhang) wechselte im Februar 1897 vom Collège in → Cannes auf das Gymnasium von N. (wohl um sich auf das Abitur vorzubereiten), kehrte allerdings bereits im Juni zu seiner Mutter nach Monaco zurück; als im September 1914 der deutsche Angriff auf Paris drohte, begab sich der Dichter zu Freunden nach N., wo er Louise de Coligny-Châtillon kennenlernte, zu der er bis Anfang 1915 eine Beziehung unterhielt. – Der Lyriker und Kritiker **Jean Lorrain** (→ Fécamp/HNo) war Ende 1900 aus Paris nach N. gezogen und zeigte sich kritisch über das mondäne Treiben: »Alle Verrückten und Irren der Welt, alle Entgleisten und Hysterischen geben sich hier ihr Stelldichein [...] und darüberhinaus, welch unzählbare Menge alter Damen! Die Riviera ist ihre unverdiente Heimat; nirgends triffst du eine ähnliche Ansammlung von jungen Hundertjährigen und aufgeputzten Straußenvögeln. Manche sonnigen Vormittage an der Promenade des Anglais haben etwas von den Orcagna-Fresken auf dem Campo Santo von Pisa.« (*Le Crime des Riches*, 1905). – **Francis Carco** (→ Anhang), der in Toulouse das Abitur nicht bestanden hatte, kam 1906 zu einem zweiten (erfolgreichen) Anlauf nach N. und wohnte bei seiner Großmutter Rue du Lycée Nr. 4. – Der Erzähler **René Boylesve** (→ Descartes/C) kam häufig nach N., wo er in der Villa Brimborion am Mont Boron wohnte. – **Céline** (→ Asnières-sur-Seine/IdF) war von Dezember 1911 bis Mai 1912 zu einem Praktikum in einer Filiale (Boulevard Masséna) des Juweliers Lacloche in N. – Die Erzählerin **Colette** (→ Saint-Sauveur-en-Puisaye/Bu) kam ihr ganzes Leben lang immer wieder nach N. und stieg in verschiedenen Hotels ab (Majestic, Royal, Plaza et France, Ruhl). – **Blaise Cendrars** (→ Anhang) zog 1917 von Cannes nach N., wo er mit seiner Familie die Villa Veranda (Avenue des Fleurs Nr. 26) mietete (bis Anfang 1919); von Herbst 1929 bis Frühjahr 1930 bewohnte Cendrars mit seiner Lebensgefährtin Raymone die Villa Yvonne (Rue du Rocher Nr. 6). – **Emmanuel Berl** (→ Le Vésinet/IdF) erinnert sich in der autobiogr. Erzählung *Sylvia* (1952, dt. in: *Geisterbeschwörung*, 1991) an N. und das Hôtel Ruhl zur Zeit des 1. Wks. – **Jules Romains** (→ Saint-Julien-Chapteuil/Au) war von Oktober 1917 bis Juli 1919 Philosophielehrer am Lycée Masséna und beschrieb die Stadt in *La Douceur de la vie* (1939), dem 18. Bd. seines Romanzyklus *Les Hommes de bonne volonté* (1932–46); Gedenktafel für den Roman an der

Stefan Zweig in Nizza bei seinen Schriftstellerfreunden Roger Martin du Gard und Jules Romains

Place Rossetti; die längste Zeit dieses Aufenthalts bewohnte Romains mit seiner Frau die Villa Lulu (in einer Sackgasse, auf halber Höhe der Avenue Aimé-Martin) im Stadtteil Magnan; bei einem späteren Aufenthalt in N. (von Weihnachten 1935 bis Mai 1936) nahm der Autor eine Wohnung an der Promenade des Anglais (und empfing dort u.a. **S. Zweig**). – Der spanische Romancier **Vicente Blasco Ibáñez** (1867-1928) ließ sich nach dem 1. Wk. auf ärztlichen Rat an der Côte d'Azur nieder, zunächst in Monaco, dann in N. (Villa Kristy, Boulevard Carnot Nr. 44), bevor er 1924 nach → Menton übersiedelte. – Der frz. schreibende rumänische Autor **Panait Istrati** (1884-1935) unternahm Anfang Januar 1921 auf der Promenade des Anglais (vor dem Jardin Albert-Premier) einen Selbstmordversuch; R. Rolland setzte sich darauf für den Autor ein, der sich als Wanderphotograph durchs Leben schlug und dessen Erzählungen und Romane auch ins Dt. übersetzt wurden. – Der Ire **James Joyce** (1882-1941) hielt sich mit seiner Frau Nora im Winter 1922/23 in N. auf (Hôtel Suisse am Quai des États-Unis) und begann mit der Arbeit an *Finnegans Wake*. – Der Surrealist **Paul Éluard** (→ Saint-Denis/IdF) kam wiederholt nach N., erstmals 1924 (Hôtel de Beaulieu et de Hollande); später wohnte er im Hôtel Alexandra oder bei Madame Fossat in der Rue de Massigny Nr. 14 (so im Februar 1934 mit **Tristan Tzara**). – Der Erzähler **Romain Gary** (→ Anhang) war als Vierjähriger mit seiner Familie aus Rußland nach Frankreich geflohen; in N. leitete die Mutter – nach anderen Arbeiten – die Pension Mermonts (Boulevard François-Grosso Nr. 7/Ecke Rue Dante); nach dem Abitur 1933 verließ Gary N. zum Studium in Aix-en-Provence. – Der russische Lyriker und Dramatiker **Wladimir Majakowski** (1893-1930) kam auf seiner letzten Auslandsreise im Frühjahr 1929 über Prag, Berlin und Paris nach N., bevor er wieder in die Heimat zurückkehrte. – **Erika** und **Klaus Mann** widmen N. in ihrem Reisebericht *Das Buch von der Riviera* (1931) ein Kapitel. (»Es ist höflicher gegen die Franzosen, ›Nice‹ zu sagen, statt ›Nizza‹. Schließlich ist die Stadt seit ziemlich langer Zeit nicht mehr italienisch.«); K. Mann, der seit 1926 wiederholt nach N. kam, wohnte später bevorzugt im Pavillon Rivoli. – **Georges Simenon** (→ Anhang), der ab den frühen 30er Jahren in verschiedenen Städten an der Côte d'Azur wohnte (Antibes, Cannes), machte N. zum Schauplatz in den Romanen *Cours d'assises* (1941, dt. *Vor Gericht*, 1989), *Maigret voyage* (1958, dt. *Maigret auf Reisen*, 1959) und *Le Confessionnal* (1966, dt. *Im Beichtstuhl*, 1969, u.d.T. *Die Beichte*, 1993). – Der Elsässer **René Schickele** (→ Oberehnheim/E) wohnte von 1934 bis 1938 in dem w. Stadtteil Fabron. – Die aus Hitler-Deutschland vertriebenen Autoren **Hermann Kesten** (1900-1996), **Heinrich Mann** (1871-1950) und **Joseph Roth** (1894-1939) bewohnten mit ihren Familien 1934/35 das Haus Nr. 121 an der Promenade des Anglais (Ecke Petite Rue de la Californie); Kesten arbeitete im 1. Stock an *Ferdinand und Isabella* (1936), Roth, der die Stadt schon im Jahr 1925 bereist hatte, im zweiten an *Die Hundert Tage* (1935), H. Mann, der die Stadt bereits aus den Jahren vor dem 1. Wk. kannte, häufig im Hôtel de Nice abstieg und den Großteil seines frz. Exils zwischen 1933 und 1940 in der Stadt verbrachte (weitere Adressen: Rue du Congrès Nr. 11, Rue Rossini Nr. 18, Rue Alphonse Karr Nr. 2), im dritten am *Henri Quatre* (1938). (Literarische Treffs dieser Zeit waren das Café de France und das Café Monod auf der Place Masséna.) – Den Sommer 1934 verbrachte der Dramatiker **Ferdinand Bruckner** (1881-1958) in N. (sonst war er im frz. Exil meist in Paris, später New York). – Immer wieder hielt sich auch der Dramatiker **Walter Hasenclever** (1890-1940), seit 1933 im Exil in Frankreich, England, Italien und Jugoslawien, in N. auf. – **Roger Martin du Gard** (→ Neuilly-sur-Seine/IdF) überwinterte ab den 30er Jahren an der Côte d'Azur, v.a. in N. (Cité du Grand Palais, Boulevard de Cimiez); Grab auf dem Friedhof von Cimiez (dort bereits Grab seiner Frau, die 1949 in N. gestorben war). – **Thomas Mann** (1875-1955) verbrachte einige Tage Mitte Mai 1935 in N. (Hôtel d'Angleterre) und besuchte R. Schickele in Fabron (s. o.). – **Louis Aragon** (→ Paris) und **Elsa Triolet** (→ Anhang) lebten von Dezember 1940 bis November 1942 in N. (in der Cité du Parc zwischen dem Cours Saleya und dem Quai des États-Unis, Gedenktafel), arbeiteten an ihre Werken und waren in der Résistance aktiv. – Der expressionistische Dichter **Alfred Wolfenstein** (1888-1945), nach dem Einmarsch der deutschen Truppen in Frankreich umhergetrieben, wohnte eine Zeitlang in N. in der Pension Miramar. – **André Gide** (→ Paris), den am 21. 5. 1941 eine Gruppe von Kriegsveteranen daran gehindert hatte, im Hôtel Ruhl einen Vortrag über Henri Michaux zu halten, wohnte im Oktober des gleichen Jahres im Hôtel Adriatic in N. (*Tagebücher*) und besuchte seine englischen Freunde Bussy, bei denen er mit H. Matisse zusammentraf. – **Wolfgang Koeppen** (1906-1996) schildert das N. des Jahres 1959 in den *Reisen nach Frankreich* (1961). – **Vladimir Nabokov** (1899-1977) kam im Winter 1960/61 ein letztes Mal an die Côte d'Azur und schrieb in N., Promenade des Anglais Nr. 57, an seinem Roman *Fahles Feuer* (1962, dt. 1968). – **Ernst Jünger** (1895-1998) kam im Frühsommer 1971 (als Jury-Mitglied für den Aigle d'Or) und im Mai 1978 (zur Buchmesse) nach N.

OLLIOULES (Schlucht) (Var)

[A] **A. Dumas d. Ä.** (→ Villers-Cotterêts/Pi) kam im Frühsommer 1835 durch die Schluchten von O., »die Thermopylen der Provence« (*Une Année à Florence*, zuletzt 1991). – **Victor Hugo** (→ Besançon/FC) war im Herbst 1839 begeistert von den Schluchten von O.: »Es ist wirklich ein großartiger Ort! Das Auge sieht nichts anderes mehr als Fels, gelben, steilen, zerklüfteten, senkrechten Fels, zur Rechten, zur Linken, vorne, hinten, den Durchgang blockierend, die Umkehr versperrend, Himmel und Boden deckend. Man ist in den Eingeweiden eines Berges, die von einem Axthieb aufgerissen wurden, von der prallen Sonne verbrannt. Je weiter man geht, umso mehr zieht sich die Vegetation zurück [...].«

ORANGE (Vaucluse)

»Das Tor zur Provence ist der Triumphbogen von Orange, er ist die schönste, zugleich die abweisendste Pforte zum Süden, zur lateinischen Welt. Der Triumphbogen ist ein in seinen edlen Maßen gedrungener Block mit drei Durchlässen, er führt aus dem Schatten ins Licht, er galt einem Sieg über die Gallier und ist noch immer ein gegen jede Barbarei gesetztes Zeichen.« (Wolfgang Koeppen)

[A] Der Troubadour **Raimbaut d'Aurenga** (1140/50-1173), Graf von O., schuf ein aus vierzig Kompositionen bestehendes Werk. – Auf der Rückreise von Nizza nach England legte der schottische Romancier **Tobias Smollett** (1721-1771) einen Halt in O. ein, wo er vor allem den Triumphbogen bewunderte, den er mit dem

Orange: Triumphbogen

Septimius-Severus-Bogen in Rom verglich (*Travels through France and Italy*, 1766). – **A. Dumas d. Ä.** (→ Villers-Cotterêts/Pi) bewunderte im November 1834 die Lage des antiken Theaters: »Welch erstaunliches Volk waren doch die Römer, die die Natur bezwangen wie einen Volksstamm, und das nicht nur für ihre Bedürfnisse, sondern auch für ihre Vergnügungen. Ein Berg war genau da, wo sie sich vorstellten, daß ein Theater entstehen sollte: Und sie erbauten dessen Bühnenwand am Fuße des Berges, um dessen mächtige Brust sie im Halbkreis die Stufen legten, die sie für zehntausend Zuschauer aus den breiten Bergesflanken hieben.« – **Stendhal** (→ Grenoble/RhA) kam am 4. 8. 1837 für einen halben Tag nach O., um den Triumphbogen und das Theater kennenzulernen, und genoß den Blick vom St.-Eutrope-Hügel auf die Rhône und den Mont Ventoux. – Für **Hippolyte Taine** (→ Vouziers/ChA), Besucher 1865, war O. ein »altes Provinznest«, aber das antike Theater ein Muß (Beschreibung in den *Carnets de voyage*, 1897). – Der amerikanische Schriftsteller **Henry James** (1843-1916), im Herbst 1882 fast schon am Ende seiner Frankreich-Rundfahrt angekommen, besichtigte in O. den Triumphbogen und das römische Theater – »Keiner der römischen Überreste im Süden Frankreichs ist eindrucksvoller als diese erstaunliche Ruine« –, fand aber sonst »eine ganz und gar gesichtslose kleine Stadt«. – **Joseph Roth** (1894-1939) besuchte im Rahmen seiner Südfrankreich-Reise im Sommer 1925 auch O. mit seinen Sehenswürdigkeiten. – **Wolfgang Koeppen** (1906-1996) besuchte den Ort 1959 auf seinen *Reisen nach Frankreich* (1961).

[R] In **Sérignan-du-Comtat** (8 km n. v. O.) starb 1915 im Alter von 92 Jahren der große Insektenforscher **Jean-Henri Fabre** (→ Saint-Léons/MPy 1823), der sich 1879 von Avignon zurückgezogen und schließlich hier ein Haus gekauft hatte ([M] Harmas de Jean-Henri Fabre); Grab auf dem Friedhof. – **Wolfgang Koeppen** (1906-1996) kam 1959 durch **Châteauneuf-du-Pape** (10 km südl. v. O.) und notierte seine Eindrücke in den *Reisen nach Frankreich* (1961): »Châteauneuf-du-Pape: ein zerrissener Turm mit hohlen Fenstern auf dem Hügel, alte Mordhäuser zu seinen Füßen, in weiterem Kreis neue Villen provenzalischen Stils, kleine Festungen gegen die Sonne und den Wind [...].«

PARADOU (Bouches-du-Rhône) → **FONTVIEILLE** [R]

PEÏRA-CAVA (Alpes-Maritimes)

[A] Der 1450 m hoch gelegene Wintersport- und Sommerferienort sah unter seinen Gästen: 1905 **Jean Lorrain** (→ Fécamp/HNo), im August 1927 **André Gide** (→ Paris) und in der zweiten Hälfte der 30er Jahre wiederholt **H. de Montherlant** (→ Paris), der hier an seinen Werken (u. a. *Le Démon du Bien* und *Les Lépreuses*) arbeitete.

PERNES-LES-FONTAINES (Vaucluse)

* 1632 **Esprit Fléchier** († Montpellier 1710), Kanzelredner; ab 1658 in Paris, wo er neben Bossuet und Bourdaloue für seine Totenreden (*Oraisons funèbres*) Berühmtheit erlangte; Vorleser des Dauphin; 1685 zum Bischof von Lavaur ernannt, 1687 Bischof von Nîmes. – W. u. a.: *Œuvres choisies* (1911).

(ÎLE DE) PORQUEROLLES (Var)

[A] Im Juli 1922 kam **A. Gide** (→ Paris) zur Sommerfrische auf die Insel und traf sich hier mit **R. Martin du Gard** (→ Neuilly/IdF). – **Georges Simenon** (→ Anhang) war im April 1926 zum ersten Mal mit seiner Frau auf die Insel gekommen, wo er sich für mehrere Monate an der Westspitze, der Pointe du Grand Langoustier einmietete; in den 30er Jahren mietete Simenon dann ein Haus mit Turm am Meer (Les Tamaris); bewundernder Besucher Simenons im August 1939: der dt. Schriftsteller und Philosoph **Hermann Graf von Keyser-**

ling (1880-1946); die Insel ist Schauplatz der Romane *Cours d'assises* (1941, dt. *Vor Gericht*, 1989), *Le Cercle des Mahé* (1946, dt. *Die Ferien des Monsieur Mahé*, 1993) und *Mon Ami Maigret* (1949, dt. *Mein Freund Maigret*, 1978). – **Jean-Paul Sartre** (→ Paris) und **Simone de Beauvoir** (→ Paris) waren im Sommer 1941 Gast auf der Insel; Sartre begann hier mit der Arbeit an dem Drama *Les Mouches*. – Zu den Gästen in den 60er Jahren gehörte die Erzählerin **Marguerite Duras** (→ Anhang).

(ÎLE DE) PORT-CROS (Var)

[A] **Jean Paulhan** (→ Nîmes/LR) und **Marcel Arland** (→ Varennes-sur-Amance/ChA), Sekretär und Chefredakteur der *Nouvelle Revue Française* (*NRF*) verbrachten in den 30er Jahren oft den Sommer mit ihren Familien im Süden der Insel P.-C. (im Fort La Vigie), die sie so zur ›Insel der NRF‹ machten. – Der Lyriker **Jules Supervielle** (→ Anhang) verbrachte zwischen 1925 und 1939 vor allem die Sommer mit Familie im Fort François-Premier (heute Fort du Moulin), wo ihn u. a. **Saint-John Perse** (→ Giens), **M. Jouhandeau** (→ Guéret/Li), **M. Jacob** (→ Quimper/Br) und **H. Michaux** (→ Anhang) besuchten.

PRAMOUSQUIER (Var) → **LE LAVANDOU** [R]
RAMATUELLE (Var) → **SAINT-TROPEZ** [R]
LA REDONNE (Bouches-du-Rhône) → **MARSEILLE** [R]

ROQUEBRUNE-CAP-MARTIN (Alpes-Maritimes)

[A] Simon und Dorothy Bussy, englische Freunde von **André Gide** (→ Paris), dessen Werke Dorothy ins Englische übersetzte, empfingen in ihrer Villa La Souco in R., die sie ab 1918 bewohnten, zahlreiche Künstler und Intellektuelle wie **V. Woolf**, **R. Kipling**, **P. Valéry** (→ Sète/LR), den deutschen Dichter **Ferdinand Hardekopf** (1876-1954, Gide-Übersetzer ins Dt.), **R. Martin du Gard**, (→ Neuilly-sur-Seine/IdF), den Philosophen **Paul Desjardins** (→ Pontigny/Bu). **André Malraux** (→ Paris) bewohnte von Januar 1941 bis Herbst 1942 (mit Ausnahme des Sommers 1941, → Cap d'Ail) mit seiner Lebensgefährtin Josette Clotis und dem gemeinsamen Sohn die Villa, die ihm die Bussys zur Verfügung gestellt hatten. – Der Romancier **Romain Gary** (→ Anhang) kaufte 1949 einen alten Wachtturm (Rue Pic), in den er sich zum Arbeiten zurückzog; seine Asche wurde 1981 vor R. im Meer verstreut.

ROUSSILLON (Vaucluse)

[A] Der irische Dramatiker **Samuel Beckett** (→ Anhang), der ab 1940 für die Résistance arbeitete, floh im August 1942 vor den deutschen Besatzern ins freie Frankreich nach R., wo er als Landarbeiter lebte; in der Zeit bis zum Kriegsende schrieb er an dem Roman *Watt* (1953); zunächst waren er und seine spätere Frau im Hôtel Escoffier untergekommen, später bewohnten sie ein Haus an der Kreuzung der Straßen nach Goult und Apt (1 km vom Zentrum entfernt); in Becketts erfolgreichstem Stück *En attendant Godot* (1952, dt. *Warten auf Godot*, 1953) ist zu Beginn des 2. Aktes von der Weinlese bei einem gewissen Bonnelly in R. die Rede.

LES SABLETTES (Var) → **TOULON** [R]
SAINT-CYR-SUR-MER (Var) → **BANDOL** [R]
SAINT-JEAN-CAP-FERRAT (Alpes-Maritimes) → **VILLEFRANCHE-SUR-MER** [R]
SAINT-JEANNET (Alpes-Maritimes) → **VENCE** [R]
SAINT-MANDRIER-SUR-MER (Var) → **TOULON** [R]

SAINT-MARTIN-VÉSUBIE (Alpes-Maritimes)

[A] **André Gide** (→ Paris) schrieb im Juli 1923 im Hôtel Victoria an seinem Roman *Les Faux-monnayeurs* (1926)

[L] Der Roman *Étoile errante* (1992) von **J.-M. G. Le Clézio** spielt im Hinterland von Nizza, in der Gegend um S.-M.

SAINT-MICHEL-DE-FRIGOLET
(Bouches-du-Rhône)

[A] **Frédéric Mistral** (→ Maillane), wegen häufigen Schwänzens von der Dorfschule genommen, besuchte das in der ehemaligen Abtei eingerichtete Knabenpensionat, bevor er auf das Gymnasium nach Avignon geschickt wurde.

[L] Das Kloster ist Schauplatz der Erzählung *L'Élixier du R. P. Gaucher* (dt. *Das Elixir des ehrwürdigen Paters Gaucher*) aus den *Lettres de mon moulin* (1869, dt. 1879, u. d. T. *Briefe aus meiner Mühle*, 1894) von **Alphonse Daudet**.

SAINT-PAUL-DE-MAUSOLE (Bouches-du-Rhône) → **SAINT-RÉMY-DE-PROVENCE**

SAINT-PAUL-DE-VENCE
(Alpes-Maritimes)

»Dieser einzigartige Flecken versteht es, zerbröckeltes Gemäuer, Gäßchen, in denen man nur zu Fuß einherstapfen und klettern kann, so schmal, winklig, holperig sind sie, – mit einer heimeligen und raffinierten Eleganz zu verbinden und mit dem Treiben eines internationalen Künstler- und Sportpublikums, von einer Buntheit, die frappiert.« (Erika und Klaus Mann)

† 1987 **James Baldwin** (* Harlem/New York City 1924); der amerikanische Erzähler, Autor der Romane *Go tell it on the mountain* (1953, dt. *Gehe hin und verkünde es vom Berge*, 1966) und *Giovanni's Room* (1956, dt. *Giovannis Zimmer*, 1963), lebte von 1969 bis zu seinem Tod in einem Haus an der Route de Saint-Paul (Grab auf dem Ferncliff Cemetery, Hartsdale, New York).

[A] **Erika** und **Klaus Mann** machten auf ihrer Fahrt die Küste entlang (*Das Buch von der Riviera*, 1931) einen Abstecher nach S.-P. und besuchten natürlich das berühmte Lokal La Colombe d'Or, wie vor und nach ihnen zahlreiche Künstler, u. a. **G. B. Shaw, A. Gide, W. Benjamin, R. Queneau** (der hier die Niederschrift des Romans *Zazie dans le métro* beendete) und, zu Beginn der 70er Jahre, **J.-P. Sartre** und **S. de Beauvoir**. – Nach der deutschen Besetzung von Paris zog sich 1940 der Dichter **Jacques Prévert** (→ Neuilly-sur-Seine/IdF) nach S.-P. zurück; zur Rekonvaleszenz nach einem schweren Sturz und mehrwöchigem Koma kam der Dichter Ende 1948 erneut hierher.

SAINT-RAPHAËL (Var)

† 1890 **Alphonse Karr** (* Paris 1808); der Journalist und Romancier mußte nach dem Staatsstreich des Prinzen Napoleon die Hauptstadt verlassen und wohnte ab 1851 in Nizza, von wo er zehn Jahre später nach S.-R. übersiedelte und in der Villa Maison Close wohnte; Grab auf dem Friedhof.

† 1937 **Marguerite Audoux** (* Sancoins/C 1863); die Autorin war in den 20er Jahren von Paris nach S.-R. übersiedelt; Grab auf dem Friedhof.

[A] **F. Scott Fitzgerald** (1896-1940) und seine Frau Zelda, die im Frühjahr 1924 aus den USA nach Frankreich gekommen waren, mieteten im Juni des gleichen Jahres in S.-R. die Villa Marie hoch über dem Meer, wo sie bis zum November des Jahres wohnten; nach kurzem Aufenthalt im Hôtel Continental reisten sie nach Italien. – Für die Südfrankreichbummler **Erika** (1905-1969) und **Klaus Mann** (1906-1949) war S.-R. ein »richtiger, stattlich-altmodischer Rivieraort, mit Palmenpromenade, vielen schicken Hotels und guten Läden« (*Das Buch von der Riviera*, 1931); dennoch fanden sie: »Was an St. Raphaël so sehr hübsch ist, scheint uns aber seine Umgebung zu sein.« – Weitere Hotelgäste in S.-R.: der amerikanische Lyriker **Ezra Pound** (1885-1972) von Januar bis April 1921 (Hôtel Terminus), **Albert Cohen** (→ Agay) im April 1932 (Coirier's Grand Hôtel), **P. Éluard** (→ Saint-Denis/IdF) im Juli 1936 (Hôtel des Algues).

[L] Der Ort ist der zweite Schauplatz des Romans *Le Testament Donadieu* (1937, dt. *Das Testament Donadieu*, 1985) von **Georges Simenon**.

SAINT-RÉMY-DE-PROVENCE
(Bouches-du-Rhône)

* 1503 **Nostradamus** (eigentlich Michel de Notredame) († Salon-de-Provence 1566); Medizinstudium in Montpellier, dann zwölf Wanderjahre (Reisen bis in den Orient); Bekanntheit als Arzt durch die erfolgreiche Behandlung der Pest, so in Lyon und Aix-en-Provence; Leibarzt Karls IX.; die Jahrhunderte überdauerten die in Vierzeilern verfaßten Prophezeiungen (*Centuries*, 1555). – Geburtshaus in der Rue Hoche (Gedenktafel); Brunnen mit Porträt Ecke Rue Carnot/Rue Nostradamus.

* 1818 **Joseph Roumanille** († Avignon 1891), provenzal. Lyriker und Erzähler; Lehrer am Gymnasium in Avignon (wo er F. Mistral, als Schüler, kennenlernte) und Buchhändler, Mitbegründer des ›Félibrige‹ (→ Avignon [R]), Herausgeber des Almanachs der Dichtergruppe. – Denkmal auf der Place J. Roumanille, Grab auf dem Friedhof von S.-R.

† 1942 **Léon Daudet** (* Paris 1867); der Sohn von Alphonse Daudet (→ Nîmes/LR) hatte gemeinsam mit seiner Mutter in S.-R. einen Besitz erworben; Grab auf dem Friedhof.

[A] Die Romanautorin **Johanna Schopenhauer** (1766-1838) besichtigte 1804 im Rahmen einer Frankreichfahrt gemeinsam mit Sohn Arthur in S.-R. die römischen Hinterlassenschaften auf dem Plateau des Antiques (Beschreibung in den *Promenaden unter südlicher Sonne*, 1993). – Zu den häufigen Besuchern der Stadt gehörte **F. Mistral** (→ Maillane); am 6. 9. 1913 nahm er an der Denkmalseinweihung für den Komponisten Charles Gounod (Place Mireille, Auszug aus dem Epos *Mireille* an der Säule) teil. – In der außerhalb der Stadt gelegenen Heilanstalt Saint-Paul-de-Mausole, einem ehemaligen Kloster, lebte **Vincent van Gogh** (1853-1890) vom Mai 1889 bis zum Mai 1890; in zahlreichen Briefen berichtet er dem Bruder Theo von seinem Gesundheitszustand, von in Arbeit befindlichen Werken und seiner Lektüre

Nostradamus

(Voltaire, Shakespeare). – In der Anstalt war **Albert Schweitzer** (→ Kaysersberg/E) mit anderen Elsässern Ende des 1. Wks. interniert (bis Juli 1918). – **Joseph Roth** (1994-1939) besichtigte im Sommer 1925 »das berühmte Mausoleum und den Arc de Triomphe [...], zwei kolossale Monumente der römischen Herrschaft«.

SAINT-TROPEZ (Var)

[A] **Guy de Maupassant** (→ Tourville-sur-Arques/HNo) begeisterte sich Ende des 19. Jhs. für S.-T., eines der »kleinen Mädchen am Meer«, wie er in seinem Bericht *La Vie errante* (1890, dt. in Ausz. *Die Irrfahrten des Herrn de Maupassant*, 1967) die kleinen Küstenorte nennt: »Weltabgeschieden, von Frankreich durch seine wilden, weglosen und unbewohnten Berge getrennt, die man die Chaîne des Maures nennt, ohne eine andere Verbindung mit bewohnten Gegenden als durch einen altmodischen Stellwagen und ein kleines Dampfboot, das an schlechten Tagen im Hafen bleibt – so ist Saint-Tropez sicherlich die eigenartigste unter den kleinen Küstenstädten des Südens.« – **Kurt Tucholsky** (1890-1935) kam Ende 1925 in den Ort, der ihm zunächst nicht gefiel: »St. Tropez steht auf allen Karten als Winterkurort aufgemalt. Bei aller Liebe – aber dann schon lieber Neuruppin.« – **Colette** (→ Saint-Sauveur-en-Puisaye/Bu) kaufte und bezog 1926 in S.-T. ein Haus (Chemin de l'Espagnet, an der Baie des Canabiers), das sie La Treille Muscate taufte; Beschreibung des Hauses in mehreren ihrer Werke: *La Naissance du jour* (1928, dt. *Tagesanbruch*, 1928), *La Treille Muscate* (1932); 1938 verkaufte sie das Haus wieder. – 1929 schrieb **Emmanuel Berl** (→ Le Vésinet/IdF) in S.-T. *Mort de la pensée bourgeoise* (1929). – »Man lebt billig, in den kleinen Restaurants am Quai und hinten, in den Gassen, ißt man anständig für wenig Geld«, urteilten noch **Erika** und **Klaus Mann** in ihrem Reiseführer *Das Buch von der Riviera* (1931). – **Jean Cocteau** (→ Maisons-Laffitte/IdF) hielt sich 1939 mit Jean Marais in S.-T. auf, als der 2. Wk. ausbrach. – **Boris Vian** (→ Ville-d'Avray/IdF) erhielt 1948 das schmale Haus Rue Aumale Nr. 3 für zehn Jahre zur Nutzung überlassen und war wiederholt hier. – **Jean-Paul Sartre** (→ Paris) und **Simone de Beauvoir** (→ Paris) stiegen Anfang der 50er Jahre im Hôtel de l'Aïoli ab. – **Wolfgang Koeppen** (1906-1996) besuchte den Badeort im Rahmen seiner *Reisen nach Frankreich* (1961) und fand »selbst das kleinste, kühlste Loch [...] für mehr als den Erlös vermietet, den der Jahresfischfang eines Bootes einbringt.« – **Julien Green** (s. u.) beschreibt einen Besuch der Kirche von S.-T. in seinen *Tagebüchern* (3. 5. 1962). – **Françoise Sagan** (* 1935), die S.-T. in ihrem Erinnerungsbuch *Avec mon meilleur souvenir* (1984, dt. *Das Lächeln der Vergangenheit*, 1985) beschreibt, wohnte wiederholt im Hôtel de la Ponche (Place du Revelin).

R Den März 1932 verbrachten die Surrealisten **P. Éluard** (→ Saint-Denis/IdF) und **A. Breton** (→ Tinchebray/BNo) im 10 km w. v. S.-T. gelegenen **Grimaud** (Hôtel Beausoleil). – **J.-P. Sartre** (s. o.) und **S. de Beauvoir** hielten sich 1940 in **Ramatuelle** (10 km südl. v. S.-T.) auf, **Julien Green** (→ Paris) im Mai 1962 und unternahm Ausflüge (*Tagebücher*); auf dem Friedhof des Ortes befinden sich die Gräber des Schauspielers **Gérard Philipe** (1921-1959) und seiner Frau, der Ethnologin **Anne Philipe** (1917-1990), die u. a. das Erinnerungsbuch *Le Temps d'un soupir* (1963, dt. *Nur einen Seufzer lang*) und die Romane *Un Été près de la mer* (1977, dt. *Ein Sommer am Meer*, 1979) und *Je l'écoute respirer* (1984, dt. *Ich höre dich atmen*, 1986) schrieb.

SAINTE-MAXIME (Var)

A **Kurt Tucholsky** (1890-1935) besuchte im Herbst 1924 in S.-M. den Autor des Skandalerfolgs *La Garçonne* (1922, dt. *Die Junggesellin*, 1923) **Victor Margueritte** (→ Monestier/Au), der im Clos de la Madrague (Chemin de la Vierge-Noire) wohnte. – Mitte September 1936 traf **Thomas Mann** (1875-1955), der zu dieser Zeit bereits in der Schweiz im Exil lebte, in S.-M. mit seinem Bruder **Heinrich** (1871-1950) und dessen Tochter zusammen (*Tagebücher*).

R **Julien Green** (→ Paris) verbrachte drei Wochen im Hochsommer 1960 im 5 km sw. v. S.-M. gelegenen **Beauvallon** (»Das Haus ist geräumig, und erinnert an ein Kloster, was mir gefällt«, *Tagebücher*).

LES SAINTES-MARIES-DE-LA-MER (Bouches-du-Rhône)

A **Rainer Maria Rilke** (1875-1926) lernte den »kleine[n] flache[n] Ort am Meer, aus dem sich nur die feste bezinnte Kirche stark und zusammengefaßt aufhebt, voller Pilger, Hunde und Zigeuner« (Brief an Lou Andreas-Salomé) im Rahmen seiner ersten Provence-Reise 1909 kennen. – **Henry Miller** (1891-1980), der im Frühjahr 1959 nach Frankreich gekommen war, fuhr im Sommer mit **Lawrence**

Kirche in Les Saintes-Maries-de-la-Mer

Durrell (1912-1990) nach Les S.-M. zum Baden. – **Ernst Jünger** (1895-1998) besuchte den Ort im Mai 1967, als er zu Insekten-Studien in die Pyrenäen gefahren war: »Hier war wenig zu finden von dem, was ich in den Büchern gelesen und von Freunden gehört hatte, außer den Zigeunern, auf die der Platz eine besondere Anziehung ausübt, und den Landsleuten in den luxuriösen Gaststätten.«

[L] Die Obere Kapelle der Wallfahrtskirche ist Schauplatz der Sterbeszene in dem provenzal. Versepos *Mireille* (*Mirèio*) (1859) von **Frédéric Mistral** (Standbild der Titelheldin auf der Place Mireille; Zitat aus dem Epos im Sockel).

SALON-DE-PROVENCE
(Bouches-du-Rhône)

»Salon, das große, provençalische Dorf. Hier raunt der erwachende Mistral in Alleen von hundertjährigen Platanen, deren gefleckte Rinde wie die Haut riesiger Schlangen aussieht. Auf dem kleinen Marktplatz steht ein Brunnen, die Jahrhunderte haben seine abgestuften Schalen mit Moos überkleidet, und jeder Moossproß, jedes der grüngoldenen Seidenfädchen läßt seinen Tropfen lebendigen Wassers herabrieseln. In der Nacht wird der Mistral unter einem schwarzen, sternbesäten Himmel nach und nach stärker, und in den Gärten singen die Kater mit herzzerreißender Stimme ihre Liebeslieder.« (Colette)

Bibliothèque municipale (Stadtbücherei; 80 Tsd. Bde.). – Théâtre municipal (Stadttheater).

† 1566 **Nostradamus** (* Saint-Rémy-de-Provence 1503); der Arzt und Astrologe, der die letzten 19 Jahre seines Lebens in S. verbrachte (im Wohnhaus heute ein [M] Museum zu Leben und Werk), hatte auch die genaue Stunde seines Todes vorhergesagt; sein Grab wurde von den Revolutionären geschändet (die aus seinem Schädel tranken); seine Gebeine ruhen jetzt in der Kirche Saint-Laurent (dritte Kapelle links).

[A] **Colette** (→ Saint-Sauveur-en-Puisaye/B), die sich nach der Scheidung von ihrem ersten Mann einer Variété-Truppe angeschlossen hatte, kam auf ihren Tourneen in den Jahren vor dem 1. Wk. auch nach S., worüber sie in *Mes Cahiers* (1941, dt. in Ausz. *Die Erde mein Paradies*, 1967) spricht.

SANARY-SUR-MER (Var)

»Hauptstadt der deutschen Literatur« (Ludwig Marcuse)

Das Kulturzentrum (Maison de la Culture) besitzt eine Bibliothek mit Werken emigrierter Schriftsteller.

† 1941 **Franz Hessel** (* Stettin 1880); der Erzähler und Übersetzer (u. a. M. Proust) war 1938 von Berlin nach Paris geflohen und von dort im Frühjahr 1940 weiter an die Côte d'Azur; er starb im Turmzimmer der Mas de la Carreirade (Montée de la Carreirade Nr. 38); Grab auf dem alten Friedhof der Stadt verschollen.

[A] Der Philosoph **Ernst Bloch** (1885-1977) hielt sich 1925 mit seiner Frau in Paris und S. auf. – **Emmanuel Bove** (→ Paris) verbrachte fast den ganzen Sommer 1928 in einem kleinen Haus am Chemin du Diable, wo er zwei Romane und einige Erzählungen schrieb. – **Aldous Huxley** (1894-

1963) kaufte im März 1930 in S. eine Villa in der Allée Thérèse (Villa Huley: der Maurer hatte beim Aufmalen des Namens das ›x‹ vergessen), wo er mit seiner Frau bis Februar 1937 wohnte; hier schrieb Huxley seinen utop. Roman *Brave New World* (1932, dt. 1932, später u. d. T. *Schöne neue Welt*). – Als **Erika** (1905-1969) und **Klaus Mann** (1906-1949) im Rahmen ihrer Südfrankreichfahrt 1931 nach S. kamen, war der Ort »der sommerliche Treffpunkt der pariserisch-berlinisch-schwabingerischen Malerwelt« (*Das Buch von der Riviera*, 1931); Klaus Mann kam auch später wiederholt nach S., in das Hôtel de la Tour, wo er im Mai 1933 von der Bücherverbrennung der Nazis erfuhr und Zeuge des Verkehrsunfalls wurde, den er in der Erzählung *Une belle journée* (1946) schildert. – **René Schickele** (→ Oberehnheim/E) wohnte mit seiner Familie von November 1932 bis Oktober 1933 in der Villa La Ben Qui Hado (Rond Point de Stellamare Nr. 363) und schrieb dort den Roman *Die Witwe Bosca* (1933), der S. und

Sanary-sur-Mer: Gedenktafel für Exilanten

Umgebung zum Schauplatz hat. – **Thomas Mann** (1875-1955) mietete für den Sommer 1933 die Villa La Tranquille (Chemin de la Colline Nr. 442), bereitete hier den Druck der *Geschichten Jaakobs* (1933) vor und zog im Herbst mit seiner Familie nach Küsnacht am Zürichsee. (Das Haus, das die Manns bewohnten, wurde 1944 von den Deutschen gesprengt, da man an diesem Küstenabschnitt die Landung der Alliierten erwartete.) Besucher in S. auch der Bruder **Heinrich Mann** (1871-1950). – Gegenüber der Villa La Tranquille lag die Villa Fayet (auch sie gesprengt), in der **Bruno Frank** (1887-1945) zu Beginn seines Exils lebte (weitere Stationen: 1935/36 London und Salzburg, ab 1937 Kalifornien). – **Lion Feuchtwanger** (1884-1958) bewohnte mit seiner Frau Martha ab dem Sommer 1933 in S. die Villa Lazare (heute La Calanco, Boulevard de la Plage de Beaucours Nr. 571), später (bis 1940) die Villa Valmer (Avenue Beausoleil Nr. 164); über seine Zeit in S. spricht Feuchtwanger in dem Bericht *Der Teufel in Frankreich* (zuerst u. d. T. *Unholdes Frankreich*, 1942). – **Arnold Zweig** (1887-1968), von Anfang Juli bis Oktober 1933 in S., diktierte hier *Bilanz der deutschen Judenheit 1933* (1934). – Am 17. 9. 1933 kam für vier Wochen **Bert Brecht** (1898-1956) von Paris aus nach S., wohnte zuerst bei L. Feuchtwanger, den er im Herbst 1937 nochmals besuchte, dann im Hôtel de la Plage: »Hier am Mittelmeer ist es langweilig. [...] Heinrich Mann imitiert Victor Hugo und träumt von einer zweiten Weimarer Republik.« – Der österreichische Dichter **Franz Werfel** (1890-1945), der mit seiner Frau Alma Mahler-Werfel im Frühjahr 1938 vor den Nazis aus Wien geflohen war, mietete im Juli 1938 den Turm der Windmühle Le Moulin Gris am Chemin de la Colline; das Paar wohnte knapp zwei Jahre hier (im Théâtre Galli, Avenue du Lieutenant A. Tassy, zeigen Wandmalereien u. a. das Ehepaar Werfel und Th. Mann als Logengäste). – Weitere Schriftsteller, für die S. eine kürzere oder längere Station ihres Exils bedeutete: **Alfred Kantorowicz** (*Exil in Frankreich*, 1971), **Ludwig Marcuse** (*Mein zwanzigstes Jahrhundert*, 1960), **Annette Kolb, Wilhelm Herzog, Hermann Kesten,** der Kunstkritiker **Julius Meier-Graefe, Friedrich Wolf, Ernst Toller, Arthur Koestler, Rudolf Leonhard** (Gedenktafel für die deutschen und österreichischen Schriftsteller direkt am Hafen, am Platz der Boulespieler). Treffpunkte der Emigranten waren die Hafencafés Café de la Marine, Nautique (auch Witwe Schwab genannt) und Café de Lyon.

[L] S. ist Schauplatz des Romans *La Folle de Maigret* (1970, dt. *Maigret und die Spinnerin*, 1972, u.d.T. *Maigret und die verrückte Witwe*, 1988) von **G. Simenon.**

SAUMANE-DE-VAUCLUSE (Vaucluse) → FONTAINE-DE-VAUCLUSE [R]
SÉRIGNAN-DU-COMTAT (Vaucluse) → ORANGE [R]
LA SEYNE-SUR-MER (Var) → TOULON [R]

SISTERON (Alpes-de-Haute-Provence)

* 1843 **Paul Arène** († Antibes 1896), neuprovenzal. Dichter; Literaturstudium, Tätigkeit als Hilfslehrer; Mitarbeiter an Daudets *Lettres de mon moulin*; schrieb auf Frz. und Provenzal. – Geburtshaus im August 1944 durch Bomben zerstört; Büste; Grab auf dem Friedhof an der Montée de la Citadelle. – W. u. a.: *Pierrot héritier* (Dr. 1865), *Jean des Figues* (Erz. 1870), *La Gueuse parfumée* (Erz. 1876), *La Chèvre d'or* (R. 1889).
[A] **Francis Jammes** (→ Tournay/MPy) war häufig in S., dem Heimatort seiner Mutter. – Nach dem Ende des 2. Wks. kehrte **Georges Bernanos** (→ Paris) im Sommer 1945 aus Südamerika nach Frankreich zurück und hielt sich bis November in S. auf (danach in Bandol).

SOLLIÈS-VILLE (Var) → TOULON [R]
TAMARIS (Var) → TOULON [R]

Tarascon: Burg

TARASCON (Bouches-du-Rhône)

[A] **A. Dumas d.Ä.** (→ Villers-Cotterêts/Pi) besuchte im November 1834 in T. die Kirche Sainte-Marthe, die er weniger ihrer Architektur als ihrer Gemälde wegen interessant fand. – **Stendhal** (→ Grenoble/RhA), der Ende Juli 1837 die Messe in → Beaucaire/LR besuchte, spazierte, wenn der verhaßte Mistral nachließ, über die Rhône-Brücke nach T., wo er die Burg aufsuchte, die auch **G. Flaubert** (→ Rouen/HNo) zweimal besichtigte (1840/1845); Flaubert über die Stadt: »Tarascon gleicht einer Stadt, deren sämtliche Einwohner ausgewandert sind.« – **Th. Gautier** (→ Tarbes/MPy) besuchte die Stadt im Rahmen einer Reise durch Südfrankreich im Sommer 1845. – **C.F. Meyer** (1825-1898), mit seiner Frau im Oktober 1875 auf Hochzeitsreise in Südfrankreich, besuchte in T. die Burg des Königs René, über den er ein Gedicht schrieb (»Die Gedanken des Königs René«, 1880). – **Henry James** (1843-1916) legte Ende Oktober 1882 auf seiner Frankreichtour eine dreistündige Pause in T. ein (»in erster Linie aus Liebe zu Alphonse Daudet«) und besichtigte dort ebenfalls, von einem Wächter geleitet, die Burg des Königs René von Anjou, die damals Gefängnis war, bevor er über die Rhônebrücke nach → Beaucaire/LR ging. – **Joseph Roth** (81894-1939) stand bei seinem Besuch im Sommer 1925 im

Bann der Daudet-Lektüre (s. u.): »Ich sehe immer nur das Tarascon Daudets, das Tarascon Tartarins. Es ist eine helle, kleine, freundliche, gutmütige, ein bißchen kümmerliche, ein bißchen komische Stadt. Ihre angesehenen Bürger träumen heute noch von Löwenjagden.« – Für **Wolfgang Koeppen** (1906-1996) war T. auf seiner Reise durch die Provence »der abweisendste Ort«, wo er zuviel moderne Beton-Architektur, »kalt, nüchtern, häßlich und unsagbar trostlos« vorfand (*Reisen nach Frankreich*, 1961). – Reiseeindrücke auch von **Rolf Schneider** (* 1932) (*Von Paris nach Frankreich*, 1975) und **Fred** (* 1917) und **Maxie Wander** (1933-1977) (*Provenzalische Reise*, 1978).

[L] Zu Berühmtheit in der Literatur gelangte die Stadt an der Rhône durch die Titelfigur des Romans *Les Aventures prodigieuses de Tartarin de Tarascon* (1872, dt. *Die wundersamen Abenteuer des Herrn Tartarin aus Tarascon*, 1882) von **Alphonse Daudet**, der den ursprünglichen Namen des Helden ›Barbarin‹ ändern mußte, weil es tatsächlich eine Familie Barbarin in T. gab; der Erfolg ließ den Autor zwei Fortsetzungen verfassen: *Tartarin sur les Alpes* (1885) und *Port Tarascon* (1890).

[M] Die **Maison de Tartarin** (Boulevard Itam Nr. 55 *bis*), 1985 eingerichtet, enthält Zimmer, die dem Geschmack der Tartarin-Zeit (um 1870) entsprechen; hinter dem Haus wurde entsprechend der Beschreibung im 1. Kapitel des Romans ein Garten angelegt.

THORENC (Alpes-Maritimes)

[A] **André Breton** (→ Tinchebray/BNo) verbrachte den August 1925 mit seiner Frau Simone in Th. (Grand Hôtel du Château), wo sie Besuch von A. Masson, R. Desnos und A. Artaud (→ Marseille) bekamen.

[L] **Guy de Maupassant** bestimmte Th. als Rahmen für seine Novelle *Sur les chats* (1886); die Mutter des Dichters hatte den Herbst 1885 in dem wenig sö. v. Th. gelegenen Weiler Les Quatre-Chemins verbracht und ihren Sohn mit Informationen über den Ort versorgt.

LE THORONET (Abtei) (Var) → DRAGUIGNAN [R]

TOULON (Var)

Université de Toulon et du Var (gegr. 1970). – Bibliothèque municipale (Stadtbücherei; 280 Tsd. Bde., 200 Hs., Ink.).

* 1848 **Jean Aicard** († Paris 1921), Lyriker, Erzähler, Dramatiker; Jurastudium; erhielt 1883 den Preis der Académie Française für das Gedicht *Lamartine*, ab 1909 Mitglied der Académie Française; Aicard, der zu seinen Lebzeiten als *der* Dichter der Provence galt und heute nahezu vergessen ist, schuf ein umfangreiches Werk über seine Heimat. – Grab auf dem Cimetière central. – W. u. a.: *Poèmes de Provence* (Ged. 1874), *Maurin des Maures* (R. 1908).

[A] Die Schriftstellerin **Johanna Schopenhauer** (1766-1838), die mit ihrem sechzehnjährigen Sohn Arthur im Frühjahr 1804 Südfrankreich bereiste, beschreibt in ihren Reiseerinnerungen (zuletzt u. d. T. *Promenaden unter südlicher Sonne*, 1993) das Arsenal und die Sträflinge in T. – **Eugène Sue** (→ Paris) war 1825 am Militärhospital von T. angestellt. – Für **Hermann Fürst von Pückler-Muskau** (1785-1871) hatte im Januar 1835 T. »für eine Hafenstadt etwas ungemein Trauriges und Ödes, obgleich die Gegend sehr pittoresk ist.« (*Semilassos vorletzter Weltgang in Europa*, 1835.) – **A. Dumas d. Ä.** (→ Villers-Cotterêts/Pi) legte im Frühsommer 1835 auf dem Weg nach Italien einen vierwöchigen Aufenthalt in T. ein, während dessen er Stadt und Bagno besichtigte und das Drama *Don Juan de Marana* schrieb. – **Stendhal** (→ Grenoble/RhA) kam 1837 auf seiner Frankreichfahrt nach T., eine »hübsche kleine Stadt, die sich zwischen einen hohen Berg und das Meer geschoben hat« (zweiter Besuch der Stadt, wo ihn vor allem die kleinen Plätze mit den Platanen und Brunnen erfreuten, im Mai 1838). Zur Besichtigung mit Fremdenführern gehörte 1837 neben den Werften auch das berüchtigte Bagno mit den Häftlingen, das für **Victor Hugo** (→ Besançon/FC) bei seinem Besuch im Herbst 1839 im Mittelpunkt des Interesses stand; dorthin ließ der Dichter Jean Valjean, Hauptfigur des Romans *Les Misérables* (1862) nach der Verurteilung abtransportieren (1. Teil, 2. Buch, 6. Kapitel). – **G. Flaubert** (→ Rouen/HNo) kam mehrfach nach T. und besah sich ebenfalls – wenn auch mit schlechtem Gewissen – das Zuchthaus: »Es ist eine dumme Ungehörigkeit, die Sträflinge zu besichtigen. Ehrbare Frauen kommen hierher und betrachten sie durch ihre Lorgnons, ob es Menschen sind.« – Auch **J. Michelet** (→ Paris) besuchte im Juni 1844 das berüchtigte Zuchthaus; 1861/62 verbrachte der Historiker den Winter mit seiner Frau in T. – **George Sand** (→ Paris), die das Frühjahr 1868 bei Freunden in Golfe-Juan verbrachte, nutzte die Gelegenheit zu einem Besuch in T. – **André Gide** (→ Paris) und der Maler Paul-Albert Laurens, im Herbst 1893 von Paris nach Nordafrika unterwegs, legten bei der mit dem Maler befreundeten Familie Latil einen Aufenthalt von einigen Tagen ein, waren auch auf deren Besitzung La Simiane am Meer; Gide berichtet davon in *Si le Grain ne meurt* (1926, dt. *Stirb und werde*, 1930). – **Blaise Cendrars** (→ Anhang) kam ab und zu nach T., wo er ein Zimmer gemietet hatte, um sich dort »gelegentlich der Liebe hinzugeben«, wie er in der Skizze »Toulon. Howdah« (in: *Bourlinguer*, 1948, dt. in Ausz. 1964) erzählt. – **Vladimir Nabokov** (1899-1977) verbrachte den Sommer 1923 als Landarbeiter auf dem Gut Beaulieu in T.; das dortige Leben beschreibt er in dem Roman *Die Mutprobe* (1933, dt. 1977). – Der englische Schriftsteller **Ford Madox Ford** (1873-1939), der bereits Mitte der 20er Jahre die Wintermonate mit seiner Familie in T. (Hotel Victoria) verbracht hatte, mietete ab März 1930 die am Cap Brun gelegene Villa Paul, wo er während eines Großteils der nächsten vier Jahre lebte. – Im November 1925 stieg **A. Breton** (→ Tinchebray/BNo) mit seiner Geliebten Suzanne Berl für zwei Wochen im Hôtel des Négociants et du Port ab. – **Erika** und **Klaus Mann** beschreiben T. in ihrem Reisebericht *Das Buch von der Riviera* (1931). – **Georges Bernanos** (→ Paris) bewohnte vom Herbst 1930 bis zum Juli 1931 in T. zwei Villen am Boulevard de la Martille, zunächst die Villa Sainte-Victoire, dann, ab Mai 1931, die Villa Les Algues; 1937, nach seiner Rückkehr aus Mallorca, mietete der Autor erneut in T. eine Villa (Les Flots), wo er die Arbeit an *Les Grands cimetières sous la lune* (1938, dt. *Die großen Friedhöfe unter dem Mond*, 1949) abschloß; er blieb hier bis zum Sommer 1938, als er nach Paraguay und dann Brasilien übersiedelte. – **Jean Cocteau** (→ Maisons-Laffitte/IdF) verbrachte den Sommer 1932 mit Freunden in T. und erkrankte hier an Typhus. – **Wolfgang Koeppen** (1906-1996) besuchte die Stadt 1959: »Der Hafen lag klein, übersichtlich, quadratisch wie ein Planschbecken vor der Stadt, und hinter ihm erhoben sich am Kai hohe Häuser von einer hier überraschenden Architektur, Bauten in einem wahren Stalin-Stil, denen man mit manchem Schnörkel und diskreten Sonnenveranden französische Spitzen beigemauert hatte.« (*Reisen nach Frankreich*, 1961.)

[L] T. ist Schauplatz in den Romanen *Maigret aux assises* (1960, dt. *Maigret vor dem Schwurgericht*, 1960) und *La Folle de Maigret* (1970, dt. *Maigret und die verrückte Witwe*, 1988) von **G. Simenon**.

[R] In dem zu **La Seyne-sur-Mer** (w. v. T.) gehörenden Ortsteil **Tamaris** stand die Villa, in der sich **George Sand** (→ Paris) von Mitte Februar bis Ende Mai 1861 nach einer schweren Typhus-Erkrankung erholte (an der Stelle der Villa jetzt die Siedlung Les Jardins de Sand); den Ort macht die Autorin zum Schauplatz des Romans *Tamaris* (1862, dt. 1864); **Kurt Tucholsky** (1890-1935) kam Ende 1925 durch La S.: »Sein Häfchen sieht aus wie ein Enkel von Marseille – auch hier die kleinen Häuschen, die unmittelbar um das Hafenbassin herumstehen, ganz nahe.« – Das Haus mit dem Namen Les Lauriers-roses (heute Museum) in **La Garde** (6 km ö. v. T.) war eines der Häuser des Dichters **Jean Aicard** (s. o.); ein anderes war das an der Place de l'Église von **Solliès-Ville** (10 km nö. v. T.), das Aicard, Bürgermeister des Ortes, nach dem 1. Wk. gekauft hatte (heute [M] Musée Jean-Aicard). – **Egon Erwin Kisch** (1885-1948), der ›Rasende Reporter‹, erholte sich von seinem Australien-Abenteuer im 9 km sw. v. T. gelegenen **Les Sablettes** (Hôtel de la Plage) und arbeitete hier im April 1935 an seinem Bericht *Landung in Australien* (1937). – In dem T. gegenüber liegenden Ort **Saint-Mandrier-sur-Mer** vollendete 1932 **J. Cocteau** (→ Maisons-Laffitte/IdF) sein Drama *La Machine infernale* (1934).

LA TURBIE (Alpes-Maritimes)
[A] **Dante Alighieri** (1265-1321), der Anfang 1309 ins frz. Exil ging (über Arles nach Paris?), kam höchstwahrscheinlich über La T., das er im »Purgatorio« der *Göttlichen Komödie* erwähnt (III, 49). – Der Ort stand auf dem Besuchsprogramm des schottischen Romanciers **T. Smollett** (1721-1771), der hier die Hinterlassenschaften der Römerzeit (v. a. das berühmte Siegesdenkmal) besichtigte. – Der Lyriker **Th. de Banville** (→ Moulins/Au) besuchte La T. 1860 und wurde zu dem Gedicht »Le Laurier de La Turbie« inspiriert. – Die neuseeländ. Erzählerin **Katherine Mansfield** (1888-1923) kam im März 1920 nach La T.

[L] Die Umgebung von La T. bildet (gemeinsam mit Monte Carlo) den Rahmen der Erzählung *Vierundzwanzig Stunden aus dem Leben einer Frau* von **S. Zweig** (erstmals in: *Verwirrung der Gefühle*, 1927). – Eine kurze Szene des Romans *Tender is the Night* (1934, dt. *Zärtlich ist die Nacht*, 1952) von **F. Scott Fitzgerald** spielt in La T.

VACQUEYRAS (Vaucluse) → **CARPENTRAS** [R]
VAISON-LA-ROMAINE (Vaucluse) → **CARPENTRAS** [R]
VAUCLUSE → **FONTAINE-DE-VAUCLUSE**
VAUVENARGUES (Schloß) (Bouches-du-Rhône) → **AIX-EN-PROVENCE** [R]

VENCE (Alpes-Maritimes)
† 1930 **David Herbert Lawrence** (* Eastwood/England 1885); der Autor hatte Anfang Februar 1930 als todkranker Mann das Sanatorium Ad Astra in V. aufgesucht, von wo er sich drei Wochen später in die Villa Robermond (heute Villa Aurella, Avenue des Combattants d'A. F. N.) bringen ließ, wo er starb; nach der Bestattung des Dichters auf dem Friedhof an der Avenue du Colonel Meyere (dort Gedenktafel) wurde seine Asche 1935 nach Taos/New Mexico überführt und dort unter der Gedächtniskapelle der Kiowa Ranch eingemauert (was mittlerweile bezweifelt wird: Man habe 1935 die Asche des Dichters in V. verstreut und eine andere Asche nach New Mexico gebracht).
† 1940 **René Schickele** (* Oberehnheim/E 1883); der Elsässer emigrierte 1932 aus Badenweiler (Baden-Württemberg) nach Frankreich, ließ sich zuerst in Sanary-sur-Mer nieder, dann in Fabron bei Nizza und ab September 1938 in V., das er mit seiner Umgebung bis Cap d'Antibes und Nizza bereits in dem 1925 erschienenen Roman *Ein Erbe am Rhein* (später u. d. T. *Maria Capponi*) zum Schauplatz gewählt hatte (Besucherin in V.: Annette Kolb); die sterbliche Hülle des ursprünglich in V. beigesetzten Dichters wurde 1956 auf den Friedhof Lipburg bei Badenweiler/Baden-Württemberg überführt.
† 1956 **Henri Calet** (* Paris 1904); der schwerkranke Autor hatte sich von Paris, seinem ständigen Wohnsitz, nach V. zurückgezogen, um hier im Auftrag des Verlags Grasset ein Buch über seine Heimatstadt zu schreiben; Grab auf dem Friedhof.
† 1969 **Witold Gombrowicz** (* Malo-

szyce/Polen 1904); der polnische Romancier und Dramatiker, dessen Werke ab 1958 in seiner Heimat verboten waren, hatte sich nach Aufenthalten in Berlin und Paris Ende Oktober 1964 in V. niedergelassen, zunächst in der Villa Alexandrine (Place du Grand Jardin), wo er zahlreiche Besucher empfing (u. a. seinen Landsmann und späteren Nobelpreisträger Czesław Miłosz und J.-M. G. Le Clézio), dann in der Résidence du Val-Clair an der Route de Saint-Paul; Grab auf dem Friedhof.

[A] Der lungenkranke Dichter **Albert Samain** (→ Lille/NPdC) kam im Februar/März 1899 nach V. (Hôtel Auzias) und arbeitete an seiner Gedichtsammlung *Paysages*, in der auch Beschreibungen von V. enthalten sind. – **Catherine Pozzi** (→ Paris), auf der Suche nach einer Villa im Süden, fand Anfang November 1921 an der Straße nach Saint-Jeannet (2 km v. V.) die Villa La Collinette (später von ihr in Les Collines umgetauft), die sie als Mieterin sofort bezog und im folgenden Jahr kaufte; hier besuchte sie **Paul Valéry** (→ Sète/LR). (1949 kaufte der Maler Marc Chagall das Haus.) – Die amerikanische Lyrikerin **Sylvia Plath** (1932-1963), Anfang Januar 1956 Besucherin der Matisse-Kapelle, schrieb über sie das Gedicht »The Matisse-Chapel«.

[R] Auf dem Friedhof von **Saint-Jeannet** (6 km n. v. V.) Grab von **Georges Ribemont-Dessaignes** (1884-1974); der mit M. Duchamp und F. Picabia befreundete Maler und Schriftsteller, der vor allem in der Dada-Bewegung aktiv war, lebte von 1946 bis zu seinem Todesjahr in S.-J. (Rue du Clavas).

(MONT) VENTOUX (Vaucluse)

[A] **Francesco Petrarca** (1304-1374) bestieg den 1907 m hohen Berg am 24. April 1336, wie er in einem berühmten Brief an den Augustinermönch Francesco Dionigi nach Paris schreibt; auf dem Gipfel schlägt er nach einem Rundblick einen mitgebrachten Augustinus-Band auf und stößt auf eine Passage, wo der antike Philosoph und Kirchenvater sich beklagt, daß die Menschen die Außenwelt über die Innenwelt zu stellen pflegen; Petrarca berichtet seine Reaktion: »Ich war wie betäubt [...] und schloß das Buch im Zorne mit mir selbst darüber, daß ich noch jetzt Irdisches bewunderte. [...] Da beschied ich mich, genug von dem Berge gesehen zu haben, und wandte das innere Auge auf mich selbst, und von Stund an hat niemand mich reden hören, bis wir unten ankamen.«

VILLEFRANCHE-SUR-MER

(Alpes-Maritimes)

† 1625 **Honoré d'Urfé** (* Marseille 1567); der Autor starb während eines Feldzugs des Herzogs von Savoyen gegen die Republik Genua; der Leichnam wurde zu den Trauerfeierlichkeiten nach Turin gebracht (Grabstätte unbekannt).

[A] Der Lyriker und Romancier **Paul Morand** (1888-1976), später Gesandter der Vichy-Regierung in Bukarest und Bern, wohnte von 1920 bis 1935 in V., wo er an der Corne d'Or die Villa Orangerie besaß. – **Jean Cocteau** (→ Maisons-Laffitte/IdF) lebte wiederholt in V. im Hôtel Welcome, erstmals von August bis Oktober 1925, wo er zahlreiche Werke schrieb; 1957 malte er die Kapelle Saint-Pierre in V. aus (im gleichen Jahr schrieb er in das Goldene Buch des Hotels: »Meinem liebsten Hôtel Welcome, wo ich den besten Teil meines Lebens verbracht habe.«). – Hotelgast im Sommer 1931: der englische Romancier **Evelyn Waugh** (1903-1966). – Auch **Klaus Mann** (1906-1949) stieg mehrfach im Hôtel Welcome ab, das er bereits in dem mit seiner Schwester Erika verfaßten *Buch von der Riviera* (1931) als »das einzige, das hier in Frage kommt«, bezeichnet. – Anfang Januar 1935 schiffte sich **Stefan Zweig** (1881-1942) in V. auf der Conte di Savoia nach den USA ein, von wo er bereits Ende des Monats über London nach Österreich zurückkehrte. – **Blaise Cendrars** (→ Anhang) ließ sich im Januar

1948 für zwei Jahre mit seiner Lebensgefährtin (und späteren, zweiten Frau) Raymone auf dem Gut Saint-Segond nieder, wo ihn u. a. **Henry Miller** (1891-1980) besuchte.

[R] Der englische Schriftsteller **William Somerset Maugham** (1874-1965) erwarb 1928 in **Cap-Ferrat** (3 km südl. v. V.) die Villa Mauresque, die er (mit Ausnahme der Kriegszeit) bis zu seinem Tod 1965 (→ Nizza) bewohnte. – **Jean Cocteau** (s. o.) hielt sich in den letzten Jahren seines Lebens wiederholt (und für längere Zeit) bei einer Freundin, Francine Weisweiller, in **Saint-Jean-Cap-Ferrat** (südl. v. V.) auf, deren Villa Santo-Sospir er 1950 bemalt hatte.

Hafenszene

KORSIKA (Ko)/CORSE

Region: Korsika (Corse); Départements Corse-du-Sud (2A), Haute-Corse (2B); Einwohner: 259 Tsd.; Fläche: 8680 qkm; Verwaltungssitz: Ajaccio.

Der englische Schriftsteller **James Boswell** (1740-1795) besuchte K. vom 12. Oktober bis 20. November 1765. – **Victor Hugo** (→ Besançon/FC) war als Einjähriger auf der Insel, wo sein Vater stationiert war. – **H. de Balzac** (→ Tours/C) machte in K. Zwischenstation, als er im Frühjahr 1838 nach Sardinien wollte, um dort mit Silberminen Geld zu machen. – **P. Mérimée** (→ Paris), der bereits 1829 die hier spielende Novelle *Mateo Falcone* (dt. 1911, 1943 u.ö.) veröffentlicht hatte (ohne die Insel selbst zu kennen), kam vom 16. August bis 7. Oktober 1839 als Generalinspektor der historischen Denkmäler Frankreichs nach K., um eine Bestandsaufnahme des Schützenswerten zu erstellen (*Notes d'un voyage en Corse*, 1840, zuletzt 1989), fand dabei aber auch den Stoff zu der Novelle *Colomba* (1840, dt. 1841). – **G. Flaubert** (→ Rouen/HNo), nach bestandenem Abitur auf großer Tour durch den Süden, besuchte die Insel im Anschluß an Pyrenäen und Provence von Anfang bis Ende des Monats Oktober 1840. – Eine Mittelmeertour führte im Juni 1842 **A. Dumas d. Ä.** (→ Villers-Cotterêts/Pi) in Begleitung des Prinzen Napoleon nach Korsika. – Der englische Maler und *Nonsense*-Dichter **Edward Lear** (1812-1888) besuchte die Insel gemeinsam mit dem Freund und Schriftsteller **John Addington Symonds** (1840-1893) im Frühjahr 1868 und verfaßte ein *Journal of a Landscape Painter in Corsica* (1870). – **A. Daudet** (→ Nîmes/LR) hielt sich den Winter 1862/63 auf der Insel auf. – **C.F. Meyer** (1825-1898), der am 5. 10. 1875 geheiratet hatte, fuhr auf Hochzeitsreise mit seiner Frau nach K. (vgl. das Gedicht »Abschied von Korsika«, 1876). – **G. de Maupassant** (→ Tourville-sur-Arques/HNo) besuchte im Herbst

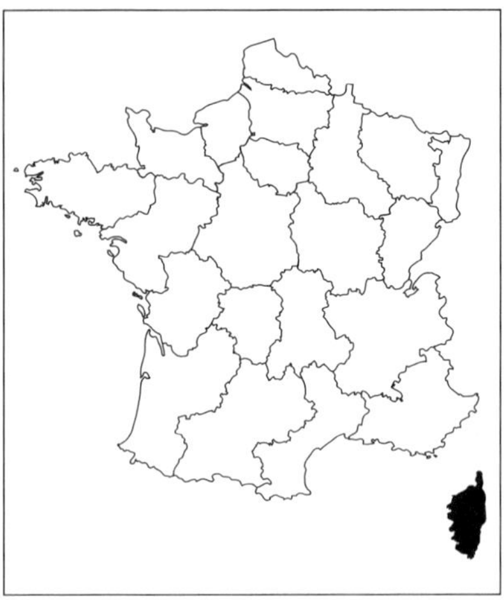

1880 seine Mutter, die auf K. zur Kur war; K. ist mehrfach Schauplatz bei Maupassant, so u. a. in den Novellen *Un Bandit corse* (1882, dt. *Ein korsischer Bandit*) und *Le Bonheur* (1885, dt. *Das Glück*) und in dem Roman *Une Vie* (1883, dt. *Ein Leben*, 1894). – Anfang 1921 fuhr **Joseph Conrad** (1857-1924) mit Frau und Freunden für einige Wochen nach K. – **Paul Valéry** (→ Sète/LR), dessen Vorfahren von der Insel stammten, kam 1925 und 1929 (im Rahmen von Mittelmeerreisen) nach K. – **Walter Benjamin** (1892-1940) hatte bei einem Spielbankbesuch in Monte Carlo so viel Geld gewonnen, daß er sich einen einwöchigen K.-Urlaub im Juni 1927 leisten konnte. (»Corsica ist in der Tat unberührt, die Lebensbedingungen sind die primitivsten, die ich bisher kennen gelernt habe. Und die Armut geht über alle Vorstellung.«) – **Ford Madox Ford** (1873-1939) unternahm im September 1928 eine Reise nach K., um für seinen Napoleon-Roman *A Little Less than Gods* (1928) zu recherchieren. – Im Sommer 1929 verbrachte der Lyriker **Peter Huchel** (1903-1981) die Ferien mit seiner späteren Frau auf der Insel (vgl. das Gedicht »Die Insel Aloe«). – Der Kritiker **Alfred Kerr** (1867-1948) besuchte die Insel 1932 und veröffentlichte über seine Erlebnisse den Bericht *Eine Insel heißt Korsika ...* (1933). – **Julien Green** (→ Paris) bereiste die Insel im Sommer 1958, **Ernst Jünger** (1895-1998) im Mai und Juni 1966.

L In der staatstheoret. Abhandlung *Du Contrat social ou principes du droit politique* (1762, dt. 1763, u. d. T. *Der Gesellschaftsvertrag oder Die Grundsätze des Staatsrechts*, 1885) wies **J.-J. Rousseau** auf die Insel hin (»Es gibt in Europa noch ein Land, das der Gesetzgebung fähig ist, das ist die Insel Korsika«; Buch 2, Kap. X) und erstellte einen Verfassungsentwurf (»Projet de constitution pour la Corse«).

AJACCIO (Corse-du-Sud)
Bibliothèque municipale (Stadtbücherei; 55 Tsd. Bde., 200 Hs., 29 Ink.; Sammlung zu Korsika, Napoleon-Fundus). – Théâtre municipal (Stadttheater).

[A] **Honoré de Balzac** (→ Tours/C) war auf seiner Reise nach Sardinien vom 23. März bis 4. April 1838 in A., wo es ihm anfangs gar nicht gefallen wollte: »Ajaccio ist ein unerträglicher Ort, ich kenne niemanden hier, und es ist im übrigen auch kein Mensch da. Die Zivilisation ist wie in Grönland, die Korsen können Fremde nicht leiden. [...] Ich habe das Geburtshaus Napoleons besichtigt, es ist eine armselige Bruchbude«, schreibt er an Madame Hanska. (Balzac hatte zwar eine Novelle über Korsen und Blutrache geschrieben – *La Vendetta*, 1830 –, doch die spielt in Paris.) – Für **P. Mérimée** (→ Paris) war A. die zweite Station seiner Korsika-Reise. – Als **G. Flaubert** (→ Rouen/HNo), der mit Dr. Cloquet (einem Ärztekollegen des Vaters und Freund der Familie) reiste, in A. die Insel betrat, wurde er vom Präfekten Jourdan du Var empfangen, der im Jahr zuvor Mérimée auf Colomba Bartoli, geb. Carabelli, (→ Fozzano) und deren Geschichte aufmerksam gemacht hatte; auch Flaubert besuchte das Insel-Heiligtum: »In Ajaccio steht ein Haus, zu dem die kommende Menschheit wallfahrten wird, man wird glücklich sein, seine Steine zu berühren; nach tausend Jahren noch wird man die zerfallenen Stufen emporklettern, und man wird das verweste Holz der Linden, die jetzt vor der Tür grünen, in Kapseln sammeln; und ebenso, als sähe man die Geburtsstätte Alexanders des Großen, wird man, von der Erinnerung an den großen Toten ergriffen, ausrufen: ›Dort ist der Kaiser geboren!‹« – **A. Daudet** (→ Nîmes/LR) war mit Unterbrechungen von Dezember 1862 bis Mitte Februar 1863 in A., einer Stadt, die »traurig wie eine schmutzige Nachthaube« sei (Brief an F. Mistral); Daudet wohnte im Haus des Vaters von Emmanuel Arène (1856-1908), eines hohen korsischen Beamten, der auch Erzählungen schrieb; die Insel spielt eine Rolle in Daudets Romanen *Le Nabab* (1878) und *Rose et Ninette* (1892). – **C. F. Meyer** (1825-1898) wollte mit seiner Frau ursprünglich nur eine Woche, bis Mitte November 1875, in A. bleiben und dann den Heimweg antreten, doch dann gefiel es dem frisch vermählten Ehepaar so gut, daß es bis Ende Januar 1876 blieb; in A. schrieb Meyer das Gedicht »Weihnacht in Ajaccio« (1876).

Ajaccio: Geburtshaus Napoleon Bonapartes

[L] A. ist Schauplatz der Binnenerzählung in der Novelle *La Main* (1885, dt. *Die Hand*) von **G. de Maupassant**.

[R] **Sarrola-Carcopino** (18 km nö. v. A.) ist die Wiege der Familie von **Francis Carco** (→ Anhang), der eigentlich François Carcopino-Tusoli hieß und sich wiederholt als ›Korse‹ bezeichnete.

BASTIA (Haute-Corse)

Théâtre municipal (Stadttheater; hier auch Städt. Bibliothek 50 Tsd. Bde., Hs., Ink.).

[A] V. **Hugo** (→ Besançon/FC) war vom Jahresanfang bis Ende Mai 1803 als einjähriges Kind in B., wo sein Vater als Major in Garnison stand; der Vater mit den drei kleinen Kindern – die Mutter war in Paris geblieben und stieß erst in der nächsten Garnison, der Insel Elba, Mitte des Jahres wieder zur Familie – bewohnte ein Haus bei der Kirche Sainte-Marie innerhalb der Zitadelle. – Für **P. Mérimée** (→ Paris) war die Stadt nach seiner Ankunft am 16. August 1839 der erste Standort auf der Insel; von hier unternahm er während der ersten zehn Tage seines Aufenthalts die Inspektionsausflüge; am 7. Oktober schiffte er sich schließlich hier wieder ein, ins italienische Livorno, wo er mit Stendhal zusammentreffen wollte. – Die Stadt war auch für **G. Flaubert** (→ Rouen/HNo) der Schlußpunkt seiner Korsika-Reise; hier sah er sich bereits auf das Festland vorbereitet: »Bastia ist nicht mehr Korsika; es ist sein Schandfleck, sagt man dort unten. Sein Reichtum, sein Handel, seine festländischen Sitten, das alles zieht ihm den Haß der Insel zu. In der Tat findet man nur dort Cafés, Bäder, ein Hotel mit Droschken, gelbe Handschuhe und Lackstiefel, den ganzen Komfort zivilisierter Länder.« – **C. F. Meyer** (1825-1898) ging mit seiner jungen Frau Anfang November 1875, von Nizza kommend, in B. an Land und reiste bald über Corte nach Ajaccio weiter: »Korsika durchziehend – von Bastia nach Ajaccio – wurde ich auf Schritt und Tritt an Prosper Mérimés [sic!] Colomba erinnert.« – **P. Valéry** (→ Sète/LR), dessen Vater Barthélémy 1825 in B. geboren worden war, besuchte die Stadt in den Sommern 1925 und 1929 im Rahmen von Mittelmeerreisen (Gedenktafel am Grand-Théâtre, Place Paul-Valéry). – **Julien Green** (→ Paris) verbrachte den August 1958 auf Korsika und berichtet davon

Bastia: Zitadelle

in seinen *Tagebüchern*: »In Bastia hochaufragende, finstere Kirchen und in ihrer Dunkelheit, Sternen gleich, die Flammen der Kerzen. Nach und nach erkennt man bemalte Holzfiguren mit reglosen Gesichtern unter ihren goldenen Kronen.«

BASTIA-PORETTA (Haute-Corse) → **LA CANONICA** [R]

BONIFACIO (Corse-du-Sud)

[A] Am Ende seines Korsika-Aufenthaltes (nach Ajaccio und einer längeren Schifffahrt) standen für **A. Daudet** (→ Nîmes/LR) einige Tage in B., bevor er wieder aufs frz. Festland zurückkehrte (→ Îles Lavezzi).

[L] Der Ort ist Schauplatz des Gedichts »Der Mönch von Bonifazio« (1864) von **C. F. Meyer** und der Novelle *Une Vendetta* (1885, dt. *Eine Vendetta*) von **Guy de Maupassant**.

LA CANONICA (Kirche) (Haute-Corse)

[A] **P. Mérimée** (→ Paris) besuchte sowohl die auf dem Gelände der einstigen Römer-

stadt Mariana gelegene alte Kathedrale Santa Maria Assunta, genannt La Canonica (»von einer großen Schlichtheit, aber einer Schlichtheit, die Eleganz keineswegs ausschließt«), wie die benachbarte Kirche San Parteo.

R Vom Flugplatz **Bastia-Poretta** (nw. v. La C.) startete **A. de Saint-Exupéry** (→ Lyon/RhA) am 31. Juli 1944 zu einem Aufklärungsflug, von dem er nicht zurückkommen sollte; eine Stele erinnert an den Autor und Piloten (Grab womöglich in Carqueiranne/PAC).

CORTE (Haute-Corse)
Bibliothèque départementale de prêt de la Haute-Corse (274 Tsd. Bde.)

A **James Boswell** (1740-1795) kam bei seiner K.-Tour über C., wo er sich einige Tage Ruhe gönnte und die Zitadelle besichtigte. – **Ernst Jünger** (1895-1998) beschreibt seinen Besuch der Stadt im Frühsommer 1966 in dem Tagebuchauszug *Im Granit* (1967).

FOZZANO (Corse-du-Sud)
A **P. Mérimée** (→ Paris) traf in F. die 65jährige Witwe Colomba Bartoli, geb. Carabelli (1765-1861; Grab in der Kapelle), die er zur Titelheldin der Novelle *Colomba* (1840, dt. 1841) machte (Museum in Vorbereitung).

(ÎLES) LAVEZZI (Corse-du-Sud)
L Auf dem Cimetière de l'Achiarino sind die Toten der 1855 gesunkenen Sémillante begraben; den Schiffsuntergang (Gedächtnisobelisk an der Stelle des Unglücks) beschreibt **Alphonse Daudet** in der Geschichte *L'Agonie de la Sémillante* (dt. *Der Todeskampf der ›Sémillante‹*) aus den *Lettres de mon moulin* (1869, dt. 1879, u. d. T. *Briefe aus meiner Mühle*, 1884); die Erzählung *Les Douaniers* (dt. *Die Zöllner*) aus der gleichen Sammlung spielt ebenfalls hier.

LURI (Haute-Corse)
A 5 km w. des Dorfes steht die Tour de Sénèque, ein Turm, in dem **Seneca** (4 v. Chr.-65 n. Chr.) während seiner Verbannung von 42 bis 49 gelebt haben soll (der Turm stammt aus dem 15. Jh., doch gab es einen Vorgängerbau); der römische Philosoph schrieb in seiner Verbannung auf K. die *Trostschrift an Helvia* (seine Mutter) und die drei Bücher *Vom Zorn*. (Nach Seneca benannt ist auch die mediterrane Brennesselart ›ortica di Seneca‹: Der Philosoph soll bei einem Schäferstündchen mit einer schönen Korsin überrascht und von den aufgebrachten Einheimischen mit Brennesseln ausgepeitscht worden sein.) – **P. Mérimée** (→ Paris) inspizierte auch den Seneca-Turm und erkannte ihn als mittelalterlichen Bergfried; in seinen *Notes d'un voyage en Corse* (1840, zuletzt 1989) verweist er darauf, daß es mehrere angebliche Aufenthaltsorte des Römers auf der Insel gibt, so auch in der sö. von L. gelegenen Gemeinde Pietracorbara die Torre di Seneca.

Les Îles Sanguinaires

MURATO (Haute-Corse)
[A] **P. Merimée** (→ Paris) war von der 1 km n. der Ortschaft gelegenen Kirche Saint-Michel begeistert: »die eleganteste und schönste Kirche, die ich in Korsika gesehen habe«. – **Julien Green** (→ Paris) besuchte die Kirche von M. im August 1958: »Auf dem Fries, der mich am meisten beeindruckte, ist eine riesige Schlange zu sehen, die aus einem Baum hervorragt und einen Apfel im Maul trägt, den sie Eva reicht; letztere bedeckt sich bereits mit einer Hand« (*Tagebücher*).

OLETTA (Haute-Corse) → **SAINT-FLORENT** [R]
OLMETO (Corse-du-Sud) → **SOLLACARO** [R]
PIETRACORBARA (Haute-Corse) → **LURI**

PORTO (Corse-du-Sud)
[A] **Ernst Jünger** (1895-1998) wohnte für die Dauer seines Korsika-Aufenthalts im Mai und Juni 1966 in P. und unternahm von hier Ausflüge (Beschreibung in dem Tagebuch *Im Granit*, 1967).

SAINT-FLORENT (Haute-Corse)
[A] S.-F. war die Residenzstadt für **Agostino Giustiniani** (1470-1536), einen Genueser Humanisten und Theologen, der 1514 Bischof des Bistums Nebbio wurde. (Nebbio, der einstige namensgebende Bischofssitz, wurde im 13. Jh. von den Sarazenen zerstört.) Giustiniani, der um 1530 eine Beschreibung der Insel verfaßte (*Dialogo nominato Corsica*, in frz. Übers. *Description de la Corse*, zuletzt 1993), lehrte auf Einladung König Franz' I. und des Humanisten Budäus 1517-22 an der Sorbonne Hebr. (als erster überhaupt), kehrte anschließend wieder in sein Bistum zurück. – **P. Mérimée** (→ Paris) besuchte sowohl die Stadt als die ehemalige Kathedrale von Nebbio, die er nach dem Vorbild der ›Canonica‹ erbaut sah.
[R] **Julien Green** (→ Paris) verbrachte den August 1958 in **Oletta** (8 km sö. v. S.-F.) und unternahm von hier aus Ausflüge in die Umgebung; Beschreibung von O. (und auch von Poggio d'Oletta) in den *Tagebüchern*.

(ÎLES) SANGUINAIRES (Corse-du-Sud)
[A] **A. Daudet** (→ Nîmes/LR) bewohnte im Januar 1863 auf der größten der Inseln, der Grande Sanguinaire, zehn Tage den Leuchtturm, Schauplatz der Geschichte *Le Phare des Sanguinaires* (dt. *Der Leuchtturm auf den Sanguinaires*) aus den *Lettres de mon Moulin* (1869; dt. 1879, u. d. T. *Briefe aus meiner Mühle*, 1894).

SARROLA-CARCOPINO (Corse-du-Sud) → AJACCIO [R]

SOLLACARO (Corse-du-Sud)
[A] Der Engländer **J. Boswell** (1740-1795) blieb 1765 eine Woche in S., wo er – ein Ziel seiner Reise nach K. – Pasquale Paoli kennenlernte, der seit zehn Jahren Führer des korsischen Widerstandes gegen die genuesische Herrschaft war; auch J.-J. Rousseau gehörte zu den Bewunderern Paolis.
[R] In **Olmeto** (4 km südl. v. Sollacaro) wohnte und starb Colomba Carabelli (→ Fozzano); Gedenktafel am Wohnhaus (gegenüber dem Rathaus).

VICO (Corse-du-Sud)
[A] **G. Flaubert** (→ Rouen/HNo), der mit dem Pferd von Ajaccio hierher gekommen war, schreibt in seinen Reiseaufzeichnungen: »In Vico erhält man zum erstenmal die richtige Vorstellung von einem korsischen Dorf. Auf einem Hügel inmitten eines großen Tales wird es auf allen Seiten von der trichterförmigen Umgebung der Berge überragt.« – **G. de Maupassant** (→ Trouville-sur-Arques/HNo) kam im Herbst 1880 nach V., wo seine Mutter zur Kur weilte; der Dichter schloß sich dem Philosophiestudenten Léon Gistucci an und unternahm mit ihm Segelpartien und Wanderungen.

ANHANG

AUSSERHALB FRANKREICHS GEBORENE AUTOREN DER FRZ. LITERATUR

Guillaume Apollinaire (eigentlich Guillaume Albert Wladimir Alexandre Apollinaire de Kostrowitzky), * Rom 1880, † Paris 1918, Lyriker; unehelicher Sohn einer adligen Polin und eines Italieners; Kindheit an der Côte d'Azur, ab 1899 Paris; verschiedene Tätigkeiten (u. a. Hauslehrer in Deutschland); ab 1905 in Künstlerkreisen am Montmartre, Freundschaft mit M. Jacob, A. Jarry, Utrillo, G. Braque, P. Picasso; 1911 Mitarbeiter des *Mercure de France*; Kriegsfreiwilliger, schwere Kopfverletzung 1916; schrieb Lyrik und Dramen sowie erotische Romane (*Les onze mille verges*, 1902). – Weitere W.: *L'Enchanteur pourissant* (Prosa 1909), *Le Bestiaire ou Cortège d'Orphée* (Ged. 1911, dt. *Bestiarium*, 1959), *Alcools. Poèmes 1898-1913* (Ged. 1913, dt. in Ausw. 1914), *Le Poète assassiné* (Erz. 1916, dt. *Der gemordete Dichter*, 1967), *Vitam impendere amori. Poèmes et dessins* (Ged. 1917), *Les Mamelles de Tirésias* (Dr. 1918, dt. *Die Brüste des Tiresias*, 1987), *Calligrammes. Poèmes de la paix et de la guerre (1913-1918)* (Ged. 1918); *Œuvres complètes* (4 Bde. 1965-66), *Poetische Werke – Œuvres poétiques* (1969).

Jean-Antoine de Baïf, * Venedig 1532, † Paris 1589, Lyriker; unehelicher Sohn des Humanisten und Botschafters in Venedig Lazare de Baïf (1496-1547) und einer Venezianerin; mit Ronsard und Du Bellay am Collège Coqueret in Paris, mit ihnen auch Mitglied der Dichtergruppe der Pléiade; gründete 1570 die Académie du Palais zur Pflege von Dichtung und Musik; verfaßte zwei Zyklen von Liebeslyrik, die *Amours de Méline* (1552) und die *Amours de Francine* (1555). – Weitere W.: *Le Brave* (Kom. nach Plautus, 1568); *Œuvres en rime* (5 Bde. 1881-90).

Samuel Beckett, * Foxrock bei Dublin 1906, † Paris 1989, Erzähler, Dramatiker; Schule und Studium in Dublin, 1928-30 Englisch-Lektor an der École Normale Supérieure in Paris, dort Bekanntschaft mit James Joyce und Hinwendung zur Literatur; lebte ab 1938 in P., schrieb ab 1945 auf frz.; Nobelpreis 1969. – W. u. a.: *Murphy* (R. 1938, dt. 1959), *Molloy* (R. 1951, dt. 1954), *Malone meurt* (R. 1951, dt. *Malone stirbt*, 1958), *En attendant Godot* (Dr. 1952, dt. *Warten auf Godot*, 1953), *L'Innommable* (R. 1953, dt. *Der Namenlose*, 1959), *Watt* (R. 1953, dt. 1970), *Fin de partie* (Dr. 1957, dt. *Endspiel*, 1957).

Albert Camus, * Mondovi/Algerien 1913, † Villeblevin/Bu 1960, Erzähler, Dramatiker; aus Arbeiterfamilie stammend (Vater fiel 1914 im 1. Wk.), Schule und Studium (Philosophie) in Algier; 1940 in Paris, nach der deutschen Besetzung wieder in Algerien (bis 1942), Eintritt in die Widerstandsgruppe Combat; zahlreiche Theaterarbeiten; 1944 Begegnung mit J.-P. Sartre (1951 Bruch); Nobelpreis 1957. – W. u. a.: *L'Étranger* (R. 1942, dt. *Der Fremde*, 1948), *Le Mythe de Sisyphe* (Philos. Abh. 1942, dt. *Der Mythos von Sisyphos*, 1950), *La Peste* (R. 1947, dt. *Die Pest*, 1949), *L'État de Siège* (Dr. 1948, dt. *Der Belagerungszustand*, 1955), *Les Justes* (Dr. 1950, dt. *Die Gerechten*, 1959), *L'Homme révolté* (Essays 1951, dt. *Der Mensch in der Revolte*, 1953), *La Chute* (Erz. 1956, dt. *Der Fall*, 1957), *L'Exil et le Royaume* (Erz. 1957, dt. *Das Exil und das Reich*, 1958), *Les Possédés* (Dr. 1959, dt. *Die Besessenen*, 1962), *Le Premier homme* (R. 1994, dt. *Der erste Mensch*, 1995).

Francis Carco (eigentlich François Marie Alexandre Carcopino-Tusoli), * Nouméa/Neukaledonien 1886, † Paris 1958, Lyriker, Romancier; Sohn eines Gefängnisbeamten, ab 1895 Frankreich, ab 1910 Paris; als Lyriker in der Nachfolge von Verlaine, als Romancier Schilderer der Künstlerwelt vom Montmartre; verfaßte Biographien von Villon (1926) und Utrillo (1927); ab 1937 Mitglied der Académie Goncourt. – W. u. a.: *La Bohème et mon cœur* (Ged. 1912), *Chansons aigres-douces* (Ged. 1912), *Jésus-la-Caille* (R. 1914, dt. 1922), *Scènes de la vie de Montmartre* (R. 1919, dt. *An Straßenecken*, 1925), *L'Homme traqué* (R. 1922, dt. *Der Gehetzte*, 1924), *Nuits de Paris* (R. 1927), *Rendez-vous avec moi* (Autobiogr. 1957).

Blaise Cendrars (eigentlich Frédéric Louis Sauser), * La Chaux-de-Fonds/Schweiz 1887, † Paris 1961, Lyriker, Erzähler; Kaufmannssohn, Mutter Deutsch-Schweizerin, mit 17 Jahren Rußland-Aufenthalt; unstetes Wanderleben; Fremdenlegion, schwere Verletzung im 1. Wk. (Verlust des rechten Arms); Entdecker der Negerkunst (*Anthologie nègre*, 1921, *Petits contes nègres pour les enfants des blancs*, 1926); zahlreiche Künstlerfreundschaften (u. a. Apollinaire, Chagall). – W. u. a. *Pâques à New York* (Ged. 1912), *Prose du Transsibérien et de la petite Jeanne de France* (Ged. 1913), *Du Monde entier* (Ged. 1919), *L'Or* (R. 1925, dt. *Gold*, übers. v. I. Goll, 1925), *Moravagine* (R. 1926, dt. 1928, u. d. T. *Moloch. Das Leben des Moravagine*, 1961), *Les Confessions de Dan Yack* (R. 1929, dt. *Dan Yack*, 1963), *Rhum* (R. 1930, dt. *Rum*, 1977), *Bourlinguer* (Erz. 1948, dt. In Ausz. u. d. T. *Der alte Hafen*, 1964), *Emmène-moi au bout du monde* (R. 1956, dt. *Madame Thérèse*, 1962); *Œuvres complètes* (8 Bde. 1960-65).

André Chénier, * Konstantinopel 1762, † Paris 1794 (hingerichtet), Lyriker; älterer Bruder des Dramatikers **Marie-Joseph Chénier** (1764-1811), Sohn eines frz. Kaufmanns; Schulen in Carcassonne und Paris; schlug zunächst militärische Laufbahn ein, dann Privatsekretär des frz. Botschafters in London; geriet in konterrevolutionären Verdacht und wurde hingerichtet; bedeutendster frz. Lyriker des 18. Jhs., Orientierung an den antiken Dichtern und der Pléiade, das Werk erschien postum. – W. u. a.: *Bucoliques* (1819); *Œuvres complètes* (1958).

Benjamin Constant, * Lausanne 1767, † Paris 1830, Erzähler; Kindheit und Jugend in der Schweiz, Belgien, England, zwischen 1788 und 1794 Aufenthalte am Braunschweiger Hof; 1794-1809 Beziehung zu Madame de Staël, mit der er 1803/04 nach Deutschland (u. a. Weimar: Bekanntschaft mit Goethe, Schiller, Wieland) reiste; politisch-liberales Engagement, ab 1819 Parlamentsabgeordneter; autobiogr. Erzählungen: *Adolphe* (1816, dt. 1817) und *Cécile* (1951). – Weitere W.: *Wallstein* (Dr. 1809), *Le cahier rouge* (Tagebuch 1811), *De la Religion* (5 Bde. 1824-31, dt. *Die Religion nach ihrer Quelle* ..., 1824-29); *Œuvres* (1957).

Marguerite Duras (Marguerite Donnadieu), * Saigon 1914, † Paris 1996, Erzählerin; übersiedelte 1932 nach Frankreich (Paris), 1935-41 Sekretärin im Ministère des Colonies; aktiv in der Résistance; 1944 Eintritt in die KPF (Ausschluß 1950); verfaßte neben Dramen (*Des Journées entières dans les arbres*, 1954, *Les Viaducs de la Seine-et-Oise*, 1960) vor allem zahlreiche Romane (Nähe zum Nouveau Roman), großer Erfolg mit *Moderato Cantabile* (1958); Drehbuchautorin von *Hiroshima mon amour* (1959, Regie Alain Resnais); 1984 Prix Goncourt für den autobiogr. Roman *L'Amant*. – Weitere W.: *Les Impudents* (R. 1943), *Un Barrage contre le Pacifique* (R. 1950), *Les petits chevaux de Tarquinia* (R. 1953), *Dix heures et demie du soir en été* (R. 1960).

Romain Gary (Roman Kacev), * Moskau 1914, † Paris 1980, Erzähler; aus russ.-jüd. Familie; Flucht nach Frankreich; Schule in Nizza, Studium in Aix-en-Provence; im 2. Wk. Kampfflieger bei der RAF, Konsul in Los Angeles; verheiratet mit der Schauspielerin Jean Seberg; setzte sich in seinen Werken für den Tierschutz ein; Prix Goncourt für den Roman *Les Racines du ciel* (1956, dt. *Die Wurzeln des Himmels*, 1957), 2. Prix Goncourt unter dem Pseudonym Émile Ajar für den Roman *La Vie devant soi* (1975, dt. *Du hast das Leben noch vor Dir*, 1979). – Weitere W.: *L'Éducation européenne* (R. 1945, *General Nachtigall*, 1962), *Lady L.* (R. 1959, dt. 1966), *Chien blanc* (R. 1970, dt. *Der weiße Hund von Beverly Hills*, 1972).

Sacha Guitry, * Sankt Petersburg 1885, † Paris 1957, Bühnenautor, Filmregisseur; Sohn eines Schauspielers, schrieb ca. 130 Stücke (zumeist Unterhaltungskomödien) und den Roman *Mémoires d'un tricheur* (1935, dt. *Tagebuch eines Schwindlers*, 1937); 1945 unter Kollaborationsverdacht inhaftiert; war fünfmal verheiratet. – Weitere W: *Le Scandale de Monte-Carlo* (Kom. 1908), *La Prise de Berg-op-Zoom* (Kom. 1913), *La Jalousie* (Kom. 1915), *Désiré* (Kom. 1927, dt. 1942), *Quadrille* (Kom. 1937), *Le mot de Cambronne* (1938); *Théâtre complet illustré* (12 Bde. 1973).

Léon Hennique, * Guadeloupe 1851, † Paris 1935, naturalist. Erzähler, Dramatiker; befreundet mit É. Zola, verfaßte einen Beitrag (*L'affaire du Grand 7*) zu der Novellensammlung *Les Soirées de Médan* (1880); Gründungsmitglied der Académie Goncourt, deren Präsident er 1907-12 war. – W. u. a.: *La Mort du Duc d'Enghien* (Dr. 1886)), *Pœuf* (R. 1887), *Minnie Prandon* (R. 1899), *Le Songe d'une nuit d'hiver* (Dr. 1903).

José-Maria de Heredia, * La Fortuna/Kuba 1842, † Bourdonné/IdF 1905, Lyriker; Sohn eines Spaniers und einer Französin, ab 1851 in Frankreich (1858-61 Rückkehr nach Kuba); Dichter des Parnasse; Berühmtheit durch den Gedichtzyklus *Les Trophées* (1893, dt. *Trophäen*, 1906); 1894 Wahl in die Académie Française (Gegenkandidaten: E. Zola und P. Verlaine); Schwiegervater von Henri de Régnier und Pierre Louÿs; ab 1901 Bibliothekar am Arsenal. – Weitere W.: *Œuvres poétiques complètes* (2 Bde. 1984).

Eugène Ionesco, * Slatina/Rumänien 1912, † Paris 1994, Dramatiker; Sohn eines Rumänen und einer Französin; Kindheit in Frankreich, Gymnasium und Studium in Rumänien; ab 1940 in Frankreich; Autor des »absurden Theaters«, größter Erfolg mit dem Drama *La Cantatrice chauve* (1950, dt. *Die kahle Sängerin*, 1959). – Weitere W.: *La Leçon* (Dr. 1951, dt. *Die Unterrichtsstunde*, 1959), *Les Chaises* (Dr. 1952, dt. *Die Stühle*, 1959), *Rhinocéros* (Dr. 1959, dt. *Die Nashörner*, 1960), *Le Roi se meurt* (Dr. 1962, dt. *Der König stirbt*, 1964), *Le Piéton de l'air* (Dr. 1962, dt. *Fußgänger der Luft*, 1964).

Jules Laforgue, * Montevideo 1860, † Paris 1887, Lyriker, Erzähler, Dramatiker; Kindheit in Montevideo, dann Tarbes/MPy (woher der Vater stammte); Anschluß an die Symbolisten in Paris; 1881-86 Vorleser der Kaiserin Augusta in Berlin; starb an Lungenschwindsucht. – W. u. a.: *Les Complaintes* (Ged. 1885), *L'Imitation de Notre-Dame de la Lune* (Ged. 1886), *Moralités légendaires* (Prosaparodien 1887, dt. *Sagenhafte Sinnspiele*, 1905), *Pierrot fumiste* (Dr. 1887, dt. in Ausz. *Pierrot der Spaßvogel*, 1909), *Berlin, la cour et la ville* (Prosa 1922, dt. *Berlin. Der Hof und die Stadt, 1887*, 1970); *Œuvres complètes* (6 Bde. 1922-36).

Comte de Lautréamont (eigentlich Isidore-Lucien Ducasse), * Montevideo 1846, † Paris 1870, Lyriker, »Schleusenmeister der Literatur von morgen« (A. Gide); Sohn eines französischen Konsulatsbeamten, ab 1859 Gymnasium in Tarbes/MPy; ab Ende 1867 in Paris; Autor der von den Surrealisten gefeierten Prosadichtungen *Les Chants de Maldoror* (1868-74, dt. *Die Gesänge des Maldoror*, 1954). – Weitere Werke: *Œuvres complètes* (1970), *Gesamtwerk* (1954).

Charles-Marie Leconte de Lisle, * Saint Paul/La Réunion 1818, † Louveciennes/IdF 1894, Lyriker; aus normannischer Adelsfamilie, die auf La Réunion (Indischer Ozean) Besitzungen hatte; Kindheit und Jugend teils auf der heimatl. Insel, teils in Frankreich, Jurastudium in Rennes; linksrepublikanisches Engagement; Übersetzung der griechischen Klassiker; 1886 Aufnahme in die Académie Française (Nachfolger V. Hugos), führender Lyriker des Parnasse. – W. u. a. *Poèmes antiques* (Ged. 1852/1874), *Poésies barbares* (Ged. 1862), *Poèmes tragiques* (Ged. 1884); *Œuvres* (4 Bde. 1976-78).

Pierre Louÿs (eigentlich Pierre-Félix Louis), * Gent/Belgien 1870, † Paris 1925, Erzähler; Sohn eines Juristen am Zivilgericht von Épernay/ChA; verbrachte sein Leben in Paris und auf Reisen in Spanien und Nordafrika; war mit S. Mallarmé, P. Valéry und A. Gide befreundet, mit der Tochter des Lyrikers José-Maria de Heredia verheiratet; der bibliomane Dichter schrieb v. a. Texte erotischen Inhalts. – W. u. a.: *Astarté* (Ged. 1891), *Les Chansons de Bilitis* (1894, dt. *Die Lieder der Bilitis*, 1900), *Aphrodite* (R. 1896, dt. 1929), *La Femme et le Pantin* (R. 1898; dt. *Das Weib und der Hampelmann*, 1899; mehrere Verfilmungen des Romans u. a. 1977 von L. Buñuel u. d. T. *Dieses obskure Objekt der Begierde*), *Les Aventures du Roi Pausole* (R. 1901, dt. *Die Abenteuer des Königs Pausol*, 1902); *Œuvres complètes* (13 Bde. 1929-31).

Maurice Maeterlinck, * Gent 1862, † Nizza 1949, Dramatiker, Lyriker; Jesuitenschule, Jurastudium; ab 1886 in Paris, 1896 Zugang zu literarischen Kreisen; Nobelpreis 1911; im 2. Wk. Emigration in die USA; ab 1947 Präsident des Internationalen PEN-Clubs; verfaßte neben der Dichtung auch naturwissenschaftl. Werke: *La Vie des abeilles* (1900, dt. *Das Leben der Bienen*, 1901), *La Vie des termites* (1926, dt. *Das Leben der Termiten*, 1927), *La Vie des fourmis* (1930, dt. *Das Leben der Ameisen*, 1931). – W. u. a.: *La Princesse Maleine* (Dr. 1889, dt. 1892), *Les Serres chaudes* (Ged. 1889, dt. *Im Treibhaus*, 1906), *Pelléas et Mélisande* (Dr. 1892, dt. 1903), *Douze Chansons* (Ged. 1896, dt. *Fünfzehn Lieder*, 1906), *Monna Vanna* (Dr. 1902, dt. 1903), *L'Oiseau bleu* (Dr. 1909, dt. *Der blaue Vogel*, 1913).

Henri Michaux, * Namur/Belgien 1899, † Paris 1984, Lyriker, Erzähler, Dramatiker, Maler; Kindheit und Jugend in Brüssel; Medizinstudium; Hinwendung zur fernöstl. Philosophie, Abwendung vom Christentum; ab 1923 Paris (Hauslehrer in der Familie von J. Supervielle), Nähe zum Surrealismus; Reisen (Südamerika, Türkei, Italien, Nordafrika, Indien, China); 1940-43 an der Côte d'Azur; ab den 50er Jahren stärkere Hinwendung zur Malerei, Drogenexperimente. – W. u. a.: *Un Certain Plume* (Prosa 1930), *Ailleurs* (Prosa 1948), *L'Infini turbulent* (Ged. 1957, dt. *Turbulenz im Unendlichen*, 1961), *Façons d'endormi – façons d'éveillé* (Ged. 1969).

Jean Moréas (Iannis Diamantopulos), * Athen 1856, † Saint-Mandé/IdF 1910, Lyriker; wurde frz. erzogen, zog 1880 nach Paris und gründete die École symboliste; wandte sich später vom Symbolismus ab. – W. u. a.: *Les Syrtes* (Ged. 1884), *Les Cantilènes* (Ged. 1886), *Les Stances* (Ged. 1899/1901/1920, dt. *Die Stanzen*, 1922); *Œuvres* (2 Bde. 1923-27).

Jean-Jacques Rousseau, * Genf 1712, † Ermenonville/IdF 1778, Erzähler, Philosoph, Pädagoge; Sohn eines Uhrmachers, 1728 nach Annecy/RhA, wo Madame de Warens seine mütterliche Geliebte wurde; autodidakt. Studien (auch Musik); in Paris Kontakt zu aufklärerischen Kreisen (Fontenelle, Diderot); 1743-44 Botschaftssekretär in Venedig; Mitarbeit an der *Encyclopédie*, Verfasser mehrerer Operntexte; zeitgenössische Bekanntheit durch philosophische Traktate, so den *Discours sur l'origine et les fondements de l'inégalité parmi les hommes* (1755, dt. *Abhandlung von dem Ursprunge der Ungleichheit ...*, 1756), und den Roman *Julie ou la Nouvelle Héloïse* (1761/64, dt. 1762, u. d. T. *Julie oder Die neue Heloise*, um 1880); nach Veröffentlichung des pädagogischen Romans *Émile ou De l'éducation* (1762, dt. 1762, u. d. T. *Emil oder Über die Erziehung*, 1789-91) floh Rousseau vor drohender Verhaftung in die Schweiz und nach England; kurz vor seinem Tod nahm er eine Einladung nach Ermenonville an. – Weitere W.: *Discours qui a remporté le prix à l'Académie de Dijon en l'année 1750* (1750, dt. *Abhandlung, ob die Wiederherstellung ...*, 1752), *Lettres sur la musique française* (1753), *Lettre à d'Alembert sur les spectacles* (1758), *Du Contrat social* (1762, dt. *Der gesellschaftliche Vertrag*, 1763), *Les Confessions* (Autobiogr. 1782/89, dt. *Bekenntnisse*, 1782), *Rêveries du promeneur solitaire* (1782, dt. 1782, u. d. T. *Träumereien eines einsamen Spaziergängers*, 1943); *Œuvres complètes* (4 Bde. 1959-69).

Georges Simenon, * Lüttich 1903, † Lausanne 1989, Erzähler; Sohn eines Versicherungsangestellten, Mutter deutschstämmig, katholische Erziehung; begann als Journalist in Lüttich, ging 1922 nach Paris; zahlreiche Reisen; das Werkverzeichnis umfaßt 550 Titel, großer Erfolg sowohl mit den Kriminalromanen um den Kommissar Maigret (ab 1931) als auch mit den psychologischen Romanen (›Non-Maigrets‹); viele Verfilmungen. – W. u. a.: *Le Chien jaune* (1931, dt. *Maigret und der gelbe Hund*, 1958), *Monsieur Gallet décédé* (1931, dt. *Maigret und der tote Herr Gallet*, 1961), *Les Demoiselles de Concarneau* (1936, dt. *Die bösen Schwestern von Concarneau*, 1988), *La Marie du port* (1938, dt. *Die Marie vom Hafen*, 1989), *Le Cercle des Mahé* (1946, dt. *Die Ferien des Monsieur Mahé*, 1993), *Maigret et la vieille dame* (1950, dt. *Maigret und die alte Dame*, 1959), *Maigret en meublé* (1951, *Maigret als möblierter Herr*, 1957), *Les Anneaux de Bicêtre* (R. 1963, dt. *Die Glocken von Bicêtre*, 1964).

Jules Supervielle, * Montevideo 1884, † Paris 1960, Lyriker; früh schon Vollwaise, Kindheit und Jugend in Uruguay und Frankreich; Studium in Paris; im 1. Wk. in der frz. Spionageabwehr eingesetzt (enttarnte die Spionin Mata Hari); 1955 Literaturpreis der Académie Française, kurz vor seinem Tod zum ›Prince des poètes‹ (Dichterfürst) gewählt; zahlreiche Übersetzungen ins Deutsche von Paul Celan. – W. u. a.: *Poèmes de l'humour triste* (Ged. 1919), *Débarcadères* (Ged. 1922), *Gravitations* (Ged. 1925), *Le Forçat innocent* (Ged. 1930), *Les Amis inconnus* (Ged. 1934), *Poèmes de la France malheureuse* (Ged. 1941), *Oublieuse mémoire* (Ged. 1949).

Elsa Triolet (Ella Iurevna Kagan), * Moskau 1896, † Saint-Arnoult-en-Yvelines/IdF 1970, Erzählerin; jüdisch-russ. Familie, Schwester von Lili Brik, der Geliebten Majakowskis; 1918 Emigration nach Frankreich, wird 1923 von Gorki zum Schreiben angehalten; begegnete 1928 L. Aragon (Heirat 1939); Prix Goncourt für den Novellenband *Le Premier accroc coûte 200 francs* (1944). – Weitere W.: *Bonsoir Thérèse* (Erz. 1938), *Mille regrets* (Erz. 1942), *Le Cheval blanc* (R. 1943), *Les Amants d'Avignon* (R. 1943, dt. *Die Liebenden von Avignon*, 1949), *Le Cheval roux ou Les Intentions humaines* (R. 1953, dt. *Das rote Pferd oder Wohin steuert die Menschheit*, 1957), *L'Âge du nylon* (R.zyklus 3 Bde. 1959-63), *Le grand jamais* (R. 1965, dt. *Das große Nimmermehr*, 1971); *Œuvres romanesques croisées* (zusammen mit Aragons Werken 42 Bde. 1964-74).

Émile Verhaeren, * Saint-Amand-sur-Escaut/Belgien 1855, † Rouen/Hno 1916, Lyriker, »der europäische Walt Whitman«; Jurastudium, kurzzeitig Anwalt in Brüssel, Mitbegründer der Bewegung, die sich an die Zeitschrift *La Jeune Belgique* anschloß; »Sänger des Maschinenzeitalters«; im Bahnhof von Rouen von Zug überrollt; von S. Zweig, S. George, R. M. Rilke u. a. ins Deutsche übersetzt. – W. u. a.: *Les Flamandes* (Ged. 1883), *Les Moines* (Ged. 1886), *Les Soirs* (Ged. 1888), *Les Débâcles* (Ged. 1888), *Les Flambeaux noirs* (1891), *Les Villages illusoires* (Ged. 1895, dt. *Die geträumten Dörfer*, 1911), *Les Heures claires* (1896, dt. *Lichte Stunden*, 1908), *Les Flammes hautes* (Ged. 1916); *Ausgewählte Gedichte* (Nachdicht. v. S. Zweig 1904), *Œuvres complètes* (9 Bde. 1912-36, 1977).

[M] BESICHTIGUNGEN:
MUSEEN UND SCHLÖSSER

ELSASS (ALSACE)

ENSISHEIM: **Musée de la Régence**, place de l'Église, 68190 Ensisheim. – Geöffnet: Tägl. (außer Di., Sa.- und So.vormittag) vom 2. Apr. bis 31. Okt. 10h-12h und 14h-17.30h (an Wo.ende nur 14h-17.30h); sonst 1. und 3. So. im Monat. – ☎ 03 89 26 49 54.
KAYSERSBERG: **Maison Dr. Schweitzer**, 126, rue du Général-de-Gaulle, 68240 Kaysersberg. – Geöffnet: Osterferien und 2. Mai bis 31. Okt. tägl. 9h-12h und 14h-18h. – ☎ 03 89 47 36 55.
SESSENHEIM: **Mémorial Goethe**, 2, rue Albert-Fuchs, 67770 Sessenheim. – Geöffnet: Tägl. 8h-19h. ☎ 03 88 86 97 25.
WALDERSBACH: **Musée Oberlin**. – Geöffnet: März bis Juni, Sept., Okt. tägl. (außer Di. und Fr.) 14.30h-18h, Juli und Aug. tägl. (außer Di.) 14h-18h. – ☎ 03 88 97 30 27.

LOTHRINGEN (LORRAINE)

PFALZBURG: **Musée historique et Erckmann-Chatrian**, Hôtel de ville, place d'Armes, 57370 Phalsbourg. – Geöffnet: 15. März bis 31. Okt. Mo. bis Sa. 9h-12h und 14h-17h. So. und Feiertage 10h-12h und 14h-17h. – ☎ 03 87 24 41 20.
NANCY: **Musée historique lorrain**, Palais Ducal, 64, Grande-Rue, 54000 Nancy. – Geöffnet: Tägl. (außer Di.) von Mai bis Sept. 10h-18h; sonst 10h-12h und 14h-17h (So. und Feiertage 10h-12h und 14h-18h). Geschlossen: 1. Jan., Osterso., 1. Mai, 14. Juli, 1. Nov., 25. Dez. – ☎ 03 83 32 18 74.
SAINT-DIÉ: **Musée Pierre-Noël**, place Georges-Trimouille, 88100 Saint-Dié. – Geöffnet: 1. Okt. bis 30. Apr. tägl. (außer Mo. und Feiertage) 14h-18h (Mi. auch 10h-12h); 2. Mai bis 30. Sept. tägl. (außer Mo. und Feiertage) 10h-12h und 14h-19h, So. 14h-19h. – ☎ 03 29 51 60 35.

CHAMPAGNE – ARDENNE

CHÂLONS-EN-CHAMPAGNE: **Musée Schiller et Goethe**, 68, rue Léon-Bourgeois, 51000 Châlons-en-Champagne. – Geöffnet: Juli und Aug. tägl. (außer Di.) 14h-18h, So. 14.30h-18.30h.; sonst Sa. 14h-18h und So. 14.30h-18.30h. – ☎ 03 26 69 38 53.
CHARLEVILLE-MÉZIÈRES: **Musée Rimbaud**, Quai Arthur Rimbaud, 08000 Charleville-Mézières. – Geöffnet: Tägl. (außer Mo.) 10h-12h und 14h-18h. Geschlossen: 1. Jan., 1. Mai, 25. Dez. – ☎ 03 24 32 44 65.
CIREY-SUR-BLAISE: **Château**, 52110 Cirey-sur-Blaise. – Führungen: 15. Juni bis 15. Sept. 14.30h-18.30h. – ☎ 03 25 55 43 04.
JUNIVILLE: **Musée Verlaine**, rue Verlaine, 08310 Juniville. – Geöffnet: Mai bis Okt. Do., Fr., Sa., So. 14h-18h. – ☎ 03 26 55 23 40.
LANGRES: **Musée du Breuil de Saint-Germain**, 2, rue Champbrûlard, 52200 Langres. – Geöffnet: Tägl. (außer Di.) 10h-12h und 14h-18h (außerhalb der Saison 10h-12h und 14h-17h). – ☎ 03 25 87 08 05.

ÎLE-DE-FRANCE

BIÈVRES: **Le Château des Roches**, 45, rue de Vauboyen, 91570 Bièvres. – Geöffnet: Sa. und So. 14.30h-17.30h. Geschlossen: Dez., Jan., Feb. – ☎ 01 69 41 18 53.
BOUGIVAL: **Musée Ivan Tourgueniev**, 16, rue Tourgueniev, 78380 Bougival. – Geöffnet: 2. Apr. bis 1. Nov. So. 10h-18h (Gruppen nach Vereinb.). – ☎ 01 39 18 22 30 (01 45 77 87 12).
CHÂTENAY-MALABRY: **Maison de Chateaubriand – La Vallée aux Loups**, 87, rue Chateaubriand, 92290 Châtenay-Malabry. – Führungen (¾ Std.): 1. Okt. bis 31. März 14h-17h, 1. Apr. bis 30. Sept. 10h-12h und 14h-18h; So.nachmittag Besichtigung ohne Führung. Geschlossen: Mo. – ☎ 01 47 02 58 61.
CLAMART: **Fondation Jean Arp**, 21, rue des Châtaigniers, 92140 Clamart. – Geöffnet: Fr., Sa., So. 14h-18h und nach Vereinb. – ☎ 01 47 34 22 63.
MARLY-LE-ROI: **Château de Monte-Cristo**, 78560 Le Port-Marly. – Geöffnet: 1. Apr. bis 1. Nov. Di. bis Fr. 10h-12.30h und 14h-18h, Wo.ende und Feiertage 10h-18h; 2. Nov. bis 31. März So. 14h-17h (Gruppen nach Vereinb.). Geschlossen: Mo. – Auskünfte und Reservierungen: Office de Tourisme, 2, avenue des Combattants, 78160 Marly-le-Roi – ☎ 01 30 61 61 35.

MEAUX: **Musée Bossuet**, 5, place Charles-de-Gaulle, 77100 Meaux. – Geöffnet: Tägl. (außer Di.) 10 h-12 h und 14 h-18 h. – ☏ 01 64 34 84 45.
MÉDAN: **Maison d'Émile Zola**, 78670 Médan. Geöffnet: Für Einzelgäste Sa., So., Feiertage 14 h-18.30 h; Führungen: Sa. 15 h und 16.30 h, So. 14.30 h, 15.30 h, 16.30 h, 17 h (Gruppen nach Vereinb.) – ☏ 01 39 75 35 65.
Château de Médan, 78670 Médan. – Geöffnet: Ganzjährig für Gruppen; Auskunft und Reservierung: M. und Mme. Aubin de Malicorne. – ☏ 01 39 75 86 59.
MONTMORENCY: **Le Mont-Louis – Musée Jean-Jacques Rousseau**, 5, rue Jean-Jacques Rousseau, 95160 Montmorency. – Geöffnet: Tägl. (außer Mo.) 14 h-18 h. – ☏ 01 39 64 80 13.
PORT-ROYAL-DES-CHAMPS: **Musée national des Granges de Port-Royal**, 78114 Magny-les-Hameaux. – Geöffnet: Tägl. (außer Di.) 10 h-12 h und 14 h-18 h (im Winterhalbjahr bis 17.30 h). – ☏ 01 30 43 73 05.
SAINT-ARNOULT-EN-YVELINES: **Fondation Elsa Triolet – Aragon**, Moulin de Villeneuve, rue de Villeneuve, 78730 Saint-Arnoult-en-Yvelines. – Geöffnet: Sa., So., Feiertage 14 h-18 h (Gruppen nach Vereinb.). – ☏ 01 30 41 20 15.
SAINT-CYR-SUR-MORIN: **Musée des Pays de Seine-et-Marne**, 17, avenue de Ferté-sous-Jouarre, 77750 Saint-Cyr-sur-Morin. – Geöffnet: Tägl. (außer Mo.) 10 h-12 h und 14 h-17 h. Geschlossen: 1. Jan., 1. Mai, 25. Dez. – ☏ 01 60 24 46 00.
SAINT-DENIS: **Musée d'Art et d'Histoire**, 22 bis, rue Gabriel Péri, 93200 Saint-Denis. – Geöffnet: Tägl. (außer Di. und Feiertage) 10 h-17.30 h, So. 14 h-18.30 h. – ☏ 01 42 43 05 10.
SÈVRES: **Maison des Jardies**, 14, avenue Gambetta, 92310 Sèvres. – Führungen: Mo. und Fr. 14.30 h und 15.15 h (und nach Vereinb.). Geschlossen: 1. Jan., 25. Dez. – ☏ 01 45 34 61 22.
VÉMARS: **Musée François Mauriac**, 5, rue Léon Bouchard, 95470 Vémars. – Geöffnet: Mo. bis Fr. 9 h-12 h und 14 h-17 h und nach Vereinb. – ☏ 01 34 68 34 10.
VULAINES-SUR-SEINE: **Musée Stéphane Mallarmé**, Pont de Valvins, 4, quai Stéphane Mallarmé, 77870 Vulaines-sur-Seine. – Geöffnet: Tägl. (außer Mo.) 10 h-12 h und 14 h-18 h. – ☏ 01 64 23 73 27.

PARIS

3. ARRONDISSEMENT: **Musée Carnavalet**, 23, rue de Sévigné, 75003 Paris. – Geöffnet: Tägl. (außer Mo. und Feiertage) 10 h-17.40 h. – ☏ 01 42 72 21 13.
4. ARRONDISSEMENT: **Maison de Victor Hugo**, 6, place des Vosges, 75004 Paris. – Geöffnet: Tägl. (außer Mo.) 10 h-17.40 h. – ☏ 01 42 72 10 16.
Musée Adam Mickiewicz, 6, quai d'Orléans, 75004 Paris. – Geöffnet: Do., Führungen um 14 h, 15 h, 16 h, 17 h. Geschlossen: Ostern, 15. Juli bis 14. Sept., Weihnachtsferien. – ☏ 01 43 54 35 61.
9. ARRONDISSEMENT: **Musée de la Vie romantique**, Maison Renan-Scheffer, 16, rue Chaptal, 75009 Paris. – Geöffnet: Tägl. (außer Mo. und Feiertage) 10 h-17.40 h. – ☏ 01 48 74 95 38.
16. ARRONDISSEMENT: **Maison de Balzac**, 47, rue Raynouard, 75016 Paris. – Geöffnet: Tägl. (außer Mo. und Feiertage) 10 h-17.40 h. – ☏ 01 42 24 56 38.

PICARDIE

AMIENS: **Centre de documentation Jules Verne**, boulevard Jules-Verne, 80000 Amiens. – Geöffnet: Tägl. (außer Mo. und So.) 10 h-12 h und 14 h-18 h. Geschlossen: Feiertage. – ☏ 03 22 45 37 84.
AUMONT-EN-HALATTE: **Musée Henri Barbusse**, 4, chemin Grueries, 60300 Aumont-en-Halatte. – In Vorbereitung. – ☏ 03 44 53 21 41.
CHANTILLY: **Musée Condé**, Château, 60631 Chantilly Cedex. – Geöffnet: Tägl. (außer Di.) März bis Okt. 10 h-18 h; sonst 10.30 h-12.45 h und 14 h-17 h. – ☏ 03 44 57 08 00.
CHÂTEAU-THIERRY: **Musée Jean de La Fontaine**, 12, rue Jean-de-La-Fontaine, 02400 Château-Thierry. – Geöffnet: Tägl. (außer Di.) 10 h-12 h und 14 h-18 h. – ☏ 03 23 69 05 60.
LA FERTÉ-MILON: **Musée Jean Racine**, 2, rue des Bouchers, 02460 La Ferté-Milon. – Geöffnet: Sa., So., Feiertage 10 h-12.30 h und 15 h-17.30 h. – ☏ 03 23 96 77 77.
CHAALIS: **Musée Jacquemart-André**, Abbaye royale de Chaalis, 60300 Fontaine-Chaalis. – Führungen (1 ¼ Std.): 1. März bis 1. Nov. Mo.

bis Fr. (außer Di.) 14 h-18 h, Sa., So., Feiertage 10 h-12.30 h und 14.30 h-18 h. – ☏ 03 44 54 04 02.

NOYON: **Musée Jean Calvin**, 6, place Aristide-Briand, 60400 Noyon. – Geöffnet: Apr. bis Okt. tägl. (außer Di.) 10 h-12 h und 14 h-18 h; Nov. bis März tägl. (außer Di.) 10 h-12 h und 14 h-17 h. Geschlossen: 1. Jan., 11. Nov., 25. Dez. – ☏ 03 44 44 03 59.

VILLERS-COTTERÊTS: **Musée Alexandre Dumas**, 24, rue Demoustiers, 02600 Villers-Cotterêts. – Geöffnet: Tägl. (außer Di.) 14.30 h-17 h. Geschlossen: Letzter So. des Monats, Feiertage. – ☏ 03 23 96 23 30.

NORD – PAS-DE-CALAIS

LILLE: **Musée des Beaux-Arts**, place de la République, 59000 Lille. – Geöffnet: Mo. 14 h-18 h, Mi. Do und Wo.ende 12 h-18 h, Fr. 12 h-20 h. Geschlossen: Di. – ☏ 03 20 57 01 84.

SAINT-JANS-CAPPEL: **Musée Marguerite Yourcenar**, rue Marguerite-Yourcenar, 59270 Saint-Jans-Cappel. – Geöffnet: 1. Apr. bis 30. Sept. So. 15 h-17 h und nach Vereinb. – ☏ 03 28 42 20 20 (03 28 49 08 03).

HAUTE-NORMANDIE

LE CHAMBLAC: **Maison de Jean de La Varende**, Château de Bonneville, 27270 Le Chamblac. – Geöffnet: Mai bis Okt. nur für Gruppen (schrift. Voranmeldung). – ☏ 02 32 44 63 56.

CROISSET: **Pavillon et musée Gustave Flaubert**, 18, quai Gustave-Flaubert, Dieppedalle-Croisset, 76380 Canteleu. – Geöffnet: Tägl. (außer Di. und Mi.vormittag) 10 h-12 h und 14 h-18 h. – ☏ 02 35 36 43 91.

PETIT-COURONNE: **Musée Pierre Corneille**, 502, rue Pierre-Corneille, 76650 Petit-Couronne. – Geöffnet: Tägl. (außer Di.) 10 h-12.30 h und 14 h-17 h (im Sommer bis 18 h), So. 14 h-17.30 h (im Sommer bis 18.30 h). – ☏ 02 35 68 13 89 (für Führungen: 02 35 71 78 78).

PRESSAGNY-L'ORGUEILLEUX, **Château de la Madeleine**, 27200 Vernon. – Geöffnet: 1. Juli bis 10. Aug. 14 h-18 h.

ROUEN: **Musée Flaubert et d'Histoire de la Médecine**, 51, rue de Lecat, 76000 Rouen. – Geöffnet: Tägl. (außer Mo., So., Feiertag) 10 h-12 h und 14 h-18 h, Di. 10 h-18 h. – ☏ 02 35 15 59 95.

Musée Corneille, 4, rue de la Pie, 76130 Rouen. – Führungen ($\frac{1}{2}$ Std.): Tägl. (außer Di., Mi.vormittag und Feiertag) 10 h-12 h und 14 h-18 h. – ☏ 02 35 71 63 92.

TOURVILLE-SUR-ARQUES: **Château de Miromesnil**, Tourville-sur-Arques, 76550 Offranville. – Führungen (1 Std.): 1. Mai bis 15. Okt. tägl. (außer Di.) 14 h-18 h. – ☏ 02 35 85 02 80.

VASCŒUIL: **Musée Michelet**, Château, 8, rue Jules Michelet, 27910 Vascœuil. – Geöffnet: Tägl. 11 h-13 h und 15 h-19 h im Juli/Aug. und an So. und Feiertagen; sonst tägl. 14.30 h-18.30 h im Apr., Mai, Juni, Sept., Okt. – ☏ 02 35 23 62 35.

VILLEQUIER: **Musée Victor Hugo – Maison Vacquerie**, rue Ernest-Binet, Villequier, 76490 Caudebec-en-Cau. – Geöffnet: Tägl. (außer Di.) 10 h-12.30 h und 14 h-18 h (von Apr. bis Sept. bis 18.30 h), So. 14 h-17.30 h (Apr. bis Sept. bis 18.30). – ☏ 02 35 56 78 31.

BASSE-NORMANDIE

AUBE: **Musée de la Comtesse de Ségur**, 3, rue Abbé-Derry, 61270 Aube. – Geöffnet: 15. Juni bis 20. Sept. Mo., Fr., Sa., So. 14 h-18 h (Gruppen nach Vereinb.). – ☏ 02 33 24 60 09.

GACÉ: **Musée de la Dame aux Camélias**, Château, 61230 Gacé. – Geöffnet: Juli und Aug. tägl. (außer Mo.) 14 h-18 h, Gruppen nach Vereinb. – ☏ 02 33 35 62 97 (02 33 35 50 24).

MORTAGNE-AU-PERCHE: **Musée Alain**, Maison des Comtes du Perche, 8, rue Portail-Saint-Denis, 61400 Mortagne-au-Perche. – Geöffnet: Di. bis Sa. 15 h-18 h. Geschlossen: Mo., So., Feiertage, 25. Dez. bis 1. Jan. – ☏ 02 33 25 25 87.

OMONVILLE-LA-PETITE: **Maison de Prévert**, Le Val, 50440 Omonville-la-Petite. – Geöffnet: Tägl. von Mai bis Oktober. – ☏ 02 33 52 72 38.

SAINT-SAUVEUR-LE-VICOMTE: **Musée Barbey d'Aurevilly**, 66, rue Bottin-Desylles, 50390 Saint-Sauveur-le-Vicomte. – Geöffnet: 15. Mai bis 15. Sept. 10 h-12 h und 15 h-18 h, sonst Sa. und So. 15 h-17 h. Geschlossen: Di., 14. Juli, 25. Dez., 1. Jan. – ☏ 02 33 41 65 18.

BRETAGNE

COMBOURG: Château, 23, rue des Princes, 35270 Combourg. – Führungen (3/4 Std.): 1. Apr. bis 30. Okt. 14 h-17.30 h; im Sommer zusätzliche Führung um 10.45. Geschlossen: Di. (außer Juli und Aug.). – ☏ 02 99 73 22 95.

SAINT-MALO: Musée d'Histoire de la ville, Grand donjon du château, Esplanade Félicité-Lamennais, 35400 Saint-Malo. – Geöffnet: Tägl. (außer Mo. von Okt. bis März) von 10 h-12 h und 14 h-18 h. Geschlossen: 1. Jan., 1. Mai, 1. Nov., 25. Dez. – ☏ 02 99 40 71 57.

TRÉGUIER: Musée Ernest Renan, 20, rue Ernest-Renan, 22220 Tréguier. – Geöffnet: Tägl. (außer Di. und Mi.) von Ostern bis 30. Juni und September 10 h-12 h und 14 h-18 h, Juli und August 11 h-19 h. – ☏ 02 96 92 45 63.

VITRÉ: Les Rochers-Sévigné, route d'Argentré du Plessy, 35500 Vitré. – Führungen: Von Okt. bis März tägl. (außer Di., Sa.-, So.- und Mo.-vormittag) 10 h-12 h und 14 h-17.30 h; April, Mai, Juni tägl. 10 h-12 h und 14 h-17.30 h; Juli, Aug., Sept. tägl. 10 h-18 h. – ☏ 02 99 96 76 51.

GUERNSEY: Hauteville House – Maison de Victor Hugo, 38, rue de Hauteville, 99999 Saint-Pierre-Port. – Führungen ($\frac{3}{4}$ Std.): In Gruppen von 15 Personen von Apr. bis Sept. tägl. außer So. 10 h-11.30 h und 14 h-16.30 h. Geschlossen: 1. Okt. bis 31. März – ☏ 01481 721911.

FRANCHE-COMTÉ

BELMONT: Maison Louis Pergaud, 25530 Belmont. – Geöffnet: 1. Mai bis 1. Juli und 1. Sept. bis 15. Okt. So. und Feiertage 14 h-19 h; 1. Juli bis 31. Aug. tägl. 14 h-19 h. – ☏ 03 81 58 36 40 (Bürgermeisteramt).

BURGUND (BOURGOGNE)

BUSSY-RABUTIN: Château, Bussy-le-Grand, 21150 Les Laumes. – Geöffnet: Apr. bis Sept. 9 h-12 h und 14 h-18 h (außer Okt. bis März Di. und Mi.) Geschlossen: 1. Jan., 1. Mai. 1. Nov., 11. Nov., 25. Dez. – ☏ 03 80 96 00 03.

CLAMECY: Musée d'Art et d'Histoire Romain Rolland, avenue de la République, 58500 Clamecy. – Geöffnet: Ostern bis Allerheiligen tägl. (außer Di.) 10 h-12 h und 15 h-18 h. Geschlossen: 1. Jan., 1. Mai, 1. Nov., 11. Nov., 25. Dez. – ☏ 03 86 27 17 99.

CLUNY: Musée d'Art et d'Archéologie, Palais Jean-de-Bourbon, 71250 Cluny. – Geöffnet: Juli bis Ende Sept. 9 h-19 h, April bis Juni 9.30 h-12 h und 14 h-18 h, Okt. 9.30 h-12 h und 14 h-17 h, Nov. bis März 10 h-12 h (im Jan. und Dez. bis 11.30 h) und 14 h-16 h (im Feb. und März bis 16.30 h). Geschlossen: 1. Jan., 1. Mai, 1. Nov., 11. Nov., 25. Dez. – ☏ 03 85 59 23 97

MÂCON: Musée Lamartine, 41, rue Sigorgne, 71000 Mâcon. – Geöffnet: Tägl. (außer Di. und So.vormittag) 10 h-12 h und 14 h-18 h. Geschlossen: 1. Jan., 1. Mai, 14. Juli, 1. Nov., 25. Dez. – ☏ 03 85 38 96 19.

MILLY-LAMARTINE: Maison de Lamartine, 71960 Milly-Lamartine. – Führungen: 1. Mai bis 30. Sept. tägl. (außer Mo. und Di.) 10 h, 11 h, 15 h, 16 h, 17 h; an Feiertagen (außer 1. Jan., 25. Dez.) ganzjährig (Gruppen nach Vereinb.). – ☏ 03 85 37 70 33.

MONTBARD: Musée Buffon, rue du Parc Buffon, 21500 Montbard. – Geöffnet: 1. Apr. bis 30. Nov. tägl. (außer Di.) 10 h-12 h und 14 h-18 h. – ☏ 03 80 92 01 34.

PIERRECLOS: Château, 71960 Pierreclos. – Geöffnet: Tägl. 9.30 h-12 h und 14 h-18 h (in der Saison ganztägig). – ☏ 03 85 35 73 73.

SAINT-POINT: Château, 71630 Tramayes. – Führungen ($\frac{1}{2}$ Std.): 1. März bis 15. Nov. tägl. (außer Di. und So.vormittag) 10 h-12 h und 14 h-18 h (Gruppen nach Vereinb.). – ☏ 03 85 50 50 30.

SAINT-SAUVEUR-EN-PUISAYE: Musée Colette, Château, 89520 Saint-Sauveur-en-Puisaye. – Geöffnet: Apr. bis Okt. tägl. (außer Di.) 11 h-19 h, sonst Wo.ende und Feiertage 14 h-18 h. Geschlossen: Jan., Feb. – ☏ 03 86 45 61 95.

CENTRE

AMBOISE: Château du Clos Lucé, 2, rue du Clos-Lucé, 37400 Amboise. – Geöffnet: Tägl. Jan. 10 h-17 h, Feb. bis 22. März 9 h-18 h, 23. März bis Juni 9 h-19 h, Juli und Aug. 9 h-20 h, Sept. bis 12. Nov. 9 h-19 h, 13. Nov. bis Dez. 9 h-18 h. Geschlossen: 1. Jan., 25. Dez. – ☏ 02 47 57 62 88.

AUBIGNY-SUR-NÈRE: Musée de la Vieille Alliance franco-écossaise, Château des Stuarts,

18700 Aubigny-sur-Nère. – Geöffnet: Juli bis Mitte Sept. tägl. 10h-12h und 15h-19h; Apr., Mai, Juni Sa., So., Feiertage 10h-12h und 14h-18h; sonst So. und Feiertage 14h-18h. Geschlossen: 1. Jan., 25. Dez. – ☎ 02 48 81 50 00.

LE BIGNON-MIRABEAU: **Château,** 45210 Le Bignon-Mirabeau. – Geöffnet: 1. Juli bis 1. Sept. Sa., So., Mo. 14.30h-18.30h. – ☎ 02 38 90 97 41.

LA CHAPELLE-D'ANGILLON: **Musée Alain-Fournier – Jacques Rivière,** Château, 18380 La Chapelle-d'Angillon. – Geöffnet: Tägl. (außer So.vormittag) 9h-12h und 14h-18h. – ☎ 02 48 73 41 10.

CHÂTEAUROUX: **Musée municipal,** 2, rue Descente-des-Cordeliers, 36000 Châteauroux. – Geöffnet: 1. Juni bis 31. Aug. Di. bis Fr. 10h-12h und 14h-18h, Wo.ende 14h-19h; sonst Di. bis So. 14h-19h. Geschlossen: Mo., Feiertage. – ☎ 02 54 08 33 49.

LA CHÂTRE: **Musée George Sand et de la Vallée Noire,** 71, rue Venôse, 36400 La Châtre. – Geöffnet: Tägl. Juli und Aug. 9h-19h; Apr., Mai, Juni, Sept. 9h-12h und 14h-19h; Okt. bis März 9h-12h und 14h-17h. Geschlossen: Januar. – ☎ 02 54 48 36 79.

DESCARTES: **Maison natale de Descartes,** 29, rue René Descartes, 37160 Descartes. – Geöffnet: Tägl. (außer Di.) 14h-18h; vom 15. Nov. bis 15. Feb. nach Vereinb. – ☎ 02 47 59 70 50.

LA DEVINIÈRE: **Musée Rabelais,** La Devinière, 37500 Seuilly. – Geöffnet: 2. Jan. bis 14. März und 1. Okt. bis 31. Dez. 9.30h-12.30h und 14h-17h; 15. März bis 30. Apr. 9.30h-12.30h und 14h-18h; 1. Mai bis 30. Sept. 10h-19h. Geschlossen: 1. Jan., 25. Dez. – ☎ 02 47 95 91 18.

ÉPINEUIL-LE-FLEURIEL: **École du ›Grand Meaulnes‹,** 18360 Épineuil-le-Fleuriel. – Geöffnet: Tägl. (außer Di.) 1. Apr. bis 15. Nov. 10h-18h. – ☎ 02 48 63 04 82.

LA FERTÉ-VIDAME: **Musée Saint-Simon,** place Saint-Simon, 28340 La Ferté-Vidame. – Geöffnet: Mai, Juni. Sept. Sa., So. und Feiertage 14.30h-18.30h; Juli und Aug. tägl. (außer Mo. und Di.) 14h-19h. – ☎ 02 37 37 64 09.

GARGILESSE-DAMPIERRE: **Maison de George Sand,** Villa Agira, 36190 Gargilesse. – Geöffnet: 1. Apr. bis 30. Sept. tägl. 9.30h-12.30h und 14.30h-19h, 1. Okt. bis 3. Nov. Sa., So., Feiertage 9.30h-12.30h und 14.30h-19h. – ☎ 02 54 47 84 14.

ILLIERS-COMBRAY: **Musée Marcel Proust,** 4, rue du Docteur-Proust, 28120 Illiers-Combray. – Führungen (¾ Std.): 15. Juni bis 15. Sept. 9h-12.15h (letzte Führung 11.15h) und 14.30h, 15.30h, 16.30h, sonst 14.30h und 16h (an So. und Feiertagen zusätzliche Führung um 11.30h). Geschlossen: Mo. (außer an Feiertagen) 15. Dez. bis 14. Jan., 1. Nov., 11. Nov. – ☎ 02 37 24 30 97.

INGRANDES: **Musée Henry de Monfreid,** 36300 Ingrandes. – Geöffnet: Mo., Mi., Do., Fr. 15h-18h, Sa., So., Feiertage 15h-19h. Geschlossen: Di. – ☎ 02 54 37 65 25.

MAINTENON: **Château,** 28020 Maintenon. – Geöffnet: April bis Ende Okt. tägl. (außer Di.) 14h-18.30h (So. auch 10h-12h); sonst Sa., So., Feiertage 14h-17.30h. Geschlossen: 25. Dez. bis 2. Jan. – ☎ 02 37 23 00 09.

MALESHERBES: **Château,** 45330 Malesherbes. – Geöffnet: 25. März bis 1. Nov. 14.30h-18.15h; 2. Nov. bis 24. März 14h-17h (vormittags und Gruppen nach Vereinb.). – ☎ 02 38 34 80 18.

MAZANGÉ: **Manoir de Bonaventure,** 41100 Mazangé. – Geöffnet nach Vereinb. – ☎ 02 54 72 07 43.

NOHANT: **Maison de George Sand,** 36400 Nohant-Vic. – Führungen (1 Std.): Juli und Aug. tägl. 9h-19.30h, Apr., Mai, Juni und Sept. bis Mitte Okt. 9h-12.15h und 14h-18.30h; Mitte Okt. bis März 10h-12.15h und 14h-16.30h (Kassenschluß jeweils eine Std. vor Ende der Öffnungszeit). Geschlossen: 1. Jan., 1. Mai, 1. Nov., 11. Nov., 25. Dez. – ☎ 02 54 31 06 04.

ORLÉANS: **Centre Charles Péguy,** 11, rue du Tabour, 45000 Orléans. – Geöffnet: 14h-18h. Geschlossen: Sa., So., Feiertage. – ☎ 02 38 53 20 23.

LA POSSONNIÈRE: **Manoir de la Possonnière,** 41800 Couture-sur-Loir. – Führungen: Tägl. (außer Mo., Di. und So.vormittag) 16. Juni bis 31. Aug. 10.30h, 14.30h, 15.30h, 16.30h, 17.30h; 1. April bis 15. Juni und Sept., Okt. Wo.ende und Feiertage 15.30h, 16.30h, 17.30h. – ☎ 02 54 72 40 05.

LA RICHE: **Prieuré de Saint-Cosme,** 37520 La Riche. – Geöffnet: 1. Feb. bis 14. März und Nov. 9h-12.30h und 13.30h-17h; 15. März bis 31. Mai und Okt. 9h-12.30h und

13.30h-18h; 1. Juni bis 30. Sept. 9h-19h. Geschlossen: Jan., Dez. – ☎ 02 47 37 32 70.
SACHÉ: **Musée Balzac**, Château de Saché, 37190 Saché. – Geöffnet: Juli und Aug. 10h-18.30h; 15. März bis 14. Mai und Sept. 9.30h-12h und 14h-18h; 15. Mai bis 30. Juni 10h-18h; 1. Feb. bis 14. März, Okt. und Nov., 9.30h-12h und 14h-17h. Geschlossen: Jan., Dez. – ☎ 02 47 26 86 50.
SAINT-DENIS-DE-L'HÔTEL: **Musée Maurice Genevoix**, place du Cloître, 45550 Saint-Denis-de-l'Hôtel. – Geöffnet: Sa., So. und Feiertage 10-12 und 14-18, Gruppen nach Vereinb. – ☎ 02 38 59 02 24.
TALCY: **Château**, 41370 Talcy. – Geöffnet: 1. Apr. bis 30. Sept. tägl. 9.30h-12.30h und 14h-18.30h; Sa., So., Ostern, Pfingsten, Juli, Aug. 9.30h-18.30h; 1. Okt. bis 31. März 10h-12.30h und 14h-17h. Geschlossen: 1. Jan., 1. Mai, 1. Nov., 11. Nov., 25. Dez. – ☎ 02 54 81 03 01.

PAYS DE LA LOIRE

LIRÉ: **Musée Joachim du Bellay**, Le Grand Logis, 1, rue Pierre de Ronsard, 49530 Liré. – Geöffnet: Tägl. Mi. bis So. 10h-12h und 14h-18h (Führungen 10.30h, 14.30h, 16.30h). Geschlossen: Mo. und Di., Jan. – ☎ 02 40 09 04 13.
LOUISFERT: **Demeure de René Guy Cadou**, rue René-Guy-Cadou, 44110 Louisfert. – Geöffnet: Nach Vereinb. – ☎ 02 40 81 47 62.
LE MANS: **Musée de Tessé**, 2, avenue de Paderborn, 72000 Le Mans. – Geöffnet: Tägl. (außer Mo.) 9h-12h und 14h-18h (So. 10h-12h und 14h-18h). – ☎ 02 43 47 38 51.
NANTES: **Musée Jules Verne**, 3, rue de l'Ermitage, 44100 Nantes. – Geöffnet: Tägl. (außer So.vormittage, Di. und Feiertage) 10h-12h und 14h-17h. – ☎ 02 40 69 72 52.
Musée Dobrée, 18, rue Voltaire, 44000 Nantes. – Geöffnet: Tägl. (außer Mo. und Feiertage) 10h-12h und 13.30h-17.30h. – ☎ 02 40 71 03 50.

RHÔNE – ALPES

AIX-LES-BAINS: **Musée Faure**, 10, boulevard des Côtes, 73100 Aix-les-Bains. – Geöffnet: Tägl. 10h-12h und 13.30h-18h. Geschlossen: Di., Feiertage. – ☎ 04 79 61 06 57.
AURIOLLES: **Musée Alphonse Daudet**, La Vignasse, 07120 Saint-Alban-Auriolles. – Geöffnet: Apr. bis Sept. tägl. Führungen 10h, 11h, 15h, 16h, 17h. – ☎ 04 75 39 65 07.
CHAMBÉRY: **Maison des Charmettes**, chemin des Charmettes, 73000 Chambéry. – Geöffnet: Tägl. (außer Di. und Feiertage) 10h-12h und 14h-16.30h (im Sommerhalbjahr 14h-18h). – ☎ 04 79 33 39 44.
FERNEY-VOLTAIRE: **Château de Ferney**, 01210 Ferney-Voltaire. – Führungen (1 Std.) Juli und Aug. Sa. 14.30h-17h. – ☎ 04 50 40 71 21 (Bürgermeisteramt).
GRENOBLE: **Maison Stendhal**, 20, Grande-Rue, 38000 Grenoble. – Geöffnet: Tägl. (außer Mo. und So.) 9h-12h und 14h-18h. – ☎ 04 76 42 02 62.
Musée Stendhal, 1, rue Hector-Berlioz, 38000 Grenoble. – Geöffnet: Ostern bis Allerheiligen tägl. (außer Mo. und Di.) 14h-18h; sonst Sa., So. 14h-18h. – ☎ 04 76 54 44 14.
GRIGNAN: **Château**, 26230 Grignan. – Führungen (1 Std.): Juli und Aug. tägl. 9.30h-11.30h und 14h-18h, sonst tägl. (außer von Nov. bis März Di.) 9.30h-11.30h und 14h-17.30h. Geschlossen: 1. Jan., 25. Dez. – ☎ 04 75 46 51 56

AUVERGNE

CÉRILLY: **Musée Charles-Louis Philippe**, 5, rue Charles-Louis-Philippe, 03350 Cérilly. – Geöffnet: Mai bis Okt. Do., Sa., So., Feiertag 15h-18.30 h. – ☎ 04 70 67 52 00 (Rathaus).
CLERMONT-FERRAND: **Musée Pascal**, Musée du Ranquet, 34, Rue des Gras, 63000 Clermont-Ferrand. – In Vorbereitung. – ☎ 04 73 37 38 63.
GANNAT: **Musée municipal**, Château, place Rantian, 03800 Gannat. – Geöffnet: Juni bis Sept. tägl. (außer Di.) 10h-12h und 14h-18h; Mai und Okt. tägl. (außer Di.) 15h-18h. – ☎ 04 70 90 23 78.
LE MONASTIER-SUR-GAZEILLE: **Musée municipal et trésor de l'église abbatial Saint-Chaffre**, Château abbatial, 43150 Le Monastier-sur-Gazeille. – Geöffnet: Tägl. (außer Mo.) Juni und Okt. 14.30h-17h, Juli und Aug. 10.30h-12h und 15h-19h, Sept. 10.30h-12h und 14.30h-17h (Gruppen nach Vereinb.). – ☎ 04 71 03 94 08 (04 71 03 80 01).

SAINT-JULIEN-CHAPTEUIL: **Musée Jules Romain**, place de la Mairie, 43260 Saint-Julien-Chapteuil. – Geöffnet: Juli und Aug. Mo. bis Fr. 10 h-12 h (und nach Vereinb.). – ☎ 04 71 08 77 70.

VICHY: **Bibliothèque Musée Valery Larbaud**, 106-110, rue du Maréchal Lyautey, 03200 Vichy. – Geöffnet: Sa. 10 h-12 h und 14 h-16 h. – ☎ 04 70 32 11 22.

YGRANDE: **Musée Émile Guillaumin**, Les Vignes, 03160 Ygrande. – Geöffnet: Im Mai, Juni, Sept., Okt. Do. Wo.ende und Feiertag 15 h-17.30 h; im Juli und Aug. tägl. (außer Di. und Fr.) 15 h-17.30 h (Gruppen nach Vereinb.). – ☎ 04 70 66 30 66 (Bürgermeisteramt).

LIMOUSIN

BELLAC: **Maison natale de Jean Giraudoux**, 4, avenue Jean-Jaurès, 87300 Bellac. – Geöffnet: Juni bis erste Sept.woche tägl. (außer Di.) 14.30 h-17.30 h; Okt. bis Mai tägl. (außer Wo.ende) 14 h-18 h. – ☎ 05 55 68 03 77.

USSEL: **Musée du Pays d'Ussel**, Hôtel Bonnot de Bay, 19200 Ussel. – Geöffnet: Juli und Aug. tägl. 10 h-12 h und 14 h-19 h; sonst nach Vereinb. – ☎ 05 55 72 11 50 (Rathaus).

POITOU CHARENTE

BALZAC: **Château**, 16430 Balzac. – Geöffnet: 12. Juli bis 20. Aug. 12 h-18 h (Führungen um 16 h und 17 h), Gruppen nach Vereinb. – ☎ 05 45 68 15 16.

CHÂTELLERAULT: **Maison de Descartes**, 162, rue de Bourbon, 86100 Châtellerault. – Geöffnet: Tägl. 10 h-12 h und 14 h-18 h. Geschlossen: Di., 3. So. im Monat, Aug.

LE MAINE-GIRAUD: **Musée Alfred de Vigny**, 16250 Champagne-Vigny. – Geöffnet: Tägl. 9 h-12 h und 14 h-18 h, Gruppen nach Vereinb. – ☎ 05 45 64 04 49.

ÎLE-D'OLÉRON: **Musée de l'île d'Oléron Aliénor-d'Aquitaine**, 31, rue Pierre-Loti, 17310 Saint-Pierre-d'Oléron. – Geöffnet: 15. Juni bis 15. Sept. tägl. (außer So.) 10 h-12 h und 14 h-18 h. – ☎ 05 46 47 39 88.

ROCHEFORT: **Maison de Pierre Loti**, 141, rue Pierre Loti, 17300 Rochefort. – Führungen: 20. Jan. bis 30. Juni und 1. Okt. bis 20. Dez. tägl. (außer Di., So.vormittag und Feiertage) 10 h, 11 h, 14 h, 15 h, 16 h; 1. Juli bis 30 Sept. tägl. (außer So.vormittag) 10 h, 10.30 h, 11 h, 14 h, 14.30 h, 15 h, 15.30 h, 16 h, 16.30 h, 17 h. – ☎ 05 46 99 16 88.

LA ROCHEFOUCAULD: **Château**, 16110 La Rochefoucauld. – Geöffnet: Tägl. vom 1. Mai bis 30. Sept. 10 h-19 h, sonst So. und Feiertage 14 h-19 h. – ☎ 05 45 62 07 42.

LA ROCHELLE: **Musée d'Orbigny-Bernon**, 2, rue Saint-Côme, 17000 La Rochelle. – Geöffnet: Tägl. (außer Di. und So.vormittag) 10 h-12 h und 14 h-18 h. Geschlossen: 1. Jan., 1. Mai, 14. Juli, 1. Nov., 25. Dez. – ☎ 05 46 41 18 83.

AQUITAINE

BORDEAUX: **Musée d'Aquitaine**, 20, Cours Pasteur, 33000 Bordeaux. – Geöffnet: Tägl. (außer Mo.) 10 h-18 h. Geschlossen: Feiertage. – ☎ 05 56 01 51 00.

LA BRÈDE: **Château de La Brède**, route de Toulouse, 33650 La Brède. – Führungen (½ Std.): Juli bis Sept. tägl. (außer Di.) 14 h-18 h, April bis Juni nur an Wo.-enden und Feiertagen 14 h-18 h, sonst nur an Wo.-enden und Feiertagen 14 h-17.30 h. – ☎ 05 56 20 20 49.

BRANTÔME: **Château de Richemont**, Saint-Crépin-de-Richemont, 24310 Brantôme. – Geöffnet: Juli und Aug. tägl. (außer So.-vormittag) 10 h-12 h und 15 h-18 h; Mai bis Juni und Sept. bis Allerheiligen tägl. (außer Mo.) 14 h-18 h. Geschlossen: 15. Aug. – ☎ 05 53 05 72 81.

CAMBO-LES-BAINS: **Villa Arnaga – Musée Edmond-Rostand**, route de Bayonne, 64250 Cambo-les-Bains. – Geöffnet: Apr. bis Sept. 10 h-12.30 h und 14.30 h-18.30 h; Okt. 14.30 h-18.30 h, März nur an Wo.enden 14.30 h-18.30 h. Geschlossen: Nov. bis Ende Feb. – ☎ 05 59 29 70 57.

CLAIRAC: **L'Abbaye des Automates**, 47320 Clairac. – Geöffnet: Apr. bis Okt. tägl. 10 h-18 h; sonst Mi, Sa. und So. 10 h-18 h. – ☎ 05 53 79 34 81.

HASPARREN: **Villa Eyhartzia – Musée Francis Jammes**, 64240 Hasparren. – Geöffnet: 20. Juni bis 15 Sept. tägl. 10 h-12 h und 14.30 h-18.30 h (und nach Vereinb.). – ☎ 05 59 29 43 36.

MONTAIGNE: **Château de Montaigne**, 24230 Saint-Michel-de-Montaigne. – Führungen (½ Std.): März, Apr., Mai, Nov., Dez. tägl. (außer

Mo. und Di.) 10 h-12 h und 14 h-17.30 h; Juni, Sept., Okt. tägl. (außer Mo. und Di.) 10 h-12 h und 14 h-18.30 h; Juli und Aug. tägl. 10 h-18.30 h. Geschlossen: 2. Jan. bis 5. Feb. – ☏ 05 53 58 63 93.

SAINT-MAIXANT: **Château Malagar – Centre François Mauriac**, 33490 Saint-Macaire. – Geöffnet: 1. Juni bis 30. Sept. tägl. (außer Di.) 10 h-12.30 h und 14 h-18 h; 1. Okt. bis 31. Mai Mi., Do., Fr. 14 h-17 h, Sa., So., Feiertage 10 h-12.30 h und 14 h-18 h. – ☏ 05 57 98 17 17.

SAINTE-MONDANE: **Château de Fénelon**, 24370 Sainte-Mondane. – Geöffnet: Jan. bis Mai und Okt. bis Dez. 10 h-12 h und 14 h-18 h, Juni bis Sept. 9.30 h-19 h. – ☏ 05 53 29 81 45.

MIDI – PYRÉNÉES

ANDILLAC: **Château-musée Maurice et Eugénie de Guérin**, Château du Cayla, 81480 Cahuzac-sur-Vère. – Geöffnet: Tägl. (außer Di.) 10 h-12 h und 14 h-18 h. – ☏ 05 63 33 90 30.

BAGNÈRES-DE-LUCHON: **Musée du Pays de Luchon**, 18, allée d'Étigny, 31110 Bagnères de Luchon. – Geöffnet: Apr. bis Sept. 9 h-12 h und 14 h-18 h, sonst Mi. 9 h-12 h, Fr. 9 h-12 h und 14 h-18 h und Sa. 14 h-18 h. Geschlossen: Feiertage. – ☏ 05 61 79 29 87.

FIGEAC: **Musée Champollion**, rue des Frères-Champollion, 46100 Figeac. – Geöffnet: März bis Okt. tägl. (außer Mo.) 10 h-12 h und 14.30 h-18.30 h; sonst 14 h-18 h. Geschlossen: 1. Jan., 1. Mai, 25. Dez. – ☏ 05 65 50 31 08.

SAINT-LÉONS: **Maison de J.-H. Fabre**, Le Bourg, 12780 Saint-Léons. – Geöffnet: Tägl. (außer Di.) im Juli und Aug., sonst nach Vereinb. – ☏ 05 65 58 80 54.

LANGUEDOC – ROUSSILLON

ALÈS: **Musée-bibliothèque Pierre-André-Benoit**, Château, 52, montée des Lauriers, 30100 Alès. – Geöffnet: Juli und Aug. tägl. 12 h-19 h, sonst nur Mi. bis So. 10 h-12 h und 14 h-17 h. Geschlossen: 1. Jan., 1. Mai, 25. Dez., Feb. – ☏ 04 66 86 98 69.

CARCASSONNE: **Musée des Beaux-Arts**, 1, rue de Verdun, 1100 Carcassonne. – Geöffnet: Tägl. 10 h-12 h und 14 h-18 h. Geschlossen: Feiertage, Mitte Sept. bis Mitte Juni So. und Mo., Mitte Juni bis Mitte Sept. Mo. und Di. – ☏ 04 68 77 73 70.

CARCASSONNE: **La Maison des Mémoires**, 53, rue de Verdun, 11000 Carcassonne. – Geöffnet: Tägl. (außer So. und Mo.) 9 h-12 h und 14 h-18 h. – ☏ 04 68 72 45 55.

PÉZENAS: **Musée Vulliod-St.-Germain**, 3, rue Albert-Paul-Alliès, 34120 Pézenas. – Geöffnet: Tägl. Juli und Aug. 10 h-12 h und 15 h-19 h, sonst tägl. (außer So.-vormittag und Mo.) 10 h-12 h und 14 h-17 h. Geschlossen: 1. Jan. und 25. Dez. – ☏ 04 67 98 90 59.

SÈTE: **Musée Paul-Valéry**, rue François-Desnoyer, 34200 Sète. – Geöffnet: Juli und Aug. tägl. 10 h-12 h und 14 h-18 h, sonst tägl. (außer Di. und Feiertagen) 10 h-12 h und 14 h-18 h. – ☏ 04 67 46 20 98.

Espace Brassens, 67, boulevard Camille-Blanc, 34200 Sète. – Geöffnet: Juli und Aug. 10 h-12 h und 14 h-19 h, sonst tägl. (außer Mo. von Okt. bis Mai) 10 h-12 h und 14 h-18 h. Geschlossen: 1. Jan., Osterso. und -mo., 1. und 8. Mai, 11. Nov. und 25. Dez. – ☏ 04 67 53 32 77.

UZÈS: **Musée municipal Georges-Borias**, Ancien évêché, 30700 Uzès. – Geöffnet: Febr. bis Okt. tägl. (außer Mo.) 15 h-18 h, Nov. und Dez. 14-17. Geschlossen: Jan., 1. Nov. und 25. Dez. ☏ 04 66 22 40 23.

LE VIGAN: **Musée cévenol**, 1 rue des Calquières, 30120 Le Vigan. – Geöffnet: Apr. bis Okt. tägl. (außer Di.) 10 h-12 h und 14 h-18 h, sonst nur Mi. Geschlossen: 1. Mai. – ☏ 04 67 81 06 86.

PROVENCE – ALPES – CÔTE-D'AZUR

AIX-EN-PROVENCE: **Fondation Saint-John-Perse**, Cité du Livre, 8-10, rue des Allumettes, 13100 Aix-en-Provence. – Geöffnet: Juli und Aug. Di. bis Fr. 10 h-15 h, sonst 14 h-18 h. Geschlossen: Feiertage. – ☏ 04 42 25 98 85.

ARLES: **Museon Arlaten**, 29, rue de la République, 13200 Arles. – Geöffnet: Okt. bis März 9.30 h-12.30 h und 14 h-17 h, Apr., Mai, Sept. 9.30 h-12.30 h und 14 h-18 h, Juni bis Aug. 9.30 h-13 h und 14 h-18.30 h. Geschlossen: Mo. (außer Juli, Aug. Sept.), 1. Jan., 1. Mai, 1. Nov., 25. Dez. – ☏ 04 90 96 08 23.

AUBAGNE: **Le petit monde de Marcel Pagnol**, Esplanade de Gaulle, 13400 Aubagne. – Geöffnet: 9 h-12 h und 14 h-18 h. Geschlossen: 3. bis

14. Febr., 16. bis 27. Nov., 1. Mai. – ☎ 04 42 84 10 22.

AVIGNON: **Musée Théodore Aubanel**, 7, place Saint-Pierre, 84000 Avignon. – Führungen (1 Std.) nach Voranmeldung Mo. bis Fr. Geschlossen: Aug., Feiertage, 20.-31. Dez. – ☎ 04 90 82 95 54.

LES BAUX: **Fondation Louis-Jou**, 13520 Les-Baux-de-Provence. – Geöffnet: Apr. bis Sept. 10 h-13 h und 14 h-19 h. – ☎ 04 90 54 34 17.

CARPENTRAS: **Musée de la Poésie**, Parc des Ombrages, route de Pernes, 84200 Carpentras. – Geöffnet: Tägl. 14 h-17 h (im Sommer 14 h-18 h). – ☎ 04 90 63 19 49.

FONTAINE-DE-VAUCLUSE: **Musée-bibliothèque-Pétrarque**, rive gauche de la Sorgue, 84800 Fontaine-de-Vaucluse. – Geöffnet: Juni. bis Sept. tägl. (außer Di.) 10 h-12.30 h und 13.30 h-18 h; Apr. und Mai 10 h-12 h und 14 h-18 h; erste beide Okt.wochen nur am Wo.ende 10 h-12 h und 14 h-18 h; letzte beide Okt.wochen nur am Wo.ende 10 h-12 h und 14 h-17 h. Geschlossen: Nov. bis März, 1. Mai und 25. Dez. (Gruppen nach Vereinb. ganzjährig). – ☎ 04 90 20 37 20.

FONTVIEILLE: **Musée Moulin Alphonse Daudet**, allée des pins, 13990 Fontvieille. – Geöffnet: Tägl. 9 h-12 h und 14 h-18 h. – ☎ 04 90 97 60 78.

MAILLANE: **Musée Frédéric Mistral**, avenue Maillane, 13910 Maillane. – Führungen (1/2 Std.): Tägl. (außer Mo.) Apr. bis Sept. 9.30 h-11.30 h und 14.30 h-18.30 h, sonst 10 h-11.30 h und 14 h-16.30 h. – ☎ 04 90 95 74 06 (Bürgermeisteramt).

MANOSQUE: **Centre Jean-Giono**, 1, boulevard Elémir-Bourges, 04100 Manosque. – Geöffnet: Tägl. (außer Mo., So., Feiertage) 9 h-12 h und 14 h-18 h. – ☎ 04 92 70 54 54.

Maison Jean-Giono Le Paraïs, montée des Vraies Richesses, 04100 Manosque. – Führungen: Fr. (außer Feiertage) nach Vereinb. 15 h-16.30 h. – ☎ 04 92 87 73 03 (Di.- und Fr.nachmittag).

MENTON: **Musée Jean-Cocteau**, Quai Napoléon III, 06500 Menton. – Geöffnet: Mitte Juni bis Mitte Sept. tägl. (außer Di.) 10 h-13 h und 14 h-18 h, sonst 10 h-12 h und 14 h-17.30 h. Geschlossen: Feiertage. – ☎ 04 93 57 72 30.

SALON-DE-PROVENCE: **Maison de Nostradamus**, rue Nostradamus, 13300 Salon-de-Provence. – Geöffnet: Juli und Aug. tägl. außer Sa.- und So.morgen 9.30 h-12 h und 14 h-18.30 h, sonst 10 h-12 h und 14 h-18 h. Geschlossen: Feiertage. ☎ 04 90 56 64 31.

SÉRIGNAN-DU-COMTAT: **Harmas de Jean-Henri Fabre**, route d'Orange, 84830 Sérignan du Comtat. – Führungen (1 Std.) 9 h-11.30 h und 14 h-18 h (1. Okt. bis 31. März 9 h-11.30 h und 14 h-17 h). Geschlossen: Di., 1. Jan., Ostern, 1. Mai, Weihnachten. – ☎ 04 90 70 00 44.

SOLLIÈS-VILLE: **Musée Jean-Aicard**, place de l'Église, 83210 Solliès-Ville. – Führungen ($\frac{1}{4}$ Std.): 10 h-12 h und 15 h-18 h. Geschlossen: Mi., Okt., Ostern, Weihnachten. – ☎ 04 94 33 72 02.

TARASCON: **Maison de Tartarin**, 55 bis, boulevard Itam, 13150 Tarascon. – Geöffnet: Mitte Apr. bis Mitte Sept. tägl. (außer So.) 10 h-12 h und 14 h-19 h, sonst 10 h-12 h und 13.30 h-17 h. Geschlossen: Mitte Dez. bis Mitte März, 1. Mai. – ☎ 04 90 91 05 08.

PERSONENREGISTER

ORTSREGISTER

BIBLIOGRAPHIE
(in Auswahl)

LITERARISCHE NACHSCHLAGEWERKE

Beaumarchais, J.-P. de (u. a.), *Dictionnaire des littératures de la langue française*, 3 Bde., Paris 1984.
Bonnefous, Raymonde (u. a.), *Guide littéraire de la France*, Paris 1964 (Bibliothèque des Guides Bleus).
Bonnefoy, Claude (u. a.), *Dictionnaire de littérature française contemporaine*, Paris 1977.
Brauneck, Manfred, *Autorenlexikon deutschsprachiger Literatur des 20. Jahrhunderts*, Reinbek 1984.
Dictionnaire des Lettres Françaises, 8 Bde., Paris 1951-98.
Engelhardt Klaus/Roloff, Volker, *Daten der französischen Literatur*, 2 Bde., München 1979.
Engler, Winfried, *Lexikon der französischen Literatur*, 3. Aufl., Stuttgart 1994.
Habicht, Werner (u. a.), *Der Literatur-Brockhaus*, 3 Bde., Mannheim 1988.
Maurer, Doris/Maurer, Arnold E., *Literarischer Führer durch Italien*, Frankfurt/Main 1988.
Méneux, Béatrice (Hrsg.), *La France des Écrivains*, Paris 1997.
Naumann, Manfred (Hrsg.), *Lexikon der französischen Literatur*, Leipzig 1987.
Oberhauser, Fred/Oberhauser, Gabriele, *Literarischer Führer durch Deutschland*, Frankfurt/Main 1983.
Schwendemann, Irene (Hrsg.), *Hauptwerke der französischen Literatur*, München 1976.
Voss, Karl, *Reiseführer für Literaturfreunde: Frankreich I*, Frankfurt/Main–Berlin–Wien 1972.
Voss, Karl, *Reiseführer für Literaturfreunde: Paris*, 2., überarb. Aufl., Frankfurt/Main-Berlin 1995
Wilpert, Gero von, *Goethe-Lexikon*, Stuttgart 1998.

ALLGEMEIN ZU FRANKREICH

Beyern, Bertrand, *Guide des tombes d'hommes célèbres*, Paris 1998.
Lex, Hans-Eberhard, *Frankreich*, Hamburg 1995.
Poisson, Georges, *Guide des maisons d'hommes célèbres*, 5. Aufl., Paris 1995.

ANTHOLOGIEN

Agostini, Julie/Forno Yannick (Hrsg.), *Les Écrivains et Marseille*, o. O. 1997.
Kemp, Friedhelm (u. a.) (Hrsg.), *Französische Dichtung*, 4 Bde., München 1990.
Klopsch, Paul (Hrsg.), *Lateinische Lyrik des Mittelalters*, Stuttgart 1985.
Tuchel, Hans Gerd (Hrsg.), *Die Troubadours*, 3. Aufl., Bremen 1985.

LITERATUR ZU SCHRIFTSTELLERN IN FRANKREICH

Ardagh, John, *Writers' France*, London (u. a.) 1989.
Arthaud, Christian/Paul, Eric L., *La Côte d'Azur des écrivains*, Aix-en-Provence 1999.
Bock, Heinrich und Hildegard, *Literaturreisen. Straßburg und das Elsaß*, Stuttgart-Dresden 1993.
Clébert, Jean-Paul, *Les Hauts Lieux de la Littérature en France*, Paris 1990.
Flügge, Manfred, *Wider Willen im Paradies. Deutsche Schriftsteller im Exil in Sanary-sur-Mer*, Berlin 1996.
Hoizey, Dominique, *Reims entre les lignes*, Paris 1995.
Holmes, Richard, *Footsteps*, New York 1985.
Jordan Haight, Mary Ellen, *Spaziergänge durch Gertrude Steins Paris*, Zürich 1989.
Lubin, Georges, *George Sand en Berry*, Bruxelles 1992.
Poisson, Georges, *Les Maisons d'écrivains*, Paris 1997.
Wunderlich, Heinke, *Spaziergänge an der Côte d'Azur der Literaten*, Zürich 1993.

BIOGRAPHIEN

Abendroth, Walter, *Arthur Schopenhauer*, Reinbek 1967.
Bentmann, Friedrich (Hrsg.), *René Schickele. Leben und Werk in Bildern und Dokumenten*, Nürnberg 1974.
Besterman, Theodore, *Voltaire*, München 1971.
Bitter, Rudolf von (Hrsg.), *Voltaire. Leben und*

Werk in Daten und Bildern, Frankfurt/Main 1978.
Bondy, François, *Eugène Ionesco*, Reinbek 1975.
Borek, Johanna, *Denis Diderot*, Reinbek 2000.
Breuer, Dieter (Hrsg.), *Walter Hasenclever. 1890-1940*, Aachen 1990.
Cendrars, Miriam, *Blaise Cendrars*, Basel 1986.
Cousse, Raymond/Bitton, Jean-Luc, *Emmanuel Bove*, Wien 1995.
Enzensberger, Ulrich, *Herwegh. Ein Heldenleben*, Frankfurt/Main 1999.
G. Eskin, Stanley G., *Simenon*, Zürich 1989.
Fischer, Robert, *Adelbert von Chamisso*, Berlin–München 1990.
Frey, Adolf, *C. F. Meyer. Sein Leben und seine Werke*, 4. Aufl., Stuttgart 1925.
Fuld, Werner, *Walter Benjamin. Zwischen den Stühlen*, München–Wien 1979.
Geeraert, Nicole, *Georges Simenon*, Reinbek 1991.
Gengembre, Gérard, *Balzac. Le Napoléon des Lettres*, Paris 1992.
Habeck, Fritz, *Villon oder die Legende eines Rebellen*, Wien–München–Zürich 1969.
Hartau, Friedrich, *Molière*, Reinbek 1976.
Haug, Gerhart, *Verlaine. Die Geschichte des armen Lelian*, Basel 1944.
Hecht, Werner, *Brecht-Chronik*, Frankfurt/Main 1997.
Herold, Christopher, *Madame de Staël*, München 1960.
Holthusen, Hans Egon, *Rainer Maria Rilke*, Hamburg 1958.
Jean, Raymond, *Ein Portrait des Marquis de Sade*, München 1990.
Jeanson, Francis, *Michel de Montaigne*, Hamburg 1958.
Kirchhoff, Jochen, *Giordano Bruno*, Reinbek 1980.
Lahnstein, Peter, *Adelbert von Chamisso*, München 1984.
Lange, Monique, *Jean Cocteau. Prinz ohne Reich*, Freiburg 1991.
Lebelley, Frédérique, *Marguerite Duras. Ein Leben*, Frankfurt/Main 1996.
Lennig, Walter, *Marquis de Sade*, Reinbek 1965.
Lever, Maurice, *Marquis de Sade*, Wien–München 1995.
Lottman, Herbert, *Flaubert*, Frankfurt/Main–Leipzig 1992.
Marker, Chris, *Jean Giraudoux*, Reinbek 1962.
Martin, Jay, *Henry Miller*, Düsseldorf 1980.
Mende, Fritz, *Heine-Chronik*, München–Wien 1975.
Milford, Nancy, *Zelda*, München 1980.
Neumann, Florian, *Franceso Petrarca*, Reinbek 1998.
Nijssen, Hub, *Der heimliche König. Leben und Werk von Peter Huchel*, Würzburg 1998.
Nossik, Boris, *Vladimir Nabokov*, Berlin 1997.
Orieux, Jean, *Das Leben des Voltaire*, Frankfurt/Main 1978.
Schlienz, Gisela, *George Sand. Leben und Werk in Texten und Bildern*, Frankfurt/Main 1987.
Schmiele, Walter, *Henry Miller*, Reinbek 1961.
Senninger, Claude-Marie, *Théophile Gautier*, Paris 1994.
Sieburg, Friedrich, *Chateaubriand*, Stuttgart 1959.
Surya, Michel, *Georges Bataille, la mort à l'œuvre*, Paris 1992.
Tadié, Jean-Yves, *Marcel Proust*, Frankfurt/Main 1987.
Thomson, David, *Laurence Sterne*, Frankfurt/Main 1991.
Turnbull, Andrew, *F. Scott Fitzgerald*, München 1986.
Viallaneix, Paul, *Michelet, les travaux et les jours*, Paris 1998.
Wiggershaus, Renate, *Marcel Proust. Leben und Werk in Texten und Bildern*, Frankfurt/Main–Leipzig 1992.

REISEFÜHRER

Anhäuser, Uwe, *Lothringen*, Köln 1998.
Droste, Thorsten, *Poitou*, Köln 1999.
Droste, Thorsten, *Provence*, Köln 1997.
Graf, Bernhard/Schorling, Johanna, *Auvergne. Limousin*, München 1993.
Grau, Erich/Kilian, Margit, *Das Limousin*, Köln 1992.
Kalmbach, Gabriele/Latzke, Hans E., *Auvergne und Cevennen*, Köln 1995.
Legler, Rolf, *Côte d'Azur*, Köln 1982.
Rother, Almut und Frank, *Korsika*, Köln 1982.
Schneidewind, Bernhard, *Die Schlösser der Loire*, Frankfurt/Main–Berlin 1994.

ABBILDUNGSNACHWEISE

Archiv für Kunst und Geschichte, Berlin: 19, 44, 63, 64, 68, 86, 105, 119, 122, 152, 184, 209, 299, 322, 232, 326, 332, 408, 410, 413, 419, 431, 521, 542, 559
Constantin Beyer, Weimar: 561, 563
Angelika Dacqmine, Paris: 145, 147, 150/151
Uwe Dettmar, Frankfurt: 126
Elke Dörr, Riedstadt: 380/381, 398/399, 507, 526, 569
Christian Heeb, LOOK: 34, 66, 371
laif, Köln/Heiko Specht: 470
Jos van Limbergen, Köln: 13,18
Werner Neumeister, München: 444, 470
photonica: 50
Premium, Düsseldorf: Umschlagabbildung
Roger-Viollet, Paris: 154, 238, 358, 498
Alle übrigen Abbildungen stammen aus dem Archiv des Autors bzw. des Insel Verlags; die Karten erstellte Gaby Kirchhof, Leipzig.